제11판

소비자행동론

Leon G. Schiffman · Joseph L. Wisenblit 지음

황용철, 김나민, 김소현, 박소진, 박영근
서재범, 손민희, 이재환, 황연희 옮김

Σ 시그마프레스

소비자행동론 제11판

발행일 | 2016년 2월 1일 1쇄 발행

저자 | Leon G. Schiffman, Joseph L. Wisenblit
역자 | 황용철, 김나민, 김소현, 박소진, 박영근, 서재범, 손민희, 이재환, 황연희

발행인 | 강학경
발행처 | (주)시그마프레스
디자인 | 차인선
편집 | 김지숙

등록번호 | 제10-2642호
주소 | 서울특별시 영등포구 양평로 22길 21 선유도코오롱디지털타워 A401~403호
전자우편 | sigma@spress.co.kr
홈페이지 | http://www.sigmapress.co.kr
전화 | (02)323-4845, (02)2062-5184~8
팩스 | (02)323-4197

ISBN | 978-89-6866-563-9

Consumer Behavior, 11th Edition

* 책값은 책 뒤표지에 있습니다.
* 이 도서의 국립중앙도서관 출판예정도서목록(CIP)은 서지정보유통지원시스템 홈페이지 (http://seoji.nl.go.kr)와 국가자료공동목록시스템(http://www.nl.go.kr/kolisnet)에서 이용하실 수 있습니다. (CIP제어번호 : CIP2016002282)

역자 서문

'소비자 행동'에 대한 연구가 모든 형태의 기업 '마케팅' 활동에 기반이 됨은 재론의 여지없는 합의를 이룬지도 세월이 꽤 흘렀다. '소비자 행동'에 관한 강의와 연구가, 대학과 대학원에서 '마케팅'의 기초를 제공하는 핵심 학문 분야로 지정되어 '마케팅 교육'의 필수과목이 되었음은 주지의 사실이다. 이와 같은 '소비자 행동학'의 중요성과 발전과정 속에서 Schiffman 교수와 Wisenblit 교수의 Consumer Behavior, 11판 번역서를 출간하게 됨은 좀 늦은 감이 없지 않다.

출판사에서의 번역서 출간의뢰를 받고 처음에는 주저하고 망설임이 없지 않았음을 고백하고 싶다. 번역서 출판을 허락하기까지 긴 시간이 필요하였다. 1년여를 망설이는 시간 속에서 교재로 채택하여 교안을 작성해 보고 수강생들과 함께 토론을 진행하는 과정에서 번역서 집필의 뜻을 굳히는 계기를 나름대로 정리해 보았다.

우리나라 학부와 대학원생들의 '마케팅 연구의 학습 과정'에서 기초 공통과목의 성격을 띠고 있는 '(사회)심리학, 사회학, 문화인류학' 등 '행동과학(Behavioral Science)'의 3대 분야는 물론이고 '인간행동의 이해와 기초'를 제공하는 학문 분야에 대한 학습이 선행되고 있지 않는 풍토를 자각하게 된다. 이와 같은 '마케팅' 교과 과정에 관한 현실을 직시하곤 이를 외면할 수 없어 과감히 번역서 출간을 계획하고 역자진을 구성하여 작업을 진행하였다.

대부분의 번역서 작업에서 공통적으로 겪게 되는 어려움과 한계를 본 번역서에서도 최소한으로 줄이고 제거하려고 최선을 다하였다. 우선은 '소비자 행동학'의 구성 분야가 학문적으로 다양하기에 주제의 다양성에 맞는 교육적 배경과 이를 '마케팅'으로 통합해야 한다는 사명 하에 번역에 참여하는 역자진이 수적으로 많았다는 사실보다는 "다양하고 다채로운 분"들이 함께 했음을 밝혀 둔다.

환언하면, 다양한 주제로 구성되어 있는 Schiffman 교수와 Wisenblit 교수의 소비자 행동, 11판을 우리말로 제대로 옮기기 위해서는 무엇보다도 방향성, 즉 주제와 개념의 '마케팅 응용(Marketing Application)'이 중요하다는 인식 하에 각 장에서 소개하고 있는 콘텐츠에 대한 전문성을 갖고 집중적인 연구, 교육, 그리고 컨설팅 경험이 있는 분들로 구성하였다.

한국 실정을 고려하여 번역함에 있어 본질적으로 제기될 수밖에 없는 오역과 막힘은 부족함으로 돌릴 수밖에 없다. 좀 더 노력하고 보완하여 제12판 번역서에서 새로운 한국인의 모습과 모양새로 독자제현에게 다가설 것임을 약속한다.

어려운 출판환경에서도 좋은 번역서가 빛을 볼 수 있도록 함께 해준 ㈜시그마프레스 강학경 사장님, 문정현 부장님, 그리고 편집부 직원 분들께 그간의 노고에 대하여 심심한 감사의 말씀을 드린다.

끝으로, 항상 사랑과 따뜻한 보살핌으로 재충전과 쉼터를 지속적으로 공급해 주시는 역자진 가족 모두에게 출간의 보람과 영광을 올린다.

2016년 2월
역자진 일동

저자 서문

새로운 11판

본 개정판의 지도 원리는 미디어, 엔터테인먼트 콘텐츠, 마케팅의 필연적 통합을 향한 도약과정이다. 얼마 전까지만 해도 마케터들은 인쇄 및 방송 매체가 제작한 정보 및 오락 콘텐츠의 광고 공간(또는 지면)을 구매했다. 오늘날 미디어와 그들의 콘텐츠들은 흔히 소비자에 의해 '생산' 된다. 과거에 마케터들은 '범용광고(one size fits all)'의 편성위치 결정에 미디어의 '오디언스(청중) 프로필'을 사용했다. 오늘날에는 고객들의 인터넷 검색 행동을 기반으로 동적광고 서버(dynamic-ad-servers)가 광고를 고객 맞춤화하고, 마케터는 행동 표적화(behavioral targeting)를 사용하며, 소비자들이 소셜 미디어 사이트에서 어떤 대화를 하는지를 청취하고 분석하는 회사를 고용한다. 몇몇 잡지와 TV 시트콤에서만 광고 공간을 구입했던 마케터들은 이제 다양한 광고 거래소(ad exchanges)를 통해 광고를 구입하고, 그들의 광고 효과를 평가하는 예측분석을 사용한다.

- 새로운 화제 : 본 개정판은 행동 표적화, 제품 및 촉진 메시지의 고객 맞춤화(customizing), 예측 분석, 인구통계학적 그룹이 아닌 개인적 접근, 온라인 탐색 추적 및 웹사이트 방문 분석, 온라인 구전과 오피니언 리더십의 측정, 소비자 생성 광고, 모바일과 애플리케이션 광고와 같은 새로운 미디어 플랫폼에 대하여 논의한다.

- 새로운 기술과 온라인 사례 : 본 개정판은 새로운 기술의 사용과 모든 세대 하위문화의 온라인 사례에 대하여 기술한다. 개인정보의 유출이 집중적인 공개 토론의 주제로 선정되고, 윤리적 측면에서 선도적인 소셜 네트워크들의 소비자 정보 수집과 그에 따른 판단 분석 방법을 차트로 제시한다.

- 1978년의 초판에서도 언급된 본서의 주요 특징인 소비자 행동 이해의 전략적 응용을 더욱 강화하였다. 본서에 제시된 사례들은 Effie Worldwide 사에 출품된 실제 캠페인들로 구성되었다. 각 장은 '실전과제'라는 사례들로 시작하며, 최신의 경험적인 자료들이 마케팅 응용을 위해 가이드 라인과 함께 모든 장에 제시되어 있다.

- 감각적 오디오 섹션, 실제적/이상적 제품 관련 태도, 문화적 가치의 추가 측정, 직업 선호도 순위 및 사회계층에 대한 실증적 자료 등을 추가하였다.

- 해외 소비자들에 대한 소개는 비교 문화적 분석, 여러 국가의 소비자 가처분 소득의 지출을 설명하는 차트, 미국 제품의 해외 브랜드 점유율, 글로벌 선도 브랜드의 프로필 등을 더 광범위하게 포함시키기 위해 갱신하였다.

- 이 책의 초판은 인쇄 광고를 소비자 행동의 삽화로 사용한 첫 번째 책이었으며(모든 마케팅 교재에 빠르게 적용된 사례), 본 개정판은 100개 이상의 새로운 광고를 포함하고 있다.

단계별 최신 정보 : 세부적 내용

제1부 : 소비자, 기업, 기술

제1장은 여러 학문 분야의 프레임워크를 통해 소비자 행동을 설명한다. 이 장에서는 마케팅의 진화, 중요한 마케팅 전략, 그리고 마케터의 사회적 책임에 대하여 서술하고, 전략적 마케팅 기술의 혁명적인 영향과 고객 가치, 만족, 유지 간의 상호관계를 자세히 설명하였으며, 소비자 의사결정 모델로 마무리한다.

제2장은 인구통계학적, 사회문화적, 사이코그래픽 기반의 시장세분화에 대하여 설명한다. 이 장에서는 표적시장, 행동 타깃팅, 제품 포지셔닝 및 차별화 선택을 위한 기준을 분석한다.

제1장 : 기술 기반 소비자 행동

- **실전과제** : 포르쉐, 사이언
- 마케팅 교류를 풍부하게 하는 기술
- 행동 정보와 타깃팅
- 쌍방향 커뮤니케이션
- 고객화된 상품과 광고
- 나은 가격과 유통
- 기술과 소비자 만족 그리고 유지
- **Showcased** : 모바일 기기의 소유, 눈에 띄는 온라인 활동, 인터넷 독자의 비교, 항공사의 수익단계, 소비자 결정의 업데이트 된 모델
- **광고** : 포르쉐, 사이언, 클래시코소스, Peta, 미해군

제2장 : 세분화, 표적시장 선정, 그리고 포지셔닝

- **실전과제** : 콴타스
- 행동 타깃팅
- 온라인 서핑의 추적
- 지리적 위치 그리고 모바일 타겟팅
- Arms race의 정보
- 포지셔닝 그리고 재포지셔닝
- **Showcased** : Nielson의 세그먼트 체계(프레임워크), 세그먼팅 그린 소비자
- **광고** : 셀, 버톨리 파스타, V8 100% 오리지널 야채 주스, 마크의 귀마개, 건강한 선택 점심, 톰톰 GPS, 파예 종합 요거트
- **사례** : 포르쉐

제2부 : 개인으로서의 소비자

제2부에서는 소비자 행동에 대한 심리적 요인의 영향을 검토한다. 제3장은 소비자 욕구, 동기, 성격특성의 영향에 대하여 논의한다. 제4장은 선택, 조직화, 마케팅 자극의 해석으로 이루어진 소비자 지각에 대해 분석한다. 제5장은 학습과정과 과거 쇼핑 경험이 후속 구매에 어떻게 영향을 미치는가에

대하여 설명한다. 제6장은 소비자 태도의 형성, 연구, 전략적 응용에 대해 살펴본다.

제3장 : 동기와 개성

- **실전과제** : 알버타의 정부 — 미스터 클린
- **Showcased** : 핵심 심인성 욕구의 촉진전략에의 적용, 오피니언 리더와 혁신자의 성격적 특성, 독특성을 향한 높은 욕구를 가진 개인, 물질적 소비자, 강박 구매자, 허영심 많은 구매자
- **광고** : 카플란 바 리뷰 , 빙 호텔 , 고디바, 락 리조트

제4장 : 소비자 지각

- **실전과제** : 맥케인 프렌치 프라이, 헤인즈 토마토 케첩
- **Showcased** : 감각적 오디오 입력과 제품 인식, 가격품질 관계인 "수수께끼", 소비자와 정서적 유대를 창출할 브랜드 이미지.
- **광고** : 미첼 안경점, 베티 크록커, 제록스, 크레스트 화이트스트립스, 어린이 보호기금, 캐나다 치과협회, 질레트 프로글라이드, 사브, 스파이 박물관, MADD(음주 운전을 반대하는 어머니회), 스윗앤로.

제5장 : 소비자 학습

- **실전과제** : 삼성 갤럭시 노트 3 + 기어, 페브리즈
- **광고** : 프레시스텝, V8 수프, Mr.클린, 페브리즈, 클로록스 표백제, 라구 파스타 소스, 크레스트 프로헬스, 아메리칸항공

제6장 : 소비자 태도 형성과 변화

- **실전과제** : 스니커즈 피넛버터스퀘어드와 스니커즈 부활절 달걀
- 대상에 대한 태도 모델의 적용을 바탕으로 한 기초 자료
- 새로운 오렌지주스 개발에 '이상적', '개념', '사실적'인 자세
- 자기 귀인 이론의 졸업생 기부 사례
- **광고** : 아보카도 맥시코, 알레브, 필립스 당의정, 돌 후르츠보올, 라이솔 세정티슈, 헬스초이스 런치, V8 야채주스, 앵거스비프, 메소드세제, AAOS(American Academy for Orthopedic Surgeons)
- **사례** : 페브리즈
- **사례** : 초고속 핸드워시(Superfast Handwash)

제3부 : 커뮤니케이션과 소비자 행동

제3부에서는 커뮤니케이션과 설득에 대하여 학습한다. 제7장은 커뮤니케이션과 효과적 커뮤니케이션의 장애요인 극복에 대한 기초지식을 다룬다. 이 장에서는(대중적이고 전통적인 미디어에 기초한) 방송통신모델과 (온라인 광고와 소셜미디어와 같은 새로운 미디어에서 비롯된) 네로케스팅 모델 (narrowcasting model) 간의 차이를 개념적으로 설명한다. 그리고 그 모델의 구조, 설득력 있는 소구, 효과에 초점을 맞추고 있다. 제8장은 커뮤니케이션 채널과 인쇄 및 방송 매체에서 소셜 미디어

및 모바일 광고로의 변천과정을 분석한다. 이 장에서는 과거와 현재의 커뮤니케이션 채널에서 사용된 타깃팅 방법, 주요기업의 역할(가령, 구글과 페이스북), 전통적 매체의 전자장비와 관련된 진화 등을 분석한다. 제9장에서는 미디어 및 개인적 정보원천의 신뢰성, 소비자의 준거집단, 의견 선도자의 역할, 온라인과 오프라인 구전(word-of-mouth)의 역동성 등을 검토한다.

제7장 : 소비자 설득

- **실전과제** : 설득 소구—데슬리 여행 라이트, 장기체류 가족 평화 센터, ALT 매거진, 클로록스 표백제
- 지역 유선방송 대 공중파 방송
- 고전적 미디어 및 신미디어
- 주소지정광고
- 메시지 효과의 측정
- 시기적절성 광고 소구
- **광고** : 브리티시 에어웨이, 미스틱 울트라 소프트 티슈, "이것이 버터가 아니라는 것을 믿을 수가 없어." 세인즈버리, 부카레스트시 경찰, 빙 호텔

제8장 : 인쇄 및 방송광고에서 소셜, 모바일 미디어까지

- **실전과제** : 노출기반 타깃팅
- 세분시장 타깃팅과 눈동자
- 실시간 입찰과 데이터 애그리게이터
- 리타깃팅
- 구글의 소비자 추적과 타깃팅
- 웹서핑, 전시, 모바일 광고
- 구글의 '자연스러운 결과'와 '광고주 공간'
- 애플리케이션을 위한 소비자의 정보 수집 허가
- 효과적인 소셜미디어 캠페인
- 소유, 유료, 고객주도 소셜미디어 채널
- 소비자와 모바일 미디어
- 신매체에서의 광고 효과 측정
- 웹사이트 방문 분석
- 소셜네트웍스 내의 검량적 영향
- 전통적 미디어의 전자적 진화
- 웹 에피소드, 광고게임, 브랜디드 엔터테인먼트
- Showcased : 구글의 수입, 가장 인기 있는 어플의 사용자들로부터 요청된 많은 허가, 요청된 허가 유형, M&M 사의 Mr. Red, 줄어드는 광고 페이지, 효과적인 트위터

제9장 : 준거집단과 구전 효과

- **실전과제** : 캠벨

- 소셜네트웍스와 브랜드 커뮤니티의 구전
- 클라우트(SNS 영향력 평가업체) 점수
- 웹로깅과 트위팅
- 버즈에이전트와 바이럴 마케팅
- 온라인상의 부정적인 루머의 운영
- 혁신의 전파 법칙
- **Showcased** : 그룹 구성원의 비교적 영향 대 규범적인 영향, 순응주의자들의 특성, 상품의 주요 특성, 준거 그룹의 영향, 오피니언 리더와 수신자의 동기, 패션 리더들의 특성과 쇼핑 패턴, 오피니언 리더십의 자신을 표현하는 용도로 사용되는 예시 물품들, 위험 회피 소비자의 특성
- **광고** : MADD, 미 해군, ALT 매거진, 페타
- **사례** : 키스톤 라이트

제4부 : 사회, 문화적 환경과 소비자

제4부는 사회 및 문화적 환경 속에서의 소비자를 검토한다. 제10장은 소비단위와 사회적 계층 구조 내의 지위로서 가족을 설명한다. 제11장은 문화와 그 문화가 가치, 의식, 관습을 통해 어떻게 표현되는지를 설명하고, 문화적 가치의 측정 방법과 광고 속의 미국인들의 핵심 가치 및 소비자 구매와 우선순위를 설명한다. 제12장에서는 하위문화가 민족, 종교, 지리적 위치, 나이, 성별에서 어떻게 파생되는지를 설명한다. 제13장은 비교문화분석, 해외의 마케팅 기회를 평가하는 방법, 글로벌 시장에서 제품 및 촉진방법의 고객화 여부 등에 대해 검토한다.

제10장 : 가족 그리고 가족의 사회적 지위

- **실전과제** : 도요타 오리스, 야리스, 아벤시스
- 부모의 스타일과 자녀의 발달
- 가족 의사결정의 경험적 측정
- 사회적 계급의 결정에 있어서 직업적 위신의 역할
- 교육과 수입 간의 상호관계와 관련한 현재 자료
- 미국 사회계급의 풍부한 묘사
- **Showcased** : 어머니들의 사회화 스타일, 부모의 스타일과 소비자 사회화, 자녀들의 소비자로서의 성장, 세 가지 시장(three markets)으로서의 자녀, 가족 의사결정의 척도, 직업 명성의 순위, 윤리와 직업 명성, 일곱 가지 교육 수준과 해당 소득, 사회 계층에 대한 설명— '상속 재산과 특권', '벼락 부자', '성취한 전문가', '충실한 추종자', '안전보장 정신', '불안한 자들' 그리고 '바닥(the rock bottoms)'
- **광고** : 리스테린 스마트 린스 가글, 모트스 사과주스, MADD(음주운전을 반대하는 어머니들), 레버 2000 비누, 리뉴 로제 가구, 록 리조트, 베드배스 엔 비욘드, 브래인 캔디 토이즈

제11장 : 소비자 행동에서의 문화의 영향

- **실전과제** : 닷지, 델
- 로키치 유형과 홍보테마 예시

제16장 : 소비자 조사

- **실전과제** : 디즈니의 리틀 프린세스 소피아
- **Showcased** : 소비자 조사 과정, 심도 있는 인터뷰 질문들, 설문지의 구분, 포커스 그룹의 토론 가이드, 투영법검사, 설문 방법, 단어질문, 자세 측정, 샘플링 기법, 양적연구 대 질적 연구
- **사례** : 피마항공우주박물관

교습 도구

- **교수 매뉴얼** — 교수 매뉴얼에는 샘플 강의 계획서, 강의 개요, 모든 단원의 끝에 있는 질문들에 대한 답변, 추가 활동과 학생들을 위한 과제를 포함하고 있다. 이 매뉴얼은 www.pearsonglobaledition.com/Schiffman 에서 다운로드 받을 수 있다.
- **시험 항목 파일**(Test Item File) — 시험 항목 파일(Test Item File)은 객관식 문제, 진위형 문제, 에세이를 포함하여 1,600개 이상의 질문들을 포함하고 있다. 모법답안, 연관된 학습목표, AACSB 카테고리, 단원 학습 평가, 난이도 평가 이후에 각각의 질문이 명시된다. 이는 평가 전문가가 철저하게 평가한다. 시험 항목 파일은 www.pearsonglobaledition.com/Schiffman에서 다운로드 받을 수 있다.
- **Test Gen** — 피어슨 에듀케이션의 테스트 생성 소프트웨어는 www.pearsonhighered.com/irc에서 회원 가입 후에 이용할 수 있다. PC나 MAC에서 호환이 가능하며 시험 항목 파일(Test Item File) 문제들과 함께 설치되어 있다. 이것은 끌어놓기(드래그-드롭)를 하여 수동적 또는 무작위로 시험 문제를 볼 수 있고 만들 수도 있다. 필요에 따라 문제 은행 질문을 수정하거나 추가할 수 있다.
- **교수 파워포인트** — 이 프레젠테이션은 모든 장(chapter)의 개요 및 요점을 정리하고 있다. 텍스트에서 볼 수 있는 표(figure)는 있지만 온라인 및 이메일 공유를 위해서 파일 사이즈를 취급하기 쉬운 정도로만 제공한다. 이 프레젠테이션은 맞춤형 파워포인트를 선호하고 애니메이션 및 다른 기능을 포함한 파일을 피하고자 하는 교수님들을 위하여 만들어졌다.

가족, 동료, 친구들에게

성공적으로 교재를 더 발전시키기 위해 최선의 노력을 다하는 과정에 가족과 친구들의 지원이 많았다. Leon Schiffman은 그의 아내인 Elaine의 지원과 헌신에 대하여 감사표시를 하고자 한다. 자녀와 손자인 Janet, David, Nikke, 그리고 Blake Schiffman, Dana, Brad Alan, Noah, Reid, 그리고 Allison Sherman, 또한, Melissa, rob, Jordyn, Emily Slominsky에게도 감사드린다.

　Joe Wisenblit은 상담과 지원을 해준 Alan pollack, 새로운 미디어 전략의 전문가인 Eyal Megged, 통찰력과 공동 조사를 한 페이스대학교의 Randi Priuck, 광고 선택에 관한 조언을 해준 Shira Libhaber, 그리고 나의 누이인 Ilana와 그녀의 가족인 Nir, Daniel, Maya, Eli, Saul Wegrzyn에게 감사드린다.

　우리는 광고와 전시를 위한 판결에서의 승인을 얻기 위하여 노력한 Marcy Schneidewind에게 감

사드립니다. 오랜 세월 우정과 소비자 행동에 대한 통찰력을 준 Stnaley Garfunkel과 Shannon Conlisk의 보조에 특별히 공로를 돌리고 싶습니다. 그리고 본 교재의 표지 삽화작업을 해준 Jenn Pascoe에게도 감사드립니다.

개인적으로, 우리의 변함없는 편집자인 Jackie Martin과 헌신적인 프로젝트 매니저인 Shyam Ramasubramony에게 감사드립니다.

우리는 세인트존슨대학교 경영대학의 동료와 친구들, 특히, 학과장인 Victoria Shoaf, A. Noel Dotherty와 가르치는 것뿐만 아니라 조사 및 연구 활동을 할 수 있도록 따뜻하고 친근한 환경을 제공해준 St. John 마케팅 부서의 모든 구성원들에게 감사드린다.

시튼홀대학의 Stillman School of business의 Joyce Strawser 학과장과 Steve Pirog 학장에게 감사드린다.

내 친구들과 동료들인 호프스트라대학교 Zarb 경영대학원의 Benny Barak, Barry Berman, Joel Evans, William James, Charles McMellon, Susan Caccavale, Elaine Sherman, 페이스대학교 Lubin school의 Martin Topol과 Mary Long, 이오나대학의 Hagan 비즈니스 스쿨의 Fredica Rudell, 버룩대학-CUNY의 Steve Gould와 다른 동료들, 몽클레어주립대학교의 Mary Kay, 뉴욕공과대학의 Deborah J. Cohn에게 감사드린다.

더불어 허니웰 인터내셔널의 Ken Weinstein, 파텍 필립 사의 Hank Edelman과 Kelly Smith, 골드&피쉬 마케팅 그룹의 Ross Copper, 미디어마크 리서치의 Lancy Herman 입소스 멘델존 리서치 사의 Moya Amateau, 유로모니터 인터내셔널의 Bil Caroll, 콜러 사의 Diana Schrage, 에피 월드와이드 사의 Mary Lee Keane과 Erica Stoppenbach, 맥케인 푸드 사의 Helen Priestley, 영국 브랜드오푸스 사의 Nir Wegrzyn에게 공로에 대한 감사 표시를 드립니다.

특히 이 책의 소비자로서 이전 버전을 사용하고 귀중한 피드백을 제공해 준 소비자행동론의 학사 및 석사과정 학생들과 교수들에게 감사의 뜻을 표합니다.

Leon Schiffman
Joe Wisenblit

글로벌 판에 다음의 사람들에게 감사와 공로의 표시를 하고자 한다.

공로자

삼성전자 아랍에미리트의 디지털 마케팅 대표, Ali El Hallak

영국 코번트리대학교, David Cook

이집트 카이로아메리카대학교, Hamed Shamma

영국 맨체스터메트로폴리탄대학교, Jie Liu

영국 코번트리대학교, Nav Chouhan

영국 코번트리대학교, Stefania Paladini

영국 코번트리대학교, Xavier Pieron

검토자

중국 홍콩침회대학교, Frederick Hong-kit Yim

독일 배를린 HWR 대학교, Andrea Rumler

중국, 홍콩개방대학교, Alan Au

헝가리 데브레첸대학교, Marietta Kiss

헝가리 부다페스트 코르비누스대학교, Zita Kelemen

터키 야사르대학교, Osman GÖK

요약 차례

차례

1

기술 기반 소비자 행동

학습목표

1. 마케팅 개념의 진화 과정, 마케팅 전략을 수행하는 데 사용되는 도구, 가치와 소비자 유지 사이의 관계, 사회적 책임을 다하는 마케팅의 목적 등을 이해한다.

2. 인터넷과 관련 기술이 어떻게 기술과 고객 모두에게 가치를 제공하여 마케팅 거래를 증진시키는지에 대해 이해한다.

3. 소비자 가치, 만족, 유지 사이의 관계와 효과적인 소비자 유지 전략을 구성하는 데 있어서 기술의 혁신적인 역할에 대해 이해한다.

4. 학제 간 연구 분야로서의 소비자 행동, 소비자 의사결정, 그리고 이 책의 구조에 대해 이해한다.

마케팅은 소비자, 고객, 파트너, 사회 모두에게 가치 있는 제품을 생산하고, 홍보, 유통, 교환을 위해 벌이는 행동이며 과정이다.[1] **소비자 행동**(consumer behavior)은 소비자가 자신의 욕구를 충족시키기 위해 제품과 서비스를 탐색하고 구매하여 사용하고, 평가하며 처분하는 과정 중에서 행하는 활동을 연구하는 학문이다. **마케팅**(marketing)의 핵심은 소비자의 충족되지 못한 욕구를 밝혀내어 그러한 욕구를 충족시킬 수 있는 제품과 서비스를 전달하는 것이다. 소비자 행동은 기업이 제공하는 제품에 대해 소비자가 자신의 자원(예 : 시간, 돈, 노력)을 어떻게 사용하는지를 설명하고자 한다. 소비자 행동은 소비자가 어떤 제품과 브랜드를 왜, 언제, 어디서, 얼마나 자주 구매하며, 얼마나 자주 사용하는지, 구매 후 어떤 평가를 하는지, 재구매를 할지 말지 등의 질문에 답을 해준다.

소비자는 사적인 교통수단이 필요하기 때문에 자동차를 구매한다. 그러나 어떤 자동차를 구매할지에 관한 결정은 욕구 자체만으로 결정되는 것이 아니다. 자동차가 구매자의 특성을 얼마나 잘 표현해주는지도 매우 중요한 고려 대상이다. 그래서 자동차 기업은 특정 브랜드나 모델이 어떻게 소비자의 심리에 소구하는지에 의해 자사제품을 차별화시키려 노력한다. 〈그림 1.1〉을 보면 포르쉐의 박스터 광고의 헤드라인은 "충족되지 못한 꿈은 더 많은 돈이 듭니다. 그러니 부정하지 말고 꿈을 이루세요"이다.* 포르쉐는 많은 사람이 고급제품을 사고 싶어 하면서도, 돈이 없어서가 아니라 죄책감을 느끼며, "너무 비싸", "샀는데 마음에 안들면 어떡하지?"라고 생각하는 경향이 많다는 사실을 알게 되었다. 그래서 포르쉐는 이 광고를 통해 소비자의 이러한 마음속의 갈등을 단순한 논리-"꿈을 이루는 것은 비싸지만 비싼 만큼의 가치가 있다."-로 해결하고자 했다. 포르쉐는 또한 어떤 소비자는 포르쉐를 구매 후 죄책감을 느낄 것이라고 예상하여 광고에 "박스터를 몰면서 느낄 감정 중에 후회는 없을 것입니다."라고 소비자를 안심시키면서 포르쉐의 고전적인 문구인 "포르쉐, 대안은 없습니다"로 끝맺었다.*

자기중심 사상과 권력은 매우 강력한 심리적 욕구이고, 기업은 광고에서 이 둘을 자주 사용한다. 〈그림 1.2〉의 사이언 광고는 잠재 고객에게 "이 차를 소유하라."라고 말한다. 도요타의 사이언은 '도전을 좋아하고, 환경을 통제하고, 힘을 갖고 싶어 하는 운전자'를 위한 차로 포지셔닝했다. 포지셔닝이란 제품의 혜택과 이미지를 잠재 고객(혹은 기존 고객)에게 전달하여 소비자의 머릿속에 독특한 브랜드로 자리 잡게 하

---

* Porsche

그림 1.1 포르쉐 : "충족되지 못한 욕구는 더 많은 돈이 듭니다."

출처 : Porsche Cars of North America

그림 1.2 사이언 : "이 차를 소유하라."

출처 : Scion

고자 하는 방법이다. 포지셔닝은 마케팅에서 가장 핵심적인 개념 중에 하나로 2장과 4장에서 자세히 다룰 것이다.

구매 능력 측면에서, 포르쉐와 사이언은 대조적인 소비자 집단을 공략하고 있는데, 이 두 자동차의 가격이 매우 다르기 때문이다. 그런데도 이 두 자동차 제조업자는 자사의 자동차를 구매하도록 소비자를 설득하고자 하는 같은 목적을 가지고 있다. 소비자를 설득하기 위해서 각 자동차 회사는 반드시 차별적인 이미지(지각)를 소비자의 마음속에 심어주어야 하고 소비자의 욕구에 소구해야 한다. 포르쉐의 광고는 소비자에게 비록 차가 비싸지만 꿈을 이루는 것이기 때문에 그만큼의 가치가 있다고 이야기하고 있다. 합리적 가격대의 자동차인 사이언은 도전하라고 요청하고 있는데, 사이언의 주요 타깃인 젊은층(자기가 번 돈으로 사는 첫 차일 가능성이 높은)은 도전을 받았을 때 응답하고자 하기 때문이다.

완전히 다른 세분시장을 타깃으로 하고 있지만 두 광고 모두 충족되지 못한 심리적 욕망을 불러일으키고 있고, 기업이 자동차 구매자의 마음을 이해하고 있음을 보여주고 있다. 비슷하게 우리의 목적은 소비자 행동의 구성 요소와 복잡성을 학생에게 알려주고, 제품과 서비스를 마케팅하는 데 필요한 기술을 제공해 주는 것에 있다.

첫째, 이 장에서는 마케팅 개념의 진화, 소비자 욕구를 충족시키는 마케팅 전략, 사회적 책임을 다하는 마케팅에 대해서 설명하고자 한다. 둘째, 인터넷과 새로운 기술이 마케팅 거래를 어떻게 향상시켰는지, 소비자와 기업 모두에게 어떠한 혜택을 가져다주었는지를 설명할 것이다. 또한 소비자 가치, 만족, 유지 간의 관계에 대해서 설명하고, 효과적인 소비자 유지 전략을 구상하는 기술을 어떻게 사용할 수 있는지를 다룰 것이다. 마지막으로, 학제 간 연구 측면에서 소비자 행동과 소비자의 구매 결정 과정, 그리고 이 책의 구조를 다루도록 하겠다.

마케팅 개념

마케팅과 소비자 행동은 **마케팅 개념**(marketing concept)에 그 바탕을 두고 있는데, 마케팅 개념에서 마케팅의 핵심은 소비자의 욕구를 만족시키고, 가치를 창조하고, 소비자를 유지하는 데 있다고 본다. 마케팅 개념에 따르면 기업은 소비자가 구매하고자 하는 제품만을 생산해야 한다. 예를 들어, 클라시코의 파스타 소스는 소비자가 직접 소스를 만들 때와 동일한 재료만을 사용한다. 〈그림 1.3〉에 나온 광고 슬로건은 "당신이 만든 것처럼 만듭니다."로 클라시코 파스타 소스는 소비자의 욕구를 충족시키고 있고, 따라서 소비자는 이 제품을 살 것이라고 이야기하고 있다. 마케팅 중심적인 기업은 기업이 이미 생산해 놓은 제품을 구매하도록 소비자를 설득하려고 하지 않는다. 오히려 소비자가 틀림없이 구매할 제품만을 생산하고, 이를 통해 소비자 욕구를 만족시키고 충성 고객으로 만들고자 한다. 마케팅 개념은 생산, 제품, 판매 개념 등 기존 경영 철학을 거쳐 진화되어온 개념이다.

생산 개념(production concept)은 헨리 포드에 의해 고안된 경영 철학으로, 기업이 낮은 가격을 가진 제품을 생산해 더 많은 소비자가 구매할 수 있도록 하는 데 초점을 두고 있다. 따라서 이 개념에 내재된 마케팅 목적은 싼 가격, 효율적인 생산, 집중 유통이다. 이러한 접근은 소비자가 특정 기능이나 성능보다는 제품 자체를 획득하는 데 더 많은 관심이 있어서, 자신이 정말로 원하는 제품을 기다리기보다는 시장에 나와 있는 제품을 그냥 구매하는 경우에 더 적합하다. 20세기 이전에는 부유한 소비자만이 자동차를 구매할 여력이 있었는데, 이는 모든 자동차가 생산될 때 많은 노력과 시간 그리고 비용이 들었기 때문이었다. 20세기 초 헨리 포드는 중산층 미국인도 구매할 수 있는 자동차를

그림 1.3 마케팅 개념의 예시

만들고자 했고, 그 결과 1908년 그 당시로는 매우 저렴한 가격인 805달러에 T 모델을 판매하기 시작했다. 곧 폭발적인 수요를 따라갈 수가 없게 되었고, 이를 해결하기 위해 1913년 조립라인을 도입했다. 새로운 생산 방법 덕분에 포드는 좋은 품질의 차를 더 빠르게, 값싼 가격으로 공급할 수 있게 되었다. 1916년 포드는 T 모델을 360달러에 판매했고, 1908년에 판매량보다 100배에 가까운 판매량을 기록했다.[2] 8년도 채 안 되서 미국은 증가된 차량 공급에 힘입어 고속도로와 교외 주택단지와 사방으로 뻗은 큰 쇼핑몰이 폭발적으로 생겨나기 시작했다.

독점에 가까운 헨리 포드의 자동차 산업은 오래 지속되지 못했다. 포드의 대량 생산 시스템 덕분에 자동차 시장이 빠르게 성장하고 있던 1923년, 알프레드 슬론은 제너럴 모터즈의 사장이 되었다. 그는 뚜렷한 사업 목적 없이 자동차를 대충 생산하고 있었던 여러 개의 작은 자동차 회사를 인수합병하여 만든 회사를 물려받아 회사를 재조직했다. 그리고 1924년 기업의 제품 전략을 '모든 소비자의 모든 목적에 맞는 차'로 구체화했다. 포드가 1927년까지 계속해서 T 모델만을 생산하며 생산 개념을 고집하고 있을 때 GM은 귀족적인 캐딜락부터 서민적인 쉐보레에 이르기까지 다양한 대량 생산 모델을 시장에 제공했다. 슬론은 "소비자를 대접하는 가장 좋은 방법은 소비자가 원하는 방식으로 대접하는 것이다."라고 말했다.* 마케팅 개념이 등장하기 약 30년 전 알프레드 슬론은 이미 마케팅의 핵심 요소를 파악하고 있었던 것이다. 그것은 바로 모든 소비자는 다 다르며, 기업은 서로 다른 소비자 집단을 식별하고 각 집단에게 알맞은 서비스를 제공해야 한다는 것이다. 포드가 자동차 산업의 선구자로 타의 추종을 불허하는 기업임에도 불구하고, GM은 몇 년도 채 안 되어 포드의 시장 점유율의 상당량을 가져왔으며 미국에서 가장 큰 자동차 회사가 되었다.[3]

더 많은 기업이 소비자의 욕구를 학습하고, 그 욕구를 충분히 충족시키는 제품을 제공하기 시작하면서 기업은 앞 다투어 다양한 버전, 모델, 성능 등을 제공하기 시작했는데, 때로는 지나치기도 했다. 이런 기업은 대부분 **제품 개념**(product concept)을 가지고 있고, 이 개념을 가진 기업은 소비자가 가장 높은 품질, 가장 좋은 성능, 가장 많은 기능을 가진 제품을 선호할 것이라고 믿는다. 이러한 제품 개념 철학은 기업으로 하여금 끊임없이 제품의 품질을 향상시키고, 소비자가 특정 기능을 원하는지도 알아보지도 않은 채 기술적으로 가능한 모든 새로운 기능을 더하는 데만 노력을 기울이게 만들었다. 제품 개념은 때로는 **마케팅 근시안**(marketing myopia)을 가져오기도 하는데, 마케팅 근시안이란 제품이 충족시키고자 하는 욕구가 아니라 제품 자체에만 초점을 두는 현상을 의미한다.

마케팅 근시안은 기업이 시장에서의 중대한 변화를 무시하고 '창밖을 쳐다보는 대신 거울만 볼 때' 일어난다. 예를 들어, 1980년대에 애플은 개별적으로 구매를 원하는 소비자를 무시한 채 소프트웨어와 하드웨어를 합쳐 놓았다. 애플은 다른 운영 시스템보다 월등한 품질을 가지고 있던 자사의 소프트웨어를 자사의 비싼 컴퓨터에만 설치할 수 있게 했다. 반면 마이크로소프트는 덜 효율적이고 운용하기 힘든 DOS(Disk Operating System, dos)를 모든 브랜드의 컴퓨터에서 사용할 수 있게 했다. 대부분의 소비자는 덜 비싸면서 DOS로 운영되는 컴퓨터를 구매했고, 결과적으로 애플은 수년 동안 컴퓨터 산업에서 별 볼 일 없는 경쟁자가 되었다. 애플은 자사제품에만 초점을 맞추고 소비자가 하드웨어와 소프트웨어를 따로 사고 싶어 한다는 사실을 직시하지 못했다.

생산 개념과 제품 개념을 거쳐 **판매 개념**(selling concept)이 등장했는데, 판매 개념에서는 기업의 주요한 초점은 생산하기로 결정한 제품을 판매하는 것에 있다고 주장한다. 판매 개념에서는 공격적으로 소비자를 설득하지 않는 한 소비자는 제품을 구매하기를 꺼려한다고 가정한다. 이러한 접근은

---

* Alfred P. Sloan

소비자 만족을 염두에 두고 있지 않는데, 소비자가 필요로 하지 않거나, 낮은 품질의 제품을 공격적인 영업을 통해 구매한 소비자가 다시는 그 제품을 구매하지 않을 것이기 때문이다. 불만족한 소비자는 부정적 말로 불만을 표출할 것이고, 이는 비슷한 구매를 결정할 잠재적 소비자에게 구매하지 말도록 조언할 것이다.

마케팅 개념을 실행하기 위해서는 판매자가 소비자 조사, 시장 세분화, 제품, 가격, 유통, 커뮤니케이션 전략 등을 통합적으로 사용하여 소비자에게 가치를 제공해주고 장기적으로 소비자 만족과 유지를 유발할 수 있어야 한다.

소비자 조사

소비자는 매우 복잡한 존재로, 다양한 심리적, 사회적 욕구를 가지고 있으며, 소비자 집단마다 가지는 욕구와 우선순위 등이 매우 다르다. 이러한 소비자의 욕구를 충족시키기 위한 제품과 마케팅 전략을 구성하기 위해서 기업은 소비자의 소비 행동을 깊이 있게 연구해야 한다. **소비자 조사**(consumer research)란 소비자 행동을 연구하기 위해 사용되는 과정과 도구를 의미한다(16장 참조). 소비자 조사는 **시장 조사**(market research)의 한 형태로, 마케팅 기회와 문제점을 포착하고, 마케팅 행동을 평가하며, 마케팅 전략의 성과를 판단하기 위해 소비자, 고객, 대중과 기업 사이를 정보로 연결하는 과정이다. 시장 조사는 필요한 정보를 정의하고, 정보를 수집하는 방법을 구상하며, 데이터 수집 방법을 관리하고, 결과를 해석하고, 기업에 결과를 보고하는 절차를 따른다.

시장 세분화, 표적시장 선정, 포지셔닝

마케팅 개념의 핵심은 소비자의 욕구를 만족시키는 것이다. 동시에 소비자 조사자는 소비자가 매우 다양하다는 사실을 인식하고 있기 때문에, 전 세계 소비자 간의 유사성을 찾으려 노력한다. 예를 들어, 어디에서 태어났든지 우리 인간은 모두 같은 생리학적 욕구를 가지고 있다. 우리는 모두 음식과 영양, 물, 공기에 대한 욕구를 가지고 있고, 환경으로부터 자신을 지킬 수 있는 주거지에 대한 욕구도 가지고 있다. 물론 살고 있는 환경, 문화, 교육, 경험 등으로부터 형성되는 후천적으로 습득되는 욕구도 있다. 후천적으로 습득하는 욕구에 관한 흥미로운 사실은, 많은 사람이 동일한 욕구를 가진다는 것이다. 이러한 욕구나 흥미의 동질성이 시장 세분화의 바탕이 되는데, 기업은 특정 세분시장의 욕구를 충족시킬 수 있는 제품이나 광고 소구로 소비자를 공략하게 된다. 또한 기업은 자사제품이 경쟁제품보다 특정 욕구를 더 잘 충족시켜줄 수 있도록 제품 이미지를 구성해야 한다(즉, '포지셔닝' 시켜야 한다). 이러한 전략적 체계의 세 가지 구성 요소에는 시장 세분화, 표적시장 선정, 포지셔닝이 있다.

시장 세분화, 표적시장 선정, 포지셔닝은 소비자를 고객으로 바꾸는 기초가 된다. **시장 세분화**(market segmentation)는 시장을 비슷한 욕구나 특성을 가지고 있는 소비자의 세분집단으로 정의하고 구분하는 과정을 의미한다. 시장 세분화를 통해서 다른 세분시장과는 다른 욕구를 가진 세분시장을 발견해내게 된다. **표적시장 선정**(targeting)은 향후 소비자가 될 수 있는 세분시장을 선택해서 마케팅에 집중하는 과정이다. **포지셔닝**(positioning)은 소비자의 마음속에 자사제품, 서비스, 브랜드에 대한 차별적인 이미지와 정체성을 창조해내는 과정이다. 이 차별적 이미지는 자사제품을 경쟁제품과 차별화시켜야 하며 자사제품이 경쟁제품보다 소비자의 욕구를 더 잘 충족시켜줄 수 있다고 소비자에게 전달하여야 한다. 성공적인 포지셔닝은 제품이 제공하는 혜택을 전달하는 데 초점을 맞춘다. 시장에서는 비슷한 제품이 많이 존재하기 때문에, 효과적인 포지셔닝 전략은 그 제품의 **차별적인 혜택**을 전달할 수 있어야 한다. 사실 새로운 맛이나 크기 등과 같은 기존제품에 새로운 형태를 포함한 대부분의 신제품이 실패하는 이유는 소비자가 그 신제품을 특징적인 이미지나 혜택이 없는 '유사(me-too)제품'으로 인식하기 때문이다.

마케팅 믹스

마케팅 믹스(4P)는 다음의 네 가지로 구성되어 있다.

1. 제품과 서비스(Product or service) : 특징, 디자인, 브랜드, 포장과 품질보증, 환불 정책 등 구매 후 혜택
2. 가격(Price) : 제시 가격과 할인, 공제, 지불 방법
3. 유통(Place) : 점포를 통한 제품이나 서비스의 유통
4. 광고 판촉(Promotion) : 인지도를 높이고 제품이나 서비스에 대한 수요를 형성하기 위해 고안된 광고, 판매 촉진, 홍보, 인적 판매

사회적 책임을 다하는 마케팅

표적 고객의 욕구를 충족시키고자 하는 마케팅 개념은 약간 근시안적이다. 소비자의 욕구를 충족시키는 제품 중 일부는 사회나 개인에게 해로운 것도 있으며 어떤 제품은 환경을 해치기도 한다. 소비자 행동을 연구하는 것은 소비자가 왜, 그리고, 어떻게, 구매 결정을 내리는지를 이해하는 것이기 때문에 혹자는 소비자에 대한 깊은 이해 때문에 비윤리적인 기업이 소비자를 악용하고 착취할 수 있다고 걱정한다.

사회가 번성해야만 기업이 번성하기 때문에 마케터는 마케팅 전략 수립 시 사회적 책임을 고려해야 한다. 모든 마케팅은 사회의 욕구와 개인과 조직의 욕구 사이에 균형을 맞추도록 노력해야 한다. **사회적 마케팅 개념**(social marketing concept)이란 기업이 표적 고객의 욕구를 충족시킴과 동시에 사회의 안녕을 증진시키고 강화해야 한다는 것이다. 어떤 기업은 법을 무시하고 해로운 제품을 시장에 내놓기도 한다. 샌프란시스코에 사는 한 변호사는 몬스터 베버리지를 고소했는데, 이 기업이 건강상의 위협 요인을 알면서도 자사의 카페인 함유 에너지 음료를 아동에게 마케팅했다는 이유였다. 이 소송은 미국 내에서만 100억 달러 정도의 시장 규모를 가지고 있는 에너지 음료를 판매하고 마케팅하는 것을 제지하는, 미국 내 시, 주, 연방 정부의 최근의 노력을 보여준다. 에너지 음료수는 '빠른 효과'를 약속하며 카페인을 비롯한 흥분제를 포함하고 있다. 이 소송에 따르면 청소년이 고카페인 제품을 마시게 되면 뇌 발작이나 심장 정지 등의 부작용이 있을 수 있음에도 불구하고 몬스터는 자사 음료수를 6세 정도의 아동에게까지 판매하고 있다고 한다. 미국 식품의약국(Food and Drug Association, FDA)에는 현재 에너지 음료의 카페인 함량에 대한 정확한 규제가 없고 다만 1950년대부터 '콜라 같은' 음료수에 1온스당 6mg의 카페인을 허용하는 규제만 있을 뿐이다. 현재 FDA는 새로운 규정을 준비 중이다.[4]

사회적 마케팅 개념에서는 사회가 건강할수록 기업이 번창할 것이고, 윤리적 행동과 사회적 책임을 다하는 기업이 결국에는 충성 고객으로부터 지지를 받을 것이라고 주장한다. 따라서 패스트푸드 음식점은 지방과 전분을 덜 포함하면서, 영양가는 더 좋은 음식을 개발해야 한다. 또한, 과식을 조장하는 방법으로 젊은이에게 음식 광고를 해서는 안 된다. 또한, 젊은이에게 본보기가 되는 스포츠 스

타를 이용하여 술이나 담배 광고를 해서도 안 된다. 젊은 여성의 섭식 장애에 영향을 줄 수 있기 때문에, 창백한 얼굴에 삐쩍 마른 여성을 광고 모델로 삼는 것도 재고해야 한다. 물론 이러한 관습을 전부 없애는 것은 불가능하겠지만, 적어도 축소하려는 노력이 필요하다.

많은 기업은 자사의 사명선언(mission statement)에 사회적 목적을 포함하고 마케팅 윤리와 사회적 책임은 조직의 효과성에 중요한 구성 요소라고 믿고 있다. 이런 기업은 사회적으로 책임 있는 행동은 소비자, 이해관계자, 대중에게 자사의 이미지를 향상하는 데 효과적이며, 궁극적으로는 매출을 증대시킬 것이라고 믿고 있다. 그 반대도 역시 사실이다. 즉, 사회적 책임을 다하지 않는 기업이나 비윤리적 마케팅 전략은 소비자의 구매 결정에 부정적인 영향을 미친다. 예를 들어, 맥도날드가 심장병과 관계있다는 한 광고가 있다. 책임 있는 내과의연합회라는 단체가 제작한 이 광고에서, 한 여인이 영안실에 누워있는 한 죽은 남자를 바라보며 울고 있다. 그 남자는 손에 햄버거를 쥐고 있다. 광고 마지막에 그의 발밑에 황금 아치가 나타나며, 맥도날드의 광고 슬로건인 "I'm lovin' it."을 살짝 비튼 "I was lovin' it."이라는 문장이 보인다. 동시에 성우가 "높은 콜레스테롤. 높은 혈압. 심장마비. 오늘은 채소를 드세요."라고 말한다.[5]

워너 뮤직의 한 자회사에서는 대중음악 스타의 온라인 팬클럽을 운영했는데, 그 사이트는 아동 사용자의 개인 정보를 불법적으로 수집했다는 명목으로 백만 달러의 벌금을 물었다. 미국 연방통상위원회(Federal Trade Commission, FTC)는 이 회사가 어린이온라인프라이버시보호법을 어긴 것으로 파악했는데, 이 법에 따르면 웹사이트는 부모의 동의 없이 13세 미만 사용자의 개인 정보를 수집할 수 없다. 위원회의 조사에 따르면, 이 회사는 4명의 팝스타 팬클럽에서 100,000명 이상의 정보를 불법적으로 수집했으며, 이 중 대부분이 13세 미만의 아동이라고 한다.[6] 2010년 구글이 지도를 그리기 위해서 이용한 자동차가 무선 네트워크를 통해서 민감한 개인정보를 수집했다는 사실이 밝혀졌을 때 구글은 이를 실수라고 이야기했다. 연방 정부는 구글이 "고의로 수사를 방해하고 연기시켰다."는 죄목으로 25,000달러의 벌금을 부과했다.[7]

많은 비영리 단체가 윤리적, 도덕적으로 옳은 사업을 하고 있다. 예를 들어, 동물 권리 보호, 유아 비만 및 과식 퇴치, 올바른 운전 습관 정착, 약물 남용 줄이기, 환경친화적 습관 강화 등이 있다(15장 참조). 〈그림 1.4〉는 유명한 비영리 단체, 동물을 윤리적으로 대하는 사람(People for the Ethical Treatment of Animals, PeTA)의 광고이다. 이 광고에서는 유명인이 등장하여 동물과 "지구를 공유하라."라고 이야기하고 있다. 그렇게 함으로써 우리는 자연환경을 지키고 향상시킬 수 있다.

출처 : People for the Ethical Treatment of Animals (PeTA)

그림 1.4 PeTA는 사회적 책임을 다하는 행동을 지지한다.

소비자와 기업 간 교환을 촉진하는 기술

학습목표

2 인터넷과 관련 기술이 어떻게 기업과 고객 모두에게 가치를 제공하여 마케팅 거래를 증진시키는지에 대해 이해한다.

처음 가보는 도시에서 하룻밤을 머무를 호텔을 찾고 있다고 생각해보자. 스마트폰을 꺼내서 구글에 접속하여 호텔을 검색하고 근처 호텔 리스트를 찾아낼 것이다. 그중에서 순위가 가장 높은 호텔을 클릭하여 '전화 걸기' 버튼을 눌러 전화를 걸고 방을 예약할 것이다. 구글은 이를 통해 돈을 벌게 되는데, 여러분이 방금 누른 '전화 걸기' 버튼은 '전화연결 광고'로 이를 통해 여러분이 호텔에 전화를 걸게 되면 호텔은 구글에 돈을 지불한다. 기술은 시장 세분화, 표적시장 선정, 포지셔닝, 소비자 유지 등뿐 아니라 마케팅 믹스까지도 혁명적으로 변화시켰다. 소비자가 컴퓨터, 휴대 전화, 전자책, 태블릿 PC 등의 전자기기를 사용할 때, 소비자는 기업에게 인터넷 이전 시대보다 훨씬 효율적으로 타깃팅을 할 수 있는 정보를 제공하게 된다. 온라인 기술은 '가치 교환'을 가능하게 한다. 기업은 제품을 개인화하고, 오락거리를 제공하는 등 소비자 자신을 지적으로 세련된 소비자로 만들어 줄 수 있는 정보를 제공해줌으로써 가치를 제공한다. 소비자는 온라인에서 '자신을 드러냄으로써' 기업에 가치를 제공하는 데, 이로써 기업이 제품을 더욱 효율적이고 정교하게 마케팅할 수 있게 된다. 즉, 소비자는 인터넷을 공짜로 이용하지만, 기업에 자신의 정보를 제공함으로써 가격을 '지불'하는 셈이다.

광고 제작자는 점점 더 독창적인 콘텐츠를 온라인으로 제공하고 있다. 소비자가 휴대 전화나 태블릿 PC와 같은 장치로 프로그램을 시청하는 데 너무 익숙해져 있어서, 이제는 전통적인 텔레비전과 인터넷의 경계가 사라지고 있기 때문이다. 아울러 광고 제작자는 전통적인 광고 매체에 쓰던 비용을 페이스북 같은 사이트 광고 쪽으로 옮기고 있다. 너무 다양한 플랫폼에서 너무 많은 콘텐츠가 생성되고 있기 때문에, 소비자 집단이 더더욱 세분되고 쪼개질 것이라고 예견되고 있다.[8]

소비자는 인터넷 탐색으로 가장 좋은 가격을 찾고, 다양한 마케팅 제공물에 입찰하고, 중간상과 유통을 건너뛰면서, 전 세계 제품을 언제든지 쇼핑할 수 있게 되었다. 또한 다양한 제품 모델의 특징을 쉽게 비교하고, 비슷한 관심사를 가진 다른 소비자와 제품 구매에 대한 정보를 주고받으면서 인맥을 쌓을 수도 있다. 소비자의 이러한 온라인 커뮤니케이션은 소비자를 세련되고 안목 있는 소비자로 만들었으며, 따라서 소비자를 유혹하고, 만족시키고, 유지하는 것이 더더욱 어렵게 되었다. 기업은 자사제품을 주문 제작하고, 제품이나 서비스에 가치를 부여하고, 세분시장에 딱 맞는 혜택을 제공함으로써, 제품을 더 효과적으로 포지셔닝해야 한다. 기술은 기업이 전략을 구성하는 데에 도움을 주는데, 기술 덕택에 손쉽게 제품을 제공하고, 촉진 메시지를 전달할 수 있으며, 더 효율적인 가격 책정과 짧은 유통 채널을 설계하고, 소비자와 장기적 관계를 맺을 수 있게 되었기 때문이다. 마케터는 소비자를 추적하는 데 빠르게 향상되는 기술을 사용해서, 새로운 제공물을 창조할 기회를 발견하고 기존에 존재하는 제품과 서비스를 향상하고 확대시킬 수 있다. 온라인에서 소비자를 추적하고, 잠재고객에게 자사 웹사이트에 등록을 유도하고, 이렇게 수집한 정보를 현실에서 수집한 인구통계학적 정보와 생활양식 데이터와 결합하여 방대하고 포괄적인 정보로 만들 수 있다(2장 참조).

아마존은 가치 교환의 예시를 보여준다. 아마존에서 소비자는 책을 쉽게 찾고, 샘플 페이지를 읽고, 다른 독자가 올려놓은 후기를 읽을 수 있다. 또한 구입한 책을 몇 분 안에 바로 읽을 수도 있다(서점에 직접 가서, 무거운 책을 집어 들고, 줄을 서서 기다려서 책을 구매하고, 구한 책을 집으로 가져오는 것과 매우 다르다). 소비자가 아마존의 웹사이트를 방문함과 동시에 이 기업은 소비자가 찾아본 책, 클릭한 샘플 페이지와 후기, 그리고 각각에 사용한 시간 등 소비자의 방문과 관련된 모든 정보를 저장한다. 아마존은 이런 정보를 통하여 소비자 개인에게 책을 추천하고 이를 통해 소비자와 장기적인 관계를 형성할 수 있다. 아마존은 또한 소비자가 과거에 살펴보았거나 구매한 제품을 판매하는 다른 웹사이트에 대해 광고할 수 있는 '정보 교환 네트워크'에도 참여하고 있다(8장 참조).

기술을 받아들인 소비자

많은 사람이 젊은 사람만이 웹사이트를 방문하고, 온라인 쇼핑을 하고 기업에게 '자신을 드러낸다'고 가정하지만 사실은 그렇지 않다. 〈그림 1.5〉에서 알 수 있듯이, 연령과 상관없이 대부분의 미국인은 다양한 첨단기계를 가지고 있다. 〈그림 1.6〉은 미국인이 인터넷에서 하는 다양한 활동을 보여주고 있다.[9]

그림 1.5 연령별 첨단기계 소유

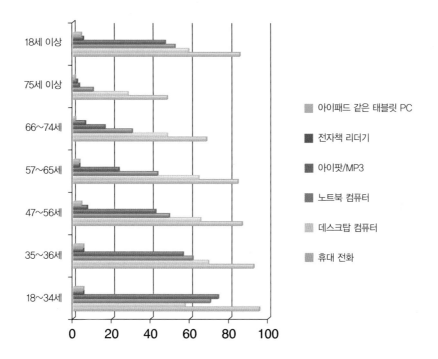

그림 1.6 미국인의 온라인 활동

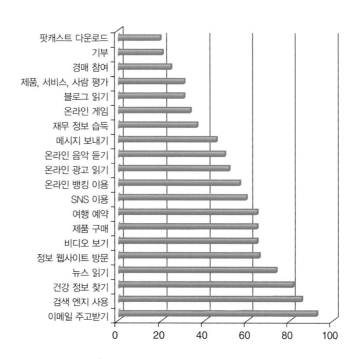

행동적 정보와 표적시장 선정

온라인에서는 누가 어떤 것에 관심을 가졌는지를 '쿠키'(웹페이지에 저장된 보이지 않는 코드)를 통해 추적할 수 있는데 이를 이용해 '정보 교환'이 일어난다. 예를 들어, 누군가가 칩에어(chea-pair.com)에서 파리로 가는 9월 비행기 일등석을 검색하면, 그 검색은 쿠키를 이용해 저장이 되고 칩에어는 그 쿠키를 엑셀레이트(eXelate)나 블루카이(BlueKai) 같은 교환 기업을 통해 판매할 수 있다. 예를 들어, 힐튼이 배너 광고나 전통적 매체를 이용한 광고를 집행하는 대신, 최근 여행 관련 사이트에 방문한 사람을 표적시장으로 삼고 싶다면, 교환 사이트에 접속하여 특정 소비자 집단을 선택하면 된다. 단순하게 예를 들어, 힐튼이 파리로 가는 9월 비행기를 검색한 사람을 선택하고자 한다면, 교환 사이트는 그러한 쿠키가 몇 개가 있는지를 보여주고, 힐튼은 가격을 입찰하여 똑같은 쿠키를 구입하려 하는 광고주와 경쟁하면 된다.[10] 만약 힐튼이 입찰에서 이긴다면, 자신의 브라우저에 해당 쿠키가 저장된 사람에게 광고를 보여줄 수 있게 되며, 그가 방문한 사이트와 관계없이 온라인으로 방문하는 도시 어디든 그에게 광고를 보낸다.

인터넷 덕분에 소비자는 처음 제품을 구매하거나, 재구매를 하고자 할 때 필요한 정보를 쉽게 찾을 수 있게 되었다. 동시에 인터넷 덕분에 기업은 소비자의 진정한 행동 데이터를 수집할 수 있게 되었는데, 이는 기업이 소비자의 쇼핑 행위를 관찰할 수 있기 때문이다. 인터넷 이전 기업은 소비자로부터 행동 데이터를 수집할 수밖에 없었다. 그런데 이러한 방법은 소비자의 실제 행동 패턴을 보여주기 보다는 소비자가 기업이 자신을 어떻게 보았으면 좋겠는지만을 보여주는 경우가 많았다. 예를 들어, 소비자는 이제 직접 자신의 차를 디자인할 수 있는데, 이러한 소비자의 행동으로 기업은 어떤 색상, 모양, 부속품이 가장 인기 있는지를 쉽게 파악할 수 있다. 이러한 정보를 통해 기업은 소비자가 선호하는 특성과 속성을 결합하여 최선의 자동차를 만들 수 있게 되었다.

소비자가 제품을 온라인에서 비교할 때, 다양한 모델과 브랜드의 특성과 속성을 한눈에 비교한다. 예를 들어, 디지털 카메라를 비교할 때 가장 빈번히 사용하는 평가적 속성은 렌즈, 스크린, 메가픽셀, 빛 감지기, 무게, 편집 기능 등이 있다. 대부분 브랜드의 웹사이트에서는 방문자가 다양한 모델과 브랜드를 한 창에서 비교할 수 있게 해주고, 더 세부적인 사항은 클릭을 통해서 해결할 수 있게 하고 있다. 소비자의 비교를 관찰함으로써 기업은 자사의 직접적인 경쟁자를 파악할 수 있고, 소비자가 가장 중요하게 고려하는 제품의 속성을 알아낼 수 있다. 〈그림 1.7〉은 온라인에서 전자책을 구매하고자 하는 소비자가 온라인에서 브랜드를 비교하고자 할 때 볼 수 있는 모습을 묘사하고 있다.

새로운 인터렉티브 커뮤니케이션 채널

전통적인 광고는 매스미디어를 통해 많은 잠재고객에게 도달하려면 많은 돈을 지불하던 일방적인 과정이었다. 또한 촉진 메시지의 효과는 매출이나 구매 후 마케팅 조사를 하는 행위를 통해서만 측정할 수 있었다. 이와는 반대로 전자 커뮤니케이션에서는 소비자가 웹사이트에서 링크를 클릭하는 등으로 기업의 메시지에 즉각적으로 반응할 수 있는 양방향 커뮤니케이션이 가능하다. 그러므로 기업은 기다리지 않고 촉진 메시지의 효과를 즉각적으로 측정할 수 있게 된다(7장 참조). 게다가 많은 미국의 가정은 소비자와 방송업자 사이에 양방향 커뮤니케이션을 가능케 하는 TV 케이블 박스를 소유하고 있다. 많은 케이블 TV 기업은 소비자가 리모컨을 이용하여 보고 싶은 광고만을 선택적으로 볼 수 있게 하는 기술을 채택하고 있다. 상호 작용의 또 다른 예시로는 슈퍼마켓 스캐너가 있는데, 요즘 슈퍼마켓 스캐너는 소비자의 구매를 추적하여 소비자가 계산함과 동시에 개인화된 쿠폰을 발

	노보(Novo)	델로넥스(Delonex)	톰(Tome)
크기	3.9″×4.8	3.5″×4.9	4.0″×4.1
무게	7.8온스	7.5온스	8.6온스
터치 스크린	몇 개의 모델	불가능	전체 모델
스크린 픽셀	600×800	758×1024	1200×1600
메모리 용량	8GB	16GB	16~64GB
배터리 용량	최대 8시간	초대 11시간	최대 12.5시간
서점	아마존	아마존	아마존과 소니
3G 스마트폰	소수의 휴대 전화 사업자	소수의 휴대 전화 사업자	모든 사업자
해외 사용 가능	가능	불가능	불가능
저장 내용	노보 콘텐츠에 한해 클라우드에 저장	델로넥스 콘텐츠에 한해 델로넥스 Sky에 저장	콘텐츠, 주소록, 일정표 등 저장 가능
가격	199달러	279달러	359달러

그림 1.7 전자책 비교

행한다.

상호작용의 또 다른 면모로 소비자가 직접 구성하는 촉진 메시지가 있다. 한 슈퍼볼(Super Bowl) 게임에서 기업은 그해의 경기에 삽입되는 광고를 선택하거나 제작하는 데 소비자를 참여시켰다. 아우디는 YouTubeAudi.com에 3개의 광고 버전을 올리고 소비자가 방송에 나갈 광고를 선택하게 하였다. 포드 자동차의 브랜드 링컨은 트위터를 이용해 소비자에게 가장 기억에 남는 자동차 여행 이야기를 올리도록 유도하였다. 또 다른 예로 삼성은 애플의 아이폰을 조롱하는 텔레비전 광고를 제작하였는데, 트위터의 소비자 코멘트를 기반으로 했다. 이 광고에서는 애플 스토어가 열기를 기다리면서 새로운 아이폰에 대해 대화를 나누는 소비자를 보여준다. 한 소비자가 "새로운 아이폰을 도킹 (docking) 하려면 어댑터가 필요하대요."*라고 말하자 다른 젊은이가 "네, 근데 애플은 멋진 어댑터를 만들잖아요."라고 끼어든다.* 삼성에 따르면, 이 광고는 스피커, 충전기를 비롯한 기존 부속품을 사용할 때 어댑터가 필요하다는 아이폰5의 특징적인 특성에 대해 불평하거나 조롱하는 수백 개의 트윗을 기반으로 만들어졌다고 한다.[11]

기업은 때때로 기술적 혁신 때문에 오랫동안 유지됐던 마케팅 전략을 수정해야 할 수도 있다. 소비자는 이제 시간을 건너뛰며 녹화를 할 수 있는 진보된 기계를 사용하여 광고를 보지 않고 건너뛸 수가 있다. 그래서 기업은 TV 프로그램에 직접 촉진 메시지를 삽입하여 이에 대응하고 있다. 예를 들어, 몇 개의 백화점이 모여 패션스타라는 리얼리티 쇼를 제작했다. 이 쇼는 디지털 녹화와 스트리밍 기술의 진화와 더불어 청취자가 광고를 쉽게 건너뛸 수 있게 되어 전통적인 TV광고의 가치가 줄어든 현상에 대한 방송 제작자와 기업의 여러 반응 중 하나일 뿐이다.[12]

크로스 스크린 마케팅(cross-screen marketing)이란 컴퓨터, 휴대 전화, 태블릿 PC 등 다양한 매체를 통해 소비자를 추적하고 타깃팅하는 마케팅의 형태이다. 기업은 새로운 소프트웨어를 이용하여 휴

---

* Suzanne Vranica "Ads Let Viewers Be Mad Men," online.wsj.com, February 2, 2013; Suzanne Vranica, "Tweets Spawn Ad Campaigns," online.wsj.com,

대 전화 사용자와 컴퓨터 사용자가 동일 인물인지를 파악하고 있다. 이 신기술 덕택에 광고주는 소비자가 인터넷 쇼핑을 하면서 드러낸 관심사를 바탕으로 그의 휴대 전화에 광고를 '밀어낼' 수 있게 되었다. 미국에서 모바일 광고의 비중은 전체 광고비에 2.4%에 불과하나 일 년 새에 15억 달러에서 41억 달러로 증가했다. 이 신기술은 모바일 광고비를 혁신적으로 증가시킬 것으로 기대된다.[13]

다양한 매체 환경을 이용한 광고는 필수적이다. 닐슨의 한 연구에 따르면 스마트폰 이용자의 약 84%와 태블릿 PC이용자의 86%가 한 달에 적어도 1회 이상 TV 시청과 모바일 기계 사용을 동시에 한다고 응답했다. 이러한 태블릿 PC 이용자 중 절반 가까운 사람이 TV를 보면서 SNS 서비스에 접속했다. 일례로 MTV 비디오 음악 시상식 중, 잘 알려진 래퍼 하나가 펩시 광고에 등장하면, 동시에 MTV 웹사이트나 MTV 모바일 어플리케이션을 보고 있던 사람이 펩시의 인터렉티브 광고를 볼 수 있었다. 이러한 동시다발적인 광고는 텔레비전을 보면서 동시에 인터넷을 서핑하거나 트위터를 이용하고 있는 소비자의 주목을 끌기 위한 방법이다.[14]

제품과 촉진 메시지 맞춤 제작

오클리는 고급 선글라스를 생산하는 세계적인 기업이다. 이 기업은 남성과 여성 모두에게 다양한 생활방식과 스포츠에 적합하도록 디자인된 다양한 모델을 제공한다. 심지어는 아시아인에게 잘 맞는 모델도 갖추고 있다. 오클리 선글라스는 대부분 맞춤 제작이 가능하다. 소비자는 유광 혹은 무광 안경테로 원하는 색상과 원하는 렌즈의 모양과 색상, 코 받침대 색상 등을 선택할 수 있으며, 심지어는 렌즈에 자신의 이름을 새길 수도 있다. 더불어 편광 렌즈나 비편광 렌즈를 선택할 수 있다. 또한 안경 케이스의 색상, 로고, 지퍼까지도 선택이 가능하다. 나이키의 웹사이트에서 소비자는 다양한 가격대에서 다양한 모델을 선택하여 색상과 특징(나이키 로고 모양과 레이스 등)을 선택하여 운동화를 맞춤 제작할 수 있으며 신발에 자신의 ID를 새길 수도 있다. 연구자는 맞춤 제작이 가능하려면 소비자가 자신의 선호를 확실히 알고, 이를 표현할 줄 알고, 제품에 관여해야 한다고 지적한다. 이는 구매가 드문 고가 상품이 '고관여' 맞춤 제작에 가장 적합하다는 사실을 시사한다.[15]

기업은 촉진 메시지도 맞춤 제작할 수 있다. 예를 들어, 한 온라인 약국은 고객이 자사 웹사이트를 재방문할 때 각 소비자에 맞추어 홈페이지 메인 페이지에 변화를 준다. 과거 구매 당시 전국 브랜드(national brand) 상품을 구매한 소비자에게는 브랜드별로 정리된 홈페이지를 제공한다. 세일한 제품을 구매했거나 무상표 브랜드(generic brand)를 구매한 소비자에게는 가격이나 할인율에 따라 페이지를 정리해 보여준다.

더 나은 가격과 유통

소비자는 인터넷 덕분에 가격 비교를 매우 효과적으로 할 수가 있다. 예를 들어, 소비자가 백화점을 구경할 때 이제는 다른 상점에서 그 제품을 어떤 가격에 판매하고 있는지를 휴대 전화로 확인할 수 있다. 이러한 현상 때문에 베스트 바이 같은 소매점은 경쟁 업체의 온라인 가격에 맞추어 가격을 책정하고 있다.[16] 어떤 소매점과 브랜드는 서비스 인력을 고용하는 대신 다양한 기계를 이용하여 개인화된 서비스를 창출해내고 있다. 한 화장품 회사는 매장 내에 터치스크린 텔레비전을 설치하여 스모키 아이 메이크업을 시연해볼 수 있도록 하였는데, 이는 한때 메이크업 아티스트의 독점적인 영역이었다. 어떤 매장에서는 고객이 탈의실에서 터치패드를 이용하여 원하는 정도의 조명과 음악을 조절할 수 있도록 만들어놓기도 했다[17](도움 요청을 위한 버튼도 있다). 점점 더 많은 책이 전자화되자 애플은 고등학교 수업 교재를 거의 90% 인하된 가격으로 제공할 수 있는 iBook 디지털 서점 계획을 밝혔다.[18]

마케터는 오래전부터 소비자가 전자제품처럼 비싼 제품을 구매할 때 인터넷을 통해 조사를 한다는 사실을 알고 있었다. 그러나 이제는 점점 더 많은 소비자가 장을 보거나, 개인위생 용품이나 가정 용품을 구매할 때조차 가장 좋은 가격을 찾고자, 매장에 방문하기에 앞서 인터넷에 접속하고 있다. 이에 대한 대응으로 기업은 스마트폰 어플리케이션 등의 최신 기술을 이용하여 매장 내 고객을 대상으로 하는 마케팅 활동을 하고 있다.[19]

더 나은 가격뿐만 아니라 유통 전략도 발전하고 있다. 온라인 소매점의 가장 큰 문제점인 배달 사고를 방지하기 위하여 아마존은 아마존 락커라고 불리는 커다란 금속 캐비닛을 쇼핑몰, 편의점, 약국 등에 설치해 소비자가 이 가상 문지기에 보관된 물품을 자유롭게 픽업해갈 수 있는 서비스를 제공한다.[20]

조만간 전자 시스템이 현금과 신용카드를 대체할 것이라는 사실을 인식하고 몇몇 소매업자는 모바일 결제 시스템을 개발했는데 이는 구글과 휴대 전화 기업에서 출시한 비슷한 제품과 경쟁하고 있다.[21] 여성에게는 '쇼핑 바이블'과 같은 잡지인 럭키는 myLuckymag.com 사이트에서 여성의 비용과 이동 시간을 줄여줄 수 있는 서비스를 도입했는데, 소비자는 이 쇼핑 사이트를 통해 수십 개의 소매업자로부터 바로 의류와 액세서리를 구매할 수 있다.[22] 많은 온라인 기업은 현재 온라인에서 종이류, 개인위생 제품처럼 습관적으로 제품을 주문하고자 하는 소비자에게 소구하는 '자동 반복 발송'을 실시하고 있다.

또한 인터넷은 기업이 큰 비용을 들이지 않고도 소비자 서비스를 향상시킬 수 있게 해준다. 뉴욕시에 있는 한 레스토랑의 웨이터는 메뉴의 모든 재료를 기억하기가 힘들자, 각 음식의 사진을 찍고, 정보를 분류하는 시스템을 만들고, 알레르기 유발 재료부터 고기 온도까지 메뉴의 모든 세부사항에 대한 아이콘을 만들어서 웨이터가 이용할 수 있는 웹사이트를 만들었다. 많은 레스토랑이 이 서비스를 이용하여 직원을 교육하고, 스케줄을 작성하고, 내부 토론을 하기 시작했다.[23]

세이프웨이나 크로거 같은 슈퍼마켓은 더 많은 소비를 촉진하기 위해 각 소비자의 행동에 기반을 둔 개인화된 가격을 제시하고 있다. 데이터 분석을 통해 특정 고객이 대가족이라는 사실을 알아내면 이 소비자가 더 큰 용량의 세제나 스파게티를 구매하도록 가격을 통해 유도한다. 그러나 만약 데이터 분석에서 어떤 고객이 가격 민감도가 높지 않은 것으로 나타난다면 비싼 스파게티를 사도록 유도한다. 또 다른 예로, X 브랜드의 생수를 A 씨에게는 2.71달러에, B 씨에게는 3.69달러에 판매한다. A 씨의 구매 데이터에 따르면 그녀는 X 브랜드를 좋아하나 X 브랜드의 생수는 별로 좋아하지 않는다. 그러면 A 씨에게는 매력적인 가격을 제시하여 그녀가 계속해서 생수를 포함하여 X 브랜드를 구매하도록 유도한다. X 브랜드의 생수를 사지 않을 것 같은 B 씨에게는 높은 가격을 책정한다. 어떤 매장에서는 소비자가 제품을 스캔할 수 있는 모바일 어플리케이션을 제공한다. 소비자가 이 어플을 이용하게 되면 기업은 곧바로 누구인지 전화번호나 식별번호를 통해서 확인하게 되고, 이들이 현재 매장 어디에 있는지를 파악하게 된다. 그리고 알맞은 e 쿠폰을 바로 발행한다. 만약 어떤 사람이 아기용품 코너에서 기저귀를 스캔하면, 기업은 즉시 아기의 나이를 예측하여 알맞은 분유나 아기 음식 쿠폰을 전송한다.[24]

소비자 가치, 만족, 유지

학습목표

3 소비자 가치, 만족, 유지 사이의 관계와 효과적인 소비자 유지 전략을 구성하는 데 있어서 기술의 혁신적인 역할에 대해 이해한다.

소비자 가치(customer value)는 소비자가 인식하는 혜택(경제적, 기능적, 심리적)과 그 혜택을 얻기 위해 투입한 자원(금전, 시간, 노력, 심리) 간의 비율로 계산된다. 예를 들어, 일 인당 음식 가격이 약 300달러에 달하는 뉴욕 시에 있는 고급 프렌치 레스토랑에 대해 소비자는 독특하고 맛있는 음식, 흠 잡을 데 없는 서비스, 훌륭한 인테리어 등을 기대한다. 소비자는 기대한 수준만큼의 서비스를 받게 되면 해당 경험이 그가 쓴 돈과 자원(예약을 위해 한 달을 기다린 등)의 가치를 주었다고 생각하게 된다. 반면 어떤 소비자는 이 레스토랑에 대한 기대가 너무 높아서 실망할 수도 있다. 반면 전 세계 수백만 명의 사람이 맥도날드에 가서 표준화된 품질, 서비스, 위생, 가치를 전달하도록 훈련받은 서비스 종업원으로부터 값싼 음식을 사 먹는다. 소비자가 맥도날드를 반복적으로 이용하는 이유는 맥도날드가 동일한 품질을 제공해주고 있고 소비자는 자신이 원하는 바를 알고 있고, 자신이 쓰는 자원에 맞는 가치를 얻고 있다고 생각하기 때문이다.

소비자 만족(customer satisfaction)이란 소비자가 제품이나 서비스의 성과를 자신이 가지고 있던 기대 수준에 대비해 어떻게 인식하느냐와 관련이 깊다. 앞서 언급했듯이 비싼 프렌치 레스토랑과 맥도날드가 모두 식음료 산업의 일부분이라고 하지만, 소비자는 두 곳에 대해 각각 매우 다른 기대 수준을 가지고 있다. 프렌치 레스토랑에 와인 종류가 얼마 없다든지, 맥도날드 프렌치프라이가 따뜻하지 않다든지 등과 같이 자신의 기대 수준보다 낮은 경험을 한 소비자는

불만족할 것이다. 자신의 기대 수준만큼의 경험을 한 소비자는 만족할 것이다. 기대 수준보다 높은 서비스를 경험한 소비자는 (프렌치 레스토랑에서 코스 요리 중간에 '셰프의 선물'로 음식 샘플을 준다든지, 맥도날드 매장에 어린이 놀이터가 있다든지 등) 매우 만족하고 기쁠 것이다.

소비자 유지

소비자 유지(customer retention)는 소비자가 다른 기업으로 옮겨가지 않고 자사와 계속 거래하여 장기적인 관계를 형성할 수 있게 하도록 소비자와의 각각의 거래를 관리하는 과정을 의미한다. 다음의 이유 때문에 기존 고객을 유지하는 것보다 새로운 고객을 유치하는 것이 더 많은 비용이 든다.

1. 충성 고객은 더 많은 제품을 구매하고 새로운 모델이나 신제품을 구매할 가능성이 높으며 교차 판매(cross-selling)도 쉽게 일어난다. 장기 고객은 보조 제품이나 고마진 제품을 추가 구입할 확률이 높다.

2. 기업의 제품에 대해 매우 친숙한 장기 고객은 신제품을 개발하거나 시험할 때 매우 중요한 자산이 된다.

3. 충성 고객은 가격 민감도가 낮고, 경쟁자의 광고에 주의를 덜 기울인다. 따라서 경쟁자가 시장에 진입하는 것을 어렵게 만든다.

4. 기업이 어떤 과정을 거쳐 어떤 것을 제공하는지에 대해 친숙하기 때문에 기존 고객을 서비스하는 것은 비용이 절약된다. 신규 고객에게 기업의 절차와 정책 등을 '숙지'시키는 것은 비싸다. 고객 영입 비용은 초기에만 일어나기 때문에 관계가 길어질수록 비용이 절감된다.

5. 충성 고객은 긍정적 구전을 퍼뜨리며 다른 고객에게 기업을 추천한다.

6. 신규 고객을 유치하기 위한 마케팅 노력은 대개 큰 비용이 든다. 성숙기 시장에서는 신규 고객을 찾는 것 자체가 불가능할 수도 있다.[25] 낮은 소비자 이동률은 높은 이윤과 밀접한 상관관계

를 보인다.

7. 소비자 유지율이 높아지고 충성도가 높아지면 종업원의 업무가 수월해지고 따라서 종업원 만족도가 증가한다. 자신의 업무에 만족한 종업원은 질 좋은 서비스를 제공함으로써 고객 만족도를 증가시킨다.

기술과 소비자 관계

기술은 소비자가 브랜드와 관계를 맺도록 도와주기 때문에 고객 관계와 유지에 도움을 준다. P&G은 향수, 구강 세정제, 치약 같은 미용 제품, 청소용품, 세탁세제, 기저귀 등 가정용품에서 세계적 규모를 지닌 기업이다. 이 기업의 웹사이트에는 모든 브랜드 제품에 대해 효율적 사용 방법을 제시하고 있다. 예를 들어, 샴푸 제품에서는 '두피 관리 핸드북'을 제공하고 있고, 질레트 면도기에 대해서는 올바른 면도 방법과 얼굴 관리에 대한 정보를 제공하고 있다. 세탁세제에 대해서는 흰 옷과 색깔 옷을 세탁하는 방법, 옷감 종류에 따른 적정 물 온도, 새틴 소재 다루는 법 등을 알려주고 있다. 아마존은 기존 고객의 과거 구매를 바탕으로 기존 고객이 흥미로워할 만한 새로운 책을 소개하는 이메일을 전송한다. 그레놀라바 브랜드인 네이처밸리는 구글의 거리 뷰와 비슷한 기술을 이용한다. 네이처밸리트레일뷰(Nature Valley Trail View)라 불리는 웹사이트는 그랜드 캐니언을 비롯한 미국 국립공원의 등산객을 거의 실시간으로 보여준다. 이 웹사이트에서는 제품을 판매하지는 않고, 스크린에 작은 네이처밸리 로고만 보여준다. 네이처밸리 기업의 목적은 자사 소비자가 좋아하는 생활양식을 보여주어 소비자를 브랜드에 참여시키고 브랜드 인지도와 충성도를 형성하는 것이다.[26]

기술로 인해 가능한 부가 가치를 획득할 기회는 사실상 무한하다. 교수는 온라인 네트워크와 도구를 이용하여 학생이 교재와 부교재를 읽고, 연습문제를 풀고, 장소와 시간에 상관없이 숙제를 하게 해줌으로써 학습을 증진시킬 수 있다. 온라인 신문은 고객이 좋아하는 주제의 기사와 새로운 소식의 링크를 고객 취향에 맞추어 각자에게 이메일을 보낸다. 기술이 물리적 제품에 부가가치를 더한 가장 혁신적인 예 중에 하나가 애플의 아이튠과 온라인으로 콘텐츠를 편집하고 포스팅할 수 있는 다양한 소프트웨어이다.

연구자는 소비자와 기업이 관계를 맺는 서로 상관관계가 높은 두 가지 유형을 밝혀내었다. 첫째는 **정서적 유대**(emotional bond)로 소비자가 기업에 대해 가지는 개인적인 몰입과 애착을 의미한다. 둘째 **사무적 유대**(transactional bond)는 소비자와 기업 사이에 교환을 촉진시키는 역학과 구조를 일컫는다. 요령 있는 기업은 소비자와 정서적 유대를 구축하려고 노력한다. 기술, 특히 소셜 미디어 형태의 기술은 판매 행위를 넘어 소비자가 기업에 대해 정서적인 유대 관계를 느낄 수 있게 해주는 가장 혁신적이고 다재다능한 도구이다.

소셜 미디어(social media)란 사람이 가상 공간에서 정보를 생성, 공유, 교환할 수 있는 상호작용의 도구를 일컫는다. 소셜 미디어는 모바일과 인터넷 기반 기술을 이용하여 개인과 공동체 사용자가 만든 콘텐츠를 공유, 토론, 수정할 수 있는 매우 상호작용성이 높은 플랫폼을 만든다. 소셜 미디어를 이용하여 소비자의 정서적 유대를 촉진한 예는 다음과 같다. 수백만 명의 소비자가 카메라와 휴대전화로 사진을 찍어서 페이스북이나 인스타그램 같은 공유 사이트에 올린다. 소비자가 잡지나 TV광고를 보는 시간이 줄고 있기 때문에 기업은 '소비자의 생활상을 광고'로 제작하고 있는데, 이는 가장 강력하고 설득력 있는 이미지인 소비자가 자신을 찍은 사진의 느낌과 형태를 이용하는 것이다. 패션 브랜드 중 일부는 소비자가 올린 사진을 바탕으로 디지털 광고를 제작했다. 의류 회사 홈페이지에는 전문 모델이 아닌 현실의 여성이 옷을 입고 있는 사진을 게재하며 어떤 디자이너는 인스타그램 사진으로 구성된 잡지 광고를 제작하기도 했다. 타코벨이 도리토스 로코스타코를 시장에 선보였을 때 많은 소비자가 도리토스 타코를 먹고 있는 사진을 인스타그램에 올렸다. 타코벨은 인스타그램의 허락을 받고 인스타그램처럼 보이는 TV광고를 제작했다. 많은 기업은 '자연스러운(organic-looking)' 사진이 전문가가 찍은 사진에 비해 효과적이라고 생각하기 시작했고, 따라서 전문적인 메이크업이나 스타일링을 하지 않은 일반인을 대상으로 전문적인 조명 없이 '거리에서 찍은 듯한(street-style)' 사진을 찍는 사진작가를 고용하여 온라인 광고를 찍고 있다.

소셜 미디어는 소비자와 기업의 유대 관계를 형성하는 데 도움을 주는 것 외에도 시장 조사 분야에 변화를 가져왔다. 많은 기업이 이제는 소비자의 기호에 대한 자료를 손쉽게, 때로는 소비자에게 질문하지 않고도 수집할 수 있다. TV 드라마 작가는 방송된 드라마를 보고 코멘트를 남기는 소비자를 모니터하여 그의 코멘트를 바탕으로 스토리 라인을 재구성하기도 한다. 비슷하게 기업은 값비싼 TV광고를 미리 소셜 미디어에 공개하여 테스트하기도 한다. 최근 슈퍼볼에서 그해의 경기에서 방송될 광고를 제작하거나 선택하는 데 소비자를 참여시켰다. 한 자동차 회사는 소비자에게 가장 기억에 남는 자동차 여행 이야기를 트위터에 올리도록 유도하는 트위터 캠페인을 펼치기도 했다.[27]

인터넷 시대 이전, 프리토레이는 초점 집단, 설문조사, 심층면접 등을 이용하여 새로운 감자칩을 개발했다(16장 참조). 이제 프리토레이는 소비자에게 회사 페이스북에 접속하여 새로운 맛을 제안하거나 좋아하는 맛의 감자칩에 '먹고 싶어요' 버튼을 누르게 한다. 그 결과 캘리포니아와 오하이오 주에서는 양파 맛 감자칩을, 뉴욕에서는 추로스 맛이 인기인 것을 발견하기도 했다. 프리토레이는 이 대회에서 나온 맛 중 단 세 가지 맛만 생산하기로 결정했지만, 개발자 중 한 사람에게 백만 달러의 상금을 주었다. 프리토레이는 이를 외국에까지 확대하여 시행했는데 그 결과 태국에서는 매운 게 맛을, 세르비아에서는 오이 피클 맛을 좋아한다는 사실을 알아내었다. 막대 사탕 모양 케이크 제조기를 판매할지에 대해 고민하던 월마트는 트위터를 연구했다. 그 결과 작은 케이크가 막대 사탕에 달린 케이크 사탕이 유행하기 시작했고, 많은 사람이 트위터에서 언급하고 있다는 사실을 발견했다. 에스티로더의 맥 화장품은 소셜 미디어 사용자에게 이제는 판매가 중단된 아이섀도 중에 어떤 제품을 재생산할지를 투표에 붙였다. 봉제 인형 브랜드인 스퀴셔블은 새 인형을 시장에 내놓기 전에 페이스북 사용자에게 피드백을 받았다. 사무엘 아담스는 새로운 맥주를 개발하는 데 소비자로부터 이스트 종류, 색상 등을 투표를 받았다.[28]

정서적 유대와 사무적 유대 기반 관계

자사제품을 구매할 때 소비자가 가지는 정서적 동기와 사무적 동기를 구분하는 목적은 소비자 유지와 장기적 관계를 이끄는 소비자 만족을 이해하기 위해서이다. 소비자가 온라인에서 더 많이 구매하게 되면서 인터넷 구매 소비자가 어떻게 만족하는지를 이해하는 것은 매우 중요한 일이 되었다. 연구자는 온라인 쇼핑에서 소비자 만족을 결정하는 다음의 요인을 밝혀내었다.[29]

1. 순응(adaptation) : 판매자의 추천이 소비자의 욕구를 만족시키는 정도. 맞춤 제작하여 제품을 주문할 수 있는지의 여부. 개인화된 광고와 판촉. 독특하고 가치 있는 고객이라는 느낌.
2. 상호작용성(interactivity) : 새로운 시각으로 제품을 바라볼 수 있는 능력. 제품을 쉽게 찾을 수 있는 검색 도구. 비교를 용이하게 하는 도구. 유용한 정보.
3. 육성(nurturing) : 구매에 대해 상기시켜주는 정보를 받는 것. 구매와 관련된 정보를 받는 것.

기업에 대한 기여를 인정받는 것. 소비자와 함께 기업을 키워나가는 것. 소비자와 관계를 증진시키는 것.

4. **몰입**(commitment) : 제품을 제때 배달해주는 것. 문제를 바로 해결해 주는 것. 소비자 중심적인 환불 정책. 소비자를 잘 보살피는 것.

5. **네트워크**(network) : 해당 웹사이트에서 소비자끼리 사용 경험을 공유하는 것. 다른 소비자나 잠재 고객으로부터 소비자가 받는 혜택.

6. **구색**(assortment) : 판매자가 대부분의 온라인 구매에서 '원스톱 쇼핑'을 제공하는지 여부. 소비자의 쇼핑 욕구를 만족시키는지의 여부. 판매자가 다양한 제품 구색을 갖추고 있는지의 여부.

7. **거래 용이성**(transaction ease) : 판매자의 웹사이트가 사용하기 용이한지의 여부. 최초 구매자가 별다른 도움 없이 손쉽게 구매할 수 있는지 여부. 웹사이트가 사용자가 사용하기 편리하며 거래가 쉽게 가능한지의 여부.

8. **약속**(engagement) : 웹사이트 디자인 매력도. 웹사이트가 주는 쇼핑의 즐거움. 웹사이트에서의 쇼핑이 편안하게 느껴지는 정도.

9. **충성도**(loyalty) : 소비자가 다른 판매자를 이용하지 않으려는 정도. 구매가 필요할 때마다 판매자의 사이트에 접속하는 경향. 판매자를 좋아하는 정도.

10. **관성**(inertia) : 아주 불만족하지 않는 한 새로운 판매자를 이용하는 것이 귀찮을 것임. 해당 사이트를 이용하지 않는 것이 불편한 정도. 전환 비용이 높다고 생각되는 정도.

11. **신뢰**(trust) : 거래가 성공적으로 이루어질 것이라고 판매자를 믿음. 웹사이트의 성능을 믿음. 판매자가 신뢰할 만하고 정직하다고 믿음.

이 구성 요소 중 일부는 감정적이고(예 : 약속과 육성), 일부는 거래 중심적이다(예 : 거래 용이성). 한 연구에서는 사무적 유대와 정서적 유대를 바탕으로 한 소비자와 기업의 관계를 네 가지로 분류했다.[30] 〈표 1.1〉이 이 관점으로 아마존의 고객을 분석한 결과이다.

표 1.1 사무적 유대 관계와 정서적 유대 관계	
팬 :	**충성 고객 :**
높은 유대 관계와 높은 구매. 구매자와 판매자가 협동하는 관계로 미래 거래의 혜택을 공유할 것이라 기대. 높은 수준의 몰입. 아마존에 제품이 없다면 다시 입고될 때까지 기다려준다. 팬은 판매자를 추천한다. "난 우선 아마존부터 가." "난 거기서만 거래해." "내가 경험한 것 중에 가장 좋은 소비자 지원 정책을 가지고 있어." "내 신용카드 중 하나는 아마존 전용이야."	자주 구매를 하지만 높지 않은 유대관계. "아마존 정도면 괜찮지. 자주 사긴 하지만, 우선 가격부터 따지지." 계산적 몰입 때문에 아마존에서 구입. 구매 포인트가 쌓이고 연회비가 없기 때문에 아마존 전용 신용카드를 사용. 전환 비용이나 대체재가 없기 때문에 계속해서 아마존을 이용. 정서적으로 애착을 갖기 때문에 충성 고객이 된 것이 아니라 이성적인 이유 때문임. 아마존 추천 빈도가 낮음. 아마존은 이이 정서적 몰입을 갖도록 유도해야 한다.
기쁜 소비자 :	**사무적 고객 :**
높은 유대 관계를 갖으나 중간 정도의 구매. 기대 수준 이상의 서비스를 받았기 때문에 만족하나 일반적으로 사용량이 많은 소비자가 아니다. "난 이 제품을 자주 사지는 않지만, 사게 되면 아마존에서 사지." 기업은 이러한 소비자를 자사의 열혈 고객으로 만들고 구매에 대한 보상을 모색해야 한다.	낮은 유대관계와 낮은 구매. 가격에 민감하고 쟁쟁자가 제공하는 판촉에 민감하다. 모든 제품이 비슷하다고 느끼기 때문에 가장 값싼 가격을 제공하는 판매자를 선택한다. 매 거래마다 판매자를 바꾼다. 아마존은 이러한 고객을 만족시키고 이를 확인해야 한다. 이 중 일부는 기쁜 소비자나 충성 고객, 나아가서는 팬이 될 수도 있다.

충성 고객과의 정서적인 유대는 부작용을 낳을 수도 있는데 특히 소셜 미디어가 개입될 때 그렇다. 세븐스제너레이션은 기존의 물티슈보다 더 두껍고 물기가 많은 새로운 물티슈를 도입하면서 기존제품 판매를 중단했는데, 소비자가 악평을 쏟아 붓기 시작했다. 아마존을 도배한 악평 때문에 이 물티슈의 아마존 스타 평점(star rating)은 몇 주 만에 5점에서 2.5점으로 곤두박질쳤다. 이에 대한 대응으로 기업은 온라인에서 기존제품과 신제품을 동시에 팔기 시작했다. 또한 손으로 직접 쓴 사과편지와 환불금을 기존 물티슈 한 박스와 함께 실망한 고객에게 배송했다. 또한 이메일로 기존제품을 다시 판매하게 되었음을 대대적으로 알렸다.[31]

소비자 충성도와 만족

제품과 브랜드에 매우 만족하고 기쁨을 느낀 소비자는 해당 제품을 계속 구매하고, 긍정적인 구전 활동을 펼치며, '평생 고객'이 되기도 한다. 반면 덜 만족했거나 별다른 감정을 느끼지 않은 소비자는 즉시 경쟁자 제품으로 전환하거나, 더 낮은 가격을 제시하는 제품이 나오면 전환한다. 게다가 매우 불만족한 소비자는 부정적인 구전을 퍼트리는데 때로는 매우 과장하는 경우도 있다. 소비자 행동과 소비자 만족 간의 관계를 탐색한 유명한 연구에서는 다음과 같이 소비자를 분류했다.[32]

1. 충성자(loyalist)는 완벽하게 만족한 고객으로 계속 재구매한다. 이 중 사도(apostles)라 불리는 이들은 기대했던 것보다 더 큰 만족을 경험함으로써 기업에 대해 매우 긍정적인 구전 활동을 하는 사람을 일컫는다. 기업은 사도를 양성할 수 있는 전략을 구성해야 한다.

2. 배반자(defector)는 기업에 대해 약간 만족하거나 별다른 감정을 느끼지 못하는 소비자로 낮은 가격을 제시하는 기업이 있다면 언제든지 브랜드를 전환한다. 기업은 이들의 만족 수준을 끌어올려 충성자로 만들어야 한다.

3. 테러리스트(terrorist)는 기업에 대해 부정적인 경험을 한 소비자로 부정적 구전을 퍼트리는 사람이다. 기업은 테러리스트를 없앨 방책을 세워야 한다.

4. 인질(hostage)은 불만족하지만 기업의 독점적 위치나 낮은 가격 때문에 기업의 제품을 계속 구매하는 소비자이다. 이들은 불평을 자주 제기하기 때문에 기업의 입장에서 다루기 까다롭고 비용이 많이 든다. 기업은 이의 불평을 잠재울 수 있어야 한다.

5. 용병(mercenary)은 매우 만족한 소비자이지만 기업에 충성도는 가지고 있지 않으며 다른 기업이 낮은 가격을 제시하면 변절할 수도 있고, 충동적으로 다른 기업으로 옮겨갈 수도 있는 소비자로 만족-충성도 공식이 적용되지 않는 부류이다. 기업은 이런 고객을 잘 연구하여 만족과 충성도 사이의 관계를 강화시킬 수 있는 방안을 찾아야 한다.

소비자 충성도와 수익성

소비자를 수익성에 따라 분류하고자 할 때에는 각 소비자로부터 얻는 수익을 추적하여 이들을 단계별로 분류하면 된다. 예를 들어, 한 판매업자는 '소비자 피라미드'를 이용하여 소비자를 4단계로 분류했다.[33]

1. 백금 단계(platinum tier)는 사용량이 많은 소비자가 속하는 단계로 이들은 가격 민감도가 낮고, 새로운 제품을 쉽게 받아들인다.

2. 금 단계(gold tier)는 사용량이 많지만 백금 고객에 비해 수익성이 낮은 고객으로 구성되어 있다.

이들은 대개 백금 단계 고객보다 가격에 민감하고, 할인을 선호하며 다양한 기업의 제품을 구매하는 경향이 있다.

3. 철 단계(iron tier)는 사용량이나 수익성이 그리 높지 않아 기업이 특별한 전략을 펼칠 필요가 없는 소비자로 구성되어 있다.

4. 납 단계(lead tier)의 소비자는 자신이 지불하는 비용에 대비 기업에게 과한 관심을 요구하고, 부정적 구전을 퍼트리기 때문에 기업의 입장에서는 오히려 비용이 되는 고객이다.

기업은 모든 소비자가 똑같지 않다는 사실을 인식해야 한다. 현명한 기업은 '무작정 소비자를 유지'하려 하지 말고, 오히려 수익성에 따라 소비자를 분류하여 선택적으로 소비자 관계를 구축한다. 소비자 유지에 능한 기업은 소비자의 소비량과 패턴을 면밀히 살펴본 후, 그의 수익성에 따라 소비자에게 분류하고 각 단계의 소비자에게 차별적인 전략을 구성한다. 예를 들어, 어떤 주식 중개자는 휴대 전화에 고거래 고객의 전화번호를 인식할 수 있게 설정한 후 무슨 일이 있어도 이의 전화를 받게 하고 있다. 휴대 전화에 대한 기술적 지원을 할 때에는 이미 기업의 제품을 여러 번 구매한 소비자에게 신속한 서비스를 제공해야 한다. 뉴욕 시의 많은 레스토랑이 중요한 고객의 데이터를 컴퓨터에 저장해 놓고 있다. 한 레스토랑에서는 유명한 음식 평론가가 수프가 컵에 담겨 있는 걸 좋아하고, 얼음이 담겨있는 큰 컵에 아이스티와 크랜베리 주스를 함께 담아 먹는 걸 좋아한다는 것, 유명한 래퍼는 하얀 버건디를 좋아하며, 매주 방문하는 한 고객은 아침 식사로 식빵의 끝 부분을 좋아한다는 것 등의 정보를 저장해 놓고 있다. 또한 각 고객이 선호하는 자리, 고객의 생일뿐 아니라 각 고객이 코카콜라와 펩시콜라 중 무엇을 선호하며, 물에 레몬을 띄우는 것을 좋아하는지 아닌지까지도 저장해 놓고 있다.[34] 반면, 신용카드를 적게 사용하거나, 수수료 면제 서비스를 위해 최소한의 잔액만 유지하는 것 같은 은행의 저 수익률 고객에 대해 부도 수표 또는 대금 지불 연체에 대한 면제를 해줘서는 안 된다. 어떤 기업에서는 아무리 공격적으로 공략하여도 구매량이 늘어날 것 같지 않은 소비자 집단을 밝혀내고 종종 회사에 남아있지 않도록 하거나, 심지어 '해고'하기도 한다. 예를 들어, 유료 텔레비전 방송사는 유지하고자 하는 고객을 선별하고 있는데, 이는 방송 제작 단가가 올라가고 있기 때문이다. 방송사가 수익성이 좋은 고객에게만 집중하게 되면, 나머지 고객은 기업을 떠나게 될 수도 있지만, 이미 성숙기 시장에 들어선 방송 시장에서 이익을 증가시키려면 어쩔 수 없는 선택이다.[35]

그림 〈1.8〉은 수익성에 따라 항공사 이용 고객을 가상으로 분류한 것이다. 왼쪽 열은 좌석 등급에 따른 마일당 수익을 나타내고 있다. 첫 번째 항에서는 네 가지 시비스 그룹에서 각각 마일당 얼마의 수익을 냈는지 보여준다. 상위는 고객을 누적 여행 거리(마일)로 분류한 것이다. 소비자가 이용한 좌석 등급과 그동안 여행한 거리를 바탕으로 소비자를 12등급으로 분류했다. 다이아몬드는 일등석을 이용하여 일 년에 250,000마일 이상을 이용한 고객으로, 항공사에 약 백만 달러의 수익을 가져다준다. 에메랄드는 일등석을 이용하지만 다이아몬드 고객만큼 많이 항공사를 이용하지는 않은 고객이거나 비즈니스석을 이용하며 매우 여행을 많이 다닌 고객이다. 다이아몬드와 에메랄드는 항공사에 가장 수익성이 높은 집단이다. 항공사는 이 고객에게 공항까지 무료로 교통을 제공하고, 체크인 전담 직원을 배치하고, VIP라운지까지 인도하는 직원을 배치하는 등의 서비스를 제공하고 있다. 다이아몬드와 에메랄드 고객은 비행 중 개인적이고 배려 깊은 서비스를 제공받고, 비행 후 짐을 찾을 때에도 가장 우선으로 도움을 받으며, 가고자 하는 최종 목적지까지 편리한 도움을 받을 수 있다.

현명한 기업은 소비자 '강등(demotion)'도 신중하게 계획해야 한다. 예를 들어, 비행 거리가 연간 계산되기 때문에 주어진 기간에 고객의 등급을 유지하는 데 필요한 마일리지가 조금 부족한 다이아몬드나 에메랄드 고객은 낮은 단계로 강등된다. 그러나 소비자의 심리적 관점에서 볼 때, 소비자는 일 년이라는 한정된 시간이 자신이 중요한 고객이라는 사실을 증명하기에는 부족하다고 느낄 수도 있다. 연구들은 가치 있는 고객을 쫓아버리지 않는 것이 이들을 1~2년 더 기존 등급으로 유지하는 데 드는 추가 비용보다 더 중요하다고 지적하고 있다. 기업은 모든 등급에 걸쳐 소비자가 기업의 결정을 단순히 받아들이기보다는 자신의 등급을 유지하려는 노력을 기울일 수 있도록 도와주어야 한다. 예를 들어, 어떤 항공사들은 강등 직전의 소비자에게 모자란 수익(예 : 마일리지)을 구매하여 기존 등급을 유지할 기회를 부여한다.[36]

사파이어 고객도 수익성이 높은 집단인데, 이들은 비즈니스석을 이용하여 꽤 자주 여행하기 때문이다. 이들에게는 되도록 자주 일등석으로 업그레이드를 시켜주되 다이아몬드나 에메랄드보다는 낮은 수준의 서비스를 제공해야 한다. 엘리트나 셀렉트 고객은 프리미엄 이코노미석을 이용하며 많이 여행하는 집단이다. 항공사는 이들에게 비즈니스석을 이용하는 것이 어떤 것인지를 자주 경험하게 해주어야 한다(2장 초반에 퀀타스 항공의 좌석 등급에 대해 설명한다).

소비자 유지의 측정

기업은 자사의 소비자 유지 전략을 평가할 수 있는 측정 도구를 개발해야 하는데, 연구자들은 다음과 같은 방법을 제안해왔다.

1. 소비자 가치평가(customer valuation) : 소비자의 가치를 평가하여 재무적, 전략적 가치에 따라 소비자를 분류한다. 이러한 방법을 통해 기업은 어떤 관계에 더 집중하고, 어떤 관계를 종식할 지 등을 결정할 수 있게 된다.

2. 유지율(retention rate) : 한 해를 시작할 때 소비자가 그해 마지막에 소비자로 남아 있는 비율을 말한다. 한 연구 결과에 따르면 소비자 유지율을 80%에서 90%로 증가시키면 소비자와의 관계가 5년에서 10년으로 두 배 정도 증가하는 것으로 나타났다. 기업들은 제품 간, 세분시장 간, 시간 간의 비교를 할 수 있도록 이 비율을 활용한다.

3. 탈퇴 분석(analyzing defection) : 현상이 아니라 이유를 찾아야 한다. 과거 고객과 깊은 이야기를 나누고, 소비자 불만을 분석하고 경쟁사의 탈퇴율을 벤치마킹한다.

기업은 위와 같은 측정을 통해서 밝혀진 결과를 바탕으로 수정 계획을 수립하여 실행해야 한다. 가능한 유지 전략에는 종업원의 서비스를 강화하고, 소비자와 종업원의 가치에 대해 최고 경영자가

그림 1.8 항공사의 수익성에 따른 고객 분류

연간 누적 여행 거리와 수익

좌석 등급과 마일당 수익률		250,000마일 이상	150,000마일 이상	100,000마일 이상
	일등석 (마일당 4$)	$1,000,000 다이아몬드	$600,000 에메랄드	$400,000 에메랄드
	비즈니스석 (마일당 2$)	$500,000 에메랄드	$300,000 사파이어	$200,000 사파이어
	프리미엄 이코노미 (마일당 0.6$)	$150,000 엘리트	$90,000 셀렉트	$60,000 셀렉트
	이코노미 (마일당 0.3$)	$75,000 셀렉트	$45,000	$30,000

지지를 해주고, 기업의 보상 시스템을 수정하고, 탈퇴의 원인을 없애기 위한 '복구팀'을 이용하는 것 등이 있다. 또한 기업은 소비자가 다른 브랜드로 전환하기 어렵게 장벽을 구축할 수도 있다. 제품이나 서비스를 하나의 가격으로 묶음 판매를 할 수도 있다. 교차 판매(cross-sell : 현재 고객에게 관련 제품을 판매한다.), 교차 판촉(cross-promotion : 관련 제품 구매자에게 할인이나 다양한 판촉을 제공한다.)을 하거나, 구매에 대해 인센티브를 제공하거나, 해지 비용(termination cost : 주택 자금 대출을 조기 상환하면 수수료를 부과 한다.)을 부과 할 수 있다.

내부 마케팅

내부 마케팅(internal marketing)은 종업원에게 하는 마케팅 활동을 일컫는 용어이다. 행동과 동기 전문가는 종업원이 기업으로부터 소중한 '내부 고객'으로 취급받으면, '더 많이 노력하여' 소비자 유지에 힘쓰게 된다고 입을 모아 말하고 있다. 이러한 관점에 따르면 모든 종업원, 팀, 부서들은 서비스와 제품의 공급자이자 동시에 소비자가 된다. 내부 마케팅이 효과적이려면 모든 종업원은 다른 종업원에게 우수한 서비스를 제공함과 동시에 그들로부터 우수한 서비스를 제공받아야 한다. 또한 내부 마케팅은 종업원이 자신의 역할의 중요성을 이해하고, 자신의 역할과 다른 종업원의 역할이 어떻게 관련되어 있는지를 이해할 수 있도록 도움을 주어야 한다. 실행이 잘되면, 종업원은 서비스나 제품을 전달할 때 고객의 관점에서 바라볼 수 있게 된다. 전반적으로 내부 마케팅은 모든 종업원이 서로를 고객으로 대하는 일련의 사슬이다. 물류 매니저는 고객 서비스 부서를 자신의 내부 고객으로 바라볼 것이고, 고객 서비스 부서는 현장 엔지니어를 고객으로 바라볼 것이며, 연구 개발 팀은 생산 팀을 고객으로 바라볼 것이다. 이러한 관계는 양방향으로 일어나기도 하고 조직 구조의 상향, 하향 모든 방향으로 일어난다.

내부 마케팅의 목적은 자신의 임무 이상으로 고객에게 서비스를 제공하여 만족한 고객을 충성도 높은 팬으로 만드는 '마법 같은 순간(디즈니의 용어)'을 창출해낼 수 있는 직원을 만드는 것이다. 디즈니의 '집주인(또는 배역)'—절대 '직원'이라고 부르지 않는다—은 '적극적으로 친절하도록' 훈련을 받는데, 이는 "사람을 행복하게 만들자."는 이 기업의 사명에 따른 것이다. 디즈니의 매직킹덤에서 일하는 집주인 하나가 가족사진을 찍고자 하는 부모를 보게 되면 모든 가족이 사진을 찍을 수 있게 대신 사진을 찍어준다. 디즈니의 목적은 자사 테마 파크에 고객이 재방문하도록 하는 것인데, 실제로 70% 이상의 고객이 재방문 고객이다. 디즈니는 소비자를 만족시키고 기쁘게 하여, 사람과 디즈니 사이에 정서적 유대 관계를 형성할 수 있는 추억을 창조해낸다는 점에서 소비자 행동의 전문가라고 할 수 있다.

기대치 못한 우수한 대우를 받은 소비자는 기업을 신뢰하는 충성 고객이 될 확률이 높다. 예를 들어, 매직킹덤에서 하루를 보낸 피곤한 부모와 아이가 주차장에 가기 위해 셔틀버스를 기다리고 있다고 가정해보자. 그런데 이들은 어디에 차를 주차해놨는지 주차장 번호를 까먹었고(디즈니에 따르면, 30% 정도의 고객이 그러함), 이때 디즈니의 집주인 하나가 이들에게 도움을 주려고 다가온다. 그는 이들에게 도착한 시간이 언제인지를 물어 이들이 도착 당시 폐쇄되어 있었던 주차장을 확인하고, 이들의 차가 주차되어 있을 법한 주차장을 알려준다. 의심할 여지없이 만족한 방문객은 이 서비스를 기억할 것이고, 또한 다른 사람에게 이야기할 것이다. 이런 일이 가능했던 것은 이 직원이 자신이 하던 일을 멈추고 고객을 도우러 갈 수 있도록 디즈니가 기술적 정보와 시스템을 갖추어놓았고, 효과적인 내부 마케팅 프로그램을 통해 직원에게 소비자 서비스에 대한 기업의 비전을 성공적으로 '마케

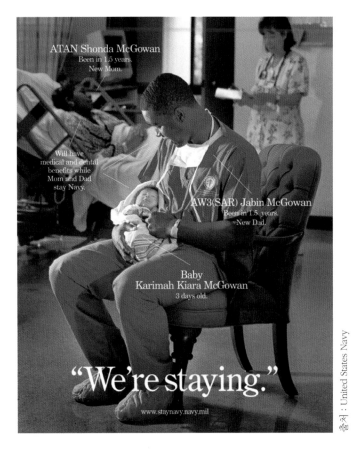

그림 1.9 미국 해군의 내부 마케팅

팅'할 수 있었기 때문이다.

〈그림 1.9〉에 있는 다음의 2개의 광고는 직원 유지를 위한 목적으로 미국 해군이 제작한 광고 캠페인의 일부이다.

학제 간 연구 분야로서의 소비자 행동

학습목표

4 학제 간 연구 분야로서의 소비자 행동, 소비자 의사결정, 그리고 이 책의 구조에 대해 이해한다.

소비자 행동이란 분야는 네 가지 연구 분야에서 비롯되었다. 첫째, **심리학**(psychology)으로 인간의 마음을 연구하고 행동에 영향을 미치는 심리적 요인(욕구, 성격, 지각, 학습된 경험, 태도 등)을 파악하는 학문이다. 둘째, **사회학**(sociology)은 간 사회(가족, 동료, 사회계층 등이 전형적인 예)의 발전, 구조, 기능, 문제를 연구하는 학문이다. 셋째, **문화인류학**(anthropology)은 인간 사회 간 문화와 발전(문화적 가치와 하위문화 등)을 비교하는 학문이다. 마지막으로 **커뮤니케이션**(communication)은 개인적으로 혹은 매체를 통해 정보를 전달하고 교환하는 과정과 설득 전략을 사용하는 방법에 대해 연구하는 분야이다.

소비자의 의사결정

〈그림 1.10〉은 소비자의 의사결정 과정을 입력, 과정, 산출 단계로 나누어 보여주고 있다.

입력단계(input stage)는 두 가지 영향 요인으로 구성되어 있는데, 바로 기업의 마케팅 노력(즉, 제

그림 1.10 소비자 의사결정 모델

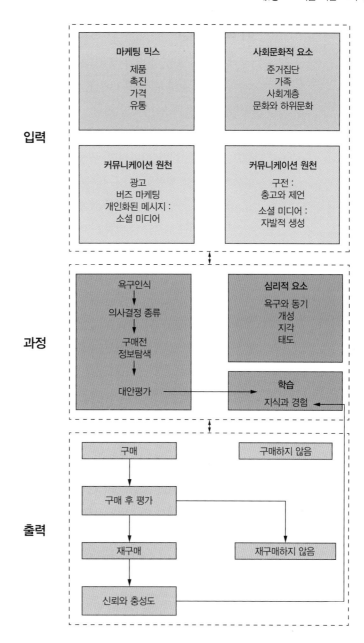

품, 가격, 촉진, 유통)과 사회문화적 영향력(즉, 가족, 친구, 이웃, 사회계층, 문화)이다. 이 단계는 기업과 사회문화적 정보원으로부터 소비자에게로 정보가 어떻게 전송되는지에 대해 다루고 있다.

과정단계(process stage)는 소비자가 어떻게 의사결정을 내리는지에 초점을 두고 있다. 심리적 요인(즉, 동기, 지각, 학습, 개성, 태도)은 입력단계에서 인지한 외부 입력물이 소비자의 욕구, 정보 탐색, 대안 평가에 영향을 미친다. 또 대안평가를 통해 획득한 경험은 소비자 학습 과정을 거쳐 소비자의 심리적 요인으로서 작용하게 된다.

마지막으로 산출 단계(output stage)는 구매와 구매 후 평가라는 두 가지 의사결정 행동으로 구성되어 있다.

이 책의 구성

1부에서는 마케팅, 소비자 행동, 전략적 마케팅의 구성 요소에 대한 전반적인 개괄을 다룬다. 1장에서는 인간의 소비 관련 행위에 초점을 둔 학제 간 연구로서의 소비자 행동을 설명한다. 또한 마케팅의 발전 과정, 주요 마케팅 전략, 기업의 사회적 책임을 설명한다. 또한 기술의 영향력과 소비자 가치, 만족, 유지의 관계도 이 장에서 다루고 있다. 이 장의 마지막에는 소비자 의사결정 모델을 설명하고, 이 책에 대한 전반적인 구성을 설명한다. 2장은 인구통계학적, 사회문화적, 심리학적 변수를 이용하여 시장 세분화를 실시하는 방법을 설명한다. 또한 표적시장을 선정하는 방법, 행동적 타깃팅, 경쟁자과 차별적인 제공물을 제공하는 방법도 다루고 있다.

2부는 인간으로서의 소비자를 다루는데, 소비자 행동에 영향을 미치는 심리적 요인을 주로 설명하고 있다. 3장에서는 인간의 동기와 개성이 소비자 행동에 미치는 영향력을 다룬다. 4장은 소비자 지각을 다루는데, 이는 개인이 노출된 자극을 선택하고, 조직하고, 해석하는 과정을 일컫는다. 즉, 우리가 우리를 둘러싸고 있는 세상을 어떻게 바라보느냐에 따라 구매 방법이 영향을 받는다는 것이다. 5장은 과거 구매경험과 행동을 통해 학습하고 이를 미래 구매에 어떻게 이용하는지를 설명한다. 6장은 대상에 대한 인지와 평가인 태도가 구매 행동에 어떻게 영향을 미치는지를 설명한다.

3부는 발신자, 메시지, 매체, 수신자, 피드백으로 구성된 커뮤니케이션과 설득 과정을 다룬다. 피드백은 수신자가 전달하고자 했던 메시지가 실제로 전달되었는지를 알려준다. 7장은 커뮤니케이션 과정의 구성 요소들을 소개하고 효과적인 커뮤니케이션을 위해 극복해야 할 방해물을 설명한다. 전통적인 대중 매체를 이용한 브로드캐스팅 모델과 온라인 광고와 소셜 미디어를 이용한 내로캐스팅 모델의 차이도 이 장에서 설명한다. 또한 메시지에 초점을 맞추는데, 메시지 구조, 설득 단서, 효과성 측정 방법을 다룬다. 8장은 커뮤니케이션 채널을 살펴보고 인쇄 매체, 방송매체, 소셜 미디어와 모바일 광고에 이르기까지의 변천사를 다룬다. 그리고 다양한 매체를 이용하여 소비자를 타깃팅하는 방법과 구글이나 페이스북과 같은 온라인 광고의 역할에 대해 토론한다. 마지막으로 소셜 미디어와 모바일 광고를 통한 마케팅 활동과 전통적 매체에서 전자 매체로의 진화에 대해 다룬다. 소비자의 구매에 영향을 미치는 커뮤니케이션 원천에는 두 가지가 있다. 바로 기업의 메시지와 다른 소비자로부터의 정보이다. 9장에서는 이 원천의 신뢰성을 살펴보고 소비자가 이를 어떻게 사용하는지를 살펴본다. 또한 다른 사람의 구매 결정에 영향을 미치는 사람인 의견 선도자의 특성에 대해 살펴본다. 결론으로는 인터넷 구전을 포함하여 구전활동에 대한 전략적 이용에 대해 소개한다.

4부는 사회적, 문화적 환경에 속해 있는 소비자를 연구한다. 사회학은 사회의 발전, 구조, 기능에 대해서 연구하는 학문이고, 문화 인류학은 인간 사회 간 문화와 발전에 대해 비교한다. 10장은 소비자로써 가족에 대해 고찰하고 사회계층 구조에서 가족이 차지하는 위치를 살펴본다. 또한 다양한 사회계층의 특성과 소비패턴을 살펴본다. 11장은 문화와 가치, 의식, 관습 등을 통해서 문화가 어떻게 표출되는지를 탐구한다. 더 나아가서 문화적 가치를 측정하는 방법을 알아보고, 광고와 구매 패턴을 통해 바라본 미국인의 가치를 살펴본다. 12장은 하위문화라고 불리는 문화집단을 살펴보는데, 문화집단이란 큰 사회 내에서 특정 믿음, 가치, 관습을 공유하는 작은 집단을 일컫는다. 인종, 종교, 지리적 위치, 나이, 성별 등에 따라 특정 문화집단에 속하게 된다. 13장은 다양한 국가 시장을 추구하고 있는 기업들에 매우 중요한 전략적 구성 요소인 비교문화 분석을 다루고 있다. 해외에서의 마케팅 기회를 평가하는 방법과 글로벌 시장에서 제품과 판매촉진을 현지화할지의 여부도 다룬다.

5부는 3장으로 구성되어 있다. 14장은 소비자 구매의사결정을 다루고, 더불어 기업의 전략과 2, 3,

4부에서 다루었던 심리학적, 사회문화적 변수들이 어떤 관계를 형성하고 있는지를 다룬다. 이 장에서는 소비자가 혁신적인 신제품에 어떻게 반응하는지와 함께 신제품이 개인과 사회에서 받아들여지는 과정을 설명한다. 15장은 기업의 사회적 책임과 부당한 타깃팅이나 기만적인 마케팅 등 윤리적으로 의심스러운 마케팅 활동을 다룬다. 이 장에서는 또한 소비자의 개인 정보 남용과 사회적으로 바람직한 이슈와 행동에 대한 마케팅을 마지막으로 다룬다. 16장은 소비자 조사의 방법론을 다루는데 특히 정성조사와 정량조사 디자인의 차이를 중점으로 다루고 있다.

요약

학습목표 1 : 마케팅 개념의 진화 과정, 마케팅 전략을 수행하는 데 사용되는 도구, 가치와 소비자 유지 사이의 관계, 사회적 책임을 다하는 마케팅의 목적 등을 이해한다.

마케팅은 소비자, 고객, 파트너, 사회 모두에게 가치 있는 제품을 생산하고, 홍보, 유통, 교환을 하기 위해 벌이는 행동이며 과정이다. 소비자 행동은 소비자가 자신의 욕구를 충족시키기 위해 제품과 서비스를 탐색하고 구매하여 사용하고, 평가하며 처분하는 과정 중에서 행하는 활동을 연구하는 학문이다. 소비자 행동은 기업이 제공하는 제품에 대해 소비자가 자신의 자원(예 : 시간, 돈, 노력)을 어떻게 사용하는지를 설명하고자 한다. 소비자 행동은 소비자가 어떤 제품과 브랜드를 왜, 언제, 어디서, 얼마나 자주 구매하며, 얼마나 자주 사용하는지, 구매 후 어떤 평가를 하는지, 재구매를 할지 말지 등의 질문에 답을 해준다. 마케팅과 소비자 행동은 마케팅 개념에 그 바탕을 두고 있는데, 마케팅 개념에서 마케팅의 핵심은 소비자의 욕구를 만족시키고, 가치를 창조하고, 소비자를 유지하는 데 있다고 본다. 마케팅 개념에 따르면 기업은 소비자가 구매하고자 하는 제품만을 생산해야 한다. 마케팅 근시안은 제품이 만족시켜야 하는 욕구가 아니라 제품 자체에만 초점을 둘 때 발생한다. 4P라고도 불리는 마케팅 믹스는 제품과 서비스, 가격, 유통, 광고 판촉으로 구성되어 있다. 시장 세분화, 표적시장 선정, 포지셔닝은 소비자를 고객으로 바꾸는 기초가 된다. 시장 세분화는 시장을 비슷한 욕구나 특성을 가지고 있는 소비자의 세분집단으로 정의하고 구분하는 과정을 의미한다. 표적시장 선정은 향후 소비자가 될 수 있는 세분시장을 선택해서 마케팅에 집중하는 과정이다. 포지셔닝은 소비자의 마음속에 자사제품, 서비스, 브랜드에 대한 차별적인 이미지와 정체성을 창조해내는 과정이다. 사회적 마케팅 개념이란 기업이 표적 고객의 욕구를 충족시킴과 동시에 사회의 안녕을 증진시키고 강화해야 한다는 것이다.

학습목표 2 : 인터넷과 관련 기술이 어떻게 기업과 고객 모두에게 가치를 제공하여 마케팅 거래를 증진시키는지에 대해 이해한다.

기술은 시장 세분화, 표적시장 선정, 포지셔닝, 소비자 유지 등뿐 아니라 마케팅 믹스까지도 혁명적으로 변화시켰다. 소비자가 컴퓨터, 휴대 전화, 전자책, 태블릿 PC 등의 전자기기를 사용할 때, 소비자는 기업에게 인터넷 이전 시대보다 훨씬 효율적으로 타깃팅을 할 수 있는 정보를 제공하게 된다. 온라인 기술은 '가치 교환'을 가능하게 한다. 기업은 제품을 개인화하고, 오락거리를 제공하는 등 소비자 자신을 지적으로 세련된 소비자로 만들어 줄 수 있는 정보를 제공해줌으로써 가치를 제공한다. 소비자는 온라인에서 '자신을 드러냄으로써' 기업에 가치를 제공한다. 소비자는 인터넷 탐색으로 가장 좋은 가격을 찾고, 다양한 마케팅 제공물에 입찰하고, 중간상과 유통을 건너뛰면서, 전 세계 제품을 언제든지 쇼핑할 수 있게 되었다. 또한 다양한 제품 모델의 특징을 쉽게 비교하고, 비슷한 관심사를 가진 다른 소비자와 제품 구매에 대한 정보를 주고받으면서 인맥을 쌓을 수도 있다. 소비자의 이러한 온라인 커뮤니케이션은 소비자를 세련되고 안목 있는 소비자로 만들었으며, 따라서 소비자를 유혹하고, 만족시키고, 유지하는 것이 더더욱 어렵게 되었다. 기업은 자사제품을 주문 제작하고, 제품이나 서비스에 가치를 부여하고, 세분시장에 딱 맞는 혜택을 제공함으로써, 제품을 더 효과적으로 포지셔닝해야 한다. 기술은 기업이 전략을 구성하는 데에 도움을 주는데, 기술 덕택에 손쉽게 제품을 제공하고, 촉진 메시지를 전달할 수 있으며, 더 효율적인 가격 책정과 짧은 유통 채널을 설계하고, 소비자와 장기적 관계를 맺을 수 있게 되었기 때문이다. 마케터는 소비자를 추적하는 데 빠르게 향상되는 기술을 사용해서, 새로운 제공물을 창조할 기회를 발견하고 기존에 존재하는 제품과 서비스를 향상하고 확대시킬 수 있다. 온라인에서 소비자를 추적하고, 잠재 고객에게 자사 웹사이트에 등록을 유도하고, 이렇게 수집한 정보를 현실에서 수집한 인구통계학적 정보와 생활양식 데이터와 결합하여 방대하고 포괄적인 정보로 만들 수 있다

학습목표 3 : 소비자 가치, 만족, 유지 사이의 관계와 효과적인 소비자 유지 전략을 구성하는데 있어서 기술의 혁신적인 역할에 대해 이해한다.

소비자 가치는 소비자가 인식하는 혜택(경제적, 기능적, 심리적)과 그 혜택을 얻기 위해 투입한 자원(금전, 시간, 노력, 심리)간의 비율로 계산된다. 소비자 만족이란 소비자가 제품이나 서비스의 성과를 자신이 가지고 있던 기대 수준에 대비해 어떻게 인식하느냐와 관련이 깊다. 소비자 유지는 소비자가 다른 기업으로 옮겨가지 않고 자사와 계속 거래하여 장기적인 관계를 형성할 수 있게 하도록 소비자와의 각각의 거래를 관리하는 과정을 의미한다. 기존 고객을 유지하는 것보다 새로운 고객을 유치하는 것이 더 많은 비용이 든다. 기술 덕택에 기업은 더 많은 소비자를 유지할 수 있고, 쇼핑 고객의 선호와 구매 후 평가 등에 관해 매우 정교한 데이터를 수집할 수 있다. 제품과 브랜드에 매우 만족하고 기쁨을 느낀 소비자는 해당 제품을 계속 구매하고, 긍정적인 구전 활동을 펼치며, '평생 고객'이 되기도 한다. 반면 덜 만족했거나 별다른 감정을 느끼지 않은 소비자는 즉시 경쟁자 제품으로 전환하거나, 더 낮은 가격을 제시하는 제품이 나오면 전환한다. 게다가 매우 불만족한 소비자는 부정적인 구전을 퍼트리는데 때로는 매우 과장하는 경우도 있다.

학습목표 4 : 학제 간 연구 분야로서의 소비자 행동, 소비자 의사결정, 그리고 이 책의 구조에 대해 이해한다.

소비자 행동이란 분야는 네 가지 연구 분야에서 비롯되었다. 첫째, 심리학은 인간의 마음을 연구하고 행동에 영향을 미치는 심리적 요인을 파악하는 학문이다. 둘째로 사회학은 인간 사회의 발전, 구조, 기능, 문제를 연구하는 학문이다. 셋째 문화인류학은 인간 사회 간 문화와 발전을 비교하는 학문이다. 마지막으로 커뮤니케이션은 개인적으로 혹은 매체를 통해 정보를 전달하고 교환하는 과정과 설득 전략을 사용하는 방법에 대해 연구하는 분야이다.

소비자의 의사결정 과정은 입력, 과정, 산출 단계로 구성되어 있다. 입력단계는 두 가지 영향 요인으로 구성되어 있는데, 바로 기업의 마케팅 노력과 사회문화적 영향력이다. 이 단계는 기업과 사회문화적 정보원으로부터 소비자에게로 정보가 어떻게 전송되는지에 대해 다루고 있다. 과정단계는 소비자가 어떻게 의사결정을 내리는지에 초점을 두고 있다. 심리적 요인은 입력단계에서 인지한 외부 입력물이 소비자의 욕구, 정보 탐색, 대안 평가에 영향을 미친다. 산출 단계는 구매와 구매 후 평가라는 두 가지 의사결정 행동으로 구성되어 있다.

이 책은 총 5부로 구성되어 있다. 1부에서는 마케팅, 소비자 행동, 전략적 마케팅의 구성 요소에 대한 전반적인 개괄을 다룬다. 2부에서는 소비자를 묘사하고, 소비자 행동에 영향을 미치는 심리적 요인을 설명하고 있다. 3부에서는 설득 과정과 커뮤니케이션, 새로운 매체의 혁신적인 영향력, 준거집단의 역할, 의견 선도자, 구전 등을 다루고 있다. 4부에서는 사회적, 문화적 환경 내에서의 소비자를 다루고 있으며, 5부에서는 소비자 의사결정 과정, 혁신적인 신제품에 대한 소비자의 반응, 기업의 사회적 책임, 윤리적으로 의심스러운 마케팅 활동, 소비자 조사의 방법론을 다룬다.

복습과 토론 문제

1.1 소비자 행동과 마케팅 개념 사이의 관계에 대해 설명하시오.

1.2 한 기업이 전자책을 신제품으로 내놓으려고 한다. 이 신제품의 시장 세분화, 표적시장 선정, 포지셔닝 전략을 제안하시오.

1.3 사회적 마케팅 개념에 대해 정의하고, 마케팅 윤리를 기업의 철학과 운영에 통합시키는 것이 왜 중요한지 설명하시오.

1.4 기술이 기업과 소비자 사이의 교환을 어떻게 증진시키는지를 설명하시오.

1.5 소비자가 온라인 콘텐츠를 '공짜로' 즐길 수 있다고 하는데, 이건 사실인가? 설명하시오.

1.6 소비자 기대 수준, 만족, 지각된 가치, 소비자 유지 간의 관계를 설명하시오. 소비자 유지가 왜 중요한가?

1.7 기업이 소비자 유지를 증진시키고, 소비자와의 유대를 증진시키는 데 기술을 어떻게 사용할 수 있는가?

1.8 소비자 의사결정 모델을 개발하는 데 필요한 사회적, 행동적 학문의 역할에 대해 논의하시오.

실전 과제

1.9 자주 방문하는 웹사이트 2개를 찾아서, 이 사이트들이 어떻게 당신의 행동을 추적하는지 찾아보고, 이 기업이 당신을 타깃팅하는 데 이 정보를 어떻게 이용할지를 논의하시오.

1.10 사회적 마케팅을 실천하고 있는 두 가지 사례(광고 하나, 기사 하나)와 사회적 마케팅과 반대되는 기업의 사례 두 가지를 찾아보시오.

1.11 소비자 유지를 증가시키기 위해 고안된 기술적 혁신의 두 가지 사례를 찾고 이를 논의하시오.

주요 용어

세분화, 표적시장 선정, 그리고 포지셔닝

시장 세분화, 표적시장 선정, 그리고 포지셔닝은 소비자를 고객으로 만드는 기반이 된다. **시장 세분화**(market segmentation)란 시장의 성격이나 공통된 욕구에 따라 소비자를 부분집합으로 나누는 과정을 의미한다. 각각의 부분집합은 다른 집단과 구분된 욕구를 공유하는 소비자 집단을 대표한다. **표적시장 선정**(targeting)은 기업이 잠재 고객으로 보고 추구하고자 하는 고객 집단을 선택하여 구성한 세분시장을 의미한다. **포지셔닝**(positioning)은 기업이 다른 기업들과 구분된 이미지를 창조하고 그들만의 제품, 서비스 그리고 브랜드의 정체성을 고객에게 각인시키는 과정이다. 이러한 기업 이미지의 차별성은 기업의 제품, 서비스 또는 브랜드가 다른 대안들보다 그들의 욕구에 충족된다고 느끼는 표적 소비자와의 커뮤니케이션을 통해 경쟁력을 갖게 해준다.

세분화, 표적시장 선정, 그리고 포지셔닝은 서로 연관성이 있으며, 연속하여 시행되게 된다. 예를 하나 들어보자. 항공사들은 전통적으로 퍼스트 클래스, 비즈니스 클래스, 그리고 이코노미(또는 2등석)의 세 가지 기내 서비스를 고객이 선택할 수 있도록 해왔다. 그러나 갈수록 많은 승객이 적립된 비행 마일리지를 이용하여 좌석을 이코노미에서 비즈니스 또는 퍼스트 클래스로 업그레이드하는 경우가 많아졌고, 이에 따라 항공사들은 지속적으로 퍼스트, 비즈니스 클래스 좌석의 서비스와 서비스 물품들의 수준을 낮추어 제공할 수밖에 없게 되었다. 자연스레 이코노미 좌석보다 퍼스트나 비즈니스 클래스 좌석이 갖는 대안적인 매력도가 떨어지는 상황이 된 것이다. 많은 퍼스트나 비즈니스 클래스 이용은 높은 요금을 지불하고 민간 항공사의 비즈니스, 퍼스트 클래스 좌석을 이용하는 것보다 공동소유 항공기나 프라이빗 항공기 또는 회사소유 항공기를 이용하는 편을 선택했다.

전통적인 세 가지 기내 서비스(퍼스트, 비즈니스, 이코노미)가 세 가지로 나누어진 고객 세분시장에 더 이상 부합하지 않는다는 것을 깨달은 일부 항공사들은 그들의 서비스를 재디자인하였다. 〈그림 2.1〉에서 보이는 네 가지 클래스들은 콴타스가 현재 제공하고 있는 기내 서비스이다. 재디자인된 퍼스트 클래스는 작은 룸 사이즈의 개인 공간 제공, 좌석은 침대처럼 조정 가능, 디자이너의 타월과 면직류 사용, 고급 음식 제공 및 다양한 종류의 와인과 주류 제공, 2명 또는 3명의 승객당 1명의 승무원이 개인적 서비스 제공, 보다 정성 들인 비행 전후 서비스 물품 같은 이점을 제공한다. 비즈니스 클래스는 거의 평평한 침대에 가깝게 좌석을 조정할 수 있도록 하였으며, 맛 좋은 음식과 음료, 고급 화장품과 개인용품으로 구성된 퍼스널 키트와 비행 전후 서비스를 제공한다. 콴타스는 또한 새로운 승객 세분시장을 발견했다. 그들은

출처 : Qantas Marketing

퍼스트 클래스

출처 : Qantas Marketing

비즈니스 클래스

출처 : Qantas Marketing

프리미엄 이코노미 클래스

출처 : Qantas Marketing

이코노미 클래스

그림 2.1 콴타스의 시장 세분화

다리를 펼 수 있는 보다 넓은 좌석을 위해 추가 요금을 지불할 의향이 있으나, 추가적인 화려한 식사나 무료 주류, 값비싼 세면도구 등을 원하지는 않았다. 그래서 콴타스는 '프리미엄 이코노미' 좌석을 제공하기로 했다. 프리미엄 이코노미 좌석은 더 크고 넓은 좌석 공간을 제공하여 기존의 이코노미석보다 더 편히 기대어 갈 수 있도록 했다. 콴타스는 또한 이코노미석 역시 기존보다 편안한 좌석으로 바꾸고, 비행 중 이용할 수 있는 다과 등 오픈 뷔페를 제공하도록 재디자인했다.

콴타스의 표적은 2등석 승객, 2등석보다 50%의 비용을 더 지불하는 프리미엄 이코노미, 프리미엄 이코노미보다 2배의 비용을 더 지불하는 비즈니스 클래스 그리고 비즈니스 클래스의 3~4배의 비용을 지불하는 퍼스트 클래스의 네

가지로 구분된 세분시장에 해당한다. 이러한 네 가지 대안은 명확하게 구분되어 있다. 피스트 클래스의 경우 거의 호텔에 가까운 프라이버시 보장과 수면 공간 제공, 개인별 서비스, 고급스러운 서비스 물품이 제공되며, 비즈니스 클래스의 경우 프라이버시 보장, 침대 같은 좌석, 그리고 많은 종류의 서비스 물품이 제공된다. 프리미엄 이코노미 좌석은 더 넓은 자리와 다리를 뻗을 수 있는 공간, 편하게 기댈 수 있는 좌석을 제공하며, 이코노미 클래스에는 기존보다 향상된 좌석과 음식 서비스를 제공한다.

이 장에서는 표적시장을 선정하는 기준과 기초에 대해 설명하고, 행동타깃팅(behavioral targeting)이라고 불리는 새로운 전략에 대해 소개하고자 한다. 그리고 결론적으로 포지셔닝과 재포지셔닝 전략에 대해 논의하고자 한다.

시장 세분화와 효과적인 표적시장 선정

학습목표

1 시장 세분화, 표적시장 선정 그리고 포지셔닝 간의 연관성을 이해하고 최적의 표적시장을 선정하는 방법을 이해한다.

소비자는 모두 다른데, 서로 다른 필요성(needs)과 욕구(wants), 그리고 욕망(desires)을 갖고 있기 때문이다. 또한 그들은 서로 다른 배경과 교육수준, 그리고 경험을 갖고 있기도 하다. 그러므로 마케터들은 서로 다른 고객들의 집단 혹은 세분시장의 욕구에 부합하는 대안을 제공해야만 한다. 예를 들어, 메리어트는 여행자를 위한 호텔 숙박을 제공하지만, 각각의 여행자는 각자 다른 욕구를 갖고 있다. 따라서 JW 메리어트는 폭넓은 편의시설과 우수한 서비스를 포함한 질 좋고 품격 있는 숙박시설을 제공한다. 코트야드바이메리어트는 도시의 비즈니스 지역과 가까이에 편리하게 위치하여 있으며, 비즈니스 여행객에게 적합한 질의 숙박시설을 제공한다. 페어필드인앤스위트바이메리어트는 저렴한 가격의 숙박을 제공하며, 레지던스인바이메리어트는 장기간 머물러야 하는 비즈니스 여행객을 위해 디자인되어 있다. 메리어트처럼, 대부분의 기업은 상품과 서비스를 고객마다 서로 다른 세분시장에 맞추어 다양하게 제공하고 있다.

시장 세분화, 전략적 표적시장 선정, 그리고 제품(또는 서비스) 포지셔닝은 소비자에게 상품과 서비스를 마케팅하는 데 있어 주요한 요소들이다. 이들은 생산자로 하여금 가격, 스타일링, 패키징, 홍보를 통한 어필, 유통 방법, 서비스 레벨 등의 특징을 바탕으로 하는 제품 차별화에 있어 시장에서 정면으로 경쟁하는 상황을 피할 수 있게 해준다.

고객의 뚜렷하게 구분된 욕구에 따라 분명히 차별화된 제품을 효과적으로 제공하는 것이 대중 마케팅(mass marketing)을 하는 것보다 훨씬 효과적이나, 그럼에도 불구하고 세분화와 전략적 표적시장 선정을 하는 데에는 더 고차원의 연구, 생산, 광고 그리고 유통 비용이 수반된다.

마케터들은 최적의 광고 장소를 찾기 위해 세분화 조사를 한다. 페이스북, 구글, 그리고 트위터부터 TV, 라디오, 신문 그리고 잡지와 같은 모든 미디어 기관들은 자신들의 특징적 이용자를 알아내기 위해 시장 세분화 조사를 이용하는데, 이를 통해 이용자에게 접근하고자 하는 광고주들의 마음을 사로잡을 수 있다. 예를 들어, 뉴욕 타임스와 월스트리트저널은 세계 각지에 있는 구독자를 위해 각각 구분된 판(edition)을 제공하며, 온라인판은 심지어 구독자들의 관심사 위주로 맞춤 제작할 수도 있다.

세분시장을 어떻게 확인할 것인지에 대해 언급하기 전에, 우리는 모든 세분시장이 성공하거나 수익을 낼 수 있는 것은 아니라는 것을 짚고 넘어가야 한다. 효과적인 표적시장 선정을 위한 시장 세분화는 인식 가능한 범위 내에, 꽤 큰 규모의, 안정된, 그리고 성장하는 중이며 동시에 실제로 도달할 수 있는 형태로서, 마케터의 목적과 그 목적을 이루는 자산에 부합해야만 한다.

파악이 가능한가?

마케터들은 인구 통계적 특성이나 라이프 스타일 및 기타 요인들을 통해 소비자들 사이에 공유되거나 일반적인 욕구를 찾아서 각각의 세분시장으로 나누는데, 이를 '세분화의 기준'이라고 부른다. 인구 통계적 특성(예 : 나이, 성별, 민족성)과 같은 일부 세분화 요인은 식별하기 쉬우며, 다른 것들 역시 질문(예 : 학력, 수입, 직업, 결혼 여부)을 통해 알아낼 수 있다. 그러나 구매자가 찾고 있는 제품의 유용성이라든지 고객의 라이프 스타일 같은 기타 특징은 측정하거나 식별하기가 어렵다.

상당한 규모를 갖고 있는가?

성공적인 시장이 되기 위해서는 표적시장 선정을 수익성 있게 만들어줄 충분한 고객층으로 세분시장을 구성해야 한다. 세분시장은 인식이 가능하긴 하지만, 모든 세분시장이 수익성이 있을 만큼 충분히 크지는 않다. 예를 들어, 넓은 어깨와 날씬한 허리를 가진 탄탄하고 호리호리한 남성들은 종종 원하는 치수의 정장보다 큰 제품을 사게 된다(그리고 수선한다). 프라다나 돌체앤가바나와 같은 하이엔드 패션 디자이너 외에 대부분의 미국 의류상은 비교적 작은 세분시장에 해당하는 근육질 남성에게 맞추어진 정장 대신 일반적인 체형을 가진 남성을 기준으로 한 정장만을 만든다.

안정적이고 성장하는 시장인가?

대부분의 마케터들은 비교적 라이프 스타일과 구매 패턴(그리고 앞으로 더 크게 성장할 가능성이 더 뚜렷이 보이는) 면에서 안정적이고, '변덕스러운' 면을 가진 예상되지 않은 세분시장을 피할 수 있는 표적 고객 세분시장을 선호한다. 예를 들면, 10대층은 규모가 있고 쉽게 식별 가능한 세분시장이며, 구매에 열의를 갖고 있고 소비 능력이 있으며, 쉽게 접근할 수 있다. 그러나 10대층은 또한 유행에 매우 민감한데, 그에 맞추어 마케터들은 10대들의 트렌드를 위한 인기 있는 상품을 제작해야 한다. 그러나, 이에 대한 관심은 금방 시들 수 있다.

도달 가능한가?

표적시장이 되기 위해서, 세분시장은 접근이 가능해야만 한다. 즉, 마케터들이 고객들과 효율적이고 경제적으로 커뮤니케이션할 수 있어야 한다는 것이다. 잡지(그리고 그들의 온라인 버전)의 다양성, TV 채널의 출현은 표적고객의 관심사를 좁게 정의할 수 있게 하였고, 새로운 미디어(예 : 휴대 전화로 전송하는 광고)가 성장함에 따라 마케터들은 독특한 세분시장에 접근할 수 있는 상당히 많은 방안을 갖게 되었으며, 동시에 개개인의 요구에 맞춘 제품과 광고 메시지를 사용할 수 있게 되었다.

인쇄나 온라인 중 어떤 형태든, 잡지나 선두 신문들은 세분시장을 정확히 정의할 수 있는 최고의 미디어들이다. 잡지는 특정 분야의 지식, 흥미 또는 취미에 초점이 맞추어져 있는데, 예를 들어, 여행, 과학, 문학, 예술, 인테리어, 건축, 직업, 그리고 각종 레저 활동과 같은 것이다. 잡지와 신문은 구독자들의 광범위한 프로필을 광고주에게 제공하는데, 이를 통해 광고주는 그들이 원하는 특별한 특징을 갖는 소비자 집단에 접근할 수 있다. 표 2.1은 저명한 인쇄매체의 구독자 프로필이다.[1] 뿐만 아니라, 월스트리트저널의 구독자의 순 자산은 160만 달러이고, 30%가 1만 달러 이상의 유동자산을 갖고 있으며, 50%가 한 달에 1,000달러 이상을 신용카드로 지출한다. 89%가 박물관과 엔틱마켓에 정기적으로 방문하며, 87%가 연극, 콘서트, 오페라를 관람한다. 광고주는 이런 프로필을 통해 그들의 광고를 어디에 위치시킬 것인지 결정한다. 예를 들면, 오페라나 연극 광고는 월스트리트저널에 종종 등장하며, 교육이나 고가의 크루즈 광고는 내셔널지오그래픽 트래블러에 정기적으로 등장한다.

마케터의 목표와 자산에 부합하는가?

모든 회사가 모든 세분시장에 관심이 있거나 세분시장에 도달하고자 하는 수단을 갖는 것은 아니다. 심지어 위의 네 가지 기준을 충족시킨 세분시장이라고 해도 말이다. 예를 들어, 앞에서 언급했던 콴타스의 네 가지 기내 서비스 옵션과는 대조적으로, 사우스웨스트항공은 오직 하나의 서비스 클래스만을 제공한다. 왜냐하면 그들의 사업 목표는 균일하고, 저렴하며 아무런 꾸밈이 없는 항공운송이기

표 2.1	선정된 미디어의 구독자 프로필				
출판물 명	구독자 & 평균 가계소득	성별	평균 나이	교육 수준	직업
사이언티픽아메리칸 (Scientific American)	280만 $90,000	70% 남성 30% 여성	47	62% 대학(교) 이상 31% 대학원 7% 미확인	52% 경영자 19% 의사결정자, 기술자 13% 사장, 동업자 16% 미확인
내셔널지오그래픽 트래블러 (National Geographic Traveller)	730만 $72,000	55% 남성 45% 여성	42	69% 대학(교) 이상	31% 전문직, 경영자
내셔널지오그래픽 (National Geographic)	670만(전 세계) 520만(미국) $68,000	56% 남성 44% 여성	45.6	66% 대학(교) 이상	27% 전문직, 경영자
월스트리트저널 (The Wall Street Journal)	911,000 $285,000	63% 남성 37% 여성	45	100% 대학(교) 이상	대부분 상당한 자산가, 투자가

출처 : Based on www.scientificamerican.com/mediakit/assets/pdf/audience_demoprofile.pdf wsjmediakit.com/downloads/gny_audience_profile.pdf?12060903

때문이다.

기준 적용하기

표적시장을 선정하기 위한 기준의 적용을 설명하기 위해서 페리앤스위프트라는 투자 매니지먼트 회사를 가정해보자. 이 회사는 그들의 금융 서비스에 헤지펀드를 추가하고자 한다. 회사는 이를 실현하기 위한 자원이 있는지, 헤지펀드를 추가하는 것이 그들의 목적과 부합하는지에 대해 결정해야 한다. 헤지펀드는 위험성이 높고 대규모의 금융투자를 요구하기 때문이다. 그들의 표적시장은 순수익이 높은 부유한 가정이 될 것이다. 닐슨의 마이베스트세그먼트(MyBestsegments)라고 명명된 데이터베이스의 일부분인 P$YCLE(Claritas의 재정 라이프 스타일 모델) 세분화 시스템을 사용하여 페리앤스위프트는 가장 높은 소득을 생산하는 부유한 미국인 멤버로 구성된 파이낸셜 엘리트(financial elite)라고 부르는 세분시장을 찾아낸다. 파이낸셜 엘리트 멤버들은 주식, 채권, 뮤추얼 펀드, 투자 중심의 생명보험, 부동산 등과 같은 광범위하고 다양한 금융 성장 툴(financial growth tool)에 투자하고 있으며, 대부분 금융 투자 회사를 통해 투자하고 있다. 이 광범위한 집단 내에서, 닐슨의 시스템은 **부유층**과 **중산층**이라 불리는 2개의 정확히 정의된 세분시장으로 다시 구분했다. 〈표 2.2〉는 페리앤스위프트가 위의 두 가지 세분시장에 효과적인 표적시장 선정을 하기 위한 기준을 어떻게 적용했는지를 설명하고 있다.[2]

〈표 2.2〉에 보이는 바에 의하면, 2개의 세분시장은 수익성이 있어 보인다. 그리고 페리앤스위프트는 2개의 세분시장 모두를 권하거나, 둘 중 하나만 권할 수도 있다. 만약 기업이 상대적으로 더 어리고 여전히 부를 축적할 수 있어 부유층보다 더 높은 성장 전망을 보이는 중산층을 선택한다고 가정해보자. 그들은 부유층 멤버들이 위험도가 낮은 금융 상품에 투자하는 동안 장기 투자 상품에 투자할 것이며, 그들의 이런 금융에 대한 열망과 목표는 그들이 더 큰 금융적 위험도 감수하고자 할 것임을 나타낸다. 기업은 이 장의 끝부분에 설명될 닐슨의 우편번호 기반 지리인구통계 도구(Nielsen's

표 2.2	효과적인 표적시장 선정에 대한 설명	
	부유층	**중산층**
인구 통계적 특성에 의해 식별된 세그먼트	수백만의 자산, 평균 가계 소득 137,000달러, 55세 이상, 대졸·대학원졸의 학력, 자녀들은 이미 다 컸거나 각자의 가정을 갖고 있다.	부유, 평균 가계 소득 101,000달러, 45~64세, 대졸·대학원 졸의 학력, 자녀들은 학업을 위해 집을 떠났다.
수익성이 있는 세그먼트인가?	미국 전체 2,659,000가구의 2.28%. 많은 중개인과 투자 자문의 도움을 받고 있다.	미국 가구의 1.97%. 금융 상품을 빠르게 교환한다.
안정적인 세그먼트인가?	주기적으로 단기, 장기 금융 상품에 투자한다.	여전히 일하고 있으며, 은퇴 이후 더 많은 부를 축적하기를 원한다.
어떻게 세그먼트에 접근할 것인가?	부유한 외곽 지역이나 대도시의 가장 부유한 지역에 거주하고 있다. 컨트리클럽에 속해 있거나 금융 잡지를 구독하고 있다.	부유한 외곽 지역이나 대도시의 가장 부유한 지역에 거주하고 있다. 경마에 참여하거나 금융 잡지를 구독하고 있다.
멤버들이 원하는 금전적 수익과 목표	그들은 다양한 금융 포트폴리오를 보유하지만, 위험한 상품에는 투자하기를 꺼린다. 그들의 집(들)은 자녀 교육을 위해 사용되었다. 신탁기금과 같은 위험 자산들은 일부 수용하는데, 그들의 손자들을 위해 설정해둔 것이다.	자녀들은 고비용의 학교에 다니고 있으며, 자녀들의 졸업과 대학원 교육까지 비용을 지불할 예정이다. 일부는 부동산을 추가로 구입하고자 한다. 성공을 위해 과거에는 위험 자산을 이용하기도 했다. 필요하다면 잘못된 투자 결정을 만회할 정도로 스스로 아직 충분히 젊다고 생각한다.

출처 : Based on selected portions of a report issued by Pew Internet (accessed May 2012).

Zip Code geodemographic tool)를 사용하여, 상당한 숫자의 중산층 세분시장 멤버들이 포함되어 있는 국가의 지리적 구역을 확인하고 시장을 결정할 수 있다. 그 후 고객 유치를 위해 영업판매원들과 지역 광고를 사용할 수 있도록 해야 한다.

세분화를 위한 베이스

학습목표

2 인구 통계적 특성, 사이코그래픽스, 제품 추구 편익, 제품 사용 관련 요인 등 고객을 세분화하는 데 사용되는 기초에 대해 이해한다.

세분화 전략은 다른 집단과 비교하여 비교적 균일하고 성격이 비슷한 제품에 따라 시장을 나누는 것부터 시작된다. 일반적으로, 이러한 특성은 크게 행동과 인지, 두 가지로 분류될 수 있다.

행동데이터(behavioral data)는 증거를 기초로 한다. 이는 관찰이나 직접적 질문방식을 통해 확인되며, 객관적이고 측정 가능한 기준을 이용해 분류된다. 인구 통계적 특성과 같은 구성 요소는 다음과 같다.

1. 고객의 본질(consumer-intrinsic) 요소 : 사람의 나이, 성별, 결혼 여부, 수입, 교육 등
2. 소비 기반(consumption-based) 요소 : 제품 구매량, 레저 활동의 횟수 또는 해당 제품의 구매 빈도 등

인지적 요소(cognitive factor)는 오직 심리적이고 태도적인 질문을 통해서만 확인할 수 있으며, 일반적으로 하나 혹은 보편적인 정의를 내릴 수 없는 요소로서 관념적으로 고객의 마음속에 '자리 잡고 있는 것' 것을 의미한다. 구성 요소들은 아래와 같다.

1. 고객의 본질(consumer-intrinsic) 요소 : 성격적 특성, 문화적 가치, 정치나 사회적 이슈에 대한 견해 등
2. 특유의 소비(consumption-specific) 요소 : 제품에 있어서 추구하는 혜택이나 쇼핑에 대한 태도와 같은 취향이나 선호도

세분화의 기본요소에 대해서는 다음에 별도로 설명할 것이다. 그러나 실제로 마케터들은 여러 가지 기본요소를 사용한다. 예를 들어, 비록 인구 통계적 특성과 라이프 스타일(또는 사이코 그래픽스)은 가장 널리 사용되는 기본요소들이지만, 이들을 별도로 논의해보면 모든 소비자에 대한 심리학적 분류 역시 인구 통계적 특성을 포함하게 되는 것이다. 반면 인구 통계적 특성은 고객의 제품에 대한 욕구(예 : 여성과 남성은 다른 제품을 구매한다.)와 구매력을 결정하고, 사이코 그래픽스는 구매자의 구매 의사결정과 선택에 대해 설명한다는 차이점도 있다. 예를 들면, 학생은 제한된 금전적 자원을 가진 인구 통계적 요소이지만, 학생이 그들의 자원을 어떻게 사용하느냐는 한 학생이 최신 나이트클럽에 가는 동안, 어떤 학생들은 운동경기를 관람하러 가는 것처럼 그들의 라이프 스타일, 가치, 관심사 같은 요소에 의해 좌우된다.

인구 통계적 특성

인구 통계적 세분화(demographics segmentation)는 소비자의 나이, 성별, 민족, 수입과 부, 직업, 결혼 여부, 주거 유형과 크기, 지리적 위치를 이용하여 분류하는 방법이다. 이러한 변수들은 객관적인 실험과 질문 및 관찰을 통해 쉽게 확인할 수 있으며, 마케터로 하여금 연령별 집단이나 수입 계층(bracket)과 같이 각각의 소비자를 명확히 구분된 범주로 분류할 수 있도록 해준다. 마찬가지로, 하나의 사회계층 역시 소득, 교육 수준, 직업의 객관적이고, 정량적인 세 가지 변수에 기초하여 지수를 계산함으로써 정의된다. 이후에 설명하게 될 것은, 소비자의 지리적 위치와 우편번호는 그들의 인구 통계적 특성과 쉽게 일치한다는 것이다.

모든 세분화 계획은 아래와 같은 이유로 인구 통계적 데이터를 포함한다.

1. 인구 통계는 다른 세분화 기본요소보다 정확하게 측정되며, 사람을 분류하는 가장 쉽고 논리적인 방법이다.
2. 인구 통계는 비용 측면에서 특정 세분시장을 찾는 데 가장 효율적인 방법이다. 대부분의 보조 데이터들이 임의의 인구에 대한 인구 통계로 구성되어 있기 때문이다(예 : 미국 인구조사국, 다양한 미디어의 관객 프로필).
3. 인구 통계를 사용함으로써 마케터들은 인구 내의 연령, 소득, 위치의 변화에 따른 새로운 세분시장을 찾아낼 수 있다.
4. 인구 통계는 많은 구매 행동, 태도, 미디어 노출 패턴을 결정짓는 요소이다. 예를 들어, 많은 제품이 성별 특수를 가지고 있으며, 음악 선호도는 연령에 매우 밀접하게 연관되어 있다. 그러므로 지역 라디오 방송국은 여러 가지 유형의 음악을 특화하여 효과적이고 경제적인 방법으로 각기 다른 연령대의 표적 시청자에게 전달해야 한다. 레저 활동과 관심사뿐만 아니라 사람들이 읽고 보는 미디어 또한 그들의 연령, 교육 수준, 소득에 좌우된다.

다음으로 우리는 시장을 세분화하고 표적 고객을 선정하는 데 있어서, 가장 눈에 띄게 사용되는 인구 통계적 특성을 설명하려 한다.

연령

제품에 대한 욕구는 종종 소비자의 연령(age)에 따라 달라지며, 연령은 많은 제품과 서비스의 마케팅에서 중요한 요소 중 하나이다. 예를 들면, 20대 중반에서 40대 중반에 해당하는 젊은 투자자들은 종종 성장주에 공격적으로 투자할 것을 권유받지만, 은퇴에 가깝거나 나이 든 연령층의 사람들은 조금 더 주의를 기울이는 성향이 있으며, 채권(안정적이고 안전한 수익을 제공하는)에 자산의 상당 부분을 유지해둔다. 또한 위험을 회피하고, 장기 투자를 하고자 하는 경향도 있다. 또한 연령은 우리의 구매 우선순위에 영향을 준다. 한 예로, '고급' 제품이 무엇인지에 대한 어린 학생인 당신의 견해가 부모님 또는 조부모님과 같은가? 대부분의 대답은 '아니요'일 것이다. 아마 당신의 부모님과 특히 조부모님은 비싼 운동화, 디자이너 셔츠, 핸드백, 아베크롬비앤피치의 청바지 같은 당신이 구매하는 고급 제품에 대해 '터무니없는 가격'이라 말하며 비판적일 것이다.

마케터들은 일반적으로 연령별 집단을 표적으로 삼는다. 예를 들면, 콜게이트는 양치를 어린이가 좋아하지 않는 활동이며, 그 나이 또래에서 자랑거리가 되는 일임을 이해했다. 콜게이트는 그러한 특성을 이용하여 아동 치약 집단을 4개의 세분시장으로 나누고 각각의 세분시장에 해당하는 치약을 제공했다. 2살까지의 아이들은 자신의 첫 번째 치약에 대해 자랑스러워할 것이며, 아이가 3살, 4살로 성장하면서 그들은 '아기처럼' 보이지 않기 위해 다른 종류의 치약을 선택하기도 할 것이다. 따라서 콜게이트는 나의 첫 번째 콜게이트는 2살 이상의 아이를 대상으로, 콜게이트 도라 디 익스플로러는 2~5살까지의 아이들을, 콜게이트 네모바지 스펀지밥과 콜게이트 팝스타는 더 나이가 많은 아동들을 대상으로 각각 제공했다.[3]

많은 마케터들은 밀레니얼 세대(millennial: 미국에서 1982~2000년 사이에 태어난 세대)라고 알려져 있는 18~34세 사이 연령대 소비자의 욕구를 만족시키려 한다. 예를 들어, MTV의 관객이 나이가 들어감에 따라 네트워크는 특별히 이러한 세분시장에 부합하는 프로그램을 개발하고자 했다. 또한 '오리지널 스니커즈' 브랜드 케즈는 케즈 스니커즈를 캔버스처럼 사용하게끔 캠페인을 진행하여 밀레니얼 세대가 그들의 창의성을 표현할 수 있도록 하였다.[4] 매해 여름, 영화 스튜디오들은 젊은 성인 관람객을 유치하기 위해 경쟁하는데, 10대들이나 보통 사람들은 그들의 20대 초반에 가장 자주 영화를 보며, 같은 영화를 한 번 이상 보는 경우도 많기 때문이다. 그러므로 최근 할리우드에서는 여름 특수를 겨냥하여 이러한 연령대에서 이미 인기를 끌었던 영화(예 : 해리포터, 트와일라잇, 헝거게임 등)의 속편이나 전편을 내놓기도 한다.[5]

인터넷이 종종 '젊은' 매체라고 하여도, 전 연령층의 소비자들이 온라인에 자주 접속한다. 하지만 다른 연령층의 사람들은 〈그림 2.2〉에서 보이는 바와 같이 온라인에 각자 다르게 접속한다. 당연하게 사람들은 나이가 들면서 점점 온라인에 접속하는 일이 줄어들지만, 소셜 네트워킹 사이트와 이메일은 지속적으로 이용한다. 그리고 놀랍게도 온라인 구매를 사용하는 비율은 연령 집단에 따라 거의 차이가 없다.[6]

성별

많은 제품과 서비스는 본질적으로 남성 또는 여성을 위하여 디자인되어 있지만 성별의 구분은 경계가 모호하며, 성별(gender)이 더는 고객을 특정 제품 범주로 구분하기 위한 정확한 기준이 되지 않는다. 오늘날 많은 잡지광고와 TV광고가 전통적으로 말하는 것과는 반대의 역할로서의 남성과 여성을 묘사하고 있다. 예를 들어, 오늘날의 사회에서 많은 광고들은 확장된 의미에서의 자녀 양육을 젊은

그림 2.2 세대별 온라인 활동의 차이

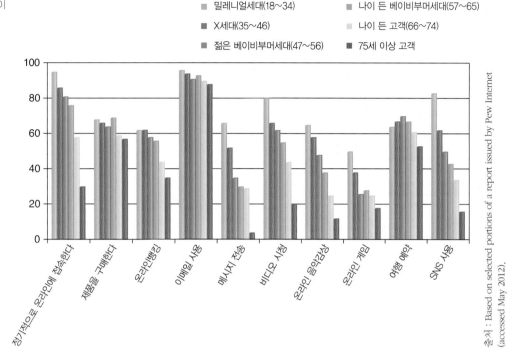

아빠의 역할로 보여주고 있다. 대조적으로, 일부 '남성 제품' 기업은 특별히 여성을 표적으로 하기도 한다. 다른 예로, 보드카 브랜드 반고흐블루는 다소 자극적인 캠페인 'You Unbottled'[7]를 통해 25~44세의 여성 소비자를 표적으로 하고 있으며, 다른 기업은 성별로 구분되어진 버전을 도입하기도 했다. 프리토레이는 칼로리에 민감한 모든 스낵류를 재정비했는데, 제품을 여성에게 어필할 수 있도록 하기 위해서였다. 또한 100칼로리 스낵 패키지를 소개하기도 했다.[8] 이를 통해 많은 광고주들이 25~35세의 여성을 대상으로 한다는 것을 알 수 있다. 미국의 대중음악 케이블 방송 VH1 역시 조직범죄단의 가족으로 태어난, 또는 그들과 결혼한 여성의 삶을 묘사한 '폭력단의 아내들(Mob Wives)' 같이 그 나이대의 여성에게 매력적인 TV쇼를 소개한다.[9]

여성은 전통적으로 염색과 화장품 같은 제품의 주요 사용자이다. 그리고 남성은 주로 면도용품이나 면도 준비용품을 사용한다. 하지만 남성이 각질제거제, 토너, 애프터쉐이브 크림, 쿨링·틴티드 모이스춰라이저 등 그루밍 제품을 사용하게 되면서, 해당 제품군이 빠르게 성장하게 되었다. 과거 여성이 남성의 화장품을 구매했다면 최근에는 남성 스스로 제품을 구매하는 추세이다. 이에 비추어 많은 남성이 화장품을 찾는 데 어려움이나 창피함을 느낄 수 있다는 것을 인식하고 많은 백화점은 남성용 그루밍 제품을 판매하는 구역을 재디자인했다. 예를 들어, 백화점들은 현재 남성용 제품 코너에 큰 표식을 비치하여 남성이 남성용 화장품을 여성용 제품들과 혼동하지 않도록 도와주고 있다. 또한, 여성용 제품이 일반적으로 카운터 뒤에 진열되어 있어, 판매원이 바로 앞에서 조언을 해줄 수 있도록 서 있는 데 비해 다수의 남성이 판매원과 대화하기를 꺼리는 특징을 고려해 남성용 제품은 오픈된 선반에 비치하고 있다. 남성용 그루밍 제품을 판매하는 상점의 TV 특집방송은 주로 스포츠나 금융 채널에 맞추어 방송되며, 남성이 세이빙 크림이나 모이스춰라이저 또는 그 외 상품을 테스트해볼 수 있도록 하기 위해 한쪽에 전용 체험 공간도 제공한다.[10]

여전히 미국에서 이루어진 연구의 반 이상이 남성은 페이스 위시나 모이스춰라이저를 사용하시 않는다고 주장한다. 그러나 페이스·바디 케어 제품으로 성공한 기업인 도브는 도브 맨+케어 라인

SMART
CAR CARE

You can help keep your car
safe and on the road.

Cars are complex, and it's easy to feel overwhelmed when you look under the hood. But there are plenty of basic
things you can do yourself to keep your car safe, economical and dependable. From checking the oil to keeping
your tires inflated to the proper pressure, preventive maintenance can extend the life of your car and help save
you money. Learn how to keep your vehicle safe and on the road with the
new "Smart Car Care" booklet. It's free from Shell. Pick one up at your
nearest Shell station, visit countonshell.com or call 1-800-376-0200.

Count on Shell®

출처 : Shell Oil Company

그림 2.3 여성과 성적 역할 변화에 호소

을 소개했다. 제품 포지셔닝 센터는 남성의 얼굴도 애지중지 보살필 필요가 있다는 것을 증명하고자 했다. 광고는 남성의 얼굴이 위험요소에 노출되는 것을 보여주며 "얼굴에 대한 고문을 멈추라."고 촉구한다. 예를 들면, 롤러코스터 탈 때 바람을 맞아 피부염이 생긴다라든지, 아이가 피부를 찌른다든지, 너무 가깝게 면도를 한다든지 또는 겨울에 눈뭉치에 닿는다든지 하는 일들이다.[11]

〈그림 2.3〉에 보이는 광고는 여성을 표적으로 묘사하고 있으며 "여성은 엔진오일을 교환할 수 없다"와 같은 고정관념이 더는 사실이 아님을 보여주고 있다.

가족 그리고 가정

많은 가족이 구성, 성장, 해산의 비슷한 단계를 거친다. 각각의 단계에서 가족 구성원은 각각 다른 제품과 서비스를 필요로 한다. 예를 들어, 신부는 일반적으로 행복하며, 주로 소비를 하는 고객이다. 다른 고객들과 달리 소비가 확실시된 고객이라는 의미이다. 또 다른 예로, 혼자 사는 젊은 층은 자신의 첫 아파트를 위한 기본적인 가구들을 원할 것이다. 대조적으로 부모들은 아이 양육으로부터 자유로워지므로 그들의 집을 더욱 정교한 제품들로 재단장하고자 할 것이다. **가족생애주기**(family life cycle)는 대부분의 가족이 거치게 되는 단계에 따라 분류된다. 각각의 단계는 많은 마케터들에게 중요한 표적 세분시장을 대표한다(10장 참조). 연구에 따르면 이사, 결혼, 출산이나 입양, 가까운 가족 구성원의 죽음, 취업으로 인한 중대한 변화, 연로한 친척을 돌보는 것과 같은 중요한 생애 사건들의 발생이 소비에 미치는 영향은 연령 집단과 함께 사용 가능한 세분화 변수이다.[12]

전통적으로 대부분의 마케터들은 가족을 표적으로 삼아왔다. 그들은 가정의 구성원 수와 특정 제품의 구매와 소유, 가정 내 구매 결정자의 매체프로필에 대해 조사했다. 최근 마케터들은 싱글, 이혼자, 편부모 가정 그리고 아이가 없는 맞벌이 부부 등의 특정 결혼 상태의 집단을 표적시장으로 선정하기 시작했는데, 한 예로 도시에 사는 1인 가정으로 최고 수입 75,000달러 정도, 고급 주류와 맥주, 도서, 유기농 제품, 신선한 농산물 등을 구매하며, 간편한 슈퍼마켓보다 청과물 시장과 전문 식품매장을 선호하는 집단을 들 수 있겠다.

사회 계급

소득은 시장을 세분화하는 데 중요한 변수이다. 제품 모델이나 브랜드에 대한 지불 능력이 있는지 없는지를 나타내기 때문이다. 소득은 종종 다른 인구 통계적 변수들과 함께 표적시장을 보다 정확하게 정의하는 데 사용된다. 자세한 설명으로, 높은 수익과 연령을 함께 사용하면 '풍족한 노년층 세분시장'을 구분할 수 있다. 수입은 또한 연령과 직업 지위와 함께 사용되어 싱글족으로부터 베이비부머 시장의 하위 집단으로, 수요가 많은 집단인 '여피족'을 분리해냈다(12장 참조).

교육 수준, 직업, 그리고 소득은 밀접한 상관관계를 가진다. 높은 레벨의 직업은 고소득을 창출하고 주로 고등 교육을 요구하며, 낮은 교육 수준으로도 가능한 직업군에 비해 더 명망 있다. 사회 계급은 시장 세분화의 중요한 기준이며 교육 수준, 직업 및 소득의 보다 가중된 지표에 해당한다. **사회계급**(social class)은 일반적으로 같은 수준의 지위를 가진 개인들을 같은 계층으로 계급화하는 것을 말하며, 반면에 다른 계급의 구성원은 그보다 높거나 낮은 계급에 속하게 된다. 연구에서는 소비자를 가치, 제품 선호도, 구매 습관의 관점에 따라 각각 다른 사회 계급으로 구분한다(10장 참조).

사회 계급에 영향을 주는 조건은 종종 마케팅에 직접적인 영향을 미친다. 예를 들어, 세계에서 가장 큰 소비제품 제작회사이자 광고주인 프록터앤갬블(P&G)은 미국 중산층의 재정적 어려움이 길게 지속될 것이라는 전망에 대해 우려를 표했다. P&G가 정의하는 '중산층'이란 연간 소득이 50,000~100,000달러인 가정으로, 국가의 40%에 해당한다. 이들은 P&G의 주요 고객이며, 이러한 중산층의 순자산이 금융위기에 따라 줄어들면서 자녀의 교육비 역시 늘어나고 그들은 점점 가격을 의식하게 되었다. 이에 대응하여, 다른 기업들처럼 P&G 역시 회사의 이익에 부정적 영향을 미침에도 불구하고 저가 라인의 상품을 내놓았다.[13] 경기 후퇴 시기의 다른 면에 대해 보면, 재정 위기 동안 매우 부유한 계급의 사람들은 고가의 매장과 매장의 로고가 새겨진 쇼핑백을 들고 다니는 것을 기피한다. 반면, 금융 시장이 회복된 후에는 매우 고가의 제품들(예 : 니만마커스에서 파는 9,000달러 샤넬 코트나 800달러 선에서 판매되는 크리스찬루부탱의 여성구두 등)을 구매하기 시작하고, 해당 제품의 가격은 상승하게 됐다.[14]

민족성

마케터들은 일부 인구를 문화적 유산과 민족성(ethnicity)을 기준으로 세분화한다. 같은 문화에 속한 일원들은 같은 가치, 신념, 풍습을 공유하려 하기 때문이다. 미국의 경우, 아프리카계 미국인, 히스패닉계 미국인, 아시아계 미국인은 하위문화 내의 중요한 세분시장이다(12장 참조). 문화적으로 구분된 세분시장은 같은 제품을 대상으로 하는 전망일 수 있지만, 마케터들은 그들을 각기 다른 프로모션 매력을 사용하여 표적화해야 한다. 예를 들면, **코스모폴리탄**은 라틴 여성을 표적으로 하는 잡지, 기타 미디어로 처음 출발했다. 그러한 단일 세분시장으로 장시간을 지속하자, **코스모폴리탄**은 대부분의 미디어의 관심에서 멀어져갔다. 이러한 현상을 극복하기 위해 코스모폴리탄은 세분시장을 민족성에 따라 다양화했는데, **코스모폴리탄 라티나**(Cosmopolitan Latina)는 이중 언어를 사용하는 미국에서 태어난 라틴계 여성을 표적으로 한다. **코스모폴리탄**은 또한 아르헨티나, 멕시코, 콜롬비아의 여성을 위한 에디션도 갖추었다.[15] 비슷한 예로, 로레알은 텔레문도(스페인어로 방송되는 미국인의 TV 네트워크)와 협력하여 히스패닉 고객을 위한 웹사이트를 구축하기도 했다.[16]

지리인구통계학

사람이 어디에 거주하는가 하는 것은 몇 가지 측면의 소비행동을 결정한다. 예를 들어, 기후는 의류의 유형을 결정하고, 종종 대도시의 패션과 스타일은 도시가 아닌 지역과 큰 차이가 난다. 방문을 목적으로 한 관광객들과 반대로 현지 고객들 또한 별개의 세분시장이다. 다른 예로, 한 연구는 라스베이거스의 '현지 거주 도박꾼' 세분시장에 대해 조사하였는데, 이 집단의 도박 습관은 대부분의 마케팅 연구가 초점을 맞추고 있는 세분시장인 관광객하고는 구분된 차이점이 있다.[17] 기후의 변화 때문에 가끔 새로운 세분시장이 등장하기도 한다. 그 예로, 많은 여행객이 빙하나 산호초, 빙원, 열대 우림과 같은 이국적인 정취가 넘치는 곳에 이례적으로 많은 비용을 지불하는데, 지구 온난화로 인해 자연 경관이 장엄함을 잃거나 모두 사라지기 전에 보고자 하기 때문이다. 여행 산업에서 이러한 세분시장은 '운명의 관광'이라고 알려졌다.[18] 지리를 활용한 다른 창의적인 예로, 앱솔루트 보드카가 도입한 한정판 풍미의 보드카가 주요 도시들의 이름이 브랜드에 합쳐져 있으며(예 : '앱솔루트 뉴욕'과 '앱솔루트 시카고') 해당 도시의 잘 알려진 특징을 광고에 포함시켰다(예 : 앱솔루트 시카고의 광고는 시카고의 강한 바람 때문에 술병의 글자들이 날아가는 모습을 담았다).[19] 일부 마케터들은 지역적 제품을 다른 시장에 소개하기도 한다. 예로, 10여년 전에 가족 소유 회사가 만든, 노스캐롤라이나 주에서 지지를 받는 야생 체리 맛 와인색 탄산음료 '치어와인'을 들 수 있다. 이후 기업 관리자는 광고 회사를 고용하여 제품을 전국적으로 소개할 계획을 세웠다.[20] 주류 산업의 경우를 살펴보면, 술에 대한 미국인들의 욕구가 꾸준히 상승함에 따라 기존의 지역 브랜드들이 다양한 맛을 소개하기 시작했다. 예를 들면 서든컴포트 파이어리페퍼(Southern Comfort Fiery Pepper)라든지, 잭다니엘 테네시 허니 위스키(Jack Daniels Tennessee Honey Whiskey), 블랙 체리 맛의 버번 위스키인 짐빔사의 레드 스테그(Red Stag)와 같은 주류들이 해당된다.[21]

지리적 특성을 가장 흔히 사용하는 전략 표적시장 선정이 바로 **지리인구통계학**(geodemographics)이다. 가까이 거주하는 사람들은 비슷한 재정적 수단, 입맛, 선호, 라이프스타일 그리고 소비 습관을 가질 것('유유상종'이라는 격언처럼)이라는 전제를 바탕으로 한 혼합 세분화 스키마를 의미한다. 지리인구통계학의 기본적 응용 프로그램은 닐슨의 마이베스트세그먼트 서비스가 제공하는 프리즘(PRIZM)이다. 마케터들은 우편번호에 따라 나누어진 각각의 66개 프리즘 세분시장에 고객들을 배치할 수 있다. 대부분의 우편번호 위치에 거주하는 거주자들은 1개 이상의 프리즘 세분시장에 포함되며, 닐슨의 우편번호는 긱 세분시장들과 미국의 가 지역 인구들의 상대적 비율을 세부적으로 조회할 수 있다. 만약 당신이 조회 메뉴에 가서 당신의 거주지 우편번호를 입력하면 당신의 거주 지역이 해당하는 세분시장의 특징을 찾을 수 있으며, 그 상대적 크기에 대해서도 확인할 수 있다(claritas.com). 66개 세분시장들은 또한 인구 밀도(도시화)와 부유함의 정도에 따라서도 분류되며, 개개의 생애단계 계급에 따라서도 배치된다. 이러한 집단은 전형적인 가족의 진화단계와 비슷하다(10장 참조). 최근 닐슨 사는 추가로 세분화 측정 2개를 개발했는데, 아이클(P$CLE)(가정의 부를 기준으로)과 커넥션(Connexion)(가정의 신기술 수용성을 기준으로)이 그것이다. 〈표 2.3〉은 닐슨의 세분시장 프레임워크에 대해 묘사하고 있다.

녹색 소비자

녹색 소비자(green consumer)는 그들을 탐구하는 많은 제품과 마케터들에게 매력적인 가능성이다. 한 연구는 세 가지 타입의 녹색 소비자를 확인해냈다.

표 2.3 닐슨의 세분화 프레임워크	
이름	설명
프리즘(PRIZM)	고객을 66개의 프리즘 세분시장으로 집단화한 가정 세분화 모델. 사회경제적 순위, 고객 행동, 미디어 노출 패턴을 기준으로 한다. 각각의 세분시장은 이웃들의 소득, 교육 수준, 직업, 집값을 기준으로 경제 순위(SocioEconomic Rank, SER)에 할당된다.
도시 계급(uerbanization class)	인구 밀도의 네 가지 타입에 따라 66개의 세분시장을 배치 : 도시(Urban), 교외(Suburban), 제2의 도시(Second City), 마을 및 농촌(Town & Rural)
사회적 그룹(social groups)	66개의 세분시장을 풍요도와 도시화의 정도 따라 구분
생애단계 계급(lifestage classes)	66개의 세분시장을 아래의 계급으로 구분 젊은 시기(Young Years, 두 종류) : 35세이거나 아이가 없는 젊은 층이나, 집에 아이가 없는 중년층 가족의 삶(Family Life) : 아이와 함께 사는 가정 원숙한 시기(Mature Years, 두 종류) : 55세 이상이거나, 집에 아이가 없는 45~64세
생애단계 그룹(lifestage group)	66개의 세분시장을 생애단계 계급과 풍요의 정도에 따라 구분
사이클(P$YCLE)	모든 미국의 가정을 가구의 재정 상태와 부를 기준으로 58개의 고객 세분시장으로 구분
소득 창출 자산(Income-Producing Asset, IPA)	58개 세분시장을 퇴직금, 현금, 요구불예금, 주식, 펀드, MMF, 기타 유동성이 건전한 금융자산을 기초로 7개의 IPA 세분시장으로 구분. 이후 각각의 58개 세분시장은 생애단계 계급을 따라 구분
커넥션 그룹(ConneXions group)	신기술 제품을 얼마나 빨리 사용해 보고 싶어 하는지의 의지 수준을 53개 세분시장으로 구분. 세분시장은 하이테크, 미드테크, 로우테크, 노테크로 구분됨. 세분시장은 이후 생애단계 계급를 따라 구분

1. 환경운동가(environmental activist) : '녹색'에 대해 열광하는 사람이자 건강과 지속가능성에 초점을 맞춘 라이프 스타일을 가졌다. 농장으로부터 음식을 찾고 유기농 제품을 생산할 뿐만 아니라, 물과 에너지, 쓰레기를 줄이는 데 힘쓴다.

2. 유기농 섭취자(organic eater) : 건강을 유지하는 것에 관심이 많으나, 전 지구적인 지속가능성에 대해서는 열정적인 관심을 보이지 않는다.

3. 경제가(economizer) : 비용 절감을 위해 실험적으로 친환경 제품을 구매한다.[22]

또 다른 연구에서는 4개의 집단으로 녹색 소비자를 구분한다.[23]

1. 진정한 녹색소비자(true green) : 환경친화적 행동이 몸에 밴 사람들이다. 지인에게 환경친화적 용품을 사용하도록 권하며, 환경에 부정적 영향을 미치는 제품을 구매하기를 꺼린다. 그들은 생태학적 이유로 사용 브랜드를 바꾸기도 하며, 환경을 보호하기 위해 기꺼이 개인적 희생을 하

기도 한다. 또한 그들은 정부가 환경을 더욱 보호해주길 바라며 아이들에게 미래의 환경보호를 위한 교육을 하길 원한다. 또한 기업이 환경친화적 제품을 마케팅할 때 투명성을 기하기를 바란다.

2. **녹색 기부자(donor green)** : 이 집단에 속하는 개인은 그들의 환경친화적 구매 행동의 부족에 대해 죄책감을 느끼며, 제품을 구매할 때 가끔 환경에 미치는 영향에 대해 고려한다. 그들은 환경을 위해 기꺼이 재정적으로 희생하지만, 그들의 쇼핑 행동에 변화를 주고 싶어 하지는 않는다.

3. **녹색 학습자(learning green)** : 이런 유형의 사람들은 여전히 환경적 이슈에 대해 공부하고 있지만 적극적으로 생태학적 원인에 참여하지는 않는다. 주로 소비 행동에 큰 변화를 수반하지 않는 쉬운 길을 찾는다. 환경을 보호하기 위해 구매할 제품의 환경에 대한 영향을 가끔 고려하기도 하지만 환경보호론자들의 주장에 대해 회의적이다.

4. **비녹색소비자(non-green)** : 야생이나 환경적 이슈에 대해 전혀 고려하지 않는 사람들이다. 그들은 환경친화적 행동에 참여하지 않으며, 환경적 악영향에 대해 죄책감을 느끼지도 않는다. 게다가 그들 중 일부는 환경 문제에 대해 인정하지만 여전히 생태학적으로 건전하지 못한 제품을 구매하며, 쇼핑 중 그린실(green seal)을 찾아보지도 않는다. 또한 대기업이 환경에 안 좋은 영향을 주는 행동을 하는 것에 대해 괜찮다고 생각한다.

또 다른 연구는 소비자를 녹색 스펙트럼에 따라 구분하는데, 가장 어두운 녹색에 속하는 소비자는 지구 온난화를 막기 위해 환경친화적 제품에 기꺼이 비용을 지불할 의향이 있는 사람들이며, 가장 밝은 녹색에 속하는 소비자는 지구를 지키는 것 보다는 그들의 에너지 비용을 절약하는 데 가장 관심을 두고 있는 사람들이다. 〈표 2.4〉는 녹색 스펙트럼에 따른 5개의 녹색 소비자 세분시장에 대한 설명이다.[24]

개인적 특성

많은 심리적 요소들은 개인의 성격이나 특성에 겹치게 된다. 성격검사 — 질문이나 응답자가 서술하는 방식으로 구성된 — 를 통해 조사자들은 소비자의 성격적 특성에 대해 조사할 수 있으며, 이를 시장 세분화에 적용할 수 있다(3장 참조). 예를 들어, 열린 마음을 가진 소비자는 일반적으로 다른 소비자보다 **혁신자(innovator)**가 되는 것과 같이 새로운 것을 시도하는 데 더 적은 위험성을 가진다 — 이는 제품이 처음으로 소개되어 다른 다수의 소비자들이 구매하기 전에 새로운 제품을 구매하는 것을 말한다. 그러므로 신제품의 마케터들은 반드시 이러한 개인들(그리고 또한 그들의 인구 통계적 특성, 라이프 스타일, 그리고 가치에 대해서도 알아내야 한다.)을 찾아내야 하며, 신제품을 소개하는 동안 그들을 표적으로 설정해야 한다. 더 나아가 만약 그 '혁신자'들의 성격검사가 '표현(exhibition)' — 집단의 중심을 차지하고 싶어하는 사람의 특성 — 에서 높은 점수를 나타냈다면 이러한 집단에 직접 홍보하여 그 혁신자들이 긍정적인 구전을 시행하고 다른 구성원들에게 신제품에 대해 말할 수 있도록 고무시켜야 할 것이다. 〈표 2.5〉는 개인적 특성(personality trait)과 온라인 구매에 대한 태도를 기초로 한 온라인 구매자 세분시장의 세 집단을 묘사하고 있다.[25]

사이코그래픽, 가치 그리고 라이프 스타일

마케팅에서, 고객의 활동, 관심사 그리고 의견을 포함한 라이프 스타일은 **사이코그래픽스(psychographics)**라고 명명된다. 소비자조사에서 사이코그래픽스는 문장을 만들거나 응답자에게 각기 다른

표 2.4 녹색 스펙트럼에 따른 녹색 소비자 세분화			
세그먼트	환경에 대한 태도	환경적 행동	마케팅 전략
알파-에코(Alpha-eco) 미국 성인 중 4,300만	환경 문제와 지구를 보호하는 데 헌신하며, 지구 온난화에 대해 깊이 걱정한다.	환경친화적인 제품(예 : 하이브리드 차량, 유기농 음식, 환경친화적 청소도구)의 얼리어답터이며 관련 제품의 프리미엄 구매에도 의향이 있다.	이러한 집단에 어필하려면 그들의 신뢰와 행동 강화를 위해 기업의 사회적 책임에 대해 홍보해야 한다.
에코-중심적(eco-centric) 미국 성인 중 3,400만	환경친화적인 제품이 그들에게 즉시 그리고 개인적으로 어떻게 이익을 줄 것인가에 대해 더 고민. 환경 문제를 추상적으로 바라본다.	건강과 안정된 삶에 더 도움이 될 것으로 생각하는 녹색 제품이라면 기꺼이 구매한다.	녹색 소비 행동이 글로벌 환경에 어떤 이점을 주는지에 대한 환경 중심적 메시지를 제시한다.
에코-시크(eco-chic) 미국 성인 중 5,700만 가장 큰 세그먼트	환경 문제에 대해 특별히 고려하지 않는다. 그러나 환경에 대해 이루어지는 노력에 관해서는 주변인들을 통해 인지하고 있다.	만약에 녹색 제품이 있다면 적은 양을 구매하긴 한다. 예를 들어, 녹색 제품이 개중 특히 눈에 잘 띈다.	대중적으로 영향력 있는 형태나 상징과 함께 환경친화적 브랜드와 결부한 메시지를 제시한다. 소셜 미디어를 사용하여 그들의 친구나 가족이 얼마나 환경을 지향하는지를 보여줌으로써 에코시크를 권장한다.
경제적-에코(economically Eco) 미국 성인 중 5,300만	지구를 보호하는 데는 관심이 적지만, 돈을 절약하는 데는 매우 관심이 많다. 긴 안목으로 봤을 때 그들의 돈을 절약해줄 수 있다면 기꺼이 녹색 제품을 구매한다.	낭비가 되는 모든 것을 싫어한다. 현실에 맞게 행동한다(예 : 물이나 에너지 절약, 재활용).	제품의 경제성, 지속(내구)성, 재사용 가능성을 강조하여 제품을 홍보한다.
에코-어머니(eco-mom) 18세 미만의 자녀를 둔 미국 어머니의 33%	비용 효과성과 사회적 책임의 실행, 또한 가족의 안녕을 보장하기 위해 제 역할을 하는 것에도 관심이 있다.	환경친화적인 방법으로 제품을 구매한다(예 : 유기농 음식, 친환경 클리너).	녹색 행동이 그들의 가족에게 어떤 혜택을 주는지, 또한 미래 세대를 위해 지구를 지키는 것이 도움이 됨을 증명한다.

출처 : Maryam Banikarim, "Seeing Shades in Green Consumers." ADWEEK, April 19, 2010. Copyrighted 2013. Prometheus Global Media. 103046:913FO

문장에 대한 동의, 반대에 대해 조사하기 위해 질문을 하는 방식으로 구성되어 있다. 연구는 고객의 구매 패턴, 소비나 사회적 이슈에 대한 의견, 가치, 취미, 레저 활동 그리고 기타 많은 차원으로 이루어져 있다. 사이코그래픽 차원의 기준이 되는 정의는 없다. '활동적 라이프 스타일'이라든지 '충동 구매자' 또는 '녹색 구매자'와 같은 소비자 형태처럼 거의 대부분의 사이코그래픽 용어는 특정 연구의 범위에서 정의되었기 때문이다. 그럼에도 불구하고 사이코그래픽스는 매우 다목적인 관계로 인구 통계적 특성과 함께 폭넓게 사용되고 있으며, 거의 대부분의 세분화 프레임워크(segmentation framework)를 포함하고 있다. 〈표 2.6〉은 사이코그래픽 측정의 예시를 보여주고 있으며, 〈그림 2.4〉는 새로운 고급 요리를 찾는 부유한 여행객을 표적으로 한 광고를 보여주고 있다.

VALS™는 가치와 생활양식을 혼합한 가장 유명한 세분화 시스템이다. 매슬로(Maslow)의 욕구단계를 바탕으로 한 개인의 '사회적 캐릭터(3장 참조)'를 개념으로 하며, '전략적 비즈니스 인사이트

표 2.5	온라인 구매자의 세 가지 개인적 특성 세분시장		
성격	첫 번째 세분시장	두 번째 세분시장	세 번째 세분시장
	온라인 쇼핑은 위험하다고 생각하는 고객	온라인 쇼핑에 대해 오픈마인드를 가진 고객	온라인 쇼핑에 대해 신중하며 정보를 더 수집하길 원하는 고객
외향적이고 사교적이거나 내성적	내향적, 그들의 생각을 고수함	매우 외향적	내향적, 그들의 생각을 고수함
신뢰하거나 온라인 쇼핑에 대해 의심이 많거나	의심이 많고 온라인 쇼핑을 믿지 않음	온라인 쇼핑을 전적으로 신뢰함	합리적으로 온라인 쇼핑을 신뢰함
온라인 쇼핑에 대한 태도	비호의적	호의적, 온라인 쇼핑은 기쁨이라 믿음	호의적이지만 온라인 쇼핑을 즐거움으로 찾지는 않음
온라인 쇼핑에 대해 인식하는 위험의 정도	높다	낮다	높다
온라인 쇼핑을 원하는 정도	원하지 않는다	매우 원한다	약간 원한다

출처 : Stuart J. Barnes, "Segmenting Cyberspace: A Customer Typology for the Internet," European Journal of Marketing, 41, no. 1/2 (2007): 71–93. Copyright © 2007, Emerald Group Publishing Limited.

(Strategic Business Insights)'의 조사자들은 VALS로 알려진 미국 인구의 세분화 스키마를 개발했다. 이는 미국의 성인 인구를 태도와 인구통계적 특성에 대한 고객 응답에 따라 여덟 가지 구분된 하위 집단(세분시장)으로 나누었다. 〈그림 2.5〉는 VALS 세분시장의 도표이며, 〈표 2.7〉은 여덟 가지 VALS 세분시장에 대한 내용이다.

도표를 왼쪽에서 오른쪽 방향으로 살펴보자. 먼저 세 가지 기본적인 동기는 다음과 같다. 이상적 동기부여(ideals motivated : 이 부류의 소비자는 지식과 원리를 지침으로 한다), 성취 동기부여(achievement motivated : 이 부류의 소비자는 또래에게 성공을 보여줄 수 있는 제품과 서비스를 찾는다) 그리고 자기표현 동기부여(self-expression motivated, 이 부류의 소비자는 사회적 또는 물리적인 활동, 다양성과 위험을 원한다). 나아가 각각의 세 가지 주된 자가 동기부여는 구분된 태도, 라이프 스타일 그리고 의사결정 방법을 보여준다. 〈그림 2.5〉의 맨 위부터 아래까지는 자원과 혁신에 관한 연속체를 보여준다 — 다자원-고혁신(맨 윗부분)부터 소자원-저혁신(맨 아랫부분). 이 자원/혁신(최대에서 최소까지) 범위는 심리적, 물리적, 인구 통계적 그리고 물질적 수단까지를 포함하며, 고객이 수용해야만 하는 교육 수준, 수입, 자신감, 건강, 구매에 대한 열망 그리고 고객이 신제품을 시도하고자 하는 경향을 포함하는 에너지 레벨 역시 해당된다.

각각의 여덟 가지 VALS 세분시장에는 10~17% 사이의 미국 성인 인구에 해당하며, 17% 신뢰자(believer)는 가장 큰 규모의 VALS 집단이다. 소비자의 특성에 따르면, 여덟 가지 VALS 세분시장은 몇 가지 중요한 측면에서 다른 점을 가진다. 예를 들어, 신뢰자는 미국에서 만들어진 제품을 구매하고자 하며, 그들의 소비 습관을 쉽게 바꾸는 데 오래 걸린다. 반면에 혁신자는 특히 혁신적인 기술을 사용하는 제일 좋은 제품과 신제품을 구매한다. 그리고 또 다른 예로 똑똑한 마케터들이 차량 내 인공지능 기술(예 : 전지구 위치파악 시스템)을 혁신자 집단을 표적으로 하여 처음 도입했다는 것은 별로 놀랄 일도 아닐 것이다. 왜냐하면 그들은 신제품에 얼리어답터이기 때문이다. 많은 사업 계획들이 VALS를 이용하여 기획되고 있으며, 〈표 2.8〉은 그러한 프로젝트의 예를 포함하고 있다.[26]

표 2.6	사이코그래픽 측정 예시
사이코그래픽 요인	샘플 문장
가치와 목표*	• 소속감 • 즐겁고 재밌는 인생 • 타인과의 따뜻한 관계 • 자기만족 • 존경받게 되는 것
삶에 대한 태도**	• 재정적 안전은 나에게 중요하다. • 나의 괄목할 만한 성취는 나보다 앞서 있다. • 나는 실험적이기보다 관습적이다. • 나는 집에서 조용한 저녁을 보내는 것이 파티에 가는 것보다 좋다. • 나의 사회적 지위는 내 삶의 중요한 부분이다.
외모와 패션**	• 나는 최근의 패션에 근거해 옷을 구매하는 것이 좋다. • 나의 친구는 나에게 종종 패션에 대한 조언을 구한다. • 남자는 잘 차려입지 않은 여자에게 관심이 없다.
선물 제공**	• 나는 사람들이 내게 기대하는 선물을 자주 하곤 한다. • 나는 받는 사람들에게 개인적인 메시지를 담아 선물하고자 한다. • 선물은 항상 사랑과 우정을 전달한다.
삶에 대한 통제**	• 나는 사람들 앞에서 말하는 것이 어렵다. • 내가 친구를 만들 때는 항상 관계가 잘 유지되게 하려 한다. • 나는 내가 결정하는 것을 좋아한다. • 다른 사람들은 보통 어떤 것이 나에게 최선인지에 대해 알고 있다.
온라인 구매**	• 온라인 점포들은 계정을 설정하는 데 너무 많은 시간을 요구한다. • 웹사이트를 보는 것은 나의 구매결정에 중요한 요소이다. • 나는 온라인 구매에 대한 나의 경험에 대해 다른 사람들에게 이야기한다.
레저 활동***	• 성인 게임을 즐긴다(예 : 카드, 마작). • 갤러리나 박물관에 방문한다. • 사격이나 사냥을 하러 간다. • 영화를 보러 간다. • 스포츠 게임에 참여한다.

* '매우 중요하다'에서 '매우 중요하지 않다'까지의 측정방식을 사용한 응답
** '매우 그렇다'에서 '매우 그렇지 않다'까지의 측정방식을 사용한 응답
*** '자주'에서 '전혀'까지의 측정방식을 사용한 응답

편익 세분화

편익 세분화(benefit segmentation)는 고객이 제품과 서비스로부터 찾고자 하는 편익에 기본을 둔다. 편익은 고객의 충족되지 못한 욕구를 제시한다. 반면에 구매자의 지각은 브랜드가 가져다줄 수 있는 독특하고 두드러진 편익이 주어질 때 충성도를 형성한다. 샴푸, 비누, 치약과 같은 개인 미용용품의 마케터들은 특별한 편익을 가져다줄 수 있는 차별화를 만들어내야 한다. 콜게이트는 아마 개인 미용

그림 2.4 여행이나 새로운 목적지를 탐험하는 세련된 소비자에게 호소

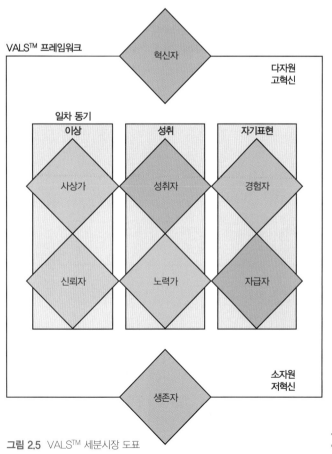

그림 2.5 VALS™ 세분시장 도표

용품업계에서 세계적으로 가장 세련된 마케터일 것이며, 그들의 치약 라인은 소비자가 치아와 구강 위생을 위해 찾고 있는 편익에 대해 이해하는 데 좋은 예가 될 것이다. 콜게이트의 웹사이트는 '편익 검색'이라고 이름 붙여진 링크를 포함하는데, 이는 치약을 네 가지 편익으로 나누어놓았다. (1) 오래 지속되는 상쾌한 향, (2) 치태와 치은염 예방, (3) 민감성, (4) 치아 미백. 예를 들면, 콜게이트 토탈(Colgate Total)은 다른 치약들이 제공하지 않는 12시간의 세균박멸 기능을 제공한다. 콜게이트 맥스프레시(Colgate Max Fresh)는 나쁜 입냄새를 제거해준다. 콜게이트 센서티브 프로릴리프(Colgate Sensitive Pro-relief)는 민감성 잇몸을 가진 사람을 위한 치약이다. 다른 콜게이트 버전들은 치아 미백, 에나멜 보호, 충치 예방, 치석 제거, 치약과 구강청결제를 합친 제품 그리고 기타 여러 가지 편익을 제공한다. 더불어 콜게이트 프로클리니컬(Colgate Pro-clinical) 라인은 세 가지 버전(데일리 클리닝, 데일리 미백, 데일리 리뉴얼)을 포함한다. 그리고 이는 짐작하건대, 고객들이 하루 세 번 양치를 할 수 있도록 장려하는 목적일 것이다.[27] 〈그림 2.6〉은 V8의 광고로 채소를 구매하는 것과 같은 제품의 기본적 편익을 반영한다.

연구는 소비자들이 치과의사, 미용사, 여행사라는 세 가지 서비스 제공자를 방문할 때 일반적으로 찾는 편익을 발견했다. 이 연구는 또한 그들이 제공하는 서비스와 고객들이 받게 될 것이라 믿는 편익의 상관에 의한 고객들의 충성도 레벨에 대해서도 발견했다.[28] 서비스 제공자들은 고객 유치를 향상시키는 데 이를 사용할 수 있을 것이다. 예를 들어, 치과의사들은 방문 후 환자들이 치료 절차에서 느꼈던 경험이나 문제점 등을 알아보기 위해 연락을 하거나 미디어 인터뷰나 회의에 의사가 나온 신문 기사를 발췌해 환자의 이메일로 전송하는 등의 시도로 환자들의 신뢰를 강화할 수 있다. 또 다른 연구는 관계 편익이 은행 고객들이 금융 회사를 찾는 것과 어떤 관계가 있는지에 대해 탐구하고 있으며, 같은 편익의 집단을 밝혀내기 위한 연구 역시 논의되고 있다.[29] 〈표 2.9〉는 두 연구에서 발견된 편익에 대한 요약이다.

미디어 기반 세분화

점점 많은 형태의 미디어가 나타나면서 마케터들은 고객들

표 2.7	VALS™ 세분시장		
세분시장 이름	동기와 자원	선택 인구	가치와 소비형태
혁신자	자원이 풍부함. 이상, 성취, 자기표현 그리고 자존심에 의해 동기 부여됨	미국 인구의 10%. 평균 45세. 기혼 65%, 전일제 근무자 72%	성공함, 세련됨, 호기심이 많다. 새로운 아이디어와 기술을 받아들이려 하며 틈새 제품과 서비스를 구매한다. 그들의 구매가 취향과 성격을 표현할 수 있는지 고려한다. 삶의 세밀한 것들에 대한 취향을 배양한다.
사상가	이상에 의해 동기부여되며 경직된 자원 보유	미국 인구의 11%. 평균 56세. 기혼 75%, 전일제 근무자 55%	성숙함, 만족함, 편안함, 가치 질서와 책임감을 중시한다. 잘 교육받고 세계에 대한 지식이 있다. 시야를 넓히고자 하며 새로운 아이디어에 열려 있다. 내구성, 기능 그리고 제품의 가치를 찾는 실용적인 고객.
신뢰자	이상에 의해 동기부여되며 보통의 자원 보유	미국 인구의 16.5%. 평균 52세. 기혼 63%, 전일제 근무자 47%	보수적, 기존의 믿음에 기초한 전통적 성향, 가족, 지역, 커뮤니티에 우선순위를 둔다. 그들의 가정, 가족 그리고 사회 혹은 지역 단체에 초점을 맞춘 일상에 따른다. 확립된 브랜드, 미국 제품에 호의적, 브랜드 충성도에 따라 구매할 것으로 예상되는 소비자.
성취자	성취에 대한 소망에 의해 동기부여되며 보통의 자원 보유	미국 인구의 14%. 평균 41세. 기혼 72%, 전일제 근무자 70%	목표 지향적이며 직업과 가족에 헌신적이다. 그들의 삶은 가족, 지역, 일에 초점이 맞추어져 있다. 삶은 전통적이며 정치적으로 보수적이고 예측 가능성과 안정성을 추구한다. 고객으로서 그들은 또래들에게 성공을 보여줄 수 있는 제품에 호의적이다.
노력가	성취에 의해 동기부여되며 보통의 자원 보유	미국 인구의 11.5%. 평균 28세, 기혼 34%, 전일제 근무자 52%	트렌디함, 재미, 타인의 찬성을 좋아한다. 그들의 소망을 추구할 충분한 자원을 가지고 있지 못하며, 충동적으로 세련된 제품을 구매하고 많은 물질적 부를 가진 사람들을 모방하여 구매한다. 앞서 나가는 기술이 부족하다.
경험자	자기표현에 의해 동기부여되며 경직된 자원 보유	미국 인구의 13%. 평균 24세. 기혼 25%, 전일제 근무자 52%	젊음, 열정, 다양성과 흥미를 추구하는 충동적인 고객이다. 또한 새롭고 엉뚱하며 위험한 것을 만끽한다. 운동, 스포츠, 야외 오락, 사회활동에 호의적이며, 패션과 오락에 많은 소비를 하며 '쿨함'을 어필하고자 한다.
자급자	자기표현에 의해 동기부여되며 보통의 자원 보유	미국 인구의 12%. 평균 46세. 기혼 68%, 전일제 근무자 59%	집을 짓고, 아이를 기르고, 차를 고치는 것으로 자신을 표현한다. 자급자족하며 전통적으로 생활하고 그들 가족의 삶 너머에 무엇이 있는지에 관심을 두는 실용적인 사람들이다. 고급스러운 제품에 가치를 두고 실용적인 물건을 구매하는 것을 선호한다.
생존자	기본적인 동기부여가 강하지 않고 적은 자원 보유	미국 인구의 12%. 평균 70세. 기혼 45%, 전일제 근무자 13%	좁은 시야의 삶을 살며 종종 세상이 너무 빨리 변한다고 생각한다. 친근한 것에 편안함을 느끼며 안전과 보안을 고려한다. 브랜드 충성도에 따라 구매하며 할인을 추구한다. 이 집단은 대부분의 제품과 서비스 시장에서 그리 대단하지 않다.

출처 : Strategic Business Insights; www.strategicbusinessinsights.com/VALS 허락 하에 재인쇄

이 찾고 받아들이고자 하는 커뮤니케이션 도구와 미디어를 이용하여 효과적으로 광고할 수 있도록 하기 위한 편익을 연구해야만 한다. 한 연구에 의하면, 소비자들은 디지털 신문의 가장 중요한 기능으로 즉시성, 접근성, 무료인 점을 규정한 반면, 전통적인 신문의 가장 중요한 기능으로는 문체나 깊이, 상세함을 중요하다고 꼽았다. 이러한 결과는 전통적인 신문의 발행자들이 상호보완적 개념으로 온라

표 2.8	VALS™ 비즈니스 적용 예시
적용 유형	내용
무선기기 제조사의 신제품 개발	VALS를 사용하여 회사는 고객 가치 창조의 새로운 기회를 탐색하고, 고객 수요를 평가하며 신제품을 위한 유망 시장을 찾았다.
일본 자동차의 미국 내 포지셔닝	VALS를 사용하여 회사는 표적시장에 대한 이해와 고객의 제품에 대한 통찰력을 강화하고, 이러한 지식을 바탕으로 높은 효과의 광고 캠페인을 개발할 수 있었다.
기업 연금 제공 계획을 위한 커뮤니케이션 계획	VALS를 사용하여 회사는 전자적으로 제공받는 것을 선호하는 고객층을 확인하였으며, 그들의 동기를 연구하고 더 효과적인 웹사이트를 개발할 수 있었다.
비영리 단체의 정책 개발	VALS를 사용하여 단체는 환경운동가들의 동기에 대해 연구한 후 환경 캠페인을 표적으로 할 특정 집단을 개발하는 아이디어를 얻을 수 있었다.

출처 : Strategic Business Institute

그림 2.6 V8의 이점 : 혼합채소음료

출처 : Campbell Soup Company

인 신문과 종이 신문을 위치시켜야 한다는 점과, 두 가지 유형의 서로 다소 다른 유형의 광고를 사용할 기회를 동시에 제시한다.[30] 다른 연구는 자동차 구매자가 인쇄 광고를 보고 대안 정보를 온라인에서 찾아오는 경우가 자동차 딜러와의 가격협상 시간을 줄여준다는 것을 발견했다.[31] 이는 마케터들이 인터넷으로 상담 받고자 하는 자동차 구매자에게 다른 자동차 구매자들과는 다른 방식으로 접근해야 함을 의미한다. 또 다른 연구에서는 전자 모바일 기기를 사용하는 사람들에 의해 일어나는 여섯 가지 유형의 편익에 대해 확인했다(표 2.10).[32] 캐나다의 연구는 세 가지 구분된 온라인 고객 세분시장과 그 특징에 대해 확인했는데, 이는 〈표 2.11〉에 나와 있다.[33] 이 표에 나와 있는 그림과 같이 마케터들은 고객의 인구 통계 자료와 그들의 인터넷 검색 패턴 그리고 이에 따른 세분시장에 대해 연구해야 한다.

사용률 세분화

사용률 세분화(usage rate segmentation)란 특정 제품, 서비스 또는 브랜드에서 헤비 유저(heavy user), 미디엄 유저(medium user), 라이트 유저(light user) 그리고 비사용자(nonuser)의 차이를 반영한다. 비누, 세탁세제, 맥주 그리고 개 사료와 같은 많은 제품의 마케터들은 작은 집단의 헤비 유저 고객이 전체 제품 사용량에서 불균형하게 큰 비율을 차지하고 있는 것에 대해 알아내야 한다. 예를 들어, 25%가량의 맥주를 마

표 2.9	서비스 제공자에게서 고객이 기대하는 것(치과의사, 미용사, 여행사, 금융회사)

사회적 혜택	특별 대우 혜택	자신감 관련 혜택
• 도착하자마자 직원에게 이름으로 알려지는 것 • 서비스 제공자와 진실된 관계를 갖는 것 • 그들 스스로 중요하다고 여겨질 수 있도록 대해주는 것 • 제공자의 개인적 친구처럼 대해주는 것	• 각 고객에게 최고의 치료(처리)를 찾아주기 위해 공급자가 최선을 다하는 것 • 공급자가 고객의 특별한 욕구에 대해 더 관심을 기울이는 것 • 공급자가 적절한 가격을 매기는 것(은행의 경우, 더 나은 이자율을 제공하는 것) • 고객의 일이 잘못되었을 때 도와주는 것 • 기다려야 할 때 즉시 처리되는 것과 빠른 서비스	• 공급자는 고객이 정확하고 좋은 서비스를 받고 자신감을 느낄 수 있도록 해야 한다. • 서비스에 대한 정확한 설명을 제공한다. • 무엇을 기대해야 하는지에 관해 말해준다. • 서비스를 받는 동안 불안을 느끼지 않도록 한다. • 제공자는 무언가 잘못되어가고 있을 때 고객에게 위험이 적을 것이라고 설득해야 한다.

표 2.10	모바일 기기 사용 시 고객이 찾는 혜택

위치 정보	커뮤니케이션	스포츠와 엔터테인먼트	부가가치 쇼핑	금융 서비스
해당 위치로 가는 길, 장소의 위치, 그들이 어디에 있는지, 날씨나 뉴스 보도	이메일, 사진 그리고 문자의 전송 및 수신, 낯선 이와의 채팅	스포츠 관련 정보 수신, 성인 오락 접속, 온라인 도박과 게임, 음악 다운로드	가격 비교, 쿠폰 수령과 세일 알림, 제품 정보 수신	은행 업무, 주식 거래, 보험금 정리, 경매 입찰, 표 구매, 환전하기

출처 : Gillian Sullivan Mort and Judy Drennan, "Marketing M-Services: Establishing a Usage Benefit Typology Related to Mobile User Characteristics," *Database Marketing & Strategy Management*, 12 no. 4(2005):327-341

표 2.11	온라인 고객 세분화

성격	기본 커뮤니케이션	잠재 구매자	사회적 노력가
전체 비율과 성별	39% 75% 여성	39% 52% 여성	22% 57% 여성
연령	41% 35세 미만 41% 35~54세 19% 54세 초과	31% 35세 미만 48% 35~54세 21% 54세 초과	49% 35세 미만 31% 35~54세 20% 54세 초과
소득	39% 49,000달러 이하 35% 50,000~74,000달러 26% 75,000달러 이상	40% 49,000달러 이하 23% 50,000~74,000달러 37% 75,000달러 이상	54% 49,000달러 이하 27% 50,000~74,000달러 19% 75,000달러 이상
인터넷 사용	일주일에 12.4시간	일주일에 16.7시간	일주일에 20.7시간
이메일	높음	자주	자주
검색	약간	높음	약간
쇼핑	약간	매우 높음	약간
블로깅	낮음	약간	매우 높음
채팅	낮음	낮음	매우 높음
비디오 스트리밍	낮음	약간	매우 높음
다운로드	낮음	약간	매우 높음

출처 : Muhammad Alijukhadar and Sylvain Senecal, "Segmenting the online consumer market," Marketing Intelligence and Planning, 29 no. 4 (2011): 421-435.

시는 사람들이 맥주 소비량의 거의 75%를 마시고 있는 것과 같다. 그러므로 대부분의 맥주 회사들은 그들의 광고 캠페인을 미디엄 혹은 라이트 유저보다 헤비 유저에게 향한다. 또한 라이트 맥주를 술을 많이 마시는 집단에게 '포만감이 적다'(그리고 많은 양을 소비할 수 있다.)라고 포지셔닝하여 일반적인 맥주에 비해 성공적인 표적시장을 선정했다.

헤비 유저를 표적시장으로 선정하는 것은 일반적인 마케팅 전략이며, 종종 다른 카테고리를 표적시장으로 선정하는 것보다 더 이익이다. 그러나 이 세분시장은 다량의 고가 광고를 준비해야 하는데, 이는 모든 경쟁자가 같은 헤비 유저를 표적으로 하고 있기 때문이다. 일부 마케터들은 헤비 유저들이 선호하는 제품과 구분되는 라이트 유저와 미디엄 유저를 표적으로 하는 것을 더 선호한다. 예를 들어, 모든 슈퍼볼 방송은 헤비 유저를 직접적으로 겨냥한 미국 맥주의 주류 브랜드의 고가 광고를 많이 포함한다. 반면에 홀푸드(Whole Foods : 미국의 고급 식재료 업체) 슈퍼마켓의 맥주 섹션은 각기 다른 나라와 양조장에서 생산된 수많은 브랜드들로 구성되어 있으며, 이들은 각각 독특한 맛을 지니고 있다. 또한 이러한 제품들은 판매량이 많은 맥주 브랜드보다 더 비용이 많이 들어가며 이로 인해 광고를 최소화시킬 수밖에 없다. 홀푸드는 슈퍼볼 광고들이 표적으로 삼고 있는 고객들보다 맥주를 적게 마시는 그러나 맛에는 더욱 식별력이 있고 가처분 소득은 많은 고객을 표적으로 하였다.

사용률 세분화는 또한 사용 행동에 직접적인 영향을 미치는 요인에 초점을 둔다. 예를 들어, 슈퍼마켓 고객에 대한 한 연구는 일주일에 구매자가 슈퍼마켓에 방문하는 횟수를 기준으로 하여 구매자의 이용 빈도에 따른 두 가지 세분시장을 발견하였다. 연구자들은 또한 이용 빈도와 고객의 해당 점포에서의 구매 이유와 지출 정도, 해당 점포로의 이동 시간 및 교통수단 그리고 구매자들이 집에서부터 오는지, 직장에서 오는지, 또는 가볍게 스쳐 지나가는지를 조사하였다.[34]

이용률은 고객이 제품과 제품의 특성에 대해 잘 알고 있는가와 같은 **제품인지 상태**(product awareness status)와 또는 그녀가 빠른 시일 내에 구매할 의향이 있는지와도 강하게 결부되어 있다. 고객이 제품에 대해 잘 모르고 있는지, 제품에 대한 정보를 필요로 하는지와 같은 고객의 제품에 대한 인지도는 구분된 표적화 기회를 대표하는 개념이다. 연관된 요소는 **제품 관여도**(product involvement)이다. 이는 고객이 제품 보유에 있어 개인적으로 관여하는 정도를 반영하는 것을 의미한다(5장 참조). 한 연구에서는 세 가지 고객 클러스터를 확인했는데, 그들이 와인의 '배경 또는 역사' (예 : 와인의 '명칭의 기원')에 관심을 갖는 정도를 기준으로 했다. 그리고 와인에 대한 지식과 와인 구매의 관점에서 클러스터들 간의 중요한 차이점이 나타났다.[35]

사용상황 세분화

사용상황 세분화(usage occasion segmentation)란 특별한 계기로 고객이 어떤 제품을 구매하는 것에 대해 인식하는 것이며, 아래 문장들에 잘 표현되어 있다.

- "우리는 아들 생일 때마다 그래머시 태번(Gramercy Tavern : 뉴욕의 유명 레스토랑)으로 저녁을 먹으러 가요."
- "제가 일주일 혹은 그 이상 출장을 가게 될 때는 세타이(Setai : 미국 마이애미 위치 호텔)에 머무르려고 합니다."
- "저는 언제나 아내에게 밸런타인데이에 사탕을 선물합니다."

많은 마케터들이 그들의 홀리데이나 시즌 제품을 홍보한다. 쿠나파(Kunafa)는 전통적인 에이다.

레반트의 흔한 디저트인 쿠나파는 전통적으로 견과류와 시럽으로 만든다. 이집트에서 유래했다는 소문이 있으며, 이슬람 신자들의 성월인 라마단 기간 동안 이 디저트는 모든 빵집에서 만나볼 수 있다. 이 기간 동안 쿠나파는 통상적인 형태 외에도 초콜릿, 과일 그리고 크림 또한 레드 벨벳 케이크와 심지어 컵케이크로도 만들어진다. 이런 다양한 제품은 오직 라마단 기간에만 나타나며, 이 기간에는 활발히 광고되지만 1년 중 다른 기간에도 이어지지는 않는다. 온라인으로 구매하고자 하는 고객이 늘면서 캠벨 수프, 크래프트, 허쉬, 켈로그 그리고 다른 유명 브랜드의 마케터들은 홀리데이 이전 온라인으로 제품을 홍보하는데 이는 고객들이 섣달 그믐날 전 주에 많은 돈을 소비하기 때문이다.[36] 〈그림 2.7〉에 나타나는 맥스 귀마개의 광고는 봄철 휴가 기간 동안 제품을 사용할 수 있다고 홍보하고 있다.

그림 2.7 사용상황 : 봄 휴가

출처 : Devin Benner CEO McKeon Products Inc.

행동타깃팅

행동타깃팅(behavioral targeting)은 개인화되고 신속한 가격 할인과 프로모션 메시지를 적절한 고객에게 도달할 수 있도록 디자인하고, 고객과 높은 관련성을 갖는 메시지를 적시에 전달되도록 하며, 전통적인 세분화 기술보다 더욱 정확하게 메시지를 전달하는 것으로 구성되어 있다. 행동타깃팅은 온라인 탐색, 최근의 지리적 장소 그리고 구매 행동을 추적하여 사용한다.

온라인 탐색 추적

고객의 온라인 탐색을 추적하는 것은 아래와 같은 것을 포함한다.

1. 고객이 방문한 웹사이트 기록
2. 고객과 사이트 간의 연관성 정도 측정(예 : 그들이 어떤 페이지를 보는지, 접속 시간은 어느 정도인지, 얼마나 자주 방문하는지)
3. 방문자의 라이프 스타일과 개인적 특성 기록(고객의 블로그, 트위터, 페이스북 프로필 콘텐츠)
4. 고객의 구매 내역과 구매할 만한 것들(예 : 장바구니에 넣어두기만 한 제품) 그리고 반품, 환불

한 것들에 대해 지속적으로 파악

소비자가 오래 머무르거나 자주 방문한 사이트는 높은 제품 관여도와 구매 의도를 갖는 것으로 조사되었다. 웹사이트는 다용도로 사용될 수 있으므로 마케터들은 고객의 구매 흥미와 의도에 대해 빠르게 대처해야 한다. 예를 들어, 디지털 카메라를 찾아서 온라인 매장을 방문하는 소비자는 디지털 카메라가 브랜드나 가격을 기준으로 디스플레이 되기를 원한다. 따라서 그들이 다시 방문했을 때 방문객을 구매자로 '전환하기' 위해서는 카메라를 즉시 고객이 처음 방문 시 선호했던 방식으로 디스플레이해야만 한다.

지리적 장소와 모바일 표적시장 선정

스마트폰과 GPS 장치는 높은 효과의 표적시장 선정 기회를 준다. 예를 들어, 뉴욕 브로드웨이 극장은 할인된 미판매 당일 공연 좌석정보를 휴대 전화 메시지로 전송해주는데, 그 대상은 도시 내 극장이 있는 구역에서 택시를 타고 여행 중인 사람들이 된다. 택시의 GPS 장치가 추적 장치를 통해 위치를 보여주기 때문이다.

고객의 모바일 기기는 브릭앤모타르(Brick-and-Mortar) 소매점에 어려움을 가져다주었다. 소비자는 빈번히 최저가로 구매하기 위해 점포에서 스마트폰으로 바코드를 스캔하여 제품의 온라인 가격을 확인하는 **쇼루밍**(showrooming)을 하기 시작했다. 쇼루밍을 막기 위해 일부 점포들은 서비스를 사용하기 원하는 고객을 대상으로 고객이 매장 근처에 있거나 매장에 들어왔을 경우 홍보용 알림을 스마트폰으로 전송하는 **지오펜싱**(geopencing)을 실시했다.[37]

구매 행동

최근 많은 마케터들이 고객의 미래 구매를 과거의 구매 정보와 기타 데이터를 사용하여 예측하고 측정하거나, 이러한 예상에서 기인한 개인별 프로모션을 평가하는 **예측 분석**(predictive analytics)을 사용한다. 예측 분석을 사용하면 몇 가지 질문에 대한 답을 얻을 수 있다.

1. 특정한 페이지에서 빠져나올 때, 방문자들이 다음에 볼 컨텐츠나 페이지는 어떤 것이 있는가?
2. 어떤 웹사이트 특징이(그리고 특정의 조합이) 사람들을 웹사이트에 가입하도록 하는가?
3. 웹사이트에 다시 접속하는 방문자의 특징은 무엇이며 이유는 무엇인가?
4. 방문자가 특별한 광고를 클릭하도록 하는 요인은 무엇인가?

예측 분석은 종종 고객의 구매 행동 변화의 중요한 변화를 알아채는 데 초점을 맞추는데, 소비자에게 아이가 태어난다든지, 결혼을 앞두고 있다든지 심지어 이혼한다든지 하는 소비자의 구매 행동 중 몇 가지 변화가 특별한 삶의 이벤트 상황을 고려하고 있다는 것을 알려주기 때문이다. 이러한 상황들에서 소비자는 돈을 더 많이 쓴다거나, 상점을 방문할 때 상대적으로 신경을 덜 쓰게 된다. 한 예로 'Target'은 임신 초기 여성의 구매 패턴 변화를 감지하기 위해 개발된 모델이다. 〈그림 2.8〉은 이 모델이 어떻게 수잔이라는 가상의 표적 구매자를 대상으로 한 아기용품 시장에 적용될 수 있는지를 보여준다. 수잔이 그녀가 한 번도 사보지 않은 일부 제품을 구매하기 시작하면 Target의 예측 분석은 이러한 구매가 수잔이 아이를 가졌다는 것을 강하게 나타내는 것이라고 신호를 보낸다. 이런 데이터와 기타 많은 추가 정보를 사용하여 Target은 수잔에게 적용할 수 있는 프로모션 할인 정보를 발송하기 시작하며, 동시에 그들이 그녀를 염탐하고 있다는 사실을 숨기는 조치도 함께 취한다.[38]

그림 2.8 행동타깃팅

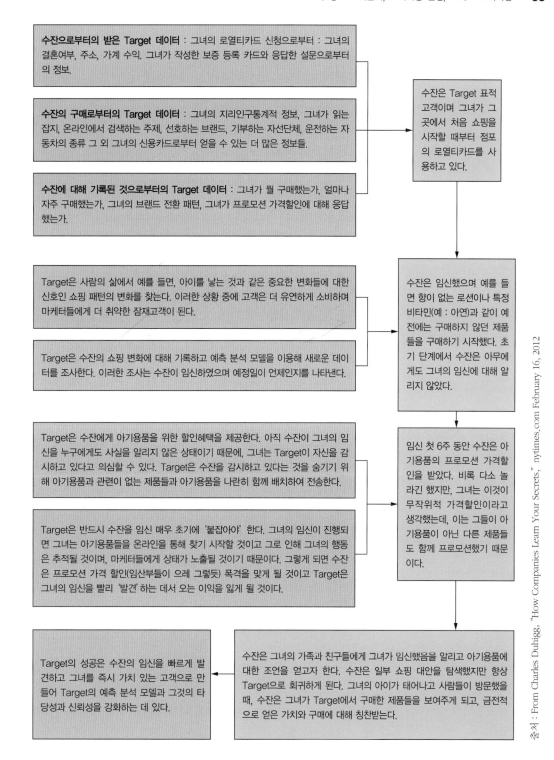

출처 : From Charles Duhigg, "How Companies Learn Your Secrets," nytimes.com February 16, 2012

정보 '확보 경쟁'

정확한 정보를 모으고 분석하는 것은 효과적인 행동타깃팅의 기초이다. 마케터들은 삶에서 나타날 수 있는 일들이나 이벤트처럼 고객의 구매에 영향을 주는 일들을 예측하기 위해 노력한다. 마케터들은 또한 사람들의 흥미와 그들이 접속해 있는 온라인상의 소셜 네트워크에 대해서도 정보를 발견하길 갈망한다. 위와 같은 정보의 전략적 중요성 때문에 더 많은 고객 정보를 갖는 것에 대한 경쟁이 매우 치열해지고 있다.

액시엄(Acxiom : 미국의 마케팅 회사)과 같은 기업들은 사실상 대중적으로 알려진 회사는 아니지만 그들의 데이터베이스는 미국 성인 대부분에 대한 모든 것을 '알고' 있는데, 예를 들면, 사람의 나이, 인종, 성별, 몸무게, 키, 결혼여부, 학력수준, 정치적 성향, 구매 습관, 가계 자산 걱정 그리고 휴가에 관한 희망과 같은 것들이다. 그들은 이러한 데이터를 공공 기록물, 고객 설문조사, 신용카드 정보 그리고 기타 자료들로부터 수집한다. 액시엄의 서버는 1년에 50조 이상의 데이터를 '처리'하고, 그들의 데이터베이스는 전 세계 약 5억의 활성 사용자들과 그들 개인당 약 1,500개의 데이터 정보를 포함한다. 게다가 이러한 기업들은 점점 더 정교한 방법으로 데이터를 '채굴'하고 수정하는 방법을 빠르게 개발하고 있다. 그들은 마이크로소프트, 구글, 아마존 그리고 마이스페이스에서 디지털 전문가를 채용하고 고객의 행동을 예측하기 위해 멀티플랫폼 데이터베이스를 사용한다.[39]

온라인 마케터들은 광고를 사용자의 과거 활동에 근거하여 개인화하는데, 온라인 활동을 지속적으로 추적하기 위해 컴퓨터 코드의 비트 단위로 브라우저에 배치된 '쿠키'를 모으거나 추적하는 방법을 사용한다. 액시엄은 고객의 오프라인, 온라인 그리고 심지어 모바일 자아에 대해 알고 있는 것을 통합하고 '360도 보기'로 알려진 깊이 있는 행동 묘사를 창조해낸다. 이 책의 15장에서는 고객 몰래 많은 개인 정보를 수집하는 것에 대한 윤리적 문제에 대해 설명한다.

포지셔닝과 재포지셔닝

학습목표

4 어떻게 제품을 포지셔닝하고, 차별화하며, 재포지셔닝하는가에 대해 이해한다.

시장을 세분화하고 잠재시장을 표적시장으로 선정하고 나면 마케터들은 그들의 제품을 경쟁제품들 대신 구매해줄 잠재 구매자들을 설득해야 한다. **포지셔닝**(positioning)은 기업이 그들의 제품, 서비스 또는 브랜드 정체성을 차별화된 이미지로 만들어 고객의 마음속에 위치시키는 것을 의미한다. 이미지와 독특한 정체성은 '포지션'이라고 불린다. 포지션은 오직 고객의 마음속에만 존재하는 무형의 것으로, 마케터들이 원했던, 제품과 브랜드에 대한 고객들의 인식을 대표한다(4장 참조). 효과적인 포지셔닝의 결과는 고객의 마음속에 경쟁제품과 차별적으로 인식된 제품의 독특함이다. 대부분의 신제품이 이에 실패하는데, 신제품이 효과적으로 포지셔닝되지 않았기 때문에 소비자가 신제품을 '유사' 제품으로 인식하여 경쟁제품에 비해 어떤 이득도 제공하지 않는다거나 또는 독특한 혜택을 주지 않을 것이라고 인식하기 때문이다.

포지셔닝 과정은 아래와 같은 단계를 포함한다.

1. 관련 구매자는 누구이며, 제품의 경쟁자는 누구인지와 같은, 제품 혹은 브랜드가 경쟁하고 있는 시장을 정의한다.
2. 제품의 주요 속성을 확인하고 각각의 관련 속성에 대한 고객의 인식을 조사한다.
3. 관련 속성에서 경쟁제품에 대한 고객들의 인식이 어떤지에 대해 조사한다.
4. 표적시장이 선호하는 속성들의 조합을 결정한다.
5. 편익으로 적용 가능한 속성으로 통하는 독특성, 차별성 그리고 가치 기반 포지셔닝 개념을 개발한다.
6. 표적 청중들과 의사소통하는 데 사용할 수 있으며, 제품이 제공할 수 있는 혜택과 가치에 초점을 맞춘 구호를 만든다.

같은 범주 내 서로 다른 브랜드의 마케터들은 브랜드가 제공할 수 있는 혜택을 강조하는 방법으로 상표를 효과적으로 차별화한다. 이와 같은 혜택은 반드시 연구 조사에서 고객과 관련이 있는 중요하다고 확인된 제품의 속성을 반영해야 한다. 포지셔닝은 원자재(commodities)의 경우 특히 어려운데, 모든 브랜드에서 물리적 특징이 동일하게 나타나기 때문이다. '물'을 예로 들면, 마케터들은 많은 브랜드 미네랄워터를 제공하고 있으며, 가격 범주와 포지션을 차별화하고 있다. 〈표 2.12〉는 일부 생수 브랜드의 포지셔닝 주장(claim), 독특한 혜택 그리고 가격에 대해 보여준다.

성공적인 포지셔닝 전략의 결과는 소비자가 제품을 선택하고 결정할 때 신뢰할 수 있는 독특한 브랜드 이미지이다. 긍정적인 브랜드 이미지는 또한 고객의 충성도를 이끌어낼 수 있으며, 향후 브랜드 프로모션에서 고객의 흥미를 불러일으킬 수 있다. 그리고 고객에게 경쟁사의 프로모션에 대한 '예방 주사'를 맞힐 수 있다. 신제품이 출시되고 시장이 복잡해지면 수많은 경쟁자들 사이에서 독특한 브랜드 이미지를 창조하고 유지하기는 점점 더 어려워진다.

포지셔닝 전략은 가장 자주 사용된다. 우산 포지셔닝, 프리미어 포지셔닝, 경쟁자에 대한 포지셔닝, 주요 속성과 '소유자가 없는' 인식적 포지션을 찾는 것. 이러한 전략들은 상호 배타적이며 종종 겹치기 때문에 반드시 주목해야 할 것이다.

우산 포지셔닝

우산 포지셔닝(umbrella positioning)은 기업이 제공하는 보편적인 편익을 묘사하는 구호 또는 문장을 말한다. 때때로, 이러한 구호는 특정한 제품만을 나타내지는 않는다. 맥도날드는 여러 해에 걸쳐 이러한 전략을 사용했는데, 구호는 다음과 같다. "당신은 오늘 쉴 자격이 있습니다." (1971), "아무도 당신의 하루를 맥도날드처럼 만들어줄 수 없습니다." (1981), "모든 시간을 좋은 시간으로 만들어 드립

표 2.12	생수 브랜드의 포지셔닝, 광고 혜택 그리고 가격			
브랜드	설명	포지셔닝, 독특한 혜택	패키지	가격*
티난트 (Tŷ Nant)	웨일스산. 수상 경력이 있음. 최고급 호텔과 식당에 제공된다.	스타일. 지위. 관심을 주목시키는 용기	코발트색 또는 빨간색 유리로 만들어진 우아한 용기	$2.50
보스 (Voss)	노르웨이산. 수 세기 동안 얼음과 바위로 덮인 자연 대수층에서 추출한다.	원통형, 불투명 유리, 모던, 음각 글씨체	원통형, 불투명 유리, 모던, 음각 글씨체	$3.50
피지 (Fiji)	열대우림산. 기업은 이를 보호하기 위해 최선을 다하고 있다.	환경친화적, '떳떳한 양심 음료'	평범한 유리병, 상표가 프린트되어 있음	$2.50
야나 (Jana)	크로아티아산. 아르투아식 우물물로 표면으로부터 깊은 아래에서 추출. 순수하며 균형 잡혀 있다.	완벽한 pH**	평범한 긴 병, 상표가 프린트되어 있음	$2.25
고타 (GOTA)	지구 상에 존재하는 지하수 중 최고로 순수한 물을 보유한 곳 중 하나인 아르헨티나의 과라니 지역 대수층산. 2억 년 전 퇴적된 사암으로 구성되어 있으며, 투과성이 낮은 화성암, 현무암과 겹쳐 있어 고도로 밀폐되어 있다.	완벽히 자연으로부터 선별되어 미네랄을 제공하여 신체를 젊고 건강하고 기운차게 유지하는 데 유용	투명 유리, 평범하지 않고 우아한 투명 유리병. 어두운 프린트	$3.80

주 : *1리터 가격
　　** pH는 물의 산도를 측정하는 단위이다.

출처 : John Foxx Collection, Imagestate

그림 2.9 모바일 네트워크 사용자로서 모바일 이용자의 일러스트, 모빌리아니의 브랜드 철학–
"언제나 함께"

니다."(2002), 그리고 "난 그걸 좋아해(I'm Lovin' It)."(2003).

이러한 전략은 제품들에 동일하게 나타나며, 실라 식용오일회사와 이집트의 모비닐의 예로 나타내볼 수 있다. 실라는 깨끗하고 흠이 없는 오일에 초점을 맞추었다. 실라의 프로모션 광고는 요리사가 건강한 삶에 대해 강조하며 광고 속 여성이 가족의 건강을 걱정하는 동안 "Monfadlek khodi balek(제발 신경써요)"라는 구절을 반복한다. 이렇게, 브랜드는 건강한 식단을 위해 순수한 오일을 선택하는 것이 중요하다는 것을 주장한다. 그래서 하나의 특별한 제품만이 아닌 브랜드가 제공하는 전체를 태그라인(구호)으로 홍보하는 것이다.

이집트의 모바일 네트워크 회사인 모비닐은 같은 방식으로 그들의 구호인 "Dayman maa baad(언제나 함께)"를 사용한다. 이 구호는 모바일 네트워크 제공자의 통합되고 상호 연결된 커뮤니티 촉진 개념에 초점을 맞추고 있다. 결과적으로 모비닐은 국가의 모바일 텔레커뮤니케이션 서비스를 위한 기업의 시장에 대한 기부를 통해 큰 기여를 한 유니언(union)의 상징이 되었다.

프리미어 포지션

이 포지셔닝 전략은 브랜드의 독점권에 초점을 맞추고 있다. 예를 들어, 뉴욕 타임스의 '잘난 체하는' 포지셔닝은 '인쇄에 알맞은 모든 뉴스'이다. 때때로, 브랜드는 더 높은 제품 가격이 더 높은 독점권을 가져다준다는 중점적 믿음을 갖는다. 한 예로 조이(Joy : 향수 브랜드)의 마케터는 이를 '세계에서 제일 비싼 향수'로 포지셔닝했다. 비록 모든 명성 있는 향수들이 매우 비싸지만, 그 어떤 향수 마케터도 자기 회사의 제품이 가장 비싸다고 주장하지는 않았다. 4장에서 가격과 품질 관계의 개념에 대해 설명하겠다.

수년간 로레알의 염색 제품들은 명시되지는 않았으나 여성들에게 명백한 질문을 제시했다. "왜 내가 꼭 이 제품을 써야만 하지?" 그리고 그들은 포지셔닝 구호의 형태로 그 해답을 제공했다. 해답은 "왜냐하면 난 소중하니까."(1971년의 신조어)이다. 페미니즘의 시대에 이러한 구호는 거만하게 들릴 수 있었다. 왜냐하면 이는 오직 여성의 물리적 외모만이 지식수준이나 전문성보다 더 높게 평가될 수 있다는 강한 의미가 있기 때문이다. 따라서 로레알은 그들의 포지셔닝을 시기적으로 더 적합한 "왜냐하면 우리는 소중하니까"로 변경하였고, 이 새로운 구호는 또한 많은 언어로 번역되었다.[40] 13장에서 브랜드 이름을 번역하는 것에 대한 중요성과 다른 언어로 광고하기 위한 주제에 대해 설명하겠다.

경쟁자에 대한 포지셔닝

일부 포지셔닝 구호는 경쟁 브랜드를 인정한다. 예를 들어, 에이비스(Avis)는 "우리는 No.2입니다. 우리는 더 열심히 노력합니다."라고 주장하며, 간접적으로 렌터카 넘버원 브랜드인 허츠(Hertz)의 존재에 대해 인정한다. 7Up의 "나는 콜라가 아니다(Uncola)." 포지셔닝도 코카콜라가 청량음료 시장을 지배하고 있다는 것을 인식한 것이다. 하나의 브랜드를 경쟁자와 대조시키는 것은 매우 효과적인 포지셔닝과 차별화 방법이 될 수 있다. 〈그림 2.10〉에서 보이는 헬시초이스 광고를 보면 첫 번째 광고는 헬시초이스를 이탈리안 서브 샌드위치보다 더욱 영양가 있는 점심이라고 포지셔닝하고 있다. 그리고 또 다른 광고는 같은 주장을 기존의 샐러드 제품과 비교해 보여주고 있다.

주요 속성

포지셔닝은 종종 브랜드의 우수성으로 표현되는 관련 속성들을 바탕으로 한다. 휴지 브랜드 바운티의 마케터는 처음에 그들의 휴지를 "빠르게 강렬하게 깨끗하게(아마 주요 경쟁사인 비바를 염두에 둔 듯하다.)"로 포지셔닝했으나, 나중에는 "엠보싱 형태로 두꺼운 강렬하게 깨끗하게" 그리고 다음으로 '맑고 강렬하고 깨끗하게'로 바꾸었다. 경기가 침체하는 동안 바운티는 그들의 포지셔닝을 바꾸고 다음의 구호들을 사용하여 고객의 절약 욕구에 어필했다. "바운티 한 장이면 당신의 청소를 책임질 수 있습니다.", "한 장이면 깨끗하게 유지할 수 있습니다." 그리고 "두껍고 흡수력 있는 바운티가 청소를 빠르고 쉽게 도와주어 당신의 하루를 더 누릴 수 있도록 해줍니다."[41]

소비자가 그들의 정체성을 표현하기 위해 브랜드를 사용한다고 믿는 일부 마케터들은 종래에 기능적 속성으로 포지셔닝하던 그들의 제품을 어떻게 하면 고객의 라이프 스타일에 맞출 수 있는지에 따라 재포지셔닝하기 시작했다. 하지만 한 연구의 조사에 따르면 이러한 접근방식은 바람직하지 않은 것으로 나타났다. 왜냐하면 고객이 원하는 '자기 표현(self-expression)' 욕구는 브랜드의 직접적 경쟁자뿐만 아니라 직접적으로 관련이 없는 범주의 브랜드로부터도 만족되기 때문이다.[42]

출처 : (Left & Right) Reprinted with permission of ConAgra Foods, Omaha, Nebraska

그림 2.10 차별화 : 헬시 초이스 대 이탈리안 서브 그리고 샐러드 기성제품

그림 2.11 주요 제품 속성에 초점을 맞춘 포지셔닝 : 고화질 GPS

〈그림 2.11〉에 보이는 광고는 고화질을 특징으로 하는 GPS 장치로, 가장 최근의 교통 정보를 제공한다. 따라서 광고의 핵심 구절—"단지 GPS 이하의 어떤 것도 아닙니다"—은 브랜드의 우월성을 분명히 보여준다.

소유되지 않은 포지션

언어상으로, 인식은 물리적 대상이 아니기 때문에 '소유될' 수 없다. 마케팅에서는, '소유되지 않은' 포지션이라는 용어를 막연한 의미로 브랜드나 제품과 분명히 결합되지 않은 인식으로 정의한다. 예를 들어, 뉴욕 시의 데일리 뉴스는 교육을 많이 받지 못한 독자를 위한 선정적인 이야기에 특화된 신문이다. 대조적으로, 뉴욕 타임스는 유명하고 신뢰할 수 있는 저널리스트가 작성한 기사를 싣는 교육받은 독자들을 위한 신문이다. 롱아일랜드 뉴스데이는 그들을 "시간을 앞서 가는 원톱 뉴스"로 포지셔닝하고 데일리 뉴스와 같이 '저질' 신문이 아닌 뉴욕 타임스와 같은 교양 있는 신문을 읽고 싶은 독자를 표적으로 한다.

왜냐하면 비어 있거나 소유되지 않은 인식된 포지션은 경쟁자에게 기회를 제공해주며, 마케터들이 보다 정교하게 특화된 제품 버전을 만들어낼 수 있도록 하기 때문이다. 또한 종종 같은 브랜드 내에서 많은 포지션을 만들 수 있게 하기도 한다. 예를 들면, 바이진(Visine)은 원래 충혈을 없애주는 안약 제품이다. 현재 안약 제품라인은 복합증상용, 알러지용, 충혈용 그리고 건조하거나 피곤한 눈 전용으로 나와 있다.[43] 크레스트 치약의 제품라인은 많은 범주의 구분된 효능을 제공하는 치약을 포함하는데, 예를 들면, 치석용, 충치 그리고 민감성 치아 예방용과 같은 것들이다. 베이킹 소다가 함유된 스트라이프 형태의 치약, 어린이용 크레스트 콜게이트 토탈(Colgate Total)의 성공에 답하듯이 크레스트는 크레스트 프로 헬스(Crest Pro-Health)라는 신제품 라인을 출시했다. 게다가 크레스트의 제품들은 "입 안의 놀라움", "감각을 깨우다" 그리고 "입맛을 보존하여 맛을 유지하세요(keep the taste buds tingling)"[44] 같은 표현을 내세우며 각각의 치약 라인을 페이스트, 젤, 리퀴드 젤 그리고 향이 있는 형태로 제공했다. 크레스트와 바이진의 마케터들은 그들의 고객과 혜택의 속성들이 그들의 제품으로부터 고객이 찾는 혜택과 같은지에 대해 연구했다. 혜택이 구분된 제품 형태를 제공하고, 많은 포지션을 충족시키는 것을 가능케 한 것은 바이진과 크레스트의 생산자가 제품을 거의 다른 회사가 그들의 시장에 침투하기 불가능할 정도의 제품을 만들어냈기 때문이다.

소유되지 않은 포지션은 반드시 마케터들의 마음속에 있는 것이 아닌, 고객의 마음속에 있는 것이어야 한다. 다르게 말하면, 마케터들은 거울(그들 자신)을 봐야 할 것이 아니라 고객, 즉 창을 통해

봐야 한다는 것이다. 일례로, 1967년 뉴욕의 레인골드 브루어리(Rheingold Brewery)에서 일했던 생화학자는(비유적으로 말해서, 그는 거울을 들여다봤다.) 시중에 다이어트를 지향하는 소비자를 위한 맥주가 없다고 주장하며 개블링거(Gablinger)의 다이어트 맥주를 소개했다. 그 제품은 실패했는데, 헤비 맥주 소비자들—80% 이상의 맥주를 소비한다고 계산된—은 다이어트를 의식하지 않기 때문이었다. 이후 같은 맥주 제조법을 사용하여 밀러(Miller)는 '덜 배부른' 밀러라이트를 내놓았고 큰 성공을 거두었다. 밀러는 헤비 맥주 소비자들이 포만감이 적은 맥주를 마셔 배부른 느낌 없이 더 많은 맥주를 마시기를 원한다는 것을 발견(비유적으로 말하자면, 그들은 창 밖을 보았다)했던 것이다. 정확히 물리적으로 같은 제품이 다이어트 맥주로 포지셔닝하여 실패한 반면에, 배가 덜 부른 맥주로 훌륭하게 포지셔닝하여 성공한 사례이다. 맥주 소비자들은 두 번째 포지셔닝을 이롭다고 인식한 것이다. 〈그림 2.12〉는 파에(Fage) 요거트 광고로, "터무니없이 걸쭉한 요거트"라는 문구를 이용해 제품의 근본적 혜택으로 걸쭉함을 강조하고 파에를 미국산 요거트보다 "더 걸쭉하다"라고 차별화한 것이다.

재포지셔닝

재포지셔닝(repositioning)은 기업이 차별화된 제품 이미지와 정체성에 대한 전략적인 변화를 주거나, 소비자의 마음속에서 브랜드가 차지하는 위치를 변화시키는 과정을 의미한다. 기업은 고객이 기존의 포지셔닝에 익숙해지거나 더는 그들의 마음속에서 중요하지 않을 때 이 방법을 사용한다. 고객이 낡은 포지셔닝을 따분하게 보기 시작했을 때도 비슷하게 마케터가 반드시 그들의 브랜드 정체성을 신선하게 바꿔줄 필요가 있다. 때때로 너무 많은 경쟁자들이 그들의 포지셔닝에서 같은 혜택을 강조하기도 하기 때문에 마케터들은 고객이 중요하다고 인식할 만한 다른 속성들로 그것을 대체해야 한다. 예를 들어, 현재 파에 요거트는 '터무니없이 걸쭉한' 요거트이고, 초바니(Chobani : 그리스 요거트의 경쟁 브랜드)는 '정통의, 진짜 그리고 순한'으로 마케팅하고 있다. 이제 새로운 그리스 요거트 브랜드가 '걸쭉하고 순수한'으로 자사 제품을 소개한다고 가정해보자. 만약 새로운 브랜드가 시장을 점유하기 시작했다면, 파에와 초바니는 그들의 포지셔닝 주장을 재검토해야 할 것이다. 〈표 2.13〉은 우산 재포지셔닝(umbrella repositioning)의 예를 보여주고 있다.[45]

재포지셔닝을 하는 또 다른 이유는 제품이나 서비스가 새로운 세분시장에 어필하도록 하기 위해서이다. 예를 들어, GM은 몇 년 동안 올즈모빌(Oldsmobile)이 '노인네'가 아니라는 것을 젊은 소비자들에게 설득시키려 했으며, "당신 아버지의 올즈모빌이 아니다"라고 재포지셔닝하기 위해 노력했다. 하지만 이러한 노력은 브랜드의 '노인네' 이미지가 자동차 구매자의 마음속에 너무 강하게 자리잡고 있어 실패하였으며, GM은 옛날에 크게 성공했던 브랜드를 만드는 것을 중단하게 되었다.

2008년 가을에 발생한 금융 위기를 부채질한 주요 요소는 고객의 과도한 주택담보대출이었다. 전통적으로 미국인은 그들의 대출을 갚길 기대했고(모기지 계약서를 태우는 의식은 미국인의 전통이다.) 절박한 대출에 대한 최후의 대안으로 '2차 모기지' 개념이 결합되었다. 수년간 은행 마케터들은 돈을 낭비하고 싶어 '에쿼티론'에 현혹된 소비자들 때문에 부정적으로 인식된 대출에 대해 재포지셔닝하려 했다. 하지만 아무리 그렇다 해도 사실상 에쿼티론은 부정적으로 인식된 2차 모기지의 긍정적 용어일 뿐이었다. 소비자들은 에쿼티론을 지나치게, 그리고 점점 어리석게 반응하고 사용하기 시작했는데, 이는 은행들이 무서운 2차 모기지를 훌륭히 재포지셔닝했기 때문이다. 은행들은 소비자의 주거 건물 가치 상승과 집의 가치에 대비하여 빌릴 수 있는 돈을 활용할 것을 설득했다. 은행들은

Ridiculously thick yogurt.

출처 : FACE USA

그림 2.12 파예의 요거트는 걸쭉하다 : 주요 혜택과 '소유되지 않은 포지션'에 대한 점유

"당신의 집에는 최소한 25,000달러가 숨겨져 있습니다. 우리는 당신이 그것을 찾을 수 있도록 도와드리겠습니다"라는 문구로 새로운 신용 한도를 홍보했다. 마케터들은 또한 '에쿼티론'이라는 용어를 '에쿼티 액세스(equity access)'라는 이름으로 대체했는데, '론'이 대출을 뜻하는 반면에 고객들이 '액세스'라는 단어는 자원을 얻는다는 의미로 연상하기 때문이다. 위와 같은 시장 형태가 성장하면서 재포지셔닝 표현은 직설적이고 공격적이 되어갔다. "당신의 대출이 지갑을 쥐어짭니까? 더 쥐어짜세요", "당신이 빌릴 수 있는 가장 똑똑한 장소는 당신의 집입니다", "당신의 집으로부터 돈을 끌어당기는 것이 가장 쉬운 방법입니다", "당신은 당신 집에 너무 많은 일을 하고 있습니다. 이제는 당신의 집이 당신에게 호의를 돌려줘야 할 때 아닙니까?"와 같은 구호들이 그 예이다. 2차 모기지의 재포지셔닝은 괄목할 만한 성공을 이루어냈고, 1980년대 이후로 에쿼티론은 10억에서부터 1조까지 급증했다.[46] 분명히 소비자의 요구는 성취되었지만, 그들의 요구를 채워준 전략은 세계 금융 구조를 불안정하게 만들었다.

인지도 기법

인지도 기법(perceptual mapping)이란 지도와 같은 도표를 구성하여 제품 속성에 따라 소비자가 경쟁 브랜드에 대해 어떻게 인식하느냐를 나타내는 것을 말한다. 지각도(perceptual map)는 마케터에게 아래와 같이 제시한다.

1. 소비자가 그들의 브랜드를 경쟁자와 비교하여 어떻게 인식하고 있는가.
2. 그들의 브랜드를 달갑지 않게 인식하고 있는 고객의 마음을 어떻게 바꿀 것인가.
3. 틈새, 소유되지 않은 인식적 포지셔닝의 형태는 새로운 브랜드나 제품을 개발할 수 있는 기회를 대표한다.

인지도 기법의 목적은 재포지셔닝 전략 개발과 제품 또는 서비스의 이미지를 미세하게 조정(예 : 고객의 인식)하는 것이다. 〈그림 2.13〉은 두 가지 차원에 따른 10개의 잘 알려진 점포에 대한 지각도를 나타낸다. (1) '혁신적' 대 '전통적' (2) '고급'(하이엔드) 대 '절약'(로우엔드). 사분면의 단어들은 추가적 형용사로 연구의 주관에 따른 점포의 특징에 사용된다. 예를 들어, 고객들은 바니(Barney)를 매우 혁신적이고 고급 점포로 본다. 또한 추가로 창의적이고 현대적인 이미지로도 보고 있다. 도식을 보면 바니는 독립적으로 위치하고 있으며 가장 가까운 경쟁자인 블루밍데일즈(Bloomindale's)와 멀리 떨어져 위치하고 있다. 대조적으로 고객들은 메이시스(Macy's)와 올드네이비(Old Navy)를 비슷하게 인식하고 있으며, 뿐만 아니라 비슷한 잡화점으로 보고 있다(이것은 가상의 예라는 것을 유의). 메이시스의 경영진은 이것이 문제라는 것을 알아차려야만 한다. 고객들은 점포를 명확히 인

표 2.13 . 재포지셔닝 예		
회사	기존의 포지셔닝	우산 재포지셔닝
하드락카페 인터내셔널 (Hard Rock Cafe International)	"당신은 당신이 누구인지 안다." 젊은 어른들의 내부 반란에 어필했으며 기업의 기본적 타깃 고객은 그들을 '락커'라고 말하고, '젊은 가슴'을 느낄 수 있게 해달라고 말한다.	"쇼를 보라."는 하드락 식당, 호텔 그리고 호텔 카지노의 조합에는 항상 무언가 재미있는 일이 있을 것이라고 고객들을 믿게 만드는 데 초점을 둔다.
뉴욕 복권 (New York Lottery)	"당신은 이기기 위해 그곳에 있을 것이다.", "당신은 절대 모른다.", "좋은 일은 순식간에 일어난다."	'준비된' 은 복권을 사는 사람들에게 즉시 이길 수 있거나 만족스런 경험을 순식간에 가질 수 있을 것처럼 말한다. "좋은 일은 순식간에 일어난다."라는 구절이 태그라인으로 사용된다.
호주에서 수입되는 와인 계열 중 옐로우테일(Yellow Tail)	"모든 것을 열어라."그리고 "테일, 네가 이겼어." 빈티지와 와인 페어링에 대해 잘 모르는 사람의 가식 없는 선택을 전달한다.	"The go to" 구호는 기존의 것을 강화하고 고객에게 이 와인은 매일 마시기 좋고 모든 상황에 적합한 와인이라고 말한다.
뉴욕 시의 콘도미니엄 (Condominiums in New York City)	화려한 표현으로 크게 성공한 구호로 콘도를 "단지 주소뿐만이 아닌 태도"로 표현한다.	화려한 홍보와 이미지는 '깔끔한 스타일링과 매력적인 가격'으로 대체되었다. 개인 테라스 카바나는 일반적인 루프덱으로 개조되었다.
은행(Bank)	2008년 가을의 금융 위기 이전, 은행들은 주택 담보 대출을 "현금을 원하십니까? 당신의 집을 이용하십시오." 또는 "당신이 빌릴 수 있는 가장 똑똑한 장소는? 당신의 집입니다."라는 문구를 사용하여 공격적으로 홍보하였다.	금융 위기 이후 1년이 조금 못 된 시점, 은행의 무책임한 소비(여러 가지 요인 중에서도)에 대한 공격적인 홍보에 많은 분노가 쏟아졌고, 은행들의 광고의 일반적인 주제는 "우리 그냥 넘어가는 게 어때?", 일종의 간접적인 사과로 설명되는 "우리는 당신과 함께 돈을 창출할 거야, 당신을 빼놓지 않아."가 되었다.
칠리의 레스토랑 체인점 (Chili's Restaurant chain)	음식 그 자체에 초점을 맞추고 음식이 준비되는 과정을 슬로우 모션으로 클로즈업하여 보여준다.	레스토랑의 고객에 대한 성격과 가치, 매력에 초점을 맞춘다. 예를 들어, "칠리의 6달러짜리 런치 브레이크 콤보와 함께 사무실에서 더 자주 나가보세요."

출처 : Stuart Elliott, "Choosing Between a Hard Rock and a Place," 11.22.10 nytimes.com; Stuart Elliott, "It Only Takes an Instant, Lottery Ads Declare," 5.9.11 nytimes.com; Stuart Elliott, "A Wine Brand Creates a New Theme to Help Spur Growth," 8.29.11 nytimes.com; Vivian S. Toy, "Goodbye, Glitzy Condo Pitches," 8.20.10 nytimes.com; Louise Story, "In Ads, Banks Try the Warm, Cozy Approach," 6.9.09 nytimes.com; Andrew Newman, "Bold Commercials and Flavors Aim to Spice Up Chili's Brand," nytimes.com, September 29, 2011.

식하지 않는 데는 실질적으로 점포 자체가 매우 저렴한 것도 전통성 있는 것도 아니기 때문이다. 이 조사 결과는 점포의 홍보 메시지가 반드시 '정확한' 이미지에 초점을 맞춰야 하며 소비자에게 메이시스는 올드네이비보다 더욱 고급스럽다는 것을 보여줘야 한다는 것을 나타낸다. 이 연구의 응답자들은 모델스(Modell's)와 H&M을 가까운 경쟁자로 보았으며, 갭(Gap)과 바나나리퍼블릭(Banana Republic)을 가까운 경쟁자로 그리고 가격과 혁신 측면에서 중간 즈음에 자리 잡고있는 것으로 보았다. 경영의 측면에서 조사 결과는 2개의 점포가 반드시 보다 명확하게 고객들의 마음속에 포지셔닝되어야 한다는 것을 시사한다. 버그도프굿맨(Bergdoff Goodman)과 삭스5번가(Saks 5th Avenue)는 고급스러운 경쟁자로 인식되어 있으며, 삭스(Saks)를 더욱 전통적인 점포로 인식하고 있었다.

그림 2.13 잘 알려진 점포들에 대한 지각도

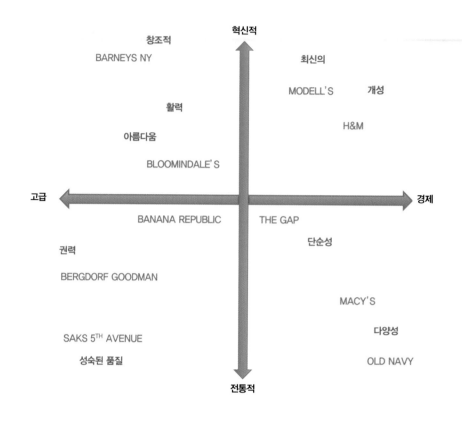

요약

학습목표 1 : 시장 세분화 표적시장 선정, 그리고 포지서닝 간의 연관성을 이해하고 최적의 표적시장을 선정하는 방법을 이해한다.

시장 세분화란 시장을 성격이나 공통된 욕구에 따라 소비자를 부분집합으로 나누는 과정을 의미한다. 각각의 부분집합은 다른 집단과 구분된 욕구를 공유하는 소비자들의 집단을 대표한다. 표적시장 선정은 하나 혹은 그 이상의 세분시장을 선택하고 각각에 맞추어 디자인된 마케팅 믹스를 사용하여 접근하는 것을 의미한다. 신제품 개발을 돕는 것 외에, 세분화 연구들은 기존의 제품들을 재디자인하고 재포지셔닝하는 것을 도와주기도 하는데, 호소력 있는 홍보물을 만들어내고 광고 매체를 선정하는 것들이 이에 해당된다. 효과적인 표적시장 선정을 위한 시장 세분화는 반드시 인식 가능해야 하며, 꽤 큰 규모여야 하고, 안정되어야 하며, 성장하고 있으며 동시에 도달 가능한 형태로서, 마케터의 목적과 그 목적을 이루는 자산에 부합해야만 한다.

학습목표 2 : 인구 통계적 특성, 사이코그래픽스, 제품 추구 편익, 제품 사용 관련 요인 등 고객을 세분화하는 데 사용되는 기초에 대해 이해한다.

세분화 전략은 다른 집단과 비교하여 비교적 균일하고 성격이 비슷한 제품에 따라 시장을 나누는 것부터 시작된다. 일반적으로, 이러한 특성은 크게 행동(예 : 그들이 얼마나 자주 제품을 구매하는가)과 인지(예 : 신제품에 대한 태도)의 두 가지로 분류될 수 있다. 세분화의 기초는 인구 통계적 특성, 개인적 특성과 사이코그래픽스, 지리인구통계학, 제품의 편익, 매체 노출, 이용률, 이용 상황을 포함한다.

학습목표 3 : 행동타깃팅에 대해 이해하고 오늘날의 마케팅에서 행동타깃팅이 갖는 역할에 대해 이해한다.

행동타깃팅은 개인화되고 신속한 가격 할인과 프로모션 메시지를 마케터들의 다음 요인들 중 하나 혹은 그 이상의 것을 추적한 것을 바탕으로 하여 적절한 고객에게 도달하는 것을 말한다 — 온라인 탐색, 최근의 지리적 장소 그리고 구매 행동. 행동타깃팅의 목적은 적절한 고객에게 접근하고 그들에게 높은 관련성을 갖는 메시지를 적시에 전달하며 전통적인 세분화 기술보다 더욱 정확하게 메시지를 전달하는 것이다. 많은 마케터들이 고객의 미래 구매를 과거의 구매 정보와 기타 데이터를 측정하여 예상하거나 또한 이러한 예상에서 기인한 개인별 프로모선을 평가하는 예측 분석을 사용한다. 정확한 정보를 모으고 분석하는 것은 효과적인 행동타깃팅의 기초이다. 마케터들은 사람들의 흥미와 개인적 삶, 그리고 그들이 접속해 있는 온라인 상의 소셜 네트워크에 대한 정보를 제품이나 홍보 메시지를 개인화하여 그들을 표적시장으로 선정하기 위해 수집하고 사용한다.

학습목표 4 : 어떻게 제품을 포지셔닝하고, 차별화하며, 재포지셔닝하는가에 대해 이해한다.

시장을 세분화하고 잠재시장을 표적시장으로 선정하고 나면 마케터들은 그들의 제품을 경쟁제품들 대신 구매해줄 잠재 구매자들을 설득해야 한다. 포지셔닝은 기업이 그들의 제품, 서비스 또는 브랜드의 정체성을 차별화된 이미지로 만들어 고객의 마음속에 위치시키는 것을 의미한다. 이미지와 독특한 정체성은 '포지션'이라고 불린다. 포지션은 오직 고객의 마음속에만 존재하는 무형의 것으로, 마케터들이 원했던 제품과 브랜드에 대한 고객들의 인식을 대표한다. 포지셔닝은 제품의 실질적 특징보다 제품의 궁극적인 성공에 더 중요한 요소이지만, 제품이 형편없게 만들어진다면 단지 이미지만으로는 성공하기 힘들 것이다. 효과적인 포지셔닝의 결과는 고객의 마음속에 경쟁제품과 차별적으로 인식된 제품의 독특함이다. 대부분의 신제품들이 이에 실패하는데, 고객들은 그것들이 효과적으로 포지셔닝되지 않았기 때문에 '유사제품'으로 인식하여 경쟁제품에 비해 어떤 이득도 제공하지 않거나 또는 독특한 혜택을 준다고 인식하지 않기 때문이다.

재포지셔닝은 기업이 그들의 제품, 서비스 그리고 브랜드가 고객의 마음속에서 차지하고 있는 차별화된 이미지와 정체성에 대한 전략적인 변화를 주는 과정을 의미한다. 마케터가 제품을 재포지셔닝하도록 압력을 가하는 몇 가지 원인이 있는데, 예로 많은 경쟁자들이 마케터의 회사가 제공하는 같은 제품 속성 포지셔닝에 초점을 맞추는 상황을 들 수 있다.

인지도 기법이란 지도와 같은 도표를 구성하여 제품 속성에 따라 소비자가 경쟁 브랜드에 대해 인식하느냐를 나타내는 것을 말한다.

복습과 토론 문제

2.1 시장 세분화란 무엇인가? 시장 세분화를 하는 것은 마케팅 개념과 어떻게 연관되어 있는가?

2.2 시장 세분화, 표적시장 선정, 그리고 포지셔닝은 어떻게 상호 연관되어 있는가? 이 세 가지 개념이 당신이 선택한 제품의 마케팅 전략에 어떻게 사용될 수 있는지 설명하시오.

2.3 선택한 제품을 학생들에게 마케팅할 때 효과적인 표적시장 선정의 기준을 적용하시오.

2.4 인구 통계적 특성을 세분화의 기초로 사용할 때 장점과 단점에 대해 토의하시오. 인구 통계적 특성과 사이코그래픽스는 시장을 세분화하는 데 함께 사용될 수 있는가? 구체적인 예를 들어 설명하시오.

2.5 아래에 제시된 제품을 선택한 다음, 그 제품의 소비자에게 가장 적절하게 표적시장으로 선정하기 위한 세분화 근거에 대해 설명하시오. (a) 비스킷 (b) 샴푸 (c) 와이브로 (d) 휴가

2.6 일부 마케터들은 일관된 마케팅 개념으로 세분시장에 접근할 수 있는 장점이 있어서 세분화를 고려한다고 한다. 이 관점에 동의하는가, 동의하지 않는가? 왜 그렇게 생각하는가?

2.7 리젠트세븐시즈크루즈(Regent Seven Seas Cruises)와 로열캐리비언인터내셔널(Royal Caribbean International)은 휴가와 여행 산업군이다. 이 회사들의 웹사이트를 보고, 각각의 회사가 유치하고자 하는 고객에 대해 묘사하시오. 또한 두 회사가 광고를 낼 TV쇼와 잡지를 선별하기 위해 어떻게 인구 통계적 특성과 사이코그래픽스를 이용하는지에 대해서도 설명하시오.

2.8 이동통신 서비스 제공자들은 고객을 몇 가지 변수에 따라 세분화한다. 이 변수들은 무엇인가? 이 집단을 표적시장으로 선정하는 데 사용할 수 있는 이동통신 이용자들이 원하는 다섯 가지 이점을 확인해보시오.

2.9 〈표 2.3〉에 나와 있는 프레임워크 중 하나를 사용하여 아래 제품 중 하나를 대상으로 최소 두 가지 이상의 적합한 세분시장을 찾아보시오. (1) SUV차량 (2) 노후 금융 계획 (3) LED TV. 닐슨의 우편번호 기반 지리인구통계 툴을 사용하여 이 세분시장에 속한 소비자 집단 중 당신의 집으로

부터 가장 가까운 위치에 있는 소비자들을 찾아보고 당신이 선택한 세분시장은 무엇이며 왜 선택했는지 그리고 당신이 본 위치에 대해서도 설명하시오.

2.10 마케터들이 아래에 제시된 각각의 데이터들을 어떻게 예측 분석에 사용하는지 설명하시오.

    a. 고객이 방문한 웹사이트 기록

    b. 고객과 사이트 간의 연관성 정도 측정(예 : 그들이 어떤 페이지를 보는지, 접속 시간은 어느 정도인지, 얼마나 자주 방문하는지)

    c. 방문자의 라이프 스타일과 개인적 특성 기록(고객의 블로그, 트위터, 페이스북 프로필 콘텐츠)

    d. 고객의 구매와 구매할 만한 것들, 장바구니에 넣어만 둔 제품과 반품, 환불한 제품

2.11 오클리 선글라스를 온라인으로 주문할 것 같은 소비자 시장을 어떻게 세분화할 것인가? 설명하시오.

2.12 우산 포지셔닝이란 무엇인가? 그것의 장단점을 예와 함께 설명하시오.

2.13 고객을 제품 속성에 관한 인식을 제품 카테고리 내에 브랜드를 포지셔닝시키는 데 어떻게 사용할 수 있는가?

2.14 세분화와 포지셔닝의 장점 사이에는 어떤 관계가 있는가?

2.15 왜 마케터들은 그들의 브랜드를 재포지셔닝하는가? 예를 들어 설명하시오.

2.16 소매업자는 어떻게 불경기 동안 사회 계급을 기초로 하여 세분시장을 재평가할 수 있는가? 그들은 어떤 종류의 전략을 사용하며, 그것이 어떻게 소비자와 소매업자에게 도움이 될 수 있는지 설명하시오?

2.17 행동타깃팅과 예측 분석 간의 관계에 대해 설명하시오.

실전 과제

2.18 자주 사용하는 브랜드와 제품을 선택하고, 그것을 사용함으로 인해 얻는 편익에 대해 목록을 작성해보고, 같은 제품 범주 내 다른 브랜드를 선택한 학우(다른 성별의 학우면 더 좋다.)에게 당신의 목록을 보여주지 말고 학우의 브랜드 목록과 비슷한 점을 찾아보시오. 2개의 목록을 비교해보고 같은 제품 범주 내에서 당신과 상대방이 찾아낸 차이점과 공통점에 대해 토의해보시오.

2.19 당신의 라이프 스타일은 부모의 라이프 스타일과 많이 다른가? 그렇다면, 둘의 라이프 스타일은 어떻게 다른가? 그러한 차이점을 만들어내는 요소는 무엇인가?

2.20 당신의 소셜 미디어 계정 중 한 가지를 살펴보시오. 얼마나 많은 '좋아요'가 있는가? 얼마나 많은 댓글이 달려 있는가? 사람들이 당신의 글에 얼마나 빨리 반응하는가? 얼마나 많은 팔로워가 있는가? 그 사람들이 관심 있는 것은 무엇이며, 그들의 관심을 가장 많이 사로잡았던 주제는 무엇인가? 이러한 정보가 어떻게 마케터들에게 가치 있는 정보가 될 수 있는지 설명하시오.

2.21 출시된 지 오래된 살균 크림의 제품수명주기가 점점 하락하는 단계로 향하고 있다. 성공한 브랜드 책임자라고 상상해보시오. 제품을 재포지셔닝할 것인가? 그렇다면 살균 크림의 수명에 어떤 영향을 미칠 것인가?

2.22 세 가지 각기 다른 클러스터를 지향하는 3개의 인쇄광고를 찾아보시오. 각각은 〈표 2.3〉의 목록에 나타난 세 가지 프레임에 해당한다. 프리즘, 사이클, 커넥션. 당신의 선택에 대해 설명하시오.

주요 용어

포르쉐

"포르쉐는 존경받는 아이콘이 되기 위해 어떻게 새로운 타당성을 창조했을까?"

주관 광고사 : 크레머크라셀(Cramer-Krasselt)

기여 기관 : 스트럭액시엄(Struck Axiom)/옴니콤미디어그룹(OmnicomMediaGroup)

전략 과제

미국의 고급 스포츠카 범주는 궁지에 몰린 상태인가? 불확실한 경제 상황에서는 더 어느 누구도 스포츠카를 원하거나, 스포츠카를 향한 열망을 공유하고 이를 공공연하게 받아들이지 않는 것처럼 보인다. 모든 스포츠카의 스포츠카인 포르쉐 역시 말할 것도 없다.

이는 2010년 포르쉐 팀에게 마음에 부담을 가져다주는 문제였다. 대형 스포츠카 부문은 56%가 감소했고, 포르쉐의 판매는 가파른 하락세를 겪었다. 2007년부터 911—포르쉐의 존경받는 우상이며 브랜드의 심장이자 영혼인—의 판매는 54% 하락했다. 911의 판매가 급격하게 하락한 것뿐만 아니라 모든 투 도어 포르쉐 스포츠카의 판매가 전례 없이 떨어져 58%를 기록했다. 이에 따라 상당한 손실이 발생했으며 포르쉐의 플래그십(flagship) 모델인 911의 존재감이 하락하여, 포르쉐의 정체성에 엄청난 반향을 미치게 되었다.

주요 과제는 다음과 같다. 부유한 소비자들이 그들의 성공과 지위를 대변하는 각각의 모든 제품을 검토하고, 다시 검토하고, 구매를 정당화하는 동안 어떻게 제품을 팔 것인지 모색해야 한다.

이 과제는 몇 가지 요소에 의해 악화되었다. 포르쉐는 버즈 이후 신제품을 내놓지 않았다. 사실, 전년도의 911이 가장 최근의 모델 사이클이었으며 새로운 911 모델은 타입 991로 이미 대중에 발표되어, 포르쉐의 팬들에게 열망과 기대감을 불러일으킨 상태였다. 911의 신모델에 관심이 있는 사람들은 옆에서 지켜만 보거나, 신모델을 기다리기도 하며, 몇몇 딜러들은 주문을 넣기도 했다. 신제품의 공격적인 판매 목표를 달성하기 위해서는 핵심적인 팬층을 공략해야 하며, 대부분이 이전에 포르쉐를 사보지 못했거나 살 생각조차 못해봤던 더 큰 단위의 대중을 대상으로 브랜드 연관성을 확고히 해야 한다는 것을 포르쉐는 이미 알고 있었다. 포르쉐는 어떤 주된 홍보 프로그램 또는 가격 제도의 적용도 받지 않은 현재 판매가 80,000달러 — 자동차 부속품 포함 — 를 적용하고 커뮤니케이션 예산은 가장 가까운 경쟁자의 절반으로 책정했다.

목표

1. 브랜드 인식 변화(change brand perception) : 어려운 경제 환경에서, 회사는 포르쉐 911과 미드 엔진 모델(박스터와 카이맨)의 연관성을 만들고, 그들의 가격을 가치 있게 만들어야 한다.

2. 딜러 리드 세대(dealer lead generation) : 911의 판매가 54% 하락하고, 사람들은 포르쉐 911을 그들의 쇼핑 리스트에 포함시키는 것조차 하지 않았으며, 딜러들도 점점 안내를 적게 하기 시작했다. 포르쉐는 구매 고려와 웹사이트 내에서 '딜러 찾기' 요청이 현저히 늘어나게 해야 한다.

3. 판매(sale) : 새로운 911 모델이 생산에 착수하면서, 회사는 911의 노출을 늘릴 필요가 있으며, 궁극적으로 남아있는 모델들을 판매해야 한다. 이를 위해 회사는 대상 고객을 늘려야 하며 새로운 브랜드 존재함을 창조해내야 한다—남성과 여성 모두에게 호소하거나, 한 번도 포르쉐를 고려해 보지 않은 사람에게 호소하는 것.

통찰

포르쉐는 포르쉐를 가질 수 있는 여유가 있다고 해도 경제적 침체 상황에서는 포르쉐를 소유하는 것이 사회적으로 받아들여지지 않으리라고 추측했다. 사람들은 주변에 재정적으로 힘든 이웃이나 친구들이 그들을 이해할 수 없는 사람으로 보는 것을 두려워해서, 빛나는 새 스포츠카를 차고에 세워두고 싶어 하지 않을 것이다.

그러나 이런 추측은 틀렸다. 잠재적 소비자들은 돈 쓰는 것을 두려워하지 않는다. 다만 경제적 시기가 그들에게 소비를 '어떻게' 해야 할지 참견하고 있는것 뿐이다. "나는 911을 동경하고 좋아합니다. 나는 내 벤츠를 사기 5년 전에 이미 시운전도 해본 적이 있습니다. 그것은 분명히 대단한 스포츠카지만, 내가 찾는 고급스러운 감각이 가미되어 있지 않아요. 매일 운전하기에는 너무 과한 느낌을 줍니다. 서드 차량(third car)으로는 매우 좋지만, 매일 운전하기에는 좋지 않다고 생각합니다." (소비자로부터 인용)

포르쉐를 구매하는 것이 사회적으로 받아들여지지 않는다. 이는 개인적으로 정당성이 없다. "만약 제가 포르쉐를 산다면, 그걸 진짜 몰고 다닐 수 있을까요?", "지금은 주말용 장난감을 살 때가 아니에요." (소비자로부터 인용) 소비자들은 포르쉐를 꿈의 스포츠카로 인식한다.

이렇게 꿈의 스포츠카의 지위로 인식된 포르쉐 911은 사람들을 쇼룸에서 멀어지게 했고, 결과적으로 브랜드 이미지를 구식으로 만들었다. 911의 시대에 구애받지 않는 형태는 해를 거듭하면서 천천히 진화했지만, 근본적인 외양이 변하지 않은 것을 다시 생각해보라는 신호와 같다. 많은 예측가들은 이 자동차가 일상 운전용보다는 레이싱을 위해 더 많이 사용되리라 추측한다. 소비자는 3개에 불과한 페달과 하나의 변속레버를 가진 차량 내부를 떠올리며, 이는 거칠고 불편한 승차감을 가져오는 원인이 되고, 따라서 매일 몰고 다니고 싶지 않아지므로 80,000달러 이상의 돈을 지불할 정당성을 찾기 힘들어진다. 그들이 비록 스포츠카를 원한다고 할지라도, 그들이 원하는 것은 편안하게 다기능을 충족시키는 한 대의 차이다. 그리고 소비자가 포르쉐를 이러한 종류의 자동차로 보지 않기 때문에 위태로운 것이다. 소비자들은 매력이 좀 적더라도 더 기능이 많은 다른 고급 자동차에 만족하며, 심지어 그들의 차를 '절충 차량(compromise cars)'이라고 부르기도 한다.

포르쉐의 조사 연구는 일부 사람들이 911이 매일, 연중 계속 몰고 다닐 수 있는 차량이 되었다는 것을 깨달았다고 밝혔다. 그것들은 값비싸지 않지만 견고하고 튼튼하다. 회사는 포르쉐 911과 미드 엔진 운전 기회를 늘리고 사람들이 포르쉐를 편안하고 기능적이고 매일 운전하기 적합한 자동차로 인식하도록 해야 한다.

계획안

포르쉐는 하루하루의 실용성에도 초점을 맞추어 디자인된 놀라운 스포츠카이기 때문에 날마다 하는 운전이 더욱 마법 같아질 것이다.

질문

1. 이 사례를 읽기 전에 당신은 포르쉐 자동차가 매일 운전할 수 있는 차량이라고 생각했는가, 아니면 특별한 상황에서만 운전할 수 있는 차량이라고 생각했는가? 당신의 생각을 설명해보시오.

2. 1931년 처음 설립되었을 때, 포르쉐 브랜드의 핵심은 '뛰어난 기술, 전통 그리고 다기능'이었다. '매일의 마법(everyday magic)' 캠페인은 세 가지 핵심 요소에 부합하는가?

3. 이 캠페인은 포르쉐 911을 재포지셔닝하는가? 당신의 생각을 설명해보시오.

4. 명백히 정해지지 않았지만, 이 캠페인은 두 가지의 세분시장을 표적으로 하고 있다. 어떤 세분시장인가? 당신의 선택을 설명해보시오.

5. '매일의 마법' 캠페인과 관련된 인쇄광고 세 가지를 온라인에서 찾아보고 설득 효과성에 대해 평가해보시오. 이 광고들의 '비현실적인' 부분을 찾았는가? 설명해보시오.

6. 포르쉐는 어떻게 이 캠페인의 목적이 성취될 것인지를 알았는가?

출처 : Effie Worldwide, Effie Showcase Winners. Reprinted by permission. Porsche is a 2012 Silver Effie Winner. For information on Effie's programs for students, visit the Collegiate Effies at www.effie.org

3

동기와 개성

학습목표

1. 동기, 필요, 목표의 역학적 원리와 이것이 소비자 행동에 미치는 영향을 이해한다.

2. 동기 이론과 동기 이론을 소비자 행동에 적용할 수 있는 방법을 이해한다.

3. 동기를 어떻게 규명하고 측정할 것인지를 이해한다.

4. 개성의 범위와 개성 이론을 이해한다.

5. 혁신성을 비롯한 성격특성들이 소비자 행동에 미치는 영향을 이해한다.

6. 제품 및 브랜드의 의인화와 브랜드 의인화의 전략적 적용을 이해한다.

7. 자아 이미지와 자아 이미지가 소비자 행동에 미치는 영향을 이해한다.

동기란 사람을 행동하게 하는 추진력(driving force)이다. **동기**(motivation)는 개인이 특정한 방식으로 행동하는 이유를 나타낸다. **욕구**(needs)는 사람들이 원하거나 필요로 하는 물건이나 상태를 말하며, 동기적 힘을 유발한다.

인간의 가장 기본적인 욕구는 생리적 욕구이고, 이를 충족시켜 생존과 안전을 유지하는 것이다. 예를 들어, 부모들은 자녀를 학교에 보낼 때 신체적으로 안전한 환경을 기대한다. 〈그림 3.1〉의 광고는 자녀들이 스쿨버스에서 내릴 때 안전을 걱정하는 부모의 마음을 보여준다. "스쿨버스에서 내리는 것이 이처럼 위험해선 안 된다."라는 슬로건을 사용하여, 운전자들이 반짝이는 불빛을 보면 차를 멈추고 아이들이 안전하게 길을 건널 수 있게 도와주도록 촉구한다.

개성(personality)은 개인이 어떻게 생각하고 행동하는지를 결정하고 개인의 고유한 성격을 형성한다. 광고로 인해 제품과 브랜드는 다른 경쟁자와 차별화되는 개성을 가지게 되었고, 소비자는 이러한 제품이나 브랜드를 구매한다. **브랜드 의인화**(brand personification)는 소비자가 인간적인 특성이나 성격을 브랜드에게 부여할 때에 발생한다. '브랜드 개성'은 소비자들이 브랜드에 대해 감정적으로 동일시를 할 수 있게 해준다. 감정적인 동일시란 브랜드에 대해 느낌과 감정을 갖는 것이다. 예를 들어, 소비자들은 종종 특정 브랜드를 '흥분되는', '세련된' 또는 '따뜻한' 것으로 느낀다.

브랜드 개성은 일종의 **의인화**(anthropomorphism) 형태를 띠고 있는데, 의인화란 인간이 아닌 것에 인간적인 특성들을 부여하는 것을 말한다. 예를 들어, 〈그림 3.2〉는 Mr.클린을 보여주고 있는데, 그는 미국에서 가장 사랑받고 사람으로 인식되는 마스코트이다. Mr.클린 브랜드와 마스코트는 P&G가 소유하고 있으며, 세정용액과 관련제품들의 마케팅과 포지셔닝에 사용되었다. 이 마스코트는 1950년대에 등장해 단기간에 베스트셀러가 되었고, 이제 Mr.클린 제품라인에는 화장실 청소용품, 매직 지우개, 다용도 세척용액과 스프레이, 청소 용구, 그리고 실외청소용 전문청소장비까지도 포함된다. P&G는 Mr.클린 제품라인에 계속해서 신상품을 추가하고, 소비자는 그것들이 강하고, 집념이 강하고, 경쟁력 있고, 믿을 수 있고, 친근한 Mr.클린을 상징하기 때문에 지속적으로 구매한다.

이 장에서는 먼저 소비자의 욕구와 동기에 대하여 논의한 다음 소비자의 개성이 그들의 구매행동에 영향을 미치는지 설명한다.

출처 : Government of Alberta. Used with permission.

그림 3.1 안전 욕구에 소구하는 광고

그림 3.2 브랜드 의인화

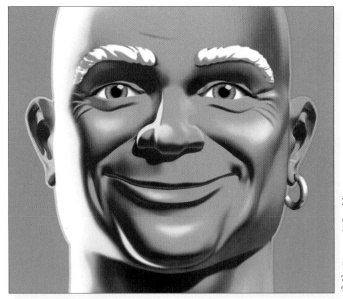

출처 : Proctor & Gamble

동기 역학

학습목표

1 동기, 필요, 목표의 역학적 원리와 이것이 소비자 행동에 미치는 영향을 이해한다.

동기는 소비자로 하여금 구매하게 만든다. 그리고 동기는 미충족 욕구가 만든 심리적 긴장감에 의해 유발된다. 개인은 의식적으로 또는 무의식적으로 자신의 욕구를 충족시킬 것으로 기대되는 목표를 설정하고 이에 따른 행동을 함으로써 이러한 긴장감을 해소하려고 노력한다. 만족의 달성 여부는 추구된 행동의 과정에 의해서 좌우된다. 성격 특성은 개인이 이러한 목표를 달성하기 위해 목표를 설정하고 행동하는 과정을 인도한다.

　　마케팅의 기초는 욕구를 규명하고 만족시키는 것이다. 마케터들은 소비자로 하여금 미처 알아차리지 못한 욕구나 잠재된 욕구를 강렬하게 느끼게 해줄 수는 있지만, 욕구를 창조할 수는 없다. 현명한 기업은 그들이 생산하고 판매하는 제품이 아니라, 그들이 만족시키는 소비자의 욕구로 사업을 정의한다. 왜냐하면 소비자의 기본적인 욕구는 변하지 않지만, 이를 만족시키는 제품은 변하기 때문이다. 그러므로 고객의 욕구를 만족시킬 신제품을 개발하고자 하는 기업은 새롭고 효과적인 해법을 최전선에서 찾아야 한다. 그렇게 함으로써, 그런 기업들은 치열한 경쟁이나 불리한 경제적 상황에도 불구하고 살아남을 수 있다. 이와 반대로, 자사의 사업을 자신들이 생산하는 제품으로 정의하는 기업들은 소비자의 욕구를 더 잘 충족시켜주는 경쟁자의 제품이 등장하면 위협을 받거나 시장에서 퇴출당할 수도 있다.

　　예를 들어, P&G는 자신의 사업을 세제, 샴푸, 기저귀, 가정용 표백제 등 다수를 생산하는 기업이라고 정의하는(즉, 제품중심접근) 대신, '세계 소비자의 생활을 향상시킬 좋은 품질과 가치를 가진 제품과 서비스를 제공하는 것*(즉, 소비자 욕구중심적 정의)'으로 정의한다. 비슷하게 리츠칼튼호텔의 사명은 숙박을 위한 방을 제공하는 것이 아니라, 고객에게 감각적이고, 웰빙을 추구하는 경험을 제공함으로써 고객 내면의 욕구와 소망까지도 충족시키는 진심어린 보살핌과 휴식을 제공하는 것이다.** 〈그림 3.3〉의 도표는 동기의 과정을 나타낸다.

욕구

인간의 욕구는 두 가지 종류가 있다. 먼저 **생리적인 욕구**(physiological needs)는 본질적인 욕구(생명 유지에 꼭 필요한 기본적인 욕구)이며, 이를 충족시킴으로써 생물학적 존재를 유지한다. 생리적 욕구에는 음식, 물, 공기, 외부환경으로부터의 보호(예 : 의복과 쉼터), 성에 대한 욕구가 있다.

　　심리적 욕구(psychological needs)는 부모, 사회 환경, 다른 사람과의 상호작용에 의해 학습된다. 심리적 욕구에는 자기존중 욕구, 명성 욕구, 애정 욕구, 권력 욕구, 성취 욕구 등이 있다.

　　이 두 종류의 욕구는 모두 소비 의사결정에 영향을 끼친다. 예를 들어, 모든 인간은 자연환경으로부터의 피난처가 필요하기 때문에 집을 산다. 하지만 그들이 구매하는 집의 종류는 심리적으로 학습된 욕구이다. 뉴욕 시의 금융가에서 일하는 젊고, 전문직의 커플은 도심가의 높은 빌딩을 선호할 것

그림 3.3 동기부여과정

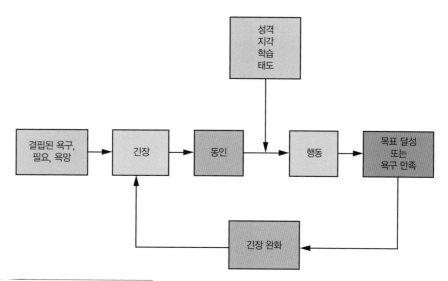

---

* Proctor & Camble
** Ritze Carlton

이다. 왜냐하면 그들은 아이가 없으므로, 현대적으로 집을 장식해서 친구들에게 인상적으로 보일 수 있는 독특한 집에 살고 싶기 때문이다. 하지만 아이들이 집을 떠난 60대의 부부는 수영장, 클럽하우스, 공동 편의시설이 있고, 공동체가 관리하는 집을 구하고 싶어 한다. 왜냐하면 그곳에서 함께 교류하고 여행갈 수 있는 새로운 친구들을 만날 수 있기 때문이다.

목표

목표(goals)는 동기로 유발된 행동이 추구하는 결과이고, 모든 인간의 행동은 목표지향적이다. 목표에는 두 가지 종류가 있다. **본원적 목표**(generic goals)는 소비자들이 생리적, 심리적 욕구를 만족시키기 위해서 추구하는 행동의 결과이다. **제품구체화된 목표**(product-specific goals)는 특정 주어진 제품이나 서비스를 사용함으로써 추구하는 결과이다. 예를 들어, 어떤 학생이 부모에게 사업가가 되고 싶다고 말한다면, 이것은 그는 일반적인 목표를 나타내고 있다. 그가 만약 스탠퍼드 대학에서 MBA를 받고자 한다면, 이것은 제품구체화된 목표를 나타낸다. 〈그림 3.4〉의 카플란 변호사 시험 과정에 관한 광고는 예비학생들에게 그들이 "변호사 시험을 정복할 수 있다."고 말하고 있다. 즉, 학생들이 카플란 과정(즉, 제품구체화된 목표)을 수료함으로써 본원적 목표(즉, 변호사 시험에 통과하는 것)를 달성할 수 있다는 것이다.

기술이 소비행위를 주도하면서, 마케터들은 블로그와 인터넷에 글을 올리는 사람들의 동기에 대해 큰 관심을 가지게 되었다. 그들은 다른 사람들에게 영향을 준다. 왜냐하면 소비자들은 다른 소비

그림 3.4 성취 목표에 소구하는 광고

출처 : RockResorts

자들이 올린 긍정적 및 부정적 리뷰를 광고보다 더 신뢰할 수 있는 정보라고 생각하기 때문이다. 사실상, 많은 블로거는 수천 명의 소비자에게 제품에 대한 인상을 형성하고, 그들의 영향력을 포스팅과 트위터 멘션 수로 증명한다(9장 참조). 마케터들은 제품과 서비스의 소비와 관련하여 온라인에 글을 게시하는 사람들에게 조금이라도 영향을 주고 싶을 것이다. 왜냐하면 필자의 동기를 이해하는 것은 그들이 쓰는 글의 내용에 영향을 줄 수 있기 때문이다. 한 연구는 블로그에 글을 올리는 세 가지의 이유를 밝혀냈다. (1) 자기 표현 (2) 자신의 인생을 기록(즉, 일기를 쓰는 것) (3) 다른 영향력있는 블로거들을 확인하는 것이다.[1] 〈표 3.1〉은 페이스북에서 정보를 공유하는 사람들의 동기를 요약한 것이다.[2]

욕구 환기

개인의 욕구는 대부분의 시간 동안 잠재되어 있다. 생물학적 자극, 감정적 또는 인지적 과정, 또는 외부 환경에서의 자극에 의해서 어떤 시점에서 욕구가 환기된다. 혈당치의 저하나 위의 수축은 음식에 대한 욕구를 일깨운다. 체온이 내려가면 몸이 떨리고 온기에 대한 욕구를 환기시킨다. 이러한 생리적 신호의 대부분은 부지불식간에 일어나지만, 이것은 욕구를 환기시키고, 만족될 때까지 불편한 심리적 긴장감을 야기한다. 예를 들어, 감기에 걸린 사람은 침실에 있는 보일러를 켜고, 마음속으로 집에서 입을 따뜻한 스웨터를 구매해야지 하고 생각할 것이다.

  인지적 환기(cognitive arousal) 차원에서는 무작위적인 생각이 어떤 행동을 하고 싶은 인지적 자

표 3.1 페이스북 사용자의 동기
정보공유
정보를 제공하기 위해
다른 사람들에게 유용할 수도 있는 정보를 공유하기 위해
뉴스를 공유하기 위해
편의성과 오락성
즐거워서
다른 사람들과 연락하기 쉬워서
단지 사용하는 것이 재미있어서
시간 때우기
지루해서
다른 할 것이 없어서
다른 사람 모두 하고 있어서
대인관계의 실용성
비슷한 배경을 지닌 사람과 만나기 위해
나와 비슷한 관심을 가진 사람들을 만나기 위해
통제
나랑 뭔가 같이 일한 사람이 필요해서
무엇을 하는지 다른 사람들에게 알려주려고
업무 촉진
내가 일하는 조직을 알리기 위해서
나의 개인적 일을 알리기 위해서

각(cognitive awareness)을 일으킬 수 있다. 예를 들어, 어떤 사람이 축하카드 기업의 광고를 우연히 보고, 그녀 손자의 생일이 다음 주이고, 빨리 선물과 생일 카드를 구매해서 생일 축하 파티를 준비해야 한다는 것을 상기할 수 있다. 다수의 촉진 메시지들은 소비자의 욕구를 환기시키기 위해 고안된 단서들이다. 이러한 단서가 없다면 소비자들의 욕구는 잠재된 채로 남아 있을 것이다. 그러므로 창의적인 마케팅 메시지란 소비자 마음속에 있는 심리적 욕망이나 불균형을 자극하여 욕구를 환기시켜야 한다. 촉진메시지에 의하여 욕구가 환기된 소비자들은 욕구에 따라 목표를 설정하고, 제품을 구매함으로써 심리적 불균형을 감소시킨다.

목표 선택

소비자들은 보통 하나 이상의 욕구를 만족시키는 구매와 관련된 목표를 설정한다. 우리는 몸의 보호와 어느 정도 예의를 갖추기 위하여 옷을 구매한다. 또한 옷을 구매하는 것은 다른 사람들로부터 인정받고 싶은 욕구와 같은 개인적이고 사회적인 욕구를 만족시킨다. 서로 다른 욕구를 가지고 있는 사람들이 같은 목표를 선택함으로써 만족을 추구할 수도 있고, 동일한 욕구를 가진 사람들이 다른 목표를 통해 만족을 추구할 수도 있다. 예를 들어, 성취욕구를 가진 두 사람이 서로 다른 방법으로 만족을 추구할 수도 있다. 어떤 사람은 전문 직업 활동을 함으로써 성취욕구를 달성할 수 있는 반면, 또 다른 사람은 마라톤 경주에 참가함으로써 성취욕구를 달성할 수 있다.

　어떤 욕구일지라도 욕구 해결을 위한 다양하고 적절한 목표가 존재한다. 개인은 개인적 경험과 지식, 신체적 능력, 문화 규범과 가치 그리고 개인이 처한 신체적, 사회적 환경에서의 목표에 대한 접근 가능성에 의존하여 목표를 설정한다. 예를 들어, 진하고 고른 태닝을 원하는 젊은 여성은 목표달성을 위해서 햇볕에서 시간을 보내는 것을 상상할 수 있다. 그러나 그녀의 피부과 의사가 직사광선을 피하라고 조언한다면 셀프 태닝 화장품을 구매하는 것으로 대신할 수 있다. 목표는 사회적으로 수용가능해야 하고 신체적으로 접근 가능해야 한다. 만약 화장품 회사가 직접 햇볕에 태닝하는 것에 대한 효과적인 대체재를 제공하지 않았다면, 그녀는 피부과 의사의 말을 무시하거나, 다른 대체 목표(즉, 희고 젊어 보이는 피부를 유지)를 선택해야 했을 것이다.

　목표를 선택하게 되는 동기는 긍정적이거나 부정적일 수 있다. 우리는 어떤 대상이나 상태를 향한 동기적 추진력을 느낄 수 있고, 한 대상이나 상황으로부터 벗어나고 싶은 동기적 추진력을 느낄 수 있다. 예를 들어, 어떤 사람이 건강 문제(부정적인 결과)를 피하기 위해서, 혹은 더 매력적이고 활동적으로 보이기 위해서(긍정적인 결과) 운동을 시작할 수 있다. 우리가 찾는 긍정적인 결과는 **접근목표**(approach objects)라고 하고, 회피하고 싶은 부정적인 결과는 **회피목표**(avoidance objects)라고 부른다. 예를 들어, 더 높은 수준의 교육을 받고 싶은 고등학교 졸업생에게 대학교는 접근목표이다. 또한 어떤 학생은 부모님이 대학교에 가지 않는다면 비난할 것을 알기 때문에 비난을 피하기 위해 대학교에 간다. 두 사람 모두 대학교 진학이라는 같은 목표를 가지고 있지만, 이 목표를 선택하게 된 동기는 서로 반대이다.

욕구와 목표의 상호의존성

욕구와 목표는 상호의존적이다. 즉, 둘 다 어느 하나 없이는 존재하지 못한다. 하지만 사람들은 종종 목표를 인식하는 것처럼 욕구를 인식하고 있지는 않다. 예를 들어, 한 청소년이 의식적으로 사회적인 욕구를 인식하고 있진 않지만, 새로운 친구를 만나기 위해 몇몇 인터넷 채팅방에 참여할 수 있을 것이다. 이와 유사하게, 사람들은 어떤 품목을 사야할지는 알고 있지만, 쇼핑을 할 때는 서로 다른 목적을 가지고 있을 수 있다. 한 연구는 모녀의 쇼핑 동기를 대조하였는데, 딸들은 오락적 목적이나 친교를 위해서 쇼핑하는 반면 엄마들은 목적의식을 가지고 쇼핑을 하는 경향이 있다는 것을 밝혀냈다.[3] 또 다른 연구는 쇼핑의 동기가 되는 몇 가지 요인들을 밝혀냈다.[4]

1. 필요한 제품 구매(음식을 사러 슈퍼마켓에 가거나, 철물점에 필요한 연장이나 재료를 사러 가는 경우)
2. 쇼핑의 즐거움(급히 필요한 제품은 없지만 쇼핑의 즐거움을 위해 쇼핑하는 경우)
3. 구체적인 목적 달성(감각적 자극 찾기 위해, 선물을 구매하기 위해, 할인판매하는 제품을 찾기 위해 쇼핑하는 경우)
4. 점포가 제공하는 매력(서비스의 편리함, 점포분위기, 혁신적 제품구색 또는 독특한 제품 구색 같은 요소로 쇼핑하는 경우)

욕구는 완전하게 충족되지 않는다

인간의 욕구는 절대로 완전히, 영구적으로 만족되지 않는다. 개인이 목표를 달성하면 새로운 목표가 생긴다. 만약 목표를 달성하지 못하면, 이전 목표를 위해 계속 노력하거나 대체 목표를 설정한다. 예를 들어, 어떤 사람이 권력에 대한 욕구를 지방의원의 보좌관으로 일하면서 일부 충족하지만, 이러한 권력의 대리인 같은 느낌은 그녀의 욕구를 완전히 만족시킬 수 없을 것이다. 따라서 그녀는 국회의원을 위해서 일하거나 그녀 자신이 직접 국회의원으로 출마할 수도 있다. 이 경우, 임시적인 목표 달성은 권력에 대한 욕구를 충분히 만족시키지 못하기 때문에, 개인은 권력 욕구를 충분히 만족시키기 위해 더욱 노력한다.

하나의 욕구가 충족되면 새로운 욕구가 생긴다

일부 동기 이론가들은 욕구의 위계가 존재하여 하위 욕구가 충족되면 새로운, 상위의 욕구가 출현한다고 믿는다.[5] 예를 들어, 기본적인 생리적인 욕구(음식, 주거지 등)가 만족된 사람은 정치클럽에 참여함으로써 이웃 사람들에게 인정받으려고 노력할 것이다. 그가 인정받았다는 것을 확신한 다음에 그는 사치스러운 파티를 열거나 큰 집을 짓는 것으로 명성을 추구할 수도 있다.

성공과 실패는 목표에 영향을 미친다

목표를 달성한 사람들은 보통 스스로 더 높은 목표를 설정한다. 그들은 이전의 낮은 목표를 달성한 것이 더 높은 목표를 달성하는 것에 대해 자신감을 주기 때문이다. 반대로, 목표를 달성하지 못한 사람들은 종종 목표를 낮춘다. 예를 들어, 의과 대학에 합격하지 못한 대학생은 대신 치과의사가 되려고 할 수 있을 것이다.

목표에 대한 성공과 실패의 영향은 마케터들에게 전략적 시사점을 제공한다. 목표는 합리적으로 달성할 수 있어야 하고, 광고는 제품이 달성하지 못하는 것에 대해 약속을 하지 말아야 한다. 광고는 그 제품이 실현할 수 있는 것에 대해서만 약속을 해야 한다. 더 나아가, 제품 및 서비스는 소비자의 기대수준과 제품성과 간의 차이로 평가된다. 그러므로 아무리 좋은 제품일지라도 과장광고로 비현실적인 기대를 하게 만들고, 이를 실현하지 못하게 되면 다시 구매되지 않을 것이다. 마찬가지로 평범한 제품이 약속했던 것 이상의 좋은 성과를 보이면 소비자들은 큰 만족을 느낀다.

사람들은 종종 주요목표(primary goals)를 달성하지 못했을 때 '대체목표(substitute goals)'를 설정한다. 대체목표가 주요목표보다 만족스럽지 못하더라도 불편한 긴장감을 없애는 데에는 충분할 수 있다. 주요목표가 연달아 달성되지 않으면 대체목표가 주요목표의 자리를 대신할 수 있다. 예를 들면, 다이어트 때문에 우유를 마시는 것을 그만둔 한 여자는 탈지유를 선호하기 시작할 수도 있다. BMW를 구매할 경제적 여유가 없는 남자는 신형이고, 스포츠카 같고, 덜 비싼 일본차가 원래 자신이 원하던 자동차라고 스스로 생각할 수 있다.

좌절과 방어기제

좌절(frustration)는 목표를 달성하지 못했을 때 느끼는 감정이고, **방어기제**(defense mechanism)는 분노를 가라앉히기 위한 인지적이고 행동적인 방법이다. 모든 사람은 적어도 한번은 자신의 능력부족 때문에 목표를 달성하지 못하는 것에 대해 좌절을 느낀 적이 있을 것이다. 목표의 달성을 방해하는 장애물은 개인적일 수도 있고(부족한 신체적 자원 또는 재무적 자원 등), 또는 자연 환경 또는 사회 환경에 있는 장애물(오래 기다린 휴가를 연기시키는 폭풍 등) 때문일 수도 있다. 좌절을 일으키는 원인과 관계없이, 사람들은 좌절 상황에 대해 다르게 반응한다. 어떤 사람들은 장애물을 피해서 다른 방법을 찾거나, 그것이 실패하면 대체 목표를 선택한다. 좌절에 적응하지 못한 사람들은 목표를 달성하지 못한 자신의 무능력을 개인의 실패라고 간주한다. 이러한 사람들은 자아를 부족한 느낌으로부터 보호하기 위하여 방어기제를 수용할 가능성이 있다.

사람들은 좌절에 대해 다양하게 대처한다. 예를 들어, 두 명의 젊은 여자가 경제적 능력으로 지불할 수 없는 유럽 여행을 가고 싶어 한다. 좌절에 대처하는 여자는 저렴한 디즈니랜드나 국립공원으로 여행을 가기로 선택할 것이다. 좌절에 쉽게 대처할 수 없는 여자는 상사에게 유럽 여행에 갈 수 있을 정도로 충분한 보수를 주지 않는다고 화를 내거나, 올해 유럽 날씨가 계절에 맞지 않게 불편할 정도로 기온이 높다고 자신을 설득할 수도 있다. 이 두 가지 예는 사람들이 목표달성에 실패했을 때 실패의 감정으로부터 자아를 지키기 위해 취하는 방어기제로서, 각각 **공격**(aggression)과 **합리화**(rationalization)의 두 가지 예이다. 이 외의 방어기제에는 **퇴행**(regression), **철회**(withdrawal), **투사**(projection), **공상**(daydreaming), **동일시**(identification), **억압**(repression) 등이 있다. 이 방어기제들은 〈표 3.2〉에 설명되어 있다. 이 방어기제의 목록은 완전하다고 할 수 없다. 왜냐하면 사람들은 실패를 겪었을 때 발생하는 불안감으로부터 자신을 보호하기 위해서 좌절상황을 다시 정의하는 자신만의 방법을 개발하기 때문이다. 마케터들은 광고제작과정에서 이러한 사실을(방어기제) 고려하여, 어떤 사람이 광고 속 제품을 사용함으로써 특정한 좌절을 해결하는 내용의 광고를 제작한다. 〈그림 3.5〉의 광고는 아이 때문에 휴가를 편안하게 보낼 수 없어서 좌절하는 부모들에게 아이가 사라지는 공상을 장난스럽게 제안한다. 광고 카피와 재미있는 절취선은 부모들에게 빙리조트(Ving Resorts)가 그들의 공상이 실현되는 곳임을 말해준다.

욕구체계

학습목표

2 동기 이론과 동기 이론을 소비자 행동에 적용할 수 있는 방법을 이해한다.

수년 동안 심리학자들은 인간의 욕구 목록을 개발했지만, 공통적이고 포괄적이면서 일반적으로 수용되는 목록은 없었다. 생리학적 욕구에 관해서는 불일치가 거의 없지만 심리학적(또는 심인성의) 욕구들을 정의하고 분류하는 데는 뚜렷한 차이가 있다.

표 3.2	방어기제
방어기제	**설명과 실례**
공격	분노에 대한 반응으로, 사람들은 자존심을 보호하기 위해 공격적인 행동에 호소할 수도 있다. 테니스 선수가 시합에 실망해서 테니스 라켓을 바닥에 내팽개치는 행동이나, 판정에 불만을 품은 야구선수가 심판을 신체적으로 위협하는 행동이 이에 속한다. 기업이나 점포에 불매운동을 하는 소비자들도 한 예이다.
합리화	사람들은 가끔 그들이 목표를 달성하지 못한 것에 대해 그럴듯한 이유를 만들어 내거나(예 : 충분한 연습시간이 없었어) 또는 그 목표가 사실은 추구할 가치가 없다고 생각함으로써(예 : 높은 볼링 점수를 얻는 것이 얼마나 중요해?) 좌절에 대처한다.
퇴행	개인은 유치하거나 미숙한 행동으로 좌절상황에 대처하기도 한다. 예를 들면 바겐세일에 간 소비자가 점포 주인과 싸우기도 하고, 다른 소비자와 서로 제품을 차지하기 위해 싸우다가 양보하기는커녕 다른 소비자가 차지할 수 없도록 찢어버리기도 한다.
철회	좌절은 간단히 그 상황에서 후퇴하는 것으로 해소될 수 있다. 예를 들어, 한 조직에서 우두머리 자리를 차지하는데 어려움을 겪는 사람은 간단히 그 조직에서 탈퇴하고 그 시간을 다른 활동에 더 유용하게 쓸 수 있다고 다짐할 수 있다.
투사	개인은 자신의 실패와 무능을 다른 사람이나 사물의 탓이라고 비난함으로써 좌절상황을 재정의 한다. 스트로크(stroke)에 실패한 골퍼는 골프채나 골프 캐디를 비난할 수 있다.
공상	개인은 충족되지 않은 욕구가 만족되는 상상을 한다. 예를 들어, 부끄럼을 잘 타는 성격의 외로운 사람은 로맨틱한 정사를 공상할 수 있다.
동일시	사람들은 자신과 관련있는 어떤 사람 또는 상황과 잠재의식적으로 동일시함으로써 좌절감을 해소한다. 예를 들어, slice-of-life 광고는 개인이 좌절을 경험하는 전형적인 상황을 묘사하고, 이 문제를 광고제품을 사용함으로써 극복할 수 있다는 것을 보여준다. 만약 시청자가 좌절상황을 동일시 할 수 있다면 광고제품을 구매할 가능성이 높을 것이다.
억압	좌절로 유발된 긴장을 해소하는 또 다른 방법은 충족되지 못한 욕구를 억압하는 것이다. 즉, 사람들은 의식에서 그 욕구를 몰아낼 수 있다. 가끔 억압된 욕구는 간접적으로 자신을 드러낸다. 아이를 임신하지 못하는 부인은 학교에서 아이들을 가르치거나 도서관에서 일하고, 그녀의 남편은 남자어린이클럽에서 자원봉사를 할 수도 있을 것이다. 사회적으로 인정될 수 있는 억압된 욕구의 표현은 승화(sublimation)라는 또 다른 유형의 방어기제이다.

머레이의 욕구 이론

1938년 선구적인 심리학자 헨리 머레이(Henry Murray)는 광범위한 심인성 욕구(psychogenic needs) 목록을 개발하였는데, 이것은 생리적 욕구가 아닌 인간의 욕구를 이해하는 데 최초로 체계적인 접근을 한 연구이다. 머레이는 각각의 욕구는 그 자체로서 중요하지만, 욕구들은 서로 관련될 수도 있고, 다른 욕구를 지지할 수도 있고, 다른 욕구와 상반될 수도 있다고 믿었다. 예를 들면, 지배 욕구가 지나치면 친구나 가족, 배우자들을 떠나게 만들어 친화 욕구와 충돌할 수 있다. 또한 머레이는 주변 환경 역시 심인성 욕구가 행동에 미치는 과정에 중요한 영향을 준다고 믿었다. 연구에 따르면 성취 욕

그림 3.5 공상에 호소하는 광고

출처 : Ving Norgeas

구가 높은 사람은 더 어려운 과제를 선택한다. 또한 친화 욕구가 높은 사람은 사회단체에 속해 있고, 사회적 상호작용에 더 많은 시간을 할애하고, 사회적 교류가 거의 없을 때는 외로움을 느낀다.

머레이는 욕구를 야망(ambition), 물질(materialistic), 권력(power), 애정(affection), 정보(information) 욕구의 다섯 차원으로 구분했다. 훗날 심리학자 알렌 에드워즈(Allen Edwards)는 자기 보고식 성격측정 목록을 만들었는데, 이것은 성격특성 연구에 있어서 가장 널리 사용되는 척도가 되었다. 〈표 3.3〉은 머레이와 에드워즈의 연구 중에서 소비자 행동과 관련 있는 몇 가지 욕구의 정의와 특성을 예시한다.

매슬로의 욕구단계 이론

심리학자 아브라함 매슬로(Abraham Maslow)는 인간 욕구에는 위계가 있다는 가정을 바탕으로 동기이론을 만들었다.[6] **매슬로의 욕구단계이론**(Masolw's hierarchy of needs)은 인간의 욕구를 5단계로 구분하였는데, 중요도가 낮은 욕구(생리적 욕구)에서부터 높은 욕구(심인성 욕구)의 순서로 구성되어 있다. 이 이론은 개인은 높은 수준의 욕구를 추구하기 전에 먼저 낮은 수준의 욕구를 추구한다고 주장한다. 만족되지 못한 욕구 중 가장 낮은 수준의 욕구가 행동을 유발하는 동기가 된다. 이 욕구가 어느 정도 만족되면, 그다음 단계의 욕구를 충족시키기 위해 동기부여된다. 이 욕구도 만족되면 또 그다음 단계 욕구가 주요한 동기유발요인이 된다. 그러나 만약 어떤 사람이 앞서 만족시킨 낮은 단

표 3.3	소비자 행동에 적용가능한 심인성 욕구	
욕구	특징	촉진전략에의 적용
성취 : 업무 달성, 성공, 장애물 극복한다.	어떠한 상황에서도 최선을 다한다, 다른 사람들보다 일을 더 잘 한다.	성공을 권장하고 묘사하는 메시지(예 : 교육 광고)
과시 : 다른 사람들을 놀래거나 즐겁게 하고 주목을 받는다.	파티에서 재미있는 농담을 한다. 다른 사람들이 재치 있고 현명하다고 여기는 말을 한다.	어떤 제품을 소유하면 다른 사람들로부터 관심을 받는다는 메시지(예 : 고급자동차)
친화 : 두터운 우정과 다른 사람들과 좋은 관계를 형성하는 데 시간을 보낸다.	친구들에게 정성을 다하고 많은 것들을 나눈다. 곤란한 친구를 돕는다. 다른 사람들의 신뢰를 받고 이들의 고민을 들어준다.	많은 사람들 사이에서 스스로 즐기는 모습을 보여주는 메시지(예 : 여행, 쇼핑)
권력/지배 : 다른 사람들을 지배하고, 영향을 주고, 지도한다.	집단에서 리더가 되고 싶어 한다. 다른 사람들의 행동을 감독하고 지시한다.	실제 또는 상징적인 지배를 보여주는 메시지(예 : CEO가 되는 것, 강력한 차를 소유하는 것)
변화 : 일상적인 일과를 피하고 새로운 경험을 추구한다.	신장 개업한 레스토랑에서 식사를 한다거나, 여행을 가거나, 전통적인 상황을 피하는 등 새롭고 색다른 일을 한다.	참신함, 독창성, 일상의 파괴 등을 강조하는 메시지(예 : 모험적인 여행이나 활동적인 휴가)
정리 : 깔끔하고 질서있게 관리한다.	어떠한 상황에서도 계획하고 세부사항을 정리한다. 활동마다 정확한 시간을 할당한다.	공간절약과 수납용 제품을 광고하는 것(예 : 옷장, 서랍, 차고를 위한 칸막이나 정리용품)

계의 욕구가 다시 박탈된다면, 이 욕구는 다시 그 사람의 동기를 유발하는 욕구 중에서 가장 우세한 욕구가 된다. 예를 들면, 자아실현 욕구를 만족시키며 잘 살고 있던 사람이 실직을 하게 되면, 그는 안전의 욕구를 충족시키기 위해 복귀 또는 다시 돌아갈 것이다. 만약 그가 월급이 높은 새로운 직장에 취직하게 되면, 즉 안전의 욕구를 만족시키면, 그는 다시 높은 수준의 욕구로 이동할 것이다.

〈그림 3.6〉은 매슬로의 욕구 계층 이론을 나타낸다. 각 계층은 서로 상호배타적인 것처럼 보인다. 하지만 그의 이론에 따르면, 어떠한 욕구도 완전히 만족되지 않는 것처럼 계층 간에 일부 중복된다고 한다. 따라서 현재 우세한 욕구 수준 아래에 있는 모든 욕구들이 어느 정도까지는 행동을 유발하는 동기가 된다. 그럼에도 불구하고 가장 주요한 동기부여 요인이 되는 즉, 가장 중요한 추진력은 만족되지 않고 남아있는 욕구 중에서 가장 낮은 단계의 욕구이다.

생리적 욕구

매슬로는 **생리적 욕구**(physiological needs)가 일차적이고 가장 기본적인 욕구라고 주장하였다. 생리적 욕구는 음식, 물, 공기, 주거지, 의복, 섹스 등 모든 생물학적으로 삶을 유지하는 데 필요한 기본적 욕구들이다. 매슬로에 따르면, 생리적 욕구는 어느 정도 만족되지 않으면 가장 우세한 욕구가 된다. 예를 들면, 극도로 배고픈 남자에게는 음식 외에 다른 관심은 없을 것이다. 그는 음식을 꿈꾸고, 음식을 회상하고, 음식을 생각하고, 음식에 대해서만 감정을 나타내고, 음식만을 인식하고, 오직 음식만을 원한다.[7]

그림 3.6 매슬로의 욕구단계 이론

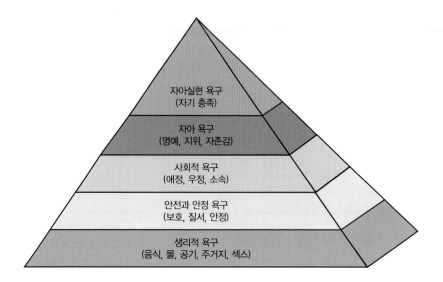

안전 욕구

생리적인 욕구가 만족되면 **안전과 안정 욕구**(safety and security needs)가 다음 인간행동을 유발하는 추진력이 된다. 이 욕구는 신체적 안정만 관련된 것이 아니라, 질서, 안정성, 일상, 친숙성, 그리고 자신의 인생과 환경에 대한 통제와도 관련된다. 예를 들어, 건강을 유지하고 헬스케어 제품을 이용하는 것은 안전의 욕구와 연관된다. 예금, 보험, 교육, 직업 훈련도 모두 개인의 안전욕구를 충족시키기 위한 수단이다.

사회적 욕구

매슬로의 욕구 계층에서 세 번째 단계는 애정, 소속감, 인정과 같은 **사회적 욕구**(social needs)이다.

자아 욕구

사회적 욕구가 어느 정도 만족되면 네 번째 단계의 욕구가 우세하게 나타난다. 이 단계의 욕구는 **자아 욕구**(egoistic needs)이다. 자아 욕구는 내부지향성 또는 외부지향성을 취할 수 있다.

1. 내부지향적 자아 욕구(inwardly directed ego needs) : 자기 수용(self-acceptance), 자존감, 성공, 독립, 개인적 만족에 대한 욕구.
2. 외부지향적 자아 욕구(outwardly directed ego needs) : 명성, 평판, 지위, 다른 사람들로부터의 인정에 대한 욕구.

자아실현 욕구

사람들은 자아 욕구가 충분히 충족되면 다섯 번째 단계로 이동한다. **자아실현 욕구**(self-actualization needs)는 자신의 잠재능력을 성취하려는(자신이 될 수 있는 모든 것이 되려고 하는) 개인의 욕망이다. 예를 들어, 한 화가는 캔버스에 자신을 표현하고 싶은 욕구를 느낄 것이다. 한 과학연구자는 암을 치료하는 신약을 개발하려고 노력할 수 있다. "당신이 훌륭한 일을 할 수 있게 해 준다.", 또는 "네가 원하는 모든 것이 될 수 있다."고 말하는 어느 기관의 광고는 자아실현 욕구에 소구하는 것이다.

매슬로 이론에 대한 평가

매슬로 이론은 낮은 단계의 욕구가 만족되면 높은 단계의 욕구가 인간행동의 추진력이 된다고 주장한다. 사실상, 이 이론은 만족이 아니라 불만족이 인간 행동에 동기부여를 한다고 한다. 욕구 계층 이론은 대다수 사람들의 추정 가능한 동기를 반영하는 것처럼 보여 많은 학자들에게 주목받았다. 5단계의 욕구는 인간 욕구의 대부분을 포함하고 있어 충분히 일반적인 이론이다. 하지만 이 이론의 가장 큰 문제는 실증적으로 증명할 수 없다는 것이다. 다음 단계의 상위욕구가 우세하기 전에 그 전 단계의 하위욕구가 얼마나 만족되었는지 정확하게 측정할 방법이 없다. 욕구 계층은 아주 밀접하게 미국 문화와 연관되어 있다. 비서구 국가에서는 욕구 계층의 순서는 다르게 나타난다. 실제로, 한 연구는 일부 국가에서는 안정, 사랑, 소속감이 욕구 계층 피라미드의 정점에 위치한다는 것을 알아냈다.[8]

매슬로 이론의 마케팅 적용

이러한 한계점에도 불구하고, 매슬로의 욕구단계는 마케터들에게 아주 유용한 분석 도구가 되어 왔다. 매슬로의 욕구단계는 시장세분화와 광고와 마케팅 커뮤니케이션 소구점을 개발하는 데 유용하다. 왜냐하면 각각의 욕구단계마다 그 욕구를 만족시키기 위해 고안된 제품이 있고 상당한 크기의 소비자 시장을 가지고 있기 때문이다. 예를 들어, 소비자들은 생리적 욕구 만족을 위해 건강식품, 약, 저지방 제품을 구매하고, 안전 욕구 만족을 위해 보험, 예방 의료 서비스, 가정 보안 시스템을 구매한다. 또한 소비자들은 사회적 욕구 만족을 위해 의류뿐만 아니라 미용제품(화장품, 구강 세정제, 면도 크림)을 산다. 이들은 자아 욕구를 충족시키기 위해 하이테크 제품과 사치품, 예를 들면, 정교한 음향 시스템, 고급 손목시계, 스포츠카, 고가의 가구를 구매한다. 대학원 교육, 취미 관련 제품, 이국적인 여행은 종종 자아실현 욕구를 달성하기 위한 수단으로써 판매된다.

마케터는 제품의 포지셔닝(즉, 소비자들이 제품이나 서비스를 마케터가 의도한 대로 지각하도록 만드는 전략)을 위하여 광고 메시지를 개발할 때 욕구 계층을 이용할 수 있다. 욕구 계층은 포지셔닝 전략을 개발하기 위한 만능 도구이다. 왜냐하면 동일한 제품일지라도 서로 다른 욕구에 기반하여 서로 다른 소구를 할 수 있기 때문이다. 예를 들면, 군대 모집 슬로건의 매력도를 비교한 한 연구는 다음과 같은 결과를 얻었다. 잠재적 군 입대자들에게 반향을 불러일으킨 슬로건은 "네가 될 수 있는 모든 것이 되어라.", "소수정예의 자랑스러운 해군"이었다. 이들이 가장 싫어하는 슬로건은 "우리는 너를 원한다.", "군대를 지원했던 사람들과 함께하라."이었다. 이와 같은 결과는 자아 욕구와 자아실현의 욕구가 군대에 지원하는 주된 동기임을 시사한다.[9]

세 가지 욕구

또 다른 욕구 이론으로 세 가지 욕구 이론이 있다. 세 가지 욕구는 권력 욕구, 친화 욕구, 성취 욕구이다. 이 욕구들은 〈표 3.3〉의 욕구목록과 매슬로의 욕구단계 이론에도 제시되어 있다. 세 가지 욕구는 각각 소비자 동기에 영향을 줄 수 있다.

권력

권력 욕구(power needs) 개인이 자신의 환경을 통세하고 싶어하는 욕구이며, 다른 사람들과 다양한 대상을 통제하고 싶어하는 욕구도 포함한다. 권력 욕구는 개인은 다른 사람이나 대상에 대해 권력을 행사할 때 자존감을 느낀다는 점에서 자아 욕구와 긴밀하게 연관된 것으로 보인다.

친화

친화는 소비자 행동에 영향을 미치는 사회적 동기이다. **친화 욕구**(affiliation needs)는 매슬로의 사회적 욕구와 아주 비슷하고, 소비자의 행동은 우정 요구, 인정 욕구, 소속감 욕구에 크게 영향을 받는다고 주장한다. 강한 친화 욕구를 가진 사람은 다른 사람들에게 사회적으로 의존하는 경향이 있으며, 종종 친구들에게 인정을 받을 것 같은 제품을 구매한다. 쇼핑센터를 돌아다니는 10대들이나 컴퓨터 쇼 앞에 몰려다니는 기술혁신층들은 제품을 구매하려는 목적이 아니라 다른 사람들과 같이 있으면서 만족을 느끼기 때문에 그렇게 한다.

성취

강한 **성취 욕구**(achievement needs)를 가진 사람들은 종종 개인적인 성취 그 자체를 목적으로 여긴다. 이들은 자신감이 있고, 어려운 업무를 맡는 것을 즐기고, 그들이 처한 환경을 활발하게 조사하고, 종종 금전적 보상 형태로 나타나는 피드백을 가치 있게 여긴다. 높은 성취 욕구를 가진 사람들은 해결책을 찾을 때 개인적인 책임질 수 있는 상황을 선호한다.[10] 특히 고학력, 고소득층의 소비자를 겨냥하는 제품과 서비스는 성취감을 묘사하는 촉진 전략이 유용하다(그림 3.4와 그림 11.4는 성취 욕구에 소구하는 광고이다).

동기 측정

학습목표

3 동기를 어떻게 규명하고 측정할 것인지를 이해한다.

동기를 어떻게 규명할 것인가? 동기는 어떻게 측정할 것인가? 어떻게 연구자들은 특정 동기가 특정 행동의 원인이 된다는 것을 알 수 있을까? 이 문제들은 동기가 가설적인 개념이기 때문에 답하기 어려운 문제들이다. 즉, 동기는 보이지도 않고, 만질 수도 없고, 냄새를 맡을 수도 없고, 구체적으로 관찰될 수도 없다. 이러한 이유로 어떤 측정법도 동기를 측정하는 신뢰성 있는 방법이라고 할 수 없다. 그 대신 연구자들은 보통 몇 가지 연구조사법을 조합하여. 다양한 동기의 존재와 동기의 강도를 측정한다. 몇 가지 연구조사법을 조합하게 되면(즉, 서베이 자료와 포커스그룹 인터뷰 및 심층면접법을 조합) 한 가지 조사법을 사용하는 것보다 소비자 농기에 대해 타당성 있는 통찰력을 가질 수 있다.

자기 보고

자기 보고식 동기 측정법(self-reported measures of motive)은 응답자에게 서면으로 각 질문이 자신과 얼마나 관련 있는지 물어보는 방법이다. 이 측정법을 이용하는 연구자들은 응답자들에게 답을 쓰기 전에 많이 생각하지 말라고 요구한다. 왜냐하면 응답자들이 너무 많이 생각하고 응답을 하게 되면, 그 질문이 무엇을 측정하는지를 알아차리고 정직하게 응답하지 않을 수 있기 때문이다. 이 경우 응답자의 응답은 그들이 누구인가를 반영하지 않고 그들이 누가 되고 싶은가를 반영하게 된다. 예를 들어, "나는 과제가 어려울 때 최선을 다한다."라는 질문이 개인의 성취 욕구를 측정한다는 것을 응답자가 알게 되면, 자신에게 맞지 않는다는 것을 알면서도 이 질문에 '매우 동의함'으로 답할 수 있다. 왜냐하면 성취욕이 강한 사람으로 인식되고 싶기 때문이다. 그러나 이 측정법이 제대로 측정된다면, 자기 보고식 측정법은 사람들의 동기를 비교적 정확하게 측정한다.

정성적 조사

종종 응답자들은 자신들의 동기를 의식하지 못하거나, 직접적으로 질문을 받았을 때 응답을 꺼릴 수 있다. 이런 상황에서, 연구자들은 무의식적인 동기와 숨겨진 동기를 탐구하기 위해 **정성적 조사**(qualitative research)라는 것을 사용한다. 정성적 조사는 **투사법**(projective technique)이라고도 한다. 왜냐하면 이 방법은 응답자들에게 명확한 의미가 없는 자극을 해석하도록 요구하는데, 응답자들은 무의식적 동기와 숨겨진 동기를 이 모호한 자극에 드러내거나 투사하기 때문이다. 정성적 조사법의 연구 결과는 분석자의 훈련과 경험에 의해 크게 좌우된다. 즉, 연구 결과는 자료 자체가 나타내는 결과뿐만 아니라 분석자의 자료 해석 결과까지도 나타내기 때문이다. 어떤 연구자들은 정성적 연구가 조사 결과가 객관적으로 증명할 수 있는 수치로 나타나지 않는다고 우려하는 반면, 또 다른 연구자들은 때로는 정량적 연구(16장 참조)보다 정성적 연구가 더 많은 것을 알 수 있다고 확신한다. 동기를 연구하기 위한 주로 사용되는 정성적 연구법은 〈표 3.4〉에 예시와 함께 나타나 있다.[11]

동기 조사

동기 조사(motivational research)라는 단어는 논리적으로 인간 동기에 관한 모든 유형의 연구를 포함해야 하지만, 하나의 '기술(art)'을 의미하게 되었다. 이 말은 1950~1960년대에 어니스트 디히터(Ernest Dichter) 박사가 소비자의 무의식적 또는 숨겨진 동기를 밝혀내기 위해 고안된 정성적 연구를 일컫는다. 소비자들은 행동의 이유를 항상 인식하고 있지 않다는 전제를 기초로 동기 조사는 소비자의 제품과 서비스, 브랜드 사용에 관한 내재된 느낌, 태도, 감정을 밝혀내려고 했다. 이 가정은 무의식적 욕구와 충동, 특히 생리적 욕구와 성적 충동이 인간 동기와 인격의 중심에 있다는 프로이트의 성격 이론을 반영하고 있다.

디히터 박사가 비엔나에서 임상 정신분석학자로 훈련받고 미국에 1930년대 후반에 도착했을 때, 그는 임상 실습에 들어가기보다는 뉴욕의 큰 광고회사에 들어갔다. 디히터 박사는 소비자의 소비 습관을 연구하는 데 프로이트의 정신분석 기술들을 적용했고, 소비자들이 왜 구매했는지를 알아내는 데 정성적 조사방법을 사용했다. 마케터들은 소비자 행동에 그럴듯하고, 재미있고, 때로는 놀랍기까지 한 디히터 박사의 설명에 매료되었다. 특히 디히터 박사의 해석은 많은 부분이 성적인 욕구에 근거하고 있었다. 예를 들어, 디히터 박사는 소비자들이 제품의 성적 상징 때문에 담배와 라이프세이버 사탕을 구매하고, 컨버터블카를 첩으로 간주하고, 케이크를 굽는 여성은 출산 과정을 재현한다고 주장하였다. 그 후 얼마 되지 않아 거의 대부분의 광고 회사들은 소비자 동기 조사를 위해 심리학자를 직원으로 고용하였다. 〈표 3.5〉는 디히터 박사와 그의 동료들에 의해 작성된 제품의 구매동기이다. 현대의 동기 조사법은 다수의 정성적 조사방법들과 절차들을 포함하고 있고 소비자 조사 분야에서 잘 정립이 되어 있다.[12] 동기 조사법에는 심리학적 연구 방법뿐만 아니라 사회학과 인류학 연구 방법도 포함된다. 기업들은 소비자들이 왜 구매하는지에 대한 심도있는 통찰을 하기 위해 집단 토론과 심층 면접으로 이루어지는 정성적 조사 방법을 이용한다. 또한 동기 조사법은 제품 및 브랜드와 관련하여 생각지도 못한 소비자 동기를 찾아내고, 광고 캠페인의 아이디어를 개발하는 데 쓰이기도 한다. 정성적 조사는 제품 아이디어나 광고 문구에 대한 소비자의 반응을 초기 단계에서 알 수 있게 해주고, 효과적이지 못하거나 검증되지 않은 광고를 사용했을 때 발생할 수 있는 비용손실을 피할 수

표 3.4 동기의 정성적 측정	
연구 방법	설명과 적용사례
스토리텔링	스토리텔링은 소비자들이 제품사용과 관련한 실생활에 대하여 이야기하도록 하는 방법이다. 킴벌리클라크는 이 방법을 이용하여 기저귀에 대한 부모의 인식을 연구하였다. 부모들을 기저귀를 유아기에 입는 옷이라고 생각한다. 그래서 부모들은 기저귀가 너무 길게 처지면 아이들이 배변훈련에 실패한 결과라고 생각하여 스트레스를 받고 당황하게 된다. 이 회사는 미국 기저귀 산업에서 새로운 제품범주를 창조한 하기스 배변 훈련용 기저귀를 출시하였다.
단어 연상법	**단어 연상법**(word association)이란 응답자들에게 한번에 몇 가지 단어를 제시하고 마음속에 떠오르는 첫 번째 단어를 말하도록 하는 방법이다. 이 방법은 브랜드 명칭을 개발할 때 매우 유용한 방법이다. 문장완성법은 응답자들에게 도입 문구를 들려준 뒤, 그 문장을 완성하라고 요구하는 방법이다(예 : 컨버터블 자동차를 운전하는 사람들은 ……)
주제통각검사	머레이에 의해 개발된 **주제통각검사**(thematic apperception test)는 응답자들에게 그림을 보여주고 각각의 그림에 대하여 이야기하도록 요구하는 방법이다. 예를 들면, 클리어라실은 거울을 보고 있는 여성의 사진과 함께 "여기에 거울을 보고 여드름을 들여다보는 10대 소녀가 있습니다."라는 자막을 제시하였다. 연구자들은 10대 청소년들이 그들의 삶이 매우 빠르게 지나가고, 사회적으로 활동적인 삶이라고 생각하고 있으며, 여드름의 발견은 삶의 전환을 갑작스럽게 방해하는 것이라고 생각한다는 것을 알았다. 클리어라실은 이 연구 결과를 반영하여 다음과 같은 광고를 제작하였다. 10대 남성이 거리를 활보하고 있는데 상점 창가에 비친 여드름을 발견한다. 그러자 그를 둘러싼 모든 동작은 정지한다. 그가 클리어라실을 바르자 여드름이 사라지고 모든 것이 제자리로 돌아온다.
그림 그리기	다양한 브랜드에 대한 소비자의 인식을 연구하고 새로운 광고전략을 수립하기 위하여 시각적 이미지가 이용된다. 예를 들면, 응답자들에게 전형적인 필스베리 케이크믹스 사용자의 그림을 그려보라고 요구하면, 응답자들은 유행에 뒤떨어지고 프릴이 달린 앞치마를 입은 뚱뚱한 여성을 그린다. 던칸하인즈 케이크믹스 사용자의 모습을 그려보라고 하면 최신유행의 미니스커트를 입고 힐은 신은 날씬한 여성을 그린다. 이 결과는 제품의 리포지셔닝을 고려하는 필스베리에게 중요한 자료가 되었다.
그림 분류법	플레이텍스(브래지어 제조업자)의 광고대행사가 사진분류를 이용한 연구를 수행하였는데, 이 방법은 응답자들에게 다양한 여성의 모습이 담긴 한 무더기의 사진을 주고 자신의 이미지를 묘사하는 사진을 선택해보라고 요구하는 것이다. 비록 응답자들의 다수는 뚱뚱하고, 풍만한 가슴을 가지고 있고, 유행에 뒤떨어진 모습을 하고 있지만, 그들은 날씬하고 옷을 잘 입고 독립적인 여성을 선택하였다. 광고대행사는 플레이텍스에게 브래지어의 편안함을 강조하는 광고를 중단하라고 조언하고, '유행을 만드는 핏'이라는 슬로건과 함께 섹시하고 날씬하고 큰 가슴을 가진 여인이 등장하는 광고를 만들었다.

출처 : Emily Eakin, "Penetrating the Mind by Metaphor," New York Times, February 23, 2002, B9, B11: Ronald B. Leiber, "Storytelling: A New Way to Get Close to Your Customer," Fortune, February 3, 1997; and Bernice Kramer, "Mind Games," New York, May 8, 1989, 33-40.

표 3.5	디히터 박사의 잠재의식 해석
제품	잠재의식 해석
빵굽기	빵을 굽는 것은 엄마가 빵을 구울 때면 맛있는 냄새가 온 집안을 휘감는 추억을 떠올리게 함으로써 여성성과 모성을 나타낸다. 케이크를 구울 때면 여성은 빵이 오븐에서 구워져 나올 때처럼 잠재 의식적으로 그리고 상징적으로 출산의 과정을 겪는다. 그러므로 여성이 남성을 위해 빵을 구워주는 것은 다산의 상징물을 제공하는 것이다.
자동차	자동차는 인간 정신세계의 두 가지 힘이라고 할 수 있는 파괴 욕구와 죽음에 대한 두려움을 전향하게 만든다. 예를 들면, '액셀러레이터를 밟어.'하는 것은 권력의 욕구에서 나오며, '하마터면 차와 부딪칠 뻔했어.'라는 말은 위험한 게임을 하고 싶은 욕구를 나타낸다. 이러한 견지에서 디히터는 에쏘(지금은 엑슨)에게 자사 가솔린의 우월성을 알리기 위해서 소비자들의 공격적인 운전 동기를 이용하라고 조언하였다. 이 결과 "당신의 탱크에 호랑이를 집어넣어라."라는 슬로건이 개발되었다. 그리고 디히터는 자동차들이 인격을 가지고 있으며, 소비자는 자동차를 사물이라기보다는 친구라고 생각하고, 자신들의 자동차에 애착을 갖게 된다고 주장하였다. 이와 같은 견해는 남자들이 컨버터블은 첩으로 세단은 아내로 생각한다는 그의 관점을 지지하는 것이다.
인형	인형은 아동의 사회화 과정에서 중요한 역할을 하며, 특히 여자 아이들에게는 필수적인 장난감이다. 부모들은 자녀들에게 바라는 캐릭터를 가진 인형을 선택하고, 인형은 부모와 자녀 모두에게 즐거운 장난감이다. 1959년 마텔이 바비 인형을 처음 도입했을 무렵 디히터를 컨설턴트로 고용했다. 디히터의 연구 결과, 비록 여자아이들은 인형을 좋아하지만, 엄마들은 바비인형의 완벽한 몸매 비율과 게르만인 같은 외모를 싫어한다는 것을 알았다. 디히터는 자신의 딸이 바람직하고 멋있는 외모를 가지기 바라는 엄마의 마음을 반영하여, 바비인형을 틴에이지 패션모델로 광고할 것을 마텔에 제안하였다.
아이스크림	아이스크림은 씹을 필요도 없고 입에서 녹아버리는 아주 손쉬운 음식이며, 풍요의 상징이고, 게걸스럽게 핥아 먹는 열광적인 음식이다. 따라서 디히터는 아이스크림은 무한한 양을 상징하는 동그란 상자에 패키지해야 한다고 권유하였다.

있게 해준다. 더 나아가, 동기 조사의 연구 결과는 나중에 더 크고 대표성을 지닌 소비자 집단을 대상으로 연구하는 정량적 조사연구의 기반이 된다.

디히터 박사와 동료 연구자들의 연구 결과에 기초하여, 정성적연구컨설턴트협회(Qualitative Research Consultants Association, QRCA)가 설립되었으며, 이는 소비자 동기 조사를 위한 여러 학문분야의 제휴를 목적으로 한다. QRCA의 회원들은 정성적 조사 연구자들로 구성되어 있는데, 이들은 정기적으로 포커스 그룹 인터뷰, 일대일 인터뷰, 심층면접 등을 지휘하여 소비자들의 내면 욕구와 동기를 규명하고 그들의 고객인 마케팅 기업에 정보를 제공한다. QRCA는 출판물과 학술회의를 통하여 소비자 연구에 사용되는 방법론을 확장시켰다.

개성의 본질과 이론

학습목표

4 개성의 범위와 개성 이론을 이해한다.

개성(personality)은 어떻게 생각하고 행동할 것인가를 결정하고 반영하는 내면의 심리적 특성들로 구성되어 있다. 여기에서 내면의 특성(inner characteristic)이란 다른 사람들로부터 개인을 구분하는 구체적인 자질, 속성, 특성, 요인, 버릇 등을 말한다. 나중에 논의되겠지만, 우리가 개성이라고 부르는 깊이 고착된 특성들은 개인의 제품 선택에 영향을 미친다. 개성은 소비자들이 마케터의 촉진 노력에 대해 어떤 방식으로 반응할 것인가, 그리고 언제 어디서 어떻게 제품과 서비스를 소비할 것인가 하는 문제에도 영향을 미친다. 그러므로 소비자 행동과 관련된 구체적인 성격특성들을 규명하는 것은 시장세분화와 촉진전략의 개발에 있어서 매우 효과적이다.

개성의 일면들

인간의 개성에 관한 연구는 통일되지 않았다. 어떤 연구들은 성격의 형성과정에서 유전과 유아적 경험의 영향을 강조하고 있다. 또 다른 연구들은 사회적 그리고 환경적 영향을 강조한다. 어떤 학자들은 성격을 하나의 통일된 전체로 간주하는 반면, 어떤 학자들은 구체적인 특성에 중점을 두고 있다. 전반적으로 연구자들은 다음 같은 점에 동의한다. (1) 개성은 개인적 차이를 반영한다. (2) 개성은 일반적으로 일관성이 있고 지속적이다. (3) 비록 개성은 지속성이 있으나 변할 수 있다.

개성은 개인적 차이를 반영한다

인간의 성격을 구성하는 내면의 특성들은 여러 요소들의 독특한 조합이므로 어떤 개성도 서로 같을 수 없다. 그럼에도 불구하고 사람들은 하나 또는 몇 가지의 성격특성을 가질 수도 있고 갖지 않을 수도 있다. 예를 들면, 소비자 민족중심주의 성향이 높은 소비자(즉, 외제 물건 구매에 거부감이 있는)도 있는 반면 민족중심주의 성향이 낮은 소비자(즉, 외제 물건 구매에 거부감이 없는)도 있다. 마케터는 소비자의 하나 또는 몇 가지의 성격특성에 근거하여 소비자들을 세분화할 수 있다. 왜냐하면, 어떤 특정 성격특성에서 높은 성향을 가진 소비자들이 다른 성격특성에서는 낮은 성향을 가질 수 있기 때문이다.

개성은 일관성이 있고 지속적이다

일반적으로 개인의 성격은 일관성이 있고 대체로 지속적이다. "내 동생은 어렸을 적부터 항상 옷에 대해 관심이 많았어요."라는 대화는 성격이 일관성 있고 지속적이라는 것을 뒷받침한다. 마케터가 개성차원에서 소비자의 행동을 설명하고 하는 것은 중요하다. 마케터는 자사 제품을 구매하도록 소비자의 성격을 변화시킬 수 없다. 그러나 어떤 성격특성이 소비자반응에 영향을 주는지를 안다면, 타겟 고객들에게 이러한 성격특성으로 소구할 수 있을 것이다. 예를 들면, 마케터가 자사제품이 혁신적 소비자들에게 매력적임을 알고 있다면 혁신적 소비자들에게 소구하는 촉진 메시지를 만들 수 있다.

개성은 변할 수 있다

개성은 일반적으로 지속적이나, 어떤 환경이 되면 성격도 변한다. 예를 들면, 결혼, 출산, 부모의 죽음, 직업의 변화와 같은 인생의 중요한 사건들은 개성에 큰 영향을 준다. 개성은 갑작스런 사건이 닥쳤을 때뿐만 아니라 성장 과정에서 점차적으로 변할 수도 있다. 예컨대, 수년 동안 조카를 보지 못한 고모가 조카를 보고 "그가 나이가 들더니 이제 다른 사람들의 의견을 들으려고 해."라고 말하는 경우가 있다. 이것은 성격이 점진적으로 변한다는 것을 의미하다.

개성 이론

개성 이론에는 세 가지 중요한 이론이 있다. (1) 프로이트 이론, (2) 신프로이트 이론, (3) 특성 이론. 이 세 가지 이론은 소비자 행동과 개성 간의 관계를 이해하는데 중요한 역할을 한다.

프로이트 이론

프로이트 이론(Freudian Theory)의 전제는 성욕과 생리적 충동 같은 무의식적(unconscious) 욕구와 충동이 인간의 동기와 성격을 형성하는 데 중요한 역할을 한다는 것이다. 프로이트는 유아기적 경험에 대한 부모의 기억, 꿈의 해석, 심리적 그리고 신체적 적응문제의 세부적인 본성 등에 근거하여 이 이론을 구성하였다. 프로이트는 인간의 성격은 원초아, 초자아, 자아의 세 가지 시스템의 상호작용에 의해서 구성된다고 제안하였다.

원초아(id)는 원초적이고 충동적인 동인들—갈증, 배고픔, 섹스와 같은 기본적인 생리적 욕구—의 창고이다. 인간은 이것을 위해서라면 만족을 위한 구체적인 수단에 관한 고민 없이 즉각적인 만족을 원한다. 〈그림 3.8〉의 고디바 광고는 이러한 원초적 본능에 의해 야기된 신비감과 흥분을 묘사하고 있다.

충동적이고 이기적인 원초아와는 반대로 **초자아**(superego)는 무엇이 올바르고 타당한지에 관한 사회적 도덕과 윤리적 코드의 내적인 표현이다. 초자아의 역할은 개인이 자신의 욕구를 사회적으로 인정할 수 있는 방법으로 충족시키는지를 지켜보는 것이다. 그러므로 초자아는 자아의 충동적인 힘을 억제하거나 금지하는 일종의 브레이크이다. 끝으로 **자아**(ego)는 개인의 의식적인 통제이다. 자아는 자아의 충동적인 욕구와 초자아의 사회문화적 제약 간의 균형을 맞추려고 시도하는 내적인 통제 기능을 한다.

프로이트는 개인의 성격이 유년기의 여러 단계(즉, **구강기, 항문기, 남근기, 잠복기, 생식기**)를 통해 형성된다고 보았다. 프로이트 이론에 따르면, 개인의 성격은 이러한 각각의 단계를 거치면서 겪는 위기(특히 처음 3단계)를 얼마나 잘 다루는가에 의해 결정된다. 예를 들면, 만약 구강기 단계에 있는 유아가 음식에 대한 욕구를 적절하게 만족되지 않으면 이 아이는 이 단계에 '고착(fixated)'되어, 성인이 되어서도 다른 사람에게 의존적인 성격이 된다. 또 다른 예를 들면, 조급하게 용변 훈련을 받은

그림 3.7 프로이트 이론

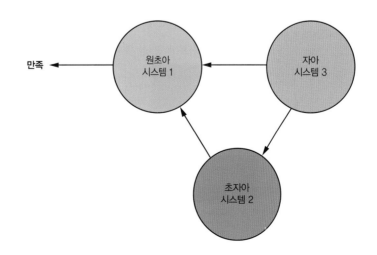

유아는 성인이 되어서 청결과 정돈에 대해 지나치게 집착하게 된다.

신프로이트 성격 이론

신프로이트 이론(Neo-Freudian theory)은 프로이트 이론에 덧붙여, 사회적 관계가 성격 형성에 중요한 역할을 한다고 주장한다. 프로이트의 몇몇 동료들은 성격이 원래 본능적이고 성적이라는 주장에 동의하지 않았다. 이러한 신프로이트 학파들은 사회적 관계가 성격을 형성하고 발전하는 데 기본적인 역할을 한다고 주장한다. 예를 들면, 알프레드 아들러(Alfred Adler)는 인간을 다양한 합리적인 목표(소위 라이프 스타일이라고 부르는) 달성을 추구하는 존재라고 보았다. 그는 열등감을 극복하기 위한 개인의 노력(즉, 우월감을 위해 노력하는)을 매우 강조했다. 신프로이트 학파인 해리 스택 설리번(Hary Stack Sullivan)은 사람들이 타인들과 중요하고 가치있는 관계를 형성하기 위해 지속적으로 시도한다고 강조했다. 그는 불안감과 같은 긴장감을 감소하려는 개인의 노력에 중점을 두었다.

카렌 호나이(Karen Horney)는 불안감에 관심을 가지고, 부모와 자식 간의 관계가 불안감을 감소시키려는 개인의 욕구에 미치는 영향을 연구하였다. 호나이는 개성을 세 가지 집단으로 분류하였다.[13]

1. **순응형 인간**(compliant individuals) : 타인 지향적이며 다른 사람들로부터 사랑받고, 인정받고, 필요로 하는 사람이 되고 싶어 한다.
2. **공격형 인간**(aggressive individuals) : 다른 사람들에게 대항적이며, 남보다 뛰어나고 찬양받고 싶어 한다.
3. **고립형 인간**(detached individuals) : 다른 사람들로부터 멀리 떨어져 있으며, 독립적이며, 자아 의존적이고, 자급자족하며, 의무로부터 해방되는 것을 원한다.

연구자들은 호나이의 이론에 근거하여 개성을 측정하는 도구(the CAD test)를 개발하여 소비자 행동 연구에 이용하였다.[14] 초기 CAD 조사는 대학생들의 점수와 제품 및 브랜드 사용 패턴 간의 몇 가지 관계를 밝혀냈다. 예를 들면, 순응형 학생들은 바이엘 아스피린처럼 유명브랜드 제품을 좋아하는 반면, 공격형 학생들은 올드스파이스 데오도런트(체취방지용화장품 : 아마도 올드스파이스의 남성적인 소구 때문)를 선호했다. 또한 고립형 학생들은 차를 많이 마시는 것으로 밝혀졌다(아마도 순응하기를 꺼려하는 욕구를 반영하기 때문).

많은 마케터들은 신프로이트 이론을 직관적으로 사용하고 있다. 예를 들어, 자사의 제품(또는 서비스)을 사회 집단 내의 다른 사람들과 어울리고 인정받고 싶어 하는 기회를 제공하는 제품으로 포지셔닝하고자 한다면, 호나이의 순응형 인간 특성에 따르면 될 것이다. 구체적으로 설명하면, 모델이 찍은 사진을 보고 주위 사람들이 감탄하는 장면을 표현하는 디지털카메라 광고는 순응형 소비자들에게 매력적으로 느껴질 것이다. 검은색 산악자전거를 타고 홀로 가파른 언덕을 내려가는 장면은 공격형 소비자들에게 매력적으로 느껴질 것이다.

특성 이론

특성 이론은 프로이트 학파와 신프로이트 학파의 접근법과는 달리 정량적인 접근을 한다. **특성 이론**(trait theory)은 '특성(trait)'이라 부르는 구체적인 심리특성을 실증적으로 측정하는 데 중점을 둔다. 특성은 어떤 개인을 다른 사람들과 구분 짓게 만드는 개인적인 특성 또는 특징이다. 특성 이론 연구자들은 성격테스트를 이용하여 구체적인 특성들을 측정하고, 특정 점수의 높거나 낮음으로 개인적

그림 3.8 원초아에 소구하는 고디바
초콜릿 광고 : Feeling like a Diva

출처 : Godiva Chocolates

인 차이를 설명한다. 연구자들은 소비자 행동 연구를 위하여 고유한 성격특성 테스트를 개발했다. 이를 이용하여 소비자혁신성(개인이 새로운 소비 경험 또는 신제품이나 서비스의 구매를 받아들이는 정도), 물질주의(소유물에 대한 개인의 집착 정도), 민족중심주의(외국산 제품을 수용하거나 거부하는 정도) 등의 특성을 측정할 수 있다.

연구자들은 성격특성이 특정 브랜드보다는 제품범주의 소비와 연관이 있음을 밝혀냈다. 예를 들면, 어떤 성격특성과 땅콩버터를 정기적으로 먹는 소비자의 행동과의 통계적인 상관관계 수치는 성격특성과 소비자가 구매한 땅콩버터 브랜드 간의 상관관계 수치보다 더 높게 나타난다. 더구나 마케터는 소비 행동에 대한 성격특성의 영향을 연구해야 한다. 왜냐하면 이러한 지식은 소비자들을 효과적으로 세분화하고, 세분시장에 맞는 광고를 제작하는 데 도움이 되기 때문이다. 다음은 소비자 행동에 유용한 시사점을 제공하는 몇 가지 성격특성에 대하여 논의한다.

성격특성과 소비자 행동

학습목표

5 혁신성을 비롯한 성격특성들이 소비자 행동에 미치는 영향을 이해한다.

지금부터는 성격특성과 소비자 행동 간의 관계를 알아보자. 먼저 개인의 성격특성이 신제품의 수용과 관련 있음을 논의한다. 이어서 신제품 수용과 관련 있는 성격특성들 즉 독단성향, 사회적 성격, 독특성 욕구에 대해 알아본다. 이러한 특성을 지닌 소비자가 신제품이 도입되었을 때 첫 번째 구매자가 아닐지라도, 우리는 이러한 성격특성들이 소비자 행동에 적용될 수 있음을 주목해야 한다. 끝으로 소비와 관련된 특성, 최적자극수준, 자극 추구성향, 다양성 또는 참신성 추구성향, 인지 욕구, 시각형 인간 대 언어형 인간, 물질주의, 집착 소비, 충동구매, 그리고 소비자 민족중심주의 등 소비자 행동과 관련 있는 성격특성들을 알아본다.

소비자 혁신자와 혁신성

혁신자(innovator)는 새로운 아이디어와 실행에 개방적이기 때문에 신제품, 새로운 제품라인 확장과 서비스를 처음 사용하는 사람이다. 신규 도입된 제품에 대한 이들의 반응은 신제품의 성공 또는 실패에 따라 비판적이다. 소비자 혁신자는 혁신적 제품에 대하여 열광적이고, 혁신에 대한 시장수용을 가속시킨다. 왜냐하면 이들은 다른 사람들에게 자신의 구매에 대하여 이야기하고 신제품을 보여주기 때문이다. 더구나 소비자 혁신자들이 신제품에 대하여 온라인을 통하여 이야기할수록, 이들의 혁신적 행동 영역은 더 확대된다.[15] 〈표 3.6〉은 하이테크 제품에 대한 혁신자들의 견해를 보여준다.

혁신성(innovativeness)은 신제품이 도입된 직후 소비자가 신제품과 서비스를 수용하려는 의지의 정도를 말한다. 한 연구는 소비자 혁신성을 자극하는 네 가지 동기 요인들을 밝혀냈다.

1. **기능적 요인**(functional factor) : 혁신제품의 성과에 대한 관심
2. **쾌락적 요인**(hedonic factor) : 혁신제품을 사용하면서 느끼는 기쁨
3. **사회적 요인**(social factor) : 혁신제품을 추구한다고 다른 사람들로부터 인정받고 싶은 욕구
4. **인지적 요인**(cognitive factor) : 혁신제품을 사용하면서 경험하는 정신적 자극[16]

대부분의 연구는 혁신성을 하나의 성격특성으로 보고 있으나, 한 연구는 혁신성의 세 가지 수준을 규명하였다.[17]

1. **글로벌 혁신성**(global innovativeness) : 제품과 관련된 배경과 관계없이 존재하는 특성이며, 소비자 혁신성의 '본성'
2. **지역 구체적인 혁신성**(domain-specific innovativeness) : 구체적인 지역 또는 제품 범주 안에서 좁

표 3.6	하이테크 제품에 관한 혁신자의 견해

- 나는 브랜드 충성자는 아니야, 나는 항상 '최고'와 '최신'의 기술을 추구한다.
- 전자제품 매장에 갈 때면, 판매원이 내게 이야기하기보다는 내가 판매원에게 제품에 대해 알려주는 편이다.
- 내 친구는 신기술이 적용된 물건을 구매할 때면 종종 내게 물어본다.
- 나는 최신기술이 적용된 제품을 구매하거나 사용해 보는 것을 즐긴다.
- 나는 자주 가는 전자제품 가게에서 뭔가 새로운 제품을 보면 그것을 사용해본다.
- 나는 신기술 제품을 사용하다가 곧잘 싫증이 나서 친구에게 주기도 한다.
- 신기술에 관한 정보를 얻기 위해 웹사이트, 블로그, SNS를 자주 방문한다.
- 신문에서 기술섹션을 항상 읽고 인터넷으로 신제품이 어떻게 나왔는지 확인한다.
- '연말연시 선물가이드'에는 항상 신제품이 소개되기 때문에, 내는 해마다 이것을 살펴본다.

게 정의된 활동

3. 혁신적 행동(innovative behavior) : 변화에 대한 수용과 혁신제품의 채택을 암시하는 행동이나 반응

소비자 혁신성은 인터넷 및 신기술 사용과 긍정적인 연관이 있다. 한 연구에 따르면 인터넷을 많이 이용하는 소비자는 자신의 미래를 스스로 통제할 수 있다고 생각하며, 정보와 기회를 찾기 위해 인터넷을 이용하고, 불확실함을 두려워하지 않는다고 한다.[18] 또 다른 연구는 온라인뱅킹 이용은 인터넷 관련 혁신성(즉, 지역 구체적 혁신성)과 긍정적인 관계인 반면, 글로벌 혁신성과는 부정적인 관계로 나타났다. 이러한 연구 결과는 지역 구체적인 혁신의 중요성을 강조한다.[19] 연구에 따르면, 소비자 혁신성은 브랜드 확장제품의 구매 가능성에 강한 영향을 미치기 때문에 브랜드 확장제품을 도입하려는 기업은 혁신적 소비자를 표적고객으로 삼는 것이 좋다.[20] 몇몇 연구들은 소비자 혁신성이 구매결정에 미치는 영향이 다른 요인들이 미치는 영향(즉, 가격 의식성(price consciousness), 가치 의식성(value consciousness), 지각된 가격변화(perceived price variation)보다 더 크다고 주장한다.[21]

독단성향

독단성향(dogmatism)은 정보 및 개인의 신념과 관점에 반대되는 의견에 대하여 얼마나 엄격한가(반대로 얼마나 받아들이기 쉬운가) 하는 정도이다.[22] 독단성향이 높은 사람은 친숙하지 않은 것에 대하여 방어적이고 불확실성과 불편함을 가지고 접근한다. 반대로 독단성향이 낮은 사람은 친숙하지 않거나 반대되는 신념을 받아들이기 쉽다. 일반적으로 독단성향이 낮은 소비자는 일반제품보다 혁신적 제품을 선호한다.

독단성향이 높은 소비자는 유명인과 전문가가 출연하여 권위적 소구를 하는 광고에 대하여 더 수용적인 경향이 있다. 반대로 독단성향이 낮은 소비자는 사실적 차이, 제품 효익, 제품 사용정보 등을 강조하는 광고 메시지에 대하여 더 수용적이다. '경험에의 개방성(openness to experience), 낮은 독단성향과 유사함'과 '외향성(개인적 에너지와 야망, 모험심, 사교성과 관련 있음)'이 높은 소비자는 감정적인 메시지에 호의적으로 반응하고, 광고하는 브랜드를 구매할 가능성과 충성스런 고객이 될 가능성도 높다.[23]

사회적 성격 : 내부 지향성과 타인 지향성

내부지향(inner-directed)적 소비자는 신제품을 평가할 때 내면의 가치와 기준에 의하여 평가하며 혁신적소비자가 될 가능성이 크다. 반대로 **타인지향**(other-directed)적 소비자는 적절한 제품인지 아닌지를 판단할 때 다른 사람들을 고려하며 혁신적 소비자가 될 가능성이 적다. 내부지향과 타인지향의 소비자들은 촉진 메시지에 형태에 다르게 반응한다. 내부지향 소비자들은 제품속성과 효익을 강조하는 광고를 선호하는 반면, 타인지향 소비자들은 사회적 수용을 보여주는 광고를 선호하고 사회적 또는 집단 상호작용을 묘사하는 광고에 호의적으로 반응한다. 〈그림 3.9〉는 스스로 자연을 모험하는 내부지향적 사람을 묘사하고 있다. 이 광고의 카피를 보면, "이 길은 외지로 가는 길입니다. 도전은 당신 것입니다."라고 하면서 개인의 내부지향적 특성에 소구하고 있다.

독특성 욕구

많은 소비자는 다른 사람들과 다르게 보이고 싶어서 물건을 획득하고 남들에게 보여준다. 소비자의

그림 3.9 내부 지향적 소비자에게 소구하는 광고

독특성 욕구(need for uniqueness)란 개인의 정체성 및 사회적 정체성을 향상하기 위한 목적으로 제품을 획득함으로써 다른 사람들과 다르게 보이고 싶어 하는 욕구를 말한다. 독특성 욕구가 높은 사람은 신제품과 브랜드를 다른 사람들보다 빨리 수용한다. 이들은 집단 규범을 벗어나는 창의적인 제품을 선호하고 대중적인 제품을 회피한다.

　패션산업에서 트렌드와 스타일은 항상 변하기 때문에 소비자의 독특성 욕구를 이해하는 것은 매우 중요하다. 마케터는 독특성에 대한 자아지각을 향상시키도록 고안된 광고 자극을 이용하여 독특성 욕구가 높은 소비자들에게 소구할 수 있다. 〈표 3.7〉은 독특성 욕구가 높은 사람들의 견해를 보여준다.

최적자극수준

최적자극수준(Optimum Stimulation Level, OSL)이란 새롭고, 복잡하고, 비범한 경험을 좋아하는 정도(즉, 높은 OSL) 혹은 간단하고, 난잡하지 않고, 조용한 생활을 좋아하는 정도(낮은 OSL)를 말한다. 최적 자극수준이 높은 소비자는 위험을 감수하는 경향이 있고, 신제품을 사용해보려는 경향이 높고,

표 3.7	독특성 욕구가 높은 사람의 견해

- 여행할 때마다 나 자신을 위해 평범하지 않은 선물을 찾는다.
- 다른 사람들이 나의 취향이 독특하다거나 평범하지 않다고 말해줄 때 기분이 좋다.
- 나의 독특한 페르소나(persona)를 관리한다.
- 내 친구들은 내가 독특성을 추구하는 것이 별나다고 생각한다.
- 사람들 눈에 띄고 다르게 보이는 것은 매우 중요하다.
- 사람들 모두가 어떤 제품을 구매하기 시작하면 나는 그것을 구매하지 않는다.
- 독특하게 보이는 것은 나의 트레이드마크다.

혁신적이며 쇼핑하는 동안 높은 수준의 최적 자극수준을 유지하려고 한다.[24] 한 연구에 의하면, 개별 맞춤화(예 : 개인의 체형에 맞게 재단되어 핏이 좋은 청바지)된 옷을 구매하려는 대학생들은 높은 OSL 수준을 가지고 있으며, 다음과 같은 이유로 제품을 원한다고 한다. 첫째, 나만의 옷차림을 보기 위해서(예 : 나의 스타일을 어떤지 보기 위해서 매 시즌마다 새로운 옷을 입어 본다.) 둘째, 나의 개성을 살리기 위해서(예 : 평범하지 않은 옷을 구매하기 위해서)이다.[25]

OSL 점수는 개인이 바라는 라이프스타일 자극수준을 반영하기도 한다. 예를 들면, 실제 라이프스타일이 OSL점수와 비슷한 사람은 자신의 삶에 대해 상당히 만족하는 반면, OSL 점수가 라이프스타일보다 높은 사람은 삶이 지루하다고 느낀다. 이것은 소비자의 라이프스타일과 OSL 점수와의 관계가 제품이나 서비스의 선택에 영향을 줄 수 있으며, 또한 시간을 어떻게 관리하고 사용할 것인가에도 영향을 미친다는 것을 의미한다. 예컨대, 지루하다고 느끼는 소비자는 많은 활동과 활기를 제공하는 휴가 상품에 매력을 느낄 수 있다. 반면, 지나치게 흥분을 느끼는 소비자는 조용하고 외딴곳의, 휴식을 취할 수 있는 재충전 휴가상품을 탐색할 수 있다.

자극 추구성향

OSL과 밀접한 관련이 있는 **자극 추구성향**(sensation seeking)은 다양하고, 신기하고, 복잡한 자극과 경험에 대한 개인의 욕구이며, 이러한 경험을 위해서 위험을 감수하려는 의지이다. 예를 들면, 자극 추구성향이 높은 남성 청소년들은 자전거, 스케이트보드, 롤러블레이드 등의 극한 스포츠를 즐긴다. 한 연구에 따르면 자극 추구성향과 혁신성이 높은 소비자는 휴가기간에 자원봉사를 할 가능성이 높다고 한다.[26] 〈그림 3.10〉의 록리조트(Rock Resort) 광고는 'Be'라는 단어를 감각적 경험의 단서로 이용하고 있다.

다양성과 참신성 추구성향

OSL과 유사한 또 하나의 특성으로 다양성 또는 참신성 추구성향이 있다. **다양성과 참신성 추구성향** (variety and novelty seeking)은 다음과 같은 소비자 행동을 보인다.[27]

1. 새롭고, 독특하고, 더 좋은 대안을 경험하기 위하여 브랜드를 전환하는 탐색적 구매 행동
2. 새롭고 독특한 제품에 대한 정보를 수집하고 그 제품의 구매를 고려하는 대리 탐색 행동
3. 이미 사용된 제품을 새롭고 신기한 방법으로 사용하는 혁신소비

다양성 추구성향은 특히 기본적인 기능만을 제공하는 제품과는 다르게 다양한 기능을 제공하는 기술적 제품들(예 : 스마트폰)과 관련이 있다. 다양성 추구성향이 높은 소비자는 최신 스마트폰을 구매

그림 3.10 자극 추구성향의 소비자
에게 소구하는 광고

할 가능성이 높은 반면, 다양성 추구성향이 낮은 소비자는 기존 휴대 전화를 고집할 가능성이 높다.

인지 욕구

인지 욕구(Need for Cognition, NFC)는 생각하기를 열망하고 즐기는 개인의 욕구이다. 인지 욕구가 높은 소비자는 제품과 관련된 정보와 설명이 많이 포함된 광고에 대해 반응적인 반면, 인지 욕구가 낮은 소비자는 매력적인 모델 또는 유명인이 광고모델로 출연하는 것과 같이 광고의 배경적 요소나 주변 단서에 더 매력을 느낀다. 진단적 제품정보(예 : 제품의 품질을 평가하고 브랜드를 구분할 수 있는 정보)를 포함한 광고는 인지 욕구가 높은 소비자들에게 설득력이 있었으나 인지 욕구가 낮은 소비자들에게는 그렇지 못했다.[28] 이와 유사하게 또 다른 연구에 의하면, 인지 욕구가 낮은 소비자들은 높은 소비자들보다 마케터가 추천하는 대안을 쉽게 받아들이는 것으로 나타났다.[29]

인지 욕구는 소비자의 인터넷 사용에 중요한 역할을 한다. 인지 욕구가 높은 사람은 그렇지 않은 사람들보다 제품정보, 현재의 사건, 교육용 자료를 온라인을 이용해 탐색할 가능성이 높다.[30] 또 다른 연구에 의하면, 인지 욕구가 높은 사람들은 온라인 활동의 목표에 집중하는 반면, 인지 욕구가 낮은 사람들은 웹상의 방대한 자료에 주의를 빼앗기고 원래 의도했던 온라인 활동의 목표에 집중하지 않는다는 것을 발견했다.[31]

시각형 인간 대 언어형 인간

어떤 사람들은 정보를 습득할 때 글로 쓰여진 단어를 선호하는 반면, 어떤 사람들은 이미지의 영향을 받는다. **언어형 인간**(verbalizers)은 글로 쓰여진, 텍스트 형태의 그리고 언어적 정보가 많이 포함된 판촉 메시지를 선호한다. **시각형 인간**(visualizers)은 그림이 포함된 광고에 더 반응적이며, 사물시각형과 공간시각형 인간이 있다.

1. 이미지를 하나의 지각 단위(perceptual unit)로 입력하고 처리하는 **사물시각형 인간**(object visualizer)

2. 이미지를 하나씩 처리하는 **공간시각형 인간**(spatial visualizer)

사물시각형 점수가 높은 개인은 공간시각형에서는 낮은 점수를 받는 경향이 있다. 반대의 경우도 마찬가지이다. 시각형의 예술가는 사물 심상(object imagery)에 뛰어난 반면, 과학자와 엔지니어들은 공간 심상(spatial visualizer)에 뛰어나다.[32]

대부분의 광고가 언어적 광고와 그림 광고를 둘 다 포함하고 있지만, 어떤 광고는 특별히 더 시각적이다. 〈그림 3.11〉의 요플레 광고는 시각형 인간에게 소구하고 있다. 이 광고는 요구르트의 풍부한 맛을 글자가 거의 없이 그림으로만 표현하고 있다. 〈그림 3.12〉의 리스테린 광고는 시각형 인간과 언어형 인간 모두에게 소구하고 있다. 이 광고는 제품에 대한 언어적 설명뿐만 아니라 두드러진 그림도 함께 제시하고 있다.

소비자 물질주의

물질주의(consumer materialism)란 개인이 대체로 꼭 필요하지도 않는 과시적 사치품에 해당하는 물리적 사유물을 구매하고 자랑하는 데 집착하는 정도를 의미한다. 중국과 미국의 성인들(18~35세)을 대상으로 소비자 물질주의를 비교한 연구는 중국인들이 미국인들보다 더 물질주의적임을 발견했다.[33] 이는 중국의 경제 상황이 개선되면서 중국사회가 물질주의를 더 빠르게 받아들였기 때문이다. 반대로 미국 경제는 불확실해지고 불안정해짐에 따라 미국의 젊은 소비자들은 거꾸로 검소해졌다.

물질주의적 욕구가 높은 소비자들은 소유물을 획득함으로써 스스로를 정의한다. 이들은 자신의 소유물을 구매하고 자랑하는 것에 가치를 두며, 자기중심적이고 이기적이며, 어질러진 생활을 하고, 종종 소유물 자체만으로는 개인적인 만족이나 행복을 경험할 수 없다.[34] 반대로 물질주의 욕구가 낮은 소비자들은 자신들의 소유물로 스스로를 정의하지 않으며, 다른 사람들과 함께 경험을 추구하고 소유물을 즐기는 데 더 많은 관심을 가진다. 이들은 자신이 가진 것과 다른 사람들이 가진 것에 대해 특별히 영향받지 않으며, 인생을 어떻게 즐기느냐에 더 많은 영향을 받는다. 한 연구에 따르면 '구두쇠'들은 구매에 대한 대가로 지불하는 것에 대하여 불편함을 느끼므로 자신들이 의도했던 것보다 더 적은 양의 돈을 쓴다고 한다. 반대로 '방탕자'는 지불하는 것에 불편함을 느끼지 않으므로 의도했던 것보다 더 많은 돈을 쓰게 된다.[35] 캐나다의 한 연구에 의하면 꿈을 기억하는 사람 중에서 25%의 사람들이 물건을 사는 꿈을 꾸었다고 한다. 실제로 응답자 중의 대다수는 꿈에서 보았던 제품에 대하여 생각하고, 그 꿈에 대하여 다른 사람들에게 이야기하고 구매를 고려하기도 한다.[36] 〈그림 3.8〉은 물질주의적 소비자들의 특성을 보여준다.

그림 3.11 시각형 인간에게 소구

집착 소비

집착 소비(fixated consumption)란 자신이 관심있는 품목들을 쌓아두고, 친구나 다른 사람들에게 자랑하고 싶어하는 수집가와 취미 생활자의 성향을 일컫는다. 사람들은 공짜 아이템부터 세계를 돌아다니면서 수집한 호텔과 레스토랑의 종이 성냥, 수천 달러 하는 아트유리, 오토바이와 자동차, 백 년 된 와인까지 아무거나 수집한다. 집착 소비성향의 소비자는 다음과 같은 특징을 가지고 있다.

1. 수집하는 제품범주에 대한 열정과 관심
2. 수집에 더하여 노력을 투자하려는 의지
3. 더 많은 품목을 탐색하고 구매하기 위하여 많은 시간과 돈을 소비함
4. 경매에 적극적으로 참여함

충동 소비

충동 소비(compulsive consumption)란 중독되고 통제를 벗어난 구매행동을 일컫는데, 이러한 구매는 충동구매자와 그 주변의 사람들에게 손실을 가져오기도 한다. 충동구매 문제의 예로는 통제 불능의 쇼핑, 도박, 약물 중독, 알코올 중독, 거식증 등이 있다. 더욱이 온라인 쇼핑의 편리함은 충동구매를

그림 3.12 시각형 인간과 언어형 인간에게 소구

표 3.8	물질주의적 소비자의 특성

- '물건'의 구매하는 것은 매우 중요하다고 생각한다.
- 기쁨을 주는 물건을 찾는 것을 즐긴다.
- "가장 많은 장난감을 가지고, 죽는 사람이 승자이다"라는 말을 믿는다.
- 자신 스스로를 자신이 입고 소유한 것으로 정의한다.
- 적게 가진 사람들보다 자신들이 더 낫다고 생각한다.
- 새로운 소유물을 즐긴다.
- 새로운 것을 쇼핑하러 갈 때가 중요하다고 생각한다.

더욱 부추기고 있다. 연구에 따르면 충동구매자의 75%가 여성구매자이다.[37] 충동구매자들은 필요하지 않거나 끝내 사용하지도 않는 제품을 구매하며, 많은 충동구매자는 심각한 충동구매 행동을 없애거나 통제할 목적으로 심리적 치료를 필요로 하고 있다. 연구에 따르면 신용카드의 편리성이 특히 대학생들의 충동구매 행동을 부추긴다고 한다.[38] 마케터는 촉진 메시지가 무책임한 소비를 부추기지 않도록 보장해야 한다. 〈표 3.9〉는 충동 소비의 몇 가지 특징을 나타낸다.

표 3.9 충동 소비자의 특징
● 쇼핑몰에 들어가면 구매해야 할 것 같은 생각이 든다. ● 돈이 얼마 남지 않았어도 필요하지 않은 제품을 구매한다. ● 돈이 남으면 돈을 써야할 것 같은 생각이 든다. ● 다른 사람들이 나의 쇼핑 버릇을 알면 충격받을 것이다. ● 경제적인 여유가 없어도 제품을 구매한다. ● 기분이 좋아지려고 제품을 구매한다. ● 부도 처리될 것을 알면서도 고의로 수표를 사용한다.

소비자 민족중심주의

민족중심주의(ethnocentrism)란 외국에서 만들어진 제품을 구매 혹은 구매하지 않으려는 경향을 말한다. 민족중심주의 성향이 높은 소비자는 외국에서 만들어진 제품을 구매하는 것은 자국의 경제에 경제적 영향을 주기 때문에 부적절하거나 잘못되었다고 생각한다. 반면, 민족중심주의자가 아니거나 민족중심주의성향이 낮은 소비자들은 외국에서 만들어진 제품을 외재적 특성에 따라—외관상으로는 보다 객관적으로 평가하는 것처럼—평가한다(예 : 왜 이 제품이 좋지?). 연구에 따르면 9.11테러와 자연재해 이후로 미국 소비자들의 민족중심주의가 증가했다.[39] 민족중심주의는 나라와 제품별로 다양하다는 연구가 있다. 예를 들면, 멕시코 소비자는 지역에서 생산된 바지, 셔츠, 속옷, 벨트를 구매하는 데 있어서 프랑스나 미국 소비자보다 더 자민족중심주의성향이 강한 반면, 선글라스나 시계는 수입품을 구매하고 싶어한다.[40] 또 다른 연구에 의하면 2차 세계대전을 기억하는 고령의 미국 소비자는 아직도 독일이나 일본제품을 거부하는 것과 마찬가지로, 일본과 독일 소비자는 미국제품에 대해 이와 유사한 감정을 갖는 것으로 나타났다.[41]

세계화와 다국적 마케팅으로 인하여 현재 소비자들은 어떤 제품이 국내에서 생산되었는지 수입제품인지 잘 모를 수도 있다. 예를 들면, 미국에서 판매되는 도요타 자동차의 일부 모델은 일본에서 생산되기도 하고, 일부는 미국에서 생산되며 또 다른 일부는 두 나라에서 모두 생산된다. 몇몇 연구들은 제품들을 '국제화의 정도' 또는 '문화적 독창성의 정도'로 분류한다. 어떤 연구에 의하면 '조립 국가'와 '디자인 국가'가 제품의 구매결정에 영향을 미친다고 한다.[42] 뉴욕에 있는 어느 대학생은 제품이 '국제화의 정도', 즉 제품의 문화적 독창성 차원에서 차이가 있는지를 연구하기 위해 녹차에서 재즈음악에 이르기까지 8개의 제품에 대하여 조사했다.[43]

민족중심주의 소비자는 자국에서 생산된 제품을 구매하려는 경향이 있기 때문에, 마케터는 촉진 메시지에서 국가주의적인 주제를 강조함으로써(예 : Made in America 또는 Made in France) 민족중심주의 소비자를 표적고객으로 삼을 수 있다. 민족중심주의적 소구 전략을 예로 들면, 일본 자동차 혼다는 어코드 왜건이 '미국에서 수출된 차'(혼다자동차의 일부가 미국에서 생산된다는 점을 강조하면서)임을 광고함으로써 민족중심주의자인 미국 소비자에게 간접적으로 소구한다. 그러나 영국 소비자를 대상으로 한 연구는 자국제품편향(즉, 자신의 거주국가에서 생산된 제품을 선호)이 8개 제품 범주 별로 다르다는 것을 발견했다. 이 결과는 자국의 제조업자는 항상 자국 소비자가 수입제품보다 국내제품을 선호할 것이라고 기대할 수 없음을 의미한다.[44] 나아가 한 연구는 제품지식이 낮은 소비자의 제품에 대한 태도는 제품지식이 높은 소비자에 비해서 원산지 영향을 더 많이 받는다는 것을 밝혀냈다.[45] 또 다른 연구는 민족중심주의 성향이 높은 중국 소비자는 이중 국어(영어와 중국어)로

된 표식과 메시지를 좋아하지 않으며 광고하는 제품을 구매할 가능성도 적음을 보여주었다.[46]

개성과 색깔

소비자들은 자신의 성격특성 탓인 것을 제품과 서비스 탓으로 돌릴 뿐만 아니라, 성격특성을 특정한 색깔과 연관짓기도 한다. 예를 들면, 소비자들은 코카콜라를 흥분을 의미하는 빨간색과 연관짓는다. 푸른색은 여성 소비자들에게 매력적으로 보이므로 와인을 판매하는 데 푸른색 병이 쓰이기도 한다. 노란색은 참신성을 검정은 세련됨을 의미한다. 브랜드는 검은색 라벨 또는 패키징을 사용함으로써 세련되고, 고급스럽고, 프리미엄 이미지(예 : 밀러 맥주의 Miller Reserve)를 창조할 수 있다. 검은색과 흰색의 조합은 공학적으로, 첨단기술의 정교하게 디자인된 제품임을 암시한다. 예를 들면, 나이키는 검은색, 흰색, 그리고 빨간색으로 운동화를 디자인하는데, 이것은 이러한 색상들의 조합이 뛰어난 성능을 암시하기 때문이다. 많은 패스트푸드 레스토랑은 길가 쪽 간판 및 실내 디자인을 빨강, 노랑, 파랑, 밝은색의 조합을 사용하는데, 그 이유는 소비자들이 이러한 색깔을 신속한 서비스와 비싸지 않은 음식과 연관 짓기 때문이다. 반대로 고급 레스토랑은 고급스러움과 좋은 서비스를 강조하기 위해서 회색, 흰색, 갈색, 또는 부드럽고, 연한, 중화된 색상을 사용한다. 〈표 3.10〉은 다양한 색깔과 성격, 그리고 마케팅적 시사점을 나타낸다.

제품과 브랜드 의인화

학습목표

6 제품 및 브랜드의 의인화와 브랜드 의인화의 전략적 적용을 이해한다.

이 장의 앞부분에서 '제품 개성'에 대해서 소개했다. **브랜드 의인화**(brand personification)란 소비자가 브랜드가 인간의 특성이나 성격을 가진 것으로 생각하는 것을 말한다. '브랜드 개성'은 브랜드에게 감정과 느낌을 만들어 내는 정서적인 정체성을 부여한다. 예를 들면, 소비자들은 퍼듀(Perdue) 치킨을 매우 신선하다고 느끼며, 나이키는 우리 모두를 대표하는 운동선수라고 생각하고, BMW는 뛰어난 구동성능을 생각한다. 브랜드의 인격은 기능적(믿을 수 있고 튼튼한)일 수도 있고 혹은 상징적(우리 모두를 대표하는 운동선수)일 수도 있다. 독특한 브랜드 인격은 유사한 경쟁자로부터 브랜드를 차별화시키고 브랜드에 대한 호의적인 태도와 구매의도, 그리고 브랜드 충성도를 형성한다.

마케팅 믹스의 모든 요소, 그중에서도 촉진 메시지는 브랜드 개성을 형성하는 데 가장 큰 영향을 미친다. 한 연구는 64개의 다국적 기업에서 생산되는 제품에 대한 브랜드 개성의 차원을 연구하였다. 이 연구는 이 기업들의 미국, 영국, 프랑스, 독일, 스페인에 있는 270개의 웹사이트를 분석하였고, 브랜드 개성의 다섯 가지 차원을 발견하였다. 즉, 활기참(excitement), 세련됨(sophistication), 애정(affection), 인기(popularity), 유능함(competence)이다.[47]

제품과 브랜드의 인격화는 인간이 아닌 무언가를 인간의 성격인 것처럼 생각하는 **의인화**(anthropomorphism)의 형태이다. 예를 들면, 의인화된 제품에 초점을 맞춘 한 연구는 소비자가 제품을 의인화할 수 있는 용이성은 제품이 어떻게 광고되는가, 그리고 인간과 비슷한 제품 특성을 참고하거나 묘사한 부분이 포함되어 있는지에 따라 결정됨을 발견했다. 소비자들은 인간의 형상을 한 것으로 표현된 제품을 그렇지 않은 제품보다 호의적으로 생각한다.[48] 어느 한 연구는 브랜드 퍼스낼리티와 인간의 두 가지 성격과의 관계를 연구하였다.

1. 애착 갈망(attachment anxiety) : 자신이 사랑받을 자격이 있는지에 대한 근심의 성도

표 3.10 성격특성과 관련된 색깔		
색깔	**연관된 성격특성**	**마케팅 시사점**
파란색	존경받는, 권위	• 미국이 존경하는 색, 미국의 선호색상 • IBM의 명칭 색깔 • 소다수 연상 • 남자들은 푸른색으로 패키지된 제품을 찾음 • 파란색으로 칠해진 집은 피하고 싶음 • 저칼로리, 탈지유 • 파란색 캔에 담긴 커피는 순한 맛으로 인식
노란색	주의, 참신성, 일시적인, 따뜻함	• 가장 빠르게 인식함 • 노란색 캔에 담긴 커피는 약한 맛 • 교통 정지 신호 • 주택 판매
초록색	안전, 자연, 편안하고 느긋한, 살아있는 것	• 좋은 근무환경 • 채소와 추잉 껌의 연상 • 캐나다 진저에일이 무설탕 제품의 패키지를 빨강에서 초록색과 흰색을 바꾸었더니 매출이 증가하게 됨
빨간색	인간, 흥분, 뜨거운, 열정적인, 강렬한	• 음식 냄새를 더 좋게 만듦 • 빨간색 캔에 담긴 커피는 풍부한 맛 • 여자들은 푸른빛을 띤 빨간색을 선호 • 남자들은 노란빛을 띤 빨간색을 선호 • 코카콜라 색깔
주황색	힘 있는, 알맞은, 비공식적인	• 빠른 관심 끌기
갈색	비공식적이고 편안한. 남자다운, 자연의	• 진한 갈색 캔에 담긴 커피는 너무 강한 맛으로 인식 • 남자들은 갈색으로 패키지된 제품을 찾음
흰색	선, 순수, 자선, 청결, 섬세함, 정제, 형식적	• 칼로리가 감소됨 • 순수하고 건강에 좋은 음식 • 청결, 목욕용품, 여성
검은색	세련, 힘, 권위, 신비	• 권위있는 의복 • 첨단기술 전자제품
은색, 금색, 백금	제왕의, 부, 장엄한	• 프리미엄 가격을 의미

출처 : "Color Schemes" by Bernice Kanner in *New York Magazine* 4/3/1989. Reprinted by permission of Bernice Kanner/New York Magazine

2. 회피 갈망(avoidance anxiety) : 애착의 관점에서 다른 사람들을 보는 관점

이 연구는 자존심에 사로잡혀 있으며 다른 사람들에 대해 부정적인 관점을 가지고 있는 사람들 (즉, 높은 갈망과 높은 회피)은 활기찬 브랜드 퍼스낼리티를 선호하는 반면, 높은 갈망과 다른 사람들에 대해 호의적인 관점을 가진(즉, 낮은 회피) 사람들은 성실한 브랜드 퍼스낼리티를 선호한다는 것을 발견했다. 많은 연구자는 마케터들에게 촉진 메시지 속에서 자신의 브랜드를 의인화하기 전에 소비자들의 성격특성을 먼저 연구하라고 조언한다.[49]

마케터들이 반복적이고 효과적인 광고를 통해 제품에 인간의 성격을 부여하므로 소비자들은 브랜드를 의인화하게 된다. 예를 들면, M&M이 소비자들에게 "만약 M&M이 사람이라면 어떤 종류의 사람일 것 같은가?"라고 질문한 데서 비롯되었다(그림 8.4 참조). 수십 년 동안, M&M 사람은 미국인들이 가장 사랑하는 '사람'이 되었고 가장 널리 알려진 캐릭터가 되었다. Mr.커피(자동식드립커피메이커)의 제조업자는 포커스 그룹에서 소비자들이 "그이는 커피를 잘 만들어요.", "그이는 다양한 모델과 가격대를 가지고 있지요."라면서 마치 Mr.커피를 사람인 것처럼 언급하는 것을 우연히 발견했다. 그 후 브랜드 마케터는 기계를 의인화하였고, 후속 연구에서 소비자들이 Mr.커피를 믿음직스럽고, 친절하고, 효율적이고, 지적이고, 영리하다고 지각한다는 것을 알아냈다. 몇몇 포커스 그룹 연구에서 실험 참가자들은 잘 알려진 식기 세제를 '지나친 요구가 많은 감독'과 '에너지 높은 사람들'로 묘사하였다. 또 다른 연구에서는 프랑스 젊은이들(18~23세)은 코카콜라를 친근하고, 창조적이고, 매력적이고, 우아한 것으로 생각하고 있으며, 이러한 인식은 브랜드에 대한 신뢰와 애착, 몰입을 가져오는 것으로 알려졌다.[50]

몇몇 소비자들은 '브랜드 열광자'가 되어 이러한 제품의 기능적 차원을 넘어 브랜드와의 관계를 만들고 있다. 이러한 행동의 한 예로, 그들의 차에 이름을 붙이는 폭스바겐 비틀의 소유자들을 들 수 있는데, 이들은 자동차에게 말을 걸고 애정을 가지고 쓰다듬기까지 한다. 또 다른 사례는 할리 문신까지도 새기는 할리데이브슨 모터사이클의 소유자들이다. 저자의 한 친구는 자신의 쓰레기통을 '가비'라 부르고, 값비싼 카푸치노 머신을 '프린세사'로 부르는데, 그는 이 커피머신이 항상 풍성한 거품을 만드는 것에 대하여 칭송하면서 간혹 너무 적게 나와도 좀처럼 불평하지 않는다.

〈그림 3.13〉의 그림은 소비재에 의인화가 적용된 브랜드 개성 체제를 나타내는데, 브랜드 개성의 다섯 가지 차원—성실함(sincerity), 활기참(excitement), 유능함(competence), 세련됨(sophistication), 강함(ruggedness)—과 15개의 보다 상세하게 정의된 개성특성—현실적인(down to earth), 용감함(daring), 신뢰할 만한(reliable), 상류층(upper class), 야외활동(outdoors)—을 묘사하고 있다.

제품 개성과 성별

제품의 개성은 제품과 브랜드에게 성별을 부여한다. 즉, 셀레셜시즈닝스의 트레이시 존스는 여성인데 반해, Mr.커피는 남성이다. 제품의 성별은 문화에 따라 다르다. 어떤 문화에서는 커피와 치약은 남성적인 제품이라고 생각하는 반면 목욕비누와 샴푸는 여성적인 제품이라고 생각한다. 또 다른 연

그림 3.13 브랜드개성

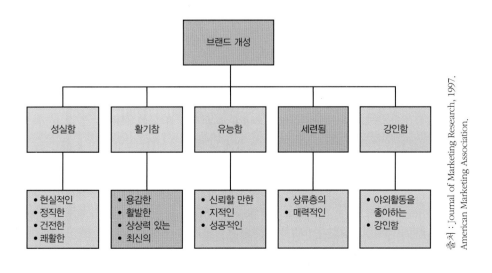

출처 : Journal of Marketing Research, 1997. American Marketing Association.

구는 스페인 소비자와 잘 알려진 미국 소매상 간의 연관된 개성특성을 연구하였다. 미국 도시에 살고 있는 스페인 사람들을 대상으로 한 포커스 그룹 연구에서 연구자들은 히스패닉 소비자들이 소매상들에게 개성 특성을 부여한다는 것을 발견했다. 예를 들면, 월마트는 세밀한 것을 지향하는 성공적인 비즈니스 우먼으로 생각하고, 올드네이비는 친절하고 정원을 가꾸는 여자, 시어스는 우아하고 고급 차를 운전하는 남자로 생각한다.[51]

제품 개성과 지형

소비자는 어떤 브랜드를 지리적 위치와 연관지으며(예 : 네슬레워터스의 벅스턴 네추럴미네랄워터는 영국에 있는 고풍스럽고 그림같은 벅스턴 타운에서 얻어진 것), 이러한 연상은 브랜드에 대한 기억과 호감도를 향상시킨다. 흥미롭게도 지형적 브랜드 명칭은 사실일 수도 있고 허구일수도 있다. 필라델피아크림치즈는 실제로 일리노이에서 만들어졌지만, 많은 소비자들은 이 치즈를 미국의 건국과정에서 역사적 역할을 한 도시로 알려진 지역과 연관 짓는다. 지역과 관련된 브랜드 연상이 실제 혹은 허구이던 간에 지각된 지역의 이미지는 브랜드 자산을 증진시킨다. 많은 소비자들은 오로라존이라는 명칭을 북유럽 국가의 건강한 겨울 활동으로 연상한다. 신중하게 지어진 브랜드 명칭은 이 브랜드가 비록 영국의 북동부의 평범한 노섬버랜드에서 유래하였지만 홀리데이 패키지를 제공하고 북극광을 관광하는 여행을 조직하는 회사임을 암시한다.

웹사이트 개성

인터넷을 이용하는 소비자는 특정한 웹사이트에 감정적으로 애착을 느끼게 된다. 최근 연구는 웹사이트의 네 가지 개성특성을 밝혀냈다. (1) 지적임(intelligent) 검색 가능한, 포괄적인, 빠른, 간결한, (2) 재미(fun) 색채가 풍부한, 매력적인, 쌍방향의, 역동적인, (3) 조직화됨(organized), (4) 성실함(sincere) 정직하고 현실적인.[52] 이러한 연구 결과는 웹사이트 디자인에 나타난 기업의 개성특성이 방문자들에게 호의적인 태도를 형성하고 웹사이트 클릭 수를 증가시킬 수 있음을 제안한다.

자아와 자아 이미지

학습목표

7 자아 이미지와 자아 이미지가 소비자 행동에 미치는 영향을 이해한다.

자아 이미지(self-image)란 지신 스스로를 바리보는 방식이다. 소비자들은 종종 자아 이미지와 일치하고 자아 이미지를 향상시키는 제품을 선택하기 때문에 자아 인식은 제품 및 서비스 구매와 관련 있다. 실제로 소비자들은 각기 다른 상황에서 각기 다르게 행동하므로 여러 개의 '자아'를 가지고 있다. 예를 들면, 어떤 개인은 부모님과 함께 있을 때, 학교에서, 직장에서, 박물관 개막식에서, 그리고 나이트클럽에서 친구와 같이 있을 때 각기 다르게 행동한다.

　사람들은 어떤 특성, 기술, 습관, 소유물, 관계, 행동을 가진 자신에 대한 이미지를 가지고 있다. 개인의 자아 이미지는 개인의 배경과 경험에서 비롯된다. 소비자들은 브랜드의 이미지가 자기 자신을 인식하는 방식과 일치하기 때문에 구매한다. 그리고 소비자들은 자아 이미지와 일치하는 브랜드를 구매하고 일치하지 않는 브랜드는 회피한다. 그러므로 많은 제품과 브랜드들은 상징적 가치를 가지고 있다. 최근 연구는 음식 소비와 자아 이미지 간의 재미있는 상관관계를 밝혀냈다. 실제로 미국인들은 1인분 분량이 크고 너무 많은 음식을 소비하기 때문에 점점 살이 쪄가고 있는데, 많은 과체중 사람들은 자신이 정상이거나 평균적인 체중을 가지고 있다고 스스로 생각한다.[53]

소비자 행동 연구자들은 자아 이미지의 네 가지 구성요인을 밝혀냈다.

1. **실제적 자아 이미지**(actual self-image)는 소비자가 자기 자신을 보는 방식
2. **이상적 자아 이미지**(Ideal self-image)는 자신이 어떻게 되고 싶은가
3. **사회적 자아 이미지**(Social self-image)는 다른 사람들이 나를 어떻게 본다고 생각하는가
4. **이상적 사회적 자아 이미지**(Ideal social self-image)는 다른 사람들이 나를 어떻게 봐주었으면 하는가

소비자들은 구매 상황에서 구매를 이끄는 자아 이미지를 선택한다. 생활용품을 구매할 때 소비자들은 실제적 자아 이미지의 영향을 받으며, 사회적 상승 또는 과시적인 제품을 구매할 때는 사회적 자아 이미지의 영향을 받을 수 있다. 체중 감소나 외모를 돋보이게 하는 것처럼 중요하고 강렬한 개인의 목표나 바람과 관련된 제품을 구매할 때는 이상적 자아 이미지 또는 이상적 사회적 자아 이미지의 영향을 받는다.

자아 이미지의 개념은 마케터에게 전략적 시사점을 준다. 예를 들면, 기업은 자아 이미지에 기초하여 시장을 세분화한 후 제품이나 서비스를 그 자아 이미지를 대표하는 심볼로 포지셔닝할 수 있다. 이러한 전략은 마케팅 컨셉을 반영한다. 마케터는 제품범주 및 제품이나 브랜드가 대표하는 자아 이미지와 관련하여 소비자 세분시장의 욕구를 파악하고 양쪽 기준을 만족시키는 제품을 개발하고 판매한다. 속옷을 판매하는 자키(Jockey)는 자아 이미지의 중요성을 인식하였다.

확장 자아

소비자의 소유물은 소비자의 자아 이미지를 확인하거나 확장시킬 수 있다. 예를 들면, 빈티지 리바이스진을 구매하는 것은 10대의 자아 이미지를 향상시킨다. 왜냐하면 그녀는 스스로 이 바지를 입었을 때 더 매력적으로 보이고, 패션감각이 있어 보이며 성공적으로 보인다고 생각하기 때문이다. 소유물은 다음과 같은 방식으로 확장 자아(extended self)가 된다.[54]

1. 컴퓨터를 사용한 문제 해결처럼, 제품이 없었으면 수행하기 어렵거나 불가능한 일을 실제로 가능하게 해준다.
2. 직장에서 옷을 잘 입는 사람으로 간주되면 **상징적으로** 기분이 나아진 것 같은 느낌이 든다.
3. 미술품 수집가가 희귀하고 잘 알려진 미술작품을 수집하게 되면 **지위나 계층이 향상된** 것 같은 느낌이 든다.
4. 죽은 후 유산을 남김으로써 불멸의 느낌이 든다.

자아 변화

소비자는 가끔 스스로 변화하거나 향상되고 싶어 한다. 옷, 면도용품, 화장품, 악세서리(선글라스, 보석, 문신, 컬러콘택트렌즈), 메이크업 서비스 등은 소비자 자신의 외모를 돋보이게 함으로써 스스로 변화하고자 한다. 자아변화 제품(self-altering product)을 사용함으로써 소비자는 새로운 자아를 표현하려고 시도하거나 특정한 사람(예 : 군인, 의사, 사업가, 대학교수)의 모습이 되고 싶어 한다.

개인의 허영심은 자아 이미지 및 자아 변화와 모두 밀접한 관련이 있다. 허영심은 잘난 체하는 행동, 이기적인 행동과 관련 있으며, 자신의 외모나 업적에 대해서 스스로 훌륭하다고 생각하는 것이다. 허영심에는 두 가지 형태가 있다. (1) 자신의 외모에 대해 지나치게 관심을 갖거나 자만하는 신체

표 3.11	허영심 많은 사람의 특성

- 항상 최고의 외모를 보여주고 싶어 한다.
- 항상 자신의 외모에 관심을 갖는다.
- 다른 사람이 자신의 외모를 알아주고 부러워한다고 믿는다.
- 다른 사람이 자신을 성적으로 매력적인 사람이라고 생각한다고 믿는다.
- 개인적 업적에 사로잡혀있다.
- 자신의 업적이 다른 사람으로부터 높게 평가받기를 원한다.
- 자신이 성공의 좋은 보기라고 믿는다.
- 다른 사람들이 자신의 성공을 부러워한다고 믿는다.

적 허영심(physical vanity), (2) 자신의 업적에 대하여 지나치게 관심을 갖거나 과장되게 생각하는 업적 허영심(achievement vanity). 이 두 가지 형태의 허영심은 모두 물질주의, 화장품 사용, 의류소비, 그리고 유명 컨트리클럽의 회원이 되는 것과 높은 관련이 있다.[55] 〈표 3.11〉은 허영심 강한 사람들의 성격을 묘사하고 있다. 마케팅 관점에서 허영심이 많은 사람들은 (1) 퍼스널케어 제품과 화장품의 수익성 높은 시장이다. (2) 다른 사람의 주의를 끌 수 있다는 촉진 메시지를 좋아한다. (3) 개인적 성취를 언급하는 촉진 메시지를 잘 받아들인다.

요약

학습목표 1 : 동기, 필요, 목표의 역학적 원리와 이것이 소비자 행동에 미치는 영향을 이해한다.

동기는 소비자로 하여금 구매하게 만든다. 그리고 동기는 미충족 욕구가 만든 심리적 긴장감에 의해 유발된다. 개인은 의식적으로 또는 무의식적으로 자신의 욕구를 충족시킬 것으로 기대되는 목표를 설정하고 이에 따른 행동을 함으로써 이러한 긴장감을 해소하려고 노력한다. 인간의 욕구는 두 가지 종류가 있다. 먼저 생리적인 욕구는 본질적인 욕구(생명유지에 꼭 필요한 기본적인 욕구)이며, 이를 충족시킴으로써 생물학적 존재를 유지한다. 생리적 욕구에는 음식, 물, 공기, 외부환경으로부터의 보호(예 : 의복과 쉼터), 성에 대한 욕구가 있다. 심리적 욕구는 부모, 사회 환경, 다른 사람과의 상호작용에 의해 학습된다. 심리적 욕구에는 자기존중 욕구, 명성 욕구, 애정 욕구, 권력 욕구, 성취 욕구 등이 있다. 동기부여된 행동은 목표를 추구한다. 모든 인간의 행동은 목표지향적이고 생리적 욕구와 심리적 욕구를 충족시키는 데 집중한다. 욕구에 의해 유발된 인간의 행동은 멈추지 않는다. 왜냐하면 (1) 욕구는 완전하게 충족되지 않는다. 충족되지 않은 욕구는 사람들로 하여금 만족을 달성하기 위해 또는 만족을 유지하기 위해 행동하게 만든다. (2) 모든 욕구가 만족되면 새롭고 더 높은 차원의 욕구가 생기게 되고 긴장감을 초래하고 행동을 유발한다. (3) 목표를 달성한 사람은 새롭고 더 높은 목표를 스스로 설정한다.

학습목표 2 : 동기 이론과 동기 이론을 소비자 행동에 적용할 수 있는 방법을 이해한다.

인류는 동일한 생리적 욕구와 유사한 심리적 요구를 가지고 있다. 그러나 심리적 욕구의 중요성은 사람마다 다르다. 매슬로의 욕구단계 이론은 생리적 욕구, 안전 욕구, 사회적 욕구, 자아 욕구, 자아실현 욕구의 5단계를 제안한다. 권력 욕구, 친화 욕구, 성취 욕구 등을 포함한 기타 요구들은 소비자 광고에 널리 이용된다.

학습목표 3 : 동기를 어떻게 규명하고 측정할 것이지를 이해한다.

인간의 동기를 규명하고 측정하는 방법으로 자기 보고식 방법과 정성적 조사가 있는데, 연구자들은 소비자 동기의 존재와 강도를 평가하기 위해 이러한 방법들을 연결하여 사용한다. 동기 조사법과 정성적 연구라고 하는 현재의 동기 조사법은 소비자의 무의식수준에 존재하는 동기를 깊이 탐구하고 내면의 욕구와 동기를 규명하고자 한다. 정성적 연구는 새로운 아이디어와 광고카피를 개발하는 데 가치 있는 것으로 밝혀졌다. 자기 보고식 동기 측정법은 응답자들에게 서면에 의한 진술을 제시하고 그것이 얼마나 자신들과 관련 있는지를 질문하는 방법이다.

학습목표 4 : 개성의 범위와 개성 이론을 이해한다.

개성은 어떻게 생각하고 행동할 것인가를 결정하고 반영하는 내면의 심리적 특성들로 구성되어 있다. 개성은 일관성이 있고 지속적이나, 시간이 흐르면서 점차 변하기도 하고 중요한 인생의 사건이 닥치면 갑자기 변할 수 있다. 소비자 행동 연구 분야의 개성 이론에는 심리분석 이론, 신프로이트 이론, 특성 이론의 세 가지 이론이 있다. 프로이트의 심리분석 이론은 동기조사연구의 기초를 제공하였으며, 인간의 행동은 상당부분 무의식적 동기에서 비롯되며 행동을 유발한다고 전제한다. 신프로이트 이론은 개성을 형성하고 개발하는 데 있어서 사회적 관계의 중요성을 강조한다. 특성 이론은 다른 사람들과 구분 짓게 만드는 특유의 심리특성, 즉, 특성을 측정하는 방법에 초점을 맞춘다.

학습목표 5 : 혁신성을 비롯한 성격특성들이 소비자 행동에 미치는 영향을 이해한다.

특성 이론은 사람들이 고유의 심리적 특성들(예 : 혁신성 추구성향, 참신성 추구성향, 인지 욕구, 물질 욕구)을 정도에 따라 많거나 적게 가지고 있으며 이러한 특성들은 특별히 고안된 측정척도 또는 목록표에 의해 측정할 수 있다고 가정한다. 성격을 측정하는 척도들에는 혁신성, 독단성, 사회적 성격(즉, 내부지향성/타인지향성), 독특성 욕구들이 있다. 이 외에도 최적자극수준, 자극 추구성향, 다양성과 참신성 추구성향, 인지 욕구, 시각형 인간 또는 언어형 인간, 집착 소비, 충동 소비, 소비자 민족중심주의 등의 성격특성들은 소비 행동에 중대한 영향을 미치

며, 마케터는 이러한 특성들을 고려하여 효과적인 설득전략을 개발할 수 있다.

학습목표 6 : 제품 및 브랜드의 의인화와 브랜드 의인화의 전략적 적용을 이해한다.

소비자들은 제품이나 브랜드가 인간의 성질을 가진 것으로 생각하는 것을 말한다. 마케터는 제품이나 브랜드의 개성을 연구하여 촉진메시지에 대한 소비자의 반응을 형성하고 소비자와 제품 및 브랜드 간의 감정적 연결고리를 향상시키는 데 이용할 수 있다. 제품의 개성으로 인해 소비자들은 종종 제품이나 브랜드가 성별을 가진다고 생각한다. 소비자들은 특정 브랜드를 지리적 위치와 연관 짓는데, 이러한 연상은 소비자의 기억과 호감을 향상시킨다. 인터넷 다량 소비자는 특정한 웹사이트에 감정적으로 몰입되기도 하는데, 몇몇 연구자들은 웹사이트의 개성에 대해 연구해왔다.

학습목표 7 : 자아 이미지와 자아 이미지가 소비자 행동에 미치는 영향을 이해한다.

사람들은 자신의 특성, 습관, 소유물, 관계 등을 표현하는 하나의 자아 이미지(혹은 다수의 자아 이미지)를 가지고 있다. 소비자들은 자아 이미지와 일치하는 브랜드를 구매하거나 자아 이미지와 일치하는 점포에서 쇼핑함으로써 자아 이미지를 보존하고, 향상시키고, 변화시키고, 확장하려고 시도한다. 자아 이미지에는 (1) 실제적 자아 이미지, (2) 이상적 자아 이미지, (3) 사회적 자아 이미지, (4) 이상적 사회적 자아 이미지가 있다. 마케터는 자아 이미지의 차원을 이해함으로써 다양한 세분시장의 고객들에게 효과적인 촉진 메시지를 개발할 수 있다.

복습과 토론 문제

3.1 "마케터는 욕구를 창조할 수 없다. 소비자의 욕구는 이미 존재한다."에 대하여 토론하시오. 마케팅 노력으로 소비자의 욕구를 창조할 수 있는가? 그 이유는 무엇인가? 마케터는 소비자의 욕구를 일깨워줄 수 있는가? 있다면 어떻게 할 것인가?

3.2 소비자들은 선천적인 또는 후천적인 욕구를 가지고 있다. 각각의 욕구를 예로 들고 한 번의 구매로 한 가지 또는 여러 가지 종류의 욕구를 어떻게 만족시킬 수 있는지 설명하

시오.

3.3 당신이 선택한 제품 또는 서비스를 생각해보시오. 그 제품이나 서비스가 표적고객들에게 접근대상과 회피대상이 되었는지 열거하시오. 적절한 사례를 인용하시오.

3.4 매슬로의 욕구단계 이론은 생리적 욕구를 기본적인 욕구로 자아실현 욕구를 가장 상위의 욕구로 간주한다. 일부 학자들은 이 이론에 의문을 제기해 왔는데 그 이유에 대하여 토론하시오.

3.5 구체적인 제품과 서비스의 촉진 메시지를 개발하는 데 있어서 마케터는 소비자의 목표달성 실패를 어떻게 이용할 수 있는가? 예를 들어보시오.

3.6 아래의 제품을 세분시장에 판촉하기 위하여 소비자의 어떤 욕구에 소구할 것인가? 각각의 제품에 대하여 매슬로의 욕구단계 중 한 가지 욕구를 선택하시오. (제품 : 전자책 단말기, 고급 구두, 별장)

3.7 정성적 연구란 무엇인가? 그리고 정성적 연구방법을 수행하기 위한 기법에는 무엇이 있는가?

3.8 a. 인간의 동기를 어떻게 규명하고 측정할 것인가? 예를 들어 보시오.

b. 동기 조사와 정량적 연구의 다른 점은 무엇인지 토론하시오.

c. 동기 조사의 장점과 단점은 무엇인가?

3.9 동일한 성격을 가진 사람은 없지만, 소비자 행동 연구에서 차별적인 세분시장을 찾아내기 위해 성격특성을 이용한다는 사실을 어떻게 설명할 것인가?

3.10 다음의 성격 이론들을 비교설명하시오. (a) 프로이트 이론, (b) 신프로이트 이론, (c) 특성 이론. 소비자 행동을 이해하기 위해 각각의 이론들을 어떻게 적용할 수 있는지 설명하시오.

3.11 성격특성 이론을 설명하시오. 성격특성 이론이 소비자 행동연구에 어떻게 이용되는지 다섯 가지 예를 들어 보시오.

3.12 연구 결과 디지털카메라의 표적고객은 타인지향적이고 인지 욕구가 높은 것으로 알려졌다. 디지털카메라의 마케터는 이러한 정보를 제품의 판촉활동에 어떻게 사용할 수 있는가?

3.13 다음과 같이 성격으로 구분한 세분시장에 적합한 촉진 메시지는 무엇인가? (a) 독단적인 소비자 (b) 내부지향적 소비자 (c) 최적 자극수준이 높은 소비자 (d) 인정받고 싶은 욕구가 높은 소비자 (e) 시각형 소비자 대 언어형 소비자

3.14 외제 제품을 선호하는 소비자들과 국내제품을 선호하는 소비자들 간에 성격특성의 다른 점이 있는가? 마케터는 소비자 민족중심주의 성향을 시장세분화에 어떻게 이용할 수 있는가?

3.15 건강식품의 마케터는 자아 이미지에 근거하여 시장을 세분화할 수 있는가? 마케터는 실제적 자아 이미지와 이상적 자아 이미지를 어떻게 이용할 수 있는가?

실전 과제

3.16 두 개의 서로 다른 방어기제 〈표 3.2〉를 묘사하는 두 개의 광고를 찾아 광고의 효과에 대하여 토론하시오.

3.17 권력 욕구, 애정 욕구, 성취 욕구를 표현하는 세 가지 광고를 찾아 광고 효과에 대하여 토론하시오.

3.18 소비자 욕구를 일깨워주는 두 가지 광고를 찾아 광고 효과에 대하여 토론하시오.

3.19 잡지에서 전면광고 두세 가지를 찾아보시오. 매슬로의 욕구단계에서 어떤 단계의 욕구를 적용하였는가? 두 가지 이상의 욕구단계를 적용한 광고가 있는가?

3.20 강의실 주변에 보이는 하나의 제품을 선택하시오. 이 제품을 소비자에게 판촉하기 위해 브랜드 의인화를 어떻게 이용할 것인가?

주요 용어

소비자 지각

지각(perception)은 개인이 자극을 선택하고 조직하여, 의미 있고 일관성 있는 이미지로 해석하는 처리 과정을 뜻한다. 이는 '개인이 자신을 둘러싼 세상을 인식하는 방식'으로 묘사될 수 있다. 비록 2명이 같은 자극에 노출되더라도 각각이 어떻게 자극을 인식, 선택, 조직, 그리고 해석하는가는 개인의 니즈, 가치, 그리고 기대에 근거하여 이루어지는 극히 개인적인 과정이다. 소비자는 객관적 사실이 아닌 그들의 지각에 근거하여 행동하고 반응한다. 개인에게 있어 '사실'이란 전적으로 개인의 니즈, 욕망, 가치, 그리고 개인적 경험에 근거한 개인적 현상이다. 그래서 객관적 사실에 근거한 소비자 지식보다 소비자의 지각이 마케터에게는 더 중요하다. 소비자가 그렇다고 '생각'하는 것이 소비자 행동과 구매 습관에 영향을 미치기 때문이다. 또한 소비자는 그들이 사실이라고 지각하는 것에 근거하여 의사결정하고 행동하기 때문에 마케터들은 지각의 개념에 대해 이해하고 지각과 연관된 어떤 개념들이 소비자의 구매에 즉각적인 영향을 미치는가에 대해 파악해야 한다.

1970년대 이래로, 영국의 가장 큰 냉동 감자칩 브랜드인 맥케인(McCain)의 아이덴티티는 검은 직사각형 안에 각인된 서명이었다. 이는 냉동기술에 대한 맥케인 브랜드의 전문성을 전달하기 위한 것으로, 전자렌지와 진공청소기가 현대 사회의 편리성을 상징하는 것처럼, 맥케인 브랜드는 자국의 기술혁신으로 이룩한 진보를 대표하는 것이었다. 그러나 소비자들이 식품의 원산지와 생산과정에 대해 새롭게 관심을 갖기 시작하자 맥케인은 자사의 감자칩이 오직 감자를 잘라 해바라기 기름에 조리하는 공정을 통해 생산된다는 것을 소비자에게 확신시키기 위해 제품의 생산공정에 대해 커뮤니케이션하기 시작했다. 이러한 커뮤니케이션은 "그것은 다 좋아."라는 성공적인 광고 캠페인으로 시작했지만 그것만으로는 부족했다. 이에 맥케인은 새로운 시각 아이덴티티를 개발하기 위해 전략적 디자인 회사인 브랜드오푸스(BrandOpus)를 고용했다. 브랜드오푸스의 CEO인 니르 웨그신(Nir Wegrzyn)은 "우리는 맥케인의 브랜드 아이덴티티에 새로운 의미를 부여해야 했다. 새로운 아이덴티티 전략은 냉동식품 생산자가 아닌 자연적인, 건강에 좋은 음식을 제공하는 회사로 맥케인에 대한 소비자 인식을 전환하는 것이었다."라고 말한다. 맥케인의 마케팅 이사인 헬렌 프리스틀리(Helen Priestley)는 "브랜드의 새로운 심볼을 햇빛으로 설정함으로써 맥케인 제품의 원재료가 생산되는 자연의 따뜻함과 긍정성을 새로운 시각 아이덴티티에 반영했다."[1]고 설명한다. 〈그림 4.1A〉는 새로운 브랜드 아이덴티티와 이전의 브랜드 아이덴티티를 보여준다. 그리고 〈그림 4.1B〉의 왼쪽은 맥케인의 이전 제품 패키지를, 오른쪽은 새로운 패키지를 보여준다.

출처 : McCain Foods Limited

그림 4.1A 맥케인 감자칩의 시각적 아이덴티티

출처 : McCain Foods Limited

그림 4.1B 멕케인의 패키지

출처 : Alberta Eye Centre

그림 4.2 하인즈의 제품 패키지

기업은 그들의 시각적 아이덴티티를 주기적으로 개선한다. 이때, 이전의 소비자에게 친숙했던 아이덴티티로부터 '너무 많이' 변화하여 소비자를 혼란시키지 않도록 주의해야 한다.

〈그림 4.2〉는 하인즈 토마토 케첩의 새로운 패키지를 보여준다. 오늘날 소비자들은 건강에 도움이 되는 음식을 원하기 때문에 하인즈는 지난 수십 년 동안 케첩 라벨에 사용해왔던 작은 녹색 피클 그림을 덩굴에 열린 토마토 그림으로 교체했다. 또한 라벨에 쓰인 '토마토'라는 글자는 크게 조정한 반면 '케첩' 글자 크기는 그대로 두었다. 하인즈는 패스트푸드점에서 일반적으로 제공되는 케첩의 소포장도 새롭게 디자인했다. 새로운 패키지는 케첩 병의 모양을 하고 있으며 제품의 시각적 아이덴티티가 훨씬 더 눈에 띄도록 조정되었다. 하인즈는 아이덴티티를 희석시키지 않고 유지하는 방식으로 패키지를 현대화했을 뿐만 아니라 하인즈 토마토 케첩을 빠르게 인식할 수 있도록 개선했다. 〈그림 4.2〉에서 왼쪽에 있는 것이 이전의 패키지이고 오른쪽에 있는 것이 새롭게 디자인된 패키지이다. 새로운 패키지에는 '냉장고 선반에 맞춘'이라는 문구는 보이지 않는다. 이전에는 냉장고 디자인이 다양했고 일부 브랜드들만 '냉장고 친화적'으로 디자인 된 제품을 생산했지만, 오늘날에는 케첩

패키지가 냉장고 선반에 잘 맞는다는 것이 더는 특별한 속성이 아니다.

나중에 본서에서 '두 자극 간의 **겨우 알아낼 수 있는 차이**(Just Noticeable Difference, JND)에 대해 설명할 것이다. 로고나 패키지의 어떠한 변화도, 변화 후에 소비자들이 여전히 제품을 즉각적으로 인식할 수 있도록 특정 '한도' 내에서 이루어져야 한다. 하인즈의 새로운 라벨은 JND범위 내에서 잘 이루어졌다. 반대로, 코카콜라는 특정 해에 크리스마스 한정판으로 레귤러 콜라의 패키지를 흰색 캔으로 바꾸었다. 그러나 많은 소비자들은 다이어트 콜라의 은색 캔과 흰색의 레귤러 콜라 패키지를 비슷하게 인식하여 혼동을 일으켰고, 회사는 즉각적으로 소비자에게 친숙한 빨간색의 캔으로 교체했다. 하인즈의 새로운 패키지는 JND의 범위 내에서 잘 이루어진 반면, 코카콜라의 흰색 캔은 JND의 범위를 초과했고, 그 결과 소비자들은 혼란을 일으켜 불평하게 된 것이다.

지각 요소

학습목표

1 지각 요소들을 파악하고 소비자 행동에서 지각의 역할을 이해한다.

인식은 객관적 현실이 아닌 소비자의 주관적 이해에 관한 것이다. 소비자의 주관적인 '지혜'를 바꾸는 것은 어렵거나 불가능하기까지 하다. 예를 들어, 전문 상점을 통해 상당히 높은 가격의 최고급 애완동물 사료를 수십 년 동안 판매해온 사이언스다이어트(Science Diet)는 과학적 실험과 연구에 의거하여 애완동물에 최적화된 비타민, 곡물 및 기타 특수 성분이 포함된 사료를 생산했었다. 그러나 최근 소비자의 선호가 바뀌면서 애완동물 주인들은 자연 식품 및 유기농과 같은 자신의 식단을 모방한 애완동물 사료를 좋아하게 되었다. 그러자 애완동물을 위해 특별히 설계된 영양성분을 강조하던 사이언스다이어트의 제품 컨셉은 오히려 판매에 방해가 되었고 매출은 급격하게 감소했다. 이에 기업은 양고기, 현미, 콩가루, 그리고 사과로 만든 '사이언스다이어트 네이처베스트' 브랜드를 출시했지만, 여전히 사이언스다이어트는 자연식품이 아닌 인공 사료를 생산하는 기업으로 인식되어 새로운 브랜드가 시장에서 별 호응을 얻지 못하고 있다.[2]

그럼에도 불구하고, 브랜드 이미지의 변경 또는 **재포지셔닝**(repositioning)은 필요하다. 예를 들어, 쉐보레는 "당신의 쉐보레에서 미국을 보라.", "미국의 심장박동", 또는 "야구, 핫도그, 애플파이, 그리고 쉐보레" 등과 같은 슬로건으로 수십 년 동안 미국의 아이콘으로 포지셔닝해왔다. 그러나 GM이 전 세계적으로 브랜드를 판매하게 되면서 세계적으로 통일된 전체적 지각을 형성하는 새로운 슬로건이 필요했다. 이를 위한 새로운 첫 번째 슬로건은 "뿌리깊은 역사를 가진 쉐보레"였으나 이 슬로건은 평범하여 전혀 흥미를 끌지 못했다. 그 후, GM은 흥미롭고, 유연하며, 다른 언어로도 쉽게 해석되는 "새로운 길을 찾아라."라는 슬로건으로 새로운 광고 캠페인을 시작했다.[3] 흥미롭게도, 쉐보레라는 브랜드 이름은 새로운 슬로건에 포함시키지 않았다.

감각정보의 입력 그 자체만으로는 대부분의 성인이 가진 세상에 대한 일관성 있는 심상을 만들어낼 수 없다. 사실상 지각에 대한 연구는 우리가 자신의 개인적인 심상을 만들어내기 위해 무의식적으로 감각정보에 무엇을 추가했는지 또는 어떤 정보를 축소했는가를 포괄적으로 연구하는 것이다. 인간은 매분 매시간 끊임없이 자극에 노출되어 있다. 끊임없이 미묘하게 변화하는 수많은 개별 감각들을 모두 접하게 된다. 그러나 감각 원리에 의하면 자극의 홍수는 대부분의 사람들을 매우 피곤하게 만들기 때문에 사람들은 무의식적으로 자극의 폭격을 차단한다(즉, 적응한다). 그렇지 않으면, 우리는 지속적으로 노출되는 수없이 다양한 자극에 혼란을 느끼거나 방향 감각을 잃은 것처럼 끊임없이 변화하는 환경에 의해 어지러울 것이다. 그러나 지각은 감각정보의 입력만으로 발생하지 않기 때문에 이런 결과가 발생할 일은 없다. 지각은 상호작용하는 두 개의 다른 요소들에 의해 이루어지며, 이러한 과정을 통해 개인적인 심상(지각)을 형성하게 된다. 한 요소는 외부 환경으로부터의 물리적인 자극이고, 나머지 하나는 개인의 기대, 동기, 그리고 이전의 경험으로부터 배운 사전지식과 같은 내적 요소들이다. 이런 다른 두 요소의 결합을 통해 우리는 매우 개인적으로 세상에 대한 심상을 형성하게 된다. 모든 사람은 개별적인 경험, 니즈, 욕구, 욕망 그리고 기대를 가진 고유한 개체들이기 때문에 각 개인들의 지각은 매우 다르다. 이는 어느 누구도 타인과 정확히 같은 방식으로 세상을 볼 수 없다는 것을 의미한다.

개인은 매우 선택적으로 자극을 '인식'한다. 그리고 심리학적 원칙에 따라 그들이 인식한 자극을 무의식적으로 조직화하고 그들의 개인적인 니즈, 기대, 그리고 경험에 따라 주관적으로 이들 자극을 해석한다. 다음 절에서는 지각의 이러한 세 가지 측면, 즉 자극의 선택, 구성 및 해석을 각각 검토해 보고자 한다.

감각의 입력

감각(sensation)은 자극에 대한 감각 기관의 즉각적이고 직접적인 반응이다. **자극**(simulus)은 감각의 입력단위로, 자극의 종류(즉, 감각적 입력)에는 제품, 패키지, 브랜드명, 광고 등이 있다. **감각 수용체** (sensory receptor)는 감각정보를 받아들이는 눈, 귀, 코, 입, 그리고 피부 같은 기관들이다. 이들 감각 기능들은 보고, 듣고, 냄새 맡고, 맛을 보며 촉감을 느낀다. 이 모든 감각은 단독으로 또는 결합되어 소비자가 제품을 구매하고, 사용하며, 평가하는 데 동원된다. 감각에 대한 민감성은 감각에 대한 경험을 의미한다. 자극에 대한 민감도는 개인의 감각 수용체의 능력(즉, 시력 또는 청력)과 노출된 자극의 양(즉, 강도)에 따라 다르다. 예를 들어, 맹인은 일반적인 사람보다 청각이 발달되어 있어 일반 사람들이 들을 수 없는 소리를 들을 수 있다. 〈그림 4.3〉은 시야가 뿌옇게 보일 때를 유머러스하게 묘사한 미첼 안경점의 광고를 보여준다.

감각 그 자체는 지각이 형성되는 환경에서의 에너지 변화에 따라 달라진다(즉, 감각의 입력 차이를 보인다). 입력되는 감각의 강도와 관계없이, 완벽하게 단조롭거나 변하지 않는 환경에서는 거의 감각을 느낄 수 없다. 그래서 맨해튼 도심의 복잡한 거리에 살고 있는 사람은 아마도 자동차 경적, 브레이크 소리 또는 소방차 소리와 같은 시끄러운 자극에 대해 무감각할 것이다. 이런 소리가 뉴욕 에서는 다소 일반적이기 때문이다. 상당한 양의 감각적 자극이 이미 존재하는 상황에서 작은 변화나 차이를 보이는 감각은 잘 감지되지 않는다. 그래서 교통량이 많은 거리에서 웬만한 경적 소리는 알 아차릴 수 없다.

그러나 입력되는 감각의 양이 감소함에 따라 변화를 감지하는 능력은 증가하게 되는데, 이는 최소한 의 자극 조건에서 최대의 감각을 획득하는 지점까지 이어진다. "너무 조용해서 바늘 떨어지는 소리 까지 들을 수 있어."라는 문장으로 설명되는 것처럼, 감각을 수용하는 인간의 능력은 외부환경의 조 건에 따라 필요하다면 더 많은 감각을 수용할 수 있도록 예민해지기도 하지만, 때로는 너무 많은 감 각이 입력되어 손상, 파괴, 또는 충격받지 않도록 우리를 보호하는 등의 차이를 보인다.

대부분의 마케팅 커뮤니케이션은 시각과 청각에 어필한다. 그러나 후각과 촉감 또한 소비자를 공 략할 상당한 기회를 제공한다. 마케팅 커뮤니케이션에 있어서 후각의 중요성은 사람들의 기억에 향 기가 어떻게 어우러지는가를 과학적으로 설명한 연구를 통해(이 연구는 2004년 생리학 분야 노벨상 을 수상했다) 뒷받침되고 있으며 제품과 매장의 선택에 있어 향기의 중요성을 보여주는 다양한 연구 도 있다.[4] 향수를 뿌린 막대 종이는 수년간 향수 광고의 일부로서 사용되어 왔지만 다른 제품의 마케 팅을 위해서도 사용되고 있다. 커피향이 나는 막대를 일간신문의 첫 페이지에 꽂아놓는다거나 버스 정류장에 설치된 우유 광고로부터 초콜릿쿠키의 향이 뿜어져 나오는 것이 대표적인 예이다. 소매 환 경에서도 매장 내의 향기는 소비자의 쇼핑 경험을 향상시키고, 상품을 둘러보도록 유도하며, 대기

그림 4.3 감각 입력 : 미첼 안경점

시간을 실제보다 짧게 느껴지는 데 도움을 주는 것으로 여겨져, 아베크롬비앤피치는 매장 전체에서 강한 향기가 나도록 설계하기도 했다. 한 연구는 제품을 구매할 때 매장에서 맡게 되는 향기보다 제품 자체에서 뿜어져 나오는 향기가 제품에 대한 기억을 강화한다는 것을 밝힌 바 있으며, 소비자가 향기나는 제품을 접하게 되면 향기와 관련 없는 제품의 속성에 대한 기억 또한 증가한다는 것을 보여주는 연구도 있다.[5]

촉감과 관련해서는, 몇몇 연구를 통해 소비자가 제품을 만지는 것이 설득에 영향을 주는 것으로 드러나 촉감이 소비자 설득을 위한 도구로 사용될 수 있다는 것을 보여줬다.[6]

감각 입력을 증가시키는 또 다른 방법은 더 많은 상품을 취급하거나 기존의 공간에 더 많은 제품을 채워넣는 것이다. 소비가 침체되는 기간 동안, 달러제너럴(Dollar General) 체인점은 더 많은 제품을 보여주기 위해 표준 선반의 높이를 더 높게 조정했으며, 베스트바이(Best Buy)는 얇은 TV와 작은 스피커로 인해 만들어진 공간을 채우기 위해 자전거와 세그웨이와 같은 부피가 큰 항목을 취급하기도 했다.[7]

표 4.1	청각 자극과 제품 지각
제품	**사운드 설정 및 소비자 의미**
스내플(Snapple)	소비자는 '병 따는' 소리를 통해 제품의 안전성을 인지하게 된다. 이 회사는 소비자가 안심할만한 병따는 소리를 내 놓은 후에야, 병 뚜껑의 플라스틱 봉인을 제거할 수 있었다.
폭스바겐 제타(VW Jetta)	자동차 문을 닫는 소리가 품질을 의미하는 지표이다. 폭스바겐은 신차를 위한 광고에 문을 쿵 하고 닫는 소리를 사용했다.
마스카라(Mascara)	소비자들은 마스카라 뚜껑을 열었을 때 듣는 '딸깍'하는 소리와 이 소리의 지속여부를 품질의 척도로 여긴다.
아이 섀도우(Eye shadow)	컴팩트 케이스를 열 때 나는 '딸깍'하는 분명한 소리가 고품질을 상징한다.
팁 마커(Tip marker)	소비자들은 "끼익"하는 소리를 좋아한다. 이것이 '용감함'을 나타낸다고 생각하기 때문이다.
탐폰(Tampon)	여성이 탐폰의 포장지를 제거할 때 나는 소리에 민감하다는 것을 깨달은 P&G는 제품의 패키지를 새롭게 디자인했다. 패키지의 '주름'을 세심하게 균형 맞춤으로써, 새로운 접착 테이프는 뜯어도 아무런 소리를 내지 않는다.
스프레이 병(Spray bottle)	소비자들은 조용히 뿜어져 나오는 노즐을 품질의 척도로 인식하기 때문에 스프레이 병의 노즐 소리는 거의 인식되지 않는다.

소리는 그림과 마찬가지로 '천 단어의 가치'를 지닌다. 〈표 4.1〉에서 보는 것과 같이 많은 기업은 소비자가 소리의 크기와 높낮이를 어떻게 지각하는가에 대한 연구를 통해 올바른 청각 정보를 제공하도록 제품과 패키지를 디자인하는 데에 상당히 많은 자원을 투자해왔다.[8]

절대적 문턱

개인이 경험할 수 있는 감각의 가장 낮은 수준을 **절대적 문턱**(absolute threshold)이라고 부른다. 즉 주어진 자극물 간의 차이를 소비자가 도저히 지각할 수 없는 수준을 말하는 것이다. 절대적 문턱은 운전자가 고속도로에서 특정 게시판을 주목하게 되는 거리로 설명할 수 있는데, 두 사람이 같은 차를 타고 가고 있다 하더라도 게시판을 인지하게 되는 시점은 차이가 있다(즉, 서로 다른 거리에서 인지하게 된다). 서로 다른 절대적 문턱의 수준을 갖고 있는 것이다. 광고판으로 도배된 복도를 지나가는 것처럼 일정한 자극이 계속되는 조건하에서는 절대적 문턱의 수준이 올라간다. 감각이 점점 더 무뎌지면서, 광고판을 모두 지난 후에는 그 어느 것 하나도 인상적으로 기억되지 않는다. 그래서 뜨거운 목욕물에, 차가운 샤워에, 또는 밝은 태양에 "익숙해진다."라고 말한다. 특정 자극에 대한 노출이 증가할수록 우리는 덜 알아차리게 되는 것이다. **감각적 적응**(sensory adaptation)은 특정 감각에 '익숙해지는' 것으로, 자극을 특정 수준 정도 수용하게 되면 그 자극에 대한 민감도가 감소하여 더는 알아채지 못하게 된다.

감각적 적응은 많은 브랜드들이 주기적으로 광고캠페인을 변경하는 이유이다. 마케터들은 소비자가 현재의 광고에 너무 익숙해져서 더는 광고를 눈여겨보지 않을까 우려한다. 광고가 주목할 만한 충분한 감각적 정보를 제공하지 못하게 되면 소비자들의 의식 수준에 들어갈 수 없는 것이다. 범람하는 광고들을 뚫고 그들의 광고를 소비자가 지각할 수 있도록 마케터들은 감각 정보의 양을 늘리기 위한 노력을 계속하고 있다. 하지만 때론 이런 노력이 오히려 역효과를 초래하기도 한다. 예를 들어, 미국의 연방통신위원회(Federal Communications Commission, FCC)는 케이블 사업자 및 TV 방송국이 일정 수준 이상의 큰 소리로 광고를 송출하지 못하도록 규제하고 있다.[9]

또한 복도에서 풍기는 향을 맡고 소비자들이 향수를 구매할 것이라고 가정한 향수 브랜드들이 의도적으로 복도에 향을 뿌리며 소비자를 유인하려고 시도하였으나, 소비자들의 불만에 따라 대부분 백화점은 향수 브랜드들이 복도에 향을 살포하지 못하도록 제한하고 있다.[10]

많은 판매촉진 방식들은 매복 마케팅 또는 체험 마케팅의 형태로 소비자의 감각적 입력을 증가시키는 것에 초점을 맞추고 있다.

매복 마케팅

매복 마케팅(ambush marketing)은 소비자가 기대하지 않은 장소에 의도적으로, 또는 광고에 노출될 수밖에 없는 곳에 자연스럽게 광고를 심어놓는 것이다.[11] 슈퍼마켓에 있는 달걀에 찍힌 브랜드명, 택시 안의 비디오에서 흘러나오는 광고, 지하철의 승강장 사이 터널에 붙여진 광고들 그리고 의사의 진료 탁자에 놓인 브랜드 등이 대표적인 예이다. 뿐만 아니라, 공항의 수하물 컨베이어에 놓인 거대한 초밥 모형, 공항 보안 검색대의 개인 소지품을 담는 작은 바구니 바닥에 찍힌 브랜드 로고, 세탁소의 드라이클리닝 상자에 부착된 광고도 포함된다. 대도시 대형 건물 측면에 밤마다 투사되는 광고 등과 같이 매복 마케팅의 방법은 무궁무진하다. 일반적으로 광고가 있을 거라 예상되지 않아 큰 효과를 보이는 장소들은 남자 화장실의 소변기 안쪽, 머핀 진열장, 자동차 후드 등이 있다. 팔려고 내놓은 라스베이거스의 콘도에 자스민 아로마 제품을 놓아둔다거나, 남성 면도기의 손잡이에 향기를 추가하는 방법도 있다.

체험 마케팅

체험 마케팅(experiential marketing)은 참여를 통해 소비자와 제품 간 정서적 유대를 만들기 위해 고객들이 감각적 방법으로 브랜드, 제품 및 서비스와 상호 작용하도록 한다. 뉴욕의 타임스퀘어에서 내스카(NASCAR)의 레이싱 자동차를 가까이에서 관찰할 기회를 준다든가, 포드가 자동차를 시승하는 하우스 파티를 지원하는 것들이 대표적이다. 크래프트푸드는 새로운 레인지 스토브를 혁신적으로 프로모션하기 위해 겨울 한 달 동안 광고가 설치된 버스 정류장에 난방을 하여 버스를 기다리는 승객들에게 제품의 '따스한' 속성을 전달하기도 했다.

차등적 문턱

비슷한 두 자극 간의 차이를 지각할 수 있는 최소한의 차이를 **차등적 문턱**(differential threshold) 또는 **겨우 알아낼 수 있는 차이**(Just Noticeable Difference, JND)라고 한다. 19세기에 독일의 과학자 에른스트 베버(Ernst Weber)는 두 자극 간의 JND가 자극의 절대량이 아닌 첫 번째 자극의 강도에 대한 두 번째 자극의 상대적 차이에 의해 발생한다는 것을 발견했다. **베버의 법칙**(Weber's law)으로 알려진 이 개념은 초기 자극이 강하면 강할수록 두 번째 자극이 차별적으로 지각되기 위해서는 더욱더 강력한 자극이 필요하다는 것을 설명한다. 예를 들어, 경제 침체기 동안 소비자들은 매우 가격에 민감해지고 가격의 작은 변화에도 주목하게 된다. 반면, 이 기간 동안 소비자들은 적은 예산으로 더 많은 제품을 구입하고자 하기 때문에 기업은 수익마진에 압박을 느끼게 된다. 만약 이를 만회하기 위해 제조사가 16온스짜리 통밀 파스타의 가격을 3.99~4.25달러로 올리게 되면 대부분의 소비자는 가격 인상을 눈치챌 것이다. 그래서 제조사들은 가격을 올리는 대신 가격은 그대로 두고 제품의 양을 13.25온스로 줄이는 방법을 택한다. 이는 상대적으로 작은 변화이기 때문에, 즉 JND 이하의 수준이어서 포장지를 주의깊게 살피지 않는다면 대부분의 소비자들은 변화를 눈치채기 어렵다. 이처럼 변화를 JND 수준 밑으로 낮추려는 시도는 경기 체감기에 다양한 방법으로 일어난다. 아기 기저귀를 80개 포장에서 72개로 줄인다든지, 캔에 든 옥수수의 중량을 15.5온스에서 14.5온스로 낮춘다든지, 도리토스 과자의 양을 2년에 걸쳐 20%를 줄인 것 등이 이러한 예이다. 때때로 기업은 더 적은 용량의 프리미엄 버전을 출시하기도 한다. 크래프트는 생산하는 표준 과자 용량보다 15% 정도 더 적은 용량의 가격은 동일한 프리미엄 크래커 '프레시스택'을 시장에 내놓은 바 있다.[12]

제품 가격과 제품 개선에 JND의 응용

마케팅에 있어 베버 법칙의 적용은 중요한 의미를 가진다. 제조사와 마케터들은 다음 두 가지 이유에서 그들 제품과 관련된 JND를 결정하기 위해 노력한다. 첫째는 제품의 크기나 양을 줄이거나 가격 상승과 같은 변화를 대중이 쉽게 인지하지 않기를 원하기 때문이고(JND이하 수준으로 유지), 둘째는 새로워진 패키지, 용량 증가 또는 가격 인하와 같은 제품 개선 요소들은 불필요한 광고 없이도 소비자가 눈치채주기를 바라기 때문이다(JND를 충족하거나 초과). 제품의 개선이 이루어졌을 때 마케터들은 소비자의 차등적 문턱을 충족하거나 초과하기를 원한다. 즉, 그들은 소비자들이 원래 제품에 대한 모든 개선 사항을 쉽게 인식할수 있기를 바란다. 또한 마케터들은 그들의 제품을 얼마나 개선해야 할지를 판단하기 위해 JND를 활용한다. JND수준 이하의 제품 개선은 소비자가 지각하지 못할 뿐만 아니라 제품이 신제품 또는 개선된 제품으로 프로모션될 때 신뢰성에 악영향을 미치게 된다. 비록 애플이 디스플레이의 선명도를 개선한 신제품을 출시한다해도 제품의 개선이 JND 이하여서 지각되지 않기 때문에 많은 소비자들은 실망하게 될 것이다. 그러나 애플이 레티나 디스플레이의 신제품을 출시하게 된다면 제품의 개선이 JND를 훨씬 초과하여 쉽게 인지되어 획기적인 기술로 환영될 것이다.

로고와 패키지 디자인의 JND 응용

마케터들은 충성 고객의 브랜드 인지를 잃지 않는 수준에서 기존의 패키지 디자인이 개선되기를 원한다. 그들은 일반적으로 여러 측면을 개선하게 되는데 소비자들이 최소한의 차이만 인지하도록 후속 버전은 JND 수준 이하로 세심하게 디자인된다.

〈그림 4.4〉는 제너럴밀스(General Mills)의 상징, 베티 크로커(Betty Crocker)가 1936년에서 1996년까지 일곱 번에 걸쳐 어떻게 변화되었는가를 보여준다. 다음 단계로 개선될 때마다 일관적인 소비자 지각이 유지되도록 심볼의 기본적 요소들은 오직 최소 한도로 변화시켰다.

〈그림 4.5〉는 지난 100년 동안 제록스의 로고 디자인이 여러 번에 걸쳐 어떻게 개선되었는가를 보여준다. 소비자에게 쉽게 인지하는 이전의 로고에서 너무 급진적으로 변형되지 않도록 항상 JND를 염두에 두고 신중하게 개선되었다. 새로운 로고 디자인을 출시함에 있어 JND의 영향을 고려하지 않는 마케터들은 다음의 예에서 볼 수 있는 것처럼 충성 고객을 화나게 할 수 있다.

1. 몇몇 매장에 새로운 로고를 도입한 지 채 며칠이 지나지 않아 갭은 소비자들로부터 분노가 섞인 부정적인 반응을 받게 되었다. 기업은 즉각적으로 잘 알려진, 그리고 소비자들이 좋아하던

그림 4.4 베티 크로커의 변화

1936 1955 1965 1969

출처 : Marcy Schneidewind/General Mills Marketing Inc.

1972 1980 1986 1996

그림 4.5 제록스 로고 디자인의 변화

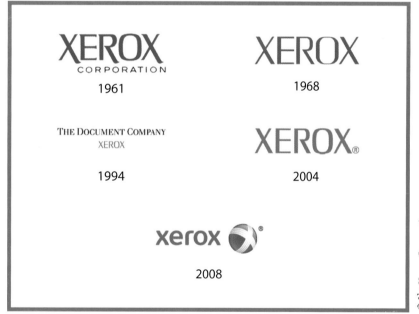

출처 : Xerox Corporation

이전의 로고로 복귀했다. 새로운 로고는 갭의 시각적 아이덴티티에 너무 큰 변화를 주었고, 소비자들의 JND를 과도하게 넘어선 것이었다.

2. 40주년을 맞이하여 스타벅스는 로고 디자인에서 브랜드 이름을 지우고, 초록색 인어를 더 세련되게 다듬어 소개했다. 회사는 또한 50년, 60년 기념일에 맞춰 연속적으로 도입하게 될 미래의 혁신적인 로고 디자인을 소개했다. 초기 소비자들의 불만에도 불구하고 회사는 이전의 로고로 되돌리지 않았다. 새로운 로고 디자인은 명백히 JND를 초과하여 변경되었지만 스타벅스는 시간이 지나면 소비자들이 새로운 디자인을 받아들이게 될 것으로 기대했다.

3. 수십 년 동안, 트로피카나는 프리미엄 주스 브랜드의 상징으로 빨대가 꽂힌 오렌지를 사용해왔으나, 큰 유리잔에 오렌지 주스가 가득 담긴 모양으로 브랜드 심볼을 변경했다. 분명 이 변화는 JND를 초과한 것이었다. 소비자들은 슈퍼마켓에서 그들이 사랑하던 프리미엄 오렌지 주스를 더는 찾을 수 없으며, 심지어 새로운 패키지 디자인이 저렴한 PB제품의 디자인과 비슷하다고 불만을 표현했다.

식역하 지각

3장에서 동기가 어떻게 개인의 의식 수준 아래에서 발현하는가를 설명했다. 마찬가지로 사람들은 의식하지 못하는 수준에서 '자극'되어질 수 있다. 개인은 의식적으로 인식하지 못하는 상태에서 자극을 지각할 수 있다는 것이다. 의식적으로 보고 듣기에 너무 약하거나 간결한 자극이라 할지라도 하나 또는 그 이상의 수용체를 통해 지각되기에는 충분히 강력한 자극일 수 있다. 자극이 분명 절대적 문턱 아래에 있지는 않지만, 임계치 아래에 또는 지각했다고 인식하지 못하는 '의식의 한계' 수준 안에 있기 때문에 이런 과정을 **식역하 지각**(subliminal perception)이라 부른다.

일명 잠재의식 광고의 효과는 1957년 뉴저지의 한 극장에서 진행된 실험을 통해 알려졌다. 영화가 상영되는 동안 "팝콘을 먹어라."와 "코카콜라를 마셔라."라는 말이 영화에 겹쳐 비춰 보였지만 관람객들이 특정 메시지를 보았다고 인식하지 못할 정도로 노출 시간은 짧았다. 6주 동안의 시험 기간 동안 팝콘 판매량은 58%가 그리고 코카콜라 판매량은 18%가 상승한 것으로 나타났다. 그러나 이런 결과는 나중에 모두 거짓으로 드러났다. 몇 년 뒤 '콜라' 같은 단순한 의식 이하의 자극이 사람들에게 더 갈증을 느끼게 하는 것으로 판명되기는 했지만 "콜라를 마셔라."와 같은 의식 이하의 명령은 큰 효과가 없거나 소비자 행동에 어떠한 영향도 미치지 못하는 것으로 밝혀졌다.

의식 이하 수준에서의 설득에 대한 많은 연구에도 불구하고 잠재의식 광고가 소비자로 하여금 제품 또는 서비스를 구매하도록 설득한다는 증거를 제시한 연구는 현재까지 없다. 일반적으로 식역하 지각은 제품과 구매 행동에 대한 태도에 영향을 미치지 않는 것으로 받아들여지고 있으며, 일부 효과가 검증된 연구는 매우 인위적인 환경에서 '실험'된 결과일 뿐이다.[13] 실험 환경에서 실행된 한 연구에서는 실험자에게 스크린에 투사되는 숫자를 계속 더하는 과제를 주었는데, 화면에는 IBM 또는 애플의 로고 이미지가 의식하기에 너무 빠른 속도로 계속 투영되고 있었다. 그 후, 실험대상은 창의적 활동을 수행했는데, 애플의 로고에 노출되었던 실험대상이 IBM 로고에 노출되었던 대상들보다 창의성 시험에서 더 높은 점수를 받았다.[14] 일부는 이 실험의 결과를 브랜드 로고가 창의력 테스트에 영향을 미친것으로 해석한다. 따라서 만약 당신이 수영 챔피언의 사인이 부착된 수영복을 입고 수영한다면 더 빠르게 수영할 수 있다고 유추할 수 있다는 것이다. 그러나 일부는 실험의 결과는 단순히 잠재의식의 자극이 특정 연상과 동기를 자극했다는 사실을 보여줄 뿐 특정 행동을 유발하는 것은 아니라고 주장한다. 심지어는 잠재의식 광고가 반사회적 행동을 감소시킬 것이라는 주장도 있다. 쇼핑몰에서 물건 훔치는 행동을 금지하는 의식 이하의 메시지를 내보낸다면 절도율이 감소할 거라는 것이다. 그러나 이런 광고가 바람직하며 만족할만한 구매행동을 유발할 것이라는 어떠한 믿을만한 증거도 없다.

수년에 걸쳐, 잠재의식 메시지를 활용하여 소비 행동에 영향을 미치기 위한 다양한 시도가 이루어졌다. 1995년 디즈니는 "알라딘"(영웅이 "착한 10대 청소년, 옷을 벗어."라고 비가청 음역으로 주장하듯이 속삭이는 장면이 나온다)과 "라이온 킹"('S-E-X'라는 글자가 먼지 구름에 새겨져있다.)의 영화에 잠재적 메시지를 사용하여 비난을 받았다. 때때로 이런 주장에 대한 사실과 허구를 구별해내는 것은 쉽지 않다. 과학적 연구 절차를 이용하여 일부 의식 이하의 잠재적 방법을 체계적으로 시험한 결과, 주어진 방식으로는 소비자가 특정 행동을 수행하도록 설득할 수 없다는 사실을 보여준다. 대부분의 조사자들은 "당신이 보는 것이 그대로가 사실이다."라고 주장한다. 즉 생생한 상상으로 어떤 상황에서도 보기를 원하는 것은 무엇이든지 볼 수 있다는 것이다. 지각의 전체 개념을 요약하면 개인은 보고 싶어하는 것을 보며 그들이 보기를 기대하는 것을 본다는 것으로 설명할 수 있다.

지각적 선택

학습목표

2 소비자는 왜 적은 양의 정보만을 습득하여 처리하는가에 대해 이해한다.

무의식적으로 소비자는 자극에 매우 선택적이다. 어떤 것에는 매우 집중하는 반면 다른 것은 무시하고, 어떤 것은 오히려 멀리한다. 사람들은 실제로 노출된 자극 중 오직 일부분만을 받아들인다(즉, 지각한다). 어떤 여성이 식품매장에 있다고 가정해보자. 그녀는 다른 색, 사이즈, 모양을 한 30,000개 이상의 제품에 노출될 것이고, 제품을 둘러보고, 걸어다니고, 서로 이야기하는 300여 명의 사람들과 마주칠 것이며, 진열되어 있는 과일의 냄새를 맡고 식품들을 식음해볼 것이고, 상점 안의 안내 멘트, 음악, 고객을 응대하는 소리 등을 듣게 될 뿐만 아니라, 그 외의 무수히 많은 자극에 노출될 것이다. 그러나 그녀는 정신이 혼미해지거나 방향을 잃지 않고, 짧은 시간 안에 원하는 제품을 선택하여 결제한 후 매장을 떠날 것이다. 그녀가 이렇게 할 수 있는 것은 지각에 있어 선택적이었기 때문이다.

자극은 그 자체의 특성에 더해 다음 두 가지 요소에 의해서 선택된다. (1) 소비자의 기대에 영향을 미치는 이전 경험 (2) 소비자 동기(소비자의 니즈, 욕망 관심 등)가 그것이다. 이 요소들은 자극이 지각될 확률을 증가 또는 감소시킨다.

자극

제품에 대한 소비자 지각에 영향을 미치며 관심을 불러 일으키는 물리적 자극에는 제품 그 자체뿐만 아니라 제품의 속성, 패키지 디자인, 브랜드명, 광고 그리고 광고에 등장하는 카피, 섹시한 모델, 모델의 포즈, 광고의 크기, 글자체 그리고 광고 안의 문구 위치 같은 모든 것들이 포함된다. 주변 환경과 대비되는 광고는 소비자 눈에 띄일 가능성이 매우 높다. 흰색 바탕에 놓인 제품의 극적 이미지, 음악이 제거된 광고의 오프닝 장면, 소비자가 기대하지 않은 장소에 놓인 광고 등 수변 환경과 차이를 보이는 것들은 주변과 대비되어 소비자의 주의를 끌기에 충분하다.

대비는 가장 소비자의 주의를 끄는 요소 중 하나이다. 많은 광고들은 최대한 소비자 주의를 끌고 지각적 '장벽'을 뚫고자 대비를 극대화하는 장치들을 사용한다. 〈그림 4.6〉에 있는 크레스트 광고는 대비를 사용한 좋은 예이다. 이 광고들은 흰색을 입힌 체리와 커피를 보여주며 대비를 유발하는데, 이를 통해 크레스트 치약의 혜택을 명확하게 보여준다. 체리를 먹거나 커피를 마시게 되면 치아에 얼룩이 남게 되지만, 크레스트 치약은 그런 얼룩을 제거할 수 있다는 것이다. 대비의 다른 방법은 예상밖의 비현실적인 이미지를 사용하는 것이다.

충격적이고 비현실적인 이미지는 주의를 환기시킨다. 〈그림 4.7〉은 시민단체인 어린이 보호기금(Children's Defense Fund)이 벌였던 광고캠페인을 보여준다. 이는 어린이를 보호하기 위한 사업에 정부의 재정지원이 중단되었을 때 발생하게 될, 장기 비용이 소모되는 비극적인 결과를 보여준다. 이 광고는 여자 아기의 얼굴을 한 임신한 여성을 보여주며, 정부가 저소득층 가정의 여아를 위한 무

출처 : (Left & Right) The Procter & Gample Company

그림 4.6 대비는 주의를 환기시킨다. 크레스트는 치아의 얼룩을 제거한다.

료 식품구매권 제공이나 의료 부조에 대한 복지예산을 4,000달러 삭감한다면, 그 여아가 학교를 중퇴할 가능성이 높아진다는 것을 설명한다. 그렇게 되면 정부가 10대 임신과 관련된 문제에 어마어마한 예산을 투입하게 되어 납세자의 부담이 더 가중될 거라는 것이다. 두 번째 사진 역시 남자 아기 얼굴의 문신을 한 남자가 감옥 안에 있는 모습을 보여준다. 이 광고는 지금 조기 교육에 대한 투자를 중단하면 유아가 나중에 감옥에 갈 확률이 39%정도까지 높아지며, 그렇게 되면 납세자는 아이의 교육에 지불하는 비용의 3배 이상을 한 사람의 징역에 지불하게 될 것임을 경고한다. 성인의 몸에 아기의 얼굴을 조합한 이미지는 충격적이어서 소비자의 눈길을 끄는 광고가 되었다.[15]

소비자 기대

사람들은 주로 그들이 보고자 하는 것을 보게 되는데, 그들이 보고자 기대하는 것들은 대부분 친숙함, 이전의 경험 또는 기대하는 것들에 근거한다. 마케팅의 맥락에서 보면, 사람들은 그들이 기대하는 것에 따라 제품과 제품의 속성들을 지각하는 경향이 있다는 것이다. 수업 전에 친구로부터 특정 교수가 재미있고 역동적이라는 이야기를 듣게 되면, 아마도 그 학생은 수업이 시작되었을 때 그와 동일하게 교수를 지각하게 될 가능성이 높다. 무섭다고 평가받은 공포영화를 본 10대는 정말 무서움을 느끼게 될 것이다. 때론 기대와 명백히 위배되는 자극이 기대에 일치하는 자극보다 더 많은 주의를 끌기도 한다. 한 연구는 자신이 만든 것으로 믿는 음식을 맛본 사람은 자신이 만들지 않은 동일 음식을 맛본 사람보다 음식의 맛을 두 배 정도 더 좋게 평가한다는 것을 발견했다.[16] 이런 결과는 '자

그림 4.7 충격적인 이미지는 주의를 끈다. 어린이 보호기금의 광고

신이 직접 만든' 제품에 대한 많은 함축적 의미를 제공한다. 마케터들은 이런 제품들을 프로모션할 때 자신이 직접 만들었다는 점을 강조해야 한다. 이것이 소비자 만족을 강화시킬 가능성이 높기 때문이다.

오랜 기간 동안, 일부 마케터들은 전혀 성적인 요소와 관련이 없는 제품의 광고에 노골적으로 성적 이미지를 사용해왔다. 이것이 소비자의 주의 수준을 높여 광고에 주목하게 될 것이라는 믿음 때문이었다. 그러나 이러한 광고는 소비자로 하여금 제품이나 브랜드가 아닌 광고에 등장하는 성적 이미지만을 기억나게 만들어 좋은 광고효과를 거둘 수 없다. 그럼에도 불구하고, 몇몇의 광고들은 다양한 종류의 제품을 프로모션하기 위해 여전히 에로틱한 이미지를 사용하고 있다(7장 참조).

동기

사람들은 그들이 필요로 하고 원하는 것들을 지각하는 경향이 있다. 강하게 원하면 원할수록 주변의 다른 관련 없는 자극들은 더 무시하게 된다. 새로운 휴대 전화를 구매하고자 하는 사람이라면 그렇지 않은 사람들보다 광고나 세일에 대한 정보에 더 주목하게 되고 유심히 살피게 될 것이다. 일반적으로, 개인적 필요와 관심사와 연관된 자극은 더 강조하여 지각되며 연관이 없는 자극에는 인식수준을 감소시킨다. 개인의 지각 과정은 개인에게 중요한 환경하의 관심있는 요소들에 더욱 초점 맞추어 진행된다. 과체중인 사람들은 다이어트 음식 광고에 더 잘 주목하게 되고, 성적으로 억압된 사람은 전혀 그렇지 않은 장면에서조차 성적 상징을 더 잘 감지한다. 마케팅 관리자들은 필요를 지각하고 있는 소비자에게 그들의 제품을 타깃팅하는 것이 얼마나 효율적인가를 잘 알고 있다. 마케터들은 조사를 통해 개별 소비자 집단이 어떠한 속성을 필요로 하며, 어떤 속성을 구매하고자하는 이상적인 속성으로 간주하고 있는가를 밝혀낼 수 있다.

이를 통해 개별 니즈에 기반하여 시장을 세분화할 수 있고, 각 세분된 시장의 소비자가 특정 제품이 그들의 특별한 니즈, 욕구, 또는 관심사를 충족하는 것으로 지각하도록 제품 속성과 광고 유형을 다변화할 수 있다.

선택적 지각

앞의 논의에서 보듯, 환경으로부터 소비자가 선택하는 자극은 기대와 동기의 상호작용에 기반한다. **선택적 노출**(selective exposure)은 소비자가 자신을 즐겁게 하는 또는 공감하는 메시지는 주의 깊게 듣고, 고통스럽거나 위협적인 메시지는 적극적으로 회피할 때 발생한다. 또한 소비자는 자신의 구매 선택을 현명한 선택으로 안심시키는 광고를 선택적으로 받아들인다.

소비자들은 광고 자극에 주의를 기울임에 있어 상당한 선택권을 행사한다. **선택적 주의**(selective attention)는 소비자가 자신의 니즈 또는 흥미를 충족시키는 자극에 대해서는 인식 수준을 높이고, 소비자의 필요와 무관한 자극에 대해서는 인식을 최소화하는 것을 의미한다. 그래서 소비자는 자신의 욕구를 만족시키는 제품 광고에는 집중하고 관심없는 광고는 무시한다. 사람들은 또한 관심있어 하는 정보의 종류와 메시지의 형태 및 선호하는 미디어의 종류에 있어 다양성을 보인다. 가격에 더 관심이 있는 사람들이 있는가 하면 누군가는 제품의 외형을 중요하게 고려하고, 또는 사회적 수용성에 민감한 사람들도 있다. 또 어떤 사람들은 복잡하고 정교한 메시지를 좋아하지만, 단순한 메시지를 더 선호하는 사람들도 있다.

지각적 방어(perceptual defense)는 이미 노출된 자극이더라도 심리적 위협을 가하는 자극을 소비자가 무의식적으로 **차단**할 때 발생한다. 그래서 동일한 자극 수준에 있다 하더라도 위협적이거나 심리적인 피해를 주는 자극이 의식적으로 지각될 가능성은 중립적인 자극이 지각될 가능성에 비해 낮다. 또한, 개인은 무의식적으로 자신의 요구, 가치, 신념과 일치하지 않는 정보를 왜곡한다. 지각적 방어에 대항하는 하나의 방법은 감각 정보를 다양화하고 감각 입력의 양을 증가시키는 것이다. 때문에 더 이상 담뱃갑에 쓰인 경고문구에 주의를 기울이지 않는 대부분의 흡연자들을 위해 현재 일부 법률은 담배 회사로 하여금 다양한 종류의 경고 문구를 사용하게 하거나, 건강에 대한 위협을 경고하는 사진을 담뱃갑에 부착하도록 강제하고 있다.

소비자들은 쏟아지는 자극으로부터 자신을 보호하기 위해 일부 자극을 의식적으로 '제거'하기도 한다. TV광고를 쉽게 건너뛰게 하는 티보(TiVo)와 DVR과 같은 장치들이 인기있는 이유는 광고와 같은 원하지 않는 자극에 노출되는 것을 꺼리는 소비자의 필요를 충족시켜주기 때문이다. 우리가 살고 있는 세상은 과도한 시각적 자극을 전달하고 있기 때문에 소비자들은 자신을 보호하기 위해 의도적으로 광고를 회피하는 것이다.

지각적 조직화

학습목표

3 소비자가 어떻게 소비 관련 정보들을 조직하는가에 대해 이해한다.

사람들은 수많은 자극을 모두 개별적으로 지각하기보다 자극들을 나누고 분리하여 몇 개의 집단으로 구성함으로써 통일된 전체로 자극들을 지각하게 된다. 그래서 가장 단순한 자극의 지각적 특성조차 자극이 속하는 전체의 덩어리로 여겨지게 되며, 이와 같은 지각적 조직은 개인의 삶을 상당히 단순하게 만든다. 지각의 조직화에 내재된 원리는 일반적으로 **게슈탈트 심리학**(Gestalt psychology : 'Gestalt'는 독일어로 '패턴'이나 '구성'을 의미한다)이라 불린다. 지각적 조직에는 형상과 배경의 원리, 집단화의 원리 그리고 완결성의 원리라는 세 가지 기본 원칙이 있다.

형상과 배경

형상과 배경(figure and ground)이라는 용어는 자극 그 자체(형상)와 그 자극이 존재하는 환경 또는 맥락(배경)이 상호작용한다는 것을 의미한다. 이전에 언급했듯이, 환경과 대비되는 자극은 더 잘 지각되는 것이다. 소리는 더 커지거나 부드러워야 하며, 색은 더 밝거나 옅어야 한다. 가장 단순한 그림은 배경에 놓인 물체의 그림이다. 물체는 배경과 대비되도록 확실하고 명확하게 표현되며 중심의 가장 중요한 위치에 있기 때문에 더 선명하게 지각된다. 배경은 보통 불명확하고 흐릿하게 지각된다. 물체와 배경을 나누는 일반적인 경계선은 보통 배경이 아닌 물체를 위한 것이며 물체가 더 명확하게 드러나도록 돕는다. 음악의 경우를 생각해보자. 누군가는 음악을 틀어놓고 샤워를 할 수 있지만 누군가는 '음악을 들을' 수도 있다. 전자의 경우 음악은 단순히 다른 활동을 위한 배경에 지나지 않지만 후자의 경우는 음악 그 자체가 형상이 된다. 형상은 지배적인 자극이기 때문에 더 명확하게 인식되지만 배경은 부차적이며 그래서 덜 중요한 것으로 여겨진다.

이전의 경험은 형상과 배경이 지각되는 방식에 영향을 미친다. 2001년 9월 11일에 납치된 비행기가 세계무역센터에 부딪히는 장면을 보고 난 뒤에, 유리로 된 고층건물 사이를 날고 있는 비행기의 모습을 보여주는 루프트한자(Lufthansa : 독일의 국적기)의 광고를 보게 되면, 사람들은 브랜드명이나 비행기(형상)를 보기 보다는 배경에 있는 두 개의 유리로 된 고층건물에 초점을 맞추어 비행기가 건물에 돌진하는 것은 아닌지 걱정하게 될 것이다. 저자의 학생들에게 보여주었을 때도, 같은 반응을 보였다. 명백하게 이 형상과 배경의 역치는 2001년 9월에 발생한 비극적인 사건의 결과이다.

광고는 그들이 보여주고자 하는 자극이 배경이 아닌 형상에 놓여질 수 있도록 세심하게 구성되어야 한다. 광고의 배경 음악이 징글(jingle)을 압도해서는 안된다. 광고 배경음악이 제품에 집중되어 있는 소비자 지각을 다른 데로 돌리게 만들어서는 안 되는 것이다. 인쇄광고는 제품의 두드러진 특성들이 확실히 인지되도록 뚜렷하지 않은 배경과 대비되는 또렷한 제품의 실루엣을 보여주기도 한다. 〈그림 4.8〉은 캐나다 치과 연합(Canadian Dental Association)의 광고를 보여주는데, 보통 사람들은 잘 알 수 없는 잇몸병을 의사는 감지해낼 수 있다는 의미를 담고 있다. 잇몸은 '형상'에 둘러쌓인 '배경'이다. '형상'은 잇몸병이지만 의사가 아닌 일반 사람들에게는 쉽게 보이지 않으며, 잇몸병이 생겼을 때 형상과 배경은 쉽게 구별되지 않는다. 어떤 경우에는 형상과 배경을 의도적으로 흐릿하게 만들기도 한다. 유명한 앱솔루트 보드카의 광고캠페인은 형상(앱솔루트 보드카의 병 모양)과 배경의 대비가 일어나지 않아 형상이 잘 드러나지 않는 인쇄광고를 활용하여 사람들로 하여금 병모양을 찾아내도록 유도한다. 결과적으로 사람들이 더 관심을 갖고 '참여'하게 됨으로써 광고효과를 높이게 되었다.

그림 4.8 형상과 배경의 역치

NOT EVERYBODY CAN SEE IT, BUT YOUR DENTIST CAN.
BOOK AN EXAM TODAY.

CANADIAN DENTAL ASSOCIATION

출처 : Canadian Dental Association

〈그림 4.9〉는 형상과 배경이 역전된 다른 예를 보여준다. 사진에 보이는 여성의 나이는 몇살로 추정되는가, 형상과 배경을 어떻게 지각했는가에 따라 여성은 20대 초반 또는 70대 후반으로 보일 수 있다. 따라서 마케터들은 형상과 배경의 혼동으로 소비자들이 착오를 일으키지 않도록 광고를 면밀하게 시험해봐야 한다.

형상과 배경의 모호한 구별

형상과 배경의 법칙에 근거한 마케팅 기법은 엔터테인먼트 콘텐츠에 광고를 삽입하는 경우를 포함한다. 광고할 제품(형상)을 의도적으로 TV 프로그램이나 영화의 한 장면(배경)에 통합시키는 **간접광고**(product placement)의 유형에는 다음과 같은 것들이 있다.[17]

1. 출연진이 사용하는 제품("서바이버"와 "아메리칸아이돌"과 같은 프로그램에서).
2. 줄거리에 녹아들어 제시되는 제품("섹스앤드더시티"에서 에피소드의 중심 내용으로 등장하는 '앱솔루트헌크'라고 명명된 앱솔루트 보드카)
3. 주인공과 결부된 제품(주인공이 특정 제품의 홍보 담당자인 경우)

한 연구는 TV 프로그램에 특정 브랜드가 눈에 띄게 노출되었을 경우 프로그램을 좋아하는 시청자

그림 4.9 형상과 배경의 지각은 사람들에 따라 다르다.

출처 : E.G. Boring, "A New Ambiguous Figure," *American Journal of Psychology,* Vol. 42 (3), (July 1930): 444

들은 브랜드에 대한 **부정적인** 감정이 높아진 반면, 프로그램을 덜 선호하는 시청자들의 경우 브랜드에 대한 **긍정적** 태도를 갖게 된다는 결과를 도출했다.[18] 따라서 제품에 대한 간접광고를 사용하는 데 있어 세심한 주의가 필요하다.

소비자들은 DVR을 시청하고, 리모컨 조작으로 잠시 다른 프로그램을 보거나, 온라인에서의 '건너뛰기' 옵션 등을 사용하며 점점 더 많이 그리고 의도적으로 TV광고를 회피하고 있다. 이에 대응하기 위한 방법으로 광고사들은 자신만의 프로그램이나 콘텐츠를 제작하여 소비자들을 유인하고 있다. 버드와이저가 제작한 리얼리티쇼인 "더빅타임"에서는 참가자들이 버드와이저 로고가 새겨진 옷을 입고 있다. K마트는 "퍼스트데이"라는 10대 여자를 위한 온라인 쇼를 방송했는데, 모든 출연진들은 K마트에서 판매하는 옷을 입고 있다. 삭스피프스에비뉴, 메이시스, 그리고 H&M은 공동으로 전국으로 송출되는 "패션스타"라는 리얼리티 쇼를 만들었다. 이 프로그램에서는 매장에서 어떤 옷을 판매할지 결정하는 샵마스터가 직접 패션디자이너 지망생들의 심사위원으로 등장한다.[19] 이 사례들은 현명한 마케터들이 어떻게 형상(제품의 프로모션을 위한 메시지 또는 브랜드 심볼)과 배경(프로그램 내용) 간의 경계를 흐려서 광고를 회피하고자하는 소비자들에게 광고효과를 유발할 수 있는가를 보여주고 있다.

집단화

집단화(grouping)는 자극을 조직하고 정돈하여 하나의 통일된 그림이나 인상으로 만드는 인간의 본능적 경향을 의미한다. 자극을 산발적인 개별 정보가 아닌 집단화한 정보 덩어리로 지각하는 방식은 기억을 용이하게 하고 회상을 촉진한다. 마케터들은 제품과 관련된 특정 의미를 암시하기 위해 집단화 방법을 사용한다. 차(tea)광고에서 아름답게 장식된 실내 중앙에 놓인 따스한 난로 앞에서 차를 마시는 젊은 커플의 모습을 보여주는 경우가 대표적인 예이다. 자극의 집단화를 통해 광고에서 보여지는 전반적인 분위기는 차를 마시는 행위에 로맨스, 멋진 공간, 그리고 따스함과 같은 이미지가 연상되도록 유도한다.

우리는 주민등록번호를 13개의 숫자들을 개별적으로 기억하려고 하기 보다는 자동적으로 2개의 덩어리로 집단화함에 따라 쉽게 기억하고 회상해낸다. 비슷하게 우리는 전화번호, 우편번호 등의 숫자들을 덩어리로 분류하여 기억한다.

집단화는 슈퍼마켓에서 제품을 어디에 위치시키는가의 의사결정과도 연관된다. 블라식(Vlasic)은 새로운 매장 내 마케팅 캠페인 일환으로 피클 병의 위치를 일반적인 식재료 라인이 아닌 피클과 함께 먹는 햄버거와 번빵과 같은 제품들 옆으로 이동시켰다.[20] 슈퍼마켓에서 코카콜라의 진열장소는 집단화의 성공적인 예를 보여준다. 서로 다른 크기의 코카콜라 병을 쌓아두어 '상호작용 포인트'를 만들었을 뿐만 아니라 음식코너 옆에 코카콜라가 생산하는 생수를 놓아두어 음식과 코카콜라 생수가 서로 '연관'되도록 유도했다. 코카콜라 생수를 샐러드 바에 배치하는 반면, 다양한 가공식품이 있는 테이크아웃 카운터 옆에는 패밀리 사이즈의 코카콜라를 배치하는 식으로 식품과 음료의 연관을 유도했다.

완결

완결성(closure)은 감각의 조각들을 집단화하여 전체 이미지와 감정으로 통합하려는 본능과 관련된다. 사람들은 미완성된 자극을 접하게 되면 그것의 완성된 의미를 파악하도록 강요된다. 그래서 만약 완성되지 않은 메시지를 접하게 되면 사람들은 의식적으로 또는 무의식적으로 메시지의 빠진 부분을 채워넣게 된다. 제시된 판매촉진 메시지를 모두 이해하기 위해서는 상당한 정신적 노력이 필요함에도 소비자들은 완결성을 느끼기 위해 시간을 들여 그 의미를 파악하고자 하는 경향이 있다. 〈그림 4.10〉에서 보여지는 질레트 광고는 사람들이 부분적인 정보를 접하게 되면 전체 정보로 완결성을 만들어내어 마무리하도록 압박을 느끼게 되며, 정보들을 완결하는 과정에서 광고를 더 잘 기억하게 된다는 것을 보여준다. 완결성을 유도하는 광고들의 예에는 (1) 혼란스러운 단어들을 소비자에게 제시하기 (크로록스 광고는 제품의 예기치 못한 사용 상황을 나열하면서, 단어들을 제대로 나열하면 '강아지 밥그릇'과 아기의 젖니를 위한 '고리모양의 물리개'로 읽히는 제목을 사용했다), (2) 사진을 제시하고 보여지는 제품이나 활동들이 무엇인지 묻기, (3) 몇 문자가 누락된 단어들을 보여주며 소비자가 빈칸을 채워 단어를 완성하도록 하기, (4) 서로 다른 스타일의 옷을 입고 있는 사람들을 보여주며 그들의 직업을 매칭하거나 말하도록 요구하는 것 등이 있다.

완결성의 욕구는 마케터들에게 흥미로운 시사점을 제시한다. 보는 사람으로 하여금 정보를 채워넣도록 요구하는 판매촉진 메시지는 소비자의 완성을 요구하며, 정보를 완성하는 바로 그런 행동이 소비자를 메시지에 더 깊게 관여시킨다는 사실이다. 비슷한 맥락에서, 광고회사들은 자주 보는 TV 광고를 녹음하여 라디오 광고에 사용하면 광고효과를 높일수 있다는 것을 발견했다. TV광고에 친숙한 소비자들에게 시각적 자극을 배제한 오디오 녹음 분량은 완성되지 못한 것으로 간주되며, 정보의 완성을 위해 소비자들은 기억 속에 있는 TV광고의 시각적 내용을 정신적으로 다시 재생해내기 때문이다.

그림 4.10 소비자들은 질레트 광고의 누락된 부분을 채워넣는다.

출처 : (Top & Bottom) The Gillette Company

지각 해석 : 고정관념 형성

학습목표

4 정보처리 과정에서 왜 그리고 어떻게 오류를 범하게 되는가에 대한 이해와 소비자 오류를 마케팅에 적용하기 위한 시사점을 파악한다.

앞에서의 논의에서 지각이 개인적 현상임을 강조해왔다. 사람들은 자극을 지각하는 데 있어 선택권을 행사하고 특정 심리적 원칙들에 근거하여 자극을 조직화한다. 자극에 대한 해석 또한 매우 개인적이다. 개인의 이전 경험에 근거하여 형성된 사전 기대, 개인이 수용할 수 있는 설득력 있는 해석의 범위, 그리고 자극을 지각할 당시의 동기와 관심사에 근거하여 자극이 해석되기 때문이다.

자극은 종종 매우 모호하다. 어떤 자극들은 약한 가독성, 짧은 노출, 높은 소음, 또는 거듭되는 변화로 인해 지각되기에는 너무 약하다. 이처럼 자극들이 매우 모호한 경우, 사람들은 그들이 원하고, 흥미 있어 하고, 개인적 요구를 충족시키는 방식으로 자극을 해석하게 된다. 이는 3장에서 논의된 투사 테스트를 위한 이론적 근거를 제시하는 원칙이 된다. 실험에서 불완전한 문장, 선명하지 않은 사진, 또는 제목이 없는 만화와 같은 모호한 자극을 응답자에게 제시하고 그것들을 해석하도록 요청했을 때, 개인이 모호한 그림을 묘사하는 내용과 방식은 자극 그 자체가 아닌 응답자 자신의 필요, 욕구, 그리고 욕망을 반영한다. 애매한 자극의 해석을 통해 응답자는 자기 자신에 대한 상당한 정보를 제공한다.

개인들은 **고정관념**(stereotype)이라고 불리는 자극의 의미에 대한 편견된 심상을 가지고 있다. 때때로 감각적 자극이 제시될 때 사람들은 그들이 보고 들은 것에 이런 편견을 '추가'하여 왜곡된 인상을 형성하기도 한다. 몇년 전, 베네통은 인종 간의 조화를 강조하는 '베네통의 조화로운 색상' 광고 캠페인의 일환으로 함께 수갑을 찬 백인과 흑인 두 남자의 사진을 사용한 적이 있다. 그런데 이 사진은 사람들로 하여금 백인 남성이 흑인 남성을 체포한 것으로 해석되어 공중의 분노를 유발했다. 분명히 사람들의 이런 해석은 고정관념의 결과이다. 광고의 어디에도 백인이 흑인을 체포했다거나 그 반대임을 암시하는 내용을 찾을 수 없는 것이다. 그러나 이러한 이미지들은 사람들의 기대를 반영하고 있고 자극이 이후 어떻게 인지되는가에 영향을 미치기 때문에 마케터들은 자극물의 해석에 고정관념이 작용할 수 있다는 사실을 인지하고 있어야 한다.

〈그림 4.11〉에 있는 사브의 광고는 고정관념을 불식시키고자 노력한 대표적인 사례이다. 분명히, 사브는 많은 소비자들이(아마도 많은 스웨덴인들이) 사브의 자동차를 독일에서 만든 고급 자동차와 (사브 자동차의 일부 형태와 BMW 모델이 비슷해 보이기 때문에) 매우 유사한 것으로 인식한다는 사실을 발견했다. 광고의 슬로건에는 "독일 것이 아니다."라는 의미의 "Nicht German."이 등장하고 아래에는 "우리가 바이에른 이웃을 경멸하려는 것은 아닙니다. 독일의 고급 자동차는 세상에서 가장 견고한 자동차들 중 하나입니다. 그러나 여기, 스웨덴에서 사브는 다른 유형의 운전자들을 위해 설계되었습니다."*라는 문구가 따라나온다. 그리고서 광고에 등장한 자동차 모델의 특징적인 기능을 자세히 설명한다.

고정관념의 이면에는 많은 이유들이 존재한다. 일반적으로 사람들은 감각의 입력과정을 더 빠르고 쉽게 만들기 위해 고정관념을 활용한다. 예를 들어, 버스에서는 노인에게 자리를 양보하도록 학생들을 교육한다. 일반적으로 노인이 신체적으로 약하다고 가정하고 있기 때문이다. 그러나 가끔 활동적인 노인은 이러한 양보를 거부하는 경우가 있으며 심지어 그들은 이런 행위가 모욕적이라고 생각한다. 모든 노인은 약하다고 생각하는 고정관념이 모욕적이라는 것이다. 비슷하게, 우리는 액션영화에서 영웅의 역할로 자주 등장하는 영화배우가 주연을 맡은 로맨틱 코미디 영화를 보기를 꺼려하기도 한다. 우리는 고정관념이란 특정 이미지를 긍정적으로 또는 부정적으로 과도하게 단순화한 것임에 주목해야 한다. 그래서 방금 문을 연 H&M 매장을 지나칠 때, 우리는 즉각적으로 이 매장은 최신 유행 의류를 합리적인 가격에 제공하는 곳이라고 지각하게 된다. 이 경우는 소비자의 이전 경험

그림 4.11 고정관념 떨쳐버리기 : 사브는 독일 브랜드가 아니다.

---

* Saab ad copy

과 H&M의 호의적인 이미지가 결합하여 긍정적인 고정관념을 만들 것이다.

고정관념을 유발하는 요소에는 물리적 외형, 서술되는 용어, 첫인상, 그리고 후광효과(halo effect) 같은 것들이 있다.

물리적 외형

의식적으로 유사하게 인지되는가의 여부와는 상관 없이, 사람들은 외형적으로 닮은 타인과 자신이 어떤 면에서 연관되어 있다고 간주하는 경향이 있다. 이러한 이유로 인해 인쇄 및 TV광고 모델의 선택은 소비자를 설득하기 위한 핵심 요소라 할 수 있다. 일반적으로 매력적인 모델이 더 설득력 있고 소비자의 태도와 행동에 더 긍정적인 영향을 미친다. 그러나 단지 매력적인 외모의 모델을 광고에 등장시켰다고 해서 광고의 효과가 증가하는 것은 아니다. 광고하는 제품과 모델 이미지의 일치 여부 또는 광고에 보여지는 모델의 신체적 속성같은 요소들을 고려해야 한다. 예를 들어, 매우 매력적인 모델은 문제 해결을 위한 제품들(여드름이나 비듬처럼 외모적인 단점을 보완해주는 제품들)보다는 명성 제품(보석, 립스틱, 향수 등)들에 대해 더 전문적인 지식을 가진 것으로 지각될 가능성이 높다. 〈그림 4.12〉에서 보여지는 '스파이박물관'의 광고는 "어떤 것도 그렇게 보이는 것은 없다."라는 헤드라인과 함께 전혀 스파이 같아 보이지 않지만 스파이로 추측되는 사람들의 사진을 제시하며 신체적 고정관념에 대해 조롱하고 있다. 사진들은 모두 일반 사람들이 갖고 있는 스파이에 대한 전형적인 심상 이미지에서 벗어나 있다.

제품의 물리적 형태는 소비자의 판단에 영향을 미친다. 한 연구 결과는 오렌지 주스의 미세한 색상변화가 주스의 맛에 대한 지각과 단 정도를 평가하는 데 영향을 미친다는 것을 보여주었는데, 놀랍게도 이런 단순한 색상 변형이 브랜드나 가격과 같은 요소들보다 더 맛에 대한 지각에 영향을 미치는 것으로 나타났다.[21] 패키지의 형태는 소비자의 인상에 큰 영향을 주며 소비자 기대에 영향을 미친다. 이런 이유로 인해, 아이스크림 패키지는 둥근 모양을 하고 있다. 둥근 형태가 풍부한 커뮤니케이션 메시지를 담을 수 있기 때문이다. 한 실험에서는 인쇄광고에 나온 티슈 제품을 소비자가 어떻게 평가하는가를 실험했다. 각각의 티슈들의 패키지에는 고양이, 일몰, 그리고 추상화 사진이 담겨 있었다. 이 연구를 통해 '솜털 고양이'가 부드러우며 값비싼 티슈를 커뮤니케이션하는데, '화려한 고양이'는 부드럽지만 색상이 있는 티슈를 소비자에게 전달하기에 더 적합하다는 것이 밝혀졌다. 또한 일몰 이미지에 있어서도 '부드러운 일몰'은 부드럽고, 값비싸며, 색상이 있는 티슈를 잘 커뮤니케이션하고 '길가의 일몰' 풍경은 부드럽거나 색상이 있는 제품의 속성에 대해서는 전달하지 못하는 반면, 비싸지 않은 제품을 커뮤니케이션 하는 데 적당하다는 것이 증명되었다.[22]

서술되는 용어

고정관념은 언어적 메시지에 의해 생겨나기도 한다. 예를 들어, '즙이 많은 이탈리안 해산물 등심'이라는 정교한 이름을 가진 음식을 먹는 소비자는 '해산물 등심'이라는 평범한 이름의 같은 음식을 먹은 사람들보다 음식을 더 맛있고 색다른 것이라 평가할 가능성이 높다. 또한 "그는 진짜 남자처럼 운전한다."라고 하는 평범한 표현에는 빠르고, 공격적이며 다소 무모하게 운전한다는 의미가 담겨 있는 반면 "그는 여자처럼 운전한다."라는 표현에는 운전자가 다소 나약하다는 것을 묘사하는 것으로 간주된다. 〈그림 4.13〉에 있는 음주운전방지어머니회(Mothers Against Drunk Driving, MADD)의 광고는 더 천천히 그리고 공격적이지 않게 운전하는 것이 남녀 모두에게 책임감 있는 운전 행태라는

그림 4.12 고정관념 : 스파이같이 보이는 사람은 누구인가?

것을 강조하면서 '여성스러운' 이미지를 보여주고 있다.

차별적인 브랜드명은 모든 제품과 서비스에 있어 중요하지만, 추상적이고 무형성인 특성으로 인해, 특히 서비스를 마케팅하는 데 있어 특정 용어와의 연계가 중요하다. '페덱스'와 '휴매나(Humana : 미국의 의료서비스 기업)' 같은 이름들은 독특하고, 기억에 남으며, 그들이 제공하는 서비스와 관련성이 높다는 점에서 매우 훌륭한 브랜드명이라 할 수 있다. 그러나 '엘레기스(Allegis)'라고 하는 브랜

그림 4.13 MADD : 서술적 용어에 의해 생겨난 부정적인 고정관념을 타파한다.

Real men drive like
Mothers.

MOTHERS AGAINST DRUNK DRIVING

can always spot real men. They're the guys who consider it a no-brainer to be sober whenever they drive. To offer a ride to friends who've had a few too many. To set a good example for kids. Or to become Mothers themselves by supporting MADD. Because they know that saving lives isn't a woman thing or a man thing. Just the right thing.

Join us at madd.org.

madd

출처 : MADD

드밍은 하나의 브랜드 아래, 유나이티드항공, 허츠, 힐튼과 웨스틴 호텔을 결합하여 비즈니스 여행 컨셉의 서비스를 출시하고자 하는 목표로 만들어졌으나, 그것이 제공하는 서비스의 종류에 대해 소비자에게 아무런 정보도 전달하지 못했기 때문에 금방 사라지게 되었다.[23]

변하지 않는 고정관념과 '상식적인 생각'을 설득적 메시지로 광고에 사용할 때에는 매우 조심해야 한다. 예를 들어, 성 역할에 대한 고정관념은 소년들을 문제 해결에 집중하는 '역할' 지향적인 성향을 가진 반면 소녀들은 관계와 조화에 집중하는 '공동' 중심적인 경향이 있는 것으로 간주한다. 한 연구는 '기능적' 문구(크래커를 먹으면 더 강해질 것이다) 또는 '사회적' 문구(크래커는 친구와 함께 할 수 있는 좋은 스낵이다.)를 담고 있는 광고에 대한 젊은사람들의 태도를 조사하였는데, 사춘기 이전의 아이들은 전형적인 성 역할적 속성을 포함하는 메시지에 더 호의적으로 반응하지 않는다는 결과를 도출해냈다.[24]

첫인상

"첫인상을 만들 두 번째 기회는 절대 없다."라는 말에서 알 수 있듯이 첫인상은 지속되는 경향이 있다. 이처럼 첫인상은 변하지 않기 때문에, 완벽하게 준비되기도 전에 신제품을 출시한다면 궁극적인 성공에 치명적인 악영향을 줄 수 있다. 나중에 제품의 장점에 대한 정보를 제공한다 하더라도 초기의 열악한 성능을 기억하고 있는 소비자들은 이러한 정보를 부정할 것이다. 한 유통업체는 침대 메트리스의 표면에 '알로에 베라'라는 단어와 함께 알로에 베라 잎 사진을 부착했는데, 소비자는 메트리스 커버에 알로에 베라 성분이 포함되어 있을 것이라는 첫인상을 형성했고, 소매점은 이러한 초기 인상을 불식시키는 데 상당한 어려움을 겪었다.[25]

후광효과

후광효과(halo effect)는 단지 하나 또는 몇몇 요소에 대한 평가에 기반하여 대상에 대한 전체적인 평가를 내리게 된다는 것을 의미한다. '후광'의 사전적 정의는 빛, 명예와 영광을 의미하는데, 마케팅에서는 같은 브랜드 이름으로 판매되는 다른 제품으로 '옮겨진' 제품의 고급스러운 이미지를 의미한다. 예를 들어, 포르쉐 자동차에 감탄한 소비자들은 동일한 브랜드명으로 판매되는 선글라스나 다른 액세서리에 기꺼이 많은 돈을 지출할 것이다. 오랫동안 이 용어는 다면적 특성을 가진 대상이나 사람을 단지 하나 또는 몇몇 차원에 대한 평가에 근거하여 판단내리는 현상을 의미해왔다(예를 들어, 이야기할 때 당신의 눈을 응시한다는 이유로 믿을 만하고, 고귀한 좋은 사람으로 평가하는 현상).

소비자 행동에서는 후광효과의 개념을 단지 한 가지 차원(브랜드명이나 대변인)의 평가에 기초하여 다양한 대상들(제품 라인)을 평가하는 것에서 더 확장했다. 이 확장된 정의는, 마케터들이 특정 브랜드 제품의 계열을 확장하는 데 후광효과의 이점을 활용할 수 있다는 것을 시사한다. **라이선싱**(licensing)을 통한 이익창출은 후광효과에 기반한다. 또한 제조사나 소매점들은 잘 알려진 이름을 연결하여 제품에 대한 즉각적인 인지도를 획득하고 명성을 얻고자 노력한다.

제품이나 브랜드의 지각된 후광효과를 조작하는 것은 큰 손해를 불러올 수 있다. 예를 들어, 메리어트는 자사 호텔 체인의 고급 브랜드인 JW메리어트의 이미지를 강화하기 위한 시도로 뉴욕 시의 고급 호텔인 나하 로얄 호텔을 인수하여 JW메리어트 뉴욕으로 이름을 변경했다. 그러나 뉴욕을 방문할 때마다 나하 호텔에서 머물렀던 상류계층 고객들은 그들에게 연락하는 동료들에게 그들이 메리어트 호텔에 머물고 있다고 말하고 싶지 않다는 이유로 예약을 취소했다. 이에 회사는 나하 로얄 호텔로 이름을 복원하고 JW메리어트 이름은 단지 작은 크기로 표기하여 이름에 포함시켰다.[26]

소비자 심상

학습목표
5 소비자의 심상 요소에 대해 이해한다.

소비자 심상(consumer imagery)은 제품, 서비스, 그리고 브랜드 등 모든 요소들에 대한 소비자의 지각을 의미하며 소비자가 제품의 질을 어떻게 평가하는가와 관련된다. 제품 및 브랜드는 해당 제품이 제공하는 고유의 혜택에 기반하여 제품의 이미지를 형성하며 소비자를 위한 상징적 가치를 갖게 된다. 이후 부분에서는 제품, 브랜드, 서비스, 가격, 제품의 품질, 소매점, 및 제조사에 대해 소비자가 지각하는 이미지를 살펴보고자 한다.

브랜드 이미지

효과적인 **포지셔닝**(positioning)의 바람직한 결과는 소비자의 마음속에 브랜드가 차지하는 차별화된 '위치'(또는 이미지)를 갖는 것이다. 이런 심적인 '위치'는 독특해야 하고 브랜드가 제공하는 핵심 가치를 대변해야 한다. 대부분 신제품이 실패하는 이유는, 신제품이 소비자에게 어떤 장점이나 경쟁제품을 넘어서는 독특한 혜택을 제공하지 않아 유사상품으로 인지되기 때문이다. 마케팅 컨셉의 핵심은 소비자의 필요를 충족시키는 제품을 창조하는 것이다. 그러나 특정 제품 범주 내의 대부분 브랜드들이 소비자의 니즈를 효과적으로 충족시키고 있기 때문에, 구매를 결정함에 있어 소비자들은 주로 제품이 제공하는 혜택과 브랜드 이미지에 의존하게 된다. 하지만 오늘날의 고도로 경쟁적인 시장 환경에서 특유의 브랜드 이미지를 생성하고 유지하는 것은 매우 어려운 일이다. 예를 들면, 최초로 시장에 출시된 스마트폰으로 간주되는 블랙베리는 매우 성공적인 제품이자 시장을 지배하는 제품이었다. 그러나 소비자들은 블랙베리를 주로 업무용으로 적합한 제품일 뿐 개인적 사용이나 멀티 태스킹을 위한 제품은 아니라고 인지하면서, 다른 새로 출시된 스마트폰을 블랙베리보다 더 재미있고 흥미롭다고 인식했다. 블랙베리가 스마트폰 시장에서의 생존 경쟁을 위해 제품의 매력을 확대해야 한다는 것은 분명하다.[27]

세탁의 예를 들면, 소비자의 니즈는 확실하다. 옷을 깨끗하게 하는 것이다. 그러나 이러한 니즈를 충족하기 위한 세탁 방식은 경쟁사들마다 다르다. 옷을 깨끗하게 하는 방식(니즈를 충족하는 방법)이 브랜드 혜택이다. 혜택과 그 혜택이 소비자에게 전달되는 방식이 독특하면 할수록 그 제품의 지각된 이미지는 경쟁 브랜드에 비해 차별화될 수 있는 가능성이 크다. 독특한 지각 이미지는 브랜드 충성도로 연결되어 소비자들로 하여금 그 브랜드를 지속적으로 구매하도록 하고 다른 제품을 시험 구매하거나 다른 브랜드로 전환하지 않도록 한다. 〈표 4.2〉는 몇몇 세제 브랜드의 혜택과 의도된 지각 이미지의 사례를 보여주고 있다.[28]

때때로 브랜드 이미지는 개선되어야 한다. 소비자들은 오랫동안 주변에 존재해온 브랜드를 지루한 것으로 간주하며, 특히 새로운 대체품이 시장에 도입되었을 때 더욱 그런 감정을 갖는다. 스위트앤로(Sweet'N Low)는 인공 감미료라는 새로운 제품 범주로 시장에 출시되었지만, 최근 몇 년간은 타사의 신제품들과 경쟁해야 했다. 〈그림 4.14〉에서 보여주는 광고는 스위트앤로가 장난끼 많은 예술적인 이미지를 전달하기 위해 눈에 띠는 핑크 색상을 사용한 사례를 보여준다.

브랜드 이미지를 개선한 다른 예는, 제품과 소비자 사이의 정서적 유대를 만드는 것에 초점 맞추

표 4.2	세재 브랜드들이 광고하는 제품의 혜택	
브랜드	혜택	광고하는 혜택
에코스 (Ecos)	환성 진화적인	환경친화적인 물질로 만들어진 제품으로, 독소, 석유 화학, 표백제, 암모니아, 인산염 또는 다른 유해 성분 없이 강력한 세정 효과를 제공한다.
칼드레아 (Caldrea)	완두콩 세제	부드럽지만 얼룩 제거에 매우 효과적이며, 특히 유아와 어린이 옷을 세탁하기에 적합하도록 만들어졌다. 피부과 테스트를 완료했으며 오일과 식물에서 유래한 계면활성제를 포함한다.
치어 (Cheer)	마모로부터 옷을 보호	P&G의 세제 브랜드 중 하나로, 퇴색, 변색, 그리고 섬유의 마모를 방지한다. 제품의 종류에는 분말 또는 액체, 그리고 표백 성분 없는 것이 있다.
아이보리 스노우 (Ivory Snow)	부드럽고 순수한	이것 또한 P&G의 브랜드로, 간단한 청소를 위한 순한 세정과 순도를 제공한다.
타이드 (Tide)	최상의 세정과 섬유 보호	P&G의 미국 시장 베스트셀러 세제로, P&G 엄브렐러 브랜딩의 이점(2장 참조)에 기반하여 각기 독특한 혜택을 제공하는 30개 이상의 타이드 제품이 있다. 예를 들어, 염소 표백제의 대체재인 울트라타이드위드블리치, 부드럽고 신선한 촉감을 전달하는 타이드다우니, 그리고 염료와 향기가 포함되어 있지 않은 타이드프리 등이 있다.

는 것으로, 〈표 4.3〉에 설명되어 있다.[29]

패키지 이미지

브랜드명, 제품 외형, 기능과 더불어 패키지 또한 브랜드 이미지를 전달한다. 얼룩 제거를 강조하는 타이드 세제는 옆면에 큰 손잡이가 달린 오렌지색의 플라스틱 용기로 디자인되었는데 이는 제품의 '무게'를 전달한다. 소비자는 무거움과 얼룩을 제거하는 능력을 동일 선상의 것으로 연결하기 때문에 이는 좋은 디자인으로 평가된다. 반대로 신선한 아침, 비, 그리고 봄날의 향기와 같은 다채로운 향을 제공한다고 광고하는 새로운 타이드토탈케어 제품은 일반 타이드 제품보다 더 밝은 오렌지색에 슬림하고 매끄러운 용기에 담겨져 있으며, 손잡이는 각졌다. 이러한 제품 디자인은 타이드토탈케어가 제공하고자 하는 더 정교한 혜택과 일치하는 것이다. 아이보리 스노우 세제의 용기는 흰색으로 손잡이가 없는 둥근 형태를 하고 있다. 이는 세제를 컵에 짜서 세탁기에 투입하는 것이 아닌 세제를 세탁기 안에 직접 짜 넣어야 한다는 것을 의미한다. 이는 브랜드가 갖고 있는 '부드러운 깨끗함'의 이미지를 강화시킨다.

향에 대한 지각 및 향기와 연관된 연상은 개인마다 매우 다르다. 그렇게 때문에 향기의 '이미지'를 전달하는 것은 매우 어렵다. 향수 구매자에게 제품의 특성과 품질에 대한 유일한 유형적 증거는 패키지이기 때문에, 패키지 개발을 위해 투입되는 비용은 소비자가 지불하는 향수 전체 가격의 50% 이상을 차지한다. 몇몇 향수 패키지의 총체적(게슈탈트) 디자인을 규명한 연구에서, 각각의 패키지 디자인은 모두 차별적이며 유명 브랜드의 느낌을 전달하는 것으로 확인됐다. 이 연구는 개별 패키지 유형에 대해 소비자가 연상하는 특징적인 브랜드 개성을 규명했다. 패키지 유형에 대한 일반 이미지

출처 : (Left & Right) Cumberland Packing Corporation

그림 4.14 스위트앤로의 장난스러운 패키지는 재미있는 생생한 이미지를 전달한다.

표 4.3	브랜드와 소비자 간의 감정적 유대를 만들기 위한 브랜드 이미지 개선	
브랜드	주제	광고 캠페인
델컴퓨터 (Dell Computer)	"당신을 더."	개인화된 기술에 초점을 맞추고 제품의 기술적 사양보다는 소비자가 제품의 독특한 특성을 잘 활용할 수 있는 방법에 대해 생각하도록 유도.
스타키스트참치 (StarKist Tuna)	"미안해, 찰리." (재진행)	브랜드의 오래된 슬로건인 "미안해, 찰리."를 재작업. '향수 마케팅'의 일환으로 마스코트와 로고송에 대한 추억을 불러일으키는 광고를 진행.
퀘이커오츠 (Quaker Oats)	"인간은 진보한다."	미국인의 낙관성과 새로운 세계를 탐구하는 결단성을 반영. 꿈의 추구와 영혼의 고취를 추구하며, 이는 "우리가 하는 모든 일에 퀘이커 교도의 힘이 작용합니다."라는 퀘이커 오츠의 광고로 표현됨.
레이감자칩 (Lay's Potato Chips)	"행복은 단순하다."	감자칩을 만드는 데 사용하는 감자를 실제로 재배하는 농민이 등장하여 진솔하고 간결한 일반 음성으로 이야기. 스낵을 제조하는 회사가 아닌 식품을 제공하는 회사로 레이를 인식하게 하는 데 목적이 있음. 캠페인의 주제는 "행복은 단순하다."이고 웹사이트에서는 "행복을 보여주세요."라는 제목으로 관련 내용이 게재되어 있음.
구글 (Google)	향수를 유발하여 소비자를 기술에 참여하게 함	1960년대와 70년대의 고전적인 TV광고를 사용. 웹 광고가 어떻게 상거래 촉진과 정보제공만이 아닌 영혼을 뒤흔들 수 있는 참여를 유도해낼 수 있는가를 보여줌. 예를 들어, 1972년 코카콜라가 진행한 "전 세계 사람들에게 코카콜라를 사주고 싶어요. 그리고 그들을 모두 친구로 만들고 싶어요."라고 노래하는 '언덕' 광고를 보여주며, 구글은 모바일 애플리케이션이나 특별 제작된 자판기를 통해 전혀 만나보지 못한 전 세계의 사람들에게 무료 코카콜라를 보내라고 광고.
모트사과주스 (Mott's Apple Juice)	"커가는 이야기들"	6세 이하의 아이를 가진 엄마들에 초점 맞추어 그들이 서로 함께할 수 있는 장을 마련하고자 함. 엄마들을 웹사이트에 초대하여 육아에 대한 자신의 생각을 게재하고 공유하도록 함.
콜로니얼윌리엄스버그 (Colonial Williamsburg)	"이야기의 일부가 됨"	캠페인은 18세기 버지니아의 삶을 재현하는 관광지를 위한 것으로, 이 광고는 방문자의 적극적 역할을 촉진하고 '상호작용'을 유발하는 데 초점을 맞춤.

출처 : Mark Hachman, "Dell's 'More You' Ads Mean a Renewed Consumer Push," 7.5.11 online.wsj.com; Stuart Elliott, "Google Remixes Old Campaigns, Adding a Dash of Digital Tools," 3.8.12 nytimes.com; Stuart Elliott, "In New Ads, Stirring Memories of Commercials Past," 1.12.12 nytimes.com; Stuart Elliott, "Sit Under the Apple Tree With Me, Juice Brand Asks," 6.7.10 nytimes.com Stuart Elliott, "Promoting a Potato Chip Using Many Farmers, and Less Salt," May 25, 2010, nytimes.com; Stuart Elliott, "So, Virginia, What's the Story," nytimes.com February 1, 2010.

와 그에 대한 소비자 지각이 〈그림 4.15〉에 나타나 있다.[30]

서비스 이미지

제품과 비교하여, 서비스 상품의 마케터들은 서비스를 포지셔닝하고 프로모션하는 데 몇 가지 독특한 문제들에 직면하게 된다. 서비스는 무형적이기 때문에 이미지가 경쟁자와 차별하기 위한 핵심적인 요소가 된다. 따라서 마케팅 목표는 소비자가 브랜드 이름과 특정 이미지를 연계할 수 있도록 유도하는 것이다. 많은 서비스 상품의 마케터들은 소비자에게 시각적 이미지를 제공하여 서비스 상품을 유형적인 것으로 암시하게 만드는 전략들을 개발했다. 뚜렷한 색상으로 페인트된 차량, 레스토랑의 종이 성냥, 호텔의 패키지된 비누나 샴푸, 그리고 다양한 다른 특수 아이템들과 같은 것들을 활용하는 방식이다. 대부분의 서비스 업체는 유형적 단서로서 실제 종업원을 광고에 등장시키기도 하고 제품 차별화를 위해 서비스를 사용하는 사람들에 초점을 맞춘 광고를 사용하기도 한다.

디자인	육중한	대조적인	자연의	섬세한	별 특징 없는
모양	a	b	c	d	e
지각	견고해 보이지만 정교하지는 않은	조화롭지 않으며 불규칙한	조화롭고 원형적인	세련된 매끈한 섬세한 정교한 관심을 끄는	단순한 깨끗한 신중한 다른것과 구별되지 않는
특성	재미있지 않은, 정교하지 않은, 그러나 견고한(강한, 단단한)	흥미로운, 울퉁불퉁한 그러나 다소 불필요한(즉, 경쟁력 없는)	정직한, 정교한	유능한 정교한 울퉁불퉁하지 않은	정직성이 낮은 흥미롭지 않은 견고하지 않은

출처 : U.R. Orth and K. Malkewitz, "Holistic Package Designs..." *Journal of Marketing* 72 (May 2008): 64-81.

그림 4.15 향수병에 대한 지각

서비스 환경의 디자인은 서비스 포지셔닝 전략 측면에서 매우 중요한 요소이며, 소비자 인상에 중대한 영향을 미친다. 역동적이고 기술 지향적인 Y세대를 겨냥한 많은 소매점들은 매장 내에 라이브 DJ, 흐릿한 조명, 좋은 향기, 큰 소리의 첨단 음악, 평면 TV, 그리고 라이브 모델을 활용하여 감각적 자극을 크게 증가시킨다. 일부 애플 스토어는 24시간 운영하며 제품을 구매하지 않더라도 소비자가 매장 내에 오래 머물 수 있게 디자인되어 있다. 매장에는 전기 콘센트와 무선 온라인을 사용할 수 있는 긴 테이블과 의자가 놓여있어서 애플 사용자들은 매장 안의 탁자에 앉아 자기 일을 하거나 다른 사용자와 상호작용할 수 있다. 한 연구는 소비자의 지각이 과도하거나 또는 부족하지 않도록 매장 환경에서의 환기 수준을 고객의 기대 수준과 일치시켜야 한다고 지적한다.[31]

지각된 가격

지각된 가격(perceived price)은 구매를 통해 얻는 가치에 대한 소비자의 견해이다. 소비자는 일반적으로 패스트푸드 매장에서 판매하는 음식은 가격이 낮은 것으로, 레스토랑에서의 식사는 가격이 높은 것으로 인지하고 있다. 이는 두 경우에 있어 소비자가 얻을 수 있는 가치와 일치하는 것으로, 그래서 공정한 것이라 생각된다. 그러나 많은 이성적 소비자는 식사에 한 사람당 500달러를 지불하는 것은 비이성적인 행동이라고 주장한다(뉴욕 시에는 와인이나 주류의 가격을 포함하지 않고도, 식사 가격이 500달러에 달하는 레스토랑이 여럿 있다). 어떻게 음식이 500달러의 가치를 지니는지 이해할 수 없다는 것이다.

소비자들이 어떻게 가격을 지각하는가(가격이 비싼가, 저렴한가, 또는 정당한가)는 구매 의도와 구매 후 만족에 의해 큰 영향을 받는다. 가격이 정당하다고 인식하는 경우를 생각해보자. 소비자는 다른 소비자가 지불하는 가격에 주의를 기울이고 지불하는 가격이 차이난다면 불공정한 것으로 받아들인다. 옆좌석에 앉은 사람보다 항공권이나 영화 티켓에 더 많은 비용을 지불했다는 것을 알고 기분좋을 사람은 없을 것이다. 가격의 불공정성에 대한 지각은 제품 가치에 대한 인식에 영향을 미치며, 궁극적으로 소매점이나 서비스에 대한 지속적 이용 의도에 영향을 미치게 된다. 연구자들은 또한 인지된 가격 공정성이 소비자 만족에도 영향을 미친다는 것을 밝혔다. 이는 차별적 가격이 소비자로 하여금 홀대 받았다고 느끼게 할 가능성이 있다는 것을 의미한다.[32]

'세일 중'이라고 광고하는 제품은 할인된 금액이나 가치에 대한 소비자 지각을 강화하는 경향이 있다. 상이한 형식의 세일 광고는 소비자의 준거 가격에 기반하여 각기 다른 영향을 미치게 된다. **준거 가격**(reference price)은 소비자가 가격을 판단하는 비교의 기준으로 사용하는 가격이다. 준거 가격에는 외부 준거 가격(external reference price)과 내적 준거 가격(internal reference price)이 있다. 저렴한 판매 가격을 제시하는 광고는 소비자를 설득하기 위해 일반적으로 더 높은 외적 준거 가격(다른 곳에서는 얼마에 팔고 있다)을 사용한다. 내부 준거 가격은 소비자가 기억하고 있는 가격(또는 가격 범위)이다. 내부 준거 가격은 할인된 가격에 대한 소비자의 평가와 가치의 지각에 중요한 역할을 할 뿐만 아니라 광고에서 제시한 준거 가격의 현실성을 평가하는 데 큰 역할을 한다. 그러나 소비자의 내적 준거 가격은 변한다. 경쟁이나 제조사의 재량으로 인해 평면 TV 가격이 급격히 하락하면 이 제품에 대한 소비자 준거 가격 또한 낮아지며, 소비자는 더 이상 평면 TV를 극히 소수만이 구매할 수 있는 고급제품으로 인식하지 않게 될 것이다.

준거 가격 이슈는 복잡하여 많은 연구의 초점이 된다. 예를 들어, 한 연구는 신제품 범주에서는 기대 가격보다 공정 가격이 소비자의 준거 가격에 미치는 영향이 큰 반면, 기존 제품의 범주에 있어서는 공정 가격 보다는 기대가격이 준거 가격에 더 큰 영향을 미친다는 것을 발견했다.[33] 또 다른 연구는 제한된 기간에만 유효한 준거 가격제(원래 599달러에 판매하던 제품을 세일 기간인 3일 동안만 359달러에 판매)가 가격과 매장에 대한 더 우호적인 인식을 유발한다는 것을 보여준다.[34] 또 다른 연구는 할인에 대한 소비자 지각과 관련된 '오른쪽 효과(right side effect)'를 설명한다. 소비자가 같은 왼쪽 숫자(22와 23)를 가진 일반 판매 가격과 세일 가격을 보았을 때, 소비자는 오른쪽 숫자가 5보다 높았을 때 보다 5보다 작았을 때 할인 혜택을 더 크게 인식한다는 것이다. 따라서 소비자는 19에서 18달러로의 할인보다 23에서 22달러로의 할인이 더 큰 가치를 제공하는 것으로 인식할 것이다.[35] 또 다른 연구 결과는 가격 할인이 구매 의도를 즉각적으로 높이기는 하지만 미래의 준거 가격은 낮춘다는 것을 보여준다.[36] 일반적으로, 10달러 할인은 정상 판매 가격이 60달러이었을 때보다 20달러였을 때 더 매력적이다. 그러나 소비자의 준거 가격을 고려했을 때, 제품 가격이 60달러일 때보다 20달러일 때 10달러의 할인은 덜 매력적일 수 있다.[37] 이 연구는 마케터가 가격을 올릴 때 주의해야 하며, 가격 상승 시 소비자의 준거 가격을 항상 고려해야 한다는 것을 보여준다.

물론, 소비자는 제품의 판매 가격이 항상 그들이 공정하다고 생각하는 가격보다 다소 높다고 믿는 경향이 있다. 준거 가격이 소비자의 수용가능한 가격 범위 내에 있을 때, 소비자는 가격이 정당하고 믿을 수 있는 것으로 받아들인다. 그러나 준거 가격이 수용 가격 범위를 벗어나면(가격이 합리적이지 않으면), 유효한 준거점으로 인지되지 않아 제품에 대한 평가와 기업에 대한 신뢰도에 역효과를 가져오게 된다. 예기치 않은 너무 높은 가격을 접하게 되면, 소비자는 부조화를 느끼게 되며 '인지부조화 감소'에 관여하게 된다(6장 참고). 소비자는 추가적인 정보를 찾고, 높은 가격을 정당화하는 인

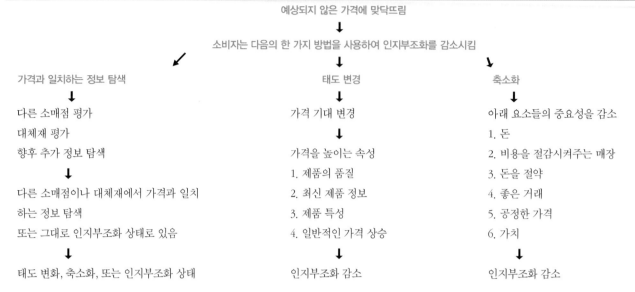

표 4.4 예측하지 않은 가격에 대한 소비자 반응

예상되지 않은 가격에 맞닥뜨림
↓
소비자는 다음의 한 가지 방법을 사용하여 인지부조화를 감소시킴

가격과 일치하는 정보 탐색	태도 변경	축소화
↓	↓	↓
다른 소매점 평가	가격 기대 변경	아래 요소들의 중요성을 감소
대체재 평가		1. 돈
향후 추가 정보 탐색	↓	2. 비용을 절감시켜주는 매장
	가격을 높이는 속성	3. 돈을 절약
↓	1. 제품의 품질	4. 좋은 거래
다른 소매점이나 대체재에서 가격과 일치	2. 최신 제품 정보	5. 공정한 가격
하는 정보 탐색	3. 제품 특성	6. 가치
또는 그대로 인지부조화 상태로 있음	4. 일반적인 가격 상승	
↓	↓	↓
태도 변화, 축소화, 또는 인지부조화 상태	인지부조화 감소	인지부조화 감소

출처 : J. Lindsey-Mulliken "Beyond Reference Price…" *Journal of Product and Brand Management* 12 nos. 2/3 (2003): 141. Emerald Publishing Group

식을 형성하거나, 다른 제품의 구매를 고려하며 구매 상황의 일부 측면을 폄하할 것이다. 〈표 4.4〉는 예기치 않은 높은 가격으로 인해 유발된 인지부조화를 소비자가 어떻게 해소하는가를 설명한다.[38]

지각된 품질

과학적 테스트에 기반한 전문가의 판단을 통해, 제품과 서비스가 실제 품질이 매우 우수한 것으로 증명받을 수 있다. 그러나 이 모든 객관적인 증거에도 불구하고, 소비자가 자신의 니즈를 만족시키고 가치를 제공하는 우수한 것으로 지각하지 않는다면 소비자는 그 제품이나 서비스를 구매하지 않을 것이다. 소비자가 품질을 지각하게 되는 단서들의 일부는 제품과 서비스에 내재되어 있지만 일부는 외부에 있다. 이들 단서들은 단독으로 또는 함께 제품과 서비스의 품질에 대한 지각의 기초를 제공한다. 이 장에서는 제품의 품질을 평가하는 것보다 서비스의 품질을 평가하는 것이 더 어려운 문제들을 다룰 것이다. 그리고 제품의 가격, 제조사, 그리고 제품을 파는 소매점과 같이 소비자가 품질 평가를 위해 고려하는 다른 단서들을 탐색해보고자 한다.

제품 품질

제품의 **내재적 단서**(intrinsic cue)란 크기, 색상, 맛 또는 향기 같은 제품 그 자체의 물리적 특성을 말한다. 때때로 소비자는 제품의 품질을 판단하기 위해 이런 물리적 특성들을 활용한다(아이스크림이나 케이크의 맛). 소비자들은 그들이 내린 제품에 대한 판단(또는 긍정적 부정적 평가)을 '이성적'인 또는 '객관적인' 것으로 정당화하기 위해 본인들은 내재적 단서를 통해 제품을 평가한다고 믿는 경향이 있다. 힐셔팜(Hillshire Farm)은 제품이 어떻게 보이는가에 많은 관심을 갖고, 소비자가 육류를 구매할 때 무엇을 보고 싶어 하는가를 연구하여 얇게 썬 고기 제품의 패키지를 재디자인하였다. 소비자들이 용기 안에 가지런하게 부채꼴로 펼쳐진 고기를 더 신선한 것으로 인식하는 경향이 있기 때

문에 새로운 패키지는 얇게 디자인되었으며, 투명한 창을 통해 제품을 확인할 수 있다.[39]

그러나 소비자는 품질을 판단하는데 있어 제품에 내재되지 않은 특성들 즉, **외재적 단서**(extrinsic cue)를 더 많이 사용한다. 많은 소비자들은 우수한 맛 때문에 특정 브랜드를 선택했다고 주장하지만, 사실 그들은 블라인드 맛 테스트에서 그 브랜드의 맛을 식별해내지 못했다. 분말 과일 음료와 오렌지 주스 같은 제품을 선택할 때 상표나 실제 맛보다도 색상이 더 중요하며, 심지어 음료의 색상은 소비자가 느끼는 맛에 실제로 영향을 미치기도 한다. 소비자들은 보라색 또는 포도색의 음료는 '신맛'이 강한 것으로 보는 경향이 있으며, 오렌지 색상의 제품은 '풍미있고, 달콤하며 상쾌한' 것으로 간주한다. 많은 연구들을 통해 제품의 패키지가 소비자 지각에 영향을 미친다는 것이 증명되었다. 한 연구는 팝콘 용기의 크기가 커지면 맛이 좋았다고 평가한 소비자나 맛이 없었다고 평가한 소비자에 관계없이 모두 더 많이 먹게 된다는 것을 발견했다.[40] 소매점 브랜드와 국내 브랜드에 대한 소비자 인식을 비교한 한 연구는 소비자들이 품질에 대한 평가 지표로 외재적 단서를 사용함을 발견했다.[41] 서로 상이한 구매 환경(우아하거나 덜 우아한 분위기)에서의 상이한 가격 수준의 두 제품(새우와 치즈)에 대한 품질 평가 실험에 의하면 지각된 가격은 고관여 소비자에게 있어 제품의 품질 지각에 긍정적인 영향을 미치는 요소임이 증명되었다. 게다가 우아한 환경은 음식에 대한 지각된 품질에 긍정적인 영향을 미쳤으며, 그 음식을 먹는 경험을 더 즐거운 것으로 만들었다.[42]

제품에 대한 실제 경험이 부족한 경우, 소비자는 더욱 가격, 브랜드, 제조사, 소매점 또는 원산지 같은 제품의 외재적 단서에 근거해서 제품을 평가한다. 미국의 아이스크림 브랜드인 하겐다즈는 아무 의미도 없이 만들어진 스칸디나비아스러운 브랜드명으로 믿을 수 없는 성공을 이루었다. 코네티컷에서 생산되는 스미노프 보드카의 성공은 러시아 어원처럼 들리는 브랜드명과 관련된다. 또한 와인이 생산되는 지역은 와인에 대한 소비자 품질 지각에 영향을 미치는 가장 중요한 요소이며, 나파 벨리(Napa Valley)와 소노마(Sonoma)와 같은 지역이 미국의 포도밭 중에서 가장 강력한 지역 이미지를 가진 것으로 나타났다.[43]

품질에 대한 소비자 지각을 측정하기 위한 다양한 방법이 있다. 〈그림 4.16〉은 브랜드의 고급스러움에 대한 소비자 지각(종종 지각된 품질과 관련되는)을 측정하기 위한 척도를 보여준다. 이 도구는 브랜드의 개인적, 유희적 요소들뿐만 아니라 실용적 요소에 대한 소비자 인식을 측정한다.[44]

서비스 품질

제품의 품질보다 서비스의 품질을 평가하는 것이 더 어렵다. 이는 서비스의 독특한 특성 때문이다. 서비스는 무형적이고(intangible), 이질적이며(variable), 소멸성(perishable)을 갖고 있고, 생산과 동시에 소비되는 **동시성**(simultaneous)의 특성이 있다. 제품과는 달리 서비스는 요소들을 하나씩 대비해 가며 비교할 수 없기 때문에, 이 점을 극복하기 위해 소비자들은 서비스 품질을 평가하는 데 대리적 단서들(외재적 단서)에 의존한다. 의사의 진료서비스를 평가하기 위해 병원의 인테리어, 배치된 가구, 벽에 걸린 증명서 및 상장들, 접수하는 직원의 친절도, 간호사의 전문성 등에 주목하며, 이 모든 요소들은 의사의 진료 서비스를 평가하는 데 전반적으로 기여한다. 한 연구는 온라인 데이트 서비스는 일반적으로 사용자의 기대를 충족시키기 어렵다는 사실을 발견했다. 기업은 '탐색가능'한 속성(소득)에 기반하여 사용자를 분류하고 데이트 대상을 추천하지만, 이용자는 '체험적' 속성(교감)에 따라 데이트 상대를 선택하고자 하기 때문이다. 연구자는 이를 극복하기 위해 '가상적 데이트'를 사용(그래서 서비스에 대한 유형적 단서를 제공)하면 온라인 데이트 서비스에 대한 소비자 만족을 증가시킬

출처 : *Journal of Brand Management*, published F. Vigneron and LW Johnson "Measuring Per- ceptions of Brand Luxury," Journal of Brand Management 11, No. 6 (July 2004): 484. Reproduced with permission of Palgrave Macmillan

그림 4.16 브랜드의 고급스러움에 대한 소비자 지각 측정

비 개인중심 지각		
두드러짐	두드러진	눈에 띄는
	대중적인	특정 계층의*
	저렴한	매우 비싼*
	부유한	풍족한
독특함	상당히 배타적인	다소 배타적인*
	귀한	가치 있는
	희귀한	평범하지 않은
	독특한	특이한
품질	수공예의	대량생산된
	고급스러운	사치스러운*
	최상의 품질	좋은 품질
	복잡한	단순한
	우수한	양호한
개인 중심지각		
유희적	정교한	멋있는
	마음을 끄는	매력이 넘치는*
	놀랄 만한	기억에 남는
확장된 자아	선도하는	영향을 미치는
	매우 강력한	다소 강력한
	보람 있는	유쾌한
	성공적인	배려적인

* 역척도 문항

수 있을 것이라 제안한다.[45]

서비스의 실제 품질은 매일매일, 서비스를 제공하는 종업원마다, 그리고 고객마다 달라지기 때문에 마케터들은 일관적인 품질의 서비스를 제공하기 위해 서비스를 표준화하고자 노력한다. 일단 생산된 후에 판매되고, 이어서 소비되는 제품과는 달리, 대부분의 서비스는 일단 팔리고 나서 생산됨과 동시에 소비된다. 결함이 있는 제품들은 소비자에게 전달되기도 전에 공장의 품질관리 검사를 통해 걸러질 가능성이 높은 반면, 질이 낮은 서비스는 생산되면서 소비되기 때문에 결함을 수정할 수 있는 기회가 적다. 예를 들어, 잘못된 헤어컷은 수정하기 어려우며, 퉁명스럽거나 부주의한 웨이터에 의해 유발된 부정적인 인상은 바꾸기 어렵다.

수요가 가장 높은 시간에는, 소비자와 서비스 제공자 모두 서두르게 되고 스트레스를 받기 때문에 서비스의 상호작용 품질이 떨어진다. 피크 시간대에 일관된 서비스를 보장하기 위한 서비스 제공자의 특별한 노력이 없다면 서비스 이미지는 추락할 수밖에 없다. 많은 마케터들은 전체 영업시간에 걸쳐 동질적인 서비스를 제공하기 위해 소비자의 수요 패턴을 조정하려고 노력한다. 저녁 7시 이전에 방문하는 소비자들을 위해 다소 저렴한 가격의 '얼리 버드' 코스를 제공하는 식당들이 대표적인 예이다.

가장 널리 사용되는 서비스 품질 연구 방법은 서비스 품질에 대한 소비자 평가가 실제로 전달되는 서비스에 대한 소비자 평가(인식)와 서비스에 대한 소비자 기대 간의 차이에 대한 크기와 방향에 기반한다고 가정한다.[46] 예를 들면, 매우 명성 높은 대학의 마케팅 입문 과정에 등록한 대학원 신입생은 동급생들의 지적 능력, 풍부하고 다양한 교실 토론, 그리고 교수의 지식과 의사 소통 능력에 대한 기대를 갖고 있을 것이다. 과정이 종료했을 때, 학습과정에 대한 평가는 학기 초의 기대와 학기 말의 인식 간 차이에 근거하게 된다. 교육 과정이 기대 수준 아래로 떨어지면 품질이 좋지 않은 서비스로,

기대를 초과하면 높은 품질의 교육 경험으로 판단하게 될 것이다. 동일한 서비스라 하더라도 주어진 서비스에 대한 소비자 기대는 매우 다양하다.

이러한 소비자 기대는 서비스에 대한 입소문(word-of-mouth), 소비자의 과거 경험, 광고나 판매원을 통해 전달된 서비스에 대한 약속, 사용 가능한 대안, 그리고 다른 상황적 요소들에 의해 형성된다. 소비자가 받은 서비스 수준이 기대 수준을 초과하는 경우, 소비자는 서비스 품질이 높은 것으로 인식하여 고객 만족도 수준은 높아지고, 반복 구매할 가능성이 증가하며, 호의적인 입소문을 전달하게 된다.[47] 따라서 현실적으로 제공할 수 없는 약속을 해서는 안 된다. 이런 약속은 소비자의 기대 수준을 높여서 서비스 품질에 대한 좋지 않은 인식을 형성할 가능성이 높아진다.

SERVQUAL 척도는 구매한 서비스에 대한 소비자 기대와 실제로 받은 서비스에 대한 소비자 지각의 '차이'를 측정한다. 이러한 불일치(차이)의 측정은 아래 두 가지 요소를 포함한다.

1. 구매한 서비스가 **안정적으로** 전달되었는가에 초점을 맞춘 **결과**(outcome). 예를 들어, 당신이 탑승한 비행기는 목적지까지 당신을 데려다 주었는가?
2. 핵심 서비스가 전달되는 **방식**에 초점을 맞춘 **과정**(process). 즉, 고객을 응대하는 과정에서의 직원의 대응성(responsiveness), 확신성(assurance), 그리고 공감성(empathy). 예를 들어, 비행이 지연되어 연결 항공편을 거의 놓치게 되었을 때, 항공사 직원들은 얼마나 정중하게 고객의 입장을 고려하며 응대했는가?

서비스 과정은 소비자 기대를 단순히 충족시키는 것 이상의, 소비자의 기대를 초과하여 소비자 만족을 유도하는 중요 요소이다. 아마존의 핵심 서비스는 다양한 종류의 제품과 브랜드를 판매하는 것이다. 그러나 경쟁자를 넘어서는 아마존의 장점은 우수한 '과정'을 통해서 소비자 기대를 넘어서는 데 있다. 아마존은 자사의 전자책 리더기, 전자책의 신속하고 안정적인 배달, 고급 데이터베이스를 활용한 소비자를 위한 추천도서 생성, 배송 추적 시스템, 아직 출판되지 않은 서적을 몇 달 전에 미리 선주문 할 수 있는 기능, 배송비 없이 무제한으로 배달해주는 구독 서비스, 그리고 그 외 많은 다른 우수한 '과정'을 제공한다.

가격과 품질의 관계

〈그림 4.17〉에 있는 여섯 벌의 폴로 셔츠를 보라. 가장 비싸 보이는 두 벌을 선택한다면 무엇인가? 다른 셔츠에 대한 정보는 보지 말고, 당신이 선택한 셔츠의 디자이너와 판매 매장의 이름을 이 장의 (미주 48번)에서 확인해보라.[48] 이제 당신이 선택한 두 셔츠를 다시 보고 여전이 가장 비싼 셔츠라고 생각되는지 결정하라. 그리고 다시 두 벌의 셔츠를 고르고, 이 작업을 계속해보라.

당신이 2와 3번의 셔츠를 가장 비싼 것으로 선택했다고 가정해보자. 미주에 있는 정보를 확인하고 나서 2번의 셔츠는 폴로니모(Polonimo)가 디자인한 것으로, 메이시스 백화점에서 판매되고 있으며, 3번의 셔츠는 베르톨리아니(Bertoliani)가 디자인했고, 뉴욕의 소호 거리에 있는 유명 패션 상점인 카미치아(Camicia)에서 판매되는 제품이라는 것을 확인했다. 당신은 이제 셔츠 사진, 셔츠를 판매하는 상점, 디자이너의 이름이라는 세 가지 정보(감각 입력)를 확보했다. 카미치아를 생각하면서 당신은 소호에 있는 다른 패셔너블한 상점들을 심적으로 '조직화'(연상)할 것이며, 베르톨리아니라는 이름을 통해서는 완벽하게 차려입고 단정하게 꾸민, 로마에서 에스프레소를 마시는 근육질의 이탈리아 남성의 이미지를 연상할 것이다(셀 수 없이 많은 광고에 등장하는 바로 그 남자). 당신은 이제 3번

그림 4.17 어떤 셔츠가 가장 비싼가?

셔츠가 가장 비싼 제품이자 또한 가장 멋스러운 제품이라고 생각할 것이다. 그러나 당신과 동일하게 2번과 3번 셔츠를 선택했던 당신의 동료는 2번의 메이시스 백화점에서 판매되는 폴로니모 셔츠를 가장 비싼 제품이라고 믿을 수도 있다.

당신은 먼저 추가 정보 없이, 셔츠 사진(감각 입력)만을 보았다. 그리고 나서 판매 매장과 디자이너에 대한 정보(추가적 감각 입력)를 통해 당신이 셔츠를 어떻게 '보는가'를 결정했다. 당신이 선택한 셔츠에 대한 심상 이미지는 세 가지의 시각적이고 감각적인 입력 정보에 대한 당신의 주관적인 해석이다. 당연히 동일 정보에 대한 당신 친구의 해석은 당신의 해석과는 다르다. 이 장을 공부한 후, 당신은 왜 그리고 어떻게 이런 일이 발생할 수 있는지, 그리고 소비자 행동에 있어 지각의 핵심 역할은 무엇인지 알게 될 것이다. "어떤 셔츠가 가장 비싼 것인가?"에 대한 대답은 (미주 49)에 나열되어 있다.[49]

지각된 제품 가치는 제품의 지각된 혜택(또는 품질)과 이것을 획득하기 위한 금전적인 또는 비금전적인 지각된 비용(perceived sacrifice) 간의 절충(trade-off)으로 설명된다. **가격과 품질의 관계** (price/quality relationship)는 소비자가 품질의 지표로 가격에 의존할 때 형성된다. 간단히 말해서, 소비자들은 더 비싼 제품의 품질이 더 좋다고 믿는다. 가격과 품질 관계에 따라 구매 결정을 하는 어떤 소비자들은 실제로는 가격 그 자체에 직접적으로 의존하는 게 아닌, 사실은 유명한(그래서 더 비싼) 브랜드명을 품질의 지표로 사용하기도 한다. 가격이 주로 품질의 지표로 사용되기 때문에, 일부 제품 광고에서는 품질을 강조하기 위한 목적으로 의도적으로 높은 가격을 강조하기도 한다. 마케터들은 낮은 가격이 때로는 낮은 품질로 해석된다는 것을 잘 이해하고 있다. 동시에 소비자들이 제품의 명성과 상징적 가치를 평가할 때는 가격과 브랜드명에 의존하고 제품의 전반적인 성능을 판단하기 위해서는 기능과 내구성 같은 제품의 구체적인 속성들을 더 활용한다는 것을 알고 있다. 이런 이유로 인해, 마케터들은 특정 제품을 평가하기 위해 소비자들이 사용하는 모든 속성들을 이해해야만 한다. 또한 낮은 가격과 관련된 부정적인 품질 인식에 대응하기 위해 모든 관련 정보를 파악해야 한다. 한 연구에서, 피실험자의 손목에 인위적인 전기 쇼크를 가하고 나서 위약인 진통제를 투약한 뒤에 손목의 통증 정도를 알려달라고 요청했다. 피실험자의 절반에게는 약의 가격이 2.50달러라고 말했고, 나머지 반에게는 10센트라고 알려주었지만, 실제로 모든 피실험자는 동일한 알약(위약)을 먹은 것이었다. 저렴한 약을 먹은 사람 중 단지 61%만이 통증이 경감됨을 느꼈다고 보고했지만, 더 비싼 약을 먹은 사람들은 85%가 상당한 통증 감소를 경험했다고 보고했다. 명백히 소비자들은 더 비싼 약이 더 효과적이라고 믿는 경향이 있다. 이런 발견은 화학성분이 동일한 약이어도 사람들은 인지도 있는 브랜드의 것에 비해 브랜드명이 없는 약은 효과가 떨어지는 것으로 인식한다는 이전의 연구와 일치한다.[50]

소비자들은 가격뿐만 아니라 브랜드명과 제품을 구매하는 소매점을 품질 평가의 단서로 사용한다. 제품에 대해 가진 정보가 적거나 또는 제품이나 서비스의 선택에 대한 자신의 능력을 확신할 수 없는 경우에 소비자는 가격을 품질의 지표로 활용한다. 그러나 소비자가 브랜드명에 친숙하거나, 제품 및 서비스 또는 제품을 구매했던 매장에 대한 이전 경험이 있다면, 제품의 평가와 구매를 위한 결정적 요소로서의 가격의 역할은 감소한다.

많은 제품과 서비스는 '묶음'으로(한 다스의 펜, 발레 공연 시리즈 티켓 등) 판매되며, 가격 할인은 결합상품의 판매량을 높인다. 한 연구 결과는 제품이 묶음으로 판매되는 경우 소비자들이 묶음에 포함된 모든 제품들의 품질을 낮은 것으로 인식하여, 이들 제품들이 나중에 개별적으로 판매되었을 때 판매에 부정적인 영향을 줄 수 있다는 점에서 묶음 할인이 예상치 못한 결과를 가져올 수 있다는 것을 보여준다.[51]

일부 가격과 품질에 대한 인식은 개인의 행복과 관련된다. 한 연구에서, 조사자는 블로그 구독자에게 그들이 지금까지 구매했던 가장 비싼 물건 10개와 가장 행복을 주었던 10개의 구매목록을 나열해달라고 요청했다. 보트와 비싼 웨딩과 같은 일부 상품들은 지불한 비용만큼의 행복을 전달하지는 않았다. 그러나 가장 비싼 상품의 목록과 가장 행복함을 준 제품의 목록 간에는 상당한 중복이 있었다. 대부분의 사람들은 집, 대학 교육, 휴가, 그리고 비싼 가격의 가전제품들을 두 목록에 모두 포함했다.[52]

소매점 이미지와 지각된 품질

소매점들은 그들 자신만의 이미지를 통해 판매하는 제품에 대한 품질 지각과 쇼핑 장소에 대한 소비자 결정에 영향을 미친다. 이런 이미지는 그들이 취급하는 상품들, 판매하는 브랜드와 제품의 가격, 서비스 수준, 매장의 물리적 환경과 분위기, 그리고 전형적인 고객(종종 매장의 주차장에 주차된 자동차에서 확인할 수 있다)으로부터 형성된다. 한 연구는 매장에 대한 강한 긍정적인 이미지를 가진 소비자는 매장의 신뢰성에 대한 부정적인 구전은 하지 않는다는 것을 증명했다.[53]

제품 구색의 폭과 유형은 소매점의 이미지에 영향을 미친다. 예를 들어, 식료품 소매업체는 취급하는 제품의 수를 줄이지 않으려고 한다. 구색이 적다는 소비자 인식이 그들 매장에서의 쇼핑 가능성을 줄일 수 있다는 우려 때문이다. 그들은 주로 방대한 종류의 가장 잘 팔리는 브랜드들을 취급하고 있다고 광고한다. 반대로 비교적 소규모의 슈퍼마켓 체인인 홀푸드마켓(Whole Foods Markets)은 기존의 슈퍼마켓에 비해 작지만 매우 선별적 범위의 제품을 취급하여 수익성 있는 틈새 시장에 초점을 맞춤으로써 매장을 차별화했다. 홀푸드마켓은 유기농 제품(건강한 것으로 인지되는)을 취급하는데, 이들 제품의 상당수는 지역의 영세 상인으로부터 매입된다. 취급하는 모든 식품들은 인공 원료에 대한 검사를 거친 것이며, 트랜스 지방을 함유한 식품은 판매하지 않는다. 이러한 경영 방식을 통해 홀푸드마켓은 제한된 제품 구색에도 불구하고 기존의 슈퍼마켓보다 훨씬 더 높은 수익성을 유지한다. 분명, 취급하는 제품들의 수보다 매장이 제공하는 독특한 혜택이 긍정적인 매장 이미지를 형성하는 데 더 중요한 역할을 한다. 그러나 홀푸드의 가격이 다른 슈퍼마켓들의 가격보다 상당히 높기 때문에, 홀푸드의 별명이 '전체 봉급(Whole Paycheck)'이 되었으며, 이는 홀푸드가 새로운 고객 집단을 유인하는데 어려움을 겪게했다. 홀푸드마켓은 다소 저렴한 제품들을 취급하는 별도의 작은 매장을 운영할 계획이었으나, 불행하게도 그 매장이 인기를 얻기 위해서는 우선 최고라는 명성을 버려야만 했다.[54]

소비자는 제품의 품질 지표로 브랜드명, 매장 이미지, 그리고 가격을 함께 사용한다. 브랜드명과 매장 이미지가 결합할 때 덜 호의적인 이미지는 더 호의적인 이미지의 도움으로 보완된다. 그래서 저렴한 가격대의 매장에서 고급 이미지의 브랜드를 판매하면, 매장의 이미지는 향상되지만, 브랜드의 이미지는 악영향을 받게 된다. 이런 이유 때문에 권위있는 디자이너 제품의 마케터들은 제품이 할인매장에서 판매되지 않도록 제한한다. 고급 매장에서 팔리지 않아 재고로 남아 있는 이월상품을 할인점에 판매할 때에는, 이들 제품에서 디자이너 라벨을 제거한다.

가격 할인 또한 매장의 이미지에 영향을 준다. 많은 수의 제품을 대상으로 자주, 적은 폭의 할인 혜택을 제공하는 매장은 '할인점'으로 인식되어 소수 제품에만 큰 폭의 할인을 제공하는 매장에 비해 명성이 떨어지는 것으로 인식될 가능성이 높다. 이는 소매점의 포지셔닝 전략에 중요한 시사점을 제공한다. 경쟁이 치열할 때에, 소매상은 많은 제품을 대상으로 하는 큰 규모의 세일을 자주 진행하려는 유혹에 빠지기 쉬우나, 이런 전략은 매장 이미지를 원치 않게 변화시키는 결과를 초래할 수 있다. 예를 들어, 뉴욕에 있는 로드앤테일러(Lord and Taylor)는 한때 고급스러운 상류 백화점으로 포지셔닝되어 있었으나 너무 자주 세일을 진행하며 염가판매 제품으로 매장 통로를 채우는 바람에 고급스러운 이미지는 퇴색되었으며 매장을 찾던 고객들은 떠나갔다. 마케터들은 특정 제품의 가격 할인이 소비자의 지각에 어떤 영향을 미치는가를 고려해야 한다. 잘못 선택된 가격 프로모션은 혼란을 유발하고 매장에 대한 고객의 인식을 손상시킬 수 있다.

제조사의 이미지와 지각된 품질

소비자 심상은 지각된 가격과 매장 이미지를 넘어 확장한다. 호의적인 이미지를 형성한 제조사들의 신제품은 그렇지 않은 제조사의 제품보다 더 쉽게 소비자에게 받아들여진다. 소비자들은 또한 제조업체와 특정 속성들을 연결하기도 한다. 예를 들어, 애플은 다른 컴퓨터나 스마트폰들과는 '차별적'인 것으로 인식된다. 스와치는 평범하고 저렴한 것으로 지각되는 반면 롤렉스나 파텍필립(Patek Philippe)의 시계들은 비싸고 지위적 상징을 제공하는 것으로 인식된다.

기업 광고(institutional advertising)는 특정 제품이 아닌 회사 전체의 이미지를 홍보하기 위해 설계된다. 세계적 대기업인 시멘스의 광고는 "내일의 세계는 최종적인 해답을 필요로 합니다."라는 슬로건과 함께 풍력 에너지를 생산하는 공해상에 세워진 풍차를 보여준다. 이 광고는 시멘스를 혁신적이고, 미래 지향적이며, 사회적 책임을 다하는 기업으로 포지셔닝한 것으로 이런 기업의 이미지는 전략적으로 도움을 줄 수 있다. 만약 바다와 직접 맞닿아있는 미국 지역사회 거주자들이 시멘스에 대한 호의적인 이미지를 갖고 있다면, 그들은 창문을 통해 바닷가에 세워진 시멘스의 풍차를 보는 것에 반감을 느끼지 않을 것이다. 반면 시멘스에 대해 중립적 또는 비호의적 태도를 갖고있는 사람이라면 그들의 지역사회를 '침범'한 것으로 여겨 풍차의 설치를 반대하고 막을 것이다.

일부 마케터들은 기업광고보다 제품이나 서비스광고가 더 회사의 이미지를 강화한다고 주장하기도 한다. 그러나 대부분의 사람들은 제품광고와 기업광고 모두 필수적인 것으로 간주하고 있으며, 통합적 기업 커뮤니케이션 프로그램의 보완적 구성요소로 두 유형의 광고를 활용하고 있다. 부당 노동 행위와, 성차별, 그리고 중국과의 무역 불균형을 유발하는 주요 기업임을 나타내는 자료의 공개로 인해 월마트의 명성이 변색되었을 때, 회사는 "월마트는 모든 사람들을 위해 일합니다."로 시작하는 광고를 게시했다. 여기에 더해 회사의 중역들이 TV 토크쇼에 출연하고 지역 사회 단체 및 정부 관계자들과 만나는 등 부정적인 연상을 불식시키기 위해 노력했다.[55] 그러나 소비자 보호 단체들이 "예수의 매장은 어디에 있는가?"라고 묻는 광고 캠페인을 시작하면서 월마트의 고난은 계속되었다. 그들은 예수의 '후광 효과'를 활용하는 부정적 광고를 통해 월마트가 낮은 임금과 열악한 복지 정책을 유지하고 있으며 해외 아동 노동을 착취하고 있다고 설명하면서, 이 때문에 믿음을 가진 사람들은 크리스마스와 같은 연휴 기간 동안 월마트에서 쇼핑하지 말아야 된다고 주장했다.[56]

2장 리포지셔닝을 논의한 부분에서, 우리는 어떻게 은행의 광고가 무책임한 소비를 초래했으며 2008년 금융 재앙에 일조했는지 설명한 바 있다. 그 후로, 많은 은행들은 그들을 '따뜻'하고 '편안'한 회사로 묘사하는 광고를 게재했다. 이런 이미지를 전달하기 위한 광고 슬로건에는 "더 나은 은행(a better kind of bank)", "우리는 당신과 함께 수익을 냅니다(we make money with you, not off you)" 같은 것들이 있다.[57] 온라인에서의 바이러스성 메시지는 매우 부정적으로, 그리고 거의 즉각적으로 회사의 이미지에 좋지 않은 영향을 미칠 수 있다. 예를 들어, 자동차 보험 회사인 프로그레시브 코퍼세이션(Progressive Corporation)은 사망한 운전자의 가족이 과실을 이유로 상대방 운전자를 고소했을 때, 그 회사의 보험을 들었던 운전자를 사망하게 한 상대방 운전자의 편을 들었다. 사망한 운전자의 가족들에게 보험금 75,000달러의 지급을 피하려고 한 것이다. 그러나 가족 중 1명이 이런 사건 내용을 설명하는 글을 블로그에 올렸고, 이 글이 모든 인터넷을 통해 퍼져나가 프로그레시브를 비난하는 상당한 양의 글들을 양산해 냈을 뿐만 아니라 많은 사람들은 그들의 보험을 해약하겠다고 협박하기까지 했다.[58]

지각된 위험

학습목표

7 지각된 위험에 대한 이해와 소비자가 어떻게 구매 위험을 처리하고 감소시키는가에 대해 이해한다.

소비자들은 끊임없이 어떤 제품과 서비스를, 어디에서 구매할 것인가에 대한 결정을 내린다. **지각된 위험**(perceived risk)은 소비자가 구매 결정의 결과를 예견할 수 없을 때 직면하게 되는 불확실성이다. 이 정의는 불확실성과 결과라는 인지된 위험과 관련된 두 가지 요소를 강조한다.

소비자가 인식하는 위험의 정도와 위험 감수에 대한 관용 정도는 소비자의 구매 전략에 영향을 미친다. 실제 위험이 존재하든 아니든, 소비자는 자신이 인식하는 범위 내에서 위험에 의해 영향받는다. 인식되지 않은 위험은, 아무리 현실적이고 위험도가 높아도 소비자의 행동에 영향을 주지 않는다. 소비자는 그러한 위험이 실제로 존재한다고 인지할 때 위험에 의해 영향을 받는 것이다. 또한 위험에 대한 인식은 정보가 제시되는 방법에 따라 다르다. 의약품을 평가함에 있어 제품 설명에 '평범한' 또는 '희귀한'과 같은 단어가 포함되어 있다면 소비자는 부작용이 일어날 가능성을 매우 과대평가하게 된다. 그러나 광고가 긍정적인 분위기를 유발하면, 소비자는 제품의 위험 정보에 대해 더 애매모호한 평가를 내리게 되며 제품의 효과성 및 다른 속성들을 판단함에 있어서도 긍정적인 태도를 취하게 된다.[59]

일반적으로 소비자의 지각된 위험은 다양한 요인에 따라 달라진다. 지각된 위험에는 기능적 위험,

물리적 위험, 재정적 위험, 사회적 위험, 심리적 위험 그리고 시간적 위험이 있으며 각각에 대한 설명은 〈표 4.5〉에 나와 있다.

다양한 지각된 위험

위험에 대한 소비자 인식은 사람, 제품, 상황과 문화에 따라 달라진다. 지각되는 위험의 크기 또한 소비자에 따라 다르다. 예를 들어, 빠르고, 어려우며 용기가 필요한 롤러블레이드나 곡예 자전거처럼 위험도가 높은 활동을 즐기는 청소년들은 그렇지 않은 사람들보다 명백히 위험에 대한 지각의 정도가 낮다.

고위험 지각자는 몇 가지 안전한 대안들만으로 선택의 범위를 제한하기 때문에 제한적 대안 선호자로 묘사된다. 그들은 매우 우수한 제품이라 하더라도 구매에 위험을 느끼면 선택대안에서 제외하고 구매 자체를 포기한다. 저위험 지각자는 좀 더 대안의 범위를 넓혀 선택하려는 경향이 있기 때문에 다양한 대안 선호자로 묘사된다. 이들은 선택할 수 있는 대안의 수를 제한하기보다는 좋지 않은 제품을 선택할 수 있다는 위험을 감수한다.

또한 지각되는 위험은 제품의 범주에 따라 다양하다. 소비자는 LED TV를 구매함에 있어 기능적 위험, 재무적 위험, 시간적 위험 등에서 높은 위험을 인식하게 된다. 이 제품은 매우 새로운 것이며, HD TV에 비해 그 우수성이 아직 증명되지 않은 제품이기 때문이다.

소비자가 인식하는 위험의 정도는 쇼핑 상황에 의해서도 영향받는다. 처음에는 많은 소비자들이 온라인에서 제품을 구매하는 것에 대해 매우 큰 불확실성을 느꼈다. 그러나 수년에 걸친 긍정적인 구매 경험과 입소문으로 인해 온라인 쇼핑에 대한 소비자의 위험 지각 수준이 낮아져서 지금은 온라인 상인들이 시장 지배력을 갖게 되었다. 온라인에서 판매하는 제품을 더 세부적으로 검토하고 심지어는 가상으로 제품을 시연해볼 수 있도록 해준 기술적 진보로 인해 소비자가 지각하는 위험 수준은 낮아질 수 있었다. 온라인 뱅킹에 대한 한 연구 결과에 의하면, 온라인 결제가 납부기간을 맞추는 데 용이하고, 늦은 결제로 인해 연체료가 발생하는 것을 방지해주기 때문에 대부분의 소비자는 온라인 결제를 더 선호하는 것으로 나타났다. 그러나 이들 소비자의 사용의도는 은행에서 제공하는 온라인

표 4.5	지각된 위험 요소		
지각된 위험의 유형	정의	사례
기능적 위험	제품이 기대한 만큼 성능이 좋지 않다.	전자책 리더기가 재충전 없이도 하루 종일 작동하는가?
물리적 위험	제품이 자신이나 다른 사람을 해할 수 있다.	저온살균하지 않은 유기농 우유를 마셔도 안전한가? (대부분의 주에서는 저온 살균하지 않은 우유를 허용하지 않지만, 유기농 제품이라는 이유로 많은 유기농 매장에서 판매되고 있다.)
재정적 위험	제품이 가격만큼의 가치를 갖고 있지 않다.	저렴한 신형 LED TV 모니터가 6개월 후에도 잘 작동하는가?
심리적 위험	불량제품의 선택이 소비자의 자존심을 상하게 한다.	내가 스마트폰이 아닌 피처폰을 쓴다는 것을 친구가 본다면 부끄러울 것인가?
시간적 위험	제품이 기대한 것만큼 품질이 좋지 않으면 제품 탐색에 소비된 시간이 낭비될 것이다.	내가 선택한 통신사를 사용하는 동안 '전화 끊김' 현상이 자주 일어난다면 나는 다른 통신사를 다시 탐색해야 되는가?

결제 보안 시스템에 대한 위험 지각에 따라 다르다.[60] 또한 많은 연구들은 온라인 쇼핑에 대한 소비자의 신뢰 수준이 높으면 지각된 위험은 낮아진다는 것을 증명했다.[61] 이들 연구는 웹사이트에 게시되어있는 제품에 대한 정보의 양이 소비자 위험 지각과 만족에 영향을 미칠 뿐만 아니라 지각된 위험, 만족, 재방문 의도, 구매 의도, 그리고 의사결정 과정에 영향을 준다는 것을 발견했다.[62]

소비자는 각자 다른 방식으로 지각된 위험을 처리하는데, 구매와 관련된 위험을 감소시키는 주요 방법들이 〈표 4.6〉에 요약되어 있다.

지각된 위험의 개념은 신제품을 출시하는 데 중요한 시사점을 제공한다. 신제품 또는 혁신 제품을 구매함에 있어 높은 위험을 지각하게 되면 구매의 가능성이 낮아지기 때문에 잘 알려진 브랜드명(때로는 라이선싱을 통해), 명성 높은 소매점을 통한 판매, 정보를 제공하는 광고, 홍보, 공정한 시험 결과, 무료 샘플, 그리고 환불 보증과 같은 설득적인 위험 감소 전략을 활용하는 것이 중요하다. 또한 소비자는 제품 특성, 가격 등과 같은 요소들에 대한 일대일 비교 및 제품 범주 내 가능한 모든 대안들에 대해 평가한 게시글과 같은 온라인 자원을 사용하여 인식된 위험을 감소시킬 수 있다.

표 4.6 지각된 위험의 감소 방법	
방법	**설명**
정보 탐색	소비자는 입소문을 통해(친구와 가족 또는 가치있는 의견을 제공하는 다른 사람들로부터), 영업 사원을 통해, 그리고 일반 매체들을 통해 제품 및 제품 범주에 대한 정보를 탐색한다. 구매와 관련된 위험 수준이 높을수록 소비자는 구매에 대해 더 숙고하게 되며, 구매 대안들에 대한 정보를 더 많이 탐색한다.
브랜드에 충성적인 고객으로 남음	소비자는 신제품이나 구매 경험이 없는 브랜드를 구매하는 대신, 이전 구매를 통해 만족했던 브랜드에 충성 고객으로 남음으로써 위험을 회피한다. 위험에 민감한 소비자들은 오래된 브랜드를 지속적으로 구매하는 경향이 있으며, 새로 출시된 제품을 구매할 가능성은 낮다.
브랜드 이미지에 의존	제품에 대한 구매경험이 없을 때, 소비자는 인기있거나 유명한 브랜드를 신뢰하는 경향이 있다. 소비자는 잘 알려진 브랜드가 더 좋은 제품이라고 생각하며, 브랜드가 품질, 신뢰성, 성능 및 서비스에 대한 보증을 암시하고 있기 때문에 구매할 가치가 있다고 믿는다.
매장 이미지에 의존	제품에 대한 다른 정보가 없는 경우, 소비자는 명성있는 소매점이 판매하는 제품을 신뢰한다. 매장 이미지는 소비자가 제품에 불만족하여 반품이나 환불할 경우에 대한 확신을 제공한다.
더 비싼 제품이나 브랜드를 구매	가격과 품질의 관계에 대해서 설명한 것처럼, 소비자는 더 비싼 제품이 더 좋은 품질의 제품이라고 생각한다.

요약

학습목표 1 : 지각 요소들을 파악하고 소비자 행동에 있어서 지각의 역할을 이해한다.

지각은 자극을 선택하고, 조직하며, 해석하여 의미 있는 응축된 심상으로 구현하는 과정이다. 소비자는 객관적 사실이 아닌 자신이 지각한 것에 근거하여 구매 결정을 내리기 때문에 지각은 마케터에게 전략적 시사점을 제공한다. 개인이 특정 자극을 지각할 수 있는 가장 낮은 수준을 절대적 문턱이라 한다. 또한 두 자극 간의 지각 가능한 최소한의 차이를 차등적 문턱 또는 두 자극 간의 겨우 알아낼 수 있는 차이라고 한다. 소비자는 대부분 그들의 의식적 인식 수준을 넘어서는 감각 자극을 지각하지만 의식적 인식 수준 이하(잠재적으로)의 약한 자극 또한 지각할 수 있다. 그러나 의식 이하의 자극이 소비자의 구매 결정에 영향을 미친다는 개념은 많은 연구자들에 의해 반박되었다.

학습목표 2 : 소비자는 왜 적은 양의 정보만을 습득하여 처리하는가에 대해 이해한다.

자극에 대한 소비자 선택은 자극 그 자체와 소비자의 기대 및 동기의 상호작용에 기반한다. 사람들은 주로 그들이 필요로 하고 원하는 것은 지각하고 불필요한, 선호하지 않는 또는 고통스런 자극에 대한 지각은 차단한다. 선택적 지각의 원리는 선택적 노출, 선택적 주의, 그리고 지각의 방어와 같은 개념들을 포함한다. 어떤 자극이 선택될 것인가는 자극 그 자체의 특성 외에 다음 두 가지 주요 요소에 달려있다. (1) 소비자의 기대에 영향을 주는 이전 경험(소비자들이 볼 준비된 것) (2) 소비자 동기(소비자의 필요, 욕망, 관심 등)가 그것이다. 이들 각 요소들은 자극이 지각될 가능성을 증가시키거나 감소시킬 수 있다.

학습목표 3 : 소비자가 어떻게 소비 관련 정보들을 조직하는가에 대해 이해한다.

소비자는 지각을 조직화하여 전체로 통합하는데, 이는 형상과 배경, 집단화, 그리고 완결성이라는 게슈탈트 심리학의 원칙에 따른다. '형상'이란 판매촉진을 위한 메시지를 의미하고 '배경'은 형상이 노출되는 환경이나 문맥을 뜻한다. 소비자는 수없이 많은 자극에 노출되어 있기 때문에 적극적으로 광고 메시지를 회피하는 경향이 있다. 마케터들은 자주 제품(형상)을 영화나 TV 쇼(배경)에 의도적으로 노출시키는 간접광고를 활용한다. 이 때 그들은 영화나 TV 쇼 같은 엔터네인먼트 콘텐츠에서 광

고가 '눈에 띄지' 않도록 형상과 배경 간의 차이를 불분명하게 하려고 노력한다. 자극은 개별 단위가 아닌 집단이나 덩어리로 지각(집단화)되며 이것은 기억과 회상을 용이하게 한다. 사람들은 감각 정보의 조각들을 조직화하여 완전한 심상이나 이미지로 완성하고자(완결성) 본능적으로 노력한다. 그래서 만약 자극이 불완전한 것으로 인식되면 소비자는 완전한 의미를 파악하고자 하는 충동을 느끼게 된다.

학습목표 4 : 정보처리 과정에서 왜 그리고 어떻게 오류를 범하게 되는가에 대한 이해와 소비자 오류를 마케팅에 적용하기 위한 시사점을 파악한다.

자극에 대한 해석은 매우 주관적이다. 소비자는 이전 경험에 근거하여 형성된 사전 기대, 개인이 수용할 수 있는 설득력있는 해석 범위, 그리고 자극을 지각한 그 당시의 동기와 관심사에 근거하여 자극이 해석되기 때문이다. 사람들은 다양한 자극의 의미에 대한 그들 자신만의 편향된 심상을 갖고 있는데, 이를 고정관념이라고 한다. 감각적 자극이 주어졌을 때, 사람들은 그들이 보고 들은 것에 선입견을 더하여 왜곡된 인상을 형성한다. 대상에 대한 객관적 해석을 왜곡하는 고정관념은 물리적 외형, 묘사된 용어, 첫인상, 그리고 후광효과에 기인한다.

학습목표 5 : 소비자의 심상 요소에 대해 이해한다.

소비자는 제품과 브랜드에 대한 이미지를 지각하게 된다. 궁극적 성공을 위해서는 실제 물리적 특성보다 제품과 서비스의 지각된 이미지가 더 중요하다. 차별적이고 호의적으로 인식되는 제품과 서비스는 불명확하고 비호감적인 이미지를 가진 것보다 선택될 가능성이 훨씬 높다. 소비자 이미지를 형성하는 주요 요소는 브랜드·패키지·서비스 이미지, 그리고 가격에 대한 소비자의 지각이다.

학습목표 6 : 소비자는 어떻게 제품과 서비스의 품질을 판단하는가에 대해 이해한다.

제품과 서비스에 대한 소비자의 지각된 품질은 상품과 연관된 다양한 정보 단서에 기반한다. 이들 단서의 일부는 제품 또는 서비스에 내재된 정보일 수도 있고 외재된 것일 수 있는데, 이들 단서는 단독으로 또는 함께 제품과 서비스의 품질 인식에 대한 기초를 제공한다. 제품에 대한 사용 경험이나 다른 정보가 없을 경우, 소비자는 품질의 지표로 가격에 의존한다. 소비자가

어떻게 가격을 지각하는가(비싸고, 저렴하고, 적당하고)는 구매 의도와 만족에 크게 영향을 미친다. 소비자는 가격이 적당한지 아닌지를 평가할 때 내적·외적 준거 가격을 참고하게 된다. 전문가의 판단과 과학적 실험에 의해 실제 품질이 우수한 제품과 서비스로 판명되었다 할지라도, 소비자가 자신의 필요를 만족시키고 우수한 가치를 제공하는 제품으로 지각하지 않는다면, 객관적 증거들에도 불구하고 구매를 결정하지 않는다.

학습목표 7 : 지각된 위험에 대한 이해와 소비자가 어떻게 구매 위험을 처리하고 감소시키는가에 대해 이해한다.

소비자는 구매결정의 결과를 확신할 수 없기 때문에 제품을 선택함에 있어 위험을 지각하게 된다. 대부분의 경우, 소비자의 위험 인식은 다양한 요인들에 따라 변화한다. 지각된 위험의 종류에는 기능적 위험, 물리적 위험, 재정적 위험, 사회적 위험, 심리적 위험, 그리고 시간적 위험이 있다. 지각된 위험을 줄이기 위해서 소비자는 더 많은 정보를 탐색하고, 브랜드 충성도를 유지하며, 유명 브랜드를 구매하거나 명성 있는 소매점에서 구매하고, 가장 비싼 브랜드 구매하는 등의 전략을 활용한다. 또한 환불 보증, 품질 보증, 그리고 구매 전 시연과 같은 안전을 추구하는 행동을 보이기도 한다. 지각된 위험의 개념은 신제품을 위한 프로모션 캠페인에 위험을 감소시키는 전략을 통합하여 신제품의 수용을 촉진시키고자 하는 마케터들을 위한 중요한 시사점을 제공한다.

복습과 토론 문제

4.1 감각 적응은 광고 효과에 어떤 영향을 미치는가? 어떻게 마케터들은 감각적 적응을 극복할 수 있는가?

4.2 절대적 문턱과 차별적 문턱의 차이에 대해서 논하시오. 어느 것이 마케터를 위해 더 중요한가? 그 이유를 설명하시오.

4.3 차등적 문턱에 대한 지식을 어떻게 초콜릿 바와 시리얼의 패키지 및 가격에 적용할 수 있는지 설명하시오. 또한 (1) 재료와 생산 비용이 상승할 때, (2) 경쟁이 심화될 때의 판매 촉진에 차등적 문턱이 어떻게 적용될 수 있는지 설명하시오.

4.4 잠재의식 광고는 효과가 있을까? 당신의 관점에 대한 근거를 설명하시오.

4.5 광고가 눈에 잘 띄게 하기 위해 어떻게 대조를 활용할 수 있을까? 광고와 매체 간의 조화는 광고 효과를 높이는가 아니면 방해하는가?

4.6 인쇄광고와 온라인 광고에 있어 형상과 배경 관계가 주는 의미는 무엇인가? 형상과 배경 구조가 광고 메시지의 전달에 어떻게 도움을 줄 수 있는가? 또는 어떻게 방해할 수 있는가?

4.7 왜 마케터들은 때때로 자신의 제품이나 서비스를 재포지셔닝하는가? 사례와 함께 답하시오.

4.8 제품의 품질보다 서비스 품질을 평가하기 어려운 이유는 무엇인가?

4.9 다음 제품들에 대한 외재적 단서와 내재적 단서의 역할을 논하시오. (1) 와인, (2) 레스토랑, (3) 스마트폰, (4) 대학원 교육

실전 과제

4.10 매복 마케팅 또는 체험 마케팅을 활용한 세 가지 인쇄광고를 사례로 설명하시오. 각각의 사례에 있어 감각적 입력의 효과성에 대해 평가하시오.

4.11 선택적 지각을 정의하고, 인쇄광고와 온라인광고에 있어 이 개념 요소들이 당신의 관심 패턴에 어떤 영향을 주는지 설명하시오.

4.12 동일 브랜드명으로 여러 버전의 제품을 생산하는 회사를 고르시오. 또 회사의 웹사이트를 방문해서 제품 품목과 각 제품 품목이 소비자에게 제공하는 혜택의 목록을 준비하시오. 그리고 다음의 질문에 답하시오. 이들 모든 혜택은 믿을 수 있는 것인가? 그 혜택들은 동일 제품의 다양한 품목들을 구매하도록 소비자들을 설득하는가?

4.13 서비스 품질의 소비자 지각을 설명하는 개념을 적용하여 현재 이 수업을 평가하시오.

주요 용어

소비자 학습

학습목표

1. 소비자 행동의 맥락에서 학습 요소들에 대해 이해한다.

2. 행동적 학습, 고전적 조건형성, 그리고 자극 일반화에 대해 이해하고, 신제품 개발과 브랜딩에 대해 학습한다.

3. 조작적 조건형성, 그리고 강화의 목적과 방법에 대해 이해한다.

4. 소비자 행동에 있어 관찰 학습의 역할에 대해 이해한다.

5. 소비와 관련된 정보의 수신, 저장, 그리고 탐색과 같은 정보 처리 요소에 대해 이해한다.

6. 소비자의 의사결정을 위한 프레임워크로서 인지 학습에 대해 이해한다.

7. 소비자 관여와 수동적 학습에 대해 이해하고 이것들이 구매 결정과 판매촉진 커뮤니케이션의 유지와 회상에 어떠한 영향을 미치는지 파악한다.

8. 소비자 학습의 결과를 측정하는 방법에 대해 이해한다.

학습은 자신의 지식과 과거 경험을 현재 상황에 적용하는 것이다. 갤럭시노트를 생산하는 제조사이자 스마트폰 시장의 글로벌 리더와 삼성은 새로운 시장으로의 진입을 시도하는 동안에도 기존 소비자를 유지하기 위해 경험요소를 활용했다.

삼성은 갤럭시의 두 가지 신제품, 갤럭시노트3와 갤럭시기어를 동시에 출시하면서 걸프 지역의 상위 고객에게 초점을 맞추었다. 〈그림 5.1〉에 있는 광고는 첨단기술을 탑재한 매력적인 시계와 함께 가격 경쟁력 있는 새로운 모델의 스마트폰을 구매하는 것이 매우 좋은 선택이라는 암시적 메시지를 전달하고 있다.

삼성은 광고에 "당신의 삶을 디자인하라."라는 메시지를 사용함으로써 소비자가 기어(gear)와 함께 스마트폰을 사용하면 삶의 거의 모든 측면을 세심하게 관리되고, 조직화하는 데 도움이 될 것이라는 내용을 효과적으로 전달하고 있다. 손목시계와 마찬가지로 손목에 차는 웨어러블 기계인 기어는 사용자가 스마트폰으로부터 멀리 떨어져있어도 연결 상태를 유지해준다. 삼성은 자사 제품을 사용하는 소비자가 세련되어 보이도록 하여 자사 제품이 신분을 나타내는 상징으로 사용되기를 원하며, 그래서 삼성 갤럭시노트3와 기어가 소비자에게 중요한 일부분이 되기를 바란다.

교육과 **학습**(learning)을 효과적으로 만드는 것은 무엇일까? 첫째, 학생은 지식이 많은 교사에게 반응을 더 잘 할 가능성이 높다. 이 경우에 소비자 교육과 학습 과정은 스마트폰과 회사에 이미 친숙한 소비자들 그리고 과감하게 스마트폰을 시도해보고자 하는 사람들에게 맞춰진다. 삼성은 스마트폰 범주에서 전 세계적으로 매우 신뢰할 수 있는 다국적 선도기업이기 때문에 효과적인 학습 경험을 전달할 수 있다. 둘째, 소비자들은 재미있는 메시지로 관심을 끄는 광고를 통해 학습할 가능성이 더 높다. 소비자는 매력적인 메시지를 전달하는 삼성의 광고에 주목하고, 그 메시지를 학습할 것이다.

삼성은 또한 학습의 세 번째 요소인 반복을 활용한다. 서로 다른 매체를 통해 다양한 형식으로 캠페인의 핵심 메시지를 반복하는 광고는 진행하는 것이다. 이런 원리에 따라 삼성은 갤럭시노트3와 기어를 함께 강조하는 광고를 전략적으로 다양한 광고매체를 통해 반복적으로 농축시켰다. 다채로운 시각적 이미지와 타깃별로 차별화된 메시지를 사용한 광고들이지만, 모두 동일한 주제를 전달한다.

학습의 최종 요소인 강화(reinforcement)는 신제품을 시험적으로 사용해보는 소비자에 대한 보상과 관련된다. 오늘날 최신 기술에 상당히 능통한 소비자들은 단순한 조작만으로 삶을 더 좋게 만드는 장치들을 찬양한다. 삼성은 더 쉽고 대담한 방식으로 소비자가 삶을 다시 디자인하게 도와줄 수 있는 기계를 제공할 것을 약속했고, 광고 캠페인은 이런 메시지를 강화하기 위해 사용되었다. S펜(스타일러스 펜)과 갤럭시기어는 단지 스마트폰에 부과된 액세서리에 불과하지만, 그것들은 향상된 기능과 독점기술, 그리

그림 5.1 소비자 학습을 활용하는 삼성의 광고

고 뛰어난 경험이라는 보상을 소비자에게 제공한다.

다음으로 우리는 학습 요소들에 대해 논의하며, 소비자가 신제품을 시도하고 지속적으로 새로 출시된 제품을 구매하도록 유도하는 마케팅 전략을 개발하기

위해 학습 요소들이 어떻게 적용되는지 살펴볼 것이다. 또한 학습 경험의 결과를 측정하는 데 사용되는 방법들을 설명할 것이다.

소비자 학습의 요소

학습목표

1 소비자 행동의 맥락에서 학습 요소들에 대해 이해한다.

학습은 개인이 구매 및 소비에 대한 지식을 습득하는 과정이며 그 지식을 미래의 연관된 행동에 적용하는 경험이다. 따라서 **소비자 학습**(consumer learning)은 소비자가 경험하며, 관찰하고, 다른 사람들과의 상호작용으로 지식을 획득하며, 새롭게 획득한 지식이 미래의 행동에 영향을 미치는 변화와 진화의 과정이라 할 수 있다. 소비자 학습은 마케팅 단서(패키지, 제품 색상, 그리고 홍보 메시지 같은)에 대한 단순한 반사적 반응에서부터 복잡하고 값비싼 제품의 구매에 대한 의사결정, 그리고 추상적인 개념에 대한 학습까지 다양하다.

모든 학습이 의도적으로 이루어지는 것은 아니다. 많은 학습이 의도적으로 이루어지기는 하지만 상당량의 학습은 많은 노력 없이 우연히 획득된 **부차적**인 것이다. 예를 들어, 〈그림 5.1〉에 있는 익숙한 브랜드이름으로 출시된 신제품의 광고처럼, 어떤 광고들은 의도적이지 않게 학습을 유도한다. 그러나 중요한 구매를 고려하는 소비자들이 의도적으로 찾아서 주의 깊게 읽는 광고도 있다. 학습은 동기, 단서, 반응, 그리고 강화의 네 가지 요소로 구성되어 있다.

동기

소비자 동기를 밝히는 것은 자사의 제품이나 브랜드를 구매하면 욕구를 충족시킬 수 있다는 것을 소비자에게 학습시키고자 하는 마케터의 가장 중요한 목표이다. 미충족된 니즈는 학습을 촉발하는 **동기**(motive)로 이어진다. 예를 들어, 건강과 오락을 위해 자전거를 타고자 하는 사람들은 자전거에 대해 가능한 많은 것을 배우고자 하며 시간이 날 때마다 자주 연습하고자 하는 동기가 생긴다. 그들은 자전거에 대한 가격, 품질 그리고 특성에 관한 정보를 탐색하고, 어떤 자전거가 그들의 요구에 최적화된 것인지 학습할 것이다. 그들은 또한 지역신문에 난 자전거 도로에 대한 기사를 관심있게 읽을 것이며 자전거 타기나 하이킹과 연계된 '활동적 휴가'에 대한 온라인 정보를 탐색할 것이다. 반대로, 자전거 타기에 관심이 없는 사람들은 이런 모든 정보를 무시할 것이다. 연관된 정도 또는 '관여도'는 제품이나 서비스에 대한 정보를 검색하고 학습에 참여하기 위한 소비자의 동기 수준을 결정한다.

단서

단서(cue)는 행동을 직접 유발하는 자극이다. 자전거 여행이 포함된 이국적인 여행에 대한 광고는 자전거를 즐겨 타는 사람들에게 갑자기 휴가가 '필요'하다는 것을 '인지'하게 만드는 단서의 역할을 한다. 그 광고는 발현된 동기를 만족시키는 특정 방법을 제안하는 단서 또는 자극이다. 마케팅에서는 가격, 스타일, 포장, 광고, 그리고 매장 디스플레이가 활용된다.

특정 제품을 구매함으로써 니즈를 충족시킬 수 있다고 소비자들을 설득할 때, 소비자의 기대와 일치하는 단서만이 동기를 유발할 수 있기 때문에 마케터들은 소비자의 기대와 맞는 단서를 제공해야 한다. 예를 들어, 소비자는 디자이너가 제작한 옷은 비싸고 명망 높은 소매점에서 판매될 것으로 기대한다. 그래서 고급 패션 디자이너들은 그들의 의상을 단독 매장을 통해서만 판매하고 프리미엄 패

선 잡지에만 광고하려고 한다. 마케터가 원하는 방향으로 소비자 행동을 유도하는 자극이 되려면, 마케팅 믹스 요소들은 서로 통합되어 강화되어야 한다.

반응

학습의 맥락에서 **반응**(response)은 동인이나 단서에 대한 개인적 응답이다. 학습은 반응이 명백하지 않을 때조차 발생할 수 있다. 소비자에게 일관된 단서를 제공하는 자동차 회사는 매번 구매를 자극하는 데 성공하지 못할 수도 있다. 그러나 만약 소비자의 마음속에 특정 자동차 모델에 대한 호의적인 이미지를 형성하는 데 성공한다면, 소비자는 자동차를 살 준비가 되었을 때 그 브랜드의 자동차 구매를 고려하게 될 것이다.

반응은 일대일 방식으로 니즈와 연계되지 않는다. 3장에서 언급한 것과 같이, 사실 니즈나 동기는 대단히 다양한 반응을 불러일으킨다. 예를 들어, 자전거를 타는 것 이외에도 운동을 위한 니즈에 반응하는 많은 방법이 있는 것이다. 단서가 반응을 유발하는 특정 방향을 제공하기는 하지만, 다양한 단서들이 소비자의 관심을 끌기 위해 경쟁한다. 소비자의 반응은 이전 학습에 크게 의존하기도 하며, 이 경우 관련 반응은 강화된다.

강화

강화(reinforcement)는 제품 또는 서비스를 구매하여 사용한 후 소비자가 받는 기쁨, 즐거움, 그리고 혜택 같은 보상을 의미한다. 소비자에게 지속적으로 긍정적인 평가를 받는 제품이나 서비스를 제공하여 미래의 구매를 강화하는 것은 마케터에게 있어 큰 숙제이다. 만약 어떤 사람이 레스토랑에 처음 방문했는데 음식, 서비스, 분위기에 모두 만족하여 지불한 비용만큼의 가치를 얻었다고 느낀다면, 그 소비자는 다시 그 레스토랑에 방문하고자 강화될 것이다. 그래서 그 사람이 지속적으로 방문하는 고객이 되었다면, 레스토랑의 주인은 무료 음료를 제공하거나 고객의 이름을 기억한다던가 하는 방법을 통해서 지속적으로 고객의 애호도를 강화해야 한다. 물론 그 과정 동안 고객을 지속적으로 방문하도록 강화하는 핵심 요소인 음식과 서비스의 품질은 유지되어야만 한다. 그러나 반대로 어떤 소비자가 레스토랑의 음식과 서비스 품질에 실망하거나 '바가지'를 썼다고 느낀다면 그 사람은 더는 그 레스토랑을 방문하지 않을 것이며 강화는 일어나지 않는다. 강화의 부재로 인해 소비자가 레스토랑에 다시 방문할 가능성은 낮아진다.

〈그림 5.2〉는 P&G가 나쁜 냄새를 제거하는 페브리즈를 출시하면서 적용한 학습의 네 가지 요소들을 보여준다. 학습의 원리를 따르지 않은 페브리즈의 초기 포지셔닝은 그 효과가 좋지 않았으나, 나중에 학습의 원리와 일치하는 방식으로 재포지셔닝한 후 판매는 증가했다.[1]

학습 방법에 대한 하나의 보편화된 이론은 없지만, 대체로 행동과 인지의 두 가지 학습모델이 있다. 이후, 학습모델 이론과 소비자 행동에의 응용에 대해 설명할 것이다. 또한, 소비자가 정보를 저장하고, 유지하며, 검색하는 방법과 인지적 학습에 대해 설명하고, 학습의 측정 방법을 알아보고자 한다.

그림 5.2 P&G의 페브리즈

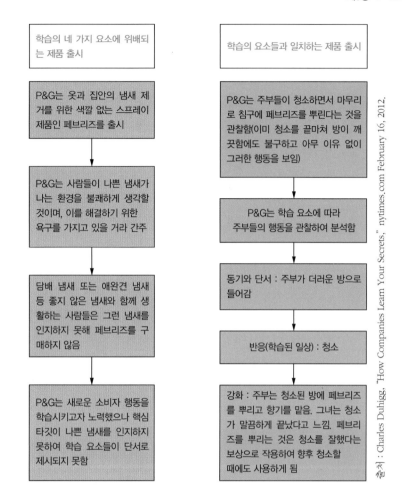

학습의 네 가지 요소에 위배되는 제품 출시

P&G는 옷과 집안의 냄새 제거를 위한 색깔 없는 스프레이 제품인 페브리즈를 출시

↓

P&G는 사람들이 나쁜 냄새가 나는 환경을 불쾌하게 생각할 것이며, 이를 해결하기 위한 욕구를 가지고 있을 거라 간주

↓

담배 냄새 또는 애완견 냄새 등 좋지 않은 냄새와 함께 생활하는 사람들은 그런 냄새를 인지하지 못해 페브리즈를 구매하지 않음

↓

P&G는 새로운 소비자 행동을 학습시키고자 노력했으나 핵심 타깃이 나쁜 냄새를 인지하지 못하여 학습 요소들이 단서로 제시되지 못함

학습의 요소들과 일치하는 제품 출시

P&G는 주부들이 청소하면서 마무리로 침구에 페브리즈를 뿌린다는 것을 관찰함(이미 청소를 끝마쳐 방이 깨끗함에도 불구하고 아무 이유 없이 그러한 행동을 보임)

↓

P&G는 학습 요소에 따라 주부들의 행동을 관찰하여 분석함

↓

동기와 단서 : 주부가 더러운 방으로 들어감

↓

반응(학습된 일상) : 청소

↓

강화 : 주부는 청소된 방에 페브리즈를 뿌리고 향기를 맡음. 그녀는 청소가 말끔하게 끝났다고 느낌. 페브리즈를 뿌리는 것은 청소를 잘했다는 보상으로 작용하여 향후 청소할 때에도 사용하게 됨

출처 : Charles Duhigg, "How Companies Learn Your Secrets," nytimes.com February 16, 2012.

고전적 조건형성

학습목표

2 행동적 학습, 고전적 조건형성, 그리고 자극 일반화에 대해 이해하고, 신제품 개발과 브랜딩에 대해 학습한다.

행동적 학습(behavioral learning)은 특정한 외부 자극에 대한 반응을 관찰함으로써 학습이 일어난다는 것을 전제하므로 **자극-반응 학습**(stimulus-response learning)이라고도 한다. 행동적 학습은 학습의 과정에 대해서는 고려하지 않는 대신, 정보의 입력(input)과 학습의 결과(outcome)에 초점을 맞춘다. 즉 소비자가 선택하는 자극과 자극 입력의 결과로 나타나는 행동에 집중한다. 마케팅과 관련이 많은 행동적 학습의 세 가지 형태에는 고전적 조건 형성, 조작적 조건 형성, 그리고 관찰 학습(모델링)이 있다.

고전적 조건형성(classical conditioning)은 반복적 노출과 강화를 통해 형성되는 '반사적'(또는 자동적)인 반응을 의미한다. 만약 친구가 당신이 신은 값비싼 프라다 부츠를 칭찬한다면, 당신은 프라다 운동화를 구매하기 위해 돈을 모으려고 할 가능성이 높다. 잡지에서 프라다의 광고를 본다면, 당신은 즉각적으로 친구의 칭찬에 대해 회상하고 이전의 구매결정에 대해 만족해할 것이다. 러시아의 심리학자인 이반 파블로프는 고전적 조건형성의 개념을 개발했다. 파블로프는 특정 반응을 유발하는 자극과 연관된 다른 자극이, 단독으로 주어졌을 때조차 동일한 반응을 유발할 때 조건화된 학습이 발생하게 된다는 것을 밝혀냈다. 그리고 파블로프는 개를 대상으로 한 실험을 통해 '조건화된 학습'이 무슨 뜻인지를 보여주었다. 일반적으로, 개는 항상 배고파하고 먹고자 하는 동기가 매우 높다. 그의 실험에서, 파블로프는 벨을 울리고 나서 즉시 개에게 고기를 맛보게 했고, 개는 침을 흘리게 된다. 이런 벨 소리와 고기와의 짝짓기를 여러 번 반복한 후에는, 개는 고기 냄새를 맡지 않아도 벨 소리만 듣고 침을 흘리게 된다.

인간의 행동에 파블로프의 이론을 적용하여 다음과 같은 상황을 고려해보자. 고등학교에 다니는 동안 당신은 매일 저녁 7시에 친구와 함께 항상 특정한 음악을 테마로 시작하는 TV 시트콤을 시청했다. 그리고 몇 년 후 당신과 당신의 가장 친한 친구는 서로 다른 대학으로 진학했다. 새로운 기숙사에 짐을 풀고 7시에 당신이 가장 좋아하는 시트콤을 보기 위해 TV를 틀었을 때 그 음악 테마가 흘러나오게 되면, 당신은 즉각적으로 당신의 친구를 떠올리고 시트콤을 혼자 시청하는 것에 외로움을 느끼게 될 것이다. 이제는 떨어져 있는 가장 친한 친구를 생각했을 때 슬픔을 느끼는 것은 자연스러운 인간의 반응이며, 그래서 이것은 **무조건 자극**(unconditioned stimulus)(주어진 환경에 대한 반응으로 자연적으로 일어나는 자극)이다. 당신이 매일 밤 친구와 함께 시트콤을 보기 시작하기 전에는, 시트콤의 음악 테마는 어떠한 행동이나 감정도 유발하지 않는 중립적 자극이었다. 그러나 나중에 시트콤을 혼자 보게 되었을 때, 동일한 음악이 슬픈 감정이라는 특정 반응을 유발했고, 시트콤의 음악은 **조건적 자극**(conditioned stimulus)(반복의 결과로 특정 사건이나 감정과 연관된 자극)이 되었다. 이 음악을 어디서 듣건 슬픈 감정을 느끼게 되는 것은 **조건적 반응**(conditioned response)(조건적 자극에 대한 반응)이다. 조건화 과정에서의 반복으로 인해 음악은 슬픔을 유발했다. 당신은 수년간 친구와 TV를 시청하면서 동일한 음악 테마를 항상 동시에 들었던 것이다. 만약 당신이 가끔씩만 그렇게 했다면 음악은 슬픔을 유발하지 않았을 것이다. 〈그림 5.3〉은 파블로프의 모델과 고전적 조건형성의 유사한 사례를 보여준다.

소비자 행동에 대한 고전적 조건형성의 전략적 응용에는 연합 학습(associative learning), 반복(repetition), 자극 일반화(stimulus generalization), 그리고 자극 변별(stimulus discrimination)이 있다.

연합 학습

현대 행동 과학자들은 고전적 조건형성을 소비자가 결과를 기대하고 예측할 수 있게 하는 사건들을 연합하는 학습으로 간주한다. 즉 고전적 조건형성이란 반사적 행동이 아닌 **인지적 연합 학습**(cognitive associative learning)으로, 새로운 반사작용을 습득하는 것이 아니라 세상에 대한 새로운 지식을

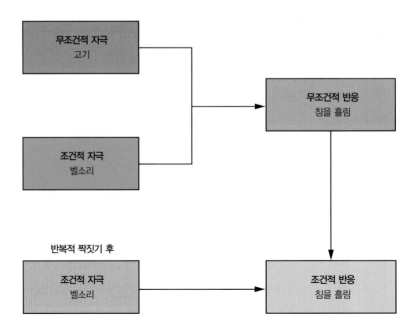

그림 5.3A 고전적 조건형성

획득하는 것이다. 이러한 관점에 의하면, 소비자는 세상에 대한 정교한 표상을 형성하기 위해 그들 자신의 선입견과 함께 사건들 간의 논리적이며 인지적인 관계를 이용하는, 정보를 탐색하는 사람들 이다.

반복의 역할

광고에서 **반복**(repetition)은 브랜드와 니즈 충족 간의 연결을 형성하기 위한 핵심 요소이다. 예를 들어, 건강한 치아와 좋은 구강 위생을 유지하는 것은 인간의 니즈(무조건적 자극)이며, 많은 소비자들은 그들의 니즈와 '크레스트'라는 단어를 연결한다. 50년 이상 계속된 셀 수 없는 반복 광고로 인해 소비자들은 '크레스트'라는 브랜드명을 듣거나 보면 박테리아나, 질병, 그리고 노후화로부터 잇몸과 치아를 보호하여 건강하게 유지시켜주는 프리미엄 제품을 연상하게 된다. 이 경우에, 크레스트는 조건 자극, 소비자들의 연상은 조건 반응이 된다. 게다가 소비자들은 '크레스트'를 동일 브랜드명으로 시장에 출시된 수십 개의 다양한 치약, 칫솔, 치아 미백 제품, 치실, 입 헹굼 제품들과 연결한다. 이런 조건 자극과 반응들은 크레스트의 광고를 반복적으로 보고 들으면서 생겨난다.

반복은 두 자극 간의 연결 강도를 증가시키고 연관관계에 대한 망각 속도를 늦춘다. 그러나 이러한 기억유지를 돕는 반복의 양은 제한적이다. 초기 학습을 위해 요구되는 것 이상의 반복은 기억유지를 돕지만, 어느 순간부터는 수많은 반복 노출에 질리게 되어 소비자의 관심과 기억유지는 감소된다. 이런 현상을 **광고효과 감퇴**(advertising wear-out)라고 부르는데, 마케터들은 〈그림 5.4〉에서 보여지는 광고들처럼 동일한 메시지를 전달하는 다른 유형의 광고나 다른 표현방식을 사용하는 광고를 통해 이를 감소시킬 수 있다. 또 다른 예는 '세계의 현지 은행(the world's local bank)'으로 포지셔닝한 HSBC의 광고에서 찾아볼 수 있다. '차별적인 가치'로 제목을 붙인 광고 캠페인은 "차별적 가치는 세상을 더 부유한 곳으로 만듭니다."라는 주제가 중앙에 있는 20개의 광고들로 이루어져 있다. 핵심 주제는 동일했지만 광고에 보이는 대상은 다양했다. 이 광고들은 개인의 관점은 주관적이고 자기 자신의 가치를 반영하는 것이기에, 동일한 대상이어도 다른 관점이나 문화권에 따라 다른 의미로 해석될 수 있다는 것을 보여준다. 예를 들어, 한 광고에서 보이는 동일한 알약 통은 '예방'(예 : 비타민약), '치료'(예 : 항생제), 또는 '일탈'(예 : 불법 약물)을 표상하는 것으로 해석되기도 했다.

비록 모든 마케터들은 소비자를 학습시키기 위한 노력으로 반복 노출이라는 방법을 사용하지만, 얼마나 노출해야 하는가에 대해서는 다양한 논란이 있다. 누군가는 단지 3번의 광고 노출이면 된다

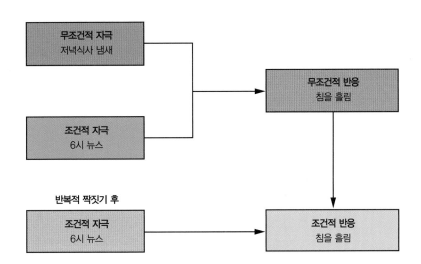

그림 5.3B

그림 5.4 다른 방식으로 전달하는 동일한 광고 메시지

고 믿는다. **3 Hit 이론**(three-hit theory)이라고 불리는 이 노출 방식은 첫 번째는 소비자에게 제품을 인식하게 하고, 두 번째는 소비자에게 제품의 연관성을 보여주며, 그리고 마지막 세 번째는 제품의 혜택을 소비자에게 상기시키도록 하면 충분하다는 것이다. 반면, 다른 연구자들은 이 세 가지 목적을 달성하기 위해서는 11∼12번 정도의 반복이 필요하다고 제안한다. 그러나 한 연구는 노출의 수보다 소비자의 욕구와 관련된 내용의 메일 광고가 소비자의 학습과 태도에 더 큰 영향을 미친다는 것을 지적했다.[2]

자극 일반화

고전적 조건형성 이론에 따르면, 학습은 반복뿐만 아니라 개인의 '일반화' 능력에 따라 다르게 나타난다. 파블로프는 개가 종소리뿐만 아니라, 열쇠나 동전 짤랑거리는 소리와 같은 종소리와 비슷한 소리에도 침을 흘리게 된다는 것을 발견했다. 약간 다른 자극에 동일한 방식으로 반응하는 것을 **자극 일반화**(stimulus generalization)라고 한다.

자극 일반화는 일부 모방제품이 시장에서 성공하는 이유를 설명한다. 소비자들이 광고에서 보았던 기존 제품과 모방제품을 혼동하는 것이다. 자극 일반화는 또한 중소 제조사들이 유명 브랜드의 제품과 패키지를 비슷하게 따라하는 이유를 설명해준다. 그 회사들은 소비자가 자사제품의 패키지를 선도 브랜드의 제품으로 혼동하여, 자사의 제품을 구매하기를 바란다.

자극 일반화를 브랜딩과 제품 계열 관리에 적용하는 전략에는 제품 계열 확장, 제품 형태 확장, 패

밀리 브랜딩, 그리고 라이선싱이 있다.[3]

제품 계열 확장

제품 계열 확장(product line extension)은 기존의 브랜드에 관련 제품을 추가하는 것이다. 유명하고 신뢰할 수 있는 브랜드명에 관련 제품을 추가하는 전략이 자주 활용되고 있다.[4] 예를 들어, V8의 심 볼을 보면 무엇이 떠오르는가? 가장 예상되는 대답은 자판기나 편의점에서 구매할 수 있는 작은 병에 든 채소 주스 또는 슈퍼마켓에서 구매할 수 있는 조금 더 큰 병의 채소 주스이다. 대부분의 소비자는 채소 주스를 마시는 것을 비타민, 항산화 성분, 그리고 면역 시스템을 강화하는 성분이 든 채소를 먹는 것과 동일시한다.

대부분의 소비자가 V8과 채소를 연관 짓는 반면, 그들은 V8과 수프는 연관 짓지 않는다. 왜 캠벨(V8을 판매하는)은 〈그림 5.5〉에 있는 수프를 출시해서 소비자가 오래전부터 갖고 있던 인식을 '방해'하는 것일까? 언제나 V8 채소 주스를 구입한 소비자들은 좋은 맛의 주스로 '보상' 받았으며, 그들은 건강한 제품을 소비하고 있었다. V8의 브랜드 이름으로 새로운 제품을 광고할 경우, 소비자는 V8 채소 주스를 소비함으로써 얻은 이전의 많은 보상 경험들을 연상할 것이고, 이 브랜드의 핵심 가치인 건강에 대한 혜택을 신제품과 결부시켜 생각할 것이다. 학습의 개념에 따라, 소비자는 V8에 대해

그림 5.5 제품 계열 확장 : V8 수프

그림 5.6 Mr.클린의 제품 계열 확장

출처 : Proctor & Gamble

그들이 알고 있는 사전지식을 이 신제품에 적용할 것이고 신제품을 구매해볼 것이다. V8의 제품 계열 확장은 동일한 브랜드명으로 다른 제품을 마케팅하는 패밀리 브랜딩의 방식으로 진행되었다.

〈그림 5.6〉은 1950년대 이후 베스트셀러였던 미스터 클린의 브랜드 이름 아래 계열 확장한 두 제품을 보여준다. 이 브랜드는 강하고, 끈기 있으며, 능력 있고, 신뢰할 수 있는, 그리고 친절한 '사람'으로 보이는 마스코트로 대변되며 소비자는 Mr.클린의 확장 제품도 그러할 것으로 여긴다(그림 3.2 참조).

제품 형태 확장

동일 브랜드명의 동일 제품을 다른 형태로 제공하는 것을 **제품 형태 확장**(product form extension)이라 한다. 액체 형태 구강 세척제의 선도 브랜드인 리스테린이 고체 형태의 리스테린 포켓팩을 출시하거나(그림 5.7), 가장 인지도 높은 세제 브랜드 중 하나인 클로록스 표백제가 시장에 출시된 이후 수십 년 동안 액체의 형태로 판매하던 제품을 우수한 품질의 보편적인 브랜드로 인식을 구축하면서 표백 젤을 출시한 경우가 대표적인 예이다.

패밀리 브랜딩

자극 일반화에 따른 또 다른 전략은 동일 브랜드 이름으로 다른 제품을 마케팅하는 **패밀리 브랜딩**(family branding)이다. 예를 들어, 원래 수프 브랜드였던 캠벨은 동일 제품 계열에 동일 브랜드명으로 건더기가 많은 수프, 응축된 수프, 유아용 수프, 그리고 저나트륨 수프와 같은 새로운 식품을 지속적으로 추가했을 뿐만 아니라, 캠벨 수퍼베이크라는 이름으로 냉동식품을 출시했고 캠벨 토마토 주스를 시장에 내놓았다.

라이선싱

라이선싱(licensing)은 계약을 통해 잘 알려진 브랜드 이름을 다른 제조업체의 제품에 부착하여 사용하도록 하는 것이다. 디자이너, 제조 업체, 유명 인사, 기업, 그리고 심지어는 만화 캐릭터의 이름들을 다양한 제품에 부착하면('임대'하면), 브랜드 사용을 허락받은 제품들은 즉각적인 인지를 획득하거나 품질에 대한 암시를 소비자에게 제공할 수 있다. 일부 성공적인 라이센스 브랜드에는 리즈클레이본(Liz Claiborne), 토미힐피거(Tommy Hilfiger), 캘빈클라인(Calvin Klein), 크리스찬디올(Christian Dior) 등이 있으며, 이들 이름은 신발 깔창과 여행용 가방에서부터 향수까지 매우 다양한 제품에 등장한다.[5]

기업 또한 기업명과 상표를 관련 제품에 라이센스한다. 예를 들어, 고디바 초콜릿은 고디바 리큐

그림 5.7 제품 형태 확장 : 리스테인 포켓팩 표백제

출처 : The Clorox Company

어를 위해 이름을 라이센스했다. 뿐만 아니라 기업은 순수한 홍보 목적으로 이름과 로고를 라이센스하기도 한다. 예를 들어, '언제나 코카콜라(Always Coca-Cola)'라는 문구가 의류, 장난감, 커피 잔 등 다양한 제품에 인쇄되어 있으나, 그중 어느 것도 코카콜라가 만든 것은 아니다.

라인 확장, 형태 확장, 패밀리 브랜딩, 그리고 라이선싱의 기원이 되는 브랜드와 연계된 제품들의 수가 많아질수록 브랜드명은 강화된다. 그러나 그렇게 되기 위해서는 라이센스 브랜드와 연계된 제품의 품질이 우수해야 하며, 브랜드 이미지와 포지셔닝이 일치해야 한다. 그렇지 않으면 라이선싱 브랜드와 연계된 모든 제품에 부정적인 영향을 미치게 될 것이다. 한 연구는 다양한 제품을 포함한 브랜드 확장이 유사한 제품만으로 구성된 브랜드 확장보다 성공적일 가능성이 높다는 것을 보여주었다. 이 연구는 또한 브랜드 확장에 대한 소비자 반응은 이들 제품들이 제공하는 차별적 혜택과 강한 연관성을 갖고 있음을 확인했다.[6]

자극 변별과 제품 차별화

자극 일반화와는 반대로 **자극 변별**(stimulus discrimination)은 유사한 자극들 사이에서 특정 자극을 선택하는 것이다. 포지셔닝의 주요 목적은 비슷한 제품(유사한 자극)들을 변별(구별)하도록 소비자를 '교육'시켜 소비자 마음속에 브랜드에 대한 고유 이미지를 형성하게 하는 것이다. 그래서 설득적 메시지의 목적은 브랜드 고유의 장점을 효과적으로 전달하여 경쟁자와 차별화하는 것이다. '모방' 브랜드의 마케터들은 소비자가 그들의 브랜드를 잘 포지셔닝된 브랜드와 혼동하여 '일반화'하기를 바란다. 그러나 시장 선도자의 목표는 소비자가 그들의 제품과 모방 제품을 확실히 구별(분별)하고 차이를 납득하도록 만드는 것이다.

대부분의 제품 차별화 전략은 관련 속성 및 제품의 의미와 가치에 기반하여 자사의 제품이나 브랜드를 경쟁자의 것과 구별하도록 설계되어 있다. 일단 소비자가 자극을 분별하게 되면 시장 선도자의 지위를 빼앗는 것은 어렵다. 시장 선도자 대부분은 시장에 최초로 진입한 브랜드이어서, 그 브랜드를 특정 제품 범주 내의 최선의 대안으로 생각하도록 (광고 및 판매를 통해) '교육'할 수 있는 기간이 길기 때문이다. 애플은 제품 차별화의 두드러진 예이다. 애플의 초기 광고는 애플의 혁신적인 제품들은 독특하고 특별하게 생각하는 방식을 대변한다고 명시적으로 밝혔다. 이들 광고 슬로건은 "다르게 생각하라."였는데, 그들은 광고에 '상자 밖에서' 생각하여 세상을 바꾼 아이디어를 내놓은 알버트 아인슈타인과 짐 헨슨 같은 유명한 천재들을 등장시켜 이 개념을 훌륭하게 전달했다.

고전적 조건형성 이론은 반복, 자극 일반화, 그리고 자극 분별을 통해 소비자 행동에 영향을 미치는 여러 가지 방법들을 뒷받침한다. 브랜드의 고유한 특성을 강조하는 광고 메시지를 반복하여 소비자 행동을 상당 부분 조형할 수 있다. 그러나 소비자는 또한 그들이 지속적으로 받는 보상으로 인해 동일 브랜드를 반복적으로 구매할 수도 있다. 학습을 형성하는 데 있어 강화(또는 보상)의 역할은 다음에 논의된다.

조작적 조건형성

조작적 조건형성(instrumental/operant conditioning)은 학습이 시행착오 프로세스를 통해 일어난다는 개념에 근거하며, 특정 반응 및 행동에 대한 보상의 결과로 형성된 습관과 함께 작동한다. 고전적 조건형성과 마찬가지로, 조작적 조건형성 또한 자극과 반응 간의 연계가 필요하다. 그러나 조작적 조건형성에서는 가장 큰 보상을 받은 행동과 연계된 자극이 학습된다. 예를 들어, 매장을 방문한 후, 소비자는 어느 소매점이 가장 선호하는 스타일의 의류를 적당한 가격에 판매하는가를 알게 된다. 일단 소비자는 자신의 니즈를 충족하는 스타일의 옷을 판매하는 매장을 찾아내면, 다른 매장은 배제하고 그 매장을 애용하게 될 것이다. 소비자는 매장에서 자신이 정말 좋아하는 셔츠나 스웨터를 구입 때마다, 자신의 충성도에 대한 보상을 받게 되고(강화되고), 그들은 반복 고객이 될 가능성이 높아진다.

파블로프처럼, 스키너는 동물들에 대한 실험을 통해 학습 모델을 개발했다. 그는 쥐와 비둘기 같은 작은 동물들을 '스키너 상자'에 놓고, 동물들이 그가 바라는 행동(특정 버튼을 누르거나 열쇠를 부리로 쪼는 것 같은)을 하면 음식으로 보상했다. 스키너와 그의 많은 지지자는 이 학습 모델을 활용하여 비둘기에게 탁구를 가르치거나 심지어 춤을 가르치는 등 많은 놀라운 작업을 수행했다. 마케팅의 맥락에서, 자신의 몸에 맞는 스타일을 발견하기 전에 여러 브랜드 및 다양한 스타일의 청바지를 시도해보는 소비자는 조작적 학습을 수행하고 있는 것이다. 아마도 가장 잘 맞는 브랜드를 그 소비자는 계속 구입하게 될 것이다. 조작적 조건형성 모델은 〈그림 5.8〉에 제시되어 있다.

강화 행동

스키너는 반복된 행동이 일어날 가능성에 영향을 미치는 강화를 두 가지 유형으로 구별했다. 첫째 유형인 **긍정적 강화**(positive reinforcement)는 특정 행동에 대한 보상을 통해 동일 또는 유사한 상황에 특정 행동이 일어날 가능성을 강화하는 것이다. 예를 들어, 한 아이가 아이스크림 가게를 지나갈 때, 그 아이는 아이스크림을 받게 되고, 그것을 먹는 즐거움을 경험한다. 그러면 그는 아이스크림 가게를 지나갈 때마다 아이스크림을 요구하게 된다. 반면 **부정적 강화**(negative reinforcement)는 불쾌한 자극을 제거하여 동일 또는 유사한 상황에 특정 행동이 일어날 가능성을 강화하는 것이다. 예를 들어, 한 아이가 감기를 앓고 있는데 그는 알약 먹는 것을 싫어한다. 그의 어머니는 감기약을 먹으면 감기 증상이 사라질 거라(불쾌한 자극이 제거)고 그를 설득했고, 그는 약을 먹은 뒤 감기가 나았다. 그리고 나면, 다음번 감기에 걸렸을 때, 아이는 약을 먹는 데 쉽게 동의할 것이며, 심지어 감기약을 달라고 먼저 요청할 수도 있을 것이다. 그래서 두통 치료제의 마케터들은 누그러지지 않는 두통의 불쾌한 증상을 설명하며 부정적 강화를 사용한다. 구강 청결제의 마케터들 또한 나쁜 구취를 가진 누군가가 외로움에 시달리는 모습을 보여주며 부정적 강화를 활용한다. 각각의 경우, 소비자는 광고에 나온 제품을 구입하면 부정적인 결과를 방지할 수 있다고 설득되어 불쾌한 자극을 제거하도록 행동(구매)한다.

그림 5.8 조작적 조건형성 모델

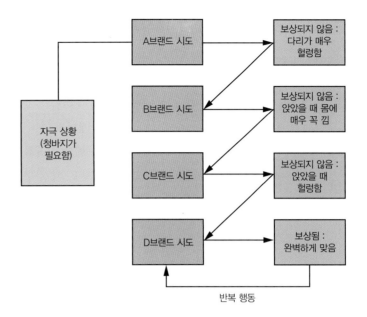

긍정적 강화와 부정적 강화 모두 원하는 반응을 유도하기 위해 사용될 수 있다. 부정적 강화와 행동 억제를 위해 설계된 처벌을 혼동해서는 안 된다. 예를 들어, 속도 위반 딱지를 받고 벌금을 지불하는 것은 부정적 강화가 아니다. 그것은 향후 일어날 수 있는 과속을 방지하기 위한 처벌의 한 형태이다. 그러나 '처벌'을 구성하는 것은 까다롭다. 예를 들어, 운전자는 벌금을 나쁜 행동과 지속된 과속에 대한 '대가'로 인식할 수 있다. 운전자는 분명 과속을 해서 벌금을 낼 때마다 자신은 나쁜 행동에 대한 벌칙으로 돈을 지불했으며, 그것으로 끝난 것이라고 믿는다. 이런 이유로 과속에 대한 벌금을 지불하는 것에 더해서, 운전면허에 '벌점'을 부여하고, 너무 여러 번 과속을 해서 특정 벌점을 초과하면 운전면허를 박탈해 운전할 수 있는 권리를 빼앗는다. 자주 인용되는 한 연구는 보육센터가 늦게 아이들을 데리러 오는 부모에게 3달러를 부과하여 부모를 '처벌'하기 시작하면, 늦게 아이들을 데리러 오는 부모가 오히려 늘어난다는 것을 발견했다. 부모는 벌금을 낸 것이 아닌, 그들이 늦은 것에 대한 비용을 지불한 것으로 생각했기 때문이다.[7] '처벌'이 실제로는 늦게 온 것에 대한 행동을 정당화했고, 지각을 줄이기 위해 디자인된 것이 오히려 지각을 촉진한 것이다.

소멸과 망각

학습된 행동이 더는 강화되지 않거나 자극과 기대된 보상 간의 연계가 깨졌을 때 **소멸**(extinction)이 일어난다. 소비자가 서비스(예 : 레스토랑 서비스)에 만족하지 못했을 때, 자극(레스토랑)과 기대된 만족 간의 연계는 더는 강화되지 않고, 결과적으로 소비자는 그 레스토랑을 방문하지 않게 된다. 강화되지 않은 행동은 더는 '학습'되지 않는다.

소멸과 망각 간에는 분명한 차이가 있다. 한때 가장 좋아하던 레스토랑을 오랫동안 방문하지 않은 사람들은 단순히 그들이 얼마나 그 레스토랑에서의 식사를 즐겼는지를 망각하게 된다. 즉 강화의 부족이 아닌 사용의 부족으로 인해 행동이 학습되지 않는다. **망각**(forgetting)은 시간의 흐름과 연관되며 그래서 '쇠퇴'라고 불리기도 한다. 마케터들은 더 이상 제품을 구매하지 않는 소비자에게 재구매를 설득하는 인센티브를 제공하여 망각을 극복한다.

소비자 만족과 관계 유지

노련한 마케터들은 높은 품질의 제품을 지속적으로 제공함으로써 고객 만족을 강화한다. 마케터들은 최상의 가치를 제공함과 동시에 제품이 제공할 수 있는 것 이상으로 소비자의 기대수준을 높이지 않도록 해야 한다. 더 매력적인 가격과 폭넓은 제품 계열을 제공하면 고객 만족이 더 증가할 것이라 가정하지 말아야 한다. 대신 고객과 개인적 관계 형성을 통해 다양한 제품 계열과 경쟁력 있는 가격을 제공해야 한다. 그것이 반복적 구매와 단골화를 유발하는 가장 효과적인 강화 방법이기 때문이다. 대부분의 고빈도 구매자 프로그램은 더 자주 서비스를 이용하는 소비자들에게 더 많은 보상을 제공한다는 개념에 기초한다. 강화의 또 다른 유형은 다른 소비자를 추천하는 소비자들에게 보상을 제공하는 것이다. 한 연구는 비록 보상이 추천을 증가시키기는 하지만 보상의 크기가 추천 가능성에 영향을 미치지는 않는다는 것을 발견했다. 특히, 기업과 강한 유대 관계를 가진 고객들에게 있어 보상은 추천 의도를 높이지 못했다.[8] 반면 여러 연구는 시장의 경쟁 강도가 높을 때에는 만족한 소비자조차 자주 변덕스럽고 충성도 없는 행동을 보인다는 것을 발견했다.[9]

강화 스케줄

제품의 품질은 지속적으로 개선되어 제품을 구입하는 소비자를 매번 만족시켜야 한다. 그러나 매번 구매할 때마다 추가적인 보상을 제공해야 하는 것은 아니다. 때로는 가끔 주어지는 보상이 더 효과적으로 소비자의 충성도를 강화한다. 항공사는 가끔 게이트에서 승객의 좌석등급을 업그레이드해 준다. 이 경우, 보상받을 가능성 자체가 강화를 위한 요소이자 지속적 구매를 위한 인센티브가 된다.

　강화는 스케줄에 따라 지속적 강화, 고정률 강화, 그리고 변동률 강화로 나뉜다. **지속적 강화**(continuous reinforcement)는 레스토랑이 단골 고객에게 항상 무료 후식이나 음료를 제공하는 경우처럼, 구매할 때마다 보상을 제공하는 것이다. **고정률 강화**(fixed ratio reinforcement)는 모든 n번째 구매 또는 일정 비율마다 보상하는 것을 말한다. 소매점이 고객의 이전 분기 구매 비율에 따라 3개월마다 회원들에게 상품권을 제공하는 경우이다. **변동률 강화**(variable ratio reinforcement)는 무작위에 근거해서 임의의 기준으로 소비자에게 보상을 제공하는 것이다. 도박 카지노는 변동률에 기반해서 운영한다. 사람들은 큰 성공을 기대하면서 (가변적 비율에 의해 돈을 지불하도록 프로그램 되어있는)슬롯머신에 돈을 집어넣는다. 변동률 강화는 바람직한 행동을 유발하는 데 매우 효과적이며 어느 정도 지향을 제거하는 경향이 있다. 분명, 많은 소비자는 희망을 버리지 않는다. 일정 자격(구매)을 획득한 소비자에게 주어지는 복권, 경품, 추첨, 콘테스트 등도 변동률 강화의 예이다.

행동조형

바람직한 소비자 행동이 실제 발생하기도 전에 강화를 제공하는 것을 **행동조형**(shaping)이라한다. 행동조형은 특정 바람직한 행동이 발생할 가능성을 높인다. 소매점은 소비자가 많은 양의 제품을 구매할 것을 기대하기 전에, 우선 그들을 매장으로 유인해야 한다. 그래서 많은 소매점은 매장 방문을 장려하기 위해 다양한 형태의 예비 강화를 제공한다. 예를 들어, 매장으로 들어서는 고객 누구에게나 사은품을 주거나, 대폭 할인된 인기있는 제품인 손실 유도 제품(loss leader)들을 매장에 방문한 소비자에게 선착순으로 제공한다. 소비자는 할인된 제품만이 아닌 더 많은 제품을 구매하게 될 가능성이 높다. 원하는 소비자 행동을 활성화하는 데 필요한 세부 동작들을 강화함으로써, 마케터가 원하는 궁극적인 행동이 발생 가능성을 증가시킨다. 신차를 판매하고자 하는 자동차 딜러는 우선 사람들이 전시장을 방문해서 자동차를 시운전하도록 촉진해야 한다. 그들은 시운전자가 결국 그 자동차를 구매하기를 희망한다. 행동조형의 원리를 사용하여, 많은 자동차 딜러들은 전시장 방문객들에게 선물을 제공하고, 시운전자들에게 작은 금전적 할인을 제시하며, 그리고 계약 순서에 따라 리베이트를 제공하기도 한다. 이들은 바람직한 소비자 학습을 달성하기 위해 여러 단계의 행동조형 과정을 거친다.[10]

집중 학습과 분산 학습

이전에도 설명했듯이, 타이밍은 소비자 학습에 큰 영향을 미친다. 일정 기간에 걸쳐 퍼져있는 학습 일정을 **분산 학습**(distributed learning)이라고 하며, 모두 한번에 '묶음'으로 제공되는 학습일정을 **집중 학습**(massed learning)이라 한다. 집중적으로 노출되는 광고는 초기 학습을 더 많이 유발하는 반면 분산된 스케줄의 광고는 학습의 결과를 더 길게 지속하도록 하기 때문에 마케팅 목표에 따라 제품의 미디어 스케줄을 계획하는 것이 중요하다. 광고의 즉각적인 영향(예 : 새로운 상품을 소개하거나 경쟁 업체의 공세적인 캠페인에 대응하기 위해)을 원할 때, 기업은 일반적으로 소비자 학습을 촉진하기 위한 집중적 스케줄을 사용한다. 그러나 목표가 장기간에 걸친 정기적인 반복구매라면, 분산적 스케줄이 더 바람직하다. 정기적으로 반복되는 광고를 분산적으로 노출하는 스케줄은 소멸을 방지하여 장기간 학습이 유지되도록 돕는다.

관찰 학습

학습목표

4 소비자 행동에 있어 관찰 학습의 역할에 대해 이해한다.

관찰 학습 또는 모델링(observational learning or modeling)은 다른 사람의 행동과 그 행동의 결과를 관찰함으로써 특정 행동을 학습하게 되는 과정이다. 이런 종류의 학습이 일어나기 위해서는 강화가 이루어져야 한다. 예를 들어, 매일 열차를 타고 출퇴근하는 어떤 사람이 어느 날 열차 안에서 전자책을 읽는 사람들이 점점 더 늘어난다는 것을 알게 되었다. 그리고 전자책을 구입한 후, 30일 내에 환불받을 수 있다는 것을 알게 되면서 전자책 리더를 한번 사용해 보고자 구매했다. 그런데 통근 열차에서 매일 보는 친구가 전자책 리더의 구매를 칭찬하며 전자책에 대해 물어본다면 그 사람의 구매는 관찰 학습으로 귀결된다. 열차 안에서의 관찰을 통해 제품을 구매했고 친구의 칭찬이 그의 구매를 강화했으며, 그는 그 제품을 반품하지 않을 것이다.

광고주들은 광고에 등장하는 광고 모델을 선택함에 있어 관찰 학습의 중요성을 인식하고 있다. 특정 브랜드의 샴푸를 사용한 결과 사회적으로 성공을 거두게 되었다는 것을 묘사하는 광고를 본 10대 소녀는 그 제품을 사고 싶어 할 것이다. 마찬가지로 근육질의 젊은 운동선수가 '챔피언의 아침'이라고 소개되는 위티스(Wheaties)사의 시리얼을 먹고 있는 광고를 본다면 10대 소년은 그 제품을 먹고 싶어 할 것이다. 실제로, 많은 광고가 관찰 학습에 기반하고 있다. 대부분의 광고는 광고에 등장한 제품을 사용하여 문제를 해결할 것만 같은 또는 긍정적인 결과를 성취할 것 같은 모델을 등장시킨다. 아이들은 형제자매와 부모를 관찰함으로써 사회와 소비자 행동의 많은 부분을 배우게 된다. 아이들은 다른 사람들이 보상받은 행동을 모방하면서, 만약 그들이 동일한 행동을 한다면 비슷한 보상을 받을 거라고 기대한다. 〈그림 5.9〉의 라구(Ragu) 광고는 할아버지를 통해 관찰 학습하는 아이의 모습을 보여준다.

그림 5.9 라구를 먹는 것은 즐겁다 : 할아버지로부터 손자에게로의 관찰 학습

정보 처리

학습목표

5　소비와 관련된 정보의 수신, 저
　장, 그리고 탐색과 같은 정보 처
　리 요소에 대해 이해한다.

많은 학습은 소비자의 사고와 문제 해결을 통해 발생한다. 때때로 우리는 구매와 관련된 딜레마를 즉시 해결하기도 하지만, 다른 경우에, 우리는 정보 검색을 통해 우리가 배운 것을 신중하게 평가하기도 한다. 이런 종류의 학습을 **인지 학습**(cognitive learning)이라고 하며, 자극에 대한 본능적인 반응이 아닌 자료에 대한 정신적 처리를 뜻한다. 인지 학습을 설명하기 전에 〈그림 5.10〉에 있는 정보 처리 구조와 요소들을 설명하려 한다.

인간의 투지는 수신된 정보를 처리한다. 소비자는 제품의 속성, 브랜드, 그리고 브랜드 간의 비교, 또는 이러한 요소들의 조합을 통해 제품 정보를 처리한다. 관련 속성과 비교 가능한 대안의 개수 및 복잡성은 정보처리 정도나 강도에 영향을 미친다. 인지 능력이 높은 소비자는 그렇지 않은 소비자보다 더 많은 제품 정보를 수집하고 더 많은 제품 속성과 대안을 고려할 것이다.

제품 범주에 대한 소비자의 경험이 많을수록, 제품 정보를 활용하는 능력은 높아진다. 또한 제품 범주에 대한 친숙도가 높으면 동일 범주의 신제품에 대한 구매 결정을 내리는 동안 학습은 증가한다. 정보 처리구성 요소에는 저장(storing), 유지(retaining), 정보의 인출(retrieving)이 있다.

그림 5.10 정보 처리

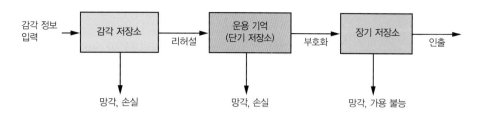

정보 저장

인간의 기억은 정보 처리의 중심이다. 정보 처리는 단계적으로 일어나는데, 감각 저장소, 단기 저장소, 장기 저장소의 3개의 '저장고'에 순차적으로 정보가 보관된다.

감각 저장소

감각 저장소(sensory store)는 인간의 마음에 있는 정신적 '공간'이며, 이곳에 입력된 감각은 단 1~2분 동안만 지속된다. 그래서 입력된 감각이 즉시 처리되지 않으면 그냥 소실되고 만다. 모든 정보는 우리의 감각을 통해서 접수되지만, 감각이 카메라처럼 전체 이미지를 전달하지는 않는다. 각각의 감각은 정보의 일부분(예 : 꽃의 냄새, 색상, 형태, 또는 느낌 등)을 수신하고, 이를 뇌에 일괄적으로 전달하는데, 그곳에서 순간적으로 통합된 지각이 동기화되어 오직 짧은 순간 동안 단일 이미지로 인지된다. 소비자는 지속적으로 무수히 많은 자극에 노출되기 때문에, 그들은 무의식적으로 그들이 필요로 하지 않거나 사용할 수 없는 많은 양의 정보를 차단한다. 이는 소비자의 감각 저장소에 비교적 쉽게 정보를 입력시킬 수는 있지만, 지속적인 인상을 만들기는 어렵다는 것을 의미한다. 게다가, 뇌는 자동적이고도 무의식적으로 가치있는 모든 지각에 긍정적인 또는 부정적인 '꼬리표'를 붙인다. 매우 짧은 시간 동안 지각에 더해지는 이런 평가는 추가 정보가 입력되지 않는 한 유지되는 경향이 있다. 이는 왜 첫인상이 지속되는 경향이 있는지, 그리고 왜 아직 완성되지 않은 제품을 시장에 출시하는 것이 위험한 일인가를 설명해준다.

단기 저장소

단기 저장소(short-term store)는 정보가 처리되어 짧은 기간 동안만 유지되는 곳이다. 전화번호부에서 번호를 찾았는데 전화를 걸기도 전에 번호를 잊어버린 경험이 있는 사람이라면, 단기 저장소에서 정보가 얼마나 짧게 지속되는지 잘 알 것이다. 만약 단기 저장소에 있는 정보가 '리허설'이라 알려진 정보에 대한 암묵적 · 정신적 반복 과정을 거치면, 그다음으로 장기 저장소로 전달된다. 전송 프로세스는 2~10초 정도가 걸린다. 만약 정보가 **리허설**(rehearsal) 과정을 거치지 않고 장기 저장소로 전달된다면, 정보는 약 30초 이내에 소실된다. 단기 기억에 유지될 수 있는 정보의 양은 4~5개 항목으로 한정된다.

　한 흥미로운 실험은 단기 저장소가 작동하는 방법을 보여준다. 연구자가 길을 걷고 있는 사람에게 다가가 길을 묻는다. 그 사람이 대답하는 동안 큰 문을 든 두 사람이 연구자와 응답자 사이를 지나가는데, 문이 이동하는 동안 연구자는 다른 사람으로 바뀌었다. 그러나 응답자의 절반만이 사람이 바뀌었다는 것을 눈치챘다.[11]

장기 저장소

장기 저장소(long-term Store)는 정보가 단 몇 초밖에 지속되지 못하는 단기 저장소와는 달리 꽤 오랜 기간 동안 정보를 유지하는 정신적 '공간'이다. 비록 정보가 장기 저장소에 도달해도 몇 분 이내에 일부를 잊어버릴 수 있지만, 장기 저장소에 있는 정보는 며칠, 몇 주, 심지어는 몇 년간 보관되는 것이 더 일반적이다. 3세대에 걸친 자동차 소비자에 대한 연구는 자동차와 관련된 최초 기억과 경험을 통해 소비자는 특정 자동차 브랜드에 의미를 부여하고, 이것이 향후의 브랜드 선호에 영향을 미치게 된다는 것을 보여준다.[12]

정보 리허설과 부호화

단기 저장소에서 장기 저장소로 전달되는 정보의 양은 리허설 정도에 따라 다르다. 입력된 정보를 반복하거나 다른 정보와 연관짓는 리허설을 하지 않으면 정보는 희미해지며, 결국은 사라지게 된다. 또한 정보는 관심을 끌기 위한 경쟁으로 인해 손실된다. 감각 저장소로부터 너무 많은 정보가 동시 다발적으로 전달되면, 단기 저장소는 단지 두세 가지 정보만 받아들일 수 있다.

리허설의 목적은 부호화가 진행될 수 있도록 충분히 긴 시간 동안 정보를 단기 저장소에 보관하는 것이다. **부호화**(encoding)는 우리가 지각한 대상을 대표하는 단어나 시각적 이미지를 선택하는 과정이다. 마케터들은 브랜드 심볼을 사용하여 소비자가 브랜드를 부호화할 수 있도록 한다. 켈로그는 시리얼 제품에 호랑이 토니 심볼을 사용하고, 그린자이언트는 졸리 그린자이언트 심볼을 갖고 있다. 델 컴퓨터는 브랜드 이름이 빠르게 인지되도록 알파벳 'e'을 기울인 로고를 사용하고 있으며, 애플은 세련되고 독특한 상징을 사용한다.

사진을 처리하고 기억하는 것이 언어 정보를 학습하는 것보다 빠르다. 그러나 전체적인 심상을 형성하는 데 두 종류의 정보는 모두 중요한 역할을 한다. 그림과 본문(body copy)을 모두 사용한 인쇄 광고는 언어 정보 없이 그림만 사용한 광고보다 부호화되어 저장될 가능성이 높다. 높은 심상의 광고가 낮은 심상의 광고보다 더 잘 회상되므로, 마케터들은 거의 모든 광고에 그림을 삽입하려 한다. 한 연구는 소비자에게 광고를 기억하도록 했는데, 광고를 기억하려는 목표가 광고의 본문, 사진, 그리고 브랜드 디자인에 대한 관심을 향상시킨다는 것을 발견했다. 브랜드를 기억하라는 목표는 본문에 대한 주의를 유발했지만 광고 디자인에 대한 관심은 억제했다. 이 연구는 또한 글이 많은 광고는 브랜드 학습을 활성화하고, 그림이 지배적인 광고는 광고에 대한 감상을 유발한다는 것을 밝혀냈다.[13]

광고의 부호화는 광고를 보는 상황과 관련된다. TV를 보는 동안 정보 처리를 위해 많은 인지적 자원을 투입해야 할 때가 있다. 예를 들어, 드라마에 일상적인 대화가 아닌 극적인 사건이 발생하면 시청자는 광고보다 프로그램에 더 많은 인지적 자원을 투입하며, 광고가 전달하는 정보는 더 조금 부호화하여 저장한다. 이는 극적인 프로그램 중간에 또는 인접하여 노출되는 광고로 정교한 처리를 요구하는 광고보다 상대적으로 적은 양의 인지적 처리를 요구하는 광고가 적합하다는 것을 시사한다. TV 쇼에 관여도가 높은 시청자는 그 쇼와 인접한 광고에 더 긍정적으로 반응하며 더 높은 구매 의도를 보인다. 최근 노출된 관련 정보 또한 부호화를 촉진한다. 광고 캠페인을 시작하기 전에 진행된 PR은 이어지는 광고에 등장하는 브랜드에 대한 회상을 촉진했다.[14]

소비자가 너무 많은 정보를 받아들여 정보의 부호화와 저장에 어려움을 겪을 때 **정보 과부하**(information overload)가 발생한다. 예를 들어, 대대적인 홍보를 진행하는 여러 개의 강력한 브랜드들이 존재하는 시장에 신규 브랜드가 진출하여 새로운 브랜드를 홍보하게 되면, 소비자는 광고에 등장하

는 신규 브랜드의 제품 정보를 기억하지 못한다. 또한 소비자가 짧은 시간에 많은 정보를 수신하게
되면 인지적으로 과부화된다. 이러한 과부하는 소비자에게 혼란과 좌절을 불러일으키며, 미숙한 구
매결정을 내리는 원인이 된다.

정보의 유지와 인출

정보는 인출되기를 기다리며 장기 저장소에 남아있게 된다. 장기 저장소의 정보는 새로운 정보를 받
아들이고 정보 간에 새로운 링크를 만들면서 조직화와 재조직화를 끊임없이 반복한다. 예를 들어,
제품명에 대한 기억은 광고에 등장했던 모델과 연관되어 활성화될 수 있다.

　기억에 저장된 제품 정보는 브랜드에 기반하게 되며, 소비자는 이미 조직화된 방식을 통해 지속적
으로 새로운 정보를 해석한다. 한 연구는 브랜드 혜택을 전달하기 전에 브랜드 아이덴티티를 형성하
는 '브랜드 각인'이 형성되어 있다면 브랜드에 대한 기억과 소비자 학습을 촉진할 수 있다는 것을 보
여준다.[15] 이 연구는 또한 브랜드의 '음성 상징(sound symbolism : 단어의 발음이 의미를 전달한다는
이론)'과 '언어학적 특성(linguistic characteristic)'(예 : 이상한 철자)이 브랜드명의 부호화와 기억에
영향을 준다는 것을 증명했다.[16]

　정보 유지의 핵심 구성 요소는 청크(chunk)라고 불리는 정보의 덩어리이다. **덩어리지어 생각하기**
(chunking)는 소비자가 이미 부호화된 정보를 재부호화하는 과정으로, 이 과정을 통해 추가적인 관
련정보를 회상해내게 된다. 마케터들은 소비자가 처리할 수 있는 정보 집단(정보 덩어리)의 수와 종
류를 연구했다. 그들은 광고에서 보이는 정보 덩어리가 소비자 마음속에 저장되어 있는 정보들과 일
치하지 않을 때 광고정보에 대한 회상이 감소한다는 것을 발견했다. 또한 특정 제품 범주에 대한 지
식이 많은 소비자는 그렇지 않은 소비자보다 복잡한 정보 덩어리를 더 잘 습득할 수 있다는 것을 발
견했다.

　인출(retrieval)은 사람들이 장기 저장소로부터 정보를 복구하는 과정으로, 외부 단서들에 의해 촉
발된다. 매장 또는 TV를 통해 제품을 접하게 되면, 우리는 자동적으로 뇌에 저장되어 있는 해당 정보
를 인출해낸다. 만약 제품이 차별적이고 자주 광고되는 것이거나, 또는 그 제품과 관련된 기억에 남
는 사용 경험이 있다면, 우리는 그 브랜드를 더 빠르게 인출할 수 있을 것이다. 일부 과학자는 정보
의 인출을 검토하기 위해 브레인 이미징 기술(brain-imaging technology)을 사용한다. 예를 들어, 매
끈한 스포츠카를 본 남자는 뇌의 보상 센터가 활성화된다. 청량음료와 관련된 실험에서는 두 개의
서로 다른 뇌 영역이 작동했다. 펩시와 코카콜라의 충성 고객들이 브랜드를 알 수 없는 두 개의 콜라
를 맛볼 때에는, 뇌의 보상 시스템이 활성화되었다. 그러나 두 개의 콜라 중 어느 것이 더 맛있었는
가를 묻고 나서, 그들이 더 맛이 좋았다고 대답한 콜라의 브랜드를 알려주자 뇌의 기억영역이 활성
화되었으며, 어떤 브랜드를 마셨는지 알기 전에 더 맛있는 콜라로 지목했던 대답을 일부 취소했다.
맛이 더 좋다고 선택했던 콜라가 그들이 평소에 즐겨 마시던 브랜드가 아니라는 것을 알게 된 참가
자들이 응답을 바꾼 것이다.[17]

　광고 메시지와 연계된 예기치 못한 요소들이 광고에 대한 소비자 기억을 향상시키기도 한다. 예를
들어, 얼룩 방지 및 청소가 용이한 카펫 광고에서 우아한 옷을 입은 커플이 아름다운 거실에 앉아 있
다가 남자가 실수로 음식, 꽃, 그리고 식기들을 카펫에 쏟는 장면을 보여준다. 광고에 보여지는 우아
한 커플의 모습과 고급스러운 거실은 예상치 못한 사고를 극대화시키며, '얼룩 하나 남기지 않고 엉
망이 된 카펫을 쉽게 청소할 수 있습니다.'라는 메시지에 높은 연관성을 부여한다. 이 광고는 매우

극적이기 때문에 향후 광고 요소 중 어느 하나라도 연상시키는 자극에 소비자가 노출된다면 광고를 떠올리게 될(인출) 가능성이 높다. 그러나 예상치 못한 단서라고 해서 부적당한(부조화) 단서인 것은 아니다. 제품과 조화되지 않은 단서를 포함하는 광고를 보게 되면 소비자는 광고에 등장한 제품이 무엇이었는지 기억하지 못할 수 있다. 예를 들어, 사무용 가구에 앉아 있는 나체의 여자를 보여주는 인쇄광고는 소비자의 관심을 끌 가능성이 매우 높다. 그러나 소비자가 사무용 가구의 제조사를 기억하거나 광고를 기억할 가능성이 증가되지는 않는다. 기억이나 실제 자극(디저트 그 자체)에 근거하여 4개의 디저트를 선택하도록 조작한 실험에서, 조사자는 자극 기반의 선택이 신중한 고려(현명한 다이어트를 할 필요)에 따라 이루어지는 반면, 기억 기반의 제품 선택은 감정(맛있는 음식에 대한 충동)에 의해 유도된다는 것을 발견했다.[18]

소비자는 많은 경쟁 광고로 인해 혼란스러우며 많은 광고의 정보를 기억하기 어렵기 때문에, 동일 제품 카테고리 내의 경쟁 광고가 많아질수록 모든 광고에 대한 회상은 낮아진다. 이런 환경에서, 소비자는 경쟁 브랜드의 단서를 활성화하여 인출하는 오류를 범할 수 있다. 예를 들어, 소비자는 오랫동안 진행된 에버레디에너자이저 토끼를 주인공으로 하는 에너자이저 광고 캠페인을 듀라셀 배터리 광고라고 믿을 수 있는 것이다.

인지 학습

학습목표

6 소비자의 의사결정을 위한 프레임워크로서 인지 학습에 대해 이해한다.

인지 학습은 인지는 되었으나 충족되지 않은 니즈 또는 해결되지 않은 문제를 해결하기 위해 필요한 정보를 수집하고 선택대안을 체계적으로 평가하는 과정이다. 자극에 대한 본능적 반응으로 이루어지는 행동 학습과는 달리, 인지 학습은 정보에 대한 의식적 처리와 관련된다. 인지 심리학자들은 주어진 자극에 대한 즉각적인 반응보다는 바람직한 반응을 만들어내는 동기와 정신적 과정의 역할에 초점을 맞춘다.

인지 학습은 사람들이 목표를 갖고, 의사결정과 문제 해결을 위한 자료를 탐색하여 처리해야 할 때 발생한다. 오랫동안, 연구자들은 모든 소비자가 구매 결정을 내리기 위해 일련의 복잡한 정신적·행동적 단계들을 통과한다고 믿었다. 이들 단계는 구매 대안들에 대한 인지(정보에 노출)에서부터 가능한 대안들에 대한 평가와 선호, 다양한 유형의 제품에 대한 시연, 그리고 구매 또는 비구매 결정(채택 또는 거부로서 표현된 행동)까지를 포함한다. 예를 들어, 매우 얇은 사용하기 쉬운 카메라(목표)를 찾는 소비자는 많은 브랜드와 모델 중에서 하나를 선택해야 한다(문제 해결). 소비자는 처음에는 다양한 모델의 기능과 특성에 대해 알아볼 것이고(지식이 되는 정보에의 노출), 다른 대안을 평가하여 선호를 형성하여, 어떤 제품을 구매할 것인가 결정할 것이다.

〈그림 5.11〉에 있는 크레스트의 프로헬스치약 광고는 인지 학습에 기반한 것이다. 치과 의사의 추천에 따라 6개월마다 한 번씩 스케일링하고 치석과 플러그를 정기적으로 제거해온 한 여성이 있다고 가정해보자. 그녀는 나이가 들면서 잇몸이 예민해졌고 그래서 가끔 아프기까지 했다. 그런데 정기적인 스케일링을 하는 동안 의사로부터 그녀가 치은염이라고 하는 잇몸 염증을 갖고 있으므로 치은염의 치료와 예방에 좋은 특별한 치약을 사용하는 것이 좋겠다는 조언을 들었다. 이전에 그녀는 치약을 모든 브랜드가 비슷한 '일용품'으로 간주하고, 세일하는 제품이라면 아무거나 구매해왔다. 그러나 지금 그녀는 치과 의사의 조언에 따라 치은염을 위한 치약을 찾아야 한다는 새로운 문제와 더불어 충족되지 않은 니즈에 직면해 있다. 그때, 그녀가 크레스트의 광고를 보게 되었고, 크레스트 프로

그림 5.11 인지 학습 : 크레스트의
프로헬스치약

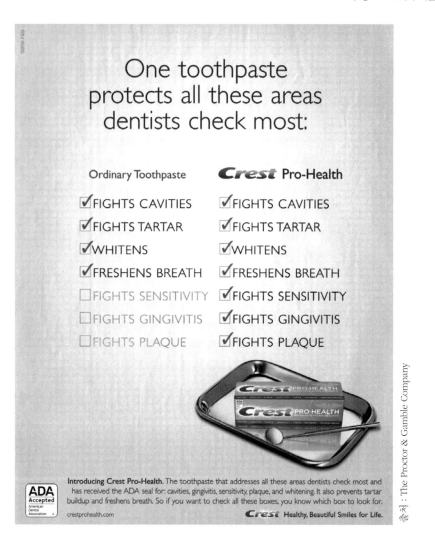

헬스치약이 다소 고가임에도 불구하고 구매하여 사용하기 시작했다. 그 후, 잇몸은 더이상 아프지 않게 되었고 치과 의사는 구강 위생이 매우 우수하다며 그녀를 칭찬했다. 그녀는 인지 학습을 수행한 것이다. 문제에 직면하여 해결책을 탐색했고, 광고에서 크레스트 프로헬스치약의 혜택에 관해 읽었으며, 제품을 지속적으로 사용하기 시작하여, 결과적으로 고통이 경감됐다. 따라서 그녀의 학습은 강화되었다.

〈표 5.1〉에 나와 있는 것처럼, 연구자들은 순차적 정보 처리 및 인지 학습을 설명하는 여러 모델을 개발했다. 모델들이 서로 다른 용어로 각 단계를 지칭하긴 했지만, 본질적으로 모든 모델은 표의 왼쪽 열에 나열된 3단계의 순서를 일반적으로 따른다.

표 5.1　인지 학습의 반복

인지 학습의 일반 단계	3요소 모델	AIDA	혁신 수용	혁신 의사결정
지식	인지적	주의	인식	지식
평가	감정적	관심과 욕망	관심과 평가	설득
행동	행동적	행동	시도와 수용	의사결정과 확인

소비자 관여와 반구상 좌우의 기능분화

학습목표

7 소비자 관여와 수동적 학습에 대해 이해하고 이것들이 구매 결정과 판매촉진 커뮤니케이션의 유지와 회상에 어떠한 영향을 미치는지 파악한다.

초기 마케팅 학자들은 제품이 비싸건 저렴하건 상관없이 모든 구매에 복잡한 정보 처리 과정이 적용될 거라 믿었다. 나중에, 학자들은 많은 구매 과정에 있어서, 특히 일상적인 구매에 대해 광범위한 정보 처리 및 평가 과정이 생략된다는 것을 깨달았다. 이런 종류의 구매는 소비자 개인과의 연관이 극히 적은 것이며 탐색 지향적 구매와 거리가 멀기 때문이다. 이러한 이해는 소비자 관여도에 대한 연구와 개념화로 이어졌다.

　　소비자 관여도(consumer involvement)는 소비자가 특정 제품과 구매에 대해 갖는 개인적 관련성의 정도를 의미한다. **고관여 구매**(high-involvement purchase)는 소비자에게 매우 중요하며(위험 인식의 관점에서), 그래서 광범위한 문제 해결 및 정보 처리 과정을 유발한다. 이런 개념에 의하면 자동차와 비듬 샴푸는 모두 고관여 구매에 해당한다. 자동차는 (대부분의 사람들에게) 재무적 위험이 높고, 샴푸는(일부 사람들에게) 사회적 위험이 높은 제품이다. **저관여 구매**(low-involvement purchase)는 크게 중요하지 않고, 적은 연관성을 갖고 있으며, 지각된 위험이 적은 구매로, 제한적인 정보처리를 유발한다.

소비자 관여의 측정

소비자 관여도의 개념과 측정에 대한 다양한 논의가 있다. 마케팅 조사 전반에 걸쳐 제품 관여도, 브랜드 관여도, 그리고 광고 관여도 등, '관여도'는 다양한 방식으로 정의된다. 이처럼 관여도에 대한 보편적 정의가 없기 때문에, 이를 측정하기 위한 포괄적인 단일한 방법은 존재하지 않는다. 어떤 측정 도구는 구매의 중요성 및 인지된 위험 같은 인지적 요인을 측정하는 반면, 다른 도구들은 제품 정보의 탐색과 평가 같은 행동적 측면에 초점을 맞춘다. 가장 자주 사용되는 측정 도구는 자기 기입 설문지법(self-administered surveys)을 통해 특정 제품이나 제품 범주에 대한 소비자의 인지와 행동을 평가하고, 그 연속선에서 관여도를 측정하는 것이다. 또한 관여도를 측정하는 척도로 5점 척도나 양극단의 형용사를 사용하는 **의미차별 척도**(semantic differential scale)를 활용할 수 있다. 예를 들어, 전자책에 대한 응답자의 태도를 측정하여 관여도를 평가하기 위해서 태도의 강도를 5점으로 평가하여 기입하게 하거나, 중요한–중요하지 않은, 관련 있는–관련 없는, 기대되는–관심 없는, 귀중한–쓸모 없는, 재미있는–지루한 등과 같이 짝지어진 형용사를 활용하는 의미차별 척도를 활용할 수 있다.

소비자 관여도의 전략적 활용

마케터는 소비자의 구매 관여도를 높여, 소비자가 그들의 브랜드를 차별적으로 인식하게 만들고자 한다. 많은 연구들은 제품 범주에 대한 고관여와 브랜드에 대한 우수성의 인식이 브랜드 로열티를 유발한다는 것을 보여준다.[19] 고관여 소비자에 대한 일반적인 분석 결과는 존재하지 않지만, 많은 연구들은 관여도 수준에 영향을 미치는 개인적 특성을 조사해왔다. 예를 들어, 한 연구는 인종과 관여도 간의 관계를 발견했는데, 히스패닉계의 특징을 묘사하는 광고는 저관여 제품에 더 효과적이라는 것을 밝혔다.[20]

　　한 연구 결과는 프로모션 메시지가 등장하는 맥락이 관여도에 영향을 미친다는 것을 보여준다. 스포츠 프로그램에 고관여인 소비자는 저관여 소비자보다 스포츠 용품 광고에 대한 회상이 매우 높다.[21] 또 다른 연구는 비디오 게임에 대한 관여도가 브랜드 기억에 영향을 미친다는 것을 밝혔다. 처음에는 게임에 익숙하지 않았지만, 게임하는 방법을 배우면서 관여도가 높아진 사람들의 경우 게임 브랜드이름을 더 많이 회상해냈다. 그러나 그들이 게임에 익숙해지면서, 관여도 수준은 낮아지게 되고 브랜드 회상도 낮아졌다.[22] 많은 마케터들은 현재 사람의 역할을 대신하는 애니메이션 캐릭터인 아바타를 웹사이트에 활용하고 있다. 아바타는 제품과 서비스에 대해 소비자를 교육하고 소비자 참여를 높이는 데 효과적이다. 한 연구는 아바타를 활용한 인터넷 판매에 대해 연구했는데, 매력적인 외모의 아바타는 중간 정도의 제품 관여도를 가진 소비자에게 제품을 판매하는 데 효과적인 반면, 전문가 모습의 아바타는 높은 관여도의 제품을 판매하는 데 더욱 효과적이라는 사실을 발견했다.[23] 제품과 브랜드에 대한 관여도를 높이기 위해 마케터들은 광고에 대한 소비자 관여도를 높여야 한다. 그들은 광고의 설득력을 높이기 위해서 감각적으로 호소하고, 독특한 자극을 사용하며, 유명인사의 추천을 활용하고, 혁신적 기술을 적용한다.

고관여 소비자들은 제품 및 브랜드와 장기적인 관계를 맺고 있으며, 관여 수준의 증가는 유대를 강화한다. 제품에 대한 개인적 관련성을 증가시키기 위한 최선의 전략은 현대 마케팅이 추구하는 핵심 전략과 동일하다. 소비자에게 중요한 혜택을 제공하고, 경쟁자와 차별화하며, 제품을 개선하여 새로운 혜택을 추가하는 것이다(특히 경쟁이 심화되는 환경에서).

반구상 좌우의 기능분화

반구상 좌우의 기능분화(hemispheric lateralization : **분할 두뇌 이론**)는 1960년에 수행된 의학 연구에서 유래한다. 이 이론의 전제는 인간의 뇌는 함께 작동하는 차별적인 두 개의 뇌로 나뉘어 있으며, 각각의 뇌는 서로 다른 유형의 인지를 처리하는 데 '전문화'되어 있다는 것이다. 좌뇌는 인간 언어의 중심으로, 주로 읽기, 말하기, 추론을 담당하고 있다. 반면 우뇌는 공간 지각과 비언어적 개념을 처리하는 중심으로 상상력과 즐거움의 원천이다. 바꿔 말하면, 좌뇌는 합리적이고, 능동적이며, 현실적이고, 우뇌는 감정적이고, 은유적이며, 충동적이고 직관적이다. 일부 사람들은 컴퓨터가 좌뇌의 순차적 기능을 많이 모방했다고 주장한다. 또한 비즈니스 의사결정에 있어 상상력 있는 우뇌를 더 많이 사용해야 한다고 강조하는 사람들도 있다.[24] 〈그림 5.12〉는 분할 두뇌 이론을 묘사하는 아메리칸항공의 광고를 보여준다.

수동적 학습

진보적인 연구는 TV 시청에 분할 두뇌 이론을 적용하여 분석했다. TV를 통해 광고를 볼 때, 소비자는 우뇌를 통해 그림 정보를 '수동적으로' 프로세스한다는 것이다.[25] 연구자들은 TV는 주로 그림 정보를 전달하는 매체이며, 소비자는 TV 시청을 통해 우뇌를 활성화하여 화면을 통해 보는 이미지를 수동적이고 총체적으로 처리한다고 간주한다. 또한 TV는 저관여 매체임을 주장한다. 인지 학습의 핵심은 소비자는 계획 구매를 한다는 것이며, 구매에 대한 정보를 탐색하고 평가하며, 가능한 대안에 대한 태도를 형성한 다음, 구매 결정을 내린다는 것이다. 이 모델에 따르면, 구매 행동은 정보에 대한 인지적 처리의 결과이다. 그러나 반대로 **수동적 학습**(passive learning) 모델은 소비자가 정보를 처리하여 태도를 형성하기 이전에, 저관여 정보 처리를 유발하는 TV광고에 반복적 노출됨으로써 구매로 유도된다고 주장한다.

TV와는 반대로, 신문에서 볼 수 있는 인쇄된 정적인 언어 정보는 좌뇌를 통해 처리된다. 따라서 인쇄 매체는 고관여 매체로 간주된다. 인쇄광고의 처리는 좌뇌에서 발생하며, 〈표 5.1〉에 보이는 인

그림 5.12 분할 두뇌 이론

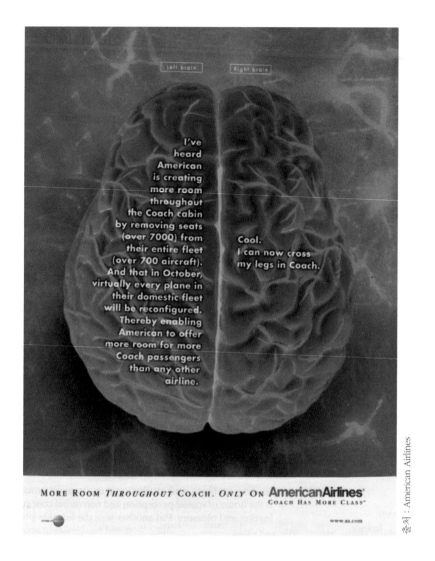

지적 학습 순서에 따라 이루어진다. 반대로 주로 동영상과 그림 정보로 구성되는 광고는 최소한의 관여도로 우뇌에 의해 총체적으로 처리된다.

  우뇌의 수동적인 정보 처리는 고전적 조건 형성과 일치한다. 반복을 통해 제품은 특정 시각적 이미지(예 : 독특한 포장)와 결합되고, 이것이 광고에 등장한 브랜드의 구매로 이어진다. 따라서 소비자가 수동적인 학습과 저관여 매체에 노출되는 동안에는, 지속적으로 광고를 반복하는 것이 구매 행동을 유발하는 핵심 요소가 된다. 이런 맥락에서, TV광고는 15~20초 정도로 짧게 자주 반복하는 것이 그 효과가 가장 크다. 우뇌의 정보 처리를 위해서는 광고의 시각적 요소가 중요하다. TV광고의 시각적 이미지와 매장의 강력한 디스플레이는 브랜드에 대한 친숙도를 높여 구매 행동을 유발한다. 언어적 단서(좌뇌의 정보 처리를 촉진하는)가 제품의 장단점을 평가하는 인지적 활동을 형성하는 반면 그림 단서는 제품에 대한 친숙성과 브랜드 회상을 형성하는 데 더 효과적이다.

소비자 학습의 결과와 측정

소비자 학습의 목표는 시장 점유율을 확대하고 브랜드 충성도가 높은 소비자의 수를 증가시키는 것이다. 이러한 목표는 상호 의존적이다. 브랜드에 충성도가 높은 고객은 시장 점유율의 확보와 증가를 위한 핵심이 되며, 시장 점유율이 높은 브랜드는 많은 수의 충성 고객을 보유하고 있다. 광고 및 프로모션 전략은 어떤 브랜드가 소비자의 미충족된 니즈를 만족시키는 최상의 대안인지에 대해 소비자를 학습시키기 위해 설계된다. 따라서 마케터들은 소비자가 광고 홍보에 포함된 정보를 어느 정도까지 학습할 수 있는지 측정해야 한다. 소비자 학습을 측정하기 위해 가장 자주 활용되는 측정 방법은 광고 메시지에 대한 재인과 회상이며 소비자 충성도를 측정하기 위해서는 태도적 충성도와 행동적 충성도를 측정한다.

재인과 회상의 측정

재인과 회상 테스트의 목적은 소비자가 이전에 본 광고를 기억하는지, 어느 정도까지 내용을 기억하는지, 그리고 그 내용을 회상할 수 있는지의 여부를 확인하는 것이다. **재인 테스트**(recognition test)는 **보조 상기**(aided recall)에 기반하고 있는 반면, 회상은 **비보조 상기**(unaided recall)를 사용한다. 재인 테스트는 소비자에게 광고를 보여주고, 그 광고를 본 것을 기억하는지 아닌지, 그리고 광고의 특징을 기억하는지 묻는다. **회상 테스트**(recall test)는 소비자에게 특정 잡지를 읽었는지 또는 특정 TV 쇼를 보았는지 묻는다. 그리고 만약 보았다면, 그 잡지에서 또는 프로그램 후에 보았던 광고를 회상할 수 있는지, 광고된 제품이나 브랜드는 무엇이었는지, 그리고 광고된 제품에 대해 주목할 만한 점은 무엇이었는지 묻는다.

예를 들어, **스타치 리더십**(Starch Readership Ad Study)은 세 가지 기준에 따라 잡지 광고의 효과를 평가한다. 그 세 가지 기준은 광고를 기억하는가, 광고의 브랜드를 기억하는가, 그리고 광고에 대한 관여도는 어느 정도인가(광고 문구 대부분을 읽었는가로 측정)이다. 스타치의 조사는 시작할 때 응답자에게 잡지를 제시하고 그것을 읽었는지의 여부를 묻는다. 만약 응답자가 읽었다고 하면, 그 잡지에 게재된 광고를 브랜드명을 감춘 채 보여주면서 광고의 회상과 재인을 측정하는 질문을 한다. 그 결과 각각의 광고는 '본 적이 있는', 광고와 브랜드를 '연결'할 수 있는, 그리고 광고의 카피를 '대부분 읽은'과 같은 꼬리표를 달게 되는데, 이를 종합하면 회상과 재인의 비율을 파악할 수 있다. 기업은 비슷한 크기의 광고, 경쟁사의 광고 및 자사의 이전 광고에 대해 스타치의 조사 결과에 따른 해당 점수를 비교함으로써, 각 광고의 효과를 측정할 수 있다. 스타치는 또한 소비자의 구매의도와 광고를 읽은 후 제품에 대한 입소문을 퍼트릴 가능성을 평가한다. 스타치의 측정 결과를 활용한 연구는 소비자가 편의품(정기적으로 구매하는 저렴한 제품들) 광고보다는 경험재(고가의 의류나 액세서리 같은 제품들) 광고로부터 더 많은 정보를 받아들인다는 것을 증명했다. 또한 놀랍게도, 소비자는 탐색재 광고로부터는 더 적은 정보를 받아들인다. 탐색재는 일반적으로 매우 비싸고, 자주 구입하지 않는 내구재이며, 광범위한 정보 탐색 과정을 거치는 제품임에도 소비자는 광고로부터 적은 양의 정보만 받아들이는 것이다. 이는 마케터가 탐색 제품을 광고할 때 충분한 정보를 포함하지 않은 것일 수 있다는 결과를 보여준다.[26]

브랜드 충성도

브랜드 충성도(brand loyalty)는 소비자가 특정 브랜드를 구입하는 빈도, 브랜드를 전환하는가의 여부, 만약 한다면 얼마나 자주 하는지의 정도, 그리고 정기적으로 브랜드를 구입하는 정도를 측정함으로써 확인된다. 마케터들에게 높은 브랜드 충성도는 소비자 학습의 가장 바람직한 결과이자 소비자에게 특정 행동(지속적인 브랜드 구입)을 효과적으로 '학습'시켰다는 증거이다. 브랜드 충성도에는 행동과 태도, 이 두 가지 구성 요소가 있으며, 브랜드 충성도를 파악하기 위해서는 두 가지 모두를 측정해야 한다. 태도적 충성도는 미래의 구매 의도를 포함하여 브랜드에 대한 소비자의 전반적인 느낌을 측정한다. 태도적 충성도는 관찰 가능성에 초점을 맞춰, 구매 수량, 구매 빈도, 반복 구매 등 실제 발생한 행동을 측정한다. 〈표 5.2〉는 브랜드 충성도가 높은 소비자들의 주요 특징들을 보여준다.[27]

조작적 조건형성 이론을 믿는 행동주의 학자는 초기 구매가 만족을 통해 강화되며, 지속적인 반복구매로 이어져 브랜드 충성도가 발생한다고 믿는다. 반대로, 인지 학습 연구자는 소비자가 광범위한 문제 해결, 정보 탐색, 대안 평가 과정에 관여하고 있으며, 구매 의사결정 과정을 통해 강력한 브랜드 선호 및 지속적인 구매 행동으로 귀결된다고 믿는다. 그럼에도 불구하고, 소비자가 특정 제품 범주에서 '마음에 드는' 브랜드를 많이 발견할수록 브랜드 충성도가 생길 가능성이 줄어든다. 그래서 마케터들은 제품이 눈에 띄고 소비자가 좋아할 수밖에 없도록 그들의 제품을 경쟁제품과 차별화해야 한다.

브랜드 로열티는 (1) 소비자의 위험 회피 또는 다양성 추구 성향, (2) 브랜드 명성과 대체 가능한 브랜드의 존재 여부, (3) 사회 집단의 영향과 주변 사람의 추천이라는 세 가지 요소에 따라 달라진다. 또한 세 가지 유형의 브랜드 충성도가 있다.

1. **탐욕적 브랜드 충성도**(covetous brand loyalty) : 강한 애착에도 불구하고 특정 브랜드를 지속적으로 구입하지 않는 것이다.
2. **관성적 브랜드 충성도**(inertia brand loyalty) : 어떤 감정적 애착 없이 습관과 편리함 때문에 특정 브랜드를 구입하는 것이다.
3. **프리미엄 브랜드 충성도**(premium brand loyalty) : 브랜드에 높은 애착도를 갖고 있어 반복적으로 구매하는 것을 의미한다.[28]

특정 제품 범주에 대한 낮은 관여도는 브랜드에 대한 감성적 애착 없는 습관적인 구매(즉, 관성적 충성도)를 야기한다. 소비자는 브랜드 간의 차이를 거의 인식하지 못하기 때문에 친숙하고 편리한 브랜드를 반복적으로 구입한다. 프리미엄 브랜드 충성도는 진정으로 브랜드에 충성적인 소비자를

표 5.2	브랜드 충성도가 높은 소비자들의 주요 특징

1. 자신이 잘 알고 있는 브랜드를 고수하며 가장 잘 알려진 브랜드를 신뢰하는 경향이 있다.
2. 자신이 좋아하는 브랜드를 지속적으로 구매하는 것이 자신의 삶을 간편하게 만든다고 생각한다.
3. 친구가 다른 제품을 시도하여 제품의 우수성을 확인한 경우에만 브랜드를 전환한다.
4. 단지 다른 사람과 차별되기 위한 목적으로 특정 제품을 구입하지 않는다.
5. 좋아하는 브랜드를 '친구'로 여기며, 브랜드와의 관계를 유지하고 싶어 한다.
6. 새로운 브랜드를 구입하지 않는 것이 절약이라고 생각한다.
7. 그들 자신을 '브랜드 단골 고객'이라고 생각한다.

나타낸다. 그들은 특정 브랜드에 전념하여 다른 브랜드로 전환할 가능성은 낮으며, 그 브랜드를 구입하기 위해 가던 길을 바꿀 수도 있다(예 : 만약 특정 브랜드가 슈퍼마켓에 없다면, 그 브랜드를 구매하기 위해 다른 매장으로 간다).

브랜드 자산

높은 브랜드 충성도는 브랜드의 금전적 가치를 크게 증가시킨다. **브랜드 자산**(brand equity)은 브랜드명이 가진 내재적 가치를 나타낸다. 이런 내재적 가치는 브랜드 충성도의 기반이 되는 브랜드의 우수성에 대한 소비자 인식, 브랜드가 제공하는 사회적 존중감, 그리고 소비자의 신뢰와 브랜드와의 일체감과 같은 것들로부터 유래된다.

오랫동안 대대적으로 홍보한 브랜드는 충분한 인지도와 소비자 충성도를 달성할 수 있고, 결과적으로 높은 브랜드 자산을 달성하게 된다. 신제품을 개발하기 위한 비용의 상승과 높은 실패율 때문에 많은 기업은 새로운 브랜드를 런칭하기보다는 패밀리 브랜딩과 제품 라인 확장의 형태로 브랜드 자산을 활용한다. 브랜드 자산은 신제품의 수용을 용이하게 하고, 소매점에서 가장 판매가 좋은 공간을 할당받을 수 있게 하며, 가격 프리미엄을 확보할 수 있게 한다. 브랜드 자산은 저렴한 소비재를 최소한의 인지적 정보 처리를 통해 정기적으로 구매하는 것과 같은 저관여 구매 상황에서 매우 중요하다. 이러한 상황에서, 가장 중요한 전략은 소멸과 망각을 방지하기 위해 지속적으로 광고를 노출하는 것이다.

브랜드명은 가장 가치 있는 자산이다. 가장 잘 알려진 애플, 코카콜라, 캠벨, 디즈니, 구글, 홀마크, 그리고 소니 같은 브랜드명은 글로벌한 '문화 아이콘'으로 경쟁에서 강력한 이점을 누릴 수 있다.

연구에 따르면, 최고의 브랜드 자산을 가진 브랜드는 다음과 같다. 항공사 중에는 알래스카호라이즌, 하와이안, 델타, 그리고 유나이티드가 있고, 고급 자동차 중에는 메르세데스벤츠, BMW, 렉서스, 어큐라, 인피니티, 포르쉐, 그리고 아우디가 있으며, 스포츠 의류에는 언더아머, 나이키와 콜롬비아가 그리고 가정용 세제에는 라이솔, 클로락스, 그리고 Mr.클린이 있다.[29]

요약

학습목표 1 : 소비자 행동의 맥락에서 학습 요소들에 대해 이해한다.

학습은 개인이 구매 및 소비에 대한 지식을 습득하는 과정이자 그 지식을 미래의 연관된 행동에 적용하는 경험이다. 따라서 소비자 학습은 소비자가 경험하며, 관찰하고, 다른 사람들과의 상호작용으로 지식을 획득하며, 새롭게 획득한 지식이 미래의 행동에 영향을 미치는 변화와 진화의 과정이라 할 수 있다. 소비자 학습은 마케팅 단서(패키지, 제품 색상, 그리고 홍보 메시지 같은)에 대한 단순한 반사적 반응에서부터 복잡하고 값비싼 제품의 구매에 대한 의사결정, 그리고 추상적인 개념에 대한 학습까지 다양하다. 학습은 동기, 단서, 반응, 그리고 강화의 네 가지 요소로 구성되어 있다.

학습목표 2 : 행동적 학습, 고전적 조건형성, 그리고 자극 일반화에 대해 이해하고, 신제품 개발과 브랜딩에 대해 학습한다.

행동적 학습(또는 자극-반응 학습)은 특정한 외부 자극에 대한 반응을 관찰함으로써 학습이 일어난다는 것을 전제로 한다. 행동적 학습은 정보의 입력과 학습의 결과에 초점 맞춘다. 즉 소비자가 선택하는 자극과 자극의 입력 결과로 나타나는 행동에 집중한다. 행동적 학습의 세 가지 형태에는 고전적 조건형성, 조작적 조건형성, 그리고 관찰 학습(모델링)이 있다. 고전적 조건형성(파블로프 조건형성으로 알려진)은 조건화된 자극이 유발하는 반복적인 학습이다. 소비자 행동에 대한 고전적 조건형성의 전략적 응용에는 연합 학습, 반복, 자극 일반화, 그리고 자극 변별이 있다.

학습목표 3 : 조작적 조건형성, 그리고 강화의 목적과 방법에 대해 이해한다.

조작적 조건형성에서, 학습은 시행 착오 프로세스를 통해 일어난다는 개념에 근거하며, 특정 반응 및 행동에 대한 보상의 결과로 형성된 습관과 함께 작동한다. 긍정적 강화와 부정적 강화 모두 바람직한 행동을 유발할 수 있다. 강화 스케줄은 지속적(총체적)이거나 부분적(고정률 또는 변동률)일 수 있다. 반복의 타이밍은 학습의 결과가 얼마나 오래 지속되는가에 영향을 미친다. 집중적 반복이 분산적 반복보다 더 초기 학습을 유도하며, 분산적 강화 스케줄을 통해 오래 지속된다.

학습목표 4 : 소비자 행동에 있어 관찰 학습의 역할에 대해 이해한다.

관찰 학습(모델링)은 다른 사람의 행동과 그 행동의 결과를 관찰함으로써 특정 행동을 학습하게 되는 과정이다. 광고주는 광고에 등장하는 광고 모델을 선택함에 있어 관찰 학습의 중요성을 인식하고 있다. 대부분의 광고는 광고에 등장한 제품을 사용하여 문제를 해결할 것만 같은 또는 긍정적인 결과를 성취할 것 같은 모델을 등장시킨다.

학습목표 5 : 소비와 관련된 정보의 수신, 저장, 그리고 탐색과 같은 정보 처리 요소에 대해 이해한다.

인간의 두뇌는 수신된 정보를 처리한다. 소비자는 제품의 속성, 브랜드, 그리고 브랜드 간의 비교, 또는 이러한 요소들의 조합을 통해 제품 정보를 처리한다. 관련 속성과 비교 가능한 대안의 개수 및 복잡성은 정보처리 정도나 강도에 영향을 미친다. 인지 능력이 높은 소비자는 그렇지 않은 소비자보다 더 많은 제품 정보를 수집하고 더 많은 제품 속성과 대안들을 고려할 것이다. 기억은 감각 저장소, 단기 저장소, 장기 저장소로 구성되어 있으며, 정보 처리구성 요소에는 저장, 유지, 정보의 인출이 있다.

학습목표 6 : 소비자의 의사결정을 위한 프레임워크로서 인지 학습에 대해 이해한다.

인지 학습은 인지는 되었으나 충족되지 않은 니즈 또는 해결되지 않은 문제를 해결하기 위해 필요한 정보를 수집하고 선택대안을 체계적으로 평가하는 과정이다. 자극에 대한 본능적 반응으로 이루어지는 행동 학습과는 달리, 인지 학습은 정보에 대한 의식적 처리와 관련된다. 인지 심리학자들은 반복 또는 특정 반응과 보상과의 관계에 초점을 맞추는 대신, 바람직한 반응을 만들어내는 동기와 정신적 과정의 역할에 초점을 맞춘다. 인지 학습의 여러 모델이 이 책에서 논의된다.

학습목표 7 : 소비자 관여와 수동적 학습에 대해 이해하고 이것들이 구매 결정과 판매촉진 커뮤니케이션의 유지와 회상에 어떠한 영향을 미치는지 파악한다.

소비자 관여도 모델은 사람들이 중요성 또는 관련성이 낮은 상황에서는 제한된 정보만을 처리하고, 관련성이 높은 상황에서는 광범위한 정보를 처리한다는 것을 의미한다. 반구상 좌우의 기능분화(분할 두뇌 이론) 개념은 TV는 수동적 학습을 유발하는 저관여 매체이며, 인쇄 또는 상호작용적 매체들이 더 많은 인지적 정보를 처리하게 한다는 개념을 불러일으켰다.

학습목표 8 : 소비자 학습의 결과를 측정하는 방법에 대해 이해한다.

소비자 학습의 측정은 브랜드 회상과 재인, 그리고 브랜드에 대한 태도적 충성도와 행동적 충성도를 측정하여 이루어진다. 마케터들이 소비자 학습에 대해 이해해야 하는 주된 이유는 마케팅하는 브랜드가 최고임을 소비자들에게 학습시키고 브랜드 충성도를 확보하기 위해서이다. 브랜드 자산은 브랜드명이 가진 내재적 가치를 나타낸다. 이런 내재적 가치는 브랜드 충성도의 기반이 되는 브랜드의 우수성에 대한 소비자 인식, 브랜드가 제공하는 사회적 존중감, 그리고 소비자의 신뢰와 브랜드와의 일체감과 같은 것들로부터 유래된다.

복습과 토론 문제

5.1 마케팅 전략의 개발에 (a) 고전적 조건형성과 (b) 조작적 조건형성의 개념이 어떻게 적용될 수 있는가?

5.2 어떤 조건에서 패밀리 브랜딩이 좋은 전략이 되며, 어떤 조건에서는 활용할 수 없는지 설명하시오.

5.3 '피부과 의사가 추천하는' 것으로 유명한 스킨케어 제품인 뉴트로지나가 남성용 면도제품을 출시했다. 어떻게 해야 이들 제품의 마케팅에 자극 일반화를 활용할 수 있는가? 이 제품의 마케팅에 조작적 조건형성을 활용할 수 있는가? 만약 그렇다면, 그 이유는 무엇인가?

5.4 고전적 조건형성, 조작적 조건형성, 관찰 학습 또는 인지 학습 중 어느 유형의 학습이 아래 제품의 소비 행동을 가장 잘 설명하는가? (a) 6팩의 게토레이 구매, (b) 디젤 매장에의 청바지 구매 선호, (c) 처음으로 전자책 리더기 구매, (d) 신차 구매, (e) 휴대 전화 통신사를 다른 통신사로 전환.

5.5 감각 저장소, 단기 저장소(운영 기억), 그리고 장기 저장소에 대해 설명하시오. 어떻게 이들 저장소가 광고 전략의 개발에 활용될 수 있는지 논하시오.

5.6 정보 과부하가 광고에 대한 소비자의 이해 능력과 기억에 어떤 영향을 미치는가?

5.7 저관여와 고관여 매체의 차이에 대해 논하시오. TV광고와 인쇄광고를 제작함에 있어 분할 두뇌 이론은 어떻게 적용될 수 있는가?

5.8 브랜드 충성도를 측정할 때, 태도적 충성도 측정과 행동적 충성도 측정이 왜 모두 중요한가?

5.9 브랜드 충성도와 브랜드 자산 간의 관계는 무엇인가? 마케팅 전략을 개발하는 데 있어 이들 두 개념의 역할은 무엇인가?

5.10 소비자 학습의 범위를 파악하기 위해 재인과 회상의 측정은 어떻게 활용될 수 있는가?

실전 과제

5.11 당신이 이 수업의 담당 교수인데, 수업 토의에 학생들의 참여도를 높이고자 한다. 이 목적을 달성하기 위해 어떻게 강화를 활용할 수 있는가?

5.12 슈퍼마켓에서, 포장 디자인에 자극 일반화와 자극 분별이 활용된 제품을 찾을 수 있는가? 이 제품들의 사례를 제시하며 설명하시오.

5.13 좌뇌 또는 우뇌에 초점을 맞춘 2개의 광고를 찾아라. 당신이라면 어느 광고를 선택할 것인지 설명하시오.

주요 용어

감각 저장소 167

강화 154

고관여 구매 172

고전적 조건형성 155

고정률 강화 164

관성적 브랜드 충성도 176

관찰 학습(모델링) 165

광고효과 감퇴 157

긍정적 강화 162

단기 저장소(운영 기억) 167

단서 153

덩어리지어 생각하기 169

동기 153

라이선싱 160

리허설 167

망각 163

무조건 자극 156

반구상 좌우의 기능분화(분할 두뇌 이론) 173

반복 157

반응 154

변동률 강화 164

보조 상기 175

부정적 강화 162

부호화 168

분산 학습 165

브랜드 자산 177

브랜드 충성도 176

비보조 상기 175

소멸 163

소비자 관여도 172

소비자 학습 153

수동적 학습 173

스타치 리더십 175

의미차별 척도 172

인지적 연합 학습 156

소비자 태도 형성과 변화

태도(attitude)란 어떤 대상에 대해 일관성 있게 호의적 또는 비호의적으로 반응하게 하는 학습된 선유경향이다. 여기서 '대상'이란 다른 소비의 측면 중에서 제품, 브랜드, 서비스, 가격, 포장, 광고, 홍보 매체 또는 제품을 파는 소매업자가 될 수 있다.

태도는 제품과 관련한 직접적인 경험, **구전**(word-of-mouth), 대중매체 및 기타 외부정보원천에 대한 노출 등을 통해 학습된다. 태도는 태도 대상에 대한 호의적 또는 비호의적인 평가를 반영하고 특정 제품 또는 브랜드를 구매하거나 또는 구매하지 않도록 동기를 부여한다. 소비자는 긍정적이고 호의적인 감정을 가진 제품을 구매하므로, 마케터는 소비자가 긍정적인 태도를 유지하여 제품을 반복적으로 구매하도록 확고히 해야 한다.

신제품을 도입하려는 마케터는 소비자가 신제품을 시용해보고, 좋아하고 구매하도록 만들기 위해서 신제품에 대해 호의적인 태도를 형성하도록 노력해야 한다. 사람들은 적어도 처음에는 친숙하지 않은 것을 잘 수용하지 않으려 하기 때문에 이러한 노력을 실천하는 것은 어렵다. 신제품에 대하여 소비자가 긍정적인 태도를 형성하도록 만드는 한 가지 방법은 소비자가 이미 좋아하고 정기적으로 구매하는 제품을 이용하는 것이다. 예를 들면, 신제품 스니커즈 피넛버터스퀘어드 〈그림 6.1〉는 원래 땅콩버터를 좋아하는 사람들을 표적고객으로 설정하고 만들어졌다. 이 광고는 소비자들에게 "당신이 피넛버터를 좋아한다면 스니커즈 초콜릿으로 감싼 피넛버터를 사랑하게 될 것이다."라고 말하고 있다.

태도에 영향을 주는 또 하나의 방법은 사회적 문화적 행사와 제품을 연관짓는 것이다. 예를 들면, 〈그림 6.1〉의 스니커즈 에그 광고는 제품을 부활절 달걀과 함께 보여주고 있다. 재미있게도 이 광고는 부활절 달걀을 본딴 스니커즈를 언급하고 "It's Easter, Only more satisfying"이라 말하고 있다. 즉 소비자들에게 스니커즈 에그가 부활절 축제를 더욱 만족스럽게 만들어준다는 의미를 전달하고 있다. 이 광고는 "Snickers Satisfies" 광고 캠페인 일부이다.

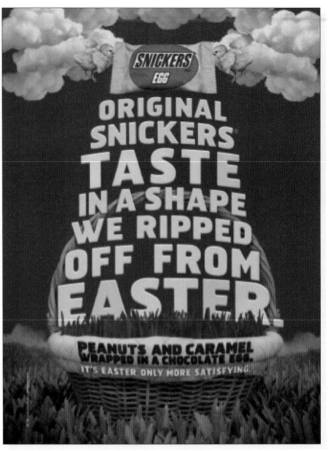

그림 6.1 태도에 영향을 주는 스니커즈 광고

태도와 태도 형성

학습목표

1 태도란 무엇이고 어떻게 형성되는가 그리고 소비자 행동에서 태도의 역할을 이해한다.

모든 소비자는 제품, 서비스, 광고, 인터넷, 소매점포 등에 대하여 여러 가지 태도를 가진다. 우리는 어떤 제품(예 : 검은색 쿠키와 흰색 쿠키), 서비스(예 : 아메리칸에어라인), 점포(예 : 제이크루), 특정 온라인 쇼핑(예 : 아마존) 또는 광고 테마(예 : 스니커즈)에 대하여 좋아하는지 혹은 싫어하는지 질문을 받을 때마다, 우리의 태도를 표현히도록 요구받는다. 소비지의 태도를 연구함으로써 마케터는 소비자가 기업이 고려하는 신제품을 수용할 것인지 아닌지를 파악하고자 하며, 왜 어떤 세분시장은 광고 테마에 의해 설득되지 않는지를 가늠하거나, 표적시장 고객이 신제품과 포장 등에 어떻게 반응할 것인가를 학습하고자 한다. 구체적으로 나이키 또는 리복은 운동화의 기능적이고 심미적인 디자인에 대한 소비자의 태도를 빈번히 연구한다. 이들은 소비자의 태도를 형성하고 변화시키기 위하여 고안된 최근 광고와 기타 마케팅 메시지에 대한 소비자의 반응을 파악한다. 태도는 인지적인 것이고 쉽게 관찰할 수 없으나 마케터는 질문을 통해서 측정하거나 행동으로부터 추론할 수 있다. 예를 들면, 어떤 학생이 레이디가가의 음반을 아이튠즈에서 종종 구매하고 즐겨 듣는다면, 그 학생은 레이디가가를 좋아하고 그녀와 아이튠즈에 대하여 호의적인 태도를 가지고 있음을 추론할 수 있다.

태도는 어떤 대상 예를 들면, 제품, 제품 범주, 브랜드, 서비스, 촉진 메시지, 웹사이트, 대중매체, 소매 점포 등과 관련지어진다. 일반적으로 태도가 행동에 영향을 미치지만, 이것이 행동과 같음을 의미하지 않음에 주의해야 한다. 태도는 간혹 행동에 영향을 미치지 않을 수도 있는 호의적 또는 비호의적인 평가를 반영한다. 태도는 어떤 특정한 행동을 하게 하거나 하지 못하게 한다.

태도의 학습

소비자는 새로운 태도를 형성하기도 하고, 기존의 태도를 바꾸기도 한다. 소비자는 대개 기존에 반복적으로 구매했고 만족을 느꼈던 브랜드와 동일한 브랜드로 출시된 신제품에 대하여 긍정적인 태도를 형성한다. 그런데도 소비자는 종종 신제품과 신모델, 그리고 다른 브랜드를 써보려고 노력한다. 만약 이러한 시험 구매가 소비자의 기대를 충족시키거나 초과한다면 신제품에 대해서도 호의적인 태도를 형성한다. 일반적으로 소비자가 제품이나 서비스에 대해 많은 정보를 가질수록, 긍정 또는 부정적인 태도를 형성하기 쉽다. 그러나 소비자는 제품이 자신들과 관련이 없다고 생각되면, 이용 가능하고 유용한 정보일지라도 인지적으로 처리하지 않는다. 게다가 소비자들은 대개 제한된 양의 정보만을 처리한다. 일반적으로 어떤 제품에 대하여 오직 두세 가지 정도의 부각된 신념만이 태도를 형성하는 데 영향을 미치고, 덜 중요한 신념들은 거의 영향을 미치지 못한다. 그러므로 광고는 경쟁제품들과 차별화될 수 있는 핵심 요소에 집중해야 하며 너무 많은 제품 속성을 열거해서는 안 된다.

소비자는 어떤 '대상'에 대한 초기 태도를 어떻게 형성하는가? 예를 들면, 젊은 남성은 한스 또는 캘빈클라인 속옷, 제이크루 또는 갭 캐주얼 의류, 앤클라인 또는 브룩스브라더스 비즈니스 정장에 대한 태도를 어떻게 형성하는가? 이들은 속옷, 캐주얼 의류, 정장을 월마트나 시어스 백화점, 또는 삭스피프스애비뉴 또는 노드스트롬 백화점에서 구매할 것인가? 가족과 친구, 유명 인사, 대중매체 광고, 문화적 구성원이 의류를 구매하는 젊은 남성의 태도에 영향을 미칠 것인가? 왜 어떤 태도는 쉽게 바뀌지 않고 오래 지속되는가? 마케터는 특정 태도에 영향을 미치기 위해서 이러한 질문에 대해 답을 할 수 있어야 한다. 다음으로 소비자가 어떤 대상에 대한 태도를 형성하는 데 영향을 미치는 근원과 요인을 알아보자.

태도 형성의 근원

개인적 경험, 가족과 친구, 대중매체, 인터넷, 그리고 소셜미디어는 소비자의 태도에 강력한 영향을 미친다. 제품에 대한 태도의 근본적인 원천은 제품을 사용하고 평가하는 데서 오는 소비자의 직접적 경험이다. 직접 경험의 중요성을 인식한 마케터들은 할인쿠폰, 무료샘플 등과 같은 유인책으로 소비자가 신제품을 사용하도록 시도한다. 만약 소비자가 신제품을 사용해보고 좋아한다면, 제품에 대한 긍정적인 태도를 형성하고 재구매할 것이다. 가족 또한 소비자의 초기 태도 형성에 강력한 영향을 미친다. 예를 들면, 착한 행동을 해서 사탕으로 보상을 받았던 어린이는 성인이 되어서도 사탕에 대해 긍정적인 태도를 보유하게 된다.

마케터들은 신기술로 인해 광고 메시지와 제품을 틈새고객에게 개별 맞춤할 수 있게 되었기 때문에, 소규모의 전문화된 틈새시장 소비자의 태도를 형성하기 위하여 온라인 광고를 점차적으로 이용하고 있다. 온라인에서 마케터는 특정 상품(예 : 왼손잡이를 위한 시계 또는 골프 클럽)과 관련된 소비자의 인구통계적, 심리적, 지리적 특성에 기초한 프로필에 근거하여 표적소비자를 설정할 수 있고, 표적소비자의 필요와 욕구를 이해한다는 메시지를 전달할 수 있다. 전통적인 대중매체에 의해 전달되는 촉진 메시지는 일반적으로 광고되는 제품에 관심도 없고 욕구도 없는 다수의 소비자를 비롯한 다양하고 큰 규모의 세분시장에 도달하는 반면, 표적화된 온라인 마케팅에서 촉진 메시지는 아주 작은 세분시장의 욕구와 관심을 표현하기 때문에 다른 대중 매체보다 효과적으로 태도를 형성할 수 있다. 연구에 따르면 직접 경험(예 : 제품 사용)에 의해서 형성된 태도는 촉진 메시지에 의해 형성된 태도(즉, 제품을 사용해보지 않고 형성된 태도)보다 더 지속적이고 경쟁자의 메시지에 대해 저항적이다.

성격 요소의 역할

성격특성은 태도형성에 상당한 영향을 미친다. 예를 들면, **인지욕구**(need for cognition)가 높은 사람 (즉, 정보를 갈망하고 생각하기를 좋아하는 사람)은 상세하고 제품 정보를 많이 포함하고 있는 광고 에 대하여 긍정적인 태도를 형성할 가능성이 높다. 반대로 인지욕구가 낮은 사람은 매력적인 모델이 나 유명인이 출연하는 광고 또는 배경음악 등과 같은 주변 단서가 있는 광고에 대하여 호의적인 태 도를 형성할 가능성이 높다. 신제품에 대한 소비자의 태도는 특히 소비자 혁신성과 같은 성격특성에 의해 영향을 받는다(3장 참조).

태도와 행동의 일관성

태도는 일관성 있는 행동으로 이어진다. 그러나 일관성에도 불구하고 태도는 영구적이지 않고 종종 변한다. 일반적으로 소비자의 태도와 행동은 일치한다. 예를 들면, 멕시코 소비자는 한국 자동차보 다 일본 자동차를 선호하므로 자동차를 교체할 때 일본 자동차를 구매할 것으로 예상할 수 있다. 그 러나 종종 주위 상황은 태도와 행동 간의 일관성을 방해한다. 즉 멕시코 소비자는 좋아하는 차를 구 매할 만큼의 경제적인 여유가 없기 때문에 일본 자동차 대신 한국 자동차를 구매하게 된다. 이러한 경우 경제적 사정은 '상황적 요인'이 된다.

상황 내에서 발생하는 태도

태도는 상황 내에서 발생하고 상황의 영향을 받는다. 여기에서 '상황'이란 특정한 시점에서 태도와 환경 간의 관계에 영향을 주는 사건과 주위환경을 말한다. 소비자는 상황 때문에 태도와 다른 행동 을 하게 된다. 예를 들면, 만약 마거릿이 매번 다른 브랜드의 자외선차단 로션을 구매했다면 그녀의 브랜드 전환은 그녀가 사용했던 브랜드에 대한 부정적인 태도를 반영한다. 그런데 실제는 그녀가 돈 을 아끼기 위해서 할인하는 브랜드만 구매했기 때문일 수 있다. 또는 그 반대일 수도 있다. 만일 에 드워드가 업무로 출장을 갈 때마다 햄프턴인에서 숙박을 한다면, 그가 분명 햄프턴인에 대하여 호의 적인 태도를 가졌을 거라고 잘못된 추측을 할 수 있다. 사실은 에드워드가 힐튼 또는 메리어트 호텔 을 더 선호하지만, 단순히 햄프턴인도 적당하다고 생각했을 수 있다. 왜냐하면 그가 자신 소유의 사 업을 가지고 있고, 자비로 여행을 하기 때문에 햄프턴인도 충분히 만족스럽다고 느낄 수 있다.

   소비자는 특정 대상에 대하여 특정 상황에 따라 서로 다른 태도를 가질 수 있다. 예를 들면, 스콧 은 오래된 스테이션왜건을 교체하려고 한다. 그는 방과 후에 자녀들을 데리다 주거나 주말 활동을 수월하게 보내기 위하여 신형 SUV 구매를 고려하고 있다. 그러나 그는 하루에 30마일이나 되는 거 리의 직장까지 매일 SUV를 타고 다니는 것이 얼마나 비용이 많이 드는가를 깨닫고 구매를 다시 생각 했다. 그 후로 그는 포드 이스케이프 하이브리드 SUV를 가지고 있는 직장 동료에게 포드 이스케이 프가 얼마나 연비가 좋은지 듣게 되었다. 스콧은 포드 이스케이프가 자신의 오래된 자동차보다도 연 비가 더 좋으며, 그 차를 살만한 경제적 여유가 있다는 것을 알게 되었다. 그는 연료비를 줄이고, 아 이들과 친구들을 방과 후 및 주말 활동에 데리다줄 수 있도록 포드 이스케이프를 구매하였다.

표 6.1	태도에 영향을 주는 상황의 예시	
제품/서비스	상황	태도
에너자이저배터리	허리케인이 몰려올 때	"허리케인이 오면 전기가 나가기 때문에 미리 사두는 게 좋아."
미니쿠퍼	새 차를 구매할 때	"가솔린 가격이 매우 비싸서 SUV를 팔고 미니쿠퍼로 연비를 줄여야겠어."
치리오스	높은 콜레스테롤	"치리오스가 콜레스테롤 수치가 낮다고 광고하는 것을 보니 사실일 거야."
월스트리트저널	여윳돈이 있을 때	"주식에 투자할지 아니면 MMF(Money Market Fund)에 넣어둘지 결정해야 돼."
델타항공	친구의 졸업식	"라스베이거스에 있는 친구가 졸업파티를 하는데 그곳에 가고 싶어."
맥스웰하우스커피	깨어 있고 싶은 욕구	"어젯밤 늦게 데이트를 했어, 그런데 오늘 아침 사무실에서 해야 될 일이 많아."
스토퍼배달음식	집밥을 먹고 싶은 욕구	"매일 저녁 외식하는 것에 싫증이 났어."

태도를 연구할 때 연구자들은 상황을 고려하지 않고, 태도와 행동 간의 관계를 잘못 해석하곤 한다. 〈표 6.1〉은 소비자의 태도에 영향을 미치는 상황을 보여준다.

세 가지 구성요소 태도모델

학습목표

2 세 가지 구성요소 태도모델과 적용법을 이해한다.

연구자들은 태도가 행동에 어떻게 영향을 미치는지를 설명하기 위한 몇 가지 태도모델을 구축했다. 첫째, 세 가지 구성요소 태도모델을 설명한 후 다속성 태도모델을 기술한다. **세 가지 구성요소 태도모델**(tri-component attitude model)은 태도가 〈그림 6.2〉와 같이 인지, 감정, 행동의도적 요소로 구성되어 있다고 주장한다.

인지적 요소

인지적 요소(cognitive component)는 개인의 인지(cognition), 즉, 태도 대상과 관련된 직접 경험과 다양한 정보 원천으로부터 습득된 개인의 지식과 속성 지각으로 이루어져 있다. 이러한 태도 대상에 대한 지식와 지각은 소비자가 태도 대상이 구체적인 속성을 가졌거나 가지지 않았다고 믿는 정도인 **신념**(belief)으로 표현된다. 〈표 6.2〉는 2개의 TV에 대한 소비자의 신념을 묘사한다.

감정적 요소

감정적 요소(affective component)는 태도 대상에 대한 소비자의 감정과 느낌을 말하며, 태도 대상에 대한 전반적인 평가(즉, 태도 대상을 호의적 또는 비호의적, 좋음 또는 나쁨으로 느끼는 정도)를 표현하므로 **평가**(evaluation)라고 간주할 수 있다.

감정적 경험은 '감정적으로 충만한 상태'(예 : 행복, 슬픔, 부끄러움, 증오, 화남, 우울, 고통, 죄의식, 놀라움)이므로 그 자체로 분명하다. 이러한 감정적인 상태는 연달아 기억을 떠올리게 할 뿐만 아니라 경험 자체를 강화하거나 증폭시킨다. 예를 들면, 쇼핑센터를 방문한 소비자가 쇼핑하는 동안 즐거움을 느꼈다면 더 많은 시간을 쇼핑하면서 보낼 것이고 쇼핑센터에서 보낸 시간을 기쁘게 회상할 것이다. 또한 자신의 친구들이 쇼핑센터를 방문

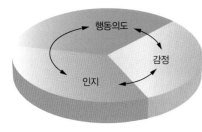

그림 6.2 태도모델의 세 가지 구성요소

표 6.2 TV에 대한 소비자의 신념

제품 속성	LED TV	3D TV
앵글 각도	이미지가 오른쪽에서부터 점점 사라진다.	모든 각도에서 뛰어나다.
스크린 반사성	적다.	보통이다.
동작 번짐	무시할 만하다.	무시할 만하다.
채도	훌륭하다.	좋은 편이다.
리모콘의 사용 용이성	TV를 같이 볼 때 친구도 조작이 가능하다.	TV를 3개월 사용한 친구도 설명서를 참고하지 않고는 사용하기 어렵다.
유선방송의 DVR과 호환성	친구가 TV와 DVR을 연결하는 데 15분 걸렸다고 한다.	TV와 DVR을 연결하기 위해 유선방송 회사로 전화를 걸어 기사가 집으로 방문해줄 것을 요구했다.

하도록 장려할 것이다. 〈표 6.3〉은 제품에 대한 소비자의 느낌과 감정을 측정하는 척도를 보여준다.

대상에 대한 소비자의 감정을 측정하는 또 다른 척도는 〈표 6.4〉에 있다. 〈표 6.4〉는 연속선상의 양극단에 상반되는 형용사를 배치하여(예 : 좋다/나쁘다, 기분이 좋다/기분이 나쁘다) 측정하는 **의미차별 척도**(semantic differential scale)가 있다. 많은 연구자들은 소비자의 태도가 이러한 측정도구로 측정될 수 있다고 믿으며, 태도 대상에 대한 감정적 요소뿐만 아니라 인지적 요소를 반영한다고 믿는다.

행동의도적 요소

행동의도적 요소(conative component)는 어떤 개인이 태도 대상과 관련하여 구체적인 행동을 착수하

표 6.3 아라미스 애프터쉐이브에 대한 느낌과 감정의 측정

귀하는 과거 30일 동안 아라미스 애프터쉐이브를 사용해 본 경험이 있으실 것입니다. 30일의 체험사용 기간 동안 귀하가 우리 제품을 사용하면서 받으신 느낌을 알려주시면 감사하겠습니다. 얼굴에 아라미스 애프터쉐이브를 사용하면서 받으신 느낌과 가장 일치하는 곳에 ×표를 해주십시오.

	매우 그렇다				전혀 그렇지 않다
편안하다.	[ ]	[ ]	[ ]	[ ]	[ ]
매력적으로 보인다.	[ ]	[ ]	[ ]	[ ]	[ ]
팽팽하게 조이는 것 같다.	[ ]	[ ]	[ ]	[ ]	[ ]
부드럽다.	[ ]	[ ]	[ ]	[ ]	[ ]
유연하다.	[ ]	[ ]	[ ]	[ ]	[ ]
깨끗하다.	[ ]	[ ]	[ ]	[ ]	[ ]
상쾌하다.	[ ]	[ ]	[ ]	[ ]	[ ]
젊어 보인다.	[ ]	[ ]	[ ]	[ ]	[ ]
회복되는 것 같다.	[ ]	[ ]	[ ]	[ ]	[ ]
새롭다.	[ ]	[ ]	[ ]	[ ]	[ ]

표 6.4	아라미스 애프터쉐이브 의미차별 척도							

다른 애프터쉐이브 제품과 비교할 때, 아라미스 애프터쉐이브는?

상쾌하다.	[1]	[2]	[3]	[4]	[5]	[6]	[7]	상쾌하지 않다.
향기롭다.	[1]	[2]	[3]	[4]	[5]	[6]	[7]	향기가 없다.
기분이 좋다.	[1]	[2]	[3]	[4]	[5]	[6]	[7]	기분이 나쁘다.
매력 있어 보인다.	[1]	[2]	[3]	[4]	[5]	[6]	[7]	매력 없어 보인다.

거나 어떤 특정한 방식으로 행동하려는 가능성을 말한다. 소비자 행동 연구에서 행동의도적 요소는 소비자의 구매의도로 간주한다. 구매의도 척도는 소비자가 어떤 제품을 구매할 가능성 또는 어떤 방식으로 행동할 가능성을 측정한다. 〈표 6.5〉는 구매의도를 측정하는 척도를 의미한다. 흥미롭게도 구매의도에 응답해 달라는 요구를 받지 않은 소비자와 비교하여 구매의도에 응답해 달라는 요구를 받은 소비자는 자신들이 긍정적으로 평가한(예 : 그 브랜드를 구매할 예정) 브랜드를 실제로 구매할 가능성이 높은 것으로 나타났다. 이것은 구매의도에 대한 긍정적인 답변 형태로 나타난 긍정적인 브랜드 몰입은 실제 브랜드 구매에 긍정적으로 영향을 미친다는 것을 의미한다.

소비자의 태도 변화

소비자의 태도를 변화시키는 것은 마케팅 전략에서 매우 중요하다. 선도 브랜드의 목표는 소비자들이 경쟁 브랜드의 제안과 유인책에 굴복하지 않도록 소비자의 긍정적인 태도를 강화하고 유지시키는 것이다. 반대로 타이드처럼 최강의 브랜드가 존재하는 세탁 세제 범주나 나이키처럼 우세한 운동화 제품 범주에 속해 있는 경쟁자는 소비자가 선도 브랜드에 대해 가지고 있는 강력하고 긍정적인 태도를 변화시키려고 시도한다.

소비자는 기존의 태도나 신념에 도전하는 증거에 저항적이며 모호한 정보는 기존 태도를 강화시키는 방향으로 해석하기 때문에 제품과 브랜드에 대한 태도를 변화시키는 것은 어렵다. 소비자의 태도를 바꾸는 두 가지 기본적인 전략이 있다.[1] 제품의 전반적인 이미지를 바꾸거나, 또는 구체적인 제

표 6.5	구매의도의 측정

귀하께서 다음번 애프터쉐이브를 구매할 때 아라미스 애프터쉐이브를 구매할 가능성을 가장 잘 묘사하는 말은 무엇입니까?

_____반드시 구매할 것이다.

_____아마도 구매할 것이다.

_____구매할지 안 할지 불확실하다.

_____아마도 구매하지 않을 것이다.

_____절대 구매하지 않을 것이다.

귀하께서 3개월 이내에 아라미스 애프터쉐이브를 구매할 가능성은?

_____구매할 가능성이 매우 높다.

_____구매할 가능성이 있다.

_____불확실하다.

_____구매할 가능성이 없다.

_____구매할 가능성이 전혀 없다.

품 속성을 바꾸는 것이다. 먼저 소비자의 태도를 변화시키는 전략에 대해 논의한 뒤 다속성 태도 모델에 대하여 설명한다.

제품에 대한 신념의 변화

태도를 변화시키기 위해 신념을 바꾸는 전략은 브랜드 자체에 대한 신념 또는 지각을 변화시키는 데 전력을 기울이는 것이다. 이것은 흔히 광고에서 많이 볼 수 있는 형태이다. 광고인들은 자신들의 제품이 특정한 속성을 '더 많이', '더 나은', '최고의' 제품이라는 것을 소비자들에게 지속적으로 상기시킨다. 예를 들면, 크라프트의 미러클휩은 이 제품을 사용하면 마요네즈를 사용하는 것보다 터키샌드위치 맛이 더 좋아진다고 주장한다. 미러클휩 광고는 "마요네즈보다 더 맛있고 지방은 절반"이라고 주장한다.

태도를 변화시키려는 목적의 광고 메시지는 기존의 태도를 포기하지 않으려는 사람들의 자연스러운 저항을 극복할 수 있도록 설득력 있고 여러 번 반복되어야 한다. 예를 들면, 소비자들은 아보카도가 너무 많은 지방을 함유하고 있다고 믿는다. 〈그림 6.3〉의 광고는 "안심하세요, 몸에 좋은 불포화

그림 6.3 아보카도에 대한 소비자의 신념을 변화시키는 광고

지방입니다." 이라고 언급하면서 이러한 소비자의 신념을 바꾸는 데 초점을 맞추고 있다.

브랜드 이미지의 변화

브랜드 이미지를 변화시키는 전략 중의 하나는 브랜드에 대한 소비자의 전반적인 평가를 변화시키는 것이다. 마케터들은 자신의 브랜드를 경쟁자로부터 분리하려는 촉진적 메시지를 사용함으로서 이러한 접근을 한다. 예를 들면, 광고에서 '가장 잘 팔리는', 또는 '경쟁자들이 흉내고 싶어 하는' 브랜드라는 것을 언급한다. AT&T 캠페인은 AT&T브랜드로 제공되는 특정한 제품이나 서비스를 언급하지 않으면서 브랜드 이미지를 제고한다. AT&T의 슬로건인 "'가능'을 다시 생각하다."는 첨단기술에 우호적으로 사로잡혔다고 생각하는 소비자의 태도를 변화시키고 기술에 대한 소비자의 자신감을 향상시키기 위해서 "우리가 만든 것으로 당신이 하는 것입니다."라는 표어를 덧붙이고 있다.[2] 또 다른 사례로서, 많은 광고가 전반적인 브랜드 이미지를 강화하고 소비자의 관심을 끌기 위해 '새로운'이라는 문구를 사용하고 있다.

경쟁 브랜드에 대한 신념의 변화

태도 변화의 또 다른 전략은 경쟁 브랜드 또는 제품 범주에 대한 소비자의 신념을 변화시키는 것이다. 예를 들면, 이클립스 츄잉껌은 "대부분의 껌들은 나쁜 입 냄새를 가려줍니다. 우리는 입 냄새를 나게 하는 세균을 없애줍니다."라고 언급하면서 다른 껌보다 훨씬 우월함을 주장한다. 〈그림 6.4〉에 있는 알레브(Aleve)광고는 알약이 많을수록 고통도 효과적으로 감소할 것이라는 생각을 반박하면서, 타이레놀에 대한 비호의적인 태도를 구축하려고 만들어졌다. 이와 유사하게, 〈그림 6.8〉의 라이솔

그림 6.4 신념의 변화 : "알약을 더 많이 복용한다고 해서 고통이 더 많이 감소되는 것은 아닙니다."

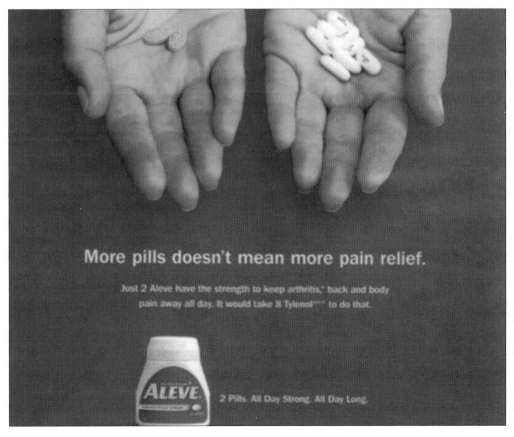

출처 : Bayer Healthcare LLC.

세정티슈는 경쟁이 되는 제품 범주에 대한 부정인 태도를 형성하고 있다. 이 광고는 라이솔의 경쟁자를 세균을 퍼뜨리는 종이 타월로 언급하면서 라이솔 세정티슈는 세균을 죽인다고 언급하고 있다. 알레브 광고는 **비교광고**(comparative advertising)의 사례이며 라이솔 광고는 **양면적 메시지광고**(two-sided message)를 보여준다(7장 참조).

다속성 태도모델

다속성 태도모델(multi-attribute attitude model)은 소비자의 태도가 태도 대상의 부각된 속성에 대한 평가로 결정된다고 주장한다. 첫째, 대상에 대한 태도모델을 설명하고 소비자의 태도를 변화시키거나 신제품을 개발하기 위해 제품 속성을 이용하는 전략을 논의한다. 그리고 '대상과 관련된 행동에 대한 태도모델, 합리적 행동 이론, 소비시도 이론, 광고에 대한 태도모델을 설명한다.

대상에 대한 태도모델

대상에 대한 태도모델(attitude-toward-object model)은 소비자의 제품에 대한 평가가 1) 그 제품이 어떤 속성을 얼마나 가지고 있는가, 2) 각각의 속성들이 소비자에게 얼마나 중요한가로 결정된다고 주장한다.

달리 말하면, 소비자는 일반적으로 중요하다고 생각하는 속성 차원에서 다른 브랜드보다 뛰어난 성능을 가진 브랜드에 대하여 호의적은 태도를 형성하고, 이러한 기준을 만족시키지 못하는 브랜드에 대해서는 부정적인 태도를 갖는다.[3]

〈표 6.6〉은 96명의 마케팅 수강생이 스마트폰 3개 브랜드 — 아이폰, 블랙베리, 안드로이드 — 의 11개 속성에 대하여 평가한 결과이다. 이 점수는 어떤 브랜드가 특정한 속성을 얼마나 많이 가지고 있는가에 관한 학생들의 신념을 나타낸다. 이어서 학생들은 각각의 속성에 대한 중요성을 평가하였다. 연구자들은 속성의 중요도와 속성에 대한 신념 점수를 곱한다. 예를 들면, '배터리 수명'은 스마트폰의 속성 중에서 가장 중요한 속성으로 나타났고(5점 중 3.77), 아이폰은 배터리 속성 차원에서 다른 2개의 스마트폰보다 높은 점수(2.64)를 받았다. 아이폰은 배터리 수명에서 높은 점수를 받아 전반적으로 높은 태도 점수를 얻었다. 3개의 브랜드 중에서 블랙베리는 키보드를 가지고 있는 유일한 스마트폰인데 키보드 속성에서 가장 높은 점수를 받았으나, 키보드 속성은 중요도 평가에서 두 번째로 낮은 평가를 받았기 때문에 전반적인 블랙베리의 태도 점수는 낮아졌다.

총점을 보면, 응답자들이 아이폰을 다른 2개의 브랜드보다 월등히 좋게 평가함을 알 수 있다. 그러나 우리는 이러한 지각이 실제 사실을 나타내는 것은 아니라는 점에 주의해야 한다. 예를 들면, 블랙베리의 화면 해상도는 아이폰보다 높지만, 소비자들은 아이폰이 더 낫다고 '믿는다'. 2장에서 논의한 바와 같이, 중요한 것은 소비자가 제품을 어떻게 지각하느냐이다. 그러므로 이 연구 결과를 고려해 볼 때, 블랙베리의 마케터는 소비자의 오해를 '바로잡기' 위해서 광고를 이용하여 화면 해상도에 대한 소비자의 지각을 향상시켜야 한다.

마케터는 광고하는 브랜드에 유리한 방향으로 소비자의 태도를 변화시키기 위하여 대상에 대한 태도모델을 이용한다. 마케터는 새로운 제품 속성을 추가함으로써, 소비자의 제품 속성에 대한 지각을 변화시키고, 소비자가 선호하는 속성을 가진 신제품을 개발할 수 있다.

속성의 추가

제품 또는 브랜드 속성을 추가하는 것은 과거에 간과되었던 속성을 추가하거나 개선되거나 혁신적인 속성을 추가하는 것을 의미한다. 예를 들면, 요구르트 광고는 과거에 간과되었거나 잘 알려지지 않은 속성이나 효익을 추가하기 위하여, 광고에 나오는 요구르트가 양질의 칼륨을 많이 함유한 과일로 알려진 바나나보다 더 많은 칼륨을 함유하고 있다는 것을 말해준다. 요구르트와 바나나의 비교는 더 많은 칼륨을 원하는 소비자의 태도를 향상시켜줄 수 있다.

속성을 추가하는 또 하나의 형태는 혁신이다. 예를 들면, 위시본 샐러드스프리처는 샐러드에 드레싱을 분사할 수 있도록 펌프를 만듦으로써 소비자들이 샐러드에 뿌리는 드레싱의 양을 조절할 수 있도록 하였다. 〈그림 6.5〉는 필립스당의정 광고인데 과거에 설사약은 오직 액체 형태였지만, 이 제품은 새로운 형태의 설사약임을 보여주고 있다. 또한 새로운 알약 형태의 설사약은 '경련 방지' 속성이 추가되었다. 이 광고는 혁신적인 속성을 묘사할 뿐만 아니라 경쟁자에 대한 신념을 변화시키려고 한다. 광고의 작은 글씨를 보면 필립스당의정 설사약은 하루면 효과가 나타나지만 경쟁자인 미라락스는 3일 걸린다고 쓰여 있다. 가끔은 제품 속성을 제거하는 것이 태도를 호의적으로 바꿀 수도 있다. 예를 들면, 개인 생활용품 제조회사들은 소비자 조사 결과 향이 없는 제품이나 무알코올 제품들을

표 6.6	대상에 대한 태도모델의 적용							
속성	속성 중요도	아이폰		블랙베리		안드로이드		
		속성 신념값	속성 중요도× 속성 신념값	속성 신념값	속성 중요도× 속성 신념값	속성 신념값	속성 중요도× 속성 신념값	
긴 배터리 수명	3.77	2.64	9.9528	2.34	8.8218	2.31	8.7087	
높은 해상도 화면	3.1	3.62	11.222	2.15	6.665	2.97	9.207	
음성 인식 기능	1.8	3.49	6.282	2.25	4.05	2.61	4.698	
무제한 데이터 전송 장치	3.52	3	10.56	2.62	9.2224	2.48	8.7296	
장기 계약이 필요없는 장치	2.43	1.79	4.3497	1.66	4.0338	1.95	4.7385	
높은 품질의 카메라	3.12	3.51	10.9512	2.07	6.4584	2.84	8.8608	
플래시가 있는 카메라	2.98	3.44	10.2512	2.62	7.8076	2.83	8.4334	
높은 해상도의 비디오 녹화	2.52	3.3	8.316	1.93	4.8636	2.67	6.7284	
무제한 데이터 외부 보관 장치 제공	2.72	2.82	7.6704	2.36	6.4192	2.52	6.8544	
키보드	1.9	1.16	2.204	3.34	6.346	2.18	4.142	
멀티태스킹이 가능한 스마트폰	3.36	3.38	11.3568	2.57	8.6352	2.72	9.1392	
총합			93.1161		73.323		80.24	

생산하고 있다.

속성 중요도의 변화

2장(효익 세분화)에서 서로 다른 브랜드들이 어떻게 소비자에게 서로 다른 효익을 제공하는지, 그리고 그에 따라서 어떻게 포지셔닝되어 있는가를 논의하였다. 예를 들면, 두통약에는 아스피린(예 : 바이엘), 아세트아미노펜(예 : 타이레놀), 나프록센(예 : 알레브) 계열이 있다. 개인 생활용품을 판매하는 마케터는 시장점유율을 유지하거나 확대하기 위해서 뭔가 다른 혜택을 제공하는 동일한 제품의 다양한 버전을 판매하고 있다. 예를 들면, 콜게이트 토털은 12시간 충치예방, 콜게이트 맥스프레쉬는 입냄새 제거, 콜게이트 센시티브프로릴리프는 잇몸강화를 위한 치약이다.

어떤 회사는 대부분의 소비자가 그다지 생각하지 못했던 제품 속성을 발견하고 이를 제품 광고에 내보낸다. 돌은 포장된 간편 과일 제품을 구매하는 소비자가 다른 브랜드 제품은 과일을 100% 과일 주스에 담그지 않는다는 사실을 잘 모른다는 것을 알았다. 〈그림 6.6〉의 광고는 돌 제품을 차별화시키기 위해서 소비자가 미처 생각하지 못했던 속성의 중요도를 변화시켰다.

신제품 개발

마케터는 신제품을 개발할 때 대상에 대한 태도모델을 이용한다. 가상의 예를 들어보자. 트로피카나 회사는 제품라인에 신제품을 추가하고자 한다. 트로피카나 회사의 시장조사팀은 소비자가 오렌지 주스에 대한 태도를 결정하는 네 가지 속성, 과육의 양, 당도, 맛의 강도, 색상을 찾아냈다. 그다음 세 가지 전략을 수립했다.

그림 6.6 속성 중요도의 변화 : 진짜 과일은 진짜 과일 주스에 담가야 한다.

1. 〈그림 6.7A〉의 척도를 이용하여 오렌지 주스를 정기적으로 마시는 소비자에게 이 네 가지 속성 차원에서 이상적인 오렌지 주스의 속성을 묘사하도록 요구하였다.
2. 현실적으로 트로피카나는 '이상적인' 오렌지 주스를 생산할 수 없다. 왜냐하면 이상적인 오렌지 주스를 경쟁적인 가격에 제공할 수 없기 때문이다. 그 대신 응답자들에게 트로피카나가 팔 수 있는 '개념적인' 주스에 대해 평가하도록 하였다. '개념적인' 주스는 이상적인 주스와 유사하지만 동일하지는 않다.
3. 트로피카나는 소비자가 맛보고 평가한 새로운 '실제' 오렌지 주스를 만들었다.

〈그림 6.7B〉에서 볼 수 있듯이, 이상적 제품과 비교할 때 실제 제품은 과육이 너무 적고, 너무 달지만, 소비자들은 두 제품의 맛은 서로 비슷하다고 느낀다. 색상을 보면 트로피카나가 이상적, 또는 개념적 제품을 따라갈 수 없지만, 이 회사는 이상적 제품에 가깝도록 실제 제품의 색깔을 개선하였다. 이 연구 결과는 소비자들의 선호에 부합하기 위해서, 트로피카나가 당도는 줄이고 과육은 더 많이 포함하도록 '실제' 제품을 바꿔야 한다는 점을 시사한다.

대상과 관련된 행동에 대한 태도모델

대상과 관련된 행동에 대한 태도모델(attitude-toward-behavior model)은 단순히 어떤 대상에 대한 개

	1	2	3	4	5	6	
과육이 없다.	☐	☐	☐	☐	☐	☐	과육이 많다.
달지 않다.	☐	☐	☐	☐	☐	☐	매우 달다.
맛이 없다.	☐	☐	☐	☐	☐	☐	맛있다.
칙칙한 오렌지 색상	☐	☐	☐	☐	☐	☐	밝은 오렌지 색상

그림 6.7A 의미차별 척도

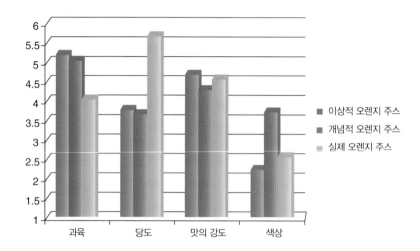

그림 6.7B 이상적 · 개념적 · 실제 오렌지 주스의 비교

인의 태도라기보다는 대상과 관련된 **행동** 또는 행위에 대한 개인의 태도를 표현하다. 대상에 대한 태도모델보다 대상과 관련된 행동에 대한 태도모델을 이용하는 것이 소비자를 이해하는 데 더 유용한다. 예를 들면, 어떤 소비자가 렉서스(즉, 대상에 대한 **긍정적인 태도**) 같은 신차를 찾고 있는데 비싼 렉서스를 구매할 준비가 되어 있지 않거나 구매 의도가 없을 수 있다.

소비자의 온라인 쇼핑 행동에 대한 태도를 탐구한 대만인의 연구에 따르면 이러한 태도는 아홉 가지의 효익을 반영한다. 1) 효과적이고 현대적인 2) 구매의 편리성 3) 풍부한 정보 4) 다양한 형태와 안정성 5) 서비스 품질 6) 배송 속도 7) 홈페이지 디자인 8) 선택의 자유 9) 이름의 친숙성[4]

합리적 행동 이론

세 가지 구성요소 모델과 같이 **합리적 행동 이론**(theory of reasoned action, TRA)은 인지, 감정, 행동의도적 요소를 포함한다. 여기에 덧붙여 개인의 행동의도에 영향을 미치는 주관적 규범(subjective norm)을 고려한다. 주관적 규범이란 자신과 관련 있는 사람들(예 : 가족, 친구, 룸메이트, 동료)이 자신의 행동에 대하여 어떻게 생각할 것인가에 대한 개인의 생각이다. 즉, 그들이 자신의 행동을 지지 혹은 반대할 것인가에 대한 생각이다. 예를 들면, 문신을 새기고 싶어 하는 여학생은 먼저 자신의 행동에 대해 부모님 또는 남자친구가 찬성할지 혹은 반대할지를 고려한다. 이처럼 다른 사람들의 의견을 고려하는 것이 주관적 규범이다.

주관적 규범에는 두 가지 요인에 의해 결정된다. **규범적 신념**(normative belief)은 준거인에 대한 개인의 생각이고 순응 동기(motivation to comply)는 준거인의 의견을 얼마나 수용할 것인가에 관한 것이다.[5] 주관적 규범을 정확하게 이해하기 위해서는 이 두 가지 요인을 측정해야 한다. 예를 들면, 문신을 하려는(즉, '구매') 학생의 주관적 규범은 다음의 두 가지 질문으로 구성되는데, 1) 그녀의 준거인은 누구인가?(예 : 부모나 남자친구) 2) 준거인들이 그녀가 문신을 하는 것에 대하여 어떻게 생각할 것인가?(예 : 엄마는 문신을 비행 청소년들이나 하는 것이라고 생각하지 않을까, 그런데 내 남자친구는 좋아할까?) 3) 준거집단의 의견에 얼마나 순응할 것인가? 달리 말하면 준거인의 의견에 대한 순응동기가 충분한가 또는 그렇지 않는가?

소비시도 이론

소비시도 이론(theory of trying-to-consume)은 긍정적인 태도에서 기인한 계획한 행동(예 : 구매)의 결과가 불확실하지만, 여전히 소비자에게 영향을 미치는 경우를 설명한다. 소비하려는 사람은 행동을 못하게 하는 두 가지 형태의 장벽에 부딪힌다(표 6.7의 보기 참조).

1. 개인적 장애(personal impediment) : 어떤 소비자가 양복과 딱 어울리는 50달러 미만의 넥타이를 찾는 경우, 또는 체중을 줄이려고 하는 사람이 쿠키를 매우 좋아하는 경우
2. 환경적 장애(enviromental impediment) : 현실적으로 양복과 딱 어울리는 넥타이 가격은 50달러 이상인 경우, 쿠키 먹는 것을 중단할 수 없는 소비자가 체중을 줄이기 위해서 맛이 좋으면서 칼로리가 낮은 쿠키를 찾으려고 하나, 현실적으로 맛도 좋고 칼로리 낮은 쿠키는 존재하지 않는 경우[6]

연구자들은 소비자들이 소비하고 싶으나 실패하는 이유를 알아내고, 왜 그런지 두 가지 이유를 규명해야 한다. 그 이유는 첫째, 이러한 소비자들은 모든 가능성 있는 소비 대안들을 고려하지 못한다는 것이며, 둘째, 이들이 차라리 자기희생 선택하거나 만족을 미루는 것을 선택하기도 한다.[7]

광고에 대한 태도모델

광고에 대한 태도모델(attitude-toward-the-ad model)은 소비자들이 광고를 보고 들으면서 느끼는 감정이 브랜드 태도에 중요한 영향을 미친다고 제안한다.

표 6.7 소비의도의 잠재적 장애물
개인적 장애
결혼식을 할 때까지 내 손톱이 충분히 자랄지 모르겠어.
내 생일까지 허리를 2인치 줄이고 싶어.
우리의 기념일에 지미 버핏 콘서트 입장권을 구하려고 해.
내 생일까지 5마일을 달리고 싶어.
일주일에 3번에서 5번으로 운동 횟수를 늘리고 싶어.
오늘 밤 레스토랑에서 디저트를 먹으려고 해.
환경적 장애
축구장에 온 사람들 중 선착순 500명만 구단 모자를 받을 수 있어.
미안합니다. 당신이 주문한 재규어가 영국에서 아직 도착하지 않았어요.
와인 저장고에 오직 2개의 메를로밖에 없습니다. 당신은 다음에 다시 오는 게 좋을 거예요.
미안합니다. 도와드릴 수 없군요. 전기가 나가서 주유소를 닫아야 합니다.

한 연구는 12개 광고에 대한 태도와 광고에 나왔던 6개 제품들에 대한 구매 의도를 아시안-인디언 미국 이민자를 대상으로 조사하였다. 이 연구는 광고에 대한 태도와 구매 의도 간에 긍정적인 관계가 있음을 발견했다.[8] 즉, 소비자가 어떤 광고를 좋아한다면 그 제품을 구매할 가능성도 높다. 유럽연합의 신규 가입국인 불가리아와 루마니아에서 광고에 대한 전반적 태도를 조사한 또 다른 연구는 소비자들이 제품이나 서비스를 촉진하는 실제 광고보다 광고 회사에 대하여 더욱 긍정적인 태도를 가지고 있다는 것을 발견했다. 그리고 불가리아 사람들은 정보를 획득하기 위해서 광고를 이용하며, 루마니아 사람들은 광고의 오락적 가치를 가장 많이 이용한다.[9]

태도의 동기부여적 기능의 변화

학습목표

4 소비자의 특별한 욕구를 부각시켜서 소비자의 태도를 변화시키는 방법을 학습한다.

때때로 마케터들은 자신의 제품, 회사, 마케팅 행위에 대한 소비자의 부정적인 태도를 바꿔야 할 때가 있다. 소비자의 부정적인 태도는 나쁜 제품이나 촉진 때문이 아니라 통제불가능한 환경에서 비롯된 것일 수도 있다. 예를 들면, 몇 년 전 미국식품의약국(FDA)에서는 물고기 안에 있는 수은생물농축(bioconcentration of mercury)을 염려하여 임산부와 수유부, 어린이는 참치캔을 적게 먹으라고 조언한 적이 있다. 결과적으로 3대 참치캔 브랜드(범블비, 치킨오브더씨, 스타키스트)의 소비가 상당히 감소했다. 3대 브랜드는 참치캔에 대한 소비자들의 부정적인 감정을 변화시키기 위해 광고 캠페인을 의뢰했다. 광고 캠페인의 주제는 '경이로운 물고기, 참치'였고 TV와 온라인 광고매체, 인쇄물, 디지털 스크린, 포스터, 체육관이나 헬스클럽의 광고물을 통해 참치를 먹는 것은 즐겁다는 것을 묘사했다. 온라인 'tunathewonderfish.com'에는 참치요리법과 'the tuner lovers'라는 이상한 캐릭터가 등장해서 '심장에 좋은 참치', '건강한 다이어트 식품', '야외용으로 좋은 식품'이라는 슬로건을 노래했다. 광고 메시지는 참치를 먹는 것은 건강에 좋을 뿐 아니라 재미있다고 말해줌으로써 참치에 대한 소비자의 자신감을 회복하는 것에 목적이 있었다. 마케터는 소비자들이 참치캔을 좋아하지만 참치가 좋지 않다는 정보 때문에 망설인다는 것을 알았다. 그것은 비록 임산부와 같은 아주 작은 세분시장의 소비자에게 해당하는 정보였으나 다수의 소비자에게 부정적인 영향을 주었다.[10]

소비자들이 태도를 갖는 이유(또는 동기)는 태도의 '기능'으로 알려져 있다. 소비자의 동기에 소구해서 태도를 변화시키려는 방법은 **기능적 접근법(funtional approach)**이라 한다.[11] 태도의 기능은 실용직 기능, 자기방어적 기능, 가치표현적 기능, 지식기능이 네 가지로 분류할 수 있다.

실용적 기능

실용적 기능(utilitarian function)은 소비자의 태도는 브랜드가 편익을 제공한다는 신념에 기인한다. 과거에 어떤 제품이 특정한 업무를 수행하는 데 유용했었다면 그 제품에 대한 태도는 호의적이 된다. 제품에 대한 태도를 호의적으로 변화시키는 방법은 소비자들에게 그 제품이 미처 생각지 못했던 실용적인 효용이 있을 보여주는 것이다. 〈그림 6.8〉은 라이솔 세정티슈가 종이 타월보다 더 실용적이라는 것을 묘사하고 있다.

자기방어적 기능

사람들은 의심으로부터 자신을 보호하고, 불확실성을 안전감과 자신감으로 대체하기 위해서 태도를 형성하는 것을 **자기방어적 기능**(ego-defensive function)이라고 한다. 예를 들면, 다수의 소비자는 레스토랑이나 샐러드바에서 먹는 샐러드가 몸에 좋고 살이 찌지 않는다고 생각한다. 〈그림 6.9〉의 헬스초이스 광고를 보면, 샐러드를 먹어도 살이 찐다고 유머 있게 언급하면서 소비자의 생각을 반박하고 있다. '헬스초이스'는 '정직한 이름의 건강한 점심'을 표방하고 있으며, 정직하다고 하는 것은 경쟁 상표들은 정직하지 않다는 것을 암시한다.

가치표현적 기능

소비자의 **가치표현적 기능**(value-expressive function)은 태도가 가치와 신념을 반영하며, 마케터는 이러한 가치와 신념을 지지하거나 반박하는 광고를 만들 수 있다. 예를 들면, 영양을 의식하는 소비자는 샐러드가 몸에 좋고 칼로리가 낮을 것이라고 생각한다. 자기방어적 기능에 소구는 〈그림 6.9〉의 광고는 샐러드가 몸에 좋고 영양가 있다는 잘못된 신념에 도전하고 있다.

지식 기능

지식 기능(knowledge function)은 사람들이 다른 사람들의 성격, 사건, 그리고 사물을 이해하고자 하는 강한 욕구를 가지고 있기 때문에 태도를 형성한다고 본다. 그러므로 많은 기업들이 소비자들의 '알고자 하는 욕구'에 초점을 맞춘 광고를 이용한다. 마케터들은 소비자들이 의식하지 못하는 사실

그림 6.8 태도의 실용적 기능에 소구하는 광고 : 종이 타월은 세균을 퍼뜨리지만 리이솔 세정티슈는 세균을 죽입니다.

그림 6.9 태도의 자기방어적 기능과 가치표현적 기능에 소구하는 광고 : 당신의 바지가 더는 맞지 않는다는 것을 알고도 샐러드가 칼로리가 낮다는 것을 믿습니까?

그림 6.10 태도의 지식 기능에 소구하는 광고 : 미국인은 충분한 야채를 섭취하지 않고 있습니다. 그러나 당신은 할 수 있어요.

그림 6.11 태도의 지식 기능에 소구하는 광고 : 소고기 부위별 이름과 그림을 제공함.

을 알려줌으로써 자신의 브랜드에 대한 소비자의 태도를 호의적으로 변화시키려 한다. 예를 들면, 신제품 알레르기 치료제 광고는 알레르기 완화효과가 다른 제품보다 뛰어나다는 것을 막대그래프를 이용하여 대조하여 보여줌으로써 제품의 우수성을 강조한다. 〈그림 6.10〉의 V8 퓨전 광고는 소비자들에게 몰랐던 사실을 알려줌으로써 지식 기능에 소구하고 있다. 즉, 대부분의 미국인들은 충분한 채소를 섭취하지 않는다는 지식을 제공한다. 이와 유사하게 〈그림 6.11〉의 앵거스비프 광고는 소고기 부위별 그림을 제시함으로써 소비자들에게 지식을 제공한다.

가치 있는 목적 또는 대의명분과 브랜드의 연관

태도에 영향을 주는 또 하나의 방법은 태도를 사회적 또는 문화적 이벤트와 연관 짓는 것이다. 예를 들면, 〈그림 6.12〉의 메소드 광고는 막대한 환경오염을 일으키는 시장의 대표 세제를 비웃으면서, 메소드 세제를 환경보호라는 가치있는 대의명분과 관련짓고 있다.

브랜드–대의명분 제휴(brand-cause alliance)에 관한 연구 중에는 대의명분(cause)와 스폰서(sponsor)와의 관계를 연구한 것이 있다. 한 연구 보고에 따르면 비록 브랜드와 대의명분과의 연관성이 비록 제휴에 의한 것일지라도, 잘 알려지지 않은 대의명분이 긍정적 브랜드와 연계했을 때의 얻는 효익이 매우 잘 알려진 대의명분이 긍정적 브랜드와 연계했을 때 얻는 효익보다 상대적으로 더 크다고 한다.[12] 또 다른 연구는 기업 스폰서들이 대의명분과 기업 및 상표와의 연관성에 대한 의도를 명백하게 노출하지 않는 경우, 소비자들은 기업 또는 브랜드와 대의명분 간의 관계에 대하여 자신들 스스로 신념을 형성하는 것을 발견했다.[13] 이것은 소비자들에게 왜 스폰서십이 형성되었는지에 관한 이유를 그릇되게 추측하게 하기 보다는 스폰서가 그 이유를 밝혀야 한다는 것을 의미한다.

그림 6.12 메소드 세제를 환경보호
와 연관시키는 광고

정교화 가능성모델

학습목표

5 태도 변화에서 인지적 정교화의 역할에 대해 이해한다.

정교화 가능성모델(elaboration likelihood model, ELM)은 태도가 두 가지 경로 — 중심경로와 주변경로 — 에 의해 변화될 수 있다고 제안하고, 정보가 어떤 경로를 통해 처리되는가는 인지적 정교화(cognitive elaboration)와 관련있다고 제안한다. 설득적 메시지에 노출되었을 때 중심경로에 의한 정보처리는 **포괄적 문제해결**(extensive problem solving)을, 주변경로에 의한 정보처리는 **제한적 문제해결**(limited problem solving)을 반영한다(14장 참조). 이 이론의 전제는 소비자들이 자신과 관련성이 높은 제품의 구매를 고려할 때는 제품의 장점과 단점을 평가한다는 것이다. 반대로 관련성이 낮거나 덜 중요한 제품을 구매할 때는 아주 한정된 정보탐색과 평가(즉, 인지적 정교화 가능성이 낮다.)를 한다. 즉, 신중한 생각과 인지적 정보처리가 필요한 **고관여 구매**(high-involvement purchases) 시에는 **설득에 대한 중심경로**(central route to persuasion)를 통한 태도 변화가 효과적이고, 상대적으로 생각과 정보처리 많이 필요하지 않은 **저관여 구매**(low-involvement purchases) 시에는 **설득에 대한 주변경로**(peripheral route to persuasion)를 통한 태도 변화가 효과적이다. 즉, 소비자가 인지적 노력을 기울이려는 동기부여가 충분하지 않을 때에는 반복, 시각적 단서의 수동적인 정보처리, 그리고 전체적이 지각에 의해서 학습된다. 저관여된 소비자는 단순한 의사결정원칙을 적용하는 데 반하여 고관여 소비자는 브랜드의 속성 정보에 근거한 정보처리를 사용한다. 고관여 소비자에게는 설득적 메시지에 나타난 주장의 질이 시각적 이미지보다 소비 의사결정에 더 큰 영향을 준다.

설득에 대한 두 가지 경로는 중요한 시사점을 준다. 예를 들면, 비교광고(comparative ads, 7장 참조)는 주로 중심경로에 의해서(메시지 주장에 대하여 의도적인 정보처리) 태도가 형성되는 반면, 비비교광고(noncomparative ads)는 보통 주변경로에 의해서(메시지에 대한 정교화 노력이 없이 광고의 주변 요소에 반응) 태도가 형성된다. 한 연구에 따르면 소비자의 제품 관여도와 객관적 제품 지식 간의 상관관계가 쾌락적 제품(hedonic product)보다 실용적 제품(utilitarian product)의 경우 더 높게 나타난 반면, 주관적 지식과 제품 관여도와의 상관관계는 실용적 제품보다 쾌락적 제품의 경우 더 높게 나타났다.[14] 주관적 지식(subjective knowledge)이란 광고에 나타난 심상(imagery)을 해석한 결과이고(즉, 주변경로), 객관적 지식(objective knowledge)이란 광고에 나타난 실제 정보를 해석한 결과(즉, 중심경로)라 볼 수 있으므로, 마케터는 제품의 촉진 메시지를 선택하는 데 있어서 제품의 실용성 정도를 고려하여 중심경로 혹은 주변경로를 선택할 것인지를 고려해야 한다.[15]

중심경로를 통한 태도 변화는 소비자의 태도 대상을 평가하려는 동기와 능력이 높을 때 적용될 수 있다. 즉, 소비자가 태도 대상과 관련된 정보를 능동적으로 정보를 찾기 때문에 태도 변화가 일어난다. 소비자가 태도 대상과 관련된 정보를 이해하고, 학습하고 평가하기 위해 노력할 때 학습과 태도 변화는 중심경로를 통해 이루어진다.[16]

반대로, 소비자의 동기와 능력이 낮으면(즉, 저관여) 태도 대상 자체와 관련된 정보처리 과정이 없이 주변경로를 통해 학습과 태도 변화가 이루어진다. 이 경우 태도 변화는 가격할인쿠폰, 샘플, 아름다운 배경음악, 패키징, 유명인의 광고 등과 같은 부수적인 유인책에 의하여 이루어진다. 선행연구에 따르면, 관여도가 낮은 상황에서 중심경로와 주변경로는 모두 태도를 형성하는 데 동등한 역할을 한다. 그러나 중심경로에 의한 태도 변화가 지속력이 더 크다. 즉, 중심경로에 의한 태도 변화는 주변경로에 의한 태도 변화보다 시간이 흘러도 지속적이다. 또한 제품 지식이 높은 소비자들은 주변단서가 있는 광고보다 전문용어와 사실적 데이터가 있는 광고(즉, 중심경로)에 대하여 호의적인 브랜드 태도와 광고 태도를 형성한다.[17]

인지적 부조화와 태도 갈등의 해결

학습목표

6 인지적 부조화 이론으로 어떻게 행동이 태도 형성보다 먼저 일어날 수 있는지 이해하고 태도 갈등의 해결 전략을 학습한다.

지금까지는 소비자들이 행동을 취하기 전에 태도를 형성한다(예 : 당신이 행동을 하기 전에 무엇을 하고 있는지 아는 것)고 보는 전통적인(그리고 합리적인) 관점을 논의했다. 그러나 "태도가 행동을 앞선다"는 선동적인 관점을 비판하는 이론도 있다. 구체적으로, 인지적 부조화이론과 귀인이론은 왜 그리고 어떻게 때로는 행동이 태도 형성보다 앞서는지에 대하여 다른 방식으로 설명하고 있다.

인지적 부조화(cognitive dissonance)는 소비자가 신념 또는 태도 대상에 대한 상충하는 생각을 가지고 있을 때 발생한다.[18] 즉, 새집을 계약하거나 고급 승용차를 구입하는 것과 같이 중요하고 고가의 물건을 구매한 후 선택하지 않은 대안의 독특하고 긍정적인 조건을 생각하면 종종 인지적 부조화를 느낀다. 인지적 부조화가 구매 후에 발생하면 이를 **구매 후 인지적 부조화**(post-purchase dissonance)라 한다. 비싸고 중요한 구매는 타협이 필요하고 유사한 대안 사이에서 선택해야 하므로(예 : 동일한 마을 내에 있는 유사한 다른 주택), 소비자는 이러한 상황에서 구매 후 부조화를 쉽게 느끼게 되고 자신의 행동(구매결정)에 대하여 불편한 감정을 느끼게 된다. 그러므로 마케터는 반드시 소비자가 자신의 구매결정에 대하여 순응하는 태도를 형성하도록 태도를 변화시켜야 한다.[19]

구매 후 부조화의 경우 태도는 이미 착수한 행위나 행동의 결과물이다. 구매 후에 따르는 상충된 생각 및 불일치한 정보의 갈등은 소비자로 하여금 태도와 구매 행동이 일치하도록 자신의 태도를 바꾸게 만든다. 구매 후 부조화가 마케팅 전략과 관련있는 점은 마케터들은 반드시 선택하지 않은 대안에 대한 생각으로 품게 된 소비자의 불편한 감정을 감소시키도록 도와주어야 하는 점이다. 소비자는 몇 가지 방법으로 구매 후 부조화를 감소시킬 수 있다.

1. 자신의 구매 결정을 합리화한다.
2. 자신의 선택을 지지하는 광고를 찾는다(반면 불일치를 야기하는 경쟁제품의 광고는 피한다).
3. 구매한 제품의 긍정적인 측면을 친구들에게 이야기한다(즉, 판매 대리인으로서 소비자)
4. 구매를 확신하기 위하여 만족한 소비자를 찾아본다(예 : 새집 근처에 사는 사람을 만나본다).

예를 들면, 여자 친구를 위하여 방금 약혼반지를 구입한 젊은 남자는 다음과 같은 잡지 광고, 즉, "두 달 치 월급을 어떻게 오래도록 유지할 수 있지?"를 보았다. 반지가 고가이므로 예비 신랑이 될 이 남자는 부조화를 경험할 가능성이 높기 때문에 이와 같은 광고는 그의 갈등을 완화시켜 줄 수 있다. 왜냐하면 약혼반지는 상당히 비싸지만 미래의 신부는 이것을 평생 간직할 수 있기 때문이다.

부조화는 다양한 형태와 수준이 있다. 내구재에 관한 한 연구는 부조화를 느끼는 소비자들을 '높은 부조화 집단', '낮은 부조화 집단', 그리고 '구매의 필요성에 대해 고민하는 집단'의 세 가지 세분집단으로 분류했다.[20] 앞서 서술한 바와 같이 소비자는 스스로 인지적 부조화를 감소시키려 한다. 마케터는 광고를 통해서 소비자가 인지부조화를 감소시키고 구매 결정을 강화시키도록 도움을 줄 수 있다. 예를 들면, 현명한 구매에 대하여 칭찬하거나, 강력한 보증 또는 보장을 제공하거나, 구매와 관련된 접촉의 빈도나 효과성을 증가시키거나(예 : 부동산 중개업자가 집을 팔고 새로 집을 구입하려는 소비자를 만남), 주문한 제품에 대하여 보다 상세한 정보를 제공하는 방법이 있다. 부조화를 감소시키는 데 있어서 개인적인 접촉은 광고보다 더 효과적이다. 몇몇 연구에 의하면 대다수의 구매자는 제품 광고는 제품의 진실을 과장한다고 믿는다고 한다.[21] 어느 한 연구는 지나치게 적극적인 판매원들은 소비자로 하여금 구매를 강요받는다는 느낌을 주기 때문에 실제로 소비자에게 부조화를 야기한다고 말한다. 반대로 숙련된 판매원들은 소비자에게 정보를 제공하고 안심시킴으로써 부조화를 감소시키고 나아가 단골 고객으로 만들기도 한다.[22]

태도 갈등의 해결

두 가지 태도 간의 실제 혹은 가상의 인지적 갈등을 해소하기 위해 태도 변화전략이 계획된다. 예를 들면, 조지는 사회적 문제에 보수적이고 성공회 신도이며, 활동적인 공화당원이다. 그런데 대통령 선거 때 공화당 대통령 후보는 조지보다 덜 보수적이고 다른 종교의 신도이다. 조지는 공화당에 투표하고 싶지만, 공화당 대통령 후보자를 싫어하는 태도 갈등을 겪고 있다. 조지는 딜레마에 빠졌고 세 가지 대안이 있다. 1) 비록 한 번도 투표를 안 한 적은 없지만, 아무에게도 투표하지 않는다. 2) 정말 마음에 들지 않는 민주당 후보에게 투표한다. 3) 공화당 후보자에게 긍정적인 태도를 가지고 그에게 투표한다. 조지는 공화당 의원으로 집회에 참석하여, 다른 의원들과 대화하고 의견을 청취하고 대통령 후보자를 짧게 만나기도 하면서, 사회적 문제에 대한 후보자의 생각이 자신과 가깝다고 느끼게 되었고, 후보자의 종교에 대해서도 덜 염려하게 되었다. 그러므로 조지는 자신의 과거 행동과 일치하는 방향으로 투표하는 것으로 태도를 바꿈으로써 태도 갈등을 해소하게 되었다.

사실상 정당 관계자들은 다수의 공화당 정당인이 집회 이전에는 조지와 같은 생각이라는 것을 깨닫고, 이러한 태도를 바꾸기 위한 조치로 마케팅 컨설턴트를 고용했다. 마케팅 컨설턴트는 자연스럽고 일상적인 대화 속에서 의원들이 의심을 털어놓을 수 있도록 교육받았다. 또한 의원들과의 대화 도중에 보여주는 후보자의 연설과 영상물에는 태도 갈등을 해소시키기 위하여 고안된 미묘한 호소와 단서들이 포함되었다. 이러한 방법은 실제 마케터들이 이와 유사한 상황에서 사용하는 전략과 유사한다. 물론 조지를 비롯하여 이와 유사한 초기 태도 갈등을 겪는 사람들은 이러한 전략적 의사소통이 대화 중에 일어난다는 것을 알지 못한다.

인과성과 귀인 이론

학습목표

7 소비자가 사건에 인과성을 부여하는 방식을 이해하고 이를 소비자 행동에 적용한다.

사회심리학 이론과 관련있는 **귀인 이론**(attribution theory)은 어떻게 사람들이 자신의 행동 또는 타인의 행동 관점에서 사건에 대해 인과성(causality)을 할당(예 : 비난할 것인지 또는 책임을 질것인지)하는지를 설명한다.[23] 달리 말하면 어떤 사람이 "나는 미국적십자회가 도움이 필요할 사람들을 진정으로 돕는다고 생각해서 기부했다." 또는 "그는 커미션을 받을 수 있기 때문에 내게 3D TV 보다 LED를 구매하라고 설득했다."라고 말할 수 있다. 귀인 이론에 의하면 사람들은 "내가 왜 기부했지?" "그는 왜 내게 브랜드를 바꾸라고 했지?"라고 질문한다. 태도의 형성과 변화를 이해하는 데 나와 다른 사람의 행동에 대해 추론하는 것은 중요하다.

많은 기업들을 소비자가 기업의 노력을 진정한 관심에서 나온 것으로 귀인해주길 바라기 때문에 사회적으로 유익한 이벤트와 문제를 후원한다. 연구에 따르면 기업과 기업이 후원하는 이벤트 또는 문제가 잘 어울릴 때 소비자는 보다 호의적인 귀인을 하는 것으로 알려졌다. 또한 소비자는 기업이 더 나은 제품 또는 서비스를 제공하기 위해서 특별한 노력을 기울인다고 느끼면, 그 기업의 제품에 대하여 더 많이 지불할 용의가 있거나 제품을 더 높이 평가하는 것으로 밝혀졌다.[24]

자기지각 귀인

자기지각 귀인(self-perception attribution)은 사람들이 자신의 행동에 대해 인과관계를 추론하고 그 이후에 태도를 형성하는 방법을 반영한다. 귀인에는 내적 귀인과 외적 귀인이 있다. 예를 들면, 브래들리가 처음으로 비디오 편집소프트웨어를 사용하여 자신의 남미 여행 비디오를 만들었는데 그의 사진 클럽의 친구들이 매우 좋아했다고 가정하자. 칭찬을 들은 뒤 그는 '난 정말 비디오 편집에 타고 났어.'라고 생각하는 것은 결과물의 책임을 그의 능력이나 기술, 또는 노력으로 돌리는 내적 귀인(internal attribution)이다. 반대로 그가 자신의 작품이 '사용자 위주의 비디오 편집소프트웨어 덕분이거나, 클럽 친구의 도움을 받아서, 또는 단지 운이 좋아서'라고 생각한다면 외적 귀인(external attribution)이다. 외적 귀인을 하는 브래들리는 '나의 비디오 작품은 초심자의 행운이야.'라고 생각하는 반면, 내적 귀인을 하는 그는 '나의 비디오 작품은 내가 잘 만든 거야.'라고 생각할 수 있다.

마케터는 내적 또는 외적 귀인을 판매 촉진에 이용할 수 있다. 예를 들면, 비디오 편집소프트웨어 광고는 사용자들이 그 소프트웨어를 성공적으로 사용했기 때문이라고 내적 귀인을 할 수 있도록 설득해야 한다. 소비자들이 사진의 품질이 좋은 것이 소프트웨어의 성능보다는 자신의 기술 때문이라고 귀인한다면, 아마도 그들은 새로운 버전의 소프트웨어를 구매할 것이다. 반대로 만약 사용자가 자신들의 성공을 외적 귀인하게 된다면, 그들은 소프트웨어와 관계없는 '초심자의 행운'으로 귀인하여 새로운 버전을 구매할 가능성이 낮다. 연구에 의하면 내적 귀인에 근거하여 호소하는 것이 소비자들이 광고하는 제품의 구매를 고려하게 만든다고 한다.[25]

그림 6.13 운전 중 문자를 보내다가 겪는 교통사고에 대한 내적 귀인

방어적 귀인(defensive attribution) 원리에 따르면, 사람들은 일반적으로 성공에 대한 책임은 받아들이나(내적 귀인), 실패는 다른 사람 또는 외부 사건(외적 귀인) 탓으로 돌린다. 그러므로 촉진 메시지는 소비자가 성공의 원인을 스스로에게 있다고 인식하도록 해야 하며, 광고하는 제품을 사용하면 항상 이런 느낌을 받을 수 있다는 것을 재확인시켜야 한다. 이와 유사하게, 사회적으로 바람직하지 않은 행동을 포기하고 금지하도록 만드는 목적의 설득적 메시지는 내적 귀인에 호소해야 한다. 〈그림 6.13〉의 OMG 광고를 보면 "Get the message"라고 하면서, 사고는 문자를 보내면서 운전하는 자신들의 행동에 비롯된 것이지(내적 귀인) 외적 요인(교통량이나 도로 상태)에서 비롯된 것이 아니라고 말하고 있다.

발 들여놓기 기법

발 들여놓기 기법(foot-in-the door technique)은 처음에 작은 것을 요구하여 수용을 얻어낸 다음, 보다 큰 것을 요구를 하여 수용을 얻어내는 기법이다. 이 기법은 작은 것을 요구하여 수용을 얻어냄으로써 요구를 하는 사람과 요구를 받는 사람 간의 유대를 만들어내는 것이다. 작은 요구를 들어준 사람은 큰 요구를 들어줄 가능성도 높다. 그 이유는 첫째, 요구를 받는 사람은 요구하는 사람과 유대감을 느끼기 때문에 그를 실망시키지 않으려 한다. 둘째, 요구받는 사람은 요구하는 것에 대해 실제로 관심을 가지게 된다. 인지적 부조화 이론에서 논의한 바와 같이 사람들은 사전 행동을 정당화시키기 위해서 태도를 변화시키는 경향이 있다. 사람들이 작은 요구에 순응한 다음 더 큰 요구에 순응하는 것은 사람들이 자신의 사전 행동(작은 요구에 순응했다는)을 돌아보고 자신이 다른 사람들의 부탁을 잘 들어주는 사람(즉, 내적 귀인)이라고 결론짓는다는 전제에 기초한다. 예를 들면, 파킨슨병 연구를 위한 마이클제이폭스 재단에 25달러를 기부해 달라고 요구받은 사람은 처음부터 100달러를 기부해 달라고 요구받은 사람보다 그다음 기부에서 100달러를 기부할 가능성이 높다. 처음에 25달러를 기부해 달라고 요구한 것은 '발 들여놓기' 기법이며 더 큰 요구를 위해 '길을 닦아놓은 것'이다.

발 들여놓기 기법에 관한 몇몇 연구들은 구체적인 인센티브(예 : 다양한 금액대의 쿠폰할인)가 어떻게 소비자의 태도와 후속 구매 행동에 영향을 미치는지를 연구하였다. 연구 결과 다양한 금액대의 인센티브가 다양한 수준의 내적 귀인을 만들어 결국 다양한 수준의 태도 변화를 가져오는 것으로 밝혀졌다. 예를 들면, 인센티브 없이 브랜드를 사용해봤거나 반복적으로 구매하는 사람들은 그 브랜드에 대해 점차 긍정적인 태도를 형성한다(예 : 이 브랜드를 좋아해서 구매했다). 반대로 샘플을 받은 사람들은 긍정적 태도를 형성할 가능성이 적다(예 : 공짜라서 이 브랜드를 사용해봤다).

　기대와 달리 큰 인센티브를 받은 사람들은 항상 긍정적 태도를 형성하지 않는다. 인센티브가 너무 크면 소비자들은 자신의 행동을 외적 귀인하고(즉, 인센티브 때문에 구매했지만, 나는 그 제품을 실제로 좋아하지 않는다) 태도를 변화시키고 재구매하려 하지 않는다. 적당한 수준의 인센티브가 가장 효과적인데, 이는 인센티브가 초기 구매를 유도할 만큼 적당히 크지만 소비자들이 긍정적 사용경험을 내적 귀인하기에는 부족한 수준이어서 긍정적인 태도 변화가 일어나는 수준이다.[26]

　발 들여놓기 기법과는 반대로 **문전박대 기법**(door-in-the-face technique)이 있는데, 이것은 처음에 거절당할 만큼 크고 돈이 많이 드는 요구를 한 뒤에 나중에 보다 현실적이고 돈이 적게 드는 요구를 하는 것이다. 어떤 상황에서는 발 들여놓기 기법보다 문전박대 기법 더 효과적일 수 있다.[27]

타인에 대한 귀인

왜 사람들은 자신의 행동에 대해 인과성을 추론하는지 이해하기 위하여, 사람들이 다른 사람들에 대하여 어떻게 인과성을 추론하는지 이해하는 것은 중요하다. 귀인 이론에 의하면 사람들은 다른 사람들의 (가족, 동료, 판매원, 마케터 등) 말이나 행동에 대해서 '왜?'라고 질문한다. 예를 들면, 소비자는 판매원의 말과 행동을 분석하면서 판매원이 자신의 이익을 위해서 제품을 추천하는 것인지 아닌지를 확인하고 싶어 한다. 만약 판매원의 동기가 호의적이라고 생각되면 판매원의 말에 따라서 반응하지만, 그렇지 않을 경우에는 판매원의 구매 권유를 거절한다. 예를 들어, 어느 소비자가 아마존에서 캐논 디지털카메라를 구입했다고 가정해보자. 이 소비자는 휴가를 떠나려했기 때문에 아마존의 5일짜리 무료 배송 대신에 페덱스의 유료 익일배송을 선택했다. 카메라가 예정된 날짜에 오지 않았다면, 소비자는 실패의 원인이 어느 한쪽 또는 양쪽에 있다고 귀인할 수 있다. 즉, 소비자는 제때에 제품을 구하지 못한 아마존을 비난할 수도 있고, 소포를 제때 배달하지 못한 페덱스를 비난할 수도 있고, 양쪽 모두 비난할 수도 있다. 또는 날씨가 매우 안 좋았다면 배달 실패를 날씨 탓으로 돌릴 수도 있다.

대상에 대한 귀인

마케팅 환경에서 어떤 대상, 즉 소비자가 구매한 제품이나 서비스에 대한 소비자의 귀인에 대한 연구들도 이루어져 왔다. 구체적으로 소비자가 제품이 만족스럽거나 기대에 미치지 못할 때 원인을 찾고자 하는데, 소비자는 제품 성과에 대한 만족 또는 불만족에 대한 원인을 제품 자체, 소비자 자신, 다른 사람이나 상황, 또는 이러한 요인들의 조합으로 돌릴 수 있다. 앞서 나온 브래들리가 성공적으로 휴가 비디오를 편집한 경우 그는 성공의 원인을 소프트웨어(제품 귀인), 또는 자신의 기술(자신 또는 내적 귀인), 작업을 도와준 사진 클럽의 동료(외적 귀인), 또는 셋 모두에 돌릴 수 있다.

자기 귀인 분석

제품의 성능 또는 사람의 말과 행동에 대한 추론을 한 후 사람들은 그 추론이 옳은지 그른지를 이해하려 한다. 예를 들면, 두 가지 시나리오를 가정해보자. 1) MBA를 공부한 대학에 상당한 금액을 기부하려는 동창생 2) 고가 신제품인 포토 프린터를 구매하려고 고민 중인 아마추어 사진사, 두 가지 상황 모두 상당한 자금 지출을 필요로 하고, 두 사람 모두 인과성에 대한 초기 귀인을 했다고 가정하자. 즉, 그 동창생은 자신의 기부가 MBA 프로그램의 평판을 높이고 발전에 도움이 될 것으로 믿고

표 6.8	자기귀인		
시나리오	차별성	시간과 상황에 따른 일관성	합의성
MBA를 공부한 대학에 상당한 금액을 기부하려는 동창생	나의 기부가 얼마나 차별성 있어 보일까? 다른 사람들은 더 큰 금액을 기부할까? 만약 내가 기부한다면 상류집단에 속하게 될까?	내가 정기적으로 기부할 경제적 여유가 있는가? 만약 대학이 특별기부를(예 : 학생회관 건립) 요구하면 기부할 수 있는가?	내가 기부를 하는 것에 친구들에게 물어본다면, 내 친구들은 대부분 동의할까? 아니면 의견이 분분할까?
최신 HP 프린터로 출력된 자신의 작품이 더 나아 보이는 아마추어 사진사	나만 이 차이를 아는 것일까? 아니면 남들도 다 알아차릴까?	내가 다른 사진을 출력해도 이처럼 잘 나올까? 아니면 이 특별한 사진 때문에 잘 나온 것처럼 보인 걸까?	내 사진을 HP 프린터로 출력했을 때 더 나아 보인다는 것을 친구들에게 물어본다면, 대부분의 친구들은 내 의견에 동의할까? 아니면 일부만 동의할까?

있고, 사진사는 프린터가 작업의 질을 높여줄 것으로 믿는다. 두 사람은 모두 자신의 초기 귀인을 강화시켜줄 것을 찾는데, 연구자들은 이를 세 가지로 분류했다. 즉, 차별성(distinctiveness), 일관성(consistency), 합의성(consensus)이다. 〈표 6.8〉은 동창생과 사진사의 숙고를 묘사하고 있다.[28]

요약

학습목표 1 : 태도란 무엇이고, 어떻게 형성되는가 그리고 소비자 행동에서 태도의 역할을 이해한다.

태도란 어떤 대상에 대해 일관성있게 호의적 또는 비호의적으로 반응하게 하는 학습된 선유경향이다. 소비자 행동에서 대상은 포괄적인 의미를 갖는데 제품, 브랜드, 서비스, 가격, 패키지, 광고, 홍보 매체, 소매업자 등이 이에 포함된다. 태도는 제품과 관련된 직접 경험, 구전, 대중매체에 노출, 기타 정보 원천 등으로부터 학습된다. 태도는 태도 대상에 대한 호의적 또는 비호의적 평가를 반영하며 특정 제품 또는 브랜드를 구매하거나 구매하지 않도록 소비자들을 동기부여시킨다. 소비자들은 호의적인 태도를 가진 제품을 구매하므로 마케터들은 소비자들이 긍정적인 태도를 유지하여 재구매하고 충성스런 고객으로 남아있도록 확고히 해야 한다.

태도는 비교적 행동과 일치한다. 그러나 일관성에도 불구하고 태도가 변하지 않는 것은 아니다. 태도는 변하고 때로는 자주 변화하기도 한다. 태도는 주어진 상황(즉, 태도와 행동과의 관계에 영향을 미치는 사건이나 환경) 내에서 일어나고 상황의 영향을 받는다. 성격특성도 태도에 중요한 영향을 준다.

학습목표 2 : 세 가지 구성요소 태도모델과 적용법을 이해한다.

세 가지 구성요소 태도모델은 태도가 인지적, 감정적, 행동의도적 요소의 세 가지 요소로 구성되어 있다고 제안한다. 인지적 요소는 태도 대상의 속성에 대한 인지와 지식을 나타낸다. 감정적 요소는 감정과 느낌을 반영하는데, 이것은 태도 대상에 대한 전반적인 평가라고 볼 수 있다. 행동의도적 요소는 개인이 태도 대상과 관련하여 특정한 행동을 수행할 가능성 또는 특정한 방식으로 행동할 가능성을 나타낸다(즉, 소비자의 구매의도).

학습목표 3 : 다속성 태도모델을 이해하고 다속성 태도모델을 이용하여 소비자의 태도를 바꾸기 위한 전략을 학습한다.

다속성 태도모델은 소비자의 태도는 대상의 부각된 속성들에 대한 평가로 결정된다고 주장한다. 다속성모델에는 대상에 대한 태도모델, 대상과 관련된 행동에 대한 태도모델, 합리적 행동 이론, 소비시도 이론, 광고에 대한 태도모델이 있다. 다속성 모델은 제품 속성을 추가할 때, 속성에 대한 소비자의 지각을 변화시킬 때, 그리고 신제품을 개발할 때 사용될 수 있다.

학습목표 4 : 소비자의 특별한 욕구를 부각시켜서 소비자의 태도를 변화시키는 방법을 학습한다.

소비자 동기에 소구해서 태도를 변화시키는 것을 기능적 접근법이라 한다. 기능적 접근법은 태도가 갖는 기능을 실용적, 자기방어적, 가치표현적, 지식 기능 이 네 가지로 분류한다. 브랜드를 좋아하는 대상과 연관시키는 것은 태도를 변화시킬 수 있다.

학습목표 5: 태도 변화에서 인지적 정교화의 역할에 대해 이해한다.

태도는 설득의 두 가지 경로에 의하여 변화하는데, 그것은 소비자가 정보를 처리할 때 사용되는 인지적 정교화의 수준에 의하여 결정된다. 포괄적인 사고와 인지적 정보처리가 필요하고, 소비자들이 주로 고관여되어 있을 때, 그리고 구매와 관련하여 지각된 위험이 크다고 느낄 때는 중심경로를 통해 태도 변화가 이루어진다. 상대적으로 적은 사고와 정보처리가 필요할 때, 그리고 덜 중요한 구매일 때는 주변경로를 통해 태도변화가 이루어진다.

학습목표 6: 인지적 부조화 이론으로 어떻게 행동이 태도 형성보다 먼저 일어날 수 있는지 이해하고 태도 갈등의 해결 전략을 학습한다.

대부분 태도가 먼저 형성되고 행동이 일어난다. 가끔 소비자들은 먼저 행동을 한 후에 이미 한 행동에 대한 태도가 형성되는데, 이는 태도 대상에 대한 갈등을 야기한다. 중요한 구매 의사결정(예 : 새 주택을 구입할 때)은 유사한 대안들에 대한 타협과 선택이 필요하기 때문에 구매 후 갈등은 흔히 일어난다. 마케터는 소비자의 태도를 자신들의 행동에 순응하는 방향으로 변화시킴으로써 소비자의 구매 후 인지적 갈등을 해결하도록 노력해야 한다.

학습목표 7: 소비자가 사건에 인과성을 부여하는 방식을 이해하고 이를 소비자 행동에 적용한다.

사람들은 사건, 자신의 행동, 타인의 행동에 대해 인과성(즉, 비난할 것인지 또는 책임을 질것인지)을 부여한다. 사람들이 자신을 돌아보는 방식은 사전 행동과 후속 태도 형성 간의 원인과 결과를 형성하는 데 영향을 준다. 특히 소비자의 참여가 필요한 제품과 관련된 소비자의 태도를 변화시키기 위하여, 마케터는 소비자가 다른 사람들과 대상에 대하여 어떻게 인과관계를 추론하고 분석하는가를 이해해야 한다.

복습과 토론 문제

6.1 태도와 행동 간의 일관성의 수준에 어떻게 상황적 요소가 영향을 미치는지 설명하시오.

6.2 태도란 특정한 방식으로 반응하는 학습된 선유경향이므로, 마케터들은 오직 구매 행동만을 측정하고 태도를 무시해도 되는가?

6.3 어떤 소비자가 디즈니월드에 방문하는 것에 대한 태도를 세 가지 구성요소 태도모델로 설명하시오.

6.4 니코틴패치(금연보조장치)의 마케터는 소비시도 이론을 어떻게 활용할 수 있는가? 이 이론을 이용하여 마케터가 표적으로 삼아야 할 세분시장을 밝히고 어떻게 이용할 것인지를 설명하시오.

6.5 아침 식사용 시리얼의 제품 관리자가 자사 브랜드에 대한 소비자의 태도를 변화시키는 방법을 다음에 근거하여 설명하시오. (a) 브랜드에 대한 신념의 변화 (b) 경쟁 브랜드에 대한 신념의 변화 (c) 속성에 대한 상대적 평가의 변화

(d) 속성의 추가

6.6 대도시의 교통부서는 자가용보다 대중교통을 이용하도록 권장하는 광고를 시작하려한다. 소비자의 태도를 바꿀 수 있는 방법을 다음의 전략에 근거하여 설명하시오. (a) 태도의 기능적 접근법 (b) 대중교통에 대한 신념의 변화 (c) 자기지각 이론 (d) 인지적 부조화

6.7 대중적인 컴퓨터 그래픽 프로그램의 마케터는 소비자가 내적 귀인을 하도록 해야 하는가? 아니면 외적 귀인을 하도록 해야 하는가? 그 이유를 설명하시오.

6.8 어느 대학생이 신제품 애플 아이패드를 구매했다고 가정하자. 이 학생이 구매 후 부조화를 느끼게 만드는 요인들은 무엇인가? 이 학생은 구매 후 부조화를 어떻게 극복할 것인가? 아이패드를 판매한 소매상은 이 학생의 구매 후 부조화를 어떻게 감소시켜 줄 수 있는가? 컴퓨터 제조업체는 어떻게 도울 수 있는가?

실전 과제

6.9 감정적 요소와 인지적 요소를 묘사하는 두 개의 광고를 찾아보시오. 각각의 광고에 대하여 태도의 세 가지 구성요소 모델에 근거하여 토론하시오. 각각의 마케터는 왜 이러한 접근법을 사용했는가?

6.10 수강 전 이 강좌에 대한 귀하의 태도에 영향을 미친 요인들은 무엇인가? 강좌가 시작되고 나서 귀하의 초기 태도가 변화했는가? 변화했다면 어떻게 변하였는가?

6.11 제품 광고에 노출됨으로써 신제품에 대한 태도가 형성된 상황을 설명하시오. 개인적 요인에 의해서 제품 또는 브랜드에 대한 태도가 형성된 상황을 설명하시오.

6.12 태도의 네 가지 기능을 묘사하는 광고를 찾아보시오. 각각의 광고가 현재 태도를 강화시키는지, 혹은 태도변화를 목적으로 하는지에 대하여 설명하시오.

6.13 대학을 선택할 당시로 돌아가 생각해보시오. 대학을 선택한 뒤 부조화를 경험한 적이 있는가? 그 이유는 무엇인가? 부조화를 경험했다면 어떻게 그것을 극복했는가?

주요 용어

사례 2	**P&G** **페브리즈 '행복 캠페인'** 주관 광고사 : 그레이(GREY)

전략 과제

한때 탈취제 제품 범주에서 상쾌한 호흡을 불어넣었으나 경쟁제품에 의해 따라잡힌 페브리즈

1998년 페브리즈는 공기탈취제 제품 범주에 혁신적인 제품으로 진입했다. 이 제품은 단순히 공기에 향기를 뿌리는 것이 아니라, 섬유에 있는 악취를 제거하고 상쾌한 향기로 바꾸는 독특한 방식이었다. 페브리즈는 악취제거 브랜드로 알려졌고 크게 성공했다. 그러자 경쟁 브랜드에서는 이와 유사한 효익을 제공하는 제품을 론칭했다. 'Brand Health' 자료는 P&G가 차별적인 포지셔닝을 잃었다고 지적하였다. P&G는 한때 탈취제 시장을 소유했으나, 이제는 그레이드(점유율 1위 경쟁자) 및 에어웍(점유율 3위)과 함께 시장을 공유하게 되었다.

구별할 수 없는 공기탈취제 브랜드

경쟁 업체들이 페브리즈와 유사한 제품을 시장에 내놓으면서 공기탈취제 제품 범주는 구분할 수 없게 되었다. 혁신성은 복제되고 마케팅 노력이 그 자리를 대신 차지하게 되었다. 제품들은 점차 분간할 수 없는 주장처럼 되어갔다. 대부분의 광고는 제품의 일반적인 이미지가 등장하고 이상적인 세상에서의 신선한 판타지를 보여주었다. 중독성 높은 광고는 P&G의 마케팅 노력을 희석시키고 브랜드를 분간할 수 없게 만들었다.

브랜드의 주장을 믿지 않게 된 냉소적 소비자와 페브리즈의 성장률 하락

조사 결과 소비자(집이 깨끗하고 상쾌하다고 믿는 25~65세 사이의 주부)가 공기탈취제 광고에 대해 냉소적임을 알았다. 왜냐하면 유사한 광고를 하는 값싸고 뒤떨어지는 브랜드들의 품질이 광고에 걸맞지 않았기 때문에 소비자들은 어떤 제품을 믿어야 할지 어려움을 겪게 되었고 모든 공기탈취제 제품에 대하여 회의적이 되었다. 소비자는 모든 브랜드의 주장이 과장되었다고 결론을 내리고 값이 저렴한 제품을 구매하게 되었다. 페브리즈는 경쟁제품보다 3배 이상 가격이 비싸서 매출을 유지하는 데 어려움을 겪고 있었다.

목표

1. 소비자가 기억할 수 있는 방법으로 페브리즈의 공기탈취 능력에 대한 신념을 복원한다.
2. 페브리즈 브랜드와 광고에 대한 소문을 낸다.
3. 페브리즈 브랜드의 차별성을 회복한다.

통찰

나쁜 냄새에 대한 소비자의 반응은 좋은 냄새에 대한 반응보다 더 강하다

표적집단 면접을 통해 P&G의 소비자는 집을 깨끗하고, 정돈되어 있고, 상쾌한 집으로 유지함으로써 '기분 좋은 집'으로 만들고 싶어 하며, 나쁜 냄새가 이러한 분위기를 망친다고 걱정하고 있다는 것을 알았다. 나쁜 냄새는 불편하게 할 뿐 아니라 더러움과 관련된 역겨운 생각들을 유발한다. P&G는 해결법보다는 문제에 초점을 맞추는 것이 다른 브랜드와 차별화할 수 있는 방법이라고 깨달았다.

보는 것보다 냄새 맡는 것이 더 중요

홈 인터뷰를 통해 P&G는 '기분 좋은 집'을 만드는 데 페브리즈가 일조한다는 것을 알고 가장 중요한 사실을 발견했다. 즉, 기분 좋은 집인지 아닌지를 판단할 때, 지저분하게 보이는 집은 충분히 깨끗해질 수 있지만 냄새가 나는 집은 절대로 깨끗해질 수 없다는 것이다. 이것은 "더러운 방에 들어갔을 때 눈을 감을 수 있지만, 코를 막을 수는 없다."라고 말한 어떤 응답자의 발언에서 비롯되었다.

냄새 맡는 것이 믿는 것

점포에서 쇼핑객을 관찰해보니 소비자들은 선반에서 제품을 꺼낸 뒤 통로에서 제품을 뿌려보는 것이었다. 이는 제품의 직접 경험이 소비자의 브랜드 선택에 있어 매우 중요함을 시사한다.

계획안

아무리 더러운 장소일지라도 페브리즈가 향기롭게 만들 수 있다는 것을 증명하기 위해 실제 인물의 사실적인 경험을 포함시키다.

질문

1. 사례에 언급된 세 가지 통찰에 대하여 자신의 생각을 이야기해보시오.
2. 페브리즈의 리포지셔닝을 위한 세 가지 목적은 무엇인가?
3. P&G는 캠페인의 목적이 달성되었는지 아닌지를 어떻게 측정할 수 있는가?
4. 유튜브에서 소비자에 대한 통찰을 반영했다고 생각하는 페브리즈 광고를 찾아보시오. 페브리즈 광고의 효과성을 다속성 태도 모델에 근거하여 설명하시오.
5. 페브리즈의 몇 가지 버전이 있다(febreze.com). 이 중 3개의 제품에 효익 세분화 컨셉을 적용해보자. 현재 페브리즈는 몇 가지 제품 형태로 시장에 나와 있다(예 : 차량용, 비치형, 에어 등).

출처 : Effie Worldwide, Effie Shoecase Winners. Reprinted by permission. Febreze is a 2012 Bronze Effie Winner. For information on Effie's programs for students, visit the Collegiate Effies at www.effie.org

사례 3	**라이프부이/유니레버 아시아 한정판** **'초고속 손세정제'** 주관 광고사 : 로위린타스앤파트너즈(Lowe Lintas and Partners)

표적시장

인도, 사우디아리비아, 파키스탄은 시장 규모와 성장률을 고려했을 때 유니레버에게 매우 중요한 시장이다. 이들 시장에 불을 지피지 않으면 유니레버는 액체 손세정제 시장에서 살아남기 어려울 것이다.

인도 : 유니레버의 시장 중 가장 크고 가치 있는 시장이다. 라이프부이는 인도에서 바(bar)형태의 비누로 출시되었는데, 경쟁 회사의 액체 손세정제가 시장의 절반 이상을 차지하게 되었다.

사우디아라비아 : 중동에서 가장 큰 시장인데, 유니레버는 여기에서 성장 가능성이 큰 경쟁자를 만나게 되었다.

파키스탄 : 인도아 대륙에서 둘째로 큰 시장이며, 2개의 강력한 유니레버의 경쟁자가 있다.

전략 과제

액체 손세정제는 이들 세 국가에서 널리 사용되고 있으나, 수년 동안 이미 잘 알려진 항균액체 세정제가 있었다.

소비자의 제품에 대한 욕구와 효과에 관한 제품 지식의 중요성을 설명하기 위하여 아르헨티나의 예를 들어보자. 돼지 인플루엔자의 출현으로 대중매체들은 비누로 손을 씻을 것을 권고했으나 구체적으로 항균비누를 사용해야 한다고 하지는 않았다. 그러자 소비자들은 항균비누의 필요성에 대하여 의문을 가지게 되었다.

라이프부이 손세정제는 고가이기 때문에 고소득층에게 인기가 있을 것으로 기대되었다. 그런데 인도에서 라이프부이의 바형태 비누는 저소득층에게 인기 있어서 고가의 액체 손세정제는 난제가 되었다.

세 국가의 시장에서 각각 경쟁자들은 '매우 강력한' 항균비누임을 주장했다. 소비자들은 이와 같은 제품들을 사계절 예방효과가 있는, 오래 지속되는 살균제로 지각하였다.

라이프부이는 파키스탄, 인도, 사우디아라비아에서 독특한 이미지를 창조해야 했다. 라이프부이는 액체 손세정제 범주에서 고가격의 신제품이어서, 우월한 경쟁자들을 쉽게 이길 수 없었다.

유니레버는 잠재 소비자인 고소득층 엄마들을 표적 고객으로 설정하고 가족을 위해 라이프부이 손세정제를 사용하도록 이들을 확신시켰다. 엄마들은 4~12살 사이의 자녀를 두고 있으며 경쟁 브랜드를 사용하고 있었다. 이들 표적고객인 엄마들은 예방에 관한 한 자신의 가족들이 최고의 대우를 받을 만한 가치가 있다고 믿으며 타협하기를 싫어한다. 유니레버는 이것을 발 들여놓기 기법의 기회로 삼았다. 만약 유니레버가 엄마들에게 라이프부이가 최고의 예방효과가 있다는 것을 확신시킨다면 의미 있는 시장점유율을 확보할 수 있을 것이라고 보았다.

목표

1. 고소득층 세분시장(사회경제적 분류 지표에 따라 정의)의 소비자들에게 라이프부이에 대한 선호도를 증가시킨다.

   이것은 소매감사기관(retail audit agency)을 통해 유니레버가 의뢰한 소비자패널에 의해 추적될 수 있을 것이다.

2. 경쟁자와 차별화되고 독특한 라이프부이의 제안을 만든다.

   이것은 적어도 한 달 동안 광고를 집행 한 뒤에 소비자의 메시지 회상률을 측정하는 정량적(quantitative) 연구를 통하여 추적할 수 있다.

통찰

유니레버는 실험실 연구를 통하여 라이프부이가 경쟁제품보다 살균력이 뛰어나다는 것을 주장할 수 있었다.

소비자 조사 기간 중에 소비자들에게 실험 결과를 보여주었는데, 소비자들은 이를 믿을 수 없다고 말했다. 소비자들은 증거가 있든 없든 간에 바꿀 생각이 없었다. 유니레버는 그제야 경쟁자와 비슷하게 가서는 안 된다는 것을 깨달았다.

실험실 테스트 결과 유니레버의 제품이 경쟁제품보다 더 많이, 그리고 더 빠르게 세균을 죽인다는 것이 밝혀졌다. 사실상 유니레버의 손세정제는 10초 안에 살균할 수 있는 데 비해 다른 경쟁제품들은 1분이 걸렸다.

이것은 흥미로운 결과였으나, 유니레버는 예전처럼 단순히 사실과 사진을 가지고 제품을 포지셔닝하는 실수를 하고 싶지 않았다. 단순히 사실을 주장하기보다는 시각을 넓혀서 "빠르게 죽인다"는 주장에 각도를 맞추었다. 이것은 유니레버가 아이들의 습관을 관찰함으로써 금광을 찾은 셈이었다.

보편적으로 아이들은 특별히 즐거운 일을 하지 않으면(예를 들면, 야채를 먹거나, 숙제를 하는 등) 항상 분주하거나 혹은 게으르다. 손을 씻을 때에도 다르지 않다. 아이들에게 손을 씻는 일은 단지 빨리 끝내고 싶은, 가능한 한 빨리해야 하는 불필요한 일이다.

그러므로 자사의 제품이 얼마나 많은 세균을 죽일 수 있는가 하는 주장은 언제나 서둘러서 손을 씻는 아이들의 습관 앞에서는 진부 소용없는 것이 되었다.

아이들의 행동에 대해 기본적인 통찰을 이용한 '초고속 손세정제' 캠페인은 라이프부이가 10초 안에 살균한다는 것뿐만 아니라 항균 경쟁에서 경쟁자보다 우위를 차지하게 되었다. 아이들의 행동에 대한 관찰과 시간이라는 새로운 변수의 조합은 소비자 마음속에서 경쟁자들을 몰아냈다.

계획안

라이프부이 초고속 손세정제(Lifebuoy superfast handwash) : 10초 안에 99.9%의 살균력—아이들은 손을 씻을 때면 항상 서두릅니다.

질문

1. '초고속 손세정제'라는 아이디어를 표현하는 TV광고의 스토리보드(story board)와 인쇄광고를 만들어보시오.

2. 유니레버는 경쟁자와 차별화하기 위한 수단으로서 왜 사실적 정보(즉, 실험실 테스트 결과)를 사용하지 않았는가?

3. 유니레버는 라이프부이의 포지셔닝을 위해 정성적(qualitative) 연구와 정량적(quantitative) 연구를 어떻게 사용하였는가? (16장 참조)

4. '라이프부이'라는 이름은 제품의 핵심효익을 효과적으로 전달하고 있는가? 그 이유는 무엇인가?

5. 시간이 지난 다음 유니레버는 "더 많은 세균을 죽인다"와 "더 빠르게 세균을 죽인다"는 주장을 라이프부이의 포지셔닝에 조합해야 하는가?

6. 항균액체 손세정제 시장의 경쟁자들은 유니레버가 시장점유율을 가져가도록 내버려두지 않을 것이다. 경쟁자들은 어떻게 유니레버에 맞설 것인가?

출처 : Effie Worldwide, Effie Shoecase Winners. Reprinted by permission. Superfast Handwash is a 2012 Bronze Effie Winner. For information on Effie's programs for students, visit the Collegiate Effies at www.effie.org

소비자 설득

학습목표

1. 커뮤니케이션의 구성 요소와 설득력 역량에 대한 이해와 효과적인 커뮤니케이션의 방해 요인들에 대해 이해한다.
2. 불특정 다수의 일반 방송과 특정층을 대상으로 하는 방송의 차이를 이해한다.
3. 효과적인 설득 메시지를 디자인하는 방법을 이해한다.
4. 현저한 광고소구의 효과와 한계를 이해한다.
5. 광고 메시지 효과의 측정을 이해한다.

커뮤니케이션(communication)은 메시지 전달을 위한 매체, 즉 매체 채널을 통해서 발신자가 수신자에게 메시지를 전달하는 것이다. 발신자, 수신자, 매체, 메시지의 네 가지 구성 요소에 덧붙여 다섯 번째 중요한 구성 요소는 의도된 메시지가 수신자에게 제대로 전달되었는가의 **커뮤니케이션 피드백** (communication feedback)이다. 발신자는 단어, 그림, 기호, 대변인, 그리고 설득적인 소구(persuasive appeal)를 활용하여 메시지를 부호화하고(encoding), 수신자는 이러한 메시지를 해석(decoding)하게 된다. 메시지가 설득력을 가질려면, 반드시 발신자가 의도한 바대로 수신자가 메시지를 해석해야 한다 (그림 7.5).

마케터(발신자)가 메시지를 만들 때, 여러 가지의 설득적 소구 방법 중에 선택한 방법으로 소비자(수신자)에게 광고 메시지를 보낸다. 사용된 광고소구는 해당 메시지를 **부호화**(encoding)하는 것, 즉 인코딩을 의미한다. 다음의 광고들은 네 가지의 현저한 설득적 소구를 보여주고 있다. 〈그림 7.1〉은 델시(Delsey) 여행가방이 매우 가볍다는 유머 소구를 사용한다. 유머는 가장 많이 활용되고 있는 광고소구다. 〈그림 7.2〉의 광고는 공포를 묘사하고 있고, 가정 폭력의 희생자에게, 상황이 치명석으로 (그림의 폭발물은 가정 폭력 학대자의 주먹을 나타내고 있다) 변하기 전에 도움을 청하라고 재촉하는 광고 캠페인이다. 공포는 약물 남용과 부주의한 운전과 같은 부정적 행동을 제약하는 데 효과적이다. 〈그림 7.3〉의 광고는 약간의 성적 소구를 나타내고 있다. 성적 소구는 '시선을 광고물에 멈추게 하는 능력'이지만, 현명하게 사용하지 않으면 소비자가 광고되는 제품에 집중하는 것을 방해하기 때문에, 반드시 주의해서 사용하여야 한다. 〈그림 7.4〉는 표백제인 클로록스 블리치를 첨가한 세제와 일반 세제만을 사용한 세탁물을 비교한 광고이다. 이 광고는 사실 클로록스 없이 옷을 세탁할 수 있다는 것을 '인정'하고 있다. 나중에, 저자는 그 제품을 전혀 이용하지 않는 것(즉 양면적 메시지), 혹은 심지어 광고촉진 메시지에 있어서 경쟁브랜드명을 언급하는 것(즉, 비교광고)과 같은 대안을 인식하는 것에 대한 장점과 위험을 보여주고자 한다.

커뮤니케이션의 요인과 효과적인 커뮤니케이션을 방해하는 요인을 극복하기 위한 방법에 대한 논의를 이 장에서 시작하고자 한다. 그런 후에, 매체 커뮤니케이션의 두 가지 모델—일반 방송(broad-casting) 과 특정층 대상 방송(narrowcasting)—을 제시한다. 그럼으로써 설득적 메시지의 정확한 구조를 설명하고, 많이 활용되는 광고소구에 대한 장점과 한계에 대해 설명한다. 마케터들은 광고를 송출한 후에, 광고 메시지의 효과에 대한 측정해야 하는데, 본 장의 마지막 부분에서 다루고 있는 여러 메시지 효과 측정 방법을 이용하여 메시지효과를 측정할 수 있다.

그림 7.1 유머소구 : 델시 여행 가방

그림 7.2 공포소구 : 가정평화센터

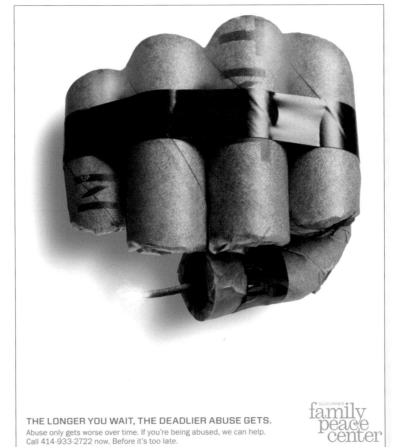

출처 : Egmont Hjemmet Mortensen

그림 7.3 성적소구 : ALT 잡지

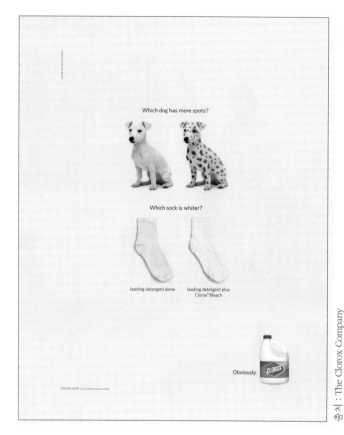

출처 : The Clorox Company

그림 7.4 양면적 메시지

커뮤니케이션 과정

학습목표

1   커뮤니케이션의 구성 요소와 설득적 역량에 대한 이해와 효과적인 커뮤니케이션의 방해요인에 대해 이해한다.

커뮤니케이션은 비인적(impersonal) 혹은 대인적(interpersonal) 의사소통일 수 있다. 마케팅에서의 **비인적 커뮤니케이션**(impersonal communication)의 원천은 기업이 그들의 마케팅부, 광고 및 홍보대행사, 혹은 대변인을 통하여 전달하는 메시지이다. 메시지의 표적청중 혹은 수신자들은 대개 관련 조직이 정보를 알려주고, 영향을 주고 설득을 하려고 하는 하나 또는 여러 청취자 집단들이다. **대인적 커뮤니케이션**(interpersonal communication)의 발신자는 **공식적 원천**(formal sources)(예 : 물리적 혹은 가상적 소매점의 영업원)일 수도 있고 혹은 **비공식적 원천**(informal sources)(예 : 소비자들이 전자기기를 통해서 대면적으로 의사소통하는 동료 집단)일 수도 있다. 공식적 혹은 비공식적 원천으로부터 개인적으로 받은 메시지 혹은 대인적 메시지가 주는 설득적 효과의 핵심요인은 정보원천의 신뢰성, 즉, 수신자가 메시지를 발송한 원천을 신뢰하고 믿는 정도이다. 대인적 원천은 소비자의 구매 행태에 많은 영향을 줄 수 있으며, 커뮤니케이션의 발신자에 대한 인지된 정직성과 객관성은 수신자가 어떻게 해당 커뮤니케이션을 받아들이는지에 대해 매우 큰 영향을 끼친다(9장 참조).

그림 7.5 커뮤니케이션 모델

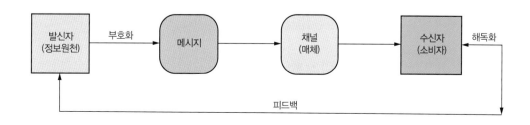

출처 : British Airways

그림 7.6 대인적 커뮤니케이션의 중요성

대중매체에서의 비인적 커뮤니케이션과 비교하여 대인적 커뮤니케이션의 핵심적인 장점은 언어적 혹은 비언어적인 신호를 통해서 즉각적인 피드백을 얻을 수 있다는 것이다. 경험이 많은 연설자는 피드백에 주의를 집중하고, 청중이 보고 듣는 것을 살펴보고 계속적으로 메시지를 수정한다. 개별 대인 판매를 효과적 만드는 핵심요인은 즉각적인 피드백이다. 왜냐하면 영업사원은 잠재고객이 표출한 요구와 이와 관련된 반응을 관찰하고 고객이 원하는 형태애 맞추어 구입을 권유할 수 있기 때문이다. 마찬가지로, 교수가 수업 중에 문자를 보내고 있는 학생에게 갑작스레 충격을 주는 것은 학생이 강의에 집중하지 않는다는 것에 대한 즉각적인 피드백에 기인한다. 교수가 갑자기 강의를 중단한다든지, '문자를 보내는 학생'에게 강의실을 떠날 것을 요구한다든지, 그 순간에 다루었던 강의 내용을 다음 시험에 출제하겠다는 말을 할 수도 있다. 〈그림 7.6〉의 브리티시 항공 광고는 대인 간의 커뮤니케이션의 중요성에 초점을 두고 있다.

소비자 행동 용어에서, 메시지 발신자는 광고를 소비자에게 전송하는 마케터 혹은 제품에 대해 다른 소비자에게 말을 해주는 사람이다. 본 장은 정보의 원천으로서의 마케터에 초점을 두고 있으며, 9장에서는 **구전**(woed of mouth)을 통해 전달되는 메시지의 원천으로서의 소비자에 대해 논의하고 있다. **매체**(media)는 커뮤니케이션을 전송하는 경로이다. **전통적인 매체**(traditional media)는 광고주가 사용해온 원래의 커뮤니케이션 채널이며, 일반적으로는 인쇄(신문, 잡지, 빌보드)와 방송(라디오, 텔레비전)이다. 이러한 매체는 비인적인데, 그 이유는 모든 수신자가 동일한 메시지를 받고, 수신자가 발신자와 상호작용을 할 수 없다는 점에 있어서 일방향의 커뮤니케이션이기 때문이다. **신매체**(new media)는 온라인 채널, 소셜 네트워크, 그리고 모바일 전자기기이다. 이러한 매체는 전통적 매체보다 훨씬 더 발전된 것이라 할 수 있는데, 이는 마케터가 보내는 메시지에 즉각적으로 반응할 수 있는 개별 소비자에게 개인화된 메시지를 보낼 수 있기 때문이다. 이러한 반응으로 인해서 마케터들의 설득적 노력이 효과적이었는지 아닌지에 대해 마케터가 알 수 있게 된다. 8장에서는 두 형태의 매체에 대해 탐구해본다.

여러 가지의 방해 요인들이 소비자가 메시지를 정확히 해석하는지에 대해 영향을 미친다. 가장 현저한 요인으로는 선택적 노출과 심리적 잡음(noise)이다.

선택적 노출

선택적 노출(selective exposure)은 소비자가 광고 메시지에 선택적으로 주의를 기울이는 것을 의미한다. 소비자는 관심이 가는 제품에 대한 광고는 주의 깊게 읽지만, 관심이 없거나 관련이 없는 제품에 대한 광고는 무시하는 경향이 있다. 더욱이, 기술 발전으로 인해서 소비자는 아주 다양한 방법으로 매체에 노출되는 정도를 조절할 수 있게 되었다. 일련의 상업 광고가 시작할 때 잠시 멈춤 기능을 사용하고, 광고가 종료가 되면 재빨리 방송으로 되돌아옴으로써, 소비자는 대중매체에 노출되는 것을 조절할 수 있으며 텔레비전을 보면서 상업 광고를 피할 수 있다. 시청자들은 또한 **시간차 시청**(time shift)으로, TV쇼를 녹화하고 이를 나중에 시간이 한가할 때 상업 광고물을 건너뛰면서 시청을 할 수도 있다. 신문과 잡지의 온라인 구독자는 개별화된 출판본을 만들어서, 광고를 회피할 수 있고, 위성 라디오 청취자는 라디오 광고 전체를 듣지 않을 수도 있다. 발신자 아이디, 전화기의 자동 응답기, 정부의 수신거부 목록, 그리고 다른 장비 등을 이용하여, 소비자는 텔리마케터와 원치 않는 마케팅 접근을 차단할 수 있다.

심리적 잡음

전화기의 정전기가 통화를 잘 못 듣게 만드는 것처럼, 경쟁사의 광고 혹은 주의 집중을 분산시키는 생각은 **심리적 잡음**(psychological noise)으로서, 광고촉진 메시지의 수신을 방해한다. 방송 프로그램 중간에 9개의 상업 광고 메시지를 연속적으로 본 시청자는 사실 시청한 것에 대해 거의 아무것도 기억하지 못할 수도 있다. 마찬가지로, 직장으로 운전해 가면서 부서 회의를 계획하는 경영자는 라디오 상업 광고를 '듣기에는' 자신의 생각에 너무나 몰두하고 있는 것이다. 마케터는 그러한 심리적 잡음을 극복하기 위하여 다음의 전략을 사용하고 있다.

1. 광고 메시지의 반복 노출은 심리적 잡음을 극복하게 하며 메시지 수신을 용이하게 한다. 따라서 광고를 여러 번 반복하는 것은 필수적인(5장 참조) 것이다. 광고에서는 동일한 것을 강조하는 그림과 광고 문안 둘 다 사용하는 중복법칙(redundancy) 또한 볼 수 있다. 더 많은 광고는 중복하기 위해서 많은 마케터들은 메시지를 비디오 게임, 영화관, 승강기, 슈퍼마켓의 바닥, 수하물 컨베이어벨트, 지하철 회전문, 심지어 공중화장실[4장 **매복 마케팅**(ambush marketing) 참조] 같은 장소에 배치하기도 한다.

2. 카피라이터는 심리적 잡음과 광고 혼잡도를 극복하고 소비자의 주의를 유도하기 위해 대조 (contrast)를 자주 사용한다(4장 참조). 대조는 기대하지 않았던 결과를 제시하거나, 색 냄새 · 소리 같은 감각적 자극의 크기를 크게 하거나, 실험을 통하여 검증하거나, 보다 매력적인 메시지로 주의를 유도하는 것이다.

3. 디지털 기술로 인해서, 마케터들은 소비자가 방문하는 웹사이트를 알 수 있고 개인의 관심 분야를 추정하고, 해당 소비자에게 개별화된 광고촉진 메시지를 디자인해서 보낼 수 있다.

물론 광고촉진 메시지가 분명하게 목표 대상들에게 전달이 되고, 그들이 제대로 메시지를 해석하도록 하기 위해서는 효과적으로 **포지셔닝**(positioning)하고 가치를 제공하는 것이 가장 효과적인 방법이다. 기존 경쟁사의 제품과 다르고, 더 나은 가치를 제공하는 제품에 대한 광고는 광고 혼잡도와 관련하여 다른 여러 촉진 메시지들과 비교할 때, 의도한 대로 전달될 가능성이 더 높다고 하겠다.

일반 방송과 특정층 대상 방송

학습목표

2 불특정 다수의 일반 방송과 특정층을 대상으로 하는 방송의 차이를 이해한다.

전통적 매체(traditional media)는 일반 방송매체(대중매체)와 유사한 용어이며, 모든 수신자가 마케터로부터 일방적인(즉, 수신자가 메시지 원천으로 직접적 반응을 보낼수 없다.) 메시지를 받는 매체이다. 비교하자면 **신매체**(narrowcasting)는 다음과 같은 메시지를 마케터가 보낼 수 있는 수단으로서 **특정층 대상 방송**(new media)이다.

1. 다수의 소비자보다는 특정인 또는 소수의 청중을 지정하여 보내는 메시지이다.
2. 작은 그룹 혹은 개별 소비자에게 개별화되고, 소비자들이 온라인에서 서핑하고 클릭한 정보에 의거하여 수집된 데이터와 다른 정보와 합하여 이에 기준하여 만들어진 메시지. 추가적인 데이터는 수신자의 위치(IP 주소 혹은 모바일 기기와 연계되어 있는 GPS로부터 결정되는) 그리고 디지털 장비의 하드 드라이브에 설치되는 '쿠키' 정보를 포함한다.
3. 대개의 특정층 대상 방송은 링크나 배너 광고를 클릭하는 형식으로 소비자의 반응이 메시지의 전달을 유발하는 계기가 되기 때문에 상호작용적인 메시지이다.
4. 커뮤니케이션 피드백이 보다 정확하고 빨리 수신되기 때문에 전통적인 방송광고에 비해 반응 측정이 가능한 메시지이다.

수십 년 동안 사용되어 온 전통적 매체와 커뮤니케이션 모델은 현재 근본적인 변화를 거치고 있다. 광고주들은 점차 소규모화, 단편화되는 청중과 마주하고 있고, TV광고에 대한 지출액에 비해 청중의 관심도가 점점 줄어들고 있기 때문에 현재의 방송매체에 만족하지 못하고 있다. 소비자들은 아주 쉽게 상업 광고를 회피할 수 있으며, 수많은 광고 메시지들은 광고된 제품에 관심이 없거나 구매할 것 같지 않은 소비자에게로 전달되고 있는 것이다. 광고주들은 닐슨시청률이 미국 인구의 인종 구성비율을 정확히 반영하지 못하고 있으며, 시간차 시청을 정확히 추적하지 못하고 있다는 불만을 표출하고 있다. 유선방송 운영자는 매체 시청률을 보다 정확히 측정할 수 있다는 것을 알고 있으나, 또한 서비스 이용자의 개인정보와 관련된 문제를 깊이 인식하고 있다. 유선방송 채널에 상당한 고객을 빼앗긴 TV 네트워크는, 1950년대 초반부터 활용된, 황금 시간대 프로그램을 보는 많은 대중에게 메시지를 전달함으로써 얻는 광고 수입으로 제작하는 계속적인 무료 프로그래밍을 제공하는 것이 더는 가능하지 않을 수도 있다는 것을 인지하고 있다.

공중파 방송, 유선방송, 광고주들은 새로운 커뮤니케이션 모델은 광고제품에 대해 이미 관심을 가지고 있는 소수의 소비자층을 표적으로 해야하며, 표적청중들이 촉진 메시지를 볼 수 있도록 더욱 상호작용적이고 매력적인 방법을 제공해야 한다는 것에 동의하고 있다. 말하자면, 기술 발전으로 인해, 커뮤니케이션은 언어의 개발 이후 가장 큰 변화를 거치고 있으며, 전통적인 매체는 새로운 매체로 집약되어 가고 있거나 대체되어가고 있는 중이다.

주소지정광고

대부분의 독자들은 아마존에서 제품을 구입해 보았거나, 넷플릭스에서 영화를 렌트했거나, 이베이에서 물품의 거래를 한 경험이 있을 것이다. 이러한 잘 알려진 온라인 업자들은 고객의 구매 행동(제품 구매율 또는 대여율)을 분석하여, 향후 제품 주문시 개별고객에게 꼭 맞는 추천을 하기 위해 이 고객 데이터를 활용한다. 따라서 **주소지정광고**(addressable advertising)는 특정 소비자에게 고객화된 메시지로 구성되어 있다. 이러한 메시지는 마케터들이 관찰하고 분석해온 소비자들의 이전의 구매 행위에 대부분 기준을 두고 있다.

데이터 애그리게이터(data aggregator, 8장 참조)는 소비자가 보는 광고를 각기 다르게 디자인하고자 하는 마케터의 모델을 구축하기 위하여, 소비자가 이용하는 브라우저, 구글, 야후, 페이스북의 데이터를 활용한다. 이 모델은 소비자의 인구통계적 자료와 과거 광고노출 경험까지도 고려한다.[1] 한 연구에 의하면, 소비자는 자신이 개별화된 메시지를 받고 있으며, 구매 후에도 판매자와 쉽게 연락(예 : 판매원과 채팅을 통해)할 수 있다고 생각하는, 즉 상호작용 가능한 웹사이트를 선호한다.[2]

예를 들면, 휴대 전화 광고는 점점 인기가 높아지는데, 모바일 전화는 개별화된 광고를 위한 이상적인 포럼이기 때문이다. 공중파 TV는 주소지정이 가능하고 위치기반한 광고를 실험가기 위한 실험 참가자를 모집하기 위해 온라인 소셜 네트워크와 공동 작업을 한다.[3] 출판사는 교육 관련 콘텐츠를 휴대 전화를 통해 전송하기 시작했다.[4] 여러 무선서비스 제공자는 할인료와 다른 여러 보상으로써 휴대 전화를 통해 광고를 받기로 동의한 가입자에게 보상해 주는 다른 기업과 팀을 이루고 있다.[5] 휴대 전화와 다른 무선 커뮤니케이션 기기가 계속 증가함에 따라서, 모바일 광고는 대부분의 광고사의 매체계획의 한 구성 요소가 되어가고 있다.

트위터— 가장 유명한 단문 메시지 서비스 —로 인해서, 광고사는 사용자가 무엇을 원하는가에 대한 의사 표시에 기초하여 사용자에게 메시지를 보낼 수 있다. 예를 들면, 청량음료를 판매하는 한 회사는 프로 미식축구의 팬인 트위터 사용자에게 비용을 지불하고 광고 보여주기를 선택할 수가 있다. 트위터는 트위터 사용자가 미식축구선수 혹은 해설자를 팔로우 하는지, 혹은 트위터 원천으로부터 받은 트위터 메시지를 다시 재유통하는지를 분석함으로써, 미식축구팬을 확인할 수 있게 해준다.[6] TV광고사는 고객의 인구통계학 변수, 기후 변화, 판매 목표, 경쟁사 캠페인에 따라 광고하는 프로그램을 변경할 수 있다. 예를 들면, 웬디스는 기후에 따라 개별화된 광고를 디자인하였다. 특정 지역에 따라서의 TV 시청자는 칠리스팟 혹은 프로스티 광고를 보았다. 기온이 화씨로 60도가 넘었을때, 웬디스는 프로스트를 광고했고, 날씨가 추워지면, 칠리스팟을 광고했다.[7] 대부분의 온라인 신문은 현재 구독자가 자신이 관심이 있는 부분만을 선택하여 읽을 수 있도록 하고 있다.

유선방송은 고객들에 대해 엄청난 양의 데이터를 가지고 있으며 가입된 고객의 지역적 위치에 기준한 광고와 하나의 메시지로 모든 상황에 광고하는 전략(one-message-fits-all)에서 탈피하고 있는 중이다. 예를 들면, 개 음식 광고는 개를 소유하고 있는 가정에만 광고를 보내는 것이다. 한 회사는 고객이 어떤 프로그램을 보고 있는지를 추적하기 위해 리모컨으로부터 발생하는 데이터를 사용하여 실험 중이며, 그런 후에 고객의 성별과 나이를 추정하기 위해 기존의 정보와 프로그램의 내용을 일치시키고 있다. 보다 정밀한 결과를 위해 인구조사 자료와 신디케이티드 자료 또한 활용한다. 그런 후에 유선방송사는 개별적인 가정에 특화된 광고를 보내고 있다.[8]

설득적 메시지 디자인

학습목표

3 효과적인 설득적 메시지를 디자인하는 방법을 이해한다.

메시지(message)는 발신자가 의도한 청중에게 전달하기를 원하는 생각, 아이디어, 태도, 이미지, 혹은 다른 정보이다. 이는 언어적(구어 혹은 문어), 비언어적(사진, 삽화, 상징) 혹은 둘의 결합일 수 있다. 개인 혹은 조직인 광고주는 메시지의 목적을 먼저 설정하고, 발송을 위한 적절한 매체를 선택하고, 각각의 매체와 청중에게 적절한 방식으로 메시지를 디자인하고 부호화한다. 설득적 메시지의 목적은 서비스의 존재를 알리고, 제품의 판매를 촉진하며, 특정 행위를 권장 혹은 제한하며, 소매점에 대한 애용을 유도하며, 구매 후 부조화를 감소시키며, 영업권(goodwill)과 우호적인 이미지를 창출하고, 혹은 다른 커뮤니케이션의 목적들과의 결합에 있다.

메시지의 원천(발신자)은 메시지의 의미가 목표 청중에게 의도한 바대로 정확하게 해석되도록 메시지를 부호화해야 한다. 마케터는 단어, 그림, 상징, 대변인, 그리고 특별 채널을 사용하여 메시지를 부호화한다. 메시지 수신자는 그들이 개인적 경험, 특징, 동기에 따라서 받은 메시지를 해석하게 된다. 의도한 의미를 청중이 이해하고 그 의미를 잘 받아들이기 위한 형태로 메시지를 부호화하기 위해서는, 발신자는 정확히 무엇을 왜 이야기하려는지에 대해 알고 있어야 하며, 목표 청중들의 개인적 특성에 대해서 이해해야 한다. **인지학습**(cognitive learning)모형(5장 참조)의 의하면, 메시지에 노출되면, 그 제품에 대한 관심과 욕구가 발생하고 결국에는 구매 행위로 이어진다. 또한 성격특성(personality traits)은 여러 다양한 촉진 소구에 반응하는 것에 영향을 끼친다(3장 참조).

마케터가 메시지를 디자인할 때 이미지 선택, 광고 문안 개발, 긍정적 또는 부정적 메시지 프레이밍 사용, 일면적 혹은 양면적 메시지 선택, 메시지를 제시하는 순서 등을 결정해야 한다.

이미지와 문자

"천 마디 말보다 한 번 보는 게 낫다."라는 속담처럼, 이미지를 묘사하는 메시지는 문자만을 가지고 있는 메시지보다 효과적일 때가 많다. 〈그림 7.7〉에서 미스티크휴지 광고는 제품의 목적과 효과성을 말보다는 시각적으로 보여주고 있다.

많은 연구들이 시각적 그리고 언어적 신호의 상호작용에 대해, 그리고 원하는 방식으로 소비자의 관심을 유도할 수 있는 그 신호의 능력에 대해 조사해 왔다. 광고의 시각적 복잡성(visual complexity)은 이러한 면에서 중요한 역할을 하고 있음을 기존의 한 연구가 보여주고 있다. 광고물은 밀집하게 지각된 특성을 포함하고 있거나 혹은 생각을 요구하는 창조적인 디자인을 가지고 있을 때 시각적으로 복잡하다고 할 수 있다. 연구에 의하면, **특성 복잡성**(feature complexity)은 광고에 대한 태도와 브랜드에 대한 집중도를 방해하지만, 디자인 복잡성(design complexity)은 광고에 집중하는 것을 도와주며, 이해도 높여주고, 광고에 대한 태도를 향상시켜준다. 마케터가 광고물의 시각적 복잡성을 반드시 평가해야 하며, 광고가 광고에 시선을 멈추게 하는 힘을 증가시키기 위하여 이를 사용하여야 함을 보여주었다.[9]

때로는, 같은 경제적, 사회적, 문화적 조건에 의해서 마케터는 영향을 받게 되고, 따라서 그들의 광고 문안에 이러한 조건을 반영하는 유사한 문구를 사용하게 된다. 예를 들면, 우리의 바쁜 삶, 점점 진화되는 기술 복잡성, 경제의 불확실한 앞날을 고려할 때, 많은 마케터들은 '간단히', '단순한', '쉬운', '정직한', '분명한'이란 단어를 그들의 광고에 사용해왔다. 새로운 오렌지 주스 브랜드는 '그냥 오렌지'라고 이름 지어졌다. 맥도날드는 "건강한 아침식사의 단순한 기쁨"을 제시하였다. 한 은행의 광고는 "저축은 저축하는 것에 대해 아무런 수수료가 부과되지 않을 때 간단하다."라고 주장하고 있다. 아이보리 비누 광고는 다음과 같이 말하고 있다. "순수하게, 깨끗하게, 그리고 단순하게 유지하라."[10]

메시지 프레이밍

마케터들은 특정 제품을 사용할 때 얻는 효능을 강조하는 **긍정적 메시지 프레이밍**(positive message framing)이나, 혹은 사용하지 않은 경우에 잃게 되는 효능에 대해 강조하는 **부정적 메시지 프레이밍**

그림 7.7 비언어적 커뮤니케이션

(negative message framing)을 사용해야 할까? 연구에 의하면, 적절한 메시지 프레이밍 결정은 소비자 태도와 특성, 그리고 제품 자체에 기인한다. 예를 들어, 한 연구에 의하면 인지 욕구가 낮은 소비자는 부정적으로 프레임된 메시지에 더 설득될 가능성이 높다는 것을 발견하였다.[11] 다른 연구에서는 독립적 자아 이미지를 지닌 즉, 자신만의 특성에 의해 정의되는 자신을 바라보는 개인의 경우는 긍정적 프레이밍으로 접근 목표(approach goal)를 강조하는 메시지에 더 설득되었으며, 상호의존적인 자아 개념을 가진 즉, 타인에 의해서 정의되는 자신을 바라보는 개인의 경우는 부정적 프레이밍을 이용하여 회피 목표(avoidance goal)를 강조한 메시지가 더 설득력 있는 것으로 나타났다.[12] 질병을 조기에 발견하는 것을 가능하게 하는 제품의 광고와 관련된 연구에서는 긍정적으로 프레이밍된 일화적인(anecdotal) 메시지는 부정적으로 프레이밍된 메시지보다 훨씬 덜 설득적인 것으로 나타났다.[13] 또 다른 연구는 응답자가 광고에서의 정보를 처리할 기회가 적었던 경우에 부정적 메시지 프레이밍이 긍정적 프레이밍보다 더 효과적인 것을 제시하였으나, 응답자가 광고의 내용과 관련하여 정보를 처리할 기회가 더 많은 경우는 비효과적인 것을 발견하였다.[14]

일면적 대 양면적 메시지

마케터는 자사의 제품이 제품군에서 유일한 것으로 가정해서 즉, **일면적 메시지**(one-sided message)를 사용해야 하는가? 아니면 다른 경쟁사 제품을 인정하면서 **양면적 메시지**(two-sided message)를 사용해야 하는가? 어떤 마케터들은 제품에 대해 긍정적인 요인만을 강조하여 경쟁이 없는 것처럼 주장하기도 한다. 그러나 경쟁이 존재하고 있고 또한 그것이 분명한 경우, 위와 같은 광고는 소비자들로부터 신뢰성을 상실하게 된다. 〈그림 7.4〉는 양면적 메시지를 보여주고 있다. 다른 예는 식기 세척제인 울트라돈(Ultra Dawn) 광고인데, 이는 다른 세척제에 비해 두 배나 강력하다고 주장하고 있다. 이 광고는 경쟁을 인정하고는 있지만 경쟁사 이름을 언급하지는 않는다. "이것이 버터가 아니라는 것을 나는 믿을 수가 없다."는 버터 대체 상품이다. 그 제품의 특징을 보여주는 광고물은 종종 질문과 함께 끝이 난다, "나는 이것이 버터가 아니라는 것을 믿을 수가 없다, 당신은 믿을 수 있나?" 〈그림 7.8〉의 광고는 양면적 메시지인데, 왜냐하면 제품의 경쟁자(즉, 버터와 버터 대체브랜드)들의 브랜드명을 언급하지 않고 있지만 경쟁자 존재는 인정하고 있기 때문이다.

특정 제품 기능의 우월성을 부정하거나, 그 제품이 모든 문제를 해결해주는 것은 아니라고 주장함으로써 광고에서 주장된 내용의 신뢰성을 종종 향상시킬 수 있다. 예를 들면, 남성 발모제 광고가 임상 실험 후 거의 절반 이상의 이용자가 머리카락이 적당 수준에서 풍성한 수준까지 다시 자라났으며, 대략 1/3은 머리카락이 조금 다시 자라났고, 대략 1/6의 이용자는 머리카락이 전혀 다시 자라나지 않았다고 말하는 것이다. 제품이 누구에게나 항상 효용이 있는 것은 아니라는 것을 인정하는 것이 오히려 광고의 신뢰성을 높여주는 것이다.

일면적 혹은 양면적 메시지를 사용하는 것에 대한 결정은 청중과 경쟁의 정도에 달려있다. 만약 청중이 우호적이라면(예 : 광고사의 제품을 사용한다면), 혹은 반대 의견을 주장하지 않으리라 판단된다면, 우호적인 제품 정보만을 강조하는 일면적이고 제품 특성을 지지하는 메시지가 가장 효과적이다. 반면에 청중이 비판적, 혹은 비우호적이라면(예 : 경쟁사 제품을 사용하고 있다면), 또는 많은 교육을 받았다면, 반대 주장을 제시하리라 판단된다면, 양면적 메시지가 효과적일 가능성이 높다. 또한 양면적 메시지는 소비자가 경쟁사의 부정적인 반대 주장을 볼 가능성이 높을 때 혹은 해당 브

그림 7.8 양면적 메시지 : 이것이 버터가 아니라는 것을 믿을 수가 없어 — 버터 대체 상품 대 '진짜' 버터

랜드에 대한 경쟁자의 성향이 부정적일 때, 매우 효과적일 수 있다.

순서 효과

광고를 처음에 혹은 마지막에 보여주는 것, 어떤 것이 최상인가? 커뮤니케이션 학자들은 메시지가 제시되는 순서가 청중의 수용성에 영향을 미친다는 것을 발견하였다. 예를 들면, TV에서 처음 보여준 상업 광고가 가장 잘 회상되고, 중간에 보여준 광고는 가장 덜 기억된다. 단지 두 가지 경쟁 메시지가 차례로 제시되었을 때, 어떤 위치에서의 광고가 더욱 효과적인가에 대한 증거는 다소 상반된다. 어떤 연구자는 처음에 제시된 내용이 보다 큰 효과를 가진다는 **초기 효과**(primacy effect)를 지지하고, 다른 연구자는 나중에 제시된 내용이 보다 더 효과적이라는 **최근 효과**(recency effect)를 지지한다. 잡지 발행사는, 보다 큰 가시성과 기억력 때문에 잡지의 중간보다는 잡지의 전면, 후면, 그리고 잡지 표지 안쪽면에 보다 많은 광고를 게재하여 순서 효과의 영향을 인지하고 있다.

　순서는 광고 내에서 제품의 기능을 나열하는 데 있어서도 중요하다. 청중의 관심이 낮다면 주의를 끌기 위해서 가장 중요한 점을 처음에 두어야 한다. 그러나 관심이 높다면 호기심을 자극시키는 것이 꼭 필요한 것은 아니므로 제품의 효용을 순차적인 순서로 정리, 나열할 수 있는데, 예를 들면, 가장 중요한 점을 가장 마지막에 제시한다. 유리한 정보와 불리한 정보를 동시에 제공하는 경우(연말 주주 보고서의 경우), 유리한 정보를 먼저 제시하는 것이 종종 불리한 뉴스에 대해 보다 큰 관용을 가져다준다. 브랜드명을 메시지의 처음에 나타내는 것이 브랜드 회상과 메시지 설득력을 향상시킨다.[15]

설득적 광고소구

학습목표

4 현저한 광고소구의 효과와 한계를 이해한다.

많은 연구자들이 마케터가 사용하는 촉진소구와 광고 설득력에 영향을 주는 요인들에 대해 연구하였다. 예를 들면, 정보적 소구는 고관여 상황에서 특히 효과적이었고, 긍정적 감성적 소구는 저관여 상황에서 보다 효과적인 것으로 나타났다. 어떤 연구에서는 새로운 브랜드보다는 기존의 브랜드 확장에 다양한 촉진소구를 사용해야 한다는 것 또한 발견하였다. **소비자 관여**(consumer involvement) 저관여 및 고관여—상황에 관계없이, 다양한 촉진 소구의 영향력의 차이는, 기존의 브랜드 확장보다는 새로운 브랜드의 경우에 보다 컸다(5장 참조).[16] 또 다른 연구에서는 보증인(endorser)의 특성 혹은 사용된 광고소구에 추가하여, 사람들의 **인지 욕구**(need for cognition, NFC)(3장 참조)가 광고의 반응에 영향을 준다는 것을 발견하였다. 인지 욕구가 높은 사람은, 보증인 호감성과 같이 주변적 신호(peripheral cues)를 덜 고려할 가능성이 높으며, 실제 광고소구에 기준한 광고에 의해 설득 혹은 비설득되어질 가능성이 보다 낮다고 하겠다.[17]

　가장 많이 사용되는 광고소구로는 비교광고, 공포, 유머, 성, 시간 적절성이 있다.

비교광고

비교광고(comparative advertising)는 마케터가 명백하게 혹은 묵시적으로 확인된 경쟁자들에 대해 자사의 브랜드에 관련하여 전반적인 기준에서나 선별된 특정 제품 속성에 있어서의 우월성을 주장할 때 널리 사용하는 마케팅 전략이다. 경쟁광고는 종종 광고되는 브랜드가 아니라 타경쟁사의 브랜드를 기억하는 데 도움을 준다고 비판받기도 한다. 그러나 많은 마케터가 비교광고를 사용하고 있다는 것은 비교광고가 브랜드 태도, 구매의도 및 실제 구매에 긍정적인 영향을 미치고 있음을 대변하고 있다. 보다 세련되고 지적 수준이 높은 소비자의 경우, 비교광고는 높은 수준의 인지적 정보 처리와 보다 나은 회상을 유발하고 있으며, 비교광고를 하지 않는 광고보다 더 관련(relevant)이 있는 것으로 인지되고 있다.

연구자들은 비교홍보의 여러 가지 면을 다루고 있다. 긍정적, 부정적, 약간 부정적 비교 메시지를 사용하여 여러 제품의 비교 메시지의 부정성 정도를 테스트한 연구에서는 광고의 부정적 요소가 믿을 만한 경우이거나 다른 요소에 의해 상쇄되어 광고가 중립적으로 될 때, 광고 효과를 높이고 있는 것을 보여주고 있다.[18] 다른 연구에서는 비교광고에 대한 반응에 있어서 성별 차이를 밝혀냈는데, 비교광고가 남성 사이에서는 보다 높은 브랜드평가 관여도를 창출하고 있으나 여성의 경우에는 나타나지 않았다. 여성에 있어서, 주의를 집중시키는 비교광고 소구는 광고의 조작적 의도에 관해 추정하려 하였고, 따라서 구매 확률을 감소시켰다.[19] 향상초점(promotion-focused : 열망을 추구하고 긍정적인 구매 결과에 초점을 두는) 소비자는 예방초점(prevention-focused : 안전을 추구하고 부정적인 결과가 발생되는 것을 회피하는 데 초점을 두는) 소비자와 다르게 비교광고 메시지에 반응한다. 비교광고에 관한 연구에서, 예방초점 소비자는 부정적으로 프레이밍된 광고 브랜드에 대해서는 긍정적으로 평가하고 비교대상 브랜드에 대해서는 부정적으로 평가하였다. 향상초점 소비자는 긍정적으로 프레이밍된 광고 브랜드에 대해서 호의적으로 평가하였으나 비교대상 브랜드의 평가에는 프레이밍 유형이 영향을 미치지 못하였다.[20]

연방통상위원회(Federal Trade Commission, FTC)가 기업에 취한 여러 법적인 조치를 포함하여, 비교광고는 소비자가 오해하게 만들 수 있는 잠재성을 충분히 가지고 있다. 소비자 권익지지자는 비교광고가 야기하는 소비자의 오해 가능성을 측정하기 위해 구체적인 측정장치를 개발하는 것을 추구해왔다. 또한 비교광고는 법적 공방을 야기시킬 수도 있다. 법은 회사가 비교광고의 주장을 뒷받침할 수 있는 '타당한 사실적 증거'를 만들도록 정해 놓았지만, 어떤 것이 그러한 증거를 구성하는가를 결정하는 것은 어려운 일이다.

영국에서 주요 슈퍼마켓 체인 간에 극심한 경쟁으로 인해 몇 가지 소송사건이 있었다. 독일계 슈퍼마켓 체인 알디는 테스코가 점포 내 마케팅 캠페인의 일환으로 잘못되고 불공정한 가격비교를 함으로써 손실을 입었다.[21] 테스코는 동일한 제품을 비교하지 않았고, 알디 제품에 잘못된 가격을 사용하였고, 동일한 양을 비교하지도 않았다. 알디는 테스코가 두 점포의 가격을 비교한 사탕봉지를 예로 들었는데, 이 광고에서 테스코는 두 점포의 박하사탕 봉지의 무게가 250g이라고 주장하였지만, 실제로 테스코 사탕 봉지는 200g이었다고 주장하였다.

세인즈버리는 광고표준위원회(Advertising Standards Authority, ASA)에 테스코의 '브랜드약속' 형식에 대하여 불만을 제기하였는데, 이것은 테스코의 브랜드 제품 한 바구니 가격을 경쟁자와 비교하는 것이었다.[22] 세인즈버리는 타사의 제품의 유래, 원료, 기업의 사회적 책임 등을 고려하지 않고 자사의 브랜드와 가격 하나로만 비교하는 것은 비윤리적이라고 주장하였다. ASA가 이 도전을 인정하지 않자, 세인즈버리는 공정한 비교를 할 소비자의 권리를 보호해야 한다는 광고 캠페인을 내놓았다.[23] 〈그림 7.9〉는 비교광고 중 하나이다.

이 광고 캠페인에서, 세인즈버리는 대형 슈퍼마켓들이 명백한 차이가 없음에도 불구하고 가격 논쟁을 한다고 주장하고, 세인즈버리 제품은 시장지배력과 관계없이 생산자에게도 공정한 배분을 보장하는 공정무역 제품임을 강조하고 있다.

그림 7.9 비교광고의 예

출처 : Bayer HealthCare LLC

공포소구

공포는 효과적인 소구이며 마케팅 커뮤니케이션에 자주 사용되고 있다. 몇몇 연구자들은 공포소구의 강도와 설득적 능력 간의 부의 관계를 제시하는데, 너무 강한 공포소구는 적당한 공포보다는 오히려 비효과적인 경향이 있다는 것이다. 이 현상에 관하여 많은 설명이 제시되었다. 아주 관련이 높은 주제(흡연과 같은)와 연관된 강한 공포소구는 오히려 개인이 받아들이고 싶지 않은 정보를 거부하거나, 실행되고 있는 일을 거부함으로써 해결되는 인지적 부조화를 경험하게 한다. 익숙해진 습관을 포기한다는 것은 어려운 일이기 때문에 소비자는 위협 요소를 재빨리 거부하게 된다. 타당성("흡연이 암을 유발한다는 실질적 증거는 아직 없다.")을 부인하거나, 소비자들은 개인적 참사로부터 영향을 받지 않거나("이런 일은 나에게 발생할 수 없다."), 진정한 중요성을 지워버리는 장황한 프로세스를("필터 담배로 흡연하기 때문에 안전하다.") 포함하여, 여러 가지 이유로 거부한다. 그러므로 마케터들은 극단적인 공포소구가 아니라 이해타당한 공포소구를 사용해야 하고, 공포소구가 항상 적합하지는 않다는 것을 인식해야 한다. 예를 들면, 라벨에 쓰여진 지방, 저지방, 탈지 성분 등의 제품 정보는 경고 문구보다 더 효과적일 수 있다. 나에게는 발생할 수 없다는 생각과 일치하면서, 공포소구는 과대한 자신감을 보이는 젊은 사람들을 복표로 하는 광고에 자주 사용된다.

강한 공포소구는 음주 운전뿐만 아니라, 휴대 전화와 문자 메시지를 보내면서 발생하는 부주의한 운전을 제한하는 데 자주 사용된다. 어느 한 연구에 의하면, 공포소구 광고는 남성보다 여성에게 더 효과적인 것으로 나타났고 광고에 부주의한 운전 사고로 고통을 받은 사람들과의 인터뷰를 이용하는 것이 부주의한 운전을 삼가하도록 만든다고 제안했다. 또한 법적 소송을 이용하는 광고는 부주의한 운전 행위를 금지하는 데 여성보다 남성에게 더 효과적이었다.[24] 〈그림 7.10〉에 있는 광고는 매우 강한 공포소구, 그래픽 이미지를 채택하고 있다. 한 연구에 의하면 강한 공포소구 광고는 친숙한 사안보다는 친숙하지 않은 사안에 보다 큰 효과를 나타냈다. 매우 친숙한 사안에 대해서 약한 공포소구 광고를 하는 것이 실험 참가자에게 바람직하지 않은 행위에 대한 경각심을 증가시키는 것으로 나타났다. 사고의 심각성과 발생 가능성은 광고의 권고 행위를 수용하려는 개인의 의도에 상당한 영향을 주었다.[25]

마약 금지광고는 마약 남용으로 인한 부정적인 사회적 결과와 신체 위해성을 함께 전달하는 것이

그림 7.10 공포소구 : 부주의한 운전 금지

출처 : Bogdan Nestor - Art Director, Zazvan Soare - Copywriter, Razvan Capanescu - Creative Director

효과적이다. 공포소구는 **자극 추구성향**(sensation seeking)이 높은 사람에게는 효과적이지 않을 수 있다(3장 참조). 자극 추구성향이 높은 사람은 마약을 사용할 가능성이 높으며, 자신들은 죽지 않는다고 믿으며 공포소구를 하는 마약금지 광고에 대하여 부정적으로 반응한다. 남성과 여성은 공포소구에 다르게 반응한다. 5개월간에 걸친 고등학생을 위한 연구에서, 흡연을 중단하거나 감소하기 위해 만든 광고에서 단기적인 미용상 문제의 공포소구(누른 치아 혹은 입냄새)는 남성에게 더욱 설득적이었고, 장기적인 건강상 문제의 공포소구(노후에 암발생)는 여성에게 보다 설득적이었다.[26]

많은 광고가 혐오감을 야기시키는 이미지와 함께 공포심을 유발한다. 음주운전 사고로 인해 신체가 절단된 사진, 흡연으로 인해 파괴된 폐의 근접 사진, 약물남용으로 파괴된 치아 및 뇌 등이 예이다. 단지 공포만을 유발하는 소구보다는 공포소구에 혐오감을 추가하는 것이 메시지 설득과 행위 준수를 향상시킨다는 것을 많은 연구가 보여주고 있다.[27] 그러나 혐오감을 보여주는 것은 오히려 역효과를 가져올 수도 있다. 예를 들면, 청량음료의 과소비를 줄이기 위한 광고에서 뉴욕 시 건강부처에서 '지방을 마시고 있는 사람'을 묘사한 광고를 제작하였고, 하루에 음료수 한 캔을 마시는 것이 매년 10파운드 더 뚱뚱한 사람으로 만든다고 주장하였다. 그 광고는 많은 사람이 너무나 혐오스럽다고 불만을 제기하였고, 또한 설탕과 지방 간의 연계는 아직까지 과학적으로 완전히 증명된 것이 아니라고 주장하는 사람들로 인해, 결국 광고를 철회하게 되었다.

공포를 광고에 사용하는 것에 대한 연구 결과에 따라서, 마케터는 다음의 지침을 따라야 한나.

1. 목표 고객의 과거 경험뿐만 아니라 공포소구에 대한 반응도 이해해야 한다. 예를 들면, 권장하는 행위를 이미 따르고 있지만, 아직 완전히 전향되어 있지 않는 사람들은 완전히 전향되어 있는 사람들과는 다르게 반응할 가능성이 많다. 마찬가지로 나이에 따라, 또한 다양한 하위문화에 따라 공포소구에 다르게 반응한다. 또한 그들의 행위를 변경하기 위해 노력했지만 실패한 사람들과 처음으로 노력을 시도하는 사람들에 비해 다르게 반응할 것이다.

2. 부메랑 효과를 인식해야 한다. 흡연처럼 어떤 강한 습관을 제거하도록 도와주려고 하는 공포소구에 노출될 때, 사람들은 분노를 느끼고, 분개하고, 불복종의 의미로서 즉각적으로 담배에 손을 댈 수도 있다.

3. 행위를 변경한다는 것은 오랜 시간이 걸리고 복잡한 과정임을 이해한다. 그러므로 이러한 일련의 과정에서 다른 단계에 있는 사람들은 공포소구에 다르게 반응한다.

4. 너무 과한 불안을 야기시키지 않으면서 사람들이 행동을 취할 수 있도록 공포소구가 도와줄 수

있는 정도를 연구한다. 왜냐하면 불안이 너무 과하면 메시지를 거부하거나 회피할 수도 있기 때문이다.

5. 이성적 혹은 감성적 공포소구를 사용할지를 결정한다.

6. 오랜 기간에 걸쳐 공포소구를 사용하는 광고를 반복하는 계획을 세운다. 그러나 이러한 공포소구 메시지를 반복 사용하는 것은 신뢰성을 감소시킬 수 있다는 것을 인식한다.

7. 중독이 심한 사람은 공포소구에 반응하지 않을 수도 있다는 것을 인정한다. 예를 들면, 흡연량이 많은 흡연자 혹은 음주 중독자는 명백하고, 분명해 보이고, 그래픽한 경고 레이블에도 반응하지 않는다.

8. 공포소구에 대한 대안을 고려해야 한다. 예를 들면, 특정 행위를 제한하려고 할 때, 보상 초점의 소구 혹은 유머와 행복을 그리는 것이 가끔은 공포를 사용하는 것보다 나은 결과를 가져다줄 수 있다.

유머소구

유머가 광고 커뮤니케이션의 수용성과 설득을 증가시킨다는 생각으로 많은 마케터들이 유머소구를 사용하고 있다. 유머는 모든 광고소구 중에 가장 널리 사용되고 있다. 추정치에 의하면 약 80%의 광고가 유머를 사용하고 있다. 그러므로 유머는 가장 많이 연구된 광고소구이기도 하다. 광고에서 유머를 사용한 연구 결과가 나타내는 것은 다음과 같다.

1. 유머는 집중을 유도하고 광고되는 제품을 좋아하게 한다.

2. 유머는 광고의 이해를 방해하지 않으며 어떤 경우에는 이해를 돕기도 한다.

3. 유머가 항상 광고의 설득적 영향이나 원천의 신뢰성을 증가시키지는 않는다. 어느 연구는 유머가 브랜드의 중심 효익에 관한 인지적 정보처리를 방해할 수도 있음을 제시하였다.[28]

4. 제품과 관련이 있는 유머는 제품과 관련이 없는 유머보다 더 효과적이다.

5. 유머는 신제품보다 기존 제품을 위한 광고에서 보다 효과적이며, 그 제품에 대해 긍정적인 태도를 가지고 있는 소비자를 타깃으로 할 때 더욱 효과적이다.

6. 고관여 제품보다 저관여 제품을 광고할 때 유머는 더욱 적절하다.

7. 유머 광고의 효과는 청중의 인구통계적 특성에 따라 다르다.

8. 유머의 영향은 수신자의 인성과 관련이 있다. 예를 들면, 보다 많은 감각적 추구를 원하는 소비자는 작은 감각적 추구를 원하는 소비자에 비해 유머소구에 보다 수용적이다.[29]

한 연구는 오락을 즐기며, 오락에 참여하고, 이를 찾는 경향에 초점을 둔 **유머 욕구**(need for humor)라고 하는 인성을 측정하는 것을 개발하였고, 이러한 인지적 요인은 소비자가 어떻게 유머 광고물에 반응하는지를 보다 잘 설명할 수 있다는 것을 제시했다.[30] 다른 연구에서는 유머가 기대될 때 광고 회상이 어려워졌고, 이러한 역의 효과는 유머욕구가 낮은 개인에게 보다 두드러졌다.[31] 유머 광고는 유머정도가 강하면서 메시지와 관련이 있을 때 보다 잘 기억된다는 것을 알아냈다.[32] 유머스러운 영화 장면에 광고를 내는 것이 긍정적인 감정을 유발하였다.[33]

유머는 마케터들이 가끔식 역효과를 낼 수 있는 굉장히 창조적인 광고를 만들어내는 것을 가능하게 한다. 예를 들면, 라구(Ragu) 파스타는 제품에 감성적인 애착(emotional attachment)을 하도록 디자인된 캠페인을 만들었다. 즉, 음식의 효용에 초점을 둔 것이 아니고, 당혹스러운 어린시절의 기억

그림 7.11 유머광고 : 부모들은 빙리조트에서 아이들이 방해하지 않고 '사라지는' 상상을 한다.

을 달래는 능력에 초점을 둔 광고이다. 한 광고는 "지금은 8시인데 부모님은 침대에 계시네요. 그래서 항상 노크를 해야 합니다."라는 징글(jingle)과 함께 어린 남자아이가 부모의 침실로 들어가는 것을 보여주었다. 그 광고는 다음에 그 소년이 "너는 라구가 필요해, 왜냐하면 성장한다는 것은 힘들기 때문이야. 그에게 라구를 줘, 그는 충분히 산전수전을 다 겪었어."라는 노래와 함께 파스타를 한 접시 먹고 있는 것을 보여준다. 많은 소비자가 이 광고가 창조적이고 재미있다고 생각하지만, 섹스를 암시하기 때문에 어떤 사람들이 비판적이다.[34] 〈그림 7.11〉의 빙리조트 광고는 부모가 가끔씩 아이들로부터 벗어나서 여유로운 여행을 원한다는 것을 보여주는 유머를 사용하고 있다.

말장난

말장난(혹은 재담)은 유머스러운 '이중 의미'를 의미한다. 예를 들면, 무어페인트(Moore Paint) 광고는 "더 많이 알고 있는 사람을 위하여"라는 주제를 다루는데, '더 많이(more)'라는 단어와 '무어(moore)'라는 말장난이다. 이 광고는 대부분 전통적인 매체보다는 특히 페이스북과 같은 소셜 미디어에 보여진다.[35] **스타치 리더십**(starch Ad reaership study)(5장 참조)에서 소비자는 말장난을 사용한 광고를 사용하지 않은 광고보다 읽을 가능성이 더 많다는 것을 보여주었다.[36]

재담은 이미지에서도 사용된다. 예를 들면, 무술가이고 배우인 척노리스(Chuck Norris)는 본인의 이름을 이라세제 광고에 사용하도록 허락했는데, 고급 브랜드 타이드보다는 낮은 가격의 브랜드이다. 이 제품은 '적은 돈에 비해 많은 싸움'이라는 슬로건과 함께 "척 노리스가 승인하였다."라고 광고한다.[37]

성적소구

관능적인 광고는 인쇄매체, 방송전파 채널, 온라인에서 많이 찾아볼 수 있다. 광고사는 나체와 성적소구로 소비자의 관심을 유발해왔으며, 광고홍보 메시지는 명백하고 대담한 관능적 이미지를 자주 포함하고 있는데, 이는 패션과 향수와 같은 전통적인 제품군에서 샴푸, 맥주, 자동차, 여행 서비스 같은 제품 분야에까지 확장되고 있다.

온라인 마케터는 잡지나 네트워크 TV에 비해 매우 혁신적이고 훨씬 더 대담한 성적소구를 사용해왔다. 예를 들면, 유튜브에 에어뉴질랜드의 안전체크 비디오는, 남자 승무원은 넥타이, 여자 승무원은 스카프를 흉내낸 유니폼으로 바디페인팅한 누드 컨셉이다. 온라인 소매업자인 자포스(Zappos)는 나체와 기술을 결합한 광고를 사용하였다. 그 광고는 뉴욕 시에 있는 나체 모델을 보여주었고, 다른 광고는 나체 여성이 베스파(Vespa)를 타고 있는 것을 보여주었다. 다른 광고에서는 나체 여성이 일상생활 즉, 달리기를 하거나, 택시를 잡거나, 공공장소에서 프리스비를 가지고 놀고 있는 모습을 보여준다. 자포스의 웹사이트에서는 광고를 보는 방문자에게 이런 나체 모델에게 자포스 브랜드의 '옷을 입히도록' 요구하고 있다. 자포스의 인쇄광고는 QR 코드를 포함하고 있으며, 스마트폰으로 코드를 스캔한 경우, 이용자에게 가상의 비디오를 보여주고 있는 웹사이트로 안내하여 모델들에게 옷을 입힐 수 있게 하고 있다.[38]

성적 주제가 관심을 유발하게 하는 가치를 제공하고 있다는 점에는 논란의 여지가 없다. 하지만 성적 주제가 실제 구매에 효과적이지 않다는 것을 연구들이 보여주고 있다. 종종, 성적소구 광고는 메시지 내용에 소비자가 집중하기 어렵게 하며, 특히 처리해야 할 정보가 많은 상황에서는 메시지에 대한 이해도를 방해하는 경향이 있다. 광고의 언어적 요소보다는 성적인 시각적 요소가 더 쉽게 정보처리가 되므로, 제품 정보에 대한 인지적 정보처리 과정은 불완전해질 수 있다. 또한 나체는 제품 메시지에 부정적으로 영향을 미칠 수도 있다.

성적소구에 대한 수용성 정도는 소비자마다 다르다. 예를 들면, 한 연구에서는 2개의 심리적 개념이 나체를 묘사하는 광고에 대한 반응에 영향을 주는 것으로 확인되었다. 첫째는 관능과 관련하여 자아의 인지적인 면을 의미하는 '성적 자아 도식(sexual self-schema)'이다. 성적도식은 개인의 과거 경험에서 유래하며 성적 광고홍보 테마에 대한 반응에 영향을 미친다. 둘째는 **자극 추구성향**으로 이는 새롭고 흥분되는 감각과 경험을 추구하는 것이다(3장 참조). 감각을 추구하는 사람은 광고에서 나체를 보여주는 것에 대해 호의적으로 반응하였으며, 개인의 성적도식은 단지 어느 정도의 역할만 하였다는 것이 확인되었다.[39] 또 외향적인 사람은 성적소구에 수용적이지만, 조용하고 부끄러움을 많이 타고 드러나는 것을 좋아하지 않는 소비자가 타깃일 때는 성적소구를 사용하면 안 된다는 연구 결과도 있다.[40] 따라서, 마케터는 나체를 사용하는 것에 대해 조심해야 할 것이다. 왜냐하면 모든 소비자가 성적소구에 우호적으로 반응하지 않을 수 있고, 어떤 소비자는 소외감을 느끼고 성적 희롱을 당했다고 생각할 수도 있기 때문이다.

관능적 광고가 야기한 관심의 종류는 종종 성과 함께 그것이 시작한 곳에서 끝이 난다. 성적소구가 실제 광고에서 광고되는 제품과의 관련이 없는 경우라면, 소비자의 구매 의도에는 아무런 영향을 받지 못한다. 이것이 성적소구 광고를 사용하는 데 있어서 잠재적 위험이라고 할 수 있다. 광고사는 주의 및 관심을 끌기 위해 설득력을 포기할 수도 있다. 제품을 홍보하기 위해 성적 주제를 사용할 때 광고사는 제품, 광고, 목표고객, 성적 주제와 관련 구성 요소의 사용이 조화롭게 상호보완되면서 작용할 수 있도록 해야 한다. 그럼에도 불구하고, 성이 제품과 관련이 있는 경우라면, 성이라는 것은 대단히 잠재 가능성이 높은 테마가 될 수 있다. 예를 들면, 남성용 혹은 여성용 향수의 광고사는 종종 매우 낭만적 혹은 도발적인 시각물을 광고에서 사용하는데, 이는 향수의 사용이 의미 깊은 혹은 관능적인 로맨스로 귀결될 것이라는 것을 암시하는 것이다.

시기적절성소구

2008년 금융위기와 그 이후로, 많은 마케터들은 경제적으로 어려웠던 시간을 주제로 한 광고소구를 만들어냈다. 예를 들면, "이렇게 어려운 시기에 건강한 삶에 재몰입하자."고 소비자에게 권장하는 헬스클럽 광고가 있다. 유머를 사용하여 저렴한 식사를 홍보하는 체인 레스토랑 광고는 다음과 같이

표 7.1 불경기 때의 광고소구	
목적	**캠페인 주제**
은행의 신뢰감 회복	유머 : "우리는 체이스(Chase)를 사랑하는데, 그들이 백만 달러를 가지고 있어서가 아니다."
불경기 때 사람들을 기분 좋게 만드는 것	행복 : 뱅크오브아메리카 : "기회의 은행" 코카콜라 : "행복을 열어라" 웨스턴 유니온(Western Union) : "예스" 브로드웨이 쇼를 위한 광고는 '어려운 시기'에 '행복한 시간'을 약속하고 있고, 좋은 시절이 곧 올 것을 예측하고 있다.
보다 상식적인 소비자의 마음을 잡는 것	사치스럽고 질 좋은 제품이 아니라 제품 가격이 구입할 수 있는 정도이고, 제품 또한 적당하다는 광고. 과시적이거나 지위에 소구하지 않고 출세 지향적인 광고를 피한다.
부동산을 구입하는 것이 편하지 않다고 느끼는 구매자의 마음을 잡는 것	초기 뉴욕 시의 콘도미니엄을 위한 광고는 "단지 주소가 아니라 태도"라고 주장하면서, 아름다운 젊은 사람들이 식사하고 당구치는 모습을 보여주었다. 불경기 때는 새로운 마케팅으로 "깨끗한 스타일과 매력적인 가격"이라고 홍보하면서, 아이가 지역 마켓에서 주스 상자를 구입하는 모습과 노신사가 애완견과 함께 그 건물을 떠나는 장면을 보여주고 있다.
위로 마케팅 : 향수소구	예전 등장인물, 테마, 징글 소리로 되돌아가서 옛 추억을 되살려 제품 구매에 대해 기분이 좋아지게 하는 것. 지불하는 금액만큼의 가치를 원하는 소비자에게 그들이 세월의 시련을 견디는 제품을 구입하는 것이라는 확신을 주는 것.
현금이 부족한 소비자들에게 자가 페인트칠과 집수리를 권장하는 것	페인트 판매 : 마케터는 사람들에게 벽이나 내부에 페인트를 칠하는 것을 보여주지 않기로 선택하였다. 왜냐하면 그러한 광고는 페인팅이 일상적인 허드렛일이라는 것을 상기시키기 때문이다. 대신, 페인트를 소비자의 마음의 공간으로 포지션하였고, 소비자의 감성과 상상에 소구하였다. 예를 들면, 어느 페인트 광고는 "벽은 캔버스이며, 초대이며, 비어 있는 공간입니다."라고 주장하면서, 나레이터의 목소리로 "어떠한 벽이라도 어울리는 색을 만나면 그 이상으로 변화될 수 있습니다."라고 들려준다.

출처 : Stuart Elliott, "Ads That Soothe When Banks Are Failing," nytimes.com, October 7, 2008; Stuart Elliott, "Down Economic Times Elicit Upbeat Consumers," nytimes.com, March 10, 2009; Vivian Toy, "Goodbye, Glitzy Condo Pitches," nytimes.com, August 20, 2010; Patricia Cohen, "Marketing Broadway: Selling Hope for a Song," nytimes.com, December 10, 2008; Andrew Newman, "Using Appeals to Emotions to Sell Paint," nytimes.com, June 7, 2010; Stuart Elliott, "In New Ads, Stirring Memories of Commercials Past," nytimes.com, January 12, 2012.

말하고 있다. "월스트리트를 구제하는 것은 중요하다. 하지만 당신은 누가 구해 줄 것인가?"[41] 다른 마케터는 사치스럽고 질이 좋은 제품이 아니라 제품 가격이 구입할 수 있는 정도이고, 제품 또한 적당하다는 광고소구를 제시하였다.[42] 쇼핑센터 광고에서는 제품 구입 광고가 아니라 재미있고 흥분되는 일, 예를 들면, 입 안에 눈송이를 맛보는 것 등의 광고를 제시하였다.[43] 어떤 할로윈 광고는 "가장 무서운 것은 엄청난 저축"이라는 소구로 경제적으로 어려운 시기를 반영하는 광고를 했다.[44] 〈표 7.1〉은 미국의 불경기 때 사용된 광고 주제들을 보여주고 있다.[45]

메시지 효과 측정

학습목표

5 광고 메시지 효과의 측정을 이해한다.

마케팅 커뮤니케이션은 대개의 경우, 목표 청중들이 원하는 방식으로 특정한 행동(예 : 특정 브랜드 혹은 제품을 구매하거나 특정 후보에 투표를 하거나)을 하도록 설득하기 위한 것이므로, 궁극적인 테스트는 수신자의 반응이다. 그러므로 발신자는 피드백을 가능한 빨리 정확하게 받아야 한다. 피드백을 통해서만이 발신자는 메시지가 어떻게 잘 전달되고 있는지를 확인할 수 있다. **커뮤니케이션 피**

드백은 비인적 그리고 대인적 커뮤니케이션의 핵심 구성 요소인데, 왜냐하면 발신자가 의도한 바대로 메시지가 이해되고 있는지를 확인하기 위해 메시지를 강화시키거나 변경하는 것을 가능하게 하기 때문이다.

대중매체에서 비인적 커뮤니케이션과 비교하여 대인적 커뮤니케이션의 핵심적인 장점은 언어적 혹은 비언어적인 신호를 통해서 즉각적인 피드백을 얻을 수 있다는 것이다. 개별 대인판매를 효과적 만드는 핵심 요인은 즉각적인 피드백이다. 왜냐하면 잠재 고객이 표출한 요구와 이와 관련된 반응을 관찰하고 영업원이 구입 권유를 고객이 원하는 맞춤형 방향으로 제시할 수 있기 때문이다. 경험이 많은 연설자는 피드백에 주의를 집중하여 청중으로부터 그들이 보고 듣는 것에 기인하여 끊임없이 그들의 메시지를 수정한다. 마찬가지로, 교수가 수업 중에 학생에게 의도적으로 충격을 주는 것은 학생이 강의에 집중하지 않는다는 것에 대한 즉각적인 피드백에 기인한다. 예를 들면, 지금의 강의 내용을 다음 시험에 출제하겠다는 말을 하는 것이다.

비인적 커뮤니케이션의 후원자가 가능한 빨리 피드백을 받는 것은 항상 매우 중요한데, 메시지 의미가 의도한 바대로 전달되지 않거나, 의도한 청중 대부분에게 메시지 전달 자체가 되지 않은 경우에 메시지를 수정할 수 있기 때문이다. 대인적 커뮤니케이션과는 달리 대중 커뮤니케이션의 경우, 직접적인 피드백은 아주 드물고, 대신 피드백을 추정한다. 발신자는 목표 고객의 결과적인 행동(혹은 행동하지 않음)에 기준하여 그들의 메시지가 얼마나 설득력이 있었는지에 대해 추정한다. 수신자는 광고된 제품을 구입하거나 구입하지 않거나 한다. 잡지 구독을 연장하거나 중단하거나 한다. 특정 정치 후보자에게 투표를 하거나 하지 않거나 한다. 대중으로부터 회사가 찾는 또 다른 형태의 피드백은 구입한 제품에 대한 **고객 만족도**(customer satisfaction) 또는 불만족도이다. 브랜드 이미지의 신뢰성을 유지하기 위해 제품의 문제를 가능한 빨리 발견하고자 노력한다(예 : 직통 전화와 온라인 고객 담당자를 통해서).

메시지가 수신되고, 이해되고, 제대로 해석되었는지에 대한 메시지의 **설득효과**(persuasion effect)와, 캠페인에 사용된 메시지가 목표에 맞는 판매량을 창출했는지에 대한 **판매효과**(sales effect)를 측정한다. 또한 광고사는 대중이 어떤 매체를 읽고, 어떤 TV 프로그램을 보다 많이 봤는지를 조사하기 위해 매체 청중을 모니터하는 회사(예 : 닐슨)로부터 데이터를 구입하고, 청중 조사를 수행함으로 메시지의 **매체 노출효과**(media exposure effect)에 대해 측정한다(8장 참고).

대중 커뮤니케이션의 판매효과는 평가하기 어렵다(비록 소매업자가 대개 정오까지 광고 제품의 판매량에 기준하여 조간신문에 실린 광고의 효과를 평가할 수는 있지만). 음식과 포장 상품의 판매효과를 측정하기 위해 가장 많이 사용되는 방법은 컴퓨터화된 현금 등록기와 연계된 통일상품코드(UPC)에 기준하고 있다. 광고와 특별 판매촉진과 판매 사이의 상관관계를 측정하기 위해 슈퍼마켓 스캐너 데이터는 매체와 홍보 관련 정보와 같은 다른 데이터 원천과 결합되어질 수 있다.

생리학적 측정(physiological measure)는 자극에 대한 신체적 반응을 추적한다. 예를 들면, 눈동자 추적은 카메라가 점포의 선반을 따라 눈의 움직임을 추적하고, 응답자가 관심을 보이는 상표나 브랜드를 측정하는 방법이다. 다른 방법으로는 뇌파분석으로, 시청자의 두뇌에서 나오는 전기적 자극을 감시함으로써 시청한 광고물에 관심을 보이는 정도를 추적하는 것이다. 안면 EMG(electromyography : 근전도검사)는 전기적 활동과 안면 근육의 미묘한 움직임을 추적하여 여러 가지 상업 광고에 의해 발생하는 감정을 측정한다.

태도측정(attitude measure)은 테스트하고 있는 메시지에 대한 참여와 관여 정도를 포함해서, 메시지에 대한 소비자의 인지적 반응을 측정한다. 예를 들어, 소비자들에게 영화관으로 세팅된 장소에서 TV 프로그램 또는 광고를 보여 주면, 소비자들은 의자 팔걸이에 있는 다이얼을 사용하여 상영되는 동영상에 대한 관심 또는 무관심의 정도를 나타낸다. 마케터는 광고를 테스트하고 소비자가 메시지를 좋아했는지, 제대로 이해했는지를 알아보기 위해 **의미차별 척도**(semantic differential scale) 혹은 **리커트 척도**(Likert scale)(16장 참조)를 사용한다.

마케터는 반드시 목표 청중에게 기억되는 광고물을 측정해야 한다. 5장에서 언급된(예 : **스타치 리더십**) **회상 테스트**(recall test) 및 **재인 테스트**(recognition test)뿐만 아니라, TV 시청자 혹은 라디오 청취자가 주어진 프로그램을 보았거나 들었던 날 하루 뒤에 인터뷰를 하는 **하루 뒤 회상테스트**(day-after recall test)를 사용한다. 참가자는 그들이 회상하는 상업 광고를 묘사하도록 요구받는다. 상업 광고와 관련된 핵심 주제를 회상한다는 것은 시청자가 관심을 보였다는 설득력이 있는 증거가 된다.

요약

학습목표 1 : 커뮤니케이션의 구성 요소와 설득적 역량에 대한 이해와 효과적인 커뮤니케이션의 방해 요인에 대해 이해한다.

커뮤니케이션은 메시지 전달을 위한 매체, 즉 매체 채널을 통해서 발신자가 수신자에게 메시지를 전달하는 것이다. 네 가지의 구성 요소는 발신자, 수신자, 매체, 그리고 메시지이다. 추가로 다섯 번째 중요한 구성 요소는 커뮤니케이션 피드백이다. 즉, 발신자가 실제로 의도하였던 메시지가 수신자에게 제대로 전달이 되었는가에 대해 알려주는 피드백이다. 발신자는 단어, 그림, 기호, 대변인, 그리고 설득적인 소구를 활용하여 메시지를 부호화하고, 수신자는 이러한 메시지를 해석하게 된다. 메시지가 설득력을 가질려면, 반드시 발신자가 의도한 바대로 수신자가 메시지를 해석하여야 한다. 커뮤니케이션은 비인적 혹은 대인적 의사소통일수 있다. 마케팅에서의 비인적 커뮤니케이션의 원천은 기업이 그들의 마케팅부, 광고 및 홍보대행사, 혹은 대변인을 통하여 전달하는 메시지이다. 대인적 커뮤니케이션의 발신자는 공식적인 원천들(예 : 물리적 혹은 가상적 소매점의 영업원) 혹은 비공식적 원천들(예 : 소비자들이 전자기기를 통해서 대면적으로 의사소통하는 동료 집단)이다. 공식적 혹은 비공식적 원천으로부터 받은 개인적 혹은 대인간의 메시지가 주는 설득적 효과의 핵심요인은 정보원천의 신뢰성, 즉, 수신자가 메시지를 발송한 원천을 신뢰하고 믿는 정도이다.

매체는 커뮤니케이션을 전송하는 경로이다. 전통적인 매체는 광고주가 사용해온 원래의 커뮤니케이션 채널이며, 일반적으로는 인쇄(신문, 잡지, 빌보드)와 방송(라디오, 텔레비전)이다. 신매체는 온라인 채널, 소셜 네트워크, 그리고 모바일 전자기기이다. 이러한 매체는 전통적 매체보다 훨씬 더 발전된 것이라 할 수 있는데, 이는 마케터가 보내는 메시지에 즉각적으로 반응할 수 있는 개별 소비자에게 개인화된 메시지를 보낼 수 있기 때문이다.

소비자가 메시지를 정확히 해석하는 것을 방해하는 2개의 가장 중요한 요인은 선택적 노출과 심리적 잡음이다. 선택적 노출은 소비자가 광고 메시지에 선택적으로 주의를 기울이는 것을 의미한다. 심리적 잡음은 경쟁사의 광고 혹은 주의 집중을 분산시키는 생각의 형태로, 광고촉진 메시지의 수신에 영향을 준다.

학습목표 2 : 불특정 다수의 일반 방송(broadcasting)과 특정층을 대상으로 하는 특정층 대상 방송(narrowcasting)의 차이를 이해한다.

전통적 매체는 용어는 일반 방송매체(대중매체)와 유사한 용어이며, 모든 수신자가 마케터로부터 일방적(즉, 수신자가 메시지 원천으로 직접적 반응을 보낼수 없다.) 메시지를 받는 채널로 구성되어 있다. 신매체는 마케터가 주소지정 가능하고, 고객화된 메시지, 작은 그룹 혹은 개별 소비자에게 개별화되고, 소비자들이 온라인에서 서핑하고 클릭한 정보에 의거하여 수집된 데이터와 다른 정보와 합하여 이에 기준하여 만들어진 메시지를 보내는 것을 허용하는 채널 경로로 정의되며, 특정층 대상 방송이다. 주소지정광고는 특정고객에게 보내는 고객화된 메시지로 구성되어 있다. 이러한 메시지는 대개 마케터들이 관찰하고 분석해온 소비자들의 이전의 구매행위에 기초하여 만들어진다.

학습목표 3 : 효과적인 설득적 메시지를 디자인하는 방법을 이해한다.

마케터가 메시지를 디자인할 때 이미지 선택, 광고 문안 개발, 긍정적 또는 부정적 메시지 프레이밍 사용, 일면적 혹은 양면적 메시지 선택, 메시지를 제시하는 순서 등을 결정해야 한다. 이미지를 묘사하는 메시지는 문자만을 가지고 있는 메시지보다 효과적일 때가 많다. 긍정적 메시지 프레이밍은 특정제품을 사용할 때 얻는 효능을 강조한다. 부정적 메시지 프레이밍은 사용하지 않은 경우에 잃게 되는 효능에 대해 강조한다. 일면적 메시지는 광고되고 있는 제품이 존재하는 유일한 것으로 가정하고 있다. 양면적 메시지는 경쟁제품을 인정하고 있다. 초기 효과는 처음에 제시된 자료가 다음에 제시된 자료보다 훨씬 현저하고 설득력이 있다는 것을 의미한다. 최근 효과는 맨 마지막에 제시된 자료가 훨씬 현저하고 설득력이 있다는 것이다.

학습목표 4 : 현저한 광고소구의 효과와 한계를 이해한다.

마케터는 여러 촉진소구를 선택할 수 있지만, 가장 널리 사용되는 광고소구로는 비교광고, 공포, 유머, 성, 시간 적절성이다.

비교광고는 마케터가 명백하게 혹은 묵시적으로 확인된 경쟁자들에 대해 자사의 브랜드에 관련하여 전반적인 기준에서나 선별된 특정 제품속성에 있어서의 우월성을 주장할 때 널리 사용하는 마케팅 전략이다. 경쟁광고는 종종 광고되는 브랜드가 아니라 타경쟁사의 브랜드를 기억하는 데 도움을 준다고 비판을 받기도 한다. 그러나 많은 마케터가 비교광고를 사용하고 있다는 것은 비교광고가 브랜드 태도, 구매의도 및 실제 구매에 긍정적인 영향을 미치고 있음을 대변하고 있다. 공포는 효과적인 소구이며 마케팅 커뮤니케이션에 자주 사용되고 있다. 몇몇 연구자들은 공포소구의 강도와 설득적 능력 간의 부의 관계를 제시하는데, 너무 강한 공포소구는 적당한 공포보다는 오히려 비효과적인 경향이 있다.

유머가 광고 커뮤니케이션의 설득성을 증가시킨다는 생각으로 많은 마케터들이 유머소구를 사용하고 있다. 유머는 집중을 유도하고 소비자가 광고되는 제품에 대해 좋아하게 하며, 유머는 광고의 이해를 향상시키기도 한다. 제품과 관련이 있는 유머

는 제품과 관련이 없는 유머보다 더 효과적이다. 유머는 신제품보다는 기존의 제품을 위한 광고에서 보다 효과적이며, 그 제품에 대해 긍정적인 태도를 가지고 있는 소비자를 타깃으로 할 때 더욱 효과적이다. 재담은 말장난으로 유머스러운 이중 의미로 구성되어 있다.

성적소구는 관심을 유발하게 하는 가치를 제공하고 있지만, 성적소구가 실제 구매에 효과적이지 않다는 것을 연구들이 보여주고 있다. 종종, 성적소구 광고는 메시지 내용에 소비자들이 집중하기 어렵게 하며, 특히 처리해야 할 정보가 많은 상황에서는 메시지에 대한 이해도를 방해하는 경향이 있다. 제품을 홍보하기 위해 성적 테마를 사용할 때 광고사는 제품, 광고, 목표고객, 성적테마와 관련 구성 요소들의 사용이 조화롭게 상호보완하면서 작용할 수 있도록 해야 한다. 시기적절성소구는 2008년 금융위기와 그 후로, 많은 광고에서 찾아볼 수 있는데, 경제적으로 어려웠던 시기와 관련된 메시지를 포함하고 있다.

학습목표 5 : 광고 메시지 효과의 측정을 이해한다.

마케터는 메시지가 수신되고, 이해되고, 제대로 해석되었는지에 대한 메시지의 설득효과와, 캠페인에 사용된 메시지가 목표에 맞는 정도의 판매량을 창출하는지에 대한 판매효과를 측정한다. 광고사는 또한 노출과 설득효과를 측정한다. 또한 광고사는 대중들이 어떤 매체를 읽고 어떤 TV 프로그램을 보다 많이 봤는지, 어떤 광고물이 기억이 되었는지를 조사하기 위해 매체 청중을 모니터하는 회사로부터 데이터를 구입하고 청중 조사를 수행함으로써, 메시지의 노출과 설득효과에 대해 측정한다.

생리학적 측정은 자극에 대한 신체적 반응을 추적한다. 태도 측정은 테스트하고 있는 메시지에 대한 참여와 관여 정도를 포함해서, 메시지에 대한 소비자의 인지적 반응을 측정한다. 응답자가 메시지를 좋아했는지, 제대로 이해했는지, 이를 효과적으로 설득적으로 생각하는지를 테스트하기 위해 의미차별 척도 혹은 리커트 척도를 사용한다. 연구자는 또한 하루 뒤 회상테스트를 사용하는데, 이는 TV 시청자 혹은 라디오 청취자가 주어진 프로그램을 보았거나 들었던 날 하루 뒤에 인터뷰를 하는 것으로, 참가자는 그들이 회상하는 상업광고를 묘사하도록 질문을 받는다.

복습과 토론 문제

7.1 대인적 커뮤니케이션 피드백과 비인적 커뮤니케이션 피드백의 차이를 설명하시오. 마케터는 어떻게 각각의 피드백을 얻을 수 있는가?

7.2 커뮤니케이션 과정에 있어서 심리적 잡음의 효과를 나열하고 토론하시오. 마케터는 심리적 잡음을 극복하기 위해 어떤 전략을 사용할 수 있는가?

7.3. 전통적 매체 채널과 신매체의 전략적 차이를 토론하시오.

7.4 일반 방송매체와 특정층 대상 방송을 비교하고 마케터가 왜 일반 방송에서 특정층 대상 방송 및 주소지정가능 방송으로 이전하고 있는지를 설명하시오.

7.5 주소지정광고는 어떻게 만들고 전송할 수 있는가? 본인이 선택한 제품 혹은 서비스의 광고로써 예제를 들어보시오.

7.6 인쇄광고에서 마케터는 예술적 작업보다는 더 많은 언어적 광고문구를 사용해야 하는가? 서술하시오.

7.7 비교광고는 어떤 고객을 대상으로 사용하는가? 설명하시오.

7.8 광고에서 유머를 사용하는 것에 대한 장점과 단점은 무엇인가?

7.9 왜 마케터는 공포소구를 사용할 때 조심하여야 하는가? 어떻게 그렇게 할 수 있는가?

7.10 성적소구는 다른 소구에 비해 더 효과적인가? 예를 들어, 설명하시오.

7.11 커뮤니케이션 피드백은 설득과 판매 효과에 어떻게 연관이 되는가?

7.12 수퍼볼 경기 중에 광고를 통해서 신차 모델의 출시를 알린 마케터가 커뮤니케이션의 효과를 측정하기 하루 뒤 회상 테스트를 포함하여, 태도측정을 하고자 한다. 어떻게 태도측정을 할 수 있겠는가?

실전 과제

7.13 일면적 메시지와 양면적 메시지를 표현한 2개의 인쇄광고를 찾아보시오. 각각의 광고에 대하여 어떤 방식을 사용하는 것이 효과적이라고 생각하는가? 본인의 생각을 설명하시오.

7.14 공포, 성적, 유머소구를 사용하고 있는 인쇄광고를 찾아보고 수업 시간에 이들의 효과와 설득적 가치에 대해 토론하시오.

7.15 필기를 하지 말고 한 시간 정도의 TV 프로그램과 상업광고를 시청하라. 하루 뒤에 회상되는 모든 상업광고를 나열하라. 각각의 광고에 대해서 (a) 사용된 메시지 프레이밍 (b) 메시지가 일면적인지 양면적인지에 대해 확인하시오. 선택적 노출과 심리적 잡음이라는 상황하에서 본인이 기억한 것을 토론하시오.

주요 용어

8

인쇄 및 방송광고에서 소셜, 모바일 미디어까지

세분시장 타깃팅과 눈동자

테크놀로지가 마케팅에 미치는 영향 중에서 가장 중요한 전략적인 영향은 보다 정확하고 보다 더 효율적으로 소비자들을 타깃팅할 수 있도록 해주는 능력이다. 테크놀로지는, 〈그림 8.1〉에서 나타나는 것과 같이, **노출기반 타깃팅**(impression-based targeting)을 가능하게 하는데, 노출기반 타깃팅을 통해 광고주는 온라인상에서 접촉하고 싶은 소비자들에 대한 기준을 묘사하여 명시하고, 실시간으로 그들에게 접근할 기회를 위해 애쓰게 된다. 접근한 사람은 '눈동자(역자 주_예 : 광고를 보여준 경우 소비자가 광고를 보았다면, 이는 결국 소비자의 눈동자를 통해 인식된 것이므로)' 혹은 '노출'이라는 용어로 표현한다. 노출기반 타깃팅은 **실시간 입찰**(real-time bidding)을 통해 이루어지는데, 이것은 광고주가 올바른 사용자에게, 올바른 장소에서, 정확한 시간에 도달할 수 있게 하고, 또한 각각의 '눈동자' 또는 '노출'에 대한 (즉, 각각의 도달된 사람에 대한) 비용을 지불할 수 있도록 가격을 설정하는 기법이다. 일반적으로 '데이터 에그리케이터'라는 특화된 기업들로 인해 광고주들은 노출기반에 기준하여 특정 이용자에게 접근할 수 있는 기회에 대해 입찰하는 것이 가능해졌다.

전통적인 광고매체(예 : 신문, 잡지, 라디오, TV)의 출현 이래로, 새로운 타깃팅 기법이 제시되기 이전까지는 TV 네트워크, 잡지와 신문은 마케터의 목표시장에 부합되는 인구통계학적 특성과 심리통계학적 특성(라이프스타일)을 가진 사람(혹은 세분시장)에게 접근할 수 있는 기회를 마케터에게 제공함으로써 광고 공간을 판매

그림 8.1 노출기반 타깃팅

<table>
<tr><th>마케터</th><th>소비자</th></tr>
<tr>
<td>'데이터 애그리게이터' 블루카이(Bluekai)는 아담의 브라우저에 있는 쿠키를 모니터하며, IP 주소와 우편번호를 매치시키는데, 이로써 아담의 소득과 다른 인구통계적 요인의 추정이 가능해진다. 아담의 소득은 85,000달러에서 125,000달러 사이이며, 나이는 40살에서 55살 사이이다. 블루카이는 아담을 '포장(package)' 하고, 아담을 '도시탐험자'로 분류한다. (a)</td>
<td>아담은 겨울 휴가 동안에 페루의 잉카 등산로를 따라 걷는 트레킹 여행을 예약하였고, 손에 지고 다닐 수 있는 GPS를 찾고 있었다. GPS 선택에 조언을 주는 사이트를 포함하여 가민(Garmin), 톰톰(TomTom), 마젤란(Magellen) 같은 GPS 판매자의 웹사이트를 접속하였다. 아담이 온라인에 접속해 있는 동안, 날짜, 시간, 웹사이트와 아담이 방문했던 페이지들의 '쿠키'가 아담이 사용한 브라우저에 저장되었다.</td>
</tr>
<tr>
<td>세 GPS 마케터는 많은 사람이 12월 중에 적극적으로 휴가를 가고 이러한 여행자들이 자주 GPS 기기를 찾고 있다는 것을 알고 있다. 이 세 회사는 목표 소비자를 선택하기 위해 같은 기준을 활용하고 있다. (1) '도시 탐험자', (2) 지난 달에 적극적인 여행과 관련하여 최소한 3개 이상의 웹사이트를 방문한 사람들 (b)</td>
<td>아담이 뉴욕 타임스 온라인에 접속하자, 아담에게 광고를 보여주기 위해 수많은 광고주들이 실시간 입찰에 참여한다.</td>
</tr>
<tr>
<td>뉴욕 타임스는 광고주와 블루카이에 아담이 사이트를 접속하고 있음을 알려준다. 세 GPS 회사는 아담에게 광고를 보여주기 위해 실시간 입찰에 참여하고 있고, 가민이 입찰에 성공한다. 이러한 입찰 과정은, 아담의 컴퓨터에 뉴욕 타임스 웹사이트가 나타나는 백만 분의 몇 초 사이에 발생한다. (c)</td>
<td>가민의 배너 광고가 뉴욕 타임스 온라인 페이지의 텍스트 옆에 나타난다. 아담이 온라인에 접속할 때마다, 입찰 과정이 발생하게 된다. 가민이 계속적으로 입찰에 성공하게 되면, 가민의 광고는 아담을 온라인에서 '따라가게(follow)' 될 것이며, 아담이 방문하는 모든 웹사이트에서도 나타나게 될 것이다. (d)</td>
</tr>
</table>

주 :

a. 블루카이는 많은 사람의 프로파일을 가지고 있고, 많은 다양한 서비스와 전달 방법을 판매하고 있다. 그 속에는 데이터 애그리게이터의 점수와 매우 다양한 광고주 제공 서비스와 데이터 모델이 있다. 블루카이는 고객의 이름을 제공하지는 않지만, 주어진 특정 시간에 특정 조건을 충족하는 익명의 고객이 사용하는 브라우저에 대한 정보를 제공한다.

b. 위의 세 회사가 정확하게 동일한 프로파일을 설정할 가능성은 매우 낮다. 설정된 프로파일은 보다 광범위하며 수천 명의 광고주가 노출에 입찰하는 것을 가능하게 한다.

c. 실제로는 GPS 마케터뿐만 아니라 수많은 광고주들이 노출(즉, 아담의 눈동자)을 위해 입찰을 한다. 입찰은 몇십 원 정도의 작은 금액이며, 대개의 경우 1,000명의 사람에게 노출되는 비용으로 견적을 내게 된다.

d. '팔로잉, 즉 계속 따라가는 것'은 처음 광고가 보여진 후, 아담 같은 소비자에게 도달하기 위해 광고주 사이의 경쟁 정도에 따라서 오랫동안 혹은 잠깐 동안 나타난다.

학습목표

1 세분시장기반 타깃팅에 비해 노출기반 타깃팅의 전략적 우수성을 이해한다.

해왔다. **세분시장기반 타깃팅**(segment-based targeting)은 광고주가 매체의 광고 공간(즉, 잡지, TV쇼 등) 확보를 위해 사전에 협상하는 전략적인 방법으로, 그 매체의 시청자는 광고주가 표적 고객으로 선정한 소비자의 프로파일과 완벽하지는 않지만 대체로 일치한다. 그러나 이러한 매체를 이용하여 마케터들이 접근한 사람들은 그들의 목표시장보다 더 크고 다양하며, 종종 제품 광고에 대해 관심이 없는 사람들이 항상 포함된다. 수십 년 동안, 사전 합의하에 가격을 지불한 후, 경쟁제품(종종 유사한)의 마케터들은 동일한 TV 프로그램과 잡지에 광고를 배치했다. 이러한 모델하에서는, 광고주들은 사람이 등장하는 매체보다는 광고의 창의성이 광고 설득효과의 관건이라고 보았다.

반면에, **데이터 애그리게이터**(data aggregator)는 사람들의 온라인 서핑(그리고 그들에 대한 다른 적용가능한 정보들)를 기록하는 쿠키를 기반으로 소비자 프로파일을 구성하고, 특정 제품을 구입할 잠재 소비자를 확인한다. 그런 뒤에, 광고주는 입찰을 통해, 온라인상에서 올바른 '눈동자'에 도달하기 위해 경쟁한다. 쿠키는 사용자의 브라우저에 내재되어 있기 때문에, 데이터 애그리게이터는 '판

그림 8.2 인터넷 및 페이스북의 노출

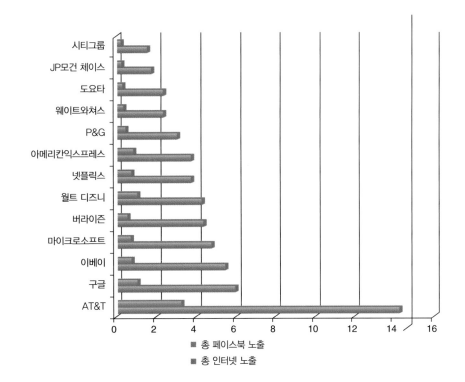

매를 위해 제공'되는 소비자의 **이름**은 알 수 없으나, 소비자가 사용하는 브라우저를 통해 그들을 인지할 수는 있다. 따라서 소비자는 광고주에게 브라우저를 제공하고 각각의 브라우저는 '노출'을 나타낸다. 〈그림 8.2〉와 같이 페이스북은 인터넷상에서 생성되는 노출의 숫자에 있어서 가장 앞서 있다.[1]

노출기반 타깃팅의 장점

노출기반 타깃팅은 세분시장에 기반한 마케팅에 비해 다양한 이점을 제공한다.

1. 세분시장에 기반한 프로모션을 사용하는 광고주는, 소비자들이 광고를 보았을 때 그 제품을 구입할 것 같지 않은 사람 혹은 미래의 소비자가 될 것 같지 않은 사람들에게 접근할 때에도 같은 금액을 지불한다. 또한 이러한 소비자는 그들이 관심 없는 제품 광고를 시청하기를 거부하는 사람들이기도 하다. 광고 공간을 구매한 개척자 중 한 명인 John Wanamaker(1838~1922)는 이러한 단점을 일찍 인지하여 다음과 같이 주장하였다. "내가 광고에 사용하는 돈의 절반은 낭비가 되고 있다. 문제는 어떤 반쪽이 낭비되고 있는지를 나는 모른다는 것이다." 노출기반 타깃팅으로써, 마케터는 광고 지출비용에서 어떤 부분이 낭비되고 있는지를 확인할 수 있으며, 자사의 고객이 될 가능성이 높은 소비자에게 접근하는 메시지를 디자인할 수 있게 된다.

2. 대개의 경우 전통적인 매체를 통해서 보내진 메시지는 '하나의 메시지로 모든 사람을 충족시키려 하는 특징(one-size-fits-all)'으로 일방향적인 커뮤니케이션이며, 이 메시지를 받아들이는 소비자는 받은 내용에 대해 상호작용을 할 수가 없다. 반면에 노출기반 광고의 수용자는 이미지를 보고 회전할 수 있으며, 제품에 대한 구체적인 정보를 얻기 위해 링크를 클릭하고, 브랜드 간 비교를 하는 등 여러 가지를 할 수 있다.

3. 커뮤니케이션 모델에 따르면, 광고에 대한 소비자의 반응은 피드백 혹은 광고의 효과 측정으로 드러난다. 전통적인 미디어에 배치된 광고의 피드백은 지연되거나 종종 활용에 제한이 있다.

예를 들어, 슈퍼볼 기간에 매우 비싼 펩시 광고의 영향에 대해 결정하기가 불가능하다. 광고주는 얼마나 많은 소비자가 광고를 봤는지 광고를 보자마자 제품을 구매했는지 알 수 있는 방법이 없다. 반면에 노출에 기반한 광고에서 수용자의 관심은 광고 내에서 그들의 클릭 요소들을 확인하고, 얼마나 웹사이트에 머물렀는지, 얼마나 자주 되돌아왔는지 등을 관찰함으로써 즉각적으로 확인할 수 있다.

4. 소비자는, 프로그램이 시작된 후, 약 15분 정도 시청하다가 특정 도구를 사용해서 상업 광고를 쉽게 건너 뛸 수 있도록 하는 **시간차 시청**(time shifting)을 함으로써 TV광고에서 쉽게 벗어날 수 있다. 사실, 광고주는 보다 발전된 형태로 광고를 건너뛰어 기능들과 싸워왔고, 어떤 TV 채널들은 그러한 기능을 장착한 전자기기들을 판매하려는 광고를 거절하기도 했다.[2] 연구자들은 또한 '몰아보는 시청자(bigne viewer)'를 발견했는데, 이들은 TV 시리즈의 전체 시즌을 녹화하고 모든 에피소드를 광고 없이 연속적으로 시청한다.[3]

노출기반 광고는 종종 온라인상의 소비자를 따라다니며, 계속 그들이 흥미를 가졌던 제품에 대해서 상기시켜준다. **리타깃팅**(retargeting)은 소비자들이 이미 온라인에서 구매한 특정 제품에 대한 광고가 그들을 '따라다니며', 동일한 컴퓨터를 사용한다면, 온라인에서 언제나 반복적으로 등장한다. 예를 들어, 소비자가 아마존에서 하이킹 부츠를 찾아보았다면, 그 사람의 브라우저에 위치한 쿠키는 부츠에 대한 링크를 건다. 그 소비자(혹은 동일한 컴퓨터를 사용한 다른 소비자)가 다른 사이트를 방문해도, 컴퓨터 스크린에서는 계속해서 부츠에 대한 광고를 볼 수 있다.[4]

구글의 소비자 추적과 타깃팅

학습목표

2 구글의 타깃팅과 광고 능력을 이해하고, 이것이 소비자와 시장에서 가지는 가치를 이해한다.

구글은 가장 널리 사용되는 온라인 서치 엔진이며 뛰어난 광고매체이다. 대부분의 온라인 서퍼는 질문에 대한 답을 얻고, 웹사이트와 제품 및 서비스의 원천을 찾고, 정보를 추적하기 위해 구글을 사용한다. 구글은 가장 큰 데이터 제공자이며, 광고주가 필요로 하는 노출에 기반한 타깃팅을 하는 타깃팅 도구의 제공자이며, 뿐만 아니라 특정 기준에 적합한 소비자에 대한 노출을 추구하는 광고주에게 실시간 입찰을 하는 주요 공급처이다.

구글은 아래를 활용해 소비자들에게 접근한다.

1. **웹 검색 광고**(web-search ad) : 소비자 검색에 의해 만들어지는 광고
2. **온라인 디스플레이 광고**(online display ad) : 사용자의 프로파일이나 검색 양상에 따라 변화되는 것이 아닌, 고정된 배너로 웹사이트에 게재된 광고
3. **모바일 광고**(mobile ad) : 모바일 기기에, 콘텐츠 웹사이트나 애플리케이션이 나타나는 광고(구글의 검색 결과)

구글의 가장 두드러진 사용은 검색 엔진이다. 온라인 사용자가 질문을 타이핑하면 스크린에는 2개의 영역이 나타난다. '유기적 결과(organic result)'는 사용자를 구글 검색에 적용할 수 있는 사이트와 자원으로 연결시켜주는 링크이다. '스폰서 공간(sponsored space)'은 전형적으로 오른쪽이나 위쪽에 나타나는데, 구글이 광고주 혹은 스폰서에게 판매한 광고 배너로 구성되어 있다. 예를 들어, 어버이날에 꽃을 사려고 검색창에 꽃이라는 단어를 쓰면 그 소비자는 꽃을 살 수 있는 곳으로 연결되어질 것이다(이러한 링크는 검색라인 밑에 나타난다). 구글은 IP주소를 통해 검색하는 사람의 우편번호를

그림 8.3 구글의 광고수입

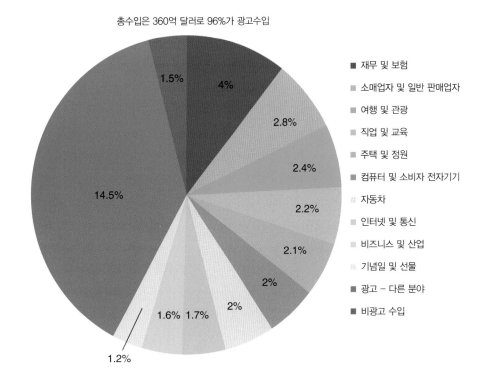

총수입은 360억 달러로 96%가 광고수입

- 재무 및 보험
- 소매업자 및 일반 판매업자
- 여행 및 관광
- 직업 및 교육
- 주택 및 정원
- 컴퓨터 및 소비자 전자기기
- 자동차
- 인터넷 및 통신
- 비즈니스 및 산업
- 기념일 및 선물
- 광고 – 다른 분야
- 비광고 수입

확인할 수 있기 때문에 대부분 주변 근처에서 꽃을 판매하는 곳의 링크가 첫 번째 검색 페이지에 나타날 것이다. 그러나 스크린의 오른쪽이나 위쪽에서는 소비자는 광고 공간을 입찰하고 낙찰받은 꽃집의 배너 광고만을 보일 것이다. 어버이날에는 다른 때보다 꽃의 판매가 더 많이 이루어지기 때문에 이러한 배너는 1-800-flowers 같은 주요 꽃 공급처들을 광고할 가능성이 많다. 왜냐하면, 꽃 시장 산업에서 대량 공급 판매처만이 어버이날에 특히 더 비싼 광고 공간을 확보하기 위해 높은 경쟁적 입찰에 참여할 것이기 때문이다.

잠재적인 고객이 스폰서 배너 광고를 클릭할 때마다, 광고주는 구글에 수수료를 지불한다. 이 금액은 검색 엔진에 많은 사용자가 입력할 것 같지 않은 드문 단어의 경우는 몇 센트에서부터, 많은 사용자가 입력할 것 같은 단어에 대해서는 수 달러까지 이르며, 후자는 거대 마케터들에 의해 후원되는 광고들을 보여준다. 또한 광고주들의 클릭당 비용은 동일한 사용자가 이전에 그 광고를 클릭했었는지에 따라 달라진다(온라인 광고의 효과를 측정하는 것은 본 장의 후반부에 기술한다).

구글의 다른 매출원은 구글이 소유하고 있는 유튜브와 수천 개의 비구글 사이트에 게재된 그래픽과 비디오 광고들이다. 구글은 또한 소매업자가 구글 제품 검색 엔진에 표시되는 것에 돈을 지불하는 쇼핑 사이트를 운영한다.[5] 〈그림 8.3〉은 구글의 광고 수입 출처를 나타내고 있다. 그림에 나타나 있는 것처럼, 대부분의 수입은 소비재 시장에서 발생하고 있다.

소비자와 소셜 미디어

학습목표

3 소셜 미디어의 역동성을 이해하고, 다른 미디어에 비해 이것의 전략적, 촉진적 장점에 대해 이해한다.

소셜 미디어(social media)는 가상 커뮤니티와 네트워크에서 사람들 간의 정보와 아이디어를 창조하고 공유하고 교환할 수 있는 상호작용 수단을 의미한다. 소셜 미디어는 개인과 커뮤니티가 공유하고 공동으로 창출하고 의견을 교환하고 사용자가 만들어낸 내용을 수정하는 등의 상호작용 플랫폼을

그림 8.4 빨간 M&M

제공하는 모바일과 웹기반 테크놀로지에 의존한다.[6] 그러나 심지어 '새로운' 그리고 '비전통적인' 소셜 미디어에서도, 수십 년 동안 사용되어 온 마케팅 심볼들이 사용된다. 예를 들어, 마케터들은 점점 더 그들의 '마스코트'를 온라인에 나타내는데, 이는 소비자가 다른 미디어 유형에서 마스코트가 나타날 때 유대감을 느끼는 것처럼, 소셜 미디어에서 나타나는 마스코트에 대해서도 유대감을 가질 것이라고 생각하기 때문이다. 〈그림 8.4〉는 M&M '사람'을 보여주고 있는데, 이는 인쇄와 방송 매체뿐만 아니라 최근 몇 년 사이에 소셜 미디어에서도 등장하고 있으며, 많은 사랑을 받고 있는 미국 아이콘의 하나이다.

소셜 미디어의 구조는 다음의 요소를 포함한다.

1. 프로파일은 소비자가 그들 자신에 대하여 다른 사람에게 말해주는 방식이다(예 : 그들의 나이, 성격, 관심사).
2. 친구는 소셜 네트워크를 사용하는 신뢰할 수 있는 구성원이다. 그들은 네트워크에서 지정한 회원들이 읽을 수 있는 코멘트를 게재할 수 있다. 이 네트워크는 사용자에게 그들의 친구들이 온라인에서 무엇을 하는지 확인할 수 있도록 해준다(예 : 새로운 사진 포스팅 혹은 프로파일 업데이트).
3. 소셜 네트워크 내의 집단은 사용자와 비슷한 취미를 가진 사람들을 찾는 것은 도와준다.
4. 소셜 네트워크는 '토론장'을 통해, 그룹 회원이 볼 수 있도록 사진, 음악, 비디오 클립, 뉴스의 일부분을 게재함으로써 상호작용을 만들어낸다.
5. 소비자는 그들이 친구와 공유하는 정보와 다른 사람으로부터 정보를 받는 것을 통제할 수 있도록 사전동의(opt-in)와 사후동의(opt-out)를 해야만 한다. 닐슨 조사에 의하면, 소비자의 1/3가량이 소셜 네트워크상의 광고를 짜증나는 것으로 인식한다. 그러나 26%는 친구에 의해 추천받은 광고에는 더 개방적이었고, 다른 26%는 소셜 미디어 프로파일에 기반하여 본인이 확인되어지는 것에 대한 반감이 없으며, 17%는 소셜 네트워크 플랫폼에서 광고된 브랜드와는 연결된 느낌이 든다고 하였다.[7]

개인 및 사회적 정보 수집 허가

소셜 미디어 마케팅은 주로 소비자들이 저렴하게 혹은 공짜로 받는 앱을 통해 소비자들이 직접 그들 자신이나 그들의 사회적 접촉에 대해 제공하는 정보에 의해 이루어진다. **앱**(Apps : 애플리케이션의 줄임말)은 컴퓨터, 태블릿, 혹은 스마트폰에 설치되어 있는 소프트웨어로 게임, 온라인 자원, 소셜 네트워킹을 연결하는 통로이다. 또한 앱은 사용자의 개인 정보를 수집하고 앱 개발자에게 그 정보를 제공한다. 앱을 사용하는 것은 1장에서 논의한 '공짜' 정보를 위한 내용(free content-for-information) 모델의 중요성을 보여주고 있다. 예를 들어, 페이스북은 공짜로 서비스를 제공하지만, 사용자들은 페이스북에 자신의 흥미, 취미, 활동, 의견, 쇼핑, 우정, 사회적 접촉에 대한 데이터를 제공함으로써 간접적으로 비용을 '지불'하고 있다. 페이스북은 이 정보를 활용하여 보다 목표시장 지향적이고 정교한 광고촉진 메시지를 개발하려는 광고주들을 유혹하기 위해 이러한 데이터를 사용한다.[8]

페이스북은 인터넷상의 모든 기업처럼 이용자에게 그들이 제공하는 데이터 사용에 대한 허가를 받아야 한다. 월스트리트저널은 페이스북에서 가장 많이 사용되는 앱과 각 앱이 이용자의 정보를 사용하기 위해 허가를 구한 횟수를 확인하였다〈그림 8.5〉. 그리고 가장 인기 있는 앱이 요구하는 허가의 수와 종류에 대해서도 확인하였다. 〈그림 8.6〉에 보이는 것처럼, 사용자에게 다음의 네 종류의 정보를 제공하도록 요구하고 있다.

1. 기본적인 허가로는 이름, 신분, 성별, 사진, 개인 인구통계정보, 친구 목록을 포함하고 있다.
2. 사용자 허가는 사용자 컴퓨터에 앱을 설치하는 것을 허가하는지 요구한다.
3. 친구 허가는 사용자가 동일한 앱을 사용하는 친구에 대해 가지고 있는 정보를 공유할 것인가에 대한 요청을 포함하고 있다.
4. 민감한 정보 요구는 사용자의 정치적 혹은 종교적 소속, 심지어 성적 취향 같이 매우 개인적인 삶과 의견에 대한 질문을 포함한다. 예를 들어, '너와 나 사이(Between You and Me)'라는 앱은 사용자와 그 친구들의 성적 취향에 대한 질문을 한다. 퀴즈 형태의 다른 앱은 "당신 친구의 엉덩이는 귀여운가?"와 같은 도발적인 질문도 종종 물어본다.[9] (15장에서는 허가를 얻기 위해 사용하는 작용 방식의 윤리에 대해 논의한다.)

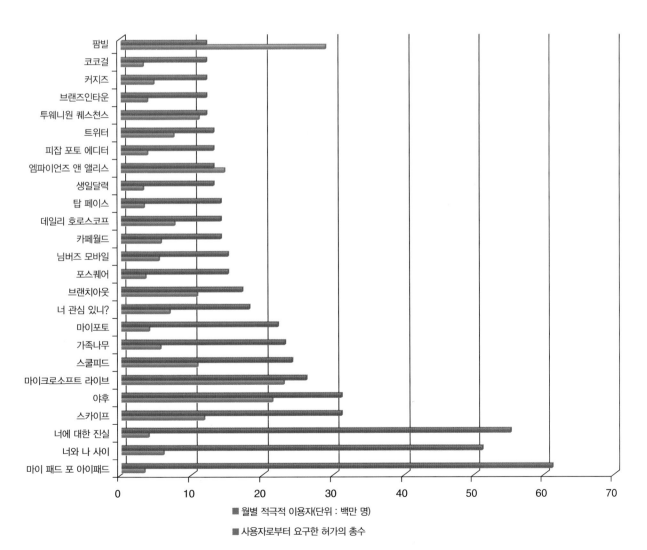

그림 8.5 널리 알려진 앱이 물어본 허가의 수

그림 8.6 요구된 허가의 종류

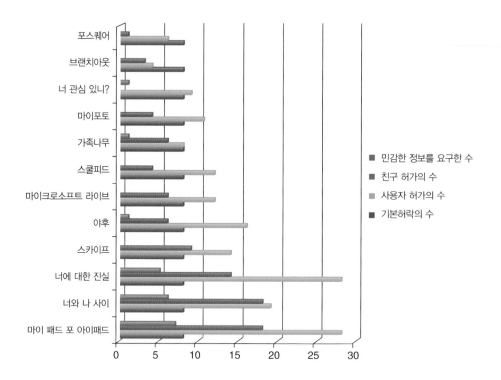

소셜 광고의 모범 사례

마케터는 사회적 이야깃거리 또는 상호작용을 듣고 그 정보들을 모아 소셜 네트워크 내에서 보다 더 많은 제품에 대한 구전과 감화들을 발생시킨다. 예를 들어, BMW는 거의 한 세기를 지속해온 오래된 회사이지만 소비자들과의 소통을 위해 21세기의 기술을 사용하고 있다.

그들은 특히 기업이 직접 말하지 않아도 잠재 고객을 교육시키는 힘을 가진 소셜 미디어에 대해 빠르게 이해하였고, 소셜 네트워크에서 목표 청중들에게 어떻게 접근하여 좋은 인상을 줄 수 있는지에 대해 알게 되었다. 페이스북에서 1,340만 명의 팬을, 구글 플러스에 240만 명, 트위터에 20만 명이 넘는 팔로워를 가진 것으로 볼 때, BMW는 메르세데스, 페라리, 도요타보다 더 많은 구전을 만들고 있으며, 그들의 성공은 부인할 수 없는 사실이다. 메르세데스와 BMW의 소셜 미디어에 대한 노력을 비교한 최근 조사는 손바닥을 보듯 명백하게 BMW의 승리를 보여주고 있는데, 조사의 내용은 언급된 숫자, 청중들이 브랜드에 대해 어떻게 '느끼는지'에 대한 것, 그리고 마지막으로 결코 경시할 수 없는 팬과 팔로워들의 관여 정도를 포함한다. 이렇듯 현재 BMW는 자동차 생산업자들 중에서 소셜 네트워크계 스타이지만, 그들은 어떻게 경쟁에서 승리할 수 있었을까?

BMW는 페이스북과 트위터 같은 소셜 네트워크상에서 성공할 수 있는 추천 경로들을 밟아 온 것으로 보인다. 즉, 광범위하게 소통하되 TV나 잡지광고에서 일상적으로 사용하는 단어들은 배제하고 청중들과 동일한 언어로 말하며 시각적으로 호소하는 이미지를 많이 사용하는 것이다. 여기 어떻게 성공적으로 신제품을 출시할 수 있는지에 대한 몇 가지 조언이 있다. 최근에 출시한 전기차 BMW i3의 경우 팔로워를 모으는 데 가속도를 붙이고 흥미를 유도하기 위해 페이스북에서 티저(teaser) 캠페인을 실시하는 것이다. 당신은 그들에게 주요 정보를 제공하는 것으로 보답하여 핵심 청중을 형성하고자 한다. 또는 개인적인 영상이나 비하인드 영상을 만드는 방법이 있다. 예를 들어, 엔지니어들의 프로젝트에 대한 이야기나 팁, 비밀 등을 공개하는 것이다. 그리고 청중들이 도움 영상이나 댓글을 업데이트하고 아이디어를 지속적으로 공유할 수 있도록 유지한다. 이런 속도는 제품 출시를 위한 진행들을 따라오기 시작한 신입 청중들과 핵심 청중들을 위해 유지하도록 한다. 신차가 출시되고 쇼룸이 이용가능해지면, 이벤트에 팬과 블로거들을 초대하여 그들에게 소문과 함께 제품에 대한 첫 번째 경험을 네트워크에서 공유하도록 한다.

　기업의 트위터 계정은 소셜 미디어 도구의 핵심이라 할 수 있지만, 이것을 운용하는 것은 복잡하고 위험을 수반한다. 마케터들의 트위터 계정은 회사를 대표하는 사용자들이 이들을 팔로우하겠다고 가입한 소비자들에게 140개 문자를 보낼 수 있도록 한다. 이 채널은 마케터들로부터 기꺼이 메시지를 받겠다고 명백하게 허락한 젊은 소비자들에게 접근하는 데에는 효과적인 방법이기는 하지만, 소비자가 불만을 표출할 때도 사용되는 흔한(그리고 반갑지 않은) 도구가 되었다. 게다가 회사 직원의 부적절한 반응과 해킹당한 트위터 계정으로 인해, 수많은 브랜드의 명성이 손상되어 왔다. 예를 들어, "#McDStories" 맥도널드 해시태그 이벤트는 비평가 군단이 회사의 동물에 대한 잔혹성을 원색적으로 비난하는 등 부정적 반응을 불러일으켰다.[10] 따라서 현재 기업은 〈표 8.1〉에서 설명하는 것처럼 그들의 트위터 계정에 대한 운영을 구조화하고 있다.[11]

　노련한 마케터는 소셜 미디어 프로모션과 아이폰 애플리케이션을 결합하였다. 예를 들어, 베이비붐 세대의 자녀 세대를 목표로 하는 와인 마케터는 'Rock My Whirl'이라는 병 돌리기 아이폰 애플리케이션 게임을 개발하였다.[12] 많은 마케터는 소비자가 그들의 브랜드 디자인과 상호작용하도록 한다. 예를 들어, 코스모폴리탄매거진은 광고 캠페인을 위해 만든 사진에 소비자 자신이 출연하여 사진을 찍을 수 있도록 했으며, 소비자들은 그 사진과 비디오 클립을 유튜브를 통해 친구들과 공유하고, 그중 일부는 뉴욕타임스퀘어 디지털 전광판에 나타나기도 한다.[13] 인스타일닷컴은 소비자가 자신의 사진에 스타의 헤어스타일을 적용해 볼 수 있도록 해주며, 또 다른 사이트는 직접 핸드백을 디자인할 수 있게 소비자를 초대하기도 한다. 많은 영화는 소비자에게 그들의 친구가 영화를 보았다는 것을 알려주고 소셜 네트워크를 사용하며, 소비자에게 그 영화를 보러갈 것인지에 대해서도 물어본다. 다른 성공적인 실천 사례는 구전을 장려하는 것이다. 예를 들어, 어떤 웹사이트는 소비자에게 그들의 친구가 백화점에서 보았던 의류 컬렉션에 대해 알려주면서 그들 또한 해당 의류 컬렉션을 살펴보길 제안해준다. 그들이 이 컬렉션 링크를 클릭하면, 그들의 친구들에게 이 사실을 알려준다. 아마

표 8.1 효과적인 트위팅의 예		
트위터 발신자	팔로워 숫자 및 트위터 내용	트위터 작성자
홀푸드슈퍼마켓	200만 명 이상의 소비자가 레시피를 받고 질문과 답을 한다. 팔로워 간의 주간 트위터 채팅은 공휴일 메뉴 계획과 같은 것을 다룬다.	기업의 주계정에서 하나의 계정 그리고 다른 점포에서 만들고 운용되는 개인적 계정들
사우스웨스트항공	100만 명 이상의 여행자들이 프로모션 메세지를 받고, 발이 묶였던 사람들이 그들의 도움을 받는다. 불만사항에는 빠른 답신을 받을 수 있다. 항상은 아니지만 트윗은 회사의 비공식적이고 유머러스한 문화를 반영한다. 긴급상황 시에는 소셜 미디어의 위기 계획에 따라 이 계정이 운영된다.	회사의 소비자 관계 담당 부서에서 10명 정도의 한 팀이 이 계정을 다룬다.
베스트바이	이 계정은 4만 명의 팔로워를 가지고 있다. 담당자들이 기술적인 질문에 대해서 답변한다.	구체적인 가이드 라인을 숙지하고 그들의 고용 상태가 증명된 사이트를 통해 등록된 수천 명의 직원이 소비자의 질문에 답한다.

도 소비자에게 이렇게 전후로 통고해 줌으로써, 그들이 본 옷들에 대해 친구들 간에 토론이 이루어지게 될 것이다.

많은 사이트는 소비자 투표 조사를 한다. 예를 들어, 어떤 항공사 웹사이트는 소비자가 가장 좋아하는 기내의 기술적 특징(예 : 와이파이)에 대해 투표하게 하며, 총 몇 명의 소비자가 투표했는지, 또한 그 소비자의 친구 몇 명이 투표하였는지를 알려준다. 여러 고급 시계 제조업체들이 순전히 구전과 소문을 만들어 낼 목적으로, 팀을 형성하여 매우 고가이며, 실험적인 시계를 만들어 내기도 한다. 이러한 제품에 대한 유일한 홍보는 열정적인 시계 전문가들이 자신들의 블로그를 통해 이렇게 특이한 시계에 대해 논평하게 하는 것이다.[14] 그러나 이러한 소셜 미디어를 활용한 공격적 광고는 역효과를 낳을 수 있다. 예를 들어, 월마트가 페이스북 이용자의 페이지를 나타나게 하는 광고를 5천만 달러에 구입하였을 때, 월마트의 노동 착취에 분개하는 소비자는 그들 광고를 철회하라고 요구하였다.[15]

소비재를 판매하는 많은 기업은 자신의 기업 광고에 소셜 미디어를 통합하고자 한다. 코카콜라, 폭스바겐, AT&T, 리츠크랙커, 멘스피트니스 잡지같이 확실한 브랜드들은 가끔 매우 정교하면서 클라우드에 기반한 광고 플랫폼이기도 한 트위터 메시지나 페이스북 페이지에 자신의 기업에 관한 광고를 직접적으로 볼 수 있게 한다. 예를 들어, 한 청소용품에 대한 광고는 "청소는 좋은 냄새가 나야한다."라는 메시지와 함께, 사용자가 더 많은 정보를 원하면 광고 위에 마우스를 갖다대도록 하였고, 사용자가 그렇게 했을 때, 관련 회사의 페이스북 페이지로 이동할 수 있도록 하였다.[16] 반면, 잘 알려지지 않은 작은 브랜드들은 전국적으로 광고할 수 있는 자금이 없기 때문에, 노출을 확대하기 위해서 공격적으로 소셜 미디어를 사용해오고 있다.[17] 소셜 미디어의 성장은 오랜 기준이 되어온 관례를 변화시켰다. 늘 기대되어지는 슈퍼볼 광고에 관한 흥미를 더 진작시키기 위해 광고 회사들은 광고의 제한된 버전과 '티저' 영상을 게임 두 달 전인 크리스마스에 내보낸다.[18] 비영리 분야에서는 역사상 가장 치명적인 허리케인이 머무는 동안, 교통 수송 담당자들이 소셜 미디어를 적극적으로 활용하여 격분한 승객을 안정시켜주고 계속적으로 정보를 제공해 주었다.[19]

소셜 미디어에 관한 근거 없는 이야기 중 하나는 그 방식이 단지 젊은 소비자들에게만 닿을 수 있을 것이라는 믿음이다. 그러나 소셜 네트워크상에서 나이의 차이는 빠르게 좁혀지고 있다. 1년 동안 55~64세 사이의 인터넷 사용자 중 9%만이 소셜 네트워킹을 하였으나 2년 후에는 같은 나이 집단에서 43%가 소셜 네트워킹을 하고 있다고 보고하였다.[20]

효과적인 소셜 미디어 캠페인의 특징은 다음과 같다.

1. 소셜 미디어 캠페인은 전통적인 미디어 광고와 함께 계획되어야만 한다.
2. 마케터는 소셜 미디어가 다양한 청중들(예 : 소비자, 소매업자 그리고 기업과 이해관계가 있는 여러 당사자들)이 동시에 접근하고 있다는 것을 고려해야만 하는데, 이것은 더 많은 광고예산을 의미한다.
3. 경영진은 소비자의 '좋아요'와 '내 것(mine)'에 클릭하는 정보를 면밀히 살펴보고, 자사의 제품 판매와 새로운 틈새시장을 개발하기 위해 페이스북 페이지에서 얻는 데이터를 사용해야 한다 (가끔은 다른 제품군에서의 동업자와 함께).
4. 개인적으로 트윗을 하는 책임자들은 브랜드와 소비자들 사이에 연결을 강화시킨다.
5. 기업 종업원에게도 트윗하도록 장려해야 하지만, 커뮤니케이션에 대한 규정을 제공하고, 규정을 잘 따르는지에 대해서도 감독하여야 한다.[21] 그러나 조사에 의하면 많은 최고경영자들은 트윗을 하는 것을 후회하거나 심지어 두려워한다.[22]

소셜 미디어 커뮤니케이션 채널

소셜 미디어 경로에는 여러 유형이 존재한다.[23]

1. **소유 소셜 미디어**(owned social media)는 마케터가 통제하고 있는 채널이며, 소비자에게 보내지는 메시지로 구성되어 있다.
2. **유료 소셜 미디어**(paid social media)는 마케터가 채널을 소유하지 않으므로 사용 금액을 지불해야 하는 채널을 통해 보내지는 메시지로 구성되어 있다.
3. **고객주도 소셜 미디어**(earned social media)는 소비자가 브랜드에 대해 다른 소비자에게 메시지를 전달해 주는 채널을 의미한다.

공통적으로, 유료 소셜 미디어를 사용할 때 광고주(예 : 월마트)는 이용자들이 광고를 클릭한 경우에만 소셜 네트워크(예 : 페이스북)에 비용을 지불한다. 그러나 점점 더 많은 광고주들이 소셜 미디어 사용자들의 페이지에 제공되는 광고, 혹은 실시간 뉴스피드를 통해 보내지는 대량의 광고물에 대한 금액을 미리 지불하고 있다.

소셜 메시지를 전송하기 위해 많이 활용되고 있는 플랫폼은 다음과 같다.

1. 소비자들과의 상호작용을 권장하는 브랜드 블로그와 마이크로블로깅(micro-blogging) 플랫폼(예 : 트위터) 이들의 메시지는 대화하는 것과 유사하다.
2. 페이스북과 마이스페이스(Myspace) 같은 소셜 네트워크
3. 사용자들이 다운받을 수 있는 위젯, 게임 그리고 애플리케이션
4. 휴대 전화(다음에서 논의함)

대부분 회사들은 여러 가지 플랫폼을 동시에 사용하고 있다.[24]

소비자와 모바일 광고

학습목표

4 소비자가 어떻게 모바일 미디어를 사용하고 모바일 광고에 반응하는지를 이해한다.

모바일 광고는 소비자가 이동 중에 가지고 다니는 휴대 전화, 아이패드(iPads), 전자책 리더, 혹은 다른 기기에 홍보 메시지를 보내는 것을 의미한다. 초기에는, 유럽이나 특히 동남아시아와 같은 나라에서의 모바일 광고의 규모는 미국보다 더 컸다. 그러나 미국 회사들이 모바일 광고에 사용한 비용은, 모바일 광고에서 선도자였던 일본을 포함한 다른 어떤 나라보다 더 많은 것으로 보고되었다. 최근에 와서 전 세계적으로 모바일 매체에 사용된 광고 금액은 6,430억 달러 이상이었고, 그중에 미국이 2,300억 달러, 일본이 1,700억 달러를 지출하였다. 그럼에도 불구하고, 모바일 광고는 여전히 미국과 세계 전체 광고 지출 비용의 1%밖에 되지 않는다. 모바일 광고시장 성장의 주요 원인은 사람들이 점점 더 스마트폰과 태블릿, 전자책과 같은 다른 모바일 인터넷 기기를 사용하기 때문이다.[25] 모바일 광고는 팝업 광고로 구성되어 있는 소셜 네트워크상에서의 모바일 광고 캠페인과는 구별되어져야 한다. 예를 들어, 페이스북의 경우 마케터가 페이스북에 광고를 위한 공간을 구매한 뒤에 페이스북 사용자에게 모바일 뉴스를 제공하는 팝업 광고와는 구별되어야 한다.[26]

모바일 광고에 대한 소비자 반응

모바일 광고는 새로운 매개체이므로, 소비자가 어떻게 그리고 왜 모바일 기기를 사용하는가 그리고

모바일 광고에 대한 소비자의 반응이 어떠한가를 이해하는 것이 중요하다. 모바일 기기는 사용자에게 다음의 네 가지 유형의 가치를 제공하는 것으로 나타났다.

1. 화폐적 가치 : 모바일 기기는 비모바일 커뮤니케이션 기기를 사용할 때 얻는 가치를 넘어서고, 지불한 돈에 비해서 좋은 가치를 제공한다.
2. 편의적 가치 : 시간과 돈을 절약하고, 효율성을 증가시키고 삶을 더 수월하게 해준다.
3. 감성적 가치 : 이 기기를 사용할 때 좋은 감정과 편안함을 느낀다.
4. 사회적 가치 : 다른 사람들에 의해 인정받고 그들을 감동시킨다.

모바일 기기로부터 얻는 가치가 클수록, 제품을 구입하는 데 모바일 기기를 사용하고, 구입한 제품에 대한 구전에 참여할 가능성이 많다는 결과를 보여준다.[27]

여러 연구에서는 모바일 광고에 대한 소비자 반응에 있어서 문화 간 차이를 확인하였다. 일본 남성을 연구한 조사에서는 모바일 광고가 효과적인 구전을 보여주었다. 유럽 소비자의 경우는 문화 간의 차이가 모바일 광고의 효과에 많은 영향을 주고 있음을 보여주었다. 한국 소비자의 경우 모바일 광고에 대한 태도는 인터페이스의 편리함과 내용을 통제를 할 수 있는 능력에 주로 기인하였다. 연구는 또한 일본, 독일, 한국에서의 모바일 방송 수용 정도는 모바일 기기에 접근할 수 있는 정도와 제공되는 엔터테인먼트, 그리고 사회적 상호작용과 긍정적인 관계가 있음을 보여 주고 있다.[28]

언어와 문자 광고의 원천이 모바일 기기에서 광고되는 제품에 대한 태도와 구매 의도에 미치는 영향에 대해서 조사하였다. 높은 신뢰성으로 평판이 좋은 회사는 오락적인 재미있는 언어를 사용할 수 있으나 신뢰성이 적고 평판이 좋지 않는 회사는 진지하고, 분명하며, 간략한 모바일 광고를 사용해야 한다.[29]

모바일 광고의 장점과 단점

다량의 모바일 광고를 분석한 결과는 다음을 나타내고 있다.

1. 모바일 마케터는 여전히 검색 광고에 많은 비용을 사용하고 있다. **검색 광고**(search advertising)는 검색 엔진으로부터 찾은 결과를 보여주는 웹사이트에 온라인 광고를 하는 것을 말한다.
2. 마케터들은 재미있고, 금전적 보상이 있고, 소비자가 유용한 정보를 찾을 수 있게 도와주는 모바일 광고를 창출해왔다.
3. 스마트폰 화면이 점점 커지면서 전체 화면을 차지하는 모바일 광고를 사용하기 시작하였다.
4. 어떤 모바일 마케터는 광고 홍보물 메시지를 보지 않고 넘겨 버리는 소비자들을 공략하기 위해 소비자가 볼 것이라고 전혀 기대치 않는 장소에 광고를 삽입하는 실험을 해오고 있다. 예를 들면, 페이스북과 트위터는 디지털 대화의 흐름 속에 광고를 슬쩍 넣어둔다. 킨들의 전자책 단말기 중 어떤 모델은 사용자가 기기를 사용하든 사용 중지, '휴면 상태'이든 상관없이 지역 서비스를 위한 메시지를 보여준다.
5. 배너 광고를 모바일 기기에서 많이 사용하는데, 비록 대부분이 배너광고를 귀찮게 생각하고는 있지만 배너 광고가 저렴하기 때문이다.[30]

새롭게 떠오르고 있는 또 다른 시도는 광고주들이 소비자가 컴퓨터에서 하던 것을 휴대 전화와 연동할 수 있게 하는 기술에 대한 개발이다. 구글은 소비자의 휴대 전화로 집에 있는 컴퓨터에서 검색한 것과 동일한 광고를 보낼 수 있다.[31] 동시에, 모바일 광고는 다음과 같은 한계를 가지고 있다. 첫째, 스마트폰의 화면은 다소 작은 편이다. 둘째, 애플리케이션에서는 쿠키를 브라우저에서처럼 사용하는 것이 기술적으로 불가능하다. 따라서 고객이 인터넷 서핑에 반응하는 방식으로 광고를 최적화하고 고객의 행동들을 추적할 수는 없다.[32] 마케터는 또한 대부분의 소비자들이 휴대 전화를 사용하는 중에 광고를 받는 것을 꺼린다는 것을 인식하고 있다.

이러한 한계점에도 불구하고, 모바일 광고는 하나의 훌륭한 능력을 가지고 있다. 사용자의 지리적 위치를 확인하고 관련된 제품을 상황에 맞게 보낼 수 있다는 것이다. 예를 들어, 몇 마일 후에 고속도로 출구 근처의 조그만 지역 상점에서 할인 판매를 한다는 광고를 받은 소비자가 스마트폰에 탑재되어 있는 GPS 내비게이션 기기로 운전 중이라고 가정해보라. 소비자는 메시지에 반응하여 상점 근처에 정지하여 물품을 구입하고 신용카드로 계산한다. 구매에 대한 정보는 즉각적으로 고객의 인구통계학적 정보와 모바일 기기의 사용 내역을 포함하고 있는 데이터베이스에 저장된다. 차후에 그 소비자는 구매에 대해 감사하며, 향후에도 할인 판매에 대한 '알림' 정보를 받겠냐고 물어보는 전자 메일을 받는다. 아마도 즉시, 구매와 관련해서 발생한 모든 정보에 관한 데이터가 그런 모바일 광고에 반응한 수천 명의 데이터와 통합되어져서, 마케터는 모바일 광고에 반응한 구매자의 프로파일을 만들 수 있게 한다. 다른 예는 최근에 아이폰과 아마존의 합작 투자이다. 아이폰, 아이패드 사용자는 이제 아마존(그리고 다른 거대 소매업자들)이 제공하는 제품들을 인터넷으로 둘러보며 제품을 구입할 수 있도록 만든 특별한 소프트웨어를 사용할 수 있다. 더욱이, 아이폰 사용자는 상점이나 외부에서 본 어떤 제품이라도 사진을 찍어서 아마존으로 전송할 수 있다. 아마존은 가용한 제품과 이러한 사진들과 대조하여 고객에게 구매를 추천하게 된다.[33] 대부분 구매자가 그들의 구매를 개인화할 수 있는데서 기인한 온라인 · 모바일 미디어의 구매력의 또 다른 예로 대형 음반회사를 들 수 있는데, 그들의 미국 내 전체 판매량의 절반 이상을 차지하는 것이 CD앨범이 아닌 아이튠즈(iTunes)와 같은 유료 디지털 다운로드를 통한 개별음원 구매인 것으로 보고된 바 있다.[34] 뉴욕 시의 택시들은 지나가는 길에 있는 상점을 차량의 GPS 장치가 정확하게 찾아내어 그 상점을 위한 광고를 보여주는 TV 화면을 장착하고 있다.[35] 또한 한 회사는 대학생들에게 휴대 전화를 나누어주고 광고를 받는 조건으로 할인 가격을 제시하기도 하였다.[36]

여러 광고 플랫폼을 찾아볼 수 있다. 구글이나 애플은 그들의 모바일 기기에 지원하는 애플리케이션에 광고를 할 수 있는 공간을 제공하고 있다.[37] 어떤 TV광고는 소비자가 그들의 휴대 전화를 사용해서 스캔하고 제품에 대한 정보를 즉각적으로 얻는 바코드를 보여준다.[38] 신용카드번호를 입력하고 제품을 검색하는 일은 휴대 전화의 조그만 화면 크기를 고려할 때 아주 성가실 수도 있기 때문에 많은 소매업자는 이제 그들의 모바일 사이트에서 검색 엔진을 단순화하고 있다.[39] 구글은 심지어 구글 고글이라는 애플리케이션을 제공하는데, 소비자가 사물의 사진을 찍으면, 예를 들어, 영화포스트라면 검색 엔진에 아무런 입력도 하지 않아도 그 영화에 대해 더 많은 정보를 찾는 것을 가능하게 한다.[40] 소비자가 상점 내에서 제품을 찾아 심지어 계산을 위해 스캔할 수 있도록 하는 애플리케이션을 실험 중인 소매업자도 있다. 런던이나 한국의 지하철역에서는 소비자가 안내 벽보에 진열된 바코드를 스캔하고, 구매하여 제품이 곧장 집으로 배달되게 할 수도 있다.[41] 테니스복을 파는 마케터는 테니스 경기 관람자가 휴대 전화로 개별화된 셔츠를 주문하고 경기가 끝난 뒤 경기장에서 그 옷을 전달하기도 한다.[42] 창조적인 모바일 홍보의 다른 예는, 식당 주방을 예약한 고객의 휴대 전화로 생방송으로 전송해 요리하는 것을 직접 볼 수 있도록 하는 식당 서비스이다.[43]

무엇이 소비자를 기다리고 있을까?

미래를 예측한다는 것은 어렵고 부정확한 일이다. 그러나 소셜 미디어로 인해 모바일 기기들이 점진적으로 통합되고 제품 정보에 대한 사람 간의 더욱 더 많은 상호작용이 물리적으로가 아니라 디지털 방식으로 일어날 것이라는 것은 자명하다. 예를 들어, '근거리 무선통신(near field communication)'은 무선으로 와이파이(Wi-Fi) 없이 스마트폰으로 다른 사람과 커뮤니케이션하는 것을 가능하게 하는 새로운 기술이다. 분명히 이 기술은 친구와 마케터와 소비자 사이의 컨텐츠 교환을 보다 빠르고 보다 독특하게 만들 것이다. 심지어 '스모빌(Smobile, 소셜＋모바일) 웹'의 출현을 예측하고 있다. 온라인 검색 결과는 구매 결정에 점점 더 영향을 주기 때문에 기업들은 관련 있는 시기적절하고 창조적인 내용을 소비자의 고정 및 이동 통신기기에 매일 전송하기 위해 점점 더 공격적으로 경쟁해야 할 것이다. 길을 지날 때 광고물을 보여주는 지도가 장착된 안경처럼 시기적절한 광고 홍보를 도와주는 기기장치는 점점 저렴해지고 일반화될 것이다(이미 그러한 '구글안경'의 원형이 존재하고 있다).[44] 요약하자면, 모바일 기기를 통해서 우리는 사회생활, 정보 그리고 구매 기회에 언제 어느 때든 끊임없이 접속할 수 있을 것이다.

매체 광고 효과의 측정

학습목표

5 전통적인 매체와 소셜 미디어에서 광고 효과를 어떻게 측정하는지 이해한다.

효과적 광고는 세밀하고 체계화된 계획의 결과라 할 수 있다. 그러므로 광고사는 소셜 미디어 캠페인을 고안할 때 다음의 과정들을 이용해야 한다.[45]

1. 캠페인의 목표와 전략적 방향을 정한다.
2. 이용 가능한 플랫폼을 검토하고 목표 달성을 위해 어떤 것을 사용할지 결정한다.
3. 내부 및 외부 자원을 활용하여 캠페인의 내용을 제작한다.
4. 전통적인 인쇄광고나 방송 채널에서의 광고 공간을 위한 가격과는 달리 가격이 천차만별인 소셜 미디어를 사용하기 위한 가격 모델을 검토한다.
5. 캠페인의 효과를 측정한다.

7장에서 다루었던 측정은 메시지를 소비자가 인지하고, 집중하고, 좋아하고, 기억하는 정도를 평가하는 것이지만, 특정 광고에 노출로 인한 실제 구매를 평가하지는 않는다. 대부분의 경우, 특정 메시지와 그로 인한 구매 행위의 인과 관계를 밝히는 것이 가능하지 않기 때문에, 마케터는 여러 광범위한 판매 자료로부터 구매 행위를 추정했다. 반면에, 소셜 미디어에 광고한 촉진 홍보는 발신자가 광고홍보물의 수신자의 반응을 정확하게 즉각적으로 추적할 수 있도록 해주는 '전자쿠키'를 이용한다. 그러나 전자적 추적으로도 광고가 판매를 유도하는 것인지를 측정하기가 어려우므로, 어떤 광고사는 페이스북에서 자사의 광고를 제거하였다.[46]

온라인 홍보 촉진의 효과를 측정하기 위해 가장 널리 활용되고 있는 방법은 웹사이트 방문 분석, 소셜 네트워크에서 사용자의 영향력, 그리고 청중의 인구통계정보이다.[47] 가장 정교한 측정은 구글 분석과 닐슨의 교차 플랫폼 측정이다.

웹사이트 방문 분석

웹사이트 방문을 분석하는 마케터는 대부분 다음의 측정을 추적한다.

1. **고유방문자**(unique visitor) : 웹사이트의 내용을 접속한 고유 방문자, 웹주소의 기준하여 사용자의 프로파일 기록

2. **고유방문자별 비용**(cost per unique visitor) : 애플리케이션 혹은 광고를 위해 사용한 총비용을 고유방문자수로 나눈 비용

3. **재방문**(return visit) : 특정 기간 내에 사용자가 해당 사이트를 재방문한 평균 수

4. **소요시간**(time spent) : 해당 페이지를 방문한 시점에서 마지막 행동이 끝난 때까지의 평균 시간

5. **방문페이지**(page view) : 사용자가 클릭하여 둘러본 페이지의 평균 수

6. **상호작용 비율**(interaction rate) : 광고 혹은 애플리케이션과 상호반응한 방문자의 비율

7. **행동**(action) : 방문 중에 이벤트 참여, 여론 조사 투표에 참여, 쿠폰의 사용, 게임하기, 후기 남기기, 메시지 전송, 친구 초대, 자료 및 애플리케이션의 다운로드 혹은 업로드 등의 행동

8. **대화관련 측정**(conversation-related measure) : 참여하는 순방문자 수를 포함하여, 참여자들이 대화 동안 접속한 링크와 첫 번째 게시물과 마지막 게시글 사이의 시간 간격, 게시글을 올리는 간격의 평균 시간 데이터

9. **방문자 인구통계정보**(visitor demographic) : (a) 목표고객이 어떻게 사이트를 다니는지 그리고 어떤 인구통계적 프로파일이 가장 많이 참여하고 있는지 검토 (b) 만든 내용이 사용자와 잘 일치하고 있는지, 그 내용이 사용자를 구매자로 전향시키고 있는지 평가 (c) 어떻게 판매 비율을 향상시키고 노출 당 비용을 줄이는지를 결정[48]

소셜 네트워크 내에서의 영향력 측정

예를 들어, 트위터의 영향력은 다음과 같이 측정된다. 추종자(follower)의 숫자, 추종자를 추종하는 사람의 숫자, 트윗 메시지를 업데이트하는 빈도수, 그리고 트윗 메시지가 인용되는 정도이다.

트위터는 또한 여러 종류의 사용자를 확인하고 있다. 유명인은 추종자는 많이 있으나, 혹시 있다면, 단지 몇 명의 사용자만을 추종한다. 대화자는 추종자와 추종하는 사용자의 숫자가 비슷하다. 스패머는 내용을 가능한 많은 사람에게 보내기 위한 목적으로 사용자를 '수집한다.'

구글 분석

구글 분석(Google analytic)은 구글이 제공하는 서비스로 다음의 데이터를 수집하고 분석해 웹사이트의 효과와 사용자 프로파일을 평가해준다.

1. 방문자들이 어디에서 오는지 추적한다 : 소개, 검색 엔진, 광고 전시, 클릭당 지불하는 네트워크, 이메일, 캠페인, 그리고 다른 디지털 연계(예 : PDF 문서 내에서 클릭)

2. 고객이 처음 페이지를 방문한 후의 행동 : 다른 페이지를 본다든지, 파일을 다운로드하든지, 사이트를 등록하든지, 혹은 다른 행동들.

3. 웹사이트를 방문한 지역적 위치와 방문기간 : 이 방법은 또한 웹사이트의 사용자를 프로파일별로 할당하며, 그들을 세분화한다.

구글 분석으로 웹사이트와 광고 홍보 노력의 효과를 측정할 수 있으며, 어느 정도는 계획된 광고

캠페인이 소비자 행동에 미치는 영향을 예측할 수 있다. 뿐만 아니라 전자상거래 서비스는 판매 활동과 결과를 추적할 수 있으며 사이트의 거래, 수익, 그리고 많은 상거래 관련 측정값을 제공할 수 있다. 또한 결과가 좋지 않거나 사이트의 목표(예 : 방문자를 이용자로 '전환' 시키거나, 재방문을 유도하거나, 이용자가 등록을 하거나)를 달성하지 못하는 페이지, 링크, 광고 홍보 노력을 확인할 수 있게 해 준다.

미디어 노출 측정

대략 19세기 중반에 매스미디어(애초에는 신문과 잡지)에서 광고를 시작한 이래로, 광고사는 많은 메시지가 광고된 제품에 전혀 관심이 없는 소비자에게 전달되고 있고, 매스미디어에 나타난 광고의 설득적 효과를 정확하게 측정하는 것이 불가능하다는 것으로 인식했다. **미디어 노출 효과**(media exposure effect)는 얼마나 많은 소비자가 메시지에 노출이 되고, 그들의 특성은 어떤 것인지를 측정한다. 소비자연구 회사는 몇 명의 소비자가 메시지를 수신하였는지를 평가하고, 수신자의 프로파일을 구축한다. 광고사에게 그런 데이터를 수집하고 판매하는 최대의 데이터 판매 회사는 닐슨이다. 원래 닐슨은 TV 시청을 모니터하였으나, 지금은 미디어 노출과 소비에 대한 특정 측면을 모니터하는 데 동의한 많은 소비자패널을 유지하고 있다.

소비자의 미디어와 광고노출을 모니터하는 회사는 많이 있다. 예를 들면, 컴스코어(comScore)는 온라인 트래픽과 웹방문을 모니터하고, 휴대 전화의 모바일 광고를 추적한다. 미디어마크리서치(Mediamark Research Inc., MRI)는 구독자 수와 구독자의 기술적인 프로파일(성별 독자, 나이 분포상의 중간 나이, 가구 소득의 상세 보고) 그리고 그들의 유통망에 대한 데이터를 잡지를 통해 제공한다.

방송, 출판사, 웹사이트 소유자는 청중의 크기를 파악하기 위해 미디어 노출 측정을 활용하여 자신들의 미디어를 사용하는 광고에 대해 얼마만큼의 금액을 요구할지에 대한 기준을 결정한다. 하지만 대상의 측정 결과와 관련해서 분쟁은 아주 흔한 편이다. 예를 들어, 수년 간 광고사는 닐슨의 패널이 소수 인구를 충분히 반영하지 않았다고 주장하며, 미디어 회사들은 닐슨이 시간차 사정 장치를 사용하는 시청자를 적절히 측정하지 못했다고 주장하였다. 최근에는, 한 웹사이트의 방문자 수가 180만 명이라고 추정하였는데, 같은 대상에 대한 컴스코어의 추정치는 단지 42만 1천 명이었다. 이러한 차이의 주요한 이유로는 직장에서 인터넷 사용을 어떻게 측정할 것인가에 대한 방법과 웹사이트 방문을 계산하는 데 꼭 필요한 쿠키를 지워버리는 소비자들 때문이다. 온라인 광고가 더욱 성장하기 위해서는 보다 나은 트래킹 시스템의 개발이 꼭 필요하다고 하겠다.[49]

닐슨의 교차 플랫폼 측정

미디어 노출 측정은 얼마나 많은 소비자가 메시지를 받는지와 그들의 프로파일로 측정된다. 이러한 데이터를 수집하여 마케터에게 파는 가장 큰 연합 회사는 닐슨과 아비트론이다. 현재 닐슨은 미디어 노출과 소비에 관한 지속적인 데이터를 제공하는 소비자 패널을 많이 보유하고 있다. 아비트론은 라디오 방송 청중을 관찰(감독)하는 데 가장 잘 알려져 있는 회사이며, 얼마 전부터는 소비자에게 금전적 인센티브를 제공하면서 소비자가 자신의 벨트에 클립을 종일 착용하는 GPS가 설치된 작은 디바이스인 **휴대용 피플 미터**(portable people meter)를 개발하고 있다. 그 장치는 소비자가 제공받는 미디어(예 : TV와 라디오 프로그램, 상점 안 방송)의 오디오 스트림 안에 숨겨진 코드를 추적 관찰하고,

소비자에게 노출된 영상과 활자 자료의 시각적 이미지(예 : 빌보드와 다른 옥외 매체, 잡지, 그리고 신문과 온라인 서핑)를 캡처할 수 있는 기능을 가지고 있다. 심야에, 그 장치는 크래들(cradle)에 연결되어 아비트론으로 모아진 데이터를 전송한다. 최근에, 닐슨은 유사한 기술을 개발하고 있는 새로운 기업(예 : 컴스코어)과 경쟁하기 위해, 아비트론을 합병하고 크로스 플랫폼 효과 측정에 PPM 기술을 통합했다.[50]

전통 매체의 전자적 진화

학습목표

6 인쇄와 방송 매체에서 전자 커뮤니케이션 미디어로의 진행을 이해한다.

인쇄와 방송 미디어는 모든 청중이 마케터로부터 동일한 일방적인 메시지를 받게 되는 일방향 커뮤니케이션이다. 신문, 잡지, TV, 그리고 라디오는 세분화된 타깃팅을 사용한다. 각각의 개인은 자신만의 특성, 성격, 욕구, 경험, 그리고 지식을 갖고 있기 때문에, 광고 메시지를 보내는 사람은 그들의 청중을 상대적인 특징(특성)면에서 유사한 집단끼리 세분화한다. 세분화(segmentation)는 메시지를 보내는 사람이 각 타깃 그룹에 대해 차별적인 메시지를 만들어내게 하고, 상대적인 타깃 그룹이 보고, 듣거나, 혹은 읽을 수 있는 특정한(차별적인) 미디어를 운영하게 한다. 이는 마케터가 동시에 모든 청중에게 어필할 수 있는 단일한 메시지를 개발하는 것을 어렵게 만든다. 광고주의 소비자 프로파일과 미디어의 청중 프로파일이 매우 적합하다고 여겨질 때 비용 효율이 높은 미디어가 선택된다. 대부분의 광고주들은 다른 것들을 제외하고 하나의 미디어 카테고리를 선택하는 대신에, 하나의 주된 미디어 카테고리에 주요한 가중치를 두고, 다른 카테고리에는 추가 지원을 제공하는 멀티미디어 캠페인 전략을 사용한다.

신문과 잡지

신문은 많은 청중(독자)에 대한 접근을 제공하고 무수한 청중에게 도달하는 데 효과적이다. 그러나 그들은 일반적으로 특정한 인구통계학적 특성을 가진 소비자에 도달하기 위해서는 적합하지 않다. 신문광고는 빠르게 만들고 출판될 수 있으나, 짧은 수명을 갖는다. 이는 상당히 어수선한데, 왜냐하면 많은 메시지들 특히 지역 서비스나 연구 결과에 대한 발표물들이 서로 주목받기 위해 경쟁하기 때문이다. 그럼에도 불구하고 광고가 발행된 이후, 명확한 프로모션의 상환(현금화)과 판매량의 시기적절한 측정으로 인해 피드백을 빠르게 받을 수 있다. 광고 비용은 광고의 사이즈와 매체의 판매부수에 의해 결정된다. 신문광고는 지역 기반 비즈니스를 위해 저렴하게 제공되며, 국가 기반 제조사와 지역 판매자 간의 공동 광고를 가능하게 한다. 반면에 온라인 광고는 전통적인 광고에 대한 자금을 가진 적이 없었던 영세 기업들(mom-and-pop firm)이 그들의 사업을 촉진하기 위해 이용할 수 있으며, 페이스북과 그루폰 같은 디지털 광고 사업을 주로 하는 소규모 사업을 서로 경쟁하게 한다.[51] 어림잡아, 지역 사업은 2014년에 그들의 총 광고 지출액의 10%를 온라인 프로모션에 사용하였다(즉, 310억 달러 중 31억 달러).[52]

잡지는 특정한 지역, 인구통계학적, 그리고 관심 기반 집단에 접근할 수 있으며, 신문보다 더 시각적으로 높은 질의 광고와 정교한 타깃팅을 가능하게 한다. 특별한 관심사에 대한 잡지는 매우 신뢰성이 높다. 잡지는 독자들끼리 회람되기 때문에 광고에 대한 노출이 증가되나 동시에 광고 생산을 위한 리드타임이 길고, 많은 잡지들이 잡지 내의 특정 위치에 광고 게재를 보장하지 못한다. 잡지 광고로부터의 피드백은 때로 지연되며, 스타치 점수를 통해 측정된다(5장 참조). 광고료(광고 요금)는 잡지 유통량에 근거한 페이지당 비용에 의해 결정되며, 인기 있는 잡지들은 매우 높은 광고료를 청구한다. 최근 몇 년 동안, 잡지 광고는 급격히 쇠퇴해 왔다. 〈그림 8.7〉에서 보이듯, 최근 몇 년 동안 잡지 광고 페이지는 이전에 비해 상당히 축소되었다.[53] 〈그림 8.8〉은 인기 있는 잡지들의 광고 감소를 보여주고 있다.[54]

비록 대부분의 잡지와 신문이 여전히 종이로 인쇄되어도, 거의 대부분이 온라인 출판을 제공하고, 많은 회사가 그들의 종이 출판을 단계적으로 폐쇄할 계획을 갖고 있다. 잡지와 신문 모두 온라인을 활용하면 독자의 관심을 기반으로 한 독자에 맞춰진 출판물을 제공할 수 있고, 더 번창할 수 있게 된다. 예를 들어, 뉴욕 타임스 혹은 월스트리트저널의 독자는 그들이 읽기 원하는 기사를 찾기 위해 더 이상 페이지를 넘기지 않아도 된다. 그들은 관심있는 스토리를 즉각적으로 찾아볼 수 있으며, 관련 정보와 주제에 대한 이전 기사들의 링크를 제공하는 온라인 버전을 구독할 수 있다. 예를 들어, 축구에 관한 **스포츠일러스트레이티드**(Sports Illustrated)의 기사는 지난 경기에 대한 추천 자료 전자 링크를 포함한다. 더불어 광고주들은 메시지를 개인화하여 구독자에게 전달할 수 있다.

온라인판 잡지의 가격은 거의 항상 인쇄판 구독과 동시에 제공되지만, 그 비용은 점차 상승하고 있다. 예를 들어, **콩데나스트, 보그**와 **뉴요커**와 같은 고급 출판물의 발행자들은 인쇄판과 온라인판의 묶음 구독 가격을 인상하여, 인쇄판 가입자들이 그들이 이전에 무료로 받은 온라인 버전에 더 많은 돈을 지불하게 만들었다. 그러나 소비자는 높은 가격을 지불할 의지가 있는 것처럼 보인다. 콩데나스트 구독자는 디지털 구독을 위해 다른 사람들보다 25% 더 빠른 속도로 가입을 갱신하였다.[55]

텔레비전과 라디오

네트워크와 케이블 TV는 매우 다양한 청중에게 다다르고 있다. 그러나 특히 네트워크 TV에서의 많은 프로그램은 인구통계학적 특성, 소비력, 관심, 그리고 생활양식이 다른 청중에게 도달된다. 네트워크 TV(이후 케이블 TV)는 마케터가 소비자의 주의를 이끌고 감정을 형성하는 메시지를 보낼 수

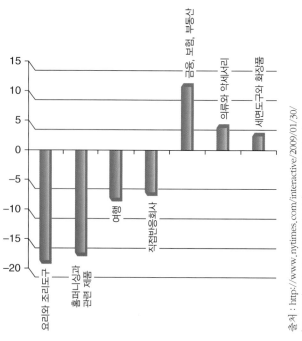

그림 8.7 2011년 주요 산업에서 잡지 광고 페이지 수의 감소(및 일부 성장)(백분율)

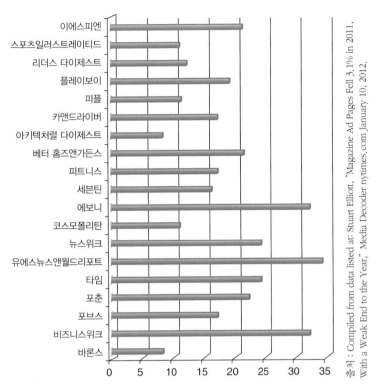

그림 8.8 3년 동안 인기 있는 잡지에서의 광고 페이지 감소(백분율)

있기 때문에, 수십 년 동안 가장 이상적인(그리고 비싼) 광고매체였다. 그러나 유사한 브랜드가 혼란스럽게 형성되고 경쟁하기 때문에, 많은 TV광고에서 마케터는 단기간 동안 메시지를 만들고, 자주 반복해야 했다. 게다가 TV광고의 피드백은 부정확하고, 마케터는 광고가 구매를 이끌었는지 여부를 실질적으로 알아낼 수 없다. TV는 방대하고 다양한 청중에게 도달하기 때문에, 마케터는 그들의 TV광고 대부분이 광고된 제품에 관심이 있는 소비자뿐만 아니라, 그렇지 않은 소비자에게 도달한다는 것을 인식해왔다. 또한 보다 정교한 녹화 및 타임 시간차 시청 장치는 TV광고를 완전히 회피할 수 있게 하였다.

TV광고의 제작과 방송은 모두 매우 비싸며, 점점 커뮤니케이션의 형태가 더 많이 나타나고 있기 때문에 일부 메이저 TV 광고주들은 광고 방침을 바꾸고 있다. 예를 들어, 전통적으로 슈퍼볼의 가장 큰 광고주 중 하나인 제너럴모터스는 약 30초 동안 약 380만 달러에 다다르는 매우 높은 비용 때문에 정기적으로 지속해오던 광고들을 1년 동안 중단했다.[56] 또한 대부분의 네트워크 TV 프로그램은 미국에서 매일 TV를 보는 2,510만 시청자 중 18~49세의 시청자에게 도달되도록 제작되었다. 그러나 이러한 핵심 시청자는 최근 몇 년 동안 감소하고 있다.[57] 게다가 유튜브와 넷플릭스의 매력은 시청자들이 케이블 TV 서비스를 원하지 않게 하며, 돈을 지불하고 TV를 보는 이용자들의 수 역시 지속적으로 감소하고 있다.[58] 게다가 비록 실시간 온라인 스트리밍이 방송의 매출 감소와 유료 광고의 노출을 감소시킬 수 있지만, TV 네트워크는 올림픽 게임과 같은, 주요 시청 시간에 맞춰 나중에 내보낼 수도 있는 시차가 다른 지역의 프로그램들도 스트리밍을 허가해야만 한다.[59]

라디오의 이점은 광고의 제작과 배치에 필요한 소요 시간이 짧다는 것뿐만 아니라, 높은 지리학적, 그리고 인구통계학적인 청중의 선택에 있다. 현재 거의 모든 라디오 방송은 전 세계적으로 온라인으로 이용 가능하다.

양방향 TV

양방향 TV(interactive TV, iTV)는 TV의 방송 능력과 인터넷의 상호작용성이 결합된 것이다. iTV는 가입자와 케이블 혹은 위성 TV 공급자 사이의 **양방향** 통신의 형태로 사람들의 TV, 컴퓨터 혹은 모바일 기기로 전달될 수 있다. iTV로 보는 것은 일방향 TV 프로그램을 시청하는 것보다 더 매력적이며, 보다 사적이고, 더 역동적이다. 예를 들어, 리모콘이나 스마트폰을 사용하여 "톱세프(top chef)"를 보는 사람들은 프로그램의 참가자에게 투표할 수 있으며, 즉각적으로 투표 결과를 보고, 요리 레시피를 다운로드받으며, 무대 뒤 이야기를 시청할 수 있다. 그리고 심지어 프로그램에서 제시된 제품을 구매할 수도 있다. 스포츠 프로그램의 시청자는 점수, 통계 자료를 볼 수 있으며, 같은 시간에 다른 스포츠 이벤트의 결과를 알람으로 받을 수도 있다. 소비자는 또한 그들이 받길 원하는 광고를 설정하고, 광고가 보여지는 동안 추가적인 정보 링크를 클릭하여 매우 타깃팅된 콘텐츠에 접근할 수 있다.[60] 한 연구는 TV광고 위에 겹쳐 제시되는 양방향 배너가 시청자가 광고 시간에 채널을 변경하는 비율을 상당히 감소시키는 것으로 나타났다.[61]

여러 케이블 회사들은 현재 소득, 인종, 성별, 그리고 집에 어린아이나 애완동물이 있는지 여부에 대한 자료를 기반으로 특정 가구로의 광고 전송에 대한 타깃팅 기술을 사용하고 있다. 보통의 텔레비전과 비교하여, iTV는 마케터가 주소 기반의 광고를 보낼 수 있게 하며, 내용에 대한 수신자의 관여 수준을 높이는 수신자와 송신자 간 상호작용성을 효율적으로 사용하게 하며, 그들이 보낸 메시지의 설득적 영향력 측정을 빠르고 효과적으로 할 수 있다.

옥외매체

옥외매체(out-of home media)는 집 밖의 소비자들 중 다소 덜 혼잡하고 오래 자리를 뜨지 않는 환경의 소비자들을 대상으로 삼는 커뮤니케이션 수단이다. 이 유형은 새로운 홍보 도구뿐만 아니라 새로운 기술로 인해 현저히 발달된 전통 수단을 포함한다. 예를 들어, **고정광고 스크린**(captive advertising screen)은 엘리베이터, 영화관, 소매점, 레스토랑, 술집, 헬스장, 대학 캠퍼스, 그리고 환승 장소 같이 소비자가 시간을 보내는 장소에 배치된다. 상호작용이 가능한 디지털 전광판과 디스플레이는 환승 장소, 행사장, 그리고 상점에 배치된다. 시민 감시에 대한 공연을 홍보하는 전광판은 내장 카메라를 사용하여 지나가는 사람의 사진을 찍고 '용의자'라는 알림을 나타낸다. 그들 개인은 각자의 '기밀문서'에 접속하여 이를 온라인에 게시하거나 친구에게 전송할 수 있다.[62]

앰비언트 광고(ambient advertising, 체험형 광고 : experiential advertising)는 제품과 함께 실제 경험한 것처럼 보이게 하는 감각 환경을 구성하는 것으로 이루어진다. 예를 들어, 크래프트푸드는 소비자들이 크래프트 음식의 따뜻한 느낌을 전달하기 위해, 추운 축제 시즌 동안 시카고 및 다른 북쪽 도시에서 난방이 되는 따뜻한 버스 정류장을 만들고 관리했다.[63] 어림잡아, 최근 1년 동안 디지털 옥외매체에 지출된 비용은 20억 달러이며, 다음 해에는 12.5% 더 늘어날 것으로 예상된다.[64]

브랜디드 엔터테인먼트

브랜디드 엔터테인먼트(branded entertainment) 즉, **간접 광고**(product placement, PPL)는 TV, 영화, 비디오 게임 등 엔터테인먼트의 내용 안에 제품을 함께 구성하는 것이다. 1950년대 초기 TV가 광고매체로 등장하면서, 기업은 매우 유명한 TV 쇼에 후원을 하고, 그들의 제품을 방송 안에 눈에 띄게 노출시켰다. 몇 년이 지나, 제품과 브랜드를 끼워넣는 형태는 대부분의 영화와 TV 쇼에서 나타나게 되었다. 소비자는 광고를 보는 것을 피하고자 하기 때문에, 브랜디드 엔터테인먼트에 대한 광고 비용은 점차 현저하게 증가하고 있다. 마케터는 소비자가 피할 수 없는 엔터테인먼트 프로그램의 내용 안으로 브랜드를 통합시킴으로써 제품 인지도를 만들고 증가시킬 수 있다고 믿는다.

사실상 '엔터테인먼트'로 알려진 많은 프로그램은 제품을 두드러지게 알리고, 브랜드와 소비자 간의 감정적 연결을 형성하는 공식적인 기회이다(예 : 어프렌티스, 톱셰프, 서바이버, 그리고 다양한 메이크오버 프로그램). 제품은 이미 뉴스 방송과 프로그램의 대화 안에서 노출되어져 왔다. 국회위원들은 점점 지나치게 공격적인 간접 광고를 비판해오고 있다(간접 광고의 윤리적 측면은 15장에서 논의한다).[65] 대략, 미국 기업 대부분을 포함한 전 세계 기업은 브랜디드 엔터테인먼트에 연간 250억에서 300억 달러를 지출하고 있다.

영화와 TV 프로그램에 숨겨진 브랜드뿐만 아니라, 많은 마케터는 **웨비소드**(webisode)(즉, 브랜드가 중심이 되어 엔터테인먼트 요소가 갖춰진 온라인에서 보여지는 짧은 동영상)와 브랜드가 숨겨진 비디오 게임 **광고 게임**(advergame)을 개발하고 있다. 전반적인 연구가 보여주듯, 광고 게임은 브랜드 회상을 증대시킨다. 그러나 반복적으로 동일한 게임을 하는 것은 게임하는 사람에게 지루함을 유발하기 때문에 브랜드 회상에 큰 영향을 미치지 않으나, 브랜드 태도에는 부정적인 영향을 미치게 된다.[66]

요약

학습목표 1 : 세분시장기반 타깃팅에 비해 노출기반 타깃팅의 전략적 우수성을 이해한다.

전통적인 광고 미디어(신문, 잡지, 라디오 그리고 텔레비전)의 출현 이래로, TV 네트워크, 잡지, 그리고 신문들은 마케터의 목표시장에 부합되는 인구통계학 및 심리적 특성을 가진 사람에게 접근할 수 있는 기회를 마케터에게 제공함으로써 광고 공간(자리)을 판매해왔다. 그러나 이러한 매체를 이용하여 마케터들이 접근한 사람들은 그들의 목표 시장보다 더 크고, 다양하며, 종종 제품 광고에 대해 관심이 없는 사람들을 포함한다. 반면에, 데이터 애그리게이터는 사람들의 온라인 서핑을 기록하는 쿠키를 기반으로 소비자 프로파일을 구성하고, 특정 제품을 구입할 잠재 소비자를 확인한다. 광고주들은 그 후 금전적인 입찰을 함으로써 적절한 온라인 '눈동자'에 도달하기 위해 경쟁한다.

세분시장기반 타깃팅은 광고주가 원하는 타깃인 소비자의 프로필과 완벽하지는 않지만 대체로 일치하는 청중을 가진 미디어(예 : 잡지 혹은 TV쇼)에서 광고 구역에 대한 가격을 사전 협상할 때 일어난다. 노출기반 타깃팅은 광고주가 그들이 온라인에서 도달하길 원하는 사람을 나타내는 기준을 구체화하고, 그후 그러한 사람에게 도달하기 위한 기회를 실시간으로 (가격) 제시할 때 발생한다. 도달된 사람을 '눈동자' 혹은 '노출'이라 칭한다. 노출기반 광고는 종종 온라인상의 소비자를 따라다니며 그들이 흥미를 가졌던 제품에 대해 상기시켜준다. 리타깃팅은 소비자들이 온라인에서 지속적으로 검색해오던 특정한 제품에 대한 광고가 그들의 동일한 컴퓨터를 사용한다면, 온라인에서 그들을 '따라다니고' 언제나 반복적으로 등장한다.

학습목표 2 : 구글의 타깃팅과 광고 능력을 이해하고, 이것이 소비자와 시장에서 가지는 가치를 이해한다.

구글은 가장 폭넓게 사용되는 온라인 검색 엔진이며, 유명한 광고 매체이다. 구글을 사용하는 소비자들은 세 가지 광고 유형에 의해 도달된다. (1) 웹 검색 광고(소비자의 검색에 의해 나타남), (2) 온라인 디스플레이 광고(이용자의 프로파일 혹은 검색 패턴에 따라 달라지는 것이 아닌 고정된 배너 형태로 웹 사이트에 올려짐), (3) 모바일 광고(콘텐츠 웹사이트의 구글 검색 결과 중에 모바일 기기와 애플리케이션에서 보여지는 광고).

구글의 가장 두드러지는 사용은 검색 엔진이다. 한 온라인 이용자가 하나의 질문을 입력한 후, 화면에 두 영역이 나타난다. 자연스러운 결과들은 이용자가 그들의 구글 검색에 해당되는 자원과 사이트로 갈 수 있는 링크이다. 일반적으로 오른쪽 측면 혹은 위쪽에 나타나는 '광고주 공간'은 구글이 '광고주' 혹은

'후원자'에게 판매한 광고 배너로 구성된다. 잠재적인 고객이 스폰스 배너 광고를 클릭 할때마다, 광고주는 구글에게 수수료를 제공한다. 수수료는 매우 소수의 이용자가 검색 엔진에 입력할 만한 용어는 불과 몇 센트, 매우 많은 이용자들이 입력할 만한 단어는 몇 달러로 수수료의 범위가 형성되어 있다.

학습목표 3 : 소셜 미디어의 역동성을 이해하고, 다른 미디어에 비해 이것의 전략적, 촉진적 장점에 대해 이해한다.

소셜 미디어는 가상 사회와 네트워크 안에서 그들이 정보와 아이디어를 만들고 공유하고 교환하는 사람들간 상호작용 수단이라 할 수 있다. 소셜 미디어는 개인과 공동체가 공유, 공동 창조, 논의, 그리고 사용자가 만든 콘텐츠의 수정을 통하여 많이 상호작용을 하는 플랫폼을 만들어내기 위해 모바일과 웹기반 기술에 의존한다. 소셜 미디어의 구조는 소비자의 프로파일, 소셜 네트워크 안의 친구 그리고 집단, 집단 구성원 간의 상호작용, 그리고 사람들이 온라인에 게시하거나 받은 정보를 제어하기 위해 사용하는 사전동의, 사후동의를 포함한다.

소셜 미디어 마케팅은 소비자가 그들 스스로 그리고 그들의 사회적 관계, 그들이 무료로 혹은 저렴하게 구매한 애플리케이션을 통해 여기저기 제공받은 정보에 의해 가능해 진다. 애플리케이션은 자신의 컴퓨터, 태블릿, 혹은 스마트폰에 설치하여 게임, 온라인 자원, 그리고 소셜 네트워킹으로 가는 관문인 소프트웨어의 덩어리이다. 애플리케이션은 또한 사용자의 개인 정보를 수집하고, 애플리케이션의 개발자에게 이를 제공한다. 미디어 채널에는 다음 유형이 존재한다. (1) 소유소셜 미디어, (2) 유료소셜 미디어, (3) 고객주도 소셜 미디어.

소셜 미디어 캠페인은 전통적인 미디어의 광고와 함께 계획되어져야만 한다. 마케터는 소셜 미디어가 동시에 여러 청중에게 도달될 수 있다는 사실을 기억해야 하며, 이는 방대한 광고 예산을 정당화시킬 수 있다. 경영자는 그들의 제품을 위한 새로운 틈새시장을 개발하기 위하여 소비자의 '좋아요' 버튼 클릭을 면밀히 조사하고, 그들의 페이스북 페이지로부터 데이터를 뽑아내야 한다.

학습목표 4 : 소비자가 어떻게 모바일 미디어를 사용하고 모바일 광고에 반응하는지를 이해한다.

모바일 광고는 소비자의 휴대 전화, 아이패드, 전자책 리더, 그리고 사람들이 이동 중에 휴대하는 다른 기기에 홍보 메시지를 보내는 것으로 의미한다. 모바일 광고는 이용자의 지리적 위치를 확인할 수 있으며, 맥락과 관련된 제안들을 전달할 수 있다. 스마트폰 스크린이 커지면서, 마케터는 갈수록 더욱 스크린 전체에 걸쳐 나타나는 모바일 광고를 사용하게 되었다. 일부 모바일 마케터는 소비자가 홍보 메시지를 무시하는 것을 막기 위한 노력의 일환으로, 소비자가 광고를 볼 것으로 예상하지 못한 공간에 광고를 삽입하는 것을 실험을 해왔다. 물리적인 것보다 오히려 디지털적으로 많은 사람들, 제품, 정보와 우리의 상호작용이 더 많아지면서, 소셜 미디어는 모바일 기기와 점점 더 통합되고 있다.

학습목표 5 : 전통적인 매체와 소셜 미디어에서 광고 효과를 어떻게 측정하는지 이해한다.

광범위하게 사용되는 효과 측정은 순방문자(unique visitor)의 수, 순 방문자당 비용, 재방문, 방문 시간, 살펴본 페이지, 클릭한 링크, 방문 동안 취한 행동, 그리고 방문자의 인구통계학 특성을 포함한 웹사이트 방문의 분석이다. 또한 소셜 네트워크 안에서 이용자의 영향력 역시 측정된다.

구글 분석은 웹사이트의 효과성을 평가하고, 이용자의 프로필을 알려주는 구글에 의해 제공되는 서비스이다. 이는 마케터가 소비자의 행동에서 계획된 광고 캠페인 영향력이 예측 될 때까지, 그들의 웹사이트와 홍보 노력의 효과를 측정할 수 있게 한다. 마케터는 또한 페이지, 링크, 그리고 사이트의 목표를 달성하지 못한 저조한 플랫폼의 홍보 노력 역시 확인할 수 있다.

미디어 노출 효과는 그들의 특성뿐만 아니라, 얼마나 많은 소비자가 메시지에 노출되었는지를 측정한다. 방송 진행자, 출판사, 그리고 웹사이트 운영자는 그들의 청중의 규모를 결정하고, 그들의 미디어에서 홍보 메시지를 배치함으로써 광고주에게 받는 수수료를 할당받기 위하여 미디어 노출 측정을 이용한다.

마케터에게 미디어 노출 자료를 파는 서비스는 휴대용 피플미터로 개발되어 왔는데, 이는 소비자는 GPS가 장착된 작은 디바이스를 (금전적인 인센티브를 대가로 받는) 벨트에 클립을 끼우고 하루 종일 착용하게 된다. 이 디바이스 모니터 코드는 소비자가 받는 미디어의 오디오 스트림 안에 숨겨지며, 소비자에게 노출된 스크린의 시각적 이미지나 글로 표현된 것을 포착해 낼 수 있다.

학습목표 6 : 인쇄와 방송매체에서 전자 커뮤니케이션 미디어로의 진행을 이해한다.

전통적인 인쇄 및 방송매체는 보다 세련된 형태로 발전되어왔다. 신문은 많은 청중에 대한 접근을 제공했으며, 많은 청중에게 도달하기 위해 효과적이다. 그러나 그들은 일반적으로 특정한 인구통계학적 특성을 가진 소비자에게 도달하기 위해서는 적합하지 않다. 신문광고는 빠르게 만들어지고 발행될 수 있지만, 짧은 수명을 갖는다. 신문광고는 지역 사업자들이 이용할만하고, 국가 제조업자와 지역 판매자들에 의해 공동 광고를 할 수 있다. 잡지는 시각적으로 높은 퀄리티의 광고와 함께 특정한 지리적, 인구통계적, 그리고 관심에 초점화된 집단에게 보여질 수 있으며, 신문보다 더 정확한 타깃팅할 수 있다. 특별한 관심 기반의 잡지는 매우 신뢰할 수 있다. 잡지는 독자들이 돌려 읽기 때문에(회람), 긴 메시지 수명을 제공하며, 광고에 대한 노출이 증가된다. 비록 대부분의 잡지와 신문가 여전히 종이로 인쇄되어질지라도, 거의 대부분 온라인 출판을 제공하고, 많은 회사가 그들의 종이 출판을 단계적으로 폐쇄할 계획을 갖고 있다.

잡지와 신문 모두 온라인은 독자의 관심 기반으로 한 독자에 맞춰진 출판물을 제공함으로써 번창할 수 있다. 게다가 광고주는 독자에게 보낼 메시지를 개개인의 요구에 맞춰 제시할 수 있다. 네트워크와 케이블 TV는 매우 방대한 청중에게 다다르고 있다. 그러나 특히 네트워크 TV에서의 많은 프로그램은 그들의 인구통계학적 특성, 소비력, 관심, 그리고 생활양식이 이질적인 청중들에게 도달된다. 게다가 보다 정교한 녹화 및 시간차 시청 장치는 TV광고를 완전히 회피할 수 있게 하였다. 쌍방향 TV(iTV)는 TV의 방송 능력과 인터넷의 상호작용성이 결합된 것이다. iTV는 가입자와 케이블 혹은 위성 TV 제공자(공급자) 사이의 쌍방향적인 통신의 형태로 사람들의 TV, 컴퓨터 혹은 모바일 기기로 전달될 수 있다.

미디어의 또 다른 형태는 기술적으로 완전히 새로운 것이 아닌, 획기적이고 진보한 것이다. 옥외매체는 집 밖의 소비자들 중 다소 덜 혼잡하고 오래 자리를 뜨지 않는 환경의 소비자들을 대상으로 삼는 커뮤니케이션 수단이다. 이 유형은 새로운 홍보 도구뿐만 아니라 새로운 기술로 인해 현저히 발달된 전통 수단을 포함한다. 체험형 광고라고 알려져 있는 앰비언트 광고는 제품과 함께 실제 경험한 것처럼 보이게 하는 감각 환경을 구성하는 것으로 이루어진다. 브랜디드 엔터테인먼트(간접 광고)는 TV, 영화, 비디오 게임과 같은 엔터테인먼트의 내용 안에 제품을 함께 구성하는 것이다. 마케터들은 웨비소드(브랜드를 중점으로 하고 엔터테인먼트 요소가 포함된 온라인에서 보여지는 짧은 동영상)와 브랜드가 숨겨진 광고 게임은 아케이드, 혹은 온라인에서 하는 비디오 게임을 개발해왔다.

복습과 토론 문제

8.1 전략적으로 말할 때, 왜 노출 기반 타깃팅이 세분시장기반 타깃팅보다 더 좋은가?

8.2 온라인 광고에서 구글의 역할을 설명하시오.

8.3 전통적인 미디어보다 소셜 미니어의 네 가지 장점에 대해 작성하고 설명하시오.

8.4 다음 측정 기술을 따르는 것의 장점과 단점을 비교하시오.

구글 분석, 미디어 노출 효과, 그리고 닐슨의 교차 플랫폼 측정

8.5 모바일 광고의 장점과 단점을 두 가지씩 작성하고 설명하시오.

8.6 네트워크 TV와 잡지에서의 광고는 왜 점차 감소하고 있는가?

실전 과제

8.7 2개의 옥외매체 사진을 찍고 수업에서 발표하고, 왜 이러한 옥외매체가 효과적인지 그렇지 않은지에 대해 설명하시오.

8.8 당신이 봤던 TV 쇼와 영화에서 나왔던 5개의 간접 광고를

작성하고 설명하시오.

8.9 〈그림 8.5〉의 애플리케이션 중 하나에 가입하고, 이 장에서 논의된 네 종류의 허가 범주에 따라 요청된 권한을 분류하시오.

주요 용어

검색 광고 248

고객주도 소셜 미디어 247

고정광고 스크린 256

광고 게임 257

구글 분석 251

노출기반 타깃팅 237

데이터 애그리게이터 238

리타깃팅 240

모바일 광고 240

미디어 노출 효과 252

브랜디드 엔터테인먼트(간접 광고) 256

세분시장기반 타깃팅 238

소셜 미디어 241

소유 소셜 미디어 247

시간차 시청 240

실시간 입찰 237

앰비언트 광고(체험형 광고) 256

앱 242

양방향 TV 256

옥외매체 256

온라인 디스플레이 광고 240

웨비소드 257

웹 검색 광고 240

유료 소셜 미디어 247

휴대용 피플 미터 252

준거집단과 구전 효과

학습목표

1. 준거집단의 신뢰성이 소비자 행동에 미치는 영향을 이해한다.

2. 대변인, 보증인, 유명인사, 판매원, 판매자, 그리고 미디어의 설득력과 신뢰성을 이해한다.

3. 의견 리더십과 구전의 역학과 측정에 대해 이해한다.

4. 구전의 전략적 적용, 장점 및 잠재적 위험을 이해한다.

5. 신제품 확산 과정과 구분된 시장의 세분화로써 수용자 범주를 이해한다.

준거집단은 사람들의 의견, 가치, 그리고 행동에 대한 비교, 영향, 아울러 준거의 원천을 제공하는 집단이다. 소비자 행동을 포함한 많은 경우에, 사람들은 다른 사람들의 생각과 행동에 의해 강하게 영향을 받는다. 가장 중요한 **준거집단**(reference group)은 **가족**(family)인데 어린아이에게 소비자로서 필요한 기능인 기술, 지식, 태도, 그리고 경험, 소위 **소비자 사회화**(consumer socialization) 과정(10장 참조)을 제공하기 때문이다. 다른 중요한 준거집단은 **사회 계층**(social class)(10장 참조), **문화**(culture)(11장 참조), 그리고 **하위문화**(subculture)(12장 참조)가 있다. 〈그림 9.1〉의 캠벨 광고는 가족이 어린 아이들의 브랜드 선호도에 어떻게 영향을 주는지 잘 보여주고 있다.

구전(word-of-mouth)은 만족한 고객이 다른 사람에게 자신이 회사, 제품, 서비스, 혹은 이벤트를 얼마나 좋아하는지에 (비록 전달되는 정보가 부정적일지라도) 대한 의사소통으로 구성된다. 구전효과는 구매 관련 정보의 가장 신뢰성이 있는 형태 중 하나인데, 소비자는 무언가에 대해 언급할 때 개인적으로 이득을 취하지 않는 다른 사람을 매우 신뢰하기 때문이다. 구전효과는 대면을 통해 혹은 전자적 커뮤니케이션을 통해 발생하며 정보의 교환자들은 개인적으로 혹은 온라인상에서 서로 아는 사이일 수 있다.

구전효과는 이웃끼리 잔디밭 너머로 혹은 커피를 마시면서 이야기할 때, 자신이나 친구, 이웃이 좋아하는 (혹은 싫어하는) 상점이나 제품에 관한 이야기를 나눌 때, 그리고 문자나 이메일, 대화방 혹은 온라인 소셜 커뮤니티와 같은 형식 등 다양한 상황에서 발생한다.

"구전효과는 최고의 광고이다."라고 일컬어지는데, 친구, 이웃, 친척, 채팅, 트위터 등의 온라인 소셜네트워크에서 만난 다른 소비자와 같은 준거집단이 한사람의 소비행동에 강한 영향을 미치기 때문이다. 소비자는 개인적으로 접촉하는 준거집단을 광고나 마케터가 쓰는 다른 판촉 방법보다 더 신뢰한다. 〈그림 9.2〉의 광고에서는 엄마들에게 구전효과 활동에 참여하여 캠벨 수프에 대해 칭찬하도록 유도하고 있다.

이 장은 정보 원천의 신뢰성과 선택된 준거집단에 관한 논의로 시작한다. 다음으로, 대변인이나 보증인 같이 기업의 후원을 받는 정보 원천의 유형들에 대해 논의한다. 그 후에 의견 리더십의 과정에 대해 논의하며 구전효과의 전략적 활용에 대해 개관하며 마무리한다.

출처 : Courtesy Campbell's Soup Company

출처 : Campbell's

그림 9.1 가족은 준거집단이다. 캠벨의 청키수프

그림 9.2 엄마들 사이에 구전을 장려한다. 캠벨의 치킨스타

원천 신뢰성과 준거집단

학습목표

1 준거집단의 신뢰성이 소비자 행동에 미치는 영향을 이해한다.

준거집단은 높은 수준의 **원천 신뢰성**(source credibility)을 갖는데, 여기서 원천 신뢰성은 정보 원천의 인지된 전문성에서 파생된 설득적 영향력, 신뢰성, 그리고 믿을 수 있음으로 정의된다. 상품에 관한 의사소통의 원천이 목표 청중에게 인정받고 높게 평가될 때, 그 원천으로부터의 메시지는 훨씬 더 믿을만한 것으로 여겨지기 쉽다. 반대로, 신뢰할 수 없거나 믿을 수 없는 원천으로부터의 메시지는 회의적으로 수용되거나 거부될 것이다. 신뢰성을 의논할 때, 정보의 공식적 또는 비공식적 원천을 구분할 필요가 있다. **공식적 원천**(formal source)은 소비 관련 정보를 제공하며 한 기관에 고용되거나 금전적 대가를 받는 개인 혹은 매체를 의미한다. **비공식적 원천**(informal source)은 메시지 수신자가 개인적으로 아는 사람, 가령 상품 정보나 조언을 줄 수 있는 부모 혹은 친구, 혹은 온라인상에서 만나 신뢰받는 개인을 의미한다.

준거집단 영향력

많은 호텔 욕실에는 환경보호를 위해 투숙객들에게 수건을 재사용하도록 권장하는 표준화된 표시판을 게시한다. 한 호텔은 "대부분 다른 투숙객들은 수건을 재사용했습니다. 저희가 환경을 보호할 수 있도록 귀하의 수건을 재사용하여 주십시요."라는 메시지를 사용하였다. 이런 '사회적 규범' 메시지는 약 25%가 넘는 사람들이 수건을 재사용하도록 이끌었다. 그 후에, "이 방에 투숙했던 대부분의 투숙객은 수건을 재사용했습니다. 저희가 환경을 보호할 수 있도록 귀하의 수건을 재사용하여 주십시요."라는 보다 상세한 사회적 규범 메시지가 사용되었다. 이 메시지에 대한 반응으로, 보다 더 많은 투숙객들이 수건을 재사용했다.[1] 커뮤니케이션 관점에서, '사회적 규범' 메시지는 '표준적' 메시지보다 설득적인데 그 이유는 사회적 규범 메시지는 신뢰적이며 믿을 수 있지만, 반면에 표준적 메시지에 대해 대부분의 투숙객들은, 최소한 부분적으로나마, 비용을 아끼려는 호텔의 노력으로 인식했기 때문이다. 대조적으로, 다른 사람들이 책임감 있는 행동을 했다는 메시지는 효과적이었는데, 왜냐하면 대부분의 사람들은 사회적 규범에 충실하기 때문이다. 소비자는 다른 소비자, 방송매체, 판매원과 같은 다양한 정보 원천에 의해 설득되는데, 이는 소비자가 이러한 정보원천을 신뢰할 경우에 한정된다. 사람들은 신뢰하지 않는 원천에서 오는 메시지를 손쉽게 거부하고 그러한 메시지를 편향되고 신뢰할 수 없다고 인식한다.

준거집단은 한 사람의 가치와 행동에 대한 비교와 규범의 준거 틀을 제공한다. **규범 영향**(normative influence)은 한 그룹의 규범, 가치, 그리고 행동을 배우고 받아들이는 것으로 이루어진다. 가장 적합한 규범적 영향은 사람들이 자연적으로 속하게 된 그룹에서 오게 되는데, 가령 가족, 친구들, 그리고 공동체의 구성원이 있다. 일반적으로, 규범적 영향은 같은 사회경제학적 그룹의 구성으로부터 발생한다. 예를 들어, 가족은 매우 지대한 규범적 영향을 아이들에게 끼치게 되는데, 이는 가족이 아이들의 초기 소비관련 가치를 형성시키기 때문이다. 구체적으로, 좋은 영양을 위해 어떠한 음식을 선택할 것인지, 특정 상황에 맞게 옷을 어떻게 적합하게 차려입을지, 어떻게 그리고 어디서 물건을 살지, 혹은 어떤 것들이 '좋은 가치'를 구성하는지 등이 있다. **비교 영향**(comparative influence)은 사람들이 자신이 존중하고 존경하는 다른 사람을 비교하고, 이후에 그런 사람의 일부 가치를 받아들이거나 그들의 행동을 모방할 때 발생한다. 예를 들어, 한 회사에서 '말단직'에 있는 갓 졸업한 신입사원이 어떤 상사를 존경하고 그 상사처럼 살고 비슷한 성취를 이루기를 열망한다면, 그 상사는 이 신입사원에게 비교 영향을 주는 것이다.

준거집단의 개념은 또한 비유적으로 사용될 수 있다. 고급 면도기 제품의 면도 방법에 관한 광고로 다음의 문구를 사용하였다. "면도하는 동료 그룹에 오신 걸 환영합니다." 이 주제의 이면에 있는 아이디어는 남성 고객들로 하여금, 외모와 면도를 매우 중요시하고 서로에게 전문가로 인정받는 메트로섹슈얼한(metrosexual) 사람들만의 선택된 집단에 소속감을 느끼도록 하는 것이다. TV나 신문 광고에서 볼 수 있는 다른 면도 제품 광고와는 달리, 이 캠페인성 광고는 잡지에서만 볼 수 있었는데, 이는 TV 캠페인이 '해당 브랜드가 갖는 내부자 신비로움'을 희석시킬 수도 있었기 때문이다.[2]

준거집단의 종류

한 개인이 소속되어 있거나 실제적으로 소속될 수 있는 그룹은 **회원집단**(membership group)이라 불린다. 예를 들어, 어떤 젊은 중역이 매주 카드 게임을 같이 하는 남자들의 모임을 그 사람의 소속그룹으로 볼 수 있다. **상징적집단**(symbolic group)은 한 개인이 소속할 가능성은 없는 그룹이지만 이런 그룹의 가치와 행동을 그 사람이 받아들이고자 하는 그룹이다. 예를 들면, 프로 테니스 선수집단은 한 아마추어 테니스 선수에게는 상징적 집단이 될 것인데, 이 아마추어 선수는 프로선수들을 알아볼 수 있으며 그들의 행동을 따라 한다(예 : 특정 브랜드의 테니스 라켓이나 테니스화의 구매). 그러나 이 아마추어 선수는 현재(어쩌면 평생) 프로 테니스 선수단이 될 자격이 없는데, 그 이유는 이 선수는 전문적으로 시합할 수 있는 능력이나 기회가 없기 때문이다. 〈표 9.1〉에는 그룹 소속과 그룹 영향

표 9.1	소속 집단과 영향력 종류	
	규범 영향	비교 영향
회원집단	가족과 동료 같은 직계집단의 표준에 매우 순응. 영향을 주고 받는 회원 모두 동일한 사회경제적 집단에 속하고 서로가 영향에 대해 인지하고 있다.	영향을 받는 사람이 가입하기를 원하는 집단의 표준에 순응한다. 하나 혹은 둘의 사회경제적 집단으로 구분된다. 영향을 주는 집단과 받는 집단은 서로를 알고 있고, 그 영향에 대해서 인지하고 있다.
상징적집단	특별한 영향이 없다. 영향을 주는 회원은 준거집단 외부에 있으며, 영향을 받는 회원은 영향을 주는 사람의 규범을 알지 못한다.	영향을 받는 사람들은 영향을 주는 집단에 속하지 못할 것이라는 것을 알고 있음에도 매우 영향력이 높다. 사회적으로 두 집단은 매우 다르지만, 영향을 주는 집단은 그들의 영향력에 대해 알고 있다.

에 관한 관계가 정리되어 있다.

소비 관련 준거집단

소비자의 태도와 행동에 영향을 주는 소비 관련 집단은 친구집단, 쇼핑집단, 가상 커뮤니티와 지지 자집단을 포함한다.

친구집단

우정을 찾고 유지하는 것은 대부분의 사람들에게 가장 기본적인 욕구의 하나다. 친구는 다양한 욕구를 만족시켜준다. 친구는 동료 의식, 안전성, 가족 구성원에게 토로하기는 어려운 문제를 상의할 기회를 제공한다. 우정은 가족으로부터 벗어난다는 것과 외부 세상과 사회적 연계를 형성하는 것이기 때문에 성숙과 독립성을 의미하기도 한다. 가끔 우정은 직장에서도 형성이 된다. 같은 직장에 있는 동료는 서로 알게 되고, 존중하며, 구매과 관련해서 서로에게 믿을 만한 정보의 제공자가 되기도 한다.

쇼핑집단

사람들은 단지 쇼핑을 즐기기 위해서 혹은 지각된 위험을 감소시키기 위해 함께 쇼핑을 하기도 한다. 즉, 특정 제품군을 쇼핑할 때, 잘못된 의사결정을 할 가능성을 감소시켜 줄 전문가와 함께 쇼핑하기도 한다. 쇼핑집단 내에 구매를 고려하고 있는 제품(예 : 값비싼 홈 엔터테인먼트 시스템)에 대해 잘 알고 있는 사람이 아무도 없을 경우, 구성원들은 집단적 의사결정을 통해 보다 확신을 갖는다. 소개 프로그램은 쇼핑집단의 중요한 요인 중의 하나이다. 예를 들면, 코스트코 혹은 샘즈클럽과 같은 회원제 할인점은 다른 사람에게 가입을 소개하고 권장한 기존회원에게 보상을 해준다. 그러한 프로그램은 신규회원을 찾기 위해 기존회원에게만 혹은 신규회원에게만 보상을 줄 수도 있으며, 혹은 균등하게 내지 차등적으로 둘 다 보상해주기도 한다. 한 연구에서는, 기존회원과 잠재회원은 각각 100%의 보상을 선호하더라도, 기존회원이 모집한 회원이 가입을 위해 금전적인 비용을 지불해야 한다면, 기존회원은 50 대 50의 배분이 보다 적절한 보상이라고 생각한다는 것을 보여주었다.[3]

쇼핑집단의 다른 예는 구매를 위해 줄을 서서 기다리면서 공유하는 경험이다. 소매업 전문가는 구매자가 많은 대중 사이에 기다리면서, 올바른 구매의사결정을 하고 있다는 것을 자각하게 된다고 말하고 있다. 이는 '사회적 증명(social proof)'이라고 하는 개념이다. 소매업자들은 기다리는 소비자들을 유지하는 가치를 인식하고 있다. 왜냐하면 기다리는 많은 군중은 관심을 창출시키고 심지어 초기의 열광 상태가 누그러져도 판매를 발생시키기 때문이다.[4]

가상 커뮤니티

많은 웹사이트들이 소비자가 견해를 남기고, 다른 사람들이 거기에 반응하기를 권장한다. 대부분의 젊은 사람들은 상당한 '친구 리스트'를 가지고 있으며 온라인에서 만났지만 한 번도 실제로 만난 적이 없는 사람들과 정기적으로 소통하고 있다. 온라인에서는 신장이 크고 작고, 체형이 마르고 뚱뚱하고, 잘생겼던 평범하든 상관이 없다. 많은 사람들이 생각을 자유롭게 표현하고, 심지어 만난 적이 없는 사람들과 친분을 가진다. 온라인의 익명성은 사람들에게 자신의 견해를 표출하는 자유를 보장하고 다른 사람의 견해를 얻을 수 있는 혜택을 준다. 한 연구는 집에서든 음식점에서든 식재료의 준비와 소비에 전념하는 온라인 집단인 '식도락가'를 조사하였다. 그 집단의 회원들은 전 세계에 걸쳐 음식점과 음식에 대한 추천을 게재한다. 연구 결과, 식도락가들은 그들의 게시물의 정확성에 집중하고 잠재적으로 호도하는 정보를 게재하지 않도록 매우 조심한다는 것을 보여주었다.[5]

사람들이 관심사, 취미, 의견을 수천 명의 온라인 친구와 공유한다는 사실은 마케터에게 많은 도움이 된다. 예를 들며, 60년이 넘도록 미국 TV 제작자는 광고 수수료로 지원되는 오락 프로그램을 방송해왔다. 책이나 영화처럼 이러한 프로그램의 내용은 청중으로부터의 충분한 의견수렴과는 관계없이 만들어졌다. 일반적으로, 닐슨평가점수는 TV 프로그램의 성공을 측정하고 여러 방송에서 광고 평가점수를 결정하는 데 사용해왔다. 프로그램을 시청한 후 시청자들은 자주 그들의 사무실 정수기 앞에서 TV 프로그램을 토론하고, 어떤 사람들은 시청 도중에 텔레비전에 말대꾸하기도 한다. 그러나 이런 프로그램의 작가나 제작자는 시청자들이 뭐라고 하는지에 대해서 들을 수 있는 신뢰할 만한 방법이 없다. 수년 전에 TV 시청자들은 televisionwithoutpity.com이라는 사이트를 만들었다. 이는 TV 시청자들이 토론하고, 불만을 표시하고, 유명한 TV 쇼에 대해 칭찬할 수 있는 토론 공간을 제공한다. 이 웹사이트 방문자는 프로그램의 줄거리에 대해 유머스러운 의견을 나누고 어떻게 전개될 것인가에 대해 추측한다. 어떤 이는 다음 차의 방송분의 내용에 대해 제안을 하기도 한다. 의견을 게재하는 시청자들은 시청하는 프로그램에 대해 매우 관여되어 있기 때문에, 프로그램 제작자는 그들이 게재물을 읽고 줄거리와 대화에 대한 시청자의 반응에 대한 감을 잡을 수 있다. 그런 후에 작가는 그런 피드백을 반영하여 다음 차의 방송분을 만든다. TV 쇼는 방송 수주 전에 만들어지고 작가는 시청자의 게시물을 반영하여 미래의 방송분을 변경할 수 있다. 예를 들면, 시청자가 특정 줄거리에 지루해하거나 짜증이 났다는 것을 알게 되면, 그 줄거리는 수정되거나 계획한 것보다 훨씬 빨리 결론지을 수도 있다.

지지자집단

소비에 초점을 둔 지지자집단의 목적은 의사결정과 소비자의 권익을 보장하는 것을 도와주기 위한 것이다. 지지자 집단은 두 종류로 나뉜다. 특정 소비자 남용을 교정하기 위해 일시적으로 조직되었다가 이후 해체되는 단체와 장기간에 걸쳐 만연해 있는 문제를 좀 더 폭넓게 다루는 단체로 구별된다. 이웃에 성인용 비디오 가게를 오픈한 것을 반대하기 위해 함께 가입한 격분한 부모들의 집단, 혹은 특정 지점에 차량 정지 사인을 추가로 설치할 것을 요구하기 위해 지역 고속도로 관리부서 회의에 참석한 이웃집단은 일시적이고 원인이 분명한 소비자 행동 집단의 예이다. 지속적 소비자 행동 집단의 예로 음주운전방지어머니회를 보면, 1980년에 창설되어 모든 주요 시와 모든 주정부 수도가 있는 도시에서 지역 지부 형태로 오늘날까지 운영되고 있다. 이 어머니회 대표자들은 여러 공중 자문위원회에서 봉사하고, 음주운전을 감소시키기 위한 지역대책위원회를 조직하는 것을 도와준다. 추가적으로 그 조직은 주류 광고를 제한하는 법률을 지지하고 젊은이들에게 부정적 영향을 주는 그 어떤 광고에도 반대한다.

준거집단 영향력을 좌우하는 요인

준거집단이 개인의 행동에 영향을 미치는 정도는 개인, 제품, 그리고 사회적 요인에 기인한다. 이러한 요인들은 순응, 집단의 능력과 전문성, 개인의 경험과 개성, 그리고 제품의 과시적 특성을 포함한다.

순응

어떤 마케터, 특히 시장의 선도자의 목적은 소비자의 순응(conformity)을 향상시키는 것이다. 그들은 종종 준거집단의 영향력을 판매 촉진에 반영시키고 있다. 반면에 신규브랜드 혹은 시장 선도자가 아닌 브랜드의 마케터는 종종 군중과 다르고 추종하지 않는 소비자를 설득하려고 한다. 준거집단은 구성원에게 영향력을 행사하기 위해서는 다음을 수행해야 한다.

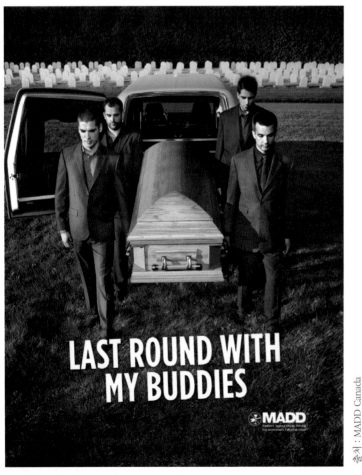

1. 브랜드와 제품이 존재한다는 것을 알려주거나 인지시킨다.
2. 개인에게 집단의 태도와 행동을 자신의 생각과 비교할 수 있는 기회를 제공한다.
3. 집단의 규범과 일치하는 태도와 행동을 수용하도록 개인에게 영향을 준다.
4. 다른 구성원과 같은 제품을 사용하는 구성원의 의사결정을 정당화한다.

〈그림 9.3〉에 있는 MADD 광고는 무모한 행위 — 젊은이들(특히 남자들)이 종종 하는 음주운전 — 를 하지 못하게 한다. 왜냐하면 젊은이들은 친구들이 자신을 좋아해 주길 원하며, 특히 술에 취했을 경우, 파티장과 같이 '남자다움을 과시하는' 환경에서 조장되는 위험하고 종종 비극적인 결말로 이어지는 행동에 가담하기 때문이다. 광고는 술 취한 친구와 함께 운전하는 것이 음주운전을 정당화한다고 암시하는데, 친구는 중요한 준거집단이기 때문이다. 청년들은 이 광고가 신뢰성이 있기 때문에 광고 메시지에 반응할 것이다. 이 광고는 비극적 종말을 맞게 된 준거집단의 영향력에 대해 보여주고 있으며, 사망한 운전자가 범한 같은 실수를 하지 않도록 사람

출처 : MADD Canada

그림 9.3 집단 영향력에 순응하는 것을 단념하게 함

표 9.2	순응자의 특징

1. 집단 내에서 누군가가 특정한 방식으로 행동하면, 그것이 옳은 방식이라고 느낀다.
2. 멋진 옷을 입기를 선호하며 다른 사람이 어떤 옷을 입는가에 대해 신경을 쓴다.
3. 여럿이 모일 때는 모가 나지 않게 잘 맞추어서 적응하려고 한다.
4. 어떤 상황에서 어떤 행동을 해야 할지 자신이 없는 경우, 타인의 행동을 기준으로 한다.
5. 종종 남이 자신에게 했으면 하는 방식으로 행동한다.
6. 그들과 관련 있는 누군가가 자신을 인정하지 않는다고 느끼면 자신의 습관과 방식을 바꾼다.
7. 타인으로부터 속어적인 표현을 종종 배워서 사용하기 시작한다.
8. 그들의 행동에 대한 타인의 반응에 항상 신경을 쓴다.

들을 설득시키고 있다. 〈표 9.2〉는 집단의 행동과 설정된 규칙에 순응할 것 같은 개인의 여러 특징을 나타내고 있다.

집단의 능력과 전문성

다른 준거집단은 다른 시간 혹은 다른 상황에서 개인의 신념, 태도, 행동에 영향을 미친다. 예를 들면, 보수적인 법률 사무소에 일하는 젊은 비서의 복장은 장소와 역할에 따라서 변한다. 무릎 밑으로 내려오는 보수적인 옷과 치마를 입으면서 직장의 복장 규정에 순응하는 한편, 친구와 외출할 때는 최신 유행의 화려하고 노출이 심한 옷을 입을 수 있다.

타인으로부터의 인정을 받는 것에 주로 신경 쓰는 소비자는 대개 사회적 지위를 지닌 집단의 구성원과 동일한 제품과 브랜드를 구입한다. 소비자가 그들에게 영향력을 발휘할 수 있는 사람이나 그룹의 능력에 사로잡혀있을 때, 그들은 종종 자신의 선택이 칭찬받을 수 있도록 사람과 집단의 규범에 맞는 제품을 구입한다. 그러나 역량에 기준하지 않는 준거집단과는 달리 '영향력집단'은 행동을 초래할 수는 있어도 태도의 변화를 일으키지는 못할 수도 있다. 개인은 역량이 있는 개인과 집단의 행동에 순응하지만, 아마 그들의 태도를 변경하거나, 선택을 내부화하지는 못할 것이다.

관련 정보와 경험

제품과 서비스의 직접 경험이 있는 혹은 그 제품에 대한 자세한 정보를 가질 수 있는 개인은 타인의 조언이나 경험에 영향을 받지는 않을 것이다. 반면에, 제품에 관해 조금 혹은 전혀 경험이 없고 광고 메시지를 믿지 않는 사람은 타인의 조언이나 경험을 구할 가능성이 많다. 예를 들면, 젊은 영업 대리인이 고객을 만족시키려고 할 때, 이전에 방문해 본 적이 있는 음식점이나 음식점 안내책자에 많이 추천된 곳으로 고객을 데리고 갈 것이다. 영업 대리인이 개인 경험 혹은 정보가 없는 경우라면, 아마 친구의 조언을 구하거나 본인의 역할모델로 생각하고 있는 임원들이 자주 가는 식당으로 고객을 데려가는, 즉 타인의 행동을 모방하려고 할 것이다. 한 연구에서는, 비디오 게임 산업 데이터를 활용하여 온라인 소비자 평가와 제품 판매 간의 관계에서 제품 및 소비자 특성의 조절효과에 대해 검토하였다. 그 결과로 덜 유명하거나 게임플레이어가 인터넷 사용 경험이 많은 게임의 경우에 온라인 리뷰가 더욱 영향력을 행사하는 것으로 나타났다.[6]

〈그림 9.4〉의 미국 해군의 광고는 젊은 민간인에게 대개의 상징적 집단과는 달리, 그들이 잠재적으로 가입할 수 있는 상징적 준거집단으로서 해군을 보여준다. 그 광고의 목적은 젊은 남녀가 선별

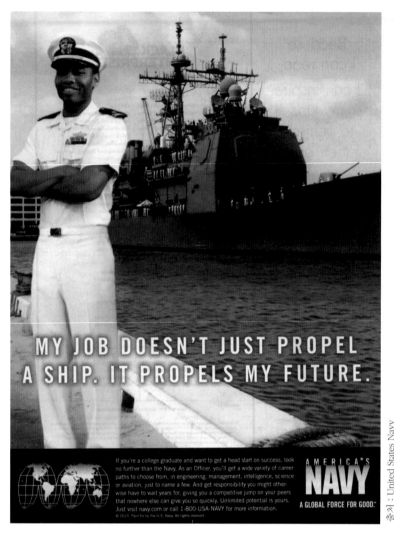

그림 9.4 신뢰할 수 있는 역할모델

된 집단의 구성원, 즉 해군이 되는 것을 장려하는 것이다. 광고는 해군에 입대하는 것을 지지하기 위해 정보와 경험을 가진 한 해군을 보여주고 있다. 잠재적 해군 지원자는 광고의 해군을 신뢰할 수 있는 역할모델로 여길 것이며, 군함을 이동시키는 것 외에 해군이 그 병사에게 약속한 전도유망한 미래를 주었다는 그의 말을 믿으려고 할 것이다.

제품 과시

준거집단의 구매결정에 미치는 영향력의 정도는 제품의 과시력에 따라 다르다. 과시적인 제품은 눈에 띄는 제품이며, 타인에게 쉽게 지각되는 제품으로, 값비싼 시계 혹은 새로 출시된 디지털 카메라 같은 것이다. 본질적으로 과시적이고 지위와 품위를 나타내는(예 : 큰 다이몬드 반지) 제품은 관련 있는 타인의 반응을 보면서 구입하는 것이 대부분이다. 〈그림 9.5〉의 ALT 잡지 광고는 과시적 제품을 보여주고 있다. 보다 덜 과시적이면서 개인적으로 소비되는 제품(예 : 면도 크림 혹은 샤워 비누)은 준거집단을 염두에 두고 구입할 가능성은 훨씬 적다고 하겠다. 〈표 9.3〉은 보다 과시적인 제품이 제품의 소유 여부와 소유하는 브랜드, 제품유형 양쪽 측면에서 모두 준거집단의 영향력에 더 많이 좌우되는 것을 보여준다. 덜 과시적인 제품은 반대이다. 예를 들어, 피어싱과 문신은 매우 눈에 띄기 때문에, 피어싱의 종류와 문신의 디자인뿐만 아니라 문신이나 피어싱을 할지 말지에 대해 준거집단이 상당히 강한 영향을 미칠 것이다. 사람에 따라 보석을 사용하거나 않기 때문에 준거집단은 보석을 착용하지 안 할지에 대한 것이 아니라, 착용하기로 한 보석의 종류에만 영향을 끼칠 가능성이 높다. 반면에 준거집단은 치약의 사용에 대한 결정(모든 사람이 사용하고 있기 때문에)과 선택한 브랜드에 대한 결정(치약의 브랜드를 타인이 볼 수가 없으므로)에는 영향을 미치지 않는다.

미국의 거리를 지나다 보면, 모자를 쓰고, 유명 스포츠팀의 로고가 새겨진 티셔츠나 자켓을 입고 있는 사람을 볼 수 있다. 마찬가지로, 운전 중에 지나가는 차들의 차량번호판을 보라. 번호판에는 대학, 가장 선호하는 스포츠팀, 환경집단, 수많은 기관과 조직의 다양한 이름과 로고들을 볼 것이다. 연구자는 스포츠 경기를 보러 가는 많은 사람 중에 특정 팀을 지지하는 개인이 많을수록, 그 팀을 후원하는 기업의 제품을 더 많이 구매된다는 것을 알아냈다.[7] 흥미로운 것은 기술발전이 과시욕구에 영향을 미쳤다는 것이다. 전자독서 이전에는, 많은 여성이 성애물 서적을 남들이 보는 상황에서는 읽지 않았다. 왜냐하면 성애물 서적의 표지에 있는 제목을 타인들이 쉽게 볼 수가 있으므로 본인에 대

그림 9.5 과시적인 제품

한 이미지를 나쁘게 하고 '멍청한 금발여자'라는 고정관념을 강화시켜주는 것에 대해 우려했기 때문이다.

그러나 전자책의 등장으로 공공장소에서 무엇을 읽는지에 대해 남들이 볼 수가 없게 되고, 많은 성애물 서적이 저작되었고 급속히 판매되었다. 그중 어떤 책들은 베스트셀러가 되었다.[8]

성격 특성

준거집단이 구성원에게 미치는 영향력에 여러 성격 특성은 영향을 준다. 순응적인 사람은 집단에 소속되고 타인이 좋아해주기를 바라는 욕구에 순응하는 경향이 있으며, 타인 지향적인 사람은 집단영향력에 대해 보다 수용적이다. 타인과 일을 통제하려는 욕구가 강하고 내부 지향적이며 경쟁적인 사람들은 준거집단으로부터의 조언을 덜 구하는 경향이 있다.

표 9.3	**제품 과시성과 준거집단 영향력[a]**		
	제품	구매 혹은 비구매에 주는 준거집단의 영향력	브랜드에 주는 준거집단의 영향력
매우 과시적	피어싱	+	+
	문신	+	+
	보석	=	+
	야구 모자	=	+
	스마트폰과 앱	=	+
	온라인에서 읽는 잡지	=	+
	댄스 클럽	=	+
	헤어 스프레이	−	−
	콘택트렌즈	−	−
	속옷	−	−
전혀 과시적이지 않은	치약	−	−

[a] +상당한 영향력, =중립적, −영향력 없음

대변인, 보증인, 그리고 다른 공식적 원천의 신뢰성

학습목표

2 대변인, 보증인, 유명인사, 판매원, 판매자, 그리고 미디어의 설득력과 신뢰성을 이해한다.

원천 신뢰성은 보증인, 대변인, 광고물에 출연하는 개인에 대한 신뢰도를 만한다. 대변인은 실제 고객이나, 회사 고용인, 유명인사, 혹은 모델일 수 있다. 사람 혹은 조직의 신뢰성을 측정함에 있어서 연구자들은 전문성, 신뢰성, 매력도, 호감도의 차원을 확인하였다. 소비자는 상업적 기관(즉 제조업자, 서비스 회사, 금융기관, 소매업자)의 의도는 이익창출이며, 따라서 마케터를 비공식적인 준거집단보다는 덜 신뢰를 하게 된다는 견해를 인식하고 있다. 기업은 과거의 든든한 실적, 좋은 평판, 제품의 품질과 좋은 서비스를 통해 신뢰성을 전달할 수 있다. 지각된 신뢰성은 또한 대변인의 이미지와 매혹성, 제품을 제공하는 소매업자의 평판, 그리고 광고하는 매체에 의해서도 결정이 된다. 스포츠팀을 후원하는 것에 대한 연구에서 후원자와 후원받는 기관의 명확히 지각된 적합성은 후원자의 신뢰성을 향상시키는 것으로 나타났다.[9]

명성이 낮은 기업보다는 명성이 높은 기업의 제품판매가 더 쉽다. 소비자는 명성이 잘 알려지고 인기 있는 브랜드를 신뢰하며, 이러한 브랜드는 같은 브랜드 이름으로 새로운 제품을 출시한다. 마케터는 또한 제품과 연관시키지 않고 회사의 이미지만으로 구성되는 **기업광고**(institutional advertising)를 사용하기도 한다.

비영리 원천은 일반적으로 영리적 원천보다 많은 신뢰성을 가진다. 1936년부터 발행된 미국잡지인 소비자리포트(Consumer Report), 소비 관련 보고서, 또는 평판 좋은 미디어 보고서와 같이 중립적으로 지각되고 있는 공식적인 원천은 제품 평가에 있어서 보다 객관적이기 때문에, 상업적 원천에 비해 신뢰성이 크다고 하겠다. 이것이 제조업자에 있어서 매스컴의 관심(publicity)이 왜 그렇게 중요한지를 보여준다. 소비자는 회사가 지불한 광고의 내용보다는 논설에서 언급된 제품 관련 내용을 더 믿게 되는 것이다.

보증인과 대변인

많은 연구에서 메시지의 효과와 방송에 출현한 대변인 혹은 보증인의 관계에 대해 조사하였다. 주요 결과는 다음과 같다.

1. 보증인과 광고되는 제품 혹은 서비스의 종류 사이의 시너지 효과는 매우 중요하다. 유명인사와 그가 보증하는 제품 간에 적합성이 클수록 메시지 설득력도 높아진다. 그러므로 개인 머리손질 제품 경우처럼, 육체적으로 매력적인 유명인사를 대변인으로 사용한 광고가 메시지 신뢰성을 향상시키고, 우호적이고 지속적인 브랜드 태도를 이끌어낸다. 세제처럼 신체적 외모와 관련이 없는 제품의 경우, 매력적인 보증인을 사용하는 것은 큰 효과를 얻지 못할 것이다. 효용을 강조하는 제품(예 : 저렴한 일상에서 사용하는 시계)보다는 즐거움을 추구하는 제품(예 : 값비싼 시계)을 위한 광고에서는, 육감적인 유명인사를 보증인으로 하는 것이 더 신뢰가는 원천으로 인식되고 브랜드 태도에 긍정적 영향을 미친다.

2. 나이, 인종 등 목표 고객과 유사한 인구통계적 특성을 가진 보증인이 그렇지 않은 보증인에 비해 더 신뢰가 가고 설득력이 있게 인식된다. 예를 들어, 인종적 동일화가 강한 소비자는 유사 인종의 보증인에 의해 인종적 동일화가 약한 개인보다 설득될 가능성이 높다. 개인의 인종 동일화는 자신이 인종집단의 구성원으로 확인하고 동일화하는 정도를 나타낸다.

3. 소비자는 유명인(모델)이 나오는 광고에 호감을 느낄지는 몰라도, 마케터까지 신뢰할 수 있는

경우에만 제품을 구입한다. 따라서 마케터가 유명 보증인을 이용한 광고 메시지의 설득력을 측정할 때, 반드시 소비자의 구매 의도뿐만 아니라 광고된 브랜드에 대한 소비자의 태도 또한 측정해야 한다.

4. 증거 제시 광고나 권장 광고에서 유명인사를 사용하는 마케터는 반드시 대변인의 자격과 메시지의 내용이 일치하는가를 확인하여야 한다. 테니스 선수는 특정 진통제 브랜드에 대해 권장하고 그 진통제가 어떻게 근육통을 완화시키는지에 대해 설명할 수 있다. 그러나 다른 브랜드에 비해 권장한 브랜드의 수월성을 지지하는 의학적 증거에 대한 언급은 테니스 선수로부터 기대할 수 있는 지식과 전문성 범위를 벗어난 것이므로, 메시지 신뢰성을 향상시키기 보다는 오히려 감소시킨다. 한 연구에서 지각된 전문성과 신빙성은 소비자의 제품에 대한 태도를 긍정적으로 변화시킬 수 있으며 신빙성 있는 원천은 전문가라는 지각이 없으면 태도를 변화시키지 않는다는 것을 보여주었다.[10]

따라서 보증인을 선택함에 있어서, 마케터는 반드시 유명인사의 신뢰성, 전문성, 신체적 매력과 지지하는 브랜드 혹은 제품 사이의 시너지 효과가 있을 것이라는 확신할 수 있어야 한다. 또한 소비자는 여러 상업 광고에 너무 자주 출연한 유명인사는 적게 출연한 유명인사에 비해 보다 덜 신뢰하는 것으로 지각하기 때문에, 해당 유명인사가 이전에 얼마나 많은 광고에 출연했는지도 고려해야 한다.

유명인사

유명인사, 특히 인기 영화배우, TV 관련 인사, 유명 연예인, 스포츠 스타는 상징적 준거집단인데, 왜냐하면 사람들이 그들을 좋아하고 존경하고 높은 신뢰성을 가지고 있기 때문이다. 그러므로 많은 마케터들은 제품과 서비스를 홍보하기 위하여 유명인사들을 활용하며, 추정치에 의하면 미국 상업광고의 약 25%는 유명인사 보증을 포함하고 있다.[11] 팬들과 대중에게 유명인사는 대부분의 사람들이 살고 싶어 하는 이상적인 삶을 나타낸다. 광고주는 독자나 시청자가 유명인사가 사용하는 제품에 긍정적으로 반응하기를 기대하면서, 유명인사들이 자신들의 제품을 사용하는 것을 홍보하기 위해 엄청난 돈을 지불하고 있다.

광고홍보 메시지에 나타나는 '상품 선전자'는 메시지 신뢰성에 매우 큰 영향을 미친다. 명성, 재능, 신뢰, 카리스마와 같은 기업광고에 공헌할 수 있는 유명인사의 모든 효용 중에 신뢰가 가능 중요하다. 유명인사 신뢰성이라는 것은 유명인사가 얼마나 그 제품군에 대해 알고 있는가에 대한 **전문성**과 유명인사가 제품에 대해 언급하는 내용이 얼마나 믿을 수 있는 것인가에 대한 **신뢰가치성**에 대한 청중의 지각을 의미한다.[12] 예를 들면, 어떤 유명인사가 한 가지의 제품만을 권장할 때, 소비자는 그 제품을 매우 긍정적으로 지각하며 구매할 가능성이 높다. 반면에, 유명인사가 여러 다양한 제품을 권장할 때는 지각된 신뢰성은 감소한다. 왜냐하면 유명인사가 제품들을 권장하고 지지하는 이유가 경제적인 이유라는 것이 너무 현저해지기 때문이다.[13] 유명 운동선수가 10대 청소년에게 미치는 영향을 연구한 조사에서는 유명 운동선수가 긍정적인 구전을 만들어내고 브랜드 충성도를 향상시킨다는 것을 발견하였다. 또한 동일 연구에서는 좋아하는 유명 운동선수들이 권장한 제품에 대한 긍정적인 구전을 10대 여자아이들이 10대 남자아이들보다 더 많이 한다는 것을 알아냈다.[14] 요즘의 세련되고 다양한 소비자들은 마케팅에 있어서 그들이 좋아하는 브랜드로부터 진정성을 추구한다. 따라서 펩시는 비욘세와 함께, 그녀가 나타나는 상업광고와 그녀의 창조적인 프로젝트를 후원하기 위한 수백만 달러의 자금을 포함하는 하이브리드 프로젝트를 시행하였다. 펩시의 목표는 단순히 유명인사의 권장 대신에 예술적 후원자로서 활동함으로써 소비자와 함께 명성을 제고시키는 것이었다.[15]

마케터는 홍보촉진에 있어서 다음과 같이 유명인사를 고용한다.

1. **유명인사 사용증명**(celebrity testimonial) : 개인적으로 사용한 경험에 기준하여 유명인사는 제품의 질에 대해 증명하고자 한다. 수백만 명의 청소년과 젊은 성인들에게 사랑받는 저스틴 팀버레이크가 출연한 골프 장비 관련 광고는 골프라는 게임을 보다 매력적이고 '섹시'하게 만든다.[16] 고급 사양의 아이폰 모델을 위한 광고에서는 마틴 스콜세지가 출연하는데, 전설적인 영화 감독 마틴이 아이폰의 시리 기능을 사용하여 약속 시간을 정하고 교통상황을 체크하는 모습을 보여준다.

2. **유명인사 보증**(celebrity endorsement) : 유명인사가 직접적 경험이 있거나 잘 알고 있는 제품을 보증한다. 예를 들면, 무술가인 척 노리스가 이라 세제의 소셜 미디어 광고에 출연한다. 그 광고의 주제는 척노리스가 나쁜 녀석들에게 강한 만큼 이라 세제가 세탁물의 때에 강하다는 것이다. 〈그림 9.6〉은 킥복싱 및 무술 챔피언 'K.J. 눈스'를 동물을 윤리적으로 대하는 사람들(PETA)이라고 불리는 비영리 법인의 대변인으로 활용하고 있음을 보여준다. 'K.J.'는 강인한 파이터이며, 링 안에서는 자신과 상대선수가 동등한 경기를 하지만, 동물은 더 크고 강한 인간으로부터, 폭력과 학대로부터의 보호를 필요로 한다고 말하고 있다. 힘없는 동물을 보호하는 강인한 사람의 묘사는 메시지를 신뢰하게끔 만든다.

3. **유명인사 배우**(celebrity actor) : 유명인사가 제품을 위한 상업 광고에 출연하여 일정 부분을 연기한다.

4. **유명인사 대변인**(celebrity spokesperson) : 유명인사가 오랫동안 브랜드와 회사를 대변한다. 예를 들며, 제임스 본드 — 전 세계적으로 유명한 슈퍼 영웅 중의 한 명 — 가 오메가 시계와 애스턴마틴 고급차의 대변인이었다.

모든 회사들이 유명인사를 활용하는 것이 최선의 광고 방식이라고 느끼는 것은 아니다. 어떤 회사들은 관련 유명인사가 바람직하지 못한 행위나 사건(예 : 추악한 결혼생활, 스캔들, 체포와 범죄 기소)에 연루되어 기사화되고 결과적으로 이것이 유명인사가 권장한 브랜드의 판매에 부정적으로 미치게 되는 경우

출처 : Creative Agency: 358 Helsinki, Photo: Rami Hanafi, Viewmasters

그림 9.6 유명인사 보증

를 염려해서 유명인사 활용을 꺼려하기도 한다. 보수적이고 전투적인 라디오 토크쇼 진행자 러쉬 림보는 젊은 여학생이 피임을 지지하였다는 이유로 그녀를 '난잡한 여자' 그리고 '매춘녀'라 불렀는데, 그 후에 많은 마케터들은 그의 토크쇼에 광고를 중단하였다.[17] 마찬가지로, 존 트라볼타의 동성연애 이야기가 미디어에 노출된 이후에 그는 매우 값비싼 한 시계 광고에 오랫동안 출연했음에도 불구하고 그 광고에서 바로 교체되었다. 타이거 우즈도 스트리퍼와 불륜을 저지르고 섹스에 중독되었다는 사실이 밝혀지자 그가 참여했던 수많은 광고 후원을 잃게 되었다. 애플랙(Aflac) 보험사는 십년이 넘게 자사의 오리 마스코트의 목소리를 제공하였던 유명 코미디언이 일본의 지진과 쓰나미에 대해 농담하자 해고해버렸다.[18] 양발이 절단되었지만 탄소 섬유로 만든 블레이드(의족을 달고)로 경기하며 올림픽에 참가한 육상선수 오스카 피스토리우스(Oscar Pistorius)는 여러 나이키 광고에 출연하였다. 한 광고는 "나는 탄약실 안에 있는 총알이다."*라고 하면서 질주하기 시작하는 것을 보여준다. 그러나 나이키는 남아프리카공화국의 스포츠 스타인 그가 여자친구를 총으로 살인한 것으로 기소되자 광고 캠페인에서 그를 더는 이용하지 않았다.[19]

많은 광고가 평범한 소비자가 제품을 권장하는 것을 보여주고 있다. 예를 들면, 브로드웨이 공연 TV광고는 관객들이 극장을 나오면서 뮤지컬에 대해 격찬하는 모습을 보여준다. 일반적인 소비자의 일상생활을 보여주는 광고 메시지인 '생활의 단면 광고'는 환상이나 감성적 소구보다 더 효과적임을 보여 주었다. 광고 모델의 인종과 성별도 고객의 신뢰성 지각에 영향을 미쳤다.[20]

판매원 신뢰성

자신감을 가지게 하며 정직과 진실성의 인상을 주는 판매원은 가장 설득적이다. 당신의 눈을 보는 판매원은 시선을 피하는 판매원에 비해 정직한 것으로 지각된다. 많은 제품의 경우, 옷을 잘 차려입고 비싼 최신모형의 차를 운전하는 판매원은 그러한 성공의 외향적 암시가 없는 판매원에 비해 더 신뢰성을 가질 수 있다. 다른 제품의 경우, 전문가처럼 행동함으로써 신뢰성을 제고시킬 수 있다. 예를 들면, 집수리 제품을 파는 사람은 은행원처럼 보이는 것보다 이제 막 지붕에서 내려왔거나 지하실에서 올라온 사람처럼 보이면 더욱 신뢰감을 준다.

판매자 신뢰성

제품을 판매하는 소매업자의 명성은 메시지 신뢰성에 큰 영향을 미친다. 잘 알려지고 고품격 상점에서 팔리는 제품은 상점 자체의 부가된 보증과 암시적인 보장을 전달한다(예 : 아마존이 추천한다면 그건 분명 좋은책이다). 평판이 높은 판매자에게서 생겨난 신뢰성의 후광은 제조업자의 메시지 또한 강화시켜준다. 이것이 바로 많은 전국적 브랜드 광고에서 해당 제품을 팔고 있는 상점을 나열하는 이유이다.

소비자가 가지는 제품과 판매자와의 과거 경험은 메시지 신뢰성에 중요한 영향을 미친다. 실현된 제품의 기대는 같은 광고업자에 의한 장래의 메시지와 일치하는 신뢰성을 향상시키지만, 실현되지 않은 제품의 주장이나, 실망스러운 제품의 경험은 장래의 메시지의 신뢰성을 감소시킨다. 따라서, 메시지 신뢰성의 주요기반은 제품, 서비스, 브랜드가 계속적인 품질, 가치, 소비자 만족을 전달하는 능력이라고 하겠다.

---

* Associated Press, "Nike Makes No Plans for Pistorius in Future Ads," online. wsj.com, February 18, 2013.

미디어 신뢰성

광고물을 전달하는 미디어의 평판 또한 메시지 신뢰성을 향상시킨다. 보그의 이미지는 그 잡지에 광고된 제품에 추가적인 지위를 부여한다. 대부분의 소비자는 괜찮은 미디어는 품질이 좋은 제품만을 광고할 것이라고 믿는다. 전문적 특화는 지식과 전문성을 의미하기 때문에 소비자는 일반적 관심의 원천보다는 그들이 보는 특별 관심 잡지나 웹사이트를 더욱 신뢰한다.

원천 신뢰성은 빠르게 줄어든다. 수십 년 동안, 오프라 윈프리는 미국에서 가장 신뢰성 높은 원천 중의 한 명이었다. 그러나 자신의 삶에 대해 출판한 책에서 언급된 고생담과 극적인 경험담을 거짓으로 지어낸 작가를 "오프라윈프리쇼"에 출연시킨 후에 그녀의 신뢰성은 급속히 쇠퇴되었다. 유사하게, 매우 유명한 기자였던 댄 래더(Dan Rather)는 방송 중에 잘못된 사실을 언급하고 난 뒤, 1968년부터 아주 높은 평가를 받았던 TV "뉴스매거진60분(60Minutes)"에서 해고당했다. 그런 부정적 사건은 TV 쇼 중간에 광고된 제품의 평판에 부정적으로 영향을 주었음이 자명하다. 그런 효과는 대개 일시적이긴 하지만 마케터는 이러한 파급 효과에 대해 대비해야 한다.

시간이 원천 신뢰성에 미치는 효과

시간이 지나감에 따라 정보가 단기기억 장소에서 장기기억이 위치하는 대뇌피질로 이전될 때, 정보는 그 정보를 알게 된 상황과 분리되어진다. 예를 들면, 비록 미국의 수도가 워싱턴이라는 것을 알지만 이 정보를 어떻게 배웠는지는 아마 기억하지 못할 것이다. 시간이 흐름에 따라 메시지와 그 원천이 분리되어 단지 메시지 내용만 기억하고, 원천은 기억하지 못하는 것을 **수면 효과**(sleeper effect)라고 한다. 따라서 비록 신뢰성이 높은 원천이 초기에는 신뢰성이 낮은 원천보다 영향력이 크지만, 긍정적, 부정적 신뢰성 효과는 둘 다 6주 정도 지나면 사라진다는 것을 연구에서 보여준다. 더욱이 **차별적 쇠퇴**(differential decay)에 의하면 부정적 신호(신뢰성이 낮은 원천)에 대한 기억은 주요 메시지 내용을 남긴 채, 메시지 자체보다 더 빨리 쇠퇴한다. 그러나 동일 혹은 유사한 메시지를 같은 원천이 재소개를 하게 되면 청중의 기억을 다시 돌리게 하는 역할을 하며, 원래의 효과가 다시 나타나게 된다. 즉, 신뢰성이 높은 원천은 낮은 원천에 비해 더욱 설득적으로 남게 되는 것이다. 마케터들에게 수면 효과와 차별적 쇠퇴가 갖는 함축적 의미는, 높은 설득력을 유지하기 위해서는 신뢰성이 높은 대변인이 보여주는 메시지를 반드시 정기적으로 반복해야 한다는 것이다.

구전과 의견 리더십

학습목표

3 의견 리더십과 구전의 역학과 측정에 대해 이해한다.

본래 동료들 간의 의사소통 과정에 대해 연구했던 사회학자들은 그것을 **의견 리더십**(opinion leadership)이라 불렀다. 의견 리더십을 정의하자면, 한 사람(의견 선도자)이 조언을 필요로 하는 사람들 또는 수용자에게 비공식적인 영향을 미치는 과정이다. 이러한 영향은 둘 또는 그 이상의 사람들 간에 일어나는데, 이들은 상업적인 판매자와 아무런 관련이 없고, 조언이나 정보를 제공함으로써 직접적으로 어떠한 이득도 얻지 않는다. 의견 수신자는 의견 선도자의 의향을 그들에게 최선의 것으로 간주한다. 왜냐하면 의견선도자들은 자신들이 제공하는 조언에 대한 어떠한 물질적인 이득도 취하지 않기 때문이다. 의견 선도자는 대개 제품 구입에 관련하여 직접 체험한 경험을 바탕으로 하기 때문에 그들의 조언은 의견 수렴자가 신제품을 사는 과정에서 오는 지각된 위험 부담과 불안을 줄여주게 된다. 더 나아가 의견 선도자는 과거 조언을 구한 사람들이 남기는 피드백을 신뢰하며, 그것을 훗날 다른 사람들에게도 자신의 조언과 함께 더불어 들려주길 원한다.

　의견 선도자는 정보와 조언을 동시에 제공한다. 그들은 제품에 관련한 본인의 경험담을 얘기하며 그 제품이나 브랜드를 구매해야 하는지 말아야 하는지에 관해 조언을 아끼지 않는다. 의견 선도자가 전하는 정보에는 가장 좋은 브랜드 선택, 제대로 된 제품 사용, 제품 구매 장소와 그 외 여러 측면의 조언이 포함된다. 의견 선도자는 특히 의사, 변호사, 미용사, 자동차 정비 기술자, 식당 또는 여행사처럼 이들과 개인적인 관계를 맺고 있을 때 더 중요한 역할을 한다. 소규모 서비스 업체들은 홍보수단이 제한되어 있기 때문에 새로운 고객을 유치하는 주된 방법은 현재 보유한 고객의 추천을 통해서 이루어지는 것이다.

　일반적으로 말하자면, 의견 선도자는 특정 범주에 해당된다. 즉, 의견선도자는 대체로 정보나 조언을 제공함에 있어 그들만의 확실한 제품 범주 안에서는 전문적이다. 하지만 다른 범주의 제품에 대해 얘기할 시, 그들은 의견 선도자에서 의견 수렴자로 그 역할을 바꾸게 된다. 어떤 한 사람이 차에 대한 전문지식이 풍부하다면, 많은 사람들이 차를 구매할 때 그 사람에게 조언을 구하고자 한다. 하지만 그 사람이 새로 나온 아이맥을 구매할 예정이라고 해보자. 그는 아마 테크놀로지에 관련한 의견 선도자라 생각하는 다른 누군가의 의견을 구할 것이다. 그 의견 선도자가 차에 관련한 조언을 구했던 자가 될 수도 있는 것이다.

　트위터나 페이스북 게시물이 큰 관심을 불러 일으킬 수 있기 때문에 대부분의 회사에서는 유행 선도자의 관심을 끌고자 한다. 일 년에 한번씩 코믹북과 과학 소설의 팬들이 모이는 뉴욕의 코믹콘에는 마텔, 디즈니, 닌텐도와 그 외 유명기업의 대표들이 모인다. 마케터들은 그곳에 모이는 사람들이야 말로 유행을 선도해 나가는 사람들이라 여긴다. 그들은 공상과학 관련 제품의 조기 수용자로서 유행을 이끌며 상당한 인기를 끈다.[21]

　의견 리더십은 상부상조라 할 수 있다. 한 사람이 다른 사람에게 정보나 조언을 제공함으로써 구전이 이루어진다. 하지만 의견 선도자가 나중에는 의견을 구하게 되기도 한다. 예를 들어, 생애 첫 면접을 앞두고 있는 학생은 아마도 여러 번의 면접 경험이 있는 다른 학생(즉, 의견 선도자)에게 정보나 조언을 구할 것이다. 그녀는 아마도 어려웠던 질문은 어떤 게 있었는지, 어떻게 옷을 입어야 할지, 예상치 못해서 힘들고 어려웠던 부분은 없었는지에 대해 물어볼 것이다. 하지만 면접 후, 그녀는 그녀에게 조언을 줬던 이들과 본인의 경험담을 얘기할 것이다. 그 순간, 그녀에게 조언을 줬던 이들은 다시 의견을 받게 되고, 그녀가 통찰한 것을 훗날 그들에게 조언을 구할 다른 이들에게 또 전할 것이다. 의견을 받은 이로부터의 조언은 의견선도자에게 전문지식을 더 키울 수 있는 역할을 하고 있다. 의견 선도자와 의견 수렴자의 동기부여에 관련한 설명은 〈표 9.4〉에서 확인할 수 있다.

의견 선도자의 특징

누가 의견 선도자인가? 어떤 뚜렷한 특징에 의해 그들을 알아볼 수 있을까? 특정매체를 통해 그들을 만날 수 있을까? 마케터들은 오랫동안 이 같은 질문의 답을 찾으려 애썼다. 왜냐하면 만약 그들이 판매하고자 하는 제품에 적합한 의견 선도자를 구별해낼 수 있다면 의견 선도자가 다른 사람들과 소통하고 그들의 소비 행동에 영향을 끼칠 수 있도록 인상 깊은 마케팅 문구를 고안해낼 수 있기 때문이다. 이러한 이유로, 소비자 연구원은 의견 선도자의 프로필을 발전시키고 있다. 하지만 의견 선도자는 대체적으로 본인에 의해 정보나 조언이 제공되는 특정 제품 범주 안에서만 전문적이기 때문에 그

표 9.4 의견 선도자와 수렴자의 동기부여	
의견 선도자	의견 수렴자
자기 관여도 • 구매 후 불협화음이 줄어든다. • 다른 이들의 주목을 얻는다. • 전문 지식을 자랑할 수 있다. • 다른 사람 '변화'하는 것을 경험한다.	• 지각 위험이 줄어든다. • 알아보고 쇼핑하는 시간이 줄어든다.
제품 관여도 • 제품과 서비스에 관한 만족감이나 불만을 표현한다.	• 더 많은 효과적인 제품 사용법을 배운다. • 신제품에 대해 배운다.
사회 관여도 • 비관련 정보를 다른 사람들에게 제공한다.	• 다른 사람들이 인정한 제품을 구매한다.

것 또한 쉽게 이루어지지 않고 있다. 다른 제품 범주가 이슈로 떠오를 때는, 그들은 의견 수렴자가 된다. 어떤 한 사람이 특별히 가전용품에 풍부한 지식을 가지고 있다면 아마 그 분야에서는 의견 선도자 역할을 할 것이다. 하지만 새로 나온 세탁기를 사려고 할 때는 이 사람도 다른 이에게 조언을 구할 수도 있다는 것이다(예전에 본인에게 가정용품에 대해 조언을 구했던 사람일지도 모른다).

어떤 특정 제품의 범주 없이는 의견 선도자의 프로파일을 구축한다는 것이 쉽지는 않겠지만, 다양한 연구에서 소비자 행동 관련한 의견 선도자의 공통된 특징을 가리키고 있다.

1. 의견 선도자는 특정 제품의 범주에 상당히 지식이 풍부하며, 시중에 출시된 신제품을 따르며, 그들의 전문 분야에서 대개 소비 혁신자가 된다.
2. 의견 선도자는 자신감이 넘치고 활동적이며 사교성이 좋다. 그들은 언제든 다른 사람들과 함께 제품과 소비 행동에 대해 소통할 준비가 되어 있다.
3. 의견 선도자는 특별히 관심 있는 간행물들을 읽으며, 규칙적으로 특정 주제나 그들이 전문 분야로 있는 제품 범주를 다룬 웹사이트를 방문한다. 이들은 친척, 친구, 이웃에게 효과적인 추천할 수 있게 지식을 전문화한다.
4. 대체로, 의견 선도자와 수렴자는 같은 연령의 사회경제적 집단에 속해 있다.

매번 스타일의 변화와 특정 스타일 선택 여부 즉, '사회석 인정'이 주요한 요인으로 자리잡고 있는 패션 산업에서 구전은 매우 중요한 역할을 하고 있다. 〈표 9.5〉는 패션 의견 선도자의 가장 두드러진 특징을 열거하고 있다.

의견 리더십 측정

소비자 연구자들은 다음에 열거된 방법을 이용하여 의견 리더십의 정도와 소비 행동에 대한 영향력을 측정할 수 있다. (1) 자가 지명법 (2) 사회 측정법 (3) 주요 정보 제공자 연구 (4) 온라인 영향의 정도를 측정하는 클라우트 점수가 있다.

표 9.5	패션 의견 선도자의 특징

1. 다른 사람들에게 있어 그들의 패션 관련 조언은 중요한 구실을 한다.
2. 유행하는 옷을 보면 사람들이 그들에게 조언을 구한다.
3. 사람들은 그들이 멋진 옷을 제대로 고르는 것을 알고 있다.
4. 그들은 종종 자신이 좋아하는 패션 아이템을 사도록 설득한다.
5. 그들은 옷에 관한 사람들의 의견에 영향을 끼친다.
6. 그들은 쇼핑은 활기가 넘치고 모험적이라고 여긴다.
7. 그들은 친구나 가족들과 쇼핑을 즐긴다.
8. 그들은 딱 맞는 아이템을 발견하면 즐거움을 느낀다.
9. 그들은 종종 스스로에게 무엇인가 특별한 선물하고 싶을 때 쇼핑을 한다.
10. 그들은 새로운 유행과 패션에 뒤쳐지지 않기 위해 쇼핑을 한다.

표 9.6	의견 선도자의 자가 지명에 사용하는 샘플 아이템(응답 측정 척도는 '매우 그렇다' 부터 '매우 그렇지 않다' 까지)

1. 나는 동료들 중 언제나 새로운 기술에 대해 알고 있는 첫 번째 사람이다.
2. 나는 대부분의 사람보다 더 새로운 기술에 대해 알고 있다.
3. 나의 기술에 대한 주장은 다른 사람들에게 가치가 있다.
4. 새로운 기술의 제품을 사는 것을 고려할 때 사람들은 나에게 조언을 구한다.
5. 나는 다른 사람의 기술에 관한 주장에 종종 영향을 준다.
6. 사람들이 내가 추천한 것과 같은 제품을 사용한다는 것을 안다.
7. 사람들이 내가 좋아하는 것과 같은 기술의 제품을 사는 것에 자주 영향을 준다.

자가 지명법

자가 지명법(self-designating method)이란 자기 기입식 질문지를 이용하는 것으로, 그 질문은 응답자가 다른 사람들에게 제품 종류 또는 세분화된 브랜드에 관한 정보를 제공해온 정도나 다른 사람의 구매 결정에 영향을 준 정도를 평가한다. 〈표 9.6〉은 테크놀로지 의견 선도자 연구에서 사용되는 질문의 예를 보여주고 있다. 마케터는 자가 지명법을 다른 방법에 비해 많이 사용하는데, 자기 기입식 질문을 다른 마케팅 조사 질문과 쉽게 통합하여 사용할 수 있기 때문이다. 그러나 이 방법은 소비자의 자가 평가에 의존하고 응답자는 자신의 의견 선도자 역할을 과대평가하는 경향이 있다.

사회 측정법

사회 측정법(sociometric method)이란 대부분의 서로 이름을 알고 있는 한 커뮤니티의 구성원들 사이에서 어떠한 제품이나 브랜드에 대한 개인 대 개인의 의사소통을 측정하는 방법이다(예 : 대학 기숙사, 여학생 클럽). 응답자들은 아래 제시된 두 가지를 확인하도록 요청받는다.

1. 응답자가 조사 중인 제품이나 브랜드에 대한 조언 및 정보를 제공했던 특정 개인들. (있는 경우)
2. 같은 제품이나 브랜드에 대한 조언 및 정보를 응답자에게 제공했던 특정 개인들. (있는 경우)

만약 응답자가 제품 정보의 어떠한 양식을 제공했었던 한 명 혹은 그 이상의 개인을 확인했고 그 개인이 확증한다면 그 응답자는 '의견 선도자 점수'를 받는다. 그리고 그 응답자에게 조언을 해준 사람은 인터뷰를 한 후 응답자용 보고서를 확증하도록 요청받는다. 이러한 인터뷰에 기준하여, 응답자는 '의견 수렴 점수'를 받는다. 의견 선도자 혹은 의견 수렴자 결정은 이 두 점수를 비교함으로써 가능하다.

사회 측정의 질문은 의견 선도자와 수렴자를 지명하기에 가장 타당한 결과를 제공한다. 하지만, 그 질문은 값비싸며, 결과를 분석하는 것은 복잡하다. 추가적으로 이 방법은 거의 모든 사람이 서로의 이름을 알고 있고, 정기적으로 교류하는 인구 집단 내에서만 사용되어질 수 있다. 그리고 많은 양의 표본을 사용하는 연구에는 적용할 수 없다.

주요 정보 제공자 연구

연구자들은 또한 **주요 정보 제공자**(key informant)를 이용하여 의견 리더쉽을 연구할 수 있다. 주요 정보 제공자란 한 특정 그룹의 구성원들 사이에서 사회적 소통의 본질에 대하여 심도있게 알고 있는 사람이다. 연구자들은 주요 정보 제공자에게 그룹 내 의견 선도자인 사람을 식별하도록 요구하지만, 주요 정보 제공자는 연구를 위해 그 집단의 구성원일 필요는 없다. 예를 들면, 교수는 주요 정보 제공자가 될 수 있으며, 특정 제품에 대해 의견 선도자가 누군지 그의 학생들 사이에서 찾아낼 수 있다. 이 연구 방법은 비교적 저렴한데 그 이유는 오직 한 사람으로부터 정보를 수집하기 때문이다. 반면에 자가 지명법과 사회 측정법은 많은 응답자들에게 질문할 것을 요구한다. 마케팅 담당자들은 주요 정보 제공자 방법을 거의 사용하지 않는데, 이 방법이 어떠한 주어진 고객 집단 속에서 객관적으로 의견 선도자들을 식별할 수 있는 한 개인을 찾기가 매우 어렵기 때문이다.

클라우트 점수

클라우트 점수(Klout score)는 사람들이 게시한 것에 대한 참여와 피드백을 이끌어 내는 능력에 기반하여 온라인상에서 사람들의 영향력을 측정하는 것이다. 예를 들어, 만약 한 사람이 온라인에 새로운 레스토랑 사진을 게시한 다음, 다른 사람들이 응답하고, 아마도 또 그 식당을 방문하거나 후기를 게시하면 그 사람은 클라우트 점수를 축적한다. 클라우트는 1에서 100까지의 측정 범위 내에서 영향력을 측정하며(클라우트 점수 평균은 40이다), 대화를 유도하는 능력과 '좋아요', '공유', '리트윗'과 같은 사회 활동을 유발하는 능력이 더 클수록, 더 높은 점수를 받는다. 클라우트 점수는 사람들이 게시물의 양보다는 대화의 양과 사람들이 생성해내는 상호작용에 중점을 둔다. 즉, 이 점수는 단지 한 사람의 활동성이 아닌, 영향력의 정도를 결정하기 위해 고안되었다. 클라우트는 항공사나 은행 같은 고객에게 수집된 정보를 판매한다. 그리고 이러한 회사들은 높은 점수에 속해 있는 사람들에게 '비밀스런' 보상과 보다 더 신속한 고객 서비스를 제공한다. 예를 들어, 한 항공사는 클라우크 점수가 40이 넘는 사람들에게 일등석 전용 공항 라운지를 이용할 수 있도록 하였다. 몇몇 호텔들은 고객이 체크인할 때 그들의 클라우트 점수를 살펴본 후 높은 점수를 가진 고객에게 특전을 제공한다.[22]

온라인상의 의견 선도자를 찾아내려 애쓰는 업체들 사이에서 클라우트 점수가 점점 더 인기가 높아짐에 따라, 클라우트는 정보를 얻을 수 있는 출처를 더 넓혀갔다. 현실 세계에서 그들의 영향력을 더 정확하게 알아보기 위해, 클라우트에 위키피디아를 새로 추가했다. 만약 누군가가 위키피디아 페이지를 집중 조명하였고 그 페이지가 구글 페이지 순위(특정 페이지의 중요성을 나타내는 값)에서 높은 순위를 차지했다면, 그 사람은 높은 점수를 얻게 된다. 만약 다른 사람이 그 위키피디아 페이지의 링크를 연결하면 심지어 더 높은 클라우트 점수를 얻게 되는 것이다. 클라우트는 또한 모멘츠(moments)라 불리는 기능을 추가하였는데, 이는 아주 많은 리트윗을 혹은 답변을 받는 트윗이나, 혹은 한 사람의 친구들 사이에서 토론을 시작하는 페이스북 게시물과 같이 특정인의 소셜 네트워크 안에서 사람들이 행동을 유발하게 하는 게시물을 의미한다.

구전의 전략적 응용

학습목표
4 구전의 전략적 적용, 장점 및 잠재적 위험을 이해한다.

마케팅 측면에서, 구전은 제품, 브랜드, 그리고 쇼핑 경험담에 관한 조언이나 다른 종류의 정보를 전달하는 것으로 구성되어 있다. 15년 전만 해도, 소비자에 의한 소비 관련 정보는 비교적 적은 수의 사람에게만 전달되었다(예 : 소비자의 친구, 가족, 직장 동료, 그리고 그들의 속한 사회조직의 구성원). 오늘날은 누군가의 영화, 책, 제품, 대학, 교수, 심지어 직원에 대한 평가가 온라인상에 재빨리 게시되며 수많은 사람들이 볼 수 있게 되었다. 더 나아가, 끊임없이 나오는 새로운 기술들로 인해, 사람은 매우 정교하며 주목을 끌 수 있는 소재로 편집하여 온라인상에 게시하는 것이 가능하며, 그들의 소비 경험담을 다른 이들과 시각적, 언어적으로 생생하게 공유할 수 있게 한다.

구전이 온라인상에서 이루어지는 것을 **온라인 구전**(e-wom)이라 부르며, 소셜 네트워크, 브랜드 커뮤니티, 블로그, 채팅방, 또는 트위터 등에서 이루어진다.

소셜 네트워크

온라인상의 **소셜 네트워크**(social network)는 사람들이 거의 대부분 사이버 공간에서 관계를 맺고 있으며 공통 관심사를 가진 사람들과 정보를 공유하는 가상의 커뮤니티라 할 수 있다. 사람들이 제품을 구매하고 소비하는 것은 삶에 필수적인 요소이기 때문에 사람들의 온라인 프로파일이나 대화 중 대부분이 구매 정보나 조언을 포함하고 있다. 주요 소셜 네트워크로는 페이스북, 유튜브, 트위터 그리고 마이스페이스 등이 있다.

한 연구는 소비자들의 온라인 구전활동 참여에 내재된 3가지 차원을 밝혀냈다.

1. 연결 강도(tie strength) : 정보를 찾는 자와 출처 간의 친밀감과 연락 빈도의 정도
2. 유사성(similarity) : 인구통계정보 및 라이프스타일 측면에 따른 구성원 간 유사성
3. 출처의 신뢰성(source credibility) : 출처의 전문성에 대한 정보 탐색자의 인식[23]

또 다른 연구는 소비자들이 부정적인 온라인 구전에 어떻게 반응을 하는지 조사했다. 쾌락적 제품의 비평적 견해를 접한 독자들은 비평가들의 부정적 견해를 내적인 이유나 제품과 관련 없는 이유의 결과라 생각하며 도움이 되지 않는다고 판단한다는 것을 알아냈다. 반면 **실용적** 제품의 비평적 견해를 접한 독자들은 그 부정적 견해를 제품과 관련된 이유라 판단하며 긍정적인 견해보다 더 도움이 된다고 판단한다는 것이다.[24] 한 연구는 더 많이 정보를 전파하려는 소비자의 가능성에 관한 온라인 구전의 영향에 대해 조사했다. 연구에 따르면 많은 활동을 하는 소비자들은 감정에 호소하는 제품정보(예 : 이 태블릿을 갖자마자 바로 정이 들어버렸어. 그리고 내가 교실에서 이 걸 쓰면 다 날 처다보더라.)보다 합리적인 제품정보(예 : 이 태블릿은 최상의 고화질에 빠른 처리장치를 가지고 있어.)를 더 많이 얻고 전달한다.[25] 한 연구에서는 구전에 관한 사회 유대감의 영향에 대해 알아냈다. 적당히 가까운 관계를 맺고 있는 사람들도 (즉, 모집단의 대다수) 아주 밀접한 관계를 맺고 있는 사람들처럼 구전에 참여하기를 원한다는 것이다. 연구원들은 이러한 결과는 사람들이 다른 이들에게 조언을 주고자 하는 욕구와 정보교환으로 얻는 즐거움으로부터 나온다고 말한다.[26]

브랜드 커뮤니티

브랜드 커뮤니티(brand community)란 특정 제품이나 브랜드에 대한 애착을 기반으로 형성된 전문적이고, 지리적 경계가 없는 커뮤니티이다. 일반적으로, 어떤 특정 아이템에 대한 팬들(숭배자들)은 종종 향수를 느끼며 단종된 제품 버전을 갖고 있는데, 이들은 자신들과 유사한 관심을 갖고 있는 다른 사람들을 찾아 지리적 · 언어적 · 문화적 장벽을 뛰어넘어 소속감을 조성하는 커뮤니티를 만든다. 이러한 네트워크들이 형성되어 있는 브랜드들이 바로 할리데이브슨 오토바이, 바비인형, 페즈캔디이다. 비록 마케팅 담당자들이 자신의 브랜드 기반 커뮤니티에 가입을 시도할 수 있지만, 브랜드 커뮤니티 구성원은 다른 소비자와 교류하기 위해 포럼에 참가하는 마케팅 담당자를 환영 받지 못하는 외부인으로 취급할 수 있기 때문에 이러한 노력은 현명하지 못하다.

웹로그

수많은 웹사이트들로 인해 누구든지, 무엇에 관한 것이든, 정보를 신속하게 무료로 시공간적 제약 없이 게시할 수 있다. 또한 많은 사이트에서 수많은 참가자 간의 토론이 실시간으로 이루어지는 대화방을 마련해 두었다. 이러한 사이트에서 소비자들은 자유롭게 의견을 표현하고 제품이나 서비스에 대한 경험을 설명하거나, 구매에 대한 조언을 요청하거나, 제품이나 브랜드에 대한 다른 사람들의 추천글을 읽는다. 구전을 퍼뜨리는 다른 매체가 '웹로그(weblog)'의 줄임말인 **블로그**(blog)이다. 블로그는 인터넷에 게시되며 여러 별도의 항목들(게시물 : 포스트)로 구성된 토론이나 정보의 장이다. 처음에 블로그는 개인이나 소그룹의 작업물이었고, 대부분 1개의 주제만 다뤘다. 오늘날 대부분의 블로그는 다수의 저자들이 활동하며, 종종 언론, 기업, 다른 이익 단체에 의해 관리된다. **마이크로블로그**(microblog)는 전통적인 블로그보다 적은 콘텐츠를 가지며, 대부분 트위터를 통해 사용자들이 주로 짧은 문장, 개별 이미지 및 비디오 링크와 같은 작은 요소의 콘텐츠를 교환할 수 있도록 해준다. **트위터**(twitter)는 온라인 소셜 네트워크 서비스이며 사용자가 트윗이라 알려진 최대 140자 이내의 텍스트 기반 메시지를 읽고, 보낼 수 있도록 하는 마이크로 블로그 서비스이다.

수백만 온라인 블로그들과 그 독자의 활발한 트윗으로, 블로그는 소비와 관련된 정보를 교환하기 위한 가장 강력한 플랫폼이 되었다. 예를 들어, 한 불만을 품은 소비자가 U자형 크립토나이트(Kryptonite) 자전거 자물쇠가 빅(Bic) 볼펜으로 뽑힐 수 있다는 정보를 한 그룹 토론 사이트에 게시한 후, 며칠 이내에 수많은 블로그에 어떻게 빅 볼펜을 이용하여 자물쇠를 풀 수 있는지를 보여주는 동영상이 게재되었다. 나흘 후, 크립토나이트는 새로운 라인의 자전거 잠금장치는 더욱 강력할 것이라 장담하는 성명을 발표했다. 그러나 블로거들은 계속해서 압박했고, 그 직후 뉴욕 타임스와 AP 통신은 문제에 대한 기사를 보도했다. 다음 십일 동안 약 180만 명이 크립토나이트에 대한 게시물을 읽었고, 이 기업은 잠금장치가 풀리는 자물쇠를 무료로 교환해 줄 것이라고 발표하였다.[27]

온라인 구전의 역학에 흥미로운 역설이 있다. 비록 마케팅 담당자들이 교환되는 정보에 대한 실질적인 통제를 하는 것은 불가능하지만, 온라인 플랫폼은 소비자 정보의 가장 중요한 원천이라는 것이다. 특정 주제, 사람, 또는 제품을 "구글했다."라는 문구가 현재 미국의 언어라는 사실은 정보의 주요 원천으로써 웹의 전 세계적 사용을 설명하여준다. 또한 디지털 플랫폼은 광고 메시지보다 더 포괄적인 제품 정보를 소비자에게 제공하고, 이 정보는 종종 광고에서 제공하는 데이터보다 더 신뢰할 수 있는 것으로 인식된다. 더불어, 모든 주요 판매 웹 사이트는 소비자가 제품의 가격, 판매점 및 제품의 버전을 비교 가능하도록 한다. 마지막으로, 소비자들은 온라인상에서 제품을 사용하는 다양한 방법에 관한 수많은 제안들을 확인할 수 있다.

온라인 구전을 모니터링하는 것은 큰 도움이 된다. TV 쇼에 대한 트위터나 다른 소셜 미디어 웹사이트에 게시된 댓글의 수는 폭발적으로 증가하였고, 그 의견들은 이제 진행되고 있는 프로그램의 줄거리에 영향을 미치고 있는 정도이다. 예를 들어, USA 네트워크의 드라마 "코버트어페어즈(Covert Affairs)"의 담당 작가는 쇼의 두 번째 시즌의 마지막 에피소드를, 극 중 주인공인 오기 앤드슨(Auggie Anderson)이 잃었던 시력을 다시 회복할지에 관한 트위터상에서의 지속적 질문들에 대해 대응하여 구성했다.[28]

구전의 자극

마케팅 담당자들은 오래전부터 광고주에 의해 제작된 홍보 메시지보다 소비자 사이의 구전 커뮤니케이션이 거의 언제나 더 효과적이라는 사실을 인식하고 있었고, 자주 그 능력을 이용해서 광고해왔다(그림 9.2 참조). 웹이 출현하기 훨씬 이전에 마케팅 담당자들은 광고 속의 구전을 끼워넣거나 "당신이 우리의 제품을 얼마나 좋아하는지 당신의 친구에게 말해주세요."라는 광고 슬로건을 통해 소비자 사이에서 구전을 촉진시켜왔으며, 아울러 신규 고객을 소개해준 고객들이 보상받는 보상 프로그램을 시작했다. 예를 들어, 바셀린 임상 치료에 대한 캠페인은 제품의 무료 샘플을 받은 소비자에게 그들이 생각하기에 제품이 필요할 수 있다고 생각되는 어느 누구에게나 자유롭게 추천하도록 부탁했다. 캠페인을 위해 선택한 장소는 혹독한 날씨로 유명한 알래스카에서 멀리 떨어져 위치한 코디악 섬이었다.[29] 한 연구는 유명한 블로거들에게 휴대 전화용 광고를 뿌린 후 몇 달 동안 그들을 관찰하였다. 이 연구는 블로거들이 소셜 네트워크 내에서 개인의 명성을 구축하기 위한 노력함과 동시에 광고주의 판촉 메시지를 강화하는 것을 발견했다. 블로거들은 마케팅 메시지의 전달뿐만 아니라 잠재적 구매자의 기대치와 사회적 규범에 부합하기 위해 언어, 내용, 혹은 어조를 변화시킴으로 구매자가 제품에 쉽게 접근하게 만든다.[30]

브로드웨이 쇼를 위한 광고 방송은 극장에서 나가는 사람, 쇼 관람 후 열광하는 사람, 다른 사람에게 이 공연을 와서 보라고 이야기하는 사람들을 자주 묘사한다. 또한 영화 개봉 후 첫 주 동안 많은 양의 구전이 영화 박스오피스 수입에 긍정적 관련이 있다는 것은 널리 인식되고 있다. 대인 커뮤니케이션의 촉진이 새로운 것은 아니지만, 온라인 구전의 출현은 많은 양의 돈, 온라인 캠페인에 집중된 창의성, 바이럴 마케팅과 구전 대리인의 이용에 중심을 둔 전략적 계획들의 급부상을 야기했다.

바이럴 마케팅

바이럴 마케팅(viral marketing) 또는 **바이럴 광고**(viral advertising)란, 이메일 메시지나 다른 콘텐츠를 회람시키고 전달하도록 장려함으로써 브랜드 인지도를 향상시키고 동시에 여타의 마케팅 목적을 달성하기 위하여 이미 존재하는 소셜 네트워크와 테크놀로지를 활용하는 마케팅 기법이다. 이것은 컴퓨터 바이러스와 유사하게, 자가증식 원리를 이용한다. 바이럴 마케팅은 비디오 클립, 대화식 플래시 게임, **광고 게임**(advergame), 전자책, 소프트웨어 브랜드, 이미지, 문자, 이메일 등의 형태로 나타난다. 예를 들어, 헤어젤 광고를 하기 위해 한 회사에서는 마치 패러디 광고 또는 헤어 제품의 풍자 같은 익살스런 시청각 영상을 게시하여 시청자들이 영상 주소를 다른 이에게 전달해가며 돌려보도록 한 것이다.[31] 또 다른 예로, 페이스북은 회원들이 게시한 영화 관련 포스팅을 찾아내어, 해당 회원의 친구들에게 넷플릭스에서 같은 영화를 빌려볼 수 있는 초대권과 함께 광고 메시지를 전달했다.[32]

친구의 추천 게시물을 통한 휴대 전화 서비스 관련 정보를 접한 소비자 중 24%는 해당 휴대 전화 서비스 업체를 다른 곳보다 더 긍정적으로 여기는 것으로 나타났다.[33]

이메일은 바이럴 마케팅의 핵심 수단이다. 이유는 많은 사람이 일상적으로 다른 사람들에게 이메일을 전달하며, 다양한 종류의 정보를 공유하기 위한 그룹을 미리 정해놓았기 때문이다(예 : 농담 리스트). 연구에 의해 밝혀진 이메일 전달의 동기는 다음과 같다.[34]

1. 사람들은 아는 사람으로부터 온 이메일만 받으려 한다. 그들이 받는 이메일의 종류에는 유머, 바이러스 경고, 감명 깊은 스토리, 특정 이슈에 관한 투표 요청, 비디오 클립, 또는 다른 웹사이트 링크 등이 있다.

2. 받은 이메일을 전달하지 않는 대부분의 이유는 구식이거나 따분하거나 부적절한 콘텐츠인 경우이다. 전달되는 이메일의 1/3은 전달하는 이의 개인적인 메시지가 포함되어 있고 또한 대부분의 이메일 전달하는 사람들은 본래의 이메일 주소를 바꾸지 않는다고 한다.

3. 이메일을 전달하는 가장 큰 이유는 즐거움과(재미있고, 즐겁고, 흥미진진한) 다른 사람들을 돕는다는 느낌 때문이다(보내는 사람이 받는 사람에게 많은 관심을 가지고 있단 점을 알림). 또한 전달하는 사람들은 받는 사람이 관심 있어 하고, 그에게 적합하다 판단되는 내용의 이메일만 보낸다는 것이다.

조사 연구의 결과는 바이럴 캠페인을 사용하는 마케팅 담당자는 반드시 처음 수취인들이 즐기고 재미를 느낄 수 있는 적절한 메시지를 만들 필요가 있다는 것을 나타내고 있다. 전달된 이메일은 종종 원래의 제목과 함께 전송되기 때문에 신중하게 표현되어야 한다. 한편, 너무 공격적으로 비춰지는 바이럴 마케팅 캠페인들은 블로그나 채팅에서 개인 정보 침해와 스팸 생성에 대한 혐의를 포함한 부정적인 게시물들을 만들어냈다.[35] 중국인 대학생들을 대상으로 한 연구는, 학생들이 자신의 친구들 또한 해당 이메일이나 문자 메시지를 전달했거나 그들이 생각하기에 받는 사람들이 그 메시지로부터 재미와 흥미를 느낄 것이라고 믿는다면, 해당 이메일과 메시지를 전달할 가능성이 더욱 높다고 밝혔다.[36]

하지만 때로는 바이럴 마케팅이 문제가 되기도 한다. 예를 들어, '아이싱(icing)'이라고 알려지면서 급속히 확산된 술 마시기 게임은 대학생들 사이에서 큰 인기였다. 이 게임은 친구들끼리 빠르고 위험하게 스미노프 아이스몰트를 '경쟁적으로' 마시는 것이다. 결혼이나 졸업과 같은 중요한 행사 때 사람들이 서로 아이싱하는 수천 건의 비디오가 수많은 웹사이트에 게시됐고 "형제들이여 함께 아이싱하자."라는 테마에 집중되었다. 스미노프가 이 바이럴 캠페인을 시작했다는 소문이 있었지만 회사는 이를 부인했다.

마케팅 담당자는 고객에게 '온라인 추천'을 위한 보상을 해준다. 예를 들면, 이베이나 아마존에서 물건을 구입한 후 구매자가 친구들에게 그들의 구매 또는 옥션 낙찰 관련 공지를 보내도록 항상 상기시켜준다. 추천 프로그램은 인터넷이나 전자상거래보다 훨씬 이전부터 존재해 왔다고 할 수 있다. 수십 년간, 판매자들은 '친구를 데려오면 헬스클럽 회원권을 갱신할 때, 한 달을 덤으로 얻기' 같은 판촉 활동을 이용하고 있으며, 치과에서는 친구에게 추천 시 스케일링 가격을 깎아주고 있다. 이와 비교하여, 인터넷과 소셜 네트워크는 판매자들이 더 빨리, 더 많은 이들에게 좀 더 효과적으로 추천할 수 있는 프로그램을 발전시키고 있다.

구전 대리인

많은 회사들은 일반 소비자들이 **구전 대리인**(buzz agent) — 일반적으로 금전적인 대가는 받지 않고 무료 샘플 제품을 얻어 비밀리에 제품을 홍보하는 소비자 — 역할을 하도록 그들을 모집한다. 예를 들면, 구전 대리인이 미국 독립기념일 파티에 특정 브랜드의 바비큐 소스를 들고 간다거나, 출판사에 의해 홍보되는 책을 제목이 잘 보이도록 하여 많은 사람 속에서 읽는다거나, 특정 제품을 판매하지 않는 가게 주인에게 그 제품을 추천한다던가, 또는 다른 소비자에게 제품을 써보도록 권유하는 것을 들 수 있다. 구전 대리인은 의견 선도자 역할을 해달라는 요청에 의해 동기가 부여되고, 주변의 동료들에게 박식하게 보여지고 다른 사람들이 사용하기 전에 신제품들을 먼저 사용할 수 있다는 점 때문에 자부심이 커진다.[37]

한정된 홍보 예산을 가진 많은 테크놀로지 관련 신생 기업들은 대학교 캠퍼스 내 '홍보대사 프로그램'이란 것을 시도하여 구전 대리인으로 활용하고 있다. 예를 들어, 홍보대사는 친구들과 계속해서 연락할 수 있다는 포스퀘어(Foursquare)라는 앱을 친구들에게 권했으며, 앱에 관한 이야기를 대학 신문에 실기도 했다. 또 다른 학생은 새로운 패션 관련 소셜 네트워크 웹사이트의 홍보대사가 되었다. 그녀는 포스터를 붙이고 광고 전단지를 배부하기도 하였으며, 웹사이트에 관한 정보를 그녀의 페이스북 페이지에 게시하기도 했다. 게다가 캠퍼스 내 높아진 인식으로 인하여, 홍보대사는 인턴십과 같은 근무 경력도 얻게 되며, 어떤 이들은 소매점에서 사용 가능한 '홍보대사 포인트'를 얻기도 한다.[38] 또 다른 예로 삼성에 대해 이야기하는 소비자들에게 보상하는 온라인 충성 프로그램인 삼성 네이션(Samsung Nation)이 있다. 참가자들은 삼성 제품에 대해 더 많이 배울 수 있는 웹사이트에서 게임을 하고, 가상 포인트를 얻고 다른 사람들도 참여하도록 한다. 온라인상 삼성에 관한 코멘트를 활발하게 남기는 참가자들은 '트위터에티(twitterati)' 뱃지를 얻게 된다. 그리고 삼성은 활발한 활동을 하는 참가자들의 프로파일과 행동을 주의 깊게 연구한다. 삼성이 신제품을 출시할 때, 그들이 혁신자들이 될 가능성이 높기 때문이다.[39]

몇몇의 회사들은 구전 관련 서비스를 판매자들에게 제안하기도 한다. 예를 들면, 버즈에이전트 (buzzagent.com)에서는 구전을 퍼뜨릴 사람들을 고용하고, 구전 캠페인 마케팅을 만들도록 고객을 돕기도 하였다. 유사하게, P&G는 10대와 그들의 가족을 중점으로 한 트레모어(Tremor)라고 불리는 회사를 설립했다. 이 회사는 구전 대리인 지원자들을 심사하여 효과적인 구전 소통자가 될 만한 이들만 합격시켰다. 어떤 마케터들은 배우나 패션모델을 고용하여 해당 제품을 착용하여 소비자들의 수요를 자극하도록 하기도 한다. 예를 들어, 새로운 브랜드의 맛이 나는 보드카 홍보 캠페인에서 배우나 모델을 고용하여, 술집 또는 나이트클럽에서 해당 브랜드로 만든 마티니를 주문하도록 한다. 고용된 배우는 마치 그가 이미 잘 알려진 칵테일을 주문한 것처럼 행동하지만 실제 목표는 새로운 술을 만들도록 하기 위함이다. 비슷한 예로, 런던의 온라인 도박 사이트 캠페인에서는 택시 운전사들이 손님에게 포커에 대해 얘기하게 하며, 도박 사이트를 알려주고, 상당한 관심을 표현하는 손님에게는 '공짜' 쿠폰을 제공하게 했다.[40]

부정적 루머의 관리

오래전, 판매자들은 구전에 의한 소통을 통제하는 것은 불가능하다고 여겼다. 부정적인 견해나 사실이 아닌 루머들은 상품 시장에 자연스레 흘러들어오며 제품을 훼손시키기도 한다. 그러한 부정적인 루머들을 대게 제품이 비위생적인 상태에서 생산이 되었다거나, 몸에 유해한 것이나 문화적으로 용납할 수 없는 성분을 포함하고 있다는 것들이다. 또한 그러한 소문은 특정 약이 신체 기능 저하를 일으키거나, 흥분제이거나 발암 물질을 포함한다는 것처럼, 특정 제품이 사람에게 유해한 결과를 초래한다고 말한다. 또 다른 위험한 루머는 특정 회사가 비우호적인 국가, 정부기관, 또는 이단종교에 의해 세워지거나 영향을 받았다는 것이다.

인터넷은 부정적인 루머를 퍼뜨리기에 아주 좋은 공간이다. 오늘날 디지털 기술은 수만 명의 사람들에게 특정 상품과 서비스에 불만을 품은 고객들이 종종 과장되게 표현한 부정적인 경험을 접하게 한다. 불만을 품은 비행기 승객, 불만족스런 소매점 소비자 또는 교수가 맘에 들지 않는 학생들을 생각해보라. 이 모든 이들은 모든 이들이 보고 답할 수 있게 그들의 경험담과 의견을 온라인에 게시할 수 있다. 뉴욕 시의 두 형제는 애플이 망가진 배터리를 교체하는 데 200달러를 책정한 것에 불만을 갖고 아이팟의더러운음모(ipoddirtysecret.com)라는 사이트를 만들었다. 스타벅스에 대해 비판적인 소비자들은 나는스타벅스를증오한다(ihatestarbucks.com) 사이트에 화풀이할 수도 있다. 사실, 나는싫어(ihate.com)라는 사이트가 수백 개나 된다.

긍정적이거나 중립적인 견해에 비해, 부정적인 견해는 비교적 드문 편이다. 이러한 이유로, 소비자들은 특히 부정적인 정보를 더 쉽게 알아차리거나 부정적인 평판을 받고 있는 제품이나 브랜드를 피하게 될 가능성이 있다. 엔터테인먼트 부문에 속하는 많은 영화와 뮤지컬, 그리고 연극은 상당수의 새롭게 출시되는 식료품과 마찬가지로 부정적인 입소문에 의해 고전을 면치 못하기도 한다. 그것은 소비자가 다른 이들에게 긍정적인 경험보다는 부정적인 경험을 더 많이 나눈다는 것을 보여준다.

마케터들은 온라인상에서 집요하게 부정적인 구전을 퍼뜨리는 이들을 가리켜 '완강한 비방자'라고 일컫는다. 가장 잘 알려진 완강한 비방자는 30일 동안 맥도날드 음식만을 먹으며 이 경험을 토대로 슈퍼사이즈미(super size me)라는 지나치게 비판적인 다큐멘터리를 만든 사람이다. 더 나아가, 불만을 품은 구매자들은 부정적인 제품이나 서비스를 다룬 지나치게 과장된 비디오 영상을 유튜브에 기재함으로써 더 많은 대중에게 접근할 수 있다. 한 연구에 따르면, 비판적인 정보를 기재한 몇 소비자들은 분통을 터뜨리거나 다른 사람들에게 경고를 주기 원했다. 나머지 소비자들은 폭로, 자아 증진, 사회적 편익 그리고 보상금까지 원하는 이들도 있었다.[41]

혁신의 확산 : 수용자 범주에 의한 세분화

학습목표

5 신제품 확산 과정과 구분된 시장의 세분화로서 수용자 범주를 이해한다.

시간이 지남에 따라, 긍정적 구전은 욕구를 충족시키며, 제대로 작동하고, 명백히 차별화된, 그리고 가치를 제공하는 제품들의 광범위한 채택으로 이어진다. 하지만 모든 소비자가 새로운 제품이나 동시에 이미 시중에 나와 있는 제품의 새로운 버전을 택하지는 않는다. **수용자 범주**(adopter category)의 개념은 소비자가 혁신(예 : 새로운 제품 또는 모델)을 가장 처음 사는 시기를 다른 소비자와 비교하였을 때 어디에 속하는지 묘사하여 구분하는 것이다. 사회학자가 말하는 혁신의 확산 과정이라는 구분은 총 다섯 가지 사회자 범주로 구성하였다. 혁신자, 조기 수용자, 조기 다수자, 후기 다수자, 그리고 최후 수용자이다. 마케팅 측면에서, 각 범주는 뚜렷한 시장 세분화를 보여주고 있으므로 마케터들은 효과적인 판매 대상을 위해서 반드시 각 범주를 알아두어야 한다.

수용자 범주 모델이 사회학자에 의해 전개되었기 때문에 이것을 소비자 행동에 적용하기엔 쉽지가 않다. 사회학상으로, 수용자 범주 모델은 사회의 모든 구성원들이 결국 혁신을 택한다고 추정한다. 그러므로 각 범주에 속한 인원수는 통계적 정규 분포와 비슷한 방법으로 측정되었다. 혁신자는

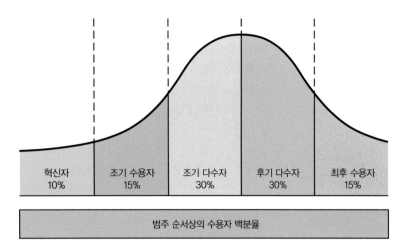

그림 9.7 전자책 단말기의 가상 수용자 범주

처음 받아들인 2.5%의 사람, 조기 수용자는 그다음 13.5%의 사람, 조기 다수자는 그다음 34%의 사람, 후기 다수자는 그 다음 34%의 사람, 그리고 최후 수용자는 마지막 15%의 사람이다.

 그러나 예를 들어, 마케터들이 모든 소비자가 결국에는 전자책 단말기를 살 것이라고 가정할 수 없다. 따라서 그들이 정의한 사회는 혁신이 처음으로 소개된 후, 모든 이들이 그 제품을 곧 또는 언젠가 구매한다는 것이다. 마케터들은 일반적으로 혁신자들을 특정 제품의 잠재적인 모든 수용자의 대략 첫 10%라고 정의한다. 오랫동안의 실적 자료로부터 나온 이 수치는 제품 혁신이 활발한 다양한 산업분야에서 집계되었다. 그런 뒤, 마케터들은 나머지 수용자 범주에 해당되는 소비자의 비율을 측정한다. 〈그림 9.7〉은 본래의 혁신의 확산 모델을 입증하기 위해 전자책 단말기 구매 수치를 사용하였다. 각 수용자 범주의 특징은 다음 쪽에 설명되었다.

혁신자

혁신자(innovator)란 새로운 제품을 가장 빨리 구매하는 소비자를 뜻한다. 그들은 새로운 제품이 제대로 작동을 안 할지도, 차후에 구입할 수 없을지도, 또는 새로운 모델로 재빨리 대체될지도 모르는 위험 부담을 무릅쓸 준비가 되어있는 자들이다(즉, 그들은 광범위한 범주에 속하는 자들이다). 그들은 종종 새롭게 출시된 제품이 꽤 높은 가격일지라도 기꺼이 비싼 값을 치른다. 왜냐하면 그들은 제일 처음으로 기기를 손에 쥐게 되는 것과 이를 과시하는 것을 즐기기 때문이다. 혁신자들을 대상으로 하는 광고에서는 꼭 새로운 제품을 두드러지게 보여준다거나, 주목을 받는다거나 또는 다른 이들에게 질문을 받게 되는 것을 보여주어야 한다. (예 : "어디서 샀니?" "그 물건 맘에 들어?" "난 예전모델을 쓰고 있는데, 네 생각엔 네가 쓰고 있는 새로운 모델로 바꿔야 할까?") 〈표 9.7〉은 패션 혁신자들의 전형적인 구매 행태를 상세히 설명하고 있다. 많은 혁신자는 다른 사람과 쇼핑을 하길 원한다.

조기 수용자

조기 수용자(early adopter)란 새로운 제품이 출시된 뒤, 비교적 짧은 시간 안에 그 제품을 구매하는 자들을 말한다. 하지만 혁신자보다 빠르지는 않다. 그들은 모험적이며 제품 관련한 구전에 참여하며, 또한 새로운 제품의 구매를 고민하는 사람들을 돕고 싶어 한다. 이들을 타깃으로 한 광고는 새로운 제품의 관한 찬사를 꼭 보여주어야 한다.

표 9.7	패션 혁신자의 쇼핑 활동

1. 새롭게 뜨는 디자이너인지 최신유행이 무엇인지 누구보다 먼저 알고 있다.

2. 친구들보다 패션을 위해 더 많이 쇼핑을 한다.

3. 친구들보다 먼저 새로운 의상과 유행을 추구한다.

4. 그 누구보다 패션에 대해 잘 알고 있다.

5. 만약 새로운 옷이 매장에서 구입 가능하다면, 바로 구매한다.

6. 구매할 의도는 없지만, 매장에서 옷이나 다른 제품들을 만져보고 착용하는 것을 즐거워한다.

7. 만져볼 수 없는 옷을 구매하는 것을 꺼린다.

8. 옷이나 다른 제품들을 만져보고 눈으로 직접 확인한 뒤에 물건 구입에 확신을 가진다.

조기 다수자

조기 다수자(early majority)는 조기 수용자들 다음으로 혁신을 구매한 소비자로 구성된다. 해당 범주가 앞선 두 그룹을 더한 것보다 더 큰 그룹을 형성하고 있다. 예를 들어, 전자책 단말기의 새로운 모델이 출시되었을 때, 조기 다수자들은 가격이 내릴 때까지 기다렸으며, 상당수의 사람들이 구매를 하고 난 뒤(그리고 가격이 실제 떨어짐), 그들은 제품을 사기로 결정한다. 이 그룹의 구성원을 대상으로 한 광고는 제품이 성공적이며 구매 시 인센티브를 제공한다는 점을 약속해야 한다.

위험 회피(risk aversion)란 〈표 9.8〉의 위험 회피적 소비자의 소비 관련 특징에 의해 설명되었듯이 위험부담을 꺼리거나 애매모호한 상황의 회피를 뜻한다. 조기 다수자 구성원은 어느 정도 위험 회피적이며 최후 수용자는 매우 높은 수준의 위험 회피적 소비자라 할 수 있다.

후기 다수자

후기 다수자(late majority) 구성원은 위험 회피적이며 혁신을 받아들이는 데 시간이 걸린다. 그들은 물건을 구매하기 전 대부분의 소비자가 신제품을 택할 때까지 기다린다. 결국 전자책 단말기를 구매할 시에는 판매자들이 더 싼값에 내어놓은 구 모델을 사는 경우가 많으며, 항상 다양한 보장을 포함한 제품을 찾는다. 만약 이들 중 초기에 구매한 제품에 만족스러움을 갖는 사람들은 조기 다수자가 되어 새롭게 출시된 전자책 단말기를 구매할 가능성이 높다.

최후 수용자

최후 수용자(laggard)는 가장 늦게 혁신을 받아들인다. 그들이 첫 전자책 단말기를 구매할 시점에는

표 9.8	위험 회피적 소비자의 특징

1. 그들은 항상 물건에 붙어있는 '상품분리에 대한 경고' 라벨과 뒷면을 자세히 읽으며 제조업체의 지시대로 물건을 사용한다.

2. 약을 복용할 시(처방전 없이 구매 가능한 제품 포함), 그들은 항상 약 복용 지침서를 따르며 약 복용 시 조심해야 할 점과 부작용까지 세세히 읽는다.

3. 그들은 한번도 사용해본 적 없는 제품을 사는 것을 꺼려한다.

4. 그들은 어떤 제품을 구매할 때 조립이 되어 있거나 조립이 안 되어 있는 두 가지 옵션 중 가격이 더 나갈지라도 조립된 옵션의 제품을 구매한다.

5. 요리법을 그대로 보고 음식을 할 경우, 즉흥적인 행동은 하지 않는다.

혁신자와 조기 수용자들은 이미 최신 모델로 바꾸고 있을 것이다. 최후 수용자는 위험에 부담을 많이 가지며 혁신적인 제품의 가치를 가장 뒤늦게 알아차린다.

비수용자

마케터들은 종종 비수용자(non adopter)를 '무가치'하게 여기지만, 모든 비수용자들은 동일하지 않으며 그들을 이해하는 것은 매우 중요하다. 예를 들어, 한 연구에서는 인터넷 뱅킹의 비수용자들 사이의 두 가지 뚜렷한 부분을 발견했다.

1. 앞으로 고객이 될 가능성이 있는 예상 수용자
2. 앞으로도 고객이 될 가능성이 없는 지속적 비수용자

위의 연구에서, 온라인 은행은 비수용자들을 한 범주로 간주하는 대신, 그들 중 고객이 될 가능성이 있는 예상 수용자를 구별해내야 한다고 제안하고 있다.[42]

요약

학습목표 1 : 준거집단의 신뢰성이 소비자 행동에 미치는 영향을 이해한다.

사람들은 어떤 상황이든 소비자 행동을 포함하여, 다른 이들이 어떻게 생각하고 행동하는지에 영향을 받는다. 준거집단이란 사람들의 의견, 가치, 행동을 위한 비교, 영향, 규범의 원천이 되는 집단을 말한다. 구전은 만족감을 얻은 고객이 다른 사람들에게 해당 업체, 제품, 서비스 또는 이벤트가 얼마나 괜찮았는지 전달하는 의사소통으로 구성되어 있으며 부정적인 견해도 함께 포함한다.

준거집단의 정직함, 객관성, 전문지식 그리고 신뢰는 그들을 매우 믿을 수 있는 출처로 만들어 준다. 소비자는 값을 지불한 홍보 메시지보다는 개인적으로 아는 사람을 더 신뢰한다. 사람들은 가족과 친구로부터 대부분의 규범과 가치를 배운다. 또한 그들은 그들이 존경하는 사람의 가치나 습관을 따라하거나 수용하려 한다. 사람이 속해 있는 집단이나 속하고자 하는 집단은 그들의 규범과 행동양식에 영향을 준다.

집단과 관련된 소비 또한 소비자의 태도와 행동에 영향을 준다. 사람들의 행동, 규범, 도덕, 소비패턴을 결정하는 사회문화적 집단은 가족, 사회계층, 문화, 하위 문화, 서로 다른 문화(글로벌 소비자)를 모두 포함한다.

학습목표 2 : 대변인, 보증인, 유명인사, 판매원, 판매자 그리고 미디어의 설득력과 신뢰성을 이해한다.

보증인, 대변인, 광고물에 출현하는 개인에 대한 신뢰도는 광고 효과의 핵심요소이다. 대변인은 실제 고객이나, 회사 고용인, 유명인사, 혹은 모델이 될 수도 있다. 회사는 또한 과거의 든든한 실적, 좋은 평판, 제품의 품질, 그리고 좋은 서비스를 통해 그들의 신뢰성을 전달한다. 그들의 지각된 신뢰성은 또한 대변인의 이미지와 매혹성, 제품을 제공하는 소매업자나 그들의 제품을 광고하는 매체의 이미지와 평판에 의해서도 결정된다. 마케터는 광고에서 제품의 추천과 지지를 위해 대변인이나 배우 같은 유명인사를 고용한다.

시간이 지남에 따라, 소비자들은 메시지와 그들의 원천과의 관계를 끊는다. 즉, 그들은 메시지의 출처가 아닌 오로지 그 내용만을 기억하는 경향이 있다는 것이다. 그러므로, 마케터는 메시지의 설득력을 유지하기 위하여 신뢰성이 높은 대변인이 보여주는 메시지를 정기적으로 반복해야 한다는 것이다.

학습목표 3 : 의견 리더십과 구전의 역학과 측정에 대해 이해한다.

의견 리더십이란 한 사람(의견 선도자)이 조언을 필요로 하는 다른 사람들(의견 구하는자 또는 받는자)에게 비공식적인 영향을 미치는 과정이다. 이 영향은 상업적 광고나 조언 또는 정보와 상관없는 둘 또는 그 이상의 사람들 사이에 발생한다. 주어진 제품범주의 전문적 지식을 가지고 있는 의견 선도자는 동일한 범주 내에서 다른 이들의 소비에 조언과 영향을 끼친다. 그들은 또한 새롭게 출시된 제품을 면밀히 살피며 신제품을 제일

먼저 구매한다. 그들은 자신감이 높고, 활동적이며 사교성이 좋은 편이다. 수많은 연구방법들이 의견선도자를 구분해내는 것에 목적을 두고 있다.

학습목표 4: 구전의 전략적 적용, 장점 및 잠재적 위험을 이해한다.

온라인 구전은 온라인상의 소셜 네트워크, 브랜드 커뮤니티, 블로그, 채팅방 그리고 트위터 등에서 이루어진다. 마케터는 구전 대리인을 고용하여 온라인 구전을 격려하기 위한 바이럴 마케팅을 시행한다. 구전 대리인이란 일반적으로 금전적 대가를 받지 않고 무료 샘플을 얻어 비밀리에 제품을 홍보하는 소비자를 뜻한다. 바이럴 마케팅이란 소셜 네트워크를 이용한 마케팅 기법으로써, 개인이 이메일 메시지나 다른 콘텐츠를 통해 자발적으로 브랜드 인지도를 강화하도록 하는 것을 말한다.

구전 소통을 제재하는 것은 불가능하다. 부정적인 견해는 때로 사실이 아닌 루머의 형태로 시장을 휩쓸고 지나가 제품을 훼손한다. 인터넷은 불만을 품은 고객이 쉽게 수백만의 사람들에게 접촉해서 특정 제품이나 서비스에 대한 부정적인 경험을 과장하여(심지어는 거짓으로) 얘기할 수 있기 때문에 부정적인 루머가 퍼지는 온상이 되기도 한다.

학습목표 5: 신제품의 확산 과정과 구분된 시장의 세분화로써 수용자 범주를 이해한다.

시간이 지남에 따라, 긍정적 구전은 욕구를 충족시키며, 제대로 작동하고, 명백히 차별화된, 그리고 가치를 제공하는 제품들의 광범위한 채택으로 이어진다. 하지만 모든 소비자가 새로운 제품이나 동시에 이미 시중에 나와 있는 제품의 새로운 버전을 택하지는 않는다. 수용자 범주의 개념은 소비자가 혁신(예: 새로운 제품 또는 모델)을 가장 처음 사는 시기를 다른 소비자와 비교하였을 때 어디에 속하는지 묘사하여 구분하는 것이다. 사회학자가 말하는 혁신의 확산 과정이라는 구분은 총 다섯 가지 사회자 범주로 구성하였다. 혁신자, 조기 수용자, 조기 다수자, 후기 다수자, 그리고 최후 수용자이다. 마케팅 측면에서, 각 범주는 뚜렷한 시장 세분화를 보여주고 있으므로 마케터들은 효과적인 판매 대상을 위해서 반드시 각 범주를 알아두어야 한다.

복습과 토론 문제

9.1 왜 의견선도자는 제품 광고보다 더 신뢰할 수 있는 정보의 출처인가? 광고를 통한 정보가 구전보다 더 큰 영향을 줄 수 있는 상황에는 어떤 것이 있는가?

9.2 준거집단이란 무엇인가? 당신의 구매에 영향을 주는 최소한 네 가지 그룹을 나열하고 설명하시오. 각 그룹의 영향이 상대적인지 절대적인지 혹은 둘 다인지 설명하시오.

9.3 회원집단과 상징적집단의 차이가 무엇인가? 당신의 구매에 영향을 주는 각각의 회원집단과 상징적집단을 나열한 후, 어떤 집단이 당신에게 더 영향을 주며 그 이유가 무엇인지 설명하시오.

9.4 어떻게 기업들이 구전 대리인과 바이럴 마케팅을 사용할 수 있는가? 예를 들어 설명하시오.

9.5 의견 리더십을 측정하는 방법들의 장단점을 비교하시오.

9.6 마케팅 담당자들이 새로운 고객을 찾거나 타깃하기 위해 소셜 네트워크, 브랜드 커뮤니티, 웹로그를 어떻게 이용할 수 있는가?

9.7 제품 정보의 공식적 커뮤니케이션 출처의 신뢰도에 영향을 주는 요소들을 나열한 후 설명하시오. 어떠한 요소들이 비공식 커뮤니케이션의 지각된 신뢰도에 영향을 주는가?

9.8 당신은 아주 큰 음료회사의 마케팅 부회장이다. 당신 회사의 광고 대행업체는 유명한 여자 가수와 회사 제품 홍보를 위해 계약을 협상 중이다. 이 유명인사와 계약하기 전 당신이 고려해야 할 준거집단 요소에 대해 설명하시오.

9.9 대변인의 선택과 광고 메시지 계획을 위한 수면 효과의 결과는 무엇인가?

9.10 아마존은 이전의 모델보다 더 비싸지만 더 많은 기능을 탑재한 새로운 전자책 단말기를 소개했다. 아마존이 이 제품을 마케팅하는 데 수용자 범주를 어떻게 이용하였는가?

실전 과제

9.11 종이와 연필을 들고, 시청률이 가장 높은 황금 시간 동안 텔레비전을 시청하시오. 총 몇 개의 광고가 나오는지 그 수를 기록하시오. 보증인을 이용한 각 광고마다 유명인사의 이름과 홍보하는 제품이나 서비스를 기록하시오. 그리고 그 유명인사가 추천인, 보증인, 배우 또는 대변인 중 어떤 역할로 나오는지 설명하시오.

9.12 당신이 의견 선도자의 역할을 했던 두 가지 상황과 당신이 소비 관련 조언을 구했거나 의견 선도자로부터 정보를 얻었던 두 가지 상황을 설명하시오. 당신이 교류한 사람과의 관계를 명시하시오. 책에서 기록된 내용과 당신이 참여했던 구전의 상황이 일관성이 있었는지 설명하시오.

9.13 소비자들이 구전 소통에 참여하도록 조장하는 광고를 찾아보시오.

9.14 당신(또는 친구)이 최근에 접한 제품 또는 회사의 부정적인 루머를 나열하시오.

9.15 구전 대리인을 고용하는 온라인 회사를 찾아 그중 하나에 가입하시오. 한 달 동안 해당 업체와의 모든 연락을 작업 일지에 적으시오. 일지를 요약하고 해당업체가 당신을 구전 대리인으로 만들기에 적합했는지 아닌지 토론을 한 후 그에 따른 이유를 설명하시오.

주요 용어

사례 4

키스톤라이트/밀러쿠어스
'캔홀'

주관 광고사 : 리오버네트(Leo Burnett)/아크월드와이드(Arc Worldwide)

전략 과제

여름은 맥주의 계절이다. 수억 달러 어치가 판매되고 있고, 매장에서의 판매 공간, 디스플레이, 그리고 고객이 구매하도록 하기 위한 치열한 경쟁이 진행되고 있다.

　주요 브랜드의 지배(Big dogs rule) : 밀러라이트, 쿠어스라이트, 버드라이트, 버드와이저, 그리고 코로나 브랜드는 여름 동안 맥주시장을 장악하고 있으며, 키스톤라이트와 같이 좀 더 작은 브랜드나, 프레미엄 브랜드보다 아래 단계의 브랜드는 유통업자나 소매자로부터 관심을 받기 어려운 실정이다. 전형적으로, 키스톤라이트는 고객들에게 이러한 브랜드도 있다는 것을 애원하는 정도의 존재감으로, 상점 내 냉장고에 진열되어 있는 고정된 상표 중 하나라고 할 수 있다.

　가격 경쟁이 상황을 더 어렵게 만들었다 : 밀러쿠어스를 포함하는 맥주회사들은 프레미엄이 아닌 그 아래의 세분시장에서 가격을 인상하였는데(가격 격차를 줄이면서), 이는 회사의 우선 순위에 해당하고 전반적인 실적에 보다 중요한, 비싼 가격의 프레미엄 브랜드를 소비하도록 유도하기 위한 것이었다. 그러나 키스톤라이트의 경우 이러한 가격 전략은 최악의 시점에서 발생된 것이었다. 목표 소비자들은 휘청거리는 경제 상황에서 많은 영향을 받았고, 한편 외출해서 친구들과 여름의 재미를 공유하면서도, 가격에 비해 보다 가치가 큰 제품과 브랜드들을 찾게 되었다.

　전반적인 문제점 : 여름 동안 그 많은 여러 빅브랜드 중에서, 소비자들이 소매업자들로 하여금 보다 작고 프레미엄이 아닌 맥주를 취급하게끔 하는 이유는 어떤 것인가?

목표

1. 키스톤라이트의 주요 경쟁자로서 앤하우저-부쉬(Anheuser-Busch)의 저가브랜드인 내츄럴라이트로부터 시장점유율, 물량, 그리고 디스플레이 기회를 빼앗아 편의점 채널에서 키스톤라이트의 감소를 피하는 것
2. 상호작용, 수용, 소비자들 사이의 공유를 증진시키기 위하여, 목적을 달성하고 키스톤라이트의 새로운 브랜드 캐릭터(키이스스톤)를 만들 수 있도록 도움을 주기 위해 전반적인 키스톤라이트 브랜드의 참여를 증가시키는 것

통찰

회사의 목표고객은 순항자(The Cruiser)라 불리는 간단한 욕구를 지닌 사람이다. 그는 많은 돈을 갖고 있지 않으며, 따라서 좋은 시간들을 갖기 위해 현재 주어진 것들만을 가지고도 이를 잘 활용하고 창조적으로 사용하는 법을 배운다.

　그에게 좋은 음식이란, 냉동브리또(burrito), 도리토스(Doritos) 한봉지, 그리고 막 꺼낸 따뜻한 핫

도그 하나이다. 그는 가끔 쓸데없는 우스개 농담하기를 좋아하고, 또한 친구들을 괴롭히기도 한다. 그는 자신이 어떤 사람인지에 대해 편안해하고, 다른 무엇보다 우정에 가치를 둔다. 그는 또한 살아 있는 동안 많은 맥주 피라미드를 만들어왔다.

회사가 이러한 순항자들을 이해하고 그들이 어떻게 행동하는지를 알고 나면, 그들이 여름에 무엇을 하는지를 이해할 필요가 있다. 질적 및 양적 조사 연구방법을 활용해서, 회사는 순항자의 여름은 '형제와의 시간들(Bro-ments)'이라는 것을 발견하였다. 그는 여름에 보다 많은 친구들과 보다 많은 시간을 함께 지낸다. 순항자는 독창적이고 창조적인 사회적인 상황의 결과로 나타나는 즉흥적인 것, 추억할 만한 것에 가치를 둔다. 다시 말하자면, 맥주를 마시면서 친구들과 시간 보내기를 좋아하고, 농담하기를 좋아하고, 나이를 나타내지 않기를 좋아하는 것이다. 이것이, 형제들과의 시간들(Bro-ments)이라고 명명된, 기본적인 남자들의 유대감인 것이다.

계획안

맥주 상자 속에 있는 형제와의 시간(Bro-ments in a Box)

질문

1. 순항자(크루저)에게 흥미를 추구하는 독창성과 창조성에 호소하는 인센티브를 주기 위하여, 키스톤라이트 한 박스를 구입할 때마다 그는 완전히 혼자할 수 있는 콘홀게임(Cornhole game, 역자 주_옥수수 사료 주머니 등을 던져서 점수를 얻는 게임)을 받는다. 순항자는 종이 맥주 상자에 미리 뚫린 점선을 따라 구멍을 뚫어야만 하고, 으깨진 키스톤라이트 맥주캔들을 여름파티 기간 동안 '가방(bag)'으로 사용하여 콘홀게임을 하며, 친구들과 '형제와의 시간'을 보낸다. 회사는 이러한 흥미있는 놀이를 '캔홀(CANHOLE)'이라 이름지었다. 이러한 촉진활동이 어떻게 회사의 목표를 달성하는 데 도움을 주는가?

2. 순항자들은 인터넷과 소셜네트워크상에서 다른 사람들과 연결하기 위해 캔홀 놀이를 어떻게 활용할 수 있는가? 회사는 어떻게 하면 순항자들이 그렇게 하도록 권장할 수 있는가? 매슬로가 제시한 욕구계층이론(Maslow's Hierarchy of needs)은 이러한 상황에 어떻게 적용될 수 있는가?

3. 제품 관여도 개념을 캔홀 촉진과 두 번째 목표에 적용하시오.

4. 캔홀과 관련하여 교차상품(cross merchandising) 기회를 제시하시오. 즉 순항자들이 촉진활동에 참여하기 위하여 캔홀게임을 하는 동안 소비할 수 있는 다른 상품들을 의미한다. 여러분의 선택에 대해 설명하시오.

5. 순항자와 관련하여, 가능하리라 생각되는 세 가지 개성에 대해 나열하고 토론하시오.

6. 순항자들의 심리통계적(psychographic) 프로파일을 개발하시오.

7. 온라인에서 프리즘(PRIZM) 그룹에 대해 묘사한 것을 보고 난 후, 많은 순항자들이 포함될 것이라고 판단되는 세 가지 세분시장을 선택하고, 이에 대해 이유를 설명하시오.

출처 : Effie Worldwide, Effie Shoecase Winners. Reprinted by permission. Superfast Handwash is a 2012 Bronze Effie Winner. For information on Effie's programs for students, visit the Collegiate Effies at www.effie.org

10

가족 그리고 가족의 사회적 지위

이 장에서는 소비자 행동에 강력한 영향을 미치는 가족 그리고 사회적 지위라는 두 가지 **준거집단**(reference group)에 대해 설명하고자 한다. **가족**(family)은 둘 혹은 그 이상의 사람들이 혈연, 결혼 또는 입양으로 인해 함께 사는 것으로 정의된다. 서구 사회에서는 가족을 결혼한 커플, 핵가족 그리고 대가족이라는 세 가지 유형으로 구분할 수 있다. 결혼한 커플과 하나 혹은 그 이상의 아이로 구성된 가족을 **핵가족**(nuclear family)이라고 부르며, 핵가족과 하나 이상의 조부모 또는 다른 친척이 한 가정에서 사는 경우를 우리는 **대가족**(extended family)이라고 한다.

가족생애주기(family life cycle)는 결혼 여부, 가족의 크기, 가족 구성원의 연령대(가장 나이가 많은 또는 가장 어린아이에 초점을 맞추어) 그리고 세대주의 직장 유무를 포함하는 복합적인 변수를 이용해 가족을 '전형적인' 단계로 구분하게 된다. 〈그림 10.1〉에 보이는 네 가지 광고는 도요타의 모델을 서로 다른 유형의 가족에 따라 구분해 놓은 것이다. 도요타 오리스해치백은 스포티 카로, '디퓨저'를 장착하고 있으며, 양쪽 리플렉터(반사경)와 함께 세련된 외관을 선보인다. 야리스 서브컴팩트(Yaris Subcompact)는 '좋은 가격으로 구매할' 수 있는 자동차로 프로모션하고 있다. 베르소는 좌석이 7개 있는 패밀리카로 편안하고 고급스러운 스타일을 특징으로 한다. 아벤시스는 세단 혹은 왜건 형태 중 하나를 선택할 수 있고, 세련된 디자인과 터치스크린 멀티미디어를 특징으로 한다.

각각의 자동차 모델은 다른 단계의 가족생애주기에 어필한다. 스포티 오리스는 아이가 없고 새로운 인생을 즐기고자 하는 신혼부부나 미혼을 위한 자동차이다. 야리스 광고에서 보이듯이, 부부는 임신 중이다. 젊은 부부는 아마 재정 상태에 대해 불안감을 느낄 수도 있을 것이다(아마 아이의 엄마가 일을 그만두는 것에 대한). 그래서 합리적 가격의 차량을 찾게 된다. 짐작컨대, 다음으로, 두 아이를 가진 부부는 더 많은 재정 자원(예 : 아이의 아버지가 직업적으로 높은 위치에 있거나 어머니가 다시 직장으로 돌아갔기 때문에)을 갖고 있기 때문에 세련된 패밀리카인 베르소를 구입하고자 할 것이다. 나아가 아이들이 자라남에 따라 전면 스크린을 필요로 하게 된다. 만약 부부의 가용 수익이 점점 증가하고 있는 상황이라면(예 : 맞벌이), 지금이 바로 매력적인 디자인과 멀티미디어 장비가 장착된 아벤시스를 구매할 시점일 것이다.

이 장의 처음에서는 가족구성원이 소비자로서 발달하는 데 미치는 가족의 영향에 대해 살펴보고, 소비 단위와 가족의 의사결정 원동력에 가족이 어떤 기능을 하는지에 대해 알아볼 것이다. 우리는 가족생애주기에 딱 들어맞는 가정과 이례적이거나 비가족적인 생활 상황에 대해서 탐구해 볼 것이다.

(a) 독신 또는 신혼 : 도요타 오리스

(b) 갓 결혼한 부부 : 도요타 야리스

(c) 어린아이가 있는 부부 : 도요타 베르소

(d) 대가족 : 도요타 아벤시스

그림 10.1 각기 다른 단계의 가족생애주기를 타깃으로 한 도요타 모델

가족 또는 가족이 아닌 각각의 가정들은 사회 계급에 속해있다. **사회 계급** (social class)은 구분된 지위 계급에 따른 사회 구성원의 분류로서, 계급 내의 구성원끼리 같은 지위를 공유하고 다른 계급의 구성원은 그보다 더 많거나 적은 지위를 갖는다. 두 번째로 인구통계와 미국 사회 계급의 소비 패턴에 대해 설명

하며, 사회 계급을 어떻게 측정하고 세분화하며 사회 계급에 따라 표적 소비자를 선정할 것인지에 대해서 자세히 언급할 것이다. 또한 어떻게 사회 계급 구성원이 소비 습관, 취향 그리고 가치에 영향을 미치는지에 대해 예를 포함해 알아본다.

사회화 대리인으로서의 가족

학습목표

1 소비자 사회화 대리인으로서의 가족에 대해 이해한다.

사회화(socialization)는 사람에게 사회에서 허용되는 행동을 하도록 가르치는 과정을 말한다. 마케팅적 상황 속에서 가족의 가장 중요한 역할은 어린아이부터 성인에 이르는 가족 구성원의 사회화이다. 이러한 과정은 아이들에게 기본적인 가치와 도덕적 원리, 대인관계 기술, 기본적인 수준의 옷차림과 매무새, 적절한 매너와 말투 그리고 적절한 교육적, 직업적 또는 경력 목표와 같은 그들의 문화에서 일관되게 통용되는 행동들을 알려주는 것을 포함한다.

부모의 사회화 책임은 점점 확대되고 있는데, 이는 젊은 성인층이 좋은 직업을 찾기 점점 어려워지고 있기 때문이다. 부모들은 자녀들이 아주 어릴 때부터 다른 또래들보다 앞서 나가야만 한다고 느끼는데, 이러한 경쟁의 압박 때문에 종종 많은 어린아이들은 매일의 스케줄(예 : 매일의 선행 학습, 방과 후 교실, 플레이데이트친구들과 함께 놀기, 운동, 예술 프로그램, 알찬 주말 등)을 강요받기도 한다. 어떤 이들은 이렇게 짜여진 활동과 대중매체 및 온라인 소셜 네트워크에 지속적으로 노출되는 상황이 어린아이들의 창의성을 개발할 시간을 뺏는다고 주장한다.[1] 그럼에도 불구하고 어린아이들의 사회화는 마케터들에게 어린아이와 브랜드 사이의 관계를 매우 이른 시기에 설정할 수 있는 절호의 기회이다. 어떤 관계는 사람의 사춘기, 10대 시절, 그리고 성인이 될 때까지 이어지기도 하며, 이런 경우는 매우 빈번히 일어난다. 〈그림 10.2〉에 보이는 리스테린 스마트린스 광고는 마케터들이 브랜드와 어린아이들 사이의 관계를 설정하는 시작점의 한 예이다.

어린 시절의 사회화는 소비자 행동 관련 연구에서 특별히 **소비자 사회화**(consumer socialization)와 연결되는 측면이다. 이는 어린아이가 소비자로서 기능하기 위하여 중요한 기술과 지식, 태도 그리고 경험을 취득하는 과정으로 정의된다. 수많은 연구들은 어린아이들이 어떻게 소비 기술을 발전시키는지에 대해 연구해왔다. 사춘기 이전의 많은 어린아이들은 소비자 행동 규범을 그들의 롤 모델 역할과 소비 기술을 배우는 데 신호 역할을 하는 부모와 손위 형제를 관찰하며 습득하게 된다. 연구들은 어린아이들이 광고보다는 가족으로부터 소비에 관해 믿을 만한 정보를 더 많이 얻는다는 것을 확인했다. 그러나 무엇보다도 10대와 청소년의 소비에는 또래들이 가장 큰 영향을 미친다.[2] 연구들은 또한 어린아이들이 부모의 역할로 등장하는 대변인을 사용한 광고에 대해 긍정적인 반응을 보인다는 것과 반면에 10대들은 종종 부모가 그들의 구매를 탐탁지 않아 하기 때문에 제품의 구체적인 내용을 보다 선호한다는 것을 보여주었다.[3] 〈그림 10.3〉은 시간에 걸친 어린아이들의 사회화와 사회화를 양방향 프로세스로 조사한 내용을 묘사하고 있다. 양방향 화살표는 젊은 사람들이 사회화를 받는 역할과 사회화 하고 있는 사람들에게 영향을 미치는 역할을 모두 하고 있음을 나타낸다.

사회화 대리인(social agent)은 개인적인 접촉이 잦거나 개별적으로 주어지는 보상과 처벌에 의해 이루어지는 사회화 과정에 포함된 개인이나 조직이다.[4] 어머니는 아버지보다 강력한 소비자 사회화 대리인인데, 어머니는 대체로 아이들과 더 많이 관련되어 있고 종종 아이들이 상업적 메시지에 노출되는 것까지 제어할 수 있기 때문이다. 더불어 어머니는 아이들이 소비자로 성장하는 데 필요한 기

그림 10.2 어린아이와 브랜드 간의 관계 형성

그림 10.3 사회화의 원천

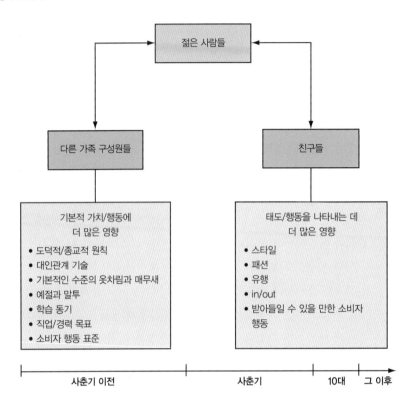

그림 10.4 사회화 대리인

표 10.1	어머니의 사회화 관련 태도
마케팅 수용성	마케팅 저항성
균형유지자(balancer) 기혼이며 직업이 있다. 자녀들이 좋은 소비자가 될 수 있도록 교육하며 동시에 여러 가지 일을 수행한다. 아이들은 경험과 구매 실수를 통해 배울 수 있다.	**보호자(protector)** 모든 세그먼트 중에 가장 고임금과 고학력에 속한다. 합리적이며 자녀들이 책임감 있게 쇼핑하고 소비하도록 교육한다. 자녀들에게 미디어가 영향을 미치는 것을 불쾌하게 여긴다.
양육자(nurturer) 가족에 초점을 맞추며 종종 자녀들의 요구에 부합하기 위해 자신의 욕망을 희생한다. 유명 회사와 브랜드를 신뢰한다.	**투쟁가(struggler)** 자녀들의 요구를 충족시킬 만한 재정적 여유가 없다. 가격과 가치를 매우 의식하는 구매자. 자신의 삶을 부정적으로 바라본다.
디바(diva) 자기중심적이며 다른 사람들의 수용과 관심을 원한다. 자녀들을 이미지의 한 부분으로 보며, 종종 자기 삶을 쉽게 만들기 위해 자녀들의 요구를 들어준다.	**스토익(stoic)** 문화적, 사회적으로 고립되어 있다. 자신을 관리인, 주부로 바라본다. 자녀들을 사랑하지만 감정적으로 거리감을 느낀다. 구매에 있어서 계획적이다.

술에 대해 가장 자주 교육하며, 아이들이 소비할 수 있는 돈의 양을 조절하고 용돈을 어떻게 소비해야 하는지 알려주기도 한다.

〈그림 10.4〉는 모트쥬스 광고로 자녀들에게 쥬스는 설탕 함량이 적을수록 더 건강하다는 것을 알려주는 사회화 대리인으로서의 어머니를 묘사하고 있다. 연구자들은 어머니들을 사회화 스타일에 따라 어머니들의 마케팅에 대한 태도를 기준으로 구분하였으며, 이는 〈표 10.1〉에 나타나 있다.[5]

구매 선호를 형성하는 광고의 역할에 대해 이해하는 법을 어린아이들이 배우는 것, 그리고 구매에 관련된 금전적 자원, 가치 그리고 한계와의 관계에서 주인이 되는 법을 배우는 것 같은 소비 기술을 발달시키는 데 있어서 일반적인 모델은 존재하지 않는다. 다음으로 우리는 소비자 사회화의 세 가지 측면에 대해 알아볼 것이다.

부모의 스타일과 소비자 사회화

수십 년 전, 사회학자들은 부모의 스타일이 자녀의 발달에 미치는 영향에 대해 연구하기 시작했다. 그리고 이후 마케터들이 이러한 발견을 소비자 사회화에 적용시키기 시작했다. 〈그림 10.5〉는 부모의 스타일을 '허용적' 대 '제한적', 그리고 '매우 보살핌' 대 '보살피지 않음'의 두 가지 차원으로 분류한 것이다. 이 도표는 네 가지 부모의 스타일과 그들의 광고, 소비 그리고 자녀들의 구매 요청에 대한 유연성에 대한 내용을 목록으로 만들었다. 네 가지 부모의 스타일은 다음과 같다. 자녀들의 소비자 사회화 기간 동안 잘 보살피고 매우 **관대한 부모**(induldent parents), 매우 관대하지만, 자녀들의 소비자 사회화 동안 거의 또는 전혀 보살피지 않는 **방치하는 부모**(neglecting parents), 소비자 사회화를 중요시 여기고 자녀들을 세심히 가르치며 매우 구속적인 **독재적 부모**(authoritarian parents), 마지막으로 매우 구속적이고 소비자 사회화 동안 양성에 힘을 기울이지는 않는 **권위적 부모**(authoritative parents)이다.

소비자 사회화는 학습이다

어린아이들은 소유의 중요성에 대해 이른 나이에 배우게 된다. 인형이나 캐릭터 인형의 텔레비전 광고를 시청하는 것은 이를 입증한다. 화면을 가리키며 "나 저거 갖고 싶어!"라고 외친다. 한 연구는

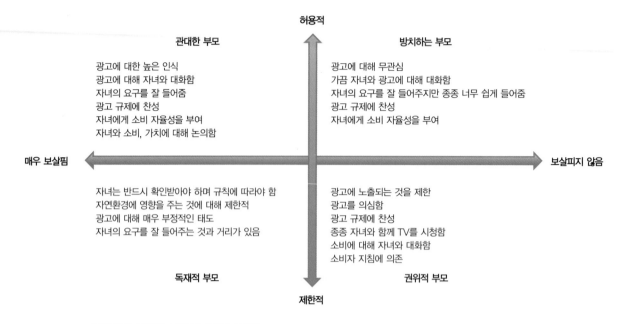

그림 10.5 부모의 스타일과 소비자 사회화

미네소타주의 취학 아동들을 대상으로 8~9세의 유년시절 가운데쯤의 어린아이들부터 12~13세의 초기 청소년의 물질주의 성향 증가, 그리고 16~18세의 후기 청소년들의 물질주의의 감소에 대해 알아보고자 하였다. 이 연구는 또한 청소년과 어린아이의 자신감과 물질주의 간의 반비례관계에 대해서도 확인했다(예 : 높은 자신감을 갖고 있는 어린아이들은 더 낮은 레벨의 물질주의를 나타냈으며, 반대의 경우도 마찬가지였다).[6] 나아가 이 연구는 어린아이와 청소년을 통해 물질주의를 표방하는 매체를 비난하는 것보다는 그들의 자신감을 향상시킬 수 있는 방법을 찾는 것이 보다 긍정적인 접근이라는 점에도 주목했다. 또 다른 연구는 청소년들이 소비와 가치에 있어서 무엇을 사야 하고 사지 말아야 하는지에 대한 정보를 교환하기 위해 비웃음을 하나의 체제로 이용하고 있다는 것을 확인하기도 했다. 비웃음은 대부분이 구매하는 제품과 다른 제품을 구매한 또래를 배척하는 방식이기도 했다.[7] 캐나다의 대학생들을 대상으로 한 연구(과반수가 풀타임 학생이며 85%가 부모님과 함께 살고 있는 학생들)는 나이 많은 대학생들이 부모로부터 더 많은 영향을 받으며, 또래나 매체로부터 받는 영향은 더 적다는 것을 확인했다.[8] 이 연구는 또한 나이 든 대학생들이 상대적으로 어린 학생들보다 더욱 유능한 소비자라는 것도 확인했다.

〈표 10.2〉의 모델은 소비자로서의 기능 교육을 통한 어린아이들의 모습을 구체적인 단계로 설명하고, 각각의 단계에서 그들이 얻는 정보의 원천에 대해 나타내고 있다.

성인 그리고 세대 간 소비자 사회화

사회화 과정은 지속적이며 이른 유년시절에 시작해 사람의 전 생애에 걸쳐 이루어진다. 10대 시절이나 사춘기와 같은 유년기 이후, 어린 소비자들은 지속적으로 소비에 대해 배우고 마케팅의 몇 가지 측면에 대해 회의감을 갖게 되기도 한다. 한 연구는 사회적으로 더 부유한 청소년이 상대적으로 덜 부유한 또래들보다 광고에 대해 덜 회의적이라는 것을 확인했다. 낮은 사회 경제적 지위를 가진 청소년들은 그들의 부유한 또래들보다 적은 돈을 갖고 있고, 광고의 주장에 대해 더욱 비판적이다. 더불어 이 연구는 인터넷 사용량과 회의감 사이에 부정적인 연관성이 있다는 것도 알아냈는데, 인터넷

표 10.2 어린아이가 소비자로 발전하는 단계		
단계	평균 연령	내용
부모와 함께 쇼핑하고 관찰하는 단계	12~15개월	모든 제품들이 먹기 좋고 갖고 놀기 좋다고 인식하며, 구체적인 것을 기억해내기 시작한다. 어떻게 쇼핑하는 것이 욕구를 충족시키는 것인지에 대해 배운다. 부모는 자녀가 착한 행동을 한 데 대한 보상으로 일부 제품들을 사주기도 한다.
부모와 함께 쇼핑하는 동안 요구사항을 제시하는 단계	2세	2세부터 점포에 있는 제품의 광고에 접촉하기 시작하며, 그들의 인지적 발달로 부모를 기쁘게 한다. 그들은 가리키는 것으로 제품을 요구한다 — 대체로 음식이나 장난감 — . 또한 광고에 더 주의를 기울이기 시작하고 TV를 더 보고 싶다고 주장하기도 한다.
부모와 함께 쇼핑하는 동안 허락을 받고 스스로 선택하는 단계	3세 반	쇼핑카트에서 내려와 부모 옆에서 함께 걷는다. 시리얼, 스낵, 아이스크림, 냉동 디저트들의 브랜드를 구분하고 각각의 위치를 알고 있다. 가장 좋아하는 브랜드가 있고, 심지어 좋아하는 상점이 있는 경우도 있다. 부모는 자녀가 좋아하는 브랜드와 제품들을 선택해주기 시작한다.
부모와 함께 쇼핑하는 동안 독립적으로 구매하는 단계	5세 반	어린아이의 첫 번째 독립적인 구매는 슈퍼마켓, 백화점, 편의점과 같은 곳에서 이루어진다. 어린아이는 금전적 자원의 한계에 대해 이해하게 되며, 일부는 원하는 제품이 너무 비싸거나 좋은 가치를 갖지 못해 구매를 거부당하고 실망하기도 한다.
독립적으로 구매하는 단계	8세	부모는 마지못해 어린아이가 혼자 상점에 가는 것을 종종 허락한다. 첫 번째 독립적인 구매 여행은 편의점과 같은 곳에서 이루어진다. 어린아이는 쇼핑에 대한 궁금증을 발견하고 많은 선택지들 사이에서 결정을 하기도 한다.

사용자는 광고를 건너 뛸 수 있으며 관심 있는 웹사이트만 골라 방문할 수 있기 때문에 충분히 가능한 결과이다.[9]

신혼부부가 그들의 가정을 처음 이루고, 두 사람이 함께 소비를 조절하는 것 또한 사회화의 연속이다. 비슷한 예로 은퇴를 앞둔 부부가 더 따뜻한 지역으로 이사를 계획하고 있다면 이와 관련된 조절도 지속적인 사회화의 한 부분이다. 심지어 가족이 애완동물을 기르는 것도 애완동물을 가족 환경에 맞추기 위한 사회화 도전 과제와 맞닥뜨리는 것과 같다. 한 연구는 애완동물 주인이 그들의 애완동물을 본격적으로 가족 구성원으로 대한다는 것을 확인했다. 예를 들어, 설문 응답자의 58%가 그들의 강아지나 고양이와 크리스마스카드를 주고받았다고 답했으며, 78%가 정기적으로 다른 목소리("따랑해.")를 내며 그들의 애완동물과 대화하고 그들을 가족 구성원으로 관련짓는다고 답했다.[10]

많은 제품 선호도와 브랜드 충성도는 한 세대에서 다른 세대로 이전된다. 종종 서너 세대를 포함하는 경우도 있다.[11] 예를 들어, 미국 브랜드의 땅콩버터, 마요네즈, 케첩, 커피, 캔 수프와 같은 제품을 선호하는 경우 이는 빈번히 한 세대에서 다른 세대로 전달된다. 어떤 가족의 경우 — 아시아 가정과 같은 — 조부모는 어린 가족 구성원에게 소비 관련 기술을 가르치는 것뿐만 아니라 모든 중요한 소비 결정에 참여하는 중요한 역할을 한다. 아시아의 조부모들은 대부분 그들의 자녀, 손자 손녀와 함께 거주한다. 〈그림 10.6〉의 광고는 안전한 운전의 가치에 대한 '세대 간 이전'을 묘사하고 있다.

가족의 지원 역할

가족은 사회화 과정 및 소비자 행동에 대해 몇 가지 지원적 기능을 갖는다. 이는 경제적 웰빙, 감정적 지원 그리고 적합한 가족 라이프 스타일을 포함한다.

출처 : MADD

그림 10.6 세대 간 사회화

경제적 웰빙

가족의 경제적 기능 중 가장 중요한 것은 구성원들에게 재정적 자원을 제공하고 수입을 모든 가족구성원들을 적절하게 지원할 수 있는 방향으로 배분하는 것이다. 〈표 10.3〉의 데이터는 '평균적으로' 미국 가족들이 1년에 지출하는 돈의 액수를 보여준다. 가장 큰 지출은 주거, 교통, 가정에서의 식사, 연금 및 사회보장, 건강관리, 외식 그리고 오락 순이다.[12]

감정적 지원

가족의 주요 기능은 구성원들에게 사랑, 애정 그리고 친밀감을 제공하는 것이다. 대부분의 여성들이 직업이 없었을 때 어린아이는 어머니로부터 대부분의 감정적 지원을 받았다. 그러나 점점 많은 여성들이 노동력으로 흡수되면서 — 남편보다 더 유리한 직업과 많은 수요로 인해 — 남자들이 아이 양육에 점점 더 중요한 역할을 하게 되었다. 만약 가족 구성원이 원하는 시점에 적절한 지원을 제공하지 않는다면, 이 역할은 카운슬러, 심리학자 또는 다른 전문가들로 대체될 것이다. 대부분의 집단

표 10.3 가족들은 그들의 돈을 '평균적으로' 어떻게 사용하고 있는가		
소비 범주	달러	비율
가정에서의 식사	3,753	8.1
외식	2,619	5.6
주류	435	0.1
주거	16,895	36.3
의류와 서비스	1,725	3.7
교통	7,658	16.5
건강 관리	3,126	6.7
오락	2,693	5.8
독서	110	0.2
흡연제품	380	0.7
생명 또는 기타 개인적 보험	309	0.8
연금 및 사회보장	5,471	11.7
기타	1,320	2.8
총 합계	46,494	

출처 : U.S. Census Bureau, "Average Annual Expenditures of All Consumer Units by Selected Major Types of Expenditures: 1990 to 2009," Statistical Abstract of the United States: 2012, Table 684. http://www.census.gov/comendia/statab/2012/1250684.pdt. Accessed 6/20/2012

Does your soap leave your skin this soft and touchable?

Lever 2000® does.
Its patented clean rinsing formula has more skin hydrators than the leading Dial® bar, leaving skin feeling softer, smoother and more refreshed*.

Lever 2000® BECAUSE EVERY TOUCH COUNTS

출처 : Unilever

그림 10.7 가족의 감정적 지원 제공

에서 자녀의 교육과 커뮤니케이션 기술의 향상, 또는 자녀에게 더 나은 환경을 제공하기를 원하는 부모를 지원하기 위해 교육센터나 심리센터를 지었다. 〈그림 10.7〉은 레버(Lever) 비누의 광고로, 가족이 어떻게 감정적 지원을 하는지에 대해 잘 보여주고 있다.

적합한 가족 라이프 스타일

'적합한' 라이프 스타일에 대한 사람들의 관점은 성장과정 동안의 경험에 비추어 형성된다. 어린아이는 교육과 학습, 여가 활동, 취미, 직업적 목표에 대한 설정, 매체에 대한 노출, 쇼핑 습관과 같은 라이프 스타일의 모든 부분에 대해 부모님의 우선순위를 모방하며, 어느 정도는 그들이 자라나 스스로 가정을 꾸렸을 때에도 적용된다. 가족의 라이프 스타일을 바꾸는 것은 소비 패턴에도 매우 큰 영향을 미친다. 예를 들어, 간편 식품의 수요 증가와 패스트푸드, 테이크아웃 식품의 인기는 직업이 있는 어머니가 집안일을 할 시간이 부족해서 생긴 것이다. 양쪽 배우자가 모두 일을 하는 경우, 많은 부모는 자녀와 의미 있는 시간을 보내는 것이 얼마나 중요한지에 대해 점점 더 많이 깨닫게 되기도 한다.

가족의 의사 결정과 소비 관련 역할

학습목표

2 가족의 의사결정과 가족 구성원의 소비 관련 역할에 대해 이해한다.

마케터들은 가족이 소비 행동적 측면에서 한 단위로 운영되고 있다는 것을 발견하였으며, 많은 연구자들이 가족 의사결정의 역학관계에 대해 연구했다. 구체적으로 마케터들은 각 가족 구성원의 소비에 미치는 상대적인 영향에 대한 남편-아내의 의사 결정과 가족 의사 결정에서 자녀의 역할, 그리고 제품과 서비스를 구매하고 사용해 집안을 유지하는 데 있어서 가족 구성원들의 여러 가지 역할에 초점을 맞추었다.

남편-아내의 의사 결정

마케터들은 소비에 있어서 각 배우자들의 상대적인 영향과 남편-아내의 의사 결정의 네 가지 방식에 대해 연구했다.

1. **남편 지배 의사결정**(husband-dominated decision)은 남편이 아내보다 더 큰 영향을 미치는 가정을 뜻한다.

2. **아내 지배 의사결정**(wife-dominated decision)은 아내가 남편보다 더 큰 영향을 미치는 가정을

뜻한다.

3. **공동 의사결정**(joint decisions)은 남편과 아내가 동등한 영향을 미치는 가정을 뜻한다.

4. **자율결정**(autonomic decisions)은 남편 또는 아내 중 한 명을 기본으로 하거나 또는 유일한 의사 결정자로 두는 가정을 뜻한다.

소비자 결정에서 남편과 아내의 상대적인 영향력은 주로 제품이나 서비스의 범주에 따라 달라진다. 예를 들어, 1950년대에는 새로운 자동차를 구매할 때 남편의 역할이 매우 지배적이었으며 반면에 식료품 구매나 은행 업무에 관한 결정은 종종 아내의 역할이 지배적이었다. 그러나 이러한 방식은 더 이상 적합한 케이스가 될 수 없다. 일부 연구는 여성이 자동차 구매 시 모든 의사결정의 85%에 영향을 미치며, 미국에서 팔리는 전 차량 중 45%를 구매한다는 것을 확인했다. 여성 자동차 구매자 중 절반 이상이 차량 구매 전에 전문가로부터의 조언을 구하며, 남성보다 더 많은 시간을 구매 과정에 투자했다(여성 : 17주 대 남성 : 15주). 또한 평균적으로 세 군데의 대리점에 방문하였고, 최적 가격과 정중한 대우 모두를 고려하는 것으로 나타났다.[13]

자동차 제조업체와 자동차 딜러들은 여성 운전자 고유의 요구사항에 대해 연구해야 한다. 예를 들어, GM은 특별히 장식, 패브릭, 색상, 공간 그리고 제어장치의 위치와 모양에 신경을 쓴다. 또한 채소, 핸드백, 어린아이 장난감을 위한 공간과 접을 수 있는 시트 또는 차량용 어린아이 보조의자가 있는 등의 저장 공간은 여성 구매자들에게 특히 중요한 부분이다. 많은 자동차 제조업체들은 여성의 키에 맞추어 좌석과 스티어링 컬럼(steering column)을 디자인하며 문손잡이 역시 손톱이 길어도 잡기 편리하도록 디자인한다. 분명히 남성과 여성은 모두 '한쪽 끝부터 반대편까지 모두 매끈하고 거칠지 않은 모서리, 그리고 끝내주게 멋지고 설레는 디자인'을 가진 '공격적이고 우아한' 라인을 좋아하며, 남성처럼 여성도 성능 좋고 예쁜 자동차를 원하지만 그와 더불어 더 많은 기능을 원하기도 한다. 여성의 마음에 맞게 디자인된 기능의 예를 살펴보면 내부 문손잡이에 개별적으로 약한 조명을 장착했으며, 매력적인 버튼을 장착한 오목한 콘솔, 디지털 정보 디스플레이 그리고 버튼을 누르면 올라갔다 내려갔다 하는 오락 시스템 스크린을 탑재하고 있다.[14]

전통적으로 여성은 가족이 매일 소비하는 가정용품을 소비해왔으며 남성은 은행업무나 재정적 계획에 주된 의사결정을 담당하고 있었다. 그러나 한 연구 조사에 따르면 최근 영국 여성들은 은행의 선택과 미래의 저축 및 소비에 대한 규정을 정함에 있어서 보다 더 많은 역할을 하고 있는 것으로 나타났다. 이 연구는 91%의 가정에서 여성이 중요한 저축에 대한 재정적 계획을 담당하고 있으며 82%의 가정만이 남자에게 저축의 책임이 있었다는 것을 보여주었다. 이는 특히 젊은 부부에게서 많이 나타났다. 45세 이상의 남성이 있는 가구에서는 남성이 돈 문제에 대해 담당하려 했다. 이 연구는 2020년에는 전 연령대 대부분의 여성이 가정의 재정적 결정을 하게 될 것이라고 예측했다. 더불어 45세 미만의 부부들 사이에서 여성은 남성보다 가족의 은행업무(가구의 52%)를 많이 결정하며, 미래의 저축 계획에 대해 통제하고(52%), 매일의 생활비와 지출에 관한 파악을 담당하고 있다(54%). 분명히 여성은 더 나은 저축자이다. 싱글 남성의 37%가 아무런 저축도 하지 않는 것으로 나타난 반면 싱글 여성은 30%만이 저축을 하지 않는 결과가 이를 반증한다. 여성이 더 강력하게 가족 재정에 대해 제어하는 것은 장기 지향적인 저축과 투자와 저축에 있어 더욱 주의를 기울여 가정의 저축량을 늘릴 것이다. 이는 또한 주택담보 상환과 소비자 지출의 취약성으로 인한 미래의 고용 또는 재정 시장의 혼란을 줄여줄 것이다.[15]

남편-아내의 의사결정은 문화의 영향과도 관련이 있다. 중국과 미국의 남편-아내 의사결정을 비교한 한 연구에서, 중국의 경우 더 적은 수가 공동 의사결정을 하였으며 미국의 경우보다 남편 지배 의사결정이 가정의 구매에 있어서 더 많은 부분을 차지했다.[16] 그러나 연구에서 도시와 시골의 중국 가정을 비교하였을 때 베이징 같은 대도시 부부들은 시골 부부들보다 구매 결정을 함께 하는 경향이 더 많았다. 가족의 의사 결정에 대한 또 다른 연구는 미국과 싱가포르 가족을 대상으로 비교하였는데, 공동 의사 결정은 미국 가정들의 특징이며 싱가포르는 대부분 남편 지배 의사결정을 한다고 한다.[17]

가족 의사 결정에 따른 자녀의 영향

수십 년에 걸쳐 자녀들은 가족의 구매에 있어서 보다 적극적인 역할을 수행해왔다. 가족의 의사결정 과정에 있어서도 마찬가지였다. 자녀의 영향력이 증가한 것은 자녀를 적게 낳는 추세 탓이다(이는 자녀 각각의 영향력을 증가시켰다). 맞벌이 부부가 증가함에 따라 자녀들의 선택지가 더 넓어졌고, 매체들은 자녀가 '스스로를 표현'할 수 있도록 장려하였다. 게다가 편부모 가정은 종종 자녀가 자립하고 가정에 참여하도록 다그치기도 한다. 한 예로 슈퍼마켓에서 어린아이들은 평균적으로 열다섯 가지 요청을 하며, 이 중 절반은 통상적으로 허용된다.[18]

한 연구는 휴가에 관한 가족 의사결정에서 자녀의 역할에 대해 부모님과 그들의 자녀를 인터뷰하였다. 연구자는 휴가 관련 의사결정에서 아이들 스스로가 의사결정에 많은 영향을 미치고 있다고 믿고 있고, 그들의 부모는 자녀의 영향이 중간 정도라고 보고 있다고 설명했다.[19] 또 다른 주목할 만한 연구에서는 자녀들이 부모가 가족 의사 결정 시 그들을 위해 무언가 사주기를 원하거나 그들 '마음 대로' 하게끔 하기 위해 전술을 사용한다고 조사했다. 이 연구에서 자녀들이 주로 사용하는 전술은 아래와 같다.

1. 압력 : 요구, 협박, 부모를 위협하고자 하는 행동
2. 거래 : 거래를 위해 부모에게 무언가를 약속(예 : '착한 행동' 하기 또는 자기방 청소하기)
3. 합리화 : 논리적 주장과 사실적 증거를 사용
4. 상의 : 의사결정 시 부모의 참여를 요청
5. 아부 : 자녀가 부모를 먼저 기분 좋게 만든 다음 요청[20]

한 연구는 '10대 인터넷 달인'이라 이름 지어진 집단을 발견했다 ― 인터넷을 하는 데 많은 시간을 할애하며 정보 검색과 다른 이의 요구에 응답하는 것에 매우 숙달된 10대들. 이 연구는 이러한 10대들이 가족의 구매에 있어서 부모들보다 영향력이 있다고 믿으며, 어떤 부모는 이를 인정했다는 것을 보여주었다.[21]

아이들은 세 가지 시장이다

마케팅 전문가들은 어린아이들을 세 가지 세분시장으로 나눌 수 있다고 지적한다. 이는 〈표 10.4〉에 구체적으로 설명하고 있다. 많은 마케터들은 각각 다른 어린아이 세분시장을 타깃팅하는 데 이 틀을 사용한다. 예를 들어, 어린아이들을 영향력을 행사하는 사람으로 볼 때 음식, 휴가 관련 제품의 마케터는 제품에 대한 결정에서 아이들의 개입에 대하여 그림을 그려놓아야 한다. 그러나 이는 민감한 방법이며 어린아이는 부모가 제품을 구매하는 데 두드러지게 압력을 행사할 수 없다는 것을 유념해야 한다. 그 외에도 초기에 어린아이의 브랜드 선호에 대해 인식했을 경우, 마케터는 어린아이의 부

표 10.4	어린아이는 세 가지 시장이다	
역할	내용	예시
영향력자(influencer)로서의 어린아이	부모와 동행한 쇼핑에서나 집에서 자신의 요청사항을 얘기한다.	어린아이를 위한 아이템(장난감, 전자제품, 옷), 가정을 위한 아이템(가구, 음식과 음료에 대한 선호), 전체 가족을 위한 서비스(휴가, 음식점)
1차 시장(primary market)으로서의 어린아이	부모와 동행한 쇼핑에서 독립적으로 구매하거나 개인의 용돈으로 직접 구매한다.	가장 흔히 구매하는 제품은 스낵/사탕, 장난감, 게임, 옷, 영화, 운동경기, 콘서트, 비디오게임과 같은 것들이다.
미래의 고객(future consumer)으로서의 어린아이	미래의 구매에 대해 고려하기 시작한다. "나중에 크면 나는 스스로 …를 살 거야."	미래의 고객은 브랜드에 대해 충분히 인식하고 있으며, 따라서 마케터들은 그들과의 관계를 구축하는 데 반드시 초점을 맞추어야 한다.

모가 해당 브랜드를 구매했을 때 어린아이에게 얼마나 고마워하고 있는지를 반드시 보여줘야 한다.

가족 의사 결정의 측정

가족의 의사 결정을 측정하는 것은 복잡하다. 왜냐하면 가족 구성원들이 구매 결정 동안의 영향 정도에 대한 서로의 인식에 동의하지 않을 수도 있으며, 그들을 함께 인터뷰하는 데 협조하지 않을 수도 있기 때문이다. 그럼에도 〈표 10.5〉는 가족의 의사결정을 측정할 수 있는 도구를 나타내고 있다.

가족 구성원의 역할

〈표 10.6〉은 가족 의사 결정에 대한 또 다른 인식을 보여주고 있다. 이는 구매 결정에 있어서 구성원들이 갖는 역할에 대한 내용으로 구성되어 있다. 예를 들어, 많은 부모들은 가족 내 어린아이에게 영향을 미치는 정보들에 대해 제한을 가하는 골키퍼(gatekeeper)이다. 그들은 TV, 컴퓨터 그리고 기타 정보통신 기기들의 시청을 제한할 수 있다. 일찍이 설명한 것과 같은 제멋대로 하도록 내버려두는 부모나 권위적인 부모는 주의 깊은 '골키퍼'이다. 전자제품 제조업자들이 이런 부모들을 구매 대상으로 할 경우 반드시 자사의 제품이 강력한 정보 제어 기능을 갖고 있다는 것을 강조해야 한다. SUV 차량을 판매하는 회사는 가족들이 새로운 모델의 자동차를 구매할 때 어린아이가 영향력자(influencer)로서 작용하고 있다는 것을 알아야 한다. 비록 결정권자(decider)나 구매자(buyer)가 아니지만 말이다. 맞벌이 가정의 자녀들은 종종 식료품을 구매하는 데 결정권자, 구매자, 그리고 준비자(preparer)가 될 수 있다. 따라서 음식 관련 제품의 마케터들은 반드시 해당 영역의 가족 소비에 어린아이가 갖는 역할에 대해 연구해야 한다. 일례로, 어린아이는 포장을 쉽고 안전하게 열 수 있어야 한다. 또한 계량 방법과 준비 관련 설명에 대해서도 이해해야 한다. 왜냐하면 유지관리자(maintainer)로서의 어린아이는 종종 집안일을 스스로 처리한다. 따라서 청소기의 경우 반드시 어린아이가 청소기를 어떻게 사용하는지 관찰하여 아이가 제품을 안전하게 사용할 수 있도록 만들어야 하는 것이다.

표 10.5 휴가에 대한 가족 의사 결정의 측정

1. 당신의 가족과 가정에 대해 답하시오.

   두 명의 배우자 _____

   배우자가 한 명 이거나 편부 _____ 편모 _____

   12세 이하 어린아이의 수 _____

   다른 어른들이 함께 살고 있습니까? 있다면 적어주십시오_____

2. 당신의 가족은 휴가 관련 결정을 어떻게 내립니까? 전형적인 의사 결정에 대한 아래의 설문 리스트를 작성하면 가족 구성원들이 각각의 항목들에 얼마나 영향을 미치는지에 대해 질문할 것입니다. 예를 들어, 만약 아내가 목적지에 가는 방법(예 : 항공, 자가용)에 대해 결정하는 데 가장 영향력 있는 사람이라면, '아내' 열과 '목적지에 가는 방법' 행에 위치한 '가장 영향력 있는'에 표시해 주십시오(첫 번째 열 좌측). 어떤 것에도 해당되지 않는 칸은 비워두십시오(예 : 가정에 10대가 아예 없는 경우).

의사 결정	영향 정도	남편	아내	12세 이하의 어린아이	10대
휴가를 갈 것인지 말 것인지	매우 영향력 있는				
	영향력 있는				
	약간 영향력 있는				
	조금 영향력 있는				
	전혀 영향력 없는				
휴가에 얼마나 소비할 것인지	매우 영향력 있는				
	영향력 있는				
	약간 영향력 있는				
	조금 영향력 있는				
	전혀 영향력 없는				
언제 휴가를 떠날 것인지	매우 영향력 있는				
	영향력 있는				
	약간 영향력 있는				
	조금 영향력 있는				
	전혀 영향력 없는				
휴가 형태(예 : 디즈니, 국립공원, 자전거여행, 캠핑)	매우 영향력 있는				
	영향력 있는				
	약간 영향력 있는				
	조금 영향력 있는				
	전혀 영향력 없는				
행선지(들)	매우 영향력 있는				
	영향력 있는				
	약간 영향력 있는				
	조금 영향력 있는				
	전혀 영향력 없는				
목적지까지 어떻게 갈 것인지(예 : 항공, 자가용)	매우 영향력 있는				
	영향력 있는				
	약간 영향력 있는				
	조금 영향력 있는				
	전혀 영향력 없는				

표 10.6	가족 구성원의 소비 관련 역할
역할	**설명**
영향력자	다른 가족 구성원에게 제품과 서비스에 대한 정보를 제공하는 구성원
골키퍼	가족 내 제품과 서비스에 대한 정보의 흐름을 통제하는 구성원
결정권자	제품의 구매와 구매처에 대해 결정하는 힘을 가진 구성원
구매자	특정 제품 또는 서비스를 실제로 구매하는 구성원
준비자	제품을 다른 가족 구성원이 소비하기에 적합한 형태로 변환해주는 구성원
사용자	서비스를 사용하거나 제품을 소비하는 구성원
유지관리자	제품이나 서비스를 수리하여 지속적으로 기능을 원활하게 할 수 있도록 해주는 구성원
처리자	제품을 처분하거나 서비스를 중단하는 것을 시작 또는 수행하는 구성원

가족생애주기

학습목표

3 시장 세분화와 표적시장 선정에서 가족생애주기의 역할에 대해 이해한다.

가족생애주기는 전형적인 가족의 삶의 단계를 보여준다. 이는 결혼 여부, 가족의 크기, 가족 구성원의 연령(가장 나이가 많은 구성원이나 가장 어린 구성원에 초점을 맞춘), 가장의 고용 상태를 포함하는 복합적인 변수를 결합한 후 가족을 '전형적인' 단계로 구분한다. 가족의 사이클 내 단계를 통해 부모의 연령과 가처분 소득의 상대적인 양을 유추할 수 있다. 이 장의 시작에서 설명한 것처럼, 도요타의 자동차 모델은 가족생애주기을 염두에 두고 디자인되었다. 그럼에도 불구하고 비가족 가정과 '전형적'이라고 부를 수 없는 가족들이 출현하면서 가족생애주기는 세분화된 형태로 광범위하게 유지되고 있으며, 또한 깔끔하게 들어맞지 않는 가정의 소비에 대해 분석하는 데에도 쓰이고 있다.

가족생애주기는 독신으로 시작하여 결혼으로(그리고 가족 단위의 탄생으로) 옮겨간다. 가족은 일반적으로 아이가 태어나면서 성장을 시작하며 이후 장성한 자녀들이 가정을 떠나면서 축소된다. 사이클은 배우자 한쪽의 사망으로 해체하게 된다. 가족생애주기 단계는 아래에 설명되어 있다.

독신

독신(bachelorhood) 단계는 젊은 싱글 남성과 여성을 나타낸다. 대부분 대졸이며, 독립이 가능할 만큼의 수입이 있고 자신의 가정을 꾸릴 수 있는 여건이 된다. 그러나 직장이 있는 대졸자들도 계속 본가에 살며 가정을 만들기 위해 저축을 하는 것이 증가하는 추세이다. 독신자들은 옷, 자동차, 여행과 오락에 상당한 비용을 지불한다. 마케터들은 본가에 (부모와 함께) 살고 있는 싱글들과 독립한 싱글들을 반드시 차별화해야 한다. 〈그림 10.8〉과 〈그림 10.9〉의 광고는 비싼 가구와 휴가를 즐길 수 있는 여유를 가진 풍족한 독신 여성을 타깃으로 하고 있다.

신혼

신혼(honeymooner) 단계는 젊고 갓 결혼한 부부를 나타낸다. 고학력의 결혼한 커플은 자유재량으로 소득을 통합한다. 만약 두 배우자가 모두 진로에 대한 계획이 있다면, 그들의 소득은 꾸준히 증가할 것이다. 배우자가 대학원에 다니게 되면 일반적으로 지출을 줄이거나 보다 적당한 라이프 스타일을 요구받게 된다. 상당한 재량의 소득을 가진 사람들은 주요 잠재적 구매 대상이 된다. 대부분의 부부

그림 10.8 독신 단계의 여성을 타깃으로 하는 광고 : 고가의 가구

그림 10.9 독신 단계의 여성을 타깃
으로 하는 광고 : 독특한 휴가상품

DREAM BEYOND™

Imagine a registry that includes everything on your wish list, from the finest china to a huge assortment of professional cookware to a luxurious collection of bed linens.

That dream becomes a reality with the Bed Bath & Beyond® Bridal and Gift Registry. For more information *visit* any of our stores, *call* 1-800-GO BEYOND or go *online* at www.bedbathandbeyond.com

The Bridal & Gift Registry
BED BATH & BEYOND®
www.bedbathandbeyond.com

출처 : Bed, Bath & Beyond

그림 10.10 신혼부부를 구매 대상으로 하는 광고

는 결혼에 과도한 지출을 한다(그림 10.10의 광고 참조). 이후 그들은 가구, 여행 그리고 재무 계획 서비스를 이용하기 위해 시장에 들어선다. 왜냐하면 다수의 젊은 남편과 아내가 모두 직업이 있으며, 이러한 부부들은 종종 수입을 통합하고 이는 그들에게 조금 더 멋대로 소비하는 것을 허락할 뿐만 아니라 돈을 저축하고 투자할 수 있게 하기 때문이다.

신혼부부는 새로운 가정을 꾸릴 때 상당한 시작 비용을 지출한다. 그들은 살 곳을 찾아야만 하며, 가구를 사야 하고 가정을 꾸미고 환경을 만들어야 한다. 그들은 많은 부문의 마케터들과 자문 잡지(예 : 홈 앤 가든), 실내 장식가, 디자이너, 건축가 그리고 재정 설계사에게 중요한 구매 대상이다.

부모

부모(parenthood) 단계는 최소 한 명의 자녀가 함께 살고 있는 결혼한 부부를 나타낸다. 이는 가족의 생애주기에서 가장 긴 단계를 차지한다. 〈그림 10.11〉의 장난감 광고는 어린 아이의 인지발달을 도와주는 제품으로 젊은 부모들을 구매 대상으로 한다(그림 10.4, 10.7의 광고 역시 동일).

부모('완전한 둥지(full-nest)' 단계로도 알려진) 단계는 보통 12년 이상의 기간에 걸쳐 있다. 이러한 긴 지속성으로 인해 이는 취학 전 단계, 초등학교 단계, 고등학교 단계, 대학교 단계의 짧은 단계들로 나눌 수 있다. 이러한 부모단계 전반에 걸쳐 가족 구성원들 간의 상호관계와 가족의 구성은 점차적으로 변한다. 더 나아가 가족의 재정적 자원도 상당히 변화하며, 자녀의 양육과 교육에 대한 책임이 늘어나게 되고 자녀가 스스로 자립할 수 있게 되어 책임이 감소할 때까지 부모 한쪽(또는 둘 다)가 자신의 직업을 수행하게 된다.

많은 잡지들이 각자 다른 연령대의 자녀와 부모 모두 또는 각각을 구매 대상으로 한다. 예로 험티 덤티(Humpty Dumpty)와 같은 특별한 흥미와 관련한 출간물들이 많이 있는데, 이는 이제 갓 읽기를 배우기 시작한 아이들을 위해 디자인되었다. 스쿨매거진(Scholastic Magazine)은 초등학교 학생을 위해, 보이즈라이프(Boy's Life)는 어린 남자아이를 위해, 그리고 아메리칸걸(American Girl), 세븐틴(Seventeen), 글래머(Glamour)는 패션에 관심이 있는 10대와 젊은 성인 여성을 위한 잡지이다. 또한 Cookie는 상대적으로 새로운 잡지인데, 이는 연간 소득이 7만 5천 달러를 초과하는 2천 2백만 명 이상의 미국 가정의 부모와 10세 이하 어린아이들을 대상으로 한다.[22]

그림 10.11 젊은 부모를 표적으로 한 광고

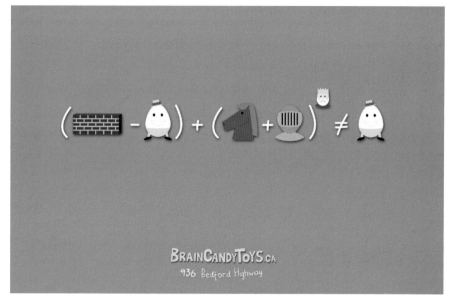

후기 부모

후기 부모(post-parenthood) 단계는 같이 사는 자녀가 없는 나이 든 부부를 나타낸다. 긴 기간 부모 단계를 거치고 나면 어떤 부모에게는 충격적이고 어떤 부모는 해방감을 느끼기도 하는 이 단계가 시작된다('빈 둥지'라고 알려져 있다). 많은 부모에게 이 단계는 자녀와 같이 살거나 자녀가 대학을 갔을 때 못해본 것을 하거나 여유를 갖는 기회가 된다.

이 단계 동안 대부분의 부부는 재정적인 기반이 든든하고 많은 여가 시간을 갖게 된다. 그들은 더 자주 여행하고, 긴 휴가를 즐기며, 따뜻한 기후의 지역에 별장을 구매하기도 한다. 그들은 많은 저축과 투자 덕분에 가처분 소득을 소유하고 있으며, 대학 등록금이나 주택 담보 대출이 없어 지출이 적다. 그들은 조부모가 되기를 기대하고 있다. 따라서 후기 부모 단계의 가족은 고급 제품, 신차, 고가의 가구, 먼 장소로의 휴가 같은 상품의 중요한 시장이다. 이 책의 12장에서는 은퇴 후의 소비자 행동에 대해 더 자세히 설명할 것이다.

해체

해체(dissolution) 단계는 생존한 한 명의 배우자로만 구성된 가구를 나타낸다. 만약 생존 배우자가 건강하고, 일이 있거나 적당한 저축이 있으며, 돌봐줄 가족이나 친구가 있는 경우 적응이 쉬워진다. 살아남은 배우자(여성이 남성보다 오래산다)는 종종 더 경제적인 라이프 스타일을 따르는 경향이 있다. 그들은 자신과 처지가 비슷한 동료를 찾기 위해 바깥으로 나선다. 다른 이들은 두 번째(또는 세 번째 그리고 심지어 네 번째까지) 결혼을 하기도 한다(12장에서 고령 소비자의 특징에 대해 설명한다).

가족생애주기에 대한 요약

전통적인 가족생애주기 개념은 가정 또는 가족이 각각의 단계에서 가장 관심을 가질 것으로 예상되는 제품과 서비스의 종류에 대한 세부적인 내용을 포함한다. 더불어 이는 가족생애주기 개념이 시간이 지남에 따라 개별 제품 또는 서비스에 어떻게 영향을 미치는지를 추적할 수 있게 한다. 예를 들어, 덴마크에서 실시된 질적 연구 조사에 따르면, 가족생애주기 단계는 고객이 휴가기간 동안 추구하는 경험에 영향을 미친다. 또 다른 예로 유럽 배낭여행과 같은 그다지 '전형적'이지 않은 휴가는 독신일 때 이루어지며, 캐리비안아일랜드 호텔(Caribbean Island Hotel)에서의 일주일과 같은 더욱 '전형적'인 휴가는 어린 아이가 있는 부부에게 더 많이 이루어진다.[23]

비전통적 가족과 비가족 가정

학습목표

4 비(非)전통적 가족과 비(非)가족 가정의 소비 패턴에 대해 이해한다.

'전통적' 가족이나 가정으로 대표되지 않는 세그먼트를 표적화할 때, 마케터들은 반드시 두 집단 사이를 구분해야 한다.

1. **비전통적 가족**(non-traditional family)은 가족생애주기에 쉽게 적용되지 않는 가족으로 정의된다.

2. **비가족 가정**(non-family household)은 법률적으로 가족이 아니지만 함께 살고 있는 상황의 가족으로 정의된다(예 : 결혼 하지 않은 동거 커플)

가장 일반적인 비전통적 가족의 형태와 비가족 가정은 〈표 10.7〉에 잘 나타나 있다. 원래 이러한 형태의 가족, 가정들은 매우 드문 경우였고 마케터들은 이들을 신경 쓰지 않았다. 하지만 '전통적인' 가족이나 가정들은 시간이 지나면서 현저하게 변해갔다. 예를 들어, 1970년에 전통적인 가족은 전체 미국 가정의 81%를 대표했으나 2010년에는 66%에 그쳤다. 18세 이하의 자녀를 가진 결혼한 부부로 구성된 가정의 수는 1970년에 40%에서 2010년 20%로 감소했다. 그리고 '미혼에 자녀가 없는' 가정(예 : 비가족 가정)은 1970년에는 약 19%였으나 2010년에는 34%로 새롭게 떠올랐다.[24] 동일한 시간의 틀 안에서 한쪽 배우자가 없는 가정은 11%에서 약 18%로 증가했으며, 혼자 살고 있는 사람의 수도 1970년 17%에서 2010년 27%로 증가했다. 또한 반면에 1970년에는 18세 이상의 남성 65%와 여성 60%가 기혼이었으나, 2010년에는 53%의 남성과 50%의 여성만이 기혼인 것으로 집계되었다.[25] 〈그림 10.12〉는 미국의 비가족 가정에 대한 도표이다. 사람들의 연령이 증가하면서 더 많은 비가족 가정이 등장하고 있으며 예상 수명이 늘어남으로 인해, 이 세분시장은 마케터들이 결코 무시할 수 없을 만큼 성장했다. 〈그림 10.13〉에서 보이듯이 연령 그룹을 살펴보면, 비가족 가정으로 살아가는 여성이 남성보다 현저히 많으며, 이 비율은 심지어 나이에 따라 더 현저해진다.[26]

비전통적 가족과 비가족 가정의 소비자 행동

몇 가지 연구들은 비전통적 가족과 비가족 가정에 초점을 맞추고 있다. 한 연구는 결혼한 부부가 개별적으로는 더 많은 구매 결정을 하고 있지만, 동거하는 커플은 그들의 결정을 함께하는 경우가 더 많다고 한다.[27] 한 가정의 단계가 변할 때(예를 들어, 이혼하거나, 일시적으로 은퇴하거나 직업을 잃거나, 새로운 사람이 가정의 일원이 되거나, 가족 구성원이 사망하거나 하는 경우), 그들의 소비 패턴과 선호도도 함께 변하게 된다. 가끔 이런 가정은 유리한 표적시장으로 대표되기도 한다. 예를 들어, 이혼을 계기로 종종 한 명(또는 양쪽)의 전 배우자는 새로운 주거지를 찾고, 새 가구를 사고 가끔은

표 10.7	비전통적 가정의 종류
비전통적 가족	
아이가 없는 부부	젊은 나이에 그들의 경력을 향상시키기 위해 아이낳기를 미룬 많은 부부들, 아이를 낳지 않기로 한 경우
30대 혹은 그 이후에 결혼한 부부	많은 경력 지향적 남녀가 함께 살며 결혼한 경우 한 명 이상의 아이를 낳고자 하지 않는다.
이혼한 편부모	높은 이혼율로 인해 편무보 가정이 늘고 있다.
네스터(nester)-부모의 집으로 다시 돌아간 자녀들	젊은 독신 성인 자녀가 경력을 쌓는 동안 주거비용 지출을 피해 집으로 돌아오는 경우. 이혼한 딸 또는 아들이 자녀와 같이 부모의 집으로 돌아오는 경우. 쇠약한 노부모가 자녀와 함께 사는 경우. 가정을 꾸리기 전에 돈을 절약하려고 처가 혹은 시댁에서 함께 사는 경우.
비가족 가정	
결혼하지 않은 커플	아이가 있거나 없는, 함께 살기로 결정한 사람들.
편부모	아이를 입양하거나 친자녀를 다른 생물학적 부모 없이 기르는 여성(대부분) 또는 남성
동성애 커플(결혼한, 혹은 하지 않은)	어떤 주에서는 동성애 커플의 결혼을 허용하며 대부분의 다른 주들도 내부적 파트너십의 필요성을 깨닫고 있다. 많은 동성애 커플들은 입양을 하거나 이성애를 통해 아이를 가지며, 양육에 참여할 수도 있고 참여하지 않을 수도 있다.

출처 : Compiled from data at: U.S. Census Bureau, Census 2010 Summary File 1 counts shown in American Fact Finder. http://www.comsus.gov/prod/cen2010/briefs/c2010 br-14/ Accessed 6/21/12.

새로운 직업도 가져야 한다. 그러므로 이혼한 사람들은 부동산 중개업자를 만나고, 가구매장을 방문하고 때때로 헤드헌터나 전문적 경력 관리자를 찾기도 한다. 게다가 갓 이혼한 부모들의 주거와 소비 패턴은 어쩔 수 없이 자녀의 요구를 만족시켜야 하고, 이혼의 영향으로 인해 구매에 많은 변화를 수반하게 된다. 한 연구는 편부모 가정에서의 자녀는 양부모 가정의 아이들보다 더 비싼 선물을 고르고, 휴일이나 휴가에 대해 더 지대한 영향을 미치게 된다고 지적했다.[28]

비전통적 가정에 대한 광고

〈표 10.7〉에서 나타난 바와 같은 고객들을 표적화하는 것은 마케팅적 딜레마이다. 한편으로 많은 제품의 마케터들은 비전통적 가정으로 구성된 세분시장의 등장에 대해 알고 있어야 한다. 다른 한편으로 어떤 전통적 가족의 구성원들은 비전통적 가정을 설명하는 데 부정적인 반응을 보일 수도 있다. 무엇이 옳고 무엇이 그른지에 대한 신앙과 믿음 때문이다. 마케터들은 반드시 한쪽을 불쾌하게 하지 않으면서도 두 가지 형태의 가정에 모두 어필할 수 있는 광고를 제시해야 한다. 예를 들어, 만약 유아식의 광고를 묘사할 때, 젊은 부모에게 양육되는 아기의 모습만 나타낸다면, 결혼하지 않은, 독신의, 그리고 나이 든 부모들에게 설득력을 가질 수 없을 것이다. 그러나 아기를 양육하는 일부 젊은 부모들은 광고에서 독신이나 이혼한 부모를 발견한다면 불쾌해할 수 있다. 그러므로 유아식의 광고는 반드시 어린아이의 행복, 건강, 그리고 기르는 사람들과의 따뜻한 관계에 초점을 맞추고 광고를 보는 사람들에게 가정의 '정의'를 내려주는 것은 피해야 할 것이다.

"그는 내 아이를 좋아하고 X 브랜드를 마시지."라는 광고문구가 있다. 젊은 전문직 여성 두 명이 맥주를 마시며 대화를 나누고 있는 이 광고는 화자인 여성이 이혼했거나 미혼모일 것이다. 비록 많은 젊은사람들, 그리고 '동거하는' 사람들은 이 사실을 교묘히 알아내겠지만, 전통적인 개인들은 불

그림 10.12 연령에 따른 일반 가정
과 비가족 가정의 가족 수
(단위 : 백만)

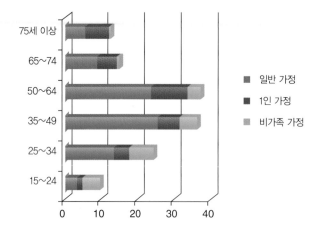

그림 10.13 비가족 가정 수 : 현재
배우자가 없는 상태. 성별, 연령 그리
고 가정의 크기에 따라
(단위 : 백만)

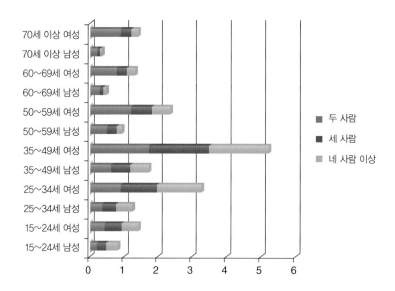

쾌해 할 것이다. 지난 몇 년 동안 점점 더 많은 광고들이 이혼한 사람들, 싱글 부모, 비혼자나 동성애
커플을 보여줬다. 보수적인 단체들이 공공연히 그와 같은 광고를 비판했고 심지어 광고 제품을 보이
콧하기도 했다. 그럼에도 마케터들은 불쾌한 측면이 존재하는 이 유리한 시장을 더 이상 무시할 수
없다. 그래서 설득력 있으면서 논란이 될 가능성이 적은 광고를 만들어야 한다.

맞벌이 포함 가정 분류 시스템

〈그림 10.14〉는 '맞벌이 포함' 분류 시스템을 보여준다. 이는 직업과 '경력 관련 동기'의 결합을 기
초로 한 여덟 가지 형태의 가정으로 구성되어 있다. 여덟 가지의 집단은 각자 다른 소비 패턴을 나타
낸다. 예를 들어, 양쪽이 다 낮은 연봉의 직업을 가졌거나 아내가 일을 하지 않거나, 남편이 낮은 연
봉의 직업을 가진 가정의 경우 건강에 별 도움이 되지 않거나 영양소가 매우 적은 패스트푸드나 인
스턴트식품을 많이 소비한다. 대조적으로, 양쪽이 모두 매우 높은 연봉의 직업군에 속하는 부부는
많은 건강용품을 소비하는 반면 인스턴트식품은 조금 소비한다.[29]

그림 10.14 맞벌이 포함 가정

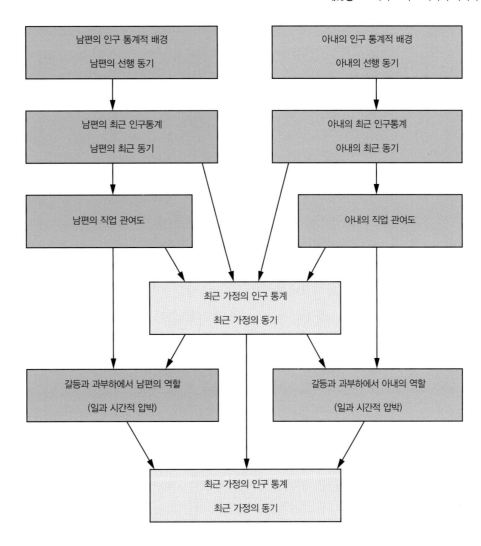

사회적 지위와 소비자 행동

사회 계급은 사회 구성원을 구분된 지위 계급의 계층으로 나누는 것이며, 각 단계의 구성원들은 상대적으로 같은 지위를 갖고 다른 계급보다 더 높거나 낮은 지위를 갖는다. 일부 형태의 계급 구조(또는 사회 계층)는 역사 전반에 걸쳐 존재해왔다. 현대 사회에서 더 많이 교육받거나 권위 있는 직업을 가진 사람들은 같은 사회 내 다른 구성원들보다 상대적으로 많은 지위를 누린다. 주어진 사회 계급에 귀속되는 것은 또한 다른 사회 계급의 구성원들과 가치, 태도 그리고 행동에 차이가 있음을 반영한다 (소비자 행동 포함). 사회 계급은 사회 구성원들 — 주로 가정 — 을 하나의 계층에 위치시켜 함께 지속되었다. 즉, 그것은 상대적으로 사회에서 갖는 권위에 따라 '할당된' 사회 계급인 것이다.

사회 계급과 사회적 지위

사회 계급은 한 사회 계급에서 다른 사회 계급의 구성원을 비교한 구성원의 권위의 정도를 나타내는 **사회적 지위**(social status)에서 기인한다. 지위는 부(경제적 자산의 양), 힘(다른 이들에게 영향을 미치는 정도), 다른 이로부터 받는 존경의 정도와 같은 몇 가지 요소들로 구성되어 있다.

　사회적 비교 이론에 따르면, 개인은 자신의 상대적인 사회적 위치를 알아내기 위해 자신의 물질적 소유를 다른 사람들과 비교한다. 이는 특히 종종 지위를 소비자의 구매력과 연관 짓는 물질주의 사회에서 두드러지게 나타난다. 따라서 더 많은 구매력(더 많은 소유물)을 가진 사람은 더 높은 지위를 갖게 되고 적은 돈을 가진 사람은 낮은 지위를 갖게 된다. 비싸고 독점적인 소유물을 더 많이 가질수록 더 높은 지위를 갖게 되는 것이다. 더불어 사회적 위치를 결정하는 두 가지 다른 인구 통계적 특성으로는 직업적 지위와 교육적 성취를 꼽을 수 있다.

소비자를 계층화 · 세분화하기 위해 사용되는 사회 계급

사회 계급의 범주는 계층에 따라 낮은 지위부터 높은 지위까지 순위가 매겨진다. 특정 사회 계급의 구성원은 다른 사회 계급의 구성원에 비해 스스로가 수행하는 것보다 더 높거나 낮은 지위를 가진다. 소비에 대해 사람들은 다른 사람과 비슷한 점을 찾거나(같은 사회 계급인 경우), 보다 우월한 점을 찾거나(높은 사회 계급인 경우), 또는 열등한 점(낮은 사회 계급인 경우)을 찾는다. 마케터는 종종 같은 사회 계급의 구성원이 소비자 행동을 포함한 삶의 측면에 대해 같은 가치, 태도, 우선 사항을 공유한다는 점 때문에 소비자를 세분화하는데 사회 계급을 사용한다.

소비 패턴은 사회 계급의 계층을 반영한다. 소비자는 자신이나 자신보다 높은 사회계층 구성원이 선호한다는 이유로 특정 제품을 소비한다(예 : 고가의 스위스 손목시계). 그러나 '낮은 계급'이 사용한다고 알고 있는 제품들의 구매는 회피한다(예 : '이름 없는' 브랜드의 운동화나 기성 양복). 제품의 사용과 사회 계급 간의 관계는 모든 서구 사회에서 나타난다. 예를 들어, 독일인은 인스턴트커피를 평균 이상의 제품으로 인식하지만, 프랑스 소비자는 이를 저소득층 제품이라고 생각한다.[30] 특정 제품을 선택하거나 선택하지 않는 소비자 태도를 사회 계급이 결정한다는 것과 제품의 형태, 서비스 그리고 브랜드를 구매하는 데 강력한 영향을 미친다는 것을 많은 연구들이 밝혀냈다.

사회 계급의 측정

학습목표

6 어떻게 사회 계급을 측정하는지와 그에 맞게 소비자를 세분화하는 방법에 대해 이해한다

사람의 사회 계급을 결정하는 인구 통계적 요인은 소득(보통 가정의 소득), 부(저축과 유동자산), 소득이나 부의 원천(상속 또는 자수성가), 직업 그리고 교육적 성취(정규 교육을 이수한 햇수 또는 최고 학위의 취득)을 포함한다. 사회 계급은 주관적 또는 객관적으로 측정이 가능하다.

주관적 대 객관적 측정

주관적 측정(subjective measure)은 사람들이 자신의 사회 계급을 평가하는 질문으로 구성되어 있다. 전형적인 주관적 측정은 아래와 같은 질문을 포함한다.

"다음의 네 가지 범주 중 어떤 것이 당신의 사회 계급을 가장 잘 묘사하고 있는가? 하위 계급, 중하위 계급, 중상위 계급 또는 상위 계급."

하위 계급	[ ]
중하위 계급	[ ]
중상위 계급	[ ]
상위 계급	[ ]
모르겠다/무응답	[ ]

조사자들이 사회 계급에 대한 주관적 측정을 사용할 때, 많은 응답자가 자신을 중산층에 속하는 것으로 착각하는 경우가 더러 있다. 사실상 미국이나 다른 나라, 다른 문화의 사람들 대부분이 스스로를 중산층으로 분류하려고 한다. 예를 들어, 매년 일본은 '나라에서의 삶(Life of the Nation)' 조사를 위해 시민들에게 그들을 다섯 가지 사회 계급 범주 상위, 중상, 중중, 중하, 하위 계급 중 하나를 고르도록 질문한다. 그러나 1950년대 후반 70%의 응답자가 그들 자신을 세 가지 중산층 범주 중 하나에 위치시켰고 이 비율은 점점 증가하여 최근의 조사에서는 거의 90%가 스스로를 중산층이라고 답했다.[31]

많은 조사자들은 이러한 주관적 측정이 응답자의 자아인식(self-perception)을 대표하며, 다른 사회 집단에 속한 사람들과 비교하는 것보다 소속감이나 타인과의 차별성(identification)을 대표한다고 주장했다. 따라서 주관적 측정은 실제로 한 사람의 **사회 계급에 대한 자각**(social-class consciousness)을 반영하며, 주어진 사회 계급에 따른 인식적 단계를 증명한다.

객관적 측정(objective measure)은 인구 통계적 변수와 응답자가 자신과 가족 또는 주거 지역에 대해 응답한 사실적 질문으로 구성되어 있다. 사회 계급의 객관적 측정은 하나 또는 그 이상의 변수를 포함하고 있다. 즉, 직업, 소득의 양, 교육 수준과 기타 관련 요인(예 : 소득의 원천)과 같은 변수들이 해당된다. 이러한 데이터는 우편번호 및 주거·지역정보와 같은 지리인구통계 군집을 포함하여 특정 소득, 학력 그리고 기타 소비자 사회 인구 통계적 요소의 위치를 찾기 위해 사용된다(2장 참조).

마케터와 지리인구통계 데이터의 공급자들은 미국 통계국(U.S. Census Bureau)의 사회경제적 데이터에 크게 의존하고 있다. 사회 계급은 거의 대부분의 가정과 밀접한 상관변수인 사람의 교육 수준, 직업 그리고 소득으로 구성되어 있다. 가정의 사회적 지위 측정은 가족 구성원에 의해 만들어진 '세대주'의 직업과 교육 수준 측정을 통해 이루어진다. 지금부터 세 가지 인구 통계적 특성에 대해 각각 살펴볼 것이며, 이들을 결합한 몇 가지 사회 계급 지표에 대해 논할 것이다.

직업

사람의 직업은 같은 사회 내 다른 구성원들에 비해 상대적인 사회적 지위를 반영한다. 이는 종종 자주 묻는 질문인 "어떤 일 하세요?"로 설명되며, 사회 계급과 지위를 측정하기 위한 최적의 수단으로 고려된다. 우리는 위와 같은 질문의 대답을 통해 처음 만난 사람에 대해 평가하고 그들의 첫인상을 결정짓는다. 직업적 권위는 사회적 우위와 도덕성을 반영한다. 예를 들어, 유대교와 크리스트교 전통 내에서는 인간의 생명이 가장 중요하다. 그런 이유로, 서구 사회에서는 의사와 간호사가 권위 있는 직업이다. 대조적으로 공산주의 체제에서는 집산주의가 깊은 존경의 대상이다. 개인주의는 약세를 띄며 바람직하지 않은 것으로 취급된다. 결과적으로 소비에트 연방(1992년에 결국 붕괴)에서는 의학 전문가가 권위 있는 직업이 아니었으며, 의학적 표준과 시설이 서구보다 훨씬 열등했다. 공산주의하에서는 매우 크고, 획일적인, 매력적이지 않고 뭉뚝한, 대부분 회색 구조물로 '집약'해 표현되는 기술자와 건축업자들이 깊은 존경을 받는다. 이런 이유로 공산주의하에서는 의사가 되는 것이 매우 쉽고, 기술학교에는 일부 허가된 인원만이 입학할 수 있다. 서구 사회에서는 생명과 건강을 매우 존중하며, 반드시 매우 숙련되고 철저히 교육받은 자가 의학적으로 우리를 치료해주기를 원하기 때문에 의대에 입학하여 의사가 되는 것이 매우 어렵다.

소득이나 교육적 성취와는 다르게 직업적 권위는 객관적(또는 계수적)으로 결정되지 않는다. 대신에 직업 순위는 나라 단위의 큰 샘플(1,000명에서 3,000명을 대상으로 한)을 이용한 관리 조사를 통해 측정된 대중의 의견을 기반으로 한다. 직업적 권위를 측정하기 위한 한 가지 방법 — 사회적 계급 사다리(ladder of social ranking)라 이름 지어진 — 으로 백 가지 정도의 직업이 목록으로 제시된 색인 카드를 응답자에게 제공하고 그들에게 가장 권위 있는 것부터 제일 비권위적인 것까지 나열하게 하는 방법이 있다. 또 다른 방법으로는 응답자에게 직접적으로 대답하게 하는 것도 있다. 예를 들면, 해리스 여론조사(Harris Poll, 그림 10.15)의 결과는 다음과 같은 질문의 응답을 기준으로 한다. "제가 여러 가지 다른 직업들을 말씀드릴 것입니다. 각 직업에 대한 당신의 느낌을 매우 권위가 있는 직업, 상당히 권위 있는 직업, 다소 권위 있는 직업 또는 전혀 권위가 없는 직업으로 나누어 답해주십시오."*

직업의 권위 서열(occupational prestige ranking)은 해당 직업을 갖기 위한 지식의 요구 정도(예 : 교육 수준)와 받을 수 있는 물질적 보상(예 : 소득)에서 유래된 직업의 사회적 부, 그리고 기대에 대한 사회의 집단적 신념을 대표한다. 흥미롭게도 권위 서열은 사회의 역사적 사건과 경제의 변화를 반영하는데, 이는 직업적 권위에 대한 해리스 여론조사(2007년에 조사된 최신자료)에 잘 나타나 있다. 〈그림 10.15〉는 이에 대한 내용으로, 소방관, 경찰 그리고 군인의 권위는 9 · 11테러와 미군의 해외 참전 이후 꾸준히 증가하고 있다. 사업 관련 임원들의 권위는 떨어지고 있으며, 이는 아마도 지난 10년간의 내부 거래와 회계 관련 추문 때문일 것으로 추정된다. 많은 조사들이 은행원과 주식 중개인의 직업적 권위가 2008년 금융위기 이후 경제가 정체됨에 따라 수직하락하고 있다는 것을 보여주었다. 과도한 의료비용에 대한 논쟁과 미국 내 가장 두드러지는 사회 문제인 건강보험의 출현에도 의사의 권위는 꾸준히 증가하고 있다. 해리스 조사 응답자의 1/4은 주식 중개인, 노조 위원장, 부동산 중개인과 연예인을 '어떤 권위도 없는' 직업으로 꼽았다.

직업적 권위를 측정하는 또 다른 방법은 도덕성과 정직성에 관한 정도를 알아보는 것이다. 행동의 원리로서 도덕성과 정직성은 우리 문화 내의 가장 중요한 행동 지침이다. 성서 시대에서 유래한 황금률(Golden Rule)은 "남이 나에게 해주기를 바라는 그대로 너희도 남에게 해주어라."고 하였으며 조지 워싱턴은 "나는 거짓말을 하지 않는다."라고 말했다. 또한 링컨 대통령은 'Honest Abe(정직한 링컨)'라는 명성을 갖고 있다. 이들은 미국의 모든 어린이 교육의 한 부분을 차지하며, 개인의 정직은 미덕으로 간주된다. 갤럽의 여론조사는 다음과 같은 질문을 통해 미국인들의 유명한 직업과 정직

그림 10.15 직업의 권위 서열 : '매우 높은 권위'를 가지고 있는 직업의 응답 비율.

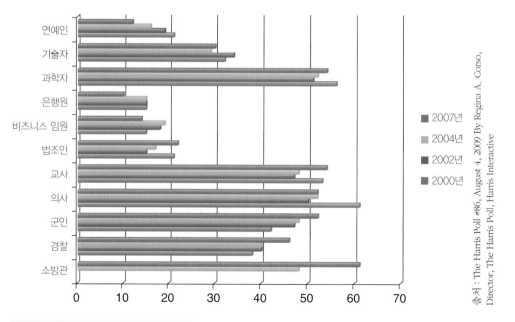

출처 : The Harris Poll #86, August 4, 2009 By Regina A. Corso, Director, The Harris Poll, Harris Interactive

* The Harris Poll #86, August 4, 2009 By Regina A. Corso, Director, The Harris Poll, Harris Interactive

성, 도덕성 간의 관계에 대한 인식을 지속적으로 측정하고 있다. "당신이 아래 직업군에 속한 사람의 정직성과 도덕성의 표준을 평가한다면 다음의 영역 중 어디에 해당하는지 답해주세요 — 매우 높은, 높은, 평균, 낮은, 매우 낮은."* 전문가들은 대부분 가장 정직하고 도덕적인(거의 50%의 응답자) 것으로 평가되었다. 이는 〈그림 10.16A〉에 나타나 있다. 또한 사람들이 보기에 가장 비도덕적이고 정직하지 못한 직업(거의 40% 이상의 응답자)에 관한 내용은 〈그림 10.16B〉에 나타나 있다.

교육 수준

더 많은 교육을 받은 사람들은 교육을 적게 받은 사람들보다 더 많은 보수를 받고, 권위 있는 직업을 가지며, 그로 인해 상위의 사회 계급에 속할 가능성이 높다. 미국 통계청의 최근 평가에 따르면 미국에는 현재 1억 1천4백만 개의 가정이 있으며, 평균적으로 한 가정 당 2.59명의 구성원으로 이루어져 있다. 〈그림 10.17〉은 교육적 성취와 가정의 소득량 사이의 상관관계에 대해 보여주고 있다.[32] '파이(pie)'는 차별적 교육 성취 단계와 그와 관련된 소득을 대표한다. 교육 수준이 높아질수록 소득도 같이 높아진다. 예를 들어, 소득을 대표하는 '부분(Slice)'의 크기 중 2만 5천 달러에서 3만 4천 999달러 사이의 소득 수준 부분을 보면, 고등학교에 입학하긴 했지만 졸업하지 못한 사람 〈그림 10.17C〉과

그림 10.16A 높은 도덕성과 정직성 : 정직성이 '높은' 또는 '매우 높은' 으로 응답한 비율

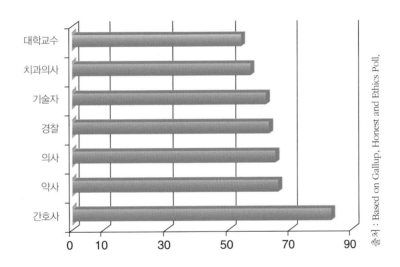

출처 : Based on Gallup, Honest and Ethics Poll.

그림 10.16B 낮은 도덕성과 정직성 : 정직성이 '낮은' 또는 '매우 낮은' 으로 응답한 비율

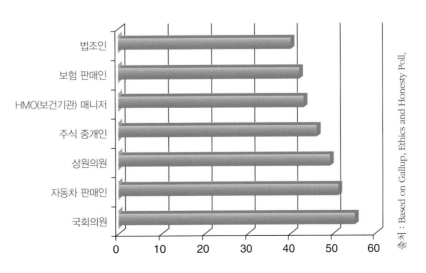

출처 : Based on Gallup, Ethics and Honesty Poll.

* Gallup, Honest and Ethics Poll

비교했을 때 고등학교 졸업자가 현저히 높은 비율을 보인다(그림 10.17D). '대학교 졸업 이상' 집단의 '부분'은 10만 달러 이상의 소득을 올리는 집단이 '파이'의 거의 45%를 차지한다(그림 10.17G). 이는 대학 교육이 사람을 보다 부유하게 만들어 준다는 것을 보여준다.

사회 계급 일원은 종종 한 사람의 교육 수준을 비추는 거울 역할을 한다. 예로, 대부분 국가의 명문 대학생들은 대부분 대학 졸업생의 자녀이며 상위층의 미국인인 반면, 하위층 어린아이들은 대부분 '좋은 직업을 갖도록' 장려된다. 사회 계급에 관한 시리즈 기사에서 공장 노동자인 50세 아버지는 "내 삶의 목표는 공장에서 좋은 직업을 갖는 것이었다. 만약 내가 대학에 가고 싶다고 말했다면, 그건 내가 아가미를 길러 수중에서 호흡하고 싶다고 하는 것과 같은 의미였을 것이다."라고 말했다.[33] 20대 중반 미국인 중 3명 중 1명 가까이는 대학 과정에서 탈락한다(1960년대 후반 5명 중 1명이 탈락했던 것과 비교). 그리고 이들 중 대부분이 가난한 노동자 계급 출신이다. 대조적으로 중위, 상위 계급의 어린아이들은 무난하게 대학을 졸업하는데 왜냐하면 "다른 것은 거의 상상할 수 없기 때문이다."[34]

소득

개별적 소득이나 가족의 소득은 사회적 지위를 측정하는데 빈번히 사용된다. 소득을 측정도구로 사용할 때에는 소득의 원천과 그 양에 대해 연구하는 것이 중요하며, 또한 소득(income)과 부(wealth)를 구분하는 것도 중요하다. 부는 상속받은 재산을 포함한 저축에 기초한다. 그리고 이들 중 일부는 빈번히 세대에 걸쳐 확장한 네트워크와 연합에 속하는 산물이기도 하다. 소득은 보통 더 많이 소비할 수 있는 능력만을 대표하지만, 순 자산 가치(예 : 부, wealth)는 더 많은 재정적 자원을 창출하는 데 사용될 수 있다. 미국의 순자산 분포는 지난 몇 십 년간 현저하게 불균형적이었다. 2011년에는 가장 부유한 1%의 가정이 전체 순 자산의 34%를 소유했고 그 이하 90%의 가정은 전체 순 자산의 28.5%밖에 차지하지 못했다. 그 이후에도 부자는 더욱 부유했고, 가난한 자들은 더 가난했다.[35]

비록 소득이 일반적으로 사회 계급의 지위를 평가하는데 사용되지만, 많은 소비자 연구원들은 그것이 좋은 평가 방법이 아니라고 주장해왔다. 일부는 블루칼라(blue-collar)인 전기공과 화이트칼라(white-collar)인 사무 행정 직원의 연봉이 모두 8만 7천 달러 정도 된다는 것을 지적했다. 그러나 그들의 소득은 그들의 다른 교육 수준과 직업 때문에 다르게 소비될 것이다. 저명한 물리학자와 배관 공사 도급자의 경우도 마찬가지이다. 이들은 모두 20만 달러 정도를 벌어들인다. 소득의 양은 돈을 사용하는 능력(ability)을 대표할 뿐 돈을 어떻게(how) 사용할지는 개인의 우선순위에 의해 결정되며, 이는 그들의 교육 수준, 직업, 그리고 사회적 접촉을 반영하여 결정된다.

잡지는 소득, 교육 수준 그리고 직업의 측면에서 선택된 소비자 세분시장에 접근한다는 점에서 탁월한 매체이다. 예를 들어, 중산층 소비자를 표적으로 하는 마케터는 그들의 광고를 젊고 고학력이며 관리적 위치를 유지하고 있는 독자가 대부분인 와인과 음식 관련 잡지에 광고를 게재하는 것을 고려해야 할 것이다.[36]

다변량 지수

다변량 지수(multivariable index)는 한 가지 이상의 인구 통계적 변수와 사회 계급을 결정하는 몇 가지 사회경제적 요인의 결합으로 구성되어 있다. 많은 이들이 이러한 지수들이 사회 계급의 복잡성을 일변량 지수들보다 잘 반영한다고 믿는다. 예를 들어, 우편, 전화 주문 쇼핑에 대한 인식 ― 소득의 구성, 직업적 지위, 교육을 사용한 ― 을 탐구하는 조사연구에서 사회적 지위가 높은 소비자가 매장

그림 10.17A 25세 이상
미국인 소득
(평균 50,971달러)

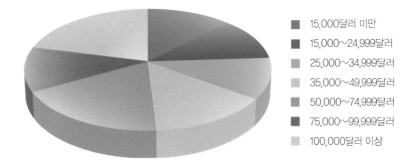

■ 15,000달러 미만
■ 15,000~24,999달러
■ 25,000~34,999달러
▥ 35,000~49,999달러
▥ 50,000~74,999달러
■ 75,000~99,999달러
□ 100,000달러 이상

그림 10.17B 25세 이상
중졸 이하의 교육을 받은 미국인 소득
(평균 21,635달러)

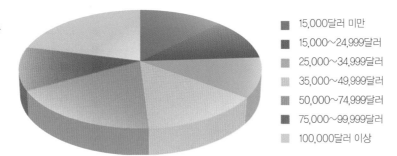

■ 15,000달러 미만
■ 15,000~24,999달러
■ 25,000~34,999달러
□ 35,000~49,999달러
▥ 50,000~74,999달러
■ 75,000~99,999달러
□ 100,000달러 이상

그림 10.17C 25세 이상
고졸 미만 미국인 소득
(평균 25,604달러)

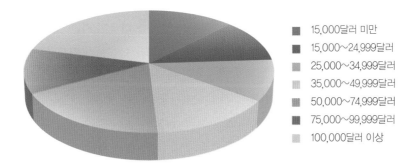

■ 15,000달러 미만
■ 15,000~24,999달러
■ 25,000~34,999달러
▥ 35,000~49,999달러
▥ 50,000~74,999달러
■ 75,000~99,999달러
□ 100,000달러 이상

그림 10.17D 25세 이상
고졸 이상 미국인 소득
(평균 39,647달러)

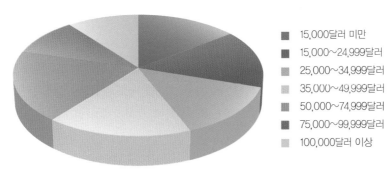

■ 15,000달러 미만
■ 15,000~24,999달러
■ 25,000~34,999달러
▥ 35,000~49,999달러
■ 50,000~74,999달러
■ 75,000~99,999달러
□ 100,000달러 이상

그림 10.17E 25세 이상
대졸 미만 미국인 소득
(평균 44,301달러)

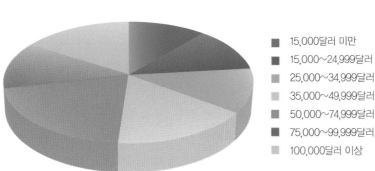

■ 15,000달러 미만
■ 15,000~24,999달러
■ 25,000~34,999달러
▥ 35,000~49,999달러
■ 50,000~74,999달러
■ 75,000~99,999달러
□ 100,000달러 이상

그림 10.17F 25세 이상
대졸 미국인 소득
(평균 67,728달러)

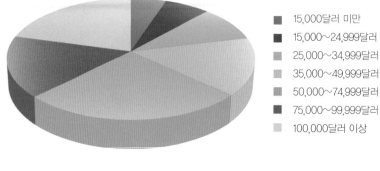

- 15,000달러 미만
- 15,000~24,999달러
- 25,000~34,999달러
- 35,000~49,999달러
- 50,000~74,999달러
- 75,000~99,999달러
- 100,000달러 이상

그림 10.17G 25세 이상
대졸 이상 미국인 소득
(평균 82,722달러)

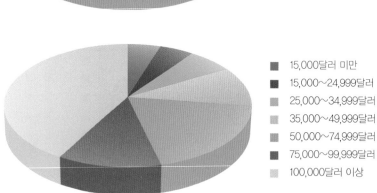

- 15,000달러 미만
- 15,000~24,999달러
- 25,000~34,999달러
- 35,000~49,999달러
- 50,000~74,999달러
- 75,000~99,999달러
- 100,000달러 이상

출처 : U. S. Census Bureau, Statistical Abstract of the United States, 2012: census.gov/ prod/2011pubs/12statab/income Accessed 6/21/2012.

내 쇼핑보다 전화 또는 우편을 이용한 구매를 더 선호하는 것으로 나타났다.[37] 또한 같은 연구에서 지위가 낮은 소비자들은 상품 안내서나 전화를 이용한 구매보다 매장 내 쇼핑을 더 선호하는 것으로 밝혀졌다. 그러므로 노동자 계급의 소비자를 대상으로 하는 케이마트(Kmart)나 월마트(Walmart)와 같은 소매업자들은 반드시 직접 마케팅을 사용해야 하며, 상품 안내서는 신중히 사용해야 할 것이다. 대조적으로, 네이먼 마커스(Neiman Marcus)나 삭스 피프스 애비뉴(Saks Fifth Avenue)와 같이 상류층 소비자를 대상으로 하는 소매업자들은 상품 안내서를 이용하면 부유한 소비자에게 엄청나게 비싼 제품을 팔 때에도 매우 성공적일 수 있을 것이다.

가장 광범위하게 사용되는 다변량 측정법은 아래와 같다.

1. **지위 특성에 관한 지수**(Index of Status Charateristics, Warner's ISC)는 다음의 사회경제적 변수에 편중된 측정방법 : 직업, 소득의 원천(소득의 양이 아님), 주거 형태, 주거 지역(이웃의 수준)[38]
2. **사회 경제적 지위 점수**(SocioEconomic status Score, SES)는 미국 통계국(U.S. Bureau of the Census)에서 개발되었으며, 세 가지 사회경제적 변수를 결합한 것 : 직업, 가족의 소득 그리고 교육적 성취[39]

사회 계급의 특징과 소비자 행동

학습목표

7 미국 사회 계급들의 인구통계, 라이프 스타일 그리고 소비 패턴에 대해 이해한다.

미국 인구의 계급 구조를 설명할 때 얼마나 많은 계급의 차이가 존재하는지에 대한 균일한 정의는 존재하지 않는다. 대부분의 초기 연구들은 미국인들을 다섯 가지 혹은 여섯 가지의 사회 계급 집단으로 나누었다. 다른 연구들은 아홉 가지, 네 가지, 세 가지, 그리고 심지어 두 가지 계급의 적절한 스키마를 찾아냈다. 얼마나 많이 구분된 계급을 선택할 것인가는 연구자가 연구 대상의 태도나 행동을 적절하게 설명하기 위해 필요하다고 여겨지는 상세성의 정도에 달려 있다.

라이프 스타일, 소비 패턴, 여가 활동, 취미, 매체 노출도 그리고 많은 다른 요인들은 사회계급 내에서 균일함을 보이며, 사회 계급들 사이에서는 이질적인 모습을 보인다. 〈표 10.8〉은 미국 인구를 일곱 가지 사회 계급으로 나누어 놓은 내용이며, 〈그림 10.18〉은 미국 인구를 사회 계급에 따라 분류한 도표이다.

사회적 계급의 상승

미국의 사회 계급 일원은 많은 다른 나라와 문화권들에 비해 그다지 고정되어있지 않다(예 : 영국, 인도). 미국인들은 전통적으로 낮은 사회 계급에서 높은 계급으로 이동할 수 있는 기회인 **사회적 계급의 상승**(upward mobility)에 대해 믿고 있다. 이는 폭넓은 교육적 자원(예 : 고가의 상위 학교뿐만 아니라 고품질의 교육을 제공하는 저가의 주립 · 시립 대학)으로 인한 기회와 자유, 기업 설립의 기회, 자본주의 경제에서 오는 기회에서 기인한다. 사업과 삶에서 큰 성공을 이루어내는 무일푼 어린 고아의 이야기인 고전 요셉의 성공(Horatio Alger)은 분명 많은 미국 소설과 영화의 중심적인 주제

표 10.8 　미국의 사회 계급 프로파일

상상 계급―상속 재산과 특권

- '상류층(upper crust)', '와스프(앵글로색슨계 백인 신교도이며, 미국 사회의 가장 영향력 있는 계층 : White Anglo-Saxon Protestant, WASPS)' 또는 '귀족 혈통(blue bloods)'으로도 알려져 있다.
- 상류 부유층과 함께 1% 미만의 인구
- 상속 특권, 재산 그리고 신탁 기금
- 지위와 부가 대를 이어 지속됨(집, 신탁 기금)
- 다세대의 부와 리더십 지위(예 : 대통령, 상원 의원, 판사)
- 대학, 병원, 자선 단체의 재단 위원이나 이사회를 위해 봉사
- 미국 기업의 상당 부분을 소유하고 제어한다.
- 주요 금융 기관의 장, 중견 기업의 소유자
- 특정 기숙학교와 아이비리그 대학교 출신
- 특정 클럽에 소속되어 '휴가'를 함께하고, '그들과 같은' 사람과 결혼한다.
- 부유함에 익숙하지만 눈에 띄게 돈을 소비하지는 않는다.
- 부유함을 공개적으로 드러내기 위한 '장난감'(예 : 요트)을 구매하는 것은 저속한 일이라 여긴다.
- 취미 : 사격, 세일링, 파라세일링, 골프, 승마

상류 부유층― 돈은 왕이다

- '중상층(lower-upper)', '슈퍼 리치(super rich)' 또는 '자본가 계급(capitalist class)'로도 알려져 있다.
- 상-상 계급과 함께 1% 미만의 인구
- 백만 그리고 종종 천만 달러를 소유하고 있으나 상속 재산인 경우는 드물다.
- 일부는 적은, 혹은 대학을 나오지 않은 교육 수준을 갖고 있다(예 : 유명인).
- 일부는 상위권 대학을 나온 기업가(대부분 기술적 부문)이다.
- 대부분 보디가드와 대규모 수행단으로 인해 타인으로부터 고립되어 있다.
- 종종 타블로이드나 가십 칼럼에 등장하거나 공개적 스캔들에 휘말린다.
- 상-상층에 속하고자 노력(예 : 결혼)하지만 대부분 실패한다.
- 매우 눈에 띄는 소비를 한다 ― 더 저속할수록 더 좋다.
- '핫'한(그리고 대부분 수명이 짧은) 패션과 인테리어 디자인 트렌드의 주요 구매 대상이 된다.
- 대규모로 직원을 고용한다 ― 요리사, 영양사, 가정부, 유모, 개인 비서

계속

표 10.8	미국의 사회 계급 프로파일(계속)

중상층―전문가의 경지 달성
- 주요 특징은 높은 교육적, 전문적 성취
- 인구의 약 15%
- 경력 지향적, 높은 교육 수준, 많은 부분을 자기 주도적으로 일하는 전문가
- 기업 관리직, 경영주, 의사, 법조인, 교수
- 대졸자, 고급 학위를 가진 경우도 많음
- 전문적인 네트워크나 커뮤니티, 사회 활동에 참여
- 건강, 피트니스 그리고 환경 문제에 있어서 트렌드세터 역할
- '인생의 더 중요한 일'에 대한 치열한 관심
- 집, 차 그리고 여행이 그들의 성취를 상징
- 대부분 눈에 띄게 소비하지만 저속하지는 않다.
- 일부는 자녀 지향적이다.

중하층―충실한 추종자
- 평균적 표준의 삶을 사는 세미프로와 장인
- 인구의 약 30%
- 주로 비관리직 화이트칼라와 높은 연봉을 받는 블루칼라 노동자
- 대부분 대학 교육의 일부를 받은 화이트칼라
- 좋은 국민이 되고자 하며 존경을 받도록 노력함
- 자녀를 훌륭하고 정직한 성인으로 기른다.
- 종교와 사회 활동에 참여하는 것에 가치를 둔다.
- 가치와 가격에 대한 의식이 있으며 유행과 '핫'한 스타일을 피한다.

하상위층―안전한 마음가짐
- '노동자 계급'으로도 알려져 있으며, 계속적으로 블루칼라이며 대학 교육을 받지 않음.
- 인구의 약 30%
- 고졸
- 사무직 노동자와 대부분 매우 규칙적인 일을 하는 블루칼라 노동자
- 수입원의 소득 정도에 맞춰 생활한다.
- 안전성을 위해 노력(종종 노동조합 가입을 통해 얻은)
- 노동을 '구매'의 즐거움을 위한 의미로 본다.
- 자녀가 경우에 맞는 행동을 하기를 바란다.
- 이 집단에서 고임금을 받는 사람들은 충동적으로 구매하기도 한다.
- 여가 시간을 강화할 수 있는 아이템에 관심을 갖는다(예 : TV 세트, 사냥 도구).
- 남성은 보통 매우 '마초'적인 자아 이미지를 가진다.
- 남성의 경우 스포츠팬이며 애연가, 애주가이다.

빈곤 노동자―불안정함
- '하위층'으로도 알려져 있다.
- 인구의 약 13%
- 서비스직, 사무직, 일부 블루칼라 노동자
- 사회 계층의 하위 단계
- 높은 경제적 불안과 가난의 위험
- 일부는 고등학교 교육을 받음

계속

표 10.8	미국의 사회 계급 프로파일(계속)

최하층—맨 밑바닥

- '하하층'으로도 알려져 있다.
- 인구의 약 12%
- 제한된 또는 전혀 노동력을 갖고 있지 않음. 교육되지 않고 기술이 없는 노동자들
- 정치적 또는 사회적 힘이 없으며 그들의 집단을 향상시킬 수 없음
- 정부에 의존하며 종종 건강보험이 없고 실업 상태
- 자녀들은 종종 푸대접을 받음
- 하루하루 겨우 살아가는 존재

출처 : MRI Spring 2012, www.fwmedia.com, accessed July 16, 2012

그림 10.18 미국의 사회 계급 분포

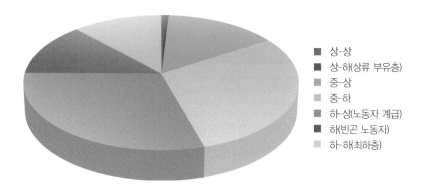

- ■ 상-상
- ■ 상-하(상류 부유층)
- ■ 중-상
- ■ 중-하
- ■ 하-상(노동자 계급)
- ■ 하(빈곤 노동자)
- ■ 하-하(최하층)

이다.

왜냐하면 미국 사회에서의 사회적 계급 상승은 가능한 일이기 때문이다. 더 높은 사회 계급은 하위 사회 계급 남녀에게 야망을 갖게 해 주는 준거집단이다. 예를 들어, 상사처럼 차려입고자 노력하는 신입 관리자 연수생, 고급 컨트리클럽에 속하기를 갈망하는 중간관리자 또는 아들을 예일대학에 보내기 위해 저축을 하느라고 본인의 생필품을 포기하는 전문대학(community college) 졸업생을 들 수 있다.

마케터들은 더 높은 사회 계급의 구성원과 같은 라이프 스타일 그리고 소지품을 갖고자 갈망하는 많은 사람들에 대해 알아야 한다. 그리고 중산층이나 하위층을 대상으로 광고를 진행할 때, 제품과 심벌을 상위 클래스를 연상시킬 수 있도록 묘사해야 한다. 예를 들어, 뉴욕 매디슨 애버뉴의 랄프로렌 플래그십 스토어는 라인랜더 맨션(Rhinelander Mansion) — 프랑스 르네상스 스타일로 약 100년 이상 전에 지어진 — 에 위치해 있으며, 과거 부유했던 세대의 모습을 닮은 어두운 분위기에 고급 골동품 가구와 어두운 카펫으로 꾸며져 있다. 폴로의 로고 또한 상위 계급을 뜻한다. 왜냐하면 엄선된 집단의 많은 구성원들이 그들 소유의 폴로 조랑말을 갖고 있으며 폴로 경기를 지원하는 스폰서 클럽에 가입되어 있기 때문이다. 랄프 로렌의 많은 아이템들이 유럽의 귀족을 뜻하는 휘장과 유사한 문양을 달고 있다.

약 한 세기 전, 사회학자들은 **트리클-다운 효과**(trickle-down effect)를 개념화했다. 본래 이는 패션에 적용됐던 이론으로, 하위 계급의 구성원들이 상위 계급의 패션을 따라하며 상위 계급이 해당 패션을 버리고 떠났을 때에도 여전히 그 패션을 고수하는 것을 뜻하는 개념이다. 상위 계급 사람들은

그 패션을 '누구나' 입게 되면 더 이상 그 패션이 그들의 고급스러움을 반영하지 못한다고 생각하여 버리고 떠난다. 그들의 고급스러움을 '회복'시키기 위해 상위 계급의 구성원들은 새로운 패션을 선택하고, 그 패션은 이후 다시 하위 계급에 의해 모방되며 이와 같은 사이클은 계속 반복된다. 트리클-다운은 또한 수용자 방주 모델과 동일하다(9장 참조). 변함없이 많은 사람들이 패션이나 제품을 받아들이고 그에 따라 더 많은 공급자들이 등장하면서 가격은 하락하게 된다. 예를 들어, 성형수술은 처음에 영화배우와 기타 매우 부유한 소비자에게만 저렴하였으나 오늘날에는 하위 계급의 구성원들도 쉽게 비용을 감당할 수 있는 성형수술을 찾을 수 있게 되었다.

부유층 소비자

대규모의 가처분 소득을 가진 부유한 가정은 많은 제품들 중 고급 크루즈, 외제 스포츠 카, 스키 리조트, 별장, 고급 보석 그리고 미술품에 있어서 유리한 표적시장이다. 전반적으로 부유한 사람들이 더 건강하며 삶에 높은 기대를 갖고, 덜 부유한 사람들보다 마케터들의 '삶을 위한 고객'에 더 부합한다.[40] 그러나 일부 연구에서 조사되기로 부유한 가정의 어린아이들은 종종 약물남용, 불안 그리고 우울증 문제를 갖고 있다고 한다. 이는 성취에 대한 과한 압력이나 부모와의 분리 불안(물리적, 감정적으로 모두) 때문이다.[41]

미국인 일부의 부는 1990년대와 미국 역사상 장기적인 상승장(Bull Market)기간 동안에 급속도로 성장했다. 2002년에서 2004년 사이 북아메리카에서는 순 자산이 백만 달러 이상인 개인으로 정의되는 큰 규모의 개인 투자가(High Net Worth Individual, HNWI) 수가 9.7% 늘어나 2천 7백만 명이 되었고, 2006년에서 2007년 사이에는 2천 9백만에서 3백만 명 이상으로 늘어났다.[42] 비록 북아메리카가 세계 성인 인구의 6%밖에 차지하고 있지 않다고 하더라도, 이는 확실히 세계 부유한 가구 중 34%를 차지하는 숫자이다.[43]

30년 이상 입소스 멘델존(Ipsos Mendelsohn : 마케팅 리서치 회사)은 매년 연간 소득이 10만 달러 이상인 **부유한 시장**(affluent market)에 대해 연구해왔다. 이 조사는 부유한 시장을 세 가지 세분시장으로 구분했다.

1. **낮은 부유층**(least affluent) : 연간 소득이 10만 달러에서 14만 9천 달러인 가구(미국 가구의 12%, 종합 소득 1조 7천 억 달러)
2. **중위 부유층**(middle affluent) : 연간 소득이 15만 달러에서 24만 9천 달러인 가구(전체 가구의 6%, 종합 소득 1조 3천 억 달러)
3. **최고 부유층**(most affluent) : 연간 소득 25만 달러 이상인 가구(전체 가구의 2%, 추정 가계 소득 1조 6천 억 달러)

비록 부유한 가구가 미국 전체의 20%만을 대표한다지만, 그들은 전체 미국 가구의 절반 이상의 종합 소득을 차지하고 있다. 부유층의 평균 가계 소득은 19만 5천6백이며, 평균 가계 유동자산은 50만 9백 달러에 달한다.[44] 일부 추산에 의하면 9백만 미국 가구가 최소 1백만 달러의 순자산을 갖고 있다고 한다. 입소스 멘델존 부유층 조사는 **풍족함**(affluence)과 **부유함**(wealth)을 구분했는데, 부유한(wealthy) 가구는 유동 자산이 최소 1백만 달러인 가구로 정의된다(예 : 현금 또는 현금 등가물, 예를 들면, 양도성 예금 증서, 뮤추얼 펀드, 주식, 채권 등). 이 정의에 따르면 2만 3천3백만 풍족한 가구 안에서 3백만 가구는 부유하다고 볼 수 있다. 더불어 1백만 가구는 1백만 달러의 부와 최소 25만 달

러의 연간 가계 소득을 벌어들이는 것으로 나타났다.[45]

부유층은 매체 습관도 비부유층과 차이가 나는 것으로 나타났다.[46] 연간 10만 달러 이상을 벌어들이는 가구 구성원들은 TV를 적게 시청하고 뉴스나 잡지를 더 많이 읽는 경향을 보였다. 또한, 비부유층 사람들보다 라디오를 더 많이 청취하는 것으로 나타났다. 〈표 10.9〉는 부유층 소비자들에 부합하는 잡지 목록이다.[47]

부유한 소비자들은 획일적이지 않다. 그들은 소비 습관과 라이프 스타일에 따라 분류된다. '상류층' 소비자들은 소득에 따라 미국의 상위 10%로 구분되는 인구이며, 몇 가지로 세분화되어 있다(표 10.10 참조). 마케터들은 이 세분화를 많은 곳에 사용할 수 있다. 예를 들어, '아무 조건 없음' 부류에 속한 소비자의 경우 라이브 극장 공연에 가는 것에 관심이 많다. '유모의 담당' 부류는 컨트리 음악 공연을 더 선호한다. 그리고 '좋은 인생' 세분시장의 구성원들은 특별히 조류 관찰에 더 관심이 있다.[48]

중위층 소비자

'중위층'의 표준화된 정의는 존재하지 않으며, 사업가와 사회학자들은 종종 이를 약간 다르게 정의한다. 많은 사회학자들은 중위층을 두 가지 계층으로 분류한다. 고등 교육을 받은, 월급쟁이 전문가나 관리자를 포함(미국인의 15%에서 20%)하는 '상위 또는 전문가 중위층(upper or professional

표 10.9 연간 소득 10만 달러 이상의 가정에 부합하는 잡지들				
잡지명	독자 수(000)	평균 연령	평균 가계 소득(00)	평균 순자산(00)
알루어(Allure)	1,267	39.7	142.7	641.7
아키텍추럴다이제스트(Architectural Digest)	1,389	52.4	152.5	869.0
배런스(Barron's)	414	53.7	163.3	1,015.0
바이씨클링(Bicycling)	685	44.0	148.6	636.4
시가어퍼셔나도(Cigar Aficionado)	276	48.8	168.5	613.0
코스모폴리탄(Cosmopolitan)	3,179	32.6	142.0	565.8
에센스(Essence)	1,087	44.9	135.5	470.9
멘즈헬스(Men's Health)	3,179	41.8	152.0	483.4
내셔널지오그래픽(National Geographic)	6,281	50.5	146.1	680.8
피플(People)	8,328	46.7	144.7	574.8
롭리포트(Robb Report)	175	50.7	187.4	1,077.5
롤링스톤(Rolling Stone)	1,557	39.5	150.5	543.8
사이언티픽아메리칸(Scientific American)	1,002	48.8	158.4	697.9
타임매거진(Time Magazine)	4,904	51.5	149.3	850.1
배니티페어(Vanity Fair)	1,602	48.0	155.8	768.8
보그(Vogue)	2,211	42.7	147.7	690.4

출처 : 2011 Survey Ipsos Mendelsolm.

표 10.10	상류층 시장 세분화	
명칭	크기	내용
잘 만들어진 둥지(well-feathered nests)	상류층의 37.3%	최소 한 명의 고소득자와 아이가 있는 가정
아무 조건 없음(no strings attached)	상류층의 35.1%	최소 한 명의 고소득자가 있고 아이가 없는 가정
유모의 담당(nanny's in charge)	상류층의 8.3%	2명 이상의 소득자가 있고, 고소득자는 없으며, 아이가 있는 가정
두 성공자들(two careers)	상류층의 9.4%	2명 이상의 소득자가 있고, 고소득자와 아이가 없는 가정
좋은 인생(the good life)	상류층의 10.0%	고용된 사람이 없거나 가정의 가장이 일을 하지 않는 상태에 있는 고도로 부유한 가정

middle class)'과 세미프로페셔널, 숙련된 기술자 그리고 낮은 레벨의 관리자(인구의 약 1/3)을 포함하는 '하위 중위층(lower middle class)'이 그것이다. 사회학자들은 중위층을 편안하고 표준적 삶을 살고 있으며, 경제적으로 안정되어 있고 자신의 라이프 스타일을 유지하기 위한 전문적 지식이 있는 사람들로 설명하고 있다. 대학 교육은 중위층 계급의 주요 지표이다. 다른 요소로는 구성원들을 독립적이고, 스스로 동기가 유발되며 획기적이고 순응주의자적인 중위층 구성원들 사이에서 찾아볼 수 있는 가장 일반적인 직업의 성격을 들 수 있겠다.

일부는 중위층을 전체 미국 가구의 종합 소득 중 50%를 차지하는 2만 5천 달러에서 8만 5천 달러 사이의 소득을 가진 약 5천 7백만 가정이라고 정의하기도 한다.[49] 대조적으로 어떤 여론 조사는 90% 이상의 미국인들이 그들을 '중위층', '중상위층' 또는 '노동자 계급'이라고 생각한다는 결과를 내놓기도 했다.[50] 마케터들은 일반적으로 중산층을 중하에서 중중 계급 사이의 가구로 보고 있다. 많은 연구자들은 미국의 중위 사회 계급이 계속 줄어들고 있다고 주장한다. 그들은 중위층의 일부 구성원들이 중상층으로 옮겨가고 있으며, 반면에 다른 이들은 설 자리를 잃고 노동자 계급으로 밀려나고 있다고 주장했다.[51]

P&G — 사실상 개인 생활용품과 가정용품의 모든 브랜드를 만드는(세계적으로) — 는 중위층을 그들 사업의 주요 대상으로 정의하며, 연간 소득이 5만 달러에서 14만 달러인 가정(미국 가구의 40%)으로 본다. 2008년 가을 금융위기로부터 비롯된 부진한 경제 상황이 지속됨에 따라 이러한 가정의 구매력은 지속적으로 감소하고 있고 P&G는 그들의 주요 고객들이 더 이상 아이콘적인 제품, 프리미엄 제품(예 : 팸퍼스앤타이드)을 소비하지 않는다는 것을 알아냈다. 이에 대응하여 회사는 '다운핸드리뉴얼' 주방세제의 절반 정도 가격의 주방세제 '게인' 같은 저가의 대안 제품을 소개했다.[52]

저소득층 소비자

노동자 계급 또는 블루칼라인 사람들 — 전형적으로 연간소득 4만 달러 이하를 버는 가구들로 정의되는 — 은 미국의 총 소득 중 거의 30%에 해당하는 중요한 세분시장이다. 일부 연구들은 이 계급의 소비자들이 종종 다른 집단들보다 더 브랜드에 대한 충성도가 높다고 지적하는데, 이들은 낯선 브랜드로 전환할 경우 생길 수 있는 실수를 감당할 여유가 없기 때문이다. 저소득층 소비자들은 종종 그들 소득을 중산층 구매자보다 더 높은 비율로 음식에 소비한다.

노동자 계급에 마케팅하는 것은 힘들 수 있다. 예를 들어, 영국의 한 연구는 블루칼라 가정을 위한 브랜드는 종종 '고급' 제품으로 변모되어 소개된다고 밝혔다. 왜냐하면 '노동자 계급'은 무언가 도망치고 싶거나 경멸적인 의미를 대표한다고 조사되었기 때문이다. 이 연구는 또한 피자 익스프레스

(Pizza Express)가 노동자 계급에서 가장 유명한 브랜드이며, 아마 이들이 테이블 서비스 레스토랑 (table-service restaurants)에 갈 가능성이 적기 때문인 것으로 추측했다.[53]

많은 노동자 계급 소비자들에게 음식은 바람직하지 않은 결과를 가져올 수 있는 측면에서 '너그러운' 영역을 대표한다. 영국의 작가 중 한명은, 영국에 제공되는 슈퍼 사이즈 패스트푸드의 성장이 "부유한 중위층이 아니며… 일반적으로 비만이고 — 하위층의 것이며… 다이어트에 대한 적은 예산 또는 지식을 갖고 있는… 그것은 고통이다."라는 메모를 남겼다.[54] 확실히, 영국의 연구(그리고 미국의 연구)를 보면 하위 계급 어린아이들 사이의 비만이 부유한 어린아이들보다 일반적으로 심각하게 많다는 것을 확인할 수 있다.[55]

의류, 패션 그리고 쇼핑

그리스의 한 철학자가 "먼저 자신에 대해 알라. 그리고 그에 따라 자신을 돋보이게 치장하라."[56]라고 말했다. 패셔너블함이나 세련됨 또는 우아함은 사회 계층에 따라 다르다. 예를 들어, 일부 노동자 계급 소비자는 티셔츠, 모자 그리고 로고나 트레이드 마크 또는 유명 음악 집단의 이름이 새겨진 옷을 입는다. 대조적으로 상위층의 소비자들은 눈에 잘 띄는 상표는 없고 은근한 색상의 실용적인 스타일을 선호한다(예 : 엘엘빈 또는 브룩스브라더스).

미국의 상위 계급은 종종 '프레피 룩(preppy look)'으로 대표되며 이는 하위 계급에게 종종 모방된다. 프레피들(남성과 여성 모두)은 실용성과 편안함을 추구하고 유행에 민감한 의류 대신 시간의 흐름에 구애받지 않는 의류를 선호한다. 이에 관련하여 몇몇 디자이너 상표가 있으며 심지어 다소간 트렌드도 존재한다. 세탁기로 세탁 가능한 카키색 셔츠와 유니섹스 의류들은 매우 유명한데 일상복에서 카키색은 프레피를 위한 것이며 데님은 하위층을 위한 것이기 때문이다. 바이저(visors)는 여성들이 좋아하는 아이템이다 — 머리를 망치지 않고 태양으로부터 눈을 보호하거나 테니스를 칠 때 유용하다. 게가 수놓아진 수영 팬츠나 클럽 로고가 수놓아진 셔츠처럼 동물이나 해양 생물이 수놓아진 의류는 항상 인기가 있다. 테마가 있는 의류를 입을 수 있거나 미국 독립기념일의 빨간색, 하얀색, 파란색 옷은 공휴일 파티가 있음을 예상할 수 있는 옷차림이다. 폴로셔츠는 명백한 디자이너 상표를 부착하지 않는다(no-obvious-designer-labels)는 규칙에서 예외이다. 사실, 프레피들은 폴로를 디자이너 상표가 되기 전부터 입어왔다. 프레피 스타일은 WASPs로도 잘 알려진 상위 계급의 구성원들로부터 기인했다. WASPs는 종종 사람들 — 특히 남자들 — 이 논쟁을 빌이는, 고가의 디자이너 상표 화이트벅(White Buck) 슈즈 광고처럼 'WASPs처럼 보이기 위해' 비싼 옷을 구매하는 것과 같은 쇼핑 가이드 때문에 성가신 느낌을 받기도 한다. 대부분의 프래피들은 그런 신발 한 켤레쯤 갖고 있지만, 대개 그들은 몇 년 전 쯤 존스톤머피(130달러)에서 구매했다. 가장 중요한 것은 프레피들이 화이트벅 제품을 결혼식이나 칵테일파티와 같은 특별한 상황에서만 착용하며, 토요일 오후 볼일을 보는 데 착용하지 않는다는 것이다.[57]

브랜드의 사회 계급에 대한 상징은 까다로운 사안이다. 공개적으로 확인되지는 않지만, 일부 저널리스트들은 정기적으로 팀버랜드나 엘엘빈 — 상위 계급의 코카시안들이 전형적으로 선택한다고 인식되는 — 과 같은 브랜드의 제품들(특히 남성 신발)이 도심에 사는 소수 집단의 젊은 구성원들 사이에서 유명해지자 해당 회사들의 리포트를 작성해 그들을 성가시게 해왔다. 분명히, 그런 마케터들은 '탐탁지 않은' 소비자들이 그들의 제품에 홈집을 낼 것이라고 느낀다. 그러나 아이러니하게도, 일부 패션은 저소득층의 거주지에 살고 있는 청소년과 10대들로부터 유래한다. 예를 들어, 몇 년 전 하위층의 어린아이들을 관찰한 이후 일부 디자이너들은 하나를 다른 하나 위에 함께 입는 한 벌의 남성 반바지─한쪽이 다른 한쪽보다 긴─를 마케팅하기 시작했다. 이 새로운 패션은 매우 성공적이었다. 쇼핑을 할 때 고객들은 자신과 다른 사회 계급을 극명히 강조하는 매장을 피하지만, 요령 있는 마케터들은 다양한 사회 계층을 만족시킬 수 있다. 일례로, 갭 매장은 중위층 소비자를 위한 질 좋은 의류를 제공한다. 갭은 또한 케이마트, 월마트, 또는 타깃과 같은 잡화 소매점에서 일반적 캐주얼, 활동적 의류를 주로 구매하는 노동자 계급 가족을 위해 질 좋은 제품을 판매하는 올드네이비 의류 매장도 소개하고 있다. 갭은 바나나리퍼블릭 또한 소유하고 있는데, 처음에는 사파리를 테마로 한 의류를 판매하는 작은 소매점에서 현재는 평균 이상의 고급 매장을 가진 브랜드로 부상했다.

저축, 소비 그리고 신용카드 사용

재정적 자원의 관리는 사회 계급의 지위와 밀접한 연관성이 있다. 상위 계급의 소비자들은 '미래 지향적'이고 그들의 재정적 감각에 자신을 갖고 있다. 그들은 보험, 주식 그리고 부동산에 투자한다. 대조적으로 하위 계급의 소비자들은 일반적으로 '당장의 만족'에 대해 고민한다. 저축할 때는 주로 안전성과 보장성에 관심이 있다. 하위 사회 계급 구성원들은 구매 시 할부를 위해 은행 신용카드를 사용하지만, 상위 사회 계급 구성원들은 신용 카드 청구금액을 매달 지불한다. 이는 즉, 하위 계급은 신용카드를 사용하지 않으면 여유가 없기 때문에 '지금 사고 나중에 지불'하기 위해 신용 카드를 사용하고, 반면 상위 계급들은 편리한 현금 대용품으로 신용카드를 사용하고 있다는 것이다.

호주의 한 연구는 노동자 계급과 젊은 전문가들(25~30세) 간 재무 관리와 '권한 의식'의 차이에 초점을 맞추었다. 이 연구는 젊은 전문가들은 스스로를 마음속에 설정한 어떤 것이라도 달성할 수 있는, 의식에 대한 권한이 있는 사람으로 인식하며, 잘 훈련된 '결과 지향적 사람'이라고 인식한다는 것을 발견했다. 대조적으로 노동자 계급의 참가자들은 스스로를 평균 정도의 존재이며 좌절적으로 표현했다(예 : "나는 절대 일을 끝낼 수 없어요."). 또한 미래에 대해서는 불확실하게 인식했다.[58]

커뮤니티

매일의 삶에 대해 묘사하는데 있어 하위 계급의 구성원들은 종종 이를 개인적이거나 구체적인 명사로 나타내지만, 중위 계급 구성원들은 다양한 언어로, 상위 계급 구성원들은 그들만의 어휘로 나타낸다. 예를 들어, 미국에서 "어디서 주로 주유하세요?"와 같은 실문을 했을 때 아래와 같이 다른 대답이 나타났다.

중상위 계급의 응답 : "엑슨이나 수노코에서"

중하위 계급의 응답 : "7번가와 포스트가에 있는 주유소에서"

하위 계급의 응답 : "찰리네에서"

사회학적으로, 언어를 사용함에 있어서 중위 계급의 소비자들은 광범위하고 더 일반적인 시각으로 세계를 보는 반면 하위 계급 소비자들은 좁고 개인적으로 인식하며 세계를 단지 당장의 경험에 비추어 인식한다는 것이 밝혀졌으며, 지역에 따른 용어의 차이도 존재하는 것으로 나타났다. 예를 들어, 어린아이들의 놀이인 사방치기(hopscotch : 선수들이 작은 물건을 땅 위에 그려진 숫자가 쓰인 사각형 공간에 던지고 한 발 또는 두 발로 공간들을 뛰어넘어 물건을 다시 회수해오는 놀이)가 맨해튼에서는 '포치(potsy)'라고 불리며, 시카고에서는 '스카이 블루(sky blue)'라고 불린다.

대중 매체에 대한 노출도 사회 계급마다 다르다. TV를 시청할 때 상위 사회 계급 구성원들은 최근의 사건들에 관한 내용이나 드라마를 선호하는 반면, 하위 계급의 구성원들은 아침 드라마, 퀴즈 쇼 그리고 연속 홈 코미디를 선호한다. 하위 계급 상대들이 쇼를 더 많이 시청하는 것과 달리 상위 계급 소비자들은 잡지와 신문을 더 많이 읽는다. 하위 계급 소비자들은 극적인 로맨스나 영화의 라이프 스타일, 텔레비전 유명인에 대한 출판물에 매우 많이 노출된다. 예를 들어, 트루스토리(True Story)는 남들의 문제나 명성, 운세 등에 대해 읽는 것을 즐기는 블루칼라나 노동자 계급의 여성에게 매우 매력적인 잡지이다. 중위 계급 소비자는 하위 계급 사람보다 사실을 기초로 한 정보제공적인 잡지와 신문을 읽으며, 영화와 심야 프로그램을 더 많이 시청한다.[59]

사회적 지위의 하강 이동

일반적으로 미국에서는 각각의 세대들이 이전 세대들보다 더 나은 삶을 살았다. 하지만 오늘날 일부의 사회적 지위가 사회적 사다리를 통한 상승보다 아래로 내려가는 것으로 정의되는 **사회적 지위의 하강 이동**(downward mobility)을 할 징후가 보이고 있으며, 실제로 일어나고 있다. 사실상 오늘날의 가장 어린 세대들 ― 에코 부머들(Eco Boomers) ― 의 삶은 부모 세대보다 더 낮은 표준을 경험하는 형태일 가능성이 있다고 연구자들은 밝혔다.

특히 연구자들은 중위 계급 단계에 도달한 젊은 남성의 소득이 그들의 민족성, 교육 수준 또는 부모의 소득과 관계없이 30세 이후 천천히 감소할 것이라고 예상했다.[60] 예를 들어, 가정의 소득은 1969~1979년 동안 1,869달러 상승했고, 1979~1989년 동안에는 2,855달러 상승, 1989~2000년까지 $3,888 상승하였으나, 2000~2007년까지는 가정의 소득이 변해 324달러 감소하였다.[61]

더불어 소득의 불균형은 1880년대에는 볼 수 없었던 수준으로 증가하고 있다 ― '대호황 시대(Gilded Age)'라고 알려진 ―. 그리고 부자와 가난한 자의 간극 역시 1970년부터 심각하게 벌어지고 있다. 비록 상위 다섯 번째 가정의 소득이 1979년에서 2000년 사이 70% 증가했다고는 하지만, 하위 다섯 번째 가정의 실제 소득은 6.4% 상승하는 데 그쳤다. 게다가 대부분의 미국인은 여전히 다수의 사회 이동성이 존재함에도 소득 불균형에 대한 문제점을 발견했고, 이는 사회 이동성 또한 실패하고 있다는 조짐이다. 일부 데이터는 42%의 개인이 가장 밑바닥의 가난한 다섯 번째에 머무르며, 다른 24%는 가장 밑바닥에서 단지 가장 밑바닥 바로 다음 집단으로 조금 이동할 뿐이라는 것을 보여주었다. 고작 10%의 맨 밑바닥 구역에서 태어났던 성인 남성만이 상위층에 입성할 수 있다.[62]

지리인구통계와 사회 계급

학습목표

8 표적시장을 선점하기 위해 지역별 인구통계학적 요소를 사용하는 방법에 대해 이해한다.

마케터들은 지리인구통계를 다양한 사회 계급에 속한 소비자들의 지리적 위치를 확인하는 데 사용한다. 지리인구통계를 사용하는 이유는 '유유상종'이기 때문이다. 이는 비슷한 사회 경제적 위치의 가족들은 같은 지역에 거주하거나 같은 지역사회에 속해 있다는 뜻이다. **지리-인구통계 세분화**(Geo-Demographic Segments)는 가정을 집단으로 식별하고 분류하며, 우편번호와 미국의 주, 지역 정부의 인구조사에서 기인한 데이터를 사용하여 구체적으로 설명하는 것이다.

가장 정교한 지리인구통계 세분화는 닐슨의 **프리즘**(PRIZM®)이다. 이는 사회 경제적 요소와 지리적 요소 ― 교육 수준, 소득, 직업, 가족생애주기, 민족성, 주거상태, 도시화 정도 ― 를 소비자의 구매, 매체 노출 데이터와 결합하여 비슷한 라이프 스타일과 구매 행동을 갖는 소비자들이 집중된 위치를 마케터들이 사용할 수 있게 해준다. 이 프레임워크는 미국의 모든 가정을 66개의 세분시장으로 나누어 디자인했다(표 2.3 참조). 〈그림 10.19A〉는 도시 밀도와 부유함의 정도에 따라 나누어진 66개 세분시장 중 일부를 나타낸다. PRIZM®은 또한 모든 미국 가정을 11개의 '삶의 단계'로 구분하였으며, 이는 〈그림 10.19B〉에 나타나 있다.

많은 마케터들은 자신들의 제품이나 서비스를 구매 가능성이 있는 PRIZM® 세분시장에서 제품의 사용, 매체 노출 그리고 기타 소비 관련 요소들에 대해 연구한다. 예를 들어, 투자 서비스업체들은 반드시 '부유층'이 자주 접속하는 금융 웹사이트를 찾고 이 부류의 소비자가 매력적으로 여기는 투자 기회는 어떤 종류인지에 대해 알아야 하며, 초고가 휴가와 사치성 고급 제품의 마케터들은 반드시 '부를 축적한 젊은이들(Young Accumulators)'의 소비 습성에 대해 연구해야 한다. 그러나 이런 제품의 마케터들은 '축적된 부(Accumulated Wealth)' 세분시장은 구매 대상으로 삼으면 안 되는데, 이 세분시장의 구성원들은 '조상 때부터 물려받은 재산'을 가지고 있으며 사치성 고급 제품의 구매하는 것을 '고상하지 못한 행동'이나 그들의 재력을 '뽐내는' 행동으로 여겨 피하는 경향이 있기 때문이다.

그림 10.19A PRIZM의 14가지 부유층 집단

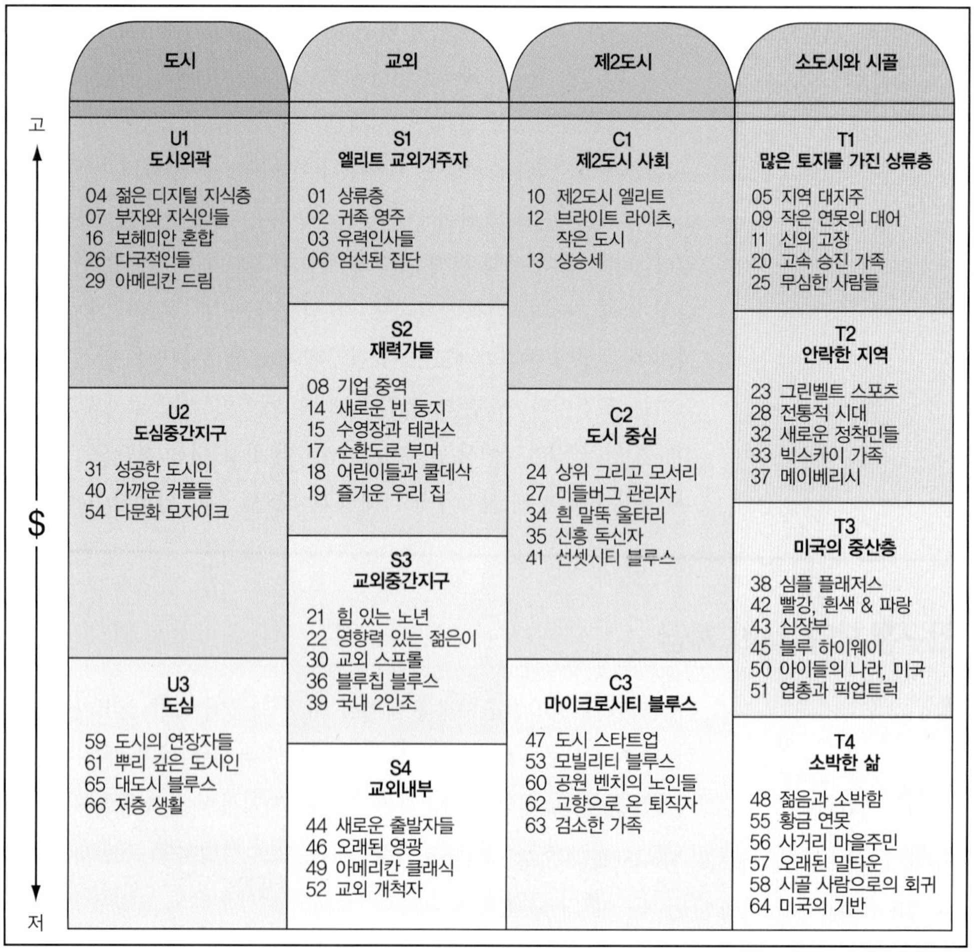

그림 10.19B PRIZM의 11가지 삶의 단계

요약

학습목표 1 : 소비자 사회화 대리인으로서 가족에 대해 이해한다.

가족은 많은 태도와 행동의 기본 참고 집단이다. 가족은 또한 대부분의 제품과 제품 범주의 주요 표적시장이기도 하다. 가장 기본적인 구성원 집단으로서 가족은 혈연이나 결혼, 입양 등으로 맺어진 둘 혹은 그 이상의 함께 거주하는 사람들로 정의된다. 사회화는 사람에게 사회에서 허용되는 행동을 하도록 가르치는 과정을 말한다. 마케팅적 상황 속에서 가족의 가장 중요한 역할은 어린아이부터 성인에 이르는 가족 구성원의 사회화이다. 이러한 과정은 아이들에게 기본적인 가치와 도덕적 원리, 대인관계 기술, 기본적인 수준의 옷차림과 매무새, 적절한 매너와 말투 그리고 적절한 교육적, 직업적 또는 경력 목표와 같은 그들의 문화에서 일관되게 통용되는 행동들을 알려주는 것을 포함한다.

학습목표 2 : 가족의 의사결정과 가족 구성원의 소비 관련 역할에 대해 이해한다.

마케터들은 가족이 소비 행동적 측면에서 한 단위로 운영되고 있다는 것을 발견하였으며, 많은 연구자들이 가족 의사결정의 역학관계에 대해 연구했다. 구체적으로 마케터는 남편-아내의 의사 결정, 각 가족 구성원의 소비에 대한 상대적인 영향력, 가족 의사결정에서 자녀의 역할, 그리고 제품과 서비스를 구매하고, 사용해 집안을 유지하는 데 있어서 가족 구성원들의 여러

가지 역할에 초점을 맞추었다.

대부분의 소비자 연구는 가족의 소비 결정을 남편 지배적, 아내 지배적, 공동 또는 자율 의사결정으로 구분했다. 남편과 부인의 각각의 소비자 결정에 대한 상대적 영향력은 주로 제품이나 서비스의 범주에 따라 달라진다. 수십 년에 걸쳐 자녀들은 가족의 구매에 있어서 보다 적극적인 역할을 수행해왔으며 가족의 의사결정 과정에서도 마찬가지였다. 가족의 의사 결정을 측정하는 것은 복잡한데, 마케팅 조사 설문지는 한번에 한 가지 응답만 가능하도록 구성되어 있기 때문이다. 또한, 가족 구성원들이 구매 결정 동안의 영향 정도에 대한 서로의 인식에 동의하지 않을 수도 있으며, 그들을 함께 인터뷰하는 데 협조하지 않을 수도 있다.

학습목표 3 : 시장 세분화와 표적시장 선정에서 가족생애주기의 역할에 대해 이해한다.

가족생애주기는 전형적인 가족의 삶의 단계를 보여준다. 이는 결혼 여부, 가족의 규모, 가족 구성원의 연령(가장 나이가 많은 구성원이나 가장 어린 구성원에 초점을 맞춘), 가장의 고용 상태를 포함하는 복합적인 변수를 결합한 후 가족을 '전형적인' 단계로 구분한다. 가족의 순환주기 내 단계를 통해 부모의 연령과 가처분 소득의 상대적인 양을 유추할 수 있다. 가족생애주기는 독신으로 시작하여 결혼으로(그리고 가족 단위의 탄생으로) 옮겨간다. 가족은 일반적으로 결혼을 통해 성장하며(아이가 태어남과 함께) 이후 장성한 자녀들이 가정을 떠나면서 축소된다. 사이클은 가족 구성원이 흩어지면서 종료되게 된다(한쪽 배우자의 사망).

학습목표 4 : 비(非)전통적 가족과 비(非)가족 가정의 소비 패턴에 대해 이해한다.

삶의 방식은 '전형적'이지 않다. 아이가 없는 부부나 늦게 결혼한 사람들, 독립했다 다시 돌아와 부모와 함께 살고 있는 젊은 사람들이나 이혼한 부부와 같은 가족생애주기에 쉽게 포함되기 힘든 가족, 결혼하지 않은 커플, 편부모, 동성애 배우자를 포함한 법적 가족으로 정의되지 않는 경우(예 : 결혼하지 않은 동거 커플)를 뜻하는 것이다. 비가족 가정의 수는 가파른 상승세를 보이고 있으며, 이는 마케팅 딜레마를 대표한다. 많은 제품의 마케터들은 비전통적 가정으로 구성된 세분시장의 등장에 대해 알고 있어야 한다. 다른 한편으로 어떤 전통적 가족의 구성원들은 비전통적 가정의 묘사에 대해 부정적인 반응을 보일 수도 있

다. 무엇이 옳고 무엇이 그른지에 대한 신앙과 믿음 때문이다.

학습목표 5 : 소비자 행동에서 사회 계급화가 미치는 영향에 대해 이해한다.

사회 계급은 사회 구성원을 구분된 지위 계급의 계층으로 나누는 것이며, 각 단계의 구성원들은 상대적으로 같은 지위를 갖고 다른 계급보다 더 높거나 낮은 지위를 갖는다. 일부 형태의 계급 구조(또는 사회 계층)는 역사 전반에 걸쳐 존재해왔다. 현대 사회에서 더 많이 교육받거나 권위 있는 직업을 가진 사람들은 같은 사회 내 다른 구성원들보다 상대적으로 많은 지위를 누린다. 주어진 사회 계급에 귀속되는 것은 또한 다른 사회 계급의 구성원들과 가치, 태도, 행동에 차이가 있음을 반영한다(소비자 행동 포함). 사회 계급은 사회 구성원들 — 주로 가정 — 을 하나의 계층에 포함해 함께 지속해 왔다. 즉, 그들이 상대적으로 사회에서 갖는 권위에 따라 '할당된' 사회 계급인 것이다.

학습목표 6 : 어떻게 사회 계급을 측정하는지와 그에 맞게 소비자를 세분화하는 방법에 대해 이해한다.

사회 계급의 측정은 개인들을 사회 계급으로 집단화하여 구별하는 것과 관계가 있다. 이런 집단화는 사회 분류를 표적시장 확인과 세분화에 효과적으로 활용하고자 하는 마케터에게 특별한 가치가 있다. 사회 계급을 측정하는 데에는 두 가지 기본적인 방법이 존재한다. 주관적 측정과 객관적 측정이 그것이다. 주관적 측정은 개인의 자기 인식에 의존하는 반면에 객관적 측정은 하나 (단일 변수 지수)또는 여러 가지의 결합(복합 변수 지수)을 포함한 사회경제적 측정도구를 사용한다. 지위 특성에 관한 지수와 사회 경제적 지위 점수와 같은 복합 변수 지수들은 여러 사회 경제적 요인들을 결합하여 하나의 전체적인 사회 계급 지위 측정을 형성한다.

학습목표 7 : 미국 사회 계급들의 인구통계, 라이프 스타일 그리고 소비 패턴에 대해 이해한다.

라이프 스타일, 소비 패턴, 여가 활동, 취미, 매체 노출도 그리고 많은 다른 요인들은 사회계급 내에서 균일함을 보이며, 사회 계급들 사이에서는 이질적인 모습을 보인다. 이에 대해 얼마나 많은 계급의 차이가 존재하는지에 관한 균일한 정의나 심지어 일반적으로 얼마나 많은 구분된 계급이 미국 인구의 계급 구조를 정확히 설명하는지에 대한 동의는 존재하지 않는다. 대부분의 초기 연구들은 미국인들을 다섯 가지 혹은 여섯 가지의 사회 계

급 집단으로 나누었다. 다른 연구들은 아홉 가지, 네 가지, 세 가지, 그리고 심지어 두 가지 계급의 적절한 스키마를 찾아냈다. 얼마나 많이 세분화된 계급을 선택할 것인가는 연구자가 연구 대상의 태도나 행동을 적절하게 설명하기 위해 필요하다고 여겨지는 상세성의 정도에 달려 있다. 우리는 일곱 가지 사회 계급을 확인해냈다.

1. 상상 계급 : 상속 재산과 특권
2. 상류 부유층 : 새로운 돈
3. 중상층 : 고등 교육을 취득한 특권층
4. 중하층 : 세미프로, 평균적 표준의 삶을 사는 세미프로와 비관리직 사원 그리고 장인
5. 하상위층 : 매우 규칙적인 일을 하며 지속적으로 소득을 벌어들이는 항시 블루칼라 직급으로 일하는 사람들
6. 빈곤 노동자 : 사회 사다리의 아랫부분에 위치하며 경제적으로 불안한 계층
7. 최하층 : 대부분 실업상태이며 정부에 의존하고 있는 상태

학습목표 8 : 표적시장을 선점하기 위해 지역별 인구통계학적 요소를 사용하는 방법에 대해 이해한다.

마케터들은 지리인구통계를 다양한 사회 계급에 속한 소비자들의 지리적 위치를 확인하는 데 사용한다. 지리인구통계를 사용하는 이유는 비슷한 사회경제적 위치의 가족들은 같은 지역에 거주하거나 같은 지역 사회에 속해있기 때문인데, 이는 '유유상종'이라고도 표현된다. 지리-인구통계학적 세분화는 가정들을 집단으로 식별하고 분류하며 우편번호와 미국의 주, 지역 정부의 인구조사에서 기인한 데이터를 사용하여 구체적으로 설명하는 것이다. 가장 정교한 지리인구통계 세분화는 닐슨의 프리즘이다.

복습과 토론 문제

10.1 은퇴할 나이가 된 개인은 서비스에 더 의존하게 된다. 이러한 서비스는 민간과 공공 부문 모두에서 제공된다. 어떤 서비스가 필요하며 정부는 이러한 서비스가 제공되는 데 대해 어떻게 참여해야 하는지에 대해 알아보시오.

10.2 수 년 동안 사회 계급을 측정하는 주관적 방법 중 주된 것은 자동차의 종류, 의류의 브랜드, 개인이 사용 가능한 기술과 같은 가치의 특정 항목들이었다. 최근의 소비자 구매력과 기술력의 발전에 비추어 볼 때, 위와 같은 측정 방법은 오늘날에도 여전히 사용 가능한가?

10.3 아래의 제품과 서비스에서 다섯 가지 가족생애주기 단계 중 가장 수익성이 좋은 세분시상은 어떤 단계인가? (a) 케이블 TV 가입, (b) 클럽 메드(Club Med)여행사의 휴가상품, (c) 도미노 피자(Domino's Pizza), (d) 아이팟(iPods), (e) 뮤추얼 펀드, (f) 해당 지역에서 사용 가능한 초고속 인터넷. 그리고 답변에 대해 설명하시오.

10.4 왜 마케팅 조사자들이 사회 계급을 측정하는 데 있어 객관적 측정을 주관적 측정보다 더 많이 사용하는가?

10.5 복합 변수 지수는 사회 계급을 더 잘 이해하는 데 사용된다. 각각의 지수 요소에 대해 설명하고 평가해보시오. 세 가지 요소는 아래와 같다.

a. 직업
b. 교육 수준
c. 소득

10.6 지위 관련 변수들 ― 직업, 교육 수준 또는 소득 ― 은 다음의 제품들을 위한 가장 적절한 세분화 기반인가? 설명하시오. (a) 가족 휴가, (b) 오페라 정기 관람, (c) online.wsj.com에 가입, (d) Whole Foods 슈퍼마켓에서 쇼핑하기, (e) freshdirect.com에서 구매하기, (f) iPhone 신제품 구입, (g) 24시간 휘트니스 클럽 멤버가 되는 것

10.7 기술적 측면은 어디까지 사회 계급에 영향을 미치는가? 그것이 자체적인 사회 집단을 필요로 하는가?

10.8 당신은 두 가구 매장의 주인이다. 하나는 중상층 소비자를 위한 곳이고 다른 한 곳은 하층 소비자를 위한 곳이다. 사회 계급의 차이는 각각의 매장에 어떤 영향을 미칠 것인가? (a) 제품 라인과 스타일, (b) 광고 매체 선정, (c) 광고에 사용되는 카피와 커뮤니케이션 스타일, (d) 지불 규정

실전 과제

10.9 이 장에서 우리는 부모와 형제가 그들의 자녀와 동생의 소비자 사회화에 어떤 역할을 하는지에 대해 살펴보았으며, 성인이 된 후 그들의 삶 전반에 걸쳐 어떻게 사회화가 지속되는지에 대해 알아보았다. 그러나 우리는 어린아이 (특히 10대와 젊은 성인들)들이 부모의 사회화에 어떤 영향을 미치는지에 대해서는 살펴보지 않았다. 당신이 부모님의 사회화에 기여했거나 지속적으로 영향을 미친 열 가지 목록을 작성해보시오.

10.10 지난 100년 동안의 사회적 변화에 대해서 토의하고 평가

해보시오. 2차 세계대전이나 1930년대와 2008년의 글로벌 경기 침체와 같은 세계적인 사건들과 일과 라이프 스타일 간의 균형 변화도 고려하자. 무엇이 시간에 걸쳐 사회에 영향을 미쳤는가? 그리고 사회 제도로써 가족은 이 변화에 어떻게 영향을 미쳤는가? 예를 들어, 설명하시오.

10.11 '사회적 지위'라는 용어의 의미에 대해 토의해보고 당신이 알고 있는 개인들의 사회 집단의 특징에 대해 탐구해보시오. 당신은 사회 집단에 속해 있다고 느끼는가?

주요 용어

소비자 행동에서의 문화의 영향

학습목표

1. 소비자 행동에서 문화의 역할, 문화의 힘, 문화의 변화, 문화의 영향을 이해한다.
2. 학습된 문화의 표현으로서 언어, 상징, 의례에 대해 이해한다.
3. 문화가 소비자의 행동에 미치는 영향을 어떻게 측정할 수 있는지 이해한다.
4. 미국인의 핵심 가치를 이해하고, 이들의 설득 대화법을 어떻게 적용할 수 있는지 이해한다.
5. 친환경 마케팅과 생태학적 책임 소비를 이해한다.

문화(culture)는 집단적 가치, 관습, 규범, 예술, 사회적 기관, 그리고 특정 사회의 지적 업적을 말한다. 문화적 가치는 집단적 원리, 표준, 그리고 지역 사회의 우선권을 표현한다. 대부분의 촉진 메시지는 사회를 반영하고 어느 정도는 표적 청중의 문화적 가치를 포함한다. 예를 들어, 미국인의 가치는 개인적 성과, 성공, 물질적 소유와 재산의 과시를 통해 그들의 업적을 설명하는 데 있다. 〈그림 11.1〉의 닷지(Dodge) 광고는 욕구를 재인지하고 있다. 닷지를 운전하는 사람들은 이 광고가 그들의 부를 과시하기 위한 열의를 반영하고 강화한다고 '대담하게 진술'하고 있다. 또한 미국인은 효율성과 발전성을 매우 가치 있게 생각하며, 특히 기술적 혁신에 가치를 둔다. 〈그림 11.2〉의 델(Dell) 광고는 작고, 얇고, 강하고, 힘세고 내구성이 강한 울트라북을 촉진시켰다. '모든 것, 그 이상(Everything and More)'이라는 광고 카피는 선진 기술이 일을 하거나 그들의 생활에 더 생산적인 방법을 제공한다고 믿는 미국인에게 매력으로 어필되었다.

이 장에서 향후에 설명될 성취, 성공, 효율성, 그리고 발전성은 미국에 지속적으로 퍼지고 있으며, 소비와 관련된 밀접한 가치이며, 무엇을 살것인지 왜 사야하는지를 설명하는 핵심 가치이다. 이 장에서는 사회적 역할, 문화의 다양성과 문화적 가치가 욕구를 어떻게 만족시키는지, 그리고 그들이 어떻게 배우고, 표현하고, 측정하는지에 대해 살펴본다. 마지막으로 광고 및 촉진적 테마, 친환경 마케팅과 같은 미국인의 열 가지 핵심 가치들을 토론해보도록 한다.

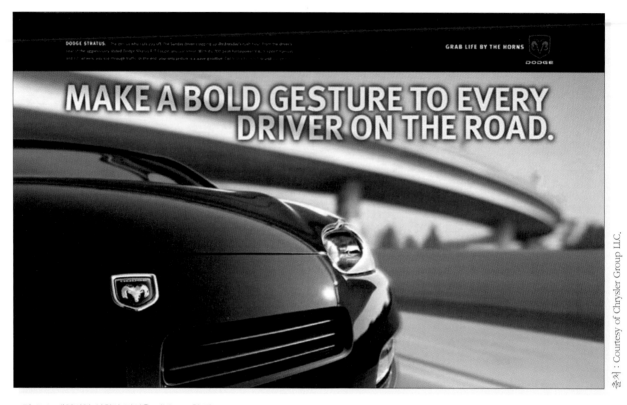

그림 11.1 개인적인 성취와 명성을 기본으로 한 광고

그림 11.2 발전성, 효율성, 실용성을 기본으로 한 광고

문화의 역할과 움직임

학습목표

1 소비자 행동에서 문화의 역할, 문화의 힘, 문화의 변화, 문화의 영향을 이해한다.

우리는 종종 '보이지 않은 손'처럼 문화를 통해 특정 사회의 사람들의 행동을 주시한다. 소비자 연구자들은 사람들에게 왜 확실한 물건을 구매했는지 물어본다. 이때 소비자들의 빈번한 대답은 "왜냐하면 그렇게 하는 것이 옳기 때문입니다."이다. 이 반응은 소비자 몸속 깊이 밴 문화적 영향이 행동에 반영된 것이다. 문화의 영향은 다른 국가를 방문하거나 지역 가치 및 행동을 관찰한 다음 더 이해하고, 진가를 알아볼 수 있다. 예를 들어, 프랑스 혹은 이탈리아 레스토랑을 방문한 이후 많은 미국인들은 지나치게 많이 먹고, 스낵을 지나치게 자주 먹는다는 것을 깨닫게 된다. 만약 미국을 여행한다면 우리도 마찬가지로 규범과 하위문화의 선호가 다르다는 것을 관측할 수 있다. 한 예로, 미국의 북동쪽에 사는 소비자는 역사적으로 햄버거에 케첩을 선호하는 반면 다른 지역 소비자는 머스터드나 머스터드와 케첩을 섞은 소스를 좋아한다(12장 참조).

몇 명의 연구자들은 문화적 규범의 다른 '수준'을 다음과 같이 개념화했다.

1. **초국가적(supranational) 수준**은 복합적 사회(즉, 국가적 수준 혹은 문화적 경계선을 가로지르는 하위문화)에 영향을 미치는 문화적 차원을 이해할 수 있다. 예를 들어, 그것은 지리적 특성(예 : 남쪽 아메리카의 특정 지역에 사는 사람들), 인종적 · 지역적인 유사성, 차별성, 공통된 언어, 다른 언어 등이 영향을 미친다.

2. **국가적(national) 수준**은 특정 나라의 '국가의 특성'의 핵심을 반영하는 핵심 가치, 관습, 개성을 나타낸다.

3. **집단(group) 수준**은 하위문화, 다양한 준거집단의 영향과 같은 국가 혹은 사회의 하위차원을 나타낸다.[1]

문화의 초국가적인 수준에서 연구자들은 14~24세의 전 세계 젊은이들을 네 가지로 세분화하여 그들의 생활양식을 구분하였다.

1. **핵심그룹(in-crowd)** : 전통을 고수하는 나이키(Nike), 아베크롬비앤피치(abercrombie&fitch)와 같은 고전적인 브랜드를 선호하는 그룹의 일원으로 특혜를 가지고 있다.

2. **개성이 강한 대중(pop-mavericks)** : 구전효과가 급속도로 퍼지고 열정, 개인주의 그리고 즉흥적인 만족감이 중요하다. 디젤(Diesel), 아디다스(Adidas)와 같은 개성 강한 브랜드를 선호한다.

3. **네트워크적 지식인(networked intelligentsia)** : 온라인 소셜 네트워크의 허브 역할을 하며, 혁명적, 창조적, 해체주의적이다. 구성원들은 잘 알려져 있는 베스파(Vespa), 반스(Vans)와 같은 유행하는 브랜드를 선호한다.

4. **열광적 이탈자(thrill renegade)** : 오명, 아드레날린, 무질서 상태를 말한다. (법이나 질서는 존재하지 않는다라는 생각을 가식적으로 행동한다).[2]

문화의 지속적 진화

마케터는 새로운 기회와 변화로 인해 정체되어 버려진 시장을 발견하려면, 문화적 변화를 항시 주시해야 한다. 이러한 결론을 얻기 위해서 마케터들은 시기마다 왜(why) 소비자들이 제품을 구매하는지, 누가(who) 제공된 것을 구입을 하고 사용하는지, 언제(when) 구입을 하는지, 어떻게(how) 그리고 어디서(where) 매체에 도달할 수 있는지, 그리고 무엇이(what) 새로운 제품과 서비스에 대한 욕구를 불러왔는지를 조사해야 한다. 예를 들어, 미국의 문화적 변화는 여성에게 직업적 선택이 열렸다는 것을 재인식하고 확장시켰다. 오늘날 대부분의 여성들은 집 밖에서 일을 하고 있고, 배타적이고 남성 지향적인 직업을 가지고 있다. 향후 이 장에서 우리는 왜 성취와 개인적 성공이 미국의 두 가지 핵심 가치인지 설명할 것이다. 그리고 마케터가 광고에서 이것을 어떻게 이용할 수 있는지 설명할 것이다. 비록 전통적으로 남성, 특히 남성 간부들과 연관 짓지만, 성과는 여성들에게도 중요하게 되었다. 대학에 등록하는 여성들이 증가하고 많은 여성들이 경영학 프로그램을 졸업하고 있으며, 빈번하게 상위권을 석권한다. 또한 의학, 공학, 과학같이 과거 남성이 주도했던 분야에서 전문직으로 종사한다. 그러므로 몇 년 전에 엄마와 주부로서 여성의 역할에 호소하는 것과 다르게 지금은 많은 광고가 타깃 소비자로서 여성을 성취와 성공에 주안점을 두는 여성으로 묘사한다.

장기간의 연구들은 광고에서 여성을 어떻게 묘사해야 할지 설명하였고, 홍보 메시지 내에서 성 역할이 변화해 나타내는 것을 발견하였다. 구체적으로, '광고'(즉, 인쇄광고의 주요 요점)에서 남성과 비교해보면 여성의 수가 4배로 증가하였고, 여성을 비즈니스 전문가로 묘사하는 광고가 상당히 증가하였다.[3]

소비자들의 욕구를 반영하는 문화적 신념

문화는 사회적 욕구를 표현하고 충족시킨다. 이것은 심리적, 개인적, 사회적 욕구를 충족시키는 '유효성이 증명된(tried-and-true)' 방법을 제공하여, 문제를 해결하기 위한 순서, 방향성, 가이드를 제공한다. 예를 들어, 문화는 언제 먹어야 하는지(간식 말고), 어디서 먹어야 하는지(반드시 음식이 좋으면 레스토랑이 바쁘다.), 아침식사(팬케이크), 점심식사(샌드위치), 저녁식사(따뜻하고 맛있고, 몸에 좋은 음식), 그리고 스낵(빠르게 에너지를 공급하지만 칼로리가 높지 않은 음식), 소풍(바비큐에서 요리한 '핫도그와 버거') 혹은 결혼식(샴페인)에는 무엇을 먹는 것이 좋은지 대한 기준을 제공한다.

또한 문화는 제품이 필수재인지 사치재인지 결정한다. 예를 들어, 초창기 카폰으로 소개되었을 때의 휴대 전화는 비싸고 일반적이지 않은 제품이었다. 반면, 오늘날은 적은 수의 사람만이 유선 전화를 사용하고, 공중전화가 사라지면서 휴대 전화는 필수재가 되었다. 문화는 또한 상황에 어울리는 옷을 설명한다(예를 들어, 집에서 어울리는 옷, 학교에서 알맞은 옷, 일을 할 때, 교회에 갈 때, 패스트푸드 레스토랑에 갈 때, 혹은 영화관에 갈 때 알맞은 옷 등). 최근 몇 년 동안 선호하는 복장이 대폭 변했다. 미국인들은 정장을 차려입는 것보다 캐주얼한 옷차림을 더 원한다. 예를 들어, 대도시에서 몇 안 되는 레스토랑이나 클럽에서는 여전히 남성에게 자켓과 넥타이를 요구한다. 그러나 회사에서 일을 할 때는 편안한 복장을 하고, 몇몇의 남자들만이 셔츠와 넥타이, 정장을 입고 있다. 또한 소수의 여성만이 원피스, 정장, 팬티스타킹을 입고 있다. 오히려 노동자들은 평상복, 스포티한 셔츠, 블라우스, 심지어는 청바지와 폴로 셔츠를 입고 있다.

그러나 때로는 관습이 변하지 않을 수도 있다. 예를 들어, 청량음료 회사는 소비자들이 아침에 커피 대신 자사의 제품으로부터 카페인 '충격'을 받기 원한다. 왜냐하면, 대부분의 미국인은 아침에 적합한 음료로 소다를 고려하지 않기 때문에, 청량음료를 판매하는 회사에서는 아침 음료 간의 경쟁과 문화를 극복해야 하는 두 가지 도전에 직면했다. 차, 청량음료, 전통적인 아침 음료인 커피와 유사한 카페인이 포함된 물까지도 경쟁사들이다. 그러나 대부분은 성공하지 못한다. 왜냐하면 커피는 아침 음료일 뿐 아니라 '휴식시간(coffee break)'의 중요한 음료로서 이미 문화로 단단하게 자리매김하였기 때문이다. 현명하게도 커피 마케터들은 그들의 문화적 이점에 의존하지 않는다. 그들의 경쟁사들

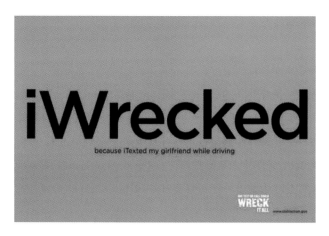

출처 : (Left & Right) National Highway Traffic Safety Administration

그림 11.3 산만한 운전을 방지하는 광고

은 식도락의 품평, 선호하는 커피를 소개하거나 젊은 성인을 대상으로 에스프레소, 카푸치노, 카페모카와 같이 이국적인 커피를 통해 공격적으로 구매를 유인하는 방법으로 시장에 진입하려고 한다.

구체적인 기준은 더 이상 사회구성원의 만족이나 그들의 욕구를 반영하는 것만은 아니다. 소비자의 욕구를 조정하거나 다른 욕구로 대체하게 한다. 예를 들어, 개인적인 요구들로 레스토랑 점원을 괴롭히는 것은 전례가 없다. 그러나 오늘날 우리는 자신의 알레르기 혹은 의학적인 사항, 먹지 못하는 음식과 관련된 사항을 점원에게 알려준다. 가끔은 개인적인 요구들이 사회 집단적인 이익으로 대두되는 관습들과 대립하기도 한다. 예를 들어, 대부분의 젊은 미국인은 시간과 장소에 구애받지 않고 온라인상에 연결되어 있어서 휴대 전화로 문자를 주고받거나 전화를 한다. 때문에 운전을 산만하게 하여 자동차 사고의 빈도가 높아졌다. 〈그림 11.3〉의 두 그림은 정부에서 산만하게 운전하는 것을 방지하기 위해, 계획한 광고이다.

문화적 가치 학습

문화적 가치를 고려하기 위해서는 사회의 신념, 관심을 공유해야 한다. 왜냐하면 문화는 개인을 이해하고 화합하여 집단에서 개인을 연결하는 규범의 연속이기 때문이다. 일반적으로 문화에 언어를 포함하고 있시만 사회 구성원은 일반적인 언어를 통해서 그들의 가치와 관습을 공유한다.

학습의 형식

우리는 대체적으로 가족과 또래에게서 문화적 규범과 관습을 학습하고, 매우 어린 나이일 때 몇 가지 행동들은 옳고, 어떤 행동들은 해서는 안 된다는 것을 이해하기 시작한다. 인류학자들은 문화 학습에서의 세 가지 형식을 확인하였다. **공식적 학습**(formal learning)은 부모, 형제 및 다른 가족 구성원이 어린 가족 구성원에게 '어떻게 행동해야 하는지'에 대해 학습시킨다. **비공식적 학습**(informal learning)은 아이들이 가족, 친구, TV나 영화의 영웅 들과 같은 다른 사람의 행동을 모방할 때 나타난다. **기술적 학습**(technical learning)은 선생님이 학생에게 사회적 상황이나 개인적인 상황에 처해져 있을 때 무엇을 해야 하는지, 어떻게 해야 하는지, 왜 해야 하는지 등을 교육적 측면에서 지시하면서 나타나게 된다. 또한 윤리적 가치(예 : 친절, 정직 그리고 책임감의 중요성)는 어린 시절 부모님, 선

생님, 그리고 다른 중요한 어른들에게 배우게 된다.[4]

문화화와 문화적응

인류학자들은 국가에 대한 문화학습과 새로운 문화의 학습을 구분하였다. **문화화**(enculturation)는 국가에 대한 문화를 학습하는 것을 말한다. **문화적응**(acculturation)는 새로운 문화 혹은 다른 국가의 문화를 학습하는 것을 말한다. 13장에서 우리는 문화화가 다국적 시장에서 제품을 판매하는 데 중요하다는 것을 설명할 것이다. 해외에서 판매하는 제품일 경우, 마케터는 그들의 제품 특징을 어떻게 효율적으로 이야기할 것인지, 그들의 제품을 소비자가 기꺼이 받아들일 수 있도록 그들의 잠재적인 관습을 학습해야만 한다.

때때로 소비자들은 자신의 나라에서 '외국인'이 되기도 한다. 예를 들어, 한 연구에서는 방콕(태국의 수도)의 대학교에 등록한 태국의 한 지방의 여성들을 연구하였다. 첫 번째 학기부터 그 여성들은 자신이 속해 있는 그룹의 방식을 드러냈다. 그들은 방콕의 학생들과 섞이지 않았으며, 도시의 사회 현상에 참여하지 않았다. 아이러니하게도, 지방 여성은 방콕에 오래 살수록, 그들은 방콕 문화를 저항하고, 자기 지방의 가치를 강하게 표현한다.[5]

문화화의 중요한 요소는 가족과 **소비자 사회화**(consumer socialization, 10장 참조)이다. 이 과정은 자녀 지도와 젊은이들의 소비 가치, 기술로 구성된다. 예를 들어, 돈과 가치의 의미, 제품 품질을 어떻게 정의 내릴 것인가 하는 것과 스타일, 선호도, 제품 사용, 그리고 홍보 메시지의 의미 및 목적 등이다.[6] 가족 구성원과 더불어 교육 및 종교 기관들은 어린 구성원들에게 문화적인 가치를 전달한다.

마케팅이 문화 학습에 미치는 영향

미디어, 광고, 마케팅은 문화적 가치를 반영하고, 사회의 다른 구성원에게 효율적으로 전달된다. 미국에서 인쇄, 방송, 온라인 미디어, 홍보 메시지를 대규모로 노출시키는 것은 문화적 가치를 전달하는 원동력으로써 매우 영향력이 있다. 매일, 거의 모든 시간에 많은 사람들이 홍보성 메시지에 노출된다. 마케팅 메시지의 반복은 문화적 신념과 가치를 전달하고 강화시킨다. 예를 들어, 휴대 전화 커뮤니케이션의 매우 경쟁적인 환경에서 공급자는 공격적으로 전화 통화 중 끊어지는 현상의 비율이 낮다는 점, 광범위한 송신 범위, 가격 계획의 유연함과 같은 제품의 속성을 촉진한다. 여러 해에 걸쳐 몇 가지 광고를 살펴보면 무선 기기 이용자들은 휴대 전화라는 도구를 통해 광범위한 이점을 기대하도록 학습되었고, 기대 수준은 꾸준히 높아졌다.— 기술이 정교화된 휴대 전화 광고 커뮤니케이션의 빈번한 소개로 인해 더욱 강화되었다.

광고 내에서 문화적 가치는 광고문구에서 묘사될 뿐만 아니라 시각적 이미지, 색상, 움직임, 음악 그리고 다른 비언어적 광고 요소에 의해서 이루어진다.[7] 많은 제품들은 미국의 상징과 유형적인 국가의 문화적 가치를 표현한다. 예를 들어, 항상 인기 있는 야구 모자는 문화적 정체성을 모자를 쓰는 사람에게 제공한다. 야구 모자는 트로피로서(스포츠를 좋아하는 사람이라는 증거 또는 특별한 목적지로 향하는 여행이라는 증거)의 기능을 한다. 그리고 많은 브랜드들은 문화적 범주군에서 자기 혼자 주장하는 소지품의 상표(예 : 할리데이비드슨 소유주) 혹은 심지어 자기 표현의 의미로서(예 : 맞춤형 할리데이비드슨) 전달한다. 가장 유명한 상업적인 미국 아이콘인 코카콜라와 디즈니의 지위는 수백만의 사람들이 해당 제품의 로고(그리고 그들의 모조품)가 그려진 옷을 입고 있는 것으로 설명된다.

마케터들은 또한 소비자들이 문화적 가치를 공유할 수 있게 많은 정보를 전달한다. 예를 들어, 보그, 본아뻬티(Bon Appetit), 아키텍추럴 다이제스트(Architectural Digest) 같은 잡지에 실린 광고는 독자에게 어떻게 옷을 입고, 어떻게 집을 꾸미고, 손님에게 어떤 음식과 와인을 제공할 것인지 알려준다. 온라인은 제품에 집중하고, 소비자들 간의 정보 교환이 이루어질 수 있고, 제품과 관련된 관습을 학습할 수 있는 가상의 커뮤니티를 형성한다. 사회적 미디어는 빠르게 문화적 가치를 공유하고 전달하는 중요한 요소가 되었다. 사람들은 영향력 있는 사람들과 동료들의 트위터를 전달하고, 블로그에 그들의 활동과 관심사, 의견에 관련된 글을 쓴다. 그 결과 많은 사람들은 시민집단 혹은 인도주의적인 명분으로 타인에 대해 관여한다. 그들의 행동은 각자의 개인적인 업적 및 성공, 여러 사람의 가치를 기반으로 인도주의적 중요성을 표현한다(이번 장의 토론 참조).

언어와 상징

문화적 가치는 언어, 상징, 대화, 그리고 사회 유물을 반영한다. **상징**(symbol)은 다른 무엇인가를 나타내는 것으로 언어 혹은 비언어적인 것이 있다. 단어는 언어적인 상징으로 광고문구를 상징적으로 구성한다. 비언어적 상징은 그림, 색상, 모양, 질감 등을 말하며, 이것은 광고, 상표, 포장, 제품디자인에서 나타나는 문화적 단서가 된다. 많은 상징은 언어와 심리적인 의미를 가지고 있다. 예를 들어, '허리케인'이라는 단어는 날씨의 특별한 상태를 말하는 것으로 위험 느낌이 섞여있을 때나 안전과 예방이라는 위험 회피 생각을 암시한다. 유사하게, '캐딜락'은 고급스러운 자동차를 찾을 때 제안할 수 있는 의미이고, 또 다른 의미로는 부와 지위의 의미('냉장고의 캐딜락'이라는 관용구는 냉장고 제품 중 가장 최고를 가리킬 때)로서 상징적 의미를 가지고 있다.

상징은 모순되는 의미를 가지고 있다. 예를 들어, 광고주는 상표 묘사를 하는데 있어 세심한 기술을 상징하기 위해서 유행에 뒤떨어진 방법이나 스타일이 부족한 이미지를 전달하는 대신에 나이 든 장인을 이용한 이미지를 전달한다. 마케터는 광고에서 10대들을 대상으로 치밀하게 제품이나 서비스를 전달하기 위해 10대들이 이용하는 은어를 이용한다. 은어는 마케터의 회사나 제품을 상징적으로 나타날 수 있다.

가격과 유통채널은 상징적이며 제품은 문화적 의미를 반영한다. 예를 들어, 옷을 판매하는 상점의 장소(또는 아이템의 가격)는 품질을 상징한다. 사실 모든 마케팅 믹스의 요소는 — 제품, 촉진, 가격, 유통 — 제품의 품질, 가치, 그리고 이미지를 상징한다.

의례

문화는 언어와 상징뿐 아니라 종교적 행위를 포함한다. **의례**(ritual)는 상징적인 활동의 유형으로써 변치 않는 연속성과 시기적으로 반복해 나타나는 여러 단계로 구성되어 있다.[8] 의례는 공식적이고, 정교하고, 의례적(예 : 결혼)이거나 틀에 박힌 일(예 : 일상적인 차림)이다. 전형적으로, 의식적인 행동은 공식적이고 때때로 짜여진 행동(예 : 종교적인 서비스 혹은 법정에서 예의 바르게 행동하는 것)으로, 반복적으로 나타난다(예 : 스포츠 행사 전에 국가를 부르는 행위).

많은 의례는 사람들이 만든 것이고, 몇몇의 제품은 의례 의식을 위한 특별한 시장을 형성했다. 예를 들어, 칠면조, 만두 속에 넣는 재료, 크렌베리는 추수감사절의 의식적인 한 부분이다. 의례는 졸업, 주말 카드게임 혹은 미용실 방문과 같이 사람들이 만든 행위들이다. 〈표 11.1〉은 다양한 사건에서의 문화적인 행위들을 나타낸 것이다.

표 11.1	선택된 의식과 연상되는 사람들이 만든 행위
의식	사람들이 만든 행위
결혼	하얀 옷(오래된 물건, 새 물건, 빌린 물건, 파란 물건)
출산	미국저축 채권, 은수저
생일	카드, 선물, 초가 있는 케이크
결혼 50주년	파티, 카드와 선물, 커플의 삶을 찍은 사진 전시
졸업	펜, 미국저축 채권, 카드, 손목시계
밸렌타인데이	사탕, 카드, 꽃
12월 31일	샴페인, 파티, 우아한 의상
추수감사절	가족과 친구들이 모인 칠면조 저녁식사
헬스장을 갈 때	수건, 운동복, 물, 아이팟
조기 축구	맥주, 감자칩, 프레첼
슈퍼볼 파티	맥주, 감자칩, 프레첼
새 직장의 시작	머리를 정리하고 새로운 옷을 구매함
승진	동료들에게 점심을 사고, 선물을 받음
은퇴	회사에서의 파티, 시계, 명판
죽음	카드, 꽃을 보내거나 교회에 헌금을 함

의례적 행동(ritualistic behavior)은 의식을 달성하기 위한 행위 단계를 말한다. 예를 들어, 골퍼는 실질적인 게임을 하기 위해 어느 정도의 스윙 연습을 한다. 개인적인 생활 활동은 종종 의식적이다. 〈표 11.2〉는 한 여성들이 얼굴을 관리하는 일상적인 의식을 묘사하였다.

표 11.2	광고 회사의 젊은 간부의 얼굴 관리 의식

1. 헤어밴드로 머리를 올림
2. 로레알 메이크업 리무버로 화장을 지움
3. 면봉으로 눈 주변과 입술 주변의 포인트 화장을 문지름
4. 노그제마(Noxzema) 페이셜 워시로 얼굴을 씻음
5. 크리니크(Clinique) 로션을 얼굴과 목에 바름
6. 잡티가 있으면 클리어라실(Clearasil) 트리트먼트를 바름
7. 일주일 후 각질을 없애기 위해 따뜻한 수건을 이용하여 크리니크 로션 2를 얼굴과 목에 바름
8. 석달 후 전문 피부관리실에 가서 모공 관리를 받음

문화적 가치 측정

학습목표

3 문화가 소비자의 행동에 미치는 영향을 어떻게 측정할 수 있는지 이해한다.

문화(culture)는 우리가 어떻게 살고, 의사소통할 것인지와 같은 사회적 가치, 관습, 의식을 나타낸다. 가장 널리 이용되는 문화적 가치 측정은 내용 분석, 소비자 현장 관찰, 가치측정 도구이다.

내용 분석

이름이 암시하듯이, **내용 분석**(content analysis)은 사회에서의 말, 글, 그림, 홍보 메시지 내용에 초점을 둔 분석이다. 내용 분석은 마케팅 성별, 나이, 사회학과 정치학, 심리학 연구에서 많이 이용된 방법이다. 내용 분석은 다음과 같은 사항을 반영한다.

1. 의도, 초점, 혹은 대화, 개인적, 집단적, 기관의 경향성을 확인할 수 있다.
2. 대화에 대한 태도, 행동 반응을 설명할 수 있다.
3. 개인과 집단의 심리적 감정적 상태를 결정할 수 있다.[9]

내용 분석은 사회적 변화 및 문화적 변화를 구체적 사회나 다른 문화 간 비교를 통해 설명한다. 17개 잡지에서(네 가지의 일본 이슈와 네 가지의 미국 이슈)총 여덟 가지 이슈를 나타내는 250개 이상의 광고 분석을 한 결과 일본과 미국 간에 10대 여성들을 약간 다르게 묘사하는 것을 발견되었다. 미국의 10대 소녀들은 독립적이고 확고한 투지의 이미지로 묘사한 반면, 일본의 10대 소녀들은 행복하고 장난끼 많고, 순진한 여자 아이의 이미지로 묘사하였다.[10] 미국과 중국의 아이들을 대상으로 하는 텔레비전 상업광고를 비교한 또 다른 내용 분석 연구에서는 중국 광고의 82%는 아이들이 먹는 음식 광고인 반면 미국은 56%가 장난감 광고였다.[11]

현장 관찰

몇몇 사회 · 인류학자들은 현장 관찰을 통해서 문화를 연구한다. **현장 관찰**(field observation)은 사회 구성원을 선별하여 하루 동안의 행동을 관찰하는 것을 말한다. 그 관찰 기준을 기반으로 연구자들은 현장 관찰을 통한 가치, 신념, 사회적 관습에 관한 결론을 도출한다. 예를 들어, 여성들이 어떻게 청바지를 선택하는지에 관심이 있으면 백화점이나 옷 가게에 훈련받은 관찰자가 자리를 잡고, 그들이 어떤 유형의 청바지를 입어보고, 살펴보고, 구매하는지를 기록한다.

1. 자연스러운 환경에서 발생된다.
2. 피험자들은 그들이 관찰되고 있다는 사실을 인지하지 못한다.
3. 행동 관찰에 초점을 맞춘다.

주안점은 자연스러운 환경에서 관찰되는 행동이다. 상점에서 구매하고, 소비하는 활동은 현장에서 관찰할 수 있지만, 집에서 제품을 사용하는 것은 관찰하기 어렵기 때문이다.

몇 가지 사례에서 연구자들은 **참여 관찰자**(participant-observer)가 된다. 즉, 연구자들은 연구 환경 내에서 행동, 의식, 관습을 참여자로서 함께 행동하면서 관찰자를 살펴본다. 예를 들어, 소비자들이 어떻게 세탁기를 선택하는지에 관심이 있으면, 연구자는 전자 상점에서 판매자로 자리를 잡고, 소비자들을 관찰하고 만난다. 또한 연구자들은 현장 관찰을 위해 관찰자의 일하는 곳, 집 차안, 공공장소 등을 카메라를 통해 살펴본다. 예를 들어, 10대들이 왜 티셔츠를 구매하는지 궁금하다면 연구자가 10대들에게 티셔츠가 왜 어울린다고 생각하는지에 대해 대답을 요구할 수 있다. 이러한 방법 대신

10대들이 다른 구매자와 나누는 대화를 듣거나 판매원이 상점에서 10대들의 구매 동기가 드러나는 행동을 살펴보는 방법이 있다. 닛산(Nissan)은 인피니티 자동차를 1990년대에 디자인할 때 두 명의 연구자가 로스앤젤레스 지역에서 평범한 두 가족의 집에 학생 신분으로 방을 빌려, 가족들이 인식하지 못하는 범위 내에서 자동차와 관련된 행동과 '전형적으로' 미국인이 좋아하는 자동차를 조사하였다. 이를 바탕으로 연구한 결과 고급차에 대해 일본인의 관념이 미국과 매우 다르다는 사실을 발견하였다. 일본인들은 단순한 자동차를 바라는 반면, 미국인들은 눈에 띌 정도의 화려한 자동차를 원했다.[12]

현장 연구에서 마케터는 사회적 변화 및 문화적 변화를 연구하기 위해서 **심충면접**(depth interview)과 **표적집단**(focus group)을(16장 참조) 이용한다. 표적집단의 소비자들은 새로운 제품 및 서비스의 수용 같은 가치에 영향을 받는 태도와 행동을 드러내기 쉽다. 예를 들어, 표적집단 토론에서 소비자들은 새로운 제품과 서비스 수용에 대한 변화된 태도와 행동을 드러내려 한다. 표적 집단은 소비자 충성도와 제품보유 강화를 목적으로 하는 설득전략과 관련된 생각을 제시한다. 연구에서 서비스(예 : 투자 및 은행업무)에 대한 기존 소비자들은 마케터들이 더욱더 개인적인 서비스를 제공하여 소비자의 충성도를 높이는 것 외의 특별한 방법을 제시하였다. 그래서 이러한 연구 결과를 기반으로 지속적으로 몇 개 회사에서는 소비자들의 구체적인 욕구를 맞출 수 있는 로열티 프로그램을 시행하고 있다.

연구자들은 22~71세 사이의 남성과 여성 30명을 대상으로 심층 연구(1.5~2.5시간 소요)를 실시하여 음식의 상징적인 의미를 탐색하였다. 그리고 문화적 상황에서 일곱 가지 유형의 음식이 있음을 확인하였다. 상징적 음식(예 : 집에서 만든 편안한 음식), 개인적인 음식(예 : 건강한 음식), 사회적 음식(예 : 가족 혹은 다른 사람과 나눠먹는 전형적인 음식), **문화적 음식**(예 : 성적인 대상자를 만나는 동안 성욕을 강화시킬 수 있다고 믿는 음식), 의식 절차상의 음식(예 : 향수를 불러일으키는 음식), 상황적 음식(예 : 데이트나 휴식 때 먹는 음식), 경험적 음식(예 : 다른 문화에서 잘 알려지지 않은 음식)이 그것이다.[13]

가치 측정

예로부터 인류학자들은 사회 구성원들의 행동을 관찰하였고, 그들의 행동에서 사회적 가치를 이해하기 위해 추론하였다. 또한 로키치(Rokeach)의 가치 연구, 가치와 생활방식 **VALS**(2장의 토론 참조) 측정, 고든(Gordon)의 개인과 대인 가치에 대한 조사 같은 개인의 분화적 가치를 측정하는 사기 관리식 설문지(self-administered questionnaires)로 체계적인 가치 측정을 할 수 있다.

로키치의 가치 조사

로키치의 가치 조사(Rokeach Values Survey)는 자기 관리식이며, 두 가지 부분의 가치로 구성되어 있다.

1. 18개의 **최종 가치**(terminal value)는 목표와 현재의 바람직한 상태의 최종을 정의하여(예 : 행복, 기쁨, 자유, 자아존중) 반영한다.
2. 18개의 **수단적 가치**(instrumental value)는 최종(예 : 야망, 정직, 예의, 책임) 성취를 위한 수단으로 정의된다.

표 11.3	로키치의 가치 유형 분류 체계와 설명되어지는 촉진 주제		
		최종 가치 : 목표와 현재의 바람직한 상태	
		개인적 가치 : 개인 초점	**사회적 가치** : 대인 초점
수단적 가치 : 최종 가치를 성취하기 위해 선호하는 행동과 수단	**능력적 가치** : 야망, 능력, 책임이 있으며, 이행하지 못하면 불충분하거나 부끄럽다고 느낀다.	촉진 메시지는 편안한 삶과 독립된 삶을 위한 소비자의 성취, 자아 존중이 반영되어 있어야 한다.	촉진 메시지는 단순히 개인의 관심을 묘사하는 것보다 다른 사람을 돕거나 이를 위한 사람들의 역할을 보여주어야 한다.
	윤리적 가치 : 기쁘고, 도움을 주고, 정직하며, 이행하지 못하면 죄책감을 느낀다.	촉진 메시지는 사회적 문제와 각 원인에 대한 명확한 확신을 제시해야 한다.	메시지는 미국인 대다수가 수긍해야 하고, 다른 사람을 보살피거나 사회적 의식에 대해 걱정해야 한다.

응답자는 '가이드 원칙(원리를 안내하는 것)'과 같이 각 가치가 삶에서 어떻게 중요한 것인지를 질문한다.

각 가치의 집단 내에는 두 가지 하위집단이 있다. 최종가치는 개인적 가치(예 : 편안한 삶 혹은 흥미로운 삶, 행복, 내부의 조화)와 사회적 가치에 초점(예 : 세계의 평화, 국가안전)을 맞춘다. 수단적 가치는 **능력적** 가치(예 : 야망, 지적, 책임)와 **윤리적** 가치(예 : 너그러움, 도움, 공손함)로 구성되어 있다.

로키치 유형 분류 체계에 따르면, 문화적 지향은 개인이 네 가지 유형 중 한 가지에 속하는 것이라 할 수 있다. 〈표 11.3〉은 로키치의 가치 유형 분류 체계 및 설명되어지는 촉진 주제이다.

예를 들어, 모집단을 분류하기 위해 로키치 가치 조사를 이용한다. 세분화된 그룹의 구성원은 '내부의 조화'와 '진실한 우정'에 의해서 '세계의 평화'에 관심이 있다. 이 세분화의 구성원은 국내 지향적 활동에 몰입한다(예 : 원예, 읽기, 가족들과 야외활동). 그들은 물질만능주의가 덜하고, 쾌락주의를 지양하며, 새로운 제품을 시도하는 것을 꺼려한다. 반면, 또 다른 세분화된 그룹의 구성원은 자기 중심적이고, '자아 존중', '편안한 삶', '즐거움', '흥미로운 삶', '성취', '사회적 재인식'과 같은 가치에 관심이 있다. 이들은 우정, 사랑, 평등처럼 가족이나 다른 사람과 관련된 가치에 대해 관심이 덜하다. 그들은 자기 중심적이고 성취 지향적이며 즐거움을 추구하기 때문에 자극적이고, 매우 패셔너블한 옷을 좋아하며, 모험적인 생활양식을 즐기며, 새로운 제품을 시도하려 한다.

개인적 가치와 사회적 가치에 대한 고든의 조사

개인적 가치와 사회적 가치에 대한 고든의 조사(Gordon's Surveys of Personal and Interpersonal Value)는 사람들이 매일의 삶을 어떻게 대처하는지에 대한 가치를 측정한다.[14] 여기에는 **개인적 가치**(personal value)와 **사회적 가치**(interpersonal value)라는 두 가지 조사가 있다. 〈표 11.4〉는 각 가치의 전형적인 예시의 특징을 모아두었다. 고든의 가치는 뒤에서 설명할 미국의 핵심 가치를 명확하게 반영한다.

표 11.4	고든의 가치 조사에서 마케팅 적용 가치	
개인 가치		**대인 가치**
성취		**리더십**
도전, 성장, 성취를 즐기는 것, 무엇을 성취하고 싶은지 아는 것과 뛰어난 방법으로 하는 것		도전을 추구하고 권한과 권력을 가지는 것, 순위에 의해 리더가 되는 것, 집단을 이끄는 것, 목표 내에서 여러 일을 하는 것
목표지향성		**재인식**
잘 정의된 목표를 좋아하고, 과업을 완성하는 것, 무엇을 목표로 해야 하는 것인지 정확히 알고 있음		중요한 것을 고려하고 칭찬하는 것, 사람들이 호의적인 표시를 하거나 알려주는 것
다양성		**순응**
일상적인 것을 싫어하고 새로운 경험을 좋아하는 것, 새로운 장소를 방문하는 것, 새롭고 다른 것을 시도하는 것, 경험의 다양성을 지향하고, 많은 곳을 여행하는 것		정확하게 무엇인가를 따르거나 규칙을 따르는 것, 특정대상을 허락하는 것. 규칙과 윤리적인 기준을 순응하는 것

미국의 핵심 문화 가치

학습목표

4 미국인의 핵심 가치를 이해하고, 이들의 설득 대화법을 어떻게 적용할 수 있는지 이해한다.

미국 사회의 특징을 반영함과 동시에 영향을 미치고 있는 몇 가지 미국의 핵심가치를 확인해보자. **미국의 핵심 가치**(Amerivan core value)를 정의하는 것은 어렵다. 첫째, 미국은 동일한 가치와 믿음에 대한 다른 반응 및 해석을 가진 많은 하위문화로 구성되어 있다(12장 참조). 둘째, 미국은 상대적으로 짧은 역사 내에서 과거 20년 동안 삶 전반의 변화를 이끄는 기술적 발전을 하였으며, 이로 인해 빠른 변화를 겪은 동적인 사회가 되었다. 마지막으로, 미국 사회 내에서 몇 가지 전통적인 가치가 있다. 예를 들어, 미국인들은 선택의 자유가 사회 전반에 팽배해 있지만, 미국인들은 사회적 부분으로 또래 집단에 순응(옷차림, 비품, 유행)하려는 경향이 있다. 소비자 행동의 맥락에서 미국인들은 광범위한 제품 선택 범위를 가지려고 하고, 개인적인 생활방식을 표현하는 독특한 제품을 선호하기도 하고, 때로는 또래 집단의 소비 행동에 순응하기도 한다.

다음과 같이 핵심 가치를 지정하고 선택하는 기준을 세웠다.

1. 가치는 널리 퍼져 있어야 한다. 즉, 미국인들의 상당수가 가치를 수용하고 그들의 태도와 행동의 가이드라인으로 역할을 해야 한다.
2. 가치는 오래도록 지속되어야 한다. 즉, 오랜 기간 미국인들의 행동에 영향을 주어야 한다(유행 및 짧은 기간의 트렌드와 구분되는).
3. 가치는 소비 행동과 관련되어 있어야 한다. 즉, 미국인들의 소비 습관을 이해하는 데 도움을 주는 통찰력을 제공한다.

이렇게 확인된 핵심 가치는 성취와 성공, 시간과 활동, 효율성과 실효성, 진행, 물질주의(편안함과 즐거움), 개인주의와 순응, 선택의 자유, 인도주의, 젊음, 신체 단련과 건강을 포함하고 있다.

성취와 성공

미국인에게 도전과 경쟁은 훌륭한 사람이 되는 원동력으로 지속되어왔다. 유아들에게 스포츠와 공부에서 두각을 나타내길 바라는 것도 같은 이치이다. 자유무역 체제는 미국 경제 체제의 핵심이며, 미국인을 더욱 생산적으로 만들고, 다른 국가에서보다 더 나은 생활방식을 즐길 수 있게 했다. 개인

그림 11.4 성취감을 보여주는 광고

출처 : Everlast Worldwide, Inc.

적 성취는 유익하고, 정신적인 보상과 적절한 끝맺음을 의미하는 것으로, 프로테스탄티즘의 윤리(Protestant work ethic)에 역사적 뿌리를 둔 근본적 미국인들의 가치이다. 역사적으로 지금의 미국 사회는 미국인의 사회적 기술 발전과 경제적 성장에 의미 있는 영향을 주는 성취감에 초점을 맞추고 있다.[15] 미국인 개개인은 중요한 개인적 가치로 높은 성취와 성공을 꼽으며 이를 통해 '성취감'을 얻으려 한다. 〈그림 11.4〉의 에버라스트(Everlast) 광고는 성취 추구를 묘사한 광고이다. 힘이 드는 자전거 연습으로부터 빠른 회복을 돕는 에버라스트 파워팩을 장착한 자전거 타기를 묘사한 광고이다. 이 광고는 일몰에서 힘차게 자전거를 타는 실루엣을 보여줌으로써 전체적인 광고 이미지는 성취와 완수를 위한 탐구를 묘사하였고, 이를 달성하기 위해 자전거를 타는 사람에 초점을 맞추었다.

한 연구에 따르면 개인의 '성취감'의 점수가 높을수록 취합된 정보 혹은 학습, 예약하기, 여행지 결정, 일하기, 제품 및 서비스 구매, 주식시세 검색, 온라인을 이용한 제품의 구매와 판매를 광범위하게 인터넷을 이용한다는 점이 발견되었으며, 반대로 웹서핑, 다른 사람들과 이야기하는 것, 제품 혹은 상점에 대한 정보 모으기 같은 인터넷 활동이 높은 '성취감'을 연상하지는 못한다는 점을 확인하였다.[16]

성공은 업적과 관련되어 있지만, 성공과 업적이 같은 것은 아니다. 업적은 자기 스스로를 보상(내부적으로는 개인의 업적에 만족하는 것)하는 것인 반면, 성공은 외부적인 보상(예 : 고급 소지품, 재정적인 보상, 높은 지위)을 포함하고 있다. 한 연구에서 소득이 있는 학생들의 전공 선택 이유를 살펴보니, 가장 중요한 요소는 남성의 경우 현장의 성장 잠재성과 높은 임금인 반면, 여성의 경우 적성과 관심이었다.[17]

업적과 성공은 둘 다 소비에 영향을 미치고, 종종 제품과 서비스를 선택하는 판단을 제공하기도 한다. 예를 들어, "너는 너 스스로 그것에 빚을 지고 있다.", "너는 그것을 위해 일을 한다.", 그리고 "너는 그것을 받을 만하다."는 광고는 소비자들을 구슬리는 데 많이 이용되는 주제다. 마케터는 업적을 중요하게 생각하는 사람들은 자신의 업적을 상징적으로 전시할 수 있는 눈에 잘 띄는 소비를 선호하는 것을 알고 있기 때문이다.

시간과 활동

미국인은 시간 가치(예 : '시간은 돈이다.' 혹은 '시간은 기다려 주지 않는다.')를 중요하게 생각한다.

미국을 방문하는 많은 관광객들은 종종 미국인들이 시계를 얼마나 자주 보는지, 마감 시간과 신속함에 대해 얼마나 중요하게 생각하는지와 관련해 증언을 한다. 미국인은 시간을 낭비 없이 현명하게 이용하면, 좀 더 높은 성과를 얻을 수 있고, 높은 생산성을 가질 수 있다고 생각한다. 미국인들은 '소모성 시간'을 싫어하고, '아무것도 하지 않고 보내는 시간'을 두려워한다. 계획 세우기를 좋아하고 스케줄대로 일을 진행하는 것과 시간표에 의해서 통제되는 것을 좋아한다. 미국인은 종종 시간을 잘 지키고, 시간을 절약하고, 시간을 현명하게 이용하고, 시간을 낭비하지 말라고 이야기한다.

미국인은 활동적이고 사회에 관심이 많으며, 자신의 삶을 가치 있도록 하기 위해 바쁘게 살아가야 한다고 생각한다. "거기 가만히 있지 말고, 뭐든 해라."는 많은 미국인이 일반적으로 사용하는 말이지만 미국인들이 어떤 행동을 선호하는지 명백하게 보여주는 표현이기도 하다. 레저 활동은 상대적으로 미국인의 삶에 적은 부분을 차지하고 있고, 일을 하지 않는 날―휴일, 방학―은 유럽에 비해 1/3은 적을 것이다. 이탈리아와 프랑스에 비해 레저 시간이 덜 가치 있다고 생각하는 반면, 일을 하면서 보내는 시간은 더 가치 있다고 생각하며, 종종 모르는 사람을 만났을 때 "당신은 어떤 일을 하십니까"라는 질문에 대해 즉각적으로 대답함으로서 자신의 전문성을 보여주고, 이를 통해 스스로로 자아를 인식한다.

한편 프리미엄은 미국사회에서 '시간의' 긍정적인 효과와 부정적인 효과를 동시에 나타내는 것이다. 예를 들어, 시간을 절약하기 위한 탐색 프리미엄은 패스트푸드 음식 산업을 성장시키는 원동력이 되었으나, 너무 널리 퍼져서 지나치게 열광적으로 패스트푸드 음식을 소비한 나머지 많은 미국인들의 건강을 나쁘게 하는 부정적 효과를 가져왔고, 이로 인해 의료 비용이 증가하게 되었다. 왜냐하면 미국인들은 짧은 시간에 공급하고 해결하는 것에 사로잡혀 있기 때문이다(사람들은 배달을 기다리는 것을 좋아하지 않는다). 많은 광고에서 소비자의 삶을 빨라지게 하는 제품을 묘사하고 있다. 〈그림 11.5〉의 캠벨의 청키 수프(Campbell's Chunky Soup)는 시간을 절약할 수 있음을 강조하였고, 소비자에게 수프를 빠르게 준비함과 동시에 그들이 지불할 돈, 제공되는 품질 수준을 설명한다.

효율성과 실효성

미국인들은 높은 효율성과 실용성을 고민하는 경향이 있다. 많은 기업체 간부들은 이론적인 시나리오에 대해 관심이 적다. 오히려 시행착오나 문제에 직면했을 때 가장 효과적인 해결법을 찾는 방법을 실용적인 접근이라 생각한다. 그리고 실

**SPEND YOUR TIME EATING IT.
NOT MAKING IT. 4 MINUTES, AROUND $4.**

Pour this *Campbell's* Chunky™ soup over instant mashed potatoes or microwavable rice, and dinner is served. Grab dozens of dinner ideas at chunky.com.

It's amazing what soup can do.

출처 : Campbell Soup Company

그림 11.5 시간 절약과 제공되는 가치에 초점을 둔 광고

용적인 접근법은 미국인들이 다른 나라보다 더 많은 발명품을 개발할 수 있도록 하였다. 또한 미국인은 철학, 인류학, 예술보다 '실용적' 규율(예 : 관리, 경제, 법, 의학)에 더 관심이 높다.

미국인의 실용적 관점은 사용하는 언어에도 반영되어 있다. "벤처는 수익성이 있는가?", "빚지지 않고 살 수 있는가?", "그게 내게 어떤 이익이 되는가?"와 같은 질문에 대해 미국인들은 감정적인 답변보다는 이성적이고 실용적인 답변을 선호한다. 미국인들은 좀 더 효율적이고 실용적인 제품을 선택한다. 예를 들어, 다른 제품군의 많은 제조업자들은 서로 호환할 수 있는 부품 모듈로 제공하고, 소비자들은 주문 제작된 붙박이장(예 : 이케아), 컴퓨터, 선글라스 등 많은 아이템을 합리적인 가격으로 만들 수 있다. 〈그림 11.6〉에서 3-In-One 오일광고는 소비자가 여러 가지 방법으로 이용할 수 있는 효율적인 제품이라고 설명하고 있다.

발전

미국인의(개인적일 뿐 아니라 사회적인) 발전은, 향상, 성장을 상징하는 욕구의 변화를 살펴보는 것을 말한다. 전통적 문화는 이러한 욕구의 변화에 지장을 주는지를 살펴보거나, 욕구변화에 지장을 주는 것을 피하기 위한 시도를 하는데 적용된다. 즉, 문화의 안정성과 연속성이 항상 성장의 욕구 변화에서 가치가 된다. 예를 들어, 미국에서 부는 일반적으로 유산보다 중요하지만, 유럽 사회에서는 그 반대이다. 시간을 절약하고, 실용주의를 지향하며 열심히 일을 하면 성취, 혁신, 성장을 가져온다고 생각하기 때문에 미국인은 항상 더 나은 미래를 가져올 변화를 믿는다. 미국인들은 발전이 높은 보상을 가져온다고 생각하기 때문에, 그들에게는 발전을 약속하거나 언급하는 메시지를 제시하는 것이 효과적이다. 소비 지향적 사회에서 새로운 제품과 서비스는 과거 불만족된 욕구를 충족하거나 더 효율적으로 욕구를 충족할 수 있게 하며, 욕구의 발전을 보여줌으로서 욕구 충족의 더 많은 부분이 가능하게 되었다. 그러므로 우리는 종종 '새로운', '향상되는', '더 나은', '오래도록 지속되는, '빠르게', '증가되는 강점', 그리고 '스마트'와 같은 문구의 광고를 통해 제품을 구매한다.

물질주의(편안함과 즐거움)

제품에 대한 미국인의 바람은 오랫동안 사용하는 것이다. 1924년 애틀랜틱 먼슬리(Atlantic Monthly)에서 "물건이 권좌에 앉다(Things Are in the Saddle)."라는 타이틀로 사무엘 슈트라우스(Samuel

그림 11.6 제품의 효율성에 초점을 맞춘 광고

Strauss)가 '소비주의(consumptionism)'라는 용어를 사용했다. 그는 소비주의란 '사람들이 더욱 더 물건에 대해 많이 사용하는 눈을 뗄 수 없는 사람들의 과학'이라고 정의하였다.* 슈트라우스는 미국 시민에게 가장 중요한 것은 더 이상 시민권이 아닌 소비라는 사실이 대두되면서 미국의 본질이 변화하고 있다고 설명했다.[18] 대다수의 미국인들은 매우 어린 나이부터 물질적 편안함과 소유를 '좋은 삶'이라고 생각한다(새로운 차, 식기세척기, 에어컨, 온수 욕조, 그리고 다른 편안함을 지향하는 무한한 다양성, 즐거움을 제공하는 제품 및 서비스를 포함하는 삶을 의미). 미국인들은 종종 자신과 다른 사람의 소유한 물건의 가치로 스스로를 비교하고, 덜 가진 사람보다 행복할 것이라고 믿는다. 그럼에도 많은 유명인들은 물질적 소유욕이 항상 행복을 이끄는 것은 아니라고 지적한다. 예를 들어, 부유한 사람들은 비정상적인 부를 축적한 결과로 결혼에 실패하기도 하고 장애가 있는 아이를 낳기도 한다. 여전히, "가장 많은 장난감을 가지고 죽은 사람이 이긴다(양적으로 많은 것을 소유한 사람이 승자)."는 말이 널리 사용되지만 모순적이게도 항상 그런 것만은 아니다.

다른 나라 사람들이 바라본 미국은 너무 물질적이며, 물질적 물건이 이상적 목표이다. 또한 미국인은 물질이 미국인의 성취를 상징할 뿐 아니라 미국인이 열심히 일한 것에 대한 보상이라 믿는다. 그러나 다른 나라의 사람들은 미국인의 믿음을 과소평가하는 경향이 있다. 미국인의 대부분은 사회의 다른 구성원들보다 더 많은 소유물을 축척하고, 확장하고, 유지하고 자신의 소유물을 보호하며 소유물과의 관계를 즐기고 발전시키려 한다. 미국인의 **물질주의**(materialism)는 종종 '물질의 양이 크면 클수록' 혹은 '무엇인가가 많을수록' 좋다는 것을 표현하는 것이다. 그러나 최근에는 "더 많은 것이 좋다."라는 것에서 "좋은 것이 좋다."로 뚜렷한 변화가 있었다.— 또한, 최근 소비자들은 '품질이 좋으면 디자인 좋다'라는 사고를 가지고 있다. 몇몇 사람들은 이러한 경향성을 '디자인의 경제'라고 정의하였다. 경제는 네 가지 요소의 통합이 기준이 되는데 지속된 번영, 지속적인 기술, 문화의 변화된 개방, 마케팅의 전문화가 바로 그것이다.[19] 쇼핑 활동은 우리의 삶에서 중요한 역할을 하며, 그 역할이 증가하고 있으며, '쇼핑 문화' 혹은 '소비자 문화'라고 정의된다.[20] 심지어 널리 인용되는 에세이에서 "쇼핑은 우리가 우리의 삶에서 어떠한 가치를 창조하는 것이다."라고 말하고 있다. 온라인 쇼핑은 항상 이용할 수 있으며(하지만 상점은 항상 이용할 수 없음), 지금 우리는 제품을 보고, 비교하고, 우리가 진정으로 원하는 것이 아닌데도 더 많은 제품을 구매하는 데 더 많은 시간을 보낸다.

초콜릿은 세계에게 가장 오래되고 매혹적인 제품 중 하나이며 사랑, 고급스러움을 연상시킨다. 초콜릿은 과학적으로 두뇌활동에 영향을 미친다고 보고되었다. 초콜릿은 행복과 만족감을 느끼게 한다. 〈그림 11.7〉의 도브(DOVE®) 초콜릿 광고는 소비자들에게 평화, 특별한 순간의 즐거움, '스타가 되는' 느낌을 들게 한다.

개인주의와 순응

미국인들은 '스스로의 존재'에 가치를 둔다. 자립심, 이기심, 자신감, 자존감, 그리고 자기실현은 개인주의의 일반적인 표현이다. 개인주의를 추구하는 것은 의존성을 거부하는 것이다. 이것은 다른 사람보다 자기 자신에게 더 많이 의존하는 것이다. 개인주의의 반대는 집단주의이다. 집단주의는 '집단에 소속되는 것'을 말한다. 집단주의는 기본적인 인간의 노력에 의해 형성된 것으로, 인간의 자아개념이 집단 멤버쉽에 관심이 생기게 되었다. 또한 집단주의는 공산주의(communism)를 강력하게

---

* Samuel Strauss "Things Are in the Saddle," Atlantic Monthly 1924

그림 11.7 편안힘과 즐거움에 초점을 맞춘 광고

연상시킨다.* — 공산주의는 민주주의와 구분되는 경제적 시스템이며, 경제적인 관점에서 실패했다.[21] 미국인의 '기복 심한 개인주의'는 자립성, 개인의 욕구 및 목표달성은 다른 사람보다 더 나은 결과를 내야하는 경쟁심에서 나왔다. 기복이 심한 개인은 자신의 성과가 팀워크보다 우월하다고 생각하며, 과업을 혼자 달성했고, 승리는 혼자서 얻는 것이라고 생각한다.[22] 개인주의를 어필하는 광고의 목표는 개인주의적 정체성을 반영하거나 강조하는 제품 또는 서비스를 구매하는 소비자를 설득하는 것이다. 예를 들어, 첨단 패션의 옷이나 화장품 광고는 소비자에게 독점적이고 독특한 특성을 강조함은 경쟁사의 제품과 구분될 것을 어필한다.

마케팅 개념은 개인주의와 일치한다. 마케팅 개념의 본질은 소비자의 욕구를 이해하고, 진정으로 소비자의 욕구를 만족할 수 있는 제품을 만드는 데 있다. 예를 들어, 글쓰기는 종종 격려를 필요로 하는 개인주의적 추구이다. 〈그림 11.8〉의 광고는 크로스모프 펜(Cross Morph pen)을 이용해서 글쓰기를 하도록 격려하고, 상상력을 복돋아준다.

개인주의와 순응은 어깨를 나란히 한다. 비록 미국인들은 선택의 자유와 개인주의를 진정으로 받아들이지만, 그럼에도 그들은 현실성과 순응을 받아들인다. 또한 개인주의-순응의 패러독스는 제품 선택으로 드러난다. 한편으로 표준화된 제품은 대량 생산과 획일성의 반영으로 가능해졌으며, 다른 한편으로는 온라인 쇼핑으로 쉽고(비싸지 않은), 현실적인 개인주의를 표현할 수 있는 고객화된 개인적 아이템(예 : 스니커즈 운동화, 선글라스, 옷)들을 구매할 수 있게 했다.

직장에서 캐주얼한 옷을 허용하는 것은 개인주의와 순응 사이의 관계를 '주고 받는 것'이라는 흥미로운 예시이다. 남성과 여성 관리자는 몇 십 년이 지난 직장 내 복장 규정을 포기하고, 캐주얼한 바지, 스포츠 셔츠, 그리고 캐주얼 재킷을 선택한 것과 같다. 직장인들은 (변호사나 회계사 포함) 더욱 편안한 옷차림을 찾았고, 캐주얼한 옷을 선택하는 것이 그들의 능력을 더욱 확실하게 보여주는 것이라 생각했다. 시간의 경과에 따라, 많은 회사에서 편안한 새로운 '비즈니스 유니폼'으로 남자들은 파란 캐주얼 재킷과 회색 캐주얼 바지를 입고, 여자들도 유사한 스타일의 옷을 입었다.

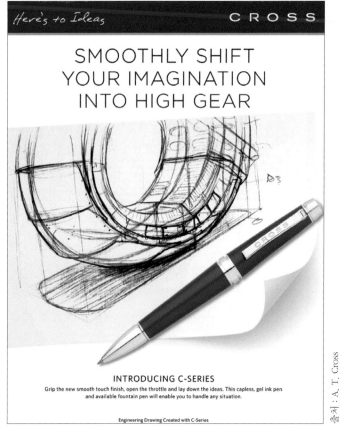

그림 11.8 영감과 상상력에 초점을 맞춘 광고

선택의 자유

미국의 핵심가치로 자유는 국가의 근본적인 원리에서 기인한다. 언론 · 출판의 자유, 종교, 의회의 자유가 그것이다. 미국인들은 슈퍼마켓, 전문점, 약국 그리고 아울렛의 선반 위에는 많은 수의 경쟁 브랜드들이 변화됨으로서 미국인의 삶이 설명되어지며, 다양한 제품들 중 선택하기를 좋아한다. 겉보기엔, 다양성은 미국 이외의 국가에서는 보기가 힘들다. 그래서 항상 여행객들로 붐비는 맨해튼 중심에 살고 있는 저자 중 한 명은 약국에 진열된 샴푸, 비누, 면도 크림 그리고 다른 개인용품을 보고 흥분하며 사진까지 찍는 관광객을 수없 봐왔다.

미국 소비자들은 많은 제품들의 다양한 사이즈, 색상, 맛, 특징, 스타일 그리고 특별한 구성요소를 선택할 수 있다. 〈그림 11.9〉의 HP 광고는 제품을 구매할 때 미국인들이 선택을 위한 탐색을 어떻게 하는지를 설명하고 있다.

인도주의

미국인들은 종종 관대하고, 그들의 욕구 내에서 다른 사람을 도우려는 의지를 표현한다. 그들은 많은 인도적인 자선 운동을 지원하고, 때로는 사회적 약자들이 성공을 위해 역경을 극복하는 것에 연민을 느낀다. 또한 그들은 기부하려는 경향이 있고, 자신보다 덜 운 좋은 사람들을 도우려는 의지가 있다. 〈표 11.5〉는 기부하려는 마음가짐에 대한 설명이다.[23]

출처 : Hewlett Packard

그림 11.9 선택의 자유. "원하는 것을 어떠한 손으로든 시작하다."

한 연구에서는 대학과 연계한 기부 프로그램에 대해서 졸업생들의 기부 동기를 조사하였으며, 기부자가 기부 약속으로부터 네 가지 구분되는 이점이 있음을 확인하였다.

1. 소속감(belongingness) : 대학에 대한 충성과 관련있는 이점으로, 탄탄한 프로그램의 성공과 지속적인 전통을 만들어 가는 데 도움을 주는 것
2. 신뢰(trusting) : 대학의 리더십과 비전에 대한 자신감
3. 사회적−실용적 동기(social-practical motivation) : 비지니스적 만남, 스포츠 이벤트 때 좋은 자리에 우선적으로 받을 수 있고, 세금 공제도 받을 수 있음
4. 명망(prestige) : 명망 높은 대학과 스포츠 팀을 지원한다는 자부심[24]

이러한 동기를 기반으로 대학교와 전문대학은 그들이 찾는 이점에 따라서 잠재적인 기부자를 세분화할 수 있고, 기부금을 위한 다른 동기를 지향하기 위해 설득력 있는 메시지를 창조한다.

미국인의 인도주의는 소비와 투자에도 영향을 미친다. 예를 들어, 어떤 이들은 미성년 노동자(해외에서)를 고용하고, 환경을 해치거나, 무기를 만들거나, 지속적으로 뮤추얼 펀드에 투자하는 회사에 투자하는 것을 거절한다. 한 연구에서는 많은 소비자가 크리스마스 쇼핑을 하면서 '기부를 지원하는' 상점에서 구매하려는 경향이 있었음을 보여주었다.[25] 인도주의의 또 다른 형태는 미국인들의 집단주의적 책임감이다. 때문에 다른 사람이 다치려고 할 때 도움을 주려고 한다. 〈그림 11.10〉의 광고는 약물을 남용하는 여성(약자, 즉 성공할 수 있는 기회가 적은 사람들)에게 용기를 북돋아주고, 약물 남용을 즉시 알리고, 조치를 취해야 함을 알리고 있다.

표 11.5 자선단체에 기부금을 내는 마음가짐
1. 덜 운이 좋고, 어려움에 처한 다른 사람들을 도우려는 의지
2. 어려움에 처하지 않은 사람은 궁핍한 사람에게 기부하려 함
3. 어려움에 처한 사람들은 다른 사람들로부터 지원을 받으려고 함
4. 자선단체에 기부되는 돈은 궁핍한 사람을 도와주거나 좋은 곳에 이용됨
5. 자선단체는 생계가 곤란한 사람을 지원하는 것이 효과적임
6. 자선단체는 유용한 기능을 수행함

출처 : Inspired by Deborah J. Webb, et.al. "Development of and Validation of Scales to Measure Attitudes Influencing Monetary Donations to Charitable Organizations," *Journal of the Academy of Marketing Science*, 28 (Spring 2000): 299-309.

그림 11.10 인도주의에 초점을 맞춘 :
약자를 돕는 광고

THE LONGER YOU WAIT, THE DEADLIER ABUSE GETS.
Abuse only gets worse over time. If you're being abused, we can help.
Call 414-933-2722 now. Before it's too late.

family
peace
center

출처 : photo copyright Curtis Johnsona

젊음

미국은 젊음에 정신이 팔려 있다. 젊음에 대한 생각은 유럽과 아시아 사회가 대조된다. 나이가 많은 사람들은 나이가 들면 들수록 생기는 그들의 지혜와 경험을 존경한다. 하지만 젊음을 청춘과 혼동해서는 안 된나. 청춘은 연령 집단(세대)을 지정한다. 미국은 그들의 심리적 생활 연령과 상관없이 젊은 외모와 젊은 사랑의 행동에 사로잡혀 있다. 미국인들은 때때로 젊음을 "마음은 청춘이다.", "정신이 젊다."와 같이 정신 상태를 표현하기도 하고 "외모가 젊다."라고 표현하기도 한다.

많은 광고 메시지가 젊음을 유지하거나 나이가 드는 것을 피하고 싶은 절박함을 창출해낸다. 핸드크림 광고는 '젊은 손'에 관해서 이야기한다. 피부 화장품 광고는 "나는 서른으로 가는 길에 대해 몹시 두려워한다."라고 설명한다. 향수와 메이컵 광고는 외모가 "섹시하고 젊어 보이는", "당신의 나이를 부인할 수 있다."를 강조한다. 세제 광고는 독자들에게 "당신의 손은 당신의 나이처럼 보입니까?"라고 질문한다. 무수한 광고 테마가 소비자의 젊음을 약속하고, 미국인들의 젊은 외모와 젊은 사람의 행동에 관해 높은 프리미엄을 반영하여 어필한다.

신체 단련과 건강

몸매 관리 및 건강 관리는 미국인의 삶에서 분명하고 중요한 핵심 가치이다. 건강과 관계된 클럽, 요가와 유사한 형태의 바디숍, 혹은 몸 관리를 하기 위한 피트니스와 같은 서비스가 증가하는 것이 이를 증명한다. 회사 내의 피트니스 센터, 혹은 동아리, 많은 도시들에 자전거와 러닝을 할 수 있는 길, 오가닉, 저지방, 무지방 음식의 이용 증가, 적은 양의 버터, 혹은 피트니스 기기들의 수의 증가, 비타민 및 보충제의 수가 많아지고 있는 현상들이 미국인들이 건강에 관심이 늘어나고 있음을 증명하고 있다. 이러한 현상은 공격적인 광고에 의해서 더욱 분명하게 나타난다. 살을 빼기 위한 다이어트 프로그램이 다양해지고 건강 관련 '전문가'의 수가 많아지고 있으며 운동 장비들이 전문화되고 있다. 심박동수를 측정할 수 있는 휴대용 모니터가 개발되어, 신체활동을 하는 동안 체지방 및 칼로리를 측정한다. 미국인들에게 '활동적이고', '모험적인' 휴가가 유행처럼 증가하고 있으며(예 : back-roads.com), 비흡연자들 혹은 건강 프로그램에 가입하는 사람에게는 건강 보험 비용을 낮춰주는 회사도 생겨났다. 이러한 미국인들의 신체 단련과 건강에 대한 집착 때문에 건강을 해칠수 있는 제품 및 서비스의 이용이 줄어들고 있다.

건강과 신체 단련에 대한 관심은 미국인들의 말에 반영되고 있다. 예를 들어, "당신이 먹는 것이 바로 당신 자신이다.", "신체 단련은 생활방식이다.", '균형 잡힌 식사', '피트니스 문화', '건강 관리 프로그램', "무엇인가를 얻으려면 고생을 해야 한다.", 또한 덜 유명한 슬로건으로는 다음과 같다. "서둘러라, 혹은 참지 말아라." "왜 좋은 것을 연기하는지?" "너무 맞추면 포기하게 된다.", "몸매 관리를 위한 몰입", "지방을 태우기 위해서, 버릇없이 굴지 말아라." 그리고 "휴식과 동시에 질겁할 만큼 뛰어야 한다."

많은 연구자들이 미국에서 신체 단련 및 건강의 중요성이 급등하는 이유를 조사하였다. 한 연구에서는 미국인들이 자신의 환경에 대한 통제 능력을 잃었다고 믿기 때문에 그 결과로서 불안감 및 불안정을 느끼고, 자기 회의를 경험하게 된다고 조사했다. 외부적 자아 통제가 부족하다고 마음속으로 느끼고 만약 세상을 통제할 수 없다고 생각하면 최소한의 통제밖에 할 수 없어 운동을 통해 자신의 몸을 변화시키고 싶은 것이다.[26]

많은 미국인들은 자신의 삶을 더욱 건강하게 유지하려고 노력하고, 건강식품을 구매하기도 한다.[27] 많은 식품 회사들은 그들의 제품이 건강을 유지할 수 있는 최소한의 노력이 가능하다고 설명한다. 냉동식품이 많은 영양소를 골고루 공급해주며 몇 가지 '정크 푸드'는 건강을 해롭게하는 것을 최소한으로 한다. 높은 칼로리의 제품과 낮은 영양분의 스낵류는 '라이트', '무지방', '낮은 나트륨', '무콜레스테롤', '무방부제', 그리고 '무트랜스지방'을 제공한다고 제시한다. 프로그레시브 그로서(Progressive Grocer)에 실린 연구에서는 '향후 5년에서 10년간 가장 수익성 좋은 소비자들의 트랜드'인 '건강과 웰빙'이 식료품 수익을 이끈다고 전망했다. 그리고 현재 소비자들의 식품 쇼핑 의사결정의 기준인 가격, 맛, 편의성에서 '건강적 이점이 1순위, 2순위'로 순위가 변경될 것이다.[28] 소비자들은 또한 항균 홈 크리닝 솔루션 같은 더욱 위생적인 집을 유지할 수 있는 제품에 관심을 가질 것이다.[29]

웹사이트는 신체 단련 및 건강 관련 정보의 가장 대중적인 원천이다. 많은 사이트가 체력 단련 정보를 제공하거나 영양의 정보, 신체 단련과 관련된 제품과 서비스 등을 제공한다. 마찬가지로 대부분의 기업 웹사이트는 소비자에게 제품과 관련된 건강과 신체 단련 정보를 제공하고 있다(예 : 클리닝 제품의 판매자들은 위생적인 집 관리를 위한 조언을 제공한다. 선글라스를 판매하는 마케터는 소비자에게 눈을 어떻게 햇빛에서 보호하는지 조언한다. 심지어는 안경을 쓰지 않더라도 자외선 보호법을 알려준다. 일정기간 동안 온라인 검색 내용을 확인한 모니터 요원들은 대부분 인터넷 사용자들이 다이어트, 신체 단련, 건강관련 약품, 건강 보험, 유명한 의사와 병원 등과 같은 건강 관련 주제에 대한 관심이 증가했다고 보고하였다.[30]

　질병관리본부(Centers for Disease Control and Prevention, CDC)에 따르면 신체관련 및 웰빙 산업의 폭발적인 성장, 건강에 좋은 음식의 등급 소개에도, 미국인들의 2/3는 과체중(미국 성인의 36%, 2~19세의 아이들의 17%가 임상학적으로 비만이다.)이라 보고하였다. 이 비율은 향후 15년 안에 전체 미국인의 44%가 비만이 될 것이라고 예정한다. 비만과 관련된 의학적 비용은 현재 1,500억 달러의 두 배 혹은 세 배가 될 것이다.[31] (15장에서 설명한 마케터들의 토론은 비만 비율에 영향을 미칠 것이다). 이처럼, 몸무게를 줄이고 건강한 음식을 먹는 것은 수십 년간 미국인들의 새해 결심 중 중요한 요소가 되었다(일반적으로 적금을 더 많이 하는 것과 빚을 갚는 것 다음으로).[32] 캠벨 건강 스프〈그림 11.11〉은 미국인들이 건강에 대한 관심에 부응하는 수천 개의 제품들 중의 하나이다.

그림 11.11 신체단련과 건강에 초점을 맞춘 광고

출처 : Campbell's Soup Company

친환경 마케팅

친환경 마케팅(green marketing)은 재사용이 가능하거나, 친환경적인 제품을 생산하고, 촉진하는 것을 말한다. 사실 20여 년 전, 기후 변화가 지구와 인간에게 큰 잠재적 영향을 미친다는 것을 인식하기 전에는 모든 기업들은 최소한의 친환경적 행동을 했다. 예를 들어, 자동차의 매연 배출은 환경 악화에 영향을 미친다는 중요성이기 때문에 이제야 자동차 제조사들은 환경친화적인 자동차를 생산하고 있다. 마찬가지로 광고 제작자들도 최근 들어서 소비자에게 재사용할 수 있고 환경적으로 깨끗하며, 대체 에너지를 이용하고, 재활용 및 무공해 재료를 사용하고 있다는 정보를 준다.

생태학적 책임 소비

많은 미국 소비자들은 사회적 그리고 문화적 자산으로서 책임의 한 부분으로 친환경적인 제품의 구매를 고려한다. 비록 많은 소비자가 '친환경'을 주장하고 생태학적 책임 소비를 지지하지만 많은 연구에서 소비자의 태도가 항상 친환경적 행동을 가져오는 것은 아니라고 지적하였다. 즉, 사람들의 말과 그들의 행동에 불일치가 있다.[33] 더욱이 소비자들의 생태 의식의 변화가 늘었지만 재활용 화장지 혹은 유기농 음식, 하이브리드 자동차의 판매는 경제적으로 경기침체 동안 급격히 감소하였다.[34] 어느 정도 놀라운 것은, 해리스폴(Harris Poll)에 의하면 '친환경' 태도와 행동은 3년간 감소했다는 점이다. 이 여론조사의 주요 결과는 〈그림 11.12〉와 〈그림 11.13〉에 나타난다.[35]

몇 가지 연구들은 소비자가 환경 보호 제품을 구매할 가능성에 초점이 맞춰져 있다. 한 연구는 고품질의 합리적 가격 제품을 사려는 소비자 욕구를 해결할 수 있는 제품을 기꺼이 구매하고자 하는 정도를 설명하는 — 친환경 제품과 친환경 제품에 대한 소비자 태도를 측정하는 — 등급을 개발하였다(표 11.6 참조).[36]

또 다른 연구는 대부분 소비자의 라이프 스타일 변화가 지구 온난화를 줄일 수 있는 가장 좋은 방법임을 알지 못한다는 것을 발견하였다.[37] 또한 소비자들이 이해하기 어려운 환경적인 수준으로 설정하여, 소비자들이 친환경적 제품에 관해 가격 민감성을 증가시켰다는 사실을 발견하였다.[38] 심지어는 친환경 제품(다른 제품들보다 깨끗한 제품들)에 대한 소비자들의 신념이 친환경 제품인지 정확하게 확인하기 어려움에도 불구하고 매력적인 친환경 마케팅을 통해 만들어짐을 발견할 수 있었다.[39] 종합하면 연구들은 마케터가 친환경 제품을 촉진하여 발전시킬 필요가 있음을 지적하였다. 세분화된 친환경 소비자들은 2장에서 확인할 수 있다.

〈표 11.7〉은 미국인들의 주요 가치를 요약하고 그것을 홍보하는 주제를 설명하였다.

그림 11.12 미국인의 '친환경'에 대한 태도

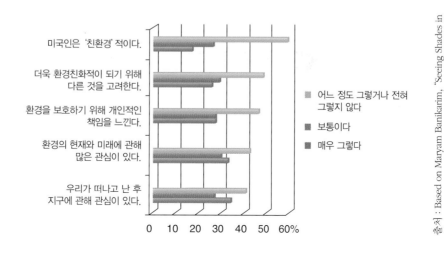

출처 : Based on Maryam Banikarim, "Seeing Shades in Green Consumers," ADWEEK, April 19, 2010.

그림 11.13 미국인의 '친환경'적인 행동

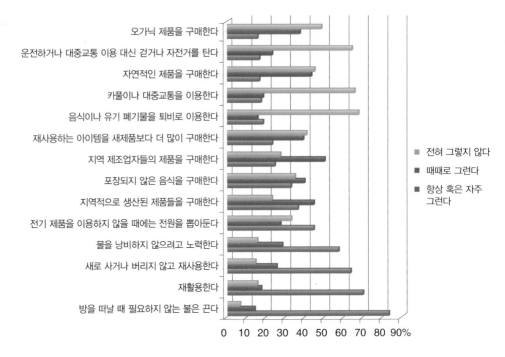

오가닉 제품을 구매한다
운전하거나 대중교통 이용 대신 걷거나 자전거를 탄다
자연적인 제품을 구매한다
카풀이나 대중교통을 이용한다
음식이나 유기 폐기물을 퇴비로 이용한다
재사용하는 아이템을 새제품보다 더 많이 구매한다
지역 제조업자들의 제품을 구매한다
포장되지 않은 음식을 구매한다
지역적으로 생산된 제품들을 구매한다
전기 제품을 이용하지 않을 때에는 전원을 뽑아둔다
물을 낭비하지 않으려고 노력한다
새로 사거나 버리지 않고 재사용한다
재활용한다
방을 떠날 때 필요하지 않은 불은 끈다

0 10 20 30 40 50 60 70 80 90%

- 전혀 그렇지 않다
- 때때로 그런다
- 항상 혹은 자주 그런다

출처 : Data from Maryam Banikarim, "Seeing Shades in Green Consumers," ADWEEK, April 19, 2010.

표 11.6 친환경 제품에 대한 소비자의 태도를 측정하는 등급

기업들이 오늘날의 환경적 위험을 너무 많이 과장해 설명한다고 믿는다.

정부가 전체 환경을 보호하는 것이 가능하다고 믿는다.

환경적인 관심 때문에 산업 발전이 늦어지지 않을 것이라 믿는다.

환경 보호는 정부의 책임이며, 개인적인 시민의 책임은 아니라고 믿는다.

법률로 환경 보호를 조절할 수 있다고 믿는다.

잘 알려진 브랜드가 항상 안전한 제품이라고 믿는다.

환경을 보호하는 제품의 품질은 다른 제품들보다 좋지 않을 것이라 믿는다.

환경을 보호하는 제품의 가격은 다른 제품들보다 비쌀 것이라 믿는다.

기업들이 일반적으로 환경을 보호하기 위해 하는 행동들은 좋은 일이라 믿는다.

기업들이 오염을 줄이기 위해 하는 행동들이 그들의 수익성을 위해 하는 행동들보다 높은 우선순위에 놓여 있다고 믿는다.

기업들이 오염을 줄이는 것은 수익성을 증가시키는 것이며 그 일이 위험하더라도 높은 순위에 놓여 있다고 믿는다.

출처 : Maryam Banikarim, "Seeing Shades in Green Consumers," ADWEEK, April 19, 2010.

표 11.7 미국인의 주요 가치와 실례가 되는 촉진 주제

주요 가치	정의	실례가 되는 촉진 주제
성취와 성공	성공을 위해서 열심히 일하고 다른 사람들보다 인생의 한 부분이 뛰어남	"사실 : 우리 자동차 고객은 더 많은 경험을 한다." "너는 그만큼의 가치가 있다." "사람들은 그것을 경험했던 적이 있으나 여전히 만족하지 않는다."
시간과 활동	자신의 일과 삶에서 활동적이며 바쁘고 그들의 시야가 확장해나감	"매일 새로운 도전 — 우아! 나는 매우 운이 좋다." "오늘을 준비하다, 삶을 이끌기 위해!"

계속

주요 가치	정의	실례가 되는 촉진 주제
표 11.7 미국인의 주요 가치와 실례가 되는 촉진 주제(계속)		
효율성과 실현 가능성	시간과 노력을 절약하고 실용적인 제품과 해결책을 찾는 것. 이론을 최소화하고 실행 가능성을 최대화하는 것	"당신이 원하는 것을 맛보라, 당신이 필요한 에너지." "너무 쉽다, 심지어 성인들도 용기를 열 수 있다."
발전	앞으로 나아가기 위해 새로운 과정을 찾고 수용하는 것	"얼굴색을 더욱 좋게 하는 한 단계 과정." "멋진 가족 식사를 단 4분만에!"
물질주의(편안함과 즐거움)	더욱 편안하고 즐거운 삶이 되기 위해 소유물을 축적하는 것	"가족은 함께 데려올 : 멋진 뒤뜰을 만들다." "부자가 아니라고? 내일을 저축하기 시작하다."
개인주의와 순응	개인주의 : 그룹 규범을 고수하거나 다른 사람과 같아지는 것의 반대로서 자기 스스로 '가지고 있는 것을 통제'하기 위해 행진하는 것 순응 : 맞추기 위한 욕구	개인주의 : "너는 대학에서 스스로 하습도록 해! 지금 너의 경력을 위해 무엇에 도전해야 할까?" 순응 : "운전을 조심히 하세요.", "다른 사람들을 존경하라.", "참여하자 : 11월은 투표하는 날."
선택의 자유	선택과 표현을 자유롭게 하는 것	"당신의 머리에 어떤 색이든 입힐 수 있다." "미국은 선택이다."
인도주의	불행한 사람과 빈곤층 사람을 돕는 것	"어린아이는 굶주리면 안 된다." "우리는 온정으로 자연재해와 싸운다."
젊음	실제 나이가 많음에도 젊어 보이거나 '젊은 마음'을 유지하는 것	"당신 나이의 외모로 보일 수 없다." "젊어질 수 있다. 열린 마음의 상태로."
신체 단련과 건강	신체적으로 활동적인 능력과 자신의 건강을 보살피는 것	"휴식을 취하다 — 그것은 양질의 영양소이다." "완벽한 몸매를 만들다."
환경적 책임	환경을 보살피고, '친환경' 제품을 구매하는 것	도요타 프리우스(Toyota Prius) 하이브리드 자동차, 크로록스(Clorox) 친환경 청소기, 암앤해머(Arm & Hammer)의 다수 제품 파몰리브(Palmolive) 그리고 다수의 기업에서 만들어진 제품

요약

학습목표 1 : 소비자 행동에서 문화의 역할, 문화의 힘, 문화의 변화, 문화의 영향을 이해한다.

문화는 집단적 가치, 관습, 규범, 예술, 사회적 기관, 그리고 특정 사회의 지적 업적을 말한다. 문화적 가치는 집단적 원리, 표준, 그리고 지역 사회의 우선권을 표현한다. 대부분의 촉진 메시지는 사회를 반영하고 어느 정도는 표적 정중의 문화적 가치를 포함한다. 문화는 항상 변화 · 발전하므로, 마케터는 시장에서 더욱 효율적으로 제품이 존재할 수 있게 하고, 문화적 경향이 변화와 일치하는 새로운 제품을 개발하기 위해서는 사회문화적 환경을 주시해야만 한다. 그러나 문화적 변화를 이해하는 것은 쉬운 과업이 아니다. 왜냐하면 주어진 환경에서 새로운 기

술, 인구 변화, 자원 저장성, 그리고 다른 문화로부터의 관습과 같은 많은 요소가 문화적 변화를 만들어내기 때문이다.

학습목표 2 : 학습된 문화의 표현으로 언어, 상징, 의례에 대해 이해한다.

문화적 가치를 고려하기 위해서는 사회의 신념, 관심을 공유해야 한다. 왜냐하면 문화는 개인을 이해하고 화합하여 집단에서 개인을 연결하는 규범의 연속이기 때문이다. 일반적으로 문화에 언어를 포함하고 있지만 사회 구성원은 일반적인 언어를 통해서 그들의 가치와 관습을 공유한다. 우리는 대체적으로 가족과 또래에게서 문화적 규범과 관습을 학습하고, 매우 어린 나이

일 때 몇 가지 행동들은 옳고, 어떤 행동들은 해서는 안 된다는 것을 이해하기 시작한다. 인류학자들은 문화 학습에서의 세 가지 형식을 확인하였다. 공식적 학습, 비공식적 학습, 기술적 학습이 바로 그것이다. 또한 윤리적 가치를 어린 시절 동안 부모, 선생님 그리고 다른 중요한 어른들로부터 형성한다. 인류학자들은 문화화(우리의 문화를 학습하는 것)와 문화적응(새로운 문화 혹은 다른 국가의 문화를 학습하는 것)을 구분하였다. 미디어 광고, 마케팅은 문화적 가치를 반영하고, 사회의 모든 구성원에게 가장 효율적으로 전달하는 것이다. 미국인이 인쇄광고, 방송광고, 그리고 온라인 광고를 광범위하게 접촉함과 동시에, 미국인이 광고를 접촉하는 방법으로 미디어와 광고를 미국인이 즐거우면서 쉽게 받아들이도록 문화적 가치를 포함한다.

문화적 가치는 언어, 상징, 대화, 그리고 사회에서의 유물을 반영한다. 상징은 다른 무엇인가를 나타내는 것으로 언어 혹은 비언어적인 것이 있다. 단어는 언어적 상징으로 광고문구를 상징적으로 구성한다. 또한 언어와 싱징, 문화는 의례적인 행동을 포함한다. 의례는 상징적인 행동의 한 유형으로 고정된 순서, 시기적인 반복 속에서 단계의 연속성(복합적 행동)을 말한다.

학습목표 3 : 문화가 소비자의 행동에 미치는 영향을 어떻게 측정할 수 있는지 이해한다.

가장 널리 이용되는 문화적 가치의 측정법은 내용 분석, 소비자 현장 관찰, 가치 측정이다. 내용 분석은 촉진적인 메시지에 포함되어 있는 사회적 언어, 글, 그림을 이용한 대화의 내용에 초점을 맞춘다. 특정 사회를 설명할 때, 인류학자들은 빈번하게 사회에서 선택된 구성원의 일상적 행동을 일관적으로 관찰하는 현장 관찰을 통해 문화를 연구한다. 연구자는 관찰을 기초로 조

사를 하고 가치, 신념, 사회의 관습에 관해 결론을 작성한다. 또한 로키치 가치 조사, 가치와 생활방식, 고든의 개인적 가치와 사회적 가치에 대한 조사와 같은 개인의 문화적 가치를 측정하는 구조적 자기기입식 설문지도 있다.

학습목표 4 : 미국인의 핵심 가치를 이해하고, 설득 대화법을 어떻게 적용할 수 있는지 이해한다.

우리는 미국인들의 열한 가지 주요 가치들을 확인하였다. 이 주요 가치는 만족감, 인내심, 소비와의 관련성을 기준으로 미국인의 사회적 특성에 영향을 미치기도 하고 반영되기도 한다. 이 주요 가치들은 성취와 성공, 시간과 활동, 효율성과 실효성, 발전, 물질주의(편안함과 즐거움), 개인주의와 순응, 선택의 자유, 인도주의, 젊음, 신체 단련과 건강, 환경적 책임이다. 이 가치들은 종종 광고에 반영되거나 마케팅 전략 개발에 적용된다.

학습목표 5 : 친환경 마케팅과 생태학적 책임 소비를 이해한다.

친환경 마케팅은 재사용이 가능하거나 친환경적인 제품을 생산하고, 촉진하는 것을 말한다. 사실상 기후 변화와 그로 인한 지구와 주민에게 큰 잠재적 영향을 미친다는 것을 인식하기 전에는 모든 기업들은 친환경적 행동을 최소한으로 실시하였다. 현재 많은 미국 소비자는 사회적 그리고 문화적 자산으로 친환경적 제품 구매를 고려한다. 여러 연구들은 소비자가 환경을 보호하는 제품에 대한 호의적인 태도가 항상 제품 구매로 연결되지 않는다는 것에 초점을 맞추었다. 연구자들은 또한 대부분의 소비자가 친환경 제품 상표를 쉽게 이해하지 못하고, 생활방식의 변화가 환경을 보호할 수 있음을 모르고 있다는 사실을 발견하였다.

복습과 토론 문제

11.1 문화적 학습의 세 가지 형식이 각각 어떤 식으로 차이가 있는가? 이것을 마케팅과 광고에 어떻게 효율적으로 이용할 수 있는지 설명하시오.

11.2 최종 가치와 최종 가치의 부분 집합, 수단적 가치 및 수단적 가치의 부분 집합으로 구분하시오. 이 유형은 무엇을 확인하는가? 로키치 유형 분류 체계에 따르면 문화적 지향에 관하여 개인은 네 가지 유형 중 한 가지에 속할 수 있다. 최종 가치의 부분 집합과 수단적 가치의 부분 집합을 만들기 위한 목록을 만들고, 특성을 분석하시오.

11.3 미국의 감귤 재배자들이 광고캠페인을 만들 때 소비자들이 늦은 오후 '설탕 휴식'으로 청량음료 대신 오렌지와 포도과일 주스로 바꾸는 것을 목표로 한다. 로키치와 고든 측정을 이용하여 어떻게 이 캠페인을 조직화할 수 있는가?

11.4 각각의 제품과 활동을 따라 해보시오.

　　a. 2개의 관련성 있는 주요 가치를 적고 설명하시오.

　　b. 각 가치들이 어떻게 제품을 구매 혹은 활동에 참여를

장려하거나 비장려하는지 설명하시오.

제품과 활동은

1. 헌혈
2. 선탠숍 방문
3. 전자책 단말기 구매
4. GPS 기계 구매
5. 다이어트 음료 음용
6. 해외여행
7. 주기적인 자외선 보호 제품 구매
8. 컨벤션 오븐 구매
9. 온라인에서 운동화 구매
10. 최신 유행 따라하기

11.5 인터넷이 왜 건강과 신체 단련 정보의 원천과 관련이 있는가? 그리고 마케팅 목표를 위해 어떻게 이것을 활용할 수 있는가?

11.6 구매 대상 소비자가 원산지로 인해 친환경 제품에 대해 다르게 반응하는가? 만약 그렇다면 왜 그러한가?

실전 과제

11.7 좋아하는 가수가 입은 옷의 상징적인 기능에 대해 토론하시오.

11.8 의식과 절차는 매우 주관적이며 문화적 특별함이 있다. 예를 들어, 아시아인이 아침 식사를 선택하는 것은 서구와 다르다. 온라인 연구의 도움을 받아 각 요소의 목록을 준비하는 것과 적절한 설명을 제공하는 데 있어 주요 차이점을 확인하였다. 여기서, 각 요소는 어떠한 가치를 전달하는가?

11.9 a. 주기적으로 보는 TV 혹은 온라인 시리즈의 내용을 요약하자. 그 내용이 문화적 신념, 가치, 관습을 어떻게 전달하고 있는지 설명하시오.
   b. TV 프로그램이 방송될 때 나오는 세 가지 상업적 광고를 선택하자. 그리고 그 광고가 문화적 가치를 어떻게 전달하고 있는지 설명하시오.

11.10 광고는 대중들의 충분한 관심을 가질만한 대상을 매우 구체적으로 표현한다. 많은 아시아 국가들의 언어는 선택을 하는 첫 번째 요소이며, 구체적인 언어는 광고에 관심 있어 하는 소비자를 확인하는데 도움을 준다. 동남아시아의 5개 자동차 시청각 광고를 선택하여, 광고의 주요 핵심 내용을 설명하고, 언어로 인해 광고가 국가별로 어떻게 유사하고 다른지를 설명하시오.

11.11 친환경에 관심이 있는 소비자들은 그들의 국가에 의존하여 친환경제품에 대해 다른 반응을 할까? 만약 그렇다면 이유를 설명하시오.

주요 용어

개인적 가치 345
개인적 가치와 사회적 가치에 대한
  고든의 조사 345
공식적 학습 339
기술적 학습 339
내용 분석 343
로키치의 가치 조사 344
문화 335
문화적응 340

문화화 340
물질주의 350
미국의 핵심가치 346
비공식적 학습 339
사회적 가치 345
상징 341
소비자 사회화 340
수단적 가치 344
심층면접 344

의례 341
의례적 행동 342
참여 관찰자 343
최종 가치 344
친환경 마케팅 357
표적집단 344
현장 관찰 343
VALS 344

하위문화와 소비자 행동

하위문화는 특정 믿음, 가치, 관습을 공유하며 더 큰 집단 안에 존재하는 하위집단이다. **하위문화**(subculture)는 어떤 사람의 민족성, 종교, 지리적 위치, 연령 또는 성별에서 기인할 수 있다. 연령에 따른 하위문화에서 노인 소비자는 수익성 있는 세분시장이다. 미국 인구는 출산율과 평균 수명의 증가보다 더 빠르게 늙고 있기 때문이다. 정통한 기업들은 노인들의 특정 요구에 따라 제품을 변화시켜 왔다. 예를 들어, 욕실과 주방 제품을 생산하는 콜러(Kohler)는 더 많은 안전성과 독립성을 제공하도록 설계된 제품라인인 엘리벤스(Elevence)를 시장에 내놓았다〈그림 12.1〉. 엘리벤스의 Rising Wall 욕조는 충분히 넓은 입구, 의자 높이의 좌석, 통합된 가로 손잡이, 쉽게 들어 올릴 수 있는 칸막이가 특징이다. 욕조에 들어갈 때는 사용자가 편안하게 의자에 앉아서, 수도꼭지를 돌리고, 다리를 욕조에 미끄러지듯이 넣은 다음 걸쇠가 잠길 때까지 쉽게 칸막이를 들어 올리면 된다(칸막이는 물이 넘쳐흐르지 않도록 이중으로 밀봉되어 있다).

콜러의 수석 인테리어 디자이너인 Diana Schrage는 "육체적·정신적 차이는 단지 나이 요인뿐만 아니라 태어나는 순간부터 크게 변화한다. 불완전한 시력, 청각장애, 제한된 이동성이 전체 인생의 한부분이라는 것을 인식하는 것이 중요하다. 레버가 달린 수도꼭지는 관절염 환자가 조작하기도 쉽지만, 어린아이도 쉽게 조작할 수 있다. 가로 손잡이는 노인의 근육 긴장을 낮추는데도 도움이 되지만, 물기 있는 환경에서 미끄러지거나 넘어질 수 있는 어린아이에게도 도움이 된다. 노인 소비자를 위한 제품의 목적은 일반적인 시장의 목적과 동일하다. 고객이 우리의 제품을 통해 얻을 수 있는 최고의 경험은 무엇인가? 어떻게 그 제품을 사용하는 것이 기쁨이 될 수 있는가? 어떻게 하면 가능한 최고의 디자인과 기능을 갖춘 제품으로 소비자의 목욕 욕구를 충족시킬 수 있는가?"라고 말했다.[1]

콜러의 온라인 동영상은 "엘리벤스는 당신이 바라는 독립적인 목욕을 할 수 있도록 도와 드립니다."라고 말하고 있으며, '사용의 용이성', '전통적 욕조의 세련된 대안', '자연스러운 목욕 경험'을 특징으로 한다. 이 슬로건은 안전성 등의 특정 목욕 문제를 언급하지 않고 소비자 문제 해결에 초점을 맞추고 있다. 즉, 이는 제품의 편익과 전통적인 욕조에 대비되는 장점을 강조하고 있다. 이 제품의 독특한 특징은 연령에 상관없이 모든 소비자에게 유용하다. 미끄러운 욕실 환경을 안전하게 해주는 이 제품은 목욕하는 중에 넘어지기 쉬운 노인들은 물론 젊은 사람들에게도 유익하다.

출처 : Kohler Co.

그림 12.1 콜러의 엘리벤스

문화와 하위문화

학습목표

1 미국의 하위문화 및 그 하위문화와 미국 문화 간의 관계에 대해 이해한다.

이 장에서는 미국 사회에 존재하고, 특정한 신념, 가치, 관습을 공유하는 하위집단들을 대상으로 하는 마케팅 기회를 탐구한다. 하위문화는 국적, 종교, 지리적 위치, 인종, 연령, 성별 등의 사회문화적이고 인구통계학적인 변수들을 기초로 한다. 마케터가 한 하위문화를 선정하면 대개는 표적소비자의 욕구를 더 잘 충족시키기 위하여 제품을 수정해야 하며, 하위문화의 가치와 취향에 맞추기 위하여 마케팅 메시지 또한 바꿔야 한다. 예를 들어, 어떤 미국기업이 급속히 성장하고 있는 세분시장인 히스패닉계 하위문화를 표적시장으로 선정하였다면 일반적으로 자사의 영어 광고보다 더 효과적인 스페인어 광고를 추가한다.

사회의 문화적 개요는 두 가지 요소를 포함하고 있다. (1) 특정 하위문화의 독특한 믿음, 가치, 관습, (2) 특정 하위문화 구성원들에 의해 영향받지 않으며 대다수 인구가 공유하는 핵심적인 문화적 가치와 관습. 〈그림 12.2〉는 두 하위문화 집단(히스패닉계와 아시아계 미국인)의 관계를 보여준다. 각각의 하위문화가 고유의 독특한 특성들을 가지고 있기는 하지만 양쪽 집단은 미국 문화의 지배적 특성들을 공유한다.

대부분의 미국인은 하나 이상의 문화적 집단에 속해 있다. 예를 들면, 한 10세 여자아이는 아프리카계 미국인이면서 침례교도이고 사춘기이며 텍사스 주민일 수 있다. 각각 다른 하위문화의 신분은 일련의 특정한 믿음, 가치, 태도, 관습 등을 규정한다. 마케터는 하위문화에 대한 분석을 통해 관련 세분시장들과 그 규모를 확인할 수 있다. 하위문화는 역동적이다. 가령 미국을 구성하는 인종집단(ethnic group)은 경제력과 규

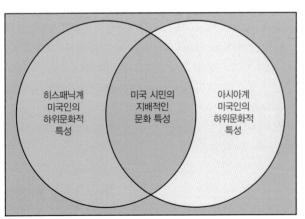

출처 : "2008 Hispanic Fact Pact" A supplement to Advertising Age July 28, 2008, 49.

그림 12.2 문화와 하위문화

모 면에서 변화하고 있다. 2011년에 72%를 차지한 미국의 백인 인구는 2050년에 약 46%까지 감소할 것으로 예상된다.[2] 미국의 인구조사국은 2042년까지 스스로를 히스패닉(Hispanic : 스페인어를 쓰는 라틴계 미국인), 흑인, 동양인, 미국인디언, 하와이나 태평양제도 출신이라고 밝히는 미국인의 수가 히스패닉이 아닌 백인보다 많아질 것으로 추정하였다.[3] 일반적으로 캘리포니아는 '미국의 미래를 보는 창'이라고 불리는데, 캘리포니아 주의 다문화 또는 결합된 소수집단은 현재 인구의 과반수를 차지하고 있다.

아래에서는 국적, 민족, 종교, 지역, 연령 성별 등에 따른 여러 하위문화들을 검토해보도록 한다.

국적과 민족 하위문화

학습목표

2 소비자 행동에 대한 국적과 민족 하위문화의 영향을 이해한다.

미국의 이민자들은 미국 문화와 혼합된 그들만의 문화적 가치와 라이프 스타일을 공유한다(가령, '문화의 도가니' 개념). 각 문화 혈통은 미국의 핵심 강점이라고 믿는 다양성에 어느 정도 혼합되었다. 2010년 미국 인구조사는 2000~2010년 사이에 미국 인구의 약 13%가 외국에서 태어났다고 밝혔다(귀화자 : 5.6%, 외국인 : 7.3%).[4] 더욱이, 퀸즈(뉴욕 주의 5개 자치구 중 하나)는 미국에서 가장 다문화적인 카운티 중 하나로 거주자의 46%가 미국 밖에서 태어났다.[5] 소비자 행동 관점에서 볼 때, '조상에 대한 자부심'은 민족 고유의 음식에 대한 소비, 고국 방문, 문화 공예품 구매(민족 의상, 예술, 음악, 외국어 신문 등)로 나타난다. 미국의 주요한 3대 하위문화에는 라티노(Latino : 라틴계 미국인을 총칭) 또는 히스패닉, 아프리카계 미국인, 아시아계 미국인이 있다.

정통한 기업들은 하위문화를 표적시장 소비자로 인식한다. 예를 들어, 케이트(Kmart)의 한 광고에는 아프리카계 미국인, 아시아계 미국인, 히스패닉, 영국계 미국인과 다민족 가족들이 출연하는 장면이 있다.[6] 〈그림 12.3〉은 미국 대도시의 민족 구성을 보여준다. 마케터는 각 민족의 대중 매체 이용 패턴을 고려해야 한다. 〈그림 12.4〉는 한 연구에서 나타난 민족 간의 현저한 TV 시청 패턴 차이를 보여주고 있다.

그림 12.3 미국 최대 도시의 민족 구성(%)

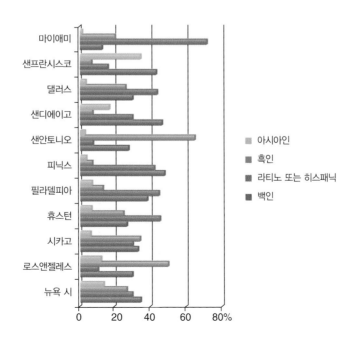

그림 12.4 민족과 일간 TV 시청
(시간)

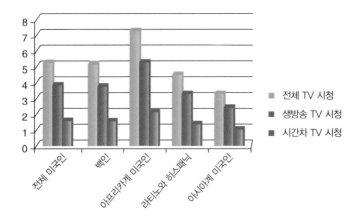

라틴계(히스패닉) 소비자

2010년 미국 인구조사는 외국에서 태어난 전체 미국 시민의 53%가 중남미 출신이라는 것을 알아냈다. 이 사람들은 미국 인구의 15%에 해당하며, 2050년까지 미국 인구의 30%(약 113백만 명)가 될 것으로 추정된다.[7] 2011년 기준으로 라틴계 미국인의 구매력은 1조 2천억 달러에 달한 것으로 추정되며, 400만 명의 히스패닉계 미국인의 연 소득은 7만 5천 달러 이상이었다.[8] 히스패닉계 미국인은 미국 내의 다른 민족들과 비교하여 더 젊다. 2006년 기준으로 전체 미국 인구에서 18세 이하가 차지하는 비율이 25% 정도인 반면, 히스패닉은 거의 34%에 달한다. 히스패닉의 중위 연령이 27세인 반면 전체 미국인은 36세이다.[9] 히스패닉계 미국인은 가족 수도 더 많으며, 대개 여러 세대가 함께 거주하는 대가족이다. 히스패닉 가정은 흑인 또는 백인 가정에 비해 더 많은 아이들 낳고, 그 아이들을 위해 더 많은 시간을 소비한다.[10]

2020년까지 미국에 살고 있는 히스패닉 중 외국에서 태어난 1세대의 비율은 34% 정도가 될 것으로 추정된다. 미국에서 태어난 이민자 2세대 아이들은 36%가 될 것이며, 미국에서 태어날 히스패닉 3세대 아이들은 30%가 될 것이다.[11] 문화 적응 측면에서 히스패닉 · 라틴계 시장의 20%는 최근에 미국으로 이주하였고 스페인어만 구사할 수 있다. 나머지 80% 중에 20%는 영어만 구사할 수 있고, 60%는 영어와 스페인어를 모두 구사할 수 있다. 4,400만 명 이상의 라틴계 미국인 중에 77%가 1백만 명이상의 히스패닉 인구가 살고 있는 7개 주(캘리포니아 주, 텍사스 주, 뉴욕 주, 플로리다 주, 일리노이 주, 애리조나 주, 뉴저지 주)에 모여 살고 있다. 더 나아가 뉴멕시코 주는 전체 인구의 42%가 히스패닉으로 다른 어떤 주보다 높은 비율을 차지하고 있으며, 노스캐롤라이나, 조지아, 아오이와, 알칸소, 미네소타, 네브라스카 주의 일부 카운티 인구는 6~25%가 히스패닉으로 나타났다.[12]

일부 사람들은 모든 라틴계가 공통 언어를 사용하기 때문에 하나의 하위문화로 생각한다. 그러나 미국에는 뚜렷하게 구별되는 12개의 히스패닉 하위집단이 있다. 3대 히스패닉 하위문화 집단은 멕시코계 미국인(미국 라틴계의 약 67%), 푸에르토리코계(8%), 쿠바계(4%)이다. 이 하위문화들은 구성원의 약 70% 이상이 캘리포니아, 텍사스, 뉴욕, 플로리다 주에 거주하고 있어 지리적으로 매우 집중되어 있으며, 로스앤젤레스에만 미국 히스패닉 인구의 1/5 정도가 거주하고 있다. 전체 멕시코계 미국인(가장 큰 히스패닉 집단)의 60% 이상이 미국에서 태어난 반면, 쿠바계 미국인은 72%가 쿠바에서 태어났다.

히스패닉 소비자는 안정된 브랜드(well-established brand)에 강한 선호도를 가지고 있으며, 전통적으로 소규모 점포에서 쇼핑하는 것을 선호한다. 그러나 히스패닉들이 다른 문화에 동화되는 만큼 과거에 비해 브랜드 충성도는 더 낮아지고 쇼핑은 달라졌다.[13] 뉴욕 시에 살고 있는 많은 히스패닉 소비자들은 값이 더 싼 슈퍼마켓 식품보다 보데가(bodega : 스페인계 사람들이 사는 지역의 식품잡화점)에서 식품을 구매하는 것을 더 선호한다. 그러나 미국에 살고 있는 라틴계 대부분은 미국의 관습에 적응하였기 때문에 작은 점포보다 슈퍼마켓에서 식품을 구매하기 시작했다. 젊은 라틴계 미국인은 유행에 민감하고, 유명 브랜드에 대한 충성도가 높으며, 다른 미국 젊은이들과 동일한 브랜드를 선호한다. 한 연구에서 히스패닉 여고생은 '독특함에 대한 욕구'가 다른 여성들에 비해 더 높은 것으로 보고됐다. 따라서 마케터는 관행을 거부하고 독립성에 초점을 맞춘 광고를 통해 히스패닉 젊은이들에게 어필할 수 있을 것이다.[14] 인터넷에 접속하는 히스패닉 가정의 수가 매년 증가하고 있으며,[15] 실제로 영어 사용이 편한 히스패닉의 78%와 이중 언어를 사용하는 히스패닉의 76%가 인터넷 사용자이다.[16] 일부 증거에서 많은 히스패닉들이 출신 국가의 문화가 반영된 웹 콘텐츠를 선호하는 것으로 나타나고 있다. 라틴계 노인들은 충동적 쇼핑을 하지 않으며, 대부분 마케터들을 믿지 않는다.

라틴계를 표적 고객으로 선정한 마케터는 히스패닉 소비자를 정의하는 것이 단순하지 않다는 것을 알아야 한다. 일부는 그들의 성(surname) 또는 스페인어가 모국어라는 사실 때문에 스스로를 라틴계라고 정의한다. 마케팅의 관점에서 히스패닉 시장을 표적화하는 가장 좋은 방법은 집단의 개인적 민족 동일시 정도를 활용하는 것이다. 일부 마케터들은 라틴계 소비자를 만족시키기 위해 스페인어를 사용한다. 가령, 포드 자동차는 크로스오버 자동차인 '플렉스(Flex)'를 텔레문도(Telemundo)(NBC Universal에서 운영하는 스페인어 미국 방송)의 한 프로그램에 PPL(product placement)을 활용한 홍보 활동을 시작했다. 포드 자동차의 메시지는 히스패닉 소비자의 새로운 유형 즉, 히스패닉 민족성에 강하게 공감하지만 미국의 풍습과 규범을 점차적으로 수용하는 30~39세의 소비자인 '누에보 라티노(nuevo Latino)'를 목표로 한다.[17] 최근에 밀러라이트는 맥주를 즐기는 히스패닉의 마음을 끌기 위하여 축구에 중점을 두고, 멕시코 프리메라리그의 'Chivas de Guadalajara' 축구팀과 주목할 만한 후원 합의를 이루었다.[18]

지프(Jeep)는 강력한 미국적 정체성과 긴 역사를 가지고 있는 자동차 회사로, 히스패닉 소비자를 대상으로 혈통 개념을 사용하였다. 〈그림 12.5〉는 지프가 광고를 통해 히스패닉의 독특한 정체성과 혈통에 호소하고 히스패닉 하위문화와 유대를 형성하려는 노력을 보여준다.

아프리카계 소비자

최근의 미국 인구조사에 따르면, 미국의 아프리카계 미국인 인구는 4,200만 명이며, 2050년에는 7,000만 명까지 증가할 것으로 추정된다.[19] 이는 전체 미국 인구의 약 13.6%에 해당한다. 현재 미국에서 (라틴계 다음으로) 두 번째 큰 소수집단이고, 구매력은 약 1조 달러에 달할 것으로 추산된다. 또한 주목해야 할 중요한 점은 아프리카계 미국인 소비자의 절반 이상이 35세 이하라는 것이다.[20] 일반적으로 아프리카계 미국인의 소비는 그들의 민족성보다는 사회적 지위와 상관관계가 있다. 그럼에도 전체 미국 소비자와 비교하여 아프리카계 미국인 소비자는 선도브랜드를 선호하고, 브랜드 충성도가 있으며, 유통회사 브랜드(private-label)와 무상표 제품(generic product)을 구매할 가능성이 희박하다. 한 연구에서 아프리카계 미국인의 2/3 정도가 상대적으로 덜 알려진 브랜드라고 하여도 '최고의 제품'을 얻기 위하여 더 많은 돈을 지불할 의사가 있다는 것을 알아냈으며, 또한 성공한 아프리카계 미국인은 자신의 성공과 출세를 보여주기 위해 최신 유행 스타일과 유명 브랜드를 자주 구매한다고 보고하였다.[21] 40억 달러의 모발 관련 시장에서 아프리카계 미국인은 지출의 30% 이상을 차지

그림 12.5 히스패닉 소비자를 표적 시장으로 선정한 지프

하며, 다른 어떤 소비자 집단보다 통화 서비스에 더 많은 지출을 한다. 더욱이 그들은 연 평균 1,427 달러를 자신을 위한 의복 구매에 소비한다. 이는 전체 미국 소비자의 평균보다 458달러가 더 많은 것 이다.[22] 마찬가지로 아프리카계 10대들도 의복과 비디오 게임에 전체 미국 10대들보다 더 많은 지출 을 하며 브랜드 충성도도 더 높다.[23]

라디오원(Radio One)의 연구('Black America Today')에서 아프리카계 미국인의 64%는 흑인 사회 에 환원하는 사업을 지지하고, 49%는 흑인 문화를 존중하는 브랜드 구매를 선호하며, 33%는 그들의 문화 안에서 인기 있는 브랜드를 지지하는 것으로 조사됐다.[24] Radio One의 연구 중 하나인 'Black America Today'는 아프리카계 미국인을 특정 짓는 11개 정도의 세분시장을 확인하였다.[25] 예를 들 어, 'Black Is Better' 세분시장은 약국, 편의점, 할인점에서 매월 쇼핑하는 반면, 'New Middle Class' 세분시장은 다른 아프리카계 미국인들에 비해 인터넷 쇼핑을 통한 소비를 더 많이 한다.

매년 아프리카계 미국인에게 접근하기 위한 광고비로 17억 달러가 소비되고 있으며, 그 중에 약 4억 달러를 블랙앤터프라이즈(Black Enterprise), 에보니(Ebony), 에센스(Essence), 제트(Jet), 바이브 (Vibe) 등의 흑인 대상 잡지의 광고비로 쓰고 있다. 아프리카계 미국인 소비자를 위한 '흑인매체 (black media)'의 중요성 때문에 많은 마케터들은 잡지, 신문이나 그 외에 아프리카계 미국인에게 직 접 접근할 수 있는 매체에 광고비를 추가적으로 지출한다. 게다가 아프리카계 미국인의 인터넷 사용 비율은 전체 미국인들과 같은 수준이며(아프리카계 미국인 : 68%, 전체 미국인 : 71%), 아프리카계 미국인의 2/3가 온라인 쇼핑을 한다.[26] 〈그림 12.6〉은 아프리카계 미국인을 표적 청중으로 한 음주운 전반대어머니회(MADD)의 광고이다. 이 광고는 전통적인 성 역할의 변화를 보여주고 있다.

〈표 12.1〉은 여러 제품 범주의 구매, 소유, 사용에 대하여 영국계 백인, 아프리카계, 그리고 히스 패닉계 미국인 소비자들 간의 유의미한 차이를 나타내고 있다.[27] 이 결과는 세분화 변수로 국적과 민 족의 유용성을 뒷받침한다.

아시아계 미국인 소비자

아시아계 미국인은 약 1,700만 명으로 전체 미국 인구의 5.6%에 해당하며, 가장 빠르게 성장하는 소수집단으로 2050년에 약 3,500만 명에 도달할 것으로 추정한다. 1990년에 아시아계 미국인은 690만 명이었으나, 2000년에 1,190만 명으로 성장하였다. 2010년 인구조사에 따르면, 아시아계 인구 중 가장 많은 국적은 중국인(379만 명), 필리핀인(341만 명), 인도인(318만 명), 베트남인(173만 명), 한국인(170만 명), 일본인(130만 명) 순으로 나타났다. 이와 같이 아시아계 미국인들은 라틴계와 달리 공통 언어를 사용하지 않으며, 매우 다양한 세분시장이다. 아시아계 미국 인구는 매우 도시화되어 있으며, 전체의 약 3/4 정도가 인구 250만 명 이상의 대도시 지역에 살고 있다. 아시아계 미국 인구가 가장 많이 살고 있는 3대 대도시는 로스앤젤레스, 뉴욕, 샌프란시스코이다(그림 12.3). 아시아계 미국인의 두드러진 특성은 교육 수준이 높다는 것이다. 〈그림 12.7A〉에서 보는 것과 같이 대학 이상의 학력을 가진 전체 미국인의 비율은 아시아계의 비율보다 현저히 적다(그림 12.7B).

아시아계 미국인은 대체로 가족 지향적이고 매우 근면하며 중산층의 생활에 도달하기 위해 엄청나게 노력한다. 이들은 증가하는 다수의 마케터들에게 매력적인 시장이다. 최근 아시아계 가정의 연간 평균 소득은 65,637달러로 미국에서 가장 높게 나타났으며, 2년 후 67,022달러까지 증가했다. 교육적 성취와 달리 모든 아시아계 집단의 경제적 성장은 동일하지 않다. 인구통계에 따르면 대학을

표 12.1	영국계 백인, 아프리카계, 그리고 히스패닉 가정의 구매 비교(미국 인구의 평균은 100)		
제품/활동	영국계 백인	아프리카계	히스패닉계
구강청정제	95	128	105
바디 파우더	93	157	99
마사지(과거 6개월간)	105	70	80
껌	96	117	113
아이스 티	90	149	121
랜트카 — 업무용	96	127	78
직접 수화물	108	74	67
냉동식품	108	87	72
빙고게임	102	111	91
열대어 양식	103	107	72
종교클럽회원	105	107	65
월 2~3회 영화 관람	93	118	132
농구	89	165	102
산악 자전거	113	36	80
민물 낚시	115	50	52
무술	90	138	105
볼링	102	116	74
권총 소유	119	31	52
개인적인 이유의 해외여행	90	74	137
휴가 또는 신혼여행의 해외여행	104	55	99

출처 : Mediamark Research and Intelligence. Doublebase 2007 Report. All rights reserved. Reprinted by permission.

졸업한 백인 남성의 연평균 소득은 약 66,000달러인 반면, 비슷한 수준의 아시아계 남성은 약 52,000 달러로 나타났다. 아시아계 미국인은 다른 미국의 소수집단에 비해 개인 사업 비중이 더 높은 것으로 나타났으며, 개인 사업을 하지 않은 사람은 대체로 전문직, 기술직, 또는 관리직으로 일한다. 게다가 많은 아시아계 미국인은 젊고, 다양한 소득(multi-income)이 있는 가정에서 산다. 또한 일반적인 미국인에 비해 컴퓨터 사용에 더 능숙한 듯하다.

영어를 사용하는 아시아계 미국인은 다른 미국인보다 온라인을 통해 뉴스와 정보를 더 얻고자 한다. 게다가 아시아계 미국 가정은 히스패닉이나 아프리카계 가정보다 인터넷 접속이 더 많은 것으로 나타났다.[28] 1990년부터 10년간 아시아계 미국인의 구매력은 125% 증가하여 2,500억 달러 이상이 되었으며, 일부에서는 5,300억 달러에 달할 것이라고 믿고 있다.[29] 아시아계 미국인은 품질(유명하고 고급스러운 브랜드와 관련시켜 생각하게 하는)을 중요하게 생각한다. 그들은 충성도가 있고 주로 남성 중심적 구매결정을 하며 미국 소매상들을 친근하게 대하는 경향이 있다.

실제로 아시아계 미국인은 다양한 문화적 배경을 가지고 있다. 그러므로 아시아계 미국인이 많은

그림 12.7A 전체 미국인의 교육 정도

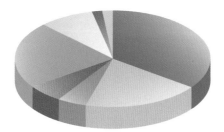

- 고등학교 졸업
- 대학교 수료
- 직장의 준학사 학위
- 학교의 준학사 학위
- 학사 학위
- 석사 학위
- 석사 이상 혹은 학사 학위와 5년 이상의 관련 분야 경력 보유자
- 박사 학위

그림 12.7B 아시아계 미국인의 교육 정도

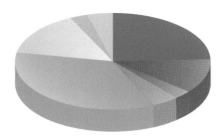

- 고등학교 졸업
- 대학교 수료
- 직장의 준학사 학위
- 학교의 준학사 학위
- 학사 학위
- 석사 학위
- 석사 이상 혹은 학사 학위와 5년 이상의 관련 분야 경력 보유자
- 박사 학위

유사성을 가지고 있다고 하여도 동질적인 시장이 아니므로 마케터는 이들을 단일시장으로 취급해선 안 된다. 예를 들어, 베트남계 미국인은 대량구매에서 남자가 의사결정을 하는 전통적인 모델을 따를 가능성이 더 높지만, 중국계 미국인은 부부가 같이 의사결정과정에 참여할 가능성이 더 높다. 또한 베트남계 미국인은 문화적으로 빚지는 것을 부정적으로 보기 때문에 신용카드를 싫어하는 데 반해 한국계나 중국계 미국인(특히, 미국에서 수년간 생활한)은 신용카드를 '미국적인 방식'으로 보기 때문에 신용카드 사용을 기꺼이 받아들인다.

광고에서 이 세분시장에 도달하기 위해 아시아계 미국인 모델을 사용하는 것은 효과적이다. 동일한 라디오 광고에서 백인 모델을 등장시켰을 때보다 아시아계 모델을 등장시킨 광고가 더 긍정적인 반응을 보이는 것으로 연구에서 드러났다. 또한, 비영어 광고를 선호하는 아시아계 미국인의 비율은 각 아시아계 집단에 따라 달라진다. 예를 들어, 베트남계 소비자의 93%가 베트남어 광고 메시지를 선호하는 반면, 일본계 미국인의 42%만이 일본어 광고를 선호한다.[30] 아시아계 미국인 시장의 중요성이 증가하고 있다는 것을 깨달은 P&G는 처음으로 아시아계 미국인 광고대행사를 지정하였으며, 월마트는 표준 중국어(Mandarin), 광둥어(Cantonese), 그리고 베트남어 TV광고와 필리핀어 인쇄광고를 시작하였다.[31] 그러나 최근 대부분 인구조사에서 아시아계 미국인의 약 80%(영어만 할 줄 아는 20%를 포함)가 영어를 매우 잘하는 것으로 조사되었다는 것에 주목해야 한다.

종교 하위문화

미국에는 200개 이상의 조직화된 종교단체(또는 하위문화)가 있는 것으로 알려져 있다. 이 중에서 개신교의 여러 종파, 천주교, 이슬람교, 그리고 유대교가 대표적으로 조직화된 종교적 신앙이다. 이러한 모든 종교집단의 구성원들은 가끔 종교적 정체성에 의해 영향을 받아 구매의사결정을 한다.

보통 종교는 다양한 종교적 휴일을 기념하는 상징적이고 의례적인 종교용품에 대한 소비자 행동에 직접적인 영향을 미친다. 가령 크리스마스는 그해의 가장 중요한 선물 구매 성수기이다.

여러 연구에서 소비자 행동에 대한 종교적 영향을 조사하였다. 기독교 복음주의(Born-again Christians)는 미국에서 가장 빠르게 성장하는 종교단체이다(미국의 약 2억 3천 500만의 기독교도 중 약 7,200만 명을 차지). 더욱이 기독교 복음주의자는 일반적으로 '성경을 글자 그대로 해석하여 따르며 종교적 귀의를 통한 환생을 인정'하는 사람으로 정의된다. 마케터의 관점에서 기독교 복음주의자는 그들의 대의와 관점을 지지하는 브랜드에 대한 충성도가 매우 높다.[32]

유대교 소비자에 관한 연구에서는 유대교도와 비유대교도 사이의 브랜드 충성도와 구전에 대한 유의미한 차이는 없는 것으로 밝혀졌다.[33] 그러나 종교적인 요건 또는 관행이 때로는 확장된 의미를 갖는다. 가령, 음식 규정(dietary laws : 유대교의 음식물·조리법, 조리 기구, 식기 등에 관한 규정)은 유대교 가족이 준수해야 할 의무이다. 그래서 유월절(Passover : 이집트 탈출을 기념하는 유대인의 축제)에는 코셔(kosher, 유대교 율법에 따라 만든) 치약과 인공감미료를 사용한다. 식품포장에서 'U'와 'K' 표시는 유대교 음식 규정을 충족시키는 음식이라는 의미이다. 그러나 규정을 지키지 않는 유대교도나 증가하고 있는 비유대교도에게 이 표시는 보통 유대교의 우수 관리인증을 받은 깨끗하고 건강에 좋은 음식을 의미한다. '코셔' 식품에 대한 포장과 인쇄광고는 원 안에 'K' 또는 'U'를 새기며, 가끔 파르브(parve)라는 단어를 표시하기도 한다. 이 단어는 제품이 유대교 율법에 따라 만들어졌다는 것과 육류 또는 유제품 중에 한 가지만 함유되었다는 것을 구매자에게 알려준다.

'코셔' 인증 제품의 의미를 더 확대하기 위하여 쿠어스 맥주(Coors beer)와 페퍼리지팜 쿠키(Pepperidge Farm cookies) 등과 같은 다수의 국내 브랜드는 제품에 '코셔' 인증을 도입하였다. '코셔' 인증을 받은 프라임그릴(Prime Grill)의 맨해튼스테이크하우스는 고객의 절반 정도가 유대교도가 아니지만 '코셔' 메뉴를 주문한다고 한다.[34]

특별히 설계된 마케팅 프로그램을 통해 특정 종교 집단을 표적시장으로 선택하는 것은 유익할 수 있다. 가령, '샤클리 퍼포먼스 분말 주스'의 다단계 마케터인 샤클리(Shaklee)는 다양한 종교 집단들을 대상으로 한 제품을 판매하기 위하여 그 종교 집단 구성원들을 영업직원으로 모집하였다.[35]

지역 하위문화

학습목표

4 소비자 행동에 대한 지역성의 영향을 이해한다.

미국은 기후와 지리 환경의 폭이 넓은 큰 나라이다. 국가의 크기와 물리적 다양성 측면에서 많은 미국인이 스스로를 다른 사람들과 비교하고 묘사할 때 '지역적으로 동일시'하는 감정을 갖는 것은 당연하다. 미국 횡단 여행을 경험한 사람이라면 누구나 소비행동의 많은 지역적 차이에 주목하게 된다. 특히 식음료의 경우는 더욱 그러하다. 가령 '머그잔'에 담긴 블랙 커피가 서부지역을 상징하는 반면, 동부지역은 '커피잔'에 설탕과 우유를 넣은 커피를 선호한다. 또한 빵과 같은 주식(主食) 소비에 대한 지리적 차이도 존재한다. 특히 남부와 중서부 지역은 부드러운 흰 빵을 선호하는 반면에 동부와 서부해안 지역은 딱딱한 빵(호밀, 통밀, 그리고 프랑스나 이탈리아 빵)을 선호한다. 브랜드 선호도에 대한 지역적 차이도 존재한다. 피터팬(Peter Pan)과 지프(Jif)가 각각 남부지역과 중서부지역에서 가장 많이 팔린 땅콩버터이지만 스키피(Skippy)가 동부와 서부 해안 지역에서 가장 많이 팔린 땅콩버터이다.

한 연구는 마케터가 도시의 소비자를 표적화하는 데 사용할 수 있는 주요 대도시 지역의 제품 구매, 소유, 그리고 사용 수준의 차이를 실증하였다.[36]

1. 뉴욕
   - 최저 구매/에너지 음료
   - 최고 구매/냉동 요구르트
   - 쇼핑에 관한 카탈로그, 통신 판매, 전화, 그리고 인터넷 이용 등의 모든 부분에서 1위

2. 보스턴
   - 최저 구매/마사지(지난 6개월)
   - 영화 보기
   - 최고 구매/냉동 피자
   - 성인교육과정, 야구경기, TV 시청 참여
   - 쇼핑에 관한 카탈로그, 통신 판매, 전화, 그리고 인터넷 이용 등의 모든 부분에서 7위

3. 시카고
   - 최저가 이용 없음
   - 최고 구매/에너지 음료와 보드게임
   - 쇼핑에 관한 카탈로그, 통신 판매, 전화, 그리고 인터넷 이용 등의 모든 부분에서 4위

4. 애틀랜타
   - 최저 구매/성인 교육과정 이용
   - 최고 구매/구강 청정제 이용
   - 쇼핑에 관한 카탈로그, 통신판매, 전화, 그리고 인터넷 이용 등의 모든 부분에서 6위

5. 샌프란시스코
   - 최저 구매/보드게임과 비디오게임 이용
   - 최고 구매/마사지(지난 6개월) : 재순환 제품
   - 쇼핑에 관한 카탈로그, 통신 판매, 전화, 그리고 인터넷 이용 등의 모든 부분에서 7위

6. 로스앤젤레스
   - 최저 구매/에너지 음료
   - 최고 구매/냉동 요구르트
   - 쇼핑에 관한 카탈로그, 통신 판매, 전화, 그리고 인터넷 이용 등의 모든 부분에서 9위

국내 브랜드(national brand)는 대부분의 브랜드 시장점유율이 지리적 영역에 따라 달라진다고 해도 전체 50개 주에서 사용 가능한 브랜드이다. 한 맥주회사의 웹사이트에 "미국의 맥주시장은 매우 다른 여러 개의 작은 시장들로 운영되며, 이 회사는 각 시장의 다양한 조건에 맞는 마케팅 전략을 사용한다."고 기술하고 있다.[37] 전체 지리적 시장의 시장점유율 차이는 판매를 늘리려는 시장에서 판매촉진 비용을 더 많이 사용하는 평범한 마케팅 실행 요인들의 결과일 수 있다.[38] 또한, 정밀데이터의 이용 가능성은 마케터에게 지리적인 자원의 재분배(국내의 재고 이동과 광고비용의 변화)와 수익성 향상을 가능하게 한다.[39]

판매 및 시장 점유율의 지리적 차이는 미국 내의 많은 소비재 브랜드들에 흔하게 발생하는 일인데 반해, 규모가 작은 국가들의 브랜드들은 유사한 지역적 차이가 나타나지 않는다.[40] 그러나 규모가 크고 변화가 많은 아시아 국가들의 소비자 행동은 지역에 따라 상당히 차이가 있다. 중국 본토에서 실시된 연구에서 도시 아이들이 시골 아이들보다 광고에 대한 신뢰도가 더 낮은 것으로 조사됐다.[41] 다

른 연구에서는 시골 소비자가 선호하는 제품군이 음식인 반면에 도시 소비자는 컴퓨터를 가장 선호하는 소유물로 생각하는 것으로 조사되었다.[42] 인도 소비자에 대한 연구에서 다양한 지리적, 위상적, 문화적 요인들에 기인한 지역 차이(가치, 동기, 라이프 스타일 포함)는 소비와 비소비 행동 모두에서 중요한 결정요인으로 밝혀졌다.[43]

세대(연령) 하위문화

학습목표

5 　소비자 행동에 대한 연령과 세대 간의 영향을 이해한다.

미국 인구조사에 따르면, 미국인은 3.17억 명에 달한다. 〈그림 12.8〉은 미국 인구의 세대 구분과 각 세대의 비율을 보여준다. 각 세대의 구성원이 독특한 우선 순위와 구매 패턴을 가지고 있기 때문에 각 세대는 별개의 하위문화이며 세분시장이다. 가령 부모나 조부모와는 다른 음악을 듣고, 다르게 입고, 다른 잡지를 읽고, 다른 TV 쇼를 즐기고, 다른 웹사이트를 방문하지 않는가? 한 개인이 아이에서 노인이 되어감에 따라 제품 혹은 서비스에 대한 수요에서 중요한 변화가 발생한다. 여기에서 우리는 다음 세대(연령)의 하위문화에 대한 소비패턴과 기술의 영향을 설명한다. 미국의 Z세대, Y세대, X세대, 베이비부머, 노인세대가 바로 그것이다.

현재 기술은 소비자 행동을 이끄는 주요한 힘이다. 〈그림 12.9〉와 〈그림 12.10〉과 같이 모든 세대의 미국인들은 기술을 자신의 삶의 일부로 통합시켰다. 기술의 사용에 대한 세대 간의 차이는 이 장을 통해 계속 논의된다.

Z세대 : 1997년 이후 출생자

Z세대(homeland generation, 디지털 원주민)는 2000년부터 현재까지 태어난 사람들의 집단이다. Z세대의 구성원은 인터넷, 인스턴트 메시징, 문자 메시징, 휴대 전화와 같은 커뮤니케이션과 미디어 기술에 평생 노출되고 사용해 온 고도로 '접속된' 세대이다. Z세대는 지금까지 가장 다양한 미국 세대로서, 백인이 54%, 히스패닉이 24%, 아프리카계 미국인이 14%, 아시아계가 4%, 혼혈 및 기타 4%로 구성되었다. 또한 미국 내에서 백인이 다수를 차지하는 마지막 세대이다. Z세대 사람들은 이전 세대보다 다른 민족, 인종, 종교의 사람들이 포함된 더욱 다양한 사회집단이 될 가능성이 높다. 전문가들은 Z세대 구성원이 미국에서 부의 분배에 근본적인 변화가 발생한 시기에 성장하기 때문에 부

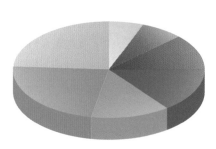

■ 불경기 세대(75세 이상, 1,800만 명)

■ 제2차 세계대전(또는 침묵) 세대(66~74세, 2,200만 명)

■ 노인 베이비부머(57~65세, 3,700만 명)

■ 젊은 베이비부머(47~56세, 4,500만 명)

■ X세대(35~46세, 4,100만 명)

■ Y(에코, 밀레니엄)세대(18~34세, 7,100만 명)

■ Z(디지털 원주민)세대(18세 이하, 7,400만 명)

그림 12.8 미국의 세대 구성(백만 명)

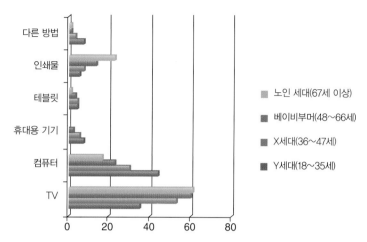

그림 12.9 연령과 뉴스의 정보 원천(%)

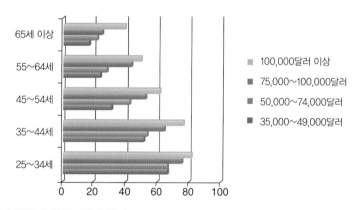

그림 12.10 스마트폰을 사용하는 연령 및 가구 소득(%)

모보다 돈을 적게 버는 최초의 세대가 될 것으로 예상한다.

청소년기

이 세대는 두 시장 — 13~17세(teens)와 8~12세(tweens) — 으로 구성되어 있다. 이들에 대한 마케팅은 수익성 좋고, 포착하기 어렵고, 변화가 심한 고객을 표적화한다는 의미이다. 마케터는 이들의 변화무쌍하고 예측할 수 없이 빠르게 바뀌는 다양한 라이프 스타일을 이해해야만 한다. 13~17세와 8~12세 시장은 동일하지 않다. 13~17세 청소년은 행동이 독립적이고 부모에 덜 의존적인 반면 8~12세 청소년은 그날그날의 의사결정에 따른다. 13~17세 청소년은 성인의 특징과 행동이 개발되기 시작하는 시기인 반면에 8~12세 청소년은 여전히 어린 형제자매의 특성을 많이 공유하고 있다. 가족은 8~12세 청소년에게 사회생활 측면에서도 더욱 중요하다.

과거에 13~17세와 8~12세 청소년은 종종 6~11세 또는 5~12세의 어린아이들과 같이 취급되었다. 그 결과, 일부 마케터들이 이 연령대 청소년을 대부분 평가절하해서 멀어졌다. 13~17세와 8~12세 청소년은 자신들에게 직접적으로 맞춰진 메시지를 보내는 기업을 좋아한다. 이 목표시장의 욕구와 바람에 제품과 브랜드를 효과적으로 최적화한 마케터는 이들을 고객으로 만드는 데 성공할 것이다. 8~12세 청소년은 브랜드 충성도가 높은 반면 13~17세는 브랜드에 회의적인 경향이 있다. 기술은 양쪽 집단의 삶에 중심이며 기술의 혁신과 진부화를 온몸으로 받아들인다. 청소년과 젊은 성인

사이에서 인터넷 서핑은 기본적인 여가활동이다. 대부분의 13~17세와 8~12세 청소년은 인터넷상에서 콘텐츠를 생성하며 소셜 네트워크 사이트를 이용한다. 이들은 친목도모와 제품 구매를 위해 인터넷 쇼핑몰을 이용한다. 13~17세와 8~12세 청소년의 평균 수입은 주당 약 30달러 정도이고, 이들의 약 30%가 케이블TV와 휴대 전화 서비스 등과 같은 가족 구매의사결정에 참여하고 있다. 13~17세 청소년의 전체 소비액은 연간 약 1,600억 달러인 반면 8~12세는 약 1/4 정도의 구매 파워를 가지고 있다.[44]

유튜브는 13~17세 청소년의 약 64%가 이용하는 가장 인기 있는 음악 청취 방법이다. 라디오가 56%이고, 아이튠즈(53%), CD(50%), 판도라(35%) 순이다. 성인들 사이에서 가장 인기 있는 음악 청취 방법은 라디오(67%), CD(61%), 유튜브(44%), 판도라(32%), 그리고 애플 아이튠즈(29%) 순으로 나타났다.[45]

한 연구에서 사춘기 직전의 아동(10~12세)과 13~17세 청소년 사이에서 TV 리얼리티 프로그램에 대한 유대감(connectedness)과 심리-인구통계학적 변수가 관련 있는 것으로 확인되었다. 이 결과는 인기와 신체적 매력을 높게 평가하는 사춘기 직전의 아동은 리얼리티 TV 프로그램에 공감할 가능성이 더 높다는 것을 보여준다. 이에 반해서 흥미진진함에 더 관심을 갖는 13~17세 청소년은 리얼리티 TV 프로그램에 공감할 가능성이 더 낮아진다. 흥미진진함의 가치는 사춘기 직전의 아동들 사이에서 유대감과 관련이 없었다. 특정 프로그램에 대해 높은 수준에 유대감을 가진 시청자가 프로그램의 시청뿐만 아니라 시간 변경 없이 본 방송을 시청할 가능성이 높기 때문에 이러한 결과는 마케터에게 중요하다. 인구통계에만 의존하기 보다는 유대감에 대한 이해를 통해 마케터는 더 효과적인 전략을 개발할 수 있다.[46]

Y세대 : 1980~1996년 사이의 출생자

Y세대(echo boomer, 밀레니엄 세대)는 1980~1996년 사이에 태어난 사람들이다. 그러나 일부에서는 1970년대 후반과 1990년대 후반에 태어난 사람들을 포함시키기도 한다. Y세대 구성원들은 기술의 발달과 함께 자랐으며 그것을 적극적으로 받아들였다. 그들은 높은 수준의 자극에 매력을 느끼며 쉽게 싫증낸다. 또한 자녀 중심의 가정, 청소년 중심의 사회, 그리고 미국에 대한 자부심 속에서 성장했기 때문에 다른 세대가 비슷한 연령이었을 때에 비해 더 자신감이 넘친다. 소비자로서 그들은 빠른 제품 회전, 개인적인 프로모션, 그리고 쌍방향 마케팅 플랫폼을 원한다. 많은 사람들이 자신만을 위한 제품설계를 원하고 네트워크를 만들고 관리하며 제품을 평가한다.

밀레니엄 세대는 휴대 전화와 문자 메시지를 가장 많이 사용한다. 조사에서 Y세대의 63%가 문자 메시지를 사용하는 것으로 나타나서 X세대의 31%와 비교해 높은 결과를 보였다. 현재 휴대 전화 시장에서 15~19세 소비자의 76%와 20대 초반의 90%가 문자 메시지, 벨소리, 그리고 게임을 정기적으로 이용하고 있다. 그에 반해서, 40대의 18%와 50대의 13%만이 이러한 기능을 정기적으로 이용한다.[47] Y세대 성인은 그들의 부모와 동일한 마케팅 방법에 반응하지 않으며, 그들에게 도달하기 위해 가장 효과적인 방법은 온라인과 케이블 TV 메시지이다.[48] 이는 인스턴트 메시지, 블로그, 채팅방, 소셜 네트워크 등의 이용을 포함한다. Y세대를 위한 '커뮤니티'는 독립체로서 가상공간에 존재한다.[49] 〈그림 12.11〉은 Y세대의 주요 온라인 활동을 보여준다.[50]

Y세대는 모든 세대처럼 가치와 우선순위 측면에서 획일적인 집단이 아니다. 한 조사자는 밀레니엄 세대를 다음의 6개의 세분시장으로 구분하였다.

1. 진보된 밀레니엄(hip-ennial) : 세계적으로 영향을 미쳐 더 나은 세상을 만들 수 있다고 믿는다. 세계적으로 무슨 일이 일어나고 있는지, 무엇을 자선단체에 기부해야 하는지, 그리고 무슨 정보를 정기적으로 조사해야 하는지 알고 있다. 사회매체의 콘텐츠를 읽긴 하지만 생산하지는 않는다.

2. 밀레니엄 맘(millennial mom) : 여행, 몸매 만들기, 자신이 소중히 보살핌을 받았던 것처럼 자신의 '아이들'을 보살피는 것을 즐긴다. 자신감 있고 매우 가족 중심적이며 기술에 능숙하다. 온라인 소셜 네트워크에 참여하며 또래집단을 매우 중요하게 여긴다.

3. 반(反) 밀레니엄(anti-millennial) : 대부분 자신의 사업과 가족에 관심을 가지며 밀레니엄 세대의 '규범'을 회피한다. 대부분의 밀레니엄 세대들이 구매하는 친환경 제품을 구매하지 않는다. 대부분의 밀레니엄 세대가 삶을 더 흥미롭게 만들기 위해 다양한 활동을 수용하는 반해 이들은 변화보다 편안함을 추구한다.

4. 기기 전문가(gadget guru) : 항상 차세대 기기를 찾고 있으며(일반적으로 애플에서 발매되는), 제일 먼저 그 제품을 갖기 위해 기다린다. 매우 이기적이고 도취되어 있고 사고방식이 자유로우며 느긋하다. 이들은 보통 온라인과 트위터 콘텐츠를 지속적으로 생산하며 자신만의 세계에 빠져 있기 때문에 남성과 미혼이 많다.

5. 깨끗하고 친환경적인 밀레니엄(clean and green millennial) : 스스로를 돌보며 다른 사람을 후원한다. 사회적인 대의명분, 생태학적 문제, 자선활동, 그리고 삶에 대한 긍정적인 전망에 이끌린다.

6. 전통적 밀레미엄(old-school millennial) : 식사 중에 자신의 페이스북을 업데이트하는 것과 같은 밀레니엄 세대의 일반적인 습관을 행하지 않는다. 온라인이나 문자 메시지를 통해 사람을 만나는 것보다 직접 만나는 것을 선호하며, 블로그를 보는 대신에 책을 읽는다. 대부분의 밀레니엄 세대가 멘토와 끊임없는 피드백을 필요로 하는 반면, 이들은 독립적이고 자기 주도적이다.

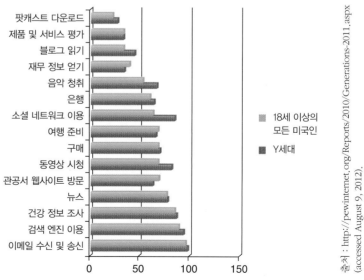

출처 : http://pewinternet.org/Reports/2010/Generations-2011.aspx (accessed August 9, 2012).

그림 12.11 Y세대 온라인 활동(%)

X세대 : 1965~1979년 사이의 출생자

X세대(Xers)는 1965~1979년 사이의 출생한 사람들로 약 5,000만 명으로 구성되어 있다. 이들은 소비자로서 1조 달러 이상의 시장 소비력을 가지고 있다. 브랜드 제품을 좋아하지 않고 냉소적이며 일반적으로 나서거나 공개되는 것을 원하지 않는 특성을 가지고 있다. 베이비부머인 부모와 달리 결혼하고 가정을 이루는 것을 서두르거나 높은 급여를 받기 위해 과로하지 않는다. 일반적으로 X세대 소비자에게 직업만족도는 급여보다 더 중요하다. 예를 들면, "베이비부머는 일하기 위해 살고, X세대는 살기 위해 일을 한다!"는 말이 있다. X세대는 높은 급여와 승진을 위해 종종 가족을 소홀히 대하는 나이 많은 동료의 가치관을 거부한다. 많은 X세대들이 오랫동안 회사에 충성한 후에 해고되는 부모를 목격했다. 그래서 한 회사에 장기 고용되는 것에 특별히 관심이 없다. 대신에 업무와 생활에 어느 정도 유연성을 제공할 수 있고, 약간의 즐거움을 얻을 수 있는 근무 환경에서 일하는 것을 선호한다. 그리고 돈의 필요성은 인정하지만, 급여를 특정 회사에 다니는 절대적인 이유로 생각하지 않으며 직장에 근무하는 동안 업무의 질과 인맥 구축을 훨씬 더 중요하게 생각한다. 인생을 즐기는 것과 자유와 유연성이 있는 라이프 스타일을 갖는 것이 X세대에게 더 중요하다.

다음은 X세대의 특성과 기질을 이해하는 데 도움이 되는 특징과 라이프 스타일 요인들을 추가적으로 기술하였다.[51]

- 62%가 결혼함
- 2,970만 명이 부모임
- 18세 이하 청소년의 51%는 X세대의 가정임
- 31%가 학사학위 취득
- 81%가 전임 또는 시간제로 고용됨
- X세대의 성장기에 37%의 어머니가 집 밖에서 일함

X세대의 구성원은 세련된 소비자이다. X세대가 물질적이지 않다는 많은 주장에도 고급스럽고 값비싼 브랜드를 잘 구매하지만, 그것이 반드시 명품은 아니다. 그들은 미니 베이비부머가 아니라 독립적인 집단으로 마케터에게 인정받기를 바란다. 따라서 이 세대를 대상으로 한 광고는 그들이 좋아하는 음악, 패션, 언어 스타일에 초점을 맞추어야 한다. 마케터에게 필수적인 한 가지는 성실성으로 보인다. X세대는 광고를 반대하지는 않지만 불성실한 것은 매우 싫어한다.

베이비부머와 X세대의 매체 노출 패턴은 차이가 있다. 특히, 50~64세의 65% 그리고 30~49세의 55%가 정기적으로 신문을 구독하는 데 반해 젊은 X세대는 39%만이 신문을 정기적으로 구독한다.[52] X세대는 MTV세대이다. 그래서 다른 세대 집단에 비해 인터넷 사용 빈도가 더 높다. 가령, Y세대 구성원의 38%만이 인터넷 뱅킹을 하는 데 비해 X세대는 60%가 인터넷 뱅킹을 한다.[53]

또한, 호텔 체인들은 X세대 여행자를 더 많이 유치하기 위하여 더 나은 서비스를 개발하고 있다. 메리어트(Marriott)는 LCD TV, 초고속 인터넷 접속, 인체공학적 책상 의자, 그리고 높은 자수시트로 방을 리모델링하고 있다.[54] 일반적으로 X세대는 현재 대부분의 쇼핑몰에 불만족한다. 이들은 단지 쇼핑만 하는 것보다 더 많은 것을 하고 싶어 한다. 가령, X세대는 푸드코트에서 '뭔가를 급히 먹기'보다는 쇼핑몰에서 제대로 된 의자에 앉아 식사할 수 있기를 바란다.

X세대에게 온라인 활동은 어렵지 않다. 이들은 컴퓨터 기술의 이점과 함께 성장하였으며 온라인에서 시간을 소비하고 정보를 검색하는 것은 일상생활에서 필수적인 부분이다. 또한 컴퓨터, 휴대

전화, 기술을 자신의 시간을 관리하는 '친숙한' 도구로 보며, 인터넷이 사회에 아주 긍정적인 영향을 미쳤다고 생각한다. 〈그림 12.12〉는 X세대 구성원의 온라인 활동을 나타내고 있다.

베이비부머 : 1946~1964년 사이의 출생자

베이비부머(baby boomer)는 1946~1964년 사이에 출생한 사람들을 의미한다. 7,800만 명의 베이비부머는 인기 있는 세분시장으로 미국 성인인구의 40% 이상을 차지한다. 이에 비해, 베이비붐이 발생한 이후 19년 동안 출생한 미국인은 6,600만 명에 불과했다(1970년대의 '출생률 급락').

세대의 규모 이외에 베이비부머는 여러 가지 이유로 마케터에게 가장 좋은 목표시장이 된다.

1. 전체 전문직과 관리직의 50%를 차지하고 있으며, 그 중에 절반 이상이 1개 이상의 학사 학위를 보유하고 있다.
2. 규모가 크고 독특한 연령대이다('베이비부머'란 용어는 미국에서 제일 확실하고 누구에게나 인식된 용어).
3. 소비재의 전체 범주에 영향을 미치는 유사한 구매의사결정을 자주 한다.
4. 유행을 결정하며 전 연령대 세분시장의 소비자 취향에 영향을 미치는 고소득 전문직을 포함하고 있다.
5. 소비재 지출의 거의 절반을 차지하며, 미국 가처분 소득의 65~75%를 장악하고 있다.[55]
6. 2010년에 전체 미국인의 거의 1/3인 9,710만 명이 50세를 넘었으며, 미국퇴직자협회(AARP)는 이 연령대의 소비자가 미국 금융자산의 80%를 소유한 것으로 추정한다.[56]

헬스클럽 회원의 높은 증가와 비타민 및 건강보조 식품 판매의 붐은 베이비부머들이 젊어지기 위해 열심히 노력하고 있다는 증거이다. 이들은 우아하게 나이 들고 싶어 하지 않고 싸울 것이다. 그리고 젊어 보이는 데 필요하다면 무엇이든 구매할 것이다. 또한 광고에서 자신이 생동감 있고 매력적으로 묘사되고 싶어 한다.[57] 마케터가 이해해야 할 가장 중요한 점은 이들이 돈을 가지고 있으며 삶의 질이 향상된다고 느끼는 곳에 그 돈을 쓰고 싶어 한다는 것이다.

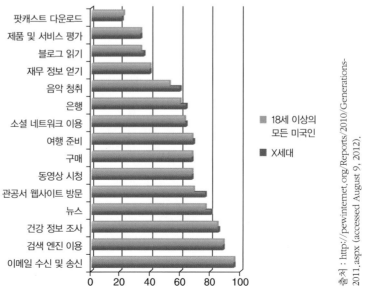

출처 : http://pewinternet.org/Reports/2010/Generations-2011.aspx (accessed August 9, 2012).

그림 12.12 X세대의 온라인 활동(%)

베이비부머는 자기 자신, 주택, 그리고 다른 사람을 위해 구매하는 것을 즐기며 소비 지향적이다. 베이비부머가 나이 들어가는 것과 같이 필요하거나 원하는 제품과 서비스의 유형도 변화한다. 가령, 이 세분시장의 노령화로 인해 '편안함 착용감(relaxed fit)'의 청바지와 '선이 없는(lineless)' 다초점 안경의 판매가 상당이 높아졌으며, 워킹화의 판매도 높아졌다. 또한 은행 마케터와 금융지원 기관도 은퇴를 생각하는 베이비부머를 지원하기 위해 관심을 기울이고 있다. 심지어 성 요셉(St. Joseph)의 아스피린은 표적 고객을 아이에서 베이비부머로 전환했다. 베이비부머는 젊은 소비자만큼 새로운 제품과 서비스 시도에 적극적인 개방성을 가지고 있다. '여피족(Yuppies)'은 베이비부머 중에 젊은 세분시장으로 도시에 사는 고소득 전문직 사람들을 의미하며, 이들은 베이비부머 중에 가장 인기 있는 하위집단으로서 재정적으로 부유하고 고등교육을 받았으며 전문가 또는 관리자 경력을 가지고 있다. 많은 사람들이 BMW나 렉서스의 하이브리드 자동차, 프라다 신발과 옷, 로렉스 시계, 고가의 모험적 휴가, 그리고 다수의 비싼 장비 등과 같은 유명 브랜드를 구매한다.

오늘날 여피족이 원숙해짐에 따라 비싼 위신재보다 여행, 체력단련, 두 번째 경력에 대한 계획, 또는 다른 형태의 새로운 삶의 방향으로 관심을 돌리고 있다. 실제로 소비 패턴이 소유에서 경험으로 옮겨갔다. "현재의 베이비부머는 갖는 것보다 하는 것에 더 흥미를 느낀다." 또한 55~64세의 베이비부머 중 70%가 인터넷을 사용하여 컴퓨터에 글을 읽고 쓸 줄 안다(스페인의 동일한 연령 집단 중 11%만이 컴퓨터를 사용함).[58]

은퇴 후 생활

어떤 베이비부머는 은퇴를 기다리지 않지만, 다른 베이비부머는 즐거운 마음으로 은퇴를 기다린다. 은퇴에 대한 사람들의 전망은 전문 경력, 축적된 재원, 건강 상태 등의 수준과 관련되어 있다. 일부 연구자들은 베이비부머의 직업만족도와 은퇴에 대한 태도 사이의 관계를 조사한다. 〈표 12.2〉는 은퇴적응에 관한 네 가지 노인 세분시장을 확인한 연구를 자세히 보여준다. 그리고 '마케팅 기회'에 관한 생각을 추가하였다.[59] 마케터는 종종 베이비부머를 두 집단(젊은 베이비부머와 나이 든 베이비부머)으로 나누며, 두 세분시장의 온라인 활동은 〈그림 12.13〉에 나타나 있다.[60]

표 12.2 은퇴 후 세분시장과 마케팅 기회

은퇴 후 세분시장	마케팅 기회
보상받지 못한 집단 : '경력에 대한 보상 없이' 은퇴를 선택하는 사람들로서 보통 은퇴를 기다린다. 은퇴를 새로운 시작으로 보며 일하는 동안 추구할 수 없었던 활동과 관심을 추구하기 위한 기회에서 영감을 얻는다. 그렇지만 추구하는 어떤 것을 결정하는 데 도움이 필요할 수 있다.	퇴직 후 생활에 관한 '적응'과 '발견'에 도움이 되는 프로그램을 제공하는 전문 퇴직 컨설팅 서비스에 호의적이다(지역 YMCA 또는 대학). 취미, 여행, 그리고 비학위 과정 등의 선택과 관련된 조언과 교육에 긍정적으로 반응한다.
복잡한 감정 집단 : 만족한 경력으로 은퇴하는 사람들로서 은퇴에 대해 매우 복잡한 감정을 가지고 있다. 일을 그만두는 것을 좋아하지 않지만 다른 한편으로 여가 활동에 더 많은 시간을 할애하는 것을 고대한다.	삶의 문제(여행, 학위 또는 비학위 교육과정)를 처리할 수 있는 방법에 대해 조언을 찾고 반응한다. 적절한 취미 선택과 성인교육과정 강화에 지침을 제공하도록 설계된 세미나에 참석한다.
분개한 집단 : 은퇴를 강요받은 사람들로서(정년퇴직), 보통 경력이 단절되는 것을 자존심이나 정체성을 잃는 것으로 이해한다.	앞에 언급된 것들이 대부분 포함된 다양한 은퇴 옵션의 장단점에 관한 상담을 통해 혜택을 볼 수 있다.
둔화되는 집단 : 은퇴가 노년의 시작과 느긋해지는 시기라는 신호로 생각하는 사람들이다.	이미 퇴직 후의 삶을 준비한 퇴직자들로서, 일을 여가 활동으로 대체하거나 조정하는 것을 돕는 은퇴직원 대상의 교육과정을 통해 혜택을 얻을 수 있다.

노인 소비자

미국은 노화되고 있다. 많은 베이비부머가 이미 60세가 넘었으며 다음 10년 동안 더 늘어날 것이다. 미국인 4,300만 명이 65세 이상이며, 2050년까지 8,800만 명(전체 인구의 약 20%) 이상으로 증가될 것이다.[61] 또한 20세기에 들어서 미국의 기대 수명은 약 47세에서 77세로 증가하였다. 1900년에 65세는 평균 약 12년을 더 살 것으로 기대했던 반면, 2002년에는 18년을 더 살 것으로 기대된다.[62]

'성인 후기(later adulthood : 50세 이상)'가 대부분의 소비자에게 가장 긴 성인 삶의 단계라는 것 또한 명심해야 한다(즉, 보통 29년 이상의 기간). 이는 16년간의 '성인 초기(early adulthood : 18~34세)', 14년간의 '성인 중기(middle adulthood : 35~49세)'와 대조적이다. 따라서 50세 이상의 사람들이 미국 성인시장의 약 1/3을 차지하고 있다는 사실을 명심해야 한다.

일부에서는 노인 소비자를 재정적 능력이 많지 않고, 일반적으로 허약하며, 자유시간이 많은 사람으로 착각한다. 그러나 65~69세의 남성 30% 이상과 여성 20%이상, 70~74세의 남성 19%와 여성 12%가 직업을 가지고 있다. 게다가 많은 노인들이 손자를 돌보고 있으며, 자원봉사 활동을 하고 있다. 이 집단의 연간 재량소득(discretionary income)은 미국 재량소득의 50%에 달하며, 고급 승용차, 주류, 휴가, 금융상품 등의 주요 구매에 연간 2,000억 달러를 소비한다. 65세 이상의 미국인들은 현재 미국 가계 순자산의 약 70%를 차지했다.[63]

인지 연령 대 실제 연령

노인 인구의 증가를 견인하는 것은 출산율 저하, 거대한 베이비부머 세분시장의 노화, 의료 서비스의 향상 등의 세 가지 요인이다. 미국에서 '노령(old age)'은 공식적으로 65세 생일(또는 사회보장과 의료보장 자격을 획득한 시기) 이후로 간주된다. 그러나 60세 이상의 사람들은 스스로를 실제 연령보다 15년 더 젊게 생각한다.

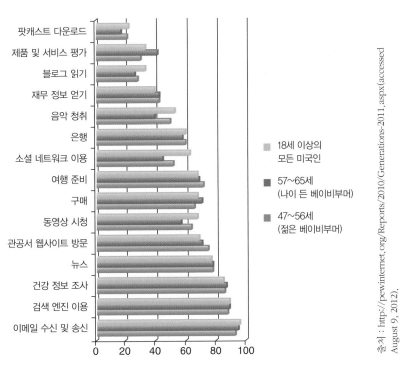

그림 12.13 베이비부머의 온라인 활동(%)

인지 연령(conitive age) 스스로가 지각하는 연령이다. 마케터는 자신의 연령에 대한 지각이 실제 연령보다 행동 결정에 더 중요하다는 것을 인식해야 한다. 한 연구는 인지 연령의 여러 가지 차원을 확인하였다.

1. 정서 연령 : 얼마나 나이 들었다고 느끼는가?
2. 외모 연령 : 얼마나 나이 들어 보이는가?
3. 활동 연령 : 얼마나 자신이 속해 있는 연령집단의 활동에 관여하고 있는가?
4. 관심 연령 : 얼마나 자신이 속해 있는 연령집단의 다른 사람들과 관심사가 유사한가?

이 결과는 노인 소비자의 대다수가 스스로를 실제 연령보다 젊게(인지연령) 지각한다는 것을 시사한다.[64] 이는 실버 소비자와 인지연령의 실버시장 세분화 가능성을 어필할 때 실제 연령 이외에 지각 혹은 인지 연령을 보는 안목의 중요성을 강조하고 있다.[65]

노인 소비자 세분화

노인 소비자는 동질적인 하위문화집단이 아니다. 노인학자들은 노인이 다른 성인 세분시장보다 관심, 의견, 활동 측면에서 더 다양하다는 것을 밝혀냈다.[66] 이 관점은 노인이 태도와 라이프 스타일 측면에서 획일적이라는 통념과 배치된다. 그러나 노인학자들과 시장 조사자들은 나이가 마케팅 활동에 대한 노인 소비자의 대응 방법 결정에 꼭 필요한 주요 요인이 아니라는 것을 여러 차례 입증하였다. 한 시장세분화 계획은 노인을 세 가지의 실제 연령 범주로 구분하였다.

1. 젊은 노인(65~74세)
2. 노인(75~84세)
3. 나이 든 노인(85세 이상)

노인 소비자의 '삶의 질에 대한 동향'에 대한 연구는 '새로운 시대 노인'이라고 명명한 별개의 노인집단을 확인하였다.[67] 새로운 시대 노인은 실제 연령보다 젊은 인지 연령에 따라 느끼고, 생각하고, 행동하는 사람이다. 이들은 다른 노인보다 늦게 은퇴하고, 자신의 삶을 더 잘 통제할 수 있다고 느낀다. 소비자 의사결정에 자신감이 있으며, 스스로를 지식이 풍부하고 의식 있는 소비자로 본다. 많은 사람들은 '선택적으로 혁신적'이며, 진정으로 자신의 삶을 향상시키는 혁신만을 채택하는 데 비해 이들은 새로운 소유물 또는 사물에 대한 새로운 경험과 도전을 추구하며, 재정적인 만족과 안정을 느낀다. 이 연구결과는 마케터가 노인 소비자를 표적 고객으로 선정할 때 실제 연령보다 인지 연령의 활용이 중요하다는 것을 시사한다.

노인 소비자와 기술

미국 노인을 아직도 구식 전화기를 사용하며 변화를 반대하는 사람으로 생각할 수 있지만, 이러한 고정관념은 사실과 많이 다르다. 일부 노인 소비자가 새로운 기술을 두려워하기는 하지만, 50세 이상의 인터넷 사용자가 20세 미만보다 더 많다. 연구조사에서 55세 이상의 사람들이 평균 성인들보다 책, 주식, 컴퓨터 장비 등을 구입하기 위하여 인터넷을 이용할 가능성이 높으며, 인터넷 서핑을 하는 노인의 92%가 온라인 쇼핑을 한다는 것을 발견하였다.[68] 실제로 노인 인터넷 사용자(65세 이상)는 미국 인터넷 시장에서 가장 빠르게 성장하는 인구통계학적 집단이다. 66~74세 미국인의 58%와 75세 이상의 30%가 정기적으로 온라인을 이용한다. 〈그림 12.14〉는 미국 노인들의 온라인 활동을 보

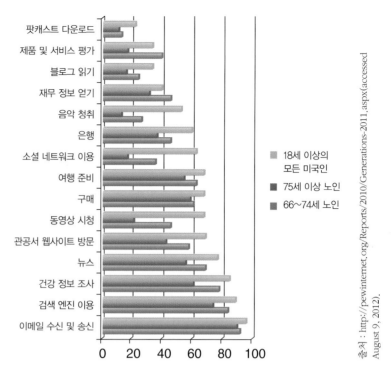

출처 : http://pewinternet.org/Reports/2010/Generations-2011.aspx(accessed August 9, 2012).

그림 12.14 미국 노인의 온라인 활동

여준다.[69]

　노인들은 인터넷이 다른 주에 살고 있는 친구들과 대학에 다니는 손자를 포함한 가족에게 연락할 수 있는 좋은 방법이라는 것을 발견했다. 그리고 인터넷이 주가, 건강과 의료관련 정보, 엔터테인먼트, 공동체 의식 등에 훌륭한 정보 원천이 된다는 것도 발견했다. 노인이 인터넷에 소비하는 시간은 집밖의 이동성과도 관련이 있다(인터넷 사용은 외출을 대신할 수 있다). 컴퓨터와 모뎀은 노인 소비자의 삶에서 신체적·사회적 퇴보로 상실했던 통제력을 일부 회복할 수 있게 한다. 가령 노인 소비자는 컴퓨터를 이용해 청구서 결제, 쇼핑, 친구에게 이메일을 보낼 수 있다. 이는 미국은퇴자협회(AARP)가 회원 중 200만 명이 컴퓨터 사용자라고 주장하는 근거이다.[70]

노인 소비자 표적화에 따른 광고 소구

노인 소비자가 광고에 대해 개방적이기 하지만, 제대로 된 제품과 서비스 그리고 올바른 광고 제공 방식을 사용할 경우에만 유효하다. 예를 들어, 노인이 광고에 모델로 출연하는 경우 도움이 필요한 존재로 표현되며 주로 허약하고 병약한 것으로 그려진다. 광고 작가나 광고를 개발하는 전문가가 주로 20~30대여서 노인에 대한 이해나 공감이 부족하다는 것이다. 노인들은 종종 자신이 과거에 이룬 것이 아니라 미래에 이루고자 하는 것으로 인정받기를 원한다. 선벨트지역(sunbelt, 미국에서 연중 날씨가 따뜻한 남부 및 남서부지역)으로 이주하거나 은퇴하는 것은 인생에서 조용하게 철수하는 것이 아니라 새 장을 여는 것으로 생각한다. 같은 맥락에서 크루즈 휴가를 떠나거나 헬스클럽에 가입하는 노인이 증가하는 것은 젊음을 유지하려는 강한 의지를 보여준다. 노인 대상 광고 방법에 관한 연구에서 노인은 감성적 소구를 더 좋아하고 더 잘 기억하는 것으로 확인되었다(젊은 소비자는 이성적 소구를 더 좋아하고 더 잘 기억함).[71]

　동일한 제품과 서비스하에서 노인은 젊은 소비자와 다른 쇼핑 습관을 보인다. 자동차를 구매할 때 노인 소비자는 브랜드, 모델, 판매 딜러를 고려하는 경우의 수가 더 적다. 또한 그들은 전통적인 자동차 브랜드를 선택할 가능성이 더 높다.[72] 노인 구매자는 젊은 연령층보다 점포, 특히 슈퍼마켓에 대한 충성도가 높은 경향이 있다. 또한 점포 위치(집과의 거리)와 같은 주요 요인은 주로 노인의 건강 상태와 관계가 있다. 노인 소비자에게 늙어간다는 것은 힘든 일일 수밖에 없다. 젊었을 때만큼 잘 들리지 않고, 잘 보이지 않는다. 30대 젊은이는 항아리와 병을 쉽게 열지만 80대의 노인이 열기에는 어려울 수 있다. 일부 마케터들은 노인들의 이런 문제에 대처하기 위해 제품을 재설계하였지만, 더 많은 제품이 재설계될 필요가 있다. 다음의 사례를 통해 생각해보자.

> 80세의 스미스 씨가 전자레인지에 물 한 컵을 끓이려고 전자레인지의 조절 스위치를 팝콘에 설정하고 작동 단추를 누른다. 타이머 스위치가 쉽게 조작되지 않아서 물이 충분히 따뜻해질 때까지 3번을 반복한다. 스미스 씨는 팝콘 설정 상태에서 반복 횟수에 따라 다양한 음식을 요리하는 전자레인지 조리법의 달인이 되었다.[73]

콜러(Kohler)의 수석 인테리어 디자이너인 Diana Schrage는 제품 디자이너에게 노인의 생활이 어떠한지 경험해 봐야 한다고 추천한다. "안경 위에 바세린(Vaseline)을 발라서 한정된 시야에 대해 경험한다. 테이프를 손가락 마디에 감고 각종 기계를 조작해본다. 목발을 짚거나 보행기를 탄 상태로 물건을 들어본다. 양로원을 방문한다."[74]

성별 하위문화

한 연구는 남성과 여성이 동일한 인쇄광고에 대해 다른 반응을 보이는 것으로 보고했다. 여성은 언어적이고, 조화롭고, 복잡하며, 범주지향적인 광고에 대해 더 많은 영향을 받고 높은 구매의도를 보이는 것으로 나타났다. 반면, 남성은 비교가 가능하고, 단순하고, 속성지향적인 광고에 대해 더 많은 영향을 받고 높은 구매의도를 보이는 것으로 나타났다. 따라서 가능하다면 남성과 여성을 구별지어 광고를 하는 것이 좋다. 구매동기 형성에 성별이 중요한 역할을 하는데, 여성 구매자는 독특성과 구색 추구, 사회적 상호작용, 그리고 탐색 등의 동기에 따라 더 쉽게 구매하는 경향이 있다. 여성은 남성에 비해 지역 상인에 대한 충성도가 더 높다. 이 연구결과는 특정 성별을 위한 지역 상인의 광고 메시지 개발이 효과적일 수 있음을 시사한다. 또한 일반적으로 여성이 가계와 가족의 지출을 상당 부분 통제한다는 것을 명심해야 한다. 가정의 '최고 구매 책임자(chief purchasing officer)' 또는 '최고 재무 책임자(chief financial officer)'는 흔히 여성이기 때문이다.

소비재와 성별의 역할

모든 사회에서 특정 성별에 대해 독점적이거나 관련성이 높은 제품을 찾는 것은 아주 쉬운 일이다. 미국에서 면도용품, 시가, 바지, 넥타이, 근무복 등은 전통적으로 남성 제품이었으며, 팔찌, 헤어스프레이, 헤어드라이어, 달콤한 향이 나는 향수 등은 일반적으로 여성스러운 제품으로 간주되었다. 이러한 제품에 대한 성 역할 구분은 대부분 감소하거나 사라졌다(그림 9.1과 12.6 확인). 여성은 전통적으로 비타민의 주요 시장이었으나, 이제는 남성이 점점 전용 비타민 시장의 대상이 되고 있다. 더욱이 지난 몇 년 동안 남성들은 개인적 건강과 웰빙에 더 많은 관심을 보이고 있으며, 개인 관심분야에서 여성과의 격차가 줄어들고 있다. 마케터는 지난 수십 년 동안 가정을 위해 기본적인 식료품을 구매하는 남성이 꾸준히 증가하였다는 사실을 인지해야 한다. 한 연구에서 60세 이하의 남성들이 60세 이상의 남성보다 식료품 구매를 더 성 중립적으로 생각하는 것으로 나타났다. 반면, 다수의 40대 남성은 기술제품(컴퓨터, 휴대 전화, 디지털 카메라 등)의 구매를 성 중립적이라고 생각하였다.[75]

미디어와 광고 속의 여성 묘사

많은 여성들은 미디어나 광고가 대부분의 여성이 이룰 수 없는 아름다움에 대한 기대를 만들어내고 있다고 생각한다. 때문에 여성들은 아름다움의 '정의'가 바뀌길 바란다. 도브(Dove)는 진행 중인 광고 캠페인에서 '아름다움에 대한 전통적인 묘사'에 이의를 제기하고 여성을 사실적으로 묘사하여 이 문제에 대응하였다. 실제로 여성들은 회색머리, 주름, 결점 있는 피부를 가진 '현실적인 여성'에 초점을 맞춘 광고 메시지에 매우 긍정적인 반응을 보였다. 해당 광고 캠페인은 여성들에게 아름다움이 다양한 사이즈, 체형, 그리고 연령에서 시작된다고 말한다. 이러한 광고는 도브 제품 사용의 결과로 일반 여성이 대부분의 화장품 광고에 등장하는 아름다운(또는 포토샵으로 심하게 수정된) 모델처럼 될 것이라는 비현실적인 결론을 예방한다.

일하는 여성

많은 마케터들은 집 밖에서 일하는 여성(특히 기혼 직장여성)에 대해 흥미를 가지고 있다. 기혼 직장여성은 규모가 크고 성장세에 있는 세분시장이며, 그들의 욕구는 집 밖에서 일하지 않은 일반여성들(전업 주부)과 다르게 인식된다. 직장여성 시장의 규모는 매우 매력적이다. 미국 여성(16세 이상)의 약 60%가 노동 인구이고, 1세 이하의 자녀를 둔 전체 여성의 절반 이상이 일을 하고 있으며, 일하는 여성의 3/4 이상이 집에 아이가 있는 어머니이다. 일하는 여성이 많은 일들(일, 육아, 쇼핑, 요리 등)을 하루에 해내야만 하는 경우에 그 하루는 매우 길다!

마케터는 다양한 시장 세분화의 틀을 제공하기 위해 일하는 여성과 일하지 않는 여성의 동기를 구분하는 세분화 범주를 찾고 있다. 일부 연구에서는 여성 인구를 4개의 세분시장으로 나누었다.[76]

1. 전업 주부
2. 일하려는 주부
3. 생계형 직장여성
4. 경력 추구형 직장여성

'생계형 직장여성'과 '경력 추구형 직장여성' 사이에는 중요한 차이가 있다. '생계형 직장여성'은 가족의 추가적인 소득이 필요해서 일하지만, '경력 추구형 직장여성'은 스스로 선택한 직업에 대한 성취와 성공 욕구에 따라 더 열심히 일한다.

과거 그 어느 때보다 많은 여성이 대학을 졸업하고 노동인구로 합류하고 있어 경쟁력 있고 경력에 집중하는 여성의 수가 빠르게 증가하였다. 점점 더 많은 여성들이 중견기업이나 대기업의 경영진이 될 것으로 예측된다.

앞의 논의에서 점점 더 많은 여성이 기업의 CEO를 포함한 관리직을 추구하도록 동기부여 역할을 하는 주요 동력을 확인할 수 있었다.

1. 여성들이 주요기업의 CEO가 되기 위해 점점 더 노력하는 만큼 현재 더 빠른 속도로 성취되고 있으며 더 일반적인 선택이 되었다.

2. 현재 일하는 아내들의 약 40%는 남편보다 수입이 더 높다(여성 임원의 과거 성과는 더 많은 여성들이 좋은 CEO가 되기 위해 기량을 갖추어 가고 있다는 것을 입증한다).

3. 피임의 증가(1960년대 '피임약'의 출현으로 시작된)는 여성이 경력을 추구하고 결혼과 자녀양육을 지연하도록 더욱 부추겼다.

4. 여성은 미국 대학 등록자의 60% 이상을 차지하고 있으며, 남성보다 더 많은 석·박사 학위를 취득하고 있다.[77]

〈표 12.3〉은 일하는 여성의 세 가지 세분시장을 확인한 연구를 요약한 것이다.[78]

표 12.3　일하는 여성의 세분화
독립적인 여성
• 평균 소득이 33,200달러이고, 학사 학위를 소유한 28~34세의 미혼 여성.
• 경력을 쌓기에 바쁘고 그것을 즐긴다. 다른 사람에 대한 책임감을 원하지 않기 때문에 결혼과 아이 갖기를 미룬다.
• 25세쯤에 안정화된다고 생각하지 않는다.
• 늦게까지 일하는 것을 즐기고 늦게 외출하며 원하는 대로 자유롭게 행동한다.
• 결혼을 가족을 구성하기 위한 의무적인 단계라기보다 파티로 보며 심지어 결혼 전에 아이를 가질 수 있다.
• 패션은 성공의 표현이다. 여행, 옷, 보석, 그리고 자동차(샤넬, 프라다, 리츠칼튼, BMW 등)와 같은 범주의 명품 브랜드 구매를 갈망하지만 아직 저렴한 쇼핑을 좋아한다.
• 가상의 이미지를 실제의 이미지만큼 중요하게 생각하며 주로 모바일 기기를 통해 소셜 미디어를 아주 많이 사용(heavy user)한다.
엄마 성취자
• 평균 소득이 75,000달러이고, 35~45세의 일하는 어머니.
• 열심히 일하고, 좋은 학위를 소유하였으며 직장의 임원급이다.
• 전문적 지식을 갖추고 엄마로서의 도리에 최선을 다한다.
• 퇴근하는 것을 힘들어 한다(일에 복귀하는 월요일까지 기다릴 수 없다).
• 아이들과 보내는 시간을 50% 더 갖기보다 임금 인상 50%를 선택할 것이다.
• 자신을 위해 주로 고급 미용 제품과 서비스 등에 많은 돈을 쓴다. 구매 결정에 온라인 평가가 주로 영향을 미친다.
• 고급 제품을 구매하기에 앞서 사전조사에 시간을 할애하지만, 검소하며 할인 사이트를 찾는다.
최고의 여신
• 평균 소득이 69,000달러이고, 55~64세의 일하는 어머니.
• "지혜는 연령에 따라 온다." 자신이 무엇을 원하는지 알고, 그것을 얻을 자산이 있다.
• 가족에게 고급스러운 선물을 하는 것도 좋아하지만, 자신을 위해서 가장 좋은 것을 구매한다(고급 승용차, 여행, 처방약 등).
• 값비싼 향수를 구입하며 유명인 광고에 영향을 받는다.
• 인간관계에 자신이 있다. 결혼, 사별, 이혼, 또는 미혼 여부와 상관없이 독신생활에 편견을 갖지 않는다.
• 스마트폰과 같은 새로운 기술을 잘 수용한다. 일부는 데이트 상대나 새로운 관계를 찾기 위해 온라인을 이용한다.
• 또래 집단보다 TV를 더 시청하지만, 어쩔 수 없어 듣고 있는 것은 아니다. TV를 시청하는 중에 온라인 쇼핑을 하고, 문자를 보내거나 책과 잡지를 읽는다.
• 열정적인 관계를 갖기 위하여 사랑이나 성적 매력 중 어느 하나도 포기하지 않는다.

요약

학습목표 1 : 미국의 하위문화 및 그 하위문화와 미국 문화 간의 관계에 대해 이해한다.

하위문화 분석은 특정 하위문화 집단의 구성원들이 공유하는 특정 욕구, 동기, 지각, 태도 등에 맞춰 마케터가 시장을 세분화할 수 있도록 지원한다. 하위문화는 인식 가능한 세분시장으로서 규모가 더 크고 복잡한 집단에 존재하며 뚜렷이 구별되는 문화집단이다. 특정 하위문화의 구성원들은 그들을 포함한 상위집단의 다른 구성원들과 구별되는 일정한 신념, 가치, 관습을 가지며 동시에 전체 사회의 지배적인 신념을 유지한다. 미국의 주요 하위문화 범주는 국적과 인종, 종교, 지리적 위치, 연령, 성별을 포함한다. 각각의 하위문화는 특별한 광고문구의 소구와 선별적 매체 선택을 통해 도달할 수 있는 작은 세분시장으로 나눌 수 있다. 어떤 경우(노인 소비자와 같은), 세분시장의 특정욕구에 따라 제품 특성을 수정해야 한다. 모든 소비자는 동시에 여러 하위문화 집단의 구성원이므로 마케터는 특정 하위문화의 구성원들이 어떤 상호작용을 통해 소비자가 특정 제품과 서비스를 구매하는데 영향을 미치는지 밝혀야 한다.

학습목표 2 : 소비자 행동에 대한 국적과 민족 하위문화의 영향을 이해한다.

미국에는 3대 민족 하위문화가 있으며, 이 하위문화는 변함없이 독특한 세분시장으로서, 히스패닉(라틴계), 아프리카계 미국인, 아시아계 미국인 소비자가 있다.

라틴계는 미국 인구의 15%에 해당하며, 2050년까지 30%가 될 것으로 추정된다. 그들은 1조 2천억 달러에 달하는 추정 구매력, 많은 가족, 그리고 여러 세대로 구성된 대가족 가정에 살고 있다.

아프리카계 미국인 인구는 4,200만 명이며, 2050년까지 7천만 명으로 증가할 것으로 추정된다. 아프리카계 미국인은 1조 달러에 달하는 추정 구매력을 가지고 있다. 또한 50% 이상의 아프리카계 미국인이 35세 이하라는 것을 명심해야 한다. 일반적으로 아프리카계 미국인의 소비는 민족성보다는 사회적 지위를 표현하는 역할을 한다.

약 1,700만 명의 아시아계 미국인이 있으며, 이는 미국 인구의 5.6%에 해당한다. 그들은 가장 빠르게 성장하는 미국의 소수 민족이며 일부에서 2050년까지 3,500만 명에 달할 것이라고 추정하고 있다. 미국 내의 아시아계 인구 중에 가장 많은 민족은 중국, 필리핀, 인도, 베트남, 한국, 일본 순이다. 아시아계 미국인은 공통 언어를 사용하지 않으며, 매우 다양한 세분시장이다. 아시아계 미국 인구는 매우 도시화되었으며, 이들이 가장 많이 살고 있는 3대 대도시는 로스앤젤레스, 뉴욕, 샌프란시스코이다. 가장 눈에 띄는 아시아계 미국인의 특징은 높은 교육 수준이다.

학습목표 3 : 소비자 행동에 대한 종교적 소속감의 영향을 이해한다.

미국에는 200개 이상의 종교 조직 하위문화가 있다. 개신교, 천주교, 이슬람교, 유대교 등이 주요 종교 신앙이다. 모든 종교집단 구성원은 가끔 종교적 정체성에 의해 영향을 받는 구매의사 결정을 한다. 흔히 종교는 다양한 종교적 휴일을 기념하는 상징적이고 의례적인 종교용품에 대한 소비자 행동에 직접적인 영향을 미친다.

학습목표 4 : 소비자 행동에 대한 지역성의 영향을 이해한다.

미국은 기후와 지리적 조건이 다양한 넓은 나라이며, 미국인들은 지역적 정체성을 가지고 있고 이를 자신과 다른 사람들을 묘사하는 방법으로 사용한다. 이러한 꼬리표는 가끔 거론되고 있는 특정인에 대한 심상의 개발과 '고정관념' 형성에 도움이 된다. 주식(主食) 소비와 브랜드 선호도에도 지역적 차이가 존재한다. 국내 브랜드는 대부분의 브랜드 시장점유율이 지리적 영역에 따라 달라진다고 해도 전체 50개 주에서 사용가능한 브랜드이다.

판매 및 시장 점유율의 지리적 차이는 미국 내의 많은 소비재 브랜드들에 흔하게 발생하는 일인데 반해, 규모가 작은 국가들의 브랜드는 이와 유사한 지역적 차이가 나타나지 않는다. 그러나 규모가 크고 변화가 많은 아시아 국가들의 소비자 행동은 지역에 따라 상당한 차이가 있다.

학습목표 5 : 소비자 행동에 대한 연령과 세대 간의 영향을 이해한다.

최근 미국 인구조사에 따르면 미국인의 수는 317백만 명이다. 각 세대 구성원들은 고유의 우선순위와 구매패턴을 가지고 있으며 별개의 하위문화와 세분시장을 구성하고 있다. 중요한 변화는 부양자녀에서 은퇴노인이 되는 과정에서 제품과 서비스에 대한 중요한 개인적 수요변화가 발생한다는 사실이다. 시장 세분화에 적용되는 주요 연령집단은 X · Y · Z세대, 베이비부머, 노인 등이 있다.

Z세대는 1997년 이후에 출생한 사람들이다. Z세대의 구성원은 커뮤니케이션과 미디어 기술에 밀접하게 '연결'되었으며 평생 노출되고 그것을 사용해왔다. Z세대는 어느 세대보다 다양하며 미국에서 백인이 다수를 차지하는 마지막 세대이다. Z세대는 이전 세대보다 훨씬 더 다양하며 다른 민족, 인종, 종교의 사람들을 포함하는 사회적 집단이다. 마케터들은 Z세대 구성원들이 경제적 불확실성의 시대에서 성장하고 있기 때문에 그들의 부모보다 소득이 적은 최초의 세대가 될 것으로 내다보았다.

Y세대는 1980~1996년 사이에 출생한 사람들이다. Y세대 구성원들은 기술의 발전과 함께 성장했으며 그것을 받아들였다. 이들은 자녀 중심의 가정, 청소년 중심의 사회, 그리고 미국에 대한 자부심 속에서 성장했기 때문에 다른 세대에 비해 더 자신감이 넘친다. Y세대 소비자는 빠른 제품회전, 개인적인 프로모션, 그리고 쌍방향 마케팅 플랫폼을 원한다. 이들 중 많은 사람들이 나만을 위해 설계된 제품, 나만의 네트워크를 통한 메시지 참여, 그리고 제품 평가를 원한다. Y세대에게 접근하기 가장 효과적인 방법은 온라인과 케이블 TV를 통한 메시지 전달이다. 또한 이들은 문자 메시지와 스마트폰을 가장 많이 사용한다.

1965~1979년 사이에 출생한 X세대는 약 5,000만 명으로 구성되어 있다. X세대 소비자는 1조 달러 이상의 구매력을 갖은 시장이다. 상표를 좋아하지 않고, 냉소적이며, 주목받거나 나서기를 원하지 않는다. 베이비부머인 부모들과 달리 결혼이나 출산을 서두르지 않으며, 높은 급여 소득을 위하여 과도하게 일하지 않는다. 일반적으로 X세대 소비자에게 직업의 만족도는 급여보다 더 중요하다. 따라서 이들은 한 회사에 장기 고용되는 것에 특별히 관심이 없다. 대신에 업무와 생활에 어느 정도 유연성을 제공할 수 있고, 약간의 즐거움을 줄 수 있는 근무환경의 회사에서 일하는 것을 선호한다. 이들은 다른 것에 의존하지 않고 작은 베이비부머가 아닌 집단으로 마케터에게 인식되길 바란다.

베이비부머는 1946~1964년 사이에 출생하였다. 이들은 7,800만 명으로 미국 성인 인구의 40%를 넘으며 인기 있는 세분시장이다. 전문직과 관리직의 약 50%를 차지하고 있으며 절반

이상이 최소한 1개 이상의 학사 학위를 소유하고 있다. 이들은 크고 독특한 연령대이다('베이비부머'라는 용어는 미국 세대에서 처음으로 구별되고 일반적으로 인식된 이름이었다). 그들은 가끔 전체 소비재 범주에 영향을 미치는 유사한 구매의사결정을 내린다. 유행을 창조하며 신분상승을 지향하는 전문가로서 모든 연령 세분시장의 소비자 취향에 영향을 미쳐왔다. 이들은 미국 소비재 지출의 거의 절반을 차지하고 있으며 가처분 소득의 65~75%를 장악하고 있다. 2010년에 미국인의 1/3 정도(약 9,710만 명)가 50세 이상이 되었다. 미국퇴직자협회는 이 연령대의 미국 소비자들이 미국 금융자산의 약 80%를 소유하고 있는 것으로 추정하고 있다.

미국은 노화되고 있다. 베이비부머의 상당수가 이미 60대가 넘었으며 10년 내에 더 많아질 것이다. 2006년에 65세 이상의 인구가 3,700만 명 이상이었다(전체 인구의 약 12.5%). 2050년까지 8,800만 명 이상의 미국인(전체 인구의 약 20%)이 65세 이상이 될 것으로 예상한다. 게다가 20세기에 미국의 기대 수명은 약 47년에서 77년으로 증가되었다. 물리적 이동성, 건강, 재정적 원천, 그리고 은퇴와 노화에 대한 태도 측면에서 사람들은 다르게 늙어가기 때문에 노인 소비자는 동적인 집단이 아니다. 인지연령은 자신이 얼마나 나이 들었는가에 대한 개인의 지각이다. 마케터는 지각 연령이 실제 연령보다 행동을 결정하는 데 더 중요하다는 것을 이해해야 한다.

학습목표 6 : 소비자 행동에 대한 성별의 영향을 이해한다.

성별의 역할은 중요한 문화적 요소를 가지고 있기 때문에 하위문화 범주로 성별을 검토하는 것은 아주 적절한 방법이다. 모든 사회에서 구별된 특성과 역할을 성별로 부여하려는 경향이 있다. 전통적으로 여성에게는 육아에 대한 책임과 함께 주부로서의 역할이 주어졌으며, 남성에게는 부양과 가장으로서의 책임이 주어졌다. 하지만 이러한 역할은 더 이상 적용되지 않는다. 그러므로 마케터는 성별과 관련된 역할 선택에 대해 소비자에게 넓은 시야를 어필해야 한다. 또한 '성별 차이'는 성별과 연결된 많은 분야나 제품, 행동에서 그 격차가 축소되고 있다. 마케터는 일하는 여성 세분시장에 대해 특별히 주목하고 있으며, 이 세분시장의 다양한 하위문화에 대해 조사가 이루어지고 있다.

복습과 토론 문제

12.1 미국과 같은 국가에서 하위문화 분석이 특별히 중요한 이유는 무엇인가?

12.2 식품 관련 마케터 입장에서 하위문화 세분시장의 중요성에 대해 토론해보시오. 지역별로 마케팅 믹스를 시행해야 하는 식품을 찾고, 왜 그리고 어떻게 미국의 전 지역에 걸쳐 마케팅 믹스가 달라지는 설명하시오.

12.3 다음 제품의 마케터가 아프리카계 미국인, 히스패닉, 아시아계 미국인 소비자 사이에서 시장 점유율을 높이기 위해 설계된 홍보 캠페인 개발에서 어떻게 이 장에서 제시된 내용을 이용할 수 있는가? 제품은 (a) iPods, (b) 시리얼, (c) 유명디자이너 청바지

12.4 전체 미국 인구에서 아시아계 미국인은 비율이 낮다. 왜 그들은 중요한 세분시장인가? 어떻게 하면 태블릿 컴퓨터 마케터가 효과적으로 아시아계 미국인을 타깃팅 할 수 있는가?

12.5 50세 이상 시장의 예상 성장 관점에서 어떤 화장품 선도기업이 자사에서 가장 많이 판매된 여성용 얼굴 보습 크림의 마케팅 전략을 재평가하고 있다. 이 기업이 젊은 여성(50세 이하)용 제품뿐만 아니라 더 나이 든 여성용 제품도 출시해야 하는가? 아니면 하나의 제품으로 양쪽 연령 집단을 타겟팅 하기 보다 50세 이상의 소비자를 위한 새로운 브랜드와 방식을 개발하는 것이 더 현명한가?

12.6 마케터는 보통 같은 연령의 사람들도 매우 다른 라이프 스타일을 보인다는 것을 안다. 이 장에서 제시한 증거를 사용하여 퇴직자용 주택 개발자가 시장세분화를 위해 미국 노인의 라이프 스타일을 어떻게 이용할 수 있는지 토론해보시오.

12.7 a. 마케터는 일하는 여성에게 제품과 서비스를 어떻게 홍보해야 하는가? 소구에 무엇을 이용해야 하는가?
   b. BMW 판매점의 사장으로서 일하는 여성을 대상으로 어떤 종류의 마케팅과 서비스 전략을 사용해야 하는가?

실전 과제

12.8 대학에서 하위문화로 간주될 수 있는 집단을 찾아보시오.
   a. 하위문화 구성원의 규범, 가치, 행동을 설명하시오.
   b. 신용카드의 사용에 대한 하위문화의 구성원 5명의 태도를 인터뷰하시오.
   c. 선택한 집단을 대상으로 신용카드 광고를 하기 위한 조사결과의 시사점은 무엇인가?

12.9 자동차 구입에 관하여 베이비부머와 성인 Y세대 소비자를 각각 1명씩 인터뷰하고, 두 사람 사이의 태도 차이에 관한 보고서를 준비하시오. 조사 결과가 베이비부머와 Y세대 구매자 간의 차이에 대한 이 책의 논의를 지지하는가?

12.10 가치 대비 가격에 대한 당신의 지각은 대부분 부모나 조부모와 다를 수 있다. 연구자들은 이런 차이를 소비패턴이 삶의 초기에 결정된다고 보는 코호트 효과(cohort effects)의 결과로 본다. 따라서 젊은 시절에 다른 경제적·정치적·문화적 환경을 경험한 사람은 성인이 되어 다른 유형의 소비자가 될 가능성이 높다. 당신의 구매결정에 대하여 부모 또는 조부모가 반대하거나 비판한 사례를 설명하시오. 그 의견충돌에서 각 당사자의 입장에 따른 코호트 효과를 설명하시오.

12.11 노인을 대상으로 한 직접광고 중에서 긍정적 사례와 부정적 사례를 각각 2개씩 찾아보시오. 그 광고들은 어느 정도 정형화되어 있나? 그 광고들은 인식연령의 개념을 반영하고 있나? 이 장에서 학습한 노인 소비자 대상 광고의 일부 내용을 적용하여 어떻게 그 광고들을 개선할 수 있는가?

주요 용어

비교문화적 소비자 행동 : 국제적 관점

학습목표

1. 효과적인 마케팅 전략 개발을 위해 다른 문화의 가치와 관습에 대한 연구 방법을 이해한다.

2. 글로벌 시장 진출을 위해 제품을 현지화할 것인지 또는 표준화된 제품을 판매할 것인지에 대한 의사결정 방법을 이해한다.

3. 글로벌 마케팅 기회를 정의하는 방법을 이해한다.

4. 다국적 시장 세분화를 위한 사이코그래픽 변수 적용 방법을 이해한다.

파텍필립은 세계 최고의 스위스 시계 제조업체 중 하나이다. 그 제품의 가격은 15,000~1,000,000 달러까지 다양하며, 1928년 모델 중 하나는 360만 달러에 판매됐다. 파텍필립 시계는 판매하는 국가와 상관없이 정확히 동일한 방식으로 생산되고, 포장되며, 포지션되는 **세계적 브랜드**(world brand)이다. 〈그림 13.1〉의 광고처럼 파텍필립은 광고문구가 각기 다른 언어로 제작된 글로벌 캠페인을 만들었다. 그러나 광고가 전달하려는 메시지는 동일하다. '파텍필립은 독특한 시계일 뿐만 아니라 가보입니다. 그것은 한 세대에서 다음 세대로 전해지는 변하지 않는 유산입니다. 고급스럽고, 필수적이며, 자녀에 대한 보편적이고 문화적 진리인 부모의 깊고 영원한 유대감을 상징합니다.' 파텍필립의 전체 광고 캠페인과 같이 슬로건으로 사용된 "나만의 전통을 시작하라."는 문구는 브랜드의 토대에서 비롯된다. "당신은 진정으로 파텍필립을 소유하지 않았다. 단지 다음 세대를 위해 맡고 있는 것에 불과하다."

모든 제품, 서비스, 또는 기업이 글로벌 마케팅 전략에 적합한 것은 아니다. 실제로 〈표 13.1〉은 전체 국가와 문화에 걸쳐 소비재를 판매하는 기업이 사용할 수 있는 네 가지 마케팅 전략을 보여준다. **글로벌 마케팅 전략**(global marketing strategy)은 전 세계적으로 동일한 포지셔닝 접근과 커뮤니케이션을 이용하는 동일한 제품으로 구성되고, **현지화 마케팅 전략**(local marketing strategy)은 각각의 고유한 시장에 대하여 제품과 커뮤니케이션 프로그램의 고객화로 구성되며, 이 **혼합 마케팅 전략**(hybrid marketing strategy)은 제품 또는 광고 메시지 중 하나를 표준화하고 다른 하나는 고객화한다.

〈표 13.1〉은 네 가지 시장성장 기회를 나타낸다. 마케터는 가장 좋은 전략을 선택하기 위해서 비교문화 소비자 분석을 통해 대안 제품과 홍보 주제에 대한 소비자 반응을 파악해야 한다. 가령 미국의 스낵 식품의 거인인 프리토레이는 전 세계의 자사 감자칩에 대한 홍보 메시지를 표준화하고 있지만 다양한 시장에 대하여 다른 맛의 제품을 만들었다. 전체 국가와 문화에 걸쳐 감자칩의 가장 좋은 맛은 다음과 같다.

1. 레이즈샤워크림댄드어니언(전 세계적으로 대중적임)

2. 딜피클(캐나다와 북미)

3. 머쉬룸(영국), 가든토마토앤드바질(전 세계 어린아이)

그림 13.1 세계적인 파텍필립

표 13.1	글로벌 마케팅 전략	
제품전략	커뮤니케이션 전략	
	표준화된 커뮤니케이션	**고객화된 커뮤니케이션**
표준화된 제품	글로벌 전략 : 동일한 제품/동일한 메시지	혼합전략 : 동일한 제품/고객화된 메시지
고객화된 제품	혼합전략 : 동일한 제품/고객화된 메시지	현지화 전략 : 고객화된 제품/고객화된 메시지

4. 페퍼릴리시(멕시코, 중미, 독일, 서유럽)

5. 클래식포테이토칩스, 핫앤드사워(아시아)

6. 인디아스민트미스치프, 라임(레몬 주스를 뿌려 아이들이 좋아함)

7. 러플즈마요네즈칩스

비교문화 분석과 문화적응

학습목표

1 효과적인 마케팅 전략 개발을 위해 다른 문화의 가치와 관습에 대한 연구 방법을 이해한다.

소비자 행동 측면에서 **비교문화 분석**(cross-culture analysis)은 2개국 이상의 소비자가 유사하거나 상이한 정도를 밝히는 것으로 정의된다. 이러한 분석은 미국이 아닌 다른 국가를 표적시장으로 선정하려는 마케터에게 효과적인 마케팅 전략을 수립할 수 있도록 심리학적·사회적·문화적 특징에 대한 이해를 제공한다. 〈표 13.2〉는 비교문화 분석에서 고려되어야 할 연구문제가 열거되어 있다. 또한 비교문화의 소비자 분석은 한 국가에서 하위문화 집단(12장 참조) 간의 비교도 포함될 수 있다 (예 : 영국계와 프랑스계 캐나다인, 미국의 쿠바계 미국인과 멕시코계 미국인, 또는 북아일랜드의 개신교도와 천주교도).

비교문화 분석의 목적은 둘 또는 그 이상의 사회가 어떻게 유사한지 그리고 어떻게 다른지를 밝히는 것이다. 예를 들어, 〈표 13.3〉은 중국과 미국의 문화적 특성 차이를 보여준다.[1] 중국과 멕시코 같은 나라는 '집단주의'('우리') 문화이지만, 미국과 영국은 '개인주의'('나') 문화이다. 캐나다의 몬트리올에서 실시한 '나'와 '우리' 소비자에 대한 비교 연구에서 항공여행에 대한 기대 형성과정에서 집단주의자들은 신뢰성 있고 친숙한 원천인 구전(WOM)에 더 의존하는 것으로 밝혀졌다. 반면 개인주의자들은 확실한 언어 또는 문자 커뮤니케이션에 의존하며 명시적이고 절대적인 약속과 제3자에 대

표 13.2	비교문화 분석
요인	사례
언어와 의미의 차이	단어 또는 개념(예 : '개인 계좌', 체킹)은 두 개의 서로 다른 국가에서 동일한 의미가 아닐 수 있다.
시장 세분화 기회의 차이	표적고객의 소득, 사회 계급, 나이, 성별은 두 개의 서로 다른 나라 사이에 극적으로 다를 수 있다.
소비 패턴의 차이	두 나라는 소비 수준이나 제품 또는 서비스 사용이 실질적으로 다를 수 있다(예 : 우편주문 카탈로그).
제품과 서비스에 대한 지각된 편익의 차이	두 나라는 매우 다른 방식으로 동일한 제품(예 : 요구르트)을 사용하거나 또는 소비할 수 있다.
제품 및 서비스에 대한 평가 기준의 차이	서비스(예 : 은행카드)에 대해 추구하는 편익이 국가마다 다를 수 있다.
경제적·사회적 조건과 가족 구조의 차이	가족 의사 결정의 '스타일'은 국가별로 상당히 다를 수 있다.
마케팅 조사 및 조건의 차이	소매점 및 DM 목록의 유형과 품질이 국가 간에 크게 다를 수 있다.
마케팅 조사 가능성의 차이	전문 소비자 조사자의 가용성은 국가마다 상당히 다를 수 있다.

표 13.3 중국과 미국의 문화 비교	
중국 문화적 특성	미국 문화적 특성
• 유교적 특징에 따른 관계 중심 • 권위에 순종적이다. • 조상 숭배 • 자연과 조화를 추구하여 운명을 수동적으로 수용 • 의미와 느낌의 내적 경험을 강조 • 안정성과 조화를 소중하게 여기는 닫힌 세계관 • 친족관계와 역사지향적인 전통에 의존한다. • 수직적 대인관계를 중시한다. • 가족, 일족, 국가에 대한 의무를 가치 있게 생각한다.	• 개인 중심 • 자립에 중점을 둔다. • 계급적 차별에 분개 • 사람과 자연의 관계에서 적극적으로 지배 • 외적 경험과 사물 세계에 관심 • 변화와 움직임을 강조하는 열린 세계관 • 합리주의를 신봉하며 미래 지향한다. • 수평적 차원의 대인관계를 중시한다. • 개인의 개성을 가치 있게 생각한다.

출처 : Alexander Josiassen, "Consumer Disidentification and Its Effects on Domestic Product Purchases: An Empirical Investigation in the Netherlands," *Journal of Marketing*, Vol. 75 (March 2011): 124−140.

한 중요성에 더 무게를 둔다.[2] 호주(개인주의 국가)와 싱가포르(집단주의 국가)의 소비자에 관한 연구에서 싱가포르 소비자가 호주 소비자에 비해 가상 구매상황에서 사회적 영향에 대해 더 많이 반응한다는 것이 밝혀졌다. 게다가 호주인 피실험자가 더 내부지향적인데 반해 싱가포르인은 외부 지향적이었다. 이는 호주인이 좋은 또는 나쁜 구매의사결정의 결과에 대해 더 많은 책임을 느낀다는 결과이다.[3]

국가 사이에 존재하는 유사점과 차이점에 대한 이해는 특정 해외시장의 소비자에게 접근하기 위한 적절한 전략을 수립해야 하는 다국적 마케팅 관리자에게 매우 중요하다. 국가 간의 유사성이 클수록 각 국가에서 유사한 마케팅 전략을 사용할 가능성이 높아진다. 그러나 특정 대상 국가의 문화적 신념, 가치, 관습이 많이 다르다는 것이 발견되면 각 국가에 적절한 고도로 개별화된 마케팅 전략이 필요하다. 다른 사례를 살펴보면, 가구 회사 이케아는 영어판 글로벌 웹사이트를 운영하는 것 외에 언어 선택을 통한 현지화된 웹사이트와 더 많은 언어를 통한 연락처 정보만 제공되는 미니 사이트도 운영한다.

중부 유럽 4개국(크로아티아, 체코, 헝가리, 폴란드)을 대상으로 한 연구에서 이들 국가가 동일한 지역에 있지만, 국가적인 차이로 인해 4개국 모두에 동일한 광고 내용과 이미지를 사용하는 것은 현명하지 않은 것으로 밝혀졌다.[4] 그러나 이 연구 결과와 대조적으로 아시아 지역 브랜드 개념을 조사한 다른 소비자 연구에서는 일부 마케터들이 자사의 브랜드에 '국가 간 경계를 넘어 어필'할 수 있는 '다문화 모자이크'를 창출할 수 있었다는 것을 발견하였다. 이는 '도시적이고 현대적이며 다문화적인' 아시아 소비자의 이미지를 창출함으로서 가능하였다.[5]

일부 외국기업의 제품 및 서비스의 출시 성공은 여러 국가에서 신념, 가치, 관습이 제품 사용의 결정과 얼마나 유사한가에 따라 영향받을 개연성이 있다. 예를 들어, 주요 국제 항공사(아메리칸에어라인, 브리티시에어웨이, 컨티넨탈에어라인, 에어프랑스, 루프트한자, 콴타스, 스위스에어, 유나이티드에어라인)는 전 세계 TV와 잡지를 통해 비즈니스석과 1등석을 이용하는 국제 여행객에게 고급스럽고 정성을 다하는 서비스를 제공할 것이라고 광고한다. 그들이 여러 문화권을 대상으로 이런 광고를 실행하는 이유는 전 세계적으로 많은 공통점을 지닌 사람들(고급 국제 비즈니스 여행객)에게 관심을 불러일으키기 위한 것이다.

표 13.4	4개국의 '소비자 스타일'

독일 소비자

- 브랜드 충성도 낮음
- 가격에 더 민감함
- 제품의 다양성을 추구할 가능성이 가장 낮음
- 스스로를 충동 구매자로 생각할 가능성이 가장 높음
- 쇼핑을 싫어한다고 말할 가능성이 가장 낮음

미국 소비자

- 프랑스와 독일 소비자에 비해 새롭고 다양한 제품을 추구할 가능성이 더 높음
- 프랑스와 독일 소비자에 비해 광고를 정보로 참조하는 경우가 많음

영국 소비자

- 프랑스와 독일 소비자에 비해 새롭고 다양한 제품을 추구할 가능성이 더 높음
- 프랑스와 독일 소비자에 비해 광고를 정보로 참조하는 경우가 많음
- 광고를 모욕으로 이해함

프랑스 소비자

- 쇼핑을 재미없다고 믿음
- 비교 쇼핑 참여를 표방하지만, 세일 기간 중 제품을 구매할 가능성이 가장 낮음

표 13.5	4개국의 소비자 집단(세분시장)			
소비자 집단	프랑스	독일	영국	미국
가격 민감형 소비자	27.5	38.7	19.3	21.0
다양성 추구형 소비자	22.0	19.4	22.4	23.3
브랜드 충성형 소비자	30.4	20.0	36.2	22.2
정보 추구형 소비자	20.1	21.9	22.1	33.5

한 연구는 4개국(미국, 영국, 프랑스, 독일)을 대상으로 '소비자 스타일'(가격, 가치 등에 대한 태도, 신념, 의사결정규칙을 포함하여 소비자가 구매와 소비를 어떻게 경험하는가)에 관한 차이를 조사하였다.[6] 〈표 13.4〉는 4개국의 피실험 참가자들 간의 차이점을 보여주고 있다. 소비자 스타일에 기초하여 연구자들은 이 소비자들을 4개의 집단으로 세분화할 수 있었는데 〈표 13.5〉에 나열한 바와 같이 (1) 가격 민감형 소비자 (2) 다양성 추구형 소비자 (3) 브랜드 충성형 소비자 (4) 정보 추구형 소비자로 구분된다. 가령 독일 소비자는 연구에 참가한 다른 3개국 소비자에 비해 브랜드 충성도는 낮고 가격 민감도는 높은 경향이 있기 때문에 브랜드 충성형 소비자 집단에서 낮게, 가격 민감형 소비자 집단에서 높게 나타났다.[7]

비교문화적 관점의 척도

소비 관련 문화적 차이를 평가하기 위한 몇 가지 틀이 있다. 한 연구에서는 비교문화 연구에서 검토해야 하는 차원을 확인하였다.[8]

1. 자국 제품의 품질에 대한 판단
2. 자국 제품에 대한 구매의도

3. 자기민족 중심주의 — 외산제품을 구매하려는 의지(3장 참조).

4. 자국 소비문화에 대한 인식

5. 문화적응 — 자국 문화에 대한 동일시

6. 민족적 자아 동일시

7. 국민적 자아 동일시

다른 연구에서는 지역 및 글로벌 제품에 대한 소비자 태도의 상관 관계에 대해 조사했다. 그 결과 이러한 태도를 측정하기 위한 주요 차원을 다음과 같이 확인하였다(각 항목의 예문은 '동의한다'나 '동의하지 않는다'의 척도로 표시).[9]

1. 엔터테인먼트

"자국에서 인기 있는 전통적인 엔터테인먼트보다 세계적으로 인기 있는 엔터테인먼트를 더 즐긴다."

"자국에서 인기 있는 전통적인 엔터테인먼트뿐만 아니라 세계적으로 인기 있는 엔터테인먼트도 즐긴다."

2. 가구

"세계적으로 인기 있는 가정용 가구보다 자국의 전통 가구를 선호한다."

"자국 가정용 전통 가구 또는 세계적으로 인기 있는 가구를 정말로 좋아하지 않는다."

3. 음식

"자국에서 인기 있는 전통 음식보다 세계적으로 인기 있는 음식을 더 즐긴다."

4. 라이프 스타일

"세계의 다른 국가 소비자와 유사한 라이프 스타일보다 자국의 전통적 라이프 스타일을 선호한다."

"자국 전통적 라이프 스타일 또는 세계의 많은 국가 소비자에게 매우 흥미로운 유사한 라이프 스타일을 찾지 못했다."

5. 브랜드

"자국에서만 판매되는 지역 브랜드보다 세계적으로 판매되는 브랜드 구매를 선호한다."

"자국에서만 판매되는 지역 브랜드와 세계적으로 판매되는 브랜드 구매를 모두 선호한다."

또 다른 연구에서는 비교문화적 측정에 사용할 수 있는 개인적 문화 성향을 확인하였다(각 차원의 핵심 문장은 '동의한다'와 '동의하지 않는다'의 척도로 표시).[10]

1. 독립성

"다른 사람에게 의존하기보다 스스로를 믿는다."

"다른 사람으로부터 독립적인 내 개인적 정체성은 나에게 중요하다."

2. 상호의존성

"내가 속한 집단 구성원의 행복은 나에게 중요하다."

"내가 속한 집단 구성원과 협력할 때 기분이 좋다."

3. 영향력

"나보다 높은 위치에 있는 사람이 바라는 것을 쉽게 따른다."

"상급자의 요청을 거절하는 것이 어렵다."

4. 사회적 평등

"사람의 사회적 지위는 사회에서 자신의 위치를 반영한다."

"자신의 올바른 사회적 위치를 아는 것은 모든 사람에게 중요하다."

5. 위험회피

"낯선 사람과 이야기하는 것을 꺼리는 경향이 있다."

"예측할 수 없이 변화무쌍한 삶보다 규칙적인 삶을 선호한다."

6. 애매한 관용

"명확한 지침과 지시가 없는 역할 수행에 어려움을 느낀다."

"포괄적인 지침보다 구체적인 지시를 선호한다."

7. 남성성

"일반적으로 여성이 남성보다 배려심이 더 많다."

"일반적으로 남성은 여성보다 신체적으로 더 강하다."

8. 양성평등

"남성이 가끔 감성적이어도 좋다."

"남성만이 가족의 유일한 부양자일 필요는 없다."

9. 전통

"나의 문화가 자랑스럽다."

"전통을 존중하는 것은 중요하다."

10. 신중함

"장기적 계획을 세우는 것이 옳다고 생각한다."

"미래의 성공을 위해 열심히 일한다."

11. 소비자 자국중심주의

"우리 경제에 위협이 되는 외산 제품을 구매하지 않아야 한다."

"우리나라에서 생산되지 않는 제품만 수입해야 한다."

12. 소비자 혁신성

"기존 제품보다 신제품에 더 흥미가 있다."

"새롭고 특이한 제품 구입을 좋아한다."

문화 적응

문화 적응(acculturation)이란 마케터가 비교문화 분석을 통해 다른 국가의 가치, 신념, 관습에 대하여 학습하고 이 지식을 해외 제품 출시에 적용하는 과정이다. 실제로 문화적응은 이중 학습과정이다. 첫째, 마케터는 제품 출시를 계획 중인 특정 집단에서 제품 및 제품 범주와 관련된 모든 것을 학습해야 한다. 그리고 제품과 관련된 기존의 전통적 방식을 깨고 신제품을 선택하도록 하기 위해 그 집단의 구성원을 설득 또는 '학습'시켜야 한다. 해외에서 문화적으로 새로운 제품이 수용되기 위해서 마케터는 그 집단의 구성원이 가지고 있는 전통을 수정하거나 깨도록 용기를 북돋아줄 수 있는 전략을 개발해야 한다(태도 변화와 가능한 행동 수정). 예를 들어, 개발도상국에서 아이들을 대상으로 소아마비 예방접종을 하도록 소비자를 장려하는 사회적 마케팅 노력은 2단계의 문화적응 과정이 요구된다. 첫째, 마케터는 예방의학에 관한 그 사회의 현재 태도와 관습에 대한 심층적인 사진을 확보해야 한다. 그리고 그를 통해 현재 태도의 변화가 요구되어도 마케터는 표적시장 구성원의 아이들을 예방 접종하도록 설득할 홍보 전략을 고안해야 한다.

국제적 확장을 고려하는 수많은 마케터들이 제품이 국내에서 성공하면 해외에서도 성공할 것이라고 믿고 있다. 이러한 편향된 관점은 해외 마케팅 실패 가능성을 증가시킨다. 이것은 뚜렷하게 다른 문화의 고유한 심리적·사회적·문화적, 그리고 환경적 특성에 대한 공감 부족을 나타낸다. 이러한 근시안적 관점을 극복하기 위해서 마케터는 영업을 계획하고 있는 외국에서 제품 및 제품 범주의 사용자 또는 잠재 사용자와 관련 있는 모든 것을 학습해야 한다. 중국 문화를 예로 들면, 서양의 마케터가 중국에서 성공하기 위해서는 구오칭('gwor ching')을 고려하는 것이 중요하며 이는 '중국의 특수한 상황이나 특성을 고려하는 것'을 의미한다. 서양 마케터를 위한 구오칭의 한 가지 사례는 한 가정당 아이를 1명으로 제한하는 중국의 정책이다. 이 정책에 대한 평가는 중국 가정이 한 아이('소황제')를 위해 특별히 높은 품질의 유아 제품 분야에 기회가 있다는 것을 외국 기업이 이해해야 한다는 것을 의미한다.

소비자 조사의 어려움

외국에서 소비자 조사연구를 하는 것이 어려울 때가 종종 있다. 예를 들어, 중동의 이슬람 국가에서는 서양식 시장 조사를 하기 어렵다. 가령, 사우디아라비아의 경우 길거리에서 지나가는 사람들을 멈추게 하는 것은 불법이며, 대부분 4명 이상의 모임(가족과 종교 모임 제외)은 금지되어 있기 때문에 표적집단 면접법(focus group interview, FGI)은 비현실적이다. 러시아에서 사업을 하고자 하는 미국 기업은 소비자와 시장 통계에 대한 정보의 양이 한정적이라는 것을 알게 된다. 마찬가지로 중국의 마케팅 조사 정보도 충분하지 않으며, 개인적인 문제에 대해 질문하는 설문조사는 의심을 불러일으킨다. 그래서 마케터들은 필요로 하는 데이터를 도출하기 위해 다른 방법을 시도했다. 예를 들어, 그레이 광고는 낯선 사람에게 중국 어린아이들이 선호하는 것을 설명하도록 요청하는 대신에 그들에게 카메라를 주고 자신이 좋아하는 것과 좋아하지 않는 것을 사진에 담을 수 있게 하였다. 또한 AC닐슨은 회의실 대신에 술집과 어린아이 놀이방에서 FGI를 실시했고, 레오 버넷은 소비자와 친해지기 위해 조사자를 중국으로 보냈다.

국제 마케팅 조사의 또 다른 문제는 측정의 규모에 관한 것이다. 미국에서는 5점이나 7점 척도가 충분할 수 있으나, 다른 나라에서는 10점이나 20점 척도까지도 필요할 수 있다. 더욱이 인터뷰용 전화와 같은 연구시설은 특정 국가나 장소에서 사용이 불가능할 수 있다. 이러한 문제를 방지하기 위해서 조사자는 잠재시장으로 평가하고 있는 국가의 조사 서비스 가용성을 숙지해야 하며, 유용한 자료를 얻을 수 있는 마케팅 조사 연구의 설계 방법을 학습해야 한다. 또한, 표준연구방법론이 문화적 차이로 인해 부적절할 수 있다는 것을 명심해야 한다.

현지화 대 표준화

학습목표

2 글로벌 시장 진출을 위해 제품을 현지화할 것인지 또는 표준화된 제품을 판매할 것인지에 대한 의사결정 방법을 이해한다.

이 장의 도입부에서 설명했듯이, 해외 마케팅을 하는 미국 기업들은 다른 나라에서 자사의 제품을 조정하거나 자국에서와 같은 방식으로 출시할 수 있다. 예를 들어, 맥도날드는 해외로 진출한 각각의 문화적 시장에서 고객에 대한 광고와 그 밖의 마케팅 커뮤니케이션의 지역화를 시도하는 기업의 사례이다.

현지화를 위한 제품과 서비스의 고객화

우리 모두가 알고 있는 로널드맥도날드(Ronald McDonald)는 일본어에 'R' 발음이 없기 때문에 일본에서 도널드맥도날드(Donald McDonald)로 상호를 변경하였다. 또한, 일본 맥도날드는 메뉴에 옥수수 수프와 녹차 밀크셰이크를 추가하여 현지화하였다.[11] 스웨덴에서는 식품 가치와 야외에서 소비자의 관심에 어필하기 위해 목판 그림을 이용한 새로운 패키지와 더 부드러운 디자인을 개발하였다. 프랑스인은 한 사람당 빵을 하루에 약 150g, 연간 약 55kg을 소비한다. 프랑스인은 모든 식사에서 빵을 포크나 나이프처럼 활용하여 음식 주변을 밀면서 먹는다. 프랑스 맥도날드는 프랑스의 유명한 샤로비프를 넣고 프랑스산 에멘탈 치즈와 머스터드를 올린 햄버거와 전통 프랑스산 빵으로 구성된 맥바게트를 도입했다.[12] 필리핀인은 말린 닭고기와 밥이나 스파게티를 함께 먹는 것을 좋아한다. 그래서 KFC와 맥도날드는 그들에게 그러한 메뉴를 제공하고 있다.

반면 경쟁사인 피자헛이 중국에 진출하였을 때, 모기업인 얌브래드는 피자헛 캐주얼 다이닝을 도입하기로 했다. 피자헛 캐주얼 다이닝 체인은 메뉴와 디자인 측면에서 치즈케이크 공장과 매우 유사하며 립스, 스파게티, 스테이크뿐만 아니라 카페라떼를 포함한 여러 가지 미국 음식을 제공한다. 그러나 도미노피자는 매장에서 피자를 서비스하는 것이 현지화에 이용됨에도 이 사실에 무관심했다. 도미노피자는 전 세계에서 효율적으로 사용하고 있는 검증된 사업 모델인 배달과 테이크아웃으로 새로운 시장에 진출하였다. 반면에 미국의 경쟁 체인인 피자헛은 중국, 인도, 그리고 기타 신흥시장에서 자국과 현저하게 다른 소비자 트렌드에 맞추기 위해 탈바꿈했다.[13]

스타벅스는 여러 유럽국가에서 제공되는 메뉴를 수정하였다. 예를 들어, 영국인은 테이크아웃 커피를 좋아해서, 영국 내에 수백 곳을 차에 탄 채로 주문할 수 있도록(drive-through locations) 계획하고 있다. 많은 영국인이 스타벅스 커피가 너무 묽다고 생각하기 때문에 영국의 바리스타는 최근 에스프레소에 추가 샷을 무료로 제공하기 시작했다. 프랑스인의 60%가 에스프레소를 좋아하는데, 많은 사람들이 스타벅스의 에스프레소에서 탄 맛이 난다고 불평했다. 이에 대응하여 스타벅스는 파리에서 연한 '브론디' 에스프레소로스트를 출시하였다. 런던에서는 주문과 함께 고객의 이름을 받아 붙이고, 커피가 준비되었을 때 고객의 이름을 부르는 실험을 하였다. 참여 고객은 무료 커피를 얻었지만, 많은 사람들이 트위터를 통해 미국 스타일의 가식적인 '상냥함'에 대해 비난하였다. 암스테르담의 매장은 현지의 숲과 아방가르드 건축 양식을 이용해 굉장히 매력적인 공간을 창출했다. 이곳은 시 낭독을 위한 무대가 있으며, 트랜디한 동네 가게처럼 느껴지게 설계했다.[14]

레이밴, 랄프로렌, 프라다 등의 브랜드가 부착된 선글라스 제작사는 특별히 중국인에게 맞춘 안경을 중국에서 만들기 시작했다. 이 전략은 부분적으로 아시아인의 얼굴 특성(안경이 없히는 낮은 콧등과 두드러진 광대뼈)에 더 잘 어울리게 만들기 위한 기술적인 수정을 포함했다. 또한 레이밴, 오클리, 보그는 특별한 아시아 컬렉션을 출시하였다.[15] 그에 비해, 마텔은 중국 부모가 딸들이 공부 잘하는 아이를 모델로 삼기를 바란다는 것을 학습한 후에 중국에서 바비인형 매장을 철수했다. 이후, 마텔은 중국에서 주로 교육용 장난감을 판매하기로 결정하였다. 홈디포는 중국인들이 직접 수선하는 것에 대한 관심이 부족하다는 것을 발견한 후에 중국에서 매장의 약 절반을 폐쇄하고, 중국 시장에 대한 새로운 전략을 마련하기로 결정했다.[16]

언어 장벽

많은 미국 브랜드 이름과 슬로건은 비영어권 국가에서 모두 수정되거나 변경되어야 한다. 언어적 차이는 아래에 소개하고 있는 사례와 같이 세계적으로 확장하고 있는 기업들이 직면한 가장 어려운 요인일 것이다.

1. 'Chevy Runs Deep' 이라는 슬로건은 어떤 언어로도 잘 번역되지 않는다. 자동차는 각각의 사람들에게 다른 무엇인가를 상징하기 때문에 이 기업은 이 슬로건을 'Find New Roads' 로 대체했다. 그 결과, 이 새로운 테마는 세계의 소비자에게 반향을 불러일으켰다.[17]

2. GM이 남아프리카에서 쉐비노바를 출시했을 때, 'no va' 가 '가지 않을 것이다(it won't go)' 라는 의미인 것을 알지 못했다. 차가 팔리지 않는 이유를 확인한 GM은 스페인어권 시장에서 그 차의 모델명을 카리브로 바꾸었다.

3. 파카펜이 멕시코에 볼펜을 출시하였을 때, 광고에서 "It won't leak in your pocket and embarrass you(주머니에서 잉크가 새어 곤란하게 하지 않을 것입니다.)" 라고 말하기로 되어 있었다. 그러나 이 기업은 'embarrass(곤란하게 만들다)' 를 스페인어로 'embarazar(임신시키다)' 와 같은 의미라고 착각했다. 그 결과 광고는 "It won't leak in your pocket and make you pregnant(그것은 당신의 주머니로 새어 임신하게 만들지 않을 것입니다.)" 라는 의미가 되었다.

4. 빅스가 처음 진해정(cough drops : 기침을 멎게 하는 알약)을 독일 시장에 출시하였을 때, 'v' 의 독일어 발음이 'f' 와 동일해서 Vicks의 독일어 발음이 '성행위' 를 의미하는 단어의 발음과 동일하다는 것을 알고 당황했다.

5. 대만에서는 펩시의 슬로건인 "Come alive with the Pepsi Generation(펩시 세대와 함께 살아가자.)" 을 "Pepsi will bring your ancestors back from the dead(펩시가 죽은 자들로부터 당신의 조상을 다시 데려 올 것이다." 로 번역하였다.

급격히 성장하는 중국시장은 문화적으로나 언어적으로 대단히 어려운 도전을 상징한다. 처음에 코카콜라라는 상호를 'Ke-kou-ke-la' 로 번역되었다. 유감스럽게도 코카콜라는 무수히 많은 간판을 인쇄했을 때까지도 그 문구가 '밀랍 올챙이를 물다' 또는 '왁스로 채운 암말' 을 의미한다(지역 사투리)는 것을 발견하지 못했다. 그 후 코카콜라는 한자 4만 자를 조사하여 발음이 거의 비슷한 'ko-kou-ko-le' 를 찾았다. ko-kou-ko-le는 부정확하긴 하지만 '입안의 행복' 이라는 의미를 갖고 있다. Cadillac (Ka di la ke) 또는 Hilton(Xi er dun)과 같은 일부 브랜드는 중국어로 의미를 가지고 있지 않은 음성 번역이다. 그럼에도 진짜 중국어 상호는 제품의 특성에 대하여 많은 것을 표현하고 브랜드에 대한 소비자 애착을 이끌어낼 수 있다. 그 예는 다음과 같다.[18]

1. 스니커즈의 중국 명은 Shi Li Jia로서 '명예적으로 강력한 지원' 을 의미한다.
2. 타이드는 Tai Zi로 불리며, 발음상으로 타이드와 유사할 뿐만 아니라 "먼지를 제거하다" 라는 의미이다.
3. 콜게이트는 Gao Lu Jie이며, '우수한 청결을 공개하다' 라는 의미가 있다.
4. 미스터머슬은 Wei Meng Xian Sheng이며, 'Mr. Powerful' 이라는 의미이다.
5. 시티은행은 Hua Qi Yinhang이며, '성조기 은행' 이라는 의미이다.
6. 레이즈는 Le Shi라고 부르며, 의미는 '행복한 것들' 이다.

프로모션 어필

프로모션 어필(promotional appeal)은 현지 문화의 가치와 우선순위를 반영해야 한다. 예를 들어, 세계적으로 실시한 설문조사에서 코카콜라가 펩시에 비해 더 '대담하고', '활동적인' 것으로 평가되자, 펩시는 새로운 광고를 'Live for Now'라는 슬로건과 함께 내놓았다. 그 후 'People Who Define the Now'로 바꾸고, 광고에 유명한 디스크자키, 연예인, 예술가 등을 출연시켰다. 펩시는 광고에서 획기적인 대중문화 아티스트를 사용하는 오랜 역사가 있다(예 : 마돈나, 마이클 잭슨 등).[19] 한 연구는 영국과 그리스 유머 광고 사이에 유의미한 차이가 있다는 것을 밝혔다. 미국과 비교해서 영국은 더 위험하고, 공격적이며, 정서적인 유머를 광고에 사용하였다. 그에 반해서 그리스인들의 소구 방법은 공격적으로 인식되지 않는 중립적 유머를 선호하였다. 게다가 그리스에서는 유머를 사용한 인쇄광고 비율이 영국에 비해 더 낮게 나타났다.[20] 다른 연구는 서방 국가들의 다수의 향수 광고가 명백한 성적 소구 특징이 있음을 보여준다. 그러나 특히 이슬람이나 불교 신자가 지배적인 아시아 국가들에서는 광고주가 성적 포즈를 한 여성을 보여주면 안 된다.[21]

남아시아 문화에 관한 한 연구는 호주, 중국, 미국 소비자들이 동일한 광고에 대해 유의미하게 다른 태도를 보인다는 것을 발견하였다. 그러나 광고 브랜드에 대한 구매 의도는 유의미한 차이를 보이지 않았다. 중국 소비자가 성적 소구 광고에 대하여 최소한 호의적으로 반응할 수도 있다는 일반적인 추정에도 이 연구는 그들이 성적 소구 광고에 대하여 미국 소비자와 유사한 태도를 갖고 있으며, 심지어 호주 소비자보다 더 호의적인 태도를 가졌다는 것을 확인하였다.[22] 소득과 교육 수준이 높은 18~35세의 중국 X세대 소비자에 대한 한 연구에서는 그들이 개인주의적 그리고 집단주의적 광고 소구에 동일하게 설득되지만, 더 나이 든 사람들은 개인적인 광고 소구보다 집단주의적 광고 소구에 더 잘 설득되었다는 것을 확인하였다.[23] 한 연구는 레드와인에 레모네이드를 섞어 비틀어 열거나 돌려서 여는 뚜껑보다 코르크 마개를 사용한 와인 병을 선호하는 일부의 중국 와인 소비자들에 초점을 맞추었다. 또한 와인 소비와 전통적인 중국의 의학에 대한 신념 사이의 흥미로운 관련성을 알아냈다. 일부 서양 의학은 레드와인 섭취가 콜레스테롤을 감소시킨다고 주장한다.[24]

비교 광고는 다른 국가보다 미국에서 더 많이 사용되어 왔다. 그러나 미국과 태국 소비자에 관한 연구에서 두 집단 사이의 비교 광고에 대한 설득력은 두 집단의 성격 특성과 관련이 있다는 것을 발견하였다. 이 성격 특성은 자신을 둘러싸고 있는 세상, 특히 자신에 대한 다른 사람의 행동과 행위를 어떻게 지각하고 이해하며 해석하는가와 관련된 **자아해석**(self-construal)과 **인지욕구**(need for cognition)이다(제3장 참조).[25] 다른 연구에서는 미국과 한국 소비자들을 비교하였다. 이 연구에서는 문화적 가치가 일반 광고에 대한 반응보다 비교 광고에 대한 반응에 더 중요한 영향을 미쳤다는 것과 인지욕구가 두 국가의 소비자에 대한 비교 광고 설득력에 영향을 미쳤다는 것을 입증했다.[26] 이러한 연구들과 이외의 많은 증거들은 올바른 맥락에서 적절하게 사용된다면 비교 마케팅과 포지셔닝 전략에 매우 효과적이라는 견해를 지지한다.

법적 장벽

현지법은 미국 마케터에게 제품을 수정하도록 강제하기도 한다. 다음은 몇 가지 사례이다.

1. 호주 의회는 담뱃갑에 로고, 브랜드, 색상, 홍보 문구를 제한하는 법을 통과시켰다. 브랜드명은 정부의 연구에서 흡연자에게 가장 매력도가 낮게 조사된 어두운 올리브 갈색 담뱃갑 위에 평범

한 글꼴과 크기로 표준 색상과 위치에 맞춰서 표시해야 한다. 흡연의 해로운 영향에 대한 그래픽 이미지와 건강 경고 문구는 포장 전면의 75%를 차지한다.[27]

2. 싱가포르는 도시인에 대한 리조트 호텔의 사회적 영향을 제한하기 위해 카지노 광고 규칙을 강화했다. 카지노는 모든 카지노 광고와 홍보, 미디어 관련 활동 및 후원에 대해 정부의 승인을 받아야 한다.[28]

3. 영국의 광고표준위원회는 공정거래위원회를 인터넷상에서 메일 쿠폰을 제공하는 그루폰에 파견해서 국가의 광고규정위반 여부를 조사했다고 발표했다. 그루폰은 중요한 계약 조건을 명확하게 만들지 않고, 할인기간을 명시하지 않았으며, 예치금을 과도하게 요구하는 등 프로모션 활동을 공정하게 실시하지 않았다.[29]

4. 중국의 규제 당국은 TV 드라마의 중간 광고를 금지하였다. 이는 성장하는 중국 소비자 집단에 도달하기 위해 광고를 늘려왔던 마케터에게 큰 타격을 주었다. 이 새로운 규제는 광고가 TV 드라마의 흐름을 중단시키는 것을 제한하며, 프로그램 사이의 광고만 허용한다.[30]

5. 중국의 상표법은 매우 '유동적'이다. 예를 들어, 마이클 조던은 챠오단 스포츠의 회사명이 음성학적으로 'Jordan'과 유사하기 때문에 이 회사를 상대로 소송을 제기했다. 그러나 이 기업은 챠오단 상표에 대한 독점권이 있으며 '중국 법률에 따라' 운영하였다고 말했다.[31]

글로벌 브랜드와 지역 브랜드

넓고, 비교적 규모가 큰 시장에 어필하는 제품의 마케터는 글로벌 브랜드 전략을 수용해왔다. 예를 들어, GM, 질레트, 에스티로더, 유니레버, 피아트 등과 같은 다국적 기업과 브랜드는 국가별로 광고하는 지역 전략에서 글로벌 광고 전략으로 이동한다. 서양 모델과 영어 브랜드 이름의 사용에 관하여 대만 광고를 2,500개 이상 조사한 연구자들은 광고의 절반 이하가 글로벌하게 보인다는 것을 발견하였다.[32] 에스티로더, 크리니크, 바비브라운 등 인기 브랜드의 마케터인 로더는 오샤오로 명명된 하이브리드 East-Meets-West 뷰티 라인을 도입하였다. 오샤오의 전문화된 제조법은 인삼 같은 중국 식물을 포함하고 있다. 수입 브랜드의 이미지를 소비자에게 전달하기 위해서 제품명은 영어로 표기하였다.[33]

12개국 소비자 연구 프로젝트는 소비자가 글로벌 브랜드를 지역 브랜드에 비해 차별적으로 보는 경향이 있으며, 다음의 세 가지 특성과 관련해 생각한다는 것을 확인하였다.

1. 품질 신호 : 소비자는 특정 브랜드를 구매하는 사람이 많을수록 그 브랜드의 품질이 점점 더 높아진다고 믿고 있다(이 품질은 종종 프리미엄 가격을 받을 수 있는 글로벌 브랜드를 만들기도 한다). 게다가 세계적으로 소비자들은 글로벌 브랜드가 지역 브랜드에 비해 신제품과 획기적인 기술을 더 빨리 개발한다고 믿고 있다.

2. 글로벌 신화 : 소비자들은 글로벌 브랜드를 일종의 '문화적 이상(ideal)'으로 본다. 즉, 소비자가 제품을 구매하고 사용하는 것은 스스로를 세계의 시민으로 느끼게 하며, 스스로에게 정체성을 부여한다("지역 브랜드는 우리의 현재를 보여주고, 글로벌 브랜드는 우리가 되고 싶은 미래를 보여 준다.").

3. 사회적 책임 : 글로벌 기업들은 지역 브랜드에 비해 더 높은 수준의 사회적 책임이 유지되며 판매와 관련된 사회적 문제에 대해 대응할 것으로 기대된다.

이 12개국에 대한 연구에서 제시된 세 가지 차원의 중요성은 일관성이 있으며, 전체적인 브랜드 선호도 변화의 60% 이상을 설명할 수 있다. 또한 이 연구는 특정 국가의 시민들이 글로벌 브랜드를 어떻게 보는가 하는 측면에서 국제적인 세분시장을 확인했다.[34]

1. 글로벌 시민(전체 응답자의 55%)은 특정 기업의 성과를 제품의 품질과 혁신성의 지표로 이용하며 기업이 사회적으로 책임감 있는 태도로 활동하는 것에 관심을 갖고 있다.

2. 글로벌 몽상가(23%)는 글로벌 브랜드를 고급 제품으로 보며, 사회적 책임 문제에 대해 특별히 관심이 없다.

3. 글로벌 반대자(13%)는 글로벌 브랜드가 지역 브랜드에 비해 품질이 더 높다고 느끼지만, 미국의 가치를 전파하는 브랜드를 싫어하며 글로벌 기업이 책임감 있게 행동할 것이라고 믿지 않는다. 일반적으로 이들은 글로벌 브랜드의 구매를 막으려고 한다.

4. 글로벌 불가지론자(8%)는 지역 브랜드의 평가와 동일한 방법으로 글로벌 브랜드를 평가한다.[35]

8개국을 대상으로 한 소비자 연구에서는 브랜드를 소개하는 데 가장 바람직하게 인식되는 두 가지 방법을 밝혀냈다. 첫째는 자기고양(self-enhancement)광고인데, 브랜드가 누군가의 지위와 섬세한 취향을 표현한다는 것을 강조한다. 둘째는 사람들이 흥미로운 방법으로 자신의 목표를 추구할 수 있다는 측면에서 개방성(openness)을 강조하는 것이다.[36] 미국과 한국의 청소년을 비교한 연구에서 미국인은 한국인에 비해 유명 브랜드의 사용 가능성을 훨씬 더 중요하게 고려하며, 유명 브랜드 의류에 더 높은 가격을 기꺼이 지불한다는 것이 확인됐다. 그러나 그 이유가 한국에서 유명 브랜드가 너무 비싸며, 대부분의 청소년들이 이를 구매할 수 없기 때문일 수도 있다. 흥미로운 점은 미국 청소년들이 주로 사회적 승인과 인정에 의해 동기 부여되는데 반해 한국 청소년들의 주요 동기는 패션을 통한 자기표현이었다.[37]

다른 나라에서 소비재의 유통은 때때로 거의 불가능해 보일 수 있다. 예를 들어, 네슬레의 남아프리카 판매 대리인은 택시요금, 휴대 전화기 2대, 그리고 주문양식이 들어 있는 서류가방을 가지고 대부분의 판매 대리인들이 가지 않는 요하네스 버그에서 범죄율이 높은 지역 중 한 곳으로 들어간다. 그의 목적은 유아식과 비(非)유제품 크리머 등의 네슬레 제품을 작은 상점 등에 유통하는 것이다. 많은 남아프리카 고객들은 가격에 매우 민감하며, 소포장된 식품을 슈퍼마켓 대신에 작은 점포에서 구매한다.[38]

〈그림 13.2〉는 글로벌 브랜드 설명을 위해 파텍필립의 네 가지 시계 광고를 보여준다. 이 광고들은 같은 주제를 다른 언어로 표현하고 있다. 〈표 13.6〉은 가장 유명한 글로벌 브랜드들을 열거하고 있으며, 〈표 13.7〉은 여러 브랜드의 글로벌 소구법을 설명하고 있다.[39]

그림 13.2 글로벌 브랜드 파텍필립

표 13.6	20대 글로벌 브랜드	
순위	브랜드	2012년 브랜드 가치(10억 달러)
1	코카콜라	77.8
2	애플	76.6
3	IBM	75.5
4	구글	69.8
5	마이크로소프트	57.9
6	GE	43.7
7	맥도날드	40.1
8	인텔	39.4
9	삼성	32.9
10	도요타	30.3
11	메르세데스벤츠	30.1
12	BMW	29.1
13	디즈니	27.4
14	시스코	27.1
15	HP	26.1
16	질레트	24.9
17	루이비통	23.6
18	오라클	22.1
19	노키아	21.0
20	아마존	18.6

출처 : "Best Global Brands 2012," Interbrand Report, http://www.Interbrand.com/en/news-room/press-releases/2012-10-02-7543da7.aspx

표 13.7	글로벌 브랜드 프로필
브랜드	프로필과 글로벌 소구법
코카콜라	코카콜라는 사람들에게 즐거움, 자유, 상쾌함을 경험하게 만들기 때문에 세계의 다른 어떤 브랜드보다 많이 알려졌다. 이 브랜드는 코카콜라 애호가들의 세대를 통합하는 강력한 향수를 유지하고 있으며, 소비자와의 깊은 유대를 강화하고 있다. 코카콜라 캠페인은 그 범위를 계속 확장시키고 있으며, 125주년 관련 기념행사('Sharing Happiness')와 런던올림픽('Move to the beat')을 통해 가치를 강화하고 있다.
맥도날드	맥도날드는 특출한 브랜드 관리, 중요한 글로벌 존재감, 그리고 일관된 품질과 경제성의 전달이 돋보인다. 또한 이 기업은 건강한 메뉴 선택권을 확대하고 고객과 직원에게 지속가능한 노력을 효과적으로 전달함으로 비평가에 대응하고 있으며, 에너지 절약과 폐기물 감축을 실시하여 직원의 인센티브를 제공하고 있다.
루이비통	루이비통의 지속적인 성공은 일관성 있는 핵심가치의 유지와 여행 중심의 전통을 충실히 지킨 덕분이다. 또한, 고객들이 여행 경험을 공유할 수 있도록 페이스북에 이력을 기록하는 것에서 어플리케이션 출시하는 것까지 디지털 환경을 개선하였다. 이 브랜드는 새로운 시장으로 확장하였으며, 중국에서 최고의 기프트 브랜드가 되었다.

계속

표 13.7	글로벌 브랜드 프로필(계속)
브랜드	프로필과 글로벌 소구법
아마존	아마존은 소비자가 구매를 원하는 모든 것이 있는 온라인 사이트가 되는 것을 목표로 하고 있다. 정기적으로 제품과 서비스를 확대 제공하고 있으며, 이 과정에서 고객 서비스 분야의 선두를 유지하고 있다. 아마존은 킨들을 합법적으로 e-리더기에서 아이패드까지 대안을 확대하고, 175개국에 킨들터치와 킨들파이어를 출시하여 킨들 브랜드의 성공을 지속시켰다.
H&M	H&M은 세계적으로 견인력을 얻고 있는 경쟁자들과 저가의 패스트 패션(fast fashion)에 진입하는 더 큰 소매업체들의 지속적인 증가 속에서 업계의 리더십을 유지하기 위해 새로운 방법을 모색하고 있다. H&M은 유명 디자이너, 연예인, 슈퍼모델 등과 협력을 계속하고 있으며, 이 전략은 패션에 정통한 사람 즉, 대중문화를 따르는 표적고객에게 확실한 반향을 불러일으켰다.
디즈니	디즈니는 전 세계의 모든 연령과 다양한 배경의 수많은 사람들에게 다채롭고 유의미하며 가치 있는 유산이다. 청중 행동의 진화와 콘텐츠 소비 습관의 변화에 따라 엔터테인먼트의 세계는 지속적으로 변화해 왔으며, 오래된 것은 새 것으로 대체됐다. 디즈니는 수년간 변화에 직면하여 탄력 있게 유지하는 능력을 보여주었다.
애플	많은 사람들이 애플을 정의하는 것이 애플의 제품이라고 생각하지만, 그것은 애플의 모든 것에 깃들어 있는 일련의 생각이고 가치이며 명백한 인간적 감성이다. 그리고 이는 우리가 상거래를 초월하여 이 브랜드에 대해 유대감을 갖는 이유이기도 하다.
구글	구글은 검색 엔진 시장의 점유율 확대를 위한 미니멀룸을 통해 한층 광범위한 IT기업으로 지속적인 탈바꿈을 하고 있다. 새로운 제품과 서비스는 프로젝트글라스 증강현실 헤드마운트디스플레이, 구글 TV, 구글 드라이브 등의 클라우드 컴퓨팅서비스를 포함한다.
마이크로소프트	마이크로소프트는 자체 브랜드인 서피스 태블릿 PC로 하드웨어 시장에 진출하고, 소프트웨어와 하드웨어 생태계가 융합된 경쟁에 뛰어들었다. 이는 해당 브랜드의 미래를 정의하게 될 것으로 예상된다.
도요타	반복 구매고객을 포함하여 믿을 수 있는 구성원을 보여주는 것 이외에도, 도요타는 젊은 소비자에 대한 어필을 보강하고 있다. 또한 인센티브를 통한 판매를 강화하는 한편 플릿 판매는 축소하였다. 이는 소비자가 좋은 거래를 할 수 있도록 자동차의 판매 가격을 안정시키는 데 도움이 된다. 도요타의 프리우스 고객은 도요타의 제품들에 대한 유대감이 계속 깊어지며, 프리우스 라인업은 신규 고객의 유입을 창출할 것이다.
이베이	이베이 성장의 대부분은 핵심 전자상거래 사업이 아닌 모바일 소매와 페이팔에서 기인한다. 9,000만 명 이상의 사용자가 이베이의 모바일 앱을 다운 받았으며, 모바일과 페이팔을 넘어 매출을 2배로 늘리기 위한 궤도에 올라 있다. 그러나 전자상거래 기술은 이베이만 보유한 것이 아니다. 아마존의 고객 또한 아마존의 모바일 앱을 수용했으며, 이 분야의 경쟁은 점점 심화되고 있다.
나이키	나이키는 혁신을 통해 지속적으로 브랜드 파워를 향상시키고 있다. 나이키는 런던에서 공식 올림픽 후원사보다는 은밀한 '매복 마케터'로서 매스컴의 관심을 불러일으켰고 신제품을 집중 조명했으며 언제나처럼 세계적으로 유명한 선수와 자사의 최신 제품을 연결하는 데 성공했다. 나이키는 장기 성장 전략의 일환으로 나이키, 조던, 컨버스, 헐리 브랜드의 성장을 주도하는 데 자원을 집중할 수 있도록 콜하안과 움브로 사업의 매각 의사를 발표했다. 또한 나이키는 이벤트와 경연을 통해 대중과 계속 관계를 갖는 동안 관심과 구전을 생성하기 위하여 소셜 미디어를 정교하게 이용하고 있다.

출처 : "Best Global Brands 2012," Interbrand Report, http://www.Interbrand.com/en/news-room/press-releases/2012-10-02-7543da7.aspx

브랜드 점유율과 확장

모든 회사는 국내 및 해외 시장에서 자사의 브랜드 점유율을 지속적으로 추적 관찰한다. 유로모니터 인터내셔널은 세계의 거의 모든 제품 범주에서 가장 유명한 브랜드 점유율 데이터베이스이다. 예를 들어, 〈표 13.8〉은 P&G와 유니레버가 중요한 4개의 샴푸시장에 성공적으로 침투했음을 보여주고 있다. 세계에서 가장 큰 시장인 미국과 중국에서 헤드앤숄더가 샴푸 부문을 압도적으로 지배하고 있으며, P&G의 다른 브랜드들도 유의미한 존재감을 보이고 있다. 반면에 독일에서는 현지 브랜드가 가장 큰 시장 점유율을 차지하고 있으며, P&G의 샴푸는 제한적인 성공을 거두었다. 흥미로운 점은 잘 알려지지 않은 브랜드가 각 4개국 시장의 대부분을 차지하고 있다는 것이다.

가끔 현지 브랜드가 확실히 자리잡은 미국 제품을 앞지르는 경우가 있다. 중국은 P&G의 60억 달러 매출이 발생하는 두 번째로 큰 시장이다. 그러나 기저귀, 세탁용품, 헤어용품 부문에서는 P&G의 중국시장 점유율이 상승하는 데 반하여 구강제품, 목욕용품, 스킨케어 부문은 점유율이 감소하고 있다. 민감한 잇몸을 위한 중국 한방 치약이 유사한 P&G 제품의 두 배 가격에 판매되고 있지만, 중국 소비자들은 확실히 자국 제품을 선호한다. 현지 중국 브랜드가 외국 제품과의 지각된 품질 격차를 좁히고 있지만, 일부 항목에 대해서는 소비자가 더 이상 두 제품을 구별하지 않는다. 가정 및 개인 생활용품에 대한 구매가 급격히 증가하는 중국의 작은 도시 소비자를 대상으로 한 연구에서 소비자의 70%가 P&G의 아리엘 세탁세제를 현지 브랜드라고 생각하는 것으로 나타났다.[40]

어떤 브랜드의 특성이 글로벌화 될 수 있다고 해서 전 세계 소비자들이 그 브랜드의 확장에 반드시 유사한 반응을 보이지는 않는다. 한 연구는 브랜드 확장에 대한 서양 문화(미국)와 동양 문화(인도) 소비자 간의 반응을 조사했다. 이 연구는 서양의 분석적 사고방식(대상의 속성 또는 부분에 초점을 맞추는 사고)보다는 동양의 전체론적 사고방식(대상 사이의 관계에 초점을 맞추는 사고)이 소비자가 브랜드 확장의 '적합성(fit)'을 판단하는 태도에 더 큰 영향을 미칠 것으로 가설을 세웠다. 이 연구 결과는 이 가설을 확인하였다. 적합성이 낮은 확장(맥도날드의 초콜릿과 코카콜라의 팝콘)은 동양 문화 피실험자로부터 긍정적 평가를 받았다. 이와는 반대로 중간 정도의 적합성을 가진 확장(코닥의 인사 카드와 벤츠의 시계)은 두 문화 집단에서 동일한 응답을 받았다. 동양 문화 참가자들에게 코카콜라의 제품을 좋아한다는 것과 코카콜라와 팝콘이 함께 소비될 수 있는 보완적 제품이라는 사실은 이러한 브랜드 확장을 수용하게 만들기에 충분했다. 반면에 미국인 피실험자들은 코카콜라와 팝콘 간에 제품 수준의 유사성을 거의 보이지 않았다.[41] 이어서 이 연구자들은 다음과 같이 이전의 연구를 반복하여 실시하였는데 미국 인디언이 미국 백인에 비해 사고가 유의미하게 더 전체론적이라는 것을 알아냈다. 동양인은 서양인에 비해 기업의 명성과 같은 특정요인을 브랜드 확장의 '적합성'을 판단하는 기준으로 더 자주 사용할 수 있다고 발표했다.[42]

어쩌면 인터넷의 영어 편향 때문에 비영어권 유럽 국가들은 그들의 국가와 특정 문화를 반영하는 웹사이트의 설계를 통해 그들의 국가와 문화를 구별 짓기 바란다. 그러므로 독일의 웹사이트는 '독일 느낌'을 주기 위해 밝은 색상과 기하학적인 배치를 채택할 수 있다. 프랑스의 웹사이트는 검정색의 '세련된' 배경을 가질 수 있다. 또한 스칸디나비아의 웹사이트는 자연의 다양한 이미지를 제공할 수 있다. 미국의 글로벌 브랜드에 대한 한 연구는 유럽에서 어떻게 웹사이트를 표준화하는가에 대한 조사를 하였다(영국, 프랑스, 독일, 스페인). 이 연구에서 제조업체의 웹사이트가 색상, 로고, 레이아웃에 대하여 최소 수준의 통일성을 가지고 있지만, 텍스트 정보와 시각적 이미지는 한 시장과 다음 시장이 서로 동일하지 않다는 것을 확인하였다. 더 나아가 전통적인 광고 매체의 경우는 내구재의 표준화가 비내구재에 비해 더 높았다.[43]

드림웍스애니메이션의 중국 영화 프로젝트는 브랜드 확장에 대한 흥미로운 사례이다. 티베트코트는 최근 중국의 인기 소설 시리즈를 기초로 한 인디아나 존스 타입의 모험 이야기로 19세기 티베트를 배경으로 한다. 티베트에 대한 중국의 정책이 서양 인권 비평가들의 지속적인 비판 대상이며 그

| 표 13.8 | 4대 글로벌 시장의 10대 샴푸 브랜드 | | | | | | | |

순위	미국		중국		독일		브라질	
	기업	브랜드	기업	브랜드	기업	브랜드	기업	브랜드
1	P&G	헤드앤숄더(14.8%)	P&G	헤드앤숄더(14.5%)	헨켈	슈바르츠-코프(17.9%)	유니레버	선실크(19.9%)
2	P&G	팬틴(12.2%)	P&G	리조이스(13.5%)	P&G	팬틴(9.6%)	유니레버	클리어(10.2%)
3	유니레버	슈아브(12%)	P&G	팬틴(9%)	로레알	로레알파리(7.4%)	로레알	로레알파리(8%)
4	로레알	가르니에(7.6%)	유니레버	클리어(6.6%)	유니레버	도브(6.7%)	로레알	가르니에(8%)
5	P&G	클레롤(6.7%)	유니레버	럭스	바이어스도로프	니베아	콜게이트	파몰리브(7.4%)
6	유니레버	트레제메	바이어스도르프	슬렉	카오코프	굴	P&G	팬틴
7	유니레버	도브	롱리치	롱리치	P&G	헤드앤숄더	유니레버	트레제메
8	존슨앤존슨	뉴트로지나	유니레버	도브	로레알	가르니에	유니레버	도브
9	보그	오가닉스	라팡인터내셔널	라팡	존슨앤존슨	테졸린	닐리두브라질	닐리골드
10	로레알	로레알파리	헨켈	사이오스	P&G	클레롤	나투라코스메티코스	나투라

주 : 유로모니터인터내셔널의 브랜드 시장 점유율(%)은 상위 5개 브랜드에 이용 가능하다.

들의 국제적 이미지에 대해 변함없이 제기되는 문제이긴 하지만, 드림웍스는 티베트코트가 어떠한 정치적 의도도 없다고 주장했다.[44]

글로벌 마케팅 기회

학습목표

3 글로벌 마케팅 기회를 정의하는 방법을 이해한다.

기업들은 점점 더 다양한 이유로 제품 판매를 세계화하고 있다. 첫째, '다국적 열풍'의 지속적인 강화가 있었다. 그리고 한 국가에서 비롯된 다국적 시장, 제품, 또는 서비스의 일반적인 매력은 세계의 다른 지역 국가 소비자들이 점점 더 구매를 원한다는 것이다. 둘째, 많은 미국 기업들은 자국 시장이 성숙기에 도달했을 때 미래 성장을 위하여 해외 시장이 중요한 기회를 제공한다는 것을 인식했다. 이런 인식은 기업들에게 전 세계 시장으로 시야를 넓히며 소비자를 찾도록 한다. 게다가 전 세계 소비자들은 다른 지역에서 인기 있는 '외국' 제품을 경험해보고 싶어 한다.

글로벌 시장은 역동적이며, 새로운 마케팅 기회가 지속적으로 생성된다. 가령, 중국 구매자는 명품이 부패와 국가의 빈부격차 확대의 상징이 되었기 때문에 화려한 시계나 디자이너 핸드백과 같이 눈에 잘 띄는 명품을 꺼려한다.[45] 러시아의 가처분 소득이 증가함에 따라 러시아는 미국 패스트푸드 체인에 수익성 있는 시장이 되었다. 맥도날드는 1990년에 푸시킨 광장에 첫 매장을 열었으며, 현재 러시아에서 279개 매장을 운영하고 있다. 버거킹은 2년 동안 22개의 매장을 대부분 쇼핑몰 푸드코트 내에 열었다. 칼스주니어는 상트 페테르부르크와 노보시비르스크에서 17개의 레스토랑이 있다. 웬디스는 2개의 매장을 열었으며 2020년까지 러시아 전체에 180개의 매장을 더 오픈할 계획이다. 서브웨이 샌드위치 체인은 러시아에 약 200개 매장을 열었다. KFC, 피자헛, 타코벨 등을 소유한 얌브랜드는 러시아에서 로스틱스-KFC라는 공동브랜드 치킨 레스토랑 체인과 이탈리안 요리 세분시장에서 일파티오를 운영하고 있으며, 러시아에서 약 350개 레스토랑이 있다.[46]

    젊은 유럽인들은 이제 미국의 패션을 수용하고 있다. 유럽의 청소년들이 "가십걸", "글리", "뱀파이어 다이어리" 등의 미국 TV시리즈를 시청한 이후부터 샤넬 재킷을 바꾸고 있으며, 매듭진 스카프와 함께 미국식 맞춤형 캐주얼 트레이닝 바지와 해진 옥스퍼드 구두를 착용한다. 아베크롬비앤피치는 현재 파리의 샹젤리제에 점포를 가지고 있으며, 다른 미국 패션들도 이 트렌드를 따르고 있다.[47] 일본의 강력한 민족 문화 내에서 이전에는 상상할 수 없는 일이지만, 소득의 감소뿐만 아니라 후쿠시마 원전 사고로 인한 방사선에 대한 두려움 때문에 일본의 소비자들은 고가의 자국산 고급 쌀에 대한 충성도가 감소하고 있다. 대신에 중국, 호주, 미국 등에서 저렴한 대안을 찾고 있다.[48] 크리스마스 기간 동안, 매년 세련된 크리스마스 창문 장식으로 많은 사람들을 간절히 기다리게 하는 파리의 고급 백화점 프랭탕은 현재 구매자의 상당 수가 아시아인이라는 이유로 아시아 남성과 여성 댄서들의 모습을 전시하였다. 미국 맥주회사인 몰슨쿠어스는 과거 15년 동안 미국에서 출시한 것 보다 더 많은 신제품을 캐나다에서 18개월 동안 출시하였다. 캐나다인들은 확실히 틈새 제품을 점점 더 잘 받아들이고 대량생산 상품은 기피한다. 이 회사는 레몬과 라임을 주입한 저칼로리 맥주인 '몰슨 캐내디안 67 서브라임'이라는 제품을 출시하였다. 이 제품은 세련되고 마시기 쉬운 맥주로 포지션 되었다. 또한 이 회사는 이 신제품이 와인과 증류주를 마시는 사람들을 맥주 시장으로 유인한다는 것을 알아냈다.[49]

소비력과 소비 패턴

글로벌 마케팅 기회를 정의하기 위한 가장 중요한 기준은 국가의 소비자 지출과 성장 전망이다. 〈그림 13.2〉는 많은 국가의 소비자 총소득, 가처분 소득, 그리고 소비자 지출을 보여준다. 노르웨이는 총소득이 가장 높지만, 노르웨이의 세율이 미국에 비해 훨씬 높기 때문에 노르웨이인의 가처분 소득은 미국인보다 그만큼 높지 않다. 미국의 가처분 소득과 소비자 지출 사이의 작은 차이는 완만한 저축률을 반영하고 있다. 그리스는 소비자 지출이 가처분 소득보다 약간 더 높다. 이는 그리스가 자신의 수입을 초과하는 생활을 하고 있다는 것을 나타내며, 아마도 그리스에서 유로의 미래에 대한 불확실성의 기능을 한다. 〈그림 13.4〉는 2020년까지 소비자 지출의 예상 성장률을 보여준다. 유럽의 성장률이 중간 정도임에 비해 아시아와 남미에서는 가장 높은 성장률이 기대된다.

    〈그림 13.5〉에 있는 5개 도표는 주요 국가 소비자들이 필수품에 소비하는 가처분 소득의 비율을 비교한 것이다. 〈그림 13.5A〉는 의류가 러시아인과 홍콩 중국인의 주요 지출 항목이라는 것을 보여준다. 세계적으로 가장 부유한 두 국가인 스위스와 노르웨이 사람들은 수입세로 인해 비싼 개인생활 용품에 많은 지출을 한다(두 나라는 대부분의 수입 및 수출 장벽이 크게 감소되거나 제거된 유럽 연합(EU)의 구성원이 아니다). 러시아와 폴란드인들은 육류의 대량 소비자이다. 반면에 일본과 홍콩은

그림 13.3 소비력과 소비자 지출

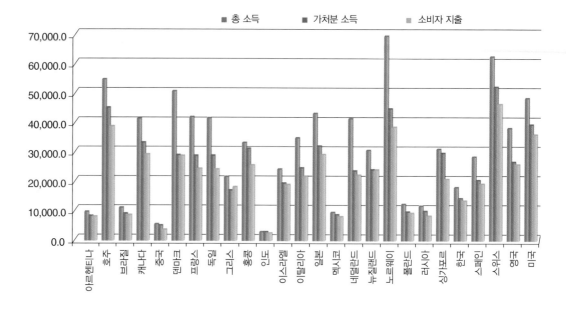

그림 13.4 2012~2020년 사이의 소비자 지출의 성장률 예측(%)

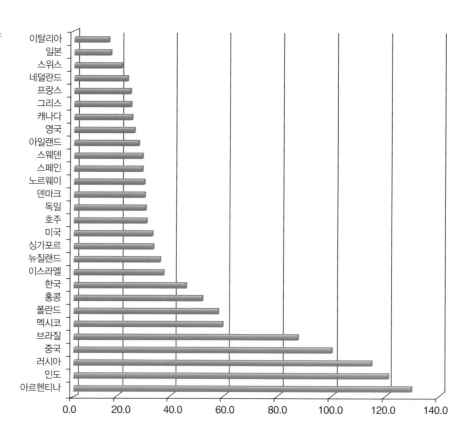

해산물과 생선을 좋아한다(그림 13.5B). 뉴질랜드, 프랑스, 독일 등의 일부 국가는 청과물이 신선한 것으로 유명하기 때문에 사람들이 야채보다 과일을 더 많이 소비한다. 반면에 브라질, 멕시코, 인도, 이스라엘 사람들은 주로 야채를 먹는다. 인도가 세계 최고의 빵과 시리얼 소비자라는 것을 보여주는 〈그림 13.5D〉의 데이터는 추가 설명이 필요하다.

　인도의 소비자들은 매일 차파티, 파란타스, 도사라는 빵으로 하루를 시작한다. 인도는 아침 식사를 많이 먹으며, 식후에 포만감을 만끽한다. 켈로그는 1990년대에 인도에 시리얼을 출시하고, 규칙

그림 13.5A 의류, 신발, 개인생활
용품

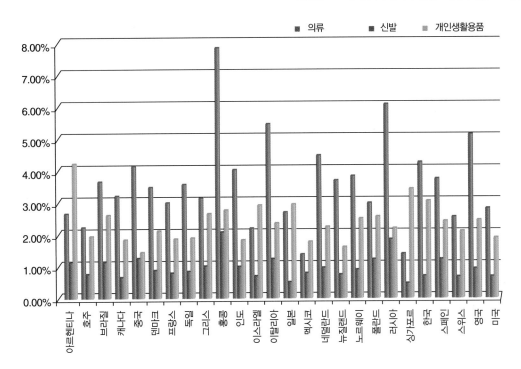

그림 13.5B 육류, 해산물, 생선

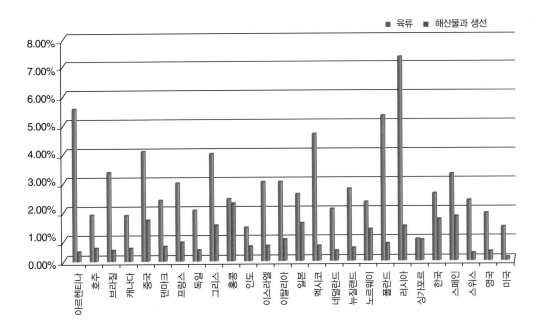

적으로 먹는 아침식사 대안으로 포지션하였다. 그러나 켈로그의 콘플레이크 아침 식사는 포만감을 제공하지 못했다. 게다가 인도인의 아침 식사는 다양한 것으로 알려져 있으며(가령, 도시는 지역에 따라 서른 가지 유형이 있을 수 있다), 보통 한 번 먹은 음식은 다음 2~3주 동안 다시 먹지 않는다. 인도인들에게 동일한 유형의 콘플레이크 아침 식사를 매일 제공하는 것은 그들의 문화를 부정하는 것이다. 이들은 아침 식사로 맵고 뜨거운 음식을 먹으며, 차가운 우유에 아주 달콤한 콘플레이크를 찾는다. 인도인은 어릴 때부터 우유는 매일 섭취해야 하며 항상 뜨겁게 먹어야 한다고 교육 받았다. 그 결과 〈그림 13.5D〉의 데이터는 인도인의 다양한 빵 사랑을 반영하지만, 시리얼은 제외된다. 〈그림 13.5E〉는 멕시코, 인도, 브라질에서는 깨끗하고 신선한 물이 부족하기 때문에 세계에서 병에 든

그림 13.5C 과일과 야채

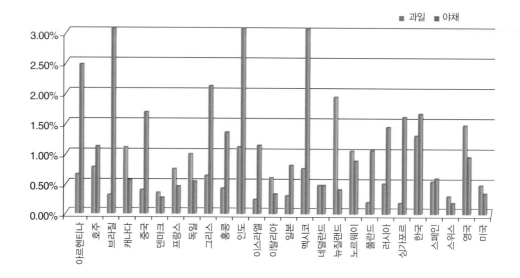

그림 13.5D 빵, 시리얼, 치즈, 계란

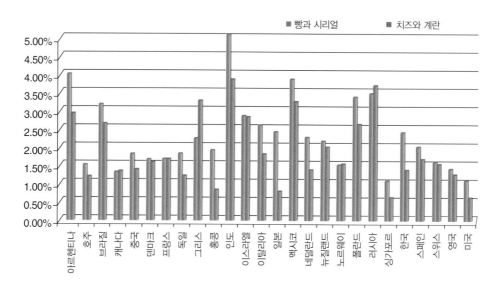

그림 13.5E 음료

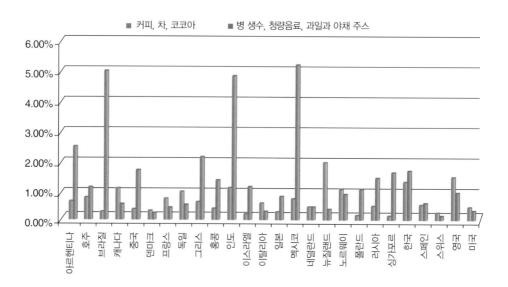

생수를 가장 많이 구매한다는 것을 보여준다.

성장하는 글로벌 중산층

최근의 추정에 따르면 중산층은 향후 10년간 18억 명으로 증가할 것이며 그중 6억 명이 중국에 있을 것으로 나타났다. 10년 이내에 중산층은 세계 인구의 30%에서 52%로 성장할 것이다. 2025년까지 중국은 세계에서 가장 많은 중산층을 보유할 것이며, 인도의 중산층은 지금의 10배로 증가하게 될 것이다.[50] 개발도상국에서 성장하는 중산층은 제품 판매를 위해 항상 더 많은 고객을 발굴하려는 글로벌 마케터에게 매우 매력적인 표적시장이다. 대부분의 소득에 많은 재량권을 가지고 있는 중국과 같은 국가는 인당 국민 소득이 낮더라도 상당한 구매력이 있다(정부가 기초적인 생필품 구매를 위한 보조금을 지급하기 때문에). 이 같은 현실을 기초로 뉴스 매체는 중산층의 급속한 확장을 많이 보도를 했다. 실제로 중산층 성장의 정형화된 패턴은 남미, 아시아, 동유럽의 많은 지역에서 발생하고 있다.

오히려 해외 중산층의 급격한 증가는 성장 잠재력이 적은 성숙기에 직면했거나 국내 시장이 포화된 많은 마케팅 강국의 주목을 끌고 있다. 1960년도는 세계 중산층의 2/3가 선진국에 살았으나 2000년 현재 중산층 시민의 83%가 개발도상국에 살고 있다. 이러한 변화는 더 많은 사람들이 지금 더 건강하고 장수하며, 더 나은 삶을 살고 있다는 것을 강력하게 시사한다. 예를 들어, 개발도상국의 문맹 퇴치율은 크게 증가하였으며, 2/3 이상의 사람들이 글을 읽고 쓴다.[51]

중산층의 성장이 빅맥이나 감자튀김 같은 제품에 시장 기회를 제공하지만, 동일한 제품이 국가에 따라 다른 의미를 가질 수 있다는 것을 항상 기억해야 한다. 가령 미국 소비자가 빠른 서비스의 '패스트푸드'를 원하는 반면, 한국 소비자는 식사를 사회나 가족과 관계된 경험으로 볼 가능성이 더 많다. 따라서 한국 소비자에게는 빠른 서비스 제공보다 이용하기에 편리한 점포 영업 시간이 더 나은 가치가 될 수 있다. 소득은 증가하지만 시간이 부족한 중국의 신흥 중산층 소비자들은 '신선한'(방금 수확했거나 잡은) 음식에 대한 전통적인 강조에도 불구하고, 종종 시간을 절약하기 위해 집에서 만드는 음식을 대체하는 것에 기꺼이 돈을 지불한다.[52]

글로벌 청소년 시장

전반적으로 청소년(그리고 나이 차이가 적은 형제자매, '젊은 성인' 세분시장)은 어디에 살고 있는가와 관계없이 매우 비슷한 관심, 욕구, 소비 행동을 가진 것으로 보인다. 이런 관점에 대응하여 소비자 연구자들은 이 세분시장의 성향, 구성, 행동을 분석했다. 한 연구에서 미국, 일본, 중국의 청소년들을 대상으로 패션 의식을 조사하였다.[53] 일본 청소년이 미국 청소년에 비해 편안함보다는 스타일을 선택할 가능성이 더 높은 것을 제외하고, 미국과 일본의 청소년은 매우 비슷한 것으로 이 연구에서 나타났다(일본의 유교적 사회에서 집단 구성원의 기대 충족에 대한 중요성 때문일 가능성이 크다). 이에 반해, 중국 청소년들은 미국이나 일본 청소년에 비해 패션의식이 낮게 나타났다. 이는 청소년의 패션 의식에 대하여 국가 간의 발달 정도에 따라 차이가 존재한다는 견해를 지지하는 결과이다.[54]

유명한 광고 대행사는 세계 청소년들의 동향 변화를 확인하기 위해 세계 글로벌 청소년 연구(World Global Teen Study)를 실시하였다.[55] BBDO의 조사에 따르면, 1990년대는 '가장 멋진' 청소년이 미국에 있었으나, 현재는 '가장 멋진' 청소년을 창의적인 청소년이라고 하며 조사된 13개국 전체

표 13.9	창의적인 청소년의 가치				
창의적인 청소년의 상위 가치			**창의적인 청소년의 하위 가치**		
	전체 청소년	청의적인 청소년		전체 청소년	청의적인 청소년
자유	55%	66%	대중적 이미지	30%	17%
정직	49%	61%	지위	22%	12%
평등	39%	50%	부(富)	23%	11%
학습	37%	47%	외모	25%	9%
환경 보호	31%	45%	전통적 성 역할	13%	1%
호기심	34%	40%	신앙	19%	2%
창조성	29%	36%			

에서 찾아볼 수 있다. 이 창의적인 청소년은 전체 청소년의 약 30%에 해당하며, 특히 서유럽에 많이 살고 있다(미국 청소년의 23%가 창의적인 청소년이다). 〈표 13.9〉는 창의적인 청소년과 전체 청소년의 상위 가치와 하위 가치를 보여주고 있다. 가령 전체 청소년의 13%가 전통적인 성 역할을 중요하게 생각하는 반면에 창의적인 청소년은 단지 1%만이 그러하다는 것을 알 수 있다.[56]

비교 문화적 세분화

학습목표

4 다국적 시장 세분화를 위한 사이코그래픽 변수 적용 방법을 이해한다.

세계가 통신 매체의 광범위한 공유로 인해 더욱 통합되면서 글로벌 시장이 등장했다. 가령 이 책을 읽는 동안에 이케아 의자 또는 소파(스웨덴산)에 앉아서, 얼 그레이차(영국산)를 마시고, 스와치 시계(스위스산)를 차고, 나이키 운동화(중국산)를 신고, 폴로 골프셔츠(멕시코산)와 다커스 바지(도미니카 공화국산)를 입고 있을 수 있다. 청소년과 같은 일부 글로벌 세분시장은 국적에 상관없이 동일한 제품 유형을 원하는 것으로 보인다. 그들은 유행에 민감하고 재미있으며 이미지 지향적인 제품을 원한다. 이러한 글로벌 '동일성'은 새로운 운동화 스타일을 출시하려는 마케터가 동일한 글로벌 광고 캠페인을 사용하여 여러 국가의 세분시장에 어필하는 것을 가능하게 한다. 그러나 문화적 차이는 마케터가 해외 시장 진출을 위해 제품을 수정하도록 만든다. 사례와 같이 맥도날드가 제공하는 핵심 편익은 미국의 각 매장에서 거의 동일한 메뉴 표준화를 통한 일관성과 가치이다. 이 회사는 글로벌 소비자의 욕구와 문화에 따라 획일적인 제품을 조정해야 했다. 그 결과 맥도날드는 인도에 소고기 제품을 제공하지 않으며 사우디아라비아에서는 매장에서 남성과 여성의 공간을 분리하였다.

제2장에서 우리는 미국에서 가장 유명한 라이프 스타일 세분화 시스템인 VALS 체계에 대해서 이야기를 나누었다(그림 2.5와 표 2.7 참조). 다른 몇몇 국가는 자신들에게 적합한 VALS를 만들었다. 예를 들어, 일본의 기업들은 일본 소비자 환경을 추적 관찰하고, 신제품 아이디어를 생성하고, 잠재적인 표적시장으로 일본 소비자를 세분화하고, 브랜드를 차별화하며, 효과적인 가격, 유통, 홍보 전략을 개발하기 위해 Japan-VALS 체계를 이용한다. Japan-VALS 세분시장은 소비자의 일차적 동기와 혁신성의 정도에서 기인한다. 혁신성은 사회 변화에 대한 태도로 측정되며, 일차적 동기는 전통, 성취 및 자기표현을 포함한다. 〈그림 13.6〉과 같이 일본 소비자는 혁신성 정도에 따라 분류되며 통합자(integrator)는 가장 혁신적이며, 지속자(sustainer)는 최소한의 혁신성을 가진다.

그림 13.6 일본의 VALS

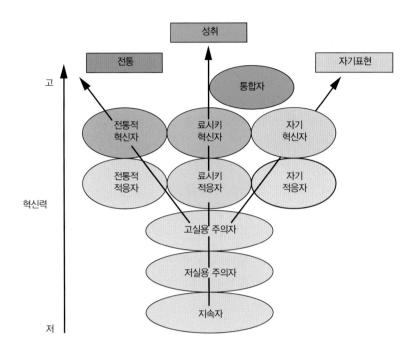

조사 연구들은 마케터의 해외 시장 세분화를 가능하게 하는 많은 문화적 차이를 발견했다. 가령 일본과 미국 여성의 50% 이상이 (많은 편리와 시간 절약 제품에 대한 욕구를 강화하기 위해) 밖에서 일을 하지만, 일본 여성은 일하는 미국 여성의 자유로운 태도를 수용하는 것에 느리다. 이러한 관점에서 볼 때, 세계적인 브랜드로서 시간 절약형 청소 기구를 출시할지 여부에 대한 결정은 중요한 전략적 의사결정이다. 어떤 기업은 글로벌 브랜딩 전략을 수립하려고 시도할 수 있지만, 다른 기업은 일본과 미국의 일하는 여성을 다르게 대응하는 방법으로 개인적 또는 지역적 마케팅 전략을 수립할 것이다.

글로벌 사이코그래픽 관련 조사는 마케터에게 매우 중요한 문화적 차이를 종종 보여준다. 가령 주요 다국적 마케팅 조사 회사인 로퍼스타치월드와이드는 국경에 관계없이 35개국 35,000명의 소비자를 대상으로 공유 가치에 대해 인터뷰를 실시했다. 이 조사는 태도와 행동의 동인이 되는 동기를 이해하기 위하여 국민들의 삶의 근본적 가치를 밝히려고 노력했다. 북미, 남미, 아시아, 유럽의 인터뷰를 끝내고, 6개의 글로벌 가치 집단을 밝혀냈다.

1. 노력가 : 야심적이며 물질주의적이다.
2. 신앙인 : 책임 있고, 공손하며, 보수적이다.
3. 이타주의자 : 다른 사람, 사회, 미래에 대한 관심이 이기적이지 않다.
4. 친한 친구 : 사회적 관계와 가족에 초점을 맞춘다.
5. 행복 추구자 : 나이와 관점이 젊고, 모험과 쾌락에 가치를 둔다.
6. 창조적인 사람 : 지식과 통찰력을 추구하며, 책과 새로운 매체에 깊은 관심을 가진다.

요약

학습목표 1: 효과적인 마케팅 전략 개발을 위해 다른 문화의 가치와 관습에 대한 연구 방법을 이해한다.

소비자 행동 영역에서 비교문화 분석은 2개국 이상의 소비자들이 유사하거나 상이한 정도를 밝히는 것으로 정의된다. 이 분석은 마케터에게 표적시장으로 선정하려는 해외 소비자의 심리, 사회, 문화적 특성에 대한 이해를 제공하며, 그를 통해 특정 국가시장에 대한 효과적인 마케팅 전략을 수립할 수 있다. 국가 간에 존재하는 유사점과 차이점에 대한 이해는 특정 해외 시장에서 소비자에게 접근하기 위해 적절한 전략을 수립해야 하는 다국적 마케터에게 매우 중요하다. 비교문화 분석과 관련된 문제에는 언어, 소비 패턴, 욕구, 제품 사용, 경제와 사회적 환경, 마케팅 환경, 시장 조사 기회 등의 차이가 포함되어 있다. 문화적응은 마케터가 비교문화 분석을 통해 다른 문화의 가치, 신념, 관습에 대하여 학습하고, 학습된 지식을 마케팅 제품에 국제적으로 적용하는 과정이다.

학습목표 2: 글로벌 시장 진출을 위해 제품을 현지화할 것인지 또는 표준화된 제품을 판매할 것인지에 대한 의사결정 방법을 이해한다.

국가 간의 유사성이 높을수록 각 국가에 유사한 마케팅 전략을 사용할 가능성이 상대적으로 더 높아진다. 특정 대상 국가들의 문화적 신념, 가치, 관습이 크게 다르다는 것이 발견된 경우 각 국가에 대해 고도로 개별화된 마케팅전략이 필요하다. 지역 문화를 위해 제품을 고객화할 것인가에 대한 의사결정에서 마케터는 지역의 가치, 언어장벽, 법적 문제를 고려해야만 한다.

학습목표 3: 글로벌 마케팅 기회를 정의하는 방법을 이해한다.

기업들은 다양한 이유로 그들의 제품을 해외 시장에 판매하고 있다. 많은 기업들은 자국 시장이 성숙기에 도달했을 때 해외 시장이 미래 성장을 위해 중요한 기회를 제공해 준다는 것을 배웠다. 이런 인식은 기업으로 하여금 시야를 넓히고 전 세계 시장에서 소비자를 구하도록 한다. 더욱이 글로벌 소비자들은 먼 타 지역의 인기 있는 '외국' 제품을 사용하고 싶어 한다. 다른 국가에 살고 있는 사람들의 라이프 스타일과 유형제품을 접한 소비자의 증가와 개발도상국의 중산층 소비자 증가에 따라, 마케터는 이 새로운 고객들의 정확한 위치를 찾아내고 이들에게 자신의 제품을 제공하고 싶어 한다.

학습목표 4: 다국적 시장 세분화를 위한 사이코그래픽 변수 적용 방법을 이해한다.

글로벌 사이코그래픽 연구는 매우 중요한 문화적 차이를 마케터에게 종종 보여준다. 사이코그래픽스는 국가의 경계와 상관없이 공유가치들을 찾아낸다. 대부분의 이러한 연구는 태도와 행동의 동인이 되는 동기를 이해하기 위하여 국민들의 삶에 근본적 가치를 밝히려고 노력했다. VALS 연구방법론은 다른 국가의 사이코그래픽 세분시장을 확인하는 데 사용된다.

복습과 토론 문제

13.1 글로벌 기업으로 가기 위해 직면한 모든 문제에서, 왜 그렇게 많은 기업들이 국제적인 확장을 선택하고 있는가? 국내시장을 넘어 해외 확장의 이점은 무엇인가?

13.2 소비자 행동 측면에서 세계 여러 국가들과 그들의 문화는 더 유사해지고 있는가 아니면 더 달라지고 있는가? 토론해보자.

13.3 비교문화 분석이란 무엇인가? 다국적 기업이 해외 시장에 대한 마케팅 믹스의 수립하기 위해 비교문화 분석을 어떻게 이용할 수 있는가? 사례를 들어 설명하시오.

13.4 글로벌 촉진 전략의 장단점은 무엇인가?

13.5 현지화 촉진 전략의 장단점은 무엇인가?

13.6 기업들이 글로벌 시장에서 마케팅하는 동안 직면해온 언어 문제에 대한 사례를 세 가지 쓰고, 이러한 문제를 피할 수 있는 방법에 대해 설명하시오.

13.7 기업들이 글로벌 시장에서 마케팅하는 동안 직면해온 제품 문제에 대한 사례를 세 가지 쓰고, 이러한 문제를 피할 수 있는 방법에 대해 설명하시오.

13.8 한 미국 회사가 일본에서 요구르트 출시를 고려하고 있다. 이 회사가 출시 여부를 결정하기 전에 문화적으로 어떤 측면을 연구해야 하는가?

13.9 코카콜라는 브라질에서 아주 작은 병 제품 출시를 고려하고 있다. 이 제품의 가격은 병에 든 생수보다 쌀 것이다.

이 제품의 출시 여부 결정에 대하여 토론하시오.

13.10 〈그림 13.5A〉에 제시된 바와 같이 홍콩의 중국인은 다른 어떤 국가보다 의류에 더 많은 지출을 한다. 홍콩 문화와 지리적 위치를 조사하고 왜 그들이 의류에 많은 지출을 하는가에 대해 설명하시오.

13.11 〈그림 13.5〉에 제시된 그래프를 검토하고, 특정 국가의 구성원이 많이 소비하는 제품을 선택하시오. 그 국가의 문화와 지리적 위치를 조사하고 왜 그들이 선택된 제품을 많이 소비하는가에 대해 설명하시오.

13.12 〈그림 13.5〉에 제시된 그래프를 검토하고, 특정 국가의 구성원이 매우 적게 소비하는 제품을 선택하시오. 그 국가의 문화와 지리적 위치를 조사하고 왜 그들이 선택된 제품을 적게 소비하는가에 대해 설명하시오.

실전 과제

13.13 미국 이외의 지역을 여행한 경험이 있는가? 만약 있다면 그 국가의 사람들과 미국인 간의 가치, 행동, 소비 패턴의 차이를 확인하시오.

13.14 (a) 신용카드, (b) 패스트 푸드 매장, (c) 샴푸, (d) 운동화 등의 사용에 관하여 다른 문화권의 학생을 인터뷰하시오. 그 학생과 당신의 소비 행동을 비교하고, 발견된 유사점과 차이점에 대해 토론하시오.

13.15 멕시코, 브라질, 독일, 이탈리아, 이스라엘, 쿠웨이트, 일본, 호주 중에서 한 국가를 선택한다. 선택한 국가의 상당수 사람들이 미국을 방문하고 싶어 하며, 재정적 능력도 충분하다고 가정한다. 지금부터 당신은 컨설턴트로서 당신이 선택한 국가의 여행자를 유치하기 위해 한 여행사의 촉진전략을 개발하는 임무를 맡고 있다고 가정해보시오. 그리고 선택한 국가 사람들의 라이프 스타일, 관습, 소비 행동에 대하여 도서관의 데이터베이스에서 컴퓨터 문헌 검색을 실시하고, 기사를 선택하여 읽어보시오. 읽은 기사를 기초로 분석을 준비하고 미국을 방문하려는 그 여행자들을 설득하기 위한 촉진전략을 개발해보시오.

주요 용어

글로벌 마케팅 전략 391	세계적 브랜드 391	현지화 마케팅 전략 391
문화 적응 397	인지욕구 401	혼합 마케팅 전략 391
비교문화 분석 393	자아해석 401	

사례 5	**LG모바일/LG전자 모바일콤 USA** **"보내기 전에 생각해봐"** 주관 광고사 : 영앤루비컴(Young & Rubicam/VML) 기여 기관 : 트루(TRU), 마인드셰어(MindShare), 스미스앤존스(Smith & Jones)

전략 과제

휴대 전화 문자 괴롭힘은 장난이 아니다

문자 메시지는 청소년에게 있어 이야기하는 것과 같으며, 의사소통하고 어울리는 방법과 뗄 수 없는 긴밀한 관계에 있다. LG는 연구를 통해 성인들과 미디어가 '모바일 왕따'로 생각하는 것이 청소년의 일상생활에 습관화된 행동이며, 일상적이고 예상되는 의사소통의 한 부분처럼 보인다는 것을 알아냈다. 그러나 휴대 전화 문자 괴롭힘은 수많은 청소년에게 영향을 미치는 진짜 큰 문제이다. 41%의 사람들이 다른 사람에 대한 헛소문을 문자 메시지로 송·수신하거나 전달한 적이 있다고 인정하였다. 400만 명이 협박 문자를 받은 적이 있다고 말하는 반면, 1,000만 명 이상의 청소년은 'SEXT' 즉, 성적 메시지를 보낸 적이 있다고 보도되었다. 500만 명은 남자 친구나 여자 친구로부터 누드 사진을 보내달라는 부탁을 받은 적이 있다고 인정한다. 그리고 놀랍게도 온라인에서 왕따를 경험한 적이 있다고 말하는 아이들의 60%가 그 사건에 대해 부모들에게 상의한 적이 없다.

청소년의 태도를 변화시킴으로써 LG브랜드의 약속을 지킬 기회

더 많은 아이들이 인터넷 접속이 가능한 휴대 전화를 갖게 되고 데이터 요금제가 저렴해지는 한 휴대 전화의 오용은 확대될 것으로 예상된다. 오늘날 이 문제가 언론의 많은 관심을 받고 있음에도 어떤 휴대 전화 통신회사도 이러한 문제를 해결하려는 노력이 없었던 시기에 미국의 제조업자나 상업적 목소리도 이러한 행동을 지지하지 않았다.

LG브랜드 본질의 핵심적 측면에서 "Life's Good"은 세계적으로 긍정적 영향을 미치겠다는 명시적인 약속이다. 청소년에게 책임감 있는 문자 메시지를 보내도록 장려하는 것은 이러한 약속과 무엇보다 중요한 기술 선도자로서 LG가 해야 할 옳은 일을 지속적으로 수행할 수 있는 이상적인 기회였다. LG가 모바일 괴롭힘을 줄이는 데 도움이 되는 훌륭한 목표를 가지고 있었으나, 광고 대행사는 청소년 사이에서 유행하는 행동을 중지시키는 것이 불가능하다는 것을 알고 있었다. 그러나 효과적인 캠페인은 이 문제의 심각성과 중요성에 대한 아이들의 태도를 바꿀 수 있었다. 이 캠페인의 목적은 무의식적인 행동에 대한 의식을 높이는 것이었다.

광고 대행사의 담당 팀은 이 캠페인이 성공적으로 아이들의 태도를 변화시킨다면 LG사업에 긍정적인 영향이 있을 것이라는 데 동의한다.

전략적 과제 : LG모바일이 어떻게 악의적인 문자 메시지에 대한 청소년의 태도 변화에 도움이 될 수 있었는가?

목표

휴대 전화 괴롭힘에 대한 청소년의 태도에 긍정적인 영향을 미치는 캠페인은 표적 청중 사이에 LG 모바일 브랜드에 대한 지각, 연관성, 고려를 유도할 수 있다. 그러므로 이런 캠페인을 제작하는 것이 목표가 되었다.

LG가 이런 종류의 캠페인을 개발한 경험이 전혀 없다는 점을 고려할 때 벤치마킹 대상을 설정하는 것이 어려웠으나, LG는 이 캠페인이 성공하면 태도는 15%까지 브랜드 연관성과 고려는 10%까지 바뀔 것이라는 의견에 동의했다. 그리고 LG는 브랜드 자산과 참여를 높이고 미디어의 관심을 일으키는 것도 목표로 삼았다.

이 캠페인은 두 가지 유형의 목적이 있다.

I. 벤치마크 기반

- **태도적 변화**—악의적 문자 메시지에 대한 청소년의 태도와 지각 변화. 시장조사 벤치마크에 의한 사전 캠페인을 기반으로 15% 향상.
- **브랜드 연관성과 고려**—시장조사 벤치마크에 의한 사전 캠페인을 기반으로 10%까지 향상.

II. 기타 성과 지표

- **브랜드가치(자산)**—사회적으로 책임이 있는 기업으로 청소년 사이에서 LG모바일의 자산 증가.
- **브랜드 참여**—청소년이 LG브랜드와 상호작용하도록 동기부여.
- **미디어 관심(그리고 언론보도)**—이러한 노력이 최소한의 미디어 투자($1.7MM)라는 것을 감안할 때 LG는 이 문제에 관한 청소년의 더 많은 관심과 LG모바일에 적합한 추진력을 얻을 수 있는 무료 미디어의 개발을 원했다.

계획안

악의적 문자 메시지 발송의 개인적 결과에 대해 생각하도록 청소년에게 동기부여.

청소년은 문자 메시지 발송을 멈추지 않을 것이다

LG의 조사(2009년 7월)에서 청소년은 기자들처럼 단순하게 진실을 전하는 타협적인 자세에서 인기 있는 아이의 사진을 찍었다면 소문을 공유해도 괜찮다고 생각하는 것으로 나타났다. 이들은 피해자의 감정을 고려할 수 없었으나, 모두가 보내지 않기를 바라는 문자 메시지를 보내는 상황을 설명할 수 있었다. 이들에게 문자 메시지를 공유하는 시간은 개인적으로 중요하다. 어쩌면 그것이 역효과를 낳았을 수도 있다. 한 여자아이는 남자 친구를 기쁘게 하기 위해서 자신의 상반신 노출 사진을 남자 친구에게 전송했으나, 두 사람이 헤어지고 난 후에 남자 친구는 그 사진을 주위의 친구들과 공유하기로 결정한다. 이러한 일은 이들도 알아듣고 피하고 싶어 하였다.

이 캠페인이 성공하기 위해서는 이동통신 오용에 따른 개인적 결과에 대한 인식을 높여야만 하였다. 이에 따른 계획은 광고대행사의 "think before you text"라는 전략적 표현을 통해 청소년에게 못된 문자 메시지 발송에 따른 개인적 결과에 대하여 생각하도록 동기를 부여하는 것이었다.

소비자 의사결정과 혁신의 확산

이 장은 소비자가 어떻게 구매의사결정을 하는지에 관한 프레임 워크 안에서 지금까지의 논의 개념을 통합한다. 구매 결정은 상황에 따라 다양하다. 예를 들어, 〈그림 14.1〉에 나타나는 광고 특징은 쥬얼리 산업의 비영리 교육기관인 미국보석감정원(GIA)에 의한 것이다. '당신이 구매하는 것을 이해하라.' 의 태그라인은 다이아몬드 구매를 하고자하는 소비자를 향한다. 다이아몬드 구매를 소비자 의사결정 용어로 표현하면 **포괄적 문제해결**(extensive problem solving)이다. 왜냐하면 소비자들은 다이아몬드를 드물게 구매하고 그것을 평가하기 위한 기준이 없기 때문이다. GIA 광고는 구매자에게 캐럿 무게, 투명성, 색상, 커팅 스타일, 그 외 특징 등과 같이 다이아몬드를 살펴보는 요소를 설명하였다. 반면, 〈그림 14.2〉의 애드빌 광고는 **일상적 반응 행동**(routinized response behavior)을 불러일으킨다. 왜냐하면 소비자는 처방전 없이 약을 구매한 경험이 있고, 그것을 평가하는 기준을 필요로 하지 않기 때문이다. 더욱 중요한 점은 다이아몬드는 브랜드를 가지고 있지 않은 반면, 애드빌은 품질에 관한 명성이 있고, 세계 수백만 명의 사람들에 의해 재인식되고 있다. 상점 안에서 소비자들은 생각 없이 애드빌에 손을 뻗는다. 또한 광고는 애드빌의 명성을 같은 브랜드를 이용하고 있는 다른 제품군의 제품에 이용한 **공동브랜딩**(family branding)을 보여준다.

소비자들은 이미 제품 및 서비스를 평가하는 기본적인 기준을 세우고 있으나 그들은 **제한적 문제해결**(limited problem solving)에 집중하기 위해 여전히 브랜드 간의 차이점을 이해하기 위한 추가적인 정보를 필요로 한다. 소비자들은 그들이 구매했던 제품의 속성이 추가적 업데이트 제품을 구매할 때 이러한 의사결정 유형이 발생한다. 예를 들어, 다중입력장치가 가능한 새로운 노트북을 구매할 때 이 기기의 입력장치는 이전에는 존재하지 않았던 것이다(예 : 미니디스크 슬롯, 쾌속 USB 포트).

그림 14.1 구매의사결정 : 포괄적
문제해결

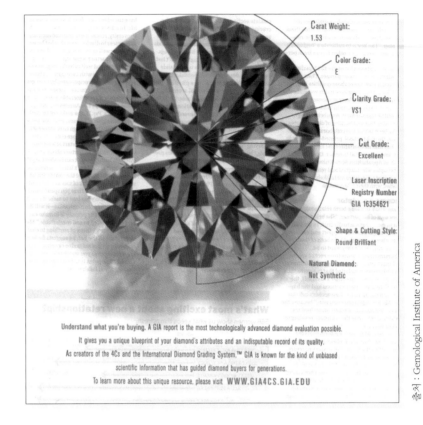

그림 14.2 구매의사결정 : 일상적
반응행동

소비자 의사결정 모델

학습목표

1 소비자들의 의사결정 과정을 이해한다.

〈그림 14.3〉은 소비자 의사결정 모델로서, 소비자 의사결정에 대한 아이디어가 일치하는 것을 합치고, 지금까지 이 책에서 토론한 소비자 행동에 대해 정리하였다. 이 모델은 복잡한 소비자 의사결정에 대해 완전한 청사진을 제공하지는 않는다. 오히려 소비자 행동을 설명하는 데 유용한 모든 요소의 개념은 통합하고 조정하여 디자인한 것이다. 모델은 입력, 과정, 결과라는 세 가지 요소를 포함하고 있다.

의사결정 : 입력

소비자 의사결정 모델의 입력 요소는 외부 영향력의 세 가지 유형을 포함한다.

1. 마케팅 믹스는 마케터의 제품을 반복적으로 구매하는 소비자에게 도달되는 수준, 정보제공, 그리고 설득을 위한 전략들로 구성된다. 이러한 마케팅 믹스는 제조업자로부터 소비자들에게 제

그림 14.3 소비자 의사결정 모델

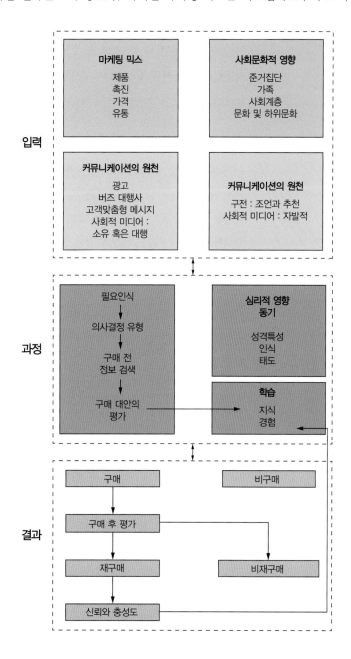

품을 전달하기 위한 제품, 광고, 그 외의 촉진 노력들, 가격정책, 유통채널 등을 포함한다.

2. 사회문화적 영향은 소비자들의 가족, 동료, 사회계층, 준거집단, 문화 그리고 9장과 4부에서 논의 되었던 하위문화도 포함한다.

3. 또한 입력은 커뮤니케이션이 포함된다. 여기서, 커뮤니케이션은 마케팅 믹스와 사회문화적 영향을 소비자들과 3부에서 설명한 것들에게 전달하는 심리적 기제이다.

마케팅 믹스와 사회문화적 영향의 효과는 소비자가 무엇을 구매하고 활용하는지에 대한 결정을 수립한다. 왜냐하면 이 영향들은 개인들에 의해서 개인적 혹은 활동적인 추구에 의해서 방향이 결정되기 때문이다. 그러므로 양방향성 화살은 모델의 입력과 과정의 세분화 부분을 연결해준다(그림 14.3 참조).

의사결정 : 과정

이 모델의 과정 요소는 소비자들이 의사결정을 어떻게 내리는지와 관련이 있다. 이 과정을 이해하기 위해서는 이 책의 2부에서 설명한 용어의 심리적 영역을 함께 고려해야만 한다. 이 모델의 심리적 영역은 내부적 영향(동기, 인식, 학습, 성격특성, 태도)로 구성되어 있으며, 이러한 심리적 영역은 소비자들의 의사결정 과정(그들이 필요한 것이나 원하는 것이 무엇인지, 다양한 제품의 선택의 인지, 정보를 모으는 활동, 소비자들의 대안 평가)에 영향을 미친다.

욕구 인식

욕구 인식(need recognition)은 소비자가 '문제'에 직면하였을 때 발생된다. 예를 들어, 젊은 간부가 높은 품질의 디지털 카메라 기능이 포함된 새로운 휴대 전화의 구매를 결정한다. 그는 품질이 좋은 디지털 카메라를 가지고 있을 때의 이점을 그의 휴대 전화에 대입하여 그것을 이미지화할 것이다. 왜냐하면 휴대 전화는 생생하면서 실질적인 사진을 찍는 데 있어 디지털 카메라보다 더 쉽고 편리하기 때문이다. 이 간부는 스스로 욕구를 인식할 것이며 적절한 반응이 일어날 것이다.

욕구 인식은 두 가지 유형이 있다. 몇몇의 소비자들은 **실질적 상태 유형**으로, 그들이 가지고 있는 제품이 만족스러운 수행을 실패했을 때 문제를 인식한다(예 : 무선 전화기는 정적인 상태를 발전시킴). 반면에 또 다른 소비자들은 **욕구 상태 유형**으로, 새로운 무엇인가에 대한 욕구가 의사결정 과정을 유발한다.[1]

구매 전 탐색

구매 전 탐색(pre-purchase search)은 소비자가 제품 구매와 소비에 대한 만족 욕구를 인식할 때 시작된다. 때때로 소비자는 과거 구매의 회상을 통해 현재 선택 결정을 위한 충분한 정보를 제공받게 된다. 그러나 소비자가 이전에 구매한 경험이 없으면 선택을 위한 정보를 찾기 위해 광범위한 검색에 몰입해야 한다.

소비자는 일반적으로 기억(심리적 영역)에서 검색하고 난 후, 소비 관련 욕구와 관련된 외부의 정보원천을 찾아본다. 과거 경험은 내부 정보원천으로 간주된다. 과거 경험과 관련된 것이 많을수록, 소비자 의사결정에 도달하는 데 필요한 외부 정보가 적을 것이다. 많은 소비자 의사결정은 이전 경험의 조합(내부적 원천) 혹은 마케팅 혹은 비상업적 정보(외부적 원천)를 기준으로 한다. 또한 지각된 위험 수준은 의사결정 과정 단계에 영향을 준다(4장 참조). 높은 위험 상황의 경우, 소비자는 복잡하고 외부적인 정보 검색과 평가에 몰입할 것이다. 낮은 위험 상황의 경우, 소비자는 매우 단순하거나 제한적인 검색과 평가를 이용할 것이다.

쇼핑 행동은 외부적 정보의 중요한 형태이다. 소비자 조사에 따르면 남성과 여성의 쇼핑 행태가 매우 다르다고 한다. 대부분의 남성은 쇼핑을 좋아하지 않지만 여성은 쇼핑하는 것을 좋아한다고 주장하였다. 그리고 대다수의 여성들은 즐거움과 편안함을 쇼핑에서 찾는 데 반해, 대다수의 남성들은 쇼핑에서 그러한 감성을 느끼지 못한다.[2]

외부적 검색 노력은 다른 제품군의 구매를 위한 검색과 제품을 구매하기 위한 총 검색 노력이 많아지는 것과 관련이 있으며, 외부적 검색 노력이 많아질수록 소비자는 쇼핑에 대한 태도가 더욱 긍정적으로 변화하고, 더 많은 시간을 쇼핑하는데 이용한다는 것을 발견하였다. 놀라운 점은 아니지만, 외부적 검색 노력은 소비자가 제품군의 지식이 적으면 적을수록 더 많아진다.[3] 소비자들은 제품 범주군에 관해 모르면 모를수록 그것을 구매하기 위해 더욱 중요한 무엇인가를 찾기 위해서 구매 전 탐색에 더욱 집중할 것이다. 반면 소비자들이 주관적 지식이 높으면 (제품 범주군에 관해 얼마나 많이 아는지에 대한 자아 평가) 다른 사람들의 추천보다는 자아 평가에 대해 더욱 의존한다.

또한 인터넷이 구매 전 탐색에 매우 큰 영향을 미쳤다. 소비자들은 상점을 방문하여 제품을 찾아보는 것이나 제조업자에게 전화를 하거나 책자에서 찾아보는 것보다 그들이 필요로 하는 제품 혹은 서비스에 관한 정보가 많은 제조업자의 웹사이트에 갈 수 있다. 예를 들어, 많은 자동차 웹사이트는 제품의 세부 특징, 가격, 딜러 비용 정보를 제공한다. 리뷰들은 심지어 경쟁 자동차들과도 비교가 되어 있다. 예를 들어, 볼보 웹사이트는 소비자의 자동차를 스스로 '창조'하고 다른 색상으로는 어떻게 보일지 생각할 수 있게 한다. 몇몇 자동차 회사 웹사이트는 심지어 특정 자동차 딜러의 새차와 중고차 목록을 작성해 두었다. 또한 많은 화장품을 주문 제작하기 위한 웹사이트도 있다.

연구 조사에서 정보획득을 위한 인터넷 검색 시 준수사항에 대한 소비자들의 논평을 제시하였다. "나는 정보를 찾는 것이 쉽고 사용하기 정말 쉽기 때문에 웹사이트 이용을 좋아한다. 정보는 나의 손가락 끝에 있으며 나는 도서관에서 책을 찾는 것을 하지 않는다."[4] 그러나 로퍼스타치서베이(Roper Starch Survey)는 인터넷으로 개인적인 검색을 하는 시간이 평균 12분 정도임을 발견하였다. 또 다른 연구에서는 비록 인터넷으로 물리적 노력은 줄였지만, 소비자들의 온라인 정보 검색의 제약으로 인한 '인지적 과제'는 줄지 않음을 확인하였다.[5]

만약 검색이 실패하면 어떠한 일이 일어날까? '검색 후회'에 관한 연구에 따르면 소비자의 구매 후 부조화는 불만족스러운 구매 전 탐색에서부터 나타났다.[6] 게다가 구매 전 탐색 실패의 손해는 상점에 영향을 미칠 수 있음이 확인하였다. 또한 소매업자들은 충분한 정보를 제공하고 재고를 줄이려고 시도하며 점원들을 적절히 훈련시켜서 검색 후회를 없애거나 줄이는 데 도움을 줄 수 있다.[7]

소비자가 얼마나 많은 정보를 모으느냐는 다양한 상황적 요소에 따라 다를 수 있다. 〈표 14.1〉은 소비자의 구매 전 정보 탐색을 증가시키는 몇 가지 요소를 제시하였다. 몇 가지 제품과 서비스를 위해 소비자들은 현재 경험중인 서비스를 상상하기도 하지만(골프 선수가 '더 나은' 골프 클럽 세트를 구매하려는 것처럼), 의사결정을 서두르지는 않는다.

표 14.1	구매 전 정보 탐색을 증가시키는 요소

제품 요소

연속적인 구매 사이에서의 구매 간격이 클 때

제품 스타일이 빈번하게 변화될 때

가격이 빈번하게 변화될 때

구매 용량(단위 용량이 클 때)

높은 가격

다양한 브랜드 대안

속성의 변화가 많을 때

상황적 요소

경험 : 처음 구매, 제품이 새롭기 때문에 과거 경험이 없을 때, 제품 범주군 내에서 과거 경험이 불만족스러울 때

사회적 수용성 : 선물을 위해 구매할 때, 제품이 사회적인 가시성이 있을 때

가치와 관련된 고려사항 : 구매의 필요성보다는 자유롭게 구매가 가능할 때, 모든 대안들이 바람직하거나 바람직하지 않은 상반되는 가치를 동시에 가지고 있을 때, 가족 구성원이 제품의 필요에 대해 동의하지 않을 때, 제품 사용이 중요한 준거 집단과 떨어져 있을 때, 구매가 생태학적 고려 사항과 관련 있을 때, 충돌되는 정보의 원천이 많을 때

소비자 요소

인구통계학적 요소 : 교육, 수입, 직업, 나이, 복지와 물질적 충족상태

성격 특성 : 독단적 수준, 위험수용 의향, 제품 관여도와 새로움 추구

온라인 대 전통적인 정보 검색

지금까지 연구자들은 인터넷이 소비자의 의사결정 방법에 어떻게 영향을 미치는지에 대해 설명하였다. 그 결과, 소비자들은 정보과정시 빈번하게 인지 정보 과정 용량을 가지고 있어서 인터넷 정보 검색을 위한 전략을 개발한다. 정보 검색을 위한 전략은 개인적 요소(예 : 지식, 성격 특성, 인구 통계적 특성)와 상황적 요소(의사결정 과업의 특성)를 기본으로 한다. 여기서 세 가지 상황적 요소들은 아래와 같다.[8]

1. 과업의 복잡성(task complexity) : 대안의 수와 각 대안의 이용 가능한 정보의 양
2. 정보의 구조(information organization) : 제시, 형식, 내용
3. 시간 제약(time constraint) : 소비자가 의사결정을 해야 하는 시간의 양

브랜드 집합과 평가 동안 고려된 속성

상기상표군(evoked set) 또는 **고려군**(consideration set)은 소비자가 의사결정하는 상황에서 특정 제품의 범주에서 구매 결정을 고려하는 구체적인 브랜드(혹은 모델)로 정의된다. **비관련상표군**(inept set)은 소비자가 구매 고려에서 제외하는 브랜드(모델)이다.

비상기상표군(inert set) 특별한 이점을 가지고 있다고 인식하지 못하기 때문에 소비자가 관심을 두지 않는 브랜드(혹은 모델)로 구성되어 있다. 제품 범주 안의 모든 브랜드의 수와 상관없이, 소비자는 보통 상기상표군을 적게 두려는 경향이 있다. 일반적으로, 세 개에서 다섯 개의 브랜드 혹은 모델로 구성된다.

상기상표군은 소비자가 친숙하게 기억하고 있는 브랜드 중 수용 가능한 브랜드로 구성되며, 적은 개수로 만들어진다. 만약 소비자가 모든 제품을 고려하고 있을 경우에 마케터는 제품이 소비자의 상

그림 14.4 평가 동안의 브랜드 집합 고려 사항

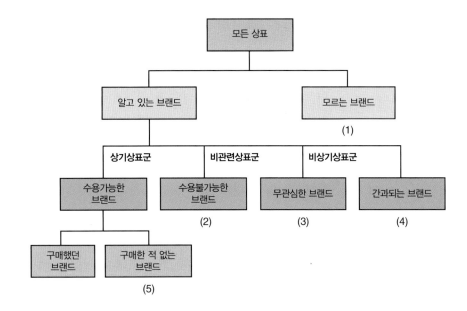

기상표군의 일부분이 되게 해야만 한다. 제외된 제품은 다음과 같다.

1. 소비자의 선택적 노출 때문에 광고미디어와 광고 자극물의 선택적 인식이 일어나서, 소비자들이 모르는 브랜드 혹은 모델
2. 수용 불가능한 브랜드는 광고 혹은 제품의 특징 중에 품질이 좋지 않거나 특정 속성이 좋지 않거나 부적절한 포지셔닝을 가지고 있는 브랜드
3. 어떠한 특정 속성을 가지고 있지 않는다고 인식한 브랜드
4. 확실한 포지셔닝이 없어 간과되는 브랜드
5. 인식된 욕구를 만족시키지 못해서 선택되지 못하는 브랜드

마케터의 영향은 각 경우마다 촉진적 기술을 통해 표적 소비자에게 제품의 이미지를 더욱 선호하게 하거나 소비자가 필요하다고 다 느낄 수 있게 디자인하는 데 있다. 또한 마케터는 소비자들이 제품의 특성 및 속성(더욱 좋은 특성을 가지도록)이 변화되기를 요구하도록 한다. 이를 위한 방안으로 특정 표적 세분화에서 구체적인 제의나 그들의 상기상표군이 가능하다는 생각이 들도록 전략화한다.[9]

또한 연구자들은 소비자들의 제품 이미지에 영향을 미치는 데 있어 광고에서의 여백 활용과 서체 활용을 제안한다. 예를 들어, 브랜드에 대한 품질, 품격, 신뢰, 태도, 구매 의향은 여백이나 서체가 단순하고 더욱 자연스러우며 글자의 삐침이 포함되었을 때, 매력적이거나 따뜻하게 인식되어 긍정적 영향을 끼쳤다는 것을 확인하였다.

소비자는 정보검색 과정 이전에 옵션을 가려내고 맞지 않은 대안품을 제거해최종 의사결정을 더욱 처리하기 쉽게 만든다.[10]

실질적으로 소비자는 중요한 제품 속의 형식에서 상기상표군에서 제품을 평가하는 기준으로 속성을 사용한다. 게다가 소비자는 제품 속성의 예시로서 제품 평가할 때 가격을 사용한다.

1. e-북 리더기 : 크기, 터치 스크린, 배터리 수명, 메모리 용량, 휴대 전화와의 호환성
2. 오렌지 주스 : 과즙량, 당도, 맛의 약점과 강점, 색상, 패키지
3. 손목시계 : 알람 기능, 방수 기능, 쿼츠 무브먼트, 다이얼의 크기

회사들은 소비자들이 대안을 평가하는 것을 알고 있을 때, 때때로 광고주들은 제품 혹은 서비스 옵션을 평가하는 기준을 추천한다. 소비자는 다른 브랜드 혹은 모델의 평가 혹은 비교경험을 가지고 있고, 단순한 느낌, 외형, 그리고 성능이 '적당한 것'을 찾고 있다. 흥미로운 것은 연구에서 소비자들이 '알맞은' 제품구매를 논의할 때, 가격에 대한 언급이 적거나 혹은 전혀 없음을 보여주고 있다. 아이템들은 종종 소비자의 성격 특성 혹은 어린 시절의 경험을 반영한다. 그리고 종종 '첫 눈에 반하는' 경우가 있다. 한 연구에서, 빅베르타포 골프클럽, 오래된 가죽 서류 가방, 포스트잇 노트 그리고 혼다 어코드와 같은 제품들은 '단순히 느낌을 느낀다.'고 주장하였다.[11]

연구자들은 브랜드 신뢰성(신용과 전문성)이 브랜드 선택에 미치는 영향을 연구했다. 그 결과 브랜드가 소비자의 상기상표군에 포함되면 신뢰성이 개선되는 것을 발견하였다. 브랜드의 신뢰에 영향을 미치는 것은 브랜드의 지각된 품질, 브랜드 연상 시 지각된 위험, 정보 검색 및 브랜드 구매시 결정함에 드는 정보 비용으로, 세 가지 요소이다.[12] 게다가 이 연구에서는 선택 의사결정에 관해서 신뢰가 전문성보다 더욱 중요하다고 설명하였다.

소비자 의사결정 규칙

의사결정 규칙은 소비자가 브랜드 설득 과정 및 소비와 관련된 선택에 이용되는 방법을 말한다. 이 규칙은 의사결정의 가이드 및 과정이 일상화되도록 단순화함으로써 복잡한 의사결정의 짐을 줄여준다. 소비자 의사결정 규칙은 두 가지 유형이 있다. **보완적 의사결정 방식**(compensatory decision rule)은 소비자가 관련된 속성과 브랜드의 가중치 및 속성 간 가치의 가중치 합을 통해서 브랜드 혹은 모델을 평가하는 방식이다. 계산되는 점수는 잠재적인 구매 선택으로서 브랜드의 상대적 이점을 반영한다. 이때 소비자는 평가되는 대안 중 가장 높은 점수를 받은 브랜드를 선택할 것이라고는 가정한다. 반면 **비보완적 의사결정 방식**(noncompensatory decision rule)은 브랜드의 부정적인 속성 평가와 긍정적 평가 간의 균형을 소비자에게 허락하지 않는 방식이다.

비보완적 의사결정 방식은 세 가지 유형이 있다. **결합적 의사결정 규칙**(conjunctive decision rule)은 소비자가 각각 대안에 대해 최소한의 수용 수준을 세우는 것을 말한다. 만약 특정 브랜드 혹은 모델의 한 가지 속성이 수용 수준 아래에 있으면 이 옵션을 고려군에서 제외하게 된다. 왜냐하면 결합적 의사결정 규칙은 몇 가지 수용 가능한 대안을 야기하기 때문에 그런 경우 소비자는 최종 선택에 도달하는 추가적인 의사결정 규칙을 적용하는 데 필요한 것을 도출하게 된다. 결합적 의사결정 규칙은 특히 고려군에서 빠르게 대안의 수를 줄일 때 이용하게 된다. 소비자는 할 수 있으면 다른 것을 적용하고, 최종 선택에 도달하는 더 나은 의사결정 규칙을 정하려고 한다.

소비자는 가장 먼저 **사전편집식 의사결정 규칙**(lexicographic decision rule)에 따라서 속성 간 중요도에 관해 순위를 매긴다. 그러면 소비자는 가장 중요하다고 고려되는 하나의 속성에 관해서 다양한 대안을 비교한다. 만약 하나의 옵션 점수가 최상위의 속성에 대해 충분히 높으면(다른 속성에 대한 점수에 상관없이), 과정을 끝내고 선택하게 된다. 두 개 혹은 그 이상의 대안이 남게 되면 특정 속성에 대해 다른 대안보다 우수하기 때문에 둘째로 높은 순위의 속성으로 과정을 다시 반복하여 소비자가 하나의 옵션을 선택할 때까지 계속된다.

사전편집식 의사결정 규칙에서 가장 높은 순위의 속성(하나만 적용)은 개인의 기본적인 소비(혹은 쇼핑) 추구를 드러나게 한다. 예를 들어, '가장 좋은 것을 사자.'는 규칙은 소비자가 **품질 지향적**임을 가리킨다. '가장 고급스러운 브랜드를 사자.'는 규칙은 소비자가 지위 지향적임을 가리킨다. '가장 덜 비싼 것을 사자.'는 규칙은 소비자가 **경제적 마음가짐**을 가지고 있음을 가리킨다.

결정 규칙의 다양성은 꽤 흔하게 나타난다. 소비자 조사에 따르면 자주 물건을 구입하기 위해 매장을 찾는 10명의 고객 중 9명은 절약하기 위한 쇼핑 전략 과정을 거친다.[13]

1. **실용적 충성도가 높은 소비자**(practical loyalist) : 어떠한 방법으로 구매를 하든 브랜드나 제품의 규제 비용을 절약하는 방법을 찾는 사람

2. **가격 중심적 쇼퍼**(bottom-line price shopper) : 브랜드에 상관없이 가장 낮은 가격의 제품을 구매하는 사람

3. **기회주의적 전환자**(opportunistic switcher) : 상기상표군에서 세일 혹은 쿠폰을 이용할 수 있는 제품 및 브랜드를 찾는 사람

4. **거래 사냥꾼**(deal hunter) : 브랜드 충성도가 전혀 없고, 흥정을 통해 제품을 구매하는 사람

우리는 기본적 소비자 의사결정 규칙만을 고려하였다. 의사결정 규칙의 대부분은 이것들을 결합하여 결합-보상적 규칙, 결합-분리적 규칙, 분리-결합적 규칙과 같이 새롭고 다양한 형식으로 설명할 수 있다. 소비자는 많은 구매 의사결정을 위해 장기 기억에 상기상표군의 브랜드 평가를 유지하고 있을 확률이 크다. 이러한 평가를 이용하여 개인적으로 필요하지 않은 요소로 브랜드를 평가하는 대신 **감성의존식 의사결정 방식**(affect referral decision rule)을 사용하여 소비자가 전반적으로 가장 높은 평가를 받은 브랜드를 선택하게 한다. 이러한 감성의존식 의사결정은 모든 의사결정 중 가장 단순한 규칙이다.

〈표 14.2〉는 e-북 리더기를 구매하는 데 의사결정 규칙을 적용한 것이다.

결정 규칙과 마케팅 전략

소비자는 마케터가 개발한 촉진적인 프로그램을 이용하여 특정 제품이나 서비스를 선택하는 과정에서, 결정 규칙을 적용한다. 우세한 결정 규칙을 익힌 마케터는 소비자의 정보 과정을 촉진시키는 형식인 촉진 메시지를 준비할 수 있다. 촉진 메시지는 심지어 잠재적인 소비자가 어떻게 의사결정을 할 것인지 제안한다. 예를 들어, 최근 휴대 전화 광고는 잠재적인 소비자에게 '어떠한 새로운 가치 속성을 찾아야 하는지' 이야기한다. 광고는 소비자가 배터리 수명이 긴 속성, 높은 해상도, 높은 해상도의 비디오 녹화, 그리고 특별히 높은 품질의 디지털 카메라를 고려해야 한다고 조언한다.

표 14.2 e-북 리더기 구매를 위한 의사결정 규칙 적용	
의사결정 규칙	합리적 의사결정
보상	"좋은 평가와 나쁜 평가를 종합하여, 가장 나은 e-북 리더기를 선택했다."
결합	"나쁜 속성이 없는 e-북 리더기를 선택했다."
분리	"최소 한 가지 이상의 속성에서 평가가 높은 e-북 리더기를 선택했다."
사전편집식	"내가 생각하는 가장 중요한 속성의 점수가 가장 높은 e-북 리더기을 선택했다."
감정의존식	"전반적인 평가가 가장 높은 브랜드를 구매했다."

불완전한 정보 및 비교할 수 없는 대안

많은 의사결정 상황 속에서 소비자는 의사결정을 위한 불완전한 정보를 가지고 있으며, 손실 정보를 보완하기 위한 대안적 전략을 사용한다. 손실 정보는 특정 속성을 언급한 광고나 포장에 나타나며, 소비자가 현재 고려하지 않은 대안 속성의 불완전한 기억, 몇 가지 속성들의 경험, 제품 경험 후의 평가에서 나타난다. 소비자에게는 손실 정보에 대응하는 네 가지 방법이 있다.

1. 소비자는 손실 정보를 얻을 때까지 의사결정을 지연한다.
2. 소비자는 손실 정보를 무시하거나 의사결정 과정에서 이용 가능한 정보만을 이용하여 결정한다.
3. 소비자는 손실 정보를 잘 적용하기 위한 의사결정 전략을 변경한다.
4. 소비자는 손실 정보를 추론('구성')한다.

논의된 의사결정 규칙을 보면 선택은 브랜드(혹은 모델)의 평가에 의해서 이루어진다고 추정한다. 물론 소비자는 구매를 원하는 충분한 이점을 제공하는 대안이 없다고 결론지을 때도 있다. 그러나 만약 제품 구매의 필요성이 생긴다면 소비자는 낮은 기대 수준을 충족하거나 이용 가능한 대안 중 가장 나은 대안이나 추가적인 브랜드를 찾아보고, 결정하여 한 가지 대안을 찾기 위한 선결정된 기준에 도달하려 한다. 반면 구매에 있어서 더욱 자유로운 재량권을 가지고 있으면(예 : 새로운 신발), 소비자는 구매를 지연하려 한다. 한 예로 소비자는 구매결정을 내리기 위해서 관심 있는 내용을 찾아보려고 할 때, 정보 입력을 위해 장기 기억에 저장되어 있는 내용을 변환하여 인출하거나 재도입해 정보를 검색한다(5장 참조).

의사결정 : 결과

소비자 의사결정 모델의 결과는 구매 행동과 구매 후의 평가로 구성된다. 소비자는 세 가지 구매 유형으로 구분된다. 소비자들은 처음 구매하는 제품(혹은 브랜드)이거나 평상시보다 적은 양의 신제품을 구매할 경우에는 구매를 하려고 노력한다. 그러므로 구매 행동의 탐색적 단계로써 소비자는 직접적 사용을 통한 제품 평가를 시도한다. 예를 들어, 소비자가 잘 알려지지 않은 새로운 브랜드의 세탁세제를 구매하려 하면 익숙한 브랜드 제품보다 적은 양을 구매하려 할 것이다. 또한 소비자는 무료 샘플, 쿠폰, 그리고 세일 가격과 같은 촉진적 전술을 통해서 새로운 제품을 써보려고 할 것이다.

이미 잘 알려진 제품 범주군(쿠키, 냉동작물, 요거트)의 새로운 브랜드가 다른 브랜드보다 좋거나 더욱 만족스럽다면 소비자는 반복하여 구매할 것이다. 재구매 행동은 **브랜드 충성도**(brand loyalty)로 나타날 것이다. 소비자가 적은 양의 제품 구매 경험이나 노력 없이 제품을 사용해본 경험과 달리, 일상적인 재구매는 소비자가 스스로 제품을 수용하거나 더 많은 양을 다시 사용하려 하는 것이다.

시험 구매(trial purchases)는 항상 실현가능한 것은 아니다. 예를 들어, 대부분의 내구성 제품(예 : 냉장고, 세탁기, 전자레인지)의 경우 소비자의 일반적인 평가가 구매로 연결되거나 실질적 시도없이 장기간의 노력에 의해 제품을 구입하게 된다. 폭스바겐 뉴비틀의 구매자는 구매한 자동차가 배달되기를 기다릴 때에 그들이 주문한 정확한 모델과 색상을 보여주는 '전체적인 시각 이미지'를 부르는 심리도식적 도구 등이 포함된 메일을 받음으로써 제품에 대한 '기대감'을 유지하도록 한다.[14]

지금까지 구매 후 평가는 소비자가 제품을 사용한 이후에 자신의 기대와 실제 사용한 경험과의 관계에서 나타난다. 제품 성능이 기대와 일치하면 소비자는 중립적인 감정을 느낀다. 제품 성능이 기대를 넘으면 소비자는 만족하며 **긍정적 기대 불일치**(positive disconfirmation of expectation)가 나타난다. 제품 성능이 기대보다 못하면 소비자는 불만족하며 **부정적 기대 불일치**(negative disconfirmation of expectation)가 나타난다.

　　인지적 부조화(cognitive dissonance)(6장 참조)는 소비자가 스스로 현명하게 선택하였다고 안심할 때 생긴다. 이때 소비자는 현명하게 의사결정하였음을 합리화하려 한다. 그들의 선택을 지지하는 광고를 찾거나 경쟁적인 브랜드를 피한다. 친구 혹은 이웃들에게 같은 브랜드(그렇게 함으로써 그들 스스로 자신의 선택을 확인한다.)를 구매하도록 설득한다. 혹은 안심하기 위해서 다른 만족한 구매자들에게 마음을 돌린다.

　　구매 후 만족 수준은 제품의사의 중요성과 그 제품을 사용한 경험을 통해 확인된다. 소비자는 제품이 기대에 부응할 때 그것을 다시 구매하려 한다. 제품 성능이 실망스럽거나 기대에 미치지 못하면 더 나은 대안을 찾으려 한다. 그러므로 구매 후 평가는 소비자의 심리적인 현상의 '피드백'이거나 향후 유사한 의사결정에 영향을 미친다. 어떤 연구들은 종종 소비자 유지가 브랜드 명성의 결과로 나타난다. 특히 소비자가 제품에 대해 평가하기 어려울 때 나타난다.[15] 또한 나이 어린 소비자가 관여도가 더 높고 서비스에 대한 기대가 높으며 종종 구매한 서비스에 대한 경험적 인지 부조화가 있음을 발견하였다.[16]

　　구매에 만족한 소비자는 '돈의 가치'만큼 받았다고 느낀다. 이러한 판단의 결과는 (즉, 소비자는 상기상표군에서 브랜드 혹은 모델 중 하나를 구매한다.) 가치의 이점 — 구매한 아이템의 특징 — 과 구매 시 필요한 희생(제품의 가격)간의 균형을 암시한다.[17] 1911년 초 연구자들은 소비가 '투표'와 유사하다는 것을 제시하였다. 투표라는 행위에 의해 정치적 선거에 영향을 미치는 것과 같이 소비자는 구매를 통해 사회 혹은 환경에 영향을 미친다.[18]

소비자의 선물 행동

학습목표

2　선물을 구매하는 역학을 이해한다.

선물은 특히 소비자 의사결정에서 흥미로운 부분이다. 선물은 소비자 자신을 상징하고, 중요한 사건을 대부분 연상(예 : 어머니날, 생일, 약혼, 결혼, 졸업, 많은 성취와 중요 시점)하기 때문에 일상적으로 '매일' 구매하는 것에 비해 더 나은 현상이 나타난다. **선물 행동**(gifting behavior)은 선물을 주는 사람과 받는 사람 간의 선물 교환을 말한다. 광범위한 정의는 자발적으로 선물을 나누어줄 뿐 아니라('단순히 내가 당신을 생각하는 것을 알아주는 것') 의무적으로 선물을 주는 것('선물을 주어야만 하는 것')을 말한다.[19] 그것은 다른 사람에게 주는(그리고 받는) 선물과 자신에게 주는 선물('자기 선물')을 포함한다. 더욱이 제품의 대부분은 우리 스스로를 위해 '선물'로 구매하는 아이템으로 정의된다.

　　선물을 주는 것은 축하, 사랑, 의무, 유감과 같은 의미 및 상징적인 대화를 나타낸다. 선물을 주는 사람과 받는 사람 간의 관계가 선물의 선택을 좌우할 뿐 아니라 주는 사람과 받는 사람 간의 연속적 관계에도 영향을 미친다.[20] 선물의 몇 가지 유형은 다음과 같다.[21]

1. 집단 사이의 선물 : 한 그룹이 다른 그룹(예를 들어, 한 가족이 다른 가족에게)에 선물할 때 나타난다. 가족에게 주는 선물은 개인적 가족 구성원에게 주는 것과 다른 것을 선물한다. 예를 들어, '일반 상식'적 결혼 선물은 신부 혹은 신랑이 개인적으로 사용하는 것을 선물하기보다는 집안을 꾸밀 수 있는 제품을 선물한다.

2. **범주군 사이의 선물** : 개인이 그룹에게 선물을 주거나(싱글 친구가 커플의 축하 선물을 주는 경우) 그룹이 개인에게 선물하는 경우(친구들이 함께 다른 친구의 생일 선물을 주는 경우)에 나타난다. 특히 '그룹이 선물을 받는 경우의 구매'와 '누군가를 위한 구매'와 같은 선물의 선택 전략은 받는 사람의 상황적 어려움을 알아차렸을 때(만족할 수 있는 것이 아무 것도 없을 때) 이용 가능성이 있다. 이 전략은 또한 미국의 크리스마스 때와 같이 의례 기간 동안 많은 수의 선물이 교환될 때 쇼핑의 시간적 압박을 줄이기 위해 적용될 수 있다. 예를 들어, 소비자는 다섯 명의 고모와 다섯 명의 삼촌(집단 내 선물)을 위해 열 가지의 개인적 선물을 구매하는 대신 다섯 명의 고모와 삼촌을 연결하여(범주군 사이의 선물), 다섯 가지 범주군 사이의 선물 구매를 선택할 것이다. 이렇게 하면, 시간, 돈, 노력을 덜 쏟아도 된다.[22]

3. **집단 내 선물** : '우리가 우리 스스로를 위해 선물을 줄 때'의 감성에 의해 집단 내 선물의 특징이 결정된다. 즉, 집단이 집단 내의 멤버에게 선물을 주는 경우이다. 예를 들어, 맞벌이 커플은 남편과 아내가 함께하는 여가 시간으로 제한하여 선물을 구매함을 발견하였다. 다시 말해 라스베가스의 긴 주말을 위한 기념일 선물('우리를 위한')은 집단 내 선물의 한 예라 할 수 있다. 반면, 대인관계와 관련된 선물은 단순히 주는 사람과 받는 사람 둘 사이에서 발생된다. 매우 자연스럽기 때문에 대인관계와 관련된 선물은 친밀하다. 왜냐하면 선물을 주는 사람이 받는 사람을 생각할 기회를 제공하기 때문이다. 성공적인 선물은 선물을 주는 사람이 선물을 받는 사람 혹은 그들의 관계에 대해 알거나 이해하는 대화를 통해 할 수 있다. 예를 들어, 친구는 '바로 그' 커프스 단추 한 쌍을 선물 받는 사람에게 '그녀는 나를 진심으로 알고 있다.'라는 관점으로 주게 된다. 반면 선물을 받는 사람이 친밀한 선물을 기대하고 있을 때 전기 깡통 따개를 밸런타인데이 선물로 주면 관계는 악화되고 멀어질 것이다.

연구자는 선물을 주는 사람들이 동성에게 선물을 주는 것을 더욱 편안하게 느낀다는 것을 남성과 여성 모두에게서 발견하였다. 그러나 이성에게 선물을 줄 때 더욱 짙은 감성을 느낀다는 것을 경험하였다.[23] 게다가 여성이 남성보다 선물 받는 것을 더욱 즐거워하지만, 여성은 일반적으로 선물을 교환하는 주도적인 역할을 한다. 남성과 여성 모두 의무적 감정이 선물 행동의 강력한 동기로 작용한다. 더 나아가 모든 사람들은 선물을 선택하고 주는 것이 '선물을 주는 긴장감'을 유발하며, 선물을 받는 사람이나 주는 사람, 선물을 주는 상황의 일부분임을 알고 있다. 그러므로 소비자가 이성에게 주는 선물을 고려할 때 추가적인 구매 포인트를 제공하기 때문에 마케터에게 성 차이의 지식은 이용 가치가 있다. 온라인 선물 구매에 관한 연구에서 **다양성 추구**(variety-seeking)가 선물 행동에서도 확장됨을 발견되었다(5장 참조). 즉, 피실험자들은 다른 사람을 위해 선물을 구매할 때 다양성 추구의 특성을 넓은 범위의 제품 범주군에서 고려한다는 것을 확인하였다.[24] 홍콩의 한 연구는 주로 선물을 받는 사람들이 '로맨틱한 사람', '친한 친구', 그리고 '단순한 친구'로 연속적으로 구성된다는 것을 확인하였다. 예를 들어, '로맨틱한 사람'에게는 높은 감성적인 기대를 수반하여 선물을 주는 반면, 친구에게는 낮은 감정적 기대를 가지고 선물을 준다.[25]

선물을 주는 사람과 선물을 받는 사람이 같은 개인일 때 개인 내의 선물, 혹은 자기 선물이 발생된다.[26] 자기 선물은 마음의 상태이다. 만약 소비자가 '내가 필요하여 무엇인가를 사는' 것은 단순한 구매이다. 반면 특별한 의미를 가진 선물을 살 때 제품(옷, 콤팩트디스크, 쥬얼리), 서비스(헤어스타일, 레스토랑, 스파 멤버십) 혹은 경험(친구와의 사회적 활동)은 '자기 선물'이라고 할 수 있다. 예를 들어, 휴일날 다른 사람을 위한 선물을 구매할 때 몇몇 소비자는 상점 내에서 그들이 원하는 그러나 일상적으로 구매하지 않는 (스카프와 같은) 상품을 찾아보거나 방문하려는 것을 발견하였다.

선물구매 과정은 '내가 X에게 선물을 주어야 하는가.'라는 질문에서부터 시작된다. 이 질문에 대한 대답은 다양한 요소(관계, 상황)에 의해서 '네.' 혹은 '아니요.'일 수 있다. 만약 대답이 '네.'라면 선물을 주는 사람은 다음 질문에 연결된다. '나는 X에게 어떠한 선물을 줄 것인가.'라는 다음 질문은 '나는 X가 원하는 무엇인가를 X에게 선물할 수 있는가(즉, 나는 선물에 도달하는 데 몇 가지 노력을 원하고 있는가).'로 이어진다. 만약 대답이 '네.'라면 선물을 주는 사람은 다음의 질문에 직면하게 된다. '나는 X가 원하는 선물을 주기 위해 어떠한 학습이 필요한가?' 여기에 두 가지 선택을 할 수 있는데 선물을 받는 사람이 선호하는 것을 예상하거나 선물을 받는 사람에게 원하는 것을 물어볼 수 있다. 만약 소비자가 '나는 X가 원하는 것을 X에게 선물하기 원하는가.'에 대한 대답이 '아니오.'라면 선물을 주는 사람은 두 가지 선택이 있다(모델에 의해서). (1) 선물을 주는 사람이 좋아하는 선물(즉, 나를 위한 선물)을 주거나 혹은 (2) 선물을 주는 사람이 좋아하는 것을 선물을 받는 사람에게 대입하거나 향상시키는(즉, 부담 확인) 시도를 한다. 그들이 주는 선물에서 연상되는 상징적인 메시지는 선물을 받는 사람에 의해 가치가 덜할 수 있다. 만약 선호 예상이 선물을 받는 사람의 직접적 질문보다 더 나은 선택을 하면 놀라움이라는 요소를 가져올 수 있다. 게다가 만약 선물을 주는 사람이 선물을 받는 사람에 대해 신경 쓰지 않는다면, 그 결과 또한 놀라울 수 있다. 그러나 이는 아마도 좋은 놀라움은 아닐 것이다.[27]

혁신의 수용과 확산

학습목표

3 시장 세분화에서 혁신적 제공을 어떻게 용인하는지 이해하고 개인 소비자가 새로운 제품이나 서비스를 어떻게 수용하거나 거절하는지 이해한다.

혁신의 확산(diffusion of innovation)은 시간의 흐름에 따라 사회적 시스템(혹은 시장 세분화)의 구성원들이 혁신을 수용하는 주요 과정(즉, 새로운 제품, 새로운 서비스, 새로운 아이디어 혹은 새로운 실행)이다.

1. 혁신 : 새로운 제품, 모델, 혹은 서비스
2. 대화 채널 : 정보적 혹은 형식적, 일반적 혹은 개인적 집단
3. 사회적 구조 : 시장 세분화
4. 시간

반면, **혁신 수용 과정**(innovation adoption process)은 새로운 제품에 대한 수용을 허락하거나 거절할 때 개인적인 소비자의 수용 단계에 초점을 둔 과정을 말한다.

혁신의 유형

무엇이 '새로운 제품'인가하는 정의는 제품 개발자와 마케팅 전략에 의해서 달라진다. **혁신**(innovation)은 소비자들이 참신성으로 인식하는 아이템이다. 많은 마케터는 새로운 제품을 세 가지 범주로 구분하여 관리된다. 현존하는 소비 행동 혹은 구매 패턴의 변화를 살펴보면 세 가지 범주주 내의 소비자들의 요구가 변화됨을 알 수 있다.

1. **연속 혁신**(continuous innovation)은 현재의 행동에 영향을 미치는 최소한의 분열이다. 그것은 완전히 새로운 제품이라기보다는 수정된 제품의 소개를 포함한다. 예를 들면, 재디자인된 애플 맥북, 마이크로오피스의 최신 버전, 저지방 오레오쿠키, 허쉬 카카오(즉, 다크)초콜릿바, 아메리

칸익스프레스 선물 카드, 일회용 밴드, 그리고 오랄비 어드밴티지글라이드 등이 그것이다. 〈그림 14.2〉는 연속 혁신의 예시이다.

2. **동적 연속 혁신**(dynamically continuous innovation)은 연속 혁신보다는 어느 정도 분열이 있지만 여전히 현재의 행동을 대체하는 것은 아니다. 이것은 새로운 제품의 산물 혹은 현존하는 제품을 수정한 제품을 말한다. 예를 들면, 디지털 카메라, 디지털 비디오 레코더, MP3 플레이어, DVRs, USB 플래시 드라이버, 일회용 기저귀 등이다.

3. **불연속 혁신**(discontinuous innovation)은 새로운 행동을 수용하려는 소비자들의 요구에 의해 만들어진 제품이다. 예를 들면, 비행기, 라디오, TV, 자동차, 팩스, PC, 비디오 카세트, 의료 자아진단 키트, 인터넷 등이 있다.

수용에 영향을 미치는 제품 특성

모든 새로운 제품이 소비자들에게 똑같이 수용되는 것은 아니다. 어떤 제품은 매우 빠르게 수용(예 : 구매 가능한 휴대 전화)되는 반면, 어떠한 제품은 매우 오랜 시간에 걸쳐 수용되거나 아니면 광범위한 소비자들의 수용을 이루지 못하는 제품(예 : 전기차)도 있다. 다음에 명시된 것처럼 연구자들은 새로운 제품의 소비자 수용에 영향을 주는 다섯 가지 제품 특성을 확인하였다.[28]

첫째, **상대적 이점**(relative advantage)은 잠재적 고객이 새로운 제품을 현존하는 대체재보다 우월하다고 인식하는 수준을 말한다. 예를 들어, 휴대 전화 사용자는 문자 혹은 통화를 통해서 전 세계 사용자와 의사소통이 된다. 팩스는 유용한 대화 기능으로서 유익한 상대적인 이점을 사용자에게 제공한다. 즉, 팩스는 다음날까지 배송하지 못하는 우편물 배송의 1/10의 비용으로 문서를 최소 15~18초 사이에 전송할 수 있는 상대적 이점이 있다(물론 이메일로 문서를 첨부하여 보내면 비용이 들지 않지만, 팩스는 몇 초만에 수신자에게 전송된다는 이점이 있다).

호환성(compatibility)은 잠재적 소비자가 가진 현재의 욕구, 가치, 실행과 일치하는 새로운 제품이라고 인식하는 수준을 말한다. 예를 들어, 3M의 스카치팝업 테이프스트립은 확실한 과제(예 : 선물포장)를 위한 롤테이프보다 쉽게 이용할 수 있지만, 이것을 사용하기 위해서 새로운 학습이 필요하지는 않다. 유사한 예로, 면도기는 몇 년 전만 해도 이미지가 별로 복잡하지 않았다. 질레트가 퓨전 면도기를 소개할 때 어떤 남성은 비싸지 않는 일회용 면도기에서 옮겨갔고, 또 다른 남성은 경쟁제품의 비일회용 면도기에서 (질레트의 마하 3를 포함한) 퓨전 면도기로 이동하였다. 이 새로운 제품은 현재의 습식 면도 방식을 완전히 호환할 수 있었다. 그러나 면도하는 남성들이 수염을 제거하기 위해 새로운 면도 크림으로 바꾸는 것을 상상하기는 어려웠다. 비록 잠재적으로는 사용이 간단하여도 매일 면도하는 것은 대부분의 남성이 가지는 현재의 가치와 호환되지 않았다.

호환성은 문화를 통해 바뀐다. 예를 들어, 냉장고에 넣지 않아도 되는 우유(우유를 열기 전까지 냉장고에 넣지 않아도 됨)는 유럽과 미국에서 성공적으로 판매되었다. 멸균팩이 일반적으로 방부제 역할을 한다는 것이다.

복잡성(complexity)은 제품 수용에 영향을 미치는 새로운 제품에 대한 이해도와 사용 편의도의 수준을 말한다. 분명한 것은 새로운 제품을 이해하거나 사용하는 데 쉬우면 쉬울수록 제품은 쉽게 수용될 수 있다. 예를 들어, 냉동 감자튀김, 인스턴트 푸딩과 같은 편리한 음식의 수용과 전자레인지 식사는 사용이나 준비가 쉬운 것이 일반적이다. 흥미로운 점은 비록 DVD 플레이어는 대부분의 미국인의 집에서 발견할 수 있지만, 많은 성인이 아이들을 돕는 특정 텔레비전 프로그램을 녹화하는 데 이용한다. DVR을 내장한 케이블 박스의 도입은 쉬운 TV 프로그램의 녹화가 가능하도록 도왔다. 모바일 기기나 무선 통신기기를 통해 활용되는 상업거래의 수용에 관한 연구는 '인지적인 사용의 용이성'이 수용 의도에 긍정적인 영향을 준다는 것을 발견하였다.[29]

복잡성에 관한 이슈는 특히 하이테크 소비자 제품이 시장 수용을 통해 이점을 획득하고자 할 때 중요하다. 새로운 제품 수용의 장애가 되는 네 가지 '기술적 공포' 행동의 주된 유형은 (1) 기술적 복잡성의 공포 (2) 빠른 진부화의 공포 (3) 사회적 거절에 대한 공포 (4) 물리적 손상에 대한 공포이다. 이 네 가지 중 기술적 복잡성은 소비자 혁신가들에게 가장 널리 퍼져있는 관심사이다.[30]

시용성(trialability)은 새로운 제품이 제한적 기준 내에서 시도되는 수준을 말한다. 소비자들은 새로운 제품을 시도해 볼 기회가 많으면 많을수록 제품을 평가하거나 최적의 제품을 수용하기가 쉬워진다. 일반적으로 자주 구매되는 가정용품은 작거나 '시용(Trial)' 사이즈를 구매하는 것과 같이 상대적으로 쉽게 써볼 수 있어 품질이 좋은 경향이 있다. 컴퓨터 프로그램은 일부 내용만 패키징하기 어렵기 때문에 많은 컴퓨터 소프트웨어 회사들은 최신 소프트웨어의 무료 워킹 모델(데모 버전)을 제공하여 컴퓨터 사용자가 프로그램을 시용해볼 수 있도록 해서 연속적으로 프로그램 구매를 유도한다.

일반적으로 시용의 중요성에 대한 인식은 새로운 슈퍼마켓 제품을 마케팅할 때 제품 경험을 소비자들에게 제공하기 위해서 쿠폰 할인 혹은 무료 샘플을 제공하는 경우에서 나타난다. 반면 냉장고, 오븐과 같은 내구성 아이템은 시용을 시도하기 어렵다. 소비자 리포트와 같은 출판물에서 구매 빈도가 낮은 내구성 제품의 평점을 통해 시용을 간접 경험한다.

관찰 가능성(observability) 또는 **전달성**(communicability)은 잠재적 고객에게 제품의 이점이나 속성을 어필, 묘사, 이미지화하기 쉬운 정도를 말한다. 패션 아이템과 같이 높은 사회적 가시성이 있는 제품(예 : 새로운 데오토란트)이 사적인 제품보다 수용에 대해 쉽게 갈등하게 된다. 이와 비슷하게, 무형적 제품(예 : 서비스)은 유형적 제품보다 소비자의 수용이 어렵다.

수용 과정

혁신 수용 과정은 잠재적인 소비자가 새롭거나 혁신적 제품을 써볼 것인지 아닌지의 의사결정에 도달하기까지 다섯 가지의 단계로 구성된다.

1. **인식**(awareness) : 혁신의 존재를 인식하는 단계이다.
2. **관심**(interest) : 혁신적 제품 혹은 서비스에 관심을 가지게 된다.
3. **평가**(evaluation) : 혁신의 '심리적 시용'에 착수하게 된다.
4. **시용**(trial) : 혁신을 시도해 본다.
5. **수용**(adoption) : 만약 만족한다면 소비자들은 혁신을 반복해서 이용하겠다는 의사결정을 한다.

비록 전통적인 수용 과정 모델은 직관적인 통찰은 가능하지만, 이것은 소비자 수용 과정의 전체 복잡성을 반영하는 것은 아니다. 예를 들면, 소비자가 옵션 혹은 해결책(욕구인지 이전 인식 과정)의 인식을 수용하기 전에 욕구나 인지 과정에 문제가 발생하면 수용 과정 절차를 따르지 않는다. 더욱이 수용 과정 모델은 평가의 가능성, 새로운 제품 혹은 서비스, 특히 시용 후(즉, 소비자가 시용해보거나 제품을 이용하지 않는 경우) 제품 수용을 거절하는 경우에 대해 충분한 설명을 하지 못한다. 또한 수용 후 소비자 행동 및 구매 후 평가(몰입 혹은 사용하지 않던 제품을 다시 사용하는 경우)는 포함되어 있지 않다.

요약

학습목표 1 : 소비자의 의사결정 과정을 이해한다.

모든 소비자는 의사결정 상황에서 같은 수준의 정보 검색을 하지 않는다. 포괄적 문제해결은 소비자가 제품 범주군의 아이템을 평가하기 위한 기준이 세워져 있지 않을 때 실시된다. 제한적 문제해결은 소비자가 제품 범주군의 제품을 평가하기 위한 기준이 세워져 있으나 이용 가능한 제품 모델 및 브랜드에 대한 의사결정을 하는 데 충분한 정보가 필요할 때 실시된다. 일상적 반응 행동은 브랜드가 제공하거나 소비자가 제품 범주군의 경험이 있거나 직관적으로 종종 아이템을 구매하였을 때 실시된다. 소비자 의사결정 모델은 이 책에서 토론된 소비 행동이 모두 포함된다. 그것은 세 가지 요소가 포함된다. 입력, 과정, 결과가 그것이다.

학습목표 2 : 선물을 구매하는 역학을 이해한다.

선물은 일상적으로 매일 구매하는 것보다 더 나은 현상이 나타난다. 왜냐하면 그들은 상징적이고 중요한 사건들을 대부분 연상시키기 때문이다. 선물 행동은 선물을 주는 사람과 받는 사람 간의 선물 교환을 말한다. 광범위한 정의는 자발적으로 선물을 나누어줄 뿐 아니라 의무적으로 선물을 주는 것을 포함한다. 그것은 다른 사람들(로부터 받게 되는)에게 주는 선물과 자기 자신에게 선물('자기 선물')을 주는 것을 포함한다. 특히 제품 구매 중 자기 자신을 위해 구매하는 제품의 경우도 '선물'로서 정의된다.

학습목표 3 : 시장 세분화에서 혁신적 제공을 어떻게 용인하는지 이해하고 개인 소비자가 새로운 제품이나 서비스를 어떻게 수용하거나 거절하는지 이해한다.

혁신의 확산은 구성원들이 시간 흐름에 따라 사회적 시스템(혹은 시장 세분화)의 혁신을 수용하는 주요 과정(새로운 제품, 새로운 서비스, 새로운 아이디어 혹은 새로운 실행)이다. 이 과정은 네 가지 요소를 포함한다. (1) 혁신 : 새로운 제품, 모델, 혹은 서비스 (2) 대화 채널 : 정보적 혹은 형식적, 일반적 혹은 개인적 집단 (3) 사회적 구조 : 시장 세분화 (4) 시간.

반면, 혁신 수용 과정은 새로운 제품에 대한 수용을 허락하거나 거절할 때 개인 소비자의 수용 각 단계에 초점을 둔 과정을 말한다.

복습과 토론 문제

14.1 의사소통 채널은 어느 정도까지 새로운 혁신적 제품의 성공 수준에 영향을 미치는가? 의사소통 채널로 인해 성공적 혹은 실패된 예시를 들어보시오.

14.2 세 가지 문제 — 해결 의사결정 접근방식의 차이점은 무엇인가? 새로운 제품 혹은 브랜드의 첫 구매에서 대부분의 소비자가 기대하는 의사결정 과정의 유형은 무엇일까? 각 영역에 따라서 설명하시오. (a) 츄잉 껌, (b) 설탕, (c) 남자가 면도 후 바르는 로션, (d) 카펫류, (e) 종이수건, (f) 스마트폰, (g) 고급 자동차

14.3 소비자들은 그들의 욕구를 만족시킬 수 있는 제품을 구매한다. 이것은 고급 아이템 혹은 필요에 의한 제품일 수 있다. 많은 소비자들은 가격, 품질, 브랜드와 같은 비교를 통해서 구매한다. 당신이 구매하기 위해 검색 그리고 비교를 실시한 제품을 생각해보시오. 여러 제품 중 특정 제품을 구매하는 당신의 의사결정에 어떠한 영향을 미쳤는가?

14.4 새로운 아이패드를 위한 마케팅 전략을 디자인하는 데 있어 소비자의 기대에 대한 지식을 애플은 어떻게 이용해야 하는가?

14.5 소비자는 구매의 부조화를 어떻게 줄이는가? 마케터들은 구매 후 부조화를 줄이기 위해 소비자에게 긍정적 강화를 어떻게 제공할 수 있겠는가?

14.6 휴대 전화는 최근 몇 년 사이에 대단히 높은 성장을 하였다. 모토로라가 1970년대에 휴대 전화 산업을 시작하였다. 소비자들은 더 나은 의사소통을 원하고 있다. 오늘날 사회에서 휴대 전화 통화나 문자 송수신을 위해 모바일폰을 이용할 뿐만 아니라 이메일 및 사회적 네트워크를 형성하는데, 휴대 전화를 활용한다. 그렇다면 휴대 전화를 처음 구매한 구매자들은 혁신자인가, 비혁신자인가?

14.7 최근에 당신이 특별한 누군가를 위해 구매한 선물을 떠올려보시오. 당신은 그 사람이 좋아하는 것이 무엇인지 어떻게 알 수 있었는가? 또한 당신은 언제 선물을 구매할 것인지 어떻게 고려하였는가?

실전 과제

14.8 당신의 친구가 누군가에 의해서 최근에 수용된 제품, 서비스 혹은 스타일을 수용하는 경우를 생각하시오. 이러한 경우 혁신 유형이 무엇인지 확인하고, 시간 흐름상의 보급 과정을 설명하시오. 처음 제품 · 서비스를 수용하는 사람들의 특징은 무엇인가? 처음으로 제품 · 서비스를 수용하지 않는 사람들의 유형은 무엇인가? 최종적인 성공 혹은 실패를 결정하는 제품, 서비스 혹은 스타일의 특징은 무엇인가?

14.9 '혁신'이라는 용어의 보편적인 정의를 찾는 것은 어렵다. 그러나 혁신을 제공할 수 있는 기업은 있다. 예를 들어, 경쟁이 심한 산업의 기업(구글, 버진 그룹)은 명확한 제품 · 서비스(흑백 텔레비전에서 평면 스크린으로 이동)를 제공하는 기업이다. 또한 혁신은 소비자 서비스와 제조 과정을 향상시킨다. 도요타는 많은 제조 조직들에 의해 수용된 혁신을 통해 자동차 제조를 향상하는 방법을 이끌었다.

　새로운 제품 혁신를 정의하는 데 있어 네 가지 주요 접근 방식이 있음을 주장하였다. 아래의 접근 방식을 생각해 보고, 예시를 제공하시오. 또한 각 접근의 중요성을 토론하시오.
a. 기업 지향적
b. 제품 지향적
c. 시장 지향적
d. 소비자 지향적

14.10 최근 청량음료 구매 전에 발생한 욕구 인식 과정을 설명하시오. 그것은 새로운 운동화를 구매했을 때 선행 과정과 어떠한 차이가 있는가? 만약에 있다면 당신의 욕구 인식 과정에서 광고의 역할은 무엇인가?

14.11 대학교를 선택하려 할 때 그것들을 평가하기 위해 당신이 사용하는 기준을 고려하여 세 가지 대학교 목록을 작성하시오. 당신에게 중요한 각각의 다른 속성에 따라서 어떻게 정보를 수용하였으며 당신의 의사결정을 어떻게 하였는지 설명하시오. 당신은 보완적 의사결정 방식 혹은 비보상적 의사결정 방식 중 무엇을 이용하였는지 구체적으로 설명하시오.

14.12 새로운 제품의 지각된 위험, 미디어의 영향, 사회적 특징, 인구 통계적 특징 등은 구매자의 행동에 영향을 주는 주요 특징이다. 새로운 고급 자동차 브랜드를 구매하려고 계획하고 있다고 생각해보시오. 그리고 각 요소들이 구매 결정에 어떠한 영향을 미치는지 설명하시오. 당신의 반응을 지지하는 예시를 이용하여 설명하시오.

주요 용어

마케팅 윤리와 사회적 책임

마케팅 윤리(marketing ethic)는 마케터의 행동을 지배하는 도덕적 원칙이다. 개인 차원에서 이러한 원칙은 옳거나 그른 행동과 인간 특성의 선과 악 사이의 차이를 나타낸다. 대부분의 비영리 조직과 소비자 단체의 목표는 자선기부와 책임감 있는 에너지 사용과 같이 선하고 사회적으로 유익한 행위를 권장하고, 약물 사용, 차별, 운전 중 문자전송이나 음주운전 등 해로운 행위를 감소시키는 것이다. 예를 들어, 수십 년 간 동물보호협회(People for the Ethical Treatment of Animals, PETA)는 모피 상인이나 모피와 가죽을 이용하는 의류디자이너에 대항하여 캠페인을 벌여왔다. 소비자가 동물 테스트를 거쳐서 만들어진 화장품을 소비하지 않도록 권장하고, 뜰이나 집안에 나타난 쥐, 다람쥐, 라쿤, 기타 야생동물에 대한 해법을 찾을 때 인간적인 선택을 하라고 요청했다. 〈그림 15.1〉은 사람과 동물이 사이좋게 공존하기를 주장하는 PETA 광고 두 가지를 보여준다.

돈을 버는 것이 목표인 마케터가 윤리에 관심을 가져야 하는 이유는 무엇일까? 연방 소비자보호법과 주정부 및 지방정부에서 만든 법률과 규제가 있다. 이러한 법규는 때때로 마케터가 할 수 있거나 할 수 없는 것을 지시하고, 제품이나 서비스에 대해 광고, 가격결정, 유통하는 방식을 제약한다. 예를 들어, 일부 도시에서는 공공장소와 학교 근처에 담배나 정크푸드 자판기를 설치하지 못하게 한다. 또 다른 예로 뉴욕 시는 모든 식당에서 제공하는 음식에 대한 칼로리 정보를 제시하고 큰 컵에 탄산음료를 판매하지 못하게 하는 법률을 고려하고 있다. 게다가 일부 도시에서는 술집이나 다른 곳에 담배 자판기를 설치하지 못하게 하고 담배 구매자에게 성인임을 입증하게 한다. 어린아이 TV 프로그램에 내보낼 수 있는 광고의 양을 제한하는 법도 있다. 이런 예시들에서 보듯 마케터의 행위는 규제된다. 마케터가 도덕적으로 옳은 것에 대해 고민해야 하는 이유는 무엇일까? 주어진 관행에 관여하게 되는 것에 대해 종종 인용되는 법적 표준은 말하고 있지 않은가? '금지되지 않은 모든 것은 허용된 것인가?'

허용된 것이 다 사회의 이익이나 마케터의 주요 목표에 최선은 아니기 때문에 마케터는 윤리에 대해 관심을 가져야 한다. 사회적 이익에 명백히 반하는 마케팅 관행은 곤란한 상황으로 이끌고, 소비자를 잃게 만들고, 종종 규제 강화로 끝을 맺게 된다. 짧게 말하자면 이런 관행으로 인해 소비자를 잃고 이윤이 감소하고 판촉 메시지와 제품에 대한 소비자 신뢰도가 낮아진다. 이 장에서 우리는 날카롭게 비도덕적인

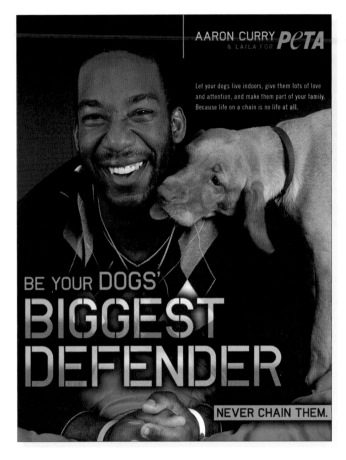
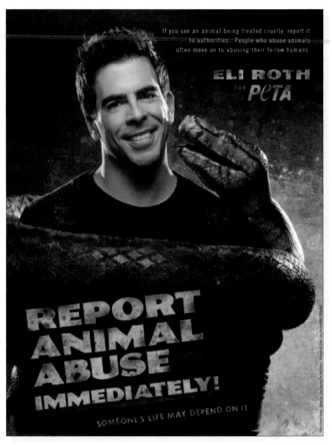

출처 : (Left & Right) People for the Ethical Treatment of Animals (PeTA)

그림 15.1 PeTA는 동물의 권리를 옹호한다.

마케팅 전략을 비판할 것이다. 우리는 우리 분야에 긍지를 가진, 열성적인 마케팅 및 소비자 행동론 전문가이지, 결코 반마케팅(antimarketing) 전문가가 아니다. 다음 토론에서는 유명 작가인 스펜서 존슨(Spencer Johnson)의 말을 따른

다. "성실은 스스로에게 진실을 말하는 것이고 정직은 다른 사람에게 진실을 말하는 것이다."

사회적 마케팅의 개념 : 유토피아인가 현실인가?

학습목표

1 마케팅 윤리와 사회적 책임의 의미와 중요성을 이해한다.

이 책의 도입부에서 언급했듯이, 마케팅의 핵심은 소비자의 욕구를 경쟁자보다 더 효과적으로 충족시켜주는 것이다. 그런데 이 개념은 종종 사회의 최고 이익에 반할 수 있다. 예를 들어, 담배나 술과 같은 제품은 소비자 욕구를 충족시키지만 유해하다. 그리고 사용이 편리한(그래서 욕구를 충족시키는) 많은 제품들은 환경파괴나 기후 변화에 심각하게 기여한다(예 : 세탁소의 일회용 보호 커버처럼 편리하지만 재사용이 불가능한 포장재로 포장된 제품). 우리는 광고가 소비자 행동에 미치는 누적적이고 설득력 있는 영향력에 대해 고려해야 한다. 예를 들어, 완벽하게 선탠한 사람을 묘사하는 것은 선탠이 암 유발 가능성을 높일 수 있다는 명백한 보고에도 불구하고, 과도한 일광욕과 자외선 선탠을 유도할 수 있다. 많은 연구들은 특히 여성들의 경우 광고 속의 매우 마른 '이상적인' 몸매에 반복적으로 노출되면 부정적인 자기 인식이 생긴다는 것을 밝혀냈다. 그래서 이러한 광고가 거식증 증가에 큰 책임이 있다는 것을 보여주었다.

거식증이나 암에 걸린 미국인의 증가는 우리의 생활 수준을 낮추는 공공의료의 지출 증가를 의미

한다. 특히 다른 개인적 특성들보다 아름다움과 매력에 초점을 맞춘 광고는 매체나 소비자단체에서 더 면밀히 조사할 가능성이 높다는 것을 마케터들은 알고 있다. 그러므로 많은 광고들은 더 현실적 외모를 가진 모델을 보여주고, 뷰티 제품 광고는 사람의 육체적 외모가 중요하지만 자기가치나 '진실된 아름다움'은 '내면'으로부터 나온다고 강조한다. 광고 내 여성의 성적 객관화와 관련한 연구에서는 이렇게 묘사하는 광고 수가 증가하였으나 여성들은 이러한 이미지에 의해 덜 공격받게 되고 해당 광고는 여성의 구매 의도에 거의 영향을 미치지 않는 것으로 나타났다.[1]

사회가 번영할 때 모든 기업들도 번영한다는 사실하에서 기업은 사회적 책임을 모든 마케팅 의사결정에 통합해야 한다. 그래서 전통적인 마케팅 개념을 더 적절하게 개념화하는 것은 사회적 이익과 소비자와 마케터의 욕구 사이의 균형을 옹호하는 **사회적 마케팅 개념**(societal marketing concept)이다. 이 개념은 마케터가 자기 조직의 이익 목표를 추구하면서도 목표시장의 필요와 욕구를 소비자와 사회 전체의 복지를 보존하고 강화하는 방식으로 충족시킬 것을 요구한다. 사회적 마케팅 개념에 따르면 패스트푸드 식당은 저지방, 저당, 고영양 제품을 제공해야 한다. 게다가 젊은이들에게 과식을 유도하는 방식으로 식품을 광고해서는 안 된다. 또한 기업은 술이나 담배 광고에 운동선수들을 기용해서는 안 된다. 왜냐하면 유명인사들은 젊은이들에게 역할 모델이 될 수 있고, 광고에 등장할 경우 미성년자가 그 제품을 사용하게 될 수 있기 때문이다.

사회적 마케팅 개념의 실행을 심각하게 저해하는 것은 많은 사업가들의 경영 성과가 단기 단위로 평가되기 때문에 갖게 되는 단기적 시각이다. 그래서 젊고 야망 있는 광고 책임자는 광고할 제품의 판매 증가를 위해 젊은 여성의 거식증 증가 같은 부정적 영향을 고려하지 않고 창백한 얼굴에 깡마른 여성을 출연시켜서 시선을 끄는 광고 캠페인을 만들어낼 수 있다. 사회적 마케팅 개념은 더 강하고 건강한 사회에서 기업들도 더 나아질 것이라는, 도덕적 행위와 사회적 책임을 사업에 결합하는 기업이 장기적으로 충성 고객의 지지를 끌어들이고 유지할 수 있다는 주장을 견지한다.

소비자 행동을 공부하는 목적은 소비자가 구매 의사결정을 하는 이유와 방식을 이해하는 것이다. 이러한 통찰은 특히 기술 진보가 소비자와 목표고객에 대한 더 많은 데이터를 더 정밀하게 모을 수 있도록 해줄 때 마케터가 더 효과적인 마케팅 전략을 세울 수 있도록 도와준다. 어떤 연구자들은 소비자 행동에 대한 심층적 이해로 인해 비윤리적인 마케터가 기업의 목표를 달성하기 위해 시장에서 인간의 약점을 이용하고 비도덕적 마케팅 행위를 하게 한다고 주장한다.

대중의 비판과 우려에 따라 소비재 마케터를 대표하는 많은 상거래협회가 산업의 윤리 규정을 개발했다. 그들은 산업 내 자기 규제가 마케터의 이익에 잘 부합되고, 정부 규제를 막을 수 있다는 것을 인식한다. 많은 기업이 특정한 사회적 목표를 자사 사명 선언문에 넣고, 목표를 지원하는 프로그램에 전략적 계획의 요소로 포함시킨다. 대다수 기업들은 사회적으로 책임감 있는 행위가 소비자, 주주, 재무공동체, 공공기관에서 자사 이미지를 향상시킨다는 것을 인식하고 있다. 그들은 윤리적이고 사회적으로 책임감 있는 행위는 그야말로 좋은 사업이며, 우호적인 이미지뿐만 아니라 궁극적으로 판매 증가를 가져다준다는 것을 알아냈다. 반대로, 어떤 기업이 사회적 책임감이 부족하거나 비윤리적 마케팅 전략을 구사한다는 인식은 소비자 구매 의사결정에 부정적 영향을 미친다. 〈그림 15.2〉는 한 소비자단체가 맥도날드에 보낸 편지이다. 그 편지는 맥도날드가 조리용 기름에서 트랜스지방을 제거하기로 한 약속을 지키지 않았다고 비난한다. 사회적으로 무책임한 행위는 회사의 이미지에 악영향을 줄 수 있다는 것을 명백히 보여주고 있다.

어떤 기업들은 더 책임감 있는 마케팅을 향해 나아가고 있으나 다른 기업들은 그렇지 않다. 예를

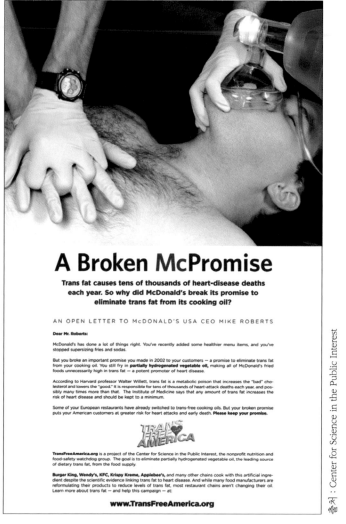

출처 : Center for Science in the Public Interest

그림 15.2 무책임한 마케팅은 기업 이미지에 악영향을 줄 수 있다.

들어, 코카콜라는 고당도 음료가 비만을 촉진시킨다는 비난에 대응하기 위한 전 세계적인 노력의 일환으로 저칼로리 음료 보급을 확대하고 전 세계 포장 앞면에 칼로리 표시를 하기로 했다. 또한 신체적 운동을 지원하고 12세 이하 어린이에게 음료를 마케팅하지 않기로 약속했다. 그러나 정확히 어떻게 하겠다고 특정하지는 않았다.[2] 다른 기업들은 직관적으로 사회의 이익에 반하는 행위에 관여하기도 한다. 예를 들어, FDA는 식품업체가 캔디, 감자 칩, 와플, 그 외의 다른 제품에 카페인을 첨가해 왔다는 것을 알아냈다. 예를 들어, 윙글리의 알러트에너지카페인껌 한 팩에는 커피 네 잔 분량인 320mg의 카페인이 들어 있다. 포장지에 '어린아이나 카페인에 민감한 사람에게는 추천하지 않음'이라는 문구가 있지만, FDA는 식품업체들이 카페인에 대한 자발적인 용량 제한에 동의해 주기를 바랄 것이다.[3]

이 장에서는 여러 가지 형태의 비윤리적인 마케팅을 설명할 것이다. 그리고 그들을 막기 위해 무엇을 할 수 있는지 제안할 것이다. 여기서 다루는 주제들은 악용하는 마케팅, 교묘한(정직하지 않은) 마케팅 의사소통, 도발적 마케팅, 그리고 소비자 프라이버시 침해 등이다. 긍정적인 면에서, 사회적 책임에 초점을 둔 마케팅에 대해 토론할 것이다.

약탈적 마케팅

학습목표

2 마케터가 아동을 타깃팅하고 과식이나 다른 형태의 무책임한 구매를 유발하여 소비자를 이용하는 방식을 이해한다.

다른 소비자보다 더 취약하거나 낮은 교육수준, 고령, 정치력 부족 등으로 인해 쉽게 악용될 수 있는 목표 집단이 다수 존재한다. 다음으로, 우리는 어린아이 타깃팅과 과식이나 다른 형태의 무책임한 구매 유발이라는 두 가지 특정 형태의 악용하는 마케팅에 대해 논의한다.

아동 대상 마케팅

소비자 사회화(consumer socialization)는 아동 · 청소년이 시장에서 소비자로서의 기능을 수행하는 데 필요한 기술, 지식, 태도 등을 습득하는 과정이다. 소비자 사회화에 대한 25년간의 연구에 대한 포괄적인 평가에서 소비자 사회화 과정을 다음의 3단계로 정리했다.

1. 지각 단계(3~7세) : 정규 프로그램과 광고를 구분하기 시작하고 제품 범주와 제품명을 연결, 소비에 관한 기본 문구를 이해하는 시기.
2. 분석 단계(7~11세) : 광고에서 설득하려는 의도를 알아 차리고, 제품에 관한 기능적 단서들을 처리하기 시작, 구매에 영향을 미치기 시작하고, 협상 전략을 개발하는 시기.
3. 반영 단계(11~16세) : 광고 기법과 소구점을 이해하고 광고에 대해 회의적이 되며, 복잡한 쇼핑 문구를 이해하고, 구매에 영향을 줄 수 있게 되는 시기.[4]

아동은 나이가 들어감에 따라 상표명을 알게 되고, 상표가 붙은 제품을 더 선호하게 된다.[5] 상표 지식은 장난감이나 음식 같은 아동용 제품 범주에서부터 형성되기 시작된다. 8세 무렵에는 아동용 제품군에서 여러 개의 제품명을 호명할 수 있게 된다. 아동의 소비 요구는 음식 관련 항목에서 시작하여, 자라나면서 장난감, 옷, 스포츠 용품, 게임 등을 포함하게 된다. 아동들은 아동 관련 항목에 가장 큰 영향력을 행사한다. 높은 사회경제적 계층의 아동 · 청소년은 더 낮은 계층의 어린 소비자보다 부모에게 더 큰 영향력을 행사한다.[6] 전반적으로, 나이가 많을수록 부모의 구매 행위에 더 큰 영향을 미친다. 떼쓰기나 울기 같은 감정적 전략보다 부모에게 더욱 효과적인 협상이나 설득 같은 전략을 자라면서 배우게 된다.[7] 특히, 어떤 아이들은 식품에 대해서는 자신이 부모들보다 구매에서 더 큰 영향력을 갖고 있다고 인식한다.[8]

인터넷과 전자기술이 발달함에 따라 아동 · 청소년이 다양한 형태의 매체 사용에 보내는 시간이 현저하게 늘어났다. 한 연구에 따르면, 8~18세의 아동 · 청소년이 전자기기와 보내는 시간은 2004년에서 2010년 사이에 1시간 17분이나 증가했다. 일부 연구는 아동 · 청소년이 TV, 컴퓨터, 아이패드, 휴대 전화, 게임 등에 보내는 시간이 7시간 38분이라고 한다. 동시 작업을 포함하면 10시간 45분 분량의 매체 콘텐츠에 노출된다. 게다가, 연구에 포함된 아동 · 청소년 중 절반도 안 되는 수치만 매체 사용에 관해 부모가 규칙을 정해준 것으로 보고되었다.[9]

더 많은 매체 소비는 마케터에게 구매 행위에 영향을 줄 마케팅 메시지로 아동 · 청소년을 타깃팅할 기회를 증가시킨다. 아동의 식이요법과 건강에 대한 영향력 때문에 식품과 음료 마케팅은 공공 정책의 특별한 관심사가 되었다. '아동 · 청소년의 식이요법과 음식 마케팅 위원회'의 연구에 따르면, TV광고는 2~11세 아동에게 영향을 주는데, 이런 광고의 다수는 비만과 관련된 고칼로리, 저영양 음식이었다.[10] '공공 이익을 위한 과학 센터'가 지원한 조사에서 아동에 대한 고칼로리 저영양 식품의 마케팅은 극적으로 증가해왔고 점점 더 공격적이고 정교해졌다는 것을 발견했다.[11] 그 조사는 이런 마케팅이 음식 소비에 관한 부모의 권위를 실추시켰다고 결론지었고, 아동 대상 식품 마케팅에 대한 규제를 요구했다. 규제가 없는 상태에서, 부모는 아동의 소비와 매체 노출에서 중재역할을 한다. 그리고 공공 정책 입안자의 개입을 환영할 것이다.

자기규제 대 법률

더 나은 사업 위원회의 아동광고심의소위원회(Children's Advertising Review Unit, CARU)가 개발한 가이드라인에 따르면 어린이 대상 광고는 자기규제 대상이다. CARU 가이드라인은 다음과 같이 기술한다. '제품 설명과 주장은 제품의 성능이나 혜택에 대해 아동에게 오해를 불러일으켜서는 안 된다. 광고는 아동의 상상력을 이용하거나 비현실적인 기대를 만들어내면 안 된다. 제품은 안전한 상황에서 보여져야 하고 광고는 아동에게 부적절한 행위를 조장해서는 안 된다.' 자극-반응 이론에 따라, 아동은 쉽게 자극과 결과 사이의 관계를 형성하기 때문에 가이드라인은 다음과 같은 광고를 피하도록 지도한다. (1) 광고된 제품을 사달라고 부모에게 압력을 가하도록 아동을 부추기는 광고, (2) 그 제품을 소유하면 동료집단에서 더 잘 받아들여지게 될 것이라고 느끼게 하는 광고이다. 키즈클럽, 프리미엄, 복권과 같은 애호도 형성 수단과 관련해서 CARU 가이드라인은 아동은 이런 수단의 진짜 목적을 항상 이해하는 것은 아니라는 것을 알려주고, 마케터에게 애호도 프로그램이 어린이를 악용하지 않는다는 것을 보장하도록 감독한다.[12]

CARU의 뉴스는 아동 대상 광고가 잘못 사용될 수 있는 많은 예시를 보여준다. 예를 들어, CARU의 일상적인 아동 광고 모니터링과 연계된 요구사항에 대한 반응으로 한 사탕 기계의 마케터는 부모가 지켜보지 않는 가운데 춤추고 전화 통화하면서 전자사탕기계를 조작하는 어린이를 묘사한 TV광고를 고치기로 했다. 오레오쿠키가 토스터기에 들어가서 쿨스터프패스트리가 되어 튀어나오는 장면을 보여주는 광고를 본 4세 아이가 오레오를 토스터에 넣고, 튀어나오지 않자 가위로 꺼내려고 시도했다. 그 아이의 엄마가 CARU에 불만을 표해서 이 사건이 오레오 마케터의 관심을 끌게 되었고 그 광고를 수정하기로 했다. P&G는 CARU가 스낵의 과다한 소비를 부추긴다고 믿은 프링글스의 TV광고를 수정하기로 합의했다.[13]

주요한 고민거리는 식품업체들이 아동에게 적정량보다 더 많이 먹도록 '가르치고', 그래서 아동의 비만과 건강 문제를 급증하게 만든다는 것이다. 미국에서 마케터는 아동에게 식품과 음료를 판촉하는 데에 적어도 연간 100억 달러를 쓴다. 이와 함께 비만과 과체중 아동 수는 지난 15년간 적어도 두 배가 되었으며 점진적으로 증가하고 있다. 지난 몇 년간 입법자들은 아동에 대한 식품 광고를 규제하는 법안을 요구했다. 아마도 이런 규제를 피하기 위해 여러 기업들은 자발적으로 마케팅 관행을 수정해 왔다. 예를 들어, 크래프트푸드는 특정 제품의 아동 TV광고를 중단했고 무설탕 음료와 쿠키 소포장 제품의 광고를 늘렸다. 맥도날드는 종종 고지방 저영양의 정크푸드 판매로 비난받고 있는데 슈퍼사이즈 제품을 몇 개 없애고 샐러드를 더 많이 팔기 시작했다. 칼로리가 높은 파이 대신 사과를 디저트로 제공하기도 한다. 최근에 맥도날드는 리포트 카드에 높은 점수를 받은 아동들에게 식품상을 수여하는 프로그램을 만들었는데 이 프로그램은 책 표지에 광고되었다. 이로 인해 맥도날드는 부모들과 소비자단체로부터 비난을 받았고, 몇몇 매체에서 조롱을 당한 후 이 프로그램을 중단시켰다.[14]

오바마 정부에서 제안하여 2016년에 발효될 한 법안에 따르면 트랜스지방이 없고 1회 제공량 중 포화지방 1g 이하이며, 첨가된 설탕이 13g 이하인 제품에 대해서만 아동 대상 마케팅이 허용될 것이다. 또한, 식품은 1회 제공량당 나트륨이 210mg 이하여야 하는데, 나트륨 제한은 2021년에는 더 강

화될 것이다. 또한 식품은 반드시 '건강한 식습관에 의미 있는 기여'를 해야 한다. 적어도 하나 이상의 주요 건강식품군인 과일, 채소, 통곡물, 생산, 달걀 등을 포함해야 한다. 제안된 가이드라인은 '아동'에 대한 전통적인 정의를 12세 이하 아동에서 2~17세의 아동·청소년으로 확장할 것이다. 다만 10대를 위한 법규는 아마 '범위가 더 좁아지고, 학교 내 마케팅 행위와 공공 매체로 제한'될 것이다. 어떤 전문가는 가이드라인이 충분하지 않다고 말하지만, 광고주들은 그 법안에 대해 공격적으로 싸워왔고, 모든 것이 법적으로 규제되지는 않을 것으로 보인다.[15]

그럼에도 자기규제 비율은 급증하고 있다. 뉴욕 시가 잔의 크기를 제한하기로 하고 어떤 도시에서는 가당음료에 세금을 부과하기로 한 이후, 탄산음료 제조사들은 지방정부의 반-탄산음료 법안의 확산을 막기 위해 자판기에 음료의 칼로리 표를 부착하고 소비자들이 저설탕 음료를 선택하도록 유도하기로 했다.[16] 맥도날드는 모든 메뉴에 칼로리 표를 부착하기 시작했는데, 이는 다른 패스트푸드 식당도 함께하라는 압력을 행사하는 움직임이기도 하다. 또한 건강에 더 좋은 제품을 제공하기 위해서 여러 메뉴의 옵션을 추가했다. 해피밀에 달걀이 든 맥머핀과 구운 닭고기 옵션을 포함시키고, 블루베리나 오이 같은 계절 과일과 채소를 포함시켰다. 월트디즈니는 자사 어린이 TV채널, 라디오, 웹사이트에 광고하는 모든 제품은 엄격하고 새로운 영양 표준에 맞춰야 한다고 발표했다. 몇 년 전 디즈니는 설탕, 소금, 지방이 많은 음식에 대해 자사 이름과 캐릭터를 사용하는 것을 제한했다. 미키마우스는 팝타르트츠 박스에서 사라졌고 버즈와 토이스토리 친구들은 맥도날드 해피밀에서 사라졌다. 니켈로돈과 디스커버리키즈에 대해서도 바로 직후 비슷한 제약조건을 걸었다.[17]

사회적으로 더욱 책임감 있게 행동하는 것은 항상 가능한 것이 아니고 쉽지도 않다. 제너럴밀즈는 대부분의 아동용 시리얼에서 설탕을 1회 제공량당 15g에서 10g까지 낮췄다. 소비자 조사에서 아이들이 시리얼을 좋아하게 하려면 오트밀이 충분히 달아야 하고, 적어도 3분 이상 우유 위에 떠 있어야 한다는 것이 밝혀졌다. 이 기업은 아동이 정기적으로 시리얼을 먹게 하기에는 1회 제공량 9g의 설탕은 부족하다는 것을 알았다. 그래서 시리얼에서 설탕량을 점진적으로 줄여서 소비자가 한 번에 조금씩 보다 덜 단 맛에 적응하도록 만들었다(4장의 JND 토론 참조).[18]

캘리포니아 주는 폭력적인 비디오 게임을 소수자에게 판매하거나 빌려주는 것을 금지하는 법을 통과시켰다. 그러나 연방 대법원은 아동을 보호하기 위해 만들어졌더라도 그 법은 위헌이라며 뒤엎었다.[19] 이는 과식과 함께 아동의 신체 활동 부족은 아동의 높은 과체중 및 비만율에 크게 기여한다.

궁극적으로 과식을 포함해서 어떤 소비 행위든 과도하게 음식을 소비하거나 아동에게 소비하는 어른의 책임이고 그 음식을 제조하는 마케터 책임이 아니라는 주장에는 명백히 장점이 있다. 그러나 아동·청소년은 취약한 계층이다. 이 문제를 본격적으로 다루고 '맥도날드가 날 뚱뚱하게 만든다.'라는 소송이 가속화될 것을 두려워하여 식품업계는 비만인 사람이 개인적 손해에 대해 고소할 수 없도록 하는 법안의 입법을 추진했다.[20]

아동 대상 광고에 대해 아이가 판촉 문구의 목적을 이해한다고 해도, 이들이 TV 시청이나 웹에서 보내는 시간이 너무 많기 때문에 마케터가 광고하는 데에 특별한 주의를 기울여야 한다는 대한 합의가 되어 있다. 일반적으로 미국에서 아동 대상 광고는 유럽 국가보다 규제가 약하고 대상 마케팅에 대한 규제가 항상 작동하는 것은 아니다. 〈표 15.1〉은 온라인 아동 마케팅에서 적으로 금지된 많은 행위들이 어린이용 웹사이트에서 폭넓게 활용되고 있다는 것을 보여준다. 아동·청소년 프라이버시 남용의 또 다른 예로서 월스트리트저널에서 행한 40개의 인기 있는 무

표 15.1 아동 대상 온라인 마케팅 규제

A : 아동 대상 온라인 식품 마케팅에서 연방법규나 자기 규제 하에 일반적으로 금지된 공통적 관행

1. 저영양 저품질 식품의 판촉 : 충분한 영양 표시를 제공하지 않거나 영양 요구조건을 잘못 공지

2. 게임 속에 음식 광고 넣는 것. 그리고 광고된 식품을 먹는 방법 배우게 하는 것

3. 제품에 대한 '버즈'를 만들고 친구에게 광고를 보내도록 아동을 격려하기(바이럴 마케팅)

4. 아동에게 웹사이트를 떠난 후 사용할 수 있는 상표 연관 아이템 제공, 그 브랜드에 대한 다른 온라인 광고 노출 시도

5. '광고 시간'과 보고 있는 콘텐츠가 광고라고 알려주는 공지를 포함하지 않는 것

6. 너무 어린 아동에게 웹사이트에 등록하면 기회나 상을 제공해주는 것

7. 직접 구매 사이트로 연결(예 : 비밀 사이트 접속)하는 것

B : 아동 대상 웹사이트에 대한 자기 규제나 연방 규제의 제한적 성공에 대한 묘사

분석으로 알아낸 내용	현재의 가이드와 규제 노력
64%의 웹사이트가 친구가 웹사이트를 방문할 수 있게 이메일 인사나 초대장을 보내도록 아동을 부추겼다.	광고는 아동이 부모나 다른 사람에게 제품을 사달라고 요청하도록 부추기면 안 된다. (CARU)
53%의 웹사이트가 TV광고를 무제한으로 보게 했다.	광고는 1시간 당 10분 30초~12분으로 제한되어 있다. (1990년에 제정된 아동 대상 텔레비전 프로그램 내용 규제에 관한 법률 47권 303조)
판촉을 위해 76%의 웹사이트가 적어도 하나의 추가상품을 제공했고, 52%가 둘 이상을 제공했다. 43%는 경품을 제공했고, 31%는 프리미엄을 제공했다.	광고주는 이러한 종류의 판촉을 사용하는 데 있어서 아동의 미성숙을 악용하지 않도록 특별히 주의해야 한다. (CARU)
39%의 웹사이트가 게임 보상과 같은 특정한 구매 인센티브를 제공했다.	광고주는 아동 대상 광고에서 판매 압박을 이용하지 않아야 한다. (CARU)
18%의 웹사이트만 콘텐츠가 광고라고 표시하는 광고 시간 알림을 제공했다.	FCC는 아동용 TV 프로에서 중간 광고 시간을 요구했다.
47%의 웹사이트가 영화나 TV 쇼와 캐릭터에 관련된 광고를 제공했다.	TV광고는 프로그램 캐릭터(생물, 애니매이션)를 프로그램 시간 전후에 사용해서는 안 된다. (CARU와 FCC)

출처 : A. Journal of Public Policy and Marketing. Elizabeth S. Moore, American Marketing Association, 2007. B: Journal of Public Policy and Marketing. Kathryn Seiders, American Marketing Association, 2007.

앱에 대한 연구에서, 거의 절반이 주요 트래핑 도구인 기기 ID를 전송한 것으로 드러났다. 70% 정도는 앱 이용방식에 대해, 어떤 경우는 어떤 버튼을 어떤 순서로 클릭했는지에 대한 정보를 전달하였다. FTC 규제는 앱과 온라인 서비스에서 13세 이하 아동에 대해 정보를 부모 모르게 수집하는 것을 허용하지 않지만, FTC에는 이 규제에 대한 엄격한 정의가 없다.[22]

과식이나 무책임한 지출 유발

마케팅은 설득의 한 형태다. 소비자에게 제품을 채택하거나 소비를 유도하도록 확신을 주는 방법을 알아내기 위하여 마케터들은 구매의사결정을 둘러싼 상황적 요인들에 대해 주의 깊게 연구해왔다. 예를 들어, 사람은 추운 환경에서 더 배고파한다. 그래서 슈퍼마켓은 온도를 낮게 유지한다(어떤 영양학자는 소비자에게 식품 쇼핑은 식사 직후에 가라고 충고한다). 마케터는 소비자가 더 오래 매장에 머물수록 더 오래 배회할수록 더 많이 산다는 것을 안다. 슈퍼마켓이나 다른 매장에서 진열대가 체계적으로 바뀌는 이유이다. 당신이 지난 번 슈퍼에 갔을 때와 달리 시리얼 진열대가 바뀐 것을 발

견하게 되는 것은 그 때문이다. 남자의 쇼핑 목록이나 사전 구매 계획과 실제 구매한 목록은 여자보다 더 큰 차이를 보인다. 그래서 슈퍼마켓 점원들은 그냥 서 있는 남자를 보면 다가가서 도와주라고 교육 받는다. 최근에 많은 웹 소매상들은 온라인 판매 고점이 오후 6시 30분에서 10시 30분 사이에 있다는 것에 주목했다. 확실하게 술을 마신 소비자는 자제력이 부족하고, 더 자유롭게 쓰는 경향이 있다. 그러므로 많은 온라인 소매상들은 이 시간에 특별 세일을 제공하고, 판촉 메일을 보내기 시작했다.[23]

과식을 조장하는 식품을 디자인하는 것은 과학적인 과정이다. 예를 들어, 마케터는 사람들이 먹은 후에 배고픔을 더 느끼게 하는 가공 식품도 있다는 사실을 알고 있다. 조사 연구를 통해 소비자가 가장 좋아하는, 달콤함의 '행복점'을 밝혀냈다. 더 낮거나 높은 수준의 달콤함은 소비자가 그 제품의 맛을 싫어하게 만든다. 마케터는 맛에 대한 인간의 반응에 관한 지식을 최고로 갈망하게 하는 식품을 디자인하는 데에 이용했다. 가공식품 제조에서 기본 법칙은 '의심스러우면, 설탕 추가'이다. 오스카메이어는 버라이어티팩 형태로 점심 세트를 시장에 내놓았는데, 여기에는 볼로냐소시지와 흰 빵, 스니커즈바, M&M(또는 리즈) 초콜릿 한 봉지와 달콤한 음료수가 포함되어 있다.[24]

질병관리및예방센터의(center for Disease and Prevention, CDC) 자료에 기반한 보고서는 미국에서 비만율이 2030년에는 전국적으로 적어도 44%에 이르고 13개 주에서는 60%가 넘을 것으로 예상했다. 비만은 2형 당뇨병에서 자궁암에 이르기까지 많은 질병의 위험도를 높인다. 따라서 미래에는 아픈 사람이 더 늘어나고 의료비 지출이 증가할 것이다. 연간 비만 관련 의료비 부담은 현재의 1,470억 달러에서 2,130억 달러로 660억 달러로 늘어날 것이다. 또 다른 연구는 2030년에 42%의 미국 성인이 비만이 되고, 그 기간에 5,500억 달러의 건강관리비가 추가될 것이라고 예측했다.[25]

마케터는 미국인의 신체 활동 감소와 건강에 나쁘고 영양소가 결핍된 식품에 대한 비이성적으로 많은 소비에 직접적인 책임이 있다. 한 연구는 소비자가 건강에 더 나쁜 식품이 더 맛있고 더 즐겨먹게 되며 쾌락적 음식이 더 선호된다고 믿는다는 것을 보여준다.[26] 우리에게 더 먹도록 하기 위해서 마케터는 우리의 식습관을 자세히 연구했다. 그리고 포장과 1회 제공량의 결정에 그 결과를 사용했다. 마케터는 식품 포장과 제공 방식을 통해 소비자가 먹는 음식의 양을 늘리기 위해 인지에 관한 지식을 사용했다. 연구는 다음의 예를 보여준다.[27]

1. 아이와 어른 모두 길고 좁은 잔보다 짧고 넓은 유리잔에 제공될 때 더 많은 주스를 소비한다.
2. 투명한 그릇에 담긴 사탕은 불투명한 그릇에 담겨있을 때보다 더 빨리 소비된다.
3. 투명한 랩에 싸인 샌드위치는 불투명한 랩에서보다 더 많은 소비를 유발한다.
4. 유혹적인 식품의 외양과 향은 더 많은 소비를 촉진한다.
5. 조직화된 방식으로 식품을 제공하는 것, 예를 들어, 큰 접시에 섞어서 구색을 맞춰 담은 것(또는 '잡기 편한 봉투'), 뷔페, 포트럭, 저녁식사 상차림 등은 더 많이 먹게 만든다.
6. 여러 제품 맛보기, 다양한 파티 스낵, 중복된 뷔페 줄, 다양한 접시로 제공되는 가족 저녁 식사 같이 형태의 구색을 갖추거나 중복된 식품은 식욕을 자극한다.
7. 다수의 대안과 다양한 사이즈가 있을 때 그릇 크기에 최소한의 변화를 주면 더 많이 먹도록 유도된다.
8. 사람들은 일반적으로 얼마나 먹었는지 생각하지 않는다. 얼마나 많이 먹었는지 말해주면 종종 놀란다.
9. 집에 식품재고가 많으면 적절하다고 생각하는 식사의 양이 늘어난다.

10. 소포장이 소비를 반드시 감소시키는 것은 아니다. 때로는 실제로 증가시키기도 한다. 책임감 있는 기업은 소포장은 큰 포장에 묶음 판매하기보다 1개씩 팔아야 한다. 왜냐하면 여러 개의 소포장을 이용할 수 있을 때 과소비를 초래하기 때문이다.

무책임한 소비를 조장하는 또 다른 예는 은행이 10대나 대학생을 타깃팅하여 너무 쉽게 신용을 제공하는 것이다. 이는 수년 동안 그들을 재무적 곤경에 처하게 했다. 예를 들어, 대학생에 대한 신용카드사의 매우 공격적인 마케팅 때문에 대학생 대출이 증가했다. 졸업생은 대학을 떠날 때, 평균 18,000달러 이상의 신용카드 빚을 졌고, 일부는 신용등급도 낮다.[28] 한 연구에서는 평균적으로 첫 신용카드를 18세(일부는 15세의 어린 나이에 받음)에 받는다고 한다. 10% 이상이 5개 이상의 카드를 가지고 있다. 대부분의 젊은이들은 카드 영수증을 보관하지 않았고 월별 청구서를 확인하지 않았고, 이자율을 알지 못했다. 약 10%만이 매달 최소 지불 한도를 지불했다.[29] 대학생에 대한 신용카드 마케팅이 너무 공격적이고 사회적 이익에 반한다는 것을 인식하고 많은 주에서 은행이나 신용카드사가 대학 캠퍼스에서 행하는 마케팅을 제한하는 엄격한 법규를 통과시켰거나 통과시키는 과정에 있다. 이런 비판에 여러 은행들은 학생에 대한 신용카드 판촉을 제한하기 시작했다.[30]

한 연구는 학생들의 신용카드 오용에 기여하는 여러 가지 개인적 성향을 확인하고 마케터가 학생들에게 더 책임감 있게 신용카드를 사용하도록 독려하기 위해 사용할 수 있는 판촉 문구에 대한 아웃라인을 제시했다.[31]

흥미롭게도 두 가지 중요한 개인적인 성향은 강박적 구매와 중독 성향과 관련된 충동성과 물질주의였다.[32] 이 연구는 마케터와 공공정책 입안자가 젊은 소비자에게 신용카드 오용의 덫을 피하는 방법에 대해 교육해야 한다고 제안했다.

조작적이거나 정보가 부실한 영양성분 표시

영양성분 표시는 미국에서 판매되는 모든 포장 식품에 붙어 있다. 그럼에도, 많은 비평가들은 현행 표시 방식은 불투명하고 다소 조작적이라고 지적해 왔다. 예를 들어, 라벨은 '1회 제공량' 기반으로 정보를 나열한다. 그러나 식약청(Food and Drug Administration, FDA)은 제조업체가 1회 제공량을 정할 수 있게 허용한다. 예를 들어, 켈로그의 프로스타드프레이크는 3/4컵을 1회 제공량으로 하고 리츠크래커는 크래커 5개를 1회 제공량으로 한다. 라벨에 따르면 하겐다즈 한 통은 4회 제공량이다. 그러나 대부분의 소비자가 쿠키앤드크림 한 통에서 1/4만 먹고 다음날을 위해 나머지를 남겨둘까? 쿨랜치도리토스 대포장은 1회 제공량을 1온스, 대략 12개의 칩으로 정했다. 그러나 소비자가 이걸 먹을 때 칩 갯수를 셀 것 같지 않다. 160칼로리와 포화지방 2g은 오레오쿠키를 즐기는 비용으로 적게 느껴지지만, 기술적으로 말하자면 1회 제공량은 쿠키 3개뿐이다.[33] 더 작은 1회 제공량을 표시하는 것은 마케터에게 칼로리, 지방, 설탕, 탄수화물 양을 줄여서 쓸 수 있게 해주고, 소비자가 생각보다 더 많은 칼로리를 소비하게 만든다. 한 연구에서는 소비자가 영양 정보에 대해 1회 제공량이 아니라 칼로리 정보에 더 초점을 맞추고 있다고 한다. 게다가 1회 제공량 조작은 소비자의 소비 관련 죄의식을 감소시킨다.[34]

쌓여가는 비평하에서 식약청은 마케터에게 포장지에 현실적인 제공량을 적시하도록 강제하는 압력을 행사했다. 소비자단체인 CSPI(Center for Science in the Public Interest)에 따르면, 제공량 비율 조작에서 가장 나쁜 경우는 캔에 든 수프, 아이스크림, 커피 크림, 눌러 붙지 않게 하는 요리용 스프레이였다. 이 모두가 사람들이 음식을 섭취할 때 일반적으로 소비하는 양보다 칼로리, 나트륨, 포화

지방을 낮게 기술했다. 예를 들어, 라벨에는 캠벨의 청키클래식치킨누들 수프의 1회 제공량은 한 컵(약 반 캔)이고, 나트륨 790mg 정도를 함유한다. 1,000명의 소비자 대상 전국 조사에서 10%만 한 컵을 먹는다고 대답했다. 64%는 한 번에 한 캔을 모두 먹는데, 1,840mg의 나트륨을 한자리에서 섭취하는 것이다. 이는 하루 소금 섭취량 상한선 2,300mg의 대략 80%에 이르고, 보건 당국이 고혈압을 일으킬 수 있다고 발표한 1,500mg을 훨씬 웃돈다. 61%는 캠벨의 치킨누들과 비슷한 수프 한 캔을 전부 먹는다고 했는데, 이 수프는 한 캔이 2.5회 분량이다. 1회 제공량이 890mg, 한 캔은 2,390mg의 나트륨을 함유한다. 약 27%의 응답자들은 한 번에 절반만 먹는다고 했다. 캠벨의 건강식 라인은 1회 제공량당 480mg 이하의 나트륨을 함유한다. 그럼에도 CSPI에 따르면 한 캔을 모두 먹을 때 소비자가 실제로 먹는 나트륨 양은 상당하다.[35]

버클리에 있는 캘리포니아주립대의 저널리즘 대학에서 프로젝트로 식품 포장을 다시 디자인하는 대회를 개최했다. 그중 가장 잘된 두 가지가 〈그림 15.3〉과 〈그림 15.4〉이다. 〈그림 15.3A〉와 〈그림 15.3B〉에 나타난 디자인은 제품에서 성분이 차지하는 상대적인 비율을 묘사하기 위해서 색색의 사각형을 이용했다. 극적으로 시각화한 색을 현명하게 활용했다. 그러나 성분이 많고 복잡한 식품에서는 적용되지 않을 수도 있다. 〈그림 15.4〉의 디자인은 1회 제공량 대신 포장이나 병의 전체 칼로리를 나타낸다. 식품 성분을 표시하기 위해 굵고 선명한 색깔의 사각형을 이용해 그 식품에 어떤 성분이 얼마나 들어있는지 나타낸다. 녹색, 노랑, 빨강은 각각 적절한, 문제 있는, 건강에 나쁜 양의 탄수화물이나 지방을 표시한다. 라벨은 매우 매력적이지만 아마 식품 포장에서 너무 많은 공간을 차지하게 될 것이다.[36]

영양성분표에서 사용된 정의는 항상 논리적이지는 않다. 예를 들어, '유기농' 표시가 붙은 식품은 연방정부의 입증 가능한 표준을 반드시 만족시켜야 한다. 반면 '자연산' 표시는 이런 요구 사항이 없다. 역설적으로 '유기농'과 '자연산' 식품의 판매는 다른 식품보다 비용이 더 드는데도 꾸준히 성장했다. 조사에 따르면, 소비자들은 '유기농' 표시보다 '자연산' 표시가 된 식품을 더 선호한다. 그런데, 네이처밸리 제품들은 '자연산'이라고 주장하지만, 식품에 약간의 달콤함을 첨가하는 정도보다는 진한 고과당 옥수수 시럽, 고맥아당 옥수수 시럽, 말토덱스트린을 함유하고 있다. 이 성분들은 많은 가공을 거친 것이며 자연에 존재하지 않는다. 매우 관대한 정의하에서도 자연산이라고 생각되지 않는다. 일부 연구에 의하면 이러한 성분은 아동들 사이에 과다한 활동과 주의를 유발한다. '고과당 옥수수 시럽'에 관한 부정적 견해를 인지한 옥수수정제사협회는 FDA에 그 성분의 이름을 '옥수수 설탕'으로 영양성분표에 표기하게 해 달라고 요청했으나 FDA는 승인을 거부했다.[37]

재미있는 라벨 전쟁이 여기에도 있다. 생체공학 회사인 몬산토, 듀퐁 등은 유전자 조작 식품의 성분 표시를 요구하는 캘리포니아의 투표 발의에 대항하기 위해 수백만 달러를 지출했다. 이상하게도 가장 큰 유기농 기업들인 카쉬, 캐스캐디언팜, 호라이즌오가닉 등도 그 라벨을 붙이지 않기 위해 가담했고 이 발의에 대항하기 위해 많은 돈을 냈다. 반면 카쉬의 최대 경쟁자 중 하나인 네이처스패스처럼 더 작고, 독립적인 사업체나 농장(대부분의 소비자가 유기농 복숭아나 샴푸를 구매할 때 떠올리게 되는)은 이 라벨링 발의를 강하게 지지했다.[38]

소비자 대상 의약품 직접 광고

소비자 대상 의약품 직접 광고는 1997년 이후 허용되었다. 그리고 많은 의약품 범주의 소비를 증가시켰다. 연구에 따르면 소비자는 의사에게서보다 TV광고에서 대부분의 의약품 정보를 얻는다고 한

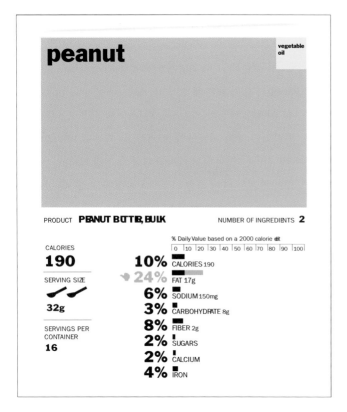

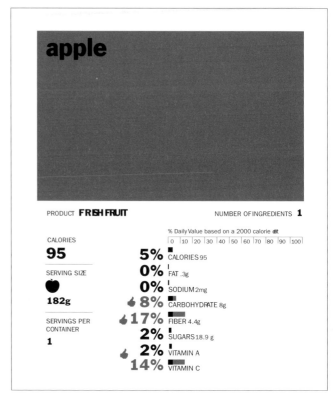

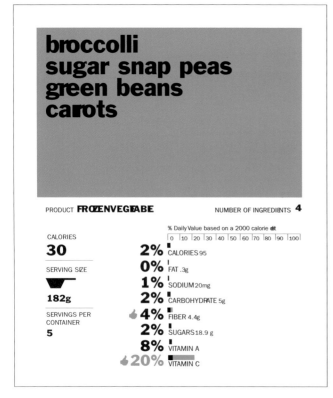

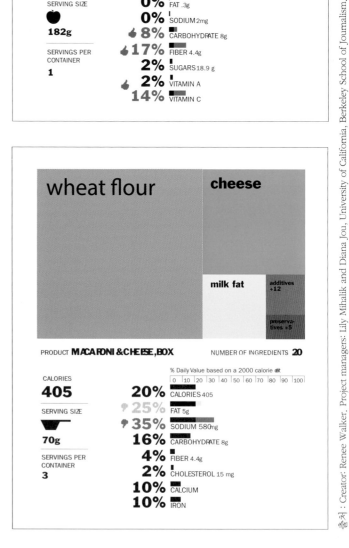

그림 15.3A 색색의 사각형은 성분을 나타낸다.

출처 : Creator: Renee Walker. Project managers: Lily Mihalik and Diana Jou, University of California, Berkeley School of Journalism.

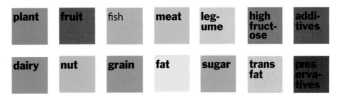

그림 15.3B 제품군별 색상표

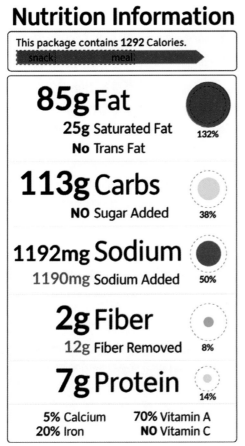

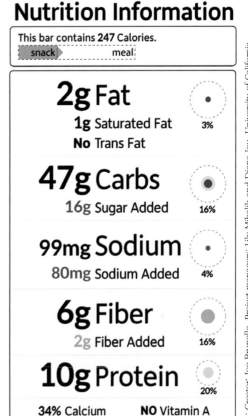

그림 15.4 1회 제공량 대신 전체 칼로리를 나타낸다.

출처 : Creator: Joe Brunelle. Project managers: Lily Mihalik and Diana Jou, University of California, Berkeley School of Journalism.

다.[39] 의약품 업계는 소비자 대상 의약품의 직접 광고가 점점 더 공격적이 되어간다는 것을 인지하고 이 마케팅 방식에 대해 자발적인 제한을 개발했다. 상원은 새로운 약물을 소비자에게 광고하는 것에 대해 일시적 활동중지를 요구했다. 주요 제약회사들은 자발적으로 시장 출시 후 일 년 동안은 새로운 약물을 소비자에게 광고하지 않기로 했다.[40] 온라인 탐색 엔진은 소비자에게 약품을 직접 판매하는 것을 더 복잡하게 만들었다. FDA는 제약회사에게 기업의 탐색 광고에 짧은 문장 형태로 구글 탐색 결과 옆에 나타날 수 있도록 약물 위험 정보를 포함시키라고 설득했다. 그러나 구글은 95자 이내로 이런 광고를 제한하기 때문에 어떻게 할 수 있을지는 명확하지 않다.[41] 소비자에게 직접 마케팅할 수 있기 때문에 제약회사는 특허 만료가 다가오고 이 제품의 비상표 제품을 구할 수 있게 되기 직전에는 더욱 절실하게 소비자가 선호하는 제품의 '수명을 연장'하고 싶어한다. 예를 들어, 화이자는 비아그라를 씹어 먹는 형태로 팔기 시작했다. 다른 회사들은 혀 아래에서 녹아서, 삼켜먹는 알약보다

더 빠르게 작용하는 발기부전 치료제를 시험 중이다.[42]

교묘한 판촉 문구와 기법

학습목표

3 은밀한 마케팅, 광고 노출 조작, 허위 광고 이슈 등 윤리적으로 문제가 있는 관행에 대해 이해한다.

마케터는 소비자의 마케팅 자극에 대한 해석을 그 자극이 제공되는 환경을 조절하여 조작할 수도 있다. 예를 들어, 희귀하고 비싼 제품들이 제공되는 QVC의 익스트림쇼핑에서는 소비자가 예술품을 훨씬 더 비싼 항목 바로 다음에 보게될 때 200달러도 타당한 가격이라고 인식한다.[43] 마케터는 뉴스나 기타 정보 중심 방송의 내용과 길이에 영향을 줄 수도 있다. 많은 마케터는 그들의 메시지가 보여질 상황을 주의 깊게 고른다. 왜냐하면 더 긍정적인 프로그램에 들어갔을 때 광고가 더 긍정적으로 인식된다는 것을 알기 때문이다. 그러므로 그들은 전쟁, 세계적 기아 같이 일부 내용이 유쾌하지 않은 심각한 이슈들을 다루는 프로그램이나 뉴스에 광고를 넣지 않을 것이다. 방송은 광고 수익으로 만들어지기 때문에 매체 회사는 심각하고 동의할 수 없는 주제는 짧게 다루기로 할 것이다.

완벽하게 합법적인 교묘한 마케팅 전략은 마케터가 가격은 고정하고 포장당 제품의 양을 줄일 때 나타난다. 마케터는 원재료 가격이 올라가면서 이윤이 줄어드는데 가격을 올릴 수 없을 때 이러한 방법을 택한다. 마케터는 소비자가 식품, 음료, 가사 제품 등의 차이식역 이하의 소량(4장 참조, JND)인 제품양의 소량 감소보다 가격 인상에 대해 훨씬 더 주의를 기울인다는 것을 인식했다. 합법적이지만 제품의 양을 줄이는 것은 오해를 불러오고 조작적이라고 볼 수도 있다. 예를 들어, 많은 시리얼과 감자 칩 제품들은 수년 동안 점점 가벼워졌다. 기업들은 이를 '무게 경감'이라고 부른다. 스니커즈는 2.07온스에서 1.86온스로 줄었다(마르스는 칼로리를 하나당 250까지 줄이기 위해 그랬다고 한다). 트로피카나 퓨어프리미엄 오렌지 주스의 병크기는 64에서 59온스로 줄었다. 킴벌리-클락은 13% 적은 크리넥스를 도입했다. 이 회사는 새로운 크리넥스 티슈가 15% 더 도톰하고, 같은 작업에 더 적은 티슈가 필요하다고 주장한다. 비슷하게 코튼넬의 화장실용 휴지는 한 롤당 176~230장에서 166~216장으로 감소했다.[44]

은밀한 마케팅

은밀한 마케팅(covert marketing, **가면을 쓴 또는 비밀 마케팅**)은 실제로 마케터가 보냈지만, 관계없는 단체로부터 나온 듯 보이는 마케팅 문구나 판촉물로 이루어져 있다. 어떤 이는 은밀한 마케팅이 FTC의 과대 마케팅에 관한 정의, 승인 가이드라인, 기타 마케팅 관련 규제를 종종 어긴다고 주장한다. 그리고 FTC가 가면을 쓴 광고의 사용을 줄이기 위해 더 명확한 규칙을 만들어야 한다고 믿는다.[45] 다른 이들은 널리 사용되는 은밀한 광고가 광고를 피하려는 소비자의 노력을 망치고, 제품 정보에 대한 소비자의 불신이 더 커질 것이라고 주장한다. 여기서 특별히 걱정하는 것은 마케터에 의해 진짜 구전처럼 만들어진 의사소통이 증가하는 것이다.[46]

은밀한 마케팅에서 주로 사용되는 방법은 다음과 같다.

1. 소비자로 분장한 배우가 사람들에게 제품 효능에 대해 말하고, 제품을 살펴보거나 써 볼 기회를 준다.
2. 바텐더에게 주류 상표를 칭송하고 소비자에게 추천하라고 돈을 준다.
3. 채팅방이나 블로그 등 온라인에서 소비자 행세를 하는 직원이 제품에 대한 긍정적 구전을 퍼트

리고 샘플을 제공하기까지 한다. 그들은 사람들에게 받은 샘플에 대해 다른 사람에게 말하라고 격려하기도 한다.

4. '긴급' 메시지나 개인적인 감사 글로 위장한 이메일을 보낸다.

5. 4장에서 언급했듯이(소비자 인식에 대해) 광고 메시지를 프로그램 내용에 끼워 넣고 광고문구를 오락물로 위장한다.

간접 광고 : 정규 프로그램에 심어진 광고

마케터들은 **형상과 배경**(figure and ground)의 구분을 흐리게 하는 기법을 점점 더 많이 사용한다. 그래서 소비자가 광고와 정규 프로그램을 명확히 구분하기 어렵게 만든다(4장 참조). 예를 들어, TV광고를 피하기 위해 빠르게 앞으로 돌리는 소비자에 대항하기 위해 마케터는 점점 TV 쇼와 광고 사이의 경계가 실질적으로 존재하지 않는 **간접 광고**(product placement)로 바꾸고 있다. "서바이버"에서는 개인 도전 경기에서 우승자에게 마운틴듀 여섯 묶음을 준다. "아메리칸아이돌"의 심사위원은 손이 닿는 곳에 코카콜라를 놓아두고 있다. 버거킹의 신제품이 "디어프렌티스"에 삽입된 바로 다음날 세일에 들어갔다. 이 시리즈의 다른 쇼에서는 도브 쿨모이스처바디워시의 광고를 개발하는 과정에 초점을 맞췄다. 게다가 간접 광고와 판촉 문구를 포함한 어떤 뉴스 프로그램은 오락 프로의 대화에 삽입되기도 했다. 브랜드가 포함된 오락 프로에 대한 지출을 기업이 점진적으로 증가시킬 것이라는 예측이 있는 반면에 최근 만들어진 소비자단체인 커머셜 알럿(Commercial Alert)은 광고주들이 간접 광고로 디자인된 광고의 공개를 요구하는 규제를 위해 로비하고 있다.

마케터는 TV광고를 프로그램의 이야기에 밀접하게 만들어 판촉과 프로그램 내용을 섞어서 시청자가 상당히 깊이 들어가기 전까지는 광고를 보고 있다는 사실을 눈치채지 못하게 한다. 이것은 아동 대상 광고에서는 중요한 요인이므로 연방상거래위원회는 이런 기법의 사용을 엄격히 제한한다. TV 스타나 만화 캐릭터는 그들이 출현하는 아동 쇼에서 제품을 판촉하는 것이 금지되어 있다. **기사형태 광고**(advertorial)는 형상과 배경의 구분에 대한 또 다른 잠재적 오용 사례로 편집된 매체와 매우 닮은 형태로 인쇄광고에서 나타난다. 방송 매체에서 **정보형 광고**(infomercial)는 30분 분량의(또는 그 이상) 광고이다. 평범한 시청자에게는 다큐로 보이고 이 광고를 명백한 광고보다 더 주의 깊게 보게 된다.

많은 연구에서 영화에 삽입된 간접 광고가 브랜드 인지, 태도, 구매 의도에 미치는 영향을 조사했다. 그러나 기업이 영화 속 간접 광고에 투자하는 것이 가치가 있다는 증거는 없다.[47] 어떤 연구는 두드러지게 보여주는 것이 더 잘 기억되기는 하지만 소비에는 큰 영향을 주지 않는 반면에, 미묘한 제시는 덜 기억되지만 소비에 더 큰 영향을 미친다고 밝혔다. 그러므로 이 기법을 계속 쓸 계획이라면 마케터들은 기억뿐만 아니라 행동에도 강한 영향을 줄 수 있는 간접 광고 방법을 고안해야 한다.[48]

허위 또는 오해유발 광고

광고 관련 윤리 이슈는 제공된 정보의 정확성과 판촉 문구의 설득력을 잠재적으로 오용하는 것에 초점을 맞춘다. 정확성과 관련해서 한 치약 광고가 "A상표가 최고다."라고 말한 것은 받아들일 수 있는 '과대선전'이라고 생각되었다. 왜냐하면 소비자들은 일반적으로 '최고'가 의미하는 바를 결정할 믿을 만한 방법은 없다는 것을 이해하기 때문이다. '미국치과협회에서 보증'한 상표라고 주장한 치약 광고는 쉽게 확인할 수 있는 정보를 포함한 객관적인 진술이다. 그러나 그 상표가 "다른 어떤 치약보다 충치 예방에 뛰어나다."고 광고하는 것은 용인할 수 있는 과장광고일까, 아니면 거짓이거나 오해를 불러일으킬까? 그 답은 대부분의 이성적인 소비자가 그 광고를 어떻게 해석하느냐에 달려 있다. 그들이 충치 예방 정도를 측정할 과학적 방법이 있다고 믿을까? 그 기업이 시장의 모든 치약에 대해 과학적 연구를 수행했고 그 연구가 광고의 주장을 증명했을까? 대부분의 이성적인 소비자가 광고를 어떻게 해석할지 결정하는 것은 복잡하다. 그래서 그 질문에 대한 확실한 답은 없다. 어떤 지점에서 과장이 거짓이 될까? 7장에서 논의된 바와 같이 유머는 가장 인기 있는 광고 방식이다. 한 연구는 유머 광고의 3/4에서 과대주장이 나타나고, 유머는 종종 과대주장을 감추기 위해 사용된다고 밝혔다.[49]

허위 광고 규제법(truth-in-advertising law)은 거짓 광고로부터 소비자를 보호한다. 오랫동안 FTC는 **과대 광고**(deceptive advertising)가 어떻게 구성되는지에 대한 가이드라인을 개발해왔다. 그리고 어떤 광고가 잠재적으로 소비자들 사이에 오해를 불러일으킬 수 있는지 여부를 결정할 책임을 마케터들에게 부과했다. 그러나 FTC가 거짓이나 오해유발 광고를 멈출 책임이 있지만, 이런 광고가 여전히 존재한다는 것은 명백하다. 예를 들어, FTC의 웹사이트는 소비자들에게 "체중 감량을 오해하게 하는 광고는 어디에나 있다."고 경고하려고 '붉은 기' 버튼을 만들었다. 이는 사실이 되기에는 너무 좋은 체중 감량 주장에 대해 경고한다. 예시된 주장들은 그 제품들이 '당신이 얼마나 먹든지 상관없이 상당한 체중 감량'을 가져다준다거나, '식이조절이나 운동을 하지 않고도 일주일에 2파운드 이상 감량'이 가능하다는 것이었다.[50] FTC는 소비자들에게 거짓이나 오해유발 광고에 관해 불만을 표하도록 격려하고, 기업들을 조사했다. 그러나 소비자에게 체중 감량 제품이 모든 오해유발 광고를 멈추게 할 수는 없다고 공공연하게 조언한다. FTC는 거짓 광고를 한 기업들에게 **정정 광고**(corrective advertising)를 하도록 한다. 예를 들어, 몇 년 전 리스테린 제조사에게 그 제품이 추위를 막는다는 주장을 정정하라는 조치를 취했다. 한 연구는 정정광고는 때로 그 회사의 다른 제품뿐만 아니라 다른 제조사의 비슷한 제품에 대해서도 소비자 불신을 초래한다고 밝혔다. 이 결과는 정정광고 문구는 목적한 바를 이루지 못하는 경우가 종종 있다는 것을 말해준다.[51]

FTC 외에도 자기규제 단체인 국가광고심의위원회(National Advertising Review Council, NARC)가 있는데, 허위광고에 관해 기업이나 소비자의 불만을 모니터하고 종종 광고에서 무엇을 말하거나 말하면 안되는지를 결정한다. 예를 들어, NARC는 콜게이트파몰리브의 옥시-플러스 제품이 P&G의 울트라던보다 "기름 성분을 더 빨리 날려버린다."는 주장에 대해 지지 증거를 제공했다고 밝혔다. 그러나 슈퍼폴리그립이 "가장 강하게 붙잡는다."는 글라소스미스클라인의 주장은 지지하는 증거가 없다고 결정했고 이후 그 기업은 이 문구를 제거했다. NARC는 "화학요법은 모두에게 적용되는 것은 아니다."라고 주장하는 암 치료를 위한 판촉을 지원했다.[52] 어떤 경우 힘 있는 기업은 매체를 설득해서 그들이 현혹시킨다고 평가하는 광고를 멈추게 할 수 있다. 예를 들어, 앤호이저부시는 ABC, CBS, NBC를 설득해서 소비자들에게 맥주를 비교하여 묘사하고 밀러가 더 향이 좋다고 말하는 밀러맥주 광고를 멈추게 했다.[53] 〈표 15.2〉는 허위 또는 과대 판촉의 예를 보여준다.[54]

명백히 의약품 마케팅에서 많은 수의 판촉 위반이 일어난다. 한 연구는 세 가지 주요 위법 양상을 확인했다.[55]

1. 근거 없는 효과 주장 : 확보된 증거가 제안하는 것보다 약물이 더 효과적이라고 주장하는 것. 증거가 제시하는 것보다 더 넓은 범위에 유용하다고 주장하는 것

2. 위험 정보 누락 : 약물의 사용에서 나타날 수 있는 위험을 정확하게 밝히는 데 실패. 부작용 정보 제공에 실패. 불분명한 언어로 위험을 묘사하는 것

표 15.2	과대 또는 허위 판촉 주장	
제품	이슈	묘사
다논요거트	건강 증진 주장	다논이 액티비아와 단액티브의 판촉에서 제품이 추위를 막거나 소화 관련 문제를 해결하는 데 도움을 줄 것이라고 주장했다. FTC는 그 광고를 멈추라고 했는데, 이 제품으로 효과를 보기 위해서는 하루 세 번 이상 먹어야 한다고 언급하지 않는 한 소화 문제를 돕는다고 말할 수 없기 때문이다. FTC는 액티비아는 소화 체계를 조절하는 데 도움을 주고, 단액티브는 면역체계를 지원하는데 도움이 된다는 주장은 허용했다.
네슬레	건강 증진 주장	FTC는 부스트키즈에센셜이 아이들 감기를 예방해서 학교 결석을 줄여준다는 네슬레의 광고를 중지시켰다.
폼원더풀	건강 증진 주장	이 비싼 석류 주스 제조사는 심장병, 전립선암, 발기부전의 위험을 줄여준다고 광고했다. FTC는 거짓이고 근거 없는 주장을 했다고 고발했다.
P&G 나이퀼	금지된 제품 속성	P&G는 감기약 빅스에 비타민 C를 넣고 싶어했으나 FDA는 약물에 영양보조제를 추가하는 것을 허락하지 않았다. 소비자가 그 약을 FDA가 평가하고 승인했다는 인상을 받을 수 있기 때문이다.
스케처스 토닝슈즈	거짓 주장	"체육관에 가지 않고도 몸매를 관리해요."라는 등 자사의 신발이 근육 조절과 체중 감량에 도움을 준다고 주장했다. FTC는 5천만 달러의 벌금을 부과했다.
앱씨클프로	거짓 주장	사람들이 올라타서 앞뒤로 그네를 탈 수 있는 둥근 원반인 앱씨클프로 광고는 매일 3분만 이용하면 앉았다 일어서기 100번 한 것과 같고, 2주만에 10파운드를 감량할 수 있다고 주장했다. FTC는 소비자에게 환불해주라고 처분했다.
랑콤	문제 있는 주장	랑콤은 자사 제품이 "세포 활동을 증가시키고 젊은 단백질을 생산하도록 자극한다."고 주장했다. 이는 제품이 인체 활동에 영향을 준다는 의미인데, 화장품이 아닌 새로운 약물을 분류하는 데 사용하는 기준이다. FDA가 이를 저지했다.
트위터	완전 공개	FTC는 트위터 광고가 TV나 인쇄광고처럼 완전 공개를 포함해야 한다고 말했다. 예를 들어, 체중감량 세이크의 평균적 효과를 포함해야 한다거나 유명인이 그 제품을 판촉하기 위해 돈을 받았다는 것을 공개해야 한다. 140자로 제한된 트위터에서 이런 형태의 문자를 위한 공간을 만드는 것은 불가능했지만 완전 공개를 포함시킬 다른 방법들이 고려되고 있다.

출처 : Amy Schatz and Ilan Brat, "Dannon Settles Complaints Over Yogurt Ads," December 16, 2010 online.wsj.com; Edward Eyatt, "Regulators Call Health Claims in Pom Juice Ads Deceptive," nytimes.com September 27, 2010; Associated Press, "FDA Warns P&G for Adding Vitamin C to Nyquil," nytimes.com October 14, 2009; Brent Kendall, "Sketvhers Settles With FTC Over Deceptive-Advertising of Toning Shoes," online.wsj.com May 16, 2012; Anemona Hartocollis, "Dispute Over City's Ads Against Sodas," nytimes.com October 28, 2010.

3. 근거 없는 우월성 주장 : 이를 지지할 증거가 전혀 없는데도 약물이 다른 제품보다 더 효과적이거나 더 안전하다고 제시하는 것

'과대' 주장이란 무엇인가?

때로 무엇이 '오해유발', '과대' 광고를 구성하는지를 결정하는 것은 어려운 일이다. 예를 들어, 귀금속 마케터 스텔링은 경쟁사인 제일에서 자사 제품 라인이 '세계에서 가장 빛나는 다이아몬드'라고 광고하는 것을 막기 위해 법적 조치를 취했다. 광고는 '우리 와인은 레드 와인 중 가장 독특한 맛을 갖고 있다.'와 같은 주관적인 주장을 담을 수 있다. 그러나 스텔링은 다이아몬드가 빛나는 정도는 체계적으로, 믿을 수 있게, 과학적으로 측정할 수 있기 때문에 가장 빛나는 다이아몬드라는 주장은 주관적인 주장이 아니라고 주장했다. 법원은 다이아몬드의 '컷'과 '빛남'을 측정할 객관적 표준은 존재하

지 않는다면서 제일의 편을 들어 주었다. 완벽하게 합법적인 광고인 귀금속 분야에서 '시각적으로 더 투명하다고 인증된 다이아몬드'나 '세상에서 가장 완벽하게 세공된 다이아몬드'와 같은 주장을 포함한다.[56] 뉴욕 시 건강부에서는 하루 한 잔의 탄산음료가 "1년에 10파운드 더 찌게 할 수 있다."고 주장하는 매체 광고 캠페인을 시작했다. 일부에서는 탄산음료가 영양분이 있다고 주장하고 비만 증가와 단 음료 소비 사이에 높은 상관관계를 보여줄 실체적 증거도 있다. 하지만 체중 증가의 이유는 매우 다양하므로 설탕 소비와 체중 증가를 직접적으로 연결 짓는 것의 과학적 근거에 대해 몇몇 건강 전문가들은 의문을 제기한다.[57] 오가닉스는 머릿결 관리 제품 제조업체이다. 이 기업이 자사 제품이 유기농이라고 주장한 적은 없지만, 비평가들은 회사명이 오해를 불러일으킨다고 주장했다. 게다가 오가닉스를 소유하고 있는 보그가 시장에 매물로 나오자 잠재적 구매자들은 자회사인 오가닉스 브랜드에 대해 우려를 표했다.[58]

도발적 광고

학습목표

4 도발적 광고의 특징과 결과를 이해한다.

유감스럽게도 너무 많은 마케팅 문구가 사회적으로 바람직하지 않은 고정관념과 이미지를 전달한다. 몇 년 전 미국 아이콘의 하나인 G.I.조의 제조사는 훨씬 더 근육질인 인형을 소개했다가 10대들의 근육 제조용 약물 사용을 찬성하는 것이라는 비난을 받았다. 비슷하게 점점 마르고 가슴이 커지는 인형인 바비 제조사는 비현실적인 신체 이미지를 어린 소녀들에게 전달한다고 비난당했다. 반대할 선의의 광고도 반대에 부딪히기도 한다. 예를 들어, 뉴욕 시의 비영리단체 하나가 자폐, 우울, 식이 관련 질병 등 어린이의 질환에 대해 공공의 경각심을 일으키기 위해 광고 캠페인을 벌였다. 그 광고는 질병이 아픈 아이들의 가족에게서 그들의 삶을 빼앗아 감으로써 포로와 같은 상황에 처해지는 과정을 묘사하는 '몸값 장부'를 보여주었다. 다수가 이 광고 방식이 캠페인의 목적에 부합하며 효과적이라고 찬성했지만, 아픈 아이의 부모 중 일부는 그 광고가 너무 감정적이고 개인적이라고 생각했고, 광고는 중단되었다. 도발적 광고에 대한 불만은 트위터나 페이스북 같은 소셜 미디어들을 통해 더 쉽게 구전 효과를 갖는다. 많은 마케터들은 슈퍼볼 시즌의 광고를 큰 게임 이전에 테스트하기 시작했다. 두뇌 활동에 미치는 광고의 영향을 연구하는 **뉴로마케팅**(neuromarketing)에 전문화된 한 조사 회사는 여러 슈퍼볼 광고주와 함께 작업했다. 이 회사는 전자회로를 포커스그룹 참여자들에게 연결하여 해당 광고를 볼 때 뇌의 어떤 부위가 반응하는지를 관찰했다. 일부 전문가들은 이 조사의 타당성에 대해 의문을 표하지만, 마케터들은 이 방법을 점점 더 많이 이용하고 있다.[59]

어떤 광고는 의도와 달리 바람직하지 않은 행위를 초래할 수 있다. 뉴저지 대학교수가 학생들에게 뉴욕 시의 한 인도에서, 노란택시, 보행자, 빌딩들을 배경으로 웃고 있는 건강한 젊은이를 사진 찍은 잡지 광고를 보여줬다. 밝은 빨간색 헤드라인은 "하루에 단 한 번만!"이라고 쓰여 있었고, 광고의 다른 카피들은 실제 제품을 감추기 위해 숨겨졌다. 교수가 학생들에게 무엇을 위한 광고일 것 같은지 물었을 때, 학생들은 비타민과 같은 특정 알약 광고일 것이라고 합의했다. 실제로 이 광고는 HIV 양성인 사람들을 위한 HIV 치료법의 일부로 사용되는 약의 광고였다.

시각적 이미지가 매우 설득력 있기 때문에 건강한 젊은이와 밝은 빨간색의 "하루에 단 한 번만!" 문구는 젊은이에게 HIV 양성이 되는 것이 쉽게 관리할 수 있는 조건이고, 그래서 안전하지 않은 섹스에 비난받지 않고 관여할 수 있다는 것이 전달할 수도 있을까? 그러나 일부가 광고를 잘못 인지하게 되더라도 마케터에게는 선택의 여지가 적다. 명백히 심각한 질병을 통제하기 위해 만들어진 의약품 광고에서 건강하지 않게 보이는 사람을 묘사하는 것은 효과적이지 않을 것이다. 식약청은 HIV 약물 마케터들에게 종종 왕성한 신체 활동을 하는 건강해 보이는 사람을 보여주는 그들 광고 중 일부는 약물이 건강을 되찾아주고 유지해줄 수 있다는 주장을 전달할 수 있어서 암묵적으로 안전하지 않은 섹스를 권장할 수 있다고 경고했다.

많은 연구들이 광고에서 부적절한 주제의 사용에 대해 초점을 맞췄다. 예를 들어, 아동용 TV광고에 대한 한 연구는 코카시안이 다른 다양한 민족들에 비해 자주 출연한다는 것을 발견했다. 그리고, 아동용 TV광고에 더 다양한 민족이 출연해야 한다고 지적했다. 이것은 중요한 지적인데, 아동들이 점점 더 깊이 TV 시청에 관여하고 광고의 자화상이 사회적 민족관에 영향을 주기 때문이다.[60] 판촉 요소에 관한 한 연구에 따르면 아동에게 부적절한 이미지나 단어는 대부분의 소비자 불만을 만들어내는 요소이다. 그다음이 나쁜 언어의 사용이다. 이 연구는 또한 소비자가 광고에 묘사된 제품, 서비스, 아이디어보다 공격적인 테마에 더 모욕감을 느끼고, 다른 매체에서보다 강압적으로 끼어든 매체에 실린 광고를 더 공격적으로 느낀다는 것을 밝혀냈다.[61] 〈표 15.3〉은 도발적 마케팅의 예를 보여준다.[62]

마케터들이 계속해서 일부 소비자가 싫어하거나 나쁘다고 생각하는 가치나 행위를 묘사하는 광고들을 스폰서하고 있지만, 대중이 감시하는 것의 중요성이 저평가되어서는 안 된다. 예를 들어, 한 슈퍼볼 방송국은 많은 잔인한 유머나 개그를 묘사한 광고를 포함시켰다가 나중에 다수의 비판에 직면했다. 그 결과 다음해 슈퍼볼 광고주들은 주류이고 전통적인 방식의 광고를 개발하기 위해 특별히 주의했는데 이는 쉬운 일은 아니었다. 슈퍼볼 광고는 창조적이고 독특해야 하는데 미국 방송에서 가

표 15.3 도발적 마케팅의 예

제품	도발	묘사
블래스트바이콜트 45	미성년에게 음주 권장	과일 향이 나는 술인 블래스트바이콜트 45는 래퍼인 스눕 독이 광고했으며, 그의 노래에서도 이 술이 언급됐다. 달콤한 술은 때로 '미성년을 위한 칵테일'이라고 불리고 젊은 술꾼들은 '알코팝'이라고 부른다.
포로코	'에너지 음료' 가면을 쓴 치명적 조합	12%의 알콜과 카페인을 함유한 과일 향이 나는 맥주를 만드는 회사가 대학생들을 타깃팅했다. 일부는 병원에 실려가기도 했다. FDA 조사 기간에 이 기업은 제품에서 카페인을 제거했다.
아디다스	두 나라에서 같은 제품을 서로 다른 가격에 판매	뉴질랜드의 프리미어 럭비 팀의 셔츠가 미국 온라인에서 현지 가격의 약 50%에 팔렸다.
나베아 스킨케어	비열한 광고	광고는 한 흑인이 아프리카 전통 머리 모양과 턱수염을 한, 잘린 머리통을 잡고 있는 장면을 "당신 스스로를 재교화하라."라는 문구와 함께 보여준다.
그루폰	무신경한 유머	중국에서 박해받는 티벳 사람을 놀리는 광고와 위험에 처한 종들을 놀리는 광고
보드카(Wodka)	품위 없고, 부정적인 관념 묘사 광고	뉴욕 브루클린에서 팔리는 매우 값싼 보드카인 보드카(Wodka) 광고는 '크리스마스 품질에 하누카 가격'이라는 문구 아래 개 한 마리는 유대인 모자를, 다른 한 마리는 싼타 모자를 쓰고 있는 사진을 보여주었다. 다른 광고에서는 '에스코트 품질에 후커 가격'이라는 광고문구를 썼다.
베네통	창조적이지만 부적절	창조적이지만 매우 노골적인 광고로 유명한 베네통은 세계적인 지도자가 반대편에 선 다른 지도자에게 키스하는 것을 묘사한 '반증오(UNHATE)' 캠페인을 벌였다. 오바마 대통령이 베네주엘라의 지도자에게 키스하고 이스라엘 수상이 팔레스타인 지도자에게 키스한다.

출처 : WSJ Staff, "Oh, Benetton. You and Your Controversial Ad Campaigns," online.wsj.com November 16, 2011; Jonathan Hutchinson, "The Price of a Jersey Sets Rugby Fans Against Adidas," NYTIMES.com August 24, 2011; Andrew Newman, "A Line of Brews Draws a Star Endorser," nytimes.com April 17, 2011; Abby Goodnough, "Caffeine and Alcohol Drink Is Potent Mix for Young," nytimes.com October 26, 2010; Sarah Nir, "Nivea Pulls Ads After Online Outcry," nytimes.com August 12, 2011.

장 많이 분석되는 것이기 때문이다.[63] 최근에는 마케터가 슈퍼볼 광고를 훨씬 이전부터 서로 다른 소비자집단에게 미리 테스트해서 논란의 여지가 있는 요소들을 바꾸고 있다.

소비자 프라이버시 남용

학습목표

5 마케터가 소비자 프라이버시를 남용하는 방식과 이런 관행을 근절할 수 있는 법규에 대해 이해한다.

소비자의 프라이버시 침해는 혁신적인 매체와 더 정교해진 트래킹을 통해 마케터가 소비자를 인지하고 더 작은 집단의 소비자에게 닿을 수 있게 됨에 따라 점점 더 문제가 부각되는 윤리적 이슈이다. 이러한 정보의 수집과 살포는 많은 프라이버시 이슈를 만들어내고, 다양한 정부 주체가 소비자 프라이버시를 강화하기 위한 법규를 제안하고 있다. 예를 들어, 어떤 상원의원은 상행위 프라이버시 권리장전을 제안했다. 그러나 이 제안은 기업이 아주 쉽게 할 수 있는 일임에도 고객들에게 자신에 대해 수집한 데이터를 제공하도록 요구하는 데에는 실패했다.[64]

일부 소매상들은 소비자의 스마트폰에서 나오는 와이파이 신호를 추적하여 소비자의 움직임을 추적하는 신기술을 테스트하기 시작했다. 소매상들은 비디오 감시와 휴대 전화 신호, 소비자의 성별을 확인할 수 있는 앱을 이용해서 점포 내 소비자 행동에 관한 데이터를 수집한다. 특정 소비자가 캔디 매대에서 몇 분이나 머물렀는지 구매 전에 몇 분 동안이나 그 제품을 보고 있었는지 등을 알 수 있다. 휴대 전화가 네트워크을 찾을 때 개인식별 코드를 보내기 때문에 소매상은 다시 돌아온 소비자를 확인할 수도 있다. 그래서 매장에서는 소비자가 반복적으로 어떻게 행동하는지 방문 사이 평균 시간은 얼마인지 알아낼 수 있다. 소비자들은 트래킹된다는 것을 알아냈을 때 다수가 불만을 표했고 쇼핑하는 동안 스토킹 당하거나 오싹한 느낌이었다고 말했다.[65]

전자 점수(e-score)는 사람들의 구매력을 평가하고 소비자로서의 가치를 매기는 디지털 척도이다. 그러나 이 점수들은 대중에게는 보이지 않는다. 구글 분석에 힘입은, 이 미국 사회의 디지털 등급은 이전에 나왔던 어떤 것과도 같지 않다. 그럼에도, 개인 신용정보와 달리, 소비자들은 자기 점수가 얼마인지 모른다.[66]

연방상거래위원회는 '전화 수신 금지' 등록과 같은 '트래킹 금지' 기술을 추천했다. 위원회는 온 · 오프라인 소스에서 수백만 소비자의 개인적이고 재무적인 데이터를 광범위한 영역에서 모으고 거래하는 소위 데이터 브로커를 규제하는 법안도 제안했다. 제안된 법안은 소비자가 자신에 대해 모은 정보에 접근할 수 있고 그 데이터를 수정하거나 업데이트할 수 있다. 또 다른 제안은 소비자가 인터넷 사용이나 구매 습관이 모니터되기를 원하는지 선택할 수 있게 한다.[67] 디지털광고연합(Digital Advertising Alliance, DAA) — 디지털 광고 거래 조직들의 단체 — 은 배너 광고의 우상단에 청록색 삼각형을 디자인했다. 이 광고 선택 아이콘은 삼각형을 클릭하는 사용자에게 온라인에서 자신의 행동이 트래킹되는 것을 허락하지 않는다고 선택하게 해준다. 이 단체의 웹사이트는 이 아이콘에 대해 약 10만 번의 문의를 받았다. 모바일과 디지털 프라이버시 규제를 강화하고 아동 대상 온라인 광고에 더 많은 통제를 가하도록 요구하는 미의회에 도입된 여러 개의 법안에 직면하여 이 단체는 청록색 삼각형에 대해 소비자를 교육하는 캠페인을 도입했다.[68]

온라인 마케터들은 대부분의 사람들이 인식하거나 아마도 허용하는 것보다 더 세밀하고 정확하게 소비자를 모니터하고 트래킹한다. 예를 들어, 페이스북은 '봉화'라 불리는 프로그램을 갖고 있는데 사용자가 방문한 곳, 구매하거나 온라인에서 본 제품 등에 대해 친구들에게 알려준다. 대중들의 강력한 항의 후에 페이스북은 그 프로그램에 그것에서 쉽게 제외될 수 있는 표시를 도입했다.[69] 최근에는 전 세계적으로 5억 명의 사용자를 보유한 페이스북은 사람들이 온라인에서 무엇을 누구랑 공유했는지 이해하도록 도와주고 간단하게 그 시스템에서 제외될 수 있는 통제 도구들을 공개했다.[70] 혁신적으로 여러 브라우저의 새 버전들은 자동적으로 발효되는 트래킹 금지 옵션을 갖고 있다. 인스톨하는 동안 개인화 메뉴에서 사용자가 이전에 선택한 트래킹 금지 옵션을 유지할지 끌지를 선택할 수 있게 지시문이 나타난다.[71] 애드락은 소비자가 온라인 서핑하는 동안 보고 싶은 광고는 보면서, 다른 광고들을 막을 수 있게 해주는 소프트웨어 이름이다.[72] 암스테르담 프라이버시컨퍼런스에 소개된 한 조사에 따르면 대부분의 미국인은 그들이 어떤 웹사이트를 방문하는지에 대한 어떤 정보도 수집되기를 원치 않았다. 그리고 온라인 광고가 유용하다고 생각하지 않았다. 거의 90%가 연방상거래위원회의 '트래킹 금지' 기법으로 알려진 제안(사용자들에게 '맞춤 광고 제공을 위한 개인 데이터 수집'에서 제외될 것을 선택할 수 있게 해주는)에 대해 들어보지 못했다고 말했다.[73]

우리는 '트래킹 금지'의 유명도가 물물교환 체계를 위협할 수 있다는 것에도 주목해야 한다. 소비자는 사이트와 제3의 광고 네트워크에 그들의 온라인 활동에 대한 정보를 수집하게 허용하는 대신, 지도, 이메일, 게임, 음악, 소셜 네트워크, 기타 등등에 대한 개방된 접근을 누린다. 마케터는 소비자 정보 수집은 사용자의 취향에 맞춰진 효과적인 광고를 할 수 있는 힘을 준다며 이 거래를 유지하기 위해 싸워왔다. 이 주장에 따르면 이러한 맞춤 광고는 더 작은 사이트가 번창하고 더 풍부한 콘텐츠를 제공할 수 있게 한다. 업계 단체인 쌍방향광고기구(Interactive Advertising Bureau, IAB)의 일반위원회는 관련 광고를 제거하는 것은 인터넷을 덜 다양하고 비경제적이며, 훨씬 더 재미없게 만들 것이라고 주장했다.[74] 게다가 온라인에서 소비자가 많은 양의 프라이버시를 잃지만, 항상 그런 것은 아니다. '당사자' 행동 광고를 사용하는 웹사이트에서는 그 사이트에 타깃팅된 광고를 제공하기 위해 소비자 정보를 모은다. 그러나 그 정보를 제3자와 공유하지 않는다. 소비자가 보고 있는 웹사이트나 소비자가 사용한 탐색 질문에 기반한 광고를 타깃팅하는 **문맥 광고**(contextual advertising) 사이트에는 데이터 저장 공간이 아주 작거나 거의 없다.

웹사이트의 프라이버시 정책을 찾아내고 읽는 것은 어려운 일이다. 웹사이트가 방문자에게 광고를 보여주기 위해 사용하는 데이터를 어떻게 수집하고 다루는지에 대한 정보는 프라이버시 정책 문구 속에 깊이 묻혀 있다. 웹에서 수백 가지 프라이버시 정책을 분석하고 분류한 회사인 프라이버시초이스에서 웹사이트를 개인 정보를 수집하고 사용하는 방식에 따라 0에서 100까지 점수를 매기는 척도를 개발했다. 웹사이트와 사용자는 인터넷에서 프라이버시 관행을 쉽게 비교하고 자신의 정보에 대해 현명하게 의사결정할 수 있다. 이 도구는 웹사이트와 트래킹 회사에게 사용자 프라이버시를 더 존중해주는 방식으로 사업하게 만들 것이다.[75]

수백만의 스마트폰에 설치된 거의 알려지지 않은 한 소프트웨어는 어떤 데이터가 모바일 기기에서 수집되고, 그 데이터가 어디로 가는지, 어디에 사용되는지에 대해 훨씬 더 많은 의문을 갖게 한다. 캐리어IQ에서 나온 소프트웨어는 구글 안드로이드 시스템을 가진 한 이동통신사의 스마트폰에서 정보를 수집했다. 그 소프트웨어는 소비자에게는 보이지 않지만, 언제 버튼을 누르는지와 같은 행동를 트래킹하고 문자메시지 내용 같은 개인 데이터를 수집한다. 구글은 캐리어IQ와 제휴하지 않았다고 말했다.[76]

특정 소프트웨어 없이도, 휴대 전화는 프라이버시를 침해한다. 마케터는 당신이 누구인지 (당신의 개인적 특성 등) 어떤 걸 구매하는지뿐만 아니라 특정 시간에 당신이 어디 있는지도 알 수 있다. 당신의 휴대 전화, 모바일 이메일 기기, 자동차에 있는 GPS, 스포츠 시계는 당신의 움직임을 모니터하는

'전자팔찌'이기 때문이다. 당신이 로밍폰을 가지고 해외로 여행을 간다면 목적지에 도착하자마자 그 목적지에 도착한 것을 환영하며 여행자를 위해 디자인된 추가 서비스를 제공한다는 문자를 곧바로 받을 수도 있다. 명백히 그리 멀지 않은 미래에 GPS가 장착된 자동차를 타고 라디오를 켜고 있을 때 당신이 듣고 있는 광고는 당신에게 맥도날드가 고속도로의 두 번째 출구에 있다고 알려줄 수 있다. 다른 장소의 다른 운전자는 같은 채널을 듣고 있어도 다른 광고를 듣게 될 것이다. 여러 대도시에서 광고주들은 GPS가 장착되고 지붕에 광고판이 있는 택시를 이용하여 계속 바뀌는 광고문구를 보낼 것이다. 바뀌는 광고는 그 택시가 지나가는 길에 있는 기업들에 따라 달라질 것이다(어떤 택시에는 내부에 있는 광고판에서도 광고를 보여줄 것이다).

2054년을 배경으로 한 스릴러 영화에서 주인공이 아메리칸익스프레스카드의 광고판을 지나갈 때, 망막을 스캔해서 (아마도 그에게만 보이는) 홀로그램이 나타나서 그의 사진과 개인 데이터를 묘사하고 그 카드를 사용하라고 설득한다. 그는 다음에 갭 매장에 들어갔을 때 이름을 불러서 맞이하는 목소리가 들리고, 이전 구매가 만족스러웠는지 물으며 과거 구매에 기반해서 제품을 제안한다. 인터넷에서 프린트하거나, 휴대 전화로 전송된 새로운 형태의 쿠폰은 그것을 사용하는 고객에 대한 정보와 묶여 있고 소비자를 따라 매장에 들어간다. 쿠폰은 표준화된 것으로 보인다. 그러나 바코드에는 고객에 대한 식별 정보가 들어있고 인터넷 주소, 페이스북 페이지 정보, 처음 그 쿠폰을 찾기 위해 사용한 탐색 어구까지도 들어 있다. 매장에서 필름스 베이스먼에 결혼식용 정장을 사기 위해 들어가서 온라인에서 받은 쿠폰을 보여주면 마케팅 대리인은 그가 검색에서 '휴고보스 수트'를 검색했는지 '결혼식용 의류 할인'을 검색했는지를 그가 구매하기 전에 알아낼 수 있을 것이다. 쿠폰은 때로 익명의 소비자뿐만 아니라 식별 가능한 개인도 추적할 수 있다. 에이미 스미스가 '가전제품 할인'을 검색한 후에 Ebates.com에서 금요일 오후 1시 30분에 15% 할인 쿠폰을 인쇄했다는 것을, 그리고 그날 오후 매장에서 사용했다는 것을 소매업자는 알 수 있다.[77]

요약하면 매일 소비자가 인터넷에 제공하는 엄청난 양의 정보에 반해 온라인에서 프라이버시를 보호할 일상적인 법이 없다는 것을 믿기 어렵다고 전문가들은 지적한다. 사람들이 인터넷에서 서핑하는 동안 기업들은 승인을 요청하지도 않고 데이터를 수확한다. 자세한 프로필로 저장하고 광고주나 다른 사람들에게 판매한다. 온라인 프라이버시 침해를 다룰 전세계적 법규가 없고 온라인 프라이버시에 대한 소비자 권리의 잠재적 침해를 특별히 모니터할 주체가 없기 때문에 정부 규제나 자발적 법규가 이 문제를 해결할 수 있을지에 대한 사회적인 합의가 이루어지지 않았다.[78]

사회적 대의의 홍보

학습목표

6 마케터가 사회적으로 이로운 행위를 옹호하고 해로운 행동을 억제하여 사회적 이익을 증진시킬 수 있는 방법을 이해한다.

소비자단체를 비롯한 많은 비영리단체들은 주요하게는 기부, 책임감 있는 에너지 사용과 같이 사회적으로 이로운 행위들을 장려하고, 약물 남용, 인종이나 성적 취향에 따른 차별, 운전 중 문자 전송, 음주 운전 등 해로운 행위를 억제하기 위해 존재한다. 많은 기업들은 '선한 기업 시민'이 되고, 그들의 운영에 사회적으로 바람직한 행위를 통합하여 신뢰도를 높이고자 한다. 예를 들어, 디즈니는 자사가 만드는 영화에서 흡연을 묘사하지 않기로 합의했다.[79] 한 연구는 사회적 마케팅 프로그램이 스폰서하는 기업에 대해 긍정적인 소비자 태도를 형성하는 데 큰 효과가 있다고 지적했다.[80] 또 다른 연구는 스폰서 기업과 홍보된 사회적 대의 사이의 인지적 적합도는 그 주장에 대한 소비자의 참여와 구매 의도를 강화시킨다고 밝혔다.[81]

유익한 행위 옹호와 유해한 행위 저지

많은 비영리단체들의 주요 목표는 사회적으로 바람직한 행위를 권장하고, 부정적인 결과를 초래하는 행위를 줄이는 것이다. 예를 들어, 2차 세계대전 중에 설립되어 광고를 통해 사회적으로 가치 있는 주장을 전파하려는 목적을 가진 광고위원회는 개인의 성적 취향에 대해 경멸하는 문구를 사용하는 것을 저지하는 캠페인을 진행했다. 이 캠페인의 제목은 "말하기 전에 생각하세요." 였고, 목표는 게이, 레즈비언, 바이섹슈얼, 트랜스젠더 10대에 대한 학대, 괴롭힘을 감소시키는 것이었다(그림 15.5 참조).[82] 10대들 사이에서 벌어지는 '디지털 학대'의 우려스러운 증가에 따라 광고위원회는 젊은이들에게 과도하고 환영받지 못하는 문자 전송은 불법 행위가 될 수 있다는 것을 알려주는 "그건 멋지지 않아."라는 캠페인을 시작했다.[83] 크리스토퍼리브 재단은 척추 장애인을 위한 치료비를 모금하고 척추 부상을 위한 치료법을 찾기 위해 만들어진 비영리재단인데 '오늘의 케어는 내일의 치료'라는 새 슬로건으로 광고 캠페인을 시작했다.[84]

때때로 정부조직에서조차 그들이 옳다고 생각하는 대중의 행위를 이끌어내려 한다. 예를 들어, 많은 TV 프로와 영화들이 뉴욕 시 거리에서 촬영된다. 영화 촬영 도중 도시 블록과 인도를 막고 차단해야 하는 영화 스텝들이 초래하는 지연과 불편함으로 인해 바쁜 뉴요커들은 점점 더 방해받아왔다. 뉴욕 시는 뉴요커들에게 하기 싫더라도 주인으로서 영화 스텝들을 맞아주길 요청하는 캠페인을 진행했다. 광고는 영화산업에 종사하는 뉴요커를 묘사했고, 이 도시에서 영화산업이 번창하는 것이 가져다주는 경제적 효과를 강조했다.[85] 뉴욕 시 위기관리부의 광고는 시민들에게 허리케인에 대한 취약성을 인식하고 이런 날씨에 대해 잘 대비하라고 권장한다(그림 15.6 참조).

지난 몇 년간 가장 많이 지적된 유해 행위는 운전 중 문자전송이나 휴대 전화 사용에 대한 것이다. 이동통신사는 움직이는 차 안에서는 자동으로 사용불가가 되는 휴대 전화 기술을 개발하기까지 했다.[86] 많은 비영리조직, 기업, 지방정부 등이 〈그림 15.7〉 같은 광고를 이용해서 매우 위험하고 때로 치명적인 행위에 대항하는 캠페인을 벌여왔다.

가치 있는 사회적 대의들은 꾸준히 증가해왔다. 〈표 15.4〉는 잘 알려지지 않은 사회적으로 유용한 대의들에 대한 최근의 홍보 내용들을 보여준다.

그림 15.5 경멸하는 단어의 사용 : "말하기 전에 생각하세요."

출처 : Courtesy of GLSEN, the Gay, Lesbian & Straight Network and the Ad Council's "Think Before You Speak" campaign

그림 15.6 뉴욕 시가 허리케인 대비를 홍보하고 있다.

공익연계 마케팅

어떤 기업은 특정 제품 판매 수익의 일부를 사회적으로 바람직하고 미국 대중이 지지하는 대의에 기부하는 **공익연계 마케팅**(cause-related marketing)에 참여한다. 〈그림 15.8〉의 허츠 광고는 이런 마케팅의 훌륭한 예이다. 광고는 전장에서 고향으로 돌아오는 병사들을 환영한다. 그리고 돌아온 병사들에게 공짜로 차를 빌려줄 수 있도록 허츠의 자동차를 빌리라고 소비자들에게 요청한다. 아르마니와 랄프로렌 같은 의류 디자이너들은 판매 수익의 일부를 에이즈 연구나 다른 자선단체에 기부해왔다. 10월의 전국유방암의 달을 알리기 위해 다수의 미용과 화장품 회사들은 분홍리본 제품의 수익 일부를 유방암 단체에 기부했다. 몇 년 전 동남아에 닥친 쓰나미 이후 여러 디자이너들이 쓰나미 구호 티셔츠를 팔았다. 다른 많은 사람들은 소비자에게 태풍 희생자를 위해 만들어진 기금에 기부하라고 요청하고 웹사이트에 이들 기금으로 연결되는 링크를 포함시키기도 했다. 기업이 후원하는 특별 이벤트의 다른 종류에는 밴드 연주회, 불꽃놀이, 퍼레이드, 레이저쇼, 미술품 순회전시회 등이 있다.

스폰서십은 미묘한 메시지를 소비자에게 전달한다. "우리는 멋진(친절하고, 선하고, 사회

그림 15.7 운전 중 문자 전송 억제

표 15.4	사회적으로 가치있는 대의의 홍보	
조직	주장	묘사
소프라노의 배우 조 판토리아노	정신병에 대한 경각심	재단을 설립하고 자신이 만든 다큐멘터리 DVD를 팔아 모은 돈과 개인 출연료로 기금을 조성했다.
중부 텍사스 혈액원	헌혈	헌혈하는 선행은 일상의 나쁜 행위를 보상할 수 있다고 재미있게 제안한다.
내쉬빌 연합감리교회	말라리아 제거	"불필요한 킬러에 대항해 싸우기 위해 인간 세계가 연합했다."
키프캘리포니아 (비영리조직)	캘리포니아 해변을 청결하게 유지	1960년대에 '해변 담요'라는 영화를 찍은 바로 그 해변에서 광고는 이 영화에 등장한 10대들을 재미있게 풍자한다.
미국 광고협의회	부모에게 어린이와 함께 책 읽기 권장	"오늘 자녀에게 책을 읽어주고 평생 책읽기를 사랑하게 만들어주세요." 이 캠페인은 어린이용 동화책 시리즈에 나오는 큐리어스 조지라는 유명한 원숭이 캐릭터를 사용했다.
미국 심장협회	손만 사용하는 CPR	'손 교향곡'이라는 주제의 TV광고. 이 캠페인의 웹사이트는 사용자에게 자신만의 손 교향곡을 만들게 한다. 그리고 CPR 방법을 지도해주는 앱을 스마트폰 이용자에게 제공한다.
광고위원회	아버지들이 자녀의 생활에 더 깊이 관여하기	미국계 인디언, 아시아계 미국인, 히스패닉 아버지들을 타깃팅해서, "오늘은 아버지가 될 시간을 가지세요."라고 광고한다. 연구들은 '아버지 없이' 자란 어린이가 학교에서 잘해내지 못하고 자기평가도 낮다는 것을 보여준다.

그림 15.8 허츠의 공익연계 마케팅

출처 : The Hertz Corporation

적으로 책임감 있는) 기업이다. 우리는 당신의 사업에 함께할 만한 가치가 있다." 한 연구는 후원하는 대의와 기업의 포지셔닝 전략 사이의 적합도가 중요하다는 것을 보여준다. 적합도가 낮으면 기업 이미지에 악영향을 줄 수도 있다.[87] 다른 연구에 따르면 공익연계 메시지를 담은 광고가 그렇지 않은 광고보다 더 우호적인 소비자 태도를 이끌어낸다.[88] 또 다른 연구는 공익연계 광고는 관여도가 높은 소비자에게 더 효과적이라는 것을 보여준다.[89]

소비자 윤리

마케터는 도덕적으로 옳은 일을 행하고 고객층의 견지에서 볼 때 자사의 브랜드 이미지를 향상시키고 대중의 감시를 줄이기 위해 정부 규제의 대안으로서 윤리적인 전략을 실행한다. 한 연구는 제3세계에 대한 착취, 동물 테스트, 환경오염, 재활용 등의 관행으로 비난받은 기업들에 대한 소비자의 관점과 인식에 초점을 두었다. 연구자들은 윤리적 사업 이슈와 도덕적으로 옳은 전략을 채택하는 기업에 대한 소비자 관점의 척도를 개발했다. 그것은 잠재적인 긍정적 또는 부정적 결과물뿐만 아니라 윤리적인 관점을 채택하는 것에 대한 개인적 · 사회적 · 금전적인 관점에 대한 질문도 포함한다(표 15.5 참조).[90]

소비자 윤리의 또 다른 일면은 시장에서 구매자의 부정직한 행위이다. 예를 들어, 제품을 구매해서 사용한 후 환불받기 위해 돌려주는 구매자들 때문에 많은 매장에서 재정리 요금을 부과하고, 환불을 정책적으로 제한하고 비정상적인 환불을 추적하기 시작했다. 어떤 매장에서는 훔친 물건을 환불하려는 사람도 있었다. 또한, 디지털 세계에서는 소프트웨어 해적판이 주요 문제다. 소비자의 소프트웨어를 훔치는 것을 줄이기 위한 방법에 초점을 둔 연구에서, 잡힐 위험이 높아지는 것이 훔치는 것을 감소시키지 않는다는 것을 발견했다. 오히려 불법 복제 수위를 더 높일 수도 있다. 이 연구는 웹사이트가 다운로드할 수 있는 벨소리나 동영상 등 추가적인 가치를 제공하면 소비자들은 불법 복제를 덜 하고 소프트웨어를 구입할 가능성이 커진다는 것을 알아냈다.[91]

항공사는 여러 형태의 '창의적인', 비윤리적일 수도 있는 소비자 행동을 가능하게 하고 부주의하게 부추길 수도 있다. 예를 들어, 화물 운송비를 피하기 위해 어떤 승객은 진공포장용 비닐봉투를 기내에 들고 들어가는 가방에 사용한다. 진공청소기로 공기를 빼면 부피가 줄어드는 비닐봉투인데 일정한 공간에 일반적인 경우보다 훨씬 더 많은 품목을 넣을 수 있다. 어떤 사람들은 접은 셔츠부터 아이패드까지 모든 것을 넣고 다닐 수 있도록 큰 주머니가 달린 코트, 조끼, 기타 의류를 구입한다. 어떤 승객은 날씨 때문에 비행기가 취소되면 친구들과 함께 묵은 비싼 호텔의 청구서를 항공사에 제출한다. 가방을 잃어버린 승객은 그 가방이 모피, 컴퓨터, 많은 의류로 가득 차 있었다고 주장한다. 휠체어나 전동스쿠터를 가지고 여행하는 승객 중 일부는 비행 중에 짐칸에서 장비가 훼손되었다고 주장한다.[92]

표 15.5 마케팅 관련 이슈에 대한 우려와 윤리적 경각심을 측정하는 척도

응답자들은 7점 척도를 사용하며 '강한 동의'에서 '강한 부정'까지이다.

개인적 긍정

내 친구들은 이 이슈에 관심이 있다.

내게 중요한 사람들이 내가 이 이슈에 관심을 갖고 있다는 데 대해 경의를 표할 것이다.

이것은 내가 관여하고 싶은 이슈이다.

이 이슈를 방해하는 기업에 대항해 어떤 조치를 취하는 것은 스스로를 더 좋아하게 만든다.

사회적 긍정

사람들이 이 이슈를 주장하는 제품을 좋아한다면 장기적으로 모두에게 더 나을 것이다.

사람들이 이 이슈를 주장하는 회사로부터 구매하는 것은 도움이 될 것이다.

이 이슈를 훼방하는 제품을 제거하는 것은 사회에 유익할 것이다.

이 이슈에 대해 어떤 기업들이 높은 윤리적 원칙을 갖고 있는지 알고 있다면 사람들은 더 공정한 선택을 할 수 있을 것이다.

개인적 부정

이 이슈를 해치지 않는 기업에서만 구매하는 것은 너무 귀찮다.

이 이슈를 무시하는 회사를 처벌하는 것은 내 책임이 아니다.

이 이슈를 지지하는 제품만 선택해야 한다면 쇼핑의 즐거움이 사라질 것이다.

이 이슈를 지지하는 제품만 선택해야 한다면 쇼핑이 더 불편해질 것이다.

사회적 부정

이 이슈에 관심을 가지라는 압력을 받는다면 사람들은 불편해질 것이다.

이 이슈에 관심을 가지기에는 요즘 사람들이 너무 바쁘다.

사람들은 이 이슈에 대해 대기업에게 영향을 주려는 시도가 시간낭비라고 생각할 것이다.

이 이슈를 고려해야만 한다는 것은 사람들에게 쇼핑을 더 불편하게 만들 것이다.

금전적 이슈

쇼핑할 때 이 이슈를 고려하는 것은 돈이 더 드는 것이 아니다. (이러한 분석을 위해 항목을 반대로도 제시한다.)

쇼핑할 때 이 이슈를 고려하는 것은 비용이 더 든다.

출처 : With kind permission from Springer Science+Business Media: "Motivations of the Ethical Consumer", *Journal of Business Ethics*, 79 (2008):, Oliver M. Freedstone and Peter J. McGoldrick.

요약

학습목표 1 : 마케팅 윤리와 사회적 책임의 의미와 중요성을 이해한다.

마케팅 개념은 때때로 사회의 최고 이익에 위배된다. 사회적 마케팅 개념은 모든 마케터가 제품이나 서비스를 마케팅할 때 사회적 책임의 원칙을 고수할 것을 요구한다. 사회가 번영할 때 모든 기업은 번영할 수 있으므로 기업은 사회적 책임을 모든 마케팅 의사결정에 통합해야 한다. 많은 기업이 사회적 마케팅 개념을 채택했다. 사회적 마케팅 개념의 실행을 심각하게 저해하는 것은 많은 사업가들의 경영 성과가 단기 단위로 평가되기 때문에 갖게 되는 단기적 시각이다.

학습목표 2 : 마케터가 아동을 타깃팅하고 과식이나 다른 형태의 무책임한 구매를 유발하여 소비자를 이용하는 방식을 이해한다.

소비자 행동 연구는 마케터에게 소비자가 구매의사 결정을 하는 이유와 방식을 이해하는 것이다. 그러나 이는 또한 비윤리적인 마케터가 시장에서 인간의 취약성을 이용하고 다른 비윤리적 마케팅 관행에 관여하게 하기도 한다. 이러한 관행은 아동, 10대 청소년, 노인, 교육 수준이 낮은 소비자 등과 같이 취약한 소비자들을 타깃팅하는 것을 포함한다. 이들은 그 제품이나 서비스를 평가하거나 사용하면서 발생할 수 있는 잠재적인 부정

적 결과를 예측할 지식이나 경험을 갖고 있지 않을 수 있다.

학습목표 3 : 은밀한 마케팅, 광고 노출 조작, 허위 광고 이슈 등 윤리적으로 문제가 있는 관행에 대해 이해한다.

마케터는 소비자의 마케팅 자극에 대한 해석을 그 자극이 제공되는 환경을 조절하여 조작할 수도 있다. 은밀한 마케팅은 실제로 마케터가 보냈으나 관련 없는 제3자가 보낸 것처럼 보이는 마케팅 문구나 판촉물로 이루어져 있다. 일각에서는 은밀한 마케팅 전략이 때때로 FTC의 과대마케팅 정의, 승인 가이드라인, 기타 마케팅 관련 규제를 위반한다고 주장한다. 그리고 FTC가 가면을 쓴 광고의 사용을 줄이기 위해 더 명확한 규칙을 만들어야 한다고 믿는다. FTC는 과대광고의 구성 요소가 무엇인지에 대한 가이드라인을 개발했다. 그리고 마케터에게 광고가 잠재적으로 소비자에게 오해를 유발시킬 수 있는지 여부를 결정할 책임을 부과한다. 그러나 FTC가 거짓이나 오해유발 광고에 관해 고객의 불만 표시를 장려하고 기업을 면밀히 조사하며 거짓이나 오해유발 광고를 멈추게 할 책임이 있지만, 모든 오해유발 광고를 알아내거나 멈추게 할 수는 없다. FTC는 또한 광고로 오해를 유발하는 기업에게 정정광고를 하게 한다.

학습목표 4 : 도발적 광고의 특징과 결과를 이해한다.

너무 많은 마케팅 문구가 사회적으로 바람직하지 않은 고정관념과 이미지를 전달한다. 그중 일부는 위험하거나 불법인 행위를 장려하거나 비현실적인 인식을 만들어낸다. 많은 연구가 광고에서 부적절한 주제의 사용에 초점을 맞췄는데 사람이나 대상을 부정적으로 묘사하는 것은 소비자 인식에 영향을 미친다는 것을 발견했다.

학습목표 5 : 마케터가 소비자 프라이버시를 남용하는 방식과 이런 관행을 근절할 수 있는 법규에 대해 이해한다.

소비자 프라이버시 침해는 혁신적인 매체와 더 정교해진 트래킹을 통해 마케터가 점점 더 소규모의 청중 집단을 확인하고 다가갈 수 있게 됨에 따라 점점 더 문제가 부각되는 윤리적 이슈이다. 이런 정보를 수집하고 보급하는 것은 많은 프라이버시 이슈를 불러일으킨다. 그리고 많은 정부조직들이 소비자 프라이버시를 보호하기 위한 법안을 제안했다. '트래킹 금지'와 선택적 제외 기법, 데이터 브로커와 수집자들에 대한 규제, 자신에 대해 수집된 정보에 대한 소비자의 접근 증가는 인터넷, 휴대 전화, 쿠폰 사용 등을 통해 이루어지는 보이지 않는 트래킹에 대항하는 옵션이다.

학습목표 6 : 마케터가 사회적으로 이로운 행위를 옹호하고 해로운 행동을 저지하여 사회적 이익을 증진시킬 수 있는 방법을 이해한다.

소비자단체를 비롯한 많은 비영리조직들은 기본적으로 사회적으로 유익한 행위를 권장하기 위해 존재한다. 많은 기업들이 '선한 기업 시민'이 되고 사회적으로 바람직한 관행을 그들의 경영에 통합해서 신뢰도를 높이려고 노력한다. 어떤 기업들은 공익연계 마케팅에 관여한다. 여기서 그들은 특정 제품 판매 수익의 일부를 사회적으로 바람직하고, 대중이 지지하는 대의를 위해 기부한다. 기업과 대의의 적합도는 이런 캠페인의 효과성에 결정적인 요인이다.

복습과 토론 문제

15.1 누군가는 제품을 구매할 의지와 능력만 있다면 어떤 소비자를 타깃팅하더라도 단순히 좋은 마케팅이라고 말한다. 예를 들어, 달고 지방이 풍부한 식품을 아동에게 광고하는 것은 온전히 괜찮다. 아동은 단 것을 좋아하고 부모가 이런 제품을 아동의 요청에 따라 사주는 경우 어린이와 부모의 욕구가 모두 충족되었다. 이 관점에 대한 당신의 반응은 무엇인가?

15.2 한 탄산음료 회사가 저소득층 지역에서 미성년자에게 휴대 전화를 나누어주었다. 이 폰은 정기적으로 그 음료의 광고 문자를 받는다. 비난에 직면하자 이 기업은 불이익을 당하고 있는 미성년자에게 휴대 전화가 가져다주는 혜택이 어떤 '악용하는 타깃팅' 문제보다 더 크다고 주장했다. 이 회사의 입장에 대해 찬성하는가, 반대하는가? 당신의 답변에 대해 설명하시오.

15.3 많은 소비자가 시간차 시청 장치를 통해 광고문구를 피할 수 있게 되자 마케터는 간접 광고를 점점 더 많이 사용하고 있다. 당신의 관점에서 이것은 현명한 전략인가, 아닌가? 당신의 답변에 대해 설명하시오.

15.4 처방약을 소비자에게 직접 광고하는 것이 옳은가? 이유는 무엇인가?

15.5 소비자 윤리를 공부하는 것이 왜 중요한가?

15.6 온라인 소비자에 대해 점점 더 널리 행해지고 있는 기업들의 모니터링이 프라이버시 문제에서 의미하는 바는 무엇인가?

실전 과제

15.7 다음의 각 항을 설명하는 광고를 찾아서 토론하시오.
   a. 아동을 악용하는 타깃팅
   b. 너무 공격적인 광고
   c. 의약품의 소비자 직접 광고
   d. 공익연계 마케팅
   e. 비영리단체의 사회적 마케팅
   f. 영리기업의 사회적 마케팅
   g. 사회적으로 바람직하지 않은 묘사

15.8 온라인에서 간접 광고의 세 가지 예를 찾아서 토론하시오.

15.9 당신이 비윤리적이라고 생각하는 소비 행태들을 나열하라. 각각의 행태에 대해 왜 그것이 잘못되었다고 생각하는지 설명하시오. 또한 그러한 행위를 하는 사람들이 스스로를 정당화하기 위해 사용할 수 있는 이유에 대해 토론하시오.

15.10 www.caru.org의 뉴스 섹션에 방문하라. 그곳에 소개된 뉴스 세 가지(이 장에서 토론하지 않은 것 중에서)를 고르고, 그들이 아동을 타깃팅해서 학습과 인지(4장과 5장 참조)에 대한 비윤리적 적용을 어떻게 서술했는지 설명하시오.

주요 용어

16

소비자 조사

디즈니의 신데렐라는 전 세계적으로 가장 잘 알려진 캐릭터 중의 하나이다. 다른 기업들처럼 디즈니는 시장을 확장하기 위해 새로운 아이디어와 제공물을 내어놓아야 할 필요가 있다. 신데렐라가 처음 도입될 때 그랬듯이 기업이 자신의 콘텐츠를 영화와 테마파크를 통해서 뿐만 아니라 다양한 형태의 미디어를 통해 아이들에게 빠르게 전파할 때에는 특히 더 그렇다. 게다가 고대 그리스에서 기원한 신데렐라 스토리의 요소와 캐릭터는 현대적인 역할 모델을 더 이상 반영하지 않는다. 따라서 아동심리학자, 사회학자, 스토리텔링 전문가가 새로운 공주, 소피아를 창조하기 위해 5년 동안 작업하였다

소피아는 장난감을 갖고 노는 아이를 대상으로 한 인터뷰와 관찰, 역할 모델에 관한 부모와의 토론, 새로운 공주로 소생하는 스토리라인에 대한 테스트 등을 포함하는 수년간에 걸친 조사의 산물이다. 그러한 노력이 소비자 행동을 공부하는 데 활용되는 과정이자 도구로서의 **소비자 조사**(consumer research)를 나타낸다(그림 16.1 참조). 조사가 진행되면서 디즈니는 2~5세의 아동들이 여러 가지 면에서 반-신데렐라로서의 현대적인 공주에게 기대하는 특성을 밝혀냈다. 자신을 구해줄 왕자를 필요로 하는 고정관념을 피하기 위해서 소피아는 남자를 찾고 있는 어린 여자일 수는 없었다. 악한 계모 역시 존재할 수 없었다. 소피아는 인챈시아 왕국의 어느 마을에서 사는 미혼의 구두수선공 미란다의 딸이다. 미란다가 인챈시아 왕국의 왕 롤랜드를 만나서 결혼하게 되고 소피아는 왕가의 생활과 새로운 학교와 두 의붓자매들에게 적응해야 한다.

개발팀은 극본을 쓰기 전에 미취학 아동을 대상으로 스토리라인에 대해 사전테스트를 하였다. 하나의 스토리라인을 테스트하는 동안 연구자들은 어린아이들이 파자마파티를 이해하지 못하는 것을 알아내고 에피소드의 이름을 밤샘파티로 개명했다. 아이들이 스토리를 듣는 동안 연구자들은 그들을 촬영하고 기록했고 이것은 나중에 줄거리를 발전시킬 때 활용됐다. 제작자는 소피아를 편모의 자녀로 만들었다. 그렇게 하는 것이 많은 어린 아이들이 동일시할 수 있는 '새로운 생활환경에 적응해 가는 아이'라는 테마를 펼치기에 용이한 방법을 제공하기 때문이다. 부가적으로 작가는 다문화 가족의 변화 과정을 도입하였다. 미란다는 인챈시아 왕국에서 태어나지 않았지만 왕과 결혼했다. 그럼에도 소피아는 여전히 디즈니의 공주이다. 그녀는 예쁘고 성에 살며 드레스를 입고 심지어 첫 번째 에피소드에서는 그녀를 방문한 신데렐라로부터 조언을 얻기까지 한다.[1]

그림 16.1 소비자 조사 과정

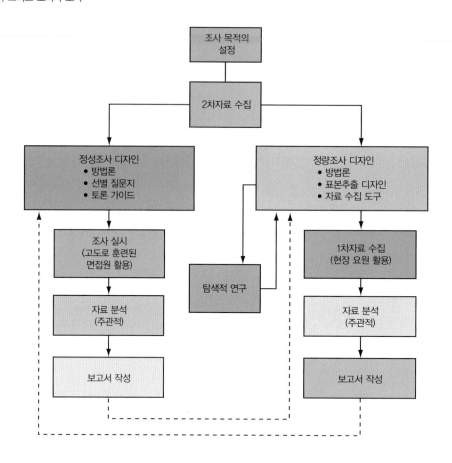

이 장은 탐색적 연구와 2차자료에 대한 고찰로 시작한다. 그런 다음, 당면한 조사문제를 위해 고안하고 수집한 새로운 조사로 정의된 **1차조사**(primary research)에 대해 설명한다. 주요 소비자 조사의 두 유형으로는 정성조사와 정량조사가 있다. **정성조사**(qualitative research)는 주로 표적집단면접, 심층면접, 투사법으로 구성된다. **정량조사**(quantitative research)는 관찰조사, 실험법, 설문조사 등을 포함한다.

조사 목표의 설정

학습목표

1 조사 목표를 설정하는 방법을 이해한다.

소비자 조사 과정에서 첫 번째 단계이자 가장 어려운 단계는 조사의 목적을 명확하게 정의하는 것이다. 전자리더기의 시장을 세분화하는 것인가? 온라인 쇼핑 경험에 대한 소비자의 태도를 밝혀내는 것인가? 식품을 온라인으로 구매하는 가구의 비율을 알아내는 것인가? 주요 조사 문제가 무엇이든, 처음부터 제안된 소비자 조사의 구체적인 목적과 목표에 대해 마케팅 담당자와 조사 담당자가 처음부터 동의하는 것이 중요하다. 조사 목표에 대해 명확하게 작성된 기술서는 필요한 정보가 제대로 수집될 수 있도록 하고 비용을 수반하는 시행착오를 피하게 해준다.

조사의 목적이 신제품이나 촉진프로그램의 테마에 대한 새로운 아이디어를 내놓는 거라면 연구자들은 정성조사를 활용한다. 정성조사는 표적집단면접 또는, 표집된 소비자가 전문적으로 훈련된 면접관에 의해 개별적으로 면접이 이루어지는 일대일 심층면접으로 구성된다. 대안적으로, 연구의 목적이 얼마나 많은 소비자가 표적시장의 인구통계적 또는 사이코그래픽 특성에 부합하는지, 또는 해당 브랜드를 구매하는 소비자의 특성과 브랜드에 대한 충성 여부를 알아보고자 할 때, 마케터는 정량조사를 수행한다.

흔히 마케터는 대규모의 정량조사를 수행하기 전에 정성조사를 활용한다. 정성조사의 결과가 비용이 많이 드는 대규모의 정량조사의 목표를 보다 정확하게 정의할 수 있도록 해주기 때문이다.

2차자료의 수집

학습목표

2 2차자료를 수집하는 방법을 이해한다.

소비자 조사 과정에서 두 번째 단계는 현재 수행하고 있는 연구 과정이 아닌 이전에 다른 목적으로 수집되어진 정보로 정의되는 **2차자료**(secondary data)를 찾는 것이다. 2차자료 탐색의 근거는 단순히 현재의 질문에 부분적 또는 전반적으로 답을 줄 수 있는 유용한 정보가 존재하는지 여부를 따져보는 것이 합당하다는 것이다. 최소한 좋은 시작점을 제공할 수 있는 이용 가능한 정보가 존재하는지를 알아보기 전에 시간과 노력을 쏟는 것은 현명하지 못하다. 다르게 말하면 2차자료가 의문 사항에 대해 부분적 또는 전반적으로 답을 줄 수 있다면 새로운 조사는 축소하거나 아예 철회할 수 있다. 소비자 관련 2차자료는 기업 내부의 출처 또는 외부로부터 무료 또는 비용을 지불하고 확보될 수 있다. 다음 세부 항목에서 2차자료를 다룬다.

내부 2차자료

내부 정보 또는 자료는 애초 다른 목적으로 수집된 기업 내부 정보들로 구성된다. 애초에 판매 감사의 일부로 또는 과거의 고객 서비스 통화 자료, 고객으로부터의 문의 메일, 품질보증서 카드를 통해 수집되었을 수 있다. 기업이 다양한 고객 세분군에 대해 **고객 평생 가치 프로필**(customer lifetime value profile)을 계산하려고 내부 2차자료를 사용하는 경우가 점점 더 늘고 있다. 이러한 프로필은 고객획득 비용(고객과의 관계를 구축하기 위해 소요되는 자원), 각 고객에 대한 개별 판매로부터 창출되는 이윤, 고객 및 주문처리 비용(어떤 고객은 보다 복잡하고 가변적인 주문을 넣어 추가적인 비용을 발생시킨다), 관계의 기대 지속기간 등을 포함한다.

외부 2차자료

외부 2차자료는 기업이나 조직 밖에서 얻어지며 다양한 형태를 취하고 있다. 어떤 것은 무료로 공공 도서관에서 찾을 수 있고 어떤 정보는 적은 비용으로 이용할 수 있기도 하고 또 매우 고가에 이용할 수 있기도 하다. 아래에서 기업 외부로부터 이용가능한 소비자 행동에 관한 2차자료의 구체적인 유형들을 다룬다.

정부에서 발간하는 2차자료

정부기관이나 산하기관에 의해 많은 정보가 수집되며 대부분은 굉장히 적은 비용으로 이용 가능하다. 예를 들어, 미국 내에서는 이러한 정보의 주요 원천이 연방정부이다. 연방정부에서는 정부 산하기관에 의해 수집된 경제, 비지니스, 미국 내 거의 모든 인구통계 정보들을 발간한다. 마케팅에 적용 가능한 정보의 가장 좋은 저장고는 연방통계국, 미 인구조사국, CIA의 월드팩트북이다. 유엔 및 다양한 외국정부에 의해 수행된 조사와 주정부 및 지방정부의 자료는 특정한 소비자 행동 주제에 대해 고찰하는 데 매우 유용하다.

온라인 검색 서비스로 접근 가능한 정기간행물 및 기사

정기간행물, 신문, 서적들로부터 얻을 수 있는 비즈니스 관련 2차자료는 온라인 검색 서비스를 통해 쉽게 접근가능하다. 두 개의 인기 있는 검색서비스의 예로 프로퀘스트와 레시스넥시스를 들 수 있다. 이 두 검색 엔진은 월스트리트저널, 뉴욕 타임스 같은 주요 신문과 비지니스위크, 포브스, 포춘, 하바

드비지니스리뷰 같은 비즈니스 매거진, 마케팅에이지, 브랜드워크, 마케팅뉴스, 저널오브마케팅, 저널오브마케팅리서치, 저널오브컨슈머리서치, 유로피안저널마케팅 같은 마케팅 학술지 및 마케팅에 중점을 둔 응용출판물에 대한 접근을 제공한다. 이러한 자료는 공공 또는 사설 도서관, 특히 비즈니스 전문 도서관에서 이용 가능하다.

신디케이트 상업용 마케팅 및 매체 자료 서비스

상업적으로 이용가능한 소비자 정보는 신디케이트 조사 서비스에 의해 수집되어 서비스에 가입된 마케터에게 판매된다. 예를 들면, 넬슨의 마이베스트세그먼트는 미국의 우편번호 단위로 거주자의 인구 통계와 라이프 스타일 프로필을 제공한다. 입소스의 멘델슨은 그들이 보유한 풍부한 미디어 서베이 자료를 광고주와 광고대행사에 제공한다. 미디어마크는 잡지 구독자의 프로필 정보를 수집한다. 소비자의 미디어 노출에 관한 향후의 연구는 디지털 케이블 셋탑박스를 통한 소비자의 모니터링으로 이루어질 것이다. 현재는 디지털 케이블 박스가 주로 주문형 영화를 보고 채널 수를 확대할 수 있도록 소비자의 TV에 신호를 보내는 데 이용되고 있다. 그러나 셋탑박스는 케이블 사업자가 가입자에게 점차 제공을 확대하고 있는 디지털 비디오 리코더를 이용해서 소비자가 채널을 돌려본 모든 프로그램들, 채널 서핑, 광고 피하기, 추후 시청을 위한 녹화 등에 대해 쉽게 기록할 수 있다. 아직까지 케이블 사업자들은 소비자의 시청 행태를 밀착해서 모니터링하는 것을 주저하고 있다. 그러나 일부 기업은 디지털 케이블 박스로부터의 데이터를 가지고 사생활을 보호하면서 동시에 정확한 소비자 타깃팅에 사용될 수 있는 정보로 변환하는 방법을 탐색하고 있다.[2]

소비자 패널

수십 년 동안 마케터들은 가구 또는 가족으로 구성된 **소비자 패널**(consumer panel)의 소비자 행동자료를 수집해온 2차자료 제공사업자로부터 정보를 구매해왔다. 이러한 패널의 구성원은 구매 또는 매체 시청 행태를 일지에 작성하고 대가를 받는다. 일지의 자료는 U.S. 센서스에 의해 수집된 추가적인 가구 정보와 결합된다. 마케터와 광고 대행기관은 패널 정보제공자에게 가입비를 제공하고 정보를 제공받는다. 여기에는 가구들에 대한 정보, 마케터의 제품에 대한 정보 외에 때때로 경쟁 브랜드에 대한 정보까지도 포함한다.

　오늘날 온라인 기술은 패널조사 기업이 응답자로부터 점점 더 정교화된 데이터를 수집하는 것을 가능하게 한다. 예를 들면, 맞춤형 스노우보드 제조업체는 약 1만 명의 스노우보드 팬들이 자사의 사이트에 개설된 토론방을 통해 그들의 취미와 구매 습관에 대해 수다를 나누고, 여러 다른 디자인의 스노우보드를 평가한다는 것을 알게 됐다. 스노우보드 마케터는 이러한 온라인 패널로부터 수집된 데이터를, 젊고 스노우보드에 대해 온라인으로 토론하는 동안 열정적으로 자신에 대해 드러내는 응답자(대체로 남성)를 표적으로 하는 다른 마케터에게 판매하기 시작했다. 비슷하게 자동차 제조업체는 최근의 자동차 구매에 관한 소비자 행동 패널 자료를 독립적인 패널 자료 업체로부터 구매한다. 여러 다른 브랜드를 구매하는 가구들 간의 인구통계적 차이에 관한 정보 외에도 마케터 자신의 브랜드에 대한 정보와 함께 경쟁 브랜드에 대한 정보는 데이터 구매자로 하여금 효과적인 마케팅 캠페인을 창출할 수 있도록 통찰력을 제공한다.

　1차조사에 앞서 2차자료를 얻는 것은 여러 가지 장점이 있다. 첫째, 2차자료는 연구문제에 대한 해결책을 제시함으로써 1차조사에 대한 필요성을 제거해 버릴 수도 있고, 설사 그렇지 않더라도 탐색적 연구에서 활용되는 2차자료는 본 조사의 목표를 보다 명확하고 정교하게 만들 수 있으며 조사 도구를 선택할 때 또 전면 조사에서 발생할 수도 있는 어려움을 해결하는 데 아이디어들을 제공할 수 있다.

2차자료가 1차자료에 비해 보다 저렴하고 신속하게 획득 가능하지만 단점 역시 있다. 첫째, 정보가 연구자가 찾는 정보와는 다른 단위로 이루어져 있을 수도 있고(예 : 17~24세 연령층에 관심있는 연구자에게 15~20세 연령층, 21~25세 연령층으로 구분된 자료는 무용지물이다.) 어떤 2차자료는 수집하고 분석하는 과정에서의 오류로 인해 또는 특정 견해를 지지하기 위해 왜곡된 방식으로 수집되어 정확하지 않을 수도 있다. 또한 2차자료가 이미 낡은 것일 수도 있다.

1차조사의 디자인

학습목표

3 정성조사 방법과 정량조사 방법을 이해한다.

〈그림 16.1〉은 2차자료의 수집을 고려한 후에 정성조사를 따르는 왼편의 경로와 정량조사를 따르는 오른편의 경로 2개로 나누어지는 것을 보여준다. 이러한 분기는 조사 목적을 반영한다. 새로운 아이디어를 얻는 것이 ─ 제품의 포지셔닝 또는 리포지셔닝을 위한 ─ 조사 목적일 경우에는 정성조사가 이루어진다. 반면에 기술적, 정량적인 정보가 필요할 때는 정량조사가 선택된다. 정성조사와 정량조사의 서로 다른 측정도구의 장점은 아래에서 다루어진다.

정성조사

현재의 정성적인 소비자 조사는 소비자가 가용한 제품과 서비스를 객관적으로 평가한 후 자신에게 최저가에 최대 효용을 제공하는 것을 선택하는 합리적인 의사결정자가 아니라는 사실을 이해한 결과이다. 정성적인 소비자 연구자는 **동기 연구자**(motivational researchers)로 알려져 있다. 이들의 중심 사상은 소비자는 의식적으로 자신이 왜 그러한 의사결정을 했는지 항상 지각하지는 못한다는 것이다. 소비자는 자신의 기본적인 동기를 인식하고 있는 경우에도 다른 사람들에게나 심지어 자기 자신에게조차도 근거를 밝히지 못하는 경우가 있다.

동기 연구 운동의 선구자는 비엔나의 심리분석가 디처(Dichter) 박사이다. 그는 1930년대 후반에 뉴욕에 방문한 후 정성적인 프로이드적 심리분석 방법론을 소비자의 감춰진, 무의식적인 동기를 밝히는 데 적용하였다.[3] 1950년대 후반과 1960년대 초반까지 이러한 연구 경향은 인기를 끌었다. 표적집단면접, 심층면접 등이 소비자의 욕구와 동기를 이해하려는 많은 광고대행사 및 소비재 기업들에 의해 활용되었다. 오늘날 표적집단면접, 심층면접은 잘 개발된 연구 도구로 소비자의 내재된 욕구와 동기에 관한 통찰력을 얻어낼 뿐만 아니라 신상품 개발 과정(신제품의 제작에서 향후의 광고 캠페인 개발까지도 포함한)에 필요한 소비자 측면의 투입물을 얻기 위해서도 정기적으로 활용된다.[4] 표본 규모가 적기 때문에 결과가 대규모의 모집단으로 일반화되어 적용될 수는 없다. 그럼에도 정성조사는 새로운 캠페인의 초기 정의 및 개발과 신상품 개발에 폭넓게 기여한다. 정성조사의 결과는 이후의 여러 가지 정량적 연구방법론을 통해 보다 정제되는 과정을 거친다.

정성조사를 위한 적합한 연구방법을 디자인하고 실행하기 위해 연구자들은 연구의 목적, 연구의 목적에 가장 적합한 면접의 유형, 필요한 정보를 얻어내는 데 가장 적합한 측정 도구의 유형 등을 고려해야 한다. 사용된 특정한 연구방법론은 개별 구성에서 달라질 수 있지만 대부분의 정성조사는 심리학의 심리분석학 및 임상적인 방법론에 뿌리를 두고 있다. 특히 응답자들로 하여금 내면의 사고와 신념을 드러내기 위해 개방형, 자유응답형 질문과 시각적 자료를 활용한다는 특징을 가지고 있다.

정성조사에서 핵심적인 방법론은 심층면접과 표적집단면접이다.

심층면접

자주 일대일 면접으로 불리는 **심층면접**(depth interview)은 한 명의 응답자와 고도로 전문화된 연구자(때로 같은 사람이 표적집단면접을 진행한다.) 간에 이루어지는 장시간(약 20분에서 60분의 소요 시간)에 걸친 비구조화된 면접방법이다. 보통 면접자의 전략은 자신이 말하는 시간은 최소화하고 가능한 많은 시간을 피면접자가 자신의 생각과 행동에 대해 표현하고 특정한 언어적 또는 시각적 자료(예 : 인쇄광고물의 실물 모형)에 대해 반응할 수 있도록 할애하는 것이다. 가치 있는 시사점을 얻기 위해서 연구자는 응답자로 하여금 긴장을 풀고 마음을 터놓을 수 있는 분위기를 형성해야 한다. 많은 경우에 연구자의 역할은 조사 중인 제품군과 브랜드에 대해 자유롭게 얘기할 수 있도록 격려하면서 응답자를 주의 깊게 살펴보는 것이다.

일반적으로 일련의 심층면접은 전문적으로 구축된 면접실에서 이루어진다. 이러한 방에는 음향 및 영상 녹음 장비와 고객사가 면접과정을 방해하지 않고 지켜볼 수 있는 일방향 거울 등이 설치되어 있다.

심층면접 연구는 마케터로 하여금 제품의 포지셔닝, 재포지셔닝 및 제품 개발, 재디자인 등에 관한 가치 높은 아이디어를 제공해준다. 앞서 제시되었듯이 심층면접 연구 프로젝트의 일환으로 연구자와 응답자 간의 활발한 토론을 위해 신제품 아이디어를 설명하는 기술서, 도안, 신제품의 사진, 실제 상품의 견본, 인쇄광고나 TV광고 제작물 같은 다양한 자극물이 개발된다. 그러한 자극물의 용도는 응답자가 자신의 내적 사고를 표현하는 것을 돕고 탐구 대상에 대한 보다 명확한 반응을 이끌어내기 위해서이다. 하루의 심층면접 과정동안 연구자는 각 면접의 길이에 따라 약 5~8시간이면 면접을 마치게 된다. 심층면접을 위한 질문의 예는 〈그림 16.2〉에 열거되어 있다.

그림 16.2 표적집단면접과 심층면접을 위한 탐사 질문의 예

출처 : Naomi R. Henderson, "The Power of Probing," Marketing Research (Winter 2007): 39.

심사숙고해 보기를 요구할 때 : "좀 더 얘기해 주세요.", "예를 들어 주세요."

정의를 요구할 때 : "무슨 뜻이죠?", "그 단어는 귀하에게 어떤 의미죠?"

단어 연상을 요구할 때 : "____와 관련되는 다른 단어로 어떤 것이 있을까요?", "____를 묘사하는 동의어로 예를 들어 주세요."

명확함을 요구할 때 : "____와 어떻게 다른가요?", "어떤 상황에서죠?"

비교를 요구할 때 : "____는 ____와 얼마나 비슷하죠?", "뭐가 더 비용이 많이 들죠? X와 Y 중에서."

분류를 요구할 때 : "____는 어디에 적합한가요?", "____의 범주에 또 어떤 것들이 있을까요?"

'침묵의' 탐사 : 이는 비언어적인 탐사이며 치켜올린 눈썹과 "더 말해주세요."를 의미하는 손짓(굴리듯이 오른손을 움직이는 것)과 같은 행동적 특징을 갖는다.

표적집단면접

'토론집단' 또는 **표적집단**(focus group)은 특정한 제품 또는 제품군(또는 다른 연구 주제)에 대해 탐구하기 위해 모더레이터이자 연구자이며 분석가를 마주하게 되는 8~10명의 참가자로 구성된다. 표적집단면접과정 동안(약 2시간 내외) 참가자는 제품이나 서비스 콘셉트 또는 새로운 광고나 마케팅 캠페인 등에 대한 그들의 반응에 대해 토론하도록 유도된다.

표적집단면접은 보통 약 2시간 정도(때때로 3시간 또는 그 이상 지속되기도 한다.) 소요되기 때문에 연구자는 보통 하루에 2~3개의 표적집단면접을 진행할 수 있다. 이와는 대조적으로 같은 연구자가 30명의 개별 심층면접을 진행하려면 5~6일이 소요된다. 심층면접과 표적집단면접에서 얻어진 반응을 분석하는 데는 연구자 측면에서 굉장한 기술을 요구한다. 심층면접과 마찬가지로 표적집단면접 과정은 분석 과정을 돕고 고객사에게 세션의 기록물로 제공하기 위해 녹취 및 녹화가 이루어진다. 심층면접과 마찬가지로 표적집단면접 과정은 마케터와 광고대행사 담당자가 중단이나 방해 없이 세션을 관찰할 수 있도록 일방향 거울이 구비된 회의실에서 진행된다.

표적집단면접의 경우(심층면접과 마찬가지로) 응답자는 **선별 질문지**(screener questionnaire)라 불리는 형태로 구체화된 정교하게 도출된 고객 프로필에 기반해서 선발된다. 선별질문지의 목적은 표적시장에 해당하지 않은 사람은 걸러내고 적합한 사람이 연구에 참여할 수 있도록 하는 것이다. 적합한 응답자의 경우는 세션 참가에 대해 100달러 또는 그 이상의 금액이 지급된다. 표적집단면접은 대개 단수 또는 복수의 해당 기업 브랜드의 이용자 집단을 대상으로 한 세션에서 얻어진 반응과 별도의 비이용자 집단의 반응을 비교한다. 〈그림 16.3〉은 채소 수프 통조림의 출시와 관련된 조사를 위한 표적집단면접의 참가자를 선발하기 위한 선별질문지를 보여준다. 선별질문지는 표적집단면접 세션에서 남성집단, 또는 여성집단 참가자로 초대될 표적고객을 찾아내기 위해 개발되었다. 걸러내지는 사람들은 참가를 위한 특정 조건을 충족하지 못하는 사람들이다.

어떤 마케터는 표적집단면접 과정 중에 발생하는 참가자 간의 역동적인 상호작용이 많은 새로운 아이디어와 통찰력으로 이어진다고 느끼기 때문에 심층면접보다 표적집단면접을 더 선호한다. 때로 타이밍 또한 매우 중요하다. 그러한 경우에도 심층면접보다 일련의 표적집단면접을 수행하는 데 시간이 덜 소요되기 때문에 표적집단면접이 선택될 수 있다. 다른 마케터들은 (특히 광고대행사의 경우) 개별적으로 이루어진 심층면접은 응답자가 집단적인 압력에서 자유롭고 사회적으로 수용되는 반응(반드시 정직한 반응이라고 볼 수 없는)을 보이는 경우가 상대적으로 덜하다고 생각해서 심층면접을 더 선호한다. 게다가 개별 응답자는 면접과정 동안 계속해서 주의를 기울이며―주목을 많이 받기 때문에―사적인 견해를 드러내는 경향을 보인다.

토론 가이드

토론 가이드(discussion guide)는 심층면접 또는 표적집단면접 세션 동안 응답자와 다루어야 할 질의의 흐름을 정리해주는 단계별 요약서이다.

어떤 모더레이터 연구자들은 토론 가이드에 제시된 지시사항을 그대로 따르는 방식 'question-by-question'을 선호한다. 반면에 다른 모더레이터 연구자들은 흐름에 맡기는 방식 'go with the flow'을 취하여 개별 응답자 또는 참가자들에게 특별히 중요한 것으로 드러난 방향으로 진행하는 것을 허용한다. 놀랍게도 좋은 연구자는 어느 접근법을 취하든 애초에 고객사가 기대했던 것보다 더 많은 정보를 얻어낸다. 실제로 애초에 기대하지 않았거나 수행되기 전에는 추구하지조차 않았던, 그러나 전

식품 선호도 연구 선발 질문지

18~35세의 여성 또는 남성 가구원과 대화를 청한다. 적합한 사람이 있을 때 자신을 소개한다.

안녕하세요, 저는 _____에서 나온 _____입니다. 저희는 식품에 대한 사람들의 감정과 선호도를 알아보고자 하는 연구 프로젝트를 진행하고 있습니다. 이것은 판매 권유가 아닌 연구의 일환이라는 점을 보증합니다. 몇 가지 질문을 드려도 되겠습니까?

1. 해당하는 곳에 표시하시오.

여성	....	[ ]┬ 집단 1 후보
남성	....	[ ]┴ 집단 2 후보

모집자 : Q1. 각각 12명의 여성과 남성을 모집할 것

2. 다음 중 귀하가 속한 연령 그룹은? (보기를 읽을 것)

18세 미만	....	[ ]─종료
18~24세	....	[ ]
25~29세	....	[ ]
30~35세	....	[ ]
36세 초과	....	[ ]─종료

모집자 : Q2. 다양한 연령 그룹으로 구성할 것

3. 귀하 또는 가족 중에 다음 직종에서 일하고 있는 분이 계십니까? (보기를 읽을 것)

	아니오	예
시장조사회사/대행사	[ ]	[ ]─종료
광고/홍보회사/대행사	[ ]	[ ]─종료
식품 제조/판매/유통	[ ]	[ ]─종료

4. a. 심층면접, 표적집단면접, 또는 토론집단면접에 참여한 적이 있으십니까?

예	....	[ ]─Q4b로 이동
아니오	....	[ ]─Q5로 이동

b. 심층면접, 표적집단면접, 또는 토론집단면접에 가장 최근에 참여한 때가 언제인가요?

6개월 이내	....	[ ]─종료
6개월 이상 경과	....	[ ]─계속

5. 분류를 위해, 귀하의 학력은 어느 정도인지 응답해 주시기 바랍니다. (보기를 읽지 말 것)

대학 졸업 미만	....	[ ]─종료
대학 졸업 이상	....	[ ]

모집자 : Q5. 모든 응답자들은 대졸 이상이어야 함

6. 분류를 위해, 귀하의 가계 소득은 다음 어디에 해당하는지 응답해 주시기 바랍니다. (보기를 읽을 것)

25,000달러 미만	....	[ ]─종료
25,000~49,999달러까지	....	[ ]
50,000달러 이상	....	[ ]

모집자 : Q6. 모든 참가자의 수입은 25,000달러 이상이어야 함

7. 최근 5일 동안 귀하가 섭취한 식품군은 어느 것입니까? (전체 목록을 읽을 것)

	예	아니오
냉동피자	[ ]	[ ]
사전포장된 편육	[ ]	[ ]
조각치즈	[ ]	[ ]
통조림 수프	[ ]	[ ]
감자칩	[ ]	[ ]
땅콩버터	[ ]	[ ]

그림 16.3 소비자 조사에 대한 응답자 모집을 위한 선발 질문지

냉동채소 .... [ ]   [ ]

모집자 : Q7. 응답자는 통조림 수프에 '예' 라고 답해야 함. 그렇지 않으면 종료한다.

8. (수프와 Q7에서 '예' 라고 응답한 다른 식품군 중 하나에 대해) 질문할 것

   a. 일주일 동안 _____을 얼마나 자주 드셨습니까?

   _____ 회

   b. 일주일 동안 수프를 얼마나 자주 드셨습니까?

   _____ 회

모집자 : Q8b. '최소 2회 이상' 이라고 응답해야 한다. 그렇지 않으면 종료한다.

9. 이제, 상상해서 대답해 주시기 바랍니다. 만약 귀하가 유명인에게 저녁을 대접한다면 누가 될까요? 귀하는 무엇을 대접할까요?

**모집자 : Q9는 표현력을 알아보기 위한 질문이다. 응답자는 '창의성과 뛰어난 상상력'을
보여주어야 한다. 그리고 그룹 토론에 추가할 수 있어야 한다.**

10. 현재 수행 중인 연구의 일환으로 8~10명과 토론을 진행하려고 합니다. 이러한 토론은 표적집단면접이라고 합니다. 면접 동안 라이프 스타일과 식품 소비에 관한 다양한 주제에 대해 귀하의 의견을 표현하고 다른 참가자와 상호교류하는 기회를 갖게 됩니다.

표적집단면접은 2시간 정도 소요되며, 귀하의 시간과 교통비 부담을 덜어드리기 위해 100달러가 지급됩니다.

귀하가 이 표적집단면접에 참여해 주시기를 부탁드립니다. 흥미롭고 즐거운 시간이 될 것입니다. 표적집단면접은 (일자) (시간)에 (주소)에 위치한 (시설 이름)에서 진행됩니다.

참석할 의사가 있으십니까?

예 .... [ ]-참가자 정보를 기록할 것. 일자와 시간을 확인하고 약도를 줄 것

아니오 .... [ ]-종료

참가를 수락해주셔서 감사합니다. 잊지 않도록 조사 전날 전화드리도록 하겠습니다.

기록 : 오후 6시 표적집단면접을 위해 모집된 **여성** 참가자 _____

오후 8시 표적집단면접을 위해 모집된 **남성** 참가자 _____

그림 16.3 소비자 조사에 대한 응답자 모집을 위한 선발 질문지(계속)

략적으로 중요한 시사점을 정성조사를 통해 끌어내는 경우는 흔하다. 그러한 추가적인 시사점이야말로 심층면접과 표적집단면접이 주는 특별한 혜택이다. 다시 말해 심층면접과 표적집단면접은 매우 귀중하고 기대하지 않았던 정보를 제공해 준다. 〈그림 16.4〉는 프리미엄 채소 수프의 신규 라인 개발을 위한 조사에서 이용된 표적집단면접을 위한 토론가이드를 보여준다. 선발용 질문지는 제안된 프리미엄 채소 수프에 관한 표적집단면접 세션의 표적고객 참가자 표본 모집을 위해 개발된 데 비해 토론가이드는 모더레이터가 토론을 이끄는 것을 돕고 주요 주제의 흐름 또는 질의과정을 관리하기 위해서 개발된 것이다.

모더레이터-연구자가 심층면접 또는 표적집단면접을 토론가이드의 도움 없이 진행하는 경우는 매우 드물다. 토론가이드는 심층면접 또는 표적집단면접 중에 다뤄져야 할 주제 및 쟁점들에 대한 일종의 의제 같은 것이다. 전문성은 면접 상황 또는 그룹 세션의 구성에 따라 즉흥적으로 처리해나가는 능력에서 발휘된다.

투사법

개인의 근본적인 동기를 밝혀내려고 할 때에는 **투사법**(projective technique)이 유용한 수단이다. 투사법은 정신분석 이론 및 실무에서 차용해와서 자신의 사고나 반응을 감추거나 억누르고 있는 소비

표적집단면접

프리미엄 채소 수프 프리미엄 라인 도출 토론 지침

I. 도입

A. 자신과 자신의 역할에 대한 소개

B. 참가자의 역할에 대해 당부

C. 세션 과정의 녹음 및 녹화 시스템 및 일방향 거울에 대해 고지

D. 참가자별로 (하는 일, 가구 구성, 관심사나 취미 등에 대해) 각자 소개하게 함

E. 이번 표적집단면접의 근본적인 목적―'프리미엄 채소 수프 제품라인 도출'에 대해 설명

II. 수프의 배경 : 어린 시절의 추억

A. 성장 과정 중에 수프를 먹는 것과 관련된 어린 시절의 추억으로 어떤 것이 있나요? 그 외에 다른 것은?

B. 특히 채소 수프에 대해 어떻게 생각하는가? 수프의 세계에서 채소 수프는 다른 수프들과 비교해서 어디에 위치하는가?

C. 채소 수프 라인에 대해 생각할 때 어떤 게 떠오르나? 여러 개의 채소 수프가 떠오르나?

D. 지금 좋아하는 채소 수프는 무엇인가?

E. 여러 해를 두고 볼 때 좋아하는 채소 수프에 변화가 있나? 어떤 식으로 변화해 왔나?

F. 나이가 들면서 좋아하는 채소 수프가 어떻게 변화했나? 그 외 다른 변화는?

G. 근사한 식당의 채소 수프와 수제 채소 수프 간의 차이를 어떻게 특징지을 수 있나? 어떤 걸 더 선호하나? 이유는 무엇인가?

III. 수프 소비 상황

A. 귀하에게 채소 수프는 식사입니까, 식사의 일부입니까? 이유가 무엇입니까?

B. 식사로서의 채소 수프와 식사의 일부로서의 채소 수프의 차이는 무엇입니까? 그 밖의 다른 차이점은?

C. '수프 인간'이라고 할 만한 사람이 있는지? 그 사람을 묘사해보세요. '수프 인간'의 프로필을 얘기해보세요. '수프 인간'은 다른 사람과는 어떻게 다른가? 그 외 다른 생각은?

IV. 수프 선택 및 의사결정

A. 가정에서 어떤 브랜드의 수프를 구매할지 의사결정이 어떻게 이루어지는가? (가족 내 선택과 영향의 다양한 측면에 대해 탐구할 것)

B. 가족 모두가 동의하는 수프 브랜드가 있는가? 어떤 브랜드인가? 이유가 무엇인가?

C. 수프의 선택 시 어떤 방식으로 접근하는지? 자신을 뭐라고 생각하는지? 전문가? 실험가? 습관적 구매자?

D. '수프 감정가'에 대한 당신의 생각은? '수프 감정가'에 대해 묘사해 보세요. 더 자세히 얘기해 보세요.

E. 식료품 가게에 있는 수프 중에서 가장 좋아하는 수프는? 이유가 무엇인가?

F. 마음의 눈으로 볼 때 가장 완벽한 수프는 어떤 것인가?

V. 수프 시식 경험

소개 : "오늘 다섯 가지의 각기 다른 채소 수프들을 시식해볼 겁니다."

각각의 수프를 시식해 본 후 패드에 각자의 생각을 적어주세요.

A. 시식해본 채소 수프에 대한 **첫 번째** 반응(각각에 대해)은 무엇인가? 또 다른 생각이나 느낌은?

B. 먹어보지 않은 사람에게 어떻게 묘사할 것인가?

C. 소매점에서 이 수프가 진열되어 있다면 구매할 것인가?

D. 수프의 맛을 더 좋게 하려면 어떻게 하면 좋을까?

E. **다섯 가지의 채소 수프에 대해 차례로 반복한다.**

F. [패드에 작성] 다섯 가지의 수프 중 가장 마음에 드는 것은 무엇인가? 가장 마음에 들지 않는 것은 무엇인가? 다시 한 번 각자의 패드에 대답을 적어주세요.

G. **[실내를 빙 둘러보며]** 그럼, 어떤 게 가장 훌륭한가?

H. 다섯 가지의 수프들에 대한 여러분의 반응에 대해 생각해 봅시다.

I. [패드에 작성] 다섯 가지의 채소 수프를 놓고 봤을 때 전체적으로 선택을 좋게 하는 데 추가되면 좋을 다른 채소가 있는가?

VI. 마지막으로 추가적인 의견이나 생각

A. 프리미엄 채소 수프 라인에 대해 마지막으로 추가적인 아이디어나 의견이 있는가?

B. 어떻게 하면 더 개선할 수 있는가? 그 밖에 다른 의견은?

C. 이러한 채소 수프를 어디서 구매할 수 있을 거라고 기대하는가?

그림 16.4 표적집단면접 가이드

자의 무의식적인 연상을 연구하는 데 적용되었다. 따라서 투사법은 미완성된 문장, 제목이 없는 그림이나 만화 같은 모호한 자극물을 포함하고 있는 의도가 감춰진 다양한 테스트와 단어-연상 테스트, 타자 성격화로 구성된다. 투사법은 모두 소비자가 자신을 표현하고 내적 동기를 드러내는 것이 용이하도록 고안되었다. 투사법은 가끔 표적집단연구의 일부로 활용되지만 심층면접 중에 활용되는 경우가 더 빈번하다. 〈표 16.1〉에서 가장 흔히 이용되는 투사법의 특징을 보여준다.

온라인 표적집단면접

최근 5~10년에 걸쳐 온라인 표적집단면접 및 심층면접에 대한 수많은 관심, 시도, 수용이 있어왔다. 그러나 소위 온라인 표적집단면접이라 불리는 것들 간에는 굉장히 차이가 있다. 한편으로는 본질이나 품질 측면에서 전통적인 표적집단면접과 매우 유사할 수도 있고(세션이 표적집단면접을 위한 시설에서 모더레이터와 참가자들이 함께 상호작용하며 진행), 그러한 경우에는 고객사의 개인 노트북이나 고객사의 지역에 위치한 자매 연구시설에 방송되거나 여러 고객사들에게 보여지는 실제 표적집단면접 세션일 수도 있다. 한편으로 해리스인터액티브(대규모의 온라인 소비자 패널을 활용하여 표적집단면접 참가자 모집서비스를 제공) 같은 온라인 전문 조사기관을 활용할 수 있는 선택권이 있다. 추가적으로 해리스인터액티브는 고객사에게 전통적인 표적집단면접의 가상 버전에 대한 접근을 제공할 수 있는 능력을 가지고 있다. 구체적으로, 온라인 표적집단면접 세션에 참가하기 위해 참가자와 모더레이터가 접속할 수 있는 '가상의 방' 환경을 제공할 수 있다. 어떤 방식으로든 온라인 표적집단면접은 보통의 오프라인 표적집단면접과 유사해질 수 있다.

정량조사의 범위

마케터는 다양한 제품 또는 특정한 브랜드의 수용도 또는 소비자에 대한 판촉메시지의 효과를 이해

표 16.1	투사법	
	설명	활용
단어연상법	응답자에게 여러 개의 단어들로 구성된 목록(조사 목적과는 무관한 단어들도 포함)을 제시하고 각 단어별로 연상되는 생각을 표현하도록 한 후 단어와 연상 간의 연결고리에 대해 설명하도록 하는 방법이다.	단어연상법은 마케터가 특정 단어나 문장이 소비자에게 의미하는 것이 무엇인지를 알고자 할 때 사용된다. 특정 단어가 해당 제품에 대해 긍정적인 또는 적절한 의미를 담고 있는지, 또는 신제품에 대한 네이밍 또는 설명으로 적절한지 등을 판단하고자 할 때 활용된다.
문장완성법	응답자에게 여러 개의 불완전한 문장을 제시하고 완성하도록 하는 방법이다.	문장완성법은 단어연상법에 대한 대안으로 활용된다. 실제로 단어연상법보다 적용이 용이하고 소비자로부터 더 많은 정보를 얻어낼 수 있다.
그림 · 사진 반응법	응답자에게 소비자, 브랜드, 제품, 광고 등에 대한 여러 그림이나 사진을 보여주고 응답자가 자극에 대한 반응을 스토리, 대화 등의 방법으로 구성하도록 하는 것이다.	그림, 사진 등에 대해 자유 연상, 스토리텔링 같은 형태로 표현된 응답자의 반응에서 시각 자료에서 제시한 해당 주제나 브랜드, 소비자에 대해 소비자가 어떤 생각 혹은 느낌을 갖는지 알 수 있다. 신제품 또는 커뮤니케이션 주제에 대한 아이디어 등을 얻을 수 있다.
역할연기법	스토리텔링과 매우 유사한 방법이나 참가자는 스토리를 얘기하는 대신에 제품, 브랜드, 판매 등에 관해 주어진 상황에서 특정 역할을 연기하도록 요구된다.	역할연기법은 서로 다른 참가자에게 상호작용하는 여러 다른 역할 연기를 요구할 수 있는 표적집단면접 환경에서 적합하다.

하기 위해 정량조사를 활용한다. 다른 경우에는 제품, 서비스, 유통점, 소매점 등에 대한 소비자의 만족도 수준을 알아보기 위해서 또는 소비자가 미충족된 니즈를 가지고 있는 지점을 찾아내기 위해서도 이용된다. 미래의 소비자 니즈 또는 행동을 더 잘 예측하는 데도 활용된다. 광의의 정량조사의 범위에는 실험법, 설문조사 기법, 관찰법 등이 포함된다. 결과는 기술적, 실증적 형태이다. 적절한 표본 추출법을 통해 얻어진 결과는 대규모의 모집단으로 일반화될 수 있다. 수집된 데이터가 정량적이기 때문에 정교한 통계적 분석이 가능하다. 다음으로 세 가지 기본적인 조사 디자인을 살펴보기로 한다. 관찰법, 실험법(실험실 실험 또는 실제 소매점 같은 현장 실험), 설문조사가 바로 그것이다.

관찰조사

특히 실제 상황에서(가게, 쇼핑몰, TV 시청, 가정 내에서 등) 소비자의 구매 및 소비 행동 등을 보거나 주의깊게 관찰하는 것은 소비자에게 무엇이 가치있고 의미 있는지를 배우기에 굉장히 통찰력이 있는 방법이다. 실제로 **관찰조사**(observational research)는 중요한 연구 수단이다. 마케터는 구매 과정 또는 제품을 이용하는 과정 속에서 소비자를 들여다보는 것이 때로 사람과 제품 간의 관계를 깊이 있게 이해하는 데 가장 좋은 방법이라는 것을 인식하고 있기 때문이다.[5] 행동 중인 소비자를 관찰하는 것은 연구자로 하여금 그 제품이 소비자에게 무엇을 상징하는지를 이해하게 하고 사람과 제품 간의 결속(브랜드 충성도의 핵심)에 대해 많은 시사점을 제공한다. 제품과 관련된 문제점이나 쟁점을 밝혀내는 데도 중요하다. 많은 대기업이나 광고대행사들은 훈련된 연구자나 관찰자를 활용하여 상점, 쇼핑몰, 가정(허가를 받고) 내의 소비자에 대해 관찰하고 기록하며 녹화한다. 예를 들면, 민트 향의 새로운 구강 청결제에 대한 소비자 반응을 조사하기 위해 마케터는 조사기관을 통해 뉴욕에 거주하는 37개 가정에서 욕실 내에 카메라를 설치한 후 구강 청결제의 이용 행태를 녹화하도록 하였다. 스코프를 사용하는 소비자는 스코프로 입안을 헹구고 뱉어냈다. 대조적으로 새로운 구강청결제 리스테린의 이용자는 훨씬 더 오랫동안 입 안에 머금는 것을 발견했다(심지어 한 소비자의 경우는 집을 나와서 차에 탄 후 두 블록 정도를 지나서야 뱉어 냈다).[6] P&G는 전 세계의 여러 가정에 비디오 촬영팀을 보내서, 신시네티에 있는 P&G 경영진들로 하여금 태국 엄마들이 아기에게 어떻게 젖을 먹이는지 관찰할 수 있게 했다. 그들은 주부들이 아기를 먹이면서 때때로 TV 시청 같은 여러 가지 일을 동시에 한다는 것을 발견했다. 이러한 행태를 이해하는 것은 P&G로 하여금 시장에서 경쟁상의 우위를 가져다 줄 수 있는 제품과 패키지의 개발을 가능하게 한다.[7]

훈련된 관찰자가 소비자를 지켜보는 것에 대한 대안으로 어떤 회사는 소비자의 행동이나 특정한 마케팅 자극물에 대한 소비자의 반응을 포착하는 데 집계 장치나 녹화 장치 같은 기계적 · 전자적 장치를 선호한다. 예를 들어, 뉴욕 인근의 대형 약국 체인인 듀안리드는 새로운 매장의 위치를 고민하고 있을 때 전자 빔이나 수계기를 이용해 시간대별 기상 조건에 따른 보행자 수를 기록하였다.[8] 정부 정책 기획자들은 도로 확장 여부를 결정하기 위해 통행 차량 안에 있는 전자 자동통과 장치로 얻어진 데이터를 활용하고 은행들은 ATM 이용 시에 발생할 수 있는 문제들을 관찰하기 위해 보안 카메라를 활용한다.

흥미롭게도 자동화 시스템은 구매를 보다 쉽게 하고 또 이용 시 보상이 주어지기 때문에 소비자들은 자동화 시스템을 이용한다. 예를 들어, 수퍼마켓의 단골고객카드를 이용하는 소비자는 계산대에서 맞춤형 특별 할인 혜택을 받고, 온라인으로 티켓을 구매하는 영화 관람객의 경우 매표소 앞에서 길게 줄을 서지 않고 극장 안에 놓인 ATM과 같은 장치를 통해 티켓을 수령할 수 있다. 소비자가 신용카드, 현금인출카드, 요금소 자동통과장치, 단골고객카드, 이동전화, 온라인 쇼핑 같은 보다 편리한 기술들을 점점 더 이용하게 될수록 소비 패턴에 대한 전자 기록들이 남게 된다. 결과적으로, 전자적 수단을 통해 소비자 행태에 대한 관찰이 급격하게 증가하게 되고 휴대용 피플미터와 쌍방향 디지털 케이블 셋탑박스에 대한 고찰에서 언급했듯이 소비 행태의 전자적 관찰이 점차 정교화될 것이다.

도박장은 고객의 방문 시 여러 단계별로 얻어진 개별 고객 데이터를 추적하는 시스템을 개발하고 이전 방문 시 얻어진 데이터와의 교차 확인에 있어 선두에 서 왔다. 이러한 데이터를 활용하여 방문자를 충성도 수준에 따라 분류하고, 상응하는 보상을 거의 즉각적으로 제공한다. 예를 들어, 코넷티컷 주의 폭스우드리조트 카지노에는 1일 평균 5만 명이 방문한다. 대부분은 상용자 카드라 불리는 자기 카드를 이용한다. 정교화된 전자네트워크 시스템은 모든 방문자들의 도박 패턴, 식사 습관, 객실 선호도 등을 추적 관찰한다. 참가자가 테이블에 착석하면 수 초 이내로 카지노의 매니저는 선호하는 음료, 도박 습관 등을 포함한 고객의 이력을 스크린으로 볼 수 있다. 각각의 참가자에게 발행된 칩 안에 전자 태그가 있어서 참가자가 테이블을 떠나면 참가자에 대한 이력이 즉시 업데이트되고 해당 고객에 대한 정보는 도박장 내의 어떤 접점에서든 이용 가능하다. 따라서 사업에 도움이 되는 고객에 대해서는 무료 식사를 제공하거나 객실 업그레이드, VIP 라운지로 초대한다든가 하는 즉각적인 보상이 가능하다. 고객들은 상용자 카드가 자신의 지출 내역을 추적 가능하게 하기 때문에 좋아한다. 또 카지노 측에서는 카드의 접촉을 통해 개별 고객에 대해 보다 많은 정보를 얻을 수 있다. 카지노에서는 두 개의 동일한 컴퓨터 시스템을 가지고, 필요하면 즉시 백업용 시스템으로 교체함으로서 짧은 기간이라도 컴퓨터 없이 운영될 시에 발생하게 될 수천 달러가 넘는 손실을 피할 수 있다.[9] 비교적 소액(방문당 50~100달러)을 걸지만 자주 방문하는 당일치기 여행자에 대해 점점 더 많은 카지노가 실시간으로 개인적인 보상을 제공하는 고도로 정교화된 소프트웨어를 활용하고 있다. 카지노에서는 이러한 고객들이 비록 방문당 거는 돈은 소액이지만 도박을 주요 여흥거리로 여긴다는 것, 따라서 이들의 행태를 관찰하고 이 데이터를 이용하여 더 많은 돈을 지출하도록 유도해서 시간이 지날수록 수익이 점차 증가하게 될 거라는 것을 인식하고 있다.[10]

기계적 관찰의 또 다른 형태는 제품의 판매를 모니터링하는 것이다. 월마트 경쟁 우위의 핵심 요소는 제품 감사 과정에서 기술을 활용하는 데 있다. 어떤 순간이든 회사는 무엇이 얼마나 빨리 판매되고 있는지 또 얼마나 재고로 남아 있는지를 알고 있다. 소량의 재고를 유지하고 빠른 이동을 통해 가격을 낮게 책정해서 고객을 유인할 수 있다. 월마트의 기록적인 수익은 저수익의 품목들이지만 수십억 개의 제품을 고객이 구매하고자 하는 장소로 신속하게 이동시키고 빠르게 판매해서 얻어진 것이다. 예를 들면, 허리케인 전에 스트로베리 팝타르츠의 판매가 급증하고 최고의 사전 판매품이 맥주였던 것을 관찰한 후에 월마트는 이 품목을 대량으로 폭풍이 불어닥칠 지역에 이동시켰다.[11]

마케터는 응답자의 정보처리 패턴을 추적 관찰할 수 있는 **생리학적 관찰 장치**(physiological observation device) 역시 활용한다. 예를 들면, 전자적 아이 카메라(electronic eye camera)는 다양한 제품에 대한 여러 개의 광고를 보고 있는 조사대상자의 안구의 움직임을 모니터하는 데 이용할 수 있다. 대상자의 머리에 부착된 전자적 센서는 각각의 광고를 보는 동안 뇌의 활동과 주의력 수준을 모니터할 수 있다. 신경과학자들은 소비자가 서로 다른 제품에 대한 광고를 보고 있는 동안 뇌의 12개의 다른 영역에서의 인지적 기능을 모니터링해서 수집된 데이터는 응답자의 주의력의 정도와 판촉 메시지에 대한 해석 및 회상을 알려준다고 주장한다.[12]

실험법

실험법(experiment) 또는 **인과관계 연구**(causal research)는 여러 요인 간의 원인-결과 관계를 밝힌다. 예를 들면, 인과관계를 밝히기 위해 고안된 실험을 통해 패키지 디자인, 서로 다른 가격, 판촉행사 같은 여러 유형의 변수가 판매에 미치는 상대적인 효과를 테스트할 수 있다. 가장 단순한 형태는 다른 요소는 동일한 상태로 두고 하나의 변수(독립변수)만이 조작되는 경우다. **대조실험**(controlled experiment)은 결과(종속변수, 판매 같은)의 차이는 다른 외생변수의 영향이 아닌 연구 중인 변수의 서로 다른 처치에 의한 것이라는 점을 보장한다. 예를 들어, 두 종류의 제품—사용하는 사람의 매력도를 증진시키기 위한 제품(예 : 남성용 향수)과 그렇지 않은 제품(예 : 펜)—을 촉진하는 과정에서 매력적인 모델의 기용과 매력적이지 않은 모델을 기용하는 것에 따른 효과를 테스트했다. 미국 올림픽 수구 팀의 선수로 묘사된 필존슨이라는 가상적인 캐릭터가 활용되었다. 매력적인 모델을 보여주는 사진은 근육질의 매력적인 남자의 모습을 보여주는 반면에 매력적이지 않은 모델을 보여주는 사진은 동일한 이미지를 그래픽 처리를 통해 매력 정도를 감소시킨 것이었다. 조사대상자는 각각의 모델 및 제품 조합을 15초 동안 본(실제 인쇄광고를 보는 것처럼) 후에 광고된 제품에 대한 태도와 구매 의도를 측정하는 질문지에 응답하도록 하였다. 이러한 연구에서 제품의 유형(개인의 매력도를 증진시키기 위한 제품과 그렇지 않은 제품)과 모델의 매력도(매력적인 모델과 그렇지 않은 모델) 간의 조합이 조작된 처치(독립변수)이고 해당 제품에 대한 태도와 구매 의도의 조합이 종속변수였다. 연구 결과는 두 유형의 제품 모두에서 매력적인 모델의 기용이 효과적인 것으로 나타났다.[13]

인과관계 연구의 주 적용 분야가 **시험마케팅**(test marketing)이다. 때때로 심층면접, 표적집단면접, 설문조사을 수행한 후에도 전면적인 시장 출시에 앞서 새로운 제품, 서비스, 마케팅 커뮤니케이션 프로그램에 대해 추가적인 현실세계의 피드백이 필요하다고 느끼곤 한다. 그러한 상황에서 시험마케팅은 타당한 선택이다. 시험마케팅은 통상 목표시장을 대표할만한 단일 지역의 선정과 실제 상황 속에서 마케팅 노력에 대한 실제 소비자 반응을 테스트하기 위한 해당 지역에서의 시장 진입 등을 포함한다. 해당 기업은 시험마케팅을 통해 시험마케팅 단계를 건너뛰었을 때 직면하게 될 전면적인 위험 없이 전체 시장이 마케팅 노력에 대해 어떻게 반응할지 예측할 수 있기를 기대한다. 여전히 어떤 조사기관은 마케팅전략 대안에 대한 소비자 반응을 테스트하는 소규모의 실험을 진행한다. 이러한 실험은 신제품의 선정, 패키지의 재디자인, 제품 가격의 변경, 새로운 마케팅 캠페인의 시험 등에 앞서 수행될 수 있다. 이 모든 것은 제품에 대한 가능한 반응을 알아보거나 판매를 예측하기 위해 통제된 상황에서 변수를 조작하는 소규모의 실험을 통해 이득을 볼 수 있는 마케팅 활동이다.

보통 실제 상황에서 이루어지는 시험시장과 달리 많은 실험은 실험실 상황에서 이루어진다. 오늘날 어떤 연구자는 '가상 현실 방법'을 적용하기도 한다. 예를 들어, 시장 테스트에서 응답자는 같은 제품의 여러 다른 버전을 포함해서 많은 제품이 놓인 슈퍼마켓 진열대를 컴퓨터 스크린으로 보고 이미지를 터치해서 특정 품목을 고르고 트랙볼로 이미지를 회전시켜보면서 검사해 볼 수도 있다. 만약 사기로 결정하면 쇼핑 카트에 집어넣을 수도 있다. 연구자는 응답자가 제품을 보는 데 들이는 시간, 패키지의 각 면을 살피면서 보내는 시간, 구매되는 제품, 주문 등의 과정을 관찰한다. 일반적인 표현으로 마케터가 제품과 서비스에 대해 지속적으로 실험하고 시장을 테스트하는 것은 매우 중요한 일이다.[14]

설문조사

조사자가 구매선호도, 소비경험에 대해 질문하고자 한다면 대인, 우편, 전화, 온라인조사 등을 활용할 수 있다. 각각의 설문조사 방법은 각기 장점과 단점을 가지고 있어 접촉 방법을 선택할 때 이를 감안해야 한다.

대인조사(personal interview survey, 또는 대면조사) : 대중 공간 또는 상가(상가 안의 공개적인 공간이나 임대한 사무실 같은)에서 주로 이루어진다. 쇼핑몰 통행자 조사(mall intercept)라 불리는 후자의 경우는 예전에는 흔히 했던 방문 인터뷰의 대안으로 더 자주 이용된다. 집에 없는 일하는 여성의 비율이 높아지고 오늘날 낯선 사람을 집에 들이기 꺼려하는 사람들이 많아졌기 때문이다.

전화조사(telephone interview survey) : 역시 소비자 데이터를 수집하는 데 이용된다. 그러나 때로 저녁이나 주말이 전화응답자에게 접근할 수 있는 유일한 시간인데 반해 응답자가 적대적이지는 않더라도 저녁식사 또는 TV 시청, 휴식 시간을 방해하는 전화에 대해 반응하고자 하지 않는 경향이 있다. 또 다른 문제는 응답기, 음성메일 시스템, 송신자 확인 서비스 등의 이용이 증가한 데서 기인한다. 어떤 조사 회사는 자동화된 전화조사를 수행하려고 하지만 많은 응답자가 실제 조사원에 비해 전자 음성에는 잘 반응하지 않으려 한다. 〈표 16.2〉는 여러 가지 설문조사 접촉방법을 비교하고 있다.

우편조사(mail survey) : 설문지를 조사 대상의 집으로 직접 보내며 이루어진다. 우편 설문의 주요 문제점 중의 하나가 낮은 응답율이다. 조사자는 회수율을 높이기 위해 우표가 첨부된 회신용 봉투를 동봉한다든지 도발적인 설문지를 이용한다든지 추가 권유문 외에 사전 알림장도 보낸다거나 하는 여러 가지 테크닉을 개발해왔다. 원하지 않는 우편조사에 대한 낮은 응답율이라는 문제를 다루기 위해 어떤 마케팅회사는 소비자 패널을 구축해서 패널 참가자에게 주기적으로 우편 또는 이메일을 보내 설문지에 응답하도록 하고 있다. 응답을 완료하고 만족할 만한 응답율을 보장하는 동기부여책으로 흔히 설문조사에 응할 때마다 사전에 책정된 참가비를 지불한다. 때때로 패널 참가자는 자신의 구매에 대한 일기를 작성하도록 요구받기도 한다.[15]

이메일조사(email survey) : 표적고객에게 설문지를 배부하는 수단이란 측면에서 우편조사의 대안으로 점점 더 인기를 끌고 있다. 이메일을 이용하는 핵심 매력 요소 중의 하나는 설문지를 블록을 따라 내려가며 배포하는 것만큼이나 쉽고 빠르게 전 세계에 설문지를 배포할 수 있다는 것이다. 게다가 정확한 이메일 주소를 가지고 있으면 대규모의 설문지도 저렴한 비용으로 배포할 수 있다. 세계가 점점 더 사회적 의사소통을 위해 웹에 의지하게 되면서 설문지 배포 수단으로 이메일의 지속적인 증가를 기대할 수 있다.[16]

표 16.2 우편조사, 전화조사, 대인조사, 온라인조사의 장점과 한계점

	우편	전화	대인	온라인
비용	낮음	중간	높음	낮음
속도	느림	즉각적	느림	빠름
응답률	낮음	중간	높음	자체 선택
지역적 유연성	탁월	우수	어려움	탁월
면접자 편향	해당 없음	중간	높음	해당 없음
면접자 감독	해당 없음	용이	어려움	해당 없음

게다가 **인터넷조사**(internet survey)에 참가하고자 하는 소비자의 규모가 급속한 증가세를 보이고 있다. 온라인 광고 또는 표적고객을 겨냥한 이메일 초대장에 의해 잠재 응답자가 마케터(또는 조사기관)의 웹사이트를 방문하도록 유도된다. 온라인 조사의 경우 때때로 질문에 대한 반응이 자기 선택에 의해 온라인 조사에 참가하는 응답자에게서 얻는 경우가 있는데, 이렇게 얻어진 결과는 대규모 모집단의 의견을 반영한다고 보기는 어렵다. 대부분의 컴퓨터 투표는 실질적인 제품 또는 서비스에 관한 반응을 연구자가 분류할 수 있도록 인구통계적 특성으로 구성된 프로필을 응답자가 직접 채우도록 요구한다.

정량조사 자료 수집 수단

자료 수집 수단은 자료 수집을 체계화하고 모든 응답자가 동일한 질문에 같은 순서로 응답하는 것을 보장하기 위해 전체 연구 디자인의 일부로 개발되어왔다. 자료 수집 수단은 설문지, 개인 물품목록, 태도 척도 등을 포함한다. 이러한 수단은 연구의 타당성과 신뢰성을 보장하기 위해 보통 사전 테스트와 수정 과정을 거친다. 연구 프로세스 중 첫 번째 단계에서 제시된 질문이나 목표에 대답하기 위해 필요한 적합한 자료를 수집할 때 연구가 **타당성**(validity)을 갖는다고 볼 수 있다. 유사한 표본을 대상으로 같은 질문이 동일한 결과를 가져올 때 연구가 **신뢰성**(reliability)을 갖는다고 볼 수 있다. 때때로 조사 표본을 체계적으로 양분하여 각 그룹에 동일한 설문지를 배부한 후 각각에서 얻은 결과가 유사하게 나올 때 그 설문지는 신뢰성을 갖는다고 말한다.

설문지

정량조사를 위한 주된 자료 수집 수단은 우편, 온라인 등을 통해 선정된 응답자에게 설문지를 보내 자가답안으로 진행되거나 대면 또는 전화 등을 통해 면접원과 진행된다. 응답자가 설문에 참가하도록 하기 위해서는 설문지는 흥미롭고 객관적이며 명료하고 쉽게 끝마칠 수 있고 부담스럽지 않아야 한다. 분석을 제고하고 응답을 의미있는 범주로 분류하기 위해, 설문지는 연구의 목적에 부합하는 실질적인 질문과 함께 적절한 인구통계적 질문을 포함해야 한다. 설문지는 두 가지 유형의 질문으로 구성된다.

1. **개방형 질문**(open-ended question) : 응답자가 자신의 언어로 자유롭게 대답하는 방식이다(예 : 서술형 질문).
2. **폐쇄형 질문**(closed-ended question) : 제시된 응답 대안 중에서 적합한 대안을 응답자가 선택하도록 하는 방식이다(예 : 선다형, ○/× 질문).

개방형 질문은 보다 다양한 대답을 얻을 수 있지만 코딩 및 분석이 어렵고 폐쇄형 질문은 표 작성 및 분석이 용이하지만 대답이 제시된 여러 대안 중의 하나로 한정된다(설문지 개발자의 기존의 생각에 한정).

질문의 표현은 설문지를 구성할 때 가장 힘든 도전과제이다. 〈표 16.3〉은 명확하고 효과적인 질문을 작성하기 위한 지침을 나타낸다. 질문의 순서 역시 중요하다. 도입 질문은 응답자의 참여를 유도할 수 있도록 흥미로워야 한다. 논리적인 순서로 진행되어야 하며 인구 통계에 관한 질문(분류 목적)은 응답의 가능성이 높아지도록 맨 마지막에 위치해야 하며 설문지의 외형, 표현, 순서는 응답의 타당성에 영향을 미치며 우편 설문의 경우에는 응답율에도 영향을 미친다.

표 16.3	질문 시 표현에 대한 지침
1	유도하는 질문을 피한다. 예를 들어, "당신은 스태플즈 같은 비용절감형 가게에서 가끔 쇼핑을 합니까?" 또는 "당신은 오늘 스태플즈에서 받은 서비스에 만족하지 않지요?" 같은 질문들은 설문조사시 편향된 결과를 야기한다.
2	한 번에 두 개의 질문을 하지 않는다. 예를 들어, "지난번에 스태플즈를 방문했을 때, 돈을 절약하면서 좋은 서비스를 받았다고 보십니까?" 같은 질문은 두 개의 질문이 결합된 형태로서 각각을 따로 질문해야 한다.
3	명확한 표현을 사용한다. 예를 들어, "사무용품을 보통 어디서 구매하십니까?" 같은 질문은 명확하지 않다. 보통이라는 용어가 모호하기 때문이다.
4	소비자들이 자주 사용하는 용어들을 구사한다. 예를 들어, '시정한다' 같은 단어를 사용하지 말고 '고치다' 같은 단어를 사용한다.
5	응답자들이 답변하기 쉽게 질문한다. 예를 들어, "지난 한달 동안 스태플즈에 대한 TV광고 또는 신문광고를 몇 번이나 접했습니까?" 같은 질문에는 어떤 응답자라도 정확하게 대답하기 어렵다.
6	응답자들이 기꺼이 답변할 수 있도록 질문한다. 돈, 건강, 개인 위생, 성적 취향에 관한 질문은 응답자를 당황하게 하고 답변을 회피하게 만든다. 때때로 개인적이지 않게 질문하는 것이 응답을 이끌어내는 데 도움이 된다. 예를 들어, 노인에게 요실금 경험 여부를 질문하기보다는 "수백만의 미국인들이 어느 정도의 요실금을 경험하고 있습니다. 귀하 또는 지인들 중 요실금을 경험하고 있는 경우가 있습니까?" 같은 형태로 질문해야 한다.

소비자 연구를 수행하는 과정에서 흔히 이용되는 여러 가지 설문지 유형이 있다. 현실 세계에서 이루어지는 소비자 조사의 한 가지 유형은 〈그림 16.5〉에서 제시된 가상의 잡지인 Earth 구독자 조사와 같은 **잡지 구독자 조사**(magazine readership survey)이다. 이러한 설문조사는 출판업자, 편집자, 부수확장 이사에게 독자들의 피드백을 제공하기 위해서 뿐만 아니라 마케팅, 판매 담당자에게 잠재적인 광고주나 광고 대행업자에게 광고란 판매를 위해 보다 설득력 있는 마케팅 패키지를 창출할 수 있게 해주는 정보를 제공하기 위해 수행된다. 특히 잡지 구독자 설문조사에서 얻어진 데이터는 일반적으로 잠재 광고주가 해당 잡지가 자신의 광고에 긍정적으로 반응할 가능성이 가장 높은 청중들에게 전달되는지 여부를 판단할 수 있도록 잡지 독자의 프로필을 준비하는 데 이용된다.

태도 측정도구

연구자는 때로 응답자에게 제품 또는 제품 속성의 리스트를 제시하고 여기에 대한 응답자 자신의 상대적인 느낌 또는 평가를 표시하도록 요구한다. 이러한 평가적인 데이터를 포착하는 데 가장 자주 이용되는 도구를 **태도 척도**(attitude scale)라 부른다. 가장 자주 활용되는 태도 척도는 리커트 척도, 의미차별 척도, 행동의도 척도, 순위척도이다.

리커트 척도(likert scale)는 연구자가 준비하고 해석하기가 쉽고 소비자가 대답하기 간단하기 때문에 태도 척도 중에서 가장 인기있는 형태이다. 리커트 척도는 조사 대상에 관한 일련의 진술 각각에 대해 동의 또는 비동의하는 정도에 따라 해당하는 번호를 기입한다. 척도는 중립적인 대안 양쪽에 동수의 동의나 비동의 대안들로 구성된다. 리커트 척도의 주된 장점은 연구자에게 각각의 진술에 대한 반응을 별개로 고찰하거나 반응을 결합해서 전반적인 척도로 만들어 고찰할 수 있는 선택권을 준다는 것이다.

의미차별 척도(semantic differential scale)는 리커트 척도처럼 구성하고 관리하기가 상대적으로 쉽다. 이 척도는 보통 홀수(예 : 5개 또는 7개)개의 연속선상의 양 끝에 놓인 일련의 양극의 형용사(예 : 좋다 또는 나쁘다, 뜨거운 또는 차가운, 좋아한다 또는 좋아하지 않는다, 비싼 또는 저렴한)로 구성된다. 응답자는 자신의 느낌이나 믿음을 가장 잘 나타내는 지점에 표시해서 각각의 속성을 기반으로

EARTH Magazine : 입소스 멘델슨 구독자 설문조사

1. *EARTH Magazine* 이번 호를 어디서 구매하셨습니까?

지역 가판대	□1	서점(예 : 보더스, 반즈앤드노블)	□3
공항 터미널 가판대	□2	기타	□4

2. *EARTH Magazine* 이번 호를 구매한 이유는 무엇입니까? (해당 란에 모두 표시해 주십시오.)

		연재물 때문에:		**연재물 때문에(계속):**	
표지 헤드라인에 끌려서	□1				
표지 그림에 매혹되어	□2	색인	□1	포토 에세이	□1
특정 기사가 궁금해서	□3	노트	□2	소설	□2
		읽을거리	□3	정치 기사	□3
다음 경로를 통해 들어서		낱말 맞추기	□4	해외 기사	□4
구전	□4	조사 결과	□5	소설체 실화	□5
인쇄물	□5	주석	□6	개인 에세이	□6
방송	□6	평론	□7		
인터넷	□7	포럼	□8		

3. 지난 12개월 동안 가판대나 서점에서 *EARTH Magazine*을 몇 호나 구입하셨습니까?

1호	□1	8~9호	□5
2~3호	□2	10~11호	□6
4~5호	□3	12호	□7
6~7호	□4	전혀 구입하지 않음	□8

4. *EARTH Magazine*의 독자가 된 지 얼마나 되었습니까?

6개월 이내	□1	1~2년 이내	□3
7~12개월	□2	2년 이상	□4

5. *EARTH Magazine* 최근 4개 호에서 읽거나 들여다 본 호는 몇 개나 됩니까?

최신 발행호 4개 중 4개	□1	최신 발행호 4개 중 1개	□4
최신 발행호 4개 중 3개	□2	최신 발행호 4개 중 0개	□5
최신 발행호 4개 중 2개	□3		

6. 평균적으로, *EARTH Magazine*을 보는 데 시간을 어느 정도나 씁니까?

1시간 이내	□1	3~4시간 이내	□4
1~2시간 이내	□2	4시간 이상	□5
2~3시간 이내	□3		

7. *EARTH Magazine*에서 본 광고 제품을 구매를 해 본 적이 있습니까?

예	□1	아니오	□2

8. 다른 출판물과 비교했을 때 *EARTH Magazine*을 어떻게 평가하겠습니까?

가장 좋아하는 잡지 중 하나다	□1	평균	□4
매우 훌륭하다	□2	형편 없다	□5
괜찮은 편이다	□3		

EARTH MAGAZINE 웹사이트

1. 최근 12개월 동안 *EARTH Magazine*를 방문한 적이 있습니까?

예	□1	아니오 □2→질문 4로 이동	

2. *EARTH Magazine* 웹사이트를 얼마나 자주 방문하십니까??

한 달에 한 번	□1	일주일에 한 번	□3	일주일에 4~5번	□5
일주일에 한 번 미만	□2	일주일에 2~3회	□4	일주일에 5회 초과	□6

그림 16.5 잡지 구독자 설문조사

출처 : EARTH Magazine Readership Survey (New York, Ipsos Mendelsohn, 2008).

3. 평균적으로, *EARTH Magazine* 웹사이트 방문시 시간을 어느 정도나 쓰십니까?

| 5분 미만 | □1 | 10~19분 | □3 | 30~59분 | □5 |
| 5~9분 | □2 | 20~29분 | □4 | 1시간 이상 | □6 |

4. *EARTH Magazine* 웹사이트에서 1950년 이후의 지난 호들을 이용 가능하다면 지불의사가 있습니까?

예 □1   아니오   □2→응답자특성 편으로 이동

5. ('예'라고 응답한 경우) 지난호들의 이용을 위해 1년당 얼마 정도 지불할 의사가 있으십니까?

| 1달러~9달러 | □1 | 20달러~29달러 | □3 | 40달러~49달러 | □5 |
| 10달러~19달러 | □2 | 30달러~39달러 | □4 | 50달러 이상 | □6 |

개인 특성에 관한 질문

1. 귀하는: 남성 □1   여성 □2

2. 해당 연령대에 표시해 주십시오.

| 21세 미만 | □1 | 35~44세 | □3 | 55~64세 | □5 |
| 21~34세 | □2 | 45~54세 | □4 | 65세 이상 | □6 |

3. 귀하는:

| 기혼 | □1 | 미혼 | □3 | 별거 | □5 |
| 동거 | □2 | 사별 | □4 | 이혼 | □6 |

4. 해당 교육 수준에 표시해 주십시오

| 고졸 미만 | □1 | 대학 재학 또는 중퇴 | □3 | 대학원 재학 또는 중퇴 | □5 |
| 고졸 | □2 | 대졸 | □4 | 대학원 졸 이상 | □6 |

5. 해당 취업상태에 표시해 주십시오.

| 정규직(주당 35시간 이상) | □1 | 미취업상태 | □3 ┐ 질문 6으로 |
| 파트 타임(주당 35시간 미만) | □2 | 은퇴 | □4 ┘ 건너뛸 것 |

직위는? (구체적으로 기술하시오. 예 : CEO, 사장, 부사장 등) _____

직업은? (구체적으로 기술하시오. 예 : 회계사, 경리, 변호사, 건축가 등) _____

6. 귀하 댁의 작년 가구 소득(세전 기준)은 어느 정도나 되십니까? (모든 가구원의 급여 소득, 이윤, 자본 소득, 임대 수익, 사회보장 수입 등 모든 원천의 소득 포함)

50,000달러 미만	□1	500,000~749,999달러	□1	2,500,000~2,999,999달러	□1
50,000~99,999달러	□2	750,000~999,999달러	□2	3,000,000~3,999,999달러	□2
100,000~199,999달러	□3	1,000,000~1,499,999달러	□3	4,000,000~4,999,999달러	□3
200,000~299,999달러	□4	1,500,000~1,999,999달러	□4	5,000,000 이상	□4
300,000~499,999달러	□5	2,000,000~2,499,999달러	□5		

참가요망 : *EARTH Magazine* 구독자 패널은 *EARTH Magazine* 독자로 구성된 전용패널입니다. 향후 설문조사를 통해 소비자 트렌드(기술혁신, 문화, 여행 등)에 대한 귀하의 시각은 *EARTH Magazine*의 기사에 직접적인 영향을 미칠 것입니다. *EARTH Magazine* 구독자 패널에 참여를 원하시면 귀하의 이메일 주소를 기입해 주십시오.

이메일 주소 _____@_____

작성 완료된 설문지는 회송용 봉투에 담아 우편으로 보내주십시오. (우송료는 필요하지 않습니다.)

그림 16.5 잡지 구독자 설문조사(계속)

특정 개념(또는 제품, 기업)을 평가하도록 요구된다. 소비자 반응상의 편향을 피하기 위해서는 긍정적인 용어와 부정적인 용어의 위치를 연속선상의 왼편에서 오른편으로 변화시키도록 주의해야 한다. 때때로 중립적인 답변에 응답하는 것을 제거하기 위해 짝수 척도가 이용되기도 한다. 의미차별 척도의 중요한 특징은 연구 중인 콘셉트에 대한 도표화된 소비자 프로필을 개발하는 데 이용될 수 있다는 점이다. 의미차별 척도는 경쟁 상품들에 대한 소비자 지각을 비교하고 이상적인 제품에 대한 지각 대비 기존제품에 대한 지각을 측정해서 제품 개선 영역을 확인하는 데에도 이용된다.

행동의도 척도(behavior intention scale)는 소비자가 미래에 해당 제품을 구매하거나 친구에게 추천한다든가 하는 특정 방식으로 행동할 가능성을 측정한다. 이러한 척도는 구성하기 쉽고 소비자는 자신의 미래의 행동에 관해 주관적인 판단을 내리도록 요구된다.

순위 척도(rank-order scales)를 가지고 조사대상은 제품(소매점, 또는 웹사이트) 같은 항목에 대해 전반적인 품질 또는 가격 대비 가치 같은 기준에서 선호 순서에 따라 서열을 매기도록 요구된다. 순위 척도 측정은 중요한 경쟁적인 정보를 제공하고 마케터로 하여금 제품 디자인 및 제품 포지셔닝 측면에서 개선이 필요한 부분을 확인할 수 있도록 해준다. 〈그림 16.6〉은 언급된 태도 척도의 예를 보여준다.

고객만족도 측정

고객만족 수준과 결정요인을 측정하는 것은 어느 기업이나 매우 중요하다. 마케터는 이러한 데이터를 고객을 유지하고, 더 많은 제품과 서비스를 판매하며, 제공물의 품질과 가치를 개선하고, 보다 효과적이고 효율적으로 운영하는 데 이용할 수 있다. **고객만족도 측정**(customer satisfaction measurement)은 고객과의 다양한 접촉방법 뿐만 아니라 정량적, 정성적 측정 도구를 포함한다.

고객만족도조사(customer satisfaction survey)는 제품 또는 서비스의 적합한 속성에 대해 고객이 얼마나 만족하는지와 이러한 속성의 상대적인 중요도(중요도 척도를 이용하여)를 측정한다. 일반적으로 이러한 설문조사는 '매우 불만족'에서 '매우 만족'에 이르는 의미차별 5점 척도를 이용한다. 연구 결과에 따르면 '매우 만족'에 응답한 고객은 '만족'에 응답한 고객에 비해 훨씬 수익성이 높고 충성적인 것으로 나타난다. 따라서 단순히 '만족한 고객'을 보유하고자 하는 기업은 치명적인 실수를 저지르고 있는 것이다.[17] 어떤 마케터는 고객 만족 또는 불만족은 구매하는 제품 또는 서비스에서 얻을 거라 기대하는 것과 실제로 얻었다고 느끼는 결과 간의 차이의 함수라고 주장한다. 일군의 연구자는 적정 서비스와 바람직한 서비스라는 두 개의 기대 수준 대비 실제 받은 서비스 성과를 측정하고, 해당 서비스의 향후 구매 의도를 측정하는 척도를 개발하였다.[18] 이러한 접근법은 일반적인 고객만족조사에 비해 보다 정교한 방식으로 고객의 기대에 못 미치는 제품 또는 서비스에 대한 시정조치를 개발하는 데 활용할 수 있는 결과를 얻을 수 있다.

미스터리쇼퍼(mystery shopper)는 생산성과 효율성을 개선할 수 있는 기회를 포착하기 위해 고객으로 가장하여 해당 기업의 서비스 요원과의 상호작용을 통해 그들을 객관적으로 평가하는 전문적인 관찰자이다. 예를 들어, 한 은행은 미스터리쇼퍼를 고용하여 다른 업무를 처리하고 있는 직원을 상대로 주택을 구입하거나 대학학자금을 대출하는 척하며 직원이 해당 은행의 관련 상품들에 대한 정보를 얼마나 빠르고 효과적으로 제공하는지에 따라 점수를 매기도록 하였다. 어떤 기업은 젊은 고객이 폭력적인 내용을 담고 있는 비디오 게임을 구매하고자 할 때는 판매 사원이 고객의 ID를 체크하도록 규정한 후 미스터리쇼퍼를 통해 실제로 그렇게 하는지를 점검하였다.

고객의 불만을 분석하는 것은 제품 및 고객 서비스를 개선하는 데 매우 중요하다. 조사 결과에 따르면, 불만족한 고객의 일부만이 불만을 제기한다. 대부분의 불만족한 고객은 아무말 없이 경쟁회사로 옮겨간다. 제대로 된 **고객불만 분석**(complaint analysis)시스템은 (1) 고객으로 하여금 불만족스러운 제품이나 서비스에 대해 불만을 제기하도록, (2) 구체적인 질문으로 구성된 양식을 채워서 개선을 위한 제안을 제시하도록, (3) 특별히 지정된 직원이 고객의 지적 사항을 경청하거나 적극적으로 고객(예를 들어, 호텔 로비 또는 체크아웃을 위해 늘어선 줄에 서 있는)으로부터 조언을 요청하는 고객의

리커트 척도

다음 진술들 각각에 대해 동의나 동의하지 않는 정도를 가장 잘 나타내는 번호를 적으시오.

| 1. 전적으로 동의한다 | 2. 다소 동의한다 | 3. 그저 그렇다 | 4. 그다지 동의하지 않는다 | 5. 전혀 동의하지 않는다 |

_____ 온라인으로 쇼핑하는 것은 재미있다.

_____ 온라인에서 신용카드 번호를 알려주는 것은 걱정된다.

고객 만족 가이드

X 은행의 온라인 뱅킹에 대해 전반적으로 얼마나 만족하십니까? _____

| 1. 매우 만족한다 | 2. 다소 만족한다 | 3. 그저 그렇다 | 4. 그다지 만족하지 않는다 | 5. 전혀 만족하지 않는다 |

중요도 척도

인터넷으로 쇼핑하는 것과 관련된 다음 특성들 각각에 대해 귀하에게 중요하거나 중요하지 않는 정도를 가장 잘 나타내는 번호를 적으시오.

| 1. 매우 중요하다 | 2. 다소 중요하다 | 3. 그저 그렇다 | 4. 그다지 중요하지 않다 | 5. 전혀 중요하지 않다 |

_____ 주문서 양식 다운로드 속도

_____ 해당 사이트에 등록 가능하다.

의미차별 척도

다음 특성들 각각에 대해 각 특성이 온라인 뱅킹에 적용되었을 때 어떨지 귀하의 느낌을 가장 잘 나타내는 것에 표시하시오.

경쟁력 있는 이율 |—|—|—|—|—|—|—| 경쟁력 없는 이율
신뢰할 만한 |—|—|—|—|—|—|—| 신뢰할 수 없는

참고 : 동일한 의미차별 척도를 온라인 뱅킹과 일반적인 은행업무 같은 2개의 경쟁 상품에 적용해서 척도에 포함된 양극단의 형용사를 따라서 두 대안의 프로필을 쉽게 도표로 나타낼 수 있다.

행동의도 척도

향후 6개월 동안, X 은행의 온라인 뱅킹의 이용을 지속할 의향이 얼마나 됩니까?

| 1. 반드시 지속할 것이다 | 2. 아마 지속할 것이다 | 3. 그저 그렇다 | 4. 지속할 의향이 별로 없다 | 5. 지속할 의향이 전혀 없다 |

친구에게 X 은행의 온라인 뱅킹을 추천할 의향이 얼마나 됩니까?

| 1. 반드시 추천할 것이다 | 2. 아마 추천할 것이다 | 3. 그저 그렇다 | 4. 추천할 의향이 별로 없다 | 5. 추천할 의향이 전혀 없다 |

순위 척도

다양한 은행업무 방법에 대한 귀하의 선호도를 알고자 합니다. 다음에 제시된 다양한 은행업무 방법에 대해 귀하가 선호하는 순서대로 순위를 매겨주십시오.

_____ 지점방문   _____ 온라인뱅킹   _____ 전화뱅킹
_____ ATM   _____ 우편뱅킹

그림 16.6 태도 측정도구

소리 청취 부서를 고객이 활용하도록 장려해야 한다.

각각의 불만 자체로는 그다지 정보를 제공해 주지 않기 때문에 기업은 고객불만을 분류하고 분석할 수 있는 시스템을 구비하여 분석결과가 기업의 운영을 개선하는 데 이용될 수 있도록 해야 한다.

고객이탈 분석은 왜 고객이 그 기업을 떠나가는지를 알아내는 것으로 구성된다. 일반적으로 기존 고객 유지 비용이 신규 고객 획득 비용보다 저렴하기 때문에 고객 충성비율은 중요하다. 따라서 왜

고객이 이탈하는지를 알아내어 고객의 행동이 이탈을 고려하고 있다는 것을 보여줄 때 개입하는 것이 매우 중요하다. 예를 들어, 매년 기존 고객의 20%가 이탈하고 있는 한 은행에서는 충성 고객 500명의 거래 기록과 이탈 고객 500명의 거래 기록을 거래량, 거래 빈도, 평균 잔액에서의 변동 등의 측면에서 비교하였다. 해당 은행은 향후 이탈 가능성을 보여주는 거래 패턴을 찾아내어 잠재 이탈 고객을 대상으로 유지 프로그램을 가동하였다.[19]

표본 추출 및 자료 수집

모집단 전체에서 정보를 얻는 것은 거의 대부분 불가능하기 때문에 연구자는 표본을 이용한다. **표본**(sample)은 모집단의 특성을 추정하기 위해 이용되는 모집단의 부분집합이다. 따라서 표본은 해당 연구의 모집단을 대표해야 한다. 최근에 잘 구축된 닐슨미디어리서치컴퍼니에서 밝혀냈듯이 표본이 모집단을 제대로 대표하지 못할지도 모른다는 의심은 수집된 자료 전체의 신뢰성을 훼손할 수 있으므로 즉시 해결되어야 한다. 닐슨의 TV 시청율 조사가 수십 년 동안 TV 시청자를 추정하고 광고료를 계산하는 데 이용되었지만, 닐슨의 고객사는 닐슨의 표본이 미국의 변화하는 인구 구성과 '시간차 시청' 및 생방송과 녹화방송 동안의 광고를 피하기 위해 티보(TiVo)같은 기기를 이용하는 많은 소비자들을 정확하게 반영하지 못하기 때문에 더 이상 미국의 인구를 대표하지 못한다고 최근에 고소하였다. 이러한 비판에 대한 대응으로 닐슨은 확실히 더 많은 소수 인종을 포함시키고 TV 시청습관의 변화를 반영하도록 표본을 재설계하였다.[20]

조사 디자인의 필수 요소 중의 하나는 **표본추출계획**(sampling plan)이다. 특히 표본추출계획은 다음 세 가지 질문을 다룬다. 누구를 대상으로 조사할 것인가(표본추출 단위), 얼마나 많이 조사할 것인가(표본 규모), 어떻게 조사 대상을 선정할 것인가(표본추출 절차). 누구를 대상으로 조사할 것인지를 결정하는 것은 적합한 표본이 선정될 수 있도록 자료가 수집되어야 할 시장의 경계 또는 모집단의 정의를 필요로 한다(예 : 일하는 엄마). 표본의 규모는 예산의 규모와 마케터가 원하는 결과의 신뢰 수준에 좌우된다. 표본이 커질수록 표본의 반응이 해당 모집단을 반영할 가능성이 커진다. 흥미로운 사실은 표본추출 절차에 따라 작은 규모의 표본이라도 때로는 매우 신뢰성 높은 결과를 제공하기도 한다는 것이다.

표본추출방법에는 두 가지 유형이 있다. **확률표본**(probability sample)은 모집단의 구성원이 표본으로 추출될 확률이 사전에 알려져 있고 각각이 선택될 가능성이 0이 아니도록 응답자를 선택하는 방법이다. **비확률표본**(nonprobability sample)에서는 특정 집단으로부터 주어진 수만큼의 응답자를 선택하기 위해 연구자의 판단이나 의사결정에 기초하여 무작위가 아닌 방식으로 모집단이 사전에 결정된다. 〈표 16.4〉는 확률표본과 비확률표본의 여러 유형의 특성을 요약하여 보여준다.

자료 수집

표본선정 다음 단계는 자료 수집이다. 앞에서 지적했듯이 정성조사는 보통 자료로 수집할 때 고도로 훈련된 사회과학자를 필요로 한다. 정량조사는 보통 조사자에 의해 직접 모집되고 훈련되거나 현장 인터뷰를 담당하는 전문 기업에 의해 파견된 현장 스텝을 활용한다. 작성이 완료된 질문지는 기록된 반응이 명확하고 완결되고 판독 가능한지를 보장하기 위해 조사가 진행됨에 따라 정기적으로 검토된다.

표 16.4 표본 추출의 유형	
확률표본	
단순무작위표본 (simlpe random sample)	모집단의 모든 구성원이 알려져 있으며 각각의 선택 확률이 동일하다.
체계적무작위표본 (systematic random sample)	무작위로 1명이 추출된 후 매 n번째의 구성원이 추출된다.
층화표본 (stratified random sample)	모집단을 상호배타적인 몇 개의 집단(연령 집단 같은)으로 나눈 후 각 집단별로 무작위로 추출한다.
군집표본 (cluster (area) sample)	모집단을 상호배타적인 몇 개의 집단(구역 같은)으로 나눈 후 한 집단 내에서 표본을 추출한다.
비확률표본	
편의표본 (convenience sample)	가장 접촉이 용이한 대상을 표본으로 추출한다(예 : 교실 내의 학생들).
판단표본 (judgment sample)	조사자가 정확한 정보를 얻어내는 데 좋은 출처로 판단되는 대상들(예 : 해당 분야의 전문가들)을 표본으로 추출한다.
할당표본 (quota sample)	사전에 정해진 규모에 따라 여러 집단의 구성원을 할당하는 방법이다 (예 : 남 녀 50 대 50).

정성조사와 정량조사의 결합

학습목표

4 정성조사와 정량조사를 어떻게 결합할지를 이해한다.

연구자는 해당 연구의 필요에 따라 조사과정을 조정한다. 예를 들어, 연구 목적이 새로운 온라인 데이팅 서비스의 세분화 전략을 개발하는 거라면 연구자는 먼저 인구 통계(예 : 해당 지역의 특정 연령대의 온라인 접속 남성 및 여성의 수, 그들의 결혼 여부, 직업 등) 같은 2차자료를 수집할 것이다. 그런 다음 마케팅 담당자와 함께 조사자는 해당 모집단(예 : 보스턴 지역에서 거주하거나 일하고 있는 18~45세 사이의 미혼의 대학교육을 받은 남성 및 여성)의 모수들(표본추출단위의 정의 같은)을 구체화할 것이다. 다음으로 온라인으로 사람을 만나는 것에 대한 표적집단의 태도 및 우려, 그들의 관심사, 온라인데이팅서비스가 제공하길 바라는 구체적인 서비스와 예방책에 대한 정보를 얻기 위해 정성조사(예 : 표적집단면접)가 먼저 수행될 것이다. 이 단계에서는 표적으로 삼아야 할 특정 연령그룹과 제공할 서비스에 대해 잠정적인 일반화에 도달해야 한다.

그런 다음 표적집단면접에서 얻어진 결과를 확인하고 실질적인 수치를 부여하기 위해 마케팅 담당자는 연구자로 하여금 정량조사를 수행하도록 할 것이다. 첫 단계의 연구는 연구 디자인을 개발하고 바로 대규모의 설문조사를 진행할 수 있도록 충분한 시사점을 제공해야 한다. 그러나 질문의 표현이나 형식 같은 연구 디자인 요소에 대한 의혹이 여전히 남아 있다면 마케팅 담당자와 연구자는 먼저 소규모로 **탐색적 연구**(exploratory study)를 진행한 후 설문지 및 연구 디자인의 다른 요소를 수정한 후에 연구 결과를 전체 모집단으로 추정이 가능한 확률표본추출법을 활용하여 전면적인 정량조사를 수행할 것이다. 분석을 통해 온라인데이팅서비스의 잠재고객을 적합한 사회문화적, 라이프 스타일 특성 및 매체이용행태, 태도, 지각, 지리인구통계적 특성을 기반으로 세분시장으로 나눠야 한다.

마케터는 정성적 요소와 정량적 요소를 모두 포함하는 조사 프로젝트를 빈번하게 진행한다. 한 예로 새로운 아이디어를 찾아내고 판촉전략을 개발하기 위해 정성조사 결과를 이용하고, 여러 판촉물

표 16.5	정량조사와 정성조사 비교	
	정성조사	정량조사
조사 목적	신제품 아이디어 또는 표적시장에 대한 포지셔닝 전략에 대한 통찰력을 얻기 위함이다. 얻어진 아이디어는 정량조사를 통해 검증되어야 한다. 정성조사는 정량조사의 목표를 정교화하고 표현을 다듬는 데에도 이용된다.	표적시장에 대해 — 다양한 세분시장의 특성과 마케팅 믹스 요소에 대한 가능한 반응 측면에서 — 기술하는 것이 목적이다. 얻어진 결과는 전략적 마케팅 의사결정에 활용된다.
질문의 유형 및 자료 수집 방법	전문화된 인터뷰어에 의한 탐색을 강조하는 비구조화된 개방형 질문	사전정의된 응답대안으로 구성된 폐쇄형 질문들과 제한된 갯수의 개방형 질문들로 구성
주요 방법론	표적집단면접, 심층면접	태도 척도, 꾸밈없는 질문으로 구성된 설문지 정량조사의 질의는 자기관리식 또는 대인, 전화, 우편, 온라인으로 수행되는 설문지로 구성 관찰법, 실험법, 소비자패널 등도 정량조사를 위한 자료 수집 방법
표본 추출 방법	소규모의 비확률표본추출. 조사 결과는 대체로 모집단을 대표하지 못한다.	대규모의 확률표본추출 자료 수집 도구가 타당하고 신뢰성이 있는 경우에 조사 결과는 모집단을 대표하는 것으로 볼 수 있다.
자료 분석	자료는 녹취록 또는 언어반응을 녹음한 테이프로 구성된다. 훈련된 행동과학 연구자에 의해 분석된다. 연구자들은 응답자 반응에서 반복되는 주제를 파악하고자 노력한다.	자료 수집 후 코딩해서 DB에 입력한다. 통계적 방법론을 활용해서 자료를 분석하고 조사 결과가 모집단을 대표하는 정도를 추정한다.

에 대한 소비자의 반응 정도를 추정하기 위해 정량조사 결과를 활용한다. 많은 경우 정성조사에서 얻어진 아이디어는 정량조사를 통해 검증된다. 정성조사에 의해 얻어진 소비자에 대한 이해와 정량조사에 의해 가능해진 예측치를 결합해서, 어느 한쪽 접근법만을 활용하는 경우보다 소비자 행동에 대한 보다 풍부하고 안정적인 프로필을 얻을 수 있다.

실제로 많은 소비자 연구는 일련의 상호 연관된 정성조사와 정량조사를 동시에 또는 한 두 차례의 정성조사와 정량조사를 오가며 순차적으로 수행된다. 이 책의 주저자가 AT&T를 위해 수행한 많은 연구에서 수차례의 표적집단면접과 심층면접을 진행한 후에 대규모의 내부 고객DB를 이용하거나 우편, 전화조사에 전문화된 설문조사 기업의 서비스를 활용하여 정량조사를 수행하는 것은 아주 흔한 일이었다. 명심해야 할 것은 마케팅지향 기업에서 행해지는 대부분의 소비자 조사는 단독연구가 아닌 정성조사(주로 표적집단면접 또는 심층면접)와 정량조사(주로 설문조사, 소비자패널조사 또는 실험 형태)가 혼합된 일련의 연구로 구성된다는 것이다. 보통 조사의 특정 단계에서 얻어진 시사점은 추가조사가 필요한지 필요하다면 추가조사의 목적과 유형이 어떤 것이어야 하는지 결정하기 위해 평가되어야 한다. 결합된 조사 결과는 마케터가 보다 의미있고 효과적인 마케팅 전략을 디자인할 수 있게 해준다. 〈표 16.5〉는 정량조사와 정성조사 디자인을 비교해서 보여준다.

자료분석과 조사 결과의 보고

학습목표

5 자료를 분석하고 조사 결과를
   보고하는 방법을 이해한다.

정성조사에서 모더레이터-연구자는 보통 얻어진 응답을 분석한다. 정량조사에서 연구자는 다음의 분석을 감독한다. 개방형 응답은 먼저 코딩이 되어 수치가 부여된다(숫자로 변환한다). 그런 다음 모든 응답은 표로 만들어지고, 선정된 변수 간의 연관성을 찾고 선택된 인구통계적 특성을 이용하여 집단을 나누는 정교한 분석 프로그램을 이용해서 분석된다.

정성조사와 정량조사 모두 조사 보고서에는 조사 결과의 간단한 종합보고와 마케팅 조치에 대한 제안을 포함한다. 보고서의 본문에는 적용된 방법론에 대한 자세한 기술과 함께 정량조사의 경우에는 조사 결과를 지지하는 표와 그림이 포함된다.

요약

학습목표 1 : 조사 목표를 설정하는 방법을 이해한다.

소비자 조사 과정의 첫 단계이자 가장 어려운 단계는 조사의 목적을 정확하게 정의하는 것이다. 전자리더기 시장의 세분화를 위한 것인가? 온라인 쇼핑 경험에 대한 소비자의 태도를 조사하기 위한 것인가? 식품 구매를 온라인으로 하는 가구의 비율을 알아내고자 하는 것인가? 주요 조사 질문이 무엇이든간에 처음부터 제안된 소비자 조사의 구체적인 목적과 목표에 마케팅 담당자와 조사 담당자가 동의하는 것이 중요하다. 조사 목적을 정확하게 명시해야 필요한 정보가 제대로 수집되고 시행착오를 피할 수 있다.

학습목표 2 : 2차자료를 수집하는 방법을 이해한다.

2차자료는 해당조사가 아닌 다른 조사 목적으로 수집되어 이미 존재하고 있는 정보이다. 2차자료 탐색의 이유는 간단히 말해서 현재 이용가능한 정보가 당면한 조사 질문에 대한 대답을 일부 혹은 전부 줄 수 있는지를 따져보는 것이 합리적이기 때문이다. 최소한 좋은 시작점이라도 제공할 수 있는 유용한 정보가 있는지 따져보기도 전에 새로운 정보를 수집하는 데 노력과 비용을 지불하는 것은 현명하지 못하다.

2차자료의 첫 번째 출처는 본래 다른 목적을 위해 사전에 수집된 기업 내부 자료이다. 원래는 판매 감사의 일부로 혹은 과거 고객 서비스 통화 자료나 고객으로부터의 문의 메일, 품질보증카드를 통해 수집되었을 수도 있다.

2차자료의 두 번째 출처는 기업 또는 조직의 외부에서 얻은 정보이다. 외부에서 얻은 2차자료는 여러 가지 형태를 띠고 있다. 어떤 자료는 무료로 공공도서관 등에서 얻을 수 있고 혹은 명목상의 낮은 요금으로 이용가능하지만 어떤 것들은 고가의

비용을 지불해야 얻을 수 있는 경우도 있다. 외부 2차자료의 주요 출처는 정부, 전문적이고 학술적인 간행물의 기사, 상업용 신디케이트 조사 등이다.

학습목표 3 : 정성조사 방법 및 정량조사 방법을 이해한다.

조사의 목적이 신제품 아이디어 또는 판촉 테마를 제시하는 것이라면 조사자들은 정성조사를 활용한다. 정성조사는 심층면접, 표적집단면접, 투사법으로 구성된다.

조사의 목적이 표적시장의 인구통계적 특성 또는 사이코그래픽스를 만족하는 소비자의 규모를 파악하거나 해당 브랜드 구매자의 특성과 해당 브랜드에 대한 충성도를 가지고 있는지 여부를 알아보기 위해서는 정량조사를 수행한다. 정량조사는 관찰조사, 실험법, 설문조사 등을 포함한다.

학습목표 4 : 정성조사와 정량조사를 어떻게 결합할지 이해한다.

마케터는 정성조사와 정량조사가 결합된 조사 프로젝트를 빈번히 수행한다. 예를 들어, 새로운 아이디어를 찾아내고 판촉전략을 개발하기 위해 정성조사 결과를 이용하고 여러 판촉물에 대한 소비자의 반응 정도를 추정하기 위해 정량조사 결과를 활용한다. 많은 경우 정성조사에서 얻어진 아이디어는 정량조사를 통해 검증된다. 정성조사에 의해 얻어진 소비자에 대한 이해와 정량조사에 의해 가능해진 예측치를 결합함으로써 어느 한쪽 접근법만을 활용하는 경우보다 소비자 행동에 대한 보다 풍부하고 안정적인 프로필을 얻을 수 있다.

학습목표 5 : 자료를 분석하고 조사 결과를 보고하는 방법을 이해한다.

정성조사에서 모더레이터-연구자는 보통 얻어진 응답을 분석

한다. 정량조사에서 응답은 코딩이 된 후 통계적으로 분석된다. 정성조사와 정량조사 모두 조사 보고서에는 조사 결과의 간단한 종합보고와 적용된 방법론에 대한 자세한 기술과 함께 마케팅조치에 대한 제안들을 포함한다.

복습과 토론 문제

16.1 마케팅 설문조사의 응답자로 선정되어본 적이 있는가? 있다면 접촉은 어떻게 이루어졌으며 면접은 어디서 이루어졌는가? 특별히 당신이 선정된 이유는 뭐라고 생각하는가? 설문조사의 목적에 대해 알고 있거나 짐작할 수 있는가? 조사와 관련된 기업이나 브랜드의 이름을 알고 있는가?

16.2 1차조사와 2차조사의 차이는 무엇인가? 2차자료의 존재가 1차조사를 불필요하게 만드는 상황은 어떤 경우인가? 2차자료의 주요 출처로는 어떤 것들이 있는가?

16.3 1차자료와 2차자료의 차이점을 설명하고 각각의 특징을 약술하시오.

16.4 미백용 신제품의 제조업체가 제품에 대한 소비자 지각과 구매의도에 대한 패키지 디자인과 라벨 정보의 효과를 조사하고자 한다. 당신이라면 이 제조업체에게 관찰법, 실험법, 설문조사 중 어떤 조사방법을 추천하겠는가? 이유를 설명하시오.

16.5 정량조사 방법이 선호되는 이유를 설명하시오.

16.6 선호되는 표본추출방법 중에서 무작위 요소를 특징으로 하는 것은 무엇인가?

16.7 우편, 전화, 대인, 온라인조사 같은 설문조사를 수행하는 다양한 방법의 장점과 단점을 예를 들어 기술하시오. 가장 적합한 설문조사 방법을 어떻게 결정하겠는가?

실전 과제

16.8 뉴트로지나는 청장년층을 위한 개인생활용품을 제조하는 기업이다. 이 기업은 세안제 제품 라인을 확장하고자 한다. 이러한 목적에 중점을 둔 (1) 정성조사, (2) 정량조사를 디자인하시오.

16.9 표적집단면접과 심층면접에 관한 논의에 기반하여 휴대전화의 브랜드와 모델에 대한 대학생의 반응을 조사하기 위한 면접 가이드라인을 개발하시오.

16.10 이세탄, 소고, 미츠코시 같은 일본 백화점에서의 쇼핑 경험에 대한 특정 집단의 태도를 조사하고자 할 때 적용하고자 하는 설문조사 방법은 무엇인가?

16.11 네슬레는 네스프레소를 생산하기로 결정하기 전에 폭넓고 정확한 시장조사를 수행하였다. 웹, 언론기사, 기업 웹사이트 등을 활용하여 배경 조사를 간단히 설명하고 조지 클루니와 맷 데이먼을 모델로 활용하여 성공적인 마케팅의 귀감이 된 에스프레소 브랜드의 성공에 대한 이유를 제시하시오.

주요 용어

사례 6

피마 항공우주박물관
'위대한 종이 비행기 프로젝트'

주관 광고사 : BBDO 샌프란시스코

기여 기관 : 헌터퍼블릭릴레이션스(Hunter Public Relations)

전략 과제

턱슨 근처의 광대한 아리조나 사막에 위치한 피마 항공우주박물관은 300대가 넘는 항공기와 12만 5천 개가 넘는 모형물을 전시하고 있다. 박물관의 목적은 항공우주 역사를 선보이고 설명해주기 위함이었다. 2011년 7월, 박물관 방문자의 50% 이상은 60대 이상의 항공우주 역사의 열성적인 팬들로 구성되어 있었다. 박물관은 안정적인 미래를 위해서 새로운 세대를 유치해야만 한다는 것을 인식하였다. 경영진은 콘텐츠의 본질상 부모와 자녀를 함께 끌어들여야 한다는 것을 알았다.

목표

1. 피마를 유명하게 만든다. 피마는 그야말로 사막에 숨겨진 세계 최상급의 행선지이다. 입장객을 늘리기 위해서 박물관은 턱슨을 넘어선 매체 노출이 이루어져야 한다.
2. 보다 젊은 방문객(25~50세 사이의 젊은 학부모)을 유인해서 관람객의 인구통계적 구성을 변화시킨다.

통찰

어린아이가 있는 엄마들과의 인터뷰에서 많은 엄마들이 피마를 영웅적인 위업의 진열장으로 보기보다는 과도한 군국주의의 서글픈 잔재로 여기고 있다는 사실을 드러냈다. 피마에 진열된 많은 항공기들은 전쟁 역사의 상징들이었으나, 많은 아이템들은 항공이 응용수학, 물리학, 공학, 디자인, 환경공학에 기원을 두고 있음을 보여준다.

피마 최고의 명물은 록히드 SR-71 블랙버드이다. 이 항공기는 선진 장거리용 마하 31 전략정찰 항공기로서 1960년대에 만들어졌다. 전략정찰 동안 SR-71은 고속, 고공으로 비행해서 위협을 따돌린다. 비행사가 지대공 미사일을 탐지하면 가속하여 추월하게 된다. SR-71은 1964년부터 1998년까지 미 공군에 복무해왔다. 32개의 항공기가 만들어져 12개는 사고로 소실되었으나 적군의 공격으로 소실된 적은 없었다.

계획안

피마는 세계 최대의 종이 비행기를 디자인하고 만들고 날리는 실전 학습을 통해 새로운 세대의 항공 팬을 창출하기를 바랐다.

계획을 현실로

피마 박물관은 지역학교 교사와 학생들을 종이 비행기 대회에 참여하도록 하였다. 390명의 지역교사들에게 종이 비행기를 접는 방법과 대기 속도, 양력, 힘에 관한 수업을 진행하는 방법 등을 보여주는 맞춤형 학습 계획안과 함께 초대장을 보냈다. 200개의 지역 학교의 아동들이 경쟁에 참여하였고 우승자의 비행기는 90피트의 거리를 날아갔다.

전문가 팀과 작업함으로써 우승자의 비행기는 세계에서 가장 큰 종이비행기로 변모되었다. 그런 다음 45피트 길이의 비행기는 헬리콥터를 이용하여 아리조나 사막 위 3,000피트 높이로 끌어올려져 처음이자 유일한 비행을 위해 발사되었다. 짧은 자유 낙하 후에 비행기는 최고 속도 98마하로 거의 1마일(0.93)을 비행했다. 우아한 착륙이라고 하기엔 부족한 낙하 후에 세계 최대의 종이 비행기는 누가 봐도 알 수 있게 콘테스트와 제작에 관한 기록물과 함께 박물관에 전시되었다.

질문

1. 종이 비행기 대회를 디자인할 때 심리적, 사회문화적, 커뮤니케이션 요소들의 역할은 무엇인가?
2. 포지셔닝 관점에서 박물관이 처한 사안을 토론하시오.
3. 세계 최대의 종이비행기를 제작하고 발사하는 것은 일회성 이벤트였다. 이것이 어떻게 박물관에 대한 보다 광범위한 매체 노출의 토대가 될 수 있었는가?
4. 박물관이 목표를 달성했는지 여부를 어떻게 측정할 것인가?
5. 박물관이 새로운 방문객을 유치했다고 가정했을 때 새로운 방문객을 어떻게 유지하고 반복적으로 방문하도록 만들 것인가?

출처 : Effie Worldwide, Effie Showcase Winners. Reprinted by permission. Pima Air and Space Museum is a 2013 Gold Effie Winner. For information on Effie's programs for students, visit the Collegiate Effies at www.effie.org

참고문헌

제1장

1. American Marketing Association, 2007.
2. Davis Hounshell, *From the American System to Mass Production 1800–1932* (Baltimore/London: John Hopkins University Press, 1984), 224.
3. www.gm.com/company/corp_info/history
4. Mike Esterl, "Monster Beverage Under Fire," online.wsj.com, May 6, 2013.
5. Julie Jason, "New Ad Targets McDonald's," online.wsj.com, September 14, 2010.
6. Erica Phillips, "Music Fan Sites to Pay Privacy Fine," online.wsj.com, October 3, 2012.
7. David Streitfeld, "Google Is Faulted for Impeding U.S. Inquiry on Data Collection," nytimes.com, April 14, 2012.
8. Leslie Kaufman and Tanzina Vega, "Media Giants Chase Online Ads with Original Shows," nytimes.com, May 5, 2013.
9. Graphs composed by the authors based on portions of the data from Julia Angwin and Jeremy Singer-Vine, "Selling You on Facebook," online.wsj.com, April 8, 2012.
10. A general ad space buy costs around $1 to $2 for a thousand impressions. If many competitors bid, that may rise to $4 to $15 for a thousand impressions. However, these figures very widely and do not represent the millions of bids that are submitted daily.
11. Suzanne Vranica, "Ads Let Viewers Be Mad Men," online.wsj.com, February 2, 2013; Suzanne Vranica, "Tweets Spawn Ad Campaigns," online.wsj.com, October 21, 2012.
12. William Launder, "Retailers Become Judges on NBC's 'Fashion Star,'" nytimes.com, March 13, 2012.
13. Spencer E. Ante, "Online Ads Can Now Follow You Home," online.wsj.com, April 29, 2013.
14. Suzanne Vranica, "MTV Aims for Multitasker," online.wsj.com, September 5, 2012.
15. Nikolaus Franke, Peter Keinz, and Christoph J. Steger, "Testing the Value of Customization: When Do Customers Really Prefer Products Tailored to Their Preferences?" *Journal of Marketing*, Vol. 73 (September 2009): 103–121.
16. Ann Zimmerman and Elizabeth Holmes, "Target to Match Online Prices, Following Best Buy," online.wsj.com, October 16, 2012.
17. Stephanie Clifford," "Retailers Add Gadgets for Shoppers at Ease with Technology," nytimes.com, November 23, 2012.
18. Jessica Vascellaro and Shara Tibken, "Apple Jumps into Textbooks," online.wsj.com, January 20, 2012.
19. Ellen Byron, "In-Store Sales Begin at Home," online.wsj.com, April 25, 2011.
20. Greg Bensinger, "Amazon's New Secret Weapon: Delivery Lockers," online.wsj.com, August 7, 2012.
21. Robin Sidel, "Retailers Join Payment Chase," online.wsj.com, March 2, 2012.
22. Christine Haughney, "Guided by *Lucky* Magazine, Shopping Will Soon Require Less Clicking," nytimes.com, August 5, 2012.
23. Daniella Zalcman, "Online Ingredients for Success," online.wsj.com, May 24, 2011.
24. Stephanie Clifford, "Shopper Alert: Price May Drop for You Alone," nytimes.com, August 9, 2012.
25. Frederick F. Reichheld and W. Earl Sasser, Jr., "Zero Defections: Quality Comes to Services," *Harvard Business Review* (September–October 1990): 105–111; Michael Treacy and Fred Wiersema, "Customer Intimacy and Other Value Disciplines," *Harvard Business Review* (January–February 1993): 84–93.
26. Andrew Adam Newman, "Marketers Promoting a Granola Bar Hit the Trails in National Parks," nytimes.com, March 7, 2012.
27. Suzanne Vranica, "Ads Let Viewers Be Mad Men," online.wsj.com, February 2, 2013; Suzanne Vranica, "Tweets Spawn Ad Campaigns," online.wsj.com, October 21, 2012.
28. Stephanie Clifford, "Social Media Are Giving a Voice to Taste Buds," nytimes.com, July 30, 2012.
29. Rolph E. Anderson and Srinivasan Swaminathan, "Customer Satisfaction and Loyalty in E-Markets: A PLS Path Modeling Approach," *Journal of Marketing Theory & Practice,* Vol. 19 (2) (Spring 2011): 221–234.
30. C. M. Sashi, "Customer Engagement, Buyer-Seller Relationships, and Social Media," *Management Decision*, Vol. 50 (2) (2012): 253–272.
31. Based on Thomas O. Jones and W. Earl Sasser, Jr., "Why Satisfied Customers Defect," *Harvard Business Review*, (November–December 1995): 88–99.
32. Zeithami, Valerie A. et. al. "The Customer Pyramid: Creating and Serving Profitable Customers," *in California Management Review*, vol. 43, no. 4, Summer 2001. © 2001 by the Regents of the University of California. Published by the University of California Press.
33. Valerie A. Zeithaml, Roland T. Rust, and Katherine N. Lemon, "The Customer Pyramid: Creating and Serving Profitable Customers," *California Management Review* (Summer 2001): 118–142.
34. Susanne Craig, "What Restaurants Know (About You)," nytimes.com, September 4, 2012.
35. Shalini Ramachandran, "Pay-TV Providers Get Picky about Their Customers," online.wsj.com, May 9, 2013.
36. Tillmann Wagner, Thorsten Hennig-Thurau, and Thomas Rudolph, "Does Customer Demotion Jeopardize Loyalty?" *Journal of Marketing*, Vol. 73 (May 2009): 69–85.

제2장

1. Information from the publications' websites (June 2012).
2. Based on selected data from MyBestSegments at claritas.com (May 2012).
3. Colgate's website (May 2012).
4. Brian Stelter, "MTV Is Looking Beyond 'Jersey Shore' to Build a Wider Audience," nytimes.com, October 24, 2010; Tanzina Vega, "A Campaign to Introduce Keds to a New Generation," nytimes.com, February 22, 2011.

5. Michelle Kung, "Movie Studios Smell Out Teen Spirits," online.wsj.com, April 25, 2011.

6. Based on selected portions of a report issued by Pew Internet (accessed May 2012).

7. Stuart Elliott, "Vodka Brand Goes Edgy as It Reaches Out to Women," nytimes.com, August 9, 2010.

8. Stephanie Clifford, "Frito-Lay Tries to Enter the Minds (and Lunch Bags) of Women," nytimes.com, February 25, 2009.

9. Lauren A. E. Schuker, "VH1 Cultivates Its Female Side," online.wsj.com, April 17, 2011.

10. Elizabeth Holmes, "Dude, Pass the Exfoliator," online. wsj.com, April 26, 2012.

11. Ellen Byron, "Dove Men + Care," online.wsj.com, February 13, 2013.

12. Anil Mathur, Lee Euehun, and George P. Moschis, "Life-Changing Events and Marketing Opportunities," *Journal of Targeting, Measurement & Analysis for Marketing,* Vol. 14 (2) (January 2006): 115–128.

13. Ellen Byron, "As Middle Class Shrinks, P&G Aims High and Low," online.wsj.com, September 12, 2011.

14. Stephanie Clifford, "Even Marked Up, Luxury Goods Fly Off Shelves," nytimes.com, August 3, 2011.

15. Tanzina Vega, "Marketers, and Media Companies, Set Their Sights on Latin Women," nytimes.com, December 8, 2011.

16. Stuart Elliott, "Pretty as (Census) Picture," nytimes.com, March 28, 2011.

17. Stowe Shoemaker and Dina Marie V. Zemke, "The 'Locals' Market: An Emerging Gaming Segment," *Journal of Gambling Studies,* Vol. 21 (4) (Winter 2005): 379–407.

18. Allen Salkin, "Before It Disappears," nytimes.com, December 16, 2007.

19. Stuart Elliott, "Loved the Ads? Now Pour the Drink," nytimes.com, August 27, 2008.

20. Stuart Elliott, "Campaign Says 'Cheers' to Expanding a Regional Favorite," nytimes.com, April 25, 2011.

21. Stuart Elliott, "In New Ads, Some (Drinkers) Like It Hot," nytimes.com, November 28, 2011.

22. Steve brooks, "The Green Consumers," *Restaurant Business* (September 2009): 20–22.

23. Tara McBride Mintz, "Profiling Green Consumers: A Descriptive Study," MBA Thesis, Appalachian State University, North Carolina, May 2011.

24. Maryam Banikarim, "Seeing Shades in Green Consumers," *ADWEEK,* April 19, 2010.

25. Based on Stuart J. Barnes, "Segmenting Cyberspace: A Customer Typology for the Internet," *European Journal of Marketing,* Vol. 41 (1/2) (2007): 71–93.

26. Based on VALS at strategicinsights.com (May 2012).

27. Colgate's website (May 2012).

28. Paul G. Patterson, "Demographic Correlates of Loyalty in a Service Context," *Journal of Services Marketing,* Vol. 21 (2) (2007): 112–125.

29. David Martin-Consuegra, Arturo Molina, and Agueda Esteban, "The Customers' Perspective on Relational Benefits in Banking Activities," *Journal of Financial Services Marketing,* Vol. 10 (4) (2006): 98–108.

30. Carlos Flavian and Raquel Gurrea, "The Role of Readers' Motivations in the Choice of Digital versus Traditional Newspapers," *Journal of Targeting, Measurement & Analysis for Marketing,* Vol. 14 (4) (2006): 325–335.

31. Brian T. Ratchford, Debabrata Talukdar, and Myung-Soo Lee, "The Impact of the Internet on Consumers' Use of Information Sources for Automobiles: A Re-Inquiry," *Journal of Consumer Research,* Vol. 34 (June 2007): 111–119.

32. Gillian Sullivan Mort and Judy Drennan, "Marketing M-Services: Establishing a Usage Benefit Typology Related to Mobile User Characteristics," *Database Marketing & Consumer Strategy Management,* Vol. 12 (4) (2005): 327–341.

33. Muhammad Alijukhadar and Sylvain Senecal, "Segmenting the Online Consumer Market," *Marketing Intelligence & Planning,* Vol. 29 (4) (2011): 421–435.

34. Jaime R. S. Fonseca and Margarida G. M. S. Cardoso, "Supermarket Customers Segments Stability," *Journal of Targeting, Measurement and Analysis for Marketing,* Vol. 15 (4) (2007): 210–221.

35. Carmen Rodriguez Santos, Miguel Cervantes Blanco, and Ana Gonzalez Fernandez, "Segmenting Wine Consumers According to Their Involvement with Appellations of Origin," *Brand Management,* Vol. 13 (4/5) (April–June 2006): 300–312.

36. Stuart Elliott, "A Push to Promote Familiar Brands Online," nytimes.com, November 17, 2011.

37. Dana Mattioli and Miguel Bustillo, "Can Texting Save Stores?" online.wsj.com, May 8, 2012.

38. Charles Duhigg, "How Companies Learn Your Secrets," nytimes.com, February 16, 2012.

39. Stuart Elliott, "Bounty Now Promises a Competent Clean," June 28, 2010 nytimes.com

40. Christina Passariello and Max Colchester, "L'Oreal Slogan Must Be Proved Anew," online.wsj.com, November 15, 2011.

41. Stuart Elliott, "Bounty Now Promises a Competent Clean," nytimes.com, June 28, 2010.

42. www.crest.com

43. Visine's website (June 2012).

44. Crest's website (October 2012).

45. Sources: Stuart Elliott, "Choosing Between a Hard Rock and a Place," nytimes.com, November 22, 2010; Stuart Elliott, "It Only Takes an Instant, Lottery Ads Declare," nytimes.com, May 9, 2011; Stuart Elliott, "A Wine Brand Creates a New Theme to Help Spur Growth," nytimes. com, August 29, 2011; Vivian S. Toy, "Goodbye, Glitzy Condo Pitches," nytimes.com, August 20, 2010; Louise Story, "In Ads, Banks Try the Warm, Cozy Approach," nytimes.com, June 9, 2009; Andrew Newman, "Bold Commercials and Flavors Aim to Spice Up Chili's Brand," nytimes.com, September 29, 2011.

46. Louise Story, "Home Equity Frenzy Was a Bank Ad Come True," nytimes.com, August 15, 2008.

|제3장

1. Chung-Yao Huang, Yong-Zheng Shen, Hong-Xiang Lin, and Shin-Shin Chang, "Bloggers' Motivations and Behavior: A Model," *Journal of Advertising Research,* 47 (4) (December 2007): 472–483.

2. Adapted from Kanghui Baek, Avery Holton, Dustin Harp, and Carolyn Yaschur, "The Links That Bind: Uncovering Novel Motivations for Linking on Facebook," *Computers in Human Behavior,* 27 (2011): 2245–2267.

3. Craig Martin, "Consumption Motivation and Perceptions of Malls: A Comparison of Mothers and Daughters," *Journal of Marketing Theory & Practice*, 17 (Winter 2009): 49–61.

4. See Tillmann Wagner and Thomas Rudolph, "Toward a Hierarchy of Shopping Motivations," *Journal of Retailing & Consumer Services*, 17 (2010): 415–429.

5. See Abraham H. Maslow, "A Theory of Human Motivation," *Psychological Review*, 50 (1943): 370–396; Abraham H. Maslow, *Motivation and Personality* (New York: Harper & Row, 1954); Abraham H. Maslow, *Toward a Psychology of Being* (New York: Van Nostrand Reinhold, 1968): 189–215.

6. Maslow 1954, 1968.

7. Abraham H. Maslow, Motivation and Personality (New York: Harper & Row, 1954); and Abraham H. Maslow, Toward a Psychology of Being(New York: Van Nostrand Reinhold, 1968): 189–215.

8. Matthew Jelavic and Kristie Oglilvie, "Maslow and Management: Universally Applicable or Idiosyncratic?" *Canadian Manager* (Winter 2010): 16–17.

9. Sylvia Miller, M. Clinton, and John Camey, "The Relationship of Motivation, Needs, and Involvement Factors to Preferences for Military Recruitment Slogans," *Journal of Advertising Research*, 47 (1) (March 2007): 66–78.

10. Wann-Yih Wu and Badri Munir Sukoco, "Why Should I Share? Examining Consumers' Motives and Trust on Knowledge Sharing," *Journal of Computer Information Systems* (Summer 2010): 11–19.

11. *Sources:* Emily Eakin, "Penetrating the Mind by Metaphor," *New York Times*, February 23, 2002, B9, Bl-1; Ronald B. Leiber, "Storytelling: A New Way to Get Close to Your Customer," *Fortune*, February 3, 1997; Bernice Kramer, "Mind Games," *New York*, May 8, 1989, 33–40.

12. Neale Martin and Kyle Morich, "Consumer Choice: Toward a New Model of Consumer Behavior," *Journal of Brand Management*, 18 (March 2011): 483–505.

13. For example, see Karen Horney, *The Neurotic Personality of Our Time* (New York: Norton, 1937).

14. Joel B. Cohen, "An Interpersonal Orientation to the Study of Consumer Behavior," *Journal of Marketing Research*, 6 (August 1967): 270–278; Arch G. Woodside and Ruth Andress, "CAD Eight Years Later," *Journal of the Academy of Marketing Science* 3 (Summer–Fall 1975): 309–313; see also Jon P. Noerager, "An Assessment of CAD: A Personality Instrument Developed Specifically for Marketing Research," *Journal of Marketing Research*, 16 (February 1979): 53–59.

15. Stefan Soyez and Kat Soyez, "A Cognitive Model to Predict Domain-Specific Consumer Innovativeness," *Journal of Business Research*, 63 (2010): 778–785.

16. Bert Vandecasteele and Maggie Geuens, "Motivated Consumer Innovativeness: Concept, Measurement, and Validation," *International Journal of Research in Marketing*, 27 (2010): 308–318.

17. Tanawat Hirunyawipada and Audhesh K. Paswan, "Consumer Innovativeness and Perceived Risk: Implications for High Technology Product Adoption," *Journal of Consumer Marketing*, 23 (7) (2006): 197; Ji Eun Park, Jun Yu, and Joyce Xin Zhou, "Consumer Innovativeness and Shopping Styles," *Journal of Consumer Marketing*, 27 (5) (2010): 437–446.

18. Gilles Roehrich, "Consumer Innovativeness," and Angela D'Auria Stanton and Wilbur W. Stanton, "To Click or Not to Click: Personality Characteristics of Internet versus Non-Internet Purchasers," in *2001 AMA Winter Educators' Conference*, 12, edited by Ram Krishnan and Madhu Viswanathan (Chicago: American Marketing Association, 2001): 161–162.

19. Walfried M. Lassar, Chris Manolis, and Sharon S. Lassar, "The Relationship Between Consumer Innovativeness, Personal Characteristics, and Online Banking Adoption," *International Journal of Bank Marketing*, 23 (2) (2005): 190–201.

20. Isita Lahiri and Amitava Gupta, "Brand Extensions in Consumer Non-durables, Durables and Services: A Comparative Study," *South Asian Journal of Management*, 12 (4) (October–December 2005): 34–42.

21. Byoungho Jin and Yong Gu Suh, "Integrating Effect of Consumer Perception Factors in Predicting Private Brand Purchase in a Korean Discount Store Context," *Journal of Consumer Marketing*, 22 (2) (2005): 62–77.

22. Milton Rokeach, *The Open and Closed Mind* (New York: Basic Books, 1960).

23. Kurt Matzler, Sonja Bidmon, and Sonja Grabner-Kräuter, "Individual Determinants of Brand Affect: The Role of Personality Traits of Extraversion and Openness to Experience," *Journal of Product & Brand Management*, 15 (7) (2006): 434–451.

24. Ann Marie Fiore, Hyun-Jeong Jin, and Jihyun Kim, "For Fun and Profit: Hedonic Value from Image Interactivity and Responses Toward an Online Store," *Psychology & Marketing*, 22 (8) (2005): 675–686.

25. Ann Marie Fiore, Leung-Eun Lee, and Grace Kunz, "Individual Differences, Motivations, and Willingness to Use a Mass Customization Option for Fashion Products," *European Journal of Marketing*, 38 (7) (2004): 835–849.

26. Walter Wymer. Donald Self, and Carolyn Sara Findley, "Sensation Seekers as a Target Market for Volunteer Tourism," *Service Marketing Quarterly*, 31 (2010): 348–362.

27. Elizabeth C. Hirschman, "Innovativeness, Novelty Seeking and Consumer Creativity," *Journal of Consumer Research*, 7 (1980): 283–295; Piyush Sharma, Bharadhwaj Sivakumaran, and Roger Marshall, "Impulse Buying and Variety Seeking: A Trait-Correlates Perspective," *Journal of Business Research*, 63 (2010): 276–283.

28. Chingching Chang, "Diagnostic Advertising Content and Individual Differences," *Journal of Advertising*, 36 (3) (Fall 2007): 79–87.

29. Chien-Huang Lin and Pei-Hsun Wu, "The Effect of Variety on Consumer Preferences: The Role of Need for Cognition and Recommended Alternatives," *Social Behavior & Personality*, 34 (7) (2006): 874–889.

30. Tracy L. Tuten and Michael Bosnjak, "Understanding Differences in Web Usage: The Role of Need for Cognition and the Five Factor Model of Personality," *Social Behavior & Personality*, 29 (4) (2001): 391–398.

31. Dahui Li and Glenn J. Browne, "The Role of Need for Cognition and Mood in Online Flow Experience," *Journal of Computer Information Systems*, 46 (3) (Spring 2006): 15–28; Maria Sicilia, Salvador Ruiz, and Jose L. Munuera, "Effects of Interactivity in a Web Site," *Journal of Advertising*, 34 (3) (Fall 2005): 40–53.

32. Maria Kozhevnikov, Stephen Kosslyn, and Jeffifer Shepard, "Spatial versus Object Visualizers: A New Characterization of Visual Cognitive Style," *Memory & Cognition*, 33 (4) (2005): 710–722.

33. Elaine Sherman, Leon Schiffman, and Yong Zhang, "A Cross-Cultural Investigation of Consumer Frugality: The Case of the United States and China," *Global Business & Technology Conference Proceedings*, Istanbul, Turkey (July 2011); Jeffrey Podoshen, Lu Li, and Junfeng Zhang, "Materialism and Conspicuous Consumption in China: A Cross-Cultural Examination," *International Journal of Consumer Studies*, 35 (2011): 17–25; Srinivas Durvasula and Steven Lysonski, "Money, Money, Money—How Do Attitudes Toward Money Impact Young Chinese Consumers?" *Journal of Consumer Marketing*, 27 (2) (2010): 169–179.

34. Marsha L. Richins and Scott Dawson, "A Consumer Values Orientation for Materialism and Its Measurement: Scale Development and Validation," *Journal of Consumer Research*, 19 (December 1992): 303–316; Jeff Tanner and Jim Roberts, "Materialism Cometh," *Baylor Business* Review (Fall 2000): 8–9.

35. Scott I. Rick, Cynthia E. Cryder, and George Loewenstein, "Tightwads and Spendthrifts," *Journal of Consumer Research*, 34 (April 2008): 767–782.

36. Alain d'Astous and Jonathan Deschenes, "Consuming in One's Mind: An Exploration," *Psychology & Marketing*, 22 (1) (January 2005): 1–30.

37. Helga Dittmar, "A New Look at 'Compulsive Buying': Self-Discrepancies and Materialistic Values as Predictors of Compulsive Buying Tendency," *Journal of Social & Clinical Psychology*, 24 (6) (September 2005): 832–859. Also see Laurence Claes et al., "Emotional Reactivity and Self-Regulation in Relation to Compulsive Buying," *Personality & Individual Differences*, 49 (2010): 526–530.

38. Hui-Yi Lo and Nigel Harvey, "Shopping Without Pain: Compulsive Buying and the Effects of Credit Card Availability in Europe and the Far East," *Journal of Economic Psychology*, 32 (2011): 79–92; Kay Palan, Paula Morrow, Allan Trapp, and Virginia Blackburn, "Compulsive Buying Behavior in College Students: The Mediating Role of Credit Card Misuse," *Journal of Marketing Theory & Practice*, 19 (1) (2011): 81–96.

39. Olaf Werder and Marilyn S. Roberts, "Generation Y's Consumer Ethnocentrism: Implications for Advertisers in a Post September 11th World," *American Academy of Advertising Conference Proceedings* (2005): 185; Gregory S. Black and Leon F. Dube, "Implications of Collective Trauma on Consumer Purchase Attitudes," *Atlantic Economic Journal* (published online), December 20, 2006.

40. Osman Mohamad, Zafar U. Ahmed, Earl D. Honeycutt, Jr., and Taizoon Hyder Tyebkhan, "Does 'Made In . . .' Matter to Consumers? A Malaysian Study of Country of Origin Effect," *Multinational Business Review* (Fall 2000): 69–73; Irvin Clarke, Mahesh N. Shankarmahesh, and John B. Ford, "Consumer Ethnocentrism, Materialism and Values: A Four Country Study," in *2000 AMA Winter Educators' Conference*, 11, edited by John P. Workman and William D. Perreault (Chicago: American Marketing Association, 2000): 102–103.

41. Subhash Sharma, Terence A. Shimp, and Jeongshin Shin, "Consumer Ethnocentrism: A Test of Antecedents and Moderators," *Journal of the Academy of Marketing Science*, 23 (1995): 27.

42. Hamin Elliott and Greg Elliott, "A Less-Developed Country Perspective of Consumer Ethnocentrism and 'Country of Origin' Effects: Indonesian Evidence," *Asia Pacific Journal of Marketing & Logistics,* 18 (2) (2006): 79–92.

43. George Balabanis and Adamantios Diamantopoulos, "Domestic Country Bias, Country-of-Origin Effects, and Consumer Ethnocentrism: A Multidimensional Unfolding Approach," *Journal of the Academy of Marketing Science,* 32 (Winter 2004): 80–95.

44. Byeong-Joon Moon, "Effects of Consumer Ethnocentrism and Product Knowledge on Consumers' Utilization of Country-of-Origin Information," *Advances in Consumer Research,* 31 (2004): 667–673.

45. Fang Liu, Jamie Murphy, Jianyao Li, and Xiangping Liu, "English and Chinese? The Role of Consumer Ethnocentrism and Country of Origin in Chinese Attitudes Towards Store Signs," *Australasian Marketing Journal*, 14 (2) (2006): 5–16.

46. Jufei Kao, "Is It a Foreign Product? A Scale to Classify Products in an Era of Globalization," *Advances in Consumer Research,* 31 (2004): 674–682.

47. Shintaro Okazaki, "Excitement or Sophistication? A Preliminary Exploration of Online Brand Personality," *International Marketing Review*, 23 (3) (2006): 279–303.

48. Pankaj Aggarwal and Ann L. McGill, "Is That Car Smiling at Me? Schema Congruity as a Basis for Evaluating Anthropomorphized Products," *Journal of Consumer Research*, 34 (December 2007): 468–479.

49. Vanitha Swaminathan, Karen M. Stilley, and Rohini Ahluwalia, "When Brand Personality Matters: The Moderating Role of Attachment Styles," *Journal of Consumer Research*, 35 (April 2009): 567–579.

50. Didier Louis and Cindy Lombart, "Impact of Brand Personality on Three Major Relational Consequences (Trust, Attachment, and Commitment to the Brand)," *Journal of Product & Brand Management*, 19 (2) (2010): 114–130.

51. Scarlett C. Wesley, Deborah C. Fowler, and Maria Elena Vazquez, "Retail Personality and the Hispanic Consumer: An Exploration of American Retailers," *Managing Service Quality,* 16 (2) (2006): 177–180.

52. Qimei Chen and Shelly Rodgers, "Development of an Instrument to Measure Web Site Personality," *Journal of Interactive Advertising*, 7 (1) (Fall 2006). Retrieved from http://jiad.org/article86.

53. Tara Parker-Pope, "Are Most People in Denial about Their Weight?" nytimes.com, April 18, 2012.

54. Russell W. Belk, "Possessions and the Extended Self," *Journal of Consumer Research*, 15 (September 1988): 139–168; Amy J. Morgan, "The Evolving Self in Consumer Behavior: Exploring Possible Selves," in *Advances in Consumer Research*, 20, edited by Leigh McAlister and Michael L. Rothschild (Provo, UT: Association for Consumer Research, 1992): 429–432.

55. Richard G. Netemeyer, Scot Burton, and Donald R. Lichtenstein, "Trait Aspects of Vanity: Measurement and Relevance to Consumer Behavior," *Journal of Consumer Research*, 21 (March 1995): 613–627.

제4장

1. Interviews with Helen Priestley, McCain Foods Marketing Director, and Nir Wegrzyn, CEO, BrandOpus, London, May 25, 2013. Interviewer: Joseph Wisenblit.
2. Serena Ng, "Pet-Food Brand's Image Bites Back at Colgate," online.wsj.com, February 5, 2013.
3. Jeff Bennett, "Chevrolet Ads Take 'New Road,'" online.wsj.com, January 8, 2013.
4. Daniel Milotic, "The Impact of Fragrance on Consumer Choice," *Journal of Consumer Behaviour,* (December 2003): 179; Lawrence K. Altman, "Unraveling Enigma of Smell Wins Nobel for 2 Americans," *New York Times*, December 5, 2004, A18.
5. Aradhna Krishna, May O. Lwin, and Maureen Morrin, "Product Scent and Memory," *Journal of Consumer Research,* Vol. 37 (June 2010): 57–67.
6. For example, Joann Peck and Jennifer Wiggins, "It Just Feels Good: Customers' Affective Response to Touch and Its Influence on Persuasion," *Journal of Marketing*, Vol. 70 (October 2006): 59–69.
7. Stephanie Clifford, "Stuff Piled in the Aisle? It's There to Get You to Spend More," nytimes.com, April 7, 2011.
8. WSJ Video, "When a Sound Is Worth a Thousand Words," online.wsj.com, October 23, 2012.
9. Amy Schatz, "FCC Turns Down Volume of TV Commercials," online.wsj.com, December 13, 2011.
10. Catherine Saint Louis, "Fragrance Spritzers Hold Their Fire," nytimes.com, April 15, 2011.
11. Sources: Louise Story, "Times Sq. Ads Spread via Tourists' Cameras," nytimes.com, December 11, 2006; Stuart Elliott, "Show and Tell Moves into Living Room," nytimes.com, April 4, 2008; Stuart Elliott, "Joint Promotion Adds Stickers to Sweet Smell of Marketing," nytimes.com, April 2, 2007; Louise Story, "Anywhere the Eye Can See, It's Likely to See an Ad," nytimes.com, January 15, 2007; Stuart Elliott, "Brainy Brand Names Where They're Least Expected," nytimes.com, October 3, 2008; Stuart Elliott, "You Are Here (and Probably Seeing an Ad)," nytimes.com, August 14, 2008; Elizabeth Olson, "Practicing the Subtle Sell of Placing Products on Webisodes," nytimes.com, January 3, 2008; Stephanie Clifford, "More Bells, Whistles and Packets of All Sorts," nytimes.com, April 22, 2008.
12. Stephanie Clifford and Catherine Rampell, "Food Inflation Kept Hidden in Tinier Bags," nytimes.com, March 28, 2011.
13. Sheri J. Broyles, "Subliminal Advertising and the Perpetual Popularity of Playing to People's Paranoia," *Journal of Consumer Affairs*, Vol. 40 (2) (Winter 2006): 392–406.
14. Rob Walker, "Subconscious Warm-Up: Can a Brand Make You Perform Better?" *New York Times Magazine*, October 5, 2008, 22; Grainne M. Fitzsimons, Tanya L. Chartrand, and Gavan J. Fitzsimons, "Automatic Effects of Brand Exposure on Motivated Behavior: How Apple Makes You 'Think Different,'" *Journal of Consumer Research,* Vol. 35 (1) (June 2008): 21–35.
15. Jane Levere, "3 Ads about Budget Cuts for Children's Programs," nytimes.com, August 6, 2012.
16. Sigurd Villads Troye and Magne Supphellen, "Consumer Participation in Coproduction: 'I Made It Myself' Effects on Consumers' Sensory Perceptions and Evaluations of Outcome and Input Product," *Journal of Marketing,* Vol. 76 (33) (March 2012): 33–46.
17. Stephanie Clifford, "Product Placements Acquire a Life of Their Own on Shows," nytimes.com, July 14, 2008.
18. Elizabeth Cowley and Chris Barron, "When Product Placement Goes Wrong: The Effects of Program Liking and Placement Prominence," *Journal of Advertising,* Vol. 37 (1) (Spring 2008): 89–99.
19. William Lauder, "Retailers Become Judges on NBC's 'Fashion Star,'" online.wsj.com, March 13, 2012; Sam Schechner and Lauren A. E. Schuker, "Lights, Camera, Advertisements," online.wsj.com, September 14, 2011; Mike Esterl, "Bud Angles for Buzz with Reality Show," online.wsj.com, December 12, 2011.
20. Andrew Adam Newman, "Taking Pickles Out of the Afterthought Aisle," nytimes.com, April 25, 2011.
21. Joandrea Hoegg and Joseph W. Alba, "Taste Perception: More Than Meets the Tongue," *Journal of Consumer Research*, Vol. 33 (March 2007): 490–498.
22. Linda M. Scott and Patrick Vargas, "Writing with Pictures: Toward a Unifying Theory of Consumer Response to Images," *Journal of Consumer Research,* Vol. 34 (October 2007): 341–356.
23. Leonard L. Berry, Edwin F. Lefkowith, and Terry Clark, "In Services, What's in a Name?" *Harvard Business Review* (September–October 1988): 28–30.
24. Aysen Bakir, Jeffrey G. Blodgett, and Gregory M. Rose, "Children's Response to Gender-Role Stereotyped Advertisements," *Journal of Advertising Research,* Vol. 48 (2) (June 2008): 255–266.
25. Karl Kunkel, "Making Mattresses Tick: Manufacturers Rely on Distinctive Colors and Textures to Create Products That Entice Consumers with a Great First Impression," *HFN: The Weekly Newspaper for the Home Furnishings Network* (December 12, 2005): 33.
26. Joe Sharkey, "Hotels Learn the Importance of Expectations Built into a Brand Name," *New York Times*, June 18, 2002, C12.
27. Phred Dvorak, Suzanne Vranica, and Spencer E. Ante, "BlackBerry Maker's Issue: Gadgets for Work or Play?" online.wsj.com, September 30, 2011.
28. Based on the descriptions in the brands' respective websites (accessed June 16, 2012).
29. Mark Hachman, "Dell's 'More You' Ads Mean a Renewed Consumer Push," online.wsj.com, July 5, 2011; Stuart Elliott, "Google Remixes Old Campaigns, Adding a Dash of Digital Tools," nytimes.com, March 8, 2012; Stuart Elliott, "In New Ads, Stirring Memories of Commercials Past," nytimes.com, January 12, 2012; Stuart Elliott, "Sit Under the Apple Tree With Me, Juice Brand Asks," nytimes.com, June 7, 2010; Stuart Elliott, "Promoting a Potato Chip Using Many Farmers, and Less Salt," nytimes.com, May 25, 2010; Stuart Elliott, "So, Virginia, What's the Story," nytimes.com, February 1, 2010.
30. Ulrich R. Orth and Keven Malkewitz, "Holistic Package Designs and Consumer Brand Impressions," *Journal of Marketing,* Vol. 72 (May 2008): 64–81.
31. Jochen Wirtz, Anna S. Mattila, and Rachel L. P. Tan, "The Role of Arousal Congruency in Influencing Consumers' Satisfaction Evaluations and In-Store Behaviors," *International Journal of Service Industry Management,* Vol. 18 (1) (2007): 6–24.

32. Andreas Herrmann, Lan Xia, Kent B. Monroe, and Frank Huber, "The Influence of Price Fairness on Customer Satisfaction: An Empirical Test in the Context of Automobile Purchases," *Journal of Product & Brand Management,* Vol. 16 (1) (2007): 49–58.

33. Ben Lowe and Frank Alpert, "Measuring Reference Price Perceptions for New Product Categories: Which Measure Is Best?" *Journal of Product & Brand Management,* Vol. 16 (2) (2007): 132–141.

34. Daniel J. Howard and Roger A. Kerin, "Broadening the Scope of Reference Price Advertising Research: A Field Study of Consumer Shopping Involvement," *Journal of Marketing,* Vol. 70 (October 2006): 185–204.

35. Keith S. Coulter and Robin A. Coulter, "Distortion of Price Discount Perceptions: The Right Digit Effect," *Journal of Consumer Research,* Vol. 34 (August 2007): 162–173.

36. Sara Campo and Maria J. Yague, "Effects of Price Promotions on the Perceived Price," *International Journal of Service Industry Management,* Vol. 18 (3) (2007): 269–286.

37. Ritesh Saini, Raghunath Singh Rao, and Ashwani Monga, "Is That Deal Worth My Time? The Interactive Effect of Relative and Referent Thinking on Willingness to Seek a Bargain," *Journal of Marketing,* Vol. 74 (January 2010): 34–48.

38. Joan Lindsey-Mullikin, "Beyond Reference Price: Understanding Consumers' Encounters with Unexpected Prices," *Journal of Product & Brand Management,* Vol. 12 (2/3) (2003): 140–154.

39. Sarah Nassauer, "Marketing Decoder: Sandwich Meat," online.wsj.com, March 19, 2013.

40. Brian Wansink and SeaBum Park, "At the Movies: How External Cues and Perceived Taste Impact Consumption Volume," *Food Quality & Preference,* 12 (2001): 69–74.

41. Celina Gonzalez Mieres, Ana Maria Diaz Martin, and J. A. T. Gutierrez, "Antecedents of the Difference in Perceived Risk Between Store Brands and National Brands," *European Journal of Marketing,* Vol. 40 (1/2) (2006): 61–82.

42. Torben Hansen, "Understanding Consumer Perception of Food Quality: The Cases of Shrimp and Cheeses," *British Food Journal,* Vol. 107 (7) (2005): 500–525.

43. Ray Johnson and Johan Bruwer, "Regional Brand Image and Perceived Wine Quality: The Consumer Perspective," *International Journal of Wine Business Research,* Vol. 19 (4) (2007): 276–297.

44. Frank Vigneron and Lester W. Johnson, "Measuring Perceptions of Brand Luxury," *Journal of Brand Management,* Vol. 11 (6) (July 2004): 484.

45. Jeana H. Frost, Zoe Chance, Michael I. Norton, and Dan Ariely, "People Are Experience Goods: Improving Online Dating with Virtual Dates," *Journal of Interactive Marketing,* Vol. 22 (1) (Winter 2008): 51–61.

46. The research on expected versus perceived service quality and SERVQUAL appears in Valarie A. Zeithaml, A. Parasuraman, and Leonard L. Berry, *Delivering Quality Service: Balancing Customer Perceptions and Expectations* (New York: The Free Press, 1990); Valarie A. Zeithaml, Leonard L. Berry, and A. Parasuraman, "The Nature and Determinants of Customer Expectation of

Service," *Journal of the Academy of Marketing Science* (Winter 1993): 1–12; A. Parasuraman, Leonard L. Berry, and Valerie A. Zeithaml, "Refinement and Reassessment of the SERVQUAL Scale," *Journal of Retailing,* Vol. 67 (4) (Winter 1991): 420–450; A. Parasuraman, Leonard L. Berry, and Valerie A. Zeithaml, "Understanding Customer Expectations of Service," *Sloan Management Review* (Spring 1991): 39–48.

47. Ibid.

48. By shirt number: (1) sold at Bloomingdale's, designed by Donatella; (2) sold at Macy's, designed by Polonimo; (3) sold at Camicia (a store in NYC's Soho district), designed by Bertoliani; (4) sold by street vendors in NYC, made in China; (5) sold at Barney's under the store's name; (6) sold at H&M, designed by Xaas.

49. After looking at the shirt photos and the names of the stores and designers, the most expensive shirt is the one you believe to be so. The photos in Figure 4.1 are generic, and the information regarding the stores and designers is fictitious, used here only as illustration.

50. Benedict Carey, "$2.50 Placebo Gives More Relief Than a 10 Cents One," nytimes.com, March 5, 2008.

51. Shibin Sheng, Andrew M. Parker, and Kent Nakamoto, "The Effects of Price Discounts and Product Complimentarity on Consumer Evaluations of Bundle Components," *Journal of Marketing Theory & Practice,* Vol. 15 (1) (Winter 2007): 53–64.

52. John Tierney, "Calculating Consumer Happiness at Any Price," nytimes.com, June 30, 2009.

53. Thomas E. DeCarlo, Russell N. Laczniak, Carol M. Motley, and Sridhar Ramaswamy, "Influence of Image and Familiarity on Consumer Response to Negative Word-of-Mouth Communications about Retail Entities," *Journal of Marketing Theory & Practice,* Vol. 15 (1) (Winter 2007): 41–51.

54. Annie Gasparro, "Whole Foods Aims to Alter 'Price Perception' as It Expands," online.wsj.com, February 15, 2012.

55. Nat Ives, "Wal-Mart Turns to Ads to Address Its Critics," nytimes.com, January 14, 2005; Stuart Elliott, "Wal-Mart's New Realm: Reality TV," nytimes.com, June 3, 2005.

56. Kevin Coupe, "The Halo Effect, Revisited," *Chain Store Age* (February 2006): 36–37.

57. Louise Story, "In Ads, Banks Try the Warm, Cozy Approach," nytimes.com, June 9, 2009.

58. Erik Holm, "Progressive's # Fails in Social Media May Be Warning to Insurers," online.wsj.com, August 21, 2012.

59. Anthony D. Cox, Dena Cox, and Susan Powell Mantel, "Consumer Response to Drug Risk Information: The Role of Positive Affect," *Journal of Marketing,* Vol. 31 (74) (July 2010): 31–44.

60. Fang He and Peter P. Mykytyn, "Decision Factors for the Adoption of an Online Payment System by Customers," *International Journal of E-Business Research,* Vol. 3 (4) (October–December 2007): 1–32.

61. Tibert Verhagen, Sellmar Meents, and Yao-Hua Tan, "Perceived Risk and Trust Associated with Purchasing at Electronic Marketplaces," *European Journal of Information Systems* (2006): 542–555; Sally Harridge-March, "Can Building of Trust Overcome Consumer Perceived Risk?" *Marketing Intelligence & Planning,* Vol. 24 (7) (2006): 747–761.

62. Jung-Hwan Kim and Sharron J. Lennon, "Information Available on a Web Site: Effects on Consumers' Shopping Outcomes," *Journal of Fashion Marketing & Management,* Vol. 14 (2) (2010): 247–262; Man-Ling Chang and Wann-Yih Wu, "Revisiting Perceived Risk in the Context of Online Shopping: An Alternative Perspective of Decision-Making Styles," *Psychology & Marketing,* Vol. 29 (5) (May 2012): 378–400.

제5장

1. Charles Duhigg, "How Companies Learn Your Secrets," nytimes.com, February 16, 2012.

2. Verolien Cauberghe and Patrick De Pelsmacher, "The Impact of Brand Prominence and Game Repetition on Brand Responses," *Journal of Advertising*, Vol. 39 (1) (Spring 2010): 5–18; Andrea L. Micheaux, "Managing E-Mail Advertising Frequency from the Consumer Perspective," *Journal of Advertising,* Vol. 40 (4) (Winter 2011): 45–65.

3. Marciej Szymanowski and Els Gijsbrechts, "Consumption-Based Cross-Brand Learning: Are Private Labels Really Private?" *Journal of Marketing Research,* (April 2012): 231–246; Zain-ul-Abideen and Abdul Latif, "Do Brand Extensions Affect Consumer Attitude: An Empirical Experience with Reference to Pakistani Consumers," *The Clute Institute*, Vol. 27 (2) (March/April 2011): 19–36.

4. Shobha G. Iyer, Bibek Banerjee, and Lawrence L. Garber, "Determinants of Consumer Attitudes Toward Brand Extensions: An Experimental Study," *International Journal of Management*, Vol. 28 (3) (September 2011): 809–821.

5. Tsan-Ming Choi, "Fast Brand Extensions: An Empirical Study of Consumer Preferences," *Brand Management*, Vol. 17 (7) (2010): 472–487.

6. Tom Meyvis and Chris Janiszewski, "When Are Broader Brands Stronger Brands? An Accessibility Perspective on the Success of Brand Extensions," *Journal of Consumer Research,* (September 2004): 346–358; Eva Martinez and Jose M. Pina, "Consumer Responses to Brand Extensions: A Comprehensive Model," *European Journal of Marketing,* Vol. 44 (7) (2010): 1182–1206.

7. Uri Gneezy and Aldo Rustichini, "A Fine Is a Price," *Journal of Legal Studies,* Vol. 29 (1, part 1) (2000): 1–18.

8. Gangseog Ryu and Lawrence Feick, "A Penny for Your Thoughts: Referral Reward Programs and Referral Likelihood," *Journal of Marketing,* Vol. 71 (January 2007): 84–94.

9. Anne Martensen, "Tweens' Satisfaction and Brand Loyalty in the Mobile Phone Market," *Young Consumers,* Vol. 8 (2) (2007): 108–116.

10. Jolie M. Martin and Michael I. Norton, "Shaping Online Consumer Choice by Partitioning the Web," *Psychology & Marketing*, Vol. 26 (10) (2009): 908–926.

11. John Tierney, "How Many Memories Fit in Your Brain?" nytimes.com, June 22, 2007.

12. Kathryn A. Braun-LaTour, Michael S. LaTour, and George M. Zinkhan, "Using Childhood Memories to Gain Insight into Brand Meaning," *Journal of Marketing,* Vol. 71 (April 2007): 45–60.

13. Rik Pieters and Michel Wedel, "Goal Control of Attention to Advertising: The Yarbus Implication," *Journal of Consumer Research,* Vol. 34 (August 2007): 224–233.

14. Hyun Seung Jin, Jaebeom Suh, and Todd Donovan, "Salient Effects of Publicity in Advertised Brand Recall and Recognition: The List-Stretch Paradigm," *Journal of Advertising,* Vol. 37 (1) (Spring 2008): 45–58.

15. William E. Baker, "Does Brand Imprinting in Memory Increase Brand Information Retention?" *Psychology & Marketing* (December 2003): 1119+.

16. Tina M. Lowery, L. J. Shrum, and Tony M. Dubitsky, "The Relation Between Brand-Name Linguistic Characteristics and Brand-Name Memory," *Journal of Advertising* (Fall 2003): 7–18; Eric Yorkston and Geeta Menon, "A Sound Idea: Phonetic Effects of Brand Names on Consumer Judgments," *Journal of Consumer Research* (June 2004): 43–52.

17. Sandra Blakeslee, "If Your Brain Has a 'Buy Button,' What Pushes It," nytimes.com, October 19, 2004.

18. Yuval Rottenstreich, Sanjay Sood, and Lyle Brenner, "Feeling and Thinking in Memory Versus Stimulus-Based Choices," *Journal of Consumer Research*, Vol. 33 (March 2007): 461–469.

19. For example, Jan Meller Jensen and Torben Hansen, "An Empirical Examination of Brand Loyalty," *Journal of Product & Brand Management,* Vol. 15 (7) (2006): 442–449.

20. Ivonne M. Torres and Elten Briggs, "Identification Effects on Advertising Response," *Journal of Advertising,* Vol. 36 (3) (Fall 2007): 97–109.

21. Marjolein Moorman, Peter C. Neijens, and Edith G. Smit, "The Effects of Program Involvement on Commercial Exposure and Recall in a Naturalistic Setting," *Journal of Advertising,* Vol. 36 (1) (Spring 2007): 121–138.

22. Mira Lee and Ronald J. Faber, "Effects of Product Placement in On-Line Games on Brand Memory," *Journal of Advertising,* Vol. 36 (4) (Winter 2007): 75–91.

23. Martin Holzwarth, Chris Janiszewski, and Marcus M. Neumann, "The Influence of Avatars on Online Consumer Shopping Behavior," *Journal of Marketing,* Vol. 70 (October 2006): 19–36.

24. Janet Rae-Dupree, "Let Computers Compute. It's the Age of the Right Brain," nytimes.com, April 6, 2008.

25. Herbert E. Krugman, "The Impact of Television Advertising: Learning Without Involvement," *Public Opinion Quarterly,* Vol. 29 (Fall 1965): 349–356; "Brain Wave Measures of Media Involvement," *Journal of Advertising Research,* Vol. 11 (February 1971): 3–10; "Memory Without Recall, Exposure Without Perception," *Journal of Advertising Research,* Vol. 1 (September 1982): 80–85.

26. George R. Franke, Bruce A. Huhmann, and David L. Mothersbaugh, "Information Content and Consumer Readership of Print Ads: A Comparison of Search and Experience Products," *Academy of Marketing Science Journal* (Winter 2004): 20+.

27. Source: Rebekah Bennett and Sharyn Rundle-Thiele, "A Comparison of Attitudinal Loyalty Measurement Approaches," *Journal of Brand Management* (January 2002): 193–209.

28. Spiros Gounaris and Vlasis Stathakopoulos, "Antecedents and Consequences of Brand Loyalty: An Empirical Study," *Journal of Brand Management,* (April 2004): 283–307.

29. 2013 Harris Poll EquiTrend® Rankings harrisinteractive.com/insights/equitrendrankings.aspx#Sports (accessed April 13, 2013).

제6장

1. Geoffrey L. Cohen, Joshua Aronson, and Claude M. Steele, "When Beliefs Yield to Evidence: Reducing Biased Evaluation by Affirming the Self," *Personality & Social Psychology Bulletin*, 26 (9) (September 2000): 1151–1164.

2. Stuart Elliott, "As Technology Evolves, AT&T Adjusts a Theme," nytimes.com, April 8, 2012.

3. Martin Fishbein, "An Investigation of the Relationships Between Beliefs about an Object and the Attitude Toward the Object," *Human Relations*, 16 (1963): 233–240; Martin Fishbein, "A Behavioral Theory Approach to the Relations Between Beliefs about an Object and the Attitude Toward the Object," in *Readings in Attitude Theory and Measurement*, ed. Martin Fishbein, pp. 389–400 (New York: John Wiley & Sons, 1967).

4. Shwu-Ing Wu, "The Relationship Between Consumer Characteristics and Attitude Toward Online Shopping," *Marketing Intelligence & Planning*, 21 (1) (2003): 37–44.

5. Terence A. Shimp and Alican Kavas, "The Theory of Reasoned Action Applied to Coupon Usage," *Journal of Consumer Research*, 11 (December 1984): 795–809; Blair H. Sheppard, Jon Hartwick, and Paul R. Warshaw, "The Theory of Reasoned Action: A Meta-Analysis of Past Research with Recommendations for Modifications and Future Research," *Journal of Consumer Research*, 15 (September 1986): 325–343; Sharon E. Beatly and Lynn R. Kahle, "Alternative Hierarchies of the Attitude-Behavior Relationship: The Impact of Brand Commit-ment and Habit," *Journal of the Academy of Marketing Science*, 16 (Summer 1988): 1–10; Richard P. Bagozzi, Hans Baumgartner, and Youjae Yi, "Coupon Usage and the Theory of Reasoned Action," in *Advances in Consumer Research*, 18, eds. Rebecca H. Holman and Michael R. Solomon, pp. 24–27 (Provo, UT: Association for Consumer Research, 1991); Hee Sun Park, "Relation-ships Among Attitudes and Subjective Norms: Testing the Theory of Reasoned Action Across Cultures," *Communication Studies*, 51 (2) (Summer 2000): 162–175; Hung-Pin Shih, "An Empirical Study on Predicting User Acceptance of e-Shopping on the Web," *Information & Management* (Amsterdam), 41 (January 2004): 351.

6. Richard P. Bagozzi and Paul R. Warshaw, "Trying to Consume," *Journal of Consumer Research*, 17 (September 1990): 127–140; Richard P. Bagozzi, Fred D. Davis, and Paul R. Warshaw, "Development and Test of a Theory of Technological Learning and Usage," *Human Relations*, 45 (7) (July 1992): 659–686; Anil Mathur, "From Intentions to Behavior: The Role of Trying and Control," in *1995 AMA Educators' Proceedings*, eds. Barbara B. Stern and George M. Zinkan, pp. 374–375 (Chicago: American Marketing Association, 1995).

7. Stephen J. Gould, Franklin S. Houston, and Jonel Mundt, "Failing to Try to Consume: A Reversal of the Usual Consumer Research Perspective," in *Advances in Consumer Research*, eds. Merrie Brucks and Deborah J. MacInnis, pp. 211–216 (Provo, UT: Association for Consumer Research, 1997).

8. Durriya Z. Khairullah and Zahid Y. Khairullah, "Relationships Between Acculturation, Attitude Toward the Advertisement, and Purchase Intention of Asian-Indian Immigrants," *International Journal of Commerce & Management*, 9 (3/4) (1999): 46–65.

9. Dan Petrovici and Marin Marinov, "Determinants and Antecedents of General Attitudes Towards Advertising: A Study of Two EU Accession Countries," *European Journal of Marketing*, 3 (4) (2007): 307–326.

10. Stuart Elliott, "Time to Eat Tuna? 'Wonder' No More," nytimes.com, March 7, 2011.

11. Daniel Katz, "The Functional Approach to the Study of Attitudes," *Public Opinion Quarterly*, 24 (Summer 1960): 163–191; Sharon Shavitt, "Products, Personality and Situations in Attitude Functions: Implications for Consumer Behavior," in *Advances in Consumer Research*, 16, ed. Thomas K. Srull, pp. 300–305 (Provo, UT: Association for Consumer Research, 1989); Richard Ennis and Mark P. Zanna, "Attitudes, Advertising, and Automobiles: A Functional Approach," in *Advances in Consumer Research*, 20, eds. Leigh McAlister and Michael L. Rothschild, pp. 662–666 (Provo, UT: Association for Consumer Research, 1992).

12. Barbara A. Lafferty and Ronald E. Goldsmith, "Cause-Brand Alliances: Does the Cause Help the Brand or Does the Brand Help the Cause?" *Journal of Business Research*, 58 (April 2005): 423–429.

13. Nora J. Rifon, Sejung Marina Choi, Carrie S. Tripble, and Hairong Li, "Congruence Effects in Sponsorship," *Journal of Advertising*, 33 (Spring 2004): 29–42.

14. Chan-Wook Park and Byeong-Joon Moon, "The Relationship Between Product Involvement and Product Knowledge: Moderating Roles of Product Type and Product Knowledge Type," *Psychology & Marketing* (November 2003): 977.

15. Richard E. Petty et al., "Theories of Attitude Change," in *Handbook of Consumer Theory and Research*, eds. Harold Kassarjian and Thomas Robertson (Upper Saddle River, NJ: Prentice Hall, 1991); Richard E. Petty, John T. Cacioppo, and David Schumann, "Central and Peripheral Routes to Advertising Effectiveness: The Moderating Role of Involvement," *Journal of Consumer Research*, 10 (September 1983): 135–146. Also see Curtis P. Haugtvedt and Alan J. Strathman, "Situational Product Relevance and Attitude Persistence," in *Advances in Consumer Research*, 17, eds. Marvin E. Goldberg, Gerald Gorn, and Richard W. Pollay, pp. 766–769 (Provo, UT: Association for Consumer Research, 1990); Scott B. Mackenzie and Richard A. Spreng, "How Does Motiva-tion Moderate the Impact of Central and Peripheral Pro-cessing on Brand Attitudes and Intentions?" *Journal of Consumer Research*, 18 (March 1992): 519–529.

16. Jon D. Morris, ChongMoo Woo, and A. J. Singh, "Elaboration Likelihood Model: A Missing Intrinsic Emotional Implication," *Journal of Targeting, Measurement & Analysis for Marketing*, 14 (1) (December 2005): 79–98.

17. Shin-Chieh Chuang and Chia-Ching Tsai, "The Impact of Consumer Product Knowledge on the Effect of Terminology in Advertising," *Journal of the American Academy of Business*, 6 (March 2005): 154–158; Jaideep Sgupta, Ronald C. Goldstein, and David S. Boninger, "All Cues Are Not Created Equal: Obtaining Attitude Persistence under Low-Involvement Conditions," *Journal of Consumer Research*, 23 (March 1997): 351–361.

18. Young "Sally" Kim, "Applications of the Cognitive Dissonance Theory to the Service Industry," *Services Marketing Quarterly*, 32 (2011): 96–112.

19. For example, David C. Matz and Wendy Wood, "Cognitive Dissonance in Groups," *Journal of Personality & Social Psychology*, 88 (January 2005): 22–37; Jillian C. Sweeney and Tanya Mukhopadhyay, "Cognitive Dissonance after Purchase: A Comparison of Bricks and Mortar and Online Retail Purchase Situations," *American Marketing Association Conference Proceedings: 2004 AMA Winter Educators' Conference*, 15, pp. 190–191 (Chicago: American Marketing Association, 2004); Martin O'Neill and Adrian Palmer, "Cognitive Dissonance and the Stability of Service Quality Perceptions," *Journal of Services Marketing*, 18 (6/7) (2004): 433–449; Robert A Wicklund and Jack W. Brehm, "Internalization of Multiple Perspectives or Dissonance Reduction?" *Theory & Psychology* (London), 14 (June 2004): 355–371; Alex R. Zablah, Danny N. Bellenger, and Westley J. Johnson, "Customer Relationship Management Implementation Gaps," *Journal of Personal Selling & Sales Management*, 24 (Fall 2004): 279–295.

20. Geoffrey N. Soutar and Jillian C. Sweeney, "Are There Cognitive Dissonance Segments?" *Australian Journal of Management*, 28 (December 2003): 227–239.

21. Phil Lampert, "Cognitive Dissonance," *Progressive Grocer*, 83 (May 15, 2004): 16.

22. Mohammed M. Nadeem, "Post-Purchase Dissonance: The Wisdom of the 'Repeat' Purchases," *Journal of Global Business Issues*, 1 (2) (Summer 2007): 183–193.

23. Edward E. Jones et al., *Attribution: Perceiving the Causes of Behavior* (Morristown, NJ: General Learning Press, 1972); Bernard Weiner, "Attributional Thoughts about Consumer Behavior," *Journal of Consumer Research*, 27 (3) (December 2000): 382–387.

24. Rifon et al., "Congruence Effects in Sponsorship," 29; Andrea C. Morales, "Giving Firms an 'E' for Effort: Consumer Responses to High-Effort Firms," *Journal of Consumer Research*, 3 (March 2005): 806–812.

25. S. Christian Wheeler, Richard E. Petty, and George Y. Bizer, "Self-Schema Matching and Attitude Change: Situational and Dispositional Determinants of Message Elaboration," *Journal of Consumer Research*, 31 (March 2005): 787–797.

26. For example, Leslie Lazar Kanuk, *Mail Questionnaire Response Behavior as a Function of Motivational Treatment* (New York: CUNY, 1974).

27. Angelos Rodafinos, Arso Vucevic, and Georgios D. Sideridis, "The Effectiveness of Compliance Techniques: Foot in the Door Versus Door in the Face," *Journal of Social Psychology*, 145 (April 2005): 237–239.

28. Harold H. Kelley, "Attribution Theory in Social Psychology," in *Nebraska Symposium on Motivation*, 15, ed. David Levine, p. 197 (Lincoln: University of Nebraska Press, 1967). Based on Andrea M. Sjovall and Andrew C. Talk, "From Actions to Impressions: Cognitive Attribution Theory and the Formation of Corporate Reputation," *Corporate Reputation Review*, 7 (Fall 2004): 277–289.

제7장

1. Louise Story, "It's an Ad, Ad, Ad, Ad World," nytimes. com, August 6, 2007.

2. Ji Hee Song and George M. Zinkhan, "Determinants of Perceived Web Site Interactivity," *Journal of Marketing*, Vol. 72 (March 2008): 99–113.

3. Laura M. Holson, "In CBS Test, Mobile Ads Find Users," nytimes.com, February 6, 2008.

4. Edward Wyatt, "Publisher Aims at Cellphones," nytimes. com, February 18, 2008.

5. Louise Story, "Madison Avenue Calling," nytimes.com, January 20, 2007.

6. Shira Ovide, "Twitter to Target Ads Based on Interests," online.wsj.com, August 30, 2012.

7. Louise Story, "A TV Show's Content Calls the Commercial Plays," nytimes.com, December 21, 206.

8. Tim Arango, "Cable Firms Join Forces to Attract Focused Ads," nytimes.com, Match 10, 2008; Stephanie Clifford, "Cable Companies Target Commercials to Audience," nytimes.com, March 4, 2009.

9. Rik Pieters, Michel Wedel, and Rajeev Batra, "The Stopping Power of Advertising: Measures and Effects of Visual Complexity," *Journal of Marketing*, Vol. 74 (September 2010): 48–60.

10. Stuart Elliott, "Paring Down Marketing to a Few Simple Basics," nytimes.com, July 26, 2012.

11. Richard Buda and Bruce H. Chamov, "Message Processing in Realistic Recruitment Practices," *Journal of Managerial Issues* (Fall 2003): 302+.

12. Jennifer L. Aaker and Angela Y. Lee, "'I' Seek Pleasure and 'We' Avoid Pains: The Role of Self-Regulatory Goals in Information Processing and Persuasion," *Journal of Consumer Research* (June 2001): 33–49.

13. Dena Cox and Anthony D. Cox, "Communicating the Consequences of Early Detection: The Role of Evidence and Framing," *Journal of Marketing* (July 2001): 91–103.

14. Baba Shiv, Julie A. Edell Britton, and John W. Payne, "Does Elaboration Increase or Decrease the Effectiveness of Negatively Versus Positively Framed Messages?" *Journal of Consumer Research* (June 2004): 199–209.

15. William E. Baker, Heather Honea, and Cristel Antonia Russell, "Do Not Wait to Reveal the Brand Name: The Effect of Brand-Name Placement on Television Advertising Effectiveness," *Journal of Advertising* (Fall 2004): 77–86.

16. Nathalie Dens and Patrick De Pelsmacker, "Consumer Response to Different Advertising Appeals for New Products: The Moderating Influence of Branding Strategy and Product Category Involvement," *Journal of Brand Management*, Vol. 18 (1) (2010): 50–65.

17. Marc Reinhard and Matthias Messner, "The Effects of Likeability and Need for Cognition on Advertising Effectiveness Under Explicit Persuasion," *Journal of Consumer Behavior*, Vol. 8 (2009): 179–191.

18. Kenneth C. Manning, Paul W. Miniard, Michael J. Barone, and Randall L. Rose, "Understanding the Mental Representations Created by Comparative Advertising," *Journal of Advertising*, (Summer 2001): 27–39.

19. Chingching Chang, The Relative Effectiveness of Comparative Advertising: Evidence for Gender Differences in Information-Processing Strategies," *Journal of Advertising*, Vol. 36 (1) (Spring 2007): 21–36.

20. Shailendra Pratap Jain, Charles Lindsey, Nidhi Agrawal, and Durairaj Maheswaran, "For Better or For Worse? Valenced Comparative Frames and Regulatory Focus," *Journal of Consumer Research*, Vol. 34 (June 2007): 57–65.

21. "Tesco pay damages to Aldi over inaccurate price comparisons," bbc.co.uk, December 12, 2012.

22. James Davey, "Sainsbury's takes price comparison spat with Tesco to high court," ukreuters.com, October 30, 2013.

23. Beth Brooks, "Sainsbury's ads take aim at Tesco Price Promise," thegrocer.co.uk, November 1, 2013.

24. Ron Lennon, Randall Rentfro and Bay O'Leary, "Social Marketing and Distracted Driving Behaviors Among Young Adults: The Effectiveness of Fear Appeals," *Academy of Marketing Studies Journal*, Vol. 14 (2), (2010): 95–113.

25. Patrick De Pelsmacker, Verolien Cauberghe, and Nathalie Dens, "Fear Appeal Effectiveness for Familiar and Unfamiliar Issues," *Journal of Social Marketing*, Vol. 1 (3) (2011): 171–191.

26. Karen H. Smith and Mary Ann Stutts, "Effects of Short-Term Cosmetic Versus Long-Term Health Fear Appeals in Anti-Smoking Advertisements on the Smoking Behavior of Adolescents," *Journal of Consumer Behavior* (December 2003): 157+.

27. Andrea Morales, Eugenia Wu and Gavan Fitzsimons, "How Disgust Enhances the Effectiveness of Fear Appeals," *Journal of Consumer Research*, Vol. XLIX (June 2012): 383–393.

28. Martin Eisend, "How Humor in Advertising Works: A Meta-Analytic Test of Alternative Models," *Springer Science [plus] Business Media* (May 2010): 115–132.

29. Graeme Galloway, "Humor and Ad Liking: Evidence That Sensation Seeking Moderates the Effects of Incongruity-Resolution Humor," *Psychology and Marketing*, Vol. 26 (9) (September 2009): 779–792.

30. Thomas W. Cline, Moses B. Altsech, and James J. Kellaris, "When Does Humor Enhance or Inhibit Ad Responses? The Moderating Role of the Need for Humor," *Journal of Advertising* (Fall 2003): 31–46.

31. James J. Kellaris and Thomas W. Cline, "Humor and Ad Memorability: On the Contributions of Humor Expectancy, Relevancy, and Need for Humor," *Psychology and Marketing,* Vol. 24 (6) (June 2007): 497–509.

32. Thomas W. Cline and James J. Kellaris, "The Influence of Humor Strength and Humor-Message Relatedness on Ad Memorability: A Dual Process Model," *Journal of Advertising,* Vol. 36 (1) (Spring 2007): 55–68.

33. ChangHyun Jin and Jorge Villegas, "The Effect of the Placement of the Product in Film: Consumers' Emotional Responses to Humorous Stimuli and Prior Brand Evaluation," *Journal of Targeting, Measurement and Analysis for Marketing,* Vol. 15 (4) (2007): 244–255.

34. Elizabeth Olson, "Not Every Bad Day Needs to End With Ice Cream," nytimes.com, August 14, 2012.

35. Stuart Elliott, "The 'Moore' the Merrier, Paint Marketer Proclaims," nytimes.com, April 26, 2010.

36. Edward F. McQuarrie and David Glen Mick, "Visual and Verbal Rhetorical Figures Under Directed Processing Versus Incidental Exposure to Advertising," *Journal of Consumer Research* (March 2003): 579–588.

37. Stuart Elliott, "Is This a New 'Era' for Detergent Advertising?" nytimes.com, June 13, 2011.

38. Andrew Newman, "Small Carrier Gets Big Tailwind From Social Media," nytimes.com, April 6, 2011; Tanzina Vega, "From Zappos, an Unadorned Approach," nytimes.com, July 10, 2011.

39. Tom Reichert, Michael LaTour, and John Ford, "The Naked Truth: Revealing the Affinity for Graphic Sexual Appeals in Advertising," *Journal of Advertising Research* (June 2011): 436–448.

40. Iain Black, George Organ, and Peta Morton, "The Effect of Personality on Response to Sexual Appeals", *European Journal of Marketing*, Vol. 44 (9/10) (2010): 1453–1477.

41. Stuart Elliott, "Striving for Balance Between Losses and Laughs," nytimes.com, October 15, 2008.

42. Stephanie Clifford and Stuart Elliott, "Goodbye Seduction, Hello Coupons," nytimes.com, November 10, 2008.

43. Stuart Elliott, "Business District Tries Soft Selling for Holidays," nytimes.com, December 8, 2008.

44. Stuart Elliott, "Capitalizing on Consumer Anxiety, One Halloween Deal at a Time," nytimes.com, October 14, 2008.

45. Stuart Elliott, "Ads That Soothe When Banks Are Failing," nytimes.com, October 7, 2008; Stuart Elliott, "Down Economic Times Elicit Upbeat Consumers," nytimes.com, March 10, 2009; Vivian Toy, "Goodbye, Glitzy Condo Pitches," nytimes.com, August 20, 2010; Patricia Cohen, "Marketing Broadway: Selling Hope for a Song," nytimes.com, December 10, 2008; Andrew Newman, "Using Appeals to Emotions to Sell Paint," nytimes.com, June 7, 2010; Stuart Elliott, "In New Ads, Stirring Memories of Commercials Past," nytimes.com, January 12, 2012.

제8장

1. "Companies That 'Like' Facebook Ads," online.wsj.com, November 2, 2011.

2. S. Ramachandran, "Dish's Ads to End All Ads," online.wsj.com, May 16, 2012.

3. J. Jurgensen, "Binge Viewing: TV's Lost Weekends," online.wsj.com, July 12, 2012.

4. Miguel Helft and Tanzina Vega, "Retargeting Ads Follow Surfers to Other Sites," nytimes.com, August 29, 2010.

5. A. Efrati, "Google to Require Retailers to Pay," online.wsj.com, June 1, 2012.

6. Wikipedia.

7. J. Dohnert, "Consumers Most Annoyed by Ads on Social Networking Sites," *Incisive Interactive Marketing*, December 13, 2012.

8. J. Angwin and J. Singer-Vine, "Selling You on Facebook," online.wsj.com, April 8, 2012.

9. Ibid.

10. "McDonald's Social Media Director Explains Twitter Fiasco," paidContent.org, January 23, 2012.

11. E. Holmes, "Twitting Without Fear," online.wsj.com, December 11, 2011.

12. S. Elliott, "Selling New Wine in Millennial Bottles," nytimes.com, October 25, 2010.

13. J. Levere, "Cosmo Campaign Puts Viewers in the Photo Shoot," nytimes.com, September 29, 2010.

14. S. Kolesnikov-Jessop, "Selling a Watch via Social Media," nytimes.com, November 22, 2012.

15. E. Rusli and S. Banjo, "Facebook's Wal-Mart Gambit," online.wsj.com, December 16, 2012.

16. A. A. Newman, "Brands Now Direct Their Followers to Social Media," nytimes.com, August 3, 2011.

17. J. L. Levere, "A Mexican Beer Rides a Social Media Wave," nytimes.com, August 13, 2012; G. Schimdt, "A Product with Devotees Tries to Widen Its Niche," nytimes.com, August 15, 2012.

18. S. Elliott, "Early Kickoff for Marketers at Super Bowl," nytimes.com, December 11, 2012.

19. R. Rivera, "Social Media Strategy Was Crucial as Transit Agencies Coped with Hurricanes," nytimes.com, December 14, 2012.

20. T. Wayne, "Age Gap Narrows on Social Networking," nytimes.com, December 26, 2010.

21. G. A. Fowler, "Are You Talking to Me?" online.wsj.com, April 25, 2011; J. L. Levere, "Choosing a Marketing Plan: Traditional or Social Media?," nytimes.com, February 25, 2010.

22. L. Kwoh and M. Korn, "140 Characters of Risk: Some CEOs Fear Twitter," online.wsj.com, September 25, 2012.

23. Interactive Advertising Bureau (IAB), "Social Media Buyer's Guide," February 2010.

24. Ibid.

25. K. M. Heussner, "U.S. to Top the World in Mobile Ad Spending for the First Time," gigaom.com/2012/08/01/us-to-top-the-world-in-mobile-ad-spending-for-the-first-time, August 1, 2012.

26. E. Rusli and S. Banjo, "Facebook's Wal-Mart Gambit," online.wsj.com, December 16, 2012.

27. M. Pihlstrom and G. J. Brush, "Comparing the Perceived Value of Information and Entertainment Mobile Services," *Psychology & Marketing*, Vol. 25 (8) (August 2008): 732–755.

28. C. Taylor and D. H. Lee, "Introduction: New Media: Mobile Advertising and Marketing," *Psychology & Marketing*, Vol. 25 (8) (August 2008): 711–713.

29. J. Mantel and Y. Sekhavat, "The Impact of SMS Advertising on Members of a Virtual Community," *Journal of Advertising Research* (September 2008): 363–373.

30. S. Ovide and G. Bensinger, "Mobile Ads: Here's What Works and What Doesn't," online.wsj.com, September 27, 2012.

31. C. C. Miller and S. Sengupta, "In Mobile World, Tech Giants Scramble to Get Up to Speed," online.wsj.com, October 22, 2012.

32. R. Stross, "Smartphones Ads and Their Drawbacks," nytimes.com, September 15, 2012.

33. B. Stone, "Amazon.com Invades the Apple App Store," nytimes.com, December 3, 2008.

34. Tim Arango, "Digital Sales Surpass CDs at Atlantic," nytimes.com, November 26, 2008.

35. Michael Grynbaum, "Taxi TV Screens Gain Ad Business in New York," nytimes.com, December 10, 2010.

36. Louise Story, "Madison Avenue Calling," nytimes.com, January 20, 2007.

37. Emily Steel and Jessica Vascellaro, "A Rare Apple Compromise," online.wsj.com, December 13, 2011.

38. Elizabeth Olson, "Bar Codes Add Detail on Items in TV Ads," nytimes.com, September 26, 2010.

39. S. Clifford and C. Miller, "Retailers Retool Sites to Ease Mobile Shopping," nytimes.com, April 17, 2011.

40. T. Vega, "Google Search That Leads to Brand Marketing," nytimes.com, November 15, 2010.

41. D. Mattioli, "Grocers Are Testing Smartphones," nytimes.com, October 11, 2011.

42. K. Belson, "With This App, a Souvenir Without the Stand," nytimes.com, August 26, 2011.

43. S. Elliott, "If You Can't Stand the Web Camera, Get Out of the Kitchen," nytimes.com, December 7, 2009.

44. D. Armano, "Six Social-Digital Trends for 2013," *Harvard Business Review*, (December 12, 2012): 34–47.

45. Ibid.

46. Shayndi Raice, "Inside Facebook's Push to Woo Big Advertisers," online.wsj.com, August 14, 2012.

47. "Social Media Ad Metrics Definitions," Interactive Advertising Bureau (IAB), May 2009.

48. www.comscore.com/Products_Services/Web_Analytics/Audience_Demographics (accessed August 1, 2012).

49. Louise Story, "How Many Site Hits? Depends Who's Counting," nytimes.com, October 22, 2007.

50. William Launder and Suzanne Vranica, "Nielsen to Branch Out with Arbitron," online.wsj.com, December 18, 2012.

51. Stu Woo and Geoffrey Fowler, "Daily Deals Rescue Local-Ad Market," online.wsj.com, June 14, 2011.

52. Stu Woo and Geoffrey Fowler, "Banner Ads and Other 'Local' Flops," online.wsj.com, June 14, 2011.

53. Compiled from data listed in Stuart Elliott, "Magazine Ad Pages Fell 3.1% in 2011, with a Weak End to the Year," nytimes.com, January 10, 2012.

54. http://www.nytimes.com/interactive/2009/01/30/business/20090201_metrics.html (accessed January 14, 2013).

55. Keach Hagey, "Magazines Cross the Digital Divide," online.wsj.com, January 18, 2013.

56. Shannon Terlep and Suzanne Vranica, "GM to Forgo Pricey Super Bowl Ads," online.wsj.com, May 18, 2012.

57. Sam Schechner, "TV Networks See Key Audience Erode," online.wsj.com, May 27, 2011.

58. Shalini Ramachadram, "Evidence Grows on TV Cord-Cutting," online.wsj.com, August 7, 2012.

59. Miriam Gottfried, "Online Streaming Gives Cable Networks a Sporting Chance," online.wsj.com, August 15, 2012.

60. www.ensequence.com

61. Stephen Richard Dix, Steven Bellman, Hanadi Haddad, and Duane Varan, "Using Interactive Program-Loyalty Banners to Reduce TV Ad Avoidance: Is It Possible to Give Viewers a Reason to Stay Tuned during Commercial Breaks?" *Journal of Advertising Research* (June 2010): 154–161.

62. Barbara Chai, "'Person of Interest' Takes to Streets to Give People a Taste of the Show," online.wsj.com, September 12, 2011.

63. Stuart Elliott, "Hot Food, and Air, at Bus Stops," nytimes.com, December 2, 2008.

64. pqmedia, *Global Digital Out-of-Home Media Forecast 2012–2016*, "Executive Summary" (2011).

65. Doreen Carvajal, "Placing the Product in the Dialogue, Too," nytimes.com, January 17, 2006; Louise Story, "So That's Why They Drink Coke on TV," nytimes.com, December 9, 2007; Stuart Elliott, "Up Next, a Show from Our Sponsor," nytimes.com, June 12, 2008; Stephanie Clifford, "A Product's Place Is on the Set," nytimes.com, July 22, 2008.

66. Verolien Cauberghe and Patrick de Pelsmacker, "Advergames: The Impact of Brand Prominence and Game Repetition on Brand Responses," *Journal of Advertising,* Vol. 39 (1) (Spring 2010): 5–18.

제9장

1. Marina Krakovsky, "Less Wash, More Dry," *Scientific American* (November 2008): 28–29.
2. Andrew Adam Newman, "A Lucky Few, This Band of Brothers, and the Less Blood Shed the Better," nytimes.com, November 17, 2010.
3. Peeter W. J. Verleigh, Ad Th. H. Pruyn, and Kim A. Peters, "Turning Shoppers into Sellers: Two Experiments on Member-Get-Member Campaigns," *Advances in Consumer Research,* 30 (2003): 346.
4. Charles Passy, "Waiting in Line: Good for the Ego, Bad for the Wallet," online.wsj.com, October 9, 2012.
5. Gary Kritz, Héctor R. Lozada, and Mary M. Long, "When Can Online Group Behavior Be an Aid: Can the Foodies Help Marketers Learn about Consumption?" *Journal of Business & Behavioral Sciences*, Vol. 24 (1) (Spring 2012): 58–71.
6. Feng Zhu & Xiaoquan (Michael) Zhang, "Impact of Online Consumer Reviews on Sales: The Moderating Role of Product and Consumer Characteristics," *Journal of Marketing,* Vol. 74 (March 2010): 133–148.
7. Robert Madrigal, "The Influence of Social Alliances with Sports Teams on Intentions to Purchase Corporate Sponsors' Products," *Journal of Advertising,* 29 (Winter 2000): 13–24.
8. Katherine Rosman, "Books Women Read When No One Can See the Cover," online.wsj.com, March 14, 2012.
9. George D. Deitz, Susan W. Myers, and Marla R. Stafford, "Understanding Consumer Response to Sponsorship Information: A Resource-Matching Approach," *Psychology & Marketing*, Vol. 29 (4) (April 2012): 226–239.
10. Jennifer Lemanski and Lee Hyung-Seok, "Attitude Certainty and Resistance to Persuasion: Investigating the Impact of Source Trustworthiness in Advertising," *International Journal of Business & Social Sciences*, Vol. 3 (1) (January 2012): 6675.
11. Zafer Erdogan, Michael J. Baker, and Stephen Tagg, "Selecting Celebrity Endorsers: The Practitioner's Perspective," *Journal of Advertising Research* (May/June 2001): 39–48.
12. Roobina Ohanian, "The Impact of Celebrity Spokes-persons: Perceived Image on Consumers' Intention to Purchase," *Journal of Advertising Research* (February–March 1991): 46–54.
13. Carolyn Tripp, Thomas D. Jensen, and Les Carlson, "The Effects of Multiple Product Endorsements by Celebrities on Consumers' Attitudes and Intentions," *Journal of Consumer Research,* Vol. 20 (March 1994): 535–547; David C. Bojanic, Patricia K. Voli, and James B. Hunt, "Can Consumers Match Celebrity Endorsers with Products?" in *Developments in Marketing Science,* ed. Robert L. King (Richmond, VA: Academy of Marketing Science, 1991): 303–307.
14. Alan J. Bush, Craig A. Martin, and Victoria D. Bush, "Sports Celebrity Influence on the Behavioral Intentions of Generation Y," *Journal of Advertising Research* (March 2004): 108–118.
15. Ben Sisario, "In Beyoncé Deal, Pepsi Focuses on Collaboration," nytimes.com, December 9, 2012.
16. Suzanne Vranica, "Bringing Sexy Back to Golf?" online. wsj.com, January 24, 2012.
17. Brian Stelter, "After Apology, National Advertisers Are Still Shunning Limbaugh," nytimes.com, March 13, 2012.
18. Stuart Elliott, "A Noisy Casting Call as Thousands Quack for Aflac," nytimes.com, April 5, 2011.
19. Associated Press, "Nike Makes No Plans for Pistorius in Future Ads," online.wsj.com, February 18, 2013.
20. Kenneth E. Clow, Karen E. James, Sarah E. Sisk, and Henry S. Cole, "Source Credibility, Visual Strategy and the Model in Print Advertisements," *Journal of Marketing Development & Competitiveness,* Vol. 5 (3) (2011): 24–31.
21. Andria Cheng, "Marketers Seek Out Geeks," online.wsj .com, October 15, 2012.
22. Mathew Ingram, "Should You Care How High Your Klout Score Is?" GIGAOM, October 27, 2011; Meredith Popolo, "How to Boost Your Klout Score," online.wsj .com, November 2, 2011.
23. Jo Brown, Amanda J. Broderick, and Nick Lee, "Word of Mouth Communication within Online Communities: Conceptualizing the Online Social Network," *Journal of Interactive Marketing,* Vol. 21 (3) (Summer 2007): 2–20.
24. Shahana Sen and Dawn Lerman, "Why Are You Telling Me This? An Examination into Negative Consumer Reviews on the Web," *Journal of Interactive Marketing,* Vol. 21 (4) (Autumn 2007): 76–94.
25. Wu Paul and Wang Yun Chen, "The Influence of Electronic Word-of-Mouth Message Appeal and Message Source Credibility on Brand Attitude," *Asia Pacific Journal of Marketing & Logistics,* Vol. 23 (4) (2011): 448–472.
26. Ted Smith, James R. Coyle, Elizabeth Lightfoot, and Amy Scott, "Reconsidering Models of Influence: The Relationship Between Consumer Social Networks and Word-of-Mouth Effectiveness," *Journal of Advertising Research,* Vol. 47 (4) (December 2007): 387–397.
27. David Kirkpatrick and Daniel Roth, "Why There's No Escaping the BLOG," *Fortune,* January 10, 2005, 44–50.
28. John Jannarone, "When Twitter Fans Steer TV," online.wsj.com, September 16, 2012.
29. Stephanie Clifford, "Spreading the Word (and the Lotion) in Small-Town Alaska," nytimes.com, October 9, 2008.
30. Robert V. Kozinets, Kristine de Valck, Andrea C. Wojnicki, and Sarah J. S. Wilner, "Networked Narratives: Understanding Word-of-Mouth Marketing in Online Communities," *Journal of Marketing,* Vol. 74 (March 2010): 71–89.
31. Stuart Elliott, "Laugh at the Web Clips, Then Buy the Gel," nytimes.com, December 19, 2007.
32. Louise Story, "Facebook Is Marketing Your Brand Preferences (with Your Permission)," nytimes.com, November 7, 2007.
33. Keach Hagey, "The Advertorial's Best Friend," online. wsj.com, October 7, 2012.
34. Joseph E. Phelps, Regina Lewis, Lynne Mobilio, David Perry, and Niranjan Raman, "Viral Marketing or Electronic Word-of-Mouth Advertising: Examining Consumer Responses and Motivations to Pass Along Email," *Journal of Advertising Research* (December 2004): 333–348.
35. Kirthi Kalyanam, Shelby McIntyre, and Todd Masonis, "Adaptive Experimentation in Interactive Marketing: The Case of Viral Marketing at Plaxo," *Journal of Interactive Marketing,* Vol. 21 (3) (Summer 2007): 72–85.

36. Yang Hongwei, Liu Hui, and Zhou Liuning, "Predicting Young Chinese Consumers' Mobile Viral Attitudes, Intents and Behavior," *Asia Pacific Journal of Marketing & Logistics,* Vol. 24 (1) (2012): 59–77.

37. Rob Walker, "The Hidden (in Plain Sight) Persuaders," www.nytimes.com, December 5, 2004.

38. Katherine Rosman, "Big Marketers on Campus," nytimes.com, April 3, 2012.

39. Natasha Singer, "You've Won a Badge (and Now We Know All About You)," nytimes.com, February 4, 2012.

40. Eric Pfanner, "Taxi Drivers in London Take a Turn as Pitchmen," nytimes.com, January 21, 2008.

41. Thorsten Hennig-Thurau, Kevin P. Gwinner, Gianfranco Walsh, and Dwayne D. Gremler, "Electronic Word-of-Mouth Via Consumer-Opinion Platforms: What Motivates Consumers to Articulate Themselves on the Internet?" *Journal of Interactive Marketing* (Winter 2004): 38–52.

42. Eun-Ju Lee, Kyoung-Nan Kwon, and David W. Schumann, "Segmenting the Non-adopter Category in the Diffusion of Internet Banking," *International Journal of Bank Marketing,* Vol. 23 (5) (2005): 414–437.

제10장

1. Pamela Kruger, "Why Johnny Can't Play," *Fast Company* (August 2000): 271–272. See also Daniel Thomas Cook, *The Commodification of Childhood: The Children's Clothing Industry and the Rise of the Child Consumer* (Durham, NC: Duke University Press, 2004).

2. Rafael Bravo, Elena Fraj, and Eva Martinez, "Intergenerational Influences on the Dimensions of Young Customer-Based Brand Equity," *Young Consumers,* Vol. 8 (1) (2007): 63.

3. Amy Rummel, John Howard, Jennifer M. Swinton, and D. Bradley Seymour, "You Can't Have That! A Study of Reactance Effects and Children's Consumer Behavior," *Journal of Marketing Theory & Practice* (Winter 2000): 38–45.

4. Jason E. Lueg and R. Zachary Finney, "Interpersonal Communication in the Consumer Socialization Process: Scale Development and Validation," *Journal of Marketing Theory & Practice,* Vol. 15 (Winter 2007): 25–39.

5. Based on Sabrina M. Neeley and Tim Coffey, "Understanding the 'Four-Eyed, Four-Legged' Consumer: A Segmentation Analysis of U.S. Moms," *Journal of Marketing Theory & Practice,* Vol. 15 (3) (Summer 2007): 251–261.

6. Lan Nguyen Chaplin and Deborah Roedder John, "Growing Up in a Material World: Age Differences in Materialism in Children and Adolescents," *Journal of Consumer Research,* Vol. 34 (December 2007): 480–493.

7. David B. Wooten, "From Labeling Possessions to Possessing Labels: Ridicule and Socialization among Adolescents," *Journal of Consumer Research,* Vol. 33 (September 2006): 188–198.

8. Marie J. Lachance and Frederic Legault, "College Students' Consumer Competence: Identifying the Socialization Sources," *Journal of Research for Consumers,* no. 13 (2007): 1–5.

9. Deborah Moscardelli and Catherine Liston-Heyes, "Consumer Socialization in a Wired World: The Effects of Internet Use and Parental Communication on the Development of Skepticism to Advertising," *Journal of Marketing,* Vol. 13 (3) (Summer 2005): 62–75; Maria Eugenia Perez, Dan Padgett, and Willem Burgers, "Intergenerational Influence on Brand Preferences," *Journal of Product & Brand Management*, Vol. 20 (1) (2011): 5–13.

10. John Fetto, "'Woof Woof' Means, 'I Love You,'" *American Demographics* (February 2002): 11; Sharon L. Peters, "Are American Crazy for Treating Our Pets Like Kids?" *USA Today*, December 18, 2011; available at http://yourlife.usatoday.com/parenting-family/pets/story/2011-12-18/Are Americans crazy . . .

11. See, for example, Carter A. Mandrik, Edward F. Fern, and Yeqing Bao, "Intergenerational Influence in Mothers and Young Adult Daughters," *Advances in Consumer Research,* Vol. 31 (2004): 697–699.

12. U.S. Census Bureau, "Average Annual Expenditures of All Consumer Units by Selected Major Types of Expenditures: 1990 to 2009," *Statistical Abstract of the United States: 2012,* Table 684. Available at http://www.census.gov/comendia/statab/2012/1250684.pdt.

13. Sheryll Alexander, "What Women Want . . . in a Car," CNN.com, March 14, 2008.

14. Ibid.

15. Sam Marsden, "Women Now in Charge of Major Financial Decisions," telegraph.co.uk, September 28, 2012.

16. John B. Ford, Michael S. LaTour, and Tony L. Henthorne, "Perception of Marital Roles in Purchase Decision Processes: A Cross-Cultural Study," *Journal of the Academy of Marketing Science,* Vol. 23 (2) (1995): 120–131; Tony L. Henthorne, Michael S. LaTour, and Robert Matthews, "Perception of Marital Roles in Purchase Decision Making: A Study of Japanese Couples," in *Proceedings of the AMA*, 321–322 (Chicago: American Marketing Association, 1995).

17. Yang Xia, Zafar U. Ahmed, Ng Kuan Hwa, Tan Wan Li, and Wendy Teo Chai Ying, "Spousal Influence in Singaporean Family Purchase Decision-Making Process: A Cross-Cultural Comparison," *Asia Pacific Journal of Marketing,* Vol. 18 (3) (2006): 201–222.

18. Michael J. Dotson and Eva M. Hyatt, "Major Influence Factors in Children's Consumer Socialization," *Journal of Consumer Marketing,* Vol. 22 (1) (2005): 35–42; Aviv Shoham, "He Said, She Said They Said: Parents' and Children's Assessment of Children's Influence on Family Consumption Decisions," *Journal of Consumer Marketing,* Vol. 22 (3) (2005): 152–160; L. A. Flurry and Alvin C. Burns, "Children's Influence in Purchase Decisions: A Social Power Theory Approach," *Journal of Business Research,* Vol. 58 (May 2005): 593–601.

19. Malene Gram, "Children as Co-decision Makers in the Family? The Case of Family Holidays," *Young Consumers,* Vol. 8 (1) (2007): 19–28.

20. Joyantha S. Wimalasiri, "A Cross-National Study on Children's Purchasing Behavior and Parental Response," *Journal of Consumer Marketing,* Vol. 21 (4) (2004): 274–284.

21. Michael A. Belch, Kathleen A. Krentler, and Laura A. Willis-Flurry, "Teen Internet Mavens: Influence in Family Decision Making," *Journal of Business Research,* Vol. 58 (May 2005): 569–575.

22. Stephanie Thompson, "Million-Dollar Baby," *Advertising Age,* May 30, 2005, 1, 50.

23. Bodil Stilling Blichfeldt, "A Nice Vacation: Variations in Experience Aspirations and Travel Careers," *Journal of Vacation Marketing,* Vol. 13 (2) (2007): 149–164.

24. U.S. Census Bureau, *Statistical Abstract of the United States, 2008*; available at http://www.census.gov/compendia/; U.S. Census Bureau, "American's Families and Living Arrangements, 2004, available at http://www.census.gov/prod/census2010/briefs/c2012br-14.

25. U.S. Census Bureau, "Households, Families, Subfamilies, and Married Couples: 1980 to 2006," and "Households by Age of Householder and Size of Household: 1990 to 2006," *Statistical Abstract of the United States: 2008,* Tables 58 and 61, accessed at www.census.gov/compendia/statab; U.S. Census Bureau, "Marital Status of People 15 Years and Over, by Age, Sex, Personal Earnings, Race, and Hispanic Origin, 2006," *Current Population Survey 2006, Annual Social and Economic Supplement*, March 27, 2007, Table A1.

26. Compiled from data at: U.S. Census Bureau, *Census 2010 Summary File 1 counts shown in American Fact Finder.* Available at http://www.comsus.gov/prod/cen2010/briefs/c2010br-14/.

27. Nabil Razzouk, Victoria Seitz, and Karen Prodigalidad Capo, "A Comparison of Consumer Decision-Making Behavior of Married and Cohabiting Couples," *Journal of Consumer Marketing,* Vol. 24 (5) (2007): 264–274.

28. Julie Tinson, Clive Nancarrow, and Ian Brace, "Purchase Decision Making and the Increasing Significance of Family Types," *Journal of Consumer Marketing,* Vol. 25 (1) (2008): 45–56.

29. Charles M. Schaninger and Sanjay Putrevu, "Dual Spousal Work Involvement: An Alternative Method to Classify Households/Families," *Academy of Marketing Science Review,* Vol. 10 (8) (2006): 1–21; Charles Schaninger and Sanjay Putrevu, "Dual Spousal Work Involvement," *European Advances in Consumer Research*, Vol. 8, ed. Stefania Borghinl, Mary Ann McGrath, and Cele Otnes (Duluth, MN: Association for Consumer Research, 2007): 80–86.

30. "Brand Stats: Market Focus—Instant Coffee," *Brand Strategy (London),* May 10, 2005, 50.

31. Takashina Shuji, "The New Inequality," *Japan Echo,* August 2000, 38–39.

32. *Source:* U.S. Census Bureau, *Statistical Abstract of the United States*, 2012, available at census.gov/prod/2011pubs/12statab/income.

33. Tamar Lewin, "A Marriage of Unequals," *New York Times,* May 19, 2005, A1, 14–15.

34. David Leonhardt, "The College Dropout Boom," *New York Times,* May 24, 2005, A1, 18–19.

35. Michael D. Yates, "A Statistical Portrait of the U.S. Working Class," *Monthly Review,* Vol. 56 (April 2005): 12–31.

36. *Source:* MRI Spring 2012, www.fwmedia.com, accessed July 16, 2012.

37. Robert B. Settle, Pamela L. Alreck, and Denny E. McCorkle, "Consumer Perceptions of Mail Phone Order Shopping Media," *Journal of Direct Marketing,* Vol. 8 (Summer 1994): 30–45.

38. W. Lloyd Warner, Marchia Meeker, and Kenneth Eells, *Social Class in America: Manual of Procedure for the Measurement of Social Status* (New York: Harper & Brothers, 1960).

39. *Methodology and Scores of Socioeconomic Status,* Working Paper No. 15 (Washington, DC: U.S. Bureau of the Census, 1963).

40. Janny Scott, "In America, Living Better and Living Longer Is a Major Factor in Health Care and the Gaps Are Widening," *International Herald Tribune,* May 17, 2005, 2.

41. Suniya S. Luthar and Shawn J. Latendresse, "Children of the Affluent; Challenges to Well-Being," *Current Directions in Psychological Science,* Vol. 14 (February 2005): 49.

42. Merrill Lynch and Capgemini, *World Wealth Report, 2008,* available at www.capgemini.com/resources/thought_leadership/world_wealth_report_2008; Merrill Lynch and Capgemini, *World Wealth Report, 2005,* available at www.capgemini.com/resources/thought_leadership/world_wealth_report_200.

43. James Davies, Susanna Sandstrom, Anthony Shorrocks, and Edward Wolff, "The World Distribution of Household Wealth," *World Institute for Development Economies Research of the United Nations University,* 2006, available at www.mindfully.org/WTO/2006/Household-Wealth-Gap5dec06.htm.

44. *The 2008 Mendelsohn Affluent Survey*, Ipsos Mendelsohn, 2008.

45. Ibid.

46. *The 2008 Mendelsohn Affluent Survey*, 2008.

47. *2011 Ipsos Mendelsohn Survey.*

48. Ibid.

49. *Statistical Abstract of the United States 2008,* Table 671.

50. www.factcheck.org/askfactcheck/is_there_a_standard_accepted_definition_of.html, accessed October 2008.

51. Gregory L. White and Shirley Leung, "Stepping Up," *Wall Street Journal*, March 29, 2002, A1.

52. Ellen Byron, "As Middle Class Shrinks, P&G Aims High and Low," online.wsj.com, September 12, 2011.

53. Gemma Charles, "The New Working-Class Brands: PizzaExpress, Tesco and BBC One," brandrepublic.com, July 7, 2011.

54. George Pitcher, "Being Super-Sized Boils Down to Personal Choice," *Marketing Week (London),* October 7, 2004, 33.

55. Owain Thomas, "Working Class Children Suffer Greater Risk of Obesity," covermagazine.co.uk, December 15, 2009.

56. Epictetus, "Discourses" (second century) in *The Enchiridion,* 2, trans. Thomas Higginson (Indianapolis: Bobbs-Merrill, 1955).

57. David Colman, "One Step Forward, Three Steps Back," nytimes.com, July 8, 2009.

58. Paul C. Henry, "Social Class, Market Situation, and Consumers' Metaphors of (Dis)Empowerment," *Journal of Consumersearch,* Vol. 31 (March 2005): 766–778.

59. Youn-Kyung Kim and Seunghae Han, "Perceived Images of Retail Stores and Brands: Comparison among Three Ethnic Consumer Groups," *Journal of Family & Consumer Sciences,* Vol. 92 (3) (2000): 58–61.

60. Randy Kennedy, "For Middle Class, New York Shrinks as Home Prices Soar," *New York Times,* April 1, 1998, A1, B6; "Two Tier Marketing," *Business Week,* March 17, 1997, 82–90; Keith Bradsher, "America's Opportunity Gap," *New York Times,* June 4, 1995, 4.

61. Jared Bernstein, "Income Picture: Median Income Rose as Did Poverty in 2007," *Economic Policy Institute* (August 26, 2008), available at www.epi.org/content.cfm/webfeatures_economindictors_iancome_20080826
62. Ibid.

제11장

1. Elena Karahanna, J. Roberto Evaristo, and Mark Strite, "Levels of Culture and Individual Behavior: An Integrative Perspective," *Journal of Global Information Management,* Vol. 13 (April–June 2005): 1–20.
2. Tim Stock and Marie Lena Tupot, "Common Denominators: What Unites Global Youth?" *Young Consumers* (Quarter 1) (2006): 36–43.
3. Jeff Strieter and Jerald Weaver, "A Longitudinal Study of the Depiction of Women in a United States Business Publication," *Journal of the American Academy of Business,* Vol. 7 (September 2005): 229–235.
4. Virginia Richards, "Perpetuating Core Consumer Sciences," *Journal of Family & Consumer Sciences,* Vol. 97 (3) (September 2005): 8–10.
5. Kritsadarat Wattanasuwan, "Balancing the Hybrid Self in the Competing Landscapes of Consumption," *Journal of the American Academy of Business, Cambridge,* Vol. 11 (1) (March 2007): 9–17.
6. For a discussion of socialization, see Jason E. Lueg and R. Zachary Finney, "Interpersonal Communication in the Consumer Socialization Process: Scale Development and Validation," *Journal of Marketing Theory & Practice,* Vol. 15 (1) (Winter 2007): 25–39.
7. Elizabeth C. Hirschman, "Men, Dogs, Guns, and Cars: The Semiotics of Rugged Individualism," *Journal of Advertising,* Vol. 32 (Spring 2003): 9–22.
8. Dennis W. Rook, "The Ritual Dimension of Consumer Behavior," *Journal of Consumer Research,* Vol. 12 (December 1985): 251–264.
9. Bernard Berelson, *Content Analysis in Communication Research* (New York: Free Press, 1952).
10. Michael L. Maynard and Charles R. Taylor, "Girlish Images across Cultures: Analyzing Japanese versus U.S. *Seventeen* Magazine Ads," *Journal of Advertising,* Vol. 28 (1) (Spring 1999): 39–45.
11. Mindy F. Ji and James U. McNeal, "How Chinese Children's Commercials Differ from Those of the United States: A Content Analysis," *Journal of Advertising,* Vol. 30 (3) (Fall 2001): 79–92.
12. Lawrence Osborne, "Consuming Rituals of the Suburban Tribe," *New York Times Magazine,* January 13, 2002, 28–31; Margaret Littman, "Science Shopping," *Crain's Chicago Business,* January 11, 1999, 3; Marvin Matises, "Top of Mind: Send Ethnographers into New-SKU Jungle," *Brandweek,* September 25, 2000, 32–33.
13. Maria Kniazeva and Alladi Venkatesh, "Food for Thought: A Study of Food Consumption in Postmodern US Culture," *Journal of Consumer Behavior,* Vol. 6 (November–December 2007): 419–435.
14. Leonard V. Gordon, *Survey of Personal and Interpersonal Values* (Science Research Associates, 1976).
15. David C. McClelland, *The Achieving Society* (New York: Free Press, 1961): 150–151.
16. Leon G. Schiffman, Elaine Sherman, and Mary M. Long, "Toward a Better Understanding of the Interplay of Personal Values and the Internet," *Psychology & Marketing,* Vol. 20 (February 2003): 169–186.
17. Charles A. Malgwi, Martha A. Howe, and Priscilla A. Burnaby, "Influences on Students' Choice of College Major," *Journal of Education for Business,* Vol. 80 (May/June 2005): 275–282.
18. Joe Renouard, "The Predicaments of Plenty: Interwar Intellectuals and American Consumerism," *Journal of American Culture,* Vol. 30 (1) (March 2007): 59.
19. Frank Gibney, Jr., and Belinda Luscombe, "The Redesigning of America," *Time Magazine,* June 26, 2000, unnumbered insert section.
20. Juliet Schor, "Point of Purchase: How Shopping Changed American Culture," *Contemporary Sociology,* A. Turock "Health Consciousness Tipping Point" Progressive Grocer 87:6 (May 2008) p. 38. (January 2005): 43–44.
21. Daphna Oyserman, "High Power, Low Power, and Equality: Culture Beyond Individualism and Collectivism," *Journal of Consumer Psychology,* Vol. 16 (2006): 354; Norbert Schwarz, "Individualism and Collectivism," *Journal of Consumer Psychology,* Vol. 16 (4) (2006): 324.
22. Hirschman, "Men, Dogs, Guns, and Cars."
23. Inspired by Deborah J. Webb, et al., "Development of and Validation of Scales to Measure Attitudes Influencing Monetary Donations to Charitable Organizations," *Journal of the Academy of Marketing Science,* Vol. 28 (Spring 2000): 299–309.
24. Rodoula Tsiotsou, "An Empirically Based Typology of Intercollegiate Athletic Donors: High and Low Motivation Scenarios," *Journal of Targeting, Measurement & Analysis for Marketing,* Vol. 15 (2) (2007): 79–87.
25. Becky Ebenkamp, "Out of the Box: Gifts That Keep on Giving," *Brandweek,* December 11–25, 2006, 12.
26. Barbara J. Phillips, "Working Out: Consumers and the Culture of Exercise," *Journal of Popular Culture,* Vol. 38 (February 2005): 525–551.
27. D. Gail Fleenor, "Beyond Burgers," *Frozen Food Age,* Vol. 55 (6) (January 2007): 22.
28. A. Turock "Health Consciousness Tipping Point" Progressive Grocer 87:6 (May 2008) p. 38.
29. Mike Duff, "Marketers Making Most of Healthy Home," *Retailing Today,* Vol. 45 (5) (April 9, 2007): 17.
30. pewinternet.org/PPF/r/156/report_display.asp (accessed November 2008).
31. in.reuters.com/article/2012/09/18/health-obesity-us-idINL1E8KIA8D20120918 (accessed September 19, 2012).
32. "Bike Retailers Can Tap into Consumers' Fitness Resolutions," *Bicycle Retailer & Industry News,* Vol. 17 (January 1, 2008): 38.
33. Mark Cleveland, Maria Kalamas, and Michel Laroche, "'It's Not Easy Being Green': Exploring Green Creeds, Green Deeds, and Internal Environmental Locus of Control," *Psychology & Marketing*, Vol. 29 (5) (May 2012): 293–305.
34. Stephanie Storm, "Rethinking Recycling," nytimes.com, March 23, 2012.
35. Selected findings from Kathy Steinberg, "Fewer Americans 'Thinking Green': New Poll Reveals

Continued Decrease on 'Green' Attitudes and Behaviors since 2009," *The Harris Poll* (41) (April 22, 2012).

36. Claire D'Souza, Mehdi Taghian, and Rajiv Khosla, "Examination of Environmental Beliefs and Its Impact on the Influence of Price, Quality and Demographic Characteristics with Respect to Green Purchase Intentions," *Journal of Targeting, Measurement * Analysis for Marketing,* Vol. 15 (2) (2007): 69–78.

37. Sheila Bonini and Jeremy Oppenheim, "Cultivating the Green Consumer," *Stanford Social Innovation Review* (Fall 2008): 56–61.

38. Claire D'Souza, Mehdi Taghian, and Peter Lamb, "An Empirical Study on the Influence of Environmental Labels on Consumers," *Corporate Communications: An International Journal,* Vol. 11 (2) (2006): 162–173.

39. Josephine Pickett-Baker and Ritsuko Ozaki, "Pro-environmental Products: Marketing Influence on Consumer Choice Decision," *Journal of Consumer Marketing,* Vol. 25 (5) (2008): 281–286.

제12장

1. Diana Schrage—a Senior Interior Designer at Kohler

2. U.S. Census Bureau, *National Population Projections,* "Table 4. Projections of the Population by Sex, Race, and Hispanic Origin for the United States: 2010 to 2050" (2008), available at www.census.gov/population/www/projections/summarytables.html.

3. Sam Roberts, "In a Generation, Minorities May Be the U.S. Majority," New York Times, August 14, 2008 nytimes.com

4. United States Census Bureau, "The Foreign-Born Population in the United States: 2010," *American Community Survey Report* (May 2012), available at http://www.census.gov/prod/2012pubs/acs-19.pdf.

5. M. Monks, "Report Shows Nearly Half of Queens Is Foreign Born," *Jackson Heights Times,* January 27, 2005, accessed November 2008 at http://gothamgazette.com/community/21/news/1184.

6. Natalie Zmuda, "Kmart's Holiday Spots to Showcase Shift in Approach to Ethnic Markets," *Advertising Age,* November 1, 2010.

7. U.S. Census Bureau, *Statistical Abstract of the United States 2008,* Table 8, "Largest Minority Group: Hispanics," *New York Times,* January 22, 2003, A17; Hispanic.com: Hispanic Spending, available at http://hispanic.com/topics/hispanicspending.aspx.

8. Deborah L. Vence, "Pick Up the Pieces: Companies Target Lifestyle Segments of Hispanics," *Marketing News,* March 15, 2005, 13–15; Richardo Villarreal and Robert A. Peterson, "Hispanic Ethnicity and Media Behavior," *Journal of Advertising Research,* (June 2008): 179.

9. U.S. Census Bureau, *Statistical Abstract of the United States 2008,* Table 8.

10. U.S. Census Bureau, *America's Families and Living Arrangements* (2006), available at www.census.gov/population/www/socdemo/hh-fam/cps2006.html.

11. Laurel Wentz, "Multicultural? No, Mainstream," *Advertising Age,* May 2, 2005, 3, 57.

12. U.S. Census Bureau, *Statistical Abstract of the United States 2008,* Table 18; U.S. Department of Commerce, "The Hispanic Population: Census 2000 Brief," available at www.census.gov; "2003 American Community Survey Data Profile Highlights," *U.S. Census Bureau—American FactFinder,* available at http://factfinder.census.gov.

13. "Hispanic Power," *Chain Store Age,* Vol. 83 (11) (November 2007): 26.

14. Michael Chattalas and Holly Harper, "Navigating a Hybrid Cultural Identity: Hispanic Teenagers' Fashion Consumption Influences," *Journal of Consumer Marketing,* Vol. 24 (6) (2007): 351–357.

15. http://www.marketingcharts.com/direct/laptops-desktops-grow-in-opposite-directions-14641/pew-computer-ownership-oct-2010jpg/.

16. "Multitaskers," *Brandweek,* April 23, 2007, 18.

17. Della de Lafuente, "Ford Flex Finds *Novela* Way to Reach Latino Consumers," *Brandweek,* June 30–July 7, 2008, 12.

18. E. J. Schultz, "Miller Lite Starts U.S. Hispanic-Agency Review," *Advertising Age*, March 15, 2013.

19. "Black (African-American) History Month," *U.S. Census Bureau News,* February 2012 (Washington, DC: U.S. Department of Commerce).

20. Mike Beirne, "Has This Group Been Left Behind?" *Brandweek*, March 14, 2005, 33–35.

21. Youn-Kyung Kim and Seunghae Han, "Perceived Images of Retail Stores and Brands: Comparison among Three Ethnic Consumer Groups," *Journal of Family & Consumer Sciences,* Vol. 92 (3) (2000): 58–61.

22. "African American Market Profile 2008," Magazine Publishers of America, 8, magazine.org/marketprofiles.

23. Ibid.

24. "Black America Today," *Radio One,* June 2008, available at http://blackamericastudy.com/fact-sheets/black_consumer_final2.pdf.

25. Ibid., 27.

26. Pepper Miller, "The Truth about Black America," *Advertising Age,* July 15, 2008.

27. Mediamark Research and Intelligence, 2011.

28. John Fetto, "Cyber Tigers," *American Demographics*, Vol. 24 (3) (March 2002): 9–10; Sheila Thorne, "Reaching the Minority Majority," *Pharmaceutical Executive,* Vol. 21 (4) (April 2001): 156–158.

29. "Asian-American Market Profile 2008," Magazine Publishers of America, 8, www.magazine.org/marketprofiles.

30. See www.ewowfacts.com/pdfs/chapter/61.pdf (page 609); *Orienting the U.S. Food and Beverage Market: Strategies Targeting Asian American to 2010* (Alexandria, VA: Promar International, June 2000): 87.

31. Laurel Wentz, "AZN TV Makes It Easier to Reach Asians," *Advertising Age*, April 18, 2005, 38.

32. Michael Fielding, "The Halo: Christian Consumers Are a Bloc That Matters to All Marketers," *Marketing News*, February 1, 2005, 18, 20.

33. Jeffrey Steven Podoshen, "Word of Mouth, Brand Loyalty, Acculturation and the American Jewish Consumer," *Journal of Consumer Marketing*, Vol. 23 (5) (2006): 266–282.

34. Victoria Rivkin, "Godly Gains," *Crain's New York Business,* October 13, 2003, 21, 27; see also the website http://theprimegrill.primehospitalityny.com/.

35. Heidi J. Shrager, "Closed-Circle Commerce," *Wall Street Journal*, November 19, 2001, B1, B11.

36. *Source:* Doublebase Mediamark Research, Inc. *2007 Doublebase Report.* All rights reserved by Mediamark.

37. Pierre Dube, "National Brand, Local Branding: Conclusions and Future Research Opportunities" *Journal of Marketing Research*, 44 (February 2007): 26–28.

38. Michael W. Kruger, "How Geographic Variation Persists: Comments on 'Consumer Packaged Goods in the United States: National Brands, Local Branding,'" *Journal of Marketing Research,* Vol. 44 (February 2007): 21–22.

39. Leonard M. Lodish, "Another Reason Academics and Practitioners Should Communicate More," *Journal of Marketing Research,* Vol. 44 (February 2007): 23–25.

40. M. Berk Ataman, Carl F. Mela, and Harald J. Van Heerde, "Consumer Packaged Goods in France: National Brands, Regional Chains, and Local Branding," *Journal of Marketing Research,* Vol. 44 (February 2007): 14–20.

41. Kara Chan, "Chinese Children's Perceptions of Advertising and Brands: An Urban Rural Comparison," *Journal of Consumer Marketing,* Vol. 25 (2) (2008): 74–84; John D. Nicholson and Philip J. Kitchen, "The Development of Regional Marketing—Have Marketers Been Myopic?" *International Journal of Business Studies,* Vol. 15 (1) (June 2007): 107–125.

42. Francis Piron, "China's Changing Culture: Rural and Urban Consumers' Favorite Things," *Journal of Consumer Marketing,* Vol. 23 (6) (2006): 327–334.

43. Himadri Roy Chaudhuri, Sr., and A. K. Haldar, "Understanding the Interrelationship Between Regional Differences and Material Aspiration in the Context of Indian Diversity: Results of an Exploratory Study," *Asia Pacific Journal of Marketing & Logistics,* Vol. 17 (4) (2005): 3.

44. Research and Markets (EPM Communications Inc.), "Marketing to Teens & Tweens," April 2010.

45. Ethan Smith, "Forget CDs. Teens Are Tuning into YouTube," online.wsj.com, August 13, 2012.

46. Anthony Patino, Velitchka Kaltcheva, and Michael Smith, "The Appeal of Reality Television for Teen and Pre-Teen Audiences," *Journal of Advertising Research* (March 2011): 288–297.

47. Rob McGann, "Generation Y Embraces SMS," *ClickZ Stats*, accessed November 2008 at www.clickz.com/stats/sectors/wireless/article.php/3489776; Jyoti Thottam, "How Kids Set the (Ring) Tone," *TIME*, April 4, 2005, 40–42, 45.

48. Marianne Wilson and Katherine Field, "Defining Gen Y," *Chain Store Age,* Vol. 83 (3) (March 2007): 36.

49. Mike Beirne, "Generation Gab," *Brandweek,* June 30–July 7, 2008, 16–20.

50. Available at http://pewinternet.org/Reports/2010/Generations-2011.aspx (accessed August 9, 2012).

51. "The Scoop on Gen X," *Work & Family Life,* Vol. 19 (January 2005): 1.

52. Paula M. Poindexter and Dominic L. Lasorsa, "Generation X: Is Its Meaning Understood?" *Newspaper Research Journal,* Vol. 20 (4) (Fall 1999): 28–36.

53. Rob McGann, "Only Banking Increased 47 Percent Since 2002," *ClickZ Stats,* accessed November 2008 at http://clickz.com/stats/sectors/finance/article.php.3481976.

54. "Marriott Revamp Targets Gen Xers," *Hotels*, Vol. 39 (May 2005): 14; Ed Watkins, "Meet Your New Guest: Generation X," *Lodging Hospitality*, Vol. 61 (March 15, 2005): 2.

55. http://www.vocus.com/blog/marketing-to-baby-boomers-online.5.27.13.

56. Linda Jane Coleman, Marie Hladikova, and Maria Savelyeva, "The Baby Boomer Market," *Journal of Targeting, Measurement & Analysis for* Marketing, Vol. 14 (3) (April 2006): 191–209.

57. "Boomer Facts," *American Demographics* (January 1996): 14. Also see Diane Crispell, "U.S. Population Forecasts Decline for 2000, but Rise Slightly for 2050," *Wall Street Journal*, March 25, 1996, B3; "Advertising to 50s and Over," *Brand Strategy (London)*, April 5, 2005, 57.

58. Coleman, Hladikova, and Savelyeva, "The Baby Boomer Market," *American Demographics* (January 2009): 21–32.

59. Christopher D. Hopkins, Catherine A. Roster, and Charles M. Wood, "Making the Transition to Retirement: Appraisals, Post-Transition Lifestyle, and Changes in Consumption Patterns," *Journal of Consumer Marketing,* Vol. 23 (2) (2006): 89–101.

60. http://pewinternet.org/Reports/2010/Generations-2011. aspx (accessed August 9, 2012).

61. "Table 2. Projections of the Population by Selected Age Groups and Sex for the United States: 2010 to 2050," available at www.census.gov/population/www/projec tions/summarytables.html; "Table 8. Resident Population by Race, Hispanic Origin, and Age: 2000 and 2006," *Statistical Abstract of the United States 2008,* available at www.census.gov/compendia/statab/cats/population.html (accessed November 2008).

62. Christine L. Himes, "Elderly Americans," *Population Bulletin,* Vol. 56 (4) (December 2001): 3–40; "Table 98. Expectations of Life at Birth, 1970 to 2004, and Projections, 2010 and 2015" and "Table 99. Average Number of Years of Life Remaining by Sex and Age: 1979 to 2003," *Statistical Abstract of the United States 2008,* available at www.census.gov/prod/2007pubs/08abstract/vitstat.pdf (accessed November 2008).

63. Tim Reisenwitz, Rajesh Iyer, David B. Kuhlmeier, and Jacqueline K. Eastman, "The Elderly's Internet Usage: An Updated Look," *Journal of Consumer Marketing,* Vol. 24 (7) (2007): 406–418.

64. Benny Barak and Leon G. Schiffman, "Cognitive Age: A Nonchronological Age Variable," in *Advances in Consumer Research*, 8, ed. Kent B. Monroe, pp. 602–606 (Ann Arbor, MI: Association for Consumer Research, 1981); Elaine Sherman, Leon G. Schiffman, and William R. Dillon, "Age/Gender Segments and Quality of Life Differences," in *1988 Winter Educators' Conference*, eds. Stanley Shapiro and A. H. Walle, pp. 319–320 (Chicago: American Marketing Association, 1988); *Marketing News*, August 28, 1995, 28–29.

65. Elaine Sherman, Leon G. Schiffman, and Anil Mathur, "The Influence of Gender on the New-Age Elderly's Consumption Orientation," *Psychology & Marketing,* Vol. 18 (10) (October 2001): 1073–1089.

66. Elaine Sherman, quoted in David B. Wolfe, "The Ageless Market," *American Demographics* (July 1987): 26–28, 55–56.

67. Leon G. Schiffman and Elaine Sherman, "The Value Orientation of New-Age Elderly: The Coming of an

Ageless Market," *Journal of Business Research,* Vol. 22 (2) (April 1991): 187–194.

68. Isabelle Szmigin and Marylyn Carrigan, "Leisure and Tourism Services and the Older Innovator," *The Service Industries Journal* (London), Vol. 21 (3) (July 2001): 113–129; I. Polyak, "The Center of Attention," *American Demographic,* Vol. 22 (2000) 32.

69. Available at http://pewinternet.org/Reports/2010/Generations-2011.aspx (accessed August 9, 2012).

70. Charles A. McMellon and Leon G. Schiffman, "Cybersenior Empowerment: How Some Older Individuals Are Taking Control of Their Lives," *Journal of Applied Gerontology,* Vol. 21 (2) (June 2002): 157–175; Charles A. McMellon and Leon G. Schiffman, "Cybersenior Mobility: Why Some Older Consumers May Be Adopting the Internet," *Advances in Consumer Research,* Vol. 27 (2000): 138–144.

71. Patti Williams and Aimee Drolet, "Age-Related Differences in Responses to Emotional Advertisements," *Journal of Consumer Research,* Vol. 32 (December 2005): 343–354.

72. Raphaëlle Lambert-Pandraud, Gilles Laurent, and Eric Lapersoone, "Repeat Purchasing of New Automobiles by Older Consumers: Empirical Evidence and Interpretations," *Journal of Marketing,* Vol. 69 (April 2005): 97–113.

73. Cabrini Pak and Ajit Kambil, "Over 50 and Ready to Shop: Serving the Aging Consumer," *Journal of Business Strategy,* Vol. 27 (6) (2006): 18.

74. Phone interview with Diana Schrage—a senior interior designer at Kohler—on October 15, 2012. Interviewer: Joseph Wisenblit.

75. C. Jeanne Hill and Susan K. Harmon, "Male Gender Role Beliefs, Coupon Use and Bargain Hunting," *Academy of Marketing Studies Journal,* Vol. 11 (2) (2007): 107–121.

76. Thomas Barry, Mary Gilly, and Lindley Doran, "Advertising to Women with Different Career Orientations," *Journal of Advertising Research,* Vol. 25 (April–May 1985): 26–35.

77. Based on Patricia Sellers, Liza Mundy and Nancy Gibbs, "Why Women Are Out-Earning Men," http://postcards.blogs.fortune.cnn.com/2012/03/16/richer-sex-time-mundy, accessed July 12, 2012.

78. N. O'Leary, "How to Talk to Women," Adweek, February 27, 2012, 53–60.

제13장

1. Carolyn A. Lin, "Cultural Values Reflected in Chinese and American Television Advertising," *Journal of Advertising*, Vol. 30 (3) (Winter 2001). Used with permission of M.E. Sharpe, Inc. All Rights Reserved. Not for reproduction.

2. Michel Laroche, Maria Kalamas, and Mark Cleveland, " 'I' Versus 'We': How Individualists and Collectivists Use Information Sources to Formulate Their Service Expectations," *International Marketing Review,* Vol. 22 (3) (2005): 279–308.

3. Kritika Kongsompong, "Cultural Diversities Between Singapore and Australia: An Analysis of Consumption

Behavior," *Journal of the American Academy of Business,* Vol. 9 (2) (September 2006): 87–92.

4. Ultrich R. Orth, Harold F. Koenig, and Zuzana Firbasova, "Cross-National Differences in Consumer Response to the Framing of Advertising Messages," *European Journal of Marketing,* Vol. 41 (3/4) (2007): 327–348.

5. Julien Cayla and Giana M. Eckhardt, "Asian Brands and the Shaping of a Transnational Imagined Community," *Journal of Consumer Research,* Vol. 35 (August 2008): 216–230.

6. John A. McCarty, Martin I. Horn, Mary Kate Szenasy, and Jocelyn Feintuch, "An Exploratory Study of Consumer Style: Country Differences and International Segments," *Journal of Consumer Behaviour* (January–February 2007): 53–63.

7. *Source:* John A. McCarty, Martin I. Horn, Mary Kate Szenasy, and Jocelyn Feintuch, "An Exploratory Study of Consumer Style: Country Differences and International Segments," *Journal of Consumer Behaviour* (January–February 2007): 53–54. Copyright © 2007 John Wiley & Sons, Ltd.

8. Alexander Josiassen, "Consumer Disidentification and Its Effects on Domestic Product Purchases: An Empirical Investigation in the Netherlands," *Journal of Marketing,* Vol. 75 (March 2011): 124–140.

9. Jan-Benedict E. M. Steenkamp and Martijn G. de Jong, "A Global Investigation into the Constellation of Consumer Attitudes Toward Global and Local Products," *Journal of Marketing*, Vol. 74 (November 2010): 18–40.

10. Piyush Sharma, "Measuring Personal Cultural Orientations: Scale Development and Validation," *Journal of the Academy of Marketing Science*, Vol. 38 (2010): 787–806.

11. Drew Martin and Paul Herbig, "Marketing Implications of Japan's Social-Cultural Underpinnings," *Journal of Brand Management,* Vol. 9 (3) (January 2002): 171–179.

12. Marion Issard, "To Tailor Burgers for France, McDonald's Enlists Baguette," online.wsj.com, February 24, 2012.

13. Annie Gasparro, "Domino's Sticks to Its Ways Abroad," online.wsj.com, April 17, 2012.

14. Liz Alderman, "In Europe, Starbucks Adjusts to a Café Culture," nytimes.com, March 30, 2012.

15. Christina Passariello, "Fitting Shades for Chinese," online.wsj.com, April 21, 2011.

16. Laurie Burkitt and Bob Davis, "Chasing China's Shoppers," online.wsj.com, June 14, 2012.

17. Jeff Bennett, "Chevrolet Ads to Take 'New Road,' " online.wsj.com, January 8, 2013.

18. Michael Wines, "Picking Brand Names in China Is a Business Itself," nytimes.com, November 11, 2011.

19. Suzanne Vranica, "PepsiCo Adds Fizz to Its Cola," online.wsj.com, March 29, 2012.

20. Leonidas Hatzithomas, Yorgos Zotos, and Christina Boutsouki, "Humor and Cultural Values in Print Advertising: A Cross-Cultural Study," *International Marketing Review,* Vol. 28 (1) (2011): 57–80.

21. Sukanlaya Sawang, "Sex Appeal in Advertising: What Consumers Think," *Journal of Promotion Management*, Vol. 16 (2010): 167–187.

22. Fang Liu, Hong Cheng, and Jianyao Li, "Consumer Responses to Sex Appeal Advertising: A Cross-Cultural Study," *International Marketing Review,* Vol. 26 (4/5) (2009): 501–520.

23. Jing Zhang, "The Persuasiveness of Individualistic and Collectivistic Advertising Appeals among Chinese Generation-X Consumers," *Journal of Advertising,* Vol. 39 (3) (Fall 2010): 69–80.

24. Simon Somogyi, Elton Li, Trent Johnson, Johan Bruwer, and Susan Bastian, "The Underlying Motivations of Chinese Wine Consumer Behavior," *Asia Pacific Journal of Marketing & Logistics,* Vol. 23 (4) (2011): 473–485.

25. Kawpong Polyorat and Dana L Alden, "Self-Construal and Need-for-Cognition Effects on Brand Attitudes and Purchase Intentions in Response to Comparative Advertising in Thailand and the United States," *Journal of Advertising* (Spring 2005): 37–49.

26. Yung Kyun Choi and Gordon E. Miracle, "The Effectiveness of Comparative Advertising in Korea and the United States," *Journal of Advertising* (Winter 2004): 75–88.

27. Rebecca Thurlow, "Australia Cigarette-Packaging Curbs Prompt Suit," online.wsj.com, November 21, 2011.

28. Chun Han Wong, "Singapore Tightens Rules on Casino Advertising," online.wsj.com, November 25, 2011.

29. Lilly Vitorovich, "Groupon Ads Draw U.K. Scrutiny," online.wsj.com, December 2, 2011.

30. Laurie Burkitt, "China Bans Ads in TV Dramas," online.wsj.com, November 29, 2011.

31. Laurie Burkitt, "In China, Air Cheow-DAN Cries Foul," online.wsj.com, February 24, 2012.

32. Chingching Chang, "The Effectiveness of Using a Global Look in an Asian Market," *Journal of Advertising Research* (June 2008): 199–214.

33. Natasha Singer, "At Estée Lauder, a Brand Is Developed Just for China," nytimes.com, September 24, 2012.

34. Douglas B. Holt, John A. Quelch, and Earl L. Taylor, "How Global Brands Compete," *Harvard Business Review* (September 2004): 68–75.

35. Ibid.

36. Carlos J. Torelli, Ayşegül Özsomer, Sergio W. Carvalho, Hean Tat Keh, and Natalia Maehle, "Brand Concepts as Representations of Human Values: Do Cultural Congruity and Compatibility Between Values Matter?" *Journal of Marketing,* Vol. 76 (July 2012): 92–108.

37. Jessie H. Chen-Yu, Keum-Hee Hong, and Yoo-Kyoung Seock, "Adolescents' Clothing Motives and Store Selection Criteria: A Comparison between South Korea and the United States," *Journal of Fashion Marketing & Management,* Vol. 14 (1) (2010): 127–144.

38. Devon Maylie, "By Foot, by Bike, by Taxi, Nestlé Expands in Africa," online.wsj.com, December 1, 2011.

39. Both tables are based on: "Best Global Brands 2012," Interbrand Report, available at http://www.Interbrand.com/en/news-room/press-releases/2012-10-02-7543da7.aspx (accessed January 20, 2013).

40. Laurie Burkitt and Emily Glazer, "In China, Some Imports Get a Local Run for the Money," online.wsj.com, August 5, 2012.

41. Alokparna Basu Monga and Deborah Roedder John, "Consumer Response to Brand Extensions: Does Culture Matter?" *Advances in Consumer Research,* Vol. 31 (2004): 216–222.

42. Alokparna Basu Monga and Deborah Roedder John, "Cultural Differences in Brand Extension Evaluation: The Influence of Analytic versus Holistic Thinking," *Journal of Consumer Research,* Vol. 33 (March 2007): 529–536.

43. Shintaro Okazaki, "Searching the Web for Global Brands: How American Brands Standardize Their Web Sites in Europe," *European Journal of Marketing,* Vol. 39 (1/2) (2005): 87–109.

44. Andrew Browne, James T. Areddy, and Merissa Marr, "Katzenberg Unveils a China Film Project," online.wsj.com, April 19, 2013.

45. Laurie Burkitt, "Bling Toned Down in Beijing," online.wsj.com, August 6, 2012.

46. Andrew Kramer, "Russia Becomes a Magnet for U.S. Fast-Food Chains," nytimes.com, August 3, 2011.

47. Stephanie Clifford and Liz Alderman, "A New American Invasion," nytimes.com, June 16, 2011.

48. Hiroko Tabuchi, "Japanese Consumers Reconsidering Rice Loyalty," nytimes.com, July 19, 2012.

49. David Kesmodel, "Feeling Stale, Molson Reinvents Itself in Canada," online.wsj.com, April 13, 2011.

50. Moises Naim, "Can the World Afford a Middle Class?" *Foreign Policy,* Vol. 165 (March–April 2008): 95–96.

51. Peter Marber, "Globalization and Its Contents," *World Policy Journal* (Winter 2004–2005): 29–37.

52. Ann Veeck and Alvin C. Burns, "Changing Tastes: The Adoption of New Food Choices in Post-Reform China," *Journal of Business Research,* Vol. 58 (2005): 644–652.

53. R. Stephen Parker, Charles M. Hermans, and Allen D. Schaefer, "Fashion Consciousness of Chinese, Japanese and American Teenagers," *Journal of Fashion Marketing & Management,* Vol. 8 (2) (2004): 176–186.

54. Ibid., 182.

55. Energy BBDO, "The GenWorld Teen Study," available at www.businessfordiplomaticaction.com/learn/articles/genworld_leave_behind.pdf (accessed November 2008).

56. Based on: Becky Ebenkamp, "Creative Consciousness," *Brandweek,* January 16, 2006, 14.

제14장

1. Gordon C. Bruner, II, "The Effect of Problem-Recognition Style on Information Seeking," *Journal of the Academy of Marketing Science*, Vol. 15 (Winter 1987): 33–41.

2. Matthew Klein, "He Shops, She Shops," *American Demographics* (March 1998): 34–35.

3. Sharon E. Beatty and Scott M. Smith, "External Search Effort: An Investigation across Several Product Categories," *Journal of Consumer Research,* 14 (June 1987): 83–95.

4. Niranjan V. Raman, "A Qualitative Investigation of Web-Browsing Behavior," in *Advances in Consumer Research*, eds. J. Brucks and S. MacInnis (Provo, UT: Association for Consumer Research, 1997): 511–516.

5. "Just the Facts," *Journal of Business Strategy*, Vol. 22 (2) (March/April, 2001): 3–4; Kuan-Pin Chiang, Ruby Roy

Dholakia, and Stu Westin, "Needle in the Cyberstack: Consumer Search for Information in the Web-Based Marketspace," *Advances in Consumer Research,* Vol. 31 (2004): 88–89.

6. Kristy E. Reynolds, Judith Anne Garretson Folse, and Michael A. Jones, "Search Regret: Antecedents and Consequences," *Journal of Retailing*, 82, no. 4 (2006): 339

7. Reynolds, Folse, and Jones, "Search Regret."

8. Lan Xia, "Consumer Choice Strategies and Choice Confidence in the Electronic Environment," in *1999 AMA Educators Proceedings,* Vol. 10, eds. Stephen P. Brown and D. Sudharshan (Chicago: American Marketing Association, 1999): 270–277.

9. John W. Pracejus, G. Douglas Olsen, and Thomas C. O'Guinn, "Nothing Is Something: The Production and Reception of Advertising Meaning through the Use of White Space," *Advances in Consumer Research,* Vol. 30, eds. Punam Anand Keller and Dennis W. Rook (Valdosta, GA: Association for Consumer Research, 2003): 174; Pamela Henderson, Joan Giese, and Joseph A. Cote, "Typeface Design and Meaning: The Three Faces of Typefaces," *Advances in Consumer Research,* Vol. 30 (2003): 175.

10. Ashley Lye, Wei Shao, and Sharyn Rundle-Thiele, "Decision Waves: Consumer Decisions in Today's Complex World," *European Journal of Marketing,* Vol. 39 (1/2) (2005): 216–230; see also Lam-Ying Huang and Ying-Jiun Hsieh, "Consumer Electronics Based on Innovation Attributes and Switching Costs: The Case of e-Book Readers,"
Electronic Commerce Research & Applications, Vol. 11 (2012): 218–228.

11. Jeffrey F. Durgee, "Why Some Products 'Just Feel Right,' or, the Phenomenology of Product Rightness," in *Advances in Consumer Research,* Vol. 22, eds. Frank R. Kardes and Mita Sujan (Provo, UT: Association for Consumer Research, 1995): 650–652.

12. Tulin Erdem and Joffre Swait, "Brand Credibility, Brand Consideration, and Choice," *Journal of Consumer Research,* Vol. 31 (June 2004): 191–198.

13. Laurie Peterson, "The Strategic Shopper," *Adweek's Marketing Week*, March 30, 1992, 18–20.

14. Emily Booth, "Getting Inside a Shopper's Mind," *Marketing (U.K.),* June 3, 1999, 33.

15. Kare Sandvik, Kjell Gronhaug, and Frank Lindberg, "Routes to Customer Retention: The Importance of Customer Satisfaction, Performance Quality, Brand Reputation and Customer Knowledge," in *AMA Winter Conference,* eds. Debbie Thorne LeClair and Michael Hartline (Chicago: American Marketing Association, 1997): 211–217.

16. Mohammed M. Nadeem, "Post-Purchase Dissonance: The Wisdom of the 'Repeat' Purchases," *Journal of Global Business Issues,* Vol. 1 (2) (Summer 2007): 183–193.

17. Raquel Sanchez-Fernandez and M. Angeles Iniesta-Bonillo, "Consumer Perception of Value: Literature Review and a New Conceptual Framework," *Journal of Consumer Satisfaction, Dissatisfaction & Complaining Behavior,* Vol. 19 (2006): 40–58.

18. Deirdre Shaw, Terry Newholm, and Roger Dickinson, "Consumption as Voting: An Exploration of Consumer Empowerment," *European Journal of Marketing,* Vol. 40 (9/10) (2006): 1049–1067.

19. Russell W. Belk and Gregory S. Coon, "Gift Giving as Agapic Love: An Alternative to the Exchange Paradigm Based on Dating Experiences," *Journal of Consumer Research,* Vol. 20 (December 1993): 393–417.

20. Julie A. Ruth, Cele C. Otnes, and Frédéric F. Brunel, "Gift Receipt and the Reformulation of Interpersonal Relationships," *Journal of Consumer Research,* Vol. 25 (March 1999): 385–402.

21. Adapted from Deborah Y. Cohn and Leon G. Schiffman, "Gifting: A Taxonomy of Private Realm Giver and Recipient Relationships" (Working Paper), City University of New York, Baruch College, 1996.

22. Deborah Y. Cohn and Leon G. Schiffman, "A Taxonomy of Consumer Gifting Relationships," in *Navigating Crisis and Opportunities in Global Markets: Leadership, Strategy and Governance, International Conference of the Global Business and Technology Association*, eds. Nejdet Delener and Chiang-nan Chaoin (June 8–12, 2004): 164–171.

23. Stephen J. Gould and Claudia E. Weil, "Gift-Giving and Gender Self-Concepts," *Gender Role,* Vol. 24 (1991): 617–637.

24. Tilottama G. Chowdhury, S. Ratneshwar, and Kalpesh K. Desai, "Do Unto Others as You Would Do Unto Yourself: Variety-Seeking Motives in Gift Giving," *Advances in Consumer Research,* Vol. 31, eds. Barbara E. Kahn and Mary Frances Luce (Valdosta, GA: Association for Consumer Research, 2004): 22–23.

25. Annamma Joy, "Gift Giving in Hong Kong and the Continuum of Social Ties," *Journal of Consumer Research,* Vol. 28 (2) (September 2001): 239–256.

26. Suri Weisfield-Spolter and Maneesh Thakkar, "A Framework for Examining the Role of Culture in Individuals' Likelihood to Engage in Self-Gift Behavior," *Academy of Marketing Studies Journal*, Vol. 16 (1) (2012): 39–52.

27. Leon G. Schiffman and Deborah Y. Cohn, "Are They Playing by the Same Rules? A Consumer Gifting Classification of Marital Dyads," *Journal of Business Research*, (forthcoming): 1054–1062.

28. Hsiang Chen and Kevin Crowston, "Comparative Diffusion of the Telephone and the World Wide Web: An Analysis of Rates of Adoption," in *Proceedings of WebNet '97—World Conference of the WWW, Internet and Intranet,* eds. Suave Lobodzinski and Ivan Tomek, (AACE: Toronto, Canada): 110–115; see also Edward D. Conrad, Michael D. Michalisin, and Steven J. Karu, "Measuring Pre-Adoptive Behavior Towards Individual Willingness to Use IT Innovations," *Journal of Strategic Innovation and Sustainability,* Vol. 8 (1) (2012): 81–93.

29. Tariq Bhatti, "Exploring Factors Influencing the Adoption of Mobile Commerce," *Journal of Internet Banking & Commerce,* Vol. 12 (3) (2007): 1–13.

30. Susan H. Higgins and William L. Shanklin, "Seeding Mass Market Acceptance for High Technology Consumer Products," *Journal of Consumer Marketing,* Vol. 9 (Winter 1992): 5–14.

제15장

1. Amanda Zimmerman and John Dahlberg, "The Sexual Objectification of Women in Advertising: A Contemporary Cultural Perspective," *Journal of Advertising Research,* Vol. 48 (1) (March 2008): 21–38.

2. Mike Esterl and Paul Ziobro, "Coke to Curb Ads to Kids, Push Diet Drinks," online.wsj.com, May 8, 2013.

3. Bill Tomson, "Caffeinated Snacks Draw FDA Scrutiny," online.wsj.com, April 30, 2013.

4. Deborah Roedder John, "Consumer Socialization of Children: A Retrospective Look at Twenty-Five Years of Research," *Journal of Consumer Research*, Vol. 26 (2) (1999): 183–213.

5. D. Borzekowski and T. Robinson, "The 30-Second Effect: An Experiment Revealing the Impact of Television Commercials on Food Preferences of Preschoolers," *Journal of American Dietetic Association*, Vol. 10 (1) (2001): 42–46.

6. K. Corfman and B. Harlam, "Relative Influence of Parent and Child in the Purchase of Products for Children," *Journal of Marketing Theory & Practice*, Vol. 12 (2) (2001): 132–146.

7. K. Palan and R. Wilkes, "Adolescent-Parent Interaction in Family Decision Making," *Journal of Consumer Research*, Vol. 24 (2) (1997): 159–169.

8. D. Marshall, S. O'Donohoe, and S. Kline, "Families, Food, and Pester Power: Beyond the Blame Game?" *Journal of Consumer Behaviour*, Vol. 6 (1) (2007): 164–181.

9. Kaiser Family Foundation, "Daily Media Use among Children and Teens up Dramatically from Five Years Ago" (January 20, 2010). News Release: http://www.kff.org/entmedia/entmedia012010nr.cfm (accessed August 11, 2012).

10. Institute of Medicine of the National Academies, *Food Marketing to Children and Youth* (Washington, DC: National Academies Press, 2005).

11. Center for Science in the Public Interest, "Pestering Parents: How Food Companies Market Obesity to Children" (November 2003).

12. www.caru.com (accessed August 11, 2012).

13. CARU New Releases: "Roseart Supports CARU and Children's Safety . . .," (January 5, 2005); "Nabisco Puts Safety First in TV Ads," (October 4, 2000); "Procter and Gamble Works with CARU on Pringles Commercial," (April 15, 2004). All available at www.caru.org/news/index.asp (accessed August 11, 2012).

14. Stuart Elliott, "McDonald's Ending Promotion on Jackets of Children's Report Cards," nytimes.com, January 18, 2008.

15. E. J. Schultz, "Advertisers Rebuke Obama Administration's Proposed Rules on Marketing Food to Kids," *Ad Age* online, April 28, 2011.

16. Mike Esterl, "Soda Makers to Post Calories on Vending Machines," online.wsj.com, October 8, 2012.

17. Brooks Barnes, "Promoting Nutrition, Disney to Restrict Junk-Food Ads," nytimes.com, June 5, 2012; Stephanie Storm, "McDonald's Menu to Post Calorie Data," nytimes.com, September 12, 2012.

18. Julie Jargon, "Success Is Only So Sweet in Remaking Cereals," online.wsj.com, October 11, 2011.

19. Jess Bravin, "California Can't Curb Children's Access to Videogames," online.wsj.com, June 28, 2011.

20. Melanie Warner, "The Food Industry Empire Strikes Back," nytimes.com, July 5, 2005.

21. Elizabeth S. Moore and Victoria J. Rideout, "The Online Marketing of Food to Children: Is It Just Fun and Games?" *Journal of Public Policy & Marketing*, Vol. 26 (2) (Fall 2007): 202–220; Kathleen Seiders and Ross D. Petty, "Taming the Obesity Beast: Children, Marketing, and Public Policy Considerations," *Journal of Public Policy & Marketing*, Vol. 26 (2) (Fall 2007): 236–242.

22. Jeremy Singer-Vine and Anton Troianovski, "How Kids Apps Are Data Magnets," online.wsj.com, June 27, 2013.

23. Stephanie Clifford, "Online Merchants Home In on Imbibing Consumer," nytimes.com, December 27, 2011.

24. Michael Moss, "The Extraordinary Science of Addictive Junk Food," nytimes.com, February 20, 2013.

25. Reuters, "Fat and Getting Fatter: U.S. Obesity Rates to Soar by 2030," September 19, 2012.

26. Rajagopal Raghunathan, Rebecca Walker Naylor, and Wayne D. Hoyer, "The Unhealthy = Tasty Intuition and Its Effects on Taste Inferences, Enjoyment, and Choice of Food Products," *Journal of Marketing,* Vol. 70 (October 2006): 170–184.

27. Brian Wansink and Koert van Ittersum, "Bottoms Up! The Influence of Elongation on Pouring and Consumption Value," *Journal of Consumer Research* (December 2003): 455–463; Brian Wansink, "Environmental Factors That Increase the Food Intake and Consumption Volume of Unknowing Consumers," *Annual Reviews* 24 (Nutrition, 2004): 455–479; Barbara E. Kahn and Brian Wansink, "The Influence of Assortment Structure on Perceived Variety and Consumption Quantities," *Journal of Consumer Research* (March 2004): 519–534; Jennifer J. Argo and Katherine White, "When Do Consumers Eat More? The Role of Appearance Self-Esteem and Food Packaging Cues," *Journal of Marketing*, Vol. 76 (March 2012): 67–80.

28. "Credit Scores Plummet as Student Debt Rises," *Business Wire*, New York, April 8, 2005.

29. So-Hyun Joo, John E. Grable, and Dorothy C. Bagwell, "Credit Card Attitudes and Behaviors of College Students," *College Student Journal* (September 2003): 405–416.

30. "New York Law Targets Credit Card Ads at Universities," *Bank Marketing International* (December 2004): 1; Jonathan D. Glater, "Marketing Code for Student Lenders," nytimes.com, September 10, 2008.

31. Stephen F. Pirog III and James A. Roberts, "Personality and Credit Card Misuse among College Students: The Mediating Role of Impulsiveness," *Journal of Marketing Theory & Practice*, Vol. 15 (1) (Winter 2007): 65–77.

32. James A. Roberts and Stephen F. Pirog III, "A Preliminary Investigation of Materialism and Impulsiveness as Predictors of Technological Addictions among Young Adults," *Journal of Behavioral Addictions*, Vol. 2 (1) (March 2013): 56–62.

33. Anahad O'Connor, "The Problem with Serving Sizes," nytimes.com, August 2, 2011.

34. Gina S. Mohr, Donald R. Lichtenstein, & Chris Janiszewski, "The Effect of Marketer-Suggested Serving

Size on Consumer Responses: The Unintended Consequences of Consumer Attention to Calorie Information," *Journal of Marketing*, Vol. 76 (January 2012): 59–75.

35. O'Connor, "The Problem with Serving Sizes."

36. Tara Parker-Pope, "Designing a Better Food Label," nytimes.com, July 28, 2011.

37. Stephanie Storm, "Lawsuit Forces General Mills to Defend the Accuracy of Its 'Natural' Labeling," nytimes.com, July 26, 2012.

38. Stephanie Storm, "Uneasy Allies in the Grocery Aisle," nytimes.com, September 13, 2012.

39. R. Stephen Parker and Charles E. Pettijohn, "Ethical Considerations in the Use of Direct-to-Consumer Advertising and Pharmaceutical Promotions: The Impact on Pharmaceutical Sales and Physicians," *Journal of Business Ethics* (December 2003): 279–287; Nat Ives, "Consumers Are Looking Past Commercials to Study Prescription Drugs," nytimes.com, March 25, 2005.

40. Stephanie Saul, "A Self-Imposed Ban on Drug Ads," nytimes.com, June 15, 2005.

41. Stephanie Clifford, "FDA Rules on Drug Ads Sow Confusion as Applied to Web," nytimes.com, April 16, 2009.

42. Duff Wilson, "As Generics Near, Makers Tweak Erectile Drugs," nytimes.com, April 13, 2011.

43. Thomas F. Stafford, "Alert or Oblivious? Factors Underlying Consumer Responses to Marketing Stimuli," *Psychology & Marketing* (September 2000): 745–760.

44. Serena Ng, "Toilet-Tissue 'Desheeting' Shrinks Rolls," online.wsj.com, July 24, 20–13.

45. Ibid.Plumps Margins,"

46. Kelly D. Martin and Craig Smith, "Commercializing Social Interaction: The Ethics of Stealth Marketing," *Journal of Public Policy & Marketing*, Vol. 27 (1) (Spring 2008): 45–56.

47. Michael A. Wiles & Anna Danielova, "The Worth of Product Placement in Successful Films: An Event Study Analysis," *Journal of Marketing*, Vol. 73 (July 2009): 44–63.

48. Ignacio Redondo, "The Behavioral Effects of Negative Product Placements in Movies," *Psychology & Marketing*, Vol. 29 (8) (August 2012): 622–635.

49. Haseeb Shabbir and Des Thwaites, "The Use of Humor to Mask Deceptive Advertising: It's No Laughing Matter," *Journal of Advertising*, Vol. 36 (2) (Summer 2007): 75–86.

50. Federal Trade Commission

51. Peter R. Darke, Laurence Ashworth, and Robin J. B. Ritchie, "Damage from Corrective Advertising: Causes and Cures," *Journal of Marketing*, Vol. 72 (November 2008): 81–97.

52. Nat Ives, "Advertisers Have a Deep Concern for the Truth, Especially When It Comes to a Rival's Claim," *New York Times*, September 21, 2004, C4.

53. Ibid.

54. Amy Schatz and Ilan Brat, "Dannon Settles Complaints over Yogurt Ads," online.wsj.com, December 16, 2010; Edward Eyatt, "Regulators Call Health Claims in Pom Juice Ads Deceptive," nytimes.com, September 27, 2010; Associated Press, "FDA Warns P&G for Adding Vitamin C to Nyquil," nytimes.com, October 14, 2009; Brent Kendall, "Skechers Settles with FTC over Deceptive Advertising of Toning Shoes," online.wsj.com, May 16, 2012; Anemona Hartocollis, "Dispute over City's Ads against Sodas," nytimes.com, October 28, 2010; Brent Kendall, "FTC Targets 'Ab Circle Pro' Ads," online.wsj.com, August 23, 2012; Jennifer Corbett Dooren and Emily Glazer, "FDA Rebukes Lancôme on Marketing," online.wsj.com, September 11, 2012; Danny Yadron and Shira Ovide, "FTC Says Tweet Ads Need Some Fine Print," online.wsj.com, March 12, 2013.

55. Martha Myslinski Tipton, Sundar Bharadwaj, and Diana Robertson, "Regulatory Exposure of Deceptive Marketing and Its Impact on Claimed Value," *Journal of Marketing* (November 2009): 230–243.

56. Ann Zimmerman, "Judge to Consider Zale's Brightest Diamond Claim," online.wsj.com, December 16, 2012.

57. Anemona Hartocollis, "E-Mails Reveal Dispute over City's Ad against Sodas," nytimes.com, October 28, 2010.

58. Dana Mattioli and Ryan Dezember, "Would-Be Buyers of Organix Naturally Hesitant on Name," online.wsj.com, April 30, 2013.

59. Suzanne Vranica, "Advertisers Practice for Super Bowl," online.wsj.com, February 3, 2012.

60. Jill K. Maher, Kenneth C. Herbst, Nancy M. Childs, and Seth Finn, "Racial Stereotypes in Children's Television Commercials," *Journal of Advertising*, Vol. 37 (1) (March 2008): 80–93.

61. Fred K. Beard, "How Product and Advertising Offend Consumers," *Journal of Advertising*, Vol. 37 (1) (March 2008): 13–21.

62. WSJ Staff, "Oh, Benetton. You and Your Controversial Ad Campaigns," online.wsj.com, November 16, 2011; Jonathan Hutchinson, "The Price of a Jersey Sets Rugby Fans against Adidas," nytimes.com, August 24, 2011; Andrew Newman, "A Line of Brews Draws a Star Endorser," nytimes.com, April 17, 2011; Abby Goodnough, "Caffeine and Alcohol Drink Is Potent Mix for Young," nytimes.com, October 26, 2010; Sarah Nir, "Nivea Pulls Ads after Online Outcry," nytimes.com, August 12, 2011.

63. Stuart Elliott, "Emphasizing Taste, and Not Just in Beer, at Super Bowl," *New York Times*, January 26, 2005, C1; Stuart Elliott, "Ad Reaction Claims Super Bowl Casualty," nytimes.com, February 3, 2005; Stuart Elliott, "Super Bowl Spot Provokes after Only One Broadcast," nytimes.com, February 8, 2005.

64. Richar Thaler, "Show Us the Data. (It's Ours, After All.)," nytimes.com, April 23, 2011.

65. Stephanie Clifford and Quentin Hardy, "Attention, Shoppers: Store Is Tracking Your Cell," nytimes.com, July 14, 2013.

66. Natasha Singer, "Secret E-Scores Chart Consumers' Buying Power," nytimes.com, August 18, 2012.

67. Edward Wyatt and Tanzina Vega, "F.T.C. Backs Plan to Honor Privacy of Online Users," nytimes.com, December 1, 2010; Edward Wyatt and Tanzina Vega, "U.S. Agency Seeks Tougher Consumer Privacy Rules," nytimes.com, March 26, 2012.

68. Tanzina Vega, "For Online Privacy, Click Here," nytimes.com, January 19, 2012.

69. Louise Story and Brad Stone, "Facebook Retreats on Online Tracking," nytimes.com, November 30, 2007.
70. Miguel Helft and Jenna Wortham, "Facebook Bows to Pressure over Privacy," nytimes.com, May 26, 2010.
71. Nathasha Singer, "When the Privacy Button Is Already Pressed," nytimes.com, September 15, 2012.
72. Noam Cohen, "An Ad Blocker Opens the Gate, Ever So Slightly," nytimes.com, January 1, 2012.
73. Somini Sengupta, "Study Finds Broad Wariness over Online Tracking," online.wsj.com, October 8, 2012.
74. Natasha Singer, "Do Not Track? Advertisers Say 'Don't Tread on Us,'" nytimes.com, October 13, 2012.
75. Tanzina Vega, "A New Tool in Protecting Online Privacy," nytimes.com, February 12, 2012.
76. Ian Sherr and Anton Troianovski, "Tracking-Software Maker Stirs Phone-Privacy Fears," online.wsj.com, December 2, 2011.
77. Stephanie Clifford, "Web Coupons Know Lots about You, and They Tell," nytimes.com, April 16, 2010.
78. Héctor R. Lozada, Gary H. Kritz, and Alma Mintu-Wimsatt, "The Challenge of Online Privacy to Global Marketers," *Journal of Marketing Development & Competitiveness* (2013; forthcoming).
79. Brooks Barnes, "Bowing to Pressure, Disney Bans Smoking in Its Branded Movies," nytimes.com, July 26, 2007.
80. Apisit Chattananon, Meredith Lawley, Jirasek Trimetsoontorn, Numachi Supparekchaisakul, and Lackana Leelayouthayothin, "Building Corporate Image through Societal Marketing Programs," *Society & Business Review,* Vol. 2 (3) (2007): 230–253.
81. Stefanie Rosen Robinson, Caglar Irmak, and Satish Jayachandran, "Choice of Cause in Cause-Related Marketing," *Journal of Marketing*, Vol. 76 (July 2012): 125–139.
82. Stuart Elliott, "A Push to Curb Casual Use of Ugly Phrases," nytimes.com, October 8, 2008.
83. Stephanie Clifford, "Teaching Teenagers about Harassment," nytimes.com, January 27, 2009.
84. Stuart Elliott, "Standing Up for Those Who Cannot," nytimes.com, September 29, 2008.
85. Stuart Elliott, "A New York Job Behind Every Light and Camera," nytimes.com, December 22, 2008.
86. Matt Richtel, "A Short-Circuit to Distracted Driving," nytimes.com, January 20, 2011.
87. Carolyn J. Simmons and Karen L. Becker-Olsen, "Achieving Marketing Objectives through Social Sponsorships," *Journal of Marketing,* Vol. 70 (October 2006): 154–169.
88. Xiaoli Nan and Kwangjun Heo, "Consumer Responses to Corporate Social Responsibility (CSR) Initiatives: Examining the Role of Brand-Cause Fit in Cause-Related Marketing," *Journal of Advertising,* Vol. 36 (2) (Summer 2007): 63–75.
89. Stacy Landreth Grau and Judith Anne Garreston Folse, "The Influence of Donation Proximity and Message-Framing Cues on the Less-Involved Consumer," *Journal of Advertising,* Vol. 36 (4) (Winter 2007): 19–34.
90. Oliver M. Freestone and Peter J. McGoldrick, "Motivations of the Ethical Consumer," *Journal of Business Ethics,* Vol. 79 (2008): 445–467.
91. Rajiv K. Sinha and Naomi Mandel, "Preventing Digital Music Piracy: The Carrot or the Stick?" *Journal of Marketing,* Vol. 72 (January 2008): 1–15.
92. David Segal, "Appalling Behavior, This Time by Customers," nytimes.com, July 10, 2010; Janet Morrissey, "Avoiding Luggage Fees," nytimes.com, February 6, 2012.

제16장

1. Katherine Rosman, "Test-Marketing a Modern Princess," online.wsj.com, April 9, 2013.
2. Jon Gertner, "Our Rating, Ourselves," www.nytimes.com, April 10, 2005.
3. Ernest Dichter, "Whose Lifestyle Is It Anyway?" *Psychology & Marketing* (1986): 3; Ernest Dichter, *Handbook of Consumer Motivation* (New York: McGraw-Hill, 1964); Emanuel H. Demby, "A Remembrance of Ernest Dichter," *Marketing News,* Vol. 6 (January 6, 1992): 21. Also see Michelle R. Nelson, "The Hidden Persuaders: Then and Now," *Journal of Advertising,* Vol. 37 (Spring 2008): 113–126.
4. Stan Maklan, Simon Knox, and Lynette Ryals, "New Trends in Innovation and Customer Relationship Management: A Challenge for Market Researchers," *International Journal of Market Research*, Vol. 50 (2008): 221–238.
5. Nick Lee and Amanda J. Broderick, "The Past, Present and Future of Observational Research in Marketing," *Qualitative Market Research: An International Journal,* Vol. 10 (2007): 121–129.
6. Leslie Kaufman, "Enough Talk," *Newsweek,* August 19, 1997, 48–49.
7. Emily Nelson, "P&G Checks Out Real Life," *Wall Street Journal* (Eastern Edition), May 17, 2001, B1.
8. Ian Mount, "The Mystery of Duane Reade," *New York Magazine,* June 6, 2005, 28–31.
9. Kim S. Nash, "Casinos Hit Jackpot with Customer Data," *Computer World,* July 2, 2001, 16–17; *Modern Marvels: Casino Technology* [VHS videotape], 1999, A&E Television Networks.
10. Alex Salkever, "The Technology of Personalized Pitches," *Business Week Online,* June 22, 2004.
11. Constance L. Hays, "What Wal-Mart Knows about Customers' Habits," www.nytimes.com, November 14, 2004.
12. Melanie Wells, "In Search of the Buy Button," *Forbes,* September 1, 2003, 62.
13. Brian D. Till and Michael Busler, "The Match-Up Hypothesis: Physical Attractiveness, Expertise, and the Role of Fit on Brand Attitude, Purchase Intent and Brand Beliefs," *Journal of Advertising* (Fall 2000): 1–13.
14. Yoram Wind, "Marketing by Experiment," *Marketing Research* (Spring 2007): 10–16.
15. See the following for additional viewpoints: Jenny Clark, Clive Nancarrow, and Lee Higgins, "Using Consumer Panel Participants to Generate Creative New Product

Ideas," *Journal of American Academy of Business,* Vol. 12 (September 2007): 139–144.

16. Nina Michaelidou and Sally Dibb, "Using Email Questionnaires for Research: Good Practice in Tackling Non-Response," *Journal of Targeting, Measurement & Analysis for Marketing*, Vol. 14 (July 2006): 289–296.

17. Thomas O. Jones and W. Earl Sasser, Jr., "Why Satisfied Customers Defect," *Harvard Business Review* (November–December 1995): 88–99.

18. A. Parasuraman, Valarie A. Zeithaml, and Leonard L. Berry, *Moving Forward in Service Quality Research:*

Measuring Different Customer-Expectation Levels, Comparing Alternative Scales, and Examining the Performance-Behavioral Intentions Link (Report No. 94–114) (Cambridge, MA: Marketing Science Institute, 1994).

19. Michael M. Pearson and Guy H. Gessner, "Transactional Segmentation to Slow Customer Defections," *Marketing Management* (Summer 1999): 16–23.

20. Stuart Elliott, "Nielsen Presents a Research Plan to Quell Concerns about Accuracy," www.nytimes.com, February 22, 2005; Stuart Elliott, "Nielsen Will Address Potential Undercounting of Minority TV Viewers," www.nytimes.com, March 24, 2005.

용어해설

가격과 품질의 관계(Price/Quality Relationship) 소비자가 제품을 평가하는 지표로 가격을 사용하여 더 비싼 제품일수록 더 높은 품질과 가치를 가진 것으로 생각할 때 발생하는 상황. 지각(Perception) 참고.

가족(Family) 혈연, 결혼, 입양으로 연결된 두 명 이상의 사람들. 핵가족(Nuclear Family), 대가족(Extended Family) 참고.

가족생애주기(Family Life Cycle) 결혼 여부, 가족의 크기, 가족 구성원의 연령(가장 나이 든 사람 또는 어린아이를 중심으로), 그리고 '전형적인' 단계로 가족이 분류되는 세대주의 고용 상태 등이 포함되는 복합 변수. 독신(Bachelorhood), 신혼부부(Honeymooners), 부모(Parenthood), 양육 후 부모(Post-Parenthood), 해체(Dissolution) 참고.

가치표현적 기능(Value-Expressive Function) 태도는 사람들의 가치와 신념을 반영한다고 믿는 태도 연구의 기능적 접근방법이다. 기능적 접근(Functional Approach) 참고.

간접광고/작품 속 광고(Product Placement) 마케터가 제품(즉, 소품)을 TV쇼, 영화, 또는 다른 엔터테인먼트 콘텐츠에 삽입(즉, 배경)하거나 제품에 맞춘 엔터테인먼트 콘텐츠를 만들어 홍보 단서로 활용하는 형태의 촉진 전략. 브랜디드 엔터테인먼트(Branded Entertain-ment), 형상과 배경(Figure and Ground) 참고.

감각(Sensation) 자극에 대한 감각기관의 즉각적이고 직접적인 반응. 지각(Perception), 감각 수용체(Sensory Receptors), 자극(Stimulus) 참고.

감각 수용체(Sensory Receptors) 감각 입력을 받는 사람의 기관(눈, 귀, 코, 입, 피부)으로 기능은 보고, 듣고, 냄새 맡고, 맛보고, 접촉하는 것이다. 감각(Sensation), 자극(Stimulus) 참고.

감각저장소(Sensory Store) 감각입력이 1~2초 동안 지속되는 뇌의 저장소로, 만약 입력된 자극이 즉시 처리되지 않으면 소실된다. 장기기억저장소(Long-Term Store), 단기기억저장소(Short-Term Store) 참고.

감각적 적응(Sensory Adaptation) 높은 강도의 감각입력에 점점 익숙해져 특정 자극의 의식하지 않게 되는 것.

감성의존식 의사결정방식(Affect Referral Decision Rule) 소비자가 제품의 속성에 의존하기보다는 전반적인 평가(overall ratings)에 기반하여 제품을 선택하는 의사결정 방식. 비보완적 의사결정방식(Non-compensatory Decision Rules) 참고.

감정적 요소(Affective Component) 태도에 대한 3요소모델(Tri-Component Model)의 두 번째 요소로 태도 대상에 대한 전반적인 평가 후에 소비자가 갖는 감정과 느낌을 나타낸다(가령, 태도 대상에 대한 '호의적' 또는 '비호의적', '좋음' 또는 '나쁨' 등의 개인적 평가). 리커트 척도(Likert Scale), 의미차별화 척도(Sematic Differential Scale), 3요소 모델(Tri-Component Model) 참고.

강화(Reinforcement) 수단적 조건화에 의한 학습에서 원하는 행동을 수행했을 때 제공되는 기쁨, 즐거움, 그리고 다른 편익 형태의 보상이다. 소비자 행동 측면에서는 소비자가 제품구매를 통해 얻게 되는 편익, 즐거움, 유용성 등이다. 연속강화(Continuous Reinforcement), 고정비율강화(Fixed Ratio Reinforcement), 부정적 강화(Negative Reinforcement), 긍정적 강화(Positive Reinforcement), 변동강화(Variable Reinforce-ment) 참고.

개성(Personality) 우리가 어떻게 생각하고 행동하는지를 결정하고 반영하는 내적인 심리성향.

개인가치(Personal Values) 개인과 대인가치에 대한 고든의 조사에서 리더십, 인정받고 싶은 욕구, 순응에 대한 척도. 고든의 조사(Gordon's Survey), 대인가치(Interpersonal Values) 참고.

개인과 대인가치에 대한 고든의 조사(Gordon Survey of Personal and Interpersonal Values) 어떻게 사람들이 일상생활에 대처하는지를 나타내는 가치측정 조사도구. 대인가치(Interpersonal Values), 개인가치(Personal Values) 참고.

객관적 측정(Objective Measures) 사회계층에 대한 측정방법으로, 다음의 변수들 중에 하나 이상을 포함한다—직업, 소득과 교육 수준, 그리고 기타 관련 요인들(가령, 소득원천). 다항목 지수(Multivariable Index), 주관적 측정(Subjective Measures) 참고.

검색광고(Search Advertising) 검색 엔진 질문에 대한 결과를 보여주는 웹페이지에 온라인 광고를 배치하는 것.

게슈탈트 심리학(Gestalt Psychology) 지각적 조직화의 기본 개념. 'Gestalt'는 독일어로 '모양(pattern)' 또는 '형태(configuration)'를 의미한다. 지각(Perception) 참고.

결합적 의사결정 방식(Conjunctive Decision Rule) 소비자가 각 제품속성의 평가를 위해 최소한의 수용기준을 정하는 비보완적 의사결정 방식으로, 특정 브랜드의 각 속성이 수용기준 이하인 경우 제거된다. 비보완적 의사결정 방식(Noncompensatory Decision Rules) 참고.

고객만족도 조사(Customer Satisfaction Survey) 고객만족도 측정(Customer Satisfaction Measurement) 참고.

고객만족도 측정(Customer Satisfaction Measurement) 고객만족과 그 결정요인의 수준을 알아내기 위한 정량적/정성적 측정.

고객주도 소셜미디어(Earned Social Media) 마케터에 의해 소유되거나 제어되지 않는 독립적인 온라인 미디어 채널.

고객평생가치 프로파일(Customer Lifetime Value Profile) 소비자가 특정 제품 또는 서비스 판매자와 거래관계를 유지하는 기간 동안 얼마나 지출할 것인가에 대한 추정.

고관여 구매(High-Involvement Purchases) 소비자에게 매우 중요하고 많은 지각된 위험, 광범위한 문제해결, 정보처리과정을 유발하는

고립적 인간(Detached Individuals) karen horney가 정의한 세 가지 그룹의 하나로 타인을 가까이하며, 사랑받고, 필요로하며, 환영받기를 원한다. 공격형 인간(Aggressive Individuals), 순응형인간(Compliant Individuals.) 참고.

고전적 조건형성(Classical Conditioning) 행동과 자극 연계의 반복을 통해 동물과 사람이 비슷하게 학습될 수 있다고 주장하는 행동학습 유형이다. '무릎반사(knee jerk)'로 표현되며, 자극에 대한 반복 노출을 통해 반응이 강화된다. 행동주의적 학습(Behavioral Learning), 조건자극(Conditioned Stimulus), 조건반응(Conditioned Response) 참고.

고정관념(Stereotypes) 사람들이 다양한 자극의 의미에 대하여 자신의 마음속에 가지고 있는 편향된 생각이다. 이러한 자극이 제시되었을 때, 사람들은 이러한 편견을 그들이 보고 들은 것에 '추가'하여 대부분 왜곡된 인상을 형성한다. 지각(Perception) 참고.

고정광고화면(Captive Advertising Screens) 소비자가 여가를 보내는 (그리고 일반적으로 광고를 볼 것으로 예상하지 못한) 장소에 위치한 홍보 메시지(가령, 승강기, 극장, 소매점, 식당, 주점, 헬스클럽, 대학 캠퍼스,

대중교통 등). 앰부시마케팅(Ambush Marketing) 참고.

고정비율강화(Fixed Ratio Reinforcement) 수단적 조건화에서 사용되는 방법으로써, 매 n번째에 원하는 행동을 강화한다(가령, 매 3번째 마다 특정 행동이 발생된다). 수단적 조건화(Instrumental Conditioning), 강화(Reinforcement) 참고.

공격(Aggresion) 불만스러운 것에 대하여 공격적인 반응을 보이는 것. 방어기제(Defense Mechanisms) 참고.

공격적 인간(Aggressive Individuals) Karen Horney(신프로이트 학설의 연구자)에 의해 확인된 3개 집단 중 하나로 다른 사람들에 대항하고, 뛰어나며, 존경받기 바라는 사람들로 정의된다. 순응적 인간(Compliant Individuals), 고립적 개인(Detached Individuals) 참고.

공동 의사결정(Joint Decisions) 남편과 부인의 영향력이 동일한 구매의사결정. 자율결정(Autonomic Decisions), 남편 지배 의사결정(Husband-Dominated Decisions), 부인 지배 의사결정(Wife-Dominated Decisions) 참고.

공상(Daydreaming) 채워지지 않는 욕구에 대한 환상과 상상만족에서 기인한 욕구불만 반응. 방어기제(Defense Mechanisms) 참고.

공식적 원천(Formal Source) 기업을 대신하여 말하는 커뮤니케이션 원천으로, 배서인, 영업사원, 광고모델 등이 이에 해당된다. 커뮤니케이션(Communication), 비공식적 원천(Informal Source), 원천의 신뢰성(Source Credibility) 참고.

공식적 학습(Formal Learning) 부모, 형제자매, 그리고 다른 가족 구성원이 어린 구성원에게 '어떻게 행동해야 하는지'에 대해 가르침으로 발생하는 학습. 비공식적 학습(Informal Learning), 기술적 학습(Technical Learning) 참고.

공익연계마케팅(Cause-Related Marketing) 기업이 특정 제품의 판매수익 일부를 어려움에 처한 집단을 위해 기부하는 과정(가령, 난치병 또는 악천후로 고통 받는 사람들을 돕는 등의 마케팅 활동).

과대광고(Deceptive Advertising) 소비자를 호도하는 마케팅 광고 주장.

관대한 부모(Indulgent Parents) 아이들의 소비자 사회화 기간 동안 잘 보살피고 매우 관대한 부모. 독재적 부모(Authoritarion Parents), 권위적 부모(Authoritative Parents), 방치하는 부모(Neglecting Parents) 참고.

관성적 브랜드 충성도(Inertia Brand Loyalty) 습관과 편리성 때문에 같은 브랜드를 지속적으로 구매하지만 브랜드에 대한 정서적 애착은 없는 가식적 충성도. 브랜드 충성도(Brand Loyalty) 참고.

관심(Interest) 혁신수용의 2단계로, 혁신을 수용할지 여부에 대한 의사결정으로 이어지는 과정이다. 이 단계에서는 혁신에 대해 관심을 갖기 시작한다. 혁신수용(Innovation Adoption) 참고.

관찰가능성(Observability, 전달성; Communicability) 신제품의 편익이나 속성이 잠재 소비자에게 관찰, 상상, 또는 설명되기 용이한 정도를 나타내며, 신제품 수용 결정요인의 다섯 가지 특징 중에 하나이다. 다른 네 가지 특징인 호환성(Compatibility), 복잡성(Complexity), 상대적 이점(Relative Advantage), 시용성(Trialability) 참고.

관찰조사(Observational Research) 마케터가 소비자의 제품 구매 또는(그리고) 사용 과정에 대한 관찰을 통해 사람들과 제품 간의 관계를 깊이 있게 이해하기 위한 조사도구. 정량조사(Quantitative Research) 참고.

관찰 학습(Observational Learning; Modeling) 사람들이 관찰하고 이후 관찰된 행동의 모방을 통해 발생하는 학습.

광고게임(Advergames) 가정, 공공장소, 또는 온라인에서 즐기는 비디오 게임에 삽입된 브랜드.

광고에 대한 태도 모델(Attitude-Toward-the-Ad Model) 소비자는 광고에 노출의 결과로 다양한 느낌(감정)과 견해(인지)를 가지며, 이는 광고에 대한 소비자의 태도, 그리고 광고 브랜드에 대한 믿음과 태도에 영향을 미치게 된다고 주장하는 모델.

광고효과 감퇴(Advertising Wear-Out) 반복에 의한 과다노출로 광고에 대해 지루함을 느끼고, 주의가 감소되며, 기억이 줄어드는 것.

구글 분석(Google Analytics) 구글에 의해 제공되는 서비스로 광고주들에게 그들의 웹사이트와 사용자 프로필을 평가할 수 있도록 하는 서비스.

구매 소비자 관여도(Consumer Involvement), 포괄적 문제해결(Extensive Problem Solving), 저관여 구매(Low-Involvement Purchases), 지각된 위험(Perceived Risk) 참고.

구매 전 탐색(Pre-Purchase Search) 소비자 의사결정 과정으로 소비자가 인식된 욕구를 만족시키기 위해 더 나은 대안 제품을 탐색하는 단계.

구매 후 인지부조화(Post-Purchase Dissonance) 구매 후 발생하는 인지 부조화. 인지부조화(Cognitive Dissonance) 참고.

구전(Word-of-Mouth) 만족한 고객이 다른 사람에게 기업, 제품, 서비스, 또는 이벤트를 얼마나 좋아하는지에 대하여 말하는 구두 또는 서면 커뮤니케이션. 구전 대리인(Buzz Agent), 의견 리더십(Opinion Leadership) 참고.

구전 대리인(Buzz Agent) 제품광고를 하는 마케터가 (일반적으로) 무료 제품을 주고 은밀히 고용한 소비자. 구전(Word-of-Mouth) 참고.

국내 브랜드(National Brand) 모든 50개 주에서 사용가능한 브랜드.

군집표본(Cluster (Area) Sample) 인구를 상호배타적 집단으로 나누고, 조사자가 연구를 위해 그 집단들 중에서 표본을 선정하는 확률표본. 확률표본(Probability Sample) 참고.

권력욕구(Power Need) 이기적 욕구와 밀접하게 관련 있으며 다른 사람과 대상을 포함한 자신의 환경을 제어하려는 개인의 욕구를 반영하는 심리적 힘.

권위적 부모(Authoritative Parents) 아이들이 소비자 사회화하는 동안 잘 보살피지만 매우 구속하는 부모. 독재적 부모(Authoritarian Parents), 관대한 부모(Indulgent Parents), 방치하는 부모(Neglecting Parents) 참고.

귀인이론(Attribution Theory) 사건과 형태에 대해 인과관계를 어떻게 귀인하는지 또는 자신과 다른 사람의 행동을 평가한 후 자신의 태도를 어떻게 변경하는지에 초점을 맞춘 이론.

규범영향(Normative Influence) 특정 집단의 규범, 가치, 행동을 학습 및 채택하는 것. 비교영향(Comparative Influence), 준거집단(Reference Groups) 참고.

글로벌 마케팅 전략(Global Marketing Strategy) 클로벌 시장에 대하여 동일한 포지셔닝과 커뮤니케이션을 적용하여 동일한 세품을 판매하는 전략. 혼합마케팅 전략(Hybrid Marketing Strategy), 현지화 마케팅 전략(Local Marketing Strategy) 참고.

긍정적 강화(Positive Reinforcement) 미래의 동일하거나 유사한 상황에서 특정 행동을 보상하고 특정 반응에 대한 가능성 강화하는 것. 부정적 강화(Negative Reinforcement) 참고.

긍정적 기대불일치(Positive Disconfirmation of Expectations) 제품의 성과가 기대 이상이고, 소비자가 만족할 때 발생하는 상황. 부정적 기대 불일치(Negative Disconfirmation of Expectations) 참고.

긍정적 메시지 프레이밍(Positive Message Framing) 특정 제품을 사용함으로써 얻게 되는 혜택을 강조하는 홍보 메시지. 부정적 메시지 프레이밍(Negative Message Framing) 참고.

기능적 접근(Functional Approach) 사람들의 태도 뒤에 숨은 이유(또는 동기)에 호소하여 태도를 변화시키려는 접근방법으로 그 이유를 '기능'이라고 한다. 자아방어기능(Ego-Defensive Function), 지식기능(Knowledge Function), 실용적 기능(Utlitarian Function), 가치표현적 기능(Value-Expressive Function) 참고.

기사형태 광고(Advertorials) 기사내용이나 사설과 매우 유사한 인쇄광고.

기술적 학습(Technical Learning) 교사가 아이들에게 사회와 개인 환경에서 어떻게 행동해야 하고 무엇을 해야 하는지를 교육함으로써 발생하는 학습. 공식적 학습(Formal Learning), 비공식적 학습(Informal Learning) 참고.

기업광고(Institutional Advertising) 특정 제품과 관련 없이 전체 회사 이미지를 홍보하는 광고.

남편 지배적 의사결정(Husband-Dominated Decisions) 부인 보다 남편의 영향력이 더 큰 구매의사결정. 자율결정(Autonomic Decisions), 공동의사결정(Joint Decisions), 부인 지배 의사결정(Wife-Dominated Decisions) 참고.

내부 마케팅(Internal Marketing) 실제 고객의 관리와 유지를 위하여 더 열심히 일할 수 있도록 직원들을 위하고 직원을 '내부 고객'으로 대하는 조직 마케팅.

내부 지향(Inner-Directed) 신제품에 대한 평가에서 자신 내부의 가치와 기준에 의존하고 혁신 소비자가 될 가능성이 있는 소비자. 타인 지향(Other-Directed) 참고.

내용분석(Content Analysis) 사회 구성원의 가치를 알아내기 위하여 언어 또는(그리고) 그림을 통한 커뮤니케이션 내용을 분석하는 방법으로, 인류학과 사회학 연구에서 자주 사용된다. 인류학(Anthropology), 사회학(Sociology), 문화(Culture) 참고.

내재적 단서(Intrinsic Cues) 사이즈, 색, 맛, 향 등 제품 자체의 물리적 특징. 외재적 단서(Extrinsic Cues) 참고.

노출기반 타깃팅(Impression-Based Targeting) 광고주가 온라인상에서 도달하려는 사람들의 기준을 정하고, 이 사람들에게 실제 노출된 횟수로 광고금액을 산정하는 기법으로, 접근된 사람을 'eyeball' 또는 'impression'이라고 한다. 노출기반 광고는 주로 온라인 소비자를 따라다니며 그들이 관심 가졌던 제품을 계속해서 상기 시킨다. 실시간 입찰(Real Time Bidding), Segment-Based Targeting(세분시장기반 타깃팅) 참고.

뉴로마케팅(Neuromarketing) 두뇌 활동에 대한 광고의 영향에 관한 연구. 생리학적 측정(Physiological Measures) 참고.

다변량지수(Multivariable Index) 현재의 사회계층을 알아내기 위하여 여러 가지 인구통계자료를 결합한 사회계층의 척도. 지위특성지수(Index of Status Characteristics), 사회경제적 지위지수(Socioeconomic Status Score) 참고.

다속성 태도모델(Multi-Attribute Attitude Models) 대상의 중요한 속성 평가 기능으로 소비자의 태도를 나타내는 모델.

다양성과 참신함 추구성향(Variety and Novelty Seeking) 탐색적 구매 행동(즉, 새로움, 다름, 더 나은 대안 가능성 등의 경험을 위한 브랜드 전환하는 것), 간접 탐사(즉, 새롭거나 상이한 대안에 관한 정보를 획득하고 구매를 고려하는 것), '혁신 이용'(새롭거나 참신한 방법으로 이미 채택된 제품을 사용하는 것).

다양한 대안 선호자(Broad Categorizers) 선택대안의 수를 제한하기 보다 잘못된 의사결정의 결정을 받아들이는 것을 선택하는 성향으로 폭넓은 대안에서 선택하는 것을 좋아하는 저위험 지각자(Low-risk perceivers). Narrow Categorizers(제한적 대안 선호자), 지각된 위험(Perceived Risk), 위험회피(Risk Aversion) 참고.

단기기억 저장소(Short-Term Store; Working Memory) 정보가 매우 짧은 기간 동안 유지되는 뇌의 저장소. 장기기억 저장소(Long-Term Store), 감각(Sensation), 감각저장소(Sensory Store) 참고.

단서(Cues) 직접 동기 부여된 행동 자극. 학습(Learning) 참고.

단순무작위 표본(Simple Random Sample) 모든 연구대상 구성원의 추출될 확률이 알려져 있고 선택될 기회가 동일한 확률표본. 확률표본(Probability Sample) 참고.

단어연상법(Word Association Method) 투사적 조사의 일종으로 응답자에게 단어를 제시하고, 자신의 마음에 떠오르는 것을 표현하도록 하는 것. 투사법(Projective Techniques), 정성적 조사(Qualitative Research) 참고.

대가족(Extended Family) 같은 가구안에서 최소 한명의 조부모 또는 다른 친척과 함께 사는 핵가구. 핵가족(Nuclear Family) 참고.

대상에 대한 태도 모델(Attitude-Toward-Object Model) 어떤 제품 또는 브랜드에 대한 소비자의 태도를 특정 속성과 그 속성에 대한 소비자의 평가로 함수화하여 나타낸 모델.

대인가치(Interpersonal Values) 개인과 대인가치에 대한 고든의 조사에서 성취욕구, 목표지향성, 새로운 경험 추구에 대한 척도. 고든의 조사(Gordon's Survey), 개인가치(Personal Values) 참고.

대인조사(Personal Interview Survey) 조사자가 개인 응답자를 면접하는 조사방식.

대인커뮤니케이션(Interpersonal Communications) 공식적 원천(즉, 현실 또는 가상의 영업직원) 또는 비공식적 원천(즉, 소비자와 대면 또는 전자매체를 통한 커뮤니케이션을 한 동료)에 의해 발송된 메시지. 커뮤니케이션(Communication), 공식적 원천(Formal Source), 비인적 커뮤니케이션(Impersonal Communications), 비공식적 원천(Informal Source) 참고.

대조실험(Controlled Experiment) 연구에서 종속변수(즉, 판매)는 독립변수(즉, 가격)에 기인하며 외부요인들(즉, 응답자의 소득)에 기인하지 않는다는 것을 담보하는 실험설계. 실험(Experiments) 참고.

데이터 애그리게이터(Data Aggregators) 데이터 애그리게이션은 '정보 마이닝' 과정으로, 데이터를 검색하고, 수집하여, 표적고객 선정에 사용할 마케터에게 판매한다. 데이터 애그리게이터는 많은 데이터베이스로부터(온라인 서핑경로를 추적하는 쿠키를 포함한) 고객에 대한 정보를 모아 보관하고 각각의 고객 또는 가정의 프로파일을 구성하는 매우 정교한 분석을 사용하는 조직이다.

독단성향(Dogmatism) 자신과 모순되는 정보와 의견에 대한 인지적 경직성 정도를 나타내는 성격특성으로 열린 마음의 반대 개념이다.

독신(Bachelorhood) 가족생애주기에서 결혼하지 않고 자녀가 없는 개인. 가족생애주기 참고.

독재적 부모(Authoritarian Parents) 아이들이 소비자 사회화하는 동안에 매우 구속하며 보살피지 않는 부모. 권위적 부모(Authoritative Parents), 관대한 부모(Indulgent Parents), 방치하는 부모(Neglecting Parents) 참고.

독특성 욕구(Need for Uniqueness) 개인적 사회적 정체성을 강화시키는 소비재 구입을 통해 스스로 차별화하려는 시도.

동기(Motivation) 개인을 행동하게 하는 추진력.

동기조사(Motivational Research) 1950년대에서 1960년 사이에 Ernest Dichter 박사에 의해 실시된 정성연구를 의미한다. 이 연구는 구매와 소비의 맥락에서 소비자의 잠재의식 또는 숨겨진 동기를 밝혀내도록 설계되었다. 투사법(Projective Techniques), 정성적 조사(Qualitative Research) 참고.

동일시(Identification) 동일하거나 유사한 욕구불만 상황을 경험한 다른 사람과의 동일시를 통해 욕구불만을 해결하는 것. 방어기제(Defense Mechanisms) 참고.

동적 연속혁신(Dynamically Continuous Innovation) 기존의 소비 행동에 약간의 영향을 줄 수 있는 충분히 혁신적인 신제품의 출현. 연속혁신

(Continuous Innovation), 불연속 혁신(Discontinuous Innovation) 참고.

라이선싱(Licensing) 계약을 통해 특정 브랜드를 다른 제조사의 제품에 부착하도록 하는 자극 일반화의 응용이다. 자극 일반화(Stimulus Generalization) 참고.

로키치의 가치 연구(Rokeach Value Survey) 두 부분의 가치로 구분된 자기 가치. 수단적 가치(Instrumental Values), 최종가치(Terminal Values) 참고.

리커트 척도(Likert Scale) 연구 목적에 따른 질문에 대하여 소비자에게 그들의 '동의' 또는 정도에 따라 해당되는 번호에 표시하라고 요구하는 가장 일반적인 형태의 태도 척도이다. 이 척도는 중립적 선택의 양쪽에 동의/비동의 정도를 선택하도록 동일한 수로 구성되어 있다. 정량 조사(Quantitative Research) 참고.

리타킷팅(Retargeting) 소비자가 온라인에서 본 특정 제품광고로, 반복적으로 소비자를 따라다니고 동일한 컴퓨터를 이용한 소비자의 온라인 이동시 마다 나타나는 광고.

리허설(Rehearsal) 단기기억의 정보가 조용히 마음속으로 반복되는 과정으로, 반복된 정보는 장기기억으로 이전된다.

마이크로 블로그(Microblog) 전통적인 블로그보다 적은 콘텐츠를 가지고 있으며 대부분은 트위터를 통해 짧은 문장, 개별 이미지 및 비디오 링크 등과 같이 사용자가 적은 콘텐츠 요소를 교환할 수 있는 사이트이다. 블로그(Blog) 참고.

마케팅 개념(Marketing Concept) 마케팅은 소비자 욕구의 만족, 가치 창출, 고객 유지로 구성되며, 기업은 소비자가 구매할 것으로 밝혀진 제품만을 생산해야 한다는 주장이다.

마케팅 근시안(Marketing Myopia) 소비자욕구에 대한 만족보다 제품에 마케팅 활동의 초점을 맞추는 것.

마케팅 믹스(Marketing Mix; Four Ps) 네 가지 요소를 포함한 사업계획—제품(또는 서비스), 가격, 유통, 촉진.

마케팅 윤리(Marketing Ethics) 마케터의 행동에 지침이 되는 도덕적 원칙.

마케팅(Marketing) 고객, 거래처, 파트너, 사회에 가치 있는 제안을 창조, 커뮤니케이션, 유통, 교환하기 위한 활동, 관련 기관 및 과정이다.

망각(Forgetting) 오랜 기간 해당 구매상황에 대한 참여가 부족하여 자극과 기대되는 보상간의 연결이 끊긴 지점. 소멸(Extinction) 참고.

매복마케팅(Ambush Marketing) 소비자들이 예상하지 못하거나 쉽게 피할 수 없는 장소에 광고를 위치시키는 마케팅 기법.

매슬로의 욕구단계이론(Maslow' Hierarchy of Needs) 낮은 단계의 욕구(생물학적 욕구)에서 높은 단계의 욕구(심인성 욕구)까지 중요한 순서에 따라 인간의 욕구를 다섯 단계로 서열화하여 구성한 이론으로, 이 이론은 개인은 높은 단계의 욕구 이전에 낮은 단계의 욕구에 대한 만족을 추구한다고 주장한다.

매체(Media) 커뮤니케이션 전송을 위한 채널. 커뮤니케이션(Communication) 참고.

매체(미디어) 노출효과(Media Exposure Effects) 얼마나 많은 소비자에게 메시지와 특징이 노출되었는지에 대한 측정 정도.

메시지(Message) 발신자가 표적 청중에게 전달하고자 하는 생각, 발상, 태도, 이미지, 또는 정보로, 언어적(음성 또는 문장), 비언어적(사진, 그림, 또는 기호), 또는 이 둘의 조합의 형태가 될 수 있다.

모바일 광고(Mobile Advertising) 휴대폰, iPad 등의 소비자들이 휴대하는 전자기기에 홍보 메시지를 보내는 것.

목표(Goals) 지향하는 동기 행동의 결과. 동기(Motivation) 참고.

무조건자극(Unconditioned Stimulus) 주어진 상황에 대하여 자연스러운 반응이 발생하는 자극. 조건자극(Conditioned Stimulus) 참고.

문맥 광고(Contextual Advertising) 소비자가 열어 본 웹 페이지나 검색한 결과를 분석하여 노출시키는 인터넷 표적광고.

문화(Culture) 원칙, 표준 및 우선순위 등으로 나타나는 특정 사회의 집단적 가치, 관습, 규범, 예술, 사회 기관, 지적 성취 등. 미국핵심가치(American Core Values), 내용분석(Content Analysis), 현지관찰(Field Observation) 참고.

문화인류학(Anthropology) 인간 사회의 문화와 발전에 대한 비교연구. 콘텐츠 분석, 문화, 현지관찰(Field Observation) 참고.

문화 적응(Acculturation) 새로운 문화를 학습하는 것. 문화화(Enculturation) 참고.

문화화(Enculturation) 자신의 문화를 학습하는 것. 사회화(Acculturation) 참고.

물질주의(Materialism) 개인이 중요하지 않은 구매와 전시 그리고 자주 눈에 잘 띄는 명품에 집착하는 정도를 판단하는 성격특성이다.

미국의 핵심가치(American Core Values) 미국 사회의 특성을 반영하고 영향을 미치는 행동의 우선순위와 강령으로, 이 가치는 보편적이고(즉, 미국사람들의 상당수가 그것을 받아들인다), 오래 동안 지속되는(즉, 일시적인 유행과 달리 오랜 기간에 걸쳐 미국인의 행동에 영향을 미친다), 그리고 구매행동과 관련된(즉, 이 책의 맥락 안에서) 것이다. 문화 참고.

미스테리 쇼퍼(Mystery Shoppers) 생산성과 효율성 향상을 위하여 고객으로 가장하여 상호작용하고, 기업의 서비스 직원에 대한 중립적 평가를 제공하는 전문 관찰자. 소비자 조사(Consumer Research) 참고.

민족중심주의(Ethnocentrism) 외국산 제품 구매 여부에 대한 어떤 사람의 경향을 나타내는 성격 특성.

바이럴 마케팅(Viral Marketingv; Viral Advertising) 소셜 네트워크를 이용한 마케팅 기법으로, 개인이 이메일 메시지나 다른 콘텐츠를 통해 자발적으로 브랜드 인지도를 강화하도록 하는 것.

반구상 좌우 기능분화(Hemispheric Lateralization; Split-Brain Theory) 이 이론은 인간의 뇌가 함께 운용되는 별개의 두 대뇌반구로 나누어지고, 다른 인지유형의 처리를 전담한다고 주장한다. 왼쪽 반구는 인간의 언어를 담당한다—뇌의 선형적인 측면으로 읽기, 말하기, 추론 등을 주로 담당한다. 뇌의 오른쪽 반구는 공간 지각과 비언어적 개념의 근원이 된다. 비선형이며 상상력과 즐거움의 원천이다. 수동적 학습(Passive Learning) 참고.

반복(Repetition) 소비자 학습의 맥락에서 브랜드와 충족되지 않는 욕구 사이의 연관성을 설정하고 유지하기 위하여 지속적으로 사용되는 방법. 고전적 조건화(Classical Conditioning), 수단적 조건화(Instrumental Conditioning) 참고.

반응(Response) 충동과 단서에 대한 반응. 학습(Learning) 참고.

방어기제(Defense Mechanisms) 욕구불만으로부터 자아 존중감을 보호하기 위한 인지적 및 행동적 방법. 공격(Aggression), 공상(Daydreaming), 동일시(Identification), 투사(Projection), 합리화(Rationalization), 퇴행(Regression), 억압(Repression), 철회(Withdrawal) 참고.

방어적 귀인(Defensive Attribution) 사람들이 성공에 대해 자신의 공으로 받아들이거나(즉, 내적 귀인) 또는 실패의 원인을 다른 사람이나 외부 상황 탓(즉, 외적 귀인)으로 돌릴 때 발생하는 행동이나 생각. 자기지각 태도(Self-Perception Attribution) 참고.

방치하는 부모(Neglecting Parents) 매우 관대하지만, 아이들의 소비자 사회화 동안 거의 또는 전혀 보살피지 않는 부모. 독제적 부모(Authoritarion Parents), 권위적 부모(Authoritative Parents), 관대한 부모(Indulgent Parents) 참고.

베이비부머(Baby Boomers) 1946~1964년 사이에 태어난 세대. 하위문화 참고.

변동비율강화(Variable Ratio Reinforcement) 수단적 조건화에 사용되는 한 방법이며, 무작위로 원하는 행동을 강화시키는 것. 수단적 조건화(Instrumental Conditioning), 강화요인(Reinforcement) 참고.

보완적 의사결정 방식(Compensatory Decision Rules) 소비자가 관련 속성에 대해서 중요도에 따라 가중치를 부여하고 각각의 브랜드를 평가한 후에 가장 높은 가중 점수를 받은 브랜드를 선택하는 의사결정 방식. 비보완적 의사결정 방식(Noncompensatory Decision Rules) 참고.

보조상기(Aided Recall) 소비자에게 광고들을 보여준 뒤에 그 광고들을 기억하는지와 광고들의 어떤 특징을 회상할 수 있는지에 대한 학습과 커뮤니케이션 효과를 측정하는 재인검사. 비보조상기(Unaided Recall) 참고.

복잡성(Complexity) 신제품에 대한 이해 또는 사용의 어려움 정도를 나타내는 신제품 수용 결정요인의 다섯 가지 특징 중에 하나. 다른 네 가지 특징인 호환성(Compatibility), 관찰가능성(Observability), 상대적 이점(Relative Advantage), 시용성(Trial ability) 참고.

본원적 목표(Generic Goals) 소비자가 생리적/정서적 욕구 만족을 추구한 결과. 제품구체화된 목표(Product-Specific Goals) 참고.

부모(Parenthood) 가족수명주기 맥락에서 한 자녀 이상이 집에 같이 살고 있는 부부. 가족수명주기(Family Life Cycle) 참고.

부유한 시장(Affluent Market) 일반적으로 연간 소득이 100,000달러 이상인 가정들로 이루어진 고소득 세분시장. 지리적 위치에 따라 '부유한'의 의미는 달라질 수 있음. 사회계급(Social Class) 참고.

부인 지배 의사결정(Wife-Dominated Decisions) 남편보다 부인의 영향력이 더 큰 구매의사결정. 자율결정(Autonomic Decisions), 남편 지배 의사결정(Husband-Dominated Decisions), 공동 의사결정(Joint Decisions) 참고.

부정적 강화(Negative Reinforcement) 불쾌한 자극을 제거하는 것. 긍정적 강화(Positive Reinforcement) 참고.

부정적 기대 불일치(Negative Disconfirmation of Expectations) 제품의 성과가 기대 이하이고, 소비자가 불만족할 때 발생하는 상황. 긍정적 기대불일치(Positive Disconfirmation of Expectations) 참고.

부정적 메시지 프레이밍(Negative Message Framing) 제품을 사용하지 않음으로써 소실되는 혜택을 강조하는 홍보 메시지. 긍정적 메시지 프레이밍(Positive Message Framing) 참고.

부호화(Encoding) 커뮤니케이션 목표를 표현하기 위하여 문자 또는 시각적 이미지를 상징화하는 과정.

분산학습(Distributed Learning) 일정 기간 동안 발생하도록 설계된 학습. 집중학습(Massed Learning) 참고.

불만분석(Complaint Analysis) 제품이나 서비스의 전달을 개선하고 결함을 파악하기 위하여 불만족한 고객의 불만사항을 수집하고 분석하는 것.

불연속 혁신(Discontinuous Innovation) 기존의 소비 행동을 무너뜨리고 새로운 소비 행동을 확립할 수 있는 매우 새로운 제품의 출현. 연속혁신(Continuous Innovation), 동적 연속혁신(Dynamically Continuous Innovation) 참고.

브랜드 의인화(Brand Personification) 광고에서 브랜드의 인간적 특징을 전달하는 것. 의인화(Anthropomorphism) 참고.

브랜드 자산(Brand Equity) 소비자의 브랜드 우월성 지각, 브랜드 이용에 따른 사회적 평판, 그리고 브랜드에 대한 고객의 믿음과 동일시에서 기인한 브랜드의 본질적인 가치.

브랜드 충성도(Brand Loyalty) 소비자가 특정 브랜드를 얼마나 자주 구매하는가, 브랜드 전환을 하는가, 전환한다면 얼마나 자주 전환하는가, 그리고 정기적으로 브랜드를 구매하는 몰입 정도에 대한 척도. 탐심적 브랜드 충성도(Covetous Brand Loyalty), 관성적 브랜드 충성도(Inertia Brand Loyalty), 프리미엄 브랜드 충성도(Premium Brand Loyalty) 참고.

브랜드 커뮤니티(Brand Community) 특정 브랜드에 대한 애착을 공유하는 소비자에 의해 형성된 온라인 커뮤니티.

브랜디드 엔터테인먼트(Branded Entertainment) 엔터테인먼트 작품(가령, 영화, 드라마, 뮤직 비디오 등)에 제품을 출연시키거나 또는 브랜드 광고를 목적으로 엔터테인먼트 작품을 만드는 것. 간접광고(Product Placement) 참고.

블로그(Blog; Weblog) 인터넷에 공개되고 개별항목('게시물')으로 구성된 토론 및 정보 사이트.

비 가족 가정(Non-Family Households) 법적인 가족으로 인정되지 않는 상황에서 생활하는 것. 가족(Family) 참고.

비공식적 원천(Informal Source) 부모, 친구 또는 온라인상에서 알게 된 사람 등으로 메시지 수신자가 개인적으로 알고 있는 사람을 의미하며, 제품에 대한 정보와 조언을 수신자에게 제공한다. 커뮤니케이션(Communication), 공식적 원천(formal Source), 원천의 신뢰성(Source Credibility) 참고.

비공식적 학습(Informal Learning) 아이들이 가족, 친구, 또는 TV 및 영화 영웅 또는 등장인물 등의 선택된 다른 사람의 행동을 모방함으로써 발생하는 학습. 공식적 학습(Formal Learning), 기술적 학습(Technical Learning) 참고.

비관련상표군(Inept Set) 인정받지 못하였거나 품질이 낮다고 생각되어 소비자가 구매 대안에서 제외한 브랜드군(또는 모델군). 상기상표군(Evoked Set), 비상기상표군(Inert Set) 참고.

비교광고(Comparative Advertising) 마케터가 광고를 통해 자사의 제품이 경쟁사 브랜드 보다 낫다고 분명히 보여주는 광고소구. 양면적 메시지(Two-Sided Message) 참고.

비교문화 분석(Cross-Cultural Analysis) 서로 다른 문화의 구성원이 가진 소비패턴을 비교하는 조사방법.

비교영향(Comparative Influence) 사람들이 존경하고 존중하는 다른 사람과 스스로를 비교하고, 그들의 가치를 채택하거나 행동을 모방할 때 발생하는 과정. 규범적 영향(Normative Influence), 준거집단(Reference Groups) 참고.

비보완적 의사결정 방식(Noncompensatory Decision Rules) 브랜드의 특정 속성에 대한 부정적 평가가 다른 속성의 긍정적 평가에 의해 보완되지 않는 의사결정 방식. 보완적 의사결정 방식(Compensatory Decision Rules) 참고.

비보조상기(Unaided Recall) 학습과 광고의 효과성을 측정하는 회상 테스트로, 소비자를 대상으로 특정 잡지를 읽거나 TV쇼를 시청한 적이 있는지 질문한 후에 그 미디어에 등장하는 광고와 특징 중 기억할 수 있는 것은 무엇인지 질문하는 것. 보조상기(Aided Recall) 참고.

비상기상표군(Inert Set) 어떠한 장점도 없다고 인식되어 소비자가 무관심한 브랜드군(또는 모델군). 상기상표군(Evoked Set), 비관련상표군(Inept Set) 참고.

비인적 커뮤니케이션(Impersonal Communications) 마케팅 부서, 광고 또는 공중관계 대행사, 대변인 등을 통하여 기업(공식적 원천)이 개발하고 발신한 메시지. 커뮤니케이션(Communication), 공식적 원천(Formal Source), 대인커뮤니케이션(Interpersonal Communications) 참고.

비전통적 가정(Nontraditional Families) 가족수명주기에 부합되지 않는 가족. 가족수명주기(Family Life Cycle) 참고.

비확률 표본(Nonprobability Sample) 무작위가 아닌 방법으로 조사자의 판단에 따라 연구 응답자를 선택하는 것. 군집표본(Cluster Sample), 편의표본(Convenience Sample), 판단표본(Judgment Sample), 할당표본(Quota Sample) 참고.

사무적 유대(Transactional Bonds) 편익과 거래 관련된 고객과 기업 간의 관계. 정서적 유대(Emotional Bonds) 참고.

사용률 세분화(Usage Rate Segmentation) 해당 제품에 대한 대량, 중간, 소량 소비자 간의 차이를 기반으로 한 시장 세분화 전략.

사용상황 세분화(Usage Occasion Segmentation) 많은 제품이 특정한 상황에서 구매되고 사용된다는 사실을 기반으로 한 시장세분화 전략.

사용자 범주(Adopter Categories) 혁신 제품(신제품 또는 신모델)을 구매한 사람에 대한 소비자들의 태도 유형. 다섯 가지 사용자 범주—혁신자(Innovators), 조기수용자(arly Adopters), 조기 다수자(Early Majority), 후기 다수자(Late Majority), 최후 수용자(Laggards) 참고.

사이코그래픽스(Psychographics; AIOs) 소비자의 활동, 관심, 의견(즉, AIOS)으로 구성된 라이프스타일에 따라 소비자를 세분화하는 것.

사전편집식 의사결정 방식(Lexicographic Decision Rule) 소비자가 제품속성 중에서 지각된 관련성 또는 중요성에 따라 최상으로 평가되는 순서에 따라 정렬하는 비보완적 의사결정 방식 중 하나이다. 소비자는 가장 중요하게 생각되는 단일 속성의 측면에서 다양한 대안을 비교한다. 비보완적 의사결정 방식(Noncompensatory Decision Rules) 참고.

사회경제적 지위 점수(Socioeconomic Status Score; SES) 미국 인구조사국에 의해 개발된 사회계층의 척도로, 사회적 위치를 알아내기 위해 직업, 가족소득, 교육정도 등을 결합하여 측정한다. 다변량지수(Multivariable Index) 참고.

사회계급(Social Class) 사회의 구성원을 분명한 사회적 지위에 따라 계층 구조로 분할한 것으로, 각 계층의 구성원은 상대적으로 유사한 사회적 지위를 갖게 되며 다른 계층의 모든 구성원은 높거나 낮은 사회적 지위를 갖는다. 직업적 권위 순위(Occupational Prestige Rankings), 사회계층의식(Social Class Consciousness), 사회적 지위(Social Status) 참고.

사회계층의식(Social-Class Consciousness) 주어진 사회계층과 사람의 수준을 동일시하는 것. 객관적 측정(Objective Measures) 참고.

사회적 마케팅개념(Societal Marketing Concept) 사업목표를 달성하는 동안 마케터는 사회복지를 개선, 보존, 향상시키는 방향으로 표적 청중의 욕구를 충족시켜야 한다는 주장이다.

사회적 욕구(Social Needs) 사랑, 애정, 소속감, 수용에 대한 심리적 욕구이다. 매슬로의 욕구단계이론(Maslow's Hierarchy of Needs) 참고.

사회적 자아 이미지(Social Self-Image) 다른 사람들이 자신을 어떻게 보는가에 대한 자신의 생각이 반영된 이미지이다. 실제적 자아 이미지(Actual Self-Image) 참고.

사회적 지위(Social Status) 다른 사회계층의 구성원과 비교하여 특정 사회계층의 구성원의 명성 정도를 나타낸다. 지위는 여러 가지 요인들로 구성되며, 부(경제적 자산의 양), 힘(다른 사람에 대한 영향력의 정도), 다른 사람들로부터 받는 존경의 크기 등이 포함된다. 직업적 권위 순위(Occupational Prestige Rankings), 사회계급(Social Class) 참고.

사회측정법(Sociometric Method) 대부분 서로 이름을 알고 있는 커뮤니티 구성원들 사이에서 제품 또는 브랜드에 대한 개인 간의 커뮤니케이션을 기록하는 의견 리더십을 측정하는 기법이다. 의견 리더십(Opinion Leadership) 참고.

사회학(Sociology) 인간사회의 개발, 구조, 기능, 문제 등에 관한 학문. 내용분석(Content Analysis), 문화(Culture), 현지관찰(Field Observation) 참고.

사회화(Socialization) 사람들이 어떻게 사회의 다른 구성원들에게 받아들여질 수 있는 방식으로 행동해야 하는지를 학습하는 과정. 사회화 대리인(Socialization Agent) 참고.

사회화 대리인(Socialization Agent) 사회화된 개인과의 접촉빈도와 사람들에게 주어진 보상과 처벌에 대한 통제 등의 이유로 사회화 과정에 관련된 사람 또는 조직. 소비자 사회화(Consumer Socialization) 참고.

상기상표군(Evoked Set) 소비자가 제품 구매 시 특정 제품군에서 고려하는 특정 브랜드군(또는 모델군).비관련상표군(Inept Set), 비상기상표군(Inert Set) 참고.

상대적 이점(Relative Advantage) 잠재고객이 기존 제품들에 비해 신제품을 우수하게 지각하는 정도를 나타내며, 신제품 수용 결정요인의 다섯 가지 특징 중에 하나이다. 다른 네 가지 특성인 호환성(Compatibility), 복잡성(Complexity), 관찰가능성(Observability), 시용성(Trialability) 참고.

상승 이동(Upward Mobility) 교육자원과 자유기업체제의 가용성으로 인한 낮은 사회계층에서 더 높은 사회계층으로의 이동 기회. 하강이동(Downward Mobility), 사회계급(Social Class) 참고.

상징(Symbol) 다른 것을 대표하거나 의미하는 언어적 또는 비언어적인 것.

상징적 집단(Symbolic Group) 개인이 소속되지 않지만 그 가치와 행동이 채택되어지는 집단. 회원집단(Membership Group), 준거집단(Reference Groups) 참고.

생리적 욕구(Physiological Needs) 생물학적 존재를 지속시키는 선천적(생물학적, 기본적) 동기부여의 힘이다. 이는 음식, 물 , 공기, 외부 환경으로부터 몸을 방어(즉, 의류, 대피소), 성에 대한 욕구를 포함한다. 심리적 욕구(Psychological Needs) 참고.

생리학적 관찰(Physiological Observation) 생리학적 측정(Physiological Measures) 참고.

생리학적 측정(Physiological Measures) 자극에 대한 신체반응을 추적하는 전자 기기. 뉴로마케팅(Neuromarketing) 참고.

생산개념(Production Concept) 소비자는 대부분 저렴한 가격의 제품 공급에 흥미를 갖는다는 주장이다. 이 개념의 마케팅 목표는 제품의 효율적인 생산과 집중적인 유통을 통해 가격을 낮추는 것이다.

선물 행동(Gifting Behavior) 선물 제공과 관련된 소비자 행동.

선택적 노출(Selective Exposure) 소비자가 공감, 유쾌한 메시지, 의도적으로 피하는 메시지 등을 찾아내려고 하는 것. 지각(Perception), 지각적 방어(Perceptual Defense), 선택적 주의(Selective Attention) 참고.

선택적 주의(Selective Attention) 소비자가 갖는 인식으로, 흥미와 욕구를 충족시키는 자극에 대해서는 높게 인식하지만, 욕구와 무관한 사극에 대해서는 최소한의 인식만을 유지한다. 지각(Perception), 지각적 방어(Perceptual Defense), 선택적 노출(Selective Exposure) 참고.

설득효과(Persuasion Effects) 메시지가 올바르게 수신되고, 이해되고, 해석되었는지의 여부를 나타내는 척도.

성취욕구(Achievement Need) 스스로 마무리하고, 자신감을 가지며, 예상되는 위험을 즐기는 것에 대한 개인적인 성취감.

세계적 브랜드(World Brand) 널리 판매되고 세계적으로 알려진 브랜드.

세분시장기반 타깃팅(Segment-Based Targeting) 광고주가 매체의 광고 공간(즉, 잡지, TV쇼 등) 확보를 위해 사전 협상하는 전략적인 방법으로써, 그 매체의 시청자는 광고주가 표적고객으로 선정한 소비자의 프로파일과 대체적으로 일치한다. 노출기반 타깃팅(Impression-Based Targeting) 참고.

소멸(Extinction) 학습 반응이 더 이상 강화되지 않으며 자극과 기대되는 보상 간의 연결이 제거되어 발생하는 현상. 망각(Forgetting) 참고.

소비자 가치(Customer Value) 고객의 지각된 편익(즉, 경제적, 기능적, 심리적 편익)과 그 편익을 얻기 위해 사용한 자원(즉, 돈, 시간, 노력, 심리적 자원) 사이의 비율.

소비자 관여도(Consumer Involvement) 제품 또는 구매에 대한 소비자의 개인적 관련성 정도. 고관여 구매(High-Involvement Purchases), 저관여 구매(Low-Involvement Purchases) 참고.

소비자 만족(Customer Satisfaction) 제품 또는 서비스의 지각된 성과가 고객의 기대와 일치하는 정도.

소비자 사회화(Consumer Socialization) 아이들이 소비자로서 역할을 수행하는데 필요한 기술, 지식, 태도, 경험의 습득과정. 사회화(Socialization), 사회화 대리인(Socialization Agent) 참고.

소비자 심상(Consumer Imagery) 제품, 서비스, 그리고 브랜드의 모든 요소들에 대한 소비자 지각과 소비자가 마케터 제공물에 대해 어떻게 평가하는가를 나타내는 용어. 지각(Perception) 참고.

소비자 유지(Customer Retention) 개별고객 거래가 장기적인 고객관계로 전환되는 것.

소비자 조사(Consumer Research) 소비자 행동을 연구하기 위해 사용되는 도구와 과정. 정성적 조사(Qualitative Research), 정량 조사(Quantitative Research) 참고.

소비자 패널(Consumer Panels) 트렌드 분석을 위해 사람들을 고용하고, 그들의 구매와 미디어 습관을 기록하는 조사 방법. 소비자 조사(Consumer Research), 1차조사(Primary Research) 참고.

소비자 학습(Consumer Learning) 다른 사람의 소비에 대한 관찰과 제품경험을 통해 소비자가 지식을 습득하고 다음 구매에서 그 지식을 사용하는 과정. 학습(Learning) 참고.

소비자 행동(Consumer Behavior) 소비자의 욕구를 충족시켜 줄 것으로 기대하는 제품과 서비스에 대한 검색, 구매, 사용, 평가, 경향에 대한 소비자의 활동 연구.

소셜 네트워크(Social Network) 대부분의 경우 사이버 공간에서만 존재하는 관계를 수립하여 자신에 대한 정보를 유사한 관심을 가진 다른 사람들과 공유하는 가상의 커뮤니티이다.

소셜미디어(Social Media) 가상 커뮤니티와 네트워크에서 정보와 아이디어를 만들고, 공유하고, 교환하는 사람들 간의 상호작용의 수단이다. 소셜미디어는 사용자 제작 콘텐츠에 대한 개인과 커뮤니티의 공유, 공동개발, 토론, 수정을 통한 고도의 쌍방향 플랫폼을 만들기 위해 모바일 및 웹 기반 기술에 의존한다.

소유소셜미디어(Owned Social Media) 마케터가 통제하는 온라인 커뮤니케이션 채널. 유료소셜미디어(Paid Social Media) 참고.

쇼루밍(Showrooming) 소비자가 스마트폰을 사용하여 실제 매장에 전시되어 있는 제품의 바코드를 스캔한 후에 가장 낮은 가격으로 제품을 구매하기 위해 온라인에서 그 제품의 가격을 확인하는 것.

수단적 가치(Instrumental Values) Rokeach의 가치 연구에서 최종목표를 달성하기 위한 수단으로 정의되는 가치를 의미한다. Rokeach의 가치연구(Rokeach Value Survey), 최종가치(Terminal Values) 참고.

수단적 조건화(Instrumental Conditioning; Operant Conditioning) 학습은 특정 반응 또는 행동에 대한 보상의 결과로 만들어진 습관 형성의 시행착오 과정을 통해서 발생한다는 개념을 기초로 한 행동학습의 유형이다. 행동학습(Behavioral Learning), 강화(Reinforcement) 참고.

수동적 학습(Passive Learning) 반구상 좌우 기능분화(Hemispheric Lateralization) 참고.

수면효과(Sleeper Effect) 시간이 지남에 따라 메시지만 기억하고 그 출처는 기억하지 못하는 것으로 메시지가 그 출처에서 분리되는 효과. 차별적 쇠퇴(Differential Decay) 참고.

순위척도(Rank-Order Scale) 가격에 대한 전반적인 품질이나 가치 등과 같은 특정 기준에 따라 선호하는 순서대로 항목(즉, 제품들)의 순위를 매기기 위해 연구 참가자를 필요로 하는 조사도구. 정량조사(Quantitative Research) 참고.

순응(Adoption) 혁신수용의 마지막 단계로, 혁신을 수용할지 여부에 대한 의사결정으로 이어지는 과정이다. 혁신제품을 인지하고 흥미를 느끼고, 평가하고 사용한 후에 그 제품을 수용(구매)한다. 구매자가 만족했다면 재구매가 이루어지고, 불만족하면 재구매가 이루어지지 않는다. 혁신수용(Innovation Adoption) 참고.

순응적 인간(Compliant Individuals) Karen Horney(신프로이트 학설의 연구자)에 의해 확인된 3개 집단 중 하나로 다른 사람들을 추종하고, 사랑받고, 이해되길 원하는 사람들로 정의된다. 공격적 개인(Aggressive Individuals), 고립적 개인(Detached Individuals) 참고.

스타치 광고구독자 연구(Starch Ad Readership Studies) 세 가지 기준에 따라 잡지 광고를 평가하는 조사방법. '주목(Noticing)'하는 광고, 광고 브랜드가 '연상(associating)'되는 광고, '몰입(involvement)'하는 광고(문구를 거의 읽는 광고). 학습(Learning) 참고.

시각형 인간(Visualizers) 시각 및 그림 메시지에 호의적으로 반응하고 언어적 메시지에 덜 집중하는 사람. 언어형의 사람(Verbalizers) 참고.

시간차 시청(Time Shifting) 소비자가 생방송 중에 일시정지와 재시작을 이용하여 광고를 건너뛰거나, 또는 프로그램을 녹화하여 나중에 볼 수 있도록 하는 전자기기이다.

시용(Trial) 혁신수용의 4단계로, 혁신을 수용할지 여부에 대한 의사결정으로 이어지는 단계이다. 혁신에 대한 인지와 관심을 갖고, '정신적 시용'(또는 평가)한 후 소비자는 혁신제품을 구매하거나(반품할 수도 있음) 또는 무료 샘플을 받아 사용한다. 혁신수용(Innovation Adoption) 참고.

시용성(Trial ability) 신제품이 제한된 조건으로 사용될 수 있는 정도를 나타내며, 신제품 수용 결정요인의 다섯 가지 특징 중에 하나이다. 다른 네 가지 특징인 호환성(Compatibility), 복잡성(Complexity), 관찰가능성(Observability), 상대적 이점(Relative Advantage) 참고.

시장세분화(Market Segmentation) 시장을 일반적인 욕구와 개성에 따라 소비자 부분 집단으로 나누는 과정으로, 각 세분집단은 서로 다른 욕구를 가진 소비자 집단으로 대표된다.

시장조사(Market Research) 마케팅 기회와 문제의 발견, 마케팅활동의 평가, 그리고 마케팅 전략의 성과 판단에 대한 정보를 통해 소비자, 고객, 대중을 마케터와 연결하는 과정.

식역하 지각(Subliminal Perception) 감각 수용체가 사람의 의식(즉, 절대적 식역)이 미치지 못하는 자극을 받아 발생하는 상황. 절대적 식역(Absolute Threshold), 지각(Perception), 감각 수용체(Sensory Receptors) 참고.

신프로이트 성격이론(Neo-Freudian Personality Theory) 프로이트의 이론에 더하여 사회적 관계가 성격형성에 중요한 역할을 한다고 주장하는 이론이다.

신뢰성(Reliability) 척도의 신뢰성은 유사한 표본에 대해 동일한 질문으로 반복 측정하였을 때 동일한 결과를 얻는 것이다. 타당성(Validity) 참고.

신매체(New Media) 온라인 채널, 소셜 네트워크, 휴대용 기기 등으로, 전통적인 매체와 달리 이 채널들은 마케터가 즉각적으로 메시지에 대응할 수 있는 각각의 고객에게 개인화된 메시지를 보낼 수 있게 한다.

신혼부부(Honeymooners) 가정생애주기 맥락에서 젊은 신혼부부. 가족생애주기(Family Life Cycle) 참고.

실시간 입찰(Real Time Bidding) 광고주가 올바른 사용자에게, 올바른 장소에서, 정확한 시간에 도달할 수 있게 하고, 또한 각각의 'eyeball' 또는 'impression'을 대한(즉, 각각의 도달된 사람에 대한) 비용을 지불할 수 있도록 가격을 설정하는 기법이다. 노출기반 타깃팅(Impression-Based Targeting) 참고.

실용적 기능(Utilitarian Function) 소비자의 태도는 브랜드가 제공하는 실용성을 반영한다고 믿는 태도 연구의 기능적 접근방법이다. 기능적 접근(Functional Approach) 참고.

실제적 자아 이미지(Actual Self-Image) 개인이 스스로를 지각한 이미지이다. 사회적 자아 이미지(Social Self-Image), 이상적 자아 이미지(Ideal Self-Image) 참고.

실험(Experiments) 구매와 관련된 요인들 간의 인과관계를 규명하기위한 소비자 연구 방법. 대조실험(Controlled Experiments), 정량조사(Quantitative Research), 테스트 마케팅(Test Marketing) 참고.

심리적 욕구(Psychological Needs) 부모, 사회 환경, 그리고 다른 사람과의 상호 작용을 통해 학습되는 동기부여의 힘이다. 생리적 욕구(Physiological Needs) 참고.

심리적 잡음(Psychological Noise) 홍보 메시지 수신에 영향을 주는 광고 메시지 경쟁 또는 주의 집중을 방해하는 생각.

심리학(Psychology) 행동에 영향을 미치는 인간의 마음과 정신적 요인에 관한 연구(즉, 욕구, 성격 특성, 지각, 학습된 경험, 태도 등).

심층면접(Depth Interview) 소비자의 근본적인 태도 또는(그리고) 동기를 알아내기 위한 길고 비구조된 면접. 토론 가이드(Discussion Guide), 정성적 조사(Qualitative Research) 참고.

쌍방향 TV(Interactive TV; iTV) TV 방송과 인터넷의 상호 작용을 겸비한 매체. 그리고 iTV는 케이블 또는 위성 TV의 수신자와 발신자 간의 양방향 커뮤니케이션의 형태로 다른 사람의 TV, 컴퓨터, 또는 모바일 기기 등으로 전달 할 수 있다.

안전과 안정 욕구(Safety and Security Needs) 신체적 안전에 대한 영향뿐만 아니라 질서, 안정감, 일상, 친숙함, 그리고 자신의 삶에 대한 통제를 포함하는 심리적인 힘. 매슬로의 욕구단계이론(Maslow's Hierarchy of Needs) 참고.

앱(Apps; Applications) 컴퓨터, 태블릿, 또는 스마트폰에 설치된 소프트웨어 단위로 게임, 온라인 자원, 그리고 소셜 네트워크를 연결하는 장치.

양면적 메시지(Two-Sided Message) 경쟁 제품을 인정하는 메시지. 비교광고(Comparative Advertising), 일면적 메시지(One-Sided Message) 참고.

억압(Repression) 목표달성의 실패를 무의식에 머무르도록 강제함으로써 욕구불만에 대응하는 것. 방어기제(Defense Mechanisms) 참고.

언어형 인간(Verbalizers) 언어적 메시지에 호의적으로 반응하고 시각 및 그림 메시지에 덜 집중하는 사람. 시각형 인간(Visualizers) 참고.

엠비언트 광고(Ambient Advertising) 체험마케팅 참고.

연속강화(Continuous Reinforcement) 수단적 조건화에 사용되는 한 방법이며, 자극에 대한 반응이 발생할 때마다 원하는 행동을 강화시키는 것. 수단적 조건화(Instrumental Conditioning), 강화요인(Reinforcement) 참고.

연속혁신(Continuous Innovation) 완전한 혁신제품이라고 하기보다는 기존 제품을 개선 또는 수정한 신제품으로 기존의 소비패턴에는 거의 영향을 미치지 않는다. 불연속 혁신(Discontinuous Innovation), 동적 연속혁신(Dynamically Continuous Innovation) 참고.

예측분석(Predictive Analytics) 과거의 구매정보와 다른 자료를 기초로 소비자의 미래 구매를 예측하고, 또한 이 예측에 따라 개인화된 프로모션의 영향을 평가하도록 설계된 척도이다.

옥외 매체(Out-of-Home Media) 자리를 뜰 수가 없거나 덜 어수선한 집 밖의 환경에 있는 소비자를 목표로 한 커뮤니케이션 수단.

온라인 구전(E-WOM) 온라인, 소셜 네트워크, 브랜드 커뮤니티, 블로그, 체팅룸, 트위터에서 발생하는 구전.

온라인 디스플레이 광고(Online Display Ads) 웹사이트에 게시된 고정 배너광고.

완결(Closure) 입력된 감각의 불완전한 조각들을 완성된 이미지 또는 느낌으로 구조화하려는 본능. 개인은 자극이 불완전하다고 지각되면 완전한 의미로 완결하려는 경향이 있다.

외재적 단서(Extrinsic Cues) 패키징, 가격, 홍보 등 제품에 물리적으로 내재하지 않은 특징. 내재적 단서(Intrinsic Cues) 참고.

욕구(Needs) 바라거나 필요로 하는 상황 또는 일로, 직접적 동기부여의 동력이 된다. 동기(Motivation) 참고.

욕구인식(Need Recognition) 소비자가 제품 또는 서비스 구매를 통해 해결 가능한 '문제'를 발견하고 직시했을 때 발생하는 소비자 의사결정과정의 첫 번째 단계.

우산 포지셔닝(Umbrella Positioning) 회사가 제공하는 보편적 편익을 기술한 문장 또는 구호. 포지셔닝(Positioning) 참고.

우편조사(Mail Survey) 우편으로 설문지를 발송하여 이루어지는 조사연구

원천의 신뢰성(Source Credibility) 원천의 지각된 전문성, 진실성, 신뢰성 등에서 발생하는 설득력 있는 영향.

원초아(Id) 원시적이고 충동적 욕구(갈증, 배고픔, 성관계 등의 기본적인 생리적 욕구)의 '원천' 또는 충족을 위한 구체적 방법 없는 즉각적인 충족 추구와 관련 있는 프로이트 용어. 자아(Ego), 프로이트 이론(Freudian Theory), 초자아(Superego) 참고.

웨버의 법칙(Weber' Law) 자극의 차이를 감지하기 위해서는 초기자극이 강할수록 더 큰 추가적 강도의 두 번째 자극이 필요하다는 것. 차등적 문턱(Differential Threshold, JND) 참고.

웹 검색 광고(Web-Search Ads) 소비자의 온라인 검색에 의해 생성되는 광고.

웹 에피소드(Webisodes) 브랜드 중심의 짧은 엔터테이먼트 콘텐츠 비디오.

위험회피(Risk Aversion) 위험 감수를 꺼림과 모호한 상황에 대해 낮은 허용오차.

유료소셜미디어(Paid Social Media) 마케터가 사용료를 지불하는 온라인 커뮤니케이션 채널. 소유소셜미디어(Owned Social Media) 참고.

유머욕구(Need for Humor) 즐기고, 참여하고, 재미를 추구하는 경향.

유명배우(Celebrity Actor) 제품광고에 출연하는 유명인.

유명인사 대변인(Celebrity Spokesperson) 장기간에 걸쳐 특정 브랜드, 사회단체, 또는 기업을 지지하는 유명인.

유명인사 보증(Celebrity Endorsement) 유명인이 직접적인 경험이 없을 수도 있는 특정 제품을 지지하기 위하여 출연한 광고.

유명인의 사용증명(Celebrity Testimonial) 유명인이 사용 후 제품의 품질을 보증하는 홍보 메시지.

은밀한 마케팅(Covert Marketing; Masked or Stealth Marketing) 독립적인 단체가 제공하는 것처럼 보이지만 실제로는 마케터가 제공하는 마케팅 메시지와 홍보자료. 매복 마케팅(Ambush Marketing) 참고.

의견 리더십(Opinion Leadership) 한 사람(의견 선도자)이 조언을 필요로 하는 다른 사람들에게 비공식적인 영향을 미치는 과정이다. 이 영향은 상업적 광고나 조언 또는 정보와 상관없는 둘 또는 그 이상의 사람들 사이에 발생한다. 구전대리인(Buzz Agent), 구전(Word-of-Mouth) 참고.

의례(Ritual; 의식) 단계별 정형화된 순서대로 이루어지는 상징적인 활동으로써 정기적으로 반복된다.

의례적 행동(Ritualistic Behavior) 의례에 어울리는 활동.

의미차별 척도(Semantic Differential Scale) 일련의 양극 형용사(가령, 좋음/나쁨, 뜨거움/차가움, 좋음/싫음, 비쌈/비싸지 않음)로 이루어진 측정방법으로써, 각 형용사의 양 끝은 홀수번호가 붙은 연속체 형태이다(즉, 5점, 7점). 정량조사(Quantitative Research) 참고.

의인화(Anthropomorphism) 인간의 특징을 대상에 부여하는 것. 브랜드 의인화(Brand Personification) 참고.

이메일 조사(Email Survey) 이메일을 통해 실시되는 소비자 설문조사.

이상적 사회적 자아 이미지(Ideal Social Self-Image) 다른 사람들이 자신을 봐주었으면 하는 이미지.

이상적 자아 이미지(Ideal Self-Image) 자신 스스로가 보고 싶어 하는 이미지.

인구통계학적 세분화(Demographic Segmentation) 나이, 성별, 민족, 소득과 재산, 직업, 결혼 여부, 가족의 유형과 크기, 지리적 위치에 따라 소비자를 나누는 것. 이 변수들은 객관적이고 경험적이며, 질문과 관찰을 통해 쉽게 알아낼 수 있다.

인식(Awareness) 혁신수용의 1단계로, 혁신을 수용할지 여부에 대한 의사결정으로 이어지는 과정이다. 이 단계에서는 혁신의 사용이 가능하다는 것을 인식하게 된다. 혁신수용(Innovation Adoption) 참고.

인지 연령(Cognitive Age) 생활나이가 아닌, 개인의 인지 나이.

인지부조화(Cognitive Dissonance) 태도 대상에 대한 모순되는 정보를 접했을 때 사람들이 경험하는 심리적 불편함. 구매 후 인지부조화(Post-Purchase Dissonance) 참고.

인지욕구(Need for Cognition; NFC) 생각에 대한 갈망이나 즐거움을 나타내는 성격특성.

인지적 연합학습(Cognitive Associative Learning) 반사적 행동보다는 소비자가 기대와 예상을 할 수 있는 사건들과 사건들 사이의 연상학습으로, 고전적 조건화 관점의 학습이론.

인지적 요소(Cognitive Component) 태도 3요소 모델의 첫 번째 요소이며, 태도 대상의 특징에 대하여 개인이 갖는 지식과 지각을 나타낸다. 즉, 태도대상이 특정 속성을 가지고 있다 또는 가지고 있지 않다는 전반적인 신념이다. 리커트 척도(Likert Scale), 의미차별화 척도(emantic Differential Scale), 3요소모델(Tri-Component Model) 참고.

인지적 요인(Cognitive Factors) 심리적 요인의 측정을 통해 모인 세분시장 데이터. 데이터는 다음을 포함한다. (a) 소비자의 본질적 차원(가령, 소비와 사회 문제에 대한 태도, 문화적 가치, 성격특성 등), (b) 소비 관련 태도(가령, 행동과 선호도, 제품에 대한 편익 추구, 소비의 여러 관점에 대한 태도 등). 행동 데이터(Behavioral Data) 참고.

인지적 학습(Cognitive Learning) 사람들이 해결해야 할 문제에 직면하였을 때, 학습은 정보처리순서에 의해 순차적인 형태로 발생한다고 주장한다. 혁신수용(Innovation Adoption), 3요소모델(Tri-Component Model) 참고.

인출(Retrieval) 장기기억으로부터 정보를 복구하는 과정으로, 외부 단서에 의해 빈번하게 촉발된다.

인터넷 설문조사(Internet Survey) 온라인으로 실시되는 조사연구.

일면적 메시지(One-Sided Message) 경쟁사의 제품을 무시하는 메시지.

일상적 반응행동(Routinized Response Behavior) 제품의 가격이 저렴하고 자주 구매하기 때문에 '자동적'이며 깊이 생각하지 않는 구매의사결정. 포괄적 문제해결(Extensive Problem Solving), 제한적 문제해결(Limited Problem Solving) 참고.

자가 임명법(Self-Designating Method) 응답자가 제품이나 브랜드에 대한 정보를 다른 사람에게 제공한 정도 또는 다른 사람의 구매의사결정에 영향을 미친 정도를 평가하기 위하여 질문할 경우에 자체 설문지를 사용하여 의견 리더십을 측정하는 기술. 의견 리더십(Opinion Leadership) 참고.

자극(Stimulus) 모든 감각에 대한 입력. 감각(Sensation), 감각 수용체(Sensory Receptors) 참고.

자극변별(Stimulus Discrimination) 소비자 확보를 목표로 유사한 자극들 속에서 특정한 자극을 구별하기 위한 전략으로, 자극일반화와 상반된다. 즉, 경쟁제품으로부터 효율적으로 자사의 제품과 서비스를 차별화하는 방식으로 포지셔닝하는 전략이다. 포지셔닝(Positioning), 자극(Stimulus), and 자극 일반화(Stimulus Generalization) 참고.

자극 일반화(Stimulus Generalization) 약간 다른 자극에 동일한 방식으로 반응하는 것. 자극(Stimulus), 자극변별(Stimulus Discrimination) 참고.

자극추구성향(Sensation Seeking) OSL과 밀접한 관련이 있으며 다양하고, 새롭고, 복잡한 느낌과 경험 그리고 이러한 경험을 위해 위험을 감수하려는 의지에 대한 자신의 욕구를 반영하는 성격특성이다.

자기보고식 동기측정법(Self-Reported Measures of Motives) 서면 진술서로 이루어진 측정방법으로, 응답자는 각각의 질문이 자신과 얼마나 관련이 있는지를 표시하도록 요청받는다.

자기지각 귀인(Self-Perception Attribution) 과거 사건에 대한 내적ㆍ외적 귀인을 통해 인과관계를 구성하였을 때 스스로를 바라보는 방식을 나타내는 정신적 해석. 방어적 귀인(Defensive Attribution) 참고.

자아(Ego) 원초아(id)의 충동적인 욕구와 초자아(Superego)의 사회문화적 제약 사이에서 균형을 맞추는 내부 감시 장치 형태의 개인의식제어와 관련 있는 프로이트 용어. 프로이트 이론(Freudian Theory), 원초아(Id), and 초자아(Superego) 참고.

자아 방어 기능(Ego-Defensive Function) 사람들이 안심과 신뢰의 감정을 통해 의심하지 않을 것이라고 믿는 태도 연구의 기능적 접근방법. 기능적 접근(Functional Approach) 참고.

자아실현욕구(Need for Self-Actualization or Self-Fulfillment) 자신이 될 수 있는 모든 것을 이루기 위해 자신의 잠재력을 실현하려는 욕구. 매슬로의 욕구단계이론(Maslow's Hierarchy of Needs) 참고.

자아 욕구(Egoistic Needs) 자아수용, 자아 존중감, 성공, 독립, 명성, 지위, 다른 사람들의 인정 등에서 드러나는 심리적 욕구.

자아 이미지(Self-Image) 실제적 자아 이미지(Actual Self-Image) 참고.

자아해석(Self-Construal) 자신을 둘러싸고 있는 세상(특히, 자신을 향한 다른 사람의 행동이나 활동)을 어떻게 지각, 이해, 해석하는가를 나타내는 특성이다.

자율결정(Autonomic Decisions) 남편 또는 부인중에 한사람이 주로 또는 전적으로 구매의사결정을 하는 것. 남편 지배 의사결정(Husband-Dominated Decisions), 공동 의사결정(Joint Decisions), 부인 지배 의사결정(Wife-Dominated Decisions) 참고.

잡지 구독자 조사(Magazine Readership Survey) 소비자 조사의 한 형태. 스타치 광고구독자 연구(Starch Ad Readership Studies) 참고.

장기기억 저장소(Long-Term Store) 정보가 오랜 기간 동안 유지되는 뇌의 저장소. 감각(Sensation), 감각저장소(Sensory Store), and 단기기억저장소(Short-Term Store) 참고.

재인 테스트(Recognition Test) 보조상기(Aided Recall) 참고.

재포지셔닝(Repositioning) 기업이 제품, 서비스, 브랜드에 대한 구별되는 이미지와 정체성을 전략적으로 변경하는 과정. 포지셔닝(Positioning) 참고.

저관여 구매(Low-Involvement Purchases) 소비자에게 아주 중요하지 않고, 관련성이 낮고, 지각된 위험이 적으며, 매우 제한적인 정보처리과정을 유발하는 구매. 소비자 관여도(Consumer Involvement), 고관여 구매(High-Involvement Purchases), 지각된 위험(Perceived Risk), 일상적 반응행동(Routinized Response Behavior) 참고.

전통적인 매체(Traditional Media) 일반적으로 인쇄(신문, 잡지, 간판) 및 방송(라디오, 텔레비전) 매체로 분류되는 비인적 커뮤니케이션 매체로, 커뮤니케이션 수신자는 동일한(일방향) 메시지를 받으며 송신자와 상호작용할 수 없다.

전화조사(Telephone Interview Survey) 전화를 통해 실시하는 조사.

절대적 식역(Absolute Threshold) 개인이 감각으로 느낄 수 있는 최소한의 강도. 사람이 유무의 차이를 감지할 수 있는 지점. 차등적 문턱(Differential Threshold) 참고.

접근목표(Approach Objects) 사람들이 추구하는 긍정적 결과. 회피목표(Avoidance Objects) 참고.

정교화가능성 모델(Elaboration Likelihood Model; ELM) 두 가지 다른 설득 경로 중 어느 쪽을 선택하는가에 따라 태도가 바뀔 수 있다고 제안한 모델로서, 두 경로는 중심경로 또는 주변경로를 의미하며, 어느 경로를 통해 수신된 정보를 처리하는가에 따라 인지적 정교화가 달라진다. 중심경로(Central Route to Persuasion), 주변경로(Peripheral Route to Persuasion) 참고.

정량조사(Quantitative Research) 통계자료 수집 및 분석, 관찰조사 활용, 실험 및 설문 조사. 행동의도 척도(Behavior Intention Scale), 이메일 조사(Email Survey), 실험(Experiments), 인터넷 조사(Internet Survey), 리커트 척도(Likert Scale), 우편조사(Mail Survey), 관찰 조사(Observational Research), 개인 면접 조사(Personal Interview Survey), 의미차별척도법(Semantic Differential Scale), 순위 척도(Rank Order Scale), 전화조사(Telephone Interview Survey) 참고.

정보과부하(Information Overload) 소비자가 너무 많은 정보를 수신하여 부호화와 저장에 어려움이 발생한 상황.

정보형광고(Infomercials) 광고라고 하기보다는 다큐멘터리와 같이 특정 주제에 정보를 제공하는 긴 광고.

정서적 유대(Emotional Bonds) 개인적 거래관계를 넘어 소비자가 기업과 제품에 대해 느끼는 높은 수준의 몰입과 애착. 사무적 유대(Transactional Bonds) 참고.

정성적 조사(Qualitative Research) 소비자의 무의식 또는 숨겨진 동기를 탐구하기 위한 조사. 이 연구는 표적집단면접법, 심층면접, 동기조사, 투사기법 등의 방법을 활용한다. 심층면접(Depth Interview), 표적집단면접법(Focus Group), 동기조사(Motivational Research), 투사법(Projective Techniques) 참고.

정정광고(Corrective Advertising) 허위 또는 오해의 소지가 있는 기업의 광고 주장에 대하여 연방 또는 지방정부의 의무화에 따라 기업이 공표해야 하는 취소 또는 해명광고.

제품개념(Product Concept) 소비자가 최고의 품질, 최고의 성능, 최대의 기능을 제공하는 제품을 구매할 것이라는 주장이다.

제품 계열 확장(Product Line Extensions) 유명하고 믿을 수 있는 성공한 브랜드의 관련 품목을 추가하는 것으로서 자극 일반화에 대한 마케팅 응용이다. 이 품목들은 소비자의 선택 가능성이 높다. 자극 일반화(Stimulus Generalization) 참고.

제품 구체화된 목표(Product-Specific Goals) 주어진 제품 또는 서비스 이용을 통해 성취되는 추구 결과. 본원적 목표(Generic Goals) 참고.

제품인지 상태(Product Awareness Status) 제품과 그 특징에 대한 소비자의 인식의 정도와 가까운 시일 내에 제품 구매 의향이 있는지 여부를 나타낸다.

제품 형태 확장(Product Form Extensions) 동일한 브랜드로 다른 형태의 동일 제품을 제공하는 것으로, 자극 일반화에 대한 마케팅 응용이다. 자극 일반화(Stimulus Generalization) 참고.

제한적 대안 선호자(Narrow Categorizers) 잘못된 의사결정의 결과에 직면하기 보다는 제한된 적은 수의 안전한 대안의 선택을 선호하는 고위험 지각자. Broad Categorizers(다양한 대안 선호자), 지각된 위험(Perceived Risk), 위험회피(Risk Aversion) 참고.

제한적 문제해결(Limited Problem Solving) 소비자가 이전에 구매한 제품의 최신판을 구매하거나 그 제품의 평가 기준을 가지고 있는 상황의 구매의사결정. 포괄적 문제해결(Extensive Problem Solving), 일상적 반응행동(Routinized Response Behavior) 참고.

조건반응(Conditioned Response) 조건자극에 의해 유발된 반응. 조건자극(Conditioned Stimulus) 참고.

조건 자극(Conditioned Stimulus) 반복의 결과로 특정 사건이나 느낌으로 연결되는 자극. 고전적 조건화(Classical Conditioning), 조건반응(Conditioned Respone), 무조건 자극(Unconditioned Stimulus) 참고.

조기다수자(Early Majority) 조기수용자가 신제품을 구매한 후 그 제품을 구매하는 소비자로 지정된 수용자 범주. 수용자 범주(Adopter Categories), 혁신자(Innovators), 조기수용자(Early Adopters), 후기다수자(Late Majority), 최후수용자(Laggards) 참고.

조기수용자(Early Adopters) 신제품이 소개된 후 비교적 짧은 시간 내에 그 제품을 구매하는 소비자로 지정된 수용자 범주. 수용자 범주(Adopter Categories), 혁신자(Innovators), 조기다수자(Early Majority), 후기다수자(Late Majority), 최후수용자(Laggards) 참고..

좌절(Frustration) 목표달성의 실패에 따른 느낌. 방어기제(Defense Mechanisms) 참고.

주관적 측정(Subjective Measures) 사람들의 사회계층을 평가하기 위한 질문하는 것. 객관적 측정(Objective Measures), 사회계층의식(Social Class Consciousness) 참고.

주변경로(Peripheral Route to Persuasion) 무관심한 소비자는 광고의 정보 문구(즉, 제품속성)보다는 시각적 측면을 통해 가장 잘 설득될 수 있다고 주장하는 홍보 접근방법이다. 중심경로(Central Route to Persuasion), 정교화가능성 모델(Elaboration Likelihood Model) 참고.

주소지정 광고(Addressable Advertising) 메시지 수신자의 사전 쇼핑과 온라인 서핑(surfing)을 기반으로 각각의 소비자에게 발송되는 고객화된 메시지.

주요정보제공자 연구(Key Informant Method) 구성원과 특정 집단 간의 사회적 커뮤니케이션의 본질에 관해시 날카롭게 많이 아는 사람으로부터 정보를 수집 구성하는 오피니언 리더십 측정 기술.

주제통각검사(Thematic Apperception Test) 응답자에게 그림들을 보여주고 각각의 그림에 대한 이야기를 꾸며보라고 질문하는 검사. 투사법(Projective Techniques), 정성적 조사(Qualitative Research) 참고.

준거집단(Reference Groups) 사람들의 의견, 가치, 행동을 위한 비교, 영향, 규범의 원천이 되는 집단. 비교영향(Comparative Influence), 회원집단(Membership Group), 규범영향(Normative Influence), 상징적 집단(Symbolic Group) 참고.

중심경로(Central Route to Persuasion) 고관여 소비자는 제품속성에 중점을 둔 광고를 통해 가장 잘 이해되고 설득된다고 주장하는 홍보 접근방법. 정교화가능성모델(Elaboration Likelihood Model), 주변경로(Peripheral Route to Persuasion) 참고.

지각(Perception) 개인이 자극을 통합하여 선택하고, 조직하고, 해석하는 과정이다. 지각은 "우리가 주변의 세상을 어떻게 보는가"로 설명될 수 있다.

지각도(Perceptual Mapping) 경쟁 브랜드들에 대한 소비자의 지각을 해당 제품의 속성에 따라 도표로 구성한 것이다. 지각도는 마케터에게 다음을 제공한다. (1) 어떻게 소비자가 경쟁관계에서 자사의 브랜드를 지각하는지 (2) 자사 브랜드에 대한 소비자 지각의 바람직하지 않은 변화 방향을 알아낸다 (3) 지각도 상의 위치 차이를 통해 새로운 브랜드 또는 제품을 개발하기 위한 기회를 찾는다. 지각(Perception) 참고.

지각된 가격(Perceived Price) 제품 구매를 통해 얻은 가치에 대한 고객의 관점. 지각(Perception) 참고.

지각된 위험(Perceived Risk) 구매의사결정 결과를 예상할 수 없을 경우에 소비자가 직면하는 불확실성이다. 지각된 위험의 유형에는 기능적, 물리적, 재정적, 심리적, 시간적 위험을 포함된다. 지각(Perception) 참고.

지각적 방어(Perceptual Defense) 소비자가 심리적으로 위협이 되는 자극에 노출되어 이를 무의식적으로 차단하려고 할 때 발생하는 인지활동. 지각(Perception), 선택적 주의(Selective Attention), 선택적 노출(Selective Exposure), 식역하 지각(Subliminal Perception) 참고.

지리-인구통계학적 세분시장(Geo-Demographic Segments) 지리적 인구통계학적으로 정의된 세분시장.

지리인구통계학(Geodemographics) 서로 가까이 살고 있는 사람들은 유사한 재정적 능력, 취향, 선호도, 생활방식, 소비습관을 가질 개연성이 있다는 전제를 기초로 한 복합적 시장세분화 계획(격언에서 말한 "유유상종" 처럼).

지식기능(Knowledge Function) 사람들은 그들이 접하는 사람, 사건, 대상의 특징을 이해하려는 강한 욕구를 가지고 있기 때문에 태도를 형성한다고 주장하는 태도 연구의 기능적 접근방법이다. 기능적 접근(Functional Approach) 참고.

지오펜싱(Geofencing) 이 서비스를 선택한 고객이 특정 점포에 다가가거나 입장할 때, 고객의 스마트폰으로 전송되는 홍보 알림.

지위특성지수(Index of Status Characteristics, Warner' ISC) 직업, 소득원천(금액 아님), 주거형태, 주거지역의 품질 등의 가중치 형태의 사회계층에 대한 척도. 다변량지수(Multivariable Index) 참고.

직업적 권위 순위(Occupational Prestige Ranking) 목표를 달성하기 위해 요구되는 지식(가령, 교육 수준)과 구성원이 받는 물리적인 보상(가령, 소득)에 기인한 직업의 사회적 가치와 바람직함에 대한 사회집단의 신념을 나타내는 서열. 사회계급(Social Class), 사회적 지위(Social Status) 참고.

집단화(Grouping) 자극을 함께 묶고 하나의 독립된 개체로 통합하려는 사람들의 본능적 성향. 지각(Perception) 참고.

집중학습(Massed Learning) 동시에 모든 사람들을 가르치도록 설계된 단체 학습. 분산학습(Distributed Learning) 참고.

집착소비(Fixated Consumption) 지속적으로 제품을 구매하는 경향을 나타내는 성격 특성으로, 자신의 수집 또는 취미와 관련 있으며 친구와 다른 수집가에게 자랑스럽게 보여준다.

차등적 문턱(Differential Threshold, Just Noticeable Difference or JND) 유사한 두 자극이 감지될 수 있는 최소한의 차이. 절대적 식역(Absolute Threshold), Weber의 법칙(Weber's Law) 참고.

차별적 쇠퇴(Differential Decay) 신뢰성이 낮은 출처가 그 출처가 제공한 메시지의 내용보다 더 빨리 기억에서 쇠퇴하는 인지현상. 수면효과(Sleeper Effect) 참고.

차이식역 JND(Just Noticeable Difference) 차등적 문턱(Differential Threshold) 참고.

참여관찰자(Participant-Observers) 사회의 적극적 구성원이 되어 관습과 가치를 관찰하고 연구하는 조사자. 현지관찰(Field Observation) 참고.

철회(Withdrawal) 특정 상황에서 물러남으로써 욕구불만을 해결하는 것. 방어기제(Defense Mechanisms) 참고.

청소년기(Teens) 13~17세의 청소년을 나타내는 연령대.

청킹(Chunking) 추가된 관련 정보를 기억할 때 주로 발생하며, 소비자가 이미 부호화한 정보를 재부호화하는 인지과정이다. '청크(Chunks)'는 정보의 단위이다.

체계적 무작위 표본(Systematic Random Sample) 연구 대상 구성원이 무작위로 추출되고 그중에서 매 n번째 사람이 선택되는 확률표본. 확률표본(Probability Sample) 참고.

체험 마케팅(Experiential Marketing) 소비자에게 제품과 물리적인 상호작용 또는 제품 사용이 가능한 감각경험을 제공하도록 설계된 광고.

초기효과(Primacy Effect) 커뮤니케이션에서 제일 처음 제시된 자료가 다음에 제시된 자료에 비해 더 분명하고 설득력 있게 지각하는 것을 말한다. 최근효과(Recency Effect) 참고.

초자아(Superego) '적절한' 또는 '바른' 행위 등 사회의 도덕과 윤리 행위 규범에 대한 개인의 내적 표현과 관련 있는 프로이트 용어이다. 초자아의 역할은 사회적으로 인정된 방식으로 자신의 욕구를 충족하는 것으로 본다. 따라서, 초자아는 이드의 충동적인 힘을 억제하는 '브레이크'이다. 자아(Ego), 프로이트 이론(Freudian Theory), 원초아(Id) 참고.

최근효과(Recency Effect) 커뮤니케이션에서 맨 나중에 제시된 자료가 이전의 자료들 보다 더 분명하고 설득력 있게 지각하는 것을 말한다. 초기효과(Primacy Effect) 참고.

최저자극수준(Optimum Stimulation Level, OSL) 어떤 사람이 소설, 복잡하고 특이한 경험(즉, 높은 OSL)을 좋아하거나, 또는 단순하고, 깔끔하고, 차분한 생활(즉, 낮은 OSL)을 선호하는 정도를 반영하는 성격특성.

최종가치(Terminal Values) Rokeach의 가치 연구에서 목표와 존재의 이유를 나타내는 가치를 의미한다(즉, 목적). 수단적 가치(Instrumental Values), Rokeach의 가치연구(Rokeach Value Survey) 참고.

최후수용자(Laggards) 혁신제품 수용이 가장 늦은 소비자. 수용자 범주(Adopter Categories), 혁신자(Innovators), 조기수용자(Early Adopters), 조기다수자(Early Majority), 후기다수자(Late Majority) 참고.

충동 소비(Compulsive Consumption) 충동구매자와 주변인에게 좋지 못한 결과를 초래하는 중독적이고 통제 불가능한 구매.

충화표본(Stratified Random Sample) 연구대상 구성원이 상호 배타적인 집단으로 나누어지고(가령, 연령대), 표본은 각 집단에서 단순 무작위로 추출하는 확률표본. 확률표본(Probability Sample) 참고.

친화욕구(Affiliation Need) 사회적 욕구와 비슷하며 우정, 동의, 친밀함에 대한 개인적 바람을 반영하는 심리적 욕구.

커뮤니케이션(Communication) 정보를 전달 또는 교환하는 과정. 소비자 행동 측면에서 커뮤니케이션은 미디어를 통해 발신자(정보원천)가 수신자(소비자)에게 메시지를 전달하는 것이다. 공식적 원천(Formal Source), 비인적 커뮤니케이션(Impersonal Communi-cations), 비공식적 원천(Informal Source), 대인 커뮤니케이션(Interpersonal Communications) 참고.

커뮤니케이션 피드백(Communication Feedback) 발신자가 의도한 메시지가 수신되었는지 여부에 대한 발신자에게 보내는 수신자의 커뮤니케이션 메시지 반응. 회상 테스트(Recall Test), 재인 테스트(Recognition Test) 참고.

크로스 스크린 마케팅(Cross-Screen Marketing) 마케터가 관찰을 통하여 컴퓨터, 휴대폰, 태블릿 등의 사용자를 추적 및 표적화하고, 그들에게 흥미 있는 개인화된 광고를 보내는 광고전략.

크리클 다운/낙수효과(Trickle-Down Effect) 원래 패션에 적용했던 이 개념으로, 하류층의 구성원은 상류층의 패션을 채택하며, 그 패션이 더 이상 상류사회의 고급스러움을 반영하지 않기 때문에 상류층이 그 패션을 포기한 후에도 하류층은 그대로 유지한다. 상류층의 구성원들은 상류사회의 고급스러움을 '회복'하기 위해 새로운 패션을 채택하며, 이 패션은 하류층에 의해 다시 복제되고, 이 순환은 반복된다.

클라우트 점수(Klout Score) 참여를 이끌어내는 능력과 온라인 투고 메시지에 대한 피드백을 기초로 온라인에서 개인 영향력에 대한 측정치이다.

타당성(Validity) 실제로 조사과정의 첫 번째(목표) 단계에 명시된 질문과 목표에 대한 대답에 필요한 적절한 자료를 수집하였다면 그 측정은 타당성이 있다. 신뢰성(Reliability) 참고.

타인 지향(Other-Directed) 무엇이 옳고 그른지에 대해 다른 사람의 조언을 구하는 혁신 소비자가 될 가능성이 낮은 소비자. 내부 지향(Inner-Directed) 참고.

탐색적 연구(Exploratory Study) 본격적으로 시장에 대한 연구를 하기 전에 실시되는 조사.

탐욕적 브랜드 충성도(Covetous Brand Loyalty) 지속적으로 특정 브랜드를 구매하지 않지만, 특정 브랜드에 대해 강한 애착과 호의적 경향을 가지고 있는 소비자 구매 행동. 브랜드충성도(Brand Loyalty) 참고.

태도(Attitude) 한 대상에 대한 일관된 호의적 또는 비호의적 행동의 학습된 성향. 태도측정(Attitude Measures) 참고.

테스트 마케팅(Test Marketing) 다른 시장을 대표할 것으로 추정되는 지역시장을 선택하고, 현실적인 마케팅 조건에서 제안에 대한 소비자의 반응을 실험하기 위하여 제품(즉, 모든 마케팅 믹스 요소)을 도입하는 것. 실험(Experiments) 참고.

토론 가이드(Discussion Guide) 심층면접에서 조사자가 요구한 질문의 방향, 또는 표적집단 세션을 구성할 응답자 집단의 유형에 대한 단계별 개요. 심층면접(Depth Interview), 표적집단(Focus Group) 참고.

퇴행(Regression) 유치하고 미숙한 행동으로 욕구불만 상황에 대한 대응하는 것. 방어기제(Defense Mechanisms) 참고.

투사(Projection) 실패나 무능력의 책임을 자신이 아닌 다른 대상이나 사람의 탓으로 돌림으로써 욕구불만에 대응하는 것. 방어기제(Defense Mechanisms) 참고.

투사법(Projective Techniques) 응답자에게 피상적인 자극의 해석을 요구하는 조사도구로, 이를 통해 응답자의 잠재의식과 숨겨진 동기가 애매한 자극에 '공개' 또는 '투사'되어 추정할 수 있도록 하는 조사 방법이다. 정성적 조사(Qualitative Research) 참고.

트위터(Twitter) 최대 140문자의 텍스트 기반 메시지를 사용자가 보내고 읽을 수 있게 하는 온라인 소셜 네트워크 서비스 그리고 마이크로 블로깅 서비스.

특성이론(Trait Theory) 개성조사 접근방법으로, 사람들을 서로 구별 짓는 특정 심리적 특징(특성; traits)의 경험적 측정에 초점을 맞추고 있다.

특정층 대상방송(Narrowcasting) 제한적으로 정의된 세분시장에 마케터가 다룰 수 있고, 고객화되고, 상호작용하며, 응답 측정이 가능한 메시지를 보낼 수 있는 커뮤니케이션 채널.

판단표본(Judgment Sample) 조사자의 판단에 따라 응답자를 선정하는 비확률 표본. 비확률 표본(Nonprobability Sample) 참고.

판매개념(Selling Concept) 마케터의 주요 초점이 '적극적인 판매' 접근방식을 통해 생산하기로 결정한 제품을 판매하는 데 있다는 주장이다.

판매효과(Sales Effects) 주어진 캠페인 메시지가 정의된 목표 판매량을 달성하였는지 여부를 측정하는 척도이다.

패밀리 브랜딩(Family Branding) 자극일반화를 마케팅에 응용한 것으로, 동일한 브랜드명으로 제품라인 전체를 마케팅하는 것. 자극일반화

(Stimulus Generalization) 참고.

편의표본(Convenience Sample) 조사자가 가장 접근하기 쉬운 사람들을 연구의 표본으로 선택한 비확률 표본(가령, 강의실의 학생). 비확률 표본(Nonprobability Sample) 참고.

편익 세분화(Benefit Segmentation) 소비자가 제품과 서비스에서 추구 편익에 따라 시장을 세분화하는 방식.

평가(Evaluation) 혁신수용의 3단계로, 혁신을 수용할지 여부에 대한 의사결정으로 이어지는 단계이다. 이 단계에서는 혁신을 평가하고 시용을 할 것인가에 대한 결정을 한다. 혁신수용(Innovation Adoption) 참고.

포괄적 문제해결(Extensive Problem Solving) 자주 발생하지 않는 구매상황으로 소비자가 고려 제품 평가를 위한 기준을 사전에 가지고 있지 않은 상황에서 발생한다. 제한적 문제해결(Limited Problem Solving), 일상적 반응행동(Routinized Response Behavior) 참고.

포지셔닝(Positioning) 한 기업이 소비자의 마음속에 자사의 제품, 서비스 및 브랜드에 대해 구별되는 이미지와 정체성을 창출하는 과정이다. 자사의 제품, 서비스, 또는 브랜드가 경쟁 대안에 비해 표적 소비자의 욕구를 더 잘 충족시킬 수 있다는 이미지는 표적청중과의 커뮤니케이션을 통해 자사의 제안을 경쟁사와 차별화한다. 재포지셔닝(Repositioning) 참고.

표본(Sample) 연구대상 모집단을 대표하는 부분집단으로, 모집단의 특성을 추정하기 위해 사용된다. 비확률표본(Nonprobability Sample), 확률표본(Probability Sample) 참고.

표적시장 선정(Targeting) 회사가 잠재고객으로 생각한 세분시장을 선정하는 것.

표적집단(Focus Group) 진행자와 8~10명의 참가자로 구성된 정성조사의 한 방법으로, 특정 제품 또는 제품군(또는 흥미로운 다른 화제 또는 주제)에 대하여 집중하거나 또는 분석한다. 토론 가이드(Discussion Guide), 정성적 조사(Qualitative Research) 참고.

프로이트 이론(Freudian Theory) 무의식적 욕구 또는 충동(특히, 생물학적이고 성적인 욕구)이 인간의 동기와 성격의 핵심이라고 주장하는 이론. 자아(Ego), 원초아(Id), 초자아(Superego) 참고.

프리미엄 브랜드 충성도(Premium Brand Loyalty) 지속적인 반복 구매를 통해 나타나는 브랜드에 대한 단단한 애착. 브랜드 충성도(Brand Loyalty) 참고.

하강이동(Downward Mobility) 직업, 주택, 가처분 소득수준, 저축 등의 측면에서 부모보다 낮은 사회적 계층 수준을 가진 사람들로 표현된다. 사회계급(Social Class), 상향이동(Upward Mobility) 참고.

하루 후 회상 테스트(Day-After Recall Test) 광고의 주의력과 설득력에 대한 측정으로 TV 시청자들 또는 라디오 청취자들을 대상으로 주어진 프로그램을 시청 또는 청취한 후 인터뷰를 실시하고, 그들이 기억하고 있는 광고에 대하여 서술하도록 질문하는 테스트. 비보조상기(Unaided Recall) 참고.

하위문화(Subculture) 특정 신념, 가치, 관습을 공유하고 민족, 종교, 지리적 위치, 연령, 또는 성별에서 기인하며, 또한 더 큰 사회집단의 일부가 되는 집단이다.

학습(Learning) 현재 상황과 행동을 위하여 자신의 과거 지식과 경험을 적용하는 것. 동기부여(Motivation), 단서(Cues), 반응(Response), 강화요인(Reinforcement) 참고.

할당표본(Quota Sample) 각각의 여러 범주에서 사전에 정해진 사람들의 수만큼 조사자가 인터뷰하는 비확률 표본(즉, 남자 50명, 여자 50명). 비확률 표본(Nonprobability Sample) 참고.

합리적 행동이론(Theory of Reasoned Action) 사람의 행동의도에 영향을

미치는 '주관적 규범'을 측정하는 태도연구의 접근 방법으로, 이 접근 방법은 관련된 다른 사람(즉, 가족, 친구, 룸메이트, 동료)이 자신의 예상되는 행동을 생각할 수 있다는 자신의 신념을 포함한다.

합리화(Rationalization) 달성할 수 없는 목표 또는 추구할 가치가 없는 목표로 왜곡하여 욕구불만을 해결하는 것. 방어기제(Defense Mechanisms) 참고.

해체(Dissolution) 배우자 한 명만 생존한 가족수명주기의 마지막 단계. 가족생애주기(Family Life Cycle) 참고.

핵가족(Nuclear Family) 하나 이상의 자녀가 있는 부부. 대가족(Exten-ded Family) 참고.

행동데이터(Behavioral Data) 인구통계 자료와 같이 소비자에게 직접적인 질문(또는 관찰)을 통해 수집되고, 객관적이고 측정 가능한 기준으로 분류된 행동적 세분화 데이터. 이 정보는 다음의 내용을 포함한다. (a) 소비자의 본질적 규모(가령, 나이, 성별, 결혼여부, 소득, 학력), (b) 행동에 기반한 소비(가령, 제품 구매량, 여가활동의 빈도 또는 제품구매의 빈도) 인지적 요인(Cognitive Factors) 참고.

행동에 대한 태도 모델(Attitude-Toward-Behavior Model) 특정 행동에 대한 소비자 태도를 어떤 행동이 호의적 또는 비호의적 결과를 발생시킬 것이라는 믿음으로 함수화하여 나타낸 모델.

행동의도적 요소(Conative Component) 태도 3요소 모델의 세 번째 요소이며, 개인이 태도대상에 대하여 특정한 방식으로 행동할 가능성을 나타낸다. 소비자행동 측면에서 행동의욕적 요소는 소비자의 구매의도로 표현된다. 행동의도척도(Behavior Intention Scale), 3요소모델 참고.

행동의도척도(Behavior Intention Scale) 소비자가 미래에 어떤 방식으로 행동할 것인가에 대한 가능성을 측정하는 도구. 가령, 소비자가 특정 제품을 재구매하거나 친구에게 그 제품을 추천하는 등의 미래의 행동을 측정. 정량조사(Quantitative Research) 참고.

행동적 학습(Behavioral Learning; 자극반응학습) 학습이 유발하는 특정 외부 자극신호에 대해서 특정한 반응을 함으로써 자극과 반응이 결합된 학습

행동 조형(Shaping) 기대하는 소비자 행동이 실재 발생하기 전에 사용하는 강화요인으로써, 이는 기대하는 행동이 발생할 확률을 증가시킨다.

행동타깃팅(Behavioral Targeting) 기존의 세분화 기법을 사용할 때 보다 더 정확하고 적절한 시기에 특정인에게 도달하거나 관련성 높은 메시지를 전달하도록 설계된 홍보 메시지와 소비자에게 맞춤 제안을 보내는 것.

허위광고규제법(Truth-in-Advertising Laws) 허위광고에 대해 소비자를 보호하기 위해 만든 법률.

혁신(Innovation) 연속혁신(Continuous Innovation), 혁신의 확산(Diffusion of Innovation), 불연속 혁신(Discontinuous Innovation), 동적 연속혁신(Dynamically Continuous Innovation) 참고.

혁신성(Innovativeness) 혁신 제품 또는 서비스를 소개 받은 후 곧바로 수용하려는 소비자 의지의 정도. 혁신자(Innovators) 참고.

혁신수용(Innovation Adoption) 혁신의 확산 연구자들에 의해 개발된 인지학습의 유형으로, 이는 혁신을 수용할지 여부를 결정하는 과정을 나타낸다. 이 과정은 5단계로 구성되어 있다. 인지(Awareness), 관심(Interest), 평가(Evaluation), 시용(Trial), 수용(Adoption) 참고.

혁신수용과정(Innovation Adoption Process) 혁신수용(Innovation Adoption) 참고.

혁신의 확산(Diffusion of Innovations) 사회시스템에서 신제품에 대한 소비자 수용의 점진적 발전을 탐구하기 위한 체계. 사용자 범주(Adopter Categories), 확산공정(Diffusion Process), 혁신(Innovation), 혁신수용(Innovation Adoption) 참고.

혁신의사결정(Innovation Decision-Making) 혁신의 확산 연구자들에 의해 개발된 인지학습의 한 형태로, 신제품에 대한 학습과 신제품을 수용할지 여부에 대한 의사결정은 지식, 신념, 의사결정, 확인 등을 기반으로 이루어진다.

혁신자(Innovators) 새로운 아이디어에 개방적이며, 혁신 제품, 서비스, 또는 업무를 사용하는 최초의 사람 중 하나가 되려는 소비자. 혁신성(Innovativeness), 수용자 범주(Adopter Categories), 조기수용자(Early Adopters), 조기다수자(Early Majority), 후기다수자(Late Majority), 최후수용자(Laggards) 참고.

현장 관찰(Field Observation) 인류학과 사회학 연구에서 사용되는 조사방법이며 신념, 가치, 관습을 학습하기 위하여 선택된 사회 구성원의 행동을 매일 관찰하는 것이다. 인류학(Anthropology), 문화(Culture), 참여관찰자(Participant-Observers), 사회학(Sociology) 참고.

현지화 마케팅 전략(Local Marketing Strategy) 해외시장에 대하여 제품과 커뮤니케이션 접근을 고객화하는 전략. 글로벌 마케팅 전략(Global Marketing Strategy), 혼합 마케팅 전략(Hybried Marketing Strategy) 참고.

형상과 배경(Figure and Ground) 자극 자체(즉, 형상)와 자극이 발생한 주변 환경 또는 맥락(즉, 배경) 간의 상호관계를 나타내는 지각 구성요소이다.

호환성(Compatibility) 신제품이 잠재 고객의 현재 욕구, 가치, 경험과 일치하는 정도를 나타내며, 신제품 수용 결정요인의 다섯 가지 특징 중 하나. 다른 네 가지 특징인 복잡성(Complexity), 관찰가능성(Observability), 상대적 이점(Relative Advantage), 시용성(Trialability) 참고.

혼합 마케팅 전략(Hybrid Marketing Strategy) 해외 판매에서 제품 또는 광고 메시지를 표준화하고 다른 하나는 고객화하는 전략. 글로벌 마케팅 전략(Global Marketing Strategy), 현지화 마케팅 전략(Local Marketing Strategy) 참고.

확률표본(Probability Sample) 모든 연구 대상 구성원의 추출될 확률이 알려져 있고 선택될 기회가 0이 아닌 상태에서 응답자를 선택하는 방법. 단순무작위 표본(Simple Random Sample), 층화표본(Stratified Random Sample), 조직적 무작위 표본(Systematic Random Sample) 참고.

회상 테스트(Recall Test) 비보조상기(Unaided Recall) 참고.

회원집단(Membership Group) 어떤 사람이 소속감을 느끼거나 가입할 수 있고 그 가치를 인정한 집단. 준거집단(Reference Groups), 상징적 집단(Symbolic Group) 참고.

회피목표(Avoidance Objects) 사람들이 바라지 않는 부정적인 결과. 대상 접근법 참고.

후광효과(Halo Effect) 한 가지(또는 여러 가지) 긍정적 관점에 기초한 대상 평가이다. 언어학 적으로 'halo'는 빛, 명예, 영광을 의미한다. 따라서 마케팅에서 이 효과는 어떤 제품의 고급 이미지가 동일한 브랜드 명으로 인해 다른 제품에 옮겨가는 것을 말한다.

후기다수자(Late Majority) 대부분의 소비자가 신제품을 수용한 후 그 제품을 구매하는 사람들. 수용자 범주(Adopter Categories), 혁신자(Innovators), 조기수용자(Early Adopters), 조기다수자(Early Majority), 최후수용자(Laggards) 참고.

후기 부모(Post-Parenthood) 가족수명주기 맥락에서 자녀가 집에 같이 살고 있지 않는 나이 든 부부. 가족수명주기(Family Life Cycle) 참고.

휴대용 피플 미터(Portable People Meters; PPMs) 소비자가 자신의 벨트에 끼우고 하루 종일 착용(금전적 보상을 대가로)하는 GPS를 장착한 작은 기기이다. 이 기기는 소비자가 수신하는 매체의 오디오 스트림에 입력되는 코드를 추적 관찰하며, 또한 소비자가 노출된 화면의 시각적 이미

지와 서면 자료를 캡처할 수 있다.

10세 전후 아동(Tweens) 8~12세의 아동을 나타내는 연령대.

1차조사(Primary Research) 현재 문제 연구를 목적으로 특별히 설계되고 수집된 새로운 조사. 정성적 조사(Qualitative Research), 정량조사(Quantitative Research) 참고.

2차자료(Secondary Data) 현재 수행하고 있는 연구 과정이 아닌 이전에 수집되어진 정보 1차조사(Primary Research) 참고.

3 Hit 이론(Three-Hit Theory) 광고에 대한 학습효과가 발생하기 위해서는 세 번의 노출이 있어야 한다는 마케팅 주장이다. 첫 번째 노출에서는 제품에 대한 소비자의 인식을 유도하고, 두 번째는 소비자에게 제품의 관련성을 보여주고, 세 번째는 제품의 편익을 상기시킨다.

3요소 모델(Tri-Component Model) 태도의 체계를 기술한 모델로, 이 모델은 태도가 세 가지 구성요소로 이루어져 있다고 주장한다. 감정적 요소(Affective Component), 인지적 요소(Cognitive Com-ponent), 행동의도적 요소(Conative Component) 참고.

AIDA 광고주가 선호하는 인지적 학습모델의 약자이며, 제품과 관련된 4단계(인식-흥미-욕구-행동)의 학습과정이 발생된다. 인지적 학습(Cognitive Learning) 참고.

DITF 기법(Door-in-the-Face Technique) 크고 비용이 많이 드는 첫 번째 요청(거절당하기 위한 요청) 뒤에 보다 현실적이고 적은 비용이 드는 두 번째 요청을 하는 것으로 태도 변화를 목적으로 한 전략이다. FITD 기법(Foot-in-the-Door Technique) 참고.

FITD 기법(Foot-in-the-Door Technique) 처음에는 작고 사소한 요청에 동의하도록 유도한 후 점점 더 큰 요구에 동의하도록 유도하는 것으로 태도 변화를 목적으로 한 전략이다. DITF 기법(Door-in-the-Face Technique) 참고.

PRIZM Nielsen에 의해 설계된 프레임워크로, 지리-인구통계학적 시장 세분화에 널리 사용된다. 이는 우편번호에 따라 66개의 세분시장으로 구성되며, 마케터가 쉽게 특정 소비자 집단을 찾을 수 있게 한다.

SERVQUAL 척도(SERVQUAL Scale) 소비자의 서비스 기대와 지각된 실제 서비스 간의 차이에 대한 지각적 측정방법으로 다음의 다섯 가지 차원을 기반으로 한다—신뢰성(reliability), 응답성(responsiveness), 확신성(assurance), 공감성(empathy), 유형성(tangibility). 이 차원들은 두 부분으로 나뉜다—핵심 서비스의 안정적인 제공에 초점을 맞춘 '결과차원'과 핵심서비스를 제공하는 방법(즉, 고객응대 직원의 응답성, 확신성, 공감성)과 서비스의 유형성 측면에 초점을 맞춘 '과정차원'.

VALS TM 널리 사용되는 시장 세분화 방법을 나타내는 '가치와 생활양식'에 관한 약어로, 미국의 성인 인구를 8개의 독특한 하위집단으로 분류한다—혁신자, 사상가, 성취자, 경험자, 신뢰자, 노력가, 자급자, 생존자

X세대(Generation X; Xers) 1965년과 1979년 사이에 태어난 사람들을 나타내는 세대.

Y세대(Generation Y; Echo Boomers, Millennials) 1980년과 1996년 사이에 태어난 사람들을 나타내는 세대. 일부에서는 이 세대에 1970년대와 1990년대 후반에 태어난 사람들을 포함하기도 한다.

Z세대(Generation Z; Homeland Generation, Digital Natives) 1997년에서 현재까지 태어난 사람들을 나타내는 세대.

찾아보기